麦读
MyRead

走向上的路　追求正义与智慧

THE COLLECTION OF
THE SUPREME PEOPLE'S COURT'S
JUDICIAL RULES

新 编

最高人民法院
司法观点集成

（第二版）

民 法 总 则 卷

总 主 编｜杜万华　　　副总主编｜刘德权

本卷主编｜王　松

中国民主法制出版社

全国百佳图书出版单位

麦读 MyRead

扫码添加麦读编辑
加入民事实务交流群

新编最高人民法院
司法观点集成（第二版）
民法总则卷

第二版编辑出版说明

"天下之事,不难于立法,而难于法之必行。"习近平总书记强调:"法律的生命力在于实施,法律的权威也在于实施。"随着中国特色社会主义法律体系的构建完成,最高人民法院监督、指导地方各级人民法院和专门法院在审判工作中统一正确适用法律的任务更加艰巨,责任更加重大,意义更加深远。党的十八大以来,最高人民法院多次强调,要认真研究具体法律适用中出现的新情况、新问题,通过制定或修改司法解释、下发指导性意见、发布指导性案例、建设运行人民法院案例库等方式,确保法律适用和裁判尺度的统一。

由于历史发展、发布载体等原因,蕴藏于最高人民法院司法解释、司法文件、指导性案例、会议纪要、个案答复、裁判文书等文件和案例中的大量司法观点,存在相对分散、没有集中梳理、不便于查阅以及新旧文件规定不完全一致等问题,从而在某种程度上影响了广大法官以及其他法律职业者对法律的正确理解与统一适用。为解决此问题,相关图书出版单位付出辛勤劳动,出版了很多梳理或解读最高人民法院司法文件的图书,但这些图书仍不能完全满足读者对权威、有效、实用、系统的司法观点的需求。为此,我们于2017年专门策划、编辑了《新编最高人民法院司法观点集成》(六卷本)。该套书自上市以来,深受广大读者的好评,在法律实务图书出版市场形成了良好的口碑、广泛的知名度和高度的品牌价值。

但是,不容忽视的是,近五年来,用于提炼最高人民法院司法观点的新依据和新材料大量增加,该套书的内容随着司法实践的发展而渐显滞后。为进一步增强图书内容的时效性,作者团队决定从2021年起启动修订工作,从而帮助读者学习、运用最高人民法院新的司法观点。考虑到各卷的修订背景各不相同，面对的读者也有所差异，本次修订将按照"成熟一部出版一部"的原则，依次推出各卷的第二版。

一

顾名思义，《新编最高人民法院司法观点集成（第二版）》是一部可以通览最高人民法院各类司法观点的权威司法实务指导用书，其对于不断提高广大法官准确理解和适用法律的能力，统一各类案件裁判标准，从而提高各类案件的审判质量有着积极的参考作用。

我们编写本套图书最根本的出发点是解决司法实务工作者在实际办案中或在处理具体法律事务中，遇到难点、疑点、热点以及前沿问题时寻找确定性司法依据的需求问题。我国是成文法国家，以法律条文为审判的根本依据，但抽象的法律文本落实到复杂的现实纠纷中存在很大的适用和解释空间，常常给办理具体案件的法官、律师等实务工作者带来困扰。作为最高审判机关的最高人民法院，为统一裁判尺度，确保司法公正，制定和公布了大量的司法解释以及司法解释性文件，还通过其他多种形式表达其适用法律的观点，如：全国性审判工作会议上的院长、庭长讲话，发布专项司法指导性政策文件，在一些典型案件的判决中宣示其司法立场，发布指导性案例或者在《最高人民法院公报》上选登地方法院典型案例以肯定其做法。最高人民法院各审判业务庭也常以"函复""庭推纪要""解答""专题论述"等形式阐述对具体法律适用问题的意见或倾向性观点，在不同程度和层面上反映最高人民法院的司法态度和立场。此外，最高人民法院的法官对审判实务中的新情况、新问题，特别是疑难复杂问题，推出了大量的研究著述，对司法实务也有一定的影响。

对于司法实务工作者而言，上述司法观点对他们的实际办案无疑具有极强的指导和参考价值。但这些司法观点的载体，形式多样、效力各异，虽然互联网越来越发达、法律数据库的种类也越来越多，但仍不能满足他们系统或分类查找、理解与适用的需求，而对于并不经常收集和阅读各类审判指导刊物的读者来说，就更难以全面、准确和及时地知悉。

为此，我们组织既有审判实务经验，又注重法学理论研究的作者，以最高人民法院发布的司法解释、司法文件、指导性案例、会议纪要、个案答复、裁判文书和《最高人民法院公报》刊载的案例等为依据和素材，将散见于各种资料中的对审判工作具有指导性、参考性的内容进行收集、分类、归纳，从最具实践价值和理论意义的内容中提炼出最高人民法院的司法观点，整理编写而成这套《新编最高人民法院司法观点集成（第二版）》。

二

《新编最高人民法院司法观点集成（第二版）》秉承立足实践、突出实用、重在指导、体现权威的编辑宗旨，致力于为广大法官以及其他法律职业者提供系统完整的、有针对性的、权威的实务指导和参考。

努力提升司法观点的精细程度，以充分体现司法观点的权威性、时效性、实用性、系统性，是我们编写本丛书的目标。在修订过程中，我们广泛、认真地听取了各级人民法院法官、律师和其他法律从业人员的意见与建议，也征求了一些法学专家、学者的意见与建议。根据这些意见与建议，我们全面梳理、深入挖掘、精准归纳最高人民法院司法观点，于是就有了呈现在广大读者面前的《新编最高人民法院司法观点集成（第二版）》。

本丛书的特点有三个：其一，以司法解释为核心。书中编入的司法观点首先注重从现行有效的司法解释中提炼，突出观点来源的权威性。其二，全面梳理、立体呈现。以司法解释为核心，全面收集最高人民法院各种政策文件、指导性案例、裁判文书等，形成对司法观点多维度、多层面的立体支撑。其三，仔细甄别、去旧选新。对最高人民法院公布的各项司法解释、司法文件、指导性案例、裁判文书等进行仔细甄别，对已失效的内容予以排除，只选取现行有效的文件和资料。

三

《新编最高人民法院司法观点集成（第二版）》整体包括以下栏目，并在具体司法观点下，根据重要性、相关性等原则排列：

【最高人民法院司法解释】最高人民法院在审判工作中针对具体应用法律的问题，作出的解释、规定、规则、批复和决定。

【最高人民法院司法文件】最高人民法院单独或与其他部门联合发布的通知、全国性的审判业务会议纪要等文件。

【最高人民法院司法政策】最高人民法院院领导在有关审判工作会议或其他会议上所作的重要讲话。

【最高人民法院答复】最高人民法院及各业务庭、局、室就下级法院或其他单位对法律适用问题或具体案件的处理问题的请示、函等所作的答复。

【最高人民法院审判业务意见】最高人民法院各业务庭、局、室发布的关于审判工作和具体法律适用问题的意见，以及组织编写的审判指导丛书中的庭推纪要、审判实务释疑、倾向性意见、研究意见、审判综述等内容。

【最高人民法院专业法官会议纪要】最高人民法院专业法官会议在讨论案件的法律适用问题，或者与事实认定高度关联的证据规则适用问题，以及其他事项过程中形成的纪要。

【最高人民法院指导性案例】最高人民法院确立并统一发布的对全国法院审判、执行工作具有指导作用的指导性案例，各级人民法院审判类似案件时应当参照。

【人民法院案例库参考案例】经最高人民法院审核入库的参考案例，供各级人民法院和社会公众查询、使用、学习、研究。

【最高人民法院裁判案例】最高人民法院审判并确立了新的裁判规则的案例，或者虽未确立新的裁判规则，但对法律、司法解释中不够具体的规则进行了界定、解释或者例证的案例，包括在中国裁判文书网上公布的裁判文书。

【最高人民法院公报案例】《最高人民法院公报》除登载最高人民法院裁判文书外，所选登的案例都是由最高人民法院正式选编并作为参考性案例对外公布的，虽然其中的大部分案例不是由最高人民法院直接审判，但这些案例所涉及的法律适用问题得到了最高人民法院的认可，直接反映了最高人民法院对有关法律适用问题的具体意见。

【最高人民法院参考案例】最高人民法院公布的典型案例以及由最高人民法院各业务庭、局、室所编选推出的参考案例。

【链接：理解与适用（参照）】最高人民法院司法解释、司法文件、指导性案例等公布后，相关起草部门或人员针对文件或案例所撰写的理解与适用（参照）、解读、解答等内容。

【链接：答记者问】最高人民法院院领导以及各业务庭、局、室负责人在新的司法解释和司法文件出台时召开的新闻发布会上的答记者问内容。

【链接：信箱】《司法信箱》是最高人民法院机关刊——《人民司法》的传统栏目，其答复意见一般是由最高人民法院各审判业务庭业务骨干撰写，并经庭长审定；《民事审判信箱》是最高人民法院民事审判第一庭编写的《民事审判指导与参考》中的栏目；《再审信箱》是最高人民法院审判监督庭编写的《审判监督指导》中的栏目。

【链接：最高人民法院法官著述】最高人民法院法官在《人民司法》《法律适用》《中国应用法学》以及"中国审判指导丛书"等刊物和个人专著中的著述。这些著述反映了最高人民法院法官对一些法律问题的研究情况和倾向性意见，虽然是以个人名义发表，从法理上说属于学理解释，但无疑也颇具参考价值。

四

2021年1月1日，中华人民共和国成立以来第一部以法典命名、具有里程碑意义的法律——《中华人民共和国民法典》（以下简称《民法典》）正式施行。习近平总书记指出："民法典颁布实施，并不意味着一劳永逸解决了民事法治建设的所有问题，仍然有许多问题需要在实践中检验、探索，还需要不断配套、补充、细化。"为确保统一正确适用《民法典》，对标《民法典》立法精神和法律规定，最高人民法院在《民法典》正式施行之前全面完成了 591 件司法解释及相关规范性文件、139 件指导性案例的清理工作，修改制定了第一批与《民法典》配套的司法解释和规范性文件（涉及《民法典》时间效力、担保制度、物权、婚姻家庭、继承、建设工程合同、劳动争议、民事案件案由等）；在《民法典》正式施行之后，于 2022 年、2023 年，又陆续出台了《民法典》总则编司法解释和《民法典》合同编通则司法解释。

由上可知，用于提炼最高人民法院民事司法观点的依据和材料发生了十分重要的变化，新观点、新内容、新素材急剧增多，由此导致 2017 年出版的民事卷第一版的内容已经严重过时，无法满足广大读者在《民法典》实施后准确理解与适用最高人民法院司法观点的现实需求，因此急需对其修订再版。然而《民法典》配套司法解释的制定工作仍在继续，将来还会有多部十分重要的文件出台，相信现在修订的民事卷也会很快过时。为既能满足读者现阶段学习工作的实际需要，又能减少反复修订给读者带来的阅读不便和成本支出，经作者团队研究决定，对民事卷的修订不再采用原来大部头的一卷出版方式，而是根据最高人民法院司法解释制定工作节奏，采用小部头的多卷方式稳步推进，成熟一卷推出一卷，如针对已经具备主要配套司法解释的领域，适时推出总则卷、合同卷、物权与担保卷，等等。虽分卷出版，但各卷保持统一的编写原则和思路：一是以《民法典》相关编章结构为各卷的基本体系架构；二是集中汇总梳理该部分的新制度、新规则；三是注重收集整理该部分起到规则填补作用的相关资料；四是坚持与时俱进，紧扣最高人民法院新时代司法工作重点。

需要特别指出的是，编纂《民法典》不是制定全新的民事法律，也不是简单的法律汇编，而是对现行的民事法律规范进行编订纂修，对已经不适应现实情况的规定进行修改完善，对经济社会生活中出现的新情况、新问题作出有针对性的新规定。而且，编纂《民法典》采取的是"两步走"的工作思路：第一步，制定《民法总则》；第二步，编纂《民法典》各分编，并将修改完善的各分编草案同《民法总则》合并为完整的《民法典》草案，由全国人大常委会提请全国人民代表大会审议。根据上述立法实际情况，我们对依据《民法典》实施前的法律、司法解释等素材提炼的司法观点进行了仔细甄别，对部分既不违反现行法律规定又能够充分体现法律承继关系的司法观点及其素材予以保留。当然，随着《民法典》的深入实施，以及司法解释的不断发布，我们在进一步的研究后，仍会适时对本书再次修订。

另外，相对于第一版的民事卷，第二版的民事部分各卷新增了两个十分重要的栏目：一是【最高人民法院专业法官会议纪要】。专业法官会议讨论案件的法律适用问题以及与事实认定高度关联的证据规则适用问题，其纪要对于司法审判实务具有重要的指导和参考价值。二是【人民法院案例库参考案例】。人民法院案例库是由最高人民法院统一建设的案例资源库。人民法院案例库收录的经最高人民法院审核入库的参考案例，可供各级人民法院和社会公众查询、使用、学习、研究。

五

本丛书的内容主要来自：《最高人民法院公报》，《人民司法》《法律适用》《中国应用法学》等杂志，"中国审判指导丛书""法律与司法解释理解与适用丛书"，最高人民法院各业务庭、局、室编写的司法实务类著作，以及最高人民法院网、中国裁判文书网、人民法院案例库等网站和数据库。在编辑过程中，为保留摘录资料的原貌，对其所使用的法律全简称、法条序号等未予统一，但对司法观点、编者说明、编者注等编者撰写的内容中涉及的上述问题予以统一；对于原文中引用的法律法规已经废止或修改的情形，一般以编者注的形式予以说明；对于非文件类的著述，注明其出处，方便读者进一步查阅。

在本丛书中，我们精心节选了部分最高人民法院法官的合作作品、个人专著，他们深入细致的阐述有助于读者更清晰地了解最高人民法院司法观点的深刻含义，以便读者在实务工作中正确适用。对于这些作者，我们由衷地表示感谢！

　　由于我们所掌握的资料和编写水平有限，对最高人民法院司法解释、司法政策精神等所包含的司法观点的理解、提炼可能不尽准确，所梳理的最高人民法院司法观点仅供读者在法律实务工作中参考适用，故凡与法律、司法解释不一致的，或者法律、司法解释有新规定的，应当按照法律、司法解释的规定适用。本书的编辑内容和体例尚有可改进之处，请读者给我们多提宝贵意见，以便将来继续修订更新。

杜万华

2024 年 6 月

CONTENTS

本卷总目

第一编
001 | 民商事审判工作总论

第二编
073 | 《民法典》时间效力

第三编
105 | 总　　则

第一章
107 | 基本规定

第二章
171 | 自然人

第三章
249 | 法　　人

第四章
364 | 民事权利

第五章
423 | 民事法律行为

第六章
520 | 代　　理

第七章
557 | 民事责任

第八章
616 | 诉讼时效

第四编
665 | 民刑交叉

CONTENTS

本卷细目

第一编　民商事审判工作总论

001 着力提升公正司法能力/003

002 推进民事审判理念现代化/003

003 推进新时代能动司法的实践要求/004

004 坚持能动司法/006

005 坚持实质性化解矛盾、解决问题/007

006 坚持程序公正与实体公正相统一原则/008

007 准确理解和适用举证责任制度，查清案件事实/009

008 善于依法行使释明权/011

009 依法运用合并审理等制度/011

010 全面保护民事主体权利/013

011 服务保障民营经济发展壮大/013

012 养成正确的裁判方法和理念，统一裁判尺度/017

013 提升法官适用法律的能力/022

014 依法行使自由裁量权/022

015 裁判文书引用法律规范的规则/023

016 法官办案必须参考人民法院案例库/024

017 指导性案例和会议纪要不是裁判依据/027

018 完善协同机制/028

019 践行和弘扬社会主义核心价值观/029

020 社会主义核心价值观在《民法典》中的体现/032

021 法官在法律框架内运用社会主义核心价值观释法说理/033

022 法官运用社会主义核心价值观释法说理的总体要求/036

023 法官运用社会主义核心价值观释法说理的重点案件/037

024 法官运用社会主义核心价值观释法说理的运用情形/039

025 法官运用社会主义核心价值观释法说理的解释方法/041

026 运用社会主义核心价值观释法说理的理解误区/043

027 通过司法裁判弘扬良好的社会道德风尚/045

028 甄别虚假诉讼的方法/047

029 虚假诉讼的发现途径和防范措施/063

030 依法严厉惩治虚假诉讼/065

第二编 《民法典》时间效力

031 《民法典时间效力规定》起草的基本原则/075

032 《民法典》法不溯及既往原则和有限例外/077

033 《民法典》有利溯及适用规则/080

034 《民法典》新增规定溯及适用规则/083

035 《民法典》细化规定的适用规则/086

036 既判力优于溯及力/087

037 合同效力有利溯及适用/088

038 合同履行跨越《民法典》施行之日，以法律事实的发生时间为标准分段适用新旧法律/091

039 《民法典》新旧法律、司法解释的衔接适用/093

040 裁判文书对《民法典时间效力规定》的引用/098

第三编 总 则

第一章 基本规定

041 坚持平等保护/107

042 平等保护机关法人与民营企业权益/111

043 国有企业与其他市场主体地位平等，其资产利益不能等同于社会公共利益/113

044 处置国有资产所涉利益不能直接等同于社会公共利益/114

045 相关投资行为发生在《外商投资法》实施之前，但外商投资企业不属于"负面清单"管理范围的，股权变更登记不需要征得外商投资审批机关同意/117

046 尊重意思自治/120

047 在法律有具体规定的情况下，法院不能直接将公平原则这一法律基本原则作为裁判规则/122

048 坚持诚实信用原则/124

049 对恶意注册商标，借用司法资源以商标权谋取不正当利益之行为，依法不予保护/127

050 民商事审判与行政监管的关系/131

051 习惯作为法源的适用/131

052 坚持公序良俗原则/136

053 认定涉比特币等虚拟货币"挖矿"案件合同效力，应以2021年9月3日为时间节点区别对待/137

054 网络暗刷服务合同因有损社会公共利益而无效/140

055 不正当干预搜索结果的"负面内容压制"约定无效/141

056 父母付大部分房款后让女儿占有房屋产权大部分份额,女儿要求父母将所占房屋份额转让于己的诉求有违善良风俗/142

057 国家政策原则上不作为裁判依据/143

058 规避限购政策签订的借名买房合同因违背公序良俗而无效/143

059 国家政策对习惯的形成发挥着重要作用/145

060 国家政策与公序良俗原则/146

061 《民法典》的立法技术/146

062 《民法典》的适用规则/148

063 《民法典》各分编之间的关系/153

064 《民法典》的解释方法/154

065 运用法律解释方法填补制定法漏洞/157

066 个案补充填补制定法漏洞的顺序/158

067 《民法典》与公法的关系/160

068 《民法典》与《公司法》等商事特别法的适用关系/161

069 商事法律中的外观主义/168

070 《民法典》与程序法的关系/169

第二章 自然人

一、民事权利能力和民事行为能力 /171

071 8周岁以上未成年人实施的民事法律行为的效力/171

072 未成年人超出其年龄、智力程度进行网络游戏充值或者网络直播打赏的,监护人有权追回充值款、打赏款/173

073 规范向未成年消费者提供网络服务的行为/176

074 胎儿接受赠与应当以纯获利益为限,不得设定负担/179

075 胎儿出生前接受赠与或者继承遗产,其娩出为死体时的财产返还/180

076 侵害胎儿利益的损害赔偿/180

077 胎儿的诉讼主体资格/182

078 胎儿利益保护的诉讼程序衔接/186

079 无民事行为能力人、限制民事行为能力人造成他人损害的,其和监护人为共同被告/187

080 认定不能辨认自己行为的成年人为无民事行为能力人,应当经过特别程序进行宣告/189

二、监 护 /191

081 依法引领监护人履行监护职责/191

082 监护的性质/192

083 监护关系和抚养、扶养、赡养关系的区分/193

084 监护权特别程序案件案由的理解与适用/193

085 《民法典总则编解释》贯彻最有利于被监护人的原则/195

086 夫妻双方分居期间,暂时直接抚养未成年子女的一方有协助对方履行监护职责的义务/196

087 对儿童有监护资格的人员均已丧失监护能力或不愿意担任监护人,儿童福利院可以申请法院指定福利院为监护人/199

088 遗嘱指定监护人/200

089 未成年人的父母不得通过协议免除监护职责/202

090 协议确定的监护人不受法定监护顺序的限制/203

091 "最有利于被监护人原则"和"尊重被监护人意愿原则"的优先顺位/205

092 指定监护人的法定程序/206

093 人民法院指定监护的考量因素/207

094 被指定的监护人不服指定的救济途径/209

095 没有依法具有监护资格的人时，由民政部门承担未成年人的监护责任/211

096 成年人在丧失或者部分丧失民事行为能力前，其和意定监护人均可以任意解除监护协议/212

097 通过监护人履职报告和定期公示，对失能老年人监护加强监督，保障其得到最有利监护/215

098 认定成年人丧失或者部分丧失民事行为能力的程序规则/217

099 在成年人丧失或者部分丧失民事行为能力后，监护人无正当理由不得解除监护协议/219

100 意定监护协议未明确约定监护人报酬的，意定监护人没有报酬请求权/220

101 意定监护协议解除后的损害赔偿范围/221

102 意定监护与法定监护的衔接适用/222

103 意定监护与法定监护冲突的，根据最有利于被监护人原则和最大限度尊重被监护人真实意愿原则，确定监护人/223

104 监护人不能有效管理被监护人财产，其与第三方协商一致并听取被监护人意见，可向法院申请委托第三方监管财产/225

105 委托监护中受托人不会成为监护人/227

106 监护人是否具有监护能力的判断标准/228

107 法院判决撤销监护人资格的法定情形/231

108 申请恢复监护人资格的期限/235

三、宣告失踪和宣告死亡 /237

109 申请宣告失踪的利害关系人范围/237

110 失踪人的财产代管人可以作为原告或者被告参加诉讼/239

111 申请宣告死亡的利害关系人范围/239

112 取消利害关系人申请宣告死亡的顺序规定/241

113 宣告失踪不是宣告死亡的必经程序/244

114 撤销死亡宣告与返还财产诉讼不能合并审理/245

四、个体工商户和农村承包经营户 /246

115 个体工商户的诉讼主体资格/246

116 个体工商户的字号为被执行人的，法院可以直接执行该字号经营者的财产/247

第三章 法 人

一、一般规定 /249

117 企业法人被市场监督管理部门吊销营业执照时，其法人资格依然存在，具备诉讼主体资格/249

118 公司内部的法定代表人任免争议应以股东会决议判定/253

119 离职法定代表人起诉请求公司办理法定代表人变更登记的,人民法院应予受理/257

120 被公司免除职务的法定代表人,依法可以请求公司办理法定代表人变更登记/259

121 "挂名法定代表人"可以起诉请求公司涤除其登记信息/262

122 如公司未就法定代表人变更作出决议,公司法定代表人请求变更法定代表人工商登记的不予支持/262

123 法定代表人的行为效果归属/263

124 法定代表人的代表行为对公司不生效的例外情形/265

125 银行法定代表人以银行名义并加盖其私刻银行印章对外借款,应否由银行担责/266

126 职务行为的认定应满足以单位名义实施的前提/269

127 公司法人的分支机构对外参加诉讼并承担民事责任的,企业法人无权对该生效裁判提起第三人撤销之诉/269

128 公司设立人的认定/272

129 发起人以设立中公司名义对外签订合同,公司成立后合同相对人有权请求公司承担合同责任/272

二、营利法人 /275

(一)公司法人人格否认/275

130 依法追究滥用法人独立人格的民事责任/275

131 公司人格否认案件中如何认定公司人格混同/280

132 关联公司法人独立人格的否认/287

133 股东与公司人格混同的责任不因股权转让而免除/288

134 公司人格否认案件中如何认定股东对公司进行过度支配与控制/289

135 公司人格否认案件中如何认定资本显著不足/291

136 股东将同一笔出资循环多次增资到目标公司,后将该出资流向其控制的第三方,再通过第三方减资来抽回出资,鉴于第三方未作减资变更登记,股东的整体行为构成抽逃出资/292

137 公司有盈余且部分股东有变相分配利润、隐瞒或转移公司利润等滥用股东权利行为,股东诉讼中可强制盈余分配/294

138 股东单笔转移公司资金,不足以否认公司独立人格,股东对公司债务不能清偿部分在转移资金金额及相应利息范围内承担补充赔偿责任/298

139 一人公司的股东以个人账户接收消费者预付款项,形成个人财产与公司财产的混同,股东对预付款的返还承担连带责任/300

140 一人公司股东如不能证明公司财产独立于股东自己的财产的,需对公司债务承担连带责任/301

141 一人公司股东未举证证明公司财产独立于股东自己财产,股东配偶财产与公司财产亦发生混同,股东及配偶应对公司债务承担连带责任/305

(二)公司关联交易/306

142 法律并未禁止关联交易,关联交易合法有效的实质要件是交易对价公允/306

143 关联交易本身不会对合同效力产生特别的影响，对于合同效力的判断应当根据《民法典》等相关法律规范判断/309

（三）公司决议及其效力瑕疵/311

144 变相分配公司资产的股东会决议无效/311

145 未履行出资义务的股东通过股东会决议解除特定股东的股东资格，该除名决议无效/312

146 公司与股东不得自行约定股东除名的条件，股东会据此作出的除名决议无效/313

147 股东虽未在股东会决议上签字但实际履行决议内容，该股东主张决议无效的应不予支持/314

148 法院对可撤销的公司决议进行司法审查的范围/315

149 构成对章程实质修改的董事会决议应予撤销/319

（四）董事、监事、高管人员的责任/321

150 公司董事、监事、高管人员违反忠实义务的判定与追责/321

151 董事对第三人责任的适用情形/323

152 董事对第三人责任应理解为补充赔偿责任/325

（五）公司解散与清算/326

153 清算义务人与利害关系人的范围/326

154 公司解散清算程序的启动/328

155 公司解散清算组成员的更换情形和更换方式/329

156 公司清算方案的确认及效力/330

157 怠于履行清算义务的认定/331

158 有限责任公司股东怠于履行清算义务与公司无法清算结果之间是否存在因果关系的认定/339

159 作为清算义务人的股东怠于清算是否导致公司的财产流失或灭失的举证责任，债权人应限于提供合理怀疑的证据/343

160 债权人以公司未及时清算、无法清算为由主张清算义务人承担赔偿责任的诉讼时效起算时点/345

161 公司吊销后未清算情形下债权人请求股东承担连带清偿责任的审查认定/347

162 "公司经营管理发生严重困难"的认定和股东请求解散公司的条件/348

163 "公司经营管理发生严重困难，继续存续会使股东利益受到重大损失的情形"的认定/354

164 公司陷入僵局的股东可以提起公司解散之诉，法院慎重判令解散/355

165 大股东擅自将公司资金出借给其关联公司，损害小股东权益，致使公司经营管理出现严重困难，小股东有权起诉请求解散公司/356

166 股东出资义务的履行情况不影响其提起解散公司之诉的权利/358

三、非营利法人/360

167 民办学校举办者享有知情权，参照公司法规定准许举办者行使知情权/360

168 特定历史时期形成的公办高校与公司合作办学，双方约定提取独立学院学费作为管理费，不宜仅因存在该约定认定合同无效/363

第四章 民事权利

一、股 权/364

（一）股东出资责任/364

169 股东以对其他公司享有的股权出资，如果公司承担了股东对他公司的出资责任，可否请求该股东在此范围内补足出资/364

170 股东认缴出资加速到期的条件/366

171 股东认缴的出资未届履行期限，对未缴纳部分的出资是否享有表决权/368

172 股东承担出资责任缴纳的出资及赔偿，是否直接对提起诉讼的债权人个别清偿/369

173 因董事未履行催缴义务所产生的责任，构成要件与一般侵权责任基本相同/370

174 股东会决议"对投资款支付利息"性质的认定/371

175 股东抽逃出资，负有责任的董事、监事、高级管理人员与该股东对因此给公司造成的损失承担连带赔偿责任/372

176 公司债务产生后公司以股东会决议等方式延长股东出资期限，损害债权人债权，相关股东应承担相应补充赔偿责任/373

177 修改股东出资期限不适用资本多数决规则/374

（二）股东资格认定与股权代持/377

178 实际出资人的股东身份认定标准及退股条件/377

179 借名股东与冒名股东的司法认定/379

180 公司股东起诉要求确认其他股东不具备股东资格的，不符合确认之诉的要件/380

181 股权代持协议的性质及效力判断/382

182 有限责任公司实际出资人显名的条件/384

183 名义股东处分股权的法律后果/387

（三）股权转让/388

184 股权转让合同不因未通知其他股东或侵害其他股东优先购买权而无效或可撤销/388

185 在强制转让股权的情况下，只有股权价格才是判断"同等条件"的因素/392

186 有限责任公司股权受让人自记载于股东名册时起可以向公司主张行使股东权利/393

187 股权冻结的权属判断标准/395

188 股权转让情况下转让人与受让人之间的出资责任关系/396

189 原股东将股权转让并变更股东名册后，未进行股权转让变更登记即将该股权又转让给他人，如何解决第一受让人与第二受让人之间的权利冲突/400

（四）股东利润分配/401

190 公司盈余利润是否分配属于公司内部自治事项，通常情况下司法不宜介入/401

191 中小股东要求行使抽象利润分配请求权的条件认定/403

192 控股股东滥用权利的，中小股东因利润分配问题退出公司，不受 5 年连续不分配利润的限制/404

193 股东会分配决议违反公司法或公司章程的法律后果/407

194 股权转让前公司未决议分配利润,而在转让后作出决议,转让人原则上不享有请求权/408

195 股东会关于利润分配的决议对分配形式、分配比例等不明确的,按照合同解释规则对决议内容进行解释/408

196 股东要求公司分配利润的必要条件是提交载明具体分配方案的股东会决议/409

二、数据和网络虚拟财产 /412

197 涉数据权益民事案件的法律适用/412

198 用户和网络服务提供者均有网络虚拟财产安全保护义务/412

三、不得滥用权利 /414

199 滥用民事权利的认定与法律后果/414

200 民事主体不得以行使其权利为由侵害其他民事主体的权益/421

第五章 民事法律行为

一、一般规定 /423

201 《民法典》的民事法律行为概念对审判的影响/423

202 民事法律行为的其他形式/423

203 穷尽所有联系方式仍然联系不到对方当事人的,才可以采用公告方式/425

二、意思表示 /427

204 合同争议条款的解释规则/427

205 对合同条款的解释,遵循文义解释、

体系解释、目的解释等基本原则和顺序/429

206 合同约定不明,应当综合合同背景、履行情况、文义表述等因素,从有利于实现合同目的的角度选择符合当事人真实意思表示的解释/431

三、民事法律行为的效力 /438

207 当事人通过"阴阳合同"规避法律,"阳合同"因虚假意思表示而无效,"阴合同"依据当事人规避的法律规定认定其效力/438

208 名为铜买卖合同,实为商业承兑汇票贴现,买卖合同无效,隐藏行为依照相关法律规定处理/440

209 多方企业间进行封闭式循环买卖,一方短时间内低卖高买,标的物所有权并未实际移转,各方当事人之间并未建立真实的买卖合同关系/444

210 多方企业间进行封闭式循环买卖,一方在同一时期先卖后买同一标的物,低价卖出高价买入,系以买卖形式掩盖的借贷/448

211 循环贸易中"通道方"的责任认定/450

212 融资性贸易中"过桥方"的法律地位和法律责任/463

213 撤销权可以通过抗辩方式行使/465

214 重大误解的认定标准/466

215 重大误解中"重大性"的判断标准/469

216 重大误解与欺诈的区分/470

217 重大过失不可以主张构成重大误解/472

218 真意保留的认定和法律效果/473

219 第三人转达错误的,适用重大误解规则/478

220 欺诈的认定标准/480

221 胁迫的认定标准/485

222 致使民事法律行为显失公平的"缺乏判断能力"的认定标准/488

223 显失公平民事法律行为的认定标准/490

224 任意性规范的适用规则/493

225 任意性规范与强行性规范的区分/495

226 倡导性规范、警示性规定和强制性规范的区分/495

227 主张对方当事人恶意串通、协议无效的,应当证明该事实存在的可能性能够排除合理怀疑/496

228 债务人将主要财产以明显不合理低价转让给其关联公司,关联公司未支付对价,恶意串通逃债的行为无效/500

229 存在通谋虚伪表示的,应根据隐藏行为所对应的法律规则判断该民事法律行为的性质及效力/506

230 债务人配偶与他人恶意串通转移夫妻共同财产逃避债务的行为应属无效/507

231 和解协议的双方当事人恶意串通,损害他人合法利益的民事法律行为无效/508

232 不具有法定资格、资质的主体从事的法律行为的效力认定/510

233 民事法律行为不成立的法律后果/511

四、民事法律行为的附条件和附期限/514

234 附条件的合同中当事人为自己的利益不正当地阻止条件成就的,视为条件已成就/514

235 附不可能条件的民事法律行为的效力/515

236 当事人约定以第三人的履行作为一方履行债务的条件,在合同有效的情况下,该约定是对期限履行的约定/517

第六章 代 理

237 职务代理的认定/520

238 表见代理中相对人有理由相信行为人有代理权的认定/523

239 表见代理中,相对人有理由相信行为人有代理权,须存在诸如合同书、公章、印鉴等有权代理的客观表象形式要素/533

240 职务外观并不包含相应职权的,不构成表见代理/536

241 民事法律行为效果归属于非行为人时应当满足的条件/537

242 个人犯罪行为是否影响单位对外承担民事责任,取决于个人的民事行为是否能够代表单位以及犯罪行为与案件是否属于同一法律关系/539

243 金融案件中表见代理的认定/540

244 从行为场所、代理权限、代理人与被代理人的关系、交易习惯等因素,综合判断相对人是否善意无过失/543

245 项目经理以工程项目部名义对外借款,应否由公司承担还款责任/545

246 工程项目管理人与他人签订借款协议加盖项目部印章,是否构成表见代理的认定/545

247 被代理人容忍家庭成员作为其代理人出现,股权受让方有理由相信代股东签字的行为人有代理权,构成容忍型表见代理/547

248 以公司股东身份签订合同,不足以成为相对人相信其在合同中签字盖章的行为系职务行为或有权代理的合理理由/550

249 法定代表人与代理人的区分/551

250 店铺客服能够代表店铺进行交易/552

251 控股股东在其与公司借款的对账单上加盖公司公章行为的效力认定/553

第七章 民事责任

一、一般规定 /557

252 具有明确的法律规定或合同约定,才能适用连带责任/557

253 不可抗力的适用范围/558

254 新冠肺炎疫情或者疫情防控措施属于不可抗力/560

255 不可抗力并非责任全免的唯一判定标准/565

256 法律法规出台导致合同不能履行的,构成不可抗力/566

257 因法律法规、政策出台导致合同不能履行,以致一方缔约目的不能实现,该方当事人可以请求解除合同/568

258 当事人因为需要提前履行其他合同导致本案合同延迟交货,不属于不可抗力/571

259 正当防卫的认定/572

260 防卫过当的认定与责任/572

261 紧急避险的认定/574

262 避险过当的认定与责任/574

263 见义勇为受害责任承担的具体规则/575

264 见义勇为受益人适当补偿数额的确定/578

265 因自愿实施紧急救助行为造成受助人损害的,救助人不承担责任/580

266 民事责任竞合的法律适用/582

267 单纯的合同履行利益,原则上不属于侵权责任法适用范围/583

268 货物运输合同履行中托运人财产受损,托运人请求承运人承担侵权责任,承运人可依货物运输合同约定进行抗辩/586

二、英雄烈士人格利益保护 /588

269 英雄烈士合法权益纠纷案件审判的司法政策/588

270 英雄烈士的具体范围/591

271 英烈保护规则的溯及适用/592

272 侵害英雄烈士名誉、荣誉等行为的法律责任/593

273 以细节考据、观点争鸣等方式对英雄烈士的事迹和精神进行贬损、丑化,侵害了英雄烈士名誉、荣誉/598

274 对侵害英雄烈士名誉、荣誉行为的合理回应和批评,不构成侵权/602

275 擅自将英烈姓名用于商业用途,侵害了英雄烈士人格利益和社会公共利益/603

276 在烈士陵园不敬摆拍应承担法律责任/605

277 通过网络平台销售亵渎英雄烈士形象贴画,构成对英雄烈士的名誉侵权/607

278 在网络平台上发表不当言论,亵渎英烈事迹和精神,应当承担法律责任/609

279 利用微信群,发表带有侮辱性质的不实言论,歪曲烈士英勇牺牲的事实,构成对烈士名誉的侵害/610

280 烈属权益保护的政策措施/611

281 烈士近亲属有权对侵害英烈名誉行为提起诉讼/613

第八章 诉讼时效

282 裁判诉讼时效案件的考量因素/616

283 三年诉讼时效期间可以中止、中断,不得延长/617

284 案涉工程欠款数额尚未最终确定,剩余工程款的给付期限并不明确,故施工人起诉没有超过诉讼时效期间/619

285 诉讼时效因起诉而中断的,诉讼时效期间应从诉讼程序终结时起重新计算/621

286 债权人起诉后又撤诉引起诉讼程序终结的,诉讼时效期间从民事裁定书送达生效之日起重新计算/622

287 无民事行为能力人、限制民事行为能力人的诉讼时效期间起算/622

288 《民法典总则编解释》和《诉讼时效规定》的关系/624

289 同一债务分期履行情况下诉讼时效期间起算时间点/624

290 分期履行租金债权诉讼时效的起算/627

291 违约金作为继续性债权的诉讼时效计算问题/629

292 诉讼时效期间届满,当事人双方就原债务达成新的协议,应否认定义务人放弃诉讼时效抗辩权/630

293 债务人对诉讼时效期间已经届满的债务确认或催收文件上签章的效力认定/633

294 支配权、抗辩权、形成权不适用诉讼时效/633

295 当事人请求确认合同不成立、自始不生效,不适用诉讼时效/634

296 合同解除权属于形成权,不适用诉讼时效,适用除斥期间/637

297 返还原物请求权是否适用诉讼时效/638

298 物权请求权转化为损害赔偿请求权的诉讼时效/639

299 支付存款本息请求权、缴付出资请求权等债权请求权不适用诉讼时效/640

300 物权确认请求权不适用诉讼时效/644

301 合法占有人物权登记请求权不适用诉讼时效/647

302 遗产分割请求权不适用诉讼时效/649

303 因疫情或者疫情防控措施不能行使请求权,权利人有权主张诉讼时效中止/653

304 事业单位人事争议申请仲裁的时效期间/655

305 仲裁程序中当事人未援引时效抗辩权构成弃权行为,诉讼阶段不能主张时效抗辩/658

306 人民法院主动适用除斥期间/660

307 《企业破产法规定(三)》第8条规定的15日期间,期间届满并不导致异议人实体权利或诉权消灭的法律后果/660

第四编 民刑交叉

308 民刑交叉案件的司法政策/667

309 民刑交叉案件中刑事诉讼程序排斥或吸收民事诉讼程序的情形/669

310 民刑交叉案件中民事案件与刑事案件应当分别审理的情形/674

311 民事案件与刑事案件分别审理时民事案件中止审理的标准/680

312 依法审理涉民营企业产权和企业家权益案件，防止把经济纠纷认定为刑事犯罪/686

313 民刑交叉案件的办案思路和原则/688

314 公司法定代表人等利用公司犯罪被公安机关立案侦查，受害人另行对公司提起民事诉讼，法院应否受理/689

315 单位工作人员涉嫌刑事犯罪不影响对方当事人依据合同对该单位提起民事诉讼/690

316 涉嫌伪造质押合同附件印章的犯罪事实不影响金融借款合同关系和保证合同关系的成立/691

317 当事人诉讼请求中与刑事案件未交叉的部分，应纳入民事受案范围进行实体审理/693

318 民刑交叉案件中"同一事实"和"关联事实"的界定/694

319 民事、刑事案件分别审理时，避免被害人重复受偿/701

320 刑民交叉案件均属同一事实，被害人损失已由刑事判决判令追缴的，不能再通过民事诉讼寻求救济/703

321 民事、刑事案件分别审理时刑事裁判涉及案外人权益的程序救济/704

322 民事、刑事案件分别审理，刑事裁判与民事裁判对同一标的物作出矛盾裁判的处理/704

323 公司被申请破产，该公司的财产被另案刑事判决认定为涉案财产，该部分涉案财产是否属于破产财产/705

324 民刑案件属于"同一事实"情况下，刑事程序不宜吸收民事程序的情形/706

325 民刑交叉案件中赃款追缴与案外人权益保护的关系/707

326 民刑交叉案件中犯罪分子将所得赃款用于偿还其合法债务，是否可以向受清偿的债权人追缴赃款/708

327 民刑交叉案件中赃物追缴与案外人权益保护的关系/710

328 严格区分经济纠纷与刑事犯罪，坚决防止把经济纠纷当作犯罪处理/712

329 妥善处理历史形成的产权案件的司法政策/716

330 严格区分违规违法行为与刑事犯罪的界限/717

331 行为人在融资过程中提供虚假证明材料，但其提供了足额的抵押担保，未造成实际损失，不构成犯罪/722

332 行为人信用卡欠款逾期不还，但不是以非法占有为目的的恶意透支行为，不构成信用卡诈骗罪/724

333 刑事裁判认定无罪，并不导致民事案件必然认定侵权行为或违约行为不存在/725

334 民事案件与刑事犯罪、行政违法案件所要求的证明标准和责任标准存在差异/730

335 虚假诉讼的刑事和民事诉讼程序衔接/732

336 民事审判认定养老服务机构根本违约的同时,将涉嫌诈骗犯罪线索及时移送公安机关/736

民商事审判工作总论

001 着力提升公正司法能力

关键词 | 公正司法 | 实质化解 |

【最高人民法院司法政策】

公正司法是维护社会公平正义的最后一道防线。如何夯实公正司法能力？张军强调，事实清楚、证据确实、充分是司法公正的根基。案件审理必须以质量优先，效率服从于质量。"离开了'好'，'快'只能更'慢'。"瑕疵案件的出现警醒我们，提升证据意识，把事实搞清楚，是法官最基本的能力素质，需要不断积累、提升、夯实，切不可犯"经验主义"的错误。要做深做实纠纷实质高效化解。程序公正不是简单的"按程序办"，而是要通过程序保障推进纠纷实质化解，实现案结事了、政通人和。空转的程序、只满足于结案了事的程序，是"躺平"、形式主义。法官要真正把责任担起来，把公平正义放在心上，把矛盾纠纷实质化解，把"如我在诉"做实。要抓实抓细释法说理工作。依法裁判解"法结"，释法说理解"心结"。法官不能简单套用书本上的法言法语，要懂生活，与当事人共情，用当事人能听懂的语言，走进心里去。年轻法官要到基层、到立案窗口、到老百姓中间，补上社会生活"这一课"。

——《国家法官学院 2024 年春季开学典礼暨人民法院大讲堂举行 张军作第一场辅导报告 不断加强司法能力建设 为审判工作现代化夯实基础》，载《人民法院报》2024 年 3 月 20 日，第 1 版。

002 推进民事审判理念现代化

关键词 | 审判理念 | 实质性化解纠纷 | 案结事了 |

【最高人民法院司法政策】

加快推进民事审判理念现代化。

民事审判最大的实际就是案多。面对海量的案件，民事审判理念现代化，就不能仅仅关注于、着力于结案数量、结案率，纠结于案多人少、疲于应付。必须积极担当作为，能动推进诉源治理，主动融入国家治理、社会治理，坚持办理一案、治理一片，坚持实质性化解矛盾、解决问题，坚持把诉调对接的"调"再向前延伸，促进实现、做实"抓前端、治未病"。有的领域同类案件多发、高发，背后必然存在社会治理的问题，要通过案件审理，发现并促进解决政策制定、行业监管等方面的根源问题，让更多案件消解于无形，促进社会治理，就是抓住了治本之策。要在党委、党委政法委领导下，做实新时代"枫桥经验"，会同司法行政机关做好对人民调解的业务指导,促进、助力不发生、少发生矛盾纠纷,发生后不出乡村社区就能解决,真正把矛盾纠纷化解在基层、解决在萌芽状态。要着力解决"一案结多案生"问题,这就要求必须把实质性化解矛盾、解决问题作为司法审判的目标、导向。每一个审判环节都要把案结事了、服判息诉的功课做到极致,谨防因工作粗疏、不尽职责引发后续诉讼程序。裁判时就要考虑后面的执行工作,避免因裁判不当无法执行而再生纷争;裁判本案时就要考虑后续潜在的关联案件,进而选择最适合的处理方案。当事人诉请有理,但诉由不当的,是"依法"驳回,还是释法说明利弊,由当事人作出更有利于问题依法公平公正解决的决定? 努力让人民群众在每一个司法案件中感受到公平正义,要以"如我在诉"的意识,真正落到实处。

——张军:《学深悟透做实习近平法治思想 以审判工作现代化服务保障中国式现代化》,载《法律适用》2023 年第 10 期。

怎样推进民事审判理念现代化? 张军指出,民事审判最大的实际就是案多,解决这个问题,就要求我们主动融入国家治理、社会治理,坚持办理一案、治理一片,坚持实质性化解矛盾、解决问题,坚持把诉调对接的"调"再向前延伸,促进实现"抓前端、治未病"。以解决"一案结多案生"问题为例,案件审理中必须把"案结事了"、依法实质性化解纠纷作为目标,避免"程序空转"、劳民伤财。在一审的时候就要把化解矛盾、服判息诉的功课做足,止于至善,尽量避免可以不发生的后续诉讼程序;在作判决的时候,责任分担是按三七还是四六裁量,不仅要依据案件事实证据,也要从执行方面考虑权利人的实际利益作出提示,尽力避免只管判不管执,造成因裁判考虑不周的实际不能执,更要考虑简单"依法"下判后会不会引发关联的多案,进而选择最合适,更有利双方当事人权益维护的"自由裁量"方案。优秀法官,从来没有随意裁判的自由!

——《国家法官学院 2023 年春季开学典礼举行 张军授课强调 要把能动司法贯穿新时代新发展阶段审判工作始终》,载《人民法院报》2023 年 4 月 11 日,第 1 版。

003 推进新时代能动司法的实践要求

关键词 | 能动司法 | 法律效果 | 自由裁量权 |

【最高人民法院司法政策】

推进新时代能动司法的实践要求。推进新时代能动司法不仅是为了更好适应党和国家事业发展要求,更好满足人民群众法治需求、司法需求,也旨在解决制约影响司法质效的突出问题。一段时间以来,人民司法工作在取得巨大发展进步的同时,也存在思想理念、制度机制、司法成效等方面需与时俱进、更加积极主动作为、跟上经济社会发展要求的问题。推进新时代能动司法,必须解决好这些问题。

要坚决摒除错误认识。按照马克思主义国家学说,阶级国家出现以后,军队、警察、法庭、监狱等都是国家机器,这清晰阐明了法庭(审判机关)的本质属性。为了维护国家根本利益,司法与立法、行政、监察、检察等有必要的职能、权责分工,但前提都是"为了维护国家根本利益"! 人民法院作为人民民主专政的国家政权机关,必须肩负起捍卫党的领导和人民民主专政的国家政权、服务党和国家工作大局的使命任务。要旗帜鲜明讲政治,在重大问题上头脑要特别清醒、立场要特别坚定,摒除往往是不自知的错误认识,在党的领导下依法独立行使审判权,把讲政治和讲法治有机结合起来、落到实处。

要避免教条主义、机械司法。法律条文是抽象的、原则的,但实践是鲜活的、具体的,处理案件时的社会背景是变动的、复杂的。因此,法官必须充分且正确地发挥主观能动性,按照法律包括司法解释的规定运用自由裁量权,依据法庭查明的事实,在社会主义法治理念支配下作出裁判,实现案件裁判乃至社会治理的最佳效果。自由裁量,无不源于法律的明确规定,依据案件事实和证据,同时考虑案发时社会环境等方面因素,所以从来没有不受约束的"自由裁量"。自由裁量所追求的"三个效果"中,法律效果是政治效果、社会效果的基础,因此自由裁量必须严格依法作出,牺牲法律效果片面强调所谓的"政治效果""社会效果",不会实现好的政治效果和社会效果。

要杜绝结案了事、疲于应付。当前,有的司法人员认为每天被海量案件推着走、压着走,除了办案以外无暇他顾,反映到审判执行工作中很可能就是结案了事、疲于应付。这实际上是一种躺平式思维。躺平不仅指不干事,疲于应付、得过且过、只顾眼前办案、不考虑肩负的政治责任和使命,也是躺平。面对不断推高的案件"增量",如果只是追求"结案了事",那结果很可能是"萝卜快了不洗泥""一案结而多案生"。司法是国家治理的重要组成部分,法官不仅要通过审理个案抓末端、治已病,还承担着延伸审判职能抓前端、治未病的更重责任。个案审理是硬任务,诉源治理、服务高质量发展也是硬任务,是更重责任,是司法能动空间更大的领域,人民法院、人民法官必须知责、担责、尽责。

——张军:《学深悟透做实习近平法治思想 以审判工作现代化服务保障中国式现代化》,载《法律适用》2023 年第 10 期。

004 坚持能动司法

关键词｜能动司法｜自由裁量权｜法律效果｜政治效果｜社会效果｜

【最高人民法院司法政策】

能动司法是人民法院把习近平法治思想自觉落到实处的更高要求。如何提升能动履职能力？张军指出，宏观上，要提升诉源治理中的履职能力。深刻把握中国传统文化中的"耻讼""厌讼"，促矛盾化解在成讼前。坚持和发展新时代"枫桥经验"，以创建"枫桥式人民法庭"为契机，积极履行指导人民调解的法定职责，把诉调对接的"调"向前延伸，让纠纷消弭在萌芽状态。充分发挥中国特色社会主义司法制度优势，协同有关部门共同做实司法建议，促国家治理、社会治理法治化。微观上，要提升案件办理中的履职能力。努力在案件审理的每一个环节"求极致"，减少不必要的上诉、申诉、申请执行、信访。依法办理重大复杂案件，达到办理一案、教育一片、促进治理的目的。各级法院都要充分用好"法答网"和人民法院案例库，统一裁判尺度，提升司法能力，强化审判监督指导。

——《国家法官学院 2024 年春季开学典礼暨人民法院大讲堂举行 张军作第一场辅导报告 不断加强司法能力建设 为审判工作现代化夯实基础》，载《人民法院报》2024 年 3 月 20 日，第 1 版。

坚持能动司法。习近平总书记强调，推动全党学习马克思主义哲学的目的，"就是更好认识国情，更好认识党和国家事业发展大势，更好认识历史发展规律，更加能动地推进各项工作"。审判必须依法，不能想当然擅断，但审判工作完全可以而且必须是能动的。在办理具体案件过程中，以让人民群众感受到公平正义为目标，在法律框架内，努力寻求案件处理的最佳方案。必须把屁股端端地坐在老百姓的这一面，牢记感受公平正义的主体只能是人民群众。法律是原则的、抽象的，但实践是具体的、鲜活的，法官必须依法充分运用自由裁量权，把事实证据查清，把裁判理据讲清，实现案件公正裁判。要有对社会的深刻理解、对公众情感的准确把握、对当事人诉求及理据的精准辨析，在法律规范的裁量空间内，确定裁判政治效果、社会效果更好的处理方案。更加注重裁判说理、辨法析理，努力使司法审判对法律条文——"文本法"的适用，符合包括当事人在内的人民群众感受的"内心法"。积极主动融入国家治理、社会治理，自觉做实讲政治、顾大局，厚植党的执政根基。要做到见微知著，善于从个案、类案中发现国家治理、社会治理中的问题，深化调查研究，制发司法建议，提出治本之策，助推国家治理、社会治理现代化。

——张军：《深入学习贯彻习近平法治思想 加快推进审判工作现代化》，载《法律适用》2024 年第 1 期。

　　张军指出,"对符合审判工作规律的能动司法意识,必须坚定树立,毫不犹豫坚持"。

　　"能动司法必须严格依法履职,政治效果、社会效果都是从法律效果延伸出来的,牺牲法律效果片面去讲所谓政治效果、社会效果,违背全面依法治国,丧失了法律基础,怎么会有好的政治效果和社会效果?!"张军在授课中特别指出对能动司法在理论上和观念中存在的误区,"有的观点将美国最高法院十九世纪初审理的'马伯里诉麦迪逊案'中司法权力的扩张当成我们可参考的能动司法,有的认为法官走出法庭到社会'揽案'是能动司法,这样的认识、观点完全错误,既不符合我国国情,也没有任何法律依据,若在司法实践中去'探索',那不是'能动创新',而是'异动''乱动',必须谨防"。

　　围绕深入开展学习贯彻习近平新时代中国特色社会主义思想主题教育,张军对统筹抓好新时代能动司法基础工作提出要求。要抓实政治建设,以政治建设统领业务建设、职业道德建设,以开展审判工作的效果、落实职业道德要求的效果来检验政治建设实不实。抓实能力提升,不断增强专业能力、群众工作能力、理论研究能力,适应能动司法对法官素质能力提出的更高要求。抓实科学管理,以审限内结案率等科学、符合司法内在规律的考核指标为抓手,让各级法院、广大法官放开手脚做深做实能动司法。抓实机制建设,完善审判工作态势分析、司法建议及各项联动工作机制,确保新时代能动司法落实落细。

　　——《国家法官学院 2023 年春季开学典礼举行　张军授课强调　要把能动司法贯穿新时代新发展阶段审判工作始终》,载《人民法院报》2023 年 4 月 11 日,第 1 版。

005 坚持实质性化解矛盾、解决问题

关键词 | 化解矛盾 | 案结事了 | 服判息诉 |

【最高人民法院司法政策】

　　坚持案结事了政通人和。人民群众到法院来不是走程序的,是希望通过公正裁判维护自己的合法权益,确定名分、止息纷争。要把实质性化解矛盾、解决问题作为司法审判的目标、导向,每一个审判环节都要把案结事了、服判息诉的功课做到极致。立案时、裁判中就要考虑执行工作,把财产保全做在前、把涉案财产处分据查证清楚,避免无法执行再生纷争;裁判本案时就要考虑潜在的关联案件,进而选择最适合的处理方案。当事人诉请有理,但诉由不当,可以释法说明利弊,由当事人作出更有利于问题依法公平公正解决的决定。要以"如我在诉"的意识,把

让人民群众在每一个司法案件中感受到公平正义真正落到实处。

——张军：《深入学习贯彻习近平法治思想 加快推进审判工作现代化》，载《法律适用》2024 年第 1 期。

006 坚持程序公正与实体公正相统一原则

关键词 ｜ 程序公正 ｜ 实体公正 ｜ 司法公正 ｜

【链接：最高人民法院法官著述】

（二）坚持实体公正与程序公正相统一

党的十八届四中全会通过的《中共中央关于全面推进依法治国若干重大问题的决定》提出了"三符合、两公正"的客观标准，即事实认定符合客观真相、办案结果符合实体公正、办案过程符合程序公正。实体公正与程序公正相辅相成、密不可分。实体公正是程序公正的目的之所在，程序公正是实体公正的重要保证，其本身即蕴含着实体公正的要求。

在民商事审判实践中，要克服两种错误倾向。一是"为走程序而走程序"的"唯程序"倾向。人民群众向法院提起诉讼，归根结底是要得到一个公平公正的实体性裁判结果，而不是来"走程序""走过场"的。离开了追求实体公正的目的，形式主义化地"走程序"，不仅难以保障实体公正，还会出现程序空转、案结事不了问题，徒增当事人诉累。例如，在一些案件中，本可在一个程序中解决的问题，却以"另行提起诉讼"进行"技术处理"；本可引导当事人明确诉求、提出反诉，通过诉的合并一揽子解决纠纷，却无所作为、分案处理。有的法院对于当事人上诉的二审案件，本来可以在查清事实的基础上依法改判，但为避免"自找麻烦"而将案件发回一审法院重审，将矛盾"下推"。表面看，其符合发回重审的程序性规定，但问题在于我国法律并未规定二审不能进行"事实审"，在二审阶段，当具备查明事实的能力和条件时，或者发回一审法院同样面临查清事实的困境时，二审法院应当依法担当，充分发挥二审的程序价值。否则，若仅选择将案件发回重审，将会导致诉讼周期不必要的延长，进而影响到诉讼效率。不可否认，对于一些疑难复杂案件，发回重审可能更有利于查清事实，或更有利于就地以调解方式化解纠纷、解决矛盾，一些严重程序违法以致于影响实体裁判公正性的案件，依法也应发回重审，但"推卸责任式"的发回，是必须要坚决杜绝的。又例如，在一起公司代表诉讼中，当事人以公司与相对人恶意串通为由主张公司向关联企业转让子公司股权的行为无效。一种观点认为，虽然该交易不公平，但本案实际是关联交易的正当性问题，当事人诉讼理由错误，应当驳回，让其另诉。这是典型的机械司法！在另一案件中，判决发包方 A 公司在拖欠工程款范围内与承包方 B 公司对实际施工人 C 公司的劳务款承担连带责任,但对 A 公司拖欠多少工程款不予审理,更不予明确,如何执行? C 公司不得不又提起一个工程款纠纷的诉讼,这不仅使当事人徒增诉累,而且还拖延了其权利实现的周期。二是漠视程序独立价值的倾向。由于人民法院认定的事实是当事人通过证据证明的事实,适用的法律是经过当事人辩论后确定的法律,离开了正当程序保障,事实就不能被正确认定,法律也很难被准确适用,也就谈不上实现实体公正的问题。人民群众感受到的、看得见的公正很大程度上也是程序公正。因此,对于遗漏必须参加诉讼的当事人、合议庭成员该回避的没有回避、违法缺席审判等严重违反法定程序进而影响实体公正的案件,除调解外,不得不依法发回重审,补齐程序缺失。即使是一些不影响实体公正的程序瑕疵,也会使当事人申诉、信访不止。大量的民商事信访案件表明,一些案件虽在程序上存在"小毛病",确又无引起审判监督程序之必要,更无进行实体改判之余地,但要说服当事人息诉罢访则要费尽周折。可见民商事审判工作要充分认识诉讼程序的独立价值,牢固树立程序意识,摒弃和纠正不尊重当事人诉权、辩论权、陈述权、知情权,以及怠于督促当事人履行诉讼义务的观念和做法。

——刘贵祥:《关于当前民商事审判工作的几点思考》,载《中国应用法学》2023 年第 6 期。

007 准确理解和适用举证责任制度,查清案件事实

关键词 | 举证责任 | 自由心证 | 公开心证 |

【最高人民法院司法政策】

严格依法查清案件事实、正确适用法律,维护实体公正。

民事诉讼法和民事诉讼法司法解释是人民法院查清案件事实的法律依据,其能否真正得到贯彻落实,是实体法律能否正确适用,实体公正能否得到维护的前提。要根据当事人的诉讼请求和法律规定,正确确定案件的性质;要围绕案件事实和法律规定,正确分配当事人的举证证明责任;承担举证证明责任的当事人,其提供的证据要达到证明的程度,若达不到证明的程度,举证证明责任是不能发生转移的,民事诉讼法司法解释中强调了这一点。要根据法律规定的程序,在当事人和诉讼参加人的参与下,依法审核证据、认定事实,要开庭质证,体现公开性;要在认真听取当事人及其诉讼代理人意见的基础上,正确适用法律;要按照公开性的原则,在法庭上和裁判文书中,依法将法官对证据的采信和事实的认定,以及法律适用的理由予以公开。只有严格按照民事诉讼法和民事诉讼法司法解释的规定审理案

件,法律的实体公正才有保证。

通过与法官接触,我了解一些情况。在这里,我想说一说自由心证问题。很多法官说这个的时候,认为这就是法官的内心确信,这是对的。但有人认为自由心证就是"我信",至于"你信不信""他信不信",并不关心。这是对自由心证的一种误解,其实关于自由心证在民事诉讼法司法解释第一百零五条做了明确表述,此规定虽然抽象,但对自由心证是比较准确的描述,首先要当事人举证,然后按法定程序质证,质证以后法官审核认定证据,法官审核认定证据时必须坚持依法原则,法律规定的证据规则和程序不能违背。全面原则要坚持。要符合逻辑推理和日常生活经历,在这样的情况下产生内心确信,内心确信以后要把确信在裁判文书中或在法庭庭审中公开,即公开心证的过程,这种公开就是裁判文书说理和法庭说理。自由心证是讲道理的,不是不讲道理的"我信"。简单的案子要在法庭上说清楚。如果是普通案件,必须把对证据的采信和事实的认定,特别是有争议的部分,用裁判文书说出来,这是自由心证的操作方法。

——杜万华:《在第八次全国法院民事商事审判工作会议上的专题讲话》(2015年12月24日),载最高人民法院民事审判第一庭编:《民事审判指导与参考》总第64辑,人民法院出版社2016年版,第40~41页。

【链接:最高人民法院法官著述】

一是要准确理解和适用举证责任制度。要处理好"谁主张、谁举证"与人民法院依职权调查证据的关系,使法律事实最大限度地接近、还原客观事实。既要充分调动当事人举证的积极性,压实当事人法定的举证责任,彰显举证责任分配规则的司法引导作用,也要正确认识"谁主张、谁举证"规则和所谓"当事人主义"的不足和局限,在依据现有证据认定的事实可能严重背离事实真相,作出的裁判结果可能有悖常理、有悖公平正义时,人民法院不能坐视不管、放任自流,而要通过依职权调查取证、合理运用举证责任转换规则等方式,并避免僵化运用新证据和举证期限规则,尽可能还原客观真相,达到内心确信。以最高人民法院处理的一起合同纠纷为例,合同约定的价款为6亿元,但结合缔约背景、缔约过程、协议性质、市场价格等情况,认为该价款约定严重有悖常理,而主张其法定代表人与对方恶意串通的甲公司不能举证证明其主张。合议庭依职权调取相关刑事卷宗,从中查阅到另外一份协议及法定代表人与本案有关的受贿行为。经质证后,认定了恶意串通的事实,使案件得到公平公正处理。由此,有关审判庭举一反三,形成法官共识性规则,即凡是在民事案件审理过程中,基本事实认定涉及渎职类犯罪的,要依职权调取刑事卷宗,查明相关渎职类犯罪与民商事案件的关联性,以正确认定事实,此种做法殊值肯定。此外,在民商事案件中,一些当事人出于各种目的进行虚假诉讼,还有一些当事人事先设计好骗局或"商业陷阱",如果机械地依据"谁主张、谁举证"的证据规则一判了之,要么损害公共利益或第三人合法权益,要么背离人民群众最基本的公平正义观念,甚至引发极端事件。这就有必要基于实体公正的价值取向,在法官审理案件中依经验和常理对关键、重大事实产生合理性怀疑时,要通过必要而合理的诉讼引导、举证提示,甚至通过依职权调查、依法中止诉讼移送侦查部门等措施,达到真正查明事实之效果。

　　——刘贵祥:《关于当前民商事审判工作的几点思考》,载《中国应用法学》2023 年第 6 期。

008 善于依法行使释明权

关键词｜释明权｜变更诉讼请求｜焦点问题｜

【链接：最高人民法院法官著述】

　　二是要善于依法行使释明权。在当事人确实遭受了损害,但因诉讼请求不当而无法得到救济时,就要通过依法行使释明权,促使当事人变更诉讼请求来解决前述矛盾。例如,基于合同有给付行为的原告请求确认合同无效,但并未提出返还原物或者折价补偿、赔偿损失等请求的,人民法院应当向其释明,告知其一并提出相应诉讼请求。原告请求确认合同无效并要求被告返还原物或者赔偿损失,被告基于合同也有给付行为的,人民法院同样应当向被告释明,告知其也可以提出返还请求。需要注意的是,根据《最高人民法院关于民事诉讼证据的若干规定》第 53 条第 1 款的规定,"诉讼过程中,当事人主张的法律关系性质或者民事行为效力与人民法院根据案件事实作出的认定不一致的,人民法院应当将法律关系性质或者民事行为效力作为焦点问题进行审理"。此时,即使当事人没有根据法庭辩论的情况申请变更诉讼请求,也应在判决书中直接对当事人之间的法律关系及其效力作出认定。再例如,在审理合同纠纷时,当事人主张合同无效或者请求撤销、解除合同等,人民法院认为合同不成立的,就应当依据上述规定将合同是否成立作为焦点问题进行审理,并可以根据案件的具体情况重新指定举证期限。

　　——刘贵祥:《关于当前民商事审判工作的几点思考》,载《中国应用法学》2023 年第 6 期。

009 依法运用合并审理等制度

关键词｜合并审理｜追加当事人｜一揽子解决纠纷｜

【链接：最高人民法院法官著述】

三是要依法运用合并审理等制度。最高人民法院在制定《关于适用〈中华人民共和国民法典〉合同编通则若干问题的解释》时，特别规定了一些合并审理的制度规则，以达到一次性、实质性解决矛盾纠纷的目的。例如，在债权人行使代位权时，可以将两个以上债权人以债务人的同一相对人为被告提起的代位权诉讼进行合并审理，如果债务人对相对人享有的债权不足以清偿其对两个以上债权人负担的债务，人民法院可以按照债权人享有的债权比例确定相对人的履行份额。又如，在债权人向人民法院起诉债务人以后，又向同一人民法院对债务人的相对人提起代位权诉讼的情况下，如果该诉讼属于该人民法院管辖，可以依法合并审理；如果不属于该人民法院管辖，就应当告知其向有管辖权的人民法院另行起诉，并在起诉债务人的诉讼终结前，依法中止代位权诉讼。再如，债权人行使撤销权时，也可以将债权人撤销权诉讼与债权人和债务人之间的债权债务关系依法合并审理。不仅如此，债权人行使撤销权时还可以一并请求相对人向债务人返还低价或无偿转让的财产。如此一来，当债权人获得胜诉判决后，就形成了相对人向债务人给付、债务人向债权人给付的连环给付关系，为确保实现债权人的胜诉利益，在执行程序中可以直接赋予债权人向债务人的相对人申请执行的权益，实现审判程序与执行程序的有效衔接。

此外，对于涉及众多当事人的复杂交易，人民法院也可以通过追加相关当事人为共同被告或第三人的方式，既方便查明事实、准确认定交易性质，也有利于一揽子解决纠纷。例如，在审理票据清单交易纠纷时，在出资银行仅以整个交易链条的部分当事人为被告提起诉讼时，人民法院应当在依法行使释明权的基础上，追加参与交易的相关当事人为共同被告参加诉讼。

——刘贵祥：《关于当前民商事审判工作的几点思考》，载《中国应用法学》2023 年第 6 期。

010 全面保护民事主体权利

关键词 | 民事权利 | 人格权 | 权利保护 |

【链接：最高人民法院法官著述】

民法典对权利的保护方法可以划分为两大类

值得注意的是,民法典注重对权利的保护,在民法典各编中对权利保护方法形成分工,例如在物权编规定的物权请求权,在人格权编规定的人格权请求权,在性质上属于原权利请求权。在合同编,则既规定了作为原权利请求权的给付请求权,也规定了作为救济性请求权的次给付请求权。侵权责任编规定的侵权损害赔偿请求权在性质上也是救济性请求权,其目的在于处理各种民事权益受到不法行为侵害的后果。

物权虽然是绝对权和支配权,但在权利人对标的物的支配圆满状态受到行为人的破坏后,权利人对行为人就会产生相应的请求权,其目的在于恢复权利人对标的物的支配圆满状态。物权请求权的具体内容是原物返还请求权、妨碍排除请求权和危险防止请求权。对应的民事责任承担方式,就是返还原物、排除妨碍和消除危险等。物权请求权不同于因物权受到侵害发生的侵权损害赔偿请求权。侵权损害赔偿主要解决因侵权行为发生的损失由谁承担,因此除法律另有规定外,侵权损害赔偿请求权通常以行为人有过错为要件,且一般要适用诉讼时效的规定,但物权请求权不同,它旨在恢复权利人对标的物的支配圆满状态,所以既不以行为人有过错为要件,一般也不适用诉讼时效的规定。

同理,人格权请求权也是如此,权利人请求行为人停止侵害、排除妨碍、消除危险、消除影响、恢复名誉等,都不应以行为人有过错为要件,也不适用诉讼时效的规定,但如果是要求行为人承担侵害人格权的赔偿责任则原则上须以行为人有过错为要件,且应适用诉讼时效的规定。

——刘贵祥:《民法典适用的几个重大问题》,载《人民司法·应用》2021 年第 1 期。

011 服务保障民营经济发展壮大

关键词 | 能动司法 | 诉源治理 | 民营经济 | 平等保护 |

【链接：答记者问】

问:从本次发布的案例看,人民法院服务保障民营经济发展壮大的工作有哪些新的特点?

答:本次发布的典型案例,从不同角度体现了人民法院坚决贯彻落实党中央决策部署,以审判工作现代化促进民营经济发展壮大。

一是坚持能动司法理念,坚持依法平等保护原则,持续优化法治化营商环境。人民法院依法保护民营企业产权和企业家合法权益,坚持双赢多赢共赢理念,在法律框架内寻求化解纠纷的最佳方案,实现政治效果、社会效果和法律效果的有机统一。二是坚持"抓前端、治未病"理念,强化诉源治理。人民法院充分发挥司法建议的社会治理功能。积极参与企业合规改革,把办案和治理有机结合起来,努力把矛盾纠纷解决在萌芽状态。三是坚持案结事了政通人和理念。人民法院坚持"如我在诉"、换位思考。既注重实体公正,又注重程序公正,把化解矛盾、服判息诉的工作做足,尽量避免进入后续程序;在判决的时候就考虑后面的执行工作,避免判了不能执行,再生纠纷;在裁判本案的时候,就考虑判后会不会引发新的更多的纠纷。每个环节都围绕"公正与效率"的工作主题,防止"案中生案,因案生访",把为民营经济高质量发展提供有力司法服务的工作做好做实。

——《护航民营企业发展 保护企业家合法权益——最高法有关负责人答记者问》,载《人民法院报》2023 年 8 月 1 日,第 4 版。

【最高人民法院参考案例】

1. 宁波东钱湖文化旅游发展集团有限公司、宁波东钱湖文旅景区管理有限公司诉宁波巨大商业品牌管理有限公司合同纠纷案

【案例索引】

浙江省宁波市鄞州区人民法院(2022)浙 0212 民初 671 号、浙江省宁波市中级人民法院(2022)浙 02 民终 3448 号

(1)基本案情

2017 年 4 月 14 日,宁波东钱湖旅游度假区管委会办公室以主任办公会议纪要(2017)7 号文件明确,将东钱湖水上经营使用权授权给宁波东钱湖文旅景区管理有限公司(以下简称宁波文旅公司)。2017 年底,宁波巨大商业品牌管理有限公司(以下简称巨大公司)、宁波东钱湖文化旅游发展集团有限公司(以下简称宁波文旅集团)、宁波文旅公司就共同开发东钱湖上水运动旅游特色产品展开磋商,并于 2018 年签订《尚水水上运动旅游体验基地项目合作协议》(以下简称合作协议),约定宁波文旅集团、宁波文旅公司以"上水帐篷露营地"附属配套设施及该区域的水域经营权投入,巨大公司以水上运动旅游器材和专业经营管理团队投入,双方以国家级水上运动旅游示范项目和示范基地为长期目标,共同合作创建"尚水水上运动旅游体验基地"项目;项目合作期限为 5 年;合作期内,如因宁波文旅集团、宁波文

旅公司原因,双方合作需提前终止,则宁波文旅集团、宁波文旅公司应以巨大公司评估的价格回购其设备器材,并按合作年限补偿巨大公司最多 100000 元等。上述协议签订前,巨大公司即已购买了部分水上运动器材和设备。协议签订后,巨大公司为项目运营需要聘请培训了部分员工及专业人员。其间,巨大公司把项目方案发给宁波文旅集团、宁波文旅公司进行审核。后巨大公司在 2018 年 7 月曾试运营一小段时间。但此后项目并未正式开始运营,也未发生运营收入。2019 年 5 月,项目水域码头被宁波文旅集团、宁波文旅公司拆除,双方彻底停止项目的合作。

2021 年 1 月,巨大公司以宁波文旅集团、宁波文旅公司迟迟无法落实营地所在水域的经营权,且相关附属配套设施因规划调整而被拆除,导致双方在合作项目下的合同目的已无法实现为由,主张解除合同并向宁波文旅集团、宁波文旅公司主张违约责任。一审法院判决解除合同,由宁波文旅集团、宁波文旅公司向巨大公司支付设备器材回购款 105850 元、补偿款 80000 元。宁波文旅集团、宁波文旅公司不服一审判决,提起上诉。

二审法院宁波市中级人民法院审理中准确认定违约责任。认为,签订案涉合作协议之目的是出于营利。尽管双方对于合作项目无法顺利开展的原因各执一词,但宁波文旅集团、宁波文旅公司拆除水上浮动码头的行为客观存在,且自水上浮动码头拆除之后至巨大公司提起诉讼期间,亦未见双方对此进行有效沟通。案涉微信聊天记录等已有证据显示,在协议履行之初,巨大公司并未怠于沟通,对于宁波文旅集团、宁波文旅公司提出的要求也予以配合,并进行了购买设备、聘用员工等相关实际投入,说明巨大公司有积极履行案涉合作协议的意愿和行动。宁波文旅集团、宁波文旅公司认为系巨大公司未能得到当地旅游管理部门的许可才导致案涉项目无法正常运营,然而案涉合作协议约定由宁波文旅集团、宁波文旅公司投入“上水帐篷露营地”的附属配套设施及该区域的水域经营权,并无证据表明还需由巨大公司出面另行办理项目审批。且若如宁波文旅集团、宁波文旅公司所述,该审批义务应由巨大公司承担,则宁波文旅集团、宁波文旅公司作为项目合作方应该尽到提示和督促义务,但却未见其已尽上述义务。故宁波文旅集团、宁波文旅公司在合作期间未经协商而擅自拆除设施,违反了协议约定,且客观上导致双方合作终止,应当承担相应的违约责任。

二审法院判决驳回上诉,维持原判。

(2)社会影响

本案中,根据合作协议约定,水域经营权系宁波文旅集团、宁波文旅公司承诺投入的无形资产,更系双方合作的必备资源和前提条件,但协议履行过程中,宁波文旅集团、宁波文旅公司却将无法取得当地旅游管理部门许可的责任归咎于巨大公司,违反契约精神。

人民法院牢固树立平等保护司法理念，切实加强对各种所有制经济的平等保护，依法准确认定违约责任，在司法层面真正落实对民营经济平等对待的要求，坚持"两个毫不动摇"，发挥司法职能作用支持构建诚实守信的经营环境，促使国有企业恪守契约精神，诚信履约。

（3）典型意义

习近平总书记多次强调，法治是最好的营商环境。人民法院要始终把优化更好发展环境、支持民营企业发展作为使命担当，聚焦依法保护民营企业和企业家的合法权益，营造"安商护企"良好生态，为民营经济发展提供更加优质高效的司法服务和保障。人民法院作为维护法治化营商环境的主力军，一方面要坚定不移捍卫法治规则。在法治环境下，才会有公平的竞争，有稳定的预期，有靠得住的信用。本案中，人民法院坚持依法公正裁判，保障合法有效的合同得以依约履行，违约方依法承担相应责任，就是注重以规则的"确定性"、法律适用的"统一性""平等性"，来应对市场的"不确定性"。另一方面，要不偏不倚保护各类经营主体合法权益。本案的巨大公司系一家民营企业，宁波文旅集团、宁波文旅公司均为国有企业。宁波文旅集团、宁波文旅公司未尊重合同约定，欲减轻作为监管合作方的合同义务，加重对方的合同义务，试图将经营风险转嫁至民营企业，该行为当然不能得到司法的支持和保护。唯有如此，司法才能规范各类经营主体合法合规经营，确保主体平等、权利平等、机会平等，为各类所有制企业创造公平竞争、竞相发展的法治化营商环境。

——《人民法院依法保护民营企业产权和企业家权益典型案例》，载《人民法院报》2023 年 8 月 1 日，第 2 版。

【链接：最高人民法院法官著述】

二是营造法治化营商环境，坚持"两个毫不动摇"，全面贯彻平等保护原则。要将各类主体诉讼地位、诉讼权利平等贯穿到民商事审判全过程各方面，强化对促进民营经济发展壮大的司法措施供给，加强对民营企业产权保护，健全涉企产权冤错案申诉、再审及有效防范和甄别纠正机制。要严格区分经济纠纷、行政违法与刑事犯罪，坚决防止和纠正利用行政或者刑事手段干预经济纠纷，坚决防止和纠正把经济纠纷认定为刑事犯罪、把民事责任认定为刑事责任。要加强对民营企业名誉权和企业家人身自由、人格尊严以及个人信息、隐私权等人格权益的司法保护，充分发挥人格权侵害禁令制度功能，及时防范和制止侵害人格权的违法行为。因企业名誉权受到侵害致使企业生产、经营、销售等遭受实际损失的，应当依法判令行为人承担赔偿责任；因编造、传播虚假信息或者误导性信息扰乱企业发行的股票、债券市场交易秩序，给投资者造成损失的，应当依法判令行为人承担赔偿责任，有效推动营造有利于民营经济发展的舆论环境、法治环境。

——刘贵祥：《关于当前民商事审判工作的几点思考》，载《中国应用法学》2023 年第 6 期。

012 养成正确的裁判方法和理念，统一裁判尺度

关键词 | 裁判方法 | 裁判理念 | 法律关系 | 穿透式审判思维 | 同案同判 |

【最高人民法院司法政策】

注意民商事审判中裁判尺度的统一

裁判尺度不统一，是一段时间以来困扰民商事审判的突出问题，如公司对外担保的效力问题、盖假章合同的效力问题、合同约定与登记簿记载不一致的担保物权的范围问题、让与担保问题，甚至连违约金如何调整、解除权行使的条件等一些常见问题，裁判尺度都不完全统一。裁判尺度不一为滥用裁量权开了方便之门。因此，应通过司法解释、法律适用指导意见、指导案例、类案检索制度以及完善审判权运行约束机制等措施统一裁判尺度。

同时，民商事法官也要不断在实践中积累经验，注意正确裁判方法和理念的养成。

一是树立法律关系思维。法律关系包括主体、内容以及客体三方面内容，法律关系思维的核心在于确定权利义务内容，并据此确定法律关系的性质。比如，名股实债中当事人享有的是股权还是债权，售后回租型融资租赁是企业间借贷还是融资租赁，股权让与是股权转让、让与担保还是股权质押，都需要根据权利义务的内容来认定其性质进而确定其效力。

二是树立逻辑和价值相一致的思维。民商事纠纷尤其是金融纠纷具有很强的专业性，加上交易结构往往又极为复杂，很容易导致法官在适用法律时从专业的法律视角思考问题，从而忽略价值判断。这就需要民商事法官在坚持专业判断、逻辑推理的同时，一旦发现某一裁判尺度可能有违基本常识时，要反思是否在某一逻辑推理环节出了问题，从而主动校正，在逻辑和价值的互动中实现法律效果、社会效果和政治效果的有机统一。

三是树立穿透式审判思维。商事交易如融资租赁、保理、信托等本来就涉及多方当事人的多个交易，再加上当事人有时为了规避监管，采取多层嵌套、循环交易、虚伪意思表示等模式，人为增加查明事实、认定真实法律关系的难度。妥善审理此类案件，要树立穿透式审判思维，在准确揭示交易模式的基础上，探究当事人真实交易目的，根据真实的权利义务关系认定交易的性质与效力。在仅有部分当事人

就其中的某一交易环节提起诉讼,如在融资性买卖中,当事人仅就形式上的买卖合同提起诉讼的情况下,为方便查明事实、准确认定责任,人民法院可以依职权追加相关当事人参加诉讼。

四是坚持类案同判思维。民商事法官在审理疑难复杂和新类型案件时要进行类案检索,充分了解案件涉及的法律适用问题此前是否已经有了相应的案例。如果已经有了相应案例,该案例的法律能否适用于本案;如果不能,理由又是什么。特别是对上级法院及本院已生效类案,在本案中作出不同的法律适用,一般应提交主审法官会议、审判委员会充分讨论,并在文书中充分说理。……

——刘贵祥:《在全国法院民商事审判工作会议上的讲话》(2019 年 7 月 3 日),载最高人民法院民事审判第二庭编著:《〈全国法院民商事审判工作会议纪要〉理解与适用》,人民法院出版社 2019 年版,第 68~69 页;刘贵祥:《关于人民法院民商事审判若干问题的思考》,载《中国应用法学》2019 年第 5 期。

【最高人民法院裁判案例】

上诉人上海云峰(集团)有限公司贸易二部与被上诉人阳泉煤业集团国际贸易有限公司、华阳新材料科技集团有限公司、原审第三人山西焦煤集团公路煤焦物流有限责任公司等买卖合同纠纷案[最高人民法院(2021)最高法民终 435 号民事判决书,2022.4.15]

关于争议焦点一,五方当事人之间法律关系的性质和效力如何认定的问题。根据已经查明的事实,五方当事人之间虽然签订有《煤炭采购合同》和《煤炭销售合同》,上海云峰公司据此主张其和阳煤国贸公司之间存在煤炭买卖合同关系,但是从查明的事实看,案涉交易模式存在以下不同于买卖合同关系之处:第一,本案中各方当事人之间并没有货物的实际交付,只有资金的往来。虽然有买卖合同的文本和当事人自己出具的《收货确认函》《出库单》《入库单》,但并没有其他证据可证明卖方曾交付标的物并转移标的物所有权。合同约定的交货方式为买方根据提单自提,但各方在一审庭审时均确认没有代表货物所有权的提单或提单存根,所以一审判决据此认定各方当事人均明知没有货物的真实交易并无不当。第二,五方当事人之间签订的买卖合同首尾相接,各方当事人既是买方又是卖方,形成闭合循环,其中,宁波大用公司高价买入、低价卖出,这一交易模式明显不符合公司的营利性特征,违背基本商业常识。第三,从款项走向看,上海云峰公司先支付款项;煤焦物流公司收到款项后,于同日扣除合同价差后支付给天津轩煤公司;天津轩煤公司于同日扣除合同价差后将款项支付给宁波大用公司;宁波大用公司在分别经过了十九天、两个月、三个月等一段时间之后,分笔将款项支付给阳煤国贸公司,但未按合同约定的价款足额给付;阳泉国贸公司在同日或者次日扣除合同价差后,将款项支付给上海云峰公司。可见,对于上海云峰公司支付的款项,其他当事人都是收到款项同日或者次日即支付给下家,而宁波大用公司对资金的占用时间最长。再者从合同约定的价差看,天津轩煤公司、煤焦物流公司和阳煤国贸公司分别每吨赚取价差1.5元、1元、1元,上海云峰公司每吨赚取价差14元,宁波大用公司则每吨亏损17.5元。可见,通过案涉交易模式,宁波大用公司亏损的金额主要去向为上海云峰公司。综合上述分析,可以认定上海云峰公司主张的煤炭买卖合同关系为各方当事人之间虚假的意思表示,上海云峰公司和宁波大用公司之间实际为借款合同关系,上海云峰公司为出资方,宁波大用公司为用资方,资金使用的成本即体现在合同约定的价差上。故根据《中华人民共和国民法总则》第一百四十六条①有关"行为人与相对人以虚假的意思表示实施的民事法律行为无效。以虚假的意思表示隐藏的民事法律行为的效力,依照有关法律规定处理"的规定,一审判决认定案涉《煤炭采购合同》和《煤炭销售合同》均无效并无不当,上海云峰公司关于该点的上诉理由不能成立。至于各方当事人之间隐藏的借款合同关系的效力,因为在一审庭审中,经一审法院释明后,上海云峰公司明确表示,在本案中不请求宁波大用公司承担基于借款关系的法律责任,故对于借款合同关系的效力和责任承担,本案不做审理和认定,上海云峰公司可另行主张。

关于争议焦点二,阳煤国贸公司应否向上海云峰公司支付货款及利息的问题。上海云峰公司向阳煤国贸公司主张货款及利息,是基于双方签订的《煤炭销售合同》所产生的买方的付款义务,根据上文所述,《煤炭销售合同》项下买卖合同关系为虚假的意思表示,应为无效,故阳煤国贸公司该项主张不能成立。

关于争议焦点三,如果《煤炭销售合同》和《煤炭采购合同》无效,阳煤国贸公司和煤焦物流公司应否共同向上海云峰公司退还货款,阳煤国贸公司、煤焦物流公司、天津轩煤公司、宁波大用公司应否共同向上海云峰公司赔偿利润和利息损失的问题。上海云峰公司向煤焦物流公司支付货款,表面上看是履行双方之间签订的《煤炭采购合同》,实际上只是实现上海云峰公司借款给宁波大用公司的一个环节,故相关款项应基于隐藏的借款合同关系进行处理。上海云峰公司以《煤炭采购合同》无效为由主张退还货款,仍是基于煤炭买卖合同关系提出的诉请,故其主张不能成立。上海云峰公司主张阳煤国贸公司、煤焦物流公司、天津轩煤公司、宁波大用公司共同向其赔偿利润和利息损失,是认为煤炭买卖合同关系被认定无效是该四家公司的过错所致。但根据已经查明的事实,上海云峰公司对案涉交易模式下没有货物实际交付、只有资金交付等异于正常买卖模式之处是明知的,而且根据阳煤国贸公司提交的《公证书》等证据显示,上海云峰公司是案涉交易模式的主导

---

① 对应《民法典》第146条。——编者注

者,即其对形成虚假的意思表示负有主要过错,故其要求其他几方对其进行上述赔偿的主张不能成立。一审判决基于不当得利,判决阳煤国贸公司、煤焦物流公司、天津轩煤公司返还根据案涉交易模式所获利益,该三方当事人对此未提出上诉,本院对此予以确认。

关于争议焦点四,华阳新材料公司应否对阳煤国贸公司的案涉债务承担连带清偿责任的问题。上海云峰公司主张华阳新材料公司作为阳煤国贸公司的唯一股东,存在股东和公司财产混同情形,但是根据一审中华阳新材料公司提交的两公司各自近三年的审计报告,可证明财产相互独立。上海云峰公司主张华阳新材料公司还存在滥用股东权利逃避公司债务行为,也没有提交充分证据证明。故一审判决没有支持其主张并无不当,上海云峰公司关于此点的上诉理由不能成立。

——中国裁判文书网,https://wenshu.court.gov.cn。

【链接：最高人民法院法官著述】

就民事审判而言,一是请求权基础分析的法律适用方法;二是法律关系分析的法律适用方法。王泽鉴先生在《法律思维与民法实例》中提出请求权基础理念体系源于德国。在德国法学家的大量著作中,以及近年国家法官学院与德国国际合作机构引入的法律适用方法中,都阐述了该方法。请求权关系之基本模式为"谁得向谁,依据何种法律规范,主张何种权利",在于探寻得支持一方当事人,向他方当事人有所主张的法律规范。这是围绕诉讼请求与权利基础让当事人提供法律规范依据,并加以审查的方法。法律关系分析法,是指通过理顺不同的法律关系,确定其要素及变动情况,从而全面地把握案件的性质和当事人的权利义务关系,并在此基础上通过司法三段论的适用以准确适用法律,作出正确判决的一种案例分析方法。在法律关系分析法中,法官需要熟练掌握不同类型案件的法律关系,从而判断当事人主张的权利义务与适用法律规范。上述两种方法,从法官的视角观察,请求权基础的方法是以"诉"为中心进行法律适用,法律关系分析法则是以"审"为中心进行法律适用。当法官运用正确法律适用方法完成找法之后,就可以直接援引相关法律规定作出裁判,并集中围绕裁判内容和尺度进行充分说理。

——胡仕浩、刘树德:《裁判文书释法说理:类型划分与重点聚焦——〈关于加强和规范裁判文书释法说理的指导意见〉的理解与适用(中)》,载《人民司法·应用》2018年第28期。

精准化思维方法:法律规则适用的逻辑层次和方法

在《民法典》实施中人民法院应注重精准化思维方法,以"精"来强调法律适用规则精细化,避免粗放化,以"准"来凸显法律适用逻辑准确化,避免失序化。

《民法典》第 10 条规定:"处理民事纠纷,应当依照法律;法律没有规定的,可以适用习惯,但是不得违背公序良俗。"为实现法律适用的精准化,规则适用的逻辑应当依照法律、习惯、通说、政策的层次展开。

首先,"有法律,依法律"。依据法律就是要选择相应法条明确请求权基础。确定请求权基础,可谓最基础的法律适用方法。通常的适用逻辑顺序是:第一,选择最能直接适用的法律条文;第二,没有直接适用的,则类推适用,寻找类似规范、概括性规范;第三,不能类推适用的,则适用一般原则。

其次,"无法律,依习惯"。民事习惯在中国社会代表一种民间公认的秩序,《民法典》第 10 条为习惯的适用预留较大空间。鉴于公序良俗在功能上是消极保守而非积极进取之规定,谦抑性是其最本质的特性;[1]加之,"习惯除了良俗和恶俗,尚有一些灰色空间、无明显善恶之分的中间习惯",[2]因此人民法院在适用习惯时,应充分认识习惯的复杂性,以社会生活和事实经验为基础,以开放包容的态度对待习惯,不宜简单地以"良俗或恶俗"两分法作为是否违背公序良俗的判断标准。质言之,不违背公序良俗并不等于必须是公序良俗。

再次,"无习惯,依通说"。法律和法理之实质是资源与利益分配的规则和理论,一般来说,学界通说乃经实践检验的各方均能接受之利益分配方案,从裁判稳妥角度看,在无法律规定、习惯、政策的情况下,因民法通说乃经实践检验的各方均能接受之利益分配方案,故依民法通说进行裁判无疑是比较稳妥之方式;而少数说或者新学说因缺少利益博弈和实践检验而可能导致各方权益失衡。[3]

最后,"无通说,依政策"。在诸如知识产权审判领域,特别是前沿领域和涉及国计民生的重要领域,在没有法律、习惯、政策和通说的情况下,人民法院应遵循国家战略诸如国家知识产权战略、创新驱动发展战略等国家政策要求,积极推动国家战略实施,服务国家发展大局,努力维护国家利益和社会公共利益。天津天隆种业公司诉江苏徐农种业公司侵害植物新品种权案的裁判,可谓著例。"因双方不能达成妥协,致使 9 优 418 水稻品种不能继续生产,既影响双方共同利益,也有悖合作育种的根本目的;不仅违反促进植物新品种转化实施的国家战略要求,而且损害国家粮食生产安全,有损公共利益和国家利益。"[4]

——王闯:《〈民法典〉实施中的裁判思维与裁判方法》,载《中国应用法学》2022 年第 3 期。

---

①　参见刘练军:《公序良俗的地方性与谦抑性及其司法适用》,载《求索》2019 年第 3 期。
②　参见姚澍:《民法典视野下民事习惯司法适用的困境与出路》,载《华侨大学学报(哲学社会科学版)》2021 年第 3 期。
③　参见王闯:《知识产权的权利边界与裁判方法》,载《人民司法·应用》2016 年第 22 期。
④　江苏省高级人民法院(2011)苏知民终字第 194 号民事判决书。

013 提升法官适用法律的能力

关键词 ｜适用法律方法｜法律解释方法｜系统观念｜

【链接：最高人民法院法官著述】

　　司法解决纠纷的过程，就是寻找事实、寻找法律的过程，即在准确认定事实的基础上，精准适用法律，作出公正裁判，实现个案公正，以司法公平正义促进社会公平正义。从这个意义上来讲，民商事审判要做深做实"公正与效率"工作主题，贯彻落实能动司法工作理念，使裁判结果达到"三个效果"有机统一，必须不断提升法官适用法律的能力。法律适用能力是法官的"基本功"，是实现案件公平正义的逻辑起点。

　　党的二十大报告将习近平新时代中国特色社会主义思想的世界观和方法论概括为"六个坚持"，其中就包括坚持系统观念。系统观念要求用普遍联系的、全面系统的、发展变化的观点来观察事物，进而把握事物发展的规律。在民商事审判中适用法律时坚持系统观念，就是要将待决案件涉及的法律问题置于整个法律体系中进行判断，从而避免只见树木不见森林。重点要处理好两个层面的问题：一是要特别关注法律规范的系统性。法律规范是一个系统整体，在横向上要以普遍联系的而不是单一孤立的观点来适用法律，要处理好某一法律条文与相关法律条文之间、某一部门法与相关部门法之间的关系，以及该法律问题与案件事实、当前经济社会现实之间的关系；在纵向上要以发展的而不是静止的观点来适用法律，要尽可能捋清拟适用法律条文的"前世今生"，并以此探究立法者的真实意旨。二是要特别注重法律适用方法的系统性。首先，要系统把握并综合运用文义解释、体系解释、历史解释、目的解释等法律解释方法。其次，要准确把握"上位法优于下位法、特别法优于一般法、新法优于旧法"等冲突法律规范选择适用规则，提高适用法律的精准性。最后，要准确把握法律溯及适用规则，处理好新旧法律的衔接适用问题，避免所适用的法律损害当事人的预期利益。

　　——刘贵祥：《关于当前民商事审判工作的几点思考》，载《中国应用法学》2023 年第 6 期。

014 依法行使自由裁量权

关键词 ｜自由裁量权｜法律解释｜法律漏洞填补｜

【链接：最高人民法院法官著述】

　　民商事审判案件涉及的法律关系往往错综复杂，在审理过程中一般难以找到一加一等于二的现成答案。这就需要运用科学的法律解释方法去解释法律、理解法律,甚至依据一定的规则、方法去填补法律漏洞,这就是我们常说的自由裁量权。首先,在解释法律时,要探求法律的精神和目的,要保持与立法所追求的政治效果、社会效果的一致性,保持与立法所包含的、所追求的价值判断和利益衡量的一致性。既要充分引入政治效果、社会效果的考量,又不脱离法律的基本原则、立法目的、价值判断和利益衡量。一言以蔽之,要在法治轨道上、在规范约束下去行使自由裁量权,切实避免自由裁量权成为脱缰野马、恣意妄为,避免脱离了法律效果的所谓的政治效果、社会效果。其次,无论如何具有前瞻性、科学性的立法都不可能把经济社会发展中的各种新情况新问题都预见到,难免会出现规则缺失或者滞后的问题。民商事审判要善于联系现实情况,以公平正义的价值取向找出解决问题的法律答案,要以法律解释方法填补制定法的漏洞,而不能思维固化,抱守现行法律而忽视现实情况的变化。总而言之,在行使自由裁量权时,要使法律效果与政治效果、社会效果浑然一体,切实完成"从政治上看、从法治上办"的思辨过程。

　　——刘贵祥:《关于当前民商事审判工作的几点思考》,载《中国应用法学》2023 年第 6 期。

015 裁判文书引用法律规范的规则

关键词 | 裁判文书 | 法律适用 | 释法说理 | 规范冲突解决 |

【最高人民法院司法文件】

　　十二、裁判文书引用规范性法律文件进行释法说理,应当适用《最高人民法院关于裁判文书引用法律、法规等规范性法律文件的规定》等相关规定,准确、完整地写明规范性法律文件的名称、条款项序号;需要加注引号引用条文内容的,应当表述准确和完整。

　　十三、除依据法律法规、司法解释的规定外,法官可以运用下列论据论证裁判理由,以提高裁判结论的正当性和可接受性:最高人民法院发布的指导性案例;最高人民法院发布的非司法解释类审判业务规范性文件;公理、情理、经验法则、交易惯例、民间规约、职业伦理;立法说明等立法材料;采取历史、体系、比较等法律解释方法时使用的材料;法理及通行学术观点;与法律、司法解释等规范性法律文件不相冲突的其他论据。

　　——《最高人民法院关于加强和规范裁判文书释法说理的指导意见》(2018 年6 月 13 日,法发〔2018〕10 号)。

【链接：理解与适用】

关于规范性法律文件冲突的解决

确需引用的规范性文件之间存在冲突，根据立法法等有关法律规定无法选择适用的，应依法提请有决定权的机关作出裁决，不得自行在裁判文书中认定相关规范性法律文件的效力。根据立法法的规定，法律、法规等规范性法律文件之间根据效力等级的不同，有不同的选择适用规则：(1)法律的效力高于行政法规、地方性法规、规章。行政法规的效力高于地方性法规、规章。(2)地方性法规的效力高于本级和下级地方政府规章；省、自治区的人民政府制定的规章的效力高于本行政区域内设区的市、自治州的人民政府制定的规章。(3)自治条例和单行条例依法对法律、行政法规、地方性法规作变通规定的，在本自治地方适用自治条例和单行条例的规定；经济特区法规根据授权对法律、行政法规、地方性法规作变通规定的，在本经济特区适用经济特区法规的规定。(4)部门规章之间、部门规章与地方政府规章之间具有同等效力，在各自的权限范围内施行。(5)同一机关制定的法律、行政法规、地方性法规、自治条例和单行条例、规章，特别规定与一般规定不一致的，适用特别规定；新的规定与旧的规定不一致的，适用新的规定。(6)法律之间对同一事项新的一般规定与旧的特别规定不一致，不能确定如何适用时，由全国人民代表大会常务委员会裁决；行政法规之间对同一事项新的一般规定与旧的特别规定不一致，不能确定如何适用时，由国务院裁决。(7)地方性法规、规章之间不一致时，由有关机关依照下列规定的权限作出裁决：①同一机关制定的新的一般规定与旧的特别规定不一致时，由制定机关裁决。②地方性法规与部门规章之间对同一事项的规定不一致，不能确定如何适用时，由国务院提出意见，国务院认为应当适用地方性法规的，应当决定在该地方适用地方性法规的规定；认为应当适用部门规章的，应当提请全国人民代表大会常务委员会裁决。③部门规章之间、部门规章与地方政府规章之间对同一事项的规定不一致时，由国务院裁决；根据授权制定的法规与法律规定不一致，不能确定如何适用时，由全国人民代表大会常务委员会裁决。

——胡仕浩、刘树德：《裁判文书释法说理：规范支撑与技术增效——〈关于加强和规范裁判文书释法说理的指导意见〉的理解与适用(下)》，载《人民司法·应用》2018年第31期。

016 法官办案必须参考人民法院案例库

关键词 ︳人民法院案例库 ︳指导性案例 ︳参考案例 ︳

【最高人民法院司法文件】

第十九条　各级人民法院审理案件时,应当检索人民法院案例库,严格依照法律和司法解释、规范性文件,并参考入库类似案例作出裁判。

第二十条　各级人民法院审理案件时,经检索发现人民法院案例库未收录类似案例,而正在审理的案件所涉法律适用问题疑难、复杂的,可以就相关法律适用问题提出请示,或者报请提级管辖;由本院继续审理的,应当提交审判委员会讨论决定。

各级人民法院审理案件时,经检索发现人民法院案例库收录有类似案例,但认为正在审理的案件具有特殊情况,不宜参考入库案例的,应当提交审判委员会讨论决定。

前两款规定的案件对类案审判具有参考示范价值的,作出生效裁判的人民法院应当在裁判作出后三十日内编写案例,按照本规程第二章规定的流程入库。

第二十一条　各级人民法院审理案件时参考入库类似案例的,可以将类似案例的裁判理由、裁判要旨作为本案裁判考量、理由参引,但不作为裁判依据。

公诉机关、当事人及其辩护人、诉讼代理人等提交入库案例作为控(诉)辩理由的,人民法院应当在裁判文书说理中予以回应。

第二十二条　各级人民法院应当将参考入库案例作出裁判的情况作为案件质量评查内容。

——《人民法院案例库建设运行工作规程》(2024 年 5 月 8 日,法〔2024〕92 号),载《人民法院报》2024 年 5 月 7 日,第 3 版。

【最高人民法院司法政策】

创建"人民法院案例库",经最高人民法院审核入库案例,法官办案必须参考;同时向社会开放,供当事人诉讼、律师办案、学者科研、群众学法使用。

——张军:《最高人民法院工作报告——2024 年 3 月 8 日在第十四届全国人民代表大会第二次会议上》,载《最高人民法院公报》2024 年第 4 期。

二、建设人民法院案例库的重要意义

习近平总书记强调"一个案例胜过一打文件",生动、深刻阐释了案例的重要功能。案例是人民法院的重要"法治产品"。权威、规范的案例能够统一法律适用标准、提高办案质效、增强人民群众对公平正义的获得感。建设人民法院案例库,具有多方面的重要作用和意义。

第一,建设人民法院案例库是促进法律正确、统一适用的重要举措。正确、统一适用法律,是审判机关的天然职责;促进法律正确、统一适用,是最高人民法院履行对下监督指导法定职责的必然要求。建设人民法院案例库,经过最高人民法院统一审核把关,编发对类案办理具有参考示范价值的权威案例,逐步覆盖各类案由和罪名、各种疑难复杂法律适用问题,能够给法官办案提供更加权威、更加规范、更加全面的指引。法官在审理案件时必须检索查阅案例库,参考入库同类案例作出裁判。这对于促进统一裁判规则和尺度,避免"同案不同判",保障法律正确、统一适用无疑具有重要意义。

第二,建设人民法院案例库是深化诉源治理的重要抓手。习近平总书记强调,我国国情决定了我们不能成为"诉讼大国",法治建设既要抓末端、治已病,更要抓前端、治未病。人民法院处理涉诉案件,既是化解各种社会矛盾纠纷的过程,更是参与社会治理的重要方式。人民法院案例库收录具有参考示范意义的权威案例,可以更加充分地发挥司法裁判的评价、引领、教育功能,从源头上预防和减少矛盾纠纷,是质量和效益更高的司法审判工作。案例是活的法律。人民法院案例库对社会开放,有助于人民群众通过生动鲜活的案例更好地学习法律、运用法律,增强法律意识、明悉行为边界,同时强化自我保护;发生纠纷后,可以借助已经生效的类似权威案例了解裁判规则、预测诉讼结果,从而减少不必要的起诉、上诉和申诉。借助权威案例,各类调解组织也可以更好地做当事人的引导、说服工作,尽可能促成调解。这样可以起到"发布一案、教育一片"的效果,真正把"抓前端、治未病"落到实处。

第三,建设人民法院案例库是深化优化司法公开的重要载体。习近平总书记指出,要加大司法公开力度,回应人民群众对司法公正公开的关注和期待。最高人民法院高度重视司法公开工作,切实加大裁判文书公开力度,持续优化裁判文书公开机制,不断提升裁判文书公开质效。在继续办好、优化中国裁判文书网的同时,建设人民法院案例库,收录体例规范、要素齐全、便于检索的参考案例,不仅为广大司法法律界人士提供更加精准、权威的办案参考和研究素材,也有效回应了人民群众对更深层次司法公开的现实需求。可以说,人民法院案例库是针对需求侧创新提供的新型"司法供给"和"法治产品"。

第四,建设人民法院案例库是提升法官司法能力的有效途径。进入新时代,社会主要矛盾发生变化,人民群众对民主、法治、公平、正义、安全、环境等方面的要求日益增长。近年来,得益于法治中国建设的不断加强,法官的能力素质有了明显提升,但同经济社会快速发展、法治建设不断深入、人民群众新的更高司法需求相比,差距仍然很大,总体还是跟不上、不适应。要当好法官、办好案件,必须持续学习、终身学习。建设人民法院案例库,也是最高人民法院切实强化法官司法能力建设的务实举措。建设人民法院案例库,将具有规则意义、典型意义的好案例汇聚起来,集中全国法院的审判经验和智慧,打造一个规范、权威而且不断充实、更新的案例库,能够为全体法官学习提升提供一部包罗万象、与时俱进的"活教材",有助于促进法官不断提升司法能力和裁判水平。

——《最高人民法院举行人民法院案例库建设工作新闻发布会》(2024 年 2 月 27 日),载最高人民法院网,https://www.court.gov.cn/zixun/xiangqing/426382.html。

【链接：最高人民法院法官著述】

三是充分发挥指导性案例、典型案例的引导功能。案例作为司法产品,是法律实施和政策落实的晴雨表,承载着人民法院对公平正义的判断和裁量,也蕴含着人民群众对公平正义的感知和期待。习近平总书记指出,"司法公正对社会公正具有重要引领作用""一个案例胜过一打文件"民商事审判在个案处理过程中,不能局限于就案办案,要考虑个案的典型意义、规则引领价值、对社会治理和审判管理有何经验教训等,努力实现个案价值类案化、促进管理治理效果最大化。目前,最高人民法院在大力推行案例指导制度的同时,正在建设人民法院案例库,通过汇聚各类指导性案例、参考性案例、典型案例等,积沙成塔、集腋成裘,形成法官检索类案以统一裁判尺度、提高办案公正与效率的资源库,形成市场主体、社会公众规范市场行为、防范诉讼风险的资源库。在民商事审判中,应当充分认识案例库建设现实而长远的意义,以高度的责任感形成、筛选、推送案例,使案例库成为汇聚中国法官司法智慧、独具中国特色的司法宝藏。

——刘贵祥:《关于当前民商事审判工作的几点思考》,载《中国应用法学》2023 年第 6 期。

017 指导性案例和会议纪要不是裁判依据

关键词│指导性案例│会议纪要│裁判依据│

【链接：最高人民法院法官著述】

会议纪要也是漏洞补充的重要方式。而在司法实践中,存在各种不同的会议纪要,性质并不完全相同,如最高人民法院印发的《全国法院民商事审判工作会议纪要》(法〔2019〕254 号,以下简称"九民纪要")性质上就是司法政策,是规范性文件,其对法律的补充就属于抽象补充。但最高人民法院各庭室包括第二巡回法庭法官会议形成的"法官会议纪要",与公报案例等性质基本相同,意在通过个案分析提炼出一般性规则,总体上近于个案补充。

需要指出的是,"九民纪要"等司法政策,是最高人民法院审判委员会讨论通过的,尽管不能作为裁判依据直接援引,但各级法院在遇到相关问题时,应当在裁判文书的"本院认为"部分将其作为说理依据。裁判文书未将其作为说理依据的,很可能会以法律适用错误为由被上级法院改判。可见,此种纪要具有"类司法解释"的强制适用效力。

而"法官会议纪要"是法官按照一定程序讨论后对某一法律适用问题形成的多数意见,尽管具有很强的参考价值,但不具有强制适用效力。尤其是对于某些争议很大的问题,如债务人破产重整是否意味着债权人已经获得全部清偿、能否继续请求保证人承担担保责任等问题,在这些问题上所形成的纪要仅代表法官会议按照司法责任制要求在一定阶段就个案涉及的法律适用问题所形成的多数意见。该意见若与事后发布的指导性案例、最高人民法院审判委员会讨论案件所形成的最终意见相悖,当然应以后者为准。

——贺小荣:《体系化思维对民事裁判统一性的内在约束——以〈民法典〉适用为视角》,载《中国应用法学》2022 年第 4 期。

在当前的民商事裁判活动中,我们应当如何看待案例的作用,个人的见解是:首先应当明确,案例非常重要,特别是最高人民法院的指导性案例。《最高人民法院关于案例指导工作的规定》和《〈最高人民法院关于案例指导工作的规定〉实施细则》两个文件,强调了指导性案例对于审理民商事案件的重要作用,确立了指导性案例的地位。如果具体的个别裁判和指导性案例的要旨相冲突,这个裁判可能会被提起再审。但是,目前并没有将指导性案例作为裁判规则的法律依据,所以两个文件中采用了"参照"表述。因此,指导性案例不是裁判依据,但是对裁判具有重要的指导意义。

另外,对于最高人民法院下发的会议纪要,可以作为审理案件的论证依据,但它不是裁判依据,这点一定要明确。

——贺小荣:《民法典物权编中的秩序、效率与公平》,载最高人民法院政治部编:《人民法院大讲堂:民法典重点问题解读》,人民法院出版社 2021 年版,第 208 页。

018 完善协同机制

关键词 │ 协同机制 │ 民刑交叉 │ 协同治理 │

【链接：最高人民法院法官著述】

(三)完善协同机制,实现双赢多赢共赢

民商事审判要充分发挥服务大局的职能作用,必须在党的集中统一领导下,加强与政法各部门、行政管理部门、行业协会等方面的沟通协作,形成相应的协同机制,在共治共管中实现双赢多赢共赢。

首先,要建立健全政法机关之间的协调机制。重在协调解决民刑交叉案件的程序选择和事实查明问题,以及多头查封、重复查封、相互掣肘等问题,提高民商事审判的可预期性和公信力。

其次,要建立健全与行政机关的协同治理机制,在处理有重大影响、社会关注度高的重大案件时,深入了解相关监管措施,听取监管部门意见,需要行政处置先行或者以政府主导下行政处置先行更有利于化解风险、保护各方权益的,要把握程序节奏,做好先期配合工作,确保行政处置在法治轨道进行,并保持与以后的司法程序在法律适用上的连贯性、一致性,使风险协同处置具有可推广、可遵循的模式效应。

最后,要建立健全多元化纠纷解决机制。严格落实新时代"枫桥经验"工作要求,将诉调对接工作的"调"再向前延伸,在党委、政法委领导下,共同抓好矛盾化解和综合治理,从源头上减少矛盾纠纷。

——刘贵祥:《关于当前民商事审判工作的几点思考》,载《中国应用法学》2023 年第 6 期。

019 践行和弘扬社会主义核心价值观

关键词｜社会主义核心价值观｜平等保护｜诚实信用｜

【链接：答记者问】

问:近年来,最高人民法院在发挥审判职能弘扬和践行社会主义核心价值观方面采取了哪些举措、有什么亮点?

答:习近平总书记指出:"要坚持依法治国和以德治国相结合,实现法治和德治相辅相成、相得益彰。"最高人民法院坚持以习近平新时代中国特色社会主义思想为指导,深入贯彻习近平法治思想,自觉将社会主义核心价值观融入审判执行工作,通过制定司法解释和司法政策、发布典型案例、运用社会主义核心价值观强化裁判文书释法说理、加强法治宣传等多种形式,积极推进在审判执行工作中大力弘扬社会主义核心价值观,将法治与德治相结合,在法治轨道上明规则、破难题、扬正气、树新风,使司法审判成为践行社会主义核心价值观的生动实践。主要开展了以下三方面工作:

一是完善司法解释和司法政策,为弘扬和践行社会主义核心价值观提供制度保障。制定民法典时间效力的规定,将更有利于弘扬社会主义核心价值观作为法律可溯及既往的标准；制定关于夫妻债务认定的司法解释，有力扭转了实践中出现的配偶"被负债"现象，弘扬了诚信、友善的价值观，宣扬了夫妻平等的价值理念；制定在人民法院工作中培育和践行社会主义核心价值观的意见，就人民法院如何在坚持司法为民、忠于宪法法律、尊重保障人权等十一个方面运用社会主义核心价值观作出详细要求；印发加强"红色经典"和英雄烈士合法权益司法保护弘扬社会主义核心价值观的通知，引导社会公众特别是广大青少年自觉抵制"低俗、庸俗、媚俗"，抵制历史虚无主义，维护社会公共利益。

二是推进社会主义核心价值观融入裁判文书释法说理，让裁判文书成为弘扬社会主义核心价值观的生动教材。制定深入推进社会主义核心价值观融入裁判文书释法说理的意见，要求对涉及国家利益、重大公共利益等六类案件，强化运用社会主义核心价值观释法说理。据统计，2022 年，全国法院在法律框架内运用社会主义核心价值观释法说理的一审民事案件达 38.25 万件，比 2021 年增长 21.66%，广布于民间借贷纠纷、买卖合同纠纷、信用卡纠纷等民事案件，推动社会主义核心价值观转化为广大人民群众的情感认同和行为自觉。

三是充分挖掘案例资源，用"小案例"阐释"大道理"。最高人民法院先后发布弘扬社会主义核心价值观典型案例、保护英雄人物人格权益典型案例、弘扬社会主义核心价值观指导性案例、涉英烈权益保护十大典型案例、第一批和第二批人民法院大力弘扬社会主义核心价值观典型民事案例。本次发布的是第三批典型民事案例。相关典型案例和指导性案例的发布，为指导司法审判、引领社会风尚提供裁判准则和道德支撑，崇尚和爱戴英雄进一步成为社会共识，历史虚无主义、英雄污名化等不良风气得到了有效遏制；破解了长期困扰群众的"扶不扶""劝不劝""追不追""救不救""为不为""管不管"等法律和道德风险，坚决防止"谁能闹谁有理""谁横谁有理""谁受伤谁有理"等和稀泥做法；弘扬孝亲敬老、助人为乐、见义勇为等文明风尚，引领社风、家风向上向善，使社会主义核心价值观更加深入人心。

——《明规则 破难题 扬正气 树新风——最高法民一庭相关负责人就第三批人民法院大力弘扬社会主义核心价值观典型民事案例答记者问》，载《人民法院报》2023 年 3 月 2 日，第 3 版。

问：习近平总书记指出，要坚持依法治国和以德治国相结合，把社会主义核心价值观融入法治建设。据悉，此次总则编司法解释特别强调弘扬社会主义核心价值观，这主要体现在哪些方面？

答：习近平总书记指出，要推动把社会主义核心价值观贯穿立法、执法、司法、守法各环节，使社会主义法治成为良法善治。总则编司法解释通篇都践行了社会主义核心价值观。具体主要体现在如下几个方面：

一是倡导文明观念,弘扬良好社会风尚。随着时代发展,权利的内涵日益丰富,行使方式也更加多样,与此同时,权利滥用的情况也时有发生。比如,有的民事主体为保护自身权益私装摄像头拍摄、窥视他人的私密活动,就构成对他人隐私权的侵害。根据实践需要,在综合各方意见基础上,本解释第三条对滥用民事权利的具体认定和法律后果作出规定,为相关案件的审理提供统一的裁判标准,同时也起到行为导向作用,促进形成依法文明行使权利的良好风尚。

二是践行平等理念,细化权利保护规则。本解释将平等保护权利,特别是自然人权利置于突出位置。比如,根据"最有利于被监护人的原则"细化了监护制度,在民事法律行为和代理制度部分强化了对善意相对人的保护,在诉讼时效部分中细化了无民事行为能力人或者限制民事行为能力人的权利受到损害时的诉讼时效期间起算规则。

三是贯彻诚信原则,维护交易安全。诚信原则是社会主义核心价值观在民事法律制度中的重要体现。总则编司法解释关于权利滥用、重大误解、欺诈、表见代理等认定规则,均贯彻了诚信原则的要求。比如,本解释第二十一条在传承原《最高人民法院关于贯彻执行〈中华人民共和国民法通则〉若干问题的意见(试行)》有关欺诈规定的基础上,明确了负有告知义务而故意不告知的,可以认定为欺诈。这里的告知义务的来源,包括了法律规定、交易习惯和诚信原则等。

四是褒扬友善品格,鼓励好人好事。本解释在民事责任部分作出细化规定,明确了防卫过当造成不应有损害的,防卫人只承担部分责任,以及见义勇为受益人适当补偿数额的确定规则等。主要目的就是通过明确认定标准和责任承担,鼓励民事主体依法积极保护自己和他人的合法权益。这些规则就社会生活中应当提倡什么、反对什么、禁止什么,亮明了司法的态度,集中体现了"弘扬真善美、鞭笞假恶丑"的价值导向,有利于发挥司法裁判的评价、指引、规范功能。

——《弘扬社会主义核心价值观 确保民法典统一正确实施——最高人民法院研究室负责人就民法典总则编司法解释答记者问》,载《人民法院报》2022年2月27日,第4版。

编者说明

核心价值观是国家的共同价值,是法治建设的道德基础。党的十八大提出,倡导富强、民主、文明、和谐,倡导自由、平等、公正、法治,倡导爱国、敬业、诚信、友善,积极培育和践行社会主义核心价值观。《民法典总则编解释》在理念上大力弘扬社会主义核心价值观。通过细化习惯的适用规则、监护制度、民事法律行为、民事责任、诉讼时效等制度规则,将社会主义核心价值观贯穿始终,彰显《民法典》强调公平正义、倡导诚实守信的价值导向。司法解释特别细化了正当防卫、紧急避险、见义勇为的制度规则,进一步在"扶不扶""劝不劝""追不追""救不救""为不为""管不管"等问题上亮明态度,坚决防止"和稀泥",让司法有力量、有是非、有温度,让群众有温暖、有遵循、有保障。①

020 社会主义核心价值观在《民法典》中的体现

关键词 | 社会主义核心价值观 | 习惯 | 公序良俗 |

【链接：答记者问】

问:中华人民共和国民法典即将颁布实施,请谈一下民法典的实施,对人民法院民事审判工作进一步弘扬社会主义核心价值观的影响?

答:编纂民法典是党的十八届四中全会提出的重大立法任务。为了编纂一部适应中国特色社会主义发展要求、符合现阶段我国基本国情、体现民族和时代精神的法典,民法典编纂工作坚持社会主义核心价值观。社会主义核心价值观在民法典中主要体现为以下几个方面:一是在民法典中起统领作用的民法总则开宗明义将弘扬社会主义核心价值观确立为立法宗旨,意味着社会主义核心价值观将在今后一段时期,全面融入民商事立法始终。二是民法总则确立的平等、自愿、公平、诚信、公序良俗、绿色原则,直接体现了社会主义核心价值观的具体内容,决定了民事法律制度的基本性质、内容和价值取向必须以社会主义核心价值观为遵循。三是民法典各分编的制度功能进一步贯彻了社会主义核心价值观,比如合同编充分体现契约自由、诚实守信;物权编强调对产权的平等保护;侵权责任编兼顾多元价值平衡;婚姻家庭、继承两编关注弱势群体保护;人格权编坚持以人为本,这些制度设计从不同层面回应了社会主义核心价值观的价值目标、价值取向和价值准则,为人民法院处理民商事纠纷提供了价值指引。总之,民法典的编纂体现了社会主义核心价值观和民法基本理论的有机统一。民法典即将颁布,为保证正确适用民法典,让司法审判成为践行和弘扬社会主义核心价值观的生动实践,人民法院要做好以下几个方面的工作:一是要领会民法典的中国特色和时代精神,理解民法典法律条文中蕴含的社会主义核心价值观的深刻内涵,准确把握立法精神、条文含义和价值导向,增强将弘扬社会主义核心价值观融入民事司法审判工作的自觉性和敏感性。二是正确处理好法律规则、法律原则和社会道德的关系,实现法治与德治的有机统一。法律是成文的道德、道德是内心的法律,社会主义核心价值观的内核与法律精神具有内在统一性。在司法审判过程中,要始终贯彻法治原则,牢牢坚持公正司法,确保裁判的合法性;要不断挖掘民事习惯和公序良俗在法律事实证明、法律漏

---

① 《最高法发布民法典总则编司法解释(2022 年 3 月 1 日起施行)》,载《人民法院报》2022 年 2 月 27 日,第 1 版。

洞补充等方面的功能;还要注重发挥社会道德在裁判文书中的补强说理作用,作出情理法相一致的裁判,努力实现政治效果、法律效果和社会效果的有机统一。三是做好司法审判经验和裁判规则的总结提炼。法律具有滞后性,但社会的发展永远不会停止。人民法院在处理矛盾纠纷的过程中积累了生动的司法实践,有效弥补了法律的短板。因此,要注重司法经验的积累和总结,强化优秀典型案例的示范引领作用,为立法的不断发展积累素材、提供动力。

——《强化典型示范 引领社会新风尚——最高法民一庭负责人就大力弘扬社会主义核心价值观十大典型民事案例答记者问》,载《人民法院报》2020 年 5 月 14 日,第 3 版。

021 法官在法律框架内运用社会主义核心价值观释法说理

关键词 │ 社会主义核心价值观 │ 裁判文书 │ 说理 │

【最高人民法院司法文件】

一、深入推进社会主义核心价值观融入裁判文书释法说理,应当坚持以下基本原则:

(一)法治与德治相结合。以习近平新时代中国特色社会主义思想为指导,贯彻落实习近平法治思想,忠于宪法法律,将法律评价与道德评价有机结合,深入阐释法律法规所体现的国家价值目标、社会价值取向和公民价值准则,实现法治和德治相辅相成、相得益彰。

(二)以人民为中心。裁判文书释法说理应积极回应人民群众对公正司法的新要求和新期待,准确阐明事理,详细释明法理,积极讲明情理,力求讲究文理,不断提升人民群众对司法裁判的满意度,以司法公正引领社会公平正义。

(三)政治效果、法律效果和社会效果的有机统一。立足时代、国情、文化,综合考量法、理、情等因素,加强社会主义核心价值观的导向作用,不断提升司法裁判的法律认同、社会认同和情理认同。

五、有规范性法律文件作为裁判依据的,法官应当结合案情,先行释明规范性法律文件的相关规定,再结合法律原意,运用社会主义核心价值观进一步明晰法律内涵、阐明立法目的、论述裁判理由。

——《最高人民法院关于深入推进社会主义核心价值观融入裁判文书释法说理的指导意见》(2021 年 3 月 1 日,法〔2021〕21 号)。

十三、除依据法律法规、司法解释的规定外,法官可以运用下列论据论证裁判理由,以提高裁判结论的正当性和可接受性;最高人民法院发布的指导性案例;最高人民法院发布的非司法解释类审判业务规范性文件;公理、情理、经验法则、交易惯例、民间规约、职业伦理;立法说明等立法材料;采取历史、体系、比较等法律解释方法时使用的材料;法理及通行学术观点;与法律、司法解释等规范性法律文件不相冲突的其他论据。

——《最高人民法院关于加强和规范裁判文书释法说理的指导意见》(2018 年 6 月 13 日,法发〔2018〕10 号)。

【链接：理解与适用】

坚持依法裁判

司法裁判必须遵循司法活动的基本原则,同时必须遵循审判活动的特有原则。人民法院依照法律规定独立行使审判权,法律规定是司法裁判的依据。社会主义法律体系作为社会主义核心价值观的有效载体,集中体现了社会主义核心价值理念,是对社会自由、平等和公正的确认,也是对社会主体自由、平等、公正价值需求的维护和实现。在司法裁判中,严格依法办事、尊崇法治精神与弘扬社会主义核心价值观在本质上是一脉相承的。

按照中央下发的相关文件精神,《意见》①相关规定坚持符合司法规律,避免引发"以社会主义核心价值观替代或者优先法律进行司法裁判"的误读和疑虑,突出强调"法官在法律框架内运用社会主义核心价值观释法说理"这一基本定位,将社会主义核心价值观落脚于具体的法律规则和法律原则,进一步理顺社会主义核心价值观与法律规则的内在统一关系。如《意见》第 1 条明确规定"忠于宪法法律,深入阐释法律法规所体现的国家价值目标、社会价值取向和公民价值准则"。第 5 条规定突出依法依规,即要求法官在裁判文书中先行释明法律规定,再结合法律原意,运用社会主义核心价值观进一步释法说理,以强调司法裁判的稳定性、权威性和人民群众的可接受度。……

关于基本定位

《意见》要解决如何运用社会主义核心价值观释法说理这一基本问题,就需要先厘清社会主义核心价值观与法律的逻辑关联。只有准确界定这一问题,才能正确运用社会主义核心价值观释法说理。

第一,社会主义核心价值观不具有规范效力和强制约束力,必须入法入规。社会主义核心价值观是国家的共同价值,是法治建设的道德基础,其本身属于意识形态范畴,并没有强制效力。党的十九届四中全会决定要求:"坚持依法治国和以德

---

① 指《最高人民法院关于深入推进社会主义核心价值观融入裁判文书释法说理的指导意见》。——编者注

治国相结合,完善弘扬社会主义核心价值观的法律政策体系,把社会主义核心价值观要求融入法治建设和社会治理。"通过在法律政策、司法裁判中不断融入社会主义核心价值观的内容和精神,推动形成具有中国特色的弘扬社会主义核心价值观的法律政策体系。2018 年 3 月 11 日,第十三届全国人民代表大会第一次会议通过的宪法修正案,将"国家倡导社会主义核心价值观"写入宪法第二十四条,也是社会主义核心价值观融入法律政策的根本法源。

第二,社会主义核心价值观与法律共同规范社会行为,传导价值取向。法律是成文的道德,道德是内心的法律。法律作为一种原则性的规范,不可能把千变万化的社会生活全面涵盖,一些法律无法涉及的领域也不能仅仅依靠道德来接管,而是以法治承载道德理念、鲜明价值导向、弘扬美德义行,把社会主义道德要求体现到立法、执法、司法、守法之中,推动法律和道德在社会治理中相互支撑、相辅相成,发挥两者维护社会秩序和引领社会风尚各自不可替代的作用。

第三,社会主义核心价值观是立法宗旨,也是理解和适用法律的指引。民法典将"弘扬社会主义核心价值观"作为立法宗旨之一写入其中,《关于适用民法典时间效力的若干规定》第 2 条也规定:"民法典施行前的法律事实引起的民事纠纷案件,当时的法律、司法解释有规定,适用当时的法律、司法解释的规定,但是适用民法典的规定更有利于保护民事主体合法权益,更有利于维护社会和经济秩序,更有利于弘扬社会主义核心价值观的除外。"可以说,民法典从基本原则到制度规范、具体规则,通篇体现着社会主义核心价值观的要求,社会主义核心价值观塑造了民法典的精神灵魂。

基于社会主义核心价值观的基本属性以及与法律的逻辑关联,《意见》将"法官在法律框架内运用社会主义核心价值观释法说理"作为基本定位,要求人民法院在坚持依法治国和以德治国相结合的基本原则下,积极运用社会主义核心价值观指导审判活动,严格依照民法典条文精神内涵,定分止争、惩恶扬善,在裁判文书释法说理中厘清争点,亮明观点。

——刘峥、邓宇、金晓丹:《〈关于深入推进社会主义核心价值观融入裁判文书释法说理的指导意见〉重点问题解读》,载《人民司法·应用》2022 年第 16 期。

编者说明

2021 年 1 月 19 日,最高人民法院印发《关于深入推进社会主义核心价值观融入裁判文书释法说理的指导意见》(法〔2021〕21 号),全面规范了法官运用社会主义核心价值观释法说理的基本原则、基本要求、主要方法、重点案件、范围情形、配套机制等,突出"法官在法律框架内运用社会主义核心价值观释法说理"这一基本定位,有利于指引、规范法官运用社会主义核心价值观正确理解立法精神和立法目的,规范行使自由裁量权,充分发挥司法裁判在国家治理、社会治理中的规范、评价、教育、引领等功能,为人民群众在实施见义勇为、正当防卫以及维护

036 · 新编最高人民法院司法观点集成（第二版）· 民法总则卷

公共利益和公共秩序时,在遇到"扶不扶""劝不劝""管不管"等法律和道德难题时,亮明立场,辨明方向。①

该意见共有 19 个条文,对各级人民法院深入推进社会主义核心价值观融入裁判文书释法说理进行了系统全面部署,分为五个部分。第一部分(第 1 条至第 4 条)明确运用社会主义核心价值观释法说理的基本原则、基本要求、基本方法以及强化运用社会主义核心价值观释法说理的重点案件。第二部分(第 5 条至第 8 条)根据审判实践,区分不同情形,细化运用社会主义核心价值观释法说理的内容。第三部分(第 9 条至第 10 条)规范运用社会主义核心价值观释法说理的主要方法,包括解释方法和语言要求。第四部分(第 11 条至第 17 条)配套机制,包括建立案件识别、类案统一、审判监督机制,加强业务培训,建立裁判文书反馈改进机制等。第五部分(第 18 条至第 19 条)制定细则和时效。②

022 法官运用社会主义核心价值观释法说理的总体要求

关键词│社会主义核心价值观│裁判文书│说理│

【最高人民法院司法文件】

二、各级人民法院应当深入推进社会主义核心价值观融入裁判文书释法说理,将社会主义核心价值观作为理解立法目的和法律原则的重要指引,作为检验自由裁量权是否合理行使的重要标准,确保准确认定事实,正确适用法律。对于裁判结果有价值引领导向、行为规范意义的案件,法官应当强化运用社会主义核心价值观释法说理,切实发挥司法裁判在国家治理、社会治理中的规范、评价、教育、引领等功能,以公正裁判树立行为规则,培育和弘扬社会主义核心价值观。

五、有规范性法律文件作为裁判依据的,法官应当结合案情,先行释明规范性法律文件的相关规定,再结合法律原意,运用社会主义核心价值观进一步明晰法律内涵、阐明立法目的、论述裁判理由。

——《最高人民法院关于深入推进社会主义核心价值观融入裁判文书释法说理的指导意见》(2021 年 3 月 1 日,法〔2021〕21 号)。

---

① 《最高人民法院印发指导意见 深入推进社会主义核心价值观融入裁判文书释法说理》,载《人民法院报》2021 年 2 月 18 日,第 1 版。

② 《深入推进社会主义核心价值观融入裁判文书释法说理 以公正裁判引领社会风尚——最高人民法院司改办负责人答记者问》,载《人民法院报》2021 年 2 月 18 日,第 4 版。

【链接：理解与适用】

关于基本要求

《意见》①第 2 条以社会主义核心价值观在司法裁判中的功能定位为出发点，对人民法院如何运用社会主义核心价值观释法说理提出了总体要求，可分为 3 个层面。

一是以社会主义核心价值观为重要指引，正确理解立法目的和法律原则，充分发挥社会主义核心价值观的裁判指引功能。社会主义核心价值体系与社会主义法律体系高度融合、内在统一，法官在理解、解释法律以及适用法律时，必须以立法精神、社会主义核心价值观为指引，确定裁判依据，准确适用法律。

二是以社会主义核心价值观为重要标准，检验自由裁量权是否合理行使，充分发挥社会主义核心价值观的规范裁判功能。如《意见》第 5 条就明确规定，民商事案件无规范性法律文件作为裁判直接依据的，除了可以适用习惯以外，法官还应当以社会主义核心价值观为指引，以最相类似的法律规定作为裁判依据，以监督制约法官合理行使自由裁量权。

三是以社会主义核心价值观为重要考量，平衡司法裁判的政治效果、法律效果和社会效果，充分发挥社会主义核心价值观的价值引导功能。《意见》要求，对于裁判结果有价值引领导向、行为规范意义的案件，法官应当强化运用社会主义核心价值观释法说理，切实发挥司法裁判在国家治理、社会治理中的规范、评价、教育、引领等功能，以公正裁判树立行为规则，引领社会风尚。

——刘峥、邓宇、金晓丹：《〈关于深入推进社会主义核心价值观融入裁判文书释法说理的指导意见〉重点问题解读》，载《人民司法·应用》2022 年第 16 期。

023 法官运用社会主义核心价值观释法说理的重点案件

关键词｜社会主义核心价值观｜说理｜道德评价｜公序良俗｜

【最高人民法院司法文件】

四、下列案件的裁判文书，应当强化运用社会主义核心价值观释法说理：

（一）涉及国家利益、重大公共利益，社会广泛关注的案件；

（二）涉及疫情防控、抢险救灾、英烈保护、见义勇为、正当防卫、紧急避险、助

---

① 指《最高人民法院关于深入推进社会主义核心价值观融入裁判文书释法说理的指导意见》。——编者注

人为乐等,可能引发社会道德评价的案件;

（三）涉及老年人、妇女、儿童、残疾人等弱势群体以及特殊群体保护,诉讼各方存在较大争议且可能引发社会广泛关注的案件;

（四）涉及公序良俗、风俗习惯、权利平等、民族宗教等,诉讼各方存在较大争议且可能引发社会广泛关注的案件;

（五）涉及新情况、新问题,需要对法律规定、司法政策等进行深入阐释,引领社会风尚、树立价值导向的案件;

（六）其他应当强化运用社会主义核心价值观释法说理的案件。

——《最高人民法院关于深入推进社会主义核心价值观融入裁判文书释法说理的指导意见》(2021 年 3 月 1 日,法〔2021〕21 号）。

【链接：理解与适用】

关于重点案件

针对司法实践中一些法官不知道哪些案件应当强化运用社会主义核心价值观释法说理的问题,结合中央相关文件精神和部分典型案例,综合考量社会关注度、争议度、案件主体以及是否存在道德评价、具有行为规范和价值引领导向等因素,《意见》①第 4 条确定了 6 类应强化释法说理的重点案件。在确定重点案件时,我们主要考虑到这 6 类案件的社会关注度高、影响较大,对于社会风气和社会秩序的型构具有较为明显的引导作用,且在法律解释中可以上升到价值观念、道德规范层面,更加有利于在司法个案中实现法律效果与社会效果的有机统一。具体包括涉及国家利益、重大公共利益,社会广泛关注的案件;涉及疫情防控、抢险救灾、英烈保护、见义勇为等,可能引发社会道德评价的案件;涉及新情况、新问题,需要法官对法律规定、司法政策等进行深入阐释,引导社会风气、价值导向的案件等。针对上述 6 类案件,由于具体案情的复杂性和差异性,《意见》倡导性地要求法官强化运用社会主义核心价值观释法说理,给法官在多元价值评判、复杂利益平衡裁量以及核心价值观培育、引领、践行等方面提供释法说理指引,预留了以小案例讲述大道理的空间。

——刘峥、邓宇、金晓丹:《〈关于深入推进社会主义核心价值观融入裁判文书释法说理的指导意见〉重点问题解读》,载《人民司法·应用》2022 年第 16 期。

---

① 指《最高人民法院关于深入推进社会主义核心价值观融入裁判文书释法说理的指导意见》。——编者注

024 法官运用社会主义核心价值观释法说理的运用情形

关键词 | 社会主义核心价值观 | 说理 | 裁判依据 | 习惯 | 法律原则 |

【最高人民法院司法文件】

五、有规范性法律文件作为裁判依据的,法官应当结合案情,先行释明规范性法律文件的相关规定,再结合法律原意,运用社会主义核心价值观进一步明晰法律内涵、阐明立法目的、论述裁判理由。

六、民商事案件无规范性法律文件作为裁判直接依据的,除了可以适用习惯以外,法官还应当以社会主义核心价值观为指引,以最相类似的法律规定作为裁判依据;如无最相类似的法律规定,法官应当根据立法精神、立法目的和法律原则等作出司法裁判,并在裁判文书中充分运用社会主义核心价值观阐述裁判依据和裁判理由。

七、案件涉及多种价值取向的,法官应当依据立法精神、法律原则、法律规定以及社会主义核心价值观进行判断、权衡和选择,确定适用于个案的价值取向,并在裁判文书中详细阐明依据及其理由。

——《最高人民法院关于深入推进社会主义核心价值观融入裁判文书释法说理的指导意见》(2021 年 3 月 1 日,法〔2021〕21 号)。

【链接:答记者问】

细分释法说理情形。《意见》①第五至第七条以"法律规定与社会主义核心价值观"的逻辑关联为切入点,分三种情形释法说理,为法官提供相对明确的实践指引,解决法官"不会用"的问题:一是有裁判依据的,先依法释明,再运用社会主义核心价值观围绕法律依据阐释理由。二是民商事案件无规范性法律文件作为裁判直接依据的,除了可以适用习惯以外,法官还应当以社会主义核心价值观为指引,以最相类似的法律规定作为裁判依据。需要说明的是,根据民法典第十条规定以及刑事、行政案件裁判规则,《意见》第六条将案件范围限定为"民商事案件"。三是案件涉及多种价值取向的,法官应当依据立法精神、法律原则、法律规定以及社会主义核心价值观进行判断、权衡和选择,确定适用于个案的价值取向,并在裁判文书中详细阐明依据及其理由。

——《深入推进社会主义核心价值观融入裁判文书释法说理 以公正裁判引领社会风尚——最高人民法院司改办负责人答记者问》,载《人民法院报》2021 年 2

---

① 指《最高人民法院关于深入推进社会主义核心价值观融入裁判文书释法说理的指导意见》。——编者注

月 18 日,第 4 版。

【链接：理解与适用 】

关于运用情形

在司法裁判中,明确案件范围以后,就涉及在哪些情形中需要运用社会主义核心价值观释法说理,有必要作出细分。《意见》①第 5 至 7 条以法律规定与社会主义核心价值观的逻辑关联为切入点,分 3 种情形释法说理,为法官提供相对明确的实践指引,解决法官"不会用"的问题。

一是有规范性法律文件作为裁判依据的案件。在此类案件裁判中,法官应结合案情,首先挖掘法律规定本身所蕴含的社会主义核心价值观的内在要求,找到法律规定与社会主义核心价值观的关联点。在释法说理时,法官应先行释明规范性法律文件的相关规定,再结合法律原意,运用社会主义核心价值观进一步明晰法律内涵、阐明立法目的、论述裁判理由,使得法律规定和社会主义核心价值观相得益彰,形成合力。

二是无规范性法律文件作为裁判直接依据的案件。《意见》第 6 条在严格遵循"法官在法律框架内运用社会主义核心价值观释法说理"这一基本定位的基础上,以"法律—习惯—法律原则"为适用顺序,提出法官可以采用类推适用的方法确定裁判依据,并分两个层面予以规定。第一个层面,在民商事案件无规范性法律文件作为裁判直接依据的情况下,根据民法典第十条"法律没有规定的,可以适用习惯,但是不得违背公序良俗"的规定,《意见》提出,法官除了可以适用习惯以外,还应当以社会主义核心价值观为指引,以最相类似的法律规定作为裁判依据。第二个层面,在无最相类似的法律规定作为裁判依据的情况下,法官应当根据立法精神、立法目的和法律原则等作出司法裁判,社会主义核心价值观可以作为阐述裁判依据和裁判理由的重要因素。这一规定,再次凸显了司法裁判法定性的基本要求,社会主义核心价值观也成为帮助法官发现裁判依据、证成裁判理由的利器。

需要特别说明的是,该条类推适用的规定将案件范围仅限定为民商事案件,主要考量以下 4 方面的因素:第一,与已印发的规范性文件保持统一。2018 年最高人民法院印发的《关于加强和规范裁判文书释法说理的意见》第 7 条将类推适用的案件范围限定在民事案件。第二,民商事案件的审判特点。社会主义核心价值观与中华民族优秀传统文化同符合契,与民法的平等、诚信、公序良俗等原则息息相通。民法典将"弘扬社会主义核心价值观"作为立法目的之一。相较其他类型的审判工作,民事审判更加重视个案中的社会伦理评价,是培育和践行社会主义核心价值

---

① 指《最高人民法院关于深入推进社会主义核心价值观融入裁判文书释法说理的指导意见》。——编者注

观的重要阵地。第三,刑事案件罪刑法定的审判原则。刑法第三条规定:"法律明文规定为犯罪行为的,依照法律定罪处刑;法律没有明文规定为犯罪行为的,不得定罪处刑。"在刑事审判领域,类推适用等于将刑法规范适用于无明文规定的情形,不仅会对公民的权利造成侵害,也会使社会公众无法根据刑法规范预判行为性质。因此,刑事审判禁止类推适用。第四,行政案件原则上排除类推适用的原则。在行政法领域,依法行政强调行政权力行使方式的法定性,即确定行政行为是否合法要严格依据法律规定。虽然,近年来,行政审判领域中也出现了类推适用民事法律规范的现象,但是其适用程序和条件均有严格的限制。考虑到行政案件类推适用对法官行使自由裁量权要求较高,为避免出现滥用自由裁量权、侵犯公民合法权益的情况,《意见》并未将行政案件纳入类推适用的范围。

三是涉及多种价值取向的案件。随着改革开放和发展社会主义市场经济条件下思想意识不断多元多样多变,人民法院的审判工作在多元价值评判、复杂利益平衡以及核心价值观培育和引领方面仍面临很多挑战。一些案件并没有明确、直接的法律规定作为裁判依据,法官经常要在同一案件中对不同价值取向进行权衡和取舍。如在"泸州二奶案"中,涉及意思自治、公序良俗等价值判断,在"狼牙山五壮士案"中,涉及言论自由、英烈保护等价值判断,等等。法官如何判断适用于案情的价值位阶? 如何划分优先级?《意见》提出,法官应当依据立法精神、法律原则、法律规定以及社会主义核心价值观进行判断、权衡和选择,确定适用于个案的价值取向,并在裁判文书中详细阐明依据及其理由。

——刘峥、邓宇、金晓丹:《〈关于深入推进社会主义核心价值观融入裁判文书释法说理的指导意见〉重点问题解读》,载《人民司法·应用》2022 年第 16 期。

025 法官运用社会主义核心价值观释法说理的解释方法

关键词 | 社会主义核心价值观 | 说理 | 文义解释 | 体系解释 | 目的解释 | 历史解释 |

【最高人民法院司法文件】

九、深入推进社会主义核心价值观融入裁判文书释法说理应当正确运用解释方法:

(一)运用文义解释的方法,准确解读法律规定所蕴含的社会主义核心价值观的精神内涵,充分说明社会主义核心价值观在个案中的内在要求和具体语境。

(二)运用体系解释的方法,将法律规定与中国特色社会主义法律体系、社会主义核心价值体系联系起来,全面系统分析法律规定的内涵,正确理解和适用法律。

（三）运用目的解释的方法，以社会发展方向及立法目的为出发点，发挥目的解释的价值作用，使释法说理与立法目的、法律精神保持一致。

（四）运用历史解释的方法，结合现阶段社会发展水平，合理判断、有效平衡司法裁判的政治效果、法律效果和社会效果，推动社会稳定、可持续发展。

——《最高人民法院关于深入推进社会主义核心价值观融入裁判文书释法说理的指导意见》（2021 年 3 月 1 日，法〔2021〕21 号）。

【链接：答记者问】

规范释法说理方法。为了指引、规范法官运用社会主义核心价值观解释法律，提高广大法官运用核心价值观释法说理的能力水平，解决"精准用"的问题，《意见》①第九条总结归纳司法实践和法学界普遍采用和认同的四种解释方法，即文义解释、体系解释、目的解释和历史解释，针对不同案件情形提供适当的解释方法，确保同类案件运用社会主义核心价值观释法说理的科学性和统一性。同时，要求法官使用简洁明快、通俗易懂的语言，讲求繁简得当，丰富修辞论证，提升司法裁判的法律认同、社会认同和情理认同。

——《深入推进社会主义核心价值观融入裁判文书释法说理　以公正裁判引领社会风尚——最高人民法院司改办负责人答记者问》，载《人民法院报》2021 年 2 月 18 日，第 4 版。

【链接：理解与适用】

关于说理方法

为了指引、规范法官运用社会主义核心价值观解释法律，提高广大法官运用核心价值观释法说理的能力水平，解决"精准用"的问题，《意见》②第 3 条规定了释法说理的基本方法，即坚持以事实为根据，以法律为准绳。在释法说理时，应当针对争议焦点，根据庭审举证、质证、法庭辩论以及法律调查等情况，结合社会主义核心价值观，重点说明裁判事实认定和法律适用的过程和理由。此规定既是对 2018 年最高人民法院印发的《关于加强和规范裁判文书释法说理的意见》的延续，也是对法官运用社会主义核心价值观释法说理的总体指引。《意见》第 9 条总结归纳了司法实践和法学界普遍采用和认同的 4 种解释方法。

一是文义解释方法。法律是高度概括和抽象的，法律语言也不同于日常语言。

---

① 指《最高人民法院关于深入推进社会主义核心价值观融入裁判文书释法说理的指导意见》。——编者注

② 指《最高人民法院关于深入推进社会主义核心价值观融入裁判文书释法说理的指导意见》。——编者注

文义解释要求解释者根据法律条文的含义进行分析,说明其内容,是一种最古老也最为基础的解释方法。《意见》要求法官充分运用文义解释的方法,准确解读法律规定所蕴含的社会主义核心价值观的精神内涵,充分说明社会主义核心价值观在个案中的内在要求和具体语境,以避免部分裁判文书脱离具体案情,简单使用"符合或不符合社会主义核心价值观""与社会主义核心价值观相悖"等表述。

二是体系解释方法。体系解释是指将被解释的法律规范放在整部法律中,乃至整个法律体系中,联系此规范与其他规范的相互关系来解释法律。《意见》在此基础上,以社会主义法律体系和核心价值体系的高度统一关系为出发点,进一步要求法官将法律规定与社会主义核心价值体系联系起来,找到两者的关联点,全面系统分析法律规定的内涵,并在司法裁判中以释法说理推动社会主义核心价值体系建设。

三是目的解释方法。目的解释方法要求解释者按照立法精神,根据具体案件,从逻辑上进行解释。《意见》提出,法官应以社会发展方向以及立法目的为出发点,使释法说理与立法目的、法律精神保持一致。

四是历史解释方法。历史解释是指对法律规范产生、修改或废止的经济、政治、文化、社会历史条件的研究作出说明,同时将新的法律规范同以往同类法律进行对照、比较,以阐明法律的意义。从这一角度说,司法裁判不仅是法治进程的见证者,更是法治进程的推动者。《意见》从历史解释的基本要求出发,要求法官结合现阶段社会发展水平,合理判断、有效平衡司法裁判的政治效果、法律效果和社会效果,引领社会未来发展方向。

需要说明的是,以上4种解释方法作为司法实践中采用频率较高的解释方法,以不同的考量因素和视角为出发点,具有不同的解释要求和解释功能,在很多情况下都是合并使用的。根据理论界和实务界的基本共识,法官在运用上述解释方法的时候,一般遵循文义解释—体系解释—目的解释—历史解释的位阶顺序,但也可以根据个案情况进行调整。

——刘峥、邓宇、金晓丹:《〈关于深入推进社会主义核心价值观融入裁判文书释法说理的指导意见〉重点问题解读》,载《人民司法·应用》2022年第16期。

026 运用社会主义核心价值观释法说理的理解误区

关键词 | 社会主义核心价值观 | 说理 | 裁判依据 |

【链接：最高人民法院法官著述】

关于理解误区

我们发现，部分法院在贯彻落实《意见》①过程中在政策理解方面，特别是在社会主义核心价值观与法律规范的关系定位方面，出现了一些理解偏差，直接影响运用社会主义核心价值观释法说理的成效。我们总结了以下3种可能出现的理解误区，以帮助各级人民法院及时发现、纠正偏差，精准、有效落实此项工作。

误区一：社会主义核心价值观可以替代法律作为裁判依据

部分法官认为，以前我们只用法律说理，现在《意见》要求人民法院积极运用社会主义核心价值观释法说理，那就是将社会主义核心价值观等同于法律规范。这种理解是非常片面，也是十分危险的。我们说，运用社会主义核心价值观释法说理，亦即法官可以运用社会主义核心价值观解释法律依据、说明审判理由、证成裁判结果。社会主义核心价值观作为一种说理依据，可以帮助法官更好地理解法律规范、说明裁判理由，帮助公众更易理解裁判结果，但是却并不能与法律规范等同。法律规范是经国家立法机关制定或认可的，由国家强制力保证实施的行为规范，但是社会主义核心价值观并不具有强制约束力和执行力，社会主义核心价值观只有在入法入规后，才对社会公众具有强制约束力。那么社会主义核心价值观可以作为裁判依据吗？《意见》第5至7条给予了明确回答。简言之，即是案件有法律规范应以法律规范为裁判依据，无法律规范作为直接裁判依据，应以习惯、最相类似的法律规定、立法精神、立法目的和法律原则作为裁判依据，社会主义核心价值观可以作为理解、寻找法律规范的指引，可以作为裁判说理依据，但并不能作为裁判依据。

误区二：运用社会主义核心价值观释法说理等于司法道德泛化

部分法官认为，司法裁判必须并且只能依据法律规范，即遵循严格的"法律规范主义"，拒绝在法律之外寻求裁判的理由。他们认为，将社会主义核心价值观这类道德层面的要求运用到司法裁判中即是司法的道德泛化，是以道德审判代替法律，是道德对法律的挟持。那么，在司法实践中，面对复杂变幻的案件事实，法官真的能只作为"自动售货机"的角色，任何案件投置于其中便可以从另一端输出判决结果吗？法官仅依据法律而不问世事作出的裁判真的是公正，并符合民意的吗？运用社会主义核心价值观释法说理真的是道德绑架法律吗？这些问题的背后隐含着对法律与道德关系的深刻判断，牵涉着"相对于道德价值而言法律是如何被理解的"这样一个难题。持上述认识的法官很明显陷入了法律的概念"天堂"，"法律心

---

① 指《最高人民法院关于深入推进社会主义核心价值观融入裁判文书释法说理的指导意见》。——编者注

智从整体上看一直在耗尽心力地思考法律本身,但却满足于对法律与之相关且与之区分的那个东西(道德)不闻不问"。他们希望从现成的规则那里寻找安全感,相信只要遵照规则的指示行事就可以最大限度地降低行为风险,但是这与中国当下的社会现实却格格不入,无法解决社会中出现的严重的道德失范的问题。在佛山小悦悦事件、南京彭宇案、天津许云鹤案中,社会公众表现出了对当下社会道德境况的深深忧虑。司法裁判不应、也不能仅仅依据法律规范作出裁判,特别是在法律与伦理、法律与道德相互交织的疑难案件中,裁判的考量必须综合分析政治效果、法律效果和社会效果,达到三者的有机统一,达到法、理、情的有机融合。这也正是我们在推进依法治国方略下,强调法治、德治相结合的原因所在。法律的实施需要道德的有力支持,道德水平的提高会增强人们的守法意识,使人们更加自觉地严格遵守法律规定。

误区三:运用社会主义核心价值观释法说理是博眼球的政策导向

部分法官认为,面对繁重的审判工作压力,要求法官运用社会主义核心价值观释法说理是审判工作的负担,是博眼球、画蛇添足的做法。这样的思想在一线法官中似不少见。这也是我们在此文第一部分,花大量笔墨阐述运用社会主义核心价值观释法说理重大意义的原因所在。如果法官仅仅将眼光局限在"案结",而不是"事了",把办案理解为"机械化的流水线",而不是"社会治理的贡献者",把裁判结果视为"个体影响",而不是"群体效应",把裁判过程视为"法律套用",而不是"规则引领",那运用社会主义核心价值观释法说理确似可有可无。但是,我们必须正视国家治理和社会治理中司法裁判的多重功能,即价值引导功能、社会秩序型构功能、教育功能等。司法裁判通过对事实认定和法律关系等的判定,向社会提供善与恶、是与非、美与丑的评判标准,通过一个个鲜活的司法裁判,弘扬真善美、鞭笞假丑恶,影响、引导、塑造人的价值观、人生观、道德观和荣辱观。

深入推进社会主义核心价值观融入裁判文书释法说理是人民法院一贯践行和弘扬社会主义核心价值观,以公正裁判树立行为规则,引领社会风尚的重要举措。各级人民法院要坚持依法治国和以德治国相结合,正确理解和深刻认识社会主义核心价值观与法律规定之间的内在统一关系,切实发挥司法裁判在国家治理、社会治理中的规范、评价、教育、引领等功能。

——刘峥、邓宇、金晓丹:《〈关于深入推进社会主义核心价值观融入裁判文书释法说理的指导意见〉重点问题解读》,载《人民司法·应用》2022 年第 16 期。

027 通过司法裁判弘扬良好的社会道德风尚

关键词 | 道德风尚 | 释法说理 | 立法宗旨 |

【最高人民法院审判业务意见】

要通过裁判弘扬良好的社会道德风尚。比如，前不久有媒体报道一个广东法院的判决，我觉得有非常好的指引作用。一个老人苏老太好心送了几根香蕉给女孩小覃，小覃又将其中一根香蕉转送给了她的小伙伴婷婷，婷婷吃香蕉时不慎吸入气管导致窒息死亡，婷婷家人将苏老太和小覃爷爷告上法院，索赔 73.8 万元。一审法院作出了驳回诉讼请求的判决，二审法院维持了一审判决。法院在判决说理部分阐述了这样一段话：法律应当鼓励民事主体积极地展开社会交往，未成年人间无明显安全隐患的食物分享行为不能认定有过错。这个判决很好地宣传和弘扬了互帮互助、团结友善的良好道德风尚，值得肯定。在处理类似案件时，不能和稀泥，在查清案件事实的基础上，要理直气壮地弘扬积极的道德观。要通过判决说理，清晰地传达我们这个社会支持什么，反对什么，赞扬什么，唾弃什么，不仅要让民众明是非，而且要知善恶、辨美丑。

——程新文：《关于当前民事审判工作中的若干具体问题》（2015 年 12 月 24 日），载最高人民法院民事审判第一庭编：《民事审判指导与参考》总第 64 辑，人民法院出版社 2016 年版，第 60 页。

【最高人民法院公报案例】

蒋海燕、曾英诉覃维邱、苏燕弟生命权纠纷案[广东省佛山市中级人民法院二审民事判决书,2015.8.27]

裁判摘要：民法鼓励民事主体积极开展合法、正当的社会交往。行为人在正常社会交往活动中实施行为本身不具有危害性，因意外因素造成他人的权益受到损害的，如果行为人无过错，且其行为与损害结果之间无任何因果关系，行为人依法不承担赔偿责任。

广东省佛山市中级人民法院二审认为：

本案为人身损害侵权赔偿纠纷，应适用《中华人民共和国侵权责任法》的相关规定。《中华人民共和国侵权责任法》第六条第一款①规定："行为人因过错侵害他人民事权益，应当承担侵权责任。"本条是过错责任原则的规定。过错责任是指造成损害并不必然承担赔偿责任，必须看行为人是否有过错，有过错有责任，无过错无责任。据此，确定被上诉人覃维邱在本案中的行为是否存在过错是本案的争议焦点。一般而言，过错包括故意和过失，故意是指行为人以损害他人为目的而实施加害行为，或者明知自己的行为会造成损害仍实施加害行为；行为人因疏忽或者懈

---

① 对应《民法典》第 1165 条第 1 款。——编者注

怠未尽合理注意义务的,为过失。根据本案查明的事实,覃维邱无故意加害曾婷婷的目的和行为,且本案也无证据证明覃维邱在明知曾婷婷有不能独立进食芭蕉的特殊体质的情况下,仍放任曾婷婷独立进食芭蕉,故覃维邱不存在故意侵权行为。因此,判断覃维邱的行为是否因疏忽或者懈怠未尽合理注意义务是其承担责任与否的关键。对此,法院认为,覃维邱对于曾婷婷进食芭蕉窒息死亡不存在过失,理由如下:

首先,事发时,曾婷婷是已满五周岁的学龄前儿童,从一般生活经验来看,其已具备独立进食包括本案芭蕉在内的常见食物的能力,比曾婷婷年幼的覃维邱的孙子覃光典事发当天也独立进食芭蕉,由此可见,覃维邱对于曾婷婷独立进食芭蕉的注意标准与其处理自己同样事务的标准一致。其次,对于并非曾婷婷临时监护人的覃维邱,不能苛求其一直照看曾婷婷,并且事发当日早上,曾婷婷已经与覃光典一起进食过芭蕉,当时并没有异常,而事发时为当日下午,才发现曾婷婷进食芭蕉窒息,对此后果无法预见,事后其也尽力协助救治曾婷婷,不能据此认为覃维邱存在疏忽或者懈怠。最后,从民法的基本价值立场出发,民法应是鼓励民事主体积极地展开社会交往,如果将小孩之间分享无明显安全隐患食物的行为定性为过失,无疑限制人之行为自由,与过错责任原则的立法宗旨不符。

综上,正如一审法院所认定,曾婷婷是因在进食过程中一时咬食芭蕉过多、吞咽过急等偶发因素而导致窒息死亡,应属于意外事件,覃维邱不存在故意或过失侵害曾婷婷的行为,对曾婷婷的死亡没有过错,在本案中无须承担侵权损害赔偿责任。上诉人蒋海燕、曾英上诉认为覃维邱应对曾婷婷的死亡承担赔偿责任,缺乏法律依据,本院不予采纳。

——《最高人民法院公报》2016 年第 11 期。

028 甄别虚假诉讼的方法

关键词 | 甄别虚假诉讼 | 恶意串通 | 常理 |

【最高人民法院司法文件】

二、精准甄别查处,依法保护诉权。单独或者与他人恶意串通,采取伪造证据、虚假陈述等手段,捏造民事案件基本事实,虚构民事纠纷,向人民法院提起民事诉讼,损害国家利益、社会公共利益或者他人合法权益,妨害司法秩序的,构成虚假诉讼。向人民法院申请执行基于捏造的事实作出的仲裁裁决、调解书及公证债权文书,在民事执行过程中以捏造的事实对执行标的提出异议、申请参与执行财产分配的,也属于虚假诉讼。诉讼代理人、证人、鉴定人、公证人等与他人串通,共同实施虚假诉讼的,属于虚假诉讼行为人。在整治虚假诉讼的同时,应当依法保护当事人诉权。既要防止以保护当事人诉权为由,放松对虚假诉讼的甄别、查处,又要防止以整治虚假诉讼为由,当立案不立案,损害当事人诉权。

三、把准特征表现,做好靶向整治。各级人民法院要积极总结司法实践经验,准确把握虚假诉讼的特征表现,做到精准施治、靶向整治。对存在下列情形的案件,要高度警惕、严格审查,有效防范虚假诉讼:原告起诉依据的事实、理由不符合常理;诉讼标的额与原告经济状况严重不符;当事人之间存在亲属关系、关联关系等利害关系,诉讼结果可能涉及案外人利益;当事人之间不存在实质性民事权益争议,在诉讼中没有实质性对抗辩论;当事人的自认不符合常理;当事人身陷沉重债务负担却以明显不合理的低价转让财产、以明显不合理的高价受让财产或者放弃财产权利;认定案件事实的证据不足,当事人却主动迅速达成调解协议,请求人民法院制作调解书;当事人亲历案件事实却不能完整准确陈述案件事实或者陈述前后矛盾等。

四、聚焦重点领域,加大整治力度。民间借贷纠纷,执行异议之诉,劳动争议,离婚析产纠纷,诉离婚案件一方当事人的财产纠纷,企业破产纠纷,公司分立(合并)纠纷,涉驰名商标的商标纠纷,涉拆迁的离婚、分家析产、继承、房屋买卖合同纠纷,涉房屋限购和机动车配置指标调控等宏观调控政策的买卖合同、以物抵债纠纷等各类纠纷,是虚假诉讼易发领域。对上述案件,各级人民法院应当重点关注、严格审查,加大整治虚假诉讼工作力度。

——《最高人民法院关于深入开展虚假诉讼整治工作的意见》(2021年11月4日,法〔2021〕281号)。

一、一般性指引

(一)构成要素和主要表现形式

1. 人民法院认定存在虚假诉讼时综合考虑下列因素:

(1)行为人单独或者与他人恶意串通;

(2)采取伪造证据、虚假陈述等手段;

(3)捏造民事案件基本事实,虚构民事纠纷;

(4)向人民法院提起民事诉讼;

(5)妨害司法秩序或者侵害他人合法权益。

2. 人民法院在审理下列案件时,应当重点甄别可能存在的虚假诉讼:

(1)民间借贷纠纷;

(2)买卖合同纠纷;

(3)劳务合同纠纷、确认劳动关系纠纷和追索劳动报酬纠纷;

（4）股权转让纠纷；

（5）房屋买卖合同纠纷；

（6）建设工程施工合同纠纷；

（7）债权转让合同纠纷；

（8）追偿权纠纷；

（9）案外人执行异议之诉；

（10）交通事故损害赔偿中的保险理赔纠纷；

（11）租赁合同纠纷；

（12）继承纠纷；

（13）公司分立（合并）、企业破产纠纷；

（14）以物抵债纠纷；

（15）其他可能存在虚假诉讼的案件。

3. 当事人存在下列情形之一的，人民法院应当重点甄别可能存在虚假诉讼：

（1）离婚案件，特别是被告下落不明、涉及共同财产分割或者涉及共同债务分担的案件；

（2）以明显缺乏清偿能力的自然人、法人、非法人组织为被告的财产纠纷案件；

（3）改制中的国有、集体企业为被告的财产纠纷案件；

（4）以拆迁区划范围内的自然人为诉讼主体的离婚、分家析产、继承、房屋买卖合同纠纷案件；

（5）以同一当事人同时在多起案件中作为被告的财产纠纷案件。

4. 有下列情形之一的，人民法院应当重点甄别可能存在虚假诉讼：

（1）原告起诉依据的事实、理由不符合常理，存在伪造证据、虚假陈述可能；

（2）原告诉请司法保护的诉讼标的额与其自身经济状况严重不符；

（3）在可能影响案外人利益的案件中，当事人之间存在近亲属关系或者关联企业等共同利益关系；

（4）当事人之间不存在实质性民事权益争议和实质性诉辩对抗；

（5）一方当事人对于另一方当事人提出的对其不利的事实明确表示承认，且不符合常理；

（6）认定案件事实的证据不足，但双方当事人主动迅速达成调解协议，请求人民法院制作调解书；

（7）当事人自愿以价格明显不对等的财产抵付债务；

（8）其他异常情形。

5. 双方串通型虚假诉讼的主要情形：

（1）双方当事人恶意串通，捏造案件基本事实、虚构法律关系，进行民事诉讼、申请确认调解协议效力、申请法院调解、申请实现担保物权或者申请支付令；

（2）双方当事人恶意串通，对虚假的案件基本事实作出自认；

（3）夫妻之间利用离婚诉讼转移财产，逃避债务，侵害债权人利益；

（4）继承案件中，双方当事人故意隐瞒存在其他继承人的情形；

（5）当事人与公司、企业的法定代表人或者实际控制人、董事、监事、经理或者其他管理人员恶意串通，捏造公司、企业债务或者担保义务；

（6）委托代理人、共同诉讼代表人等实际实施诉讼行为的人员与对方当事人恶意串通，损害委托人、被代表人等当事人的利益；

（7）演出企业等与艺人恶意串通，利用"阴阳合同"等，提起虚假诉讼的行为；

（8）其他当事人恶意串通的虚假诉讼行为。

6. 单方欺骗型虚假诉讼的主要情形：

（1）恶意利用证据，虚构法律关系提起诉讼；

（2）起诉时隐瞒存在已针对同一事项的生效裁判或者相关案件正在审理过程中等事实；

（3）隐瞒债务已经清偿的事实，起诉要求他人履行债务；

（4）假借民间借贷之名，诱使或迫使他人签订"借贷"或变相"借贷""抵押""担保"等相关协议，通过虚增借贷金额、恶意制造违约、恶意主张违约、毁匿还款证据等方式形成虚假债权债务；

（5）在离婚诉讼过程中，一方当事人与诉讼当事人之外的他人恶意串通，虚构夫妻关系存续期间的共同债务，侵害对方利益；

（6）当事人基于捏造的事实申请人民法院采取财产保全、证据保全或者行为保全措施；

（7）一方当事人与诉讼当事人之外的他人恶意串通，捏造债权债务关系或者达成损害其他权利人利益的以物抵债协议；

（8）故意错列被告或者第三人，把与本案无关的当事人拖入诉讼；

（9）在破产案件审理过程中申报捏造的财产权利，或者主张捏造的优先受偿权；

（10）通过伪造证据等方式捏造知识产权侵权关系或者不正当竞争关系；

（11）在土地、房屋征收拆迁安置补偿过程中，捏造身份关系提起离婚、分家析产、继承、房屋买卖合同纠纷等诉讼行为；

（12）当事人捏造身份、合同、侵权、继承等民事法律关系的行为；

（13）行为人伪造代理手续或者冒充他人名义，提起诉讼；

（14）故意提供虚假户籍所在地、经常居住地或者法人的主要办事机构所在地等证明材料，意图改变诉讼管辖；

（15）其他当事人或者其他诉讼参与人单方实施的虚假诉讼行为。

7. 执行程序中虚假诉讼的主要表现形式：

（1）当事人基于捏造的事实获取的仲裁裁决或者调解书、公证债权文书、支付令等生效法律文书申请执行；

（2）当事人以捏造的事实对执行标的提出异议；

（3）与他人恶意串通，捏造债权或者捏造对查封、扣押、冻结财产的优先权、担保物权等，通过诉讼、仲裁、调解等方式逃避履行生效法律文书确定的义务；

（4）案外人以捏造的事实对执行标的提出异议、申请追加被执行人、申请参与执行财产分配、申请被执行人破产；

（5）当事人或者他人通过捏造事实等可能导致人民法院错误执行的其他行为。

——《最高人民法院关于在民事诉讼中防范与惩治虚假诉讼工作指引（一）》（2021 年 11 月 11 日，法〔2021〕287 号）。

第四条　实施《最高人民法院、最高人民检察院关于办理虚假诉讼刑事案件适用法律若干问题的解释》第一条第一款、第二款规定的捏造事实行为，并有下列情形之一的，应当认定为刑法第三百零七条之一第一款规定的"以捏造的事实提起民事诉讼"：

（一）提出民事起诉的；

（二）向人民法院申请宣告失踪、宣告死亡，申请认定公民无民事行为能力、限制民事行为能力，申请认定财产无主，申请确认调解协议，申请实现担保物权，申请支付令，申请公示催告的；

（三）在民事诉讼过程中增加独立的诉讼请求、提出反诉，有独立请求权的第三人提出与本案有关的诉讼请求的；

（四）在破产案件审理过程中申报债权的；

（五）案外人申请民事再审的；

（六）向人民法院申请执行仲裁裁决、公证债权文书的；

（七）案外人在民事执行过程中对执行标的提出异议，债权人在民事执行过程中申请参与执行财产分配的；

（八）以其他手段捏造民事案件基本事实，虚构民事纠纷，提起民事诉讼的。

第五条　对于下列虚假诉讼犯罪易发的民事案件类型，人民法院、人民检察院在履行职责过程中应当予以重点关注：

（一）民间借贷纠纷案件；

（二）涉及房屋限购、机动车配置指标调控的以物抵债案件；

（三）以离婚诉讼一方当事人为被告的财产纠纷案件；

（四）以已经资不抵债或者已经被作为被执行人的自然人、法人和非法人组织为被告的财产纠纷案件；

（五）以拆迁区划范围内的自然人为当事人的离婚、分家析产、继承、房屋买卖合同纠纷案件；

（六）公司分立、合并和企业破产纠纷案件；

（七）劳动争议案件；

（八）涉及驰名商标认定的案件；

（九）其他需要重点关注的民事案件。

第六条 民事诉讼当事人有下列情形之一的，人民法院、人民检察院在履行职责过程中应当依法严格审查，及时甄别和发现虚假诉讼犯罪：

（一）原告起诉依据的事实、理由不符合常理，存在伪造证据、虚假陈述可能的；

（二）原告诉请司法保护的诉讼标的额与其自身经济状况严重不符的；

（三）在可能影响案外人利益的案件中，当事人之间存在近亲属关系或者关联企业等共同利益关系的；

（四）当事人之间不存在实质性民事权益争议和实质性诉辩对抗的；

（五）一方当事人对于另一方当事人提出的对其不利的事实明确表示承认，且不符合常理的；

（六）认定案件事实的证据不足，但双方当事人主动迅速达成调解协议，请求人民法院制作调解书的；

（七）当事人自愿以价格明显不对等的财产抵付债务的；

（八）民事诉讼过程中存在其他异常情况的。

第七条 民事诉讼代理人、证人、鉴定人等诉讼参与人有下列情形之一的，人民法院、人民检察院在履行职责过程中应当依法严格审查，及时甄别和发现虚假诉讼犯罪：

（一）诉讼代理人违规接受对方当事人或者案外人给付的财物或者其他利益，与对方当事人或者案外人恶意串通，侵害委托人合法权益的；

（二）故意提供虚假证据，指使、引诱他人伪造、变造证据、提供虚假证据或者隐匿、毁灭证据的；

（三）采取其他不正当手段干扰民事诉讼活动正常进行的。

——《最高人民法院、最高人民检察院、公安部、司法部关于进一步加强虚假诉讼犯罪惩治工作的意见》（2021年3月10日，法发〔2021〕10号）。

1. 虚假诉讼一般包含以下要素：（1）以规避法律、法规或国家政策谋取非法利益为目的；（2）双方当事人存在恶意串通；（3）虚构事实；（4）借用合法的民事程序；

(5)侵害国家利益、社会公共利益或者案外人的合法权益。

2. 实践中,要特别注意以下情形:(1)当事人为夫妻、朋友等亲近关系或者关联企业等共同利益关系;(2)原告诉请司法保护的标的额与其自身经济状况严重不符;(3)原告起诉所依据的事实和理由明显不符合常理;(4)当事人双方无实质性民事权益争议;(5)案件证据不足,但双方仍然主动迅速达成调解协议,并请求人民法院出具调解书。

——《最高人民法院关于防范和制裁虚假诉讼的指导意见》(2016 年 6 月 20 日,法发〔2016〕13 号)。

【链接:答记者问】

问:虚假诉讼具有很强的隐蔽性,尤其是当事人互相串通、虚构事实、伪造证据等情况时有发生。针对上述问题,《意见》①提供了哪些甄别方法?谢谢。

答:确实,这些情况使案件表面上达到事实清楚、证据充分的证明标准,人民法院很难审查出民事法律关系的不真实性。《意见》在广泛总结司法实践经验基础上,从四个方面对如何甄别虚假诉讼作了规定:一是对什么是虚假诉讼,哪些情形属于虚假诉讼,哪些人属于虚假诉讼行为人作了明确规定,为人民法院认定虚假诉讼提供了准绳;二是总结了原告起诉依据的事实和理由不符合常理,诉讼标的额与原告经济状况严重不符,当事人缺乏实质性对抗辩论,自认不符合常理等八类特征表现,指导法官开展靶向整治;三是归纳了民间借贷纠纷、执行异议之诉、劳动争议、离婚析产纠纷等十类易出现虚假诉讼的案件类型,有助于聚焦重点领域,提高整治质效;四是构建了立、审、执无缝衔接的甄别、提醒机制,充分利用立案辅助系统等信息系统开展甄别预警,发现涉嫌虚假诉讼的,要对审判和执行部门进行标记提醒,对于标记的案件,审判和执行部门要重点审查,严加防范,实现各环节分工协作、有效配合。

——《〈最高人民法院关于深入开展虚假诉讼整治工作的意见〉暨人民法院整治虚假诉讼典型案例新闻发布会》,载中国法院网 2021 年 11 月 9 日,https://www.chinacourt. org/chat/fulltext/listId/52898/template/courtfbhnewcommon/subjectid/MzAwNMhPN4ABAA. shtml。

【最高人民法院司法政策】

三是要做好重点案件的虚假诉讼防范工作。

当前,虚假诉讼分布的案件类型呈现扩大趋势,但民间借贷、离婚、破产等案

---

① 指《最高人民法院关于深入开展虚假诉讼整治工作的意见》。——编者注

件,仍然是虚假诉讼的"高发区""重灾区"。在民间借贷案件审理中,要严格按照民间借贷司法解释关于可能属于虚假诉讼十种行为的规定,加强案件的筛查识别,结合借贷发生的原因、时间、地点、款项来源、交付方式、款项流向以及借贷双方关系、经济状况等,综合判断是否属于虚假诉讼。在离婚案件中,要加强对债权债务事实认定和财产债务分配的总体把控,警惕转移共同财产逃避债务承担,以及虚构债权债务损害妇女儿童权益等虚假诉讼行为。在破产案件中,对企业投资者或者管理者在进入破产程序前以诉讼方式集中、突击转移企业财产,发放大额管理层报酬等行为,要加强审查鉴别,避免虚假诉讼行为对债权人合法利益的侵害。

关于虚假诉讼,目前全国民事商事的法官,各级法院要引起高度警惕,杀伤力太大了,一定要防住。现在虚假诉讼的重灾区首推民间借贷,借条很多是不靠谱的,隐藏了很多高利贷在里面,子虚乌有的都存在。另外,离婚案件中财产分割,涉及用借条证明债权债务的也很多。还有破产案件。总之,民间借贷、离婚案件财产分割、破产清算这三大类案件是重灾区。民间借贷要防止虚假诉讼,一定要坚持当事人的出庭制度。我要强调在实践中,大量的民间借贷案件,当事人是不出庭的,就委托代理律师打官司,相关事实律师也说不清,法官很难办。民诉法司法解释要求当事人出庭,当事人作为案件事实的亲历者,其向法庭做陈述是诉讼义务,是民事诉讼证据之一。按照民诉法司法解释要求,当事人做法庭陈述要立下保证书,如果虚假陈述要承担法律责任。家事审判工作调研时,我去中山,他们提到民间借贷保证书制度太好了,要求当事人出庭,出庭以后下保证,如果虚假陈述要接受法院制裁。很多当事人马上认账、撤诉。他们讲了关于当事人说谎的一个案例,债权人说出借了借款一千万,现金交付,怎么交付? 当事人说拿塑料口袋拎着,法官一听就知道是假的,因为一千万现金一个人不可能拎得动。对虚假诉讼,我们要发现一个打一个,并且要广泛宣传,形成虚假诉讼人人喊打。我建议明年最高人民法院要大力宣传一批对虚假诉讼案件给予处罚的案例。现在已经处罚了一些,但以后还要运用各种工具,找准一些典型案例予以惩治,不然真治不住。

——杜万华:《在第八次全国法院民事商事审判工作会议上的专题讲话》(2015 年 12 月 24 日),载杜万华主编:《〈第八次全国法院民事商事审判工作会议(民事部分)纪要〉理解与适用》,人民法院出版社 2017 年版,第 50 页。

【最高人民法院指导性案例】

上海欧宝生物科技有限公司诉辽宁特莱维置业发展有限公司企业借贷纠纷案[最高人民法院指导案例 68 号,最高人民法院(2015)民二终字第 324 号民事判决书,2015.10.27]

裁判要点:人民法院审理民事案件中发现存在虚假诉讼可能时,应当依职权调取相关证据,详细询问当事人,全面严格审查诉讼请求与相关证据之间是否存在矛盾,以及当事人诉讼中言行是否违背常理。经综合审查判断,当事人存在虚构事实、恶意串通、规避法律或国家政策以谋取非法利益,进行虚假民事诉讼情形的,应当依法予以制裁。

裁判摘要①:人民法院保护合法的民间借贷关系,同时,对于恶意串通进行虚假诉讼意图损害他人合法权益的行为,应当依法进行制裁。在人民法院审查发现借贷双方存在虚假诉讼的可能时,应当依职权调取相关证据,严格审查借贷双方合意形成、借贷数额、借款用途、资金往来、借款及诉讼前后的具体行为等细节问题。经过对当事人详细的询问,综合判断是否属于虚假民事诉讼。

法院生效裁判认为:人民法院保护合法的借贷关系,同时对于恶意串通进行虚假诉讼意图损害他人合法权益的行为,应当依法制裁。本案争议的焦点问题有两个,一是欧宝公司与特莱维公司之间是否存在关联关系;二是欧宝公司和特莱维公司就争议的8650万元是否存在真实的借款关系。

一、欧宝公司与特莱维公司是否存在关联关系的问题

《中华人民共和国公司法》第二百一十七条②规定,关联关系,是指公司控股股东、实际控制人、董事、监事、高级管理人员与其直接或间接控制的企业之间的关系,以及可能导致公司利益转移的其他关系。可见,公司法所称的关联公司,既包括公司股东的相互交叉,也包括公司共同由第三人直接或者间接控制,或者股东之间、公司的实际控制人之间存在直系血亲、姻亲、共同投资等可能导致利益转移的其他关系。

本案中,曲叶丽为欧宝公司的控股股东,王作新是特莱维公司的原法定代表人,也是案涉合同签订时特莱维公司的控股股东翰皇公司的控股股东和法定代表人,王作新与曲叶丽系夫妻关系,说明欧宝公司与特莱维公司由夫妻二人控制。欧宝公司称两人已经离婚,却未提供民政部门的离婚登记或者人民法院的生效法律文书。虽然辽宁高院受理本案诉讼后,特莱维公司的法定代表人由王作新变更为姜雯琪,但王作新仍是特莱维公司的实际控制人。同时,欧宝公司股东兼法定代表人宗惠光、王奇等人,与特莱维公司的实际控制人王作新、法定代表人姜雯琪、目前的控股股东王阳共同投资设立了上海特莱维,说明欧宝公司的股东与特莱维公司的控股股东、实际控制人存在其他的共同利益关系。另外,沈阳特莱维是欧宝公司控股的公司,沙琪公司的股东是王作新的父亲和母亲。可见,欧宝公司与特莱维公

---

① 参见胡云腾、汪国献:《上海欧宝生物科技有限公司与辽宁特莱维置业发展有限公司企业借贷纠纷案——民事审判中虚假诉讼的认定》,载中国应用法学研究所主编:《中华人民共和国最高人民法院案例选》第3辑,法律出版社2020年版,第3页。

② 对应2023年《公司法》第265条。——编者注

司之间、前述两公司与沙琪公司、上海特莱维、沈阳特莱维之间均存在关联关系。

欧宝公司与特莱维公司及其他关联公司之间还存在人员混同的问题。首先，高管人员之间存在混同。姜雯琪既是欧宝公司的股东和董事，又是特莱维公司的法定代表人，同时还参与翰皇公司的清算。宗惠光既是欧宝公司的法定代表人，又是翰皇公司的工作人员，虽然欧宝公司称宗惠光自 2008 年 5 月即从翰皇公司辞职，但从上海市第一中级人民法院(2008)沪一中民三(商)终字第 426 号民事判决载明的事实看，该案 2008 年 8 月至 12 月审理期间，宗惠光仍以翰皇公司工作人员的身份参与诉讼。王奇既是欧宝公司的监事，又是上海特莱维的董事，还以该公司工作人员的身份代理相关行政诉讼。王阳既是特莱维公司的监事，又是上海特莱维的董事。王作新是特莱维公司原法定代表人、实际控制人，还曾先后代表欧宝公司、翰皇公司与案外第三人签订连锁加盟(特许)合同。其次，普通员工也存在混同。霍静是欧宝公司的工作人员，在本案中作为欧宝公司原一审诉讼的代理人，2007 年 2 月 23 日代表特莱维公司与世安公司签订建设施工合同，又同时兼任上海特莱维的董事。崔秀芳是特莱维公司的会计，2010 年 1 月 7 日代特莱维公司开立银行账户，2010 年 8 月 20 日本案诉讼之后又代欧宝公司开立银行账户。欧宝公司当庭自述魏亚丽系特莱维公司的工作人员，2010 年 5 月魏亚丽经特莱维公司授权办理银行账户开户，2011 年 9 月诉讼之后又经欧宝公司授权办理该公司在中国建设银行沈阳马路湾支行的开户，且该银行账户的联系人为魏亚丽。刘静君是欧宝公司的工作人员，在本案原一审和执行程序中作为欧宝公司的代理人，2009 年 3 月 17 日又代特莱维公司办理企业登记等相关事项。刘洋以特莱维公司员工名义代理本案诉讼，又受王作新的指派代理上海特莱维的相关诉讼。

上述事实充分说明，欧宝公司、特莱维公司以及其他关联公司的人员之间并未严格区分，上述人员实际上服从王作新一人的指挥，根据不同的工作任务，随时转换为不同关联公司的工作人员。欧宝公司在上诉状中称，在 2007 年借款之初就派相关人员进驻特莱维公司，监督该公司对投资款的使用并协助工作，但早在欧宝公司所称的向特莱维公司转入首笔借款之前 5 个月，霍静即参与该公司的合同签订业务。而且从这些所谓的"派驻人员"在特莱维公司所起的作用看，上述人员参与了该公司的合同签订、财务管理到诉讼代理的全面工作，而不仅是监督工作，欧宝公司的辩解，不足为信。辽宁高院关于欧宝公司和特莱维公司系由王作新、曲叶丽夫妇控制之关联公司的认定，依据充分。

二、欧宝公司和特莱维公司就争议的 8650 万元是否存在真实借款关系的问题

根据《最高人民法院关于适用〈中华人民共和国民事诉讼法〉的解释》第九十条规定，当事人对自己提出的诉讼请求所依据的事实或者反驳对方诉讼请求所依据的事实，应当提供证据加以证明；当事人未能提供证据或者证据不足以证明其事

实主张的,由负有举证证明责任的当事人承担不利的后果。第一百零八条规定:"对负有举证证明责任的当事人提供的证据,人民法院经审查并结合相关事实,确信待证事实的存在具有高度可能性的,应当认定该事实存在。对一方当事人为反驳负有举证责任的当事人所主张的事实而提供的证据,人民法院经审查并结合相关事实,认为待证事实真伪不明的,应当认定该事实不存在。"在当事人之间存在关联关系的情况下,为防止恶意串通提起虚假诉讼,损害他人合法权益,人民法院对其是否存在真实的借款法律关系,必须严格审查。

欧宝公司提起诉讼,要求特莱维公司偿还借款 8650 万元及利息,虽然提供了借款合同及转款凭证,但其自述及提交的证据和其他在案证据之间存在无法消除的矛盾,当事人在诉讼前后的诸多言行违背常理,主要表现为以下 7 个方面:

第一,从借款合意形成过程来看,借款合同存在虚假的可能。欧宝公司和特莱维公司对借款法律关系的要约与承诺的细节事实陈述不清,尤其是作为债权人欧宝公司的法定代表人、自称是合同经办人的宗惠光,对所有借款合同的签订时间、地点、每一合同的己方及对方经办人等细节,语焉不详。案涉借款每一笔均为大额借款,当事人对所有合同的签订细节、甚至大致情形均陈述不清,于理不合。

第二,从借款的时间上看,当事人提交的证据前后矛盾。欧宝公司的自述及其提交的借款合同表明,欧宝公司自 2007 年 7 月开始与特莱维公司发生借款关系。向本院提起上诉后,其提交的自行委托形成的审计报告又载明,自 2006 年 12 月份开始向特莱维公司借款,但从特莱维公司和欧宝公司的银行账户交易明细看,在 2006 年 12 月之前,仅欧宝公司 8115 账户就发生过两笔高达 1100 万元的转款,其中,2006 年 3 月 8 日以"借款"名义转入特莱维公司账户 300 万元,同年 6 月 12 日转入 801 万元。

第三,从借款的数额上看,当事人的主张前后矛盾。欧宝公司起诉后,先主张自 2007 年 7 月起累计借款金额为 5850 万元,后在诉讼中又变更为 8650 万元,上诉时又称借款总额 1.085 亿元,主张的借款数额多次变化,但只能提供 8650 万元的借款合同。而谢涛当庭提交的银行转账凭证证明,在欧宝公司所称的 1.085 亿元借款之外,另有 4400 多万元的款项以"借款"名义打入特莱维公司账户。对此,欧宝公司自认,这些多出的款项是受王作新的请求帮忙转款,并非真实借款。该自认说明,欧宝公司在相关银行凭证上填写的款项用途极其随意。从本院调取的银行账户交易明细所载金额看,欧宝公司以借款名义转入特莱维公司账户的金额远远超出欧宝公司先后主张的上述金额。此外,还有其他多笔以"借款"名义转入特莱维公司账户的巨额资金,没有列入欧宝公司所主张的借款数额范围。

第四,从资金往来情况看,欧宝公司存在单向统计账户流出资金而不统计流入资金的问题。无论是案涉借款合同载明的借款期间,还是在此之前,甚至诉讼开始以后,欧宝公司和特莱维公司账户之间的资金往来,既有欧宝公司转入特莱维公司账户款项的情况,又有特莱维公司转入欧宝公司账户款项的情况,但欧宝公司只计算己方账户转出的借方金额,而对特莱维公司转入的贷方金额只字不提。

第五,从所有关联公司之间的转款情况看,存在双方或多方账户循环转款问题。如上所述,将欧宝公司、特莱维公司、翰皇公司、沙琪公司等公司之间的账户对照检查,存在特莱维公司将己方款项转入翰皇公司账户过桥欧宝公司账户后,又转回特莱维公司账户,造成虚增借款的现象。特莱维公司与其他关联公司之间的资金往来也存在此种情况。

第六,从借款的用途看,与合同约定相悖。借款合同第二条约定,借款限用于特莱维国际花园房地产项目,但是案涉款项转入特莱维公司账户后,该公司随即将大部分款项以"借款""还款"等名义分别转给翰皇公司和沙琪公司,最终又流向欧宝公司和欧宝公司控股的沈阳特莱维。至于欧宝公司辩称,特莱维公司将款项打入翰皇公司是偿还对翰皇公司借款的辩解,由于其提供的翰皇公司和特莱维公司之间的借款数额与两公司银行账户交易的实际数额互相矛盾,且从流向上看大部分又流回了欧宝公司或者其控股的公司,其辩解不足为凭。

第七,从欧宝公司和特莱维公司及其关联公司在诉讼和执行中的行为来看,与日常经验相悖。欧宝公司提起诉讼后,仍与特莱维公司互相转款;特莱维公司不断向欧宝公司账户转入巨额款项,但在诉讼和执行程序中却未就还款金额对欧宝公司的请求提出任何抗辩;欧宝公司向辽宁高院申请财产保全,特莱维公司的股东王阳却以其所有的房产为本应是利益对立方的欧宝公司提供担保;欧宝公司在原一审诉讼中另外提供担保的上海市青浦区房产的所有权,竟然属于王作新任法定代表人的上海特莱维;欧宝公司和特莱维公司当庭自认,欧宝公司开立在中国建设银行东港支行、中国建设银行沈阳马路湾支行的银行账户都由王作新控制。

对上述矛盾和违反常理之处,欧宝公司与特莱维公司均未作出合理解释。由此可见,欧宝公司没有提供足够的证据证明其就案涉争议款项与特莱维公司之间存在真实的借贷关系。且从调取的欧宝公司、特莱维公司及其关联公司账户的交易明细发现,欧宝公司、特莱维公司以及其他关联公司之间、同一公司的不同账户之间随意转款,款项用途随意填写。结合在案其他证据,法院确信,欧宝公司诉请之债权系截取其与特莱维公司之间的往来款项虚构而成,其以虚构债权为基础请求特莱维公司返还8650万元借款及利息的请求不应支持。据此,辽宁高院再审判决驳回其诉讼请求并无不当。

至于欧宝公司与特莱维公司提起本案诉讼是否存在恶意串通损害他人合法权益的问题。首先,无论欧宝公司,还是特莱维公司,对特莱维公司与一审申诉人谢涛及其他债权人的债权债务关系是明知的。从案涉判决执行的过程看,欧宝公司申请执行之后,对查封的房产不同意法院拍卖,而是继续允许该公司销售,特莱维公司每销售一套,欧宝公司即申请法院解封一套。在接受法院当庭询问时,欧宝公司对特莱维公司销售了多少查封房产,偿还了多少债务陈述不清,表明其提起本案诉讼并非为实现债权,而是通过司法程序进行保护性查封以阻止其他债权人对特莱维公司财产的受偿。虚构债权,恶意串通,损害他人合法权益的目的明显。其次,从欧宝公司与特莱维公司人员混同、银行账户同为王作新控制的事实可知,两公司同属一人,均已失去公司法人所具有的独立人格。《中华人民共和国民事诉讼法》第一百一十二条①规定:"当事人之间恶意串通,企图通过诉讼、调解等方式侵害他人合法权益的,人民法院应当驳回其请求,并根据情节轻重予以罚款、拘留;构成犯罪的,依法追究刑事责任。"一审申诉人谢涛认为欧宝公司与特莱维公司之间恶意串通提起虚假诉讼损害其合法权益的意见,以及对有关当事人和相关责任人进行制裁的请求,于法有据,应予支持。

——《最高人民法院关于发布第 14 批指导性案例的通知》(2016 年 9 月 19日,法〔2016〕311 号)。

【链接:理解与参照】

二、裁判要点的理解与说明

(一)虚假诉讼的表现特征和多发领域

虚假诉讼,通俗地说就是"打假官司",是指民事诉讼当事人以规避法律法规或政策谋取非法利益为目的,采取恶意串通、虚构事实等方式提起民事诉讼的行为。虚假诉讼不仅损害国家、集体和他人的合法权益,而且严重违背诚实信用,破坏了正常司法秩序。为防范和打击虚假诉讼,最高人民法院于 2016 年 6 月 20 日印发《关于防范和制裁虚假诉讼的指导意见》(以下简称《防范虚假诉讼意见》),对虚假诉讼的表现特征、认定途径和方法等进行了总结。根据该指导意见,虚假诉讼一般包含以下要素:(1)以规避法律、法规或国家政策谋取非法利益为目的;(2)双方当事人存在恶意串通;(3)虚构事实;(4)借用合法的民事程序;(5)侵害国家利益、社会公共利益或者案外人的合法权益。实践中,要特别注意以下情形:(1)当事人为夫妻、朋友等亲近关系或者关联企业等共同利益关系;(2)原告诉请司法保护的标的额与其自身经济状况严重不符;(3)原告起诉所依据的事实和理由明显不符合常理;(4)当事人双方无实质性民事权益争议;(5)案件证据不足,但双方仍然主动迅速达成调解协议,并请求人民法院出具调解书。由于虚假诉讼案件当事人往往以逃避债务、转移财产和债权、侵占他人财产等为诉讼目的,虚假诉讼多发

---

① 对应 2023 年《民事诉讼法》第 115 条。——编者注

于财产案件中,物权纠纷和合同纠纷居多。司法实践中,虚假诉讼的发生领域主要集中在民间借贷、房地产、以物抵债、公司分立或合并、企业破产、股东权益、建设工程优先权、驰名商标认定、离婚析产、继承等财产权益领域;在结案方式上,多发生在调解方式结案的案件中;在诉讼程序上,多发于简易程序案件中,且结案时间较短;在虚假手段上隐蔽、多样,有的虚构或隐瞒事实真相,有的提前拟好恶意和解协议,有的伪造委托代理手续,有的当庭自认并无实质性对抗答辩等。

本指导案例中,当事人即为关联企业,法定代表人或控股股东有夫妻、朋友等亲近关系,存在共同利益关系,双方恶意串通,虚构了巨额借贷事实。欧宝公司的控股股东为曲叶丽,特莱维公司的原法定代表人、案涉借贷合同签订时特莱维公司的控股股东、翰皇公司的控股股东和法定代表人均为王作新,王作新与曲叶丽系夫妻关系,欧宝公司与特莱维公司由夫妻二人控制。欧宝公司称两人已离婚,却未提供离婚登记或法院生效法律文书。虽然辽宁省高级人民法院受理本案诉讼后,特莱维公司的法定代表人由王作新变更为姜雯琪,但经最高人民法院第二巡回法庭当庭质证查明,王作新仍是特莱维公司的实际控制人。同时,欧宝公司股东兼法定代表人宗惠光、王奇等人,与特莱维公司的实际控制人王作新、法定代表人姜雯琪、目前的控股股东王阳共同投资设立了上海特莱维公司,说明欧宝公司的股东与特莱维公司的控股股东、实际控制人存在共同利益关系。因此,欧宝公司与特莱维公司存在关联关系。

(二)虚假诉讼的发现甄别

对如何在立案、审判、执行阶段甄别发现虚假诉讼,《防范虚假诉讼意见》提出一系列途径、方法和明确要求。如加大证据审查和依职权调查取证力度,询问当事人和证人;严格适用自认规则,自认不利事实且不符合常理的,要做进一步查明,慎重认定;对调解协议、公证债权文书、仲裁裁决书,要加大实质审查力度;在第三人撤销之诉、案外人执行异议之诉、案外人申请再审等案件审理中,要注意发现虚假诉讼。……

(三)虚假诉讼的惩治

近年来,对虚假诉讼的惩治力度越来越大。2012 年修正后的民事诉讼法针对虚假诉讼,不仅在第十三条增加诚实信用原则,要求当事人必须本着诚实信用原则处分自己的民事权利和诉讼权利,而且在第一百一十二条、第一百一十三条①分别规定了当事人之间、被执行人与他人恶意串通进行虚假诉讼的行为方式和法律后果。2013 年 6 月 28 日,针对房地产领域虚假诉讼频发,最高人民法院下发了《关于房地产调控政策下人民法院严格审查各类虚假诉讼的紧急通知》,严厉打击房地

---

① 对应 2023 年《民事诉讼法》第 116 条。——编者注

产领域的虚假诉讼行为。

为加大对虚假诉讼的打击力度,最高人民法院2016年6月20日印发的前述《防范虚假诉讼意见》,根据刑法、侵权责任法、民事诉讼法及其司法解释,对虚假诉讼构建起了一个全方位的制裁体系。一是根据民事诉讼法及其司法解释有关规定,对虚假诉讼参与人适度加大罚款、拘留等妨碍民事诉讼强制措施的法律适用力度。二是根据侵权责任法有关规定,虚假诉讼侵害他人民事权益的,虚假诉讼参与人应当承担赔偿责任。……在审理中应注意把握虚假诉讼参与人赔偿的范围与数额。赔偿范围应以受害人受损的范围为限,包括财产损失与精神损害两个方面。财产上的损失主要包括:为应诉、提起上诉、申请再审而支出的交通费、住宿费、误工费、聘请律师的费用、取证费用等,即受害人从参加诉讼至生效裁判对虚假诉讼确认并驳回原告诉讼请求所蒙受的直接经济损失。对受害人遭受精神损害的赔偿,可以参照最高人民法院《关于确定民事侵权精神损害赔偿责任若干问题的解释》的相关规定。三是根据刑法有关规定,个人或单位虚假诉讼涉嫌虚假诉讼罪、妨害作证罪、合同诈骗罪等犯罪的,应当移送侦查机关依法追究刑事责任。有虚假诉讼行为,非法占有他人财产或逃避合法债务,又构成其他犯罪的,依照处罚较重的规定定罪从重处罚。四是建立虚假诉讼失信人名单制度,将虚假诉讼参与人列入失信人名单,依托被执行人失信系统和其他社会信用体系信息平台,对虚假诉讼参与人进行全方位的限制。最高人民法院《关于公布失信被执行人名单信息的若干规定》(2013年7月1日通过,2017年1月16日修正,2017年5月1日起施行)第1条规定,被执行人未履行生效法律文书确定的义务,并以虚假诉讼、虚假仲裁或者以隐匿、转移财产等方法规避执行的,人民法院应当将其纳入失信被执行人名单,依法对其进行信用惩戒。

本指导案例中,最高人民法院第二巡回法庭经审理认为,人民法院保护合法的借贷关系,同时对恶意串通进行虚假诉讼意图损害他人合法权益的行为,应当依法进行制裁,遂判决认定本案属于虚假民事诉讼,驳回上诉,维持原判,并根据具体情节作出罚款决定,对参与虚假诉讼的欧宝公司和特莱维公司各罚款50万元。

三、其他需要说明的问题

2015年8月29日通过并于11月1日起施行的刑法修正案(九)增设了虚假诉讼罪,加大了对虚假诉讼的惩治力度,最高可处7年以下有期徒刑。近期最高人民法院、最高人民检察院所作的《关于办理虚假诉讼刑事案件适用法律若干问题的解释》,对虚假诉讼犯罪行为的界定、定罪量刑标准、共犯、竞合犯、管辖等作出具体规定。根据该规定,虚假诉讼罪仅限于以捏造的事实提起民事诉讼,即单独或与他人串通,以编造事实或隐瞒真相的方式虚构民事纠纷,向法院提起民事诉讼或民事反诉。这里的捏造事实必须是凭空捏造、无中生有,不包括部分篡改型虚假诉讼。

需要注意的是,虚假诉讼的民事强制措施适用与虚假诉讼罪在行为范围和后果上有所不同。在行为范围上,妨害民事诉讼强制措施针对的虚假诉讼行为仅限于当事人恶意串通,而虚假诉讼罪既包括双方当事人恶意串通的虚假诉讼,又包括一方当事人捏造事实或者隐瞒真相的虚假诉讼;在行为后果上,妨害民事诉讼强制措施的虚假诉讼行为的后果是企图侵害他人合法权益,或逃避履行法律文书确定的义务,而虚假诉讼罪是情节犯,要求达到妨害司法秩序或严重侵犯他人合法权益的后果。由此可见,今后对虚假诉讼参与者,除罚款、拘留外,危害严重构成犯罪的,应追究刑事责任。

——吴颖超、吴光侠:《〈上海欧宝生物科技有限公司诉辽宁特莱维置业发展有限公司企业借贷纠纷案〉的理解与参照——虚假民事诉讼的审查与制裁》,载《人民司法·案例》2018 年第 2 期。

民事虚假诉讼的审理重点

本案属于典型的民间借贷虚假诉讼案件。最高人民法院受理欧宝生物科技公司的上诉后,经审查,发现本案上诉人与被上诉人之间缺乏常见的诉讼对立,很不正常,而申诉人谢某及辽宁特莱维置业公司的其他债权人则一直反映该案系关联公司虚构债权制造的虚假诉讼。因此,本案是否属于虚假诉讼,成为二审审查的重点。

二审合议庭首先查阅了欧宝生物科技公司与辽宁特莱维置业公司的工商档案,查明原告欧宝生物科技公司与被告辽宁特莱维置业公司确属由王某甲、曲某乙夫妻二人实际控制的公司,两公司之间存在关联关系。但是仅有关联关系,并不意味着双方就是恶意串通损害他人合法权益,还需要进一步查明当事人双方借贷关系的真实性。为此,二审合议庭决定从以下几个方面入手,对双方借贷关系的真实性予以判定:第一,就借款合同的签订时间、地点、经办人员、款项支付等细节问题,分别对双方当事人进行询问,以审查当事人陈述是否一致。第二,主动依职权调取证据,以审查借贷双方对借款事实的诉辩意见与人民法院查明的事实是否相符。第三,根据调取的证据,如银行账户交易明细等,审查案涉款项的流向与合同约定或当事人主张的借款用途是否相符。第四,审查借贷双方在诉讼和执行中的行为是否存在前后矛盾和违反常理之处。在办案过程中,二审法院依职权调取了上诉人欧宝生物科技公司、被上诉人辽宁特莱维置业公司以及其他关联公司之间的银行账户交易明细,并对银行账户的资金往来进行核对分析,发现欧宝生物科技公司与辽宁特莱维置业公司诉讼前后的诸多行为存在矛盾、违反常理。比如,上诉人欧宝生物科技公司在诉讼过程中多次变更其主张的借款数额;被上诉人辽宁特莱维置业公司的股东以其个人房产为上诉人欧宝生物科技公司的财产保全申请提供担保;上诉人在提起诉讼后仍然向被上诉人账户转款;在存在其他债权人的情况下,上诉人申请执行后对查封的辽宁特莱维置业公司的财产不主张拍卖,而是继续允许被上诉人销售,且配合其进行解封等。对这些矛盾和违反常理之处,当事人双方均未作出合理解释,亦未提供相关证据予以说明,而是在诉讼过程中极力否认他们之间的关联关系,多有欲盖弥彰之嫌。经过大量的庭外调查和细致的庭审审理,二审法院查明了本案原审原告欧宝生物科技公司诉请的债权并非真实存在,而系双方虚构而成,其提起本案诉讼并非为实现债权,而是通过司法程序进行保护性查封,以阻止其他债权人对被上诉人辽宁特莱维置业公司财产的受偿,这严重侵害了其他债权人的合法权益。因此,最高人民法院二审认为,本案是典型的民事虚假诉讼。

　　——胡云腾、汪国献:《上海欧宝生物科技有限公司与辽宁特莱维置业发展有限公司企业借贷纠纷案——民事审判中虚假诉讼的认定》,载中国应用法学研究所主编:《中华人民共和国最高人民法院案例选》第3辑,法律出版社2020年版,第17页。

编者说明

　　指导案例68号《上海欧宝生物科技有限公司诉辽宁特莱维置业发展有限公司企业借贷纠纷案》,旨在明确人民法院审理民事案件中发现存在虚假诉讼可能时,应当依职权调取相关证据,详细询问当事人,全面严格审查诉讼请求与相关证据之间是否存在矛盾,以及当事人诉讼中言行是否违背常理。经综合审查,当事人存在虚构事实、恶意串通、规避法律或国家政策以谋取非法利益,进行虚假民事诉讼情形的,应当依法予以制裁。该指导性案例根据民事诉讼法有关规定,指出审查判断虚假诉讼的要求和方法,并对相关人员依法进行制裁,有利于引导当事人依法诚信诉讼,宣示了人民法院依法惩治虚假诉讼的立场和决心,弘扬了诚实信用价值观。

029 虚假诉讼的发现途径和防范措施

关键词 | 虚假诉讼 | 诚信原则 | 第三人利益 |

【最高人民法院司法文件】

　　一、一般性指引

　　(二)发现途径和防范措施

　　8. 人民法院发现虚假诉讼的主要途径包括:

　　(1)人民法院在审理中发现;

（2）检察院抗诉或者提出检察建议；

（3）当事人或者第三人等的举报、起诉、申诉、申请再审等；

（4）当事人主动承认；

（5）公安机关在相关案件刑事侦查发现后移送的相关线索；

（6）人民法院通过大数据信息平台大数据检索、关联案件检索等发现。

9. 人民法院通过在诉讼服务大厅、诉讼服务网、12368 热线、移动微法院等平台,告知诚信诉讼义务,释明虚假诉讼法律责任,引导当事人依法理性行使诉权。

10. 对于涉嫌虚假诉讼的,人民法院依照《最高人民法院关于适用〈中华人民共和国民事诉讼法〉的解释》第一百一十条的规定,通知当事人本人到庭,要求签署保证书,核实相关案件事实。

当事人本人拒绝出庭的,依照《最高人民法院关于适用〈中华人民共和国民事诉讼法〉的解释》第一百一十条第三款规定予以处理。

11. 对于涉嫌虚假诉讼的,人民法院依照《最高人民法院关于适用〈中华人民共和国民事诉讼法〉的解释》第二百二十九条的规定,责令当事人提供相应证据。存在疑点的,人民法院要求当事人提交原始证据和其他证据。

12. 对于涉嫌虚假诉讼的,人民法院根据民事诉讼法第七十三条①的规定,通知证人出庭作证。无正当理由未出庭的,以书面等方式提供的证言,不得作为认定案件事实的根据。

同时,人民法院可以依照《最高人民法院关于适用〈中华人民共和国民事诉讼法〉的解释》第一百一十九条的规定,要求证人签署保证书。拒绝签署保证书的,不得作证。

13. 对于涉嫌虚假诉讼的,人民法院可以依照民事诉讼法第五十六条第二款②的规定,通知与案件处理结果可能存在法律上利害关系人作为第三人参加诉讼。

14. 对于涉嫌虚假诉讼的,人民法院可以依照《最高人民法院关于适用〈中华人民共和国民事诉讼法〉的解释》第九十六条第一款第四项的规定调查收集证据。

15. 对于涉嫌虚假诉讼的,人民法院在审理案件过程中从证据与案件事实的关联程度、证据之间的联系等方面,依法全面、客观地审核各方当事人提交的证据,充分运用逻辑推理和日常生活经验对证据进行综合审查判断,合理分配当事人举证责任,防止机械适用"谁主张、谁举证"的证明规则。

16. 对于双方当事人申请确认调解协议的效力,可能存在虚假调解情形的,人民法院依照民事诉讼法第一百九十五条③、《最高人民法院关于适用〈中华人民共

---

① 对应 2023 年《民事诉讼法》第 76 条。——编者注

② 对应 2023 年《民事诉讼法》第 59 条第 2 款。——编者注

③ 对应 2023 年《民事诉讼法》第 206 条。——编者注

和国民事诉讼法〉的解释》第三百五十八条①、第三百六十条②等规定予以审查。

调解协议可能损害第三人利益的，人民法院要求当事人提供相关证据，必要时通知第三人到庭。当事人不能提供相关证据的，不予确认调解协议效力。

——《最高人民法院关于在民事诉讼中防范与惩治虚假诉讼工作指引（一）》（2021年11月11日，法〔2021〕287号）。

030　依法严厉惩治虚假诉讼

关键词｜惩治虚假诉讼｜限制撤诉｜信用惩戒｜

【最高人民法院司法文件】

11. 依法严厉惩治虚假诉讼。充分利用信息技术手段，加强对虚假诉讼的甄别、审查和惩治，依法打击通过虚假诉讼逃废债、侵害民营企业和企业家合法权益的行为。当事人一方恶意利用诉讼打击竞争企业，破坏企业和企业家商誉信誉，谋取不正当利益的，依法驳回其诉讼请求；对方反诉请求损害赔偿的，依法予以支持。依法加大虚假诉讼的违法犯罪成本，对虚假诉讼的参与人，依法采取罚款、拘留等民事强制措施，构成犯罪的，依法追究刑事责任。

——《最高人民法院关于优化法治环境 促进民营经济发展壮大的指导意见》（2023年9月25日，法发〔2023〕15号）。

五、坚持分类施策，提高整治实效。人民法院认定为虚假诉讼的案件，原告申请撤诉的，不予准许，应当根据民事诉讼法第一百一十二条③规定，驳回其诉讼请求。虚假诉讼行为情节恶劣、后果严重或者多次参与虚假诉讼、制造系列虚假诉讼案件的，要加大处罚力度。虚假诉讼侵害他人民事权益的，行为人应当承担赔偿责任。人民法院在办理案件过程中发现虚假诉讼涉嫌犯罪的，应当依法及时将相关材料移送刑事侦查机关；公职人员或者国有企事业单位人员制造、参与虚假诉讼的，应当通报所在单位或者监察机关；律师、基层法律服务工作者、鉴定人、公证人等制造、参与虚假诉讼的，可以向有关行政主管部门、行业协会发出司法建议，督促及时予以行政处罚或者行业惩戒。司法工作人员利用职权参与虚假诉讼的，应当依法从严惩处，构成犯罪的，应当依法从严追究刑事责任。

---

① 对应2023年《民事诉讼法》第356条。——编者注
② 对应2023年《民事诉讼法》第358条。——编者注
③ 对应2023年《民事诉讼法》第115条。——编者注

——《最高人民法院关于深入开展虚假诉讼整治工作的意见》(2021 年 11 月 10 日,法〔2021〕281 号)。

一、一般性指引

(三)惩治措施及案件处理

17. 对于当事人恶意串通实施虚假诉讼的,人民法院根据情节轻重,依照民事诉讼法第一百一十二条予以罚款、拘留;发现涉嫌犯罪的,及时移送有管辖权的机关处理。

18. 对于当事人单方实施虚假诉讼的,以及一方当事人和诉讼当事人之外的他人进行恶意串通,实施虚假诉讼的,人民法院根据情节轻重,依照民事诉讼法第一百一十一条①第一款第一项、第二项予以罚款、拘留;发现涉嫌犯罪的,及时移送有管辖权的机关处理。

19. 对申请执行人、被执行人等在执行中实施虚假诉讼的,人民法院根据情节轻重,依照民事诉讼法第一百一十三条②等予以罚款、拘留;发现涉嫌犯罪的,及时移送有管辖权的机关处理。

20. 人民法院决定对虚假诉讼行为人采取强制措施的,综合考虑案件审理的具体情况、诉讼的不同阶段、当事人受到的损失以及对人民法院诉讼秩序造成的影响等因素。

21. 人民法院发现当事人可能存在虚假诉讼嫌疑的,可以依法进行释明,告知法律后果。当事人申请撤诉的,人民法院可以准许。

当事人意图恶意制造或者改变管辖,人民法院依照民事诉讼法第三十六条③将案件移送管辖,或者依照民事诉讼法第一百一十九条④、第一百二十四条第四项⑤裁定不予受理。

22. 人民法院经查明认定属于虚假诉讼,原告申请撤诉的,人民法院不予准许,依照民事诉讼法第一百一十二条的规定驳回诉讼请求,同时依法决定采取相应民事强制措施。

23. 经审查后,认定当事人基于捏造的事实获取仲裁裁决或者调解书、公证债权文书、支付令等生效法律文书申请执行的,人民法院依照民事诉讼法第二百三十

---

① 对应 2023 年《民事诉讼法》第 114 条。——编者注
② 对应 2023 年《民事诉讼法》第 116 条。——编者注
③ 对应 2023 年《民事诉讼法》第 37 条。——编者注
④ 对应 2023 年《民事诉讼法》第 122 条。——编者注
⑤ 对应 2023 年《民事诉讼法》第 127 条第 4 项。——编者注

七条①、第二百三十八条②等裁定不予执行;认定当事人以捏造事实提出异议的,人民法院依照民事诉讼法第二百二十五条裁定驳回异议。

案外人在民事执行过程中以捏造的事实对执行标的提出异议,人民法院依照民事诉讼法第二百二十七条③等规定采取驳回异议等措施。

24. 对于以涉嫌虚假诉讼为由提起的第三人撤销之诉、执行异议之诉、案外人申请再审,以及依照职权启动审判监督程序的案件,各级人民法院依法及时认定虚假诉讼,保护当事人合法权益。

25. 对于以涉嫌虚假诉讼为由提起的第三人撤销之诉,尤其起诉主张撤销的生效法律文书是调解书的,人民法院综合判断起诉是否符合法律规定的要件,通过询问、调阅案件卷宗等方式进行审查,不能简单以起诉时没有提供足够证据材料为由不作进一步审查,亦不能对主张涉虚假诉讼的起诉不作适当实质审查即予以受理。

26. 各级人民法院在执行异议之诉程序中应着重增强防范和惩治虚假诉讼的意识和能力,严防被执行人与案外人恶意串通虚构事实,利用该程序拖延和逃避执行,损害原诉当事人的合法权益和司法裁判权威。

27. 对于案外人以涉嫌虚假诉讼为由提出的再审申请,人民法院充分听取各方当事人意见,进一步审查生效裁判据以认定事实、适用法律的证据的真实性、合法性和关联性,必要时可以依据当事人申请或依职权调查核实。

28. 对于因涉嫌虚假诉讼造成生效裁判确有错误的案件,但是不符合第三人撤销之诉、执行异议之诉及案外人申请再审受理条件的,人民法院依照职权启动审判监督程序予以纠正。

29. 当事人依据人民法院已经生效裁判或者仲裁机构已经生效仲裁裁决所确认的事实提起新的诉讼,该确认的事实系在之前诉讼或者仲裁过程中当事人自认的,新的诉讼对方当事人不予认可、主张提起诉讼的当事人承担举证责任的,人民法院予以支持。

30. 受害人因虚假诉讼导致民事权益受到损害,依照民法典第一千一百六十五条第一款的规定请求损害赔偿的,人民法院予以受理。

受害人就下列损失请求损害赔偿的,人民法院予以支持:

(1)受害人为应对虚假诉讼及索赔而产生的律师费、差旅费、调查取证费等直接经济损失;

(2)受害人因虚假诉讼所造成预期利润减少等间接经济损失;

---

① 对应 2023 年《民事诉讼法》第 248 条。——编者注
② 对应 2023 年《民事诉讼法》第 249 条。——编者注
③ 对应 2023 年《民事诉讼法》第 238 条。——编者注

（3）虚假诉讼给受害人造成的其他经济损失。

人民法院根据上述损失与虚假诉讼的因果关系确定实施虚假诉讼的当事人应当承担的损害赔偿责任。

在受害人的损失难以确定的情况下，可以综合考虑提起虚假诉讼的当事人的主观过错程度、侵权行为的性质和情节、受害人遭受损失的严重程度等因素，酌情确定赔偿数额。

实施虚假诉讼侵害他人人身权益造成严重精神损害，受害人主张依据民法典第一千一百八十三条的规定请求赔偿精神损害的，人民法院予以受理。

31. 人民法院工作人员实施或者参与实施虚假诉讼的，应当依照法律法规从严处理；构成犯罪的，依法从严追究刑事责任。

32. 公职人员或者国有企事业单位人员实施或者参与实施虚假诉讼的，人民法院通报所在单位或者监察机关。发现涉嫌犯罪的，及时移送有管辖权的机关处理。

33. 经审查认定诉讼代理人有以下行为之一的，人民法院依照民事诉讼法第一百一十一条、第一百一十二条的规定决定采取强制措施：

（1）违规接受对方当事人或者案外人给付的财物或者其他利益，与对方当事人或者案外人恶意串通，侵害委托人合法权益的；

（2）知道或者应当知道系虚假证据而仍然向法院提交，或者指使、威胁、利诱他人向法院提交的；

（3）指使或者帮助委托人或者他人伪造、隐匿、毁灭证据，指使、威胁、利诱证人不作证或者作伪证的；

（4）明知违背事实进行虚假陈述，或者虚构法律关系和相应事实进行抗辩的；

（5）采取其他不正当手段干扰民事诉讼活动正常进行的。

律师或者基层法律服务工作者实施前款行为的，人民法院向司法行政部门、行业协会建议视情形给予罚款、没收违法所得、停止执业或者吊销执业证书等处罚。发现涉嫌犯罪的，及时移送有管辖权的机关处理。

34. 鉴定机构、鉴定人参与实施虚假诉讼的，人民法院根据情节轻重，依照民事诉讼法第一百一十一条、第一百一十二条的规定决定采取强制措施。同时，可以责令退还鉴定费用，从法院委托鉴定专业机构备选名单中予以除名，建议主管部门、行业协会按照相关规定进行处理。发现涉嫌犯罪的，及时移送有管辖权的机关处理。

35. 公证机构、公证员参与实施虚假诉讼的，人民法院依照《中华人民共和国公证法》第四十二条的规定进行处理，建议司法行政部门对公证机构给予警告、罚款、停业整顿等处罚。发现涉嫌犯罪的，及时移送有管辖权的机关处理。

36. 国家机关或者其他承担社会公共管理职能单位提供虚假证明文书等,妨碍人民法院审理案件的,人民法院依照民事诉讼法第一百一十一条的规定,对其主要负责人或者直接责任人员予以罚款、拘留;发现涉嫌犯罪的,及时移送有管辖权的机关处理。

37. 人民法院探索建立虚假诉讼失信人公开制度,研究与社会征信平台接轨,增加虚假诉讼违法犯罪成本。

对于参与虚假诉讼的被执行人,人民法院应当依照《最高人民法院关于公布失信被执行人名单信息的若干规定》第一条第三项的规定,将其纳入失信被执行人名单,予以信用惩戒。

——《最高人民法院关于在民事诉讼中防范与惩治虚假诉讼工作指引(一)》(2021年11月11日,法〔2021〕287号)。

第二十二条　对于故意制造、参与虚假诉讼犯罪活动的民事诉讼当事人和其他诉讼参与人,人民法院应当加大罚款、拘留等对妨害民事诉讼的强制措施的适用力度。

民事诉讼当事人、其他诉讼参与人实施虚假诉讼,人民法院向公安机关移送案件有关材料前,可以依照民事诉讼法的规定先行予以罚款、拘留。

对虚假诉讼刑事案件被告人判处罚金、有期徒刑或者拘役的,人民法院已经依照民事诉讼法的规定给予的罚款、拘留,应当依法折抵相应罚金或者刑期。

第二十三条　人民检察院可以建议人民法院依照民事诉讼法的规定,对故意制造、参与虚假诉讼的民事诉讼当事人和其他诉讼参与人采取罚款、拘留等强制措施。

第二十四条　司法工作人员利用职权参与虚假诉讼的,应当依照法律法规从严处理;构成犯罪的,依法从严追究刑事责任。

第二十五条　司法行政机关、相关行业协会应当加强对律师、基层法律服务工作者、司法鉴定人、公证员、仲裁员的教育和管理,发现上述人员利用职务之便参与虚假诉讼的,应当依照规定进行行政处罚或者行业惩戒;构成犯罪的,依法移送司法机关处理。律师、基层法律服务工作者、司法鉴定人、公证员、仲裁员利用职务之便参与虚假诉讼的,依照有关规定从严追究法律责任。

人民法院、人民检察院、公安机关在办理案件过程中,发现律师、基层法律服务工作者、司法鉴定人、公证员、仲裁员利用职务之便参与虚假诉讼,尚未构成犯罪的,可以向司法行政机关、相关行业协会或者上述人员所在单位发出书面建议。司法行政机关、相关行业协会或者上述人员所在单位应当在收到书面建议之日起三个月内作出处理决定,并书面回复作出书面建议的人民法院、人民检察院或者公安机关。

——《最高人民法院、最高人民检察院、公安部、司法部关于进一步加强虚假诉讼犯罪惩治工作的意见》(2021年3月10日,法发〔2021〕10号)。

【链接：答记者问】

问：虚假诉讼社会影响十分恶劣，《意见》①是如何加大对虚假诉讼的惩治力度的？

答：《意见》坚持从严惩治虚假诉讼的基本原则，主要规定了六方面措施：第一，依法限制撤诉权利。人民法院认定为虚假诉讼的案件，不应准许原告撤诉，应当依法驳回其诉讼请求。第二，明确从重处罚情节。虚假诉讼行为情节恶劣、后果严重或者多次参与虚假诉讼、制造系列虚假诉讼案件的，要加大处罚力度。第三，规定损害赔偿责任。虚假诉讼侵害他人民事权益的，应当承担赔偿责任。刚发布的案例就涉及这一问题。第四，确立整体从严刑事追责原则。从严追究虚假诉讼犯罪人的刑事责任，对虚假诉讼共同犯罪中罪责最突出的主犯、有虚假诉讼违法犯罪前科再次实施虚假诉讼犯罪的被告人，要充分体现从严。第五，加强对公职人员和专业人员的惩治。公职人员制造、参与虚假诉讼的，应当通报所在单位或者监察机关；律师等专业人员制造、参与虚假诉讼的，可通过司法建议督促予以行政处罚或行业惩戒；司法工作人员利用职权参与虚假诉讼构成犯罪的，从严追究刑事责任。第六，加强信用惩戒。2019 年以来，浙江宁波法院已发布虚假诉讼"黑名单" 252 人、13 家企业，"黄名单"410 人、11 家企业，给予 3 至 5 年信用惩戒，效果良好。《意见》吸纳这一经验，要求积极探索建立虚假诉讼"黑名单"制度，在全社会营造不敢、不能、不愿虚假诉讼的法治环境。

——《〈最高人民法院关于深入开展虚假诉讼整治工作的意见〉暨人民法院整治虚假诉讼典型案例新闻发布会》，载中国法院网 2021 年 11 月 9 日，https://www.chinacourt. org/chat/fulltext/listId/52898/template/courtfbhnewcommon/subjectid/MzAwNMhPN4ABAA. shtml。

【最高人民法院参考案例】

案例 5 郑某等虚假诉讼案——利用虚假诉讼申报虚假破产债权

（一）基本案情

2019 年 3 月，被告人郑某与被告人陈某滨、丁某预谋，捏造郑某向陈某滨借款 210 万元，并由陈某滨实际控制的某服饰公司承担连带责任的虚假事实，由丁某提供面额为 210 万元的虚假承兑汇票作为证明材料，并由陈某滨作为原告以上述捏造的事实向法院提起民事诉讼，以达到以法院民事裁判为依据，在某服饰公司司法拍卖过程中申请参与财产分配，获得一部分执行款的目的。同年 3 月 18 日，陈某

---

① 指《最高人民法院关于深入开展虚假诉讼整治工作的意见》。——编者注

滨以其与郑某、某服饰公司存在民间借贷纠纷为由,向某市人民法院提起民事诉讼,某市人民法院同年5月30日作出民事判决,判决郑某偿还陈某滨借款210万元及相应利息,某服饰公司承担连带清偿责任。民事判决生效后,陈某滨向某市人民法院申请执行,因某服饰公司进入破产程序,陈某滨于2020年10月19日向破产管理人申报债权,后在被发觉后主动撤回了申报。公安机关立案侦查后,郑某、陈某滨、丁某经公安机关电话通知后,相继自行到公安机关投案。

(二)裁判结果

一审法院审理认为,被告人郑某、陈某滨、丁某经预谋,以捏造的事实提起民事诉讼,妨害司法秩序,行为均已构成虚假诉讼罪。在共同犯罪中,郑某、陈某滨、丁某均起主要作用,均系主犯,应当按照所参与的全部犯罪处罚。三人均自动投案并如实供述自己罪行,依法构成自首,可以从轻处罚;承认指控犯罪事实,愿意接受处罚,可以从宽处理。据此,以虚假诉讼罪判处被告人郑某有期徒刑七个月,缓刑一年,并处罚金人民币一万元;判处被告人陈某滨有期徒刑七个月,缓刑一年,并处罚金人民币八千元;判处被告人丁某有期徒刑六个月,缓刑一年,并处罚金人民币五千元。一审宣判后无抗诉、上诉,判决已发生法律效力。

(三)典型意义

根据《最高人民法院、最高人民检察院、公安部、司法部关于进一步加强虚假诉讼犯罪惩治工作的意见》的规定,在破产案件审理过程中申报债权的,应当认定为刑法第307条之一第1款规定的"以捏造的事实提起民事诉讼"。行为人故意捏造债权债务关系提起民事诉讼,并以法院基于捏造的事实作出的生效法律文书为依据,在企业破产程序中申报虚假债权,意图达到多分配企业财产或者非法转移企业财产、逃避履行债务的目的,属于典型的虚假诉讼行为。一审法院经审理认定各被告人的行为均构成虚假诉讼罪,同时考虑到各被告人均有自首情节,被告人陈某滨主动撤回申报虚假债权,对被告人依法宣告缓刑,贯彻体现了宽严相济刑事政策要求,有利于鼓励犯罪分子及时改过自新,避免造成更加严重的危害后果。人民法院要及时甄别、发现、惩处此类虚假诉讼违法犯罪行为,依法追究行为人法律责任,切实维护司法公正和司法权威。

——《依法惩治通过虚假诉讼逃废债典型刑事案例》,载最高人民法院网站2023年12月27日,https://www.court.gov.cn/zixun/xiangqing/421712.html。

案例1　被执行人捏造事实,冒用他人名义制造系列虚假诉讼案件的,应当从重处罚

基本案情

2019年,被执行人甲公司为阻却人民法院对其名下房产的强制执行,冒用自然人艾某某等63人身份,以案外购房人名义,向某高级人民法院提出执行异议,致使该院作出部分错误执行异议裁定和执行异议之诉判决。后在关联的执行异议之诉案件审理中,该虚假诉讼行为被人民法院查实。

处理结果

人民法院依法裁定准许对甲公司名下相应房屋继续执行;两级法院对甲公司处以每案100万元、共计6300万元罚款,相关犯罪线索和有关材料移送侦查机关。

案例分析

甲公司为阻却人民法院强制执行其名下房产,向人民法院提供虚假证据材料,虚构购房事实,冒用艾某某等63人名义提出执行异议,案涉房屋相关执行异议均为虚假。《最高人民法院关于人民法院办理执行异议和复议案件若干问题的规定》第二十八条、第二十九条规定的排除执行的条件在本案中并不具备,人民法院在查明案件事实的基础上,应当判决继续执行,并依法对虚假诉讼行为人进行处罚。

典型意义

在执行异议之诉中,被执行人冒用他人名义提出虚假的执行异议申请,进而引发申请执行人执行异议之诉。因案外人名义系虚假冒用,并无真实执行异议人,故不存在被执行人与执行异议人恶意串通的可能。被执行人单方冒用他人名义提出虚假执行异议申请的行为,属于虚假诉讼行为。在一审法院依据被冒名案外人提出的虚假执行异议申请,先后作出支持其虚假执行异议的错误裁判后,二审法院在查明案件确属被执行人提起的虚假诉讼的情况下,可以进行实质性处理,直接判决支持申请执行人继续执行的诉讼请求。

当事人参加民事诉讼应当严格遵守《中华人民共和国民事诉讼法》第十三条第一款规定的诚实信用原则,向人民法院提交真实的证据,并如实陈述案件事实。但是,甲公司向人民法院提供虚假授权委托书、虚假房屋买卖合同、虚假付款付费单据,并虚构案件事实,冒用案外人名义提起虚假的执行异议,进行虚假诉讼,试图侵害他人合法权益,破坏了社会诚信,扰乱了正常司法秩序,应当依法予以制裁。当事人制造系列虚假诉讼案件逃避执行的,社会影响更为恶劣,应当依法从重处罚。

——《人民法院整治虚假诉讼典型案例》,载最高人民法院网2021年11月9日,https://www.court.gov.cn/zixun/xiangqing/330811.html。

编者说明

上述"郑某等虚假诉讼案"行为人通过捏造债权债务民事法律关系获得人民法院生效裁判后,在企业破产程序中申报虚假的债权,意图达到转移公司财产的目的。

第二编｜CHAPTER 02

《民法典》时间效力

031 《民法典时间效力规定》起草的基本原则

关键词│时间效力│衔接适用│溯及力│

【链接：最高人民法院法官著述】

《规定》①的基本原则

《规定》的起草，始终坚持以习近平新时代中国特色社会主义思想为指导，深入学习贯彻习近平法治思想，认真贯彻落实习近平总书记关于切实实施民法典的重要讲话精神，及时完善与民法典相配套的司法解释，妥善解决新旧法律衔接适用问题，确保民法典的统一正确适用。在具体起草过程中，遵循了以下原则：

一是坚持法不溯及既往原则，严格控制溯及适用范围。《规定》严格依照立法法第九十三条②的规定，明确规定除了法律、司法解释另有规定外，对于民法典施行前的法律事实引起的民事纠纷案件，应当适用当时的法律、司法解释规定。同时，依据立法法第九十三条"但书"规定的"为了更好地保护公民、法人和其他组织的权利和利益而作出的特别规定"，严格遵循民法典的立法精神和核心要义，结合审判实践，对民法典有利溯及的情形作了具体规定。

二是尊重和保护当事人合理预期，维护法律秩序稳定。《规定》在有利溯及标准的把握上，根据立法法和民法典的规定，将更有利于保护民事主体合法权益、更有利于维护社会和经济秩序、更有利于弘扬社会主义核心价值观的"三个更有利于"作为判断有利溯及的标准，并以符合诚实信用、公序良俗和日常生活经验法则的要求为判断合理预期的基准。③ 同时，《规定》明确了对于背离当事人合理预期的新增规定，不能溯及适用。

三是总结民事审判经验，促进裁判尺度统一。在民事审判实践中，新法对某一问题已经作出明确规定，而旧法对此没有规定的，基于法官不得拒绝裁判规则，可以将民法典的相关规定作为裁判依据，以解决法律规则欠缺的问题，确保裁判尺度的统一。最高人民法院《关于贯彻执行民法通则若干问题的意见（试行）》《关于适用合同法若干问题的解释（一）》《关于适用公司法若干问题的规定（一）》《全国法院民商事审判工作会议纪要》等均规定了这一溯及适用规则。《规定》在总结民事审判经验、遵循民事审判规律的基础上，明确规定了新增规定的溯及适用规则。

四是弘扬和践行社会主义核心价值观，全面贯彻民法典立法目的。弘扬社会主义核心价值观是民法典的重要立法目的，也是《规定》最为鲜明的特点。在判断

① 指《民法典时间效力规定》。——编者注
② 对应 2023 年《立法法》第 104 条。——编者注
③ 参见王利明：《一部及时配合民法典实施的重要司法解释——评〈最高人民法院关于适用《中华人民共和国民法典》时间效力的若干规定〉》，载《人民法院报》2021 年 1 月 2 日，第 3 版。

民法典条文能否有利溯及适用时,《规定》将弘扬社会主义核心价值观作为重要的判断标准;在具体列举新增规定的溯及适用情形时,《规定》将是否弘扬社会主义核心价值观作为主要考虑因素。

——最高人民法院民法典贯彻实施工作领导小组办公室①:《〈关于适用民法典时间效力的若干规定〉的理解与适用》,载《人民司法·应用》2021 年第 10 期。

制定民法典时间效力司法解释的基本原则

一是恪守司法解释的功能定位,严格就如何具体应用法律问题依法作出解释。在溯及适用问题上,对于当时的法律、司法解释有规定,而《民法典》改变了原有规定的,秉持"法不溯及既往"的基本原则,只有符合《立法法》第 93 条"为了更好地保护公民、法人和其他组织的权利和利益而作的特别规定"的,才予以溯及适用。在严格溯及适用条文的同时,明确审核规则,确保法律适用统一。

二是保护当事人合理预期。在有利溯及的标准问题上,刑事法律的溯及标准相对明确,即"从旧兼从轻",但在民事法律的溯及标准上,理论研究缺乏、实务积累缺乏、域外经验缺乏,当前没有形成统一认识。在有利溯及标准的把握上,对标《立法法》和《民法典》的规定,以不违背当事人合理预期、不减损当事人既存权利、不冲击既有社会秩序为出发点,作为判断有利溯及的标准。合理预期中的"合理",应以符合诚实信用、公序良俗和日常生活经验法则的要求为判断基准,同时,严格限定有利溯及的具体情形。

三是遵循民事审判规律。与刑事审判不同,在民事审判领域,通常存在的情形是,新法对某一问题已经作出明确规定,而旧法对此没有规定,基于维护公平正义、统一法律适用的需要,人民法院可以对此适用新法的规则。这是在长期的民事审判实践基础上发展而来的,其法理基础是"法官不得拒绝裁判"。而且,在旧法没有规定的情况下,当事人无法依据旧法形成合理的行为预期,适用新法规则无所谓违背原有的"合理预期",特别是新法规则又是对旧法背景下审判实践经验的总结,新法规则的溯及适用不仅能够妥善解决相关纠纷,而且有利于实现裁判尺度的统一。本解释明确规定了这一溯及适用的类型,将新增规则溯及适用作为独立的溯及适用类型。

四是弘扬社会主义核心价值观。弘扬社会主义核心价值观是《民法典》第 1 条开宗明义提出的立法宗旨和目的,也是本解释起草的基本遵循。在判断《民法典》条文能否有利溯及时,将弘扬社会主义核心价值观作为重要的判断标准;在具体列举新增规则的溯及适用情形时,将是否弘扬社会主义核心价值观作为主要考虑因

---

① 执笔人:郭锋、陈龙业、贾玉慧、程立武。本书以下同。——编者注

素,如英烈保护、自甘风险、好意同乘等。

——最高人民法院研究室编著:《最高人民法院民法典时间效力司法解释理解与适用》,人民法院出版社 2021 年版,第 10~11 页。

032 《民法典》法不溯及既往原则和有限例外

关键词 | 时间效力 | 法律事实 | 溯及力 |

【最高人民法院司法解释】

第一条 民法典施行后的法律事实引起的民事纠纷案件,适用民法典的规定。

民法典施行前的法律事实引起的民事纠纷案件,适用当时的法律、司法解释的规定,但是法律、司法解释另有规定的除外。

民法典施行前的法律事实持续至民法典施行后,该法律事实引起的民事纠纷案件,适用民法典的规定,但是法律、司法解释另有规定的除外。

——《最高人民法院关于适用〈中华人民共和国民法典〉时间效力的若干规定》(2021 年 1 月 1 日,法释〔2020〕15 号)。

【链接：理解与适用】

《规定》①第 1 条是本司法解释最基础和最重要的规定,规定了法不溯及既往原则和例外,统领整部司法解释。法不溯及既往是法的效力的一般原则,其法理基础在于对信赖利益的保护。一般而言,"昨天的行为不能适用今天的法律",如果人们按照昨天的法律去行为,由此形成的各种法律关系却被今天的法律所否定,不利于信赖利益保护,不利于社会关系稳定,不利于维护法律权威。因此,法律原则上只对其生效后的行为起规范作用,不能要求人们遵守还没有制定出来的法律。当然,法不溯及既往也有例外情形,《规定》在第一部分明确规定了法不溯及既往原则以及溯及既往的有限例外。

一是明确以法律事实发生时间作为判断是否适用民法典的基准点。法律事实,也称为民事法律事实,是指依法能够引起民事法律关系产生、变更或消灭的客观现象。法律事实的发生时间不同于纠纷的发生时间和起诉时间,法律事实发生时间通常早于纠纷发生时间和起诉时间。

关于以什么为依据作为是否适用民法典的判断基准,主要有 3 种意见。第一

---

① 指《民法典时间效力规定》。——编者注

种意见认为,应以民事关系的发生时间为基准;①第二种意见认为,应以行为或者事件的发生时间为基准;②第三种意见认为,应以法律事实的发生时间为基准。③在国外法学家研究时间效力的著作中,对法律事实、法律关系、民事法律行为存在交叉使用的情况,如萨维尼在《法律冲突与法律规则的地域和时间范围》一书中就同时使用这些概念。《规定》采纳了第三种意见,具体理由如下:第一,民事关系的发生时间不宜作为判断是否适用民法典的基准。民事关系是平等民事主体间的权利义务关系,这本身就是法律评价后的概念,而对于是否能够形成民事关系,其前提就需要明确是适用新法还是旧法进行评价。以民事关系的产生时间作为判断标准,势必会出现新法适用过宽,进而冲击法不溯及既往原则。第二,行为和事件在外延上是否包括状态存在争议,逻辑上可能存在不周延,而法律事实既涵盖了行为和事件,还可以包括行为、事件之外的其它事项,比如状态、期间经过等,较为全面、稳妥。第三,以法律事实的发生时间作为判断标准有先例可循。经检索,涉外民事关系法律适用法第三十七条、民事诉讼法第六十九条④、《关于适用民事诉讼法的解释》第522条⑤、《九民会纪要》第4条等法律、司法解释及规范性文件均使用过"法律事实"这一概念,并将法律事实的发生时间或者地点作为确定法律适用的依据。

二是在贯彻法不溯及既往原则的前提下对民法典的适用作了一般性规定。《规定》将法律事实发生时间分为3类情形:第一类是法律事实发生在民法典施行后;第二类是法律事实发生在民法典施行前;第三类是法律事实发生在民法典施行前并持续至民法典施行后。对于民法典施行后的法律事实引起的民事纠纷案件,适用民法典的规定,这是民法典施行后对其效力的当然解释;对于民法典施行前的法律事实引起的民事纠纷案件,原则上适用当时的法律、司法解释的规定,这是法不溯及既往原则的体现;对于民法典施行前的法律事实持续至民法典施行后,该法律事实引起的民事纠纷案件,一般适用民法典的规定。

对于第三类情形,也即跨越民法典施行前后的持续性法律事实,《规定》予以明确,一般要统一适用民法典的规定。这是因为:首先,持续性法律事实的衔接适用需要考虑法律事实发生的时间节点和当事人合理预期保护两个因素。保护当事人预期存在一个假设的前提即当事人知道法律的规定,并根据法律规定形成行为后果的预期,任何人不得以不知道法律规定作抗辩。其次,适用新法是贯彻实施民

① 参见王利明:《民法总则》,中国人民大学出版社2017年版,第44页。
② 参见公丕祥:《法理学》,复旦大学出版社2002年版,第384页。
③ 参见最高人民法院民事审判第二庭编著:《〈全国法院民商事审判工作会议纪要〉理解与适用》,人民法院出版社2019年版,第106~107页。
④ 对应2023年《民事诉讼法》第72条。——编者注
⑤ 对应2022年《民事诉讼法解释》第520条。——编者注

法典的必然要求。民法典施行后对所有的调整对象均发生效力,而持续性的法律事实自然就落入民法典生效后要调整的范围之内,这是民法典时间效力的当然解释。最后,适用新法有法律、司法解释和规范性文件的先例。《关于审理著作权民事纠纷案件适用法律若干问题的解释》对跨法民事行为采取适用新法的规则,《九民会纪要》也是采用这一做法,对跨法法律事实统一适用新法有利于维护法律适用的稳定。

对于跨越民法典施行前后的持续性法律事实,实践中要正确把握。民事法律事实可按其发生的形态分为瞬间性法律事实和持续性法律事实,瞬间性法律事实发生的时间是一个点,持续性法律事实发生的时间是一条不断延伸的线。① 例如,一次性交付行为就属于瞬间性法律事实,而持续一定时间的拘禁、胁迫等就是持续性法律事实。持续性法律事实不同于重复发生的相同法律事实,持续性法律事实是一个法律事实,而重复发生的相同法律事实是多个法律事实。例如,侵权人在一定时间内大量生产侵害专利权人专利的产品,这些侵权行为并非是一个持续性的侵权法律事实,而是批量的、间隔很短的反复性侵权法律事实。

需要注意的是,上述第二类和第三类情形均存在例外,即"法律、司法解释另有规定的除外"。该例外情形具体包括 3 种情况:一是法律另有规定的情况。法律有权对溯及力问题作出特殊规定,这也是给法律预留的空间。二是《规定》其他条文所作的具体规定。例如,《规定》第 20 条就是本规定第 1 条第 3 款的例外。三是其他司法解释另有规定的情况。此系基于社会生活的复杂性考虑,给其他司法解释预留的空间。

——最高人民法院民法典贯彻实施工作领导小组办公室:《〈关于适用民法典时间效力的若干规定〉的理解与适用》,载《人民司法·应用》2021 年第 10 期。

【链接:最高人民法院法官著述】

对于一些问题仍存在争议:第一种情况涉及《民法典时间效力司法解释》本身的理解与适用。例如,合同订立在《民法典》施行前,但违约行为持续到《民法典》施行后,应当适用《民法典》还是原来的《合同法》。这就涉及《民法典时间效力司法解释》第 1 条的理解与适用。笔者认为,合同成立是发生合同关系的法律事实,而违约并非引起合同关系的法律事实,因此合同纠纷案件的审理原则上还是应当适用合同成立时的法律。当然,根据《民法典时间效力司法解释》,如果《民法典》的相应规定具有溯及力,则应当适用《民法典》的规定。

——刘贵祥:《关于当前民商事审判工作的几点思考》,载《中国应用法学》

---

① 参见杨登峰:《新旧法的适用原理与规则》,法律出版社 2008 年版,第 122~123 页。

2023 年第 6 期。

为了解决新旧法的衔接与适用问题,最高人民法院在《民法典》施行前就发布了《最高人民法院关于适用〈中华人民共和国民法典〉时间效力的若干规定》(以下简称《民法典时间效力解释》),就《民法典》的溯及力问题进行了规定……值得注意的是,编纂《民法典》并非制定一部新的法律,《民法典》的大部分规定来自已经被废止的九部法律,担保制度也不例外。因此,《民法典时间效力解释》所针对的,仅仅是《民法典》较之《担保法》和《物权法》有变化的规定,而并不针对没有变化的规定。也就是说,对于没有变化的规定,就谈不上时间效力问题,无论是根据《民法典》裁判案件还是根据原法律裁判案件,在结果上并无区别。

根据《民法典时间效力解释》的规定,《民法典》有变化的规定仅在两种情形下具有溯及既往的效力:一是根据《立法法》第 93 条规定的“有利溯及原则”,《民法典》的规定更有利于保护当事人的合法权益,更有利于维护社会和经济秩序,更有利于弘扬社会主义核心价值观;二是法律事实发生时的法律、司法解释没有规定,而《民法典》有规定,但是明显减损当事人合法权益、增加当事人法定义务或者背离当事人合理预期的除外。此外,《民法典》还具有释法功能,即在《民法典》施行前的法律事实引起的民事纠纷案件,当时的法律、司法解释仅有原则性规定而《民法典》有具体规定的,适用当时的法律、司法解释的规定,但是可以依据《民法典》具体规定进行裁判说理。

除了明确上述原则,《民法典时间效力解释》还就个别性的具体规则是否具有溯及既往的效力进行了规定。

——吴光荣:《担保法精讲:体系解说与实务解答》,中国民主法制出版社 2023 年版,第 51 页。

033 《民法典》有利溯及适用规则

关键词 │ 时间效力 │ 有利溯及 │ 核心价值观 │

【最高人民法院司法解释】

第二条　民法典施行前的法律事实引起的民事纠纷案件,当时的法律、司法解释有规定,适用当时的法律、司法解释的规定,但是适用民法典的规定更有利于保护民事主体合法权益,更有利于维护社会和经济秩序,更有利于弘扬社会主义核心价值观的除外。

——《最高人民法院关于适用〈中华人民共和国民法典〉时间效力的若干规

定》(2021 年 1 月 1 日,法释〔2020〕15 号)。

【链接：理解与适用】

有利溯及适用规则

《规定》①第 2 条主要规定了民法典有利溯及的适用规则。立法法第九十三条②明确将"为了更好地保护公民、法人和其他组织的权利和利益而作的特别规定"作为法不溯及既往的例外情形,该例外也被称为有利溯及。有利溯及在公法领域的适用规则比较明确,例如刑法上的从旧兼从轻原则,但是,民事法律通常涉及双方乃至多方当事人的权益,有的还与公序良俗和社会公共利益直接相关,如何确定有利溯及的具体标准十分复杂。

此前司法解释、规范性文件对民事法律的具体有利溯及规定并不多。一般认为,《合同法解释一》第 3 条、最高人民法院《关于适用保险法若干问题的解释(一)》第 2 条和《九民会纪要》第 4 条关于无效合同转换为有效合同的规定意味着国家对法律行为效力干预的减少,更加符合当事人的意思自治,属于有利溯及的情形。依法理,有利溯及改变了当事人的预期,因为这种改变更加有利于当事人,所以允许溯及适用。但是,有利溯及的标准需要严格限定,如果泛化有利溯及的标准和范围,无疑会冲击法不溯及既往的基本原则,破坏社会生活和交易秩序的稳定,影响法律秩序的统一。

关于民事法律的有利溯及标准,《规定》以不打破当事人合理预期、不减损当事人既存权利、不冲击既有社会秩序为出发点,严格遵循立法法第九十三条"但书"的规定,充分依据民法典第一条关于立法宗旨的规定,结合审判实际作了进一步细化解释,将更有利于保护民事主体合法权益、更有利于维护社会和经济秩序、更有利于弘扬社会主义核心价值观的"三个更有利于"作为判断民法典有利溯及的标准。

首先,更有利于保护民事主体合法权益严格遵循了立法法第九十三条的规定。立法法第九十三条没有规定保护一方当事人还是双方当事人合法权益,本条依据第九十三条规定,使用了"民事主体"的表述。在有利溯及判定上,应当限定在对各方当事人均更加有利或者至少对一方更加有利的同时不损害其他方权益的情形。其次,维护社会和经济秩序是民法典的立法目的之一,"更有利于维护社会和经济秩序"标准能够涵盖鼓励交易、维护交易秩序等具体判断因素,可以作为有利溯及的重要判断标准。再次,社会主义核心价值观是民族精神和时代精神的高度凝练,弘扬社会主义核心价值观也是民法典的立法目的和立法宗旨,对于民法典更

---

① 指《民法典时间效力规定》。——编者注
② 对应 2023 年《立法法》第 104 条。——编者注

有利于弘扬社会主义核心价值观的相关规定,溯及适用能够实现更好的法律效果、政治效果和社会效果。"三个更有利于"角度不同、各有侧重,但本质上是相通的,只有符合"三个更有利于"标准的才能作为有利溯及予以适用。为防止有利溯及的不当扩大适用,各地法院应当严格把握有利溯及的适用,不断总结审判经验,最高人民法院也将进一步完善工作机制,通过发布指导案例等方式,推动和保障有利溯及在全国范围内统一适用。

在《规定》征求意见过程中,有意见认为,应当将维护公序良俗作为有利溯及的标准,理由是瑞士民法典将维护公共秩序和善良风俗作为有利溯及标准;也有意见认为,应当将保护当事人的真实意思作为溯及标准,理由是目前司法解释规定的有利溯及均可归入保护当事人真实意思的范畴;还有意见认为,应当将促进公平正义、减轻义务人的负担作为有利溯及的标准,等等。

《规定》没有采纳上述意见,理由如下:第一,公序良俗是民法的基本原则之一,如果将公序良俗作为有利溯及的标准,而同样作为民法基本原则的诚实信用等其他原则不作为有利溯及标准的理由并不充分。此外,公序良俗与社会主义核心价值观也存在重叠。第二,保护当事人真实意思表示是一些民事法律有利溯及的重要判断因素,例如合同由无效转变为有效等,充分体现了对当事人真实意思的保护和尊重。但这一标准尚不能作为整个民事法律的有利溯及标准。第三,促进公平正义过于宏观,宣示价值的针对性也不强,作为有利溯及适用的标准可能带来法官自由裁量权过大的后果,实践中不易操作和把握。第四,减轻义务人负担与刑法上的从轻不同,国家出于保护人权的考虑,可以对刑事被告人从轻。而民事法律中的权利和义务都是相对的,减轻义务人负担意味着损害权利人的权益,不宜作为民事法律规定的有利溯及标准。

——最高人民法院民法典贯彻实施工作领导小组办公室:《〈关于适用民法典时间效力的若干规定〉的理解与适用》,载《人民司法·应用》2021年第10期。

【最高人民法院司法文件】

18. 从严把握溯及适用民法典规定的情形,确保法律适用统一。除《时间效力规定》第二部分所列具体规定外,人民法院在审理有关民事纠纷案件时,认为符合《时间效力规定》第二条溯及适用民法典情形的,应当做好类案检索,经本院审判委员会讨论后层报高级人民法院。高级人民法院审判委员会讨论后认为符合《时间效力规定》第二条规定的"三个更有利于"标准,应当溯及适用民法典规定的,报最高人民法院备案。最高人民法院将适时发布相关指导性案例或者典型案例,加强对下指导。

——《全国法院贯彻实施民法典工作会议纪要》(2021年4月6日,法〔2021〕

94 号）。

【链接：理解与适用】

按照时间效力规定第 2 条规定溯及适用的层报问题。

时间效力规定第 2 条规定了溯及适用民法典的三个有利于标准，即更有利于保护民事主体合法权益，更有利于维护社会和经济秩序，更有利于弘扬社会主义核心价值观的，可以溯及适用民法典。但是有利溯及的标准需要严格限定，如果泛化有利溯及的标准和范围，无疑会冲击法不溯及既往的基本原则，改变当事人根据旧法所形成的合理预期，破坏社会生活和交易秩序的稳定；而且还可能会出现有的法院裁判溯及适用民法典某一条文，有的法院则不溯及适用的问题，影响法律秩序的统一。

为确保民法典适用的统一性，《纪要》[①]第 18 条规定了溯及适用民法典的层报程序，要求除时间效力规定第二部分所列具体规定外，人民法院认为符合时间效力规定第 2 条规定，可以溯及适用民法典的，应当遵循以下程序：

先由办案法院做好类案检索，经本院审委会讨论通过后层报高级人民法院；高级人民法院审委会讨论后认为符合时间效力规定第 2 条规定，应当溯及适用民法典的，报最高人民法院备案。

这样规定的主要考虑是：第一，充分保护当事人的合理预期，避免有利溯及的滥用；第二，民法典条文众多，有些内容如何适用还要进一步加强研究和总结经验，通过层报程序可以避免具体列举不全带来法律适用上的困难；第三，确保民法典新旧衔接适用裁判尺度在全国范围内的统一。

——郭锋、陈龙业、蒋家棣：《〈全国法院贯彻实施民法典工作会议纪要〉理解与适用》，载《人民司法·应用》2021 年第 19 期。

034 《民法典》新增规定溯及适用规则

关键词 │ 时间效力 │ 新增规定 │ 溯及力 │

【最高人民法院司法解释】

第三条 民法典施行前的法律事实引起的民事纠纷案件，当时的法律、司法解释没有规定而民法典有规定的，可以适用民法典的规定，但是明显减损当事人合法权益、增加当事人法定义务或者背离当事人合理预期的除外。

---

① 指《贯彻实施民法典纪要》。——编者注

——《最高人民法院关于适用〈中华人民共和国民法典〉时间效力的若干规定》（2021 年 1 月 1 日，法释〔2020〕15 号）。

【链接：理解与适用】

《规定》①第 3 条主要规定了新增规定的适用规则。新增规定的溯及适用是在长期审判实践和一系列司法解释基础上发展而来的溯及适用类型，有学者称之为"空白溯及"。例如，《合同法解释一》第 1 条规定，合同法实施以前成立的合同发生纠纷起诉到人民法院，当时没有法律规定的，可以适用合同法的有关规定。这一规定经过了多年司法实践的检验，已经为社会公众和广大法官接受和认同。民法典编纂过程中，在总结以往审判实践经验的基础上新增加了一些规定。对于民法典施行前发生的法律事实引起的民事纠纷案件，在当时法律、司法解释没有规定情况下，适用民法典的新增规定，可以为相应案件的司法裁判提供明确法律依据，可以规范自由裁量权的行使，切实维护裁判尺度统一。

《规定》中的"新增规定"主要指法律规则层面的新增，例如，人格权编的大部分规定，合同编关于债权债务的一般规定、关于保理合同的规定，等等，即属于《规定》第 3 条所调整的范围。而表面上是语句或者文字表述上的新增，实际上是法律规范的要件、法律后果等的增加的规定，属于修改了原有法律规定的"改变规定"，不属于《规定》第 3 条所调整的范围。例如，民法典第一千二百三十二条规定了故意污染环境、破坏生态的惩罚性赔偿，虽然从文字表述上看是新增，但是实质上加重了损害赔偿的后果，系改变规定而非新增规定，不能根据《规定》第 3 条溯及适用。

为了进一步明确新增规定的溯及适用标准、便于司法审判，《规定》明确了新增规定不能溯及适用的情形。新增规定溯及适用时，明显减损当事人合法权益、增加当事人法定义务或者背离当事人合理预期的，仍然不能溯及适用，避免严重损害当事人的权益和预期。《规定》主要从弘扬社会主义核心价值观的角度列举了若干条新增规定的溯及适用，除《规定》明确的新增规定溯及适用的具体情形外，其他符合《规定》第 3 条规定情形的新增规定也可以溯及适用。

有意见认为，新增规定溯及适用可能会破坏当事人的合理预期。我们认为，对于明显背离当事人合理预期的新增规定，本条已经通过"但书"条款排除，对于大部分新增规定而言，溯及适用不但不会破坏当事人的合理预期，还会起到统一裁判尺度、稳定社会秩序的作用。第一，法律所保护的当事人预期，是当事人基于对行为时的法律信赖所形成的预期，如果当时并没有相关法律规定，当事人和社会公众

---

① 指《民法典时间效力规定》。——编者注

不存在明确的、统一的对法律后果的预期。第二,法律所要保护的当事人预期是当事人的合理预期。因缺乏法律的规定,当事人可能形成错误的预期或者不合法、不合理的预期,这些预期当然是不受法律保护的。第三,在没有法律规定的情况下,往往会存在规则适用不统一的问题,民法典的新增规定是对过去合理经验做法的立法确认,而当事人合理预期的要求当然就是要符合公平正义和人们日常经验法则的认知,这正好可以与作为总结以往经验而形成的新法具体规则高度契合。第四,民法典具有权威性和公信力,对于民法典施行前的法律事实,本应适用当时的法律、司法解释,在缺乏具体规则的情况下,适用民法典的新增规定无疑是统一裁判尺度、实现公平正义的最佳选择,也有利于促进社会秩序的和谐稳定。

对新增规定是"可以适用"还是"参照适用",此前的司法解释和规范性文件存在不同的做法,例如,《民通意见》第 196 条使用了"可以比照……处理",《合同法解释一》第 1 条使用了"可以适用",《公司法解释一》第 2 条使用了"可参照适用",《保险法解释一》使用了"参照适用",《九民会纪要》使用了"可以……作为裁判依据"。本条使用了"可以适用",理由如下:第一,根据《立法技术规范(试行)(一)》(法工委发〔2009〕62 号)第 18.3 规定,"参照"一般用于没有直接纳入法律调整范围,但是又属于该范围逻辑内涵自然延伸的事项。民法典有 26 处"参照适用",两处"可以参照适用",针对的都是在没有规定情况下的类似事项的参照适用。第二,在法学方法论视角下,参照是两个性质相同的不同事项之间的准用,不同时空下的同一事项不能用"参照"。因此,对同一事项的法律适用,不存在参照和准用的问题,对标民法典关于参照的用法,使用"可以适用"更为准确。

——最高人民法院民法典贯彻实施工作领导小组办公室:《〈关于适用民法典时间效力的若干规定〉的理解与适用》,载《人民司法·应用》2021 年第 10 期。

【链接:最高人民法院法官著述】

关于旧法无规定而民法典有规定情况下的溯及适用问题

法律事实发生时的法律没有规定,但民法典有规定,人民法院可将民法典的规定适用于待决案件,以解决法律规则欠缺的问题。民法典的这一溯及力源于民商事审判本身的特殊性,即法官不得以法无明确规定为由拒绝裁判。例如民法总则通过前,我国法律没有规定胎儿为民事主体,仅在继承法中规定了特留份,但民法总则规定了胎儿在特殊情形下具有民事主体资格,因此在民法总则实施后,即使案件的法律事实发生在民法总则施行前,也可以适用民法总则的规定。这是因为,民事审判不同于刑事审判和行政审判之处在于,在制定法存在漏洞的情况下,人民法院要通过一定的法律解释方法(如类推适用)来填补制定法的漏洞,并据此对待决案件作出判决。既然如此,在新旧法律交替时期,如果新法对某一问题已经作出明确规定,而旧法对此没有规定,则人民法院自应将新法的规定用于填补旧法的漏洞,并据此作出判决。从这一意义上说,人民法院适用的虽然是旧法,新法只不过作为填补旧法的漏洞而被适用,但是如此一来,也就扩大了新法的适用范围,实际上赋予了新法一定的溯及力。此种情况比较明显的条款,例如民法典保理合同一章的规定;再如第五百六十五条关于合同解除时间的规定,第一千一百二十八条关于侄甥代位继承的规定,第一千一百七十六条关于自甘风险的规定,等等。

民法典关于可撤销的合同的规定,多是承继了民法通则、合同法的规定。但是,第三人欺诈、胁迫,使合同一方当事人违背真实意愿而签订的合同,民法通则、合同法均未规定为可撤销合同,而民法典作了规定,此种情况下可溯及适用民法典的相关规定;又如,合同法对提供格式条款一方的提示说明义务虽有规定,但未规定其法律后果,民法典则对法律后果作了规定,应适用民法典的规定,支持相对人关于该条款不成为合同内容的主张。

应当注意的是,所谓旧法无规定,应作广义理解,即指法律事实发生时的法律、司法解释亦未规定,甚至没有形成统一的裁判规则、指导案例、司法性文件。如上述任何一项有规定,则不宜适用民法典的规定处理之前的法律事实。

——刘贵祥:《民法典适用的几个重大问题》,载《人民司法·应用》2021 年第 1 期。

035 《民法典》细化规定的适用规则

关键词 │ 时间效力 │ 细化规定 │ 溯及力 │

【最高人民法院司法解释】

第四条 民法典施行前的法律事实引起的民事纠纷案件,当时的法律、司法解释仅有原则性规定而民法典有具体规定的,适用当时的法律、司法解释的规定,但是可以依据民法典具体规定进行裁判说理。

——《最高人民法院关于适用〈中华人民共和国民法典〉时间效力的若干规定》(2021 年 1 月 1 日,法释〔2020〕15 号)。

【链接：理解与适用】

《规定》①第 4 条明确了细化规定的适用规则。民法典虽然属于民事基本法,但是它仍有一些规定是对原有法律、司法解释的细化。对于这些细化条款,《规

---

① 指《民法典时间效力规定》。——编者注

定》明确了适用规则。对于民法典施行前的法律事实引起的民事纠纷案件,当时的法律、司法解释有规定而民法典有更加具体、细化规定的,人民法院可以依据民法典的细化规定进行裁判说理,增加裁判的正当性、合理性。

但是,不能将民法典的细化规定作为裁判依据进行援引,主要原因是:细化规定是在原有法律、司法解释规定的基础上进行的规定,对于民法典施行前的法律事实引起的民事纠纷案件,人民法院在进行具体裁判时是有旧法可依的,如果直接将民法典的细化规定作为裁判依据进行援引,则会导致此类条款的溯及适用,不符合法不溯及既往基本精神。

——最高人民法院民法典贯彻实施工作领导小组办公室:《〈关于适用民法典时间效力的若干规定〉的理解与适用》,载《人民司法·应用》2021 年第 10 期。

036 既判力优于溯及力

关键词 | 时间效力 | 既判力 | 溯及力 |

【最高人民法院司法解释】

第五条 民法典施行前已经终审的案件,当事人申请再审或者按照审判监督程序决定再审的,不适用民法典的规定。

——《最高人民法院关于适用〈中华人民共和国民法典〉时间效力的若干规定》(2021 年 1 月 1 日,法释〔2020〕15 号)。

【链接:理解与适用】

既判力优于溯及力规则的适用范围

既判力优于溯及力规则的适用范围主要涉及两个方面:一是有关溯及适用的《民法典》规范条文的限定;二是有关人民法院审理案件的范围限定。

在溯及适用的规范条文限定上,本条规定应当限定为所有的对于《民法典》施行前的法律事实引起的民事纠纷需要适用《民法典》规定的情形,包括本解释第 2条关于有利溯及的情形,第 3 条关于空白溯及的情形,以及第二部分关于溯及适用的具体情形。这些规定都属于本条规定的"不适用民法典"的范畴。此外,本解释第 4 条关于《民法典》细化规定可以用于裁判说理的规定也有必要参照这一规则进行,不可突破既判力的约束。

关于案件范围的限定,本条强调了《民法典》施行前已经终审的案件,不能适用《民法典》的规定,这是基本规则,又是硬性规则,不可突破。进而言之,这其实涉及《民法典》施行前已经终审而在之后进行再审的案件。对此,本解释所规定的再审案件的范围,与此前的司法解释表述惯例保持一致,将再审分为当事人申请再审和按照审判监督程序决定再审两种情形。

——最高人民法院研究室编著:《最高人民法院民法典时间效力司法解释理解与适用》,人民法院出版社 2021 年版,第 78 页。

【链接：最高人民法院法官著述】

关于既判力与溯及力的关系问题

即便民法典具有上述情形的溯及力,如果民法典施行之前人民法院对有关纠纷作出了终审判决,当事人申请再审或者人民法院依据审判监督程序对案件进行再审,不应适用民法典的规定。这就是一些学者所概括的既判力优于溯及力规则。

——刘贵祥:《民法典适用的几个重大问题》,载《人民司法·应用》2021 年第 1 期。

037 · 合同效力有利溯及适用

关键词 │ 合同效力 │ 有利溯及 │ 时间效力 │

【最高人民法院司法解释】

第八条 民法典施行前成立的合同,适用当时的法律、司法解释的规定合同无效而适用民法典的规定合同有效的,适用民法典的相关规定。

——《最高人民法院关于适用〈中华人民共和国民法典〉时间效力的若干规定》(2021 年 1 月 1 日,法释〔2020〕15 号)。

【链接：理解与适用】

准确适用合同效力有利溯及适用的规定。

合同效力体现的是国家对当事人意思自治的干预。当新法规定合同有效或者更有可能使得合同成为有效合同时,此时适用新法更加尊重当事人的意思自治。《规定》①第 8 条抽象规定了合同效力的有利溯及适用,实践中要结合具体情形加以适用。

例如,民法典第七百一十七条关于转租合同效力的规定改变了《关于审理城镇房屋租赁合同纠纷案件具体应用法律若干问题的解释》(法释〔2009〕11 号)第 15 条的规定,属于本条规定的情况;再如,民法典第五百零二条关于履行报批等义务

---

① 指《民法典时间效力规定》。——编者注

条款的效力的规定改变了《合同法解释一》第 9 条的规定,也应予溯及适用。

——最高人民法院民法典贯彻实施工作领导小组办公室:《〈关于适用民法典时间效力的若干规定〉的理解与适用》,载《人民司法·应用》2021 年第 10 期。

【链接:最高人民法院法官著述】

合同是最为常见的民事法律行为,合同效力的认定也是司法实践中最为常见的疑难问题之一。从民事立法关于民事法律行为或者合同效力的规定看,我国合同效力制度在不断完善。[①] 1982 年 7 月 1 日施行的《经济合同法》和 1985 年 7 月 1 日施行的《涉外经济合同法》采取有效合同与无效合同的“二分法”,并对合同无效的具体情形作了明确规定(《经济合同法》第 7 条,《涉外经济合同法》第 9 条、第 10 条)。[②] 1987 年 1 月 1 日施行的《民法通则》将民事法律行为界定为“公民或者法人设立、变更、终止民事权利和民事义务的合法行为”(第 54 条),采取合同“有效、无效、可撤销或可变更、效力待定”的模式,不仅明确规定了民事法律行为应当具备的条件(第 55 条),而且就无效的民事行为、可变更或者可撤销的民事行为的具体情形以及无权代理实施民事行为的效力分别进行了规定(第 58 条、第 59 条、第 66 条),并规定民事法律行为可以附生效条件(第 62 条)。1999 年 10 月 1 日施行的《合同法》专章对合同效力进行了规定(第三章),采取的是“有效、无效、可撤销或可变更、效力待定、未生效”的模式,在规定“依法成立的合同,自成立时生效”的同时,明确“法律、行政法规规定应当办理批准、登记等手续生效的,依照其规定”(第 44 条)。此外,与《民法通则》比较,《合同法》不仅缩小了合同无效的范围,例如将限制民事行为能力人超出民事行为能力订立的合同从无效修改为可撤销或者可变更(第 47 条)、将违法无效的合同限制在“违反法律、行政法规的强制性规定”(第 52 条),而且增设了合同效力待定的情形,例如将无权代表和无权处分订立的合同规定为效力待定的合同(第 50 条、第 51 条)。2017 年 10 月 1 日施行的《民法总则》首先将民事法律行为界定为“民事主体通过意思表示设立、变更、终止民事法律关系的行为”,且与《合同法》相比较,不再承认可撤销法律行为的可变更,从而形成“有效、无效、可撤销、效力待定、未生效”的模式;其次根据理论界与实务界形成的共识,不仅对违反法律、行政法规的强制性规定导致法律行为无效作出例外规定(第 153 条第一款),而且将“损害社会公共利益”修改为“违背公序良俗”(第 153 条第二款),并在删除“以合法形式掩盖非法目的”导致合同无效的同时,增设

---

① 关于合同效力制度在我国的演进,参见崔建远:《合同法总论(上卷)》(第 2 版),中国人民大学出版社 2011 年版,第 271 页。

② 1987 年 11 月 1 日施行的《技术合同法》虽然制定在《民法通则》之后,但也采取的是合同有效与合同无效的二分法,仅就技术合同无效的情形作了规定(第 21 条)。

通谋虚伪表示的法律行为无效,但被隐藏法律行为的效力应按有关法律处理的规定(第146条)。

2021年1月1日施行的《民法典》全面继受了《民法总则》的规定,并在删除与《民法总则》有重复或者有冲突的规定的基础上,将《合同法》纳入《民法典》作为合同编,但在合同效力问题上,《民法典》合同编还总结了司法实践积累的经验,将司法解释的有关规定吸收到《民法典》,主要表现如下:一是删除《合同法》第44条第二款规定的"登记",仅规定"依照法律、行政法规的规定,合同应当办理批准等手续的,依照其规定",并就未经行政审批的合同效力及报批义务的履行与救济作出明确规定(第502条);二是删除《合同法》第51条关于无权处分效力待定的规定,同时在"买卖合同"一章增设因出卖人未取得处分权致使标的物所有权不能转移的,买受人可以解除合同并请求出卖人承担违约责任的规定(第597条)。

《民法典》编纂完成后,最高人民法院对标《民法典》,就以往制定的司法解释进行了全面清理,废止或者修改了与《民法典》有冲突的规定,删除了与《民法典》有重复的规定,保留了与《民法典》的内容与精神相一致且仍具实践意义的规定。[①]就合同效力问题而言,较为重要的变化有:一是为避免与《民法典》第597条重复,修改《最高人民法院关于审理买卖合同纠纷案件适用法律问题的解释》,删除该解释第3条关于无权处分不影响合同效力的规定;二是修改《最高人民法院关于审理涉及国有土地使用权合同纠纷案件适用法律问题的解释》,删除该解释第11条关于未经批准的划拨土地使用权转让合同无效的规定;三是修改《最高人民法院关于破产企业国有划拨土地使用权应否列入破产财产等问题的批复》,将该批复关于未经批准的划拨土地使用权抵押无效的规定修改为未经审批不影响合同的效力,并明确"国有企业以关键设备、成套设备、建筑物设定抵押的,如无其他法定的无效情形,不应当仅以未经政府主管部门批准为由认定抵押合同无效"。

此外,最高人民法院在清理与担保制度有关的司法解释的基础上,新制定了《最高人民法院关于适用〈中华人民共和国民法典〉有关担保制度的解释》,就担保合同的效力认定进行了大量规定,较为重要的有:其一,明确法定代表人违反《公司法》第16条[②]的规定未经公司决议对外提供担保,构成无权代表,除构成表见代表

---

① 司法解释的清理结果具体包括三种情况:(1)与《民法典》规定一致的共364件,未作修改、继续适用;(2)对标《民法典》,需要对名称和部分条款进行修改的共111件,经修改颁布后自2021年1月1日起施行;(3)决定废止的司法解释及相关规范性文件共116件,自2021年1月1日起失效。所废止的116件司法解释及相关规范性文件包括两种情况:一是只废不立,直接废止,共计89件,有的属于发布时间较为久远,已经不适应新时代的经济社会发展要求,有的则属于其内容已经被《民法典》及相关法律、新制定的司法解释吸收或替代,可以直接援引《民法典》及相关法律、司法解释的规定解决;二是"废旧立新",共计27件,其中有24件在废止的同时,重新制定了相应司法解释,于2021年1月1日与《民法典》同步实施,另有3件废止之后,需要进一步调研论证,待成熟时再予发布实施。

② 对应2023年《公司法》第15条。——编者注

外,该代表行为对公司不发生效力(第 7 条),并对无须公司决议的情形以及上市公司提供担保的效力认定作了规定(第 8 条、第 9 条);其二,明确当事人以所有权、使用权不明或者有争议的财产抵押、以依法被查封或者扣押的财产抵押或者以依法被监管的财产抵押,不影响抵押合同的效力(第 37 条);其三,明确以违法的建筑物抵押的,抵押合同无效,但是一审法庭辩论终结前已经办理合法手续除外,并规定当事人以建设用地使用权依法设立抵押,抵押人以土地上存在违法的建筑物为由主张抵押合同无效的,人民法院不予支持(第 49 条);其四,规定抵押人以划拨建设用地上的建筑物抵押或者划拨建设用地使用权抵押,当事人以该建设用地使用权不能抵押或者未办理批准手续为由主张抵押合同无效或者不生效的,人民法院不予支持(第 50 条)。

——刘贵祥、吴光荣:《关于合同效力的几个问题》,载《中国应用法学》2021 年第 6 期。

关于合同效力规定的溯及适用问题

民法典实施前成立的合同,依据当时的法律应认定无效,而依据民法典的规定应认定有效的,例外地适用民法典的规定。合同法解释一第 3 条关于合同法溯及力问题,曾作出类似例外规定。一般而言,当事人签订合同,其共同意愿应当是希望合同发生法律效力,而不是希望合同无效。因此,在依据过去的法律认定合同无效,而依据民法典的规定应认定合同有效的情况下,例外地适用民法典的规定认定该合同有效,这也符合当事人的本来意愿。物权法第一百八十六条及第二百一十一条有禁止流押、流质的规定,在审判实务中一般据此认定流押、流质无效。而根据民法典第四百零一条、第四百二十八条的规定,当事人约定了流押、流质条款的,依法就抵押、质押财产优先受偿,也就是说,民法典认可流押、流质条款的担保效力,既包括担保的意思表示有效,也包括优先受偿权。根据上述民法典无溯及力的例外规则,如果是在民法典施行前签订的流押、流质条款所引起的纠纷,亦可适用民法典的规定。

——刘贵祥:《民法典适用的几个重大问题》,载《人民司法·应用》2021 年第 1 期。

038 合同履行跨越《民法典》施行之日,以法律事实的发生时间为标准分段适用新旧法律

关键词 │ 时间效力 │ 合同履行 │ 法律事实 │

【最高人民法院司法解释】

第二十条 民法典施行前成立的合同,依照法律规定或者当事人约定该合同的履行持续至民法典施行后,因民法典施行前履行合同发生争议的,适用当时的法律、司法解释的规定;因民法典施行后履行合同发生争议的,适用民法典第三编第四章和第五章的相关规定。

——《最高人民法院关于适用〈中华人民共和国民法典〉时间效力的若干规定》(2021 年 1 月 1 日,法释〔2020〕15 号)。

【链接：理解与适用】

《规定》①对跨法履行行为采用了分段适用新旧法律的规则,因民法典施行前履行合同发生争议的,适用当时的法律、司法解释的规定;因民法典施行后履行合同发生争议的,适用民法典第三编第四章和第五章的相关规定。合同履行跨越民法典施行之日,民法典对其施行后发生的包括合同履行行为在内的全部法律事实具有法律约束力。而对于民法典施行前的履行行为,根据法不溯及既往原则,仍应适用当时法律、司法解释的规定。

分段适用新旧法律的规则本质上是以法律事实的发生时间为标准确定法律的适用,②既严格遵循了法不溯及既往原则,也使落入民法典施行后的履行行为得到新法保护,比全部从旧或者全部从新更为科学、合理。

——最高人民法院民法典贯彻实施工作领导小组办公室:《〈关于适用民法典时间效力的若干规定〉的理解与适用》,载《人民司法·应用》2021 年第 10 期。

【链接：最高人民法院法官著述】

关于合同履行持续到民法典实施之后的溯及适用问题

合同法解释一第 2 条规定,合同成立于合同法实施之前,但合同约定的履行期限跨越合同法实施之日或者履行期限在合同法实施之后,因履行合同发生的纠纷,适用合同法第四章的有关规定。该条规定是否可以适用到民法典的溯及力问题上,存在一些争议。笔者认为,从更精准地适用民法典的角度,可以考虑采取新旧划断的方法进行处理,即对民法典实施之前因合同履行问题发生的纠纷适用合同法的规定;对民法典实施之后因合同履行问题发生的纠纷适用民法典的规定。

——刘贵祥:《民法典适用的几个重大问题》,载《人民司法·应用》2021 年第 1 期。

---

① 指《民法典时间效力规定》。——编者注
② 参见王利明:《一部及时配合民法典实施的重要司法解释——评〈最高人民法院关于适用《中华人民共和国民法典》时间效力的若干规定〉》,载《人民法院报》2021 年 1 月 2 日,第 3 版。

039 《民法典》新旧法律、司法解释的衔接适用

关键词 | 时间效力 | 法律事实 | 裁判依据 | 溯及适用 |

【最高人民法院司法文件】

二、准确把握民法典及相关司法解释的新旧衔接适用

会议要求,各级人民法院要把系统观念落实到贯彻实施工作各方面,全面准确适用民法典及相关司法解释,特别是要准确把握民法典施行后的新旧法律、司法解释的衔接适用问题。会议强调,要认真学习贯彻《最高人民法院关于适用〈中华人民共和国民法典〉时间效力的若干规定》(以下简称《时间效力规定》)等7件新制定司法解释、《最高人民法院关于废止部分司法解释及相关规范性文件的决定》(以下简称《废止决定》)以及《最高人民法院关于修改〈最高人民法院关于在民事审判工作中适用《中华人民共和国工会法》若干问题的解释〉等二十七件民事类司法解释的决定》等5个修改决定(以下简称《修改决定》)的基本精神,在审判中准确把握适用民法典的时间效力问题,既彰显民法典的制度价值,又不背离当事人基于原有法律所形成的合理预期,确保法律的统一适用。

13. 正确适用《时间效力规定》,处理好新旧法律、司法解释的衔接适用问题。坚持"法不溯及既往"的基本原则,依法保护当事人的合理预期。民法典施行前的法律事实引起的民事纠纷案件,适用当时的法律、司法解释的规定,但《时间效力规定》另有规定的除外。

当时的法律、司法解释包括根据民法典第一千二百六十条规定废止的法律,根据《废止决定》废止的司法解释及相关规范性文件,《修改决定》所涉及的修改前的司法解释。

14. 人民法院审理民事纠纷案件,根据《时间效力规定》应当适用民法典的,同时适用民法典相关司法解释,但是该司法解释另有规定的除外。

15. 人民法院根据案件情况需要引用已废止的司法解释条文作为裁判依据时,先列明《时间效力规定》相关条文,后列明该废止的司法解释条文。需要同时引用民法通则、合同法等法律及行政法规的,按照《最高人民法院关于裁判文书引用法律、法规等规范性法律文件的规定》确定引用条文顺序。

16. 人民法院需要引用《修改决定》涉及的修改前的司法解释条文作为裁判依据时,先列明《时间效力规定》相关条文,后列明修改前司法解释名称、相应文号和具体条文。人民法院需要引用修改后的司法解释作为裁判依据时,可以在相应名称后以括号形式注明该司法解释的修改时间。

17. 民法典施行前的法律事实引起的民事纠纷案件,根据《时间效力规定》应当适用民法典的,同时列明民法典的具体条文和《时间效力规定》的相关条文。民

法典施行后的法律事实引起的民事纠纷案件,裁判文书引用法律、司法解释时,不必引用《时间效力规定》的相关条文。

18. 从严把握溯及适用民法典规定的情形,确保法律适用统一。除《时间效力规定》第二部分所列具体规定外,人民法院在审理有关民事纠纷案件时,认为符合《时间效力规定》第二条溯及适用民法典情形的,应当做好类案检索,经本院审判委员会讨论后层报高级人民法院。高级人民法院审判委员会讨论后认为符合《时间效力规定》第二条规定的"三个更有利于"标准,应当溯及适用民法典规定的,报最高人民法院备案。最高人民法院将适时发布相关指导性案例或者典型案例,加强对下指导。

——《全国法院贯彻实施民法典工作会议纪要》(2021 年 4 月 6 日,法〔2021〕94 号)。

【链接：理解与适用】

司法解释的时间效力问题

一般而言,司法解释溯及适用于所解释的法律的施行时间,例如,合同法解释一、合同法解释二原则上溯及适用于合同法的施行时间。但本次司法解释清理中新制定的司法解释、修改决定和废止决定均是与民法典同步施行,即自 2021 年 1 月 1 日起施行。原则上,这些司法解释只向后发生效力,例外情形下才有向前发生效力的可能。把握上述司法解释时间效力问题的基本思路是以时间效力规定为依据。即根据时间效力规定应当适用民法典的,可以同时适用与民法典配套的新制定的司法解释和修改决定中根据民法典修改后的司法解释条文;根据时间效力规定应当适用当时的法律的,可以同时适用根据民法典修改前的司法解释和根据废止决定废止前的司法解释。但是,具体的法律或司法解释对某司法解释的时间效力问题另有规定的除外。

当然,由于本次司法解释清理是全面清理,部分司法解释的修改是为了与相应法律保持一致,例如有的修改是根据 2017 年修正后的民事诉讼法作出的修改,此种情形并不涉及与溯及适用民法典的衔接问题。

——郭锋、陈龙业、蒋家棣:《〈全国法院贯彻实施民法典工作会议纪要〉理解与适用》,载《人民司法·应用》2021 年第 19 期。

【链接：答记者问】

问:最高人民法院这次制定了关于适用民法典时间效力的司法解释,里面提到了"溯及适用"。能否通俗地介绍一下关于"溯及适用"的相关规定? 另外,民法典实施后,对于被废止的司法解释是不是就不再适用了呢?

杨万明:谢谢这位记者的提问。"法不溯及既往"是一项重要法治原则。一般情况下,新的法律只对其施行后的法律事实产生约束力,对施行前的法律事实无溯及力。

编纂民法典不是制定全新的民事法律,也不是简单的法律汇编,而是对现行的民事法律规范进行编订纂修,对已经不适应现实情况的规定进行修改完善,对经济社会生活中出现的新情况、新问题作出有针对性的新规定。

我国立法法第93条①的规定,法律不溯及既往,但为了更好地保护公民、法人和其他组织的权利和利益而作的特别规定的除外。我们把这种情况称为"有利溯及"。

时间效力司法解释根据立法法规定,总结民事审判经验,在坚持"法不溯及既往"这一基本原则的前提下,规定了两种例外情形:

第一种例外情形就是"有利溯及",比如:民法典施行前成立的合同,按照当时的法律、司法解释的规定,合同无效,而民法典规定合同有效的,民法典施行后,应当适用民法典的规定。这样规定更加符合当事人的意思自治,也有利于促进和鼓励交易。

第二种例外情形是新增规定的溯及适用。在民事审判领域,旧法对某一事项没有规定,而新法在总结以往理论研究成果和审判实践经验的基础上对此作出明确规定的,基于维护公平正义、统一法律适用的需要,人民法院可以适用新法的规定。比如:民法典关于保理合同的规定等。需要注意的是,并非所有新增规定都能溯及适用。如果适用新增规定,明显减损当事人合法权益、增加当事人法定义务、背离当事人合理预期的,则不能溯及适用。

另外,当时的法律、司法解释仅有原则性规定而民法典有具体规定的,适用当时的法律、司法解释的规定,但是可以依据民法典具体规定进行裁判说理。

关于您提到的民法典实施后,对于被废止的司法解释是不是以后就不再适用了这个问题,应该这样理解:

司法解释被废止后,该司法解释不再适用于废止决定施行后发生的法律事实。也就是说,自废止决定施行之日,即2021年1月1日后发生的法律事实引起的民事纠纷案件,人民法院不得再适用被废止的司法解释。至于2021年1月1日前的法律事实引起的民事纠纷案件,仍然要适用当时的法律和司法解释。但是,符合上面提到的溯及适用民法典例外情形的除外。

——《加强审判指导 严格公正司法 确保民法典统一正确适用——最高人民法院相关负责人就首批民法典配套司法解释答记者问》,载《人民法院报》2020年12

---

① 对应2023年《立法法》第104条。——编者注

月 31 日,第 1 版。

【链接：最高人民法院法官著述】

关于新旧法律、司法解释的衔接适用

《民法典》施行后,在相当一段时间内,人民法院都会面临新旧法律、司法解释的衔接适用问题。为解决这一问题,最高人民法院不仅发布了《关于适用〈中华人民共和国民法典〉时间效力的若干规定》(以下简称《民法典时间效力司法解释》),还于 2021 年 4 月发布了《全国法院贯彻实施民法典工作会议纪要》。但是,对于一些问题仍存在争议:

第一种情况涉及《民法典时间效力司法解释》本身的理解与适用。例如,合同订立在《民法典》施行前,但违约行为持续到《民法典》施行后,应当适用《民法典》还是原来的《合同法》。这就涉及《民法典时间效力司法解释》第 1 条的理解与适用。笔者认为,合同成立是发生合同关系的法律事实,而违约并非引起合同关系的法律事实,因此合同纠纷案件的审理原则上还是应当适用合同成立时的法律。当然,根据《民法典时间效力司法解释》,如果《民法典》的相应规定具有溯及力,则应当适用《民法典》的规定。

第二种情况涉及新司法解释的时间效力。关于新司法解释的溯及力,应根据司法解释涉及的问题区分两种情况处理:

其一,如果新司法解释涉及的是《民法典》没有变化的规则,则新司法解释原则上有溯及力,即溯及到该规则施行之时,但如果适用的是旧法,就只能将新司法解释的规定作为裁判说理的依据,不能作为裁判依据。例如,《民法典担保制度解释》第 52 条就抵押预告登记的效力作出了规定,但预告登记制度早在《物权法》中就有规定,抵押预告登记的实践也早已有之,因此,尽管《民法典担保制度解释》是根据《民法典》制定的,但司法解释关于抵押预告登记效力的规定,也可以作为我们理解和适用《物权法》关于预告登记规定的依据。

其二,如果新司法解释涉及的是《民法典》有变化的规则,则新司法解释是否有溯及力,应取决于《民法典》这一规则本身是否有溯及既往的效力,只有在《民法典》这一新规则有溯及力时,新司法解释的相应规定才有溯及力,否则就没有溯及力。例如,《民法典担保制度解释》第 13 条关于共同担保人之间相互追偿的规定,就应区分共同保证和混合共同担保:如果是共同保证,因《中华人民共和国担保法》及其司法解释与《民法典》的规定不一致,且《民法典》就这一问题的规定不具有溯及力,故《民法典担保制度解释》就不具有溯及力;但是对于混合共同担保,因《物权法》与《民法典》的规定并不冲突,《民法典担保制度解释》自然可以溯及到《物权法》施行之时。

——刘贵祥:《关于当前民商事审判工作的几点思考》,载《中国应用法学》2023 年第 6 期。

民法典的溯及力

(一)民法典对施行前的法律事实原则上无溯及力

民法典自 2021 年 1 月 1 日开始施行,这意味着在此之前人民法院不能援引民法典的规定作为裁判案件的依据。民法典施行后,人民法院虽然可以将民法典作为裁判的依据,但待决案件是否可以适用民法典,取决于案件所涉及的法律事实发生在何时:如果法律事实发生在民法典施行后,自应适用民法典的规定;如果法律事实发生在民法典施行之前,原则上不能适用民法典的规定,只能适用当时的法律。就此而言,虽然民法典施行后,合同法、物权法、担保法等 9 部法律均被废止,但并不意味着这些法律在今后的司法实践中不再被援引。恰恰相反,在民法典施行后的相当一段时间内,因为待决案件的法律事实发生在民法典施行前,且民法典的相关规定对于待决案件的审理可能没有溯及力,所以可能还有大量案件仍然须要适用这些法律。

(二)民法典不溯及既往的例外情况

结合立法法第九十三条的规定及审判实践,对于民法典施行前发生的法律事实,民法典可以例外适用的情况大体有以下四种:一是对民法典实施前发生的法律事实,适用民法典更有利于保护当事人合法权益,更有利于维护社会和经济秩序,更有利于弘扬社会主义核心价值观的,应适用民法典的规定;二是民法典实施前的法律事实引起的民事纠纷,当时的法律、司法解释没有规定而民法典有规定的,可以参照民法典的规定处理纠纷,但是明显减损当事人合法权益、增加当事人法定义务或者背离当事人合理预期的除外;三是民法典实施前的法律事实持续至民法典实施后,该法律事实在民法典施行后引起的民事纠纷案件,适用民法典的规定;四是民法典实施前的法律事实引起的民事纠纷案件,当时的法律、司法解释虽然有规定但规定不够具体,而民法典有具体规定的,可以依据民法典解释当时的法律,或进行裁判说理。

——刘贵祥:《民法典适用的几个重大问题》,载《人民司法·应用》2021 年第 1 期。

编者说明

《贯彻实施民法典纪要》第 13 条第 1 款规定法不溯及既往,《民法典》施行前的法律事实引起的民事纠纷案件,应当适用当时的法律、司法解释的规定;第 2 款明确《民法典时间效力规定》和《贯彻实施民法典纪要》所指的"当时的法律、司法解释"的具体内容。

《贯彻实施民法典纪要》第 14 条规定《民法典》相关司法解释适用的一般规则,明确以

《民法典时间效力规定》为指引,根据《民法典时间效力规定》应当适用《民法典》条文的,可以同时适用《民法典》相关司法解释,同时增加但书规定,明确具体司法解释可以基于特定考量对其自身的溯及力问题作出特别规定。①

040 裁判文书对《民法典时间效力规定》的引用

关键词｜时间效力｜裁判文书｜裁判依据｜溯及力｜

【最高人民法院司法解释】

第二十八条 本规定自 2021 年 1 月 1 日起施行。

本规定施行后,人民法院尚未审结的一审、二审案件适用本规定。

——《最高人民法院关于适用〈中华人民共和国民法典〉时间效力的若干规定》(2021 年 1 月 1 日,法释〔2020〕15 号)。

第一条 人民法院的裁判文书应当依法引用相关法律、法规等规范性法律文件作为裁判依据。引用时应当准确完整写明规范性法律文件的名称、条款序号,需要引用具体条文的,应当整条引用。

第二条 并列引用多个规范性法律文件的,引用顺序如下:法律及法律解释、行政法规、地方性法规、自治条例或者单行条例、司法解释。同时引用两部以上法律的,应当先引用基本法律,后引用其他法律。引用包括实体法和程序法的,先引用实体法,后引用程序法。

——《最高人民法院关于裁判文书引用法律、法规等规范性法律文件的规定》(2009 年 11 月 4 日,法释〔2009〕14 号)。

【链接：理解与适用】

审判实践中要注意正确援引《规定》②、已废止和修改的法律、司法解释。

对于民法典施行后尚未审结和新受理的发生在民法典施行前的法律事实,以及发生在民法典施行前并持续至民法典施行后的法律事实引起的纠纷案件,根据《规定》应当适用民法典的,在援引民法典的同时还应援引《规定》相关条文;根据《规定》应当适用当时的法律、司法解释规定的(现在已经废止或者修改),在援引当时的法律、司法解释具体规定的同时还应援引《规定》关于法不溯及既往的相关

---

① 参见最高人民法院研究室编著:《〈全国法院贯彻实施民法典工作会议纪要〉条文及适用说明》,人民法院出版社 2021 年版,第 56 页。

② 指《民法典时间效力规定》。——编者注

条文。对于发生在民法典施行后的法律事实引起的纠纷案件,可以直接援引民法典,不需要援引《规定》相关条文。

——最高人民法院民法典贯彻实施工作领导小组办公室:《〈关于适用民法典时间效力的若干规定〉的理解与适用》,载《人民司法·应用》2021 年第 10 期。

关于裁判文书中对法律、司法解释的援引问题

审判实践中要注意正确援引本解释、已废止和修改的法律、司法解释。《全国法院贯彻实施民法典工作会议纪要》第 14 条规定:"人民法院审理民事纠纷案件,根据《时间效力规定》应当适用民法典的,同时适用民法典相关司法解释,但是该司法解释另有规定的除外。"第 15 条规定:"人民法院根据案件情况需要引用已废止的司法解释条文作为裁判依据时,先列明《时间效力规定》相关条文,后列明该废止的司法解释条文。需要同时引用民法通则、合同法等法律及行政法规的,按照《最高人民法院关于裁判文书引用法律、法规等规范性法律文件的规定》确定引用条文顺序。"第 16 条规定:"人民法院需要引用《修改决定》涉及的修改前的司法解释条文作为裁判依据时,先列明《时间效力规定》相关条文,后列明修改前司法解释名称、相应文号和具体条文。人民法院需要引用修改后的司法解释作为裁判依据时,可以在相应名称后以括号形式注明该司法解释的修改时间。"第 17 条规定:"民法典施行前的法律事实引起的民事纠纷案件,根据《时间效力规定》应当适用民法典的,同时列明民法典的具体条文和《时间效力规定》的相关条文。民法典施行后的法律事实引起的民事纠纷案件,裁判文书引用法律、司法解释时,不必引用《时间效力规定》的相关条文。"实践中要着重把握以上几个方面。

——最高人民法院研究室编著:《最高人民法院民法典时间效力司法解释理解与适用》,人民法院出版社 2021 年版,第 15 页。

司法实践中本解释的引用相关问题

人民法院需要引用《最高人民法院关于废止部分司法解释及相关规范性文件的决定》(法释〔2020〕16 号)已废止的《民法通则》等 9 部法律及相应司法解释作为裁判依据时,应当同时列明具体法律、本解释和相关司法解释的条文。例如,"依照《中华人民共和国民法总则》第×条、《最高人民法院关于适用〈中华人民共和国民法典〉时间效力的若干规定》第一条第二款、《最高人民法院关于适用〈中华人民共和国民法总则〉诉讼时效制度若干问题的解释》第×条的规定"。

对于《最高人民法院关于修改〈最高人民法院关于在民事审判工作中适用《中华人民共和国工会法》若干问题的解释〉等二十七件民事类司法解释的决定》(法释〔2020〕17 号)等 5 个修改决定涉及的相关司法解释,人民法院需要引用修改前的司法解释条文作为裁判依据时,在先列明本解释的相关条文后,要具体列明引用的修改前司法解释的名称、相应文号和条款序号。例如,"依照《最高人民法院关于适用〈中华人民共和国民法典〉时间效力的若干规定》第一条第二款、《最高人民法院关于审理买卖合同纠纷案件适用法律问题的解释》(法释〔2012〕8号)第×条"。人民法院需要引用修改后的司法解释作为裁判依据时,应当注明该司法解释的修正时间,例如,"《最高人民法院关于审理买卖合同纠纷案件适用法律问题的解释》(2020年修正)第×条"。

《民法典》施行前的法律事实引起的民事纠纷案件,根据本解释适用《民法典》的,应当同时列明《民法典》的具体条文和本解释的相关条文。例如,"依照《中华人民共和国民法典》第一千一百七十七条、《最高人民法院关于适用〈中华人民共和国民法典〉时间效力的若干规定》第十七条"。

《民法典》施行后的法律事实引起的民事纠纷案件,裁判文书引用法律、司法解释时,不必引用本解释的相关条文。

——最高人民法院研究室编著:《最高人民法院民法典时间效力司法解释理解与适用》,人民法院出版社2021年版,第320~321页。

【最高人民法院司法文件】

15. 人民法院根据案件情况需要引用已废止的司法解释条文作为裁判依据时,先列明《时间效力规定》相关条文,后列明该废止的司法解释条文。需要同时引用民法通则、合同法等法律及行政法规的,按照《最高人民法院关于裁判文书引用法律、法规等规范性法律文件的规定》确定引用条文顺序。

16. 人民法院需要引用《修改决定》涉及的修改前的司法解释条文作为裁判依据时,先列明《时间效力规定》相关条文,后列明修改前司法解释名称、相应文号和具体条文。人民法院需要引用修改后的司法解释作为裁判依据时,可以在相应名称后以括号形式注明该司法解释的修改时间。

17. 民法典施行前的法律事实引起的民事纠纷案件,根据《时间效力规定》应当适用民法典的,同时列明民法典的具体条文和《时间效力规定》的相关条文。民法典施行后的法律事实引起的民事纠纷案件,裁判文书引用法律、司法解释时,不必引用《时间效力规定》的相关条文。

——《全国法院贯彻实施民法典工作会议纪要》(2021年4月6日,法〔2021〕94号)。

【链接：理解与适用】

司法解释的引用问题。如前所述,民法典施行后的一段时间内,被废止的合同法等法律及司法解释,以及根据修改决定修改前的司法解释,仍然有适用的空间;加上本次司法解释清理对司法解释作了大批量的修改,可以说是史无前例,因而如何引用有关的法律和司法解释是各级人民法院在审判实践中十分关注的问题。

对此,可以按照以下思路办理:

(1)关于引用已废止司法解释的问题。根据案件情况需要引用已废止的司法解释条文作为裁判依据时,在裁判文书中先列明时间效力规定相关条文,后列明该废止的司法解释条文。这样就明确了本案裁判适用的是原有法律及司法解释的内容,这当然就包括已被废止的司法解释。需要同时引用民法通则、合同法等法律及行政法规等的,按照最高人民法院《关于裁判文书引用法律、法规等规范性法律文件的规定》确定引用条文顺序。

(2)关于引用修改决定所涉及的司法解释的问题。裁判文书中需要引用修改决定涉及的修改前的司法解释条文作为裁判依据时,先列明时间效力规定相关条文,后列明修改前司法解释名称、相应文号和具体条文。需要引用修改后的司法解释作为裁判依据时,在其名称后面以括号形式注明该司法解释的修改时间。本次司法解释清理采取一个修改决定修改若干个司法解释的方式,根据修改决定修改后的全文没有对应的文号,为便于区分,可在修改后的司法解释名称后注明修改时间。

(3)关于引用民法典有关规定的问题。民法典施行前的法律事实引起的民事纠纷案件,根据时间效力规定应当适用民法典的,同时列明民法典的具体条文和时间效力规定的相关条文。民法典施行后的法律事实引起的民事纠纷案件,当然适用民法典,因此裁判文书引用法律、司法解释时不必再引用时间效力规定的相关条文。

——郭锋、陈龙业、蒋家棣:《〈全国法院贯彻实施民法典工作会议纪要〉理解与适用》,载《人民司法·应用》2021 年第 19 期。

【最高人民法院裁判案例】

上诉人北京城乡一建设工程有限责任公司与上诉人郑州东业冠达房地产开发有限公司建设工程施工合同纠纷案[最高人民法院(2021)最高法民终 417 号民事判决书,2021.6.30]

(一)关于冠达公司向雪辉物资供应站支付的钢材款利息 417065.24 元,是否应从应付工程款中扣除的问题

2012 年 12 月 31 日,冠达公司与雪辉物资供应站签订《债务承担及还款协议》,双方确认雪辉物资供应站系案涉冠达花园工程的钢材供应单位,未付钢材款为 3980000 元。根据 2015 年 1 月 30 日《付刘某(雪辉物资供应站)钢材款明细》及

付款凭证、收据和付款审批单,冠达公司已经支付雪辉物资供应站钢材款4397065.24元。河南省郑州市中级人民法院(2014)郑民四终字第413号民事判决查明,城乡一建公司认可该笔债务,双方债务承担数额将在城乡一建公司与冠达公司的工程款结算中予以体现。冠达公司代城乡一建公司向雪辉物资供应站支付钢材款,其可以向城乡一建公司追偿。但二者法律关系并非同一关系。冠达公司主张将其承担的钢材款及利息在本案中抵扣,城乡一建公司上诉主张对钢材款利息417065.24元不应抵扣。《最高人民法院关于适用〈中华人民共和国民法典〉时间效力的若干规定》第一条第二款规定:"民法典施行前的法律事实引起的民事纠纷案件,适用当时的法律、司法解释的规定,但是法律、司法解释另有规定的除外。"原《中华人民共和国合同法》第九十九条①规定:"当事人互负到期债务,该债务的标的物种类、品质相同的,任何一方可以将自己的债务与对方的债务抵销,但依照法律规定或者按照合同性质不得抵销的除外。当事人主张抵销的,应当通知对方。通知自到达对方时生效。抵销不得附条件或者附期限。"双方并未就冠达公司因债务承担可以向城乡一建公司追偿的数额协商一致,且冠达公司因迟延履行《债务承担及还款协议》造成的利息损失,系因冠达公司的过错造成,不应由城乡一建公司承担。故城乡一建公司关于不应将冠达公司向雪辉物资供应站支付的钢材款利息417065.24元从冠达公司应付工程款中扣除的上诉理由成立,本院予以支持。

……本院依照《最高人民法院关于适用〈中华人民共和国民法典〉时间效力的若干规定》第一条第二款,《中华人民共和国合同法》第九十九条,《最高人民法院关于审理建设工程施工合同纠纷案件适用法律问题的解释(二)》第三条②,《中华人民共和国民事诉讼法》第一百七十条第一款第二项③规定,判决如下:……

上诉人王某与被上诉人西宁金田小额贷款有限公司、申某全、李某玲申请执行人执行异议之诉案[最高人民法院(2021)·最高法民终346号民事判决书,2021.5.17]

本案系执行异议之诉案件。关于本案的法律适用,本案系《中华人民共和国民法典》施行前的法律事实引起的民事纠纷案件,依照《最高人民法院关于适用〈中华人民共和国民法典〉时间效力的若干规定》第一条第二款"民法典施行前的法律事实引起的民事纠纷案件,适用当时的法律、司法解释的规定,但是法律、司法解释另有规定的除外"之规定,本案适用当时的法律、司法解释。《中华人民共和国物

---

① 对应《民法典》第568条。——编者注
② 对应《建设工程施工合同解释(一)》第6条。——编者注
③ 对应2023年《民事诉讼法》第177条第1款第2项。——编者注

权法》第二十八条①规定:"因人民法院、仲裁委员会的法律文书或者人民政府的征收决定等,导致物权设立、变更、转让或者消灭的,自法律文书或者人民政府的征收决定等生效时发生效力。"《最高人民法院关于适用〈中华人民共和国物权法〉若干问题的解释(一)》第七条②规定:"人民法院、仲裁委员会在分割共有不动产或者动产等案件中作出并依法生效的改变原有物权关系的判决书、裁决书、调解书,以及人民法院在执行程序中作出的拍卖成交裁定书、以物抵债裁定书,应当认定为物权法第二十八条所称导致物权设立、变更、转让或者消灭的人民法院、仲裁委员会的法律文书。"本案中,(2017)青 0103 执 797 号之二执行裁定书,确认案涉房屋的所有权自该裁定送达金田公司时转移,该执行裁定系导致物权变动的法律文书。一审判决依据生效执行裁定认定金田公司可以排除对案涉房屋的强制执行,并无不当。

——中国裁判文书网,https://wenshu.court.gov.cn。

---

① 对应《民法典》第 229 条。——编者注
② 对应《民法典物权编解释(一)》第 7 条。——编者注

总　则

第一章　基本规定

041 坚持平等保护

关键词｜ *平等保护* ｜ *产权保护* ｜ *相对优先保护* ｜

【最高人民法院司法文件】

二、加强市场主体统一平等保护

3. 助力实行统一的市场准入。依法审理建设工程、房地产、矿产资源以及水、电、气、热力等要素配置和市场准入合同纠纷案件,准确把握自然垄断行业、服务业等市场准入放宽对合同效力的影响,严格落实"非禁即入"政策。依法审理涉市场准入行政案件,支持分级分类推进行政审批制度改革,遏制不当干预经济活动特别是滥用行政权力排除、限制竞争行为。加强市场准入负面清单、涉企优惠政策目录清单等行政规范性文件的附带审查,推动行政机关及时清理废除含有地方保护、市场分割、指定交易等妨碍统一市场和公平竞争的规范性文件,破除地方保护和区域壁垒。

4. 加强产权平等保护。坚持各类市场主体诉讼地位平等、法律适用平等、法律责任平等,依法平等保护各类市场主体合法权益。严格区分经济纠纷、行政违法与刑事犯罪,坚决防止将经济纠纷当作犯罪处理,坚决防止将民事责任变为刑事责任。依法惩治侵犯产权违法犯罪行为,健全涉案财物追缴处置机制,最大限度追赃挽损。充分贯彻善意文明执行理念,进一步规范涉产权强制措施,严禁超标的、违法查封财产,灵活采取查封、变价措施,有效释放被查封财产使用价值和融资功能。完善涉企产权案件申诉、重审等机制,健全涉产权冤错案件有效防范纠正机制。支持规范行政执法领域涉产权强制措施,依法维护市场主体经营自主权。

5. 依法平等保护中外当事人合法权益。研究制定法律查明和国际条约、国际惯例适用等司法解释,准确适用域外法律和国际条约、国际惯例。优化涉外民商事纠纷诉讼管辖机制,研究制定第一审涉外民商事案件管辖司法解释。加强司法协助工作,完善涉外送达机制,推动建成域外送达统一平台。推进国际商事法庭实质化运行,健全国际商事专家委员会工作机制,完善一站式国际商事纠纷解决信息化平台,实现调解、仲裁和诉讼有机衔接,努力打造国际商事纠纷解决新高地。准确适用外商投资法律法规,全面实施外商投资准入前国民待遇加负面清单制度,依法维护外商投资合同效力,促进内外资企业公平竞争。推进我国法域外适用法律体系建设,依法保护"走出去"企业和公民合法权益。

6. 完善市场主体救治和退出机制。坚持破产审判市场化、法治化、专业化、信息化方向,依法稳妥审理破产案件,促进企业优胜劣汰。坚持精准识别、分类施策,对陷入财务困境但仍具有发展前景和挽救价值的企业,积极适用破产重整、破产和解程序,促进生产要素优化组合和企业转型升级,让企业重新焕发生机活力,让市场资源配置更加高效。积极推动完善破产法制及配套机制建设,完善执行与破产工作有序衔接机制,推动企业破产法修改和个人破产立法,推动成立破产管理人协会和设立破产费用专项基金,推进建立常态化"府院联动"协调机制。

7. 依法及时兑现市场主体胜诉权益。进一步健全完善综合治理执行难工作大格局,加强执行难综合治理、源头治理考评,推动将执行工作纳入基层网格化管理,完善立审执协调配合机制,确保"切实解决执行难"目标如期实现。进一步加强执行信息化建设,拓展升级系统功能,强化执行节点管理,提升执行流程监管自动化、智能化水平。探索建立律师调查被执行人财产等制度,推进落实委托审计调查、公证取证、悬赏举报等制度。探索建立怠于履行协助执行义务责任追究机制,建立防范和制止规避执行行为制度,依法惩戒拒执违法行为。配合做好强制执行法立法工作,制定或修订债权执行等司法解释,完善执行法律法规体系。

——《最高人民法院关于为加快建设全国统一大市场提供司法服务和保障的意见》(2022 年 7 月 14 日,法发〔2022〕22 号)。

6. 健全以公平公正为原则的产权保护制度。严格执行产权保护司法政策,全面依法平等保护各种所有制经济产权和合法权益,推动健全归属清晰、权责明确、保护严格、流转顺畅的现代产权制度。明确和统一裁判标准,准确界定产权关系,合理划定责任财产范围,重点解决国有资产流失,利用公权力侵害私有产权,违法查封、扣押、冻结民营企业财产等产权保护中的突出问题。严格区分经济纠纷与经济犯罪,依法慎用刑事强制措施,严格规范涉案财产的保全和处置措施,健全涉产权冤错案件有效防范和常态化纠错机制。坚持法定赔偿原则,加大涉产权冤错案件赔偿决定执行力度。完善和统一执行异议之诉、担保物权实现、破产债权清偿中的权利冲突解决规则。强化善意文明执行理念,严禁超标的查封、乱查封,建立健全查封财产融资偿债和自行处置机制,尽最大可能保持企业财产运营价值。加强对数字货币、网络虚拟财产、数据等新型权益的保护,充分发挥司法裁判对产权保护的价值引领作用。

——《最高人民法院、国家发展和改革委员会关于为新时代加快完善社会主义市场经济体制提供司法服务和保障的意见》(2020 年 7 月 20 日,法发〔2020〕25 号)。

1. 坚持平等保护。坚持各种所有制经济权利平等、机会平等、规则平等,对各类产权主体的诉讼地位和法律适用一视同仁,确保公有制经济和非公有制经济财产权不可侵犯。注重对非公有制产权的平等保护。妥善审理各类涉外案件,平等保护中外当事人的诉讼权利和实体权益。

——《最高人民法院关于充分发挥审判职能作用切实加强产权司法保护的意见》(2016 年 11 月 28 日,法发〔2016〕27 号)。

【链接:理解与适用】

加强产权司法保护,夯实市场经济有效运行的制度基础

有恒产者有恒心。健全归属清晰、权责明确、保护严格、流转顺畅的现代产权制度,是提振市场信心、激发市场活力的基本保障。最高人民法院曾专门出台加强产权司法保护的意见,也颁布了一系列保护产权的指导性案例。《意见》①从产权制度保护、惩治侵权行为、服务农村产权制度改革、公正审理土地征收征用案件、加强自然资源产权保护、服务国家创新体系建设等六方面提出了具体意见。《意见》要求,明确和统一裁判标准,准确界定产权关系,重点解决违法查封、扣押、冻结民营企业财产等产权保护中的突出问题;坚持法定赔偿原则,加大涉产权冤错案件有效防范和常态化纠错机制;严禁超标的查封、乱查封,建立健全查封财产融资偿债和自行处置机制,尽最大可能保持企业财产运营价值;加强对数字货币、网络虚拟财产、数据等新型权益的保护,充分发挥司法裁判对产权保护的价值引领作用;打击针对企业家和严重危害民营企业发展的违法犯罪行为,依法追缴民营企业被侵占、挪用的财物,完善财产返还和退赔制度;依法制裁知识产权违法犯罪,加大对链条式、产业化知识产权犯罪的惩治力度;依法保护农村集体经济组织成员权益,对农村集体经济组织将经营性资产、资源性资产折股量化到集体经济组织成员的,依法充分保障农村集体经济组织成员参与经营决策和收益分配的权利;支持行政机关依法打击各种违法占用耕地行为,确保耕地和永久基本农田不受侵犯;强化对科技创新、商业模式创新和技术要素市场的规则指引,为国家创新体系建设和新兴产业发展提供司法保障。

——贺小荣、刘敏、潘杰等:《为新时代加快完善社会主义市场经济体制提供更高水平的司法保障——对最高人民法院、国家发改委市场经济司法保障意见的解读》,载最高人民法院民事审判第一庭编:《民事审判指导与参考》总第 82 辑,人民法院出版社 2021 年版,第 32~33 页。

---

① 指《最高人民法院、国家发展和改革委员会关于为新时代加快完善社会主义市场经济体制提供司法服务和保障的意见》。——编者注

【最高人民法院司法政策】

平等保护原则。坚持公有制为主体、多种所有制经济共同发展，切实维护各种所有制经济权益，才能筑牢经济建设和民生保障的基石。在民事商事审判中，要按照周强院长讲话要求，坚持对不同所有制主体、不同地区市场主体、不同行业利益主体依法予以平等保护，这是非常重要的三个方面，重点解决一些地方存在的地方保护主义和部门本位主义问题，依法保护投资安全，保障各类市场主体平等法律地位和公平发展权利。要努力为消除条块分割，建立统一开放的社会主义市场体系，维护公平有序的市场竞争秩序服务，加快形成企业自主经营、公平竞争，消费者自由选择、自主消费，商品和生产要素自由流动、平等交换的现代市场体系，着力清除市场壁垒，提高资源配置效率和公平性，使市场在资源配置中真正起到决定性作用，促进社会主义市场经济的繁荣发展。要全面深刻认识法律对不同民事商事活动主体权利义务责任规定的制度背景、价值导向，避免片面强调形式平等，而忽略对不同社会群体权利实质平等的法律保护。各级法院要有平等保护的观点，不同所有制主体、不同地区市场主体、不同行业利益主体，不同所有制主体说的比较多；不同地区的主体，审理案件要注意。我们到很多地方去，有的企业主告诉我们，当他们刚到一个地方去的时候，当地行政领导说各种好话，承诺给予各种利益、好处，减免税费，等等。他们称第一步叫勾，然后就诳，诳你进来投资，然后就锯掉。这种情况实际是一种地方保护主义的表现，法院不能成为地方保护的工具，一定要站在平等保护的高度，维护社会主义市场的统一，只有这样社会主义市场经济才能得到发展。这个原则是要坚持的。

——杜万华：《在第八次全国法院民事商事审判工作会议上的专题讲话》（2015 年 12 月 24 日），载最高人民法院民事审判第一庭编：《民事审判指导与参考》总第 64 辑，人民法院出版社 2016 年版，第 37 页。

【链接：最高人民法院法官著述】

二是辩证理解平等保护原则。全面平等保护各种所有制经济、各类市场主体的合法权益，做到平等相待、一视同仁，这是毋庸置疑的，但同时要将平等保护与优先保护结合起来，对中小股东、劳动者、金融消费者等弱势群体的相对优先保护，是对平等保护原则的必要补充。比如，《合同法》第 286 条①体现的就是对农民工利益的法律关怀，而法释〔2002〕16 号《最高人民法院关于建设工程价款优先受偿问题的批复》对消费者购买商品房的优先保护，体现了对生存权的法律关怀。只有对消费者等弱势群体适度优先保护，才能真正达到平等保护的效果，才能实现社会的公平正义。

---

① 对应《民法典》第 807 条。——编者注

——刘贵祥:《关于人民法院民商事审判若干问题的思考》,载《中国应用法学》2019 年第 5 期。

042 平等保护机关法人与民营企业权益

关键词｜机关法人｜民营企业｜平等保护｜

【最高人民法院参考案例】

3. 沈阳电力工程咨询有限公司与沈阳市浑南区农业农村局服务合同纠纷案
【案例索引】

辽宁省沈阳市中级人民法院(2020)辽 01 民终 15053 号

(1)基本案情

沈阳电力工程咨询有限公司(以下简称电力咨询公司)系沈阳当地一家小微民营企业。2019 年 6 月,电力咨询公司与沈阳市浑南区农业农村局(以下简称浑南农业局)双方达成合作意向:浑南农业局委托电力咨询公司对沈阳市浑南区 12 个街道 118 个行政村的"农村人居环境整治行动项目"通过无人机进行查访。随后,2019 年 7 月电力咨询公司开始实施查访工作。工作成果编制成查访报告,逐期交付给浑南农业局,合计交付查访报告 20 份,浑南农业局已签收,未提出异议。

2019 年 12 月 6 日,电力咨询公司与浑南农业局补签《查访合同》,浑南农业局委托电力咨询公司进行农村人居环境整治行动项目第三方查访,约定了查访范围、查访周期、查访目标、验收条件、付款条件、付款时间及方式等内容。

合同补签后,电力咨询公司向浑南农业局送达了《浑南区第三方查访组报价详细说明》,主要载明:人员车辆费用明细:1065400 元,税金点 9%,管理费 3%,总计费用为 1193248 元。2019 年底浑南农业局收到电力咨询公司开具的相应发票。浑南农业局拒绝付款,理由为为:查访服务项目未经政府采购程序,双方签订的协议属于无效协议,双方未结算及未最终验收,不具备付款条件,更不符合财政性资金拨款条件。电力咨询公司因此诉至沈阳市浑南区人民法院。请求法院判令浑南农业局支付服务费 1125500 元。

沈阳市浑南区人民法院一审判决浑南农业局付电力咨询公司服务费 1125500 元。一审宣判后,浑南农业局不服,向沈阳市中级人民法院提起上诉,请求撤销原判,依法改判驳回电力咨询公司的诉讼请求。理由为:电力咨询公司履行合同未完毕,未结算,未最终验收不具备付款条件;电力咨询公司主张的数额与实际工作量不符,不能得到财政性资金认可的拨款条件;电力咨询公司不具备合同服务资质,服务无法达到标准;案涉查访服务项目未经政府采购程序属于无效合同。

二审法院一是依法准确认定合同效力。认定《查访合同》系电力咨询公司与浑南农业局两个平等民事主体基于意思自治原则自愿达成，不存在合同无效的法定事由，合法有效，对双方具有约束力。二是依法认定浑南农业局应当履行付款义务。查访报告的制作和交付属于分批次履行，如浑南农业局确对履行方式、履行内容及报告质量等提出异议，应当在首份报告交付后，及时对其关注问题提出整改意见，并加大力度监督检查尚未履行的合同。但浑南农业局系在电力咨询公司全部合同履行完毕、所有报告交付近半年之久后，在电力咨询公司向其主张服务费时，其对电力咨询公司已完成查访的工作量及工作方法提出异议，实属勉为其难。浑南农业局以电力咨询公司履行合同不符合要求为由拒绝支付服务费，依据不足。二审法院判决驳回上诉，维持原判。

（2）社会影响

本案是发生在民营企业与机关法人之间的债权债务纠纷。每件机关法人与企业的纠纷案件，处理结果均被广大民营企业家关注，都是营商环境是否改善的试金石。法院平等保护机关法人与民营企业权益，确保主体平等、权利平等、机会平等，彰显了发挥司法职能作用优化法治化营商环境的决心和能力，让各方投资者敢于投资，安心投资，乐于投资，勇于投资，服务和保障东北振兴、民营经济健康发展。

（3）典型意义

本案是民营企业与机关法人因签订、履行服务合同发生的争议。法院在审理本案中，首先明确案涉合同系机关法人与民营企业作为平等民事主体、基于意思自治原则所签订，在有大量证据证明民营企业已经适当履行了合同义务的情况下，机关法人不得以有关服务费未经政府部门确认、有关款项未向财政部门申请和审批为由拒绝支付服务费，从而支持民营企业要求机关法人支付服务费的请求。

法院在审理案件过程中，努力实现程序公正与实体公正相统一，体现了对民营企业特别是民营中小微企业发展的保护，有利于民营企业持续回笼欠款、维持造血能力，全面构建亲清政商关系，为持续优化法治化营商环境起到示范作用。

——《人民法院依法保护民营企业产权和企业家权益典型案例》，载《人民法院报》2023 年 8 月 1 日，第 2 版。

编者说明

在上述电力咨询公司与农业农村局合同纠纷案中，法院判令农业农村局承担违约责任，并采取有力执行措施，及时兑现民营企业胜诉权益。该案例充分体现法院全面贯彻依法平等保护原则。机关法人违约毁约、拖欠民营企业账款的，同样承担相应民事责任。[1]

---

[1] 参见《坚持能动司法 依法平等保护 最高法发布依法保护民营企业产权和企业家权益典型案例》，载《人民法院报》2023 年 8 月 1 日，第 1 版。

043 国有企业与其他市场主体地位平等，其资产利益不能等同于社会公共利益

关键词｜国有企业｜平等｜社会公共利益｜

【最高人民法院裁判案例】

再审申请人林某锋、陈某良与被申请人甘肃省中国青年旅行社房屋买卖合同纠纷案[最高人民法院(2014)民提字第 216 号民事判决书,2015. 2. 16]

裁判摘要:国有资产转让是国有企业经营权的体现。作为资产的管理者,有责任对资产保值增值,但亦应承担市场经营的风险。在市场经济条件下,国有企业参与市场交易与其他市场主体地位平等,其资产利益不能等同于社会公共利益。

关于《房地产买卖合同》的效力问题。《最高人民法院关于适用〈中华人民共和国合同法〉若干问题的解释(二)》第十四条规定,合同法第五十二条第(五)项规定的"强制性规定",是指效力性强制性规定。《全民所有制工业企业转换经营机制条例》、《国有资产评估管理办法》以及《企业国有资产监督管理暂行条例》中关于国有资产转让应当进行评估、批准等程序的规定,系对履行出资人职责的机构及相关人员行为的规范,是法律对国有资产管理者课以的义务,要求管理者审慎地履行自己的职责,上述规定均属规范内部程序的管理性规定,而非效力性强制性规定,不应影响国有企业与第三人签订合同的效力。本案中,根据甘肃省人民政府国有资产监督管理委员会向二审法院出具的《省政府国资委关于甘肃青旅大厦产权问题的复函》,案涉资产由团省委作为主管部门承担保值增值责任。根据本院再审查明的事实,团省委曾向林某锋、陈某良发函同意该项资产处置。对于案涉资产转让是否损害社会公共利益。本院认为,国有资产转让是国有企业经营权的体现。作为资产的管理者,有责任对资产保值增值,但亦应承担市场经营的风险。《中华人民共和国物权法》第三条①规定,国家实行社会主义市场经济,保障一切市场主体的平等法律地位和发展权利。在市场经济条件下,国有企业参与市场交易与其他市场主体地位平等,其资产利益不能等同于社会公共利益。此外,甘肃青旅亦未提供证据证明房地产转让双方存在恶意串通损害国有资产权益的情形。相反,从本院再审查明的事实看,首先,《房地产买卖合同》第九条明确约定,案涉房产产权无任何限定条件,亦不存在法律、法规规定禁止出售的其他情形。其次,甘肃青旅在仲裁中即提出确认《房地产买卖合同》无效的反请求,但在仲裁达成调解协议时,并未提出案涉房产转让未经评估、批准等问题。最后,50 号调解书作出后,甘肃青旅和团省委又先后向林某锋、陈某良发函,要求提高价款,亦未主张案涉房产

---

① 对应《民法典》第 206 条。——编者注

不能转让。

甘肃青旅提出，案涉房产共九层，其中第九层为加盖，属于违法建筑，买卖违章建筑的合同应为无效。本院认为，首先，案涉房产其他部分系合法建筑，加盖部分违法不应导致全部合同无效。其次，买卖违法建筑物的合同并非绝对无效。根据《中华人民共和国城乡规划法》第六十四条规定，未取得建设工程规划许可证或者未按照建设工程规划许可证的规定进行建设的，由县级以上地方人民政府城乡规划主管部门责令停止建设；尚可采取改正措施消除对规划实施的影响的，限期改正，处建设工程造价百分之五以上百分之十以下的罚款；无法采取改正措施消除影响的，限期拆除，不能拆除的，没收实物或者违法收入，可以并处建设工程造价百分之十以下的罚款。本案中，双方在《房地产买卖合同》及其后的 50 号调解书中，均明确加盖部分已经过行政处罚，城乡规划主管部门并未要求限期拆除，该加盖部分应属于"尚可采取改正措施消除对规划实施的影响的"保留使用建筑物，亦不应因此认定买卖合同无效。

综上，本院认为，案涉《房地产买卖合同》为双方真实意思表示，不存在《中华人民共和国合同法》第五十二条①规定的情形，应为合法有效。双方应本着诚实信用原则严格履行各自的合同义务，林某锋和陈某良占用案涉房产不属于无权占有，甘肃青旅要求林某锋和陈某良返还案涉房产无法律依据。关于支付占用期间的房屋使用费问题。《房地产买卖合同》第七条约定，林某锋、陈某良认可现有的房屋租赁使用人甘肃省生殖保健院使用的范围，合同约定的房产买卖后由甘肃省生殖保健院继续按照上述范围使用。从上述约定看，房产的交付时间应为《房地产买卖合同》签订时。也即甘肃青旅是按照合同约定交付房产，现合同合法有效，甘肃青旅交付房产的行为系履行合同的行为，故甘肃青旅要求支付占用期间的房屋使用费无法律依据。

——中国裁判文书网，https://wenshu.court.gov.cn。

044 处置国有资产所涉利益不能直接等同于社会公共利益

关键词 | 处置国有资产 | 社会公共利益 | 国家利益 |

【最高人民法院裁判案例】

深圳市新世纪投资发展有限公司与东北石油大学合同纠纷案[最高人民法院

---

① 对应《民法典》第 146 条、第 148 条至第 150 条、第 153 条、第 154 条。——编者注

(2015)民二终字第 129 号民事判决书,2015.12.25]

裁判摘要①:在涉及国有资产处置的合同纠纷中,如国有资产处置主体具备独立法人资格,合同各方均具有相应的民事权利能力和民事行为能力,合同内容系当事人真实意思表示,国有资产处置主体在诉讼中将其管理的国有资产利益直接等同于《合同法》第五十二条②规定的国家利益或者社会公共利益,以合同损害国家利益或者社会公共利益为由主张国有资产处置合同无效,但没有其他证据证明或补充说明,合同也不存在《合同法》第五十二条规定的其他情形的,人民法院对其合同无效的主张不应予以支持。

(一)基本案情

2002 年,东北石油大学经黑龙江省国资委批复同意,有偿转让安达校区国有资产,批复有偿转让价格为 6500 万元。2002 年至 2003 年,东北石油大学与深圳新世纪公司先后签订了《买卖意向书》《置换协议》《补充协议》等合同文件。合同签订后,东北石油大学将安达校区资产交付给深圳新世纪公司并办理了过户手续,深圳新世纪公司向安达市国土资源局缴纳了 3000 万元土地出让金,向东北石油大学出具了 2000 万元的承兑汇票。2006 年,东北石油大学与深圳新世纪公司签订《会议纪要》,对《置换协议》及《补充协议》的执行作出调整,约定原定由深圳新世纪公司承建的体育馆工程改由东北石油大学自行建设,原用于体育馆工程建设的 6500 万元资金分两步支付,第一步由深圳新世纪公司支付现金 4000 万元,依照工程进度分期到位;第二步剩余的 2500 万元由深圳新世纪公司在双方后续合作开发工程项目盈利中优先支付。若东北石油大学提供不了后续项目,深圳新世纪公司付清 4000 万元建设资金后,视为协议执行完毕。《会议纪要》签订后,深圳新世纪公司未再向东北石油大学支付任何资金,东北石油大学新校区体育馆等工程仍未开工建设,亦未经审批立项。东北石油大学提起诉讼,请求判令深圳新世纪公司向东北石油大学支付剩余转让价款 4500 万元及相应利息。

(二)裁判结果

黑龙江省高级人民法院一审认为,东北石油大学作为高等院校,其资产既属国有资产,同时也属社会公共教育资源。《会议纪要》中关于 6500 万元附条件式的资金支付约定,变相降低了资产处置的交易价格,一旦条件成就,将造成东北石油大学以低于核准价的交易价格处置资产的法律效果,违背了有关事业单位国有资产评估、处置之规定,同时也损害了社会公共利益,因此该约定无效。据此判决深圳新世纪公司向东北石油大学支付剩余转让价款 4500 万元及相应利息。深圳新世

---

① 参见张乾:《处置国有资产所涉利益不能直接等同于社会公共利益》,载最高人民法院第二巡回法庭编著:《民商事二审典型案例及审判经验》,人民法院出版社 2019 年版,第 108 页。

② 对应《民法典》第 146 条、第 148 条至第 150 条、第 153 条、第 154 条。——编者注

纪公司不服,上诉至最高人民法院。

最高人民法院第二巡回法庭审理认为,我国现行法律、行政法规并无有关学校国有资产处置的效力性强制性规范,不能将《国有资产评估管理办法施行细则》《行政事业单位国有资产处置管理实施办法》《黑龙江省行政事业单位国有资产管理暂行办法》等文件作为认定合同无效的依据。东北石油大学转让安达校区固定资产,系其与深圳新世纪公司作为平等的民事主体在平等协商的基础上自愿进行的有偿转让,并没有损害全体社会成员或者社会不特定多数人的利益,也没有证据证明案涉资产的处分损害了东北石油大学的正常教学管理秩序或者学生正常接受学校教育的权利,案涉资产的处分既未损害社会公共秩序,也未损害社会的善良风俗。安达校区固定资产作为市场经济商业交易活动中的交易标的物,其价格受到市场行情、开发利用价值以及当事人自身原因等多种因素的影响。《会议纪要》约定的附条件支付资金的条款是在当事人双方前期合同履行情况的基础上通过平等协商确定的,并无证据证明《会议纪要》的约定造成了国有资产流失。况且,2500万元支付条件为双方后续合作开发工程项目盈利,条件是否成就首先取决于东北石油大学而不是深圳新世纪公司。即便《会议纪要》约定的该条件未成就,2500万元无需支付,也未损害全体社会成员或者社会不特定多数人的利益。东北石油大学系具备独立法人资格的事业单位,具有相应的民事权利能力和民事行为能力,不宜将东北石油大学管理的国有资产利益等同于《中华人民共和国合同法》第五十二条所称的国家利益或者社会公共利益。一审法院依据《中华人民共和国合同法》第五十二条第四项的规定,认为《会议纪要》的约定损害了社会公共利益,并进而认定《会议纪要》的该部分约定无效,适用法律错误。据此改判深圳新世纪公司向东北石油大学支付剩余转让价款2000万元及相应利息。

(三)典型意义

本案当事人跨越黑龙江与广东两省,是涉及处置行政事业性国有资产合同效力的典型案例。在涉及国有资产处置的合同纠纷中,如国有资产处置主体具备独立法人资格,合同各方均具有相应的民事权利能力和民事行为能力,合同内容系当事人意思表示真实,国有资产处置主体在诉讼中将其管理的国有资产利益直接等同于《中华人民共和国》第五十二条规定的国家利益或者社会公共利益,以合同损害国家利益或者社会公共利益为由主张国有资产处置合同无效,但没有其他证据证明或补充说明,合同也不存在《中华人民共和国合同法》第五十二条规定的其他情形的,人民法院对其合同无效的主张不应予以支持。本案中,东北石油大学处置的资产属于行政事业性国有资产。现行法律、行政法规对行政事业性国有资产并无效力性强制性规范。东北石油大学处置安达校区资产,并未损害社会公共利益。东北石油大学系具备独立法人资格的事业单位,具有相应的民事权利能力和民事行为能力,东北石油大学转让的安达校区资产,虽然属国有资产和社会公共教育资源,但安达校区资产的转让系东北石油大学与深圳新世纪公司作为平等的民事主体在平等协商的基础上自愿进行的有偿转让,不应将东北石油大学管理的国有资产利益直接等同于《中华人民共和国合同法》第五十二条所称的国家利益或者社会公共利益,亦不应据此认定转让合同无效。

——《最高法院发布第二巡回法庭关于审理跨省重大民商事和行政案件十大典型案例》,载微信公众号"最高人民法院"2016 年 10 月 31 日。

045 相关投资行为发生在《外商投资法》实施之前,但外商投资企业不属于"负面清单"管理范围的,股权变更登记不需要征得外商投资审批机关同意

关键词｜平等｜外商投资｜股权变更登记｜负面清单｜国民待遇｜

【最高人民法院司法文件】

5. 依法平等保护中外当事人合法权益。研究制定法律查明和国际条约、国际惯例适用等司法解释,准确适用域外法律和国际条约、国际惯例。优化涉外民商事纠纷诉讼管辖机制,研究制定第一审涉外民商事案件管辖司法解释。加强司法协助工作,完善涉外送达机制,推动建成域外送达统一平台。推进国际商事法庭实质化运行,健全国际商事专家委员会工作机制,完善一站式国际商事纠纷解决信息化平台,实现调解、仲裁和诉讼有机衔接,努力打造国际商事纠纷解决新高地。准确适用外商投资法律法规,全面实施外商投资准入前国民待遇加负面清单制度,依法维护外商投资合同效力,促进内外资企业公平竞争。推进我国法域外适用法律体系建设,依法保护"走出去"企业和公民合法权益。

——《最高人民法院关于为加快建设全国统一大市场提供司法服务和保障的意见》(2022 年 7 月 14 日,法发〔2022〕22 号)。

【最高人民法院公报案例】

吴良好与如皋市金鼎置业有限公司等股东资格确认纠纷案[最高人民法院(2021)最高法民申 1074 号民事裁定书,2021.6.30]

裁判摘要:外商投资企业股权变更登记行为不属于外商投资法第四条所称负面清单管理范围的,当事人以相关法律行为发生在外商投资法实施之前,主张变更登记应征得外商投资企业审批机关同意的,人民法院依照外商投资法规定的"给予国民待遇"和"内外资一致"的原则,不予支持。

一、再审申请人有关案涉股权变更登记应当征得外商投资企业审批机关同意的主张是否成立

外商投资法第四条第一、二款规定："国家对外商投资实行准入前国民待遇加负面清单管理制度。前款所称准入前国民待遇，是指在投资准入阶段给予外国投资者及其投资不低于本国投资者及其投资的待遇；所称负面清单，是指国家规定在特定领域对外商投资实施的准入特别管理措施。国家对负面清单之外的外商投资，给予国民待遇。"外商投资法第二十八条第三款规定："外商投资准入负面清单以外的领域，按照内外资一致的原则实施管理。"第三十一条规定："外商投资企业的组织形式、组织机构及其活动准则，适用《中华人民共和国公司法》、《中华人民共和国合伙企业法》等法律的规定。"依照《中华人民共和国外商投资法实施条例》（以下简称外商投资法实施条例）第四十八条第一款的规定，香港特别行政区投资者在内地投资，参照外商投资法和外商投资法实施条例执行；法律、行政法规或者国务院另有规定的，从其规定。

本案中，案涉股东会议纪要确认被申请人享有金鼎公司20%的股份，明确了案涉股权变更登记应在2013年11月15日前完成，当时施行的《中华人民共和国中外合资经营企业法》（以下简称中外合资经营企业法）第三条规定："合营各方签订的合营协议、合同、章程，应报国家对外经济贸易主管部门审查批准。"2016年修正的中外合资经营企业法第十五条规定："举办合营企业不涉及国家规定实施准入特别管理措施的，对本法第三条、第十三条、第十四条规定的审批事项，适用备案管理。"二审法院审理期间，外商投资法、外商投资法实施条例，以及商务部、国家市场监督管理总局制定的《外商投资信息报告办法》于2020年1月1日起施行，对外商投资实行准入前国民待遇加负面清单管理以及外商投资信息报告等制度。关于负面清单以外的领域，外商投资法第四条规定了"给予国民待遇"，第二十八条第三款规定："按照内外资一致的原则实施管理。"

外商投资法、外商投资法实施条例施行后，中外合资经营企业法、《中华人民共和国外资企业法》《中华人民共和国中外合作经营企业法》及其实施条例或实施细则同时废止。这些已被废止的法律、行政法规中有关审批、备案管理的制度不再实行。因此，虽然相关法律行为发生在外商投资法实施之前，但是涉争外商投资企业的股权变更登记不属于外商投资法第四条所称的负面清单的管理范围的，人民法院应当依照"给予国民待遇"和"内外资一致"的原则，对当事人有关应当征得外商投资企业审批机关同意的主张不予支持。本案中，金鼎公司的经营范围为"房地产开发"，案涉股权变更登记不属于负面清单的管理范围，因此，再审申请人的相关申请再审理由不能成立。

二、再审申请人有关二审法院未考虑正达公司关于案涉股权变更登记的意见，存在错误的主张是否成立

《最高人民法院关于适用〈中华人民共和国公司法〉若干问题的规定（三）》第二十二条规定："当事人之间对股权归属发生争议，一方请求人民法院确认其享有股权的，应当证明以下事实之一：（一）已经依法向公司出资或者认缴出资，且不违反法律法规强制性规定；（二）已经受让或者以其他形式继受公司股权，且不违反法律法规强制性规定。"第二十三条规定："当事人依法履行出资义务或者依法继受取得股权后，公司未根据公司法第三十二条、第三十三条的规定签发出资证明书、记载于股东名册并办理公司登记机关登记，当事人请求公司履行上述义务的，人民法院应予支持。"本案中，根据股东会议纪要、2013 年 10 月 20 日的《股权确认书》等证据，能够证明被申请人已实际投资并享有金鼎公司 20% 的股份。被申请人受叶宏滨的委托主持股东会议，与其他股东共同推荐董事，已实际参与公司经营管理活动，行使股东权利。被申请人于 2017 年 6 月 26 日提起本案诉讼，正达公司于 2018 年 10 月 18 日受让叶宏滨名下的金鼎公司股份，根据已经生效的 3988 号裁定、1220 号判决、1463 号判决的认定，再审申请人有关二审法院未考虑正达公司意见，存在错误的主张不能成立。

2015 年 8 月，被申请人通过案外人吴丽萍的邮箱发送联系函，要求叶宏滨和金鼎公司依照股东会议纪要办理案涉股权变更登记，再审申请人有关超出诉讼时效的申请再审理由不能成立。正达公司在一审中是没有独立请求权的第三人，案涉股权变更登记不涉及正达公司享有的股权，一审判决也没有判令其承担法律责任，正达公司有关其有权提起上诉的申请再审理由也不能成立。

——《最高人民法院公报》2023 年第 7 期。

【最高人民法院参考案例】

四、如皋市金鼎置业有限公司、叶宏滨与吴良好等股东资格确认纠纷案

【基本案情】

如皋市金鼎置业有限公司（以下简称金鼎公司）为有限责任公司（台港澳与内地合资），经营范围为房地产开发。2013 年，金鼎公司召开股东会，形成《金鼎公司股东会议纪要》，对金鼎公司实际股东及股权进行确认，即金鼎公司工商登记在叶宏滨和大地公司名下股权的实际股东及股权比例为：叶宏滨占股 52.5%、吴良好占股 20%……叶宏滨同意将登记在其名下的金鼎公司股权，依照会议确认的比例分别转让给吴良好等实际股东。因叶宏滨、金鼎公司未办理股权变更登记，吴良好提起诉讼，要求叶宏滨将金鼎公司 20% 股权变更登记至其名下。

【裁判结果】

江苏省南通市中级人民法院一审认为,叶宏滨与吴良好之间的股权转让行为有效。金鼎公司系合资企业,虽然根据修订前的《中华人民共和国中外合资经营企业法》规定,金鼎公司的股权变更需报经审批机关批准后方才生效,但修订后的《中华人民共和国中外合资经营企业法》规定,举办合营企业不涉及国家规定实施准入特别管理措施的,适用备案管理。涉案合资企业不在负面清单内,故案涉股权变更仅需向有关部门备案即可,并非经审批机关批准后才生效,叶宏滨、金鼎公司应当将叶宏滨持有的股权变更到吴良好名下。叶宏滨和金鼎公司不服一审判决,提起上诉。江苏省高级人民法院二审认为,虽然《金鼎公司股东会议纪要》形成于《中华人民共和国外商投资法》实施之前,但是金鼎公司并不属于外商投资负面清单的管理范围。在全体股东已确认吴良好的实际出资人身份,且约定叶宏滨配合办理变更登记的情形下,叶宏滨、金鼎公司应当将叶宏滨持有的股权变更到吴良好名下,故判决驳回上诉,维持原判。

【典型意义】

本案参照适用《中华人民共和国外商投资法》有关"准入前国民待遇加负面清单管理"的规定,以及有关对负面清单以外的领域"按照内外资一致的原则实施管理"的规定,明确以下规则:虽然相关投资行为发生在《中华人民共和国外商投资法》实施之前,但是外商投资企业不属于"负面清单"管理范围的,人民法院应当依照"给予国民待遇"和"内外资一致"原则,不需要征得外商投资审批机关同意才生效。本案对于统一外商投资相关法律适用,平等保护投资者合法权益,促进优化投资环境,具有积极作用。

——《人民法院助力全国统一大市场建设典型案例》,载《人民法院报》2022 年 7 月 26 日,第 3 版。

046 尊重意思自治

关键词 | 意思自治 | 物尽其用 | 契约自由 |

【最高人民法院司法文件】

12. 尊重合同自愿和契约精神。以要素市场化配置改革为重点,坚持诚实信用、意思自治、公平竞争,充分发挥各类合同在市场配置资源中的基础性作用。准确把握自然垄断行业、服务业等市场准入的放宽对合同效力的影响,落实"非禁即入"政策,妥善审理建设工程、房地产、矿产资源以及水、电、气、热力等关系要素配置和市场准入的合同纠纷案件,正确处理合同自愿与行政审批、自然资源开发利用与生态环境保护的关系。适应土地供给的政策调整,统一国有土地使用权出让、转让合同纠纷案件的裁判尺度。合理判断股权融资、双向对赌等交易模式和交易结构创新的合同效力,鼓励市场主体创新创业。及时出台不良资产处置司法解释,优化资本与生产要素配置。

——《最高人民法院、国家发展和改革委员会关于为新时代加快完善社会主义市场经济体制提供司法服务和保障的意见》(2020 年 7 月 20 日,法发〔2020〕25 号)

【最高人民法院司法政策】

契约自由原则。尊重契约自由是贯穿民事商事领域法律的基础性原则,是实现经济社会创新协调发展的重要法律制度保障。民事商事案件中,半数以上是合同纠纷。正确理解和切实贯彻契约自由原则,不仅关系司法的公平公正,更关乎司法对完善社会主义市场体系建设、维护国民经济发展运行秩序、弘扬社会主义法治文化作用的有效发挥。在处理各类合同纠纷案件中,要……充分尊重当事人的意思自治,鼓励和包容交易模式和交易结构创新,维护依法成立合同的法律效力。这点很重要,交易模式和交易结构创新,必须得到司法尊重。现在按照合同法,有名合同很有限,随着市场经济的发展,现在大量无名合同出现。如果不鼓励交易模式和交易结构的创新,中国的社会主义市场经济就没有活力。只有鼓励它,它才有活力,才能发挥出创造社会财富的生命力。我们要鼓励、包容交易模式和交易结构创新,维护依法成立合同的法律效力,合同只要是依法成立的,效力就应该得到保护,这一点非常重要。要充分认识依法成立的合同一旦生效,就成为当事人之间的法律,当事人必须认真履行,非经法定程序、没有法律依据,不得随意变更、解除合同,更不可随意否定合同效力。要以契约严守规则的司法实现保障契约自由。我们法官有很重要的责任,要维护好契约自由。当事人订立的合同,只要是依法成立,不损害国家利益、社会公共利益和他人合法权利,就要信守。法官审理案件中也要遵守这个观点,不能随意修改、变更合同内容,要尊重当事人意思。因此,司法承担了重要任务。

我还要强调一点,1999 年生效的合同法奉行严格合同制,司法要坚持这个原则。今天上午杨临萍庭长提到的《最高人民法院关于审理民间借贷案件适用法律若干问题的规定》第二十四条①,大家都很关注,也是审判实务中的新类型案件。这条司法解释涉及买卖合同,如果双方约定买卖合同作为借款合同担保的,就只能作为担保性质的合同来看;如果没有明确作为借款合同担保的,就不能作为担保性质的合同来看,我们要尊重当事人意思自治原则。但实践中有些用得比较乱。我

---

① 对应《民间借贷规定》(2020 年第二次修正)第 23 条。——编者注

们要强调合同要根据当事人意思自治原则。

要正确认识和把握契约自由与契约正义之间的辩证关系,坚持依法维护契约正义。契约正义属于立法的分配正义,审判实践中要严格按照法律和司法解释的规定,认定合同无效、可撤销、可变更、可解除等,不能脱离法律和司法解释的规定,根据个人的理解和推论,以维护契约正义的名义,对当事人之间合同的性质、效力、撤销、解除等作出自由裁量和认定。契约正义是契约自由的补充,周强院长昨天讲到了。契约正义要依法实现,比如合同无效、可撤销等按照法律和司法解释规定来进行。现在国有土地出让合同司法解释就规定了名为合作实为借贷、名为开发房地产合作实为土地使用权转让,名为合作实为房屋租赁等,这是司法解释所确认的,我们可以遵守,但不能在法律和司法解释之外以维护契约正义为名,直接否定当事人订立的合同,侵害契约自由原则。契约正义应该是立法的分配正义,如果把契约正义用滥了就很麻烦,各级法院在审理各类民事商事案件中对此类案件的处理要慎重,不能滥用,要尊重当事人的自由判断,司法不能过度干预。

——杜万华:《在第八次全国法院民事商事审判工作会议上的专题讲话》(2015 年 12 月 24 日),载最高人民法院民事审判第一庭编:《民事审判指导与参考》总第 64 辑,人民法院出版社 2016 年版,第 35~37 页。

【链接：最高人民法院法官著述】

一是辩证理解契约自由原则。契约本身既是财富的重要形式,也是市场化配置资源的主要方式。让市场在资源配置中起决定性作用,必须尊重当事人的契约自由,充分发挥市场主体的创造性。但现实生活中,当事人假创新之名行规避监管之实的行为也大量存在,这就要求人民法院要辩证认识契约自由与国家干预的关系,不能以尊重契约自由为由,对多层嵌套、通道业务甚至违法违规行为视而不见,防止以契约自由为名从事违规交易行为,违背契约正义,破坏公平公正的市场秩序。

——刘贵祥:《关于人民法院民商事审判若干问题的思考》,载《中国应用法学》2019 年第 5 期。

047 在法律有具体规定的情况下，法院不能直接将公平原则这一法律基本原则作为裁判规则

关键词 | 公平原则 | 法律适用 | 法定代表人 | 连带责任 |

【最高人民法院裁判案例】

再审申请人黄某荣、上海海成资源(集团)有限公司与被申请人伟富国际有限公司、一审第三人上海磐石投资有限公司服务合同纠纷案[最高人民法院(2022)最高法民再91号民事判决书,2022.10.14]

裁判摘要:民事审判中,只有在法律没有具体规定的情况下,为了实现个案正义,法院才可以适用法律的基本原则和基本精神进行裁判。通常情况下,法院不能直接将"公平原则"这一法律基本原则作为裁判规则,否则就构成向一般条款逃逸,违背法律适用的基本规则。

(二)关于原审判决判令海成公司对黄某荣向伟富公司支付服务报酬义务承担连带责任是否适当问题。连带责任是一种法定责任,由法律规定或者当事人约定产生。由于连带责任对责任人苟以较为严格的共同责任,使得责任人处于较为不利地位,因此对连带责任的适用应当遵循严格的法定原则,即不能通过自由裁量权行使的方式任意将多人责任关系认定为连带责任,而必须具有明确的法律规定或合同约定,才能适用连带责任。本案中,首先,原审判决判令海成公司对黄某荣向伟富公司支付服务报酬义务承担连带责任并无明确法律依据。其次,案涉《咨询中介协议》系黄某荣以其个人名义签署,海成公司并非该协议的签约当事人,伟富公司也无充分证据证明黄某荣与其签订上述协议的行为系代表海成公司而实施或海成公司在该协议之外与其达成过为黄某荣的案涉债务承担付款责任的补充约定。虽然海成公司客观上从案涉资产重组方案中获得了利益,但是根据合同相对性原则,海成公司不是合同相对人,不应承担该合同责任。因此,原审判决判令海成公司承担连带责任也缺乏当事人约定依据。最后,原审判决不应直接适用公平原则,行使自由裁量权判令海成公司对黄某荣向伟富公司支付服务报酬义务承担连带责任。民事审判中,只有在法律没有具体规定的情况下,为了实现个案正义,法院才可以适用法律的基本原则和基本精神进行裁判。通常情况下,法院不能直接将"公平原则"这一法律基本原则作为裁判规则,否则就构成向一般条款逃逸,违背法律适用的基本规则。本案原审判决以公平原则认定非合同当事人的实际受益人海成公司对黄某荣的付款义务承担连带责任,既缺乏当事人的意思自治,又无视当事人在民商事活动中的预期,还容易开启自由裁量的滥用。综上,在既无法律规定也无合同约定的情况下,原审判决仅以黄某荣系海成公司的法定代表人,其委托伟富公司提供案涉融资服务实际系为海成公司的利益而实施为由,判令海成公司对黄某荣支付服务报酬义务承担连带责任,确属不当,本院予以纠正。

——中国裁判文书网,https://wenshu.court.gov.cn。

048 坚持诚实信用原则

关键词 | 诚实信用 | 社会诚信 | 诉讼诚信 |

【最高人民法院司法政策】

诚实信用原则。诚实信用是社会主义核心价值观的重要组成部分,也是民事商事法律的核心原则,也是帝王原则。要深刻认识法律是重要道德价值理念的规范化、制度化,审判权的依法行使,既要体现法治的要求,也要体现法律规范背后蕴含的道德文化内涵。要充分发挥民事商事审判在弘扬法治精神、倡导良好道德、引导广大民众方面的独特作用,努力将民事商事审判打造成弘扬社会主义良好道德风尚的重要阵地。要通过对当事人民事责任的追究,体现法律对诚实守信行为的肯定和对违背诚信行为的否定,引导建立诚实守信的市场交易秩序。要高度重视不诚信的诉讼行为对社会主义精神文明建设的负面影响,大力推进诉讼诚信建设,依法严厉惩处虚假诉讼行为,制裁不诚信诉讼行为。法律在道德建设中的作用是不能忽视的,法律规范的核心就是价值理念,法律本身就是某一个价值的载体,法律是弘扬社会主义核心价值观的工具。如果离开价值理念,法律没有生命力。所以我们从法理上讲,一个法律规范核心是价值理念,外在的是法律的技术性规范,在实施过程中通过规则实施会形成法律秩序,秩序本身也是一种对价值理念、道德的弘扬。所以我们一定不能脱离道德来进行法制建设。在社会主义市场经济条件下,诚信原则是社会主义核心价值观的重要原则。就目前来讲,如果从问题导向来看,中国目前的市场经济条件下最缺失的就是诚信,如果不把诚信用法制手段树立起来,中国市场经济是没有希望的,所以我们把树立诚信原则作为未来工作的要求。

——杜万华:《在第八次全国法院民事商事审判工作会议上的专题讲话》(2015 年 12 月 24 日),载最高人民法院民事审判第一庭编:《民事审判指导与参考》总第 64 辑,人民法院出版社 2016 年版,第 35~37 页。

【最高人民法院公报案例】

北京庆丰包子铺与山东庆丰餐饮管理有限公司侵害商标权与不正当竞争纠纷案[最高人民法院(2016)最高法民再 238 号民事判决书,2016.9.29]

裁判摘要:我国商标法鼓励生产、经营者通过诚实经营保证商品和服务质量,建立与其自身商业信誉相符的知名度,不断提升商标的品牌价值,同时保障消费者和生产、经营者的利益。公民享有合法的姓名权,当然可以合理使用自己的姓名。但是,公民在将其姓名作为商标或企业字号进行商标使用时,不得违反诚实信用原则,不得侵害他人的在先权利。明知他人注册商标或字号具有较高的知名度和影响力,仍注册与他人字号相同的企业字号,在同类商品或服务上突出使用与他人注册商标相同或相近似的商标或字号,明显具有攀附他人注册商标或字号知名度的恶意,容易使相关公众产生误会,其行为不属于对姓名的合理使用,构成侵害他人注册商标专用权和不正当竞争。

一、关于庆丰餐饮公司在其网站、经营场所使用"庆丰"文字的行为是否侵害庆丰包子铺涉案注册商标专用权的问题

《商标法》第五十二条第(一)项①规定:"未经商标注册人许可,在同一种商品或者类似商品上使用与其注册商标相同或者近似的商标,属于侵犯注册商标专用权的行为。"《最高人民法院关于审理商标民事纠纷案件适用法律若干问题的解释》第一条第(一)项规定:"将与他人注册商标相同或者相近似的文字作为企业的字号在相同或者类似商品上突出使用,容易使相关公众产生误认的,属于商标法第五十二条第(五)项规定的给他人注册商标专用权造成其他损害的行为。"

首先,关于庆丰餐饮公司对"庆丰"文字的使用状况。庆丰餐饮公司在其公司网站上开设"走进庆丰""庆丰文化""庆丰精彩""庆丰新闻"等栏目,在经营场所挂出"庆丰餐饮全体员工欢迎您"的横幅,相关公众会将"庆丰"文字作为区别商品或者服务来源的标识,庆丰餐饮公司的使用行为属于对"庆丰"商标标识的突出使用,其行为构成商标性使用。

其次,关于庆丰包子铺涉案注册商标的知名度情况。根据一审、二审法院查明的事实,庆丰包子铺的"慶豐"商标自1998年1月28日核准注册至庆丰餐饮公司2009年6月24日成立,已经十多年的时间;庆丰包子铺的"老庆丰+laoqingfeng"商标的核准注册时间也比庆丰餐饮公司成立时间早近六年。庆丰包子铺的连锁店于2007年被北京市商务局认定为"中国风味特色餐厅"。庆丰包子铺于2007年在北京广播电台、电视台投入的广告费用为131万余元,2008年至庆丰餐饮公司成立之前,其在上述媒体上投入的广告费用为322万余元。庆丰包子铺采用全国性连锁经营的模式,经过多年诚信经营和广告宣传,取得了较高的显著性和知名度。

再次,关于庆丰餐饮公司使用的"庆丰"文字与涉案注册商标的近似性判断。庆丰包子铺在餐馆服务上注册的"慶豐"商标及在方便面、糕点、包子等商品上注册的"老庆丰+laoqingfeng"商标,在全国具有较高的知名度和影响力。"慶豐"与"庆丰"是汉字繁体与简体的对应关系,其呼叫相同;"老庆丰+laoqingfeng"完全包含了"庆丰"文字。庆丰餐饮公司将"庆丰"文字商标性使用在与庆丰包子铺的上述两注册商标核定使用的商品或服务构成类似的餐馆服务上,容易使相关公众对商品或服务的来源产生误认或者认为其来源庆丰餐饮公司与庆丰包子铺之间存在某种特定的联系,可能导致相关公众的混淆和误认。

---

① 对应2019年《商标法》第57条第1项。——编者注

最后,关于庆丰餐饮公司使用"庆丰"文字的合理性判断。庆丰餐饮公司主张其对"庆丰"文字的使用属于合理使用其企业字号,且系对其公司法定代表人徐庆丰名字的合理使用。对此,本院认为,庆丰餐饮公司的法定代表人为徐庆丰,其姓名中含有"庆丰"二字,徐庆丰享有合法的姓名权,当然可以合理使用自己的姓名。但是,徐庆丰将其姓名作为商标或企业字号进行商业使用时,不得违反诚实信用原则,不得侵害他人的在先权利。徐庆丰曾在北京餐饮行业工作,应当知道庆丰包子铺商标的知名度和影响力,却仍在其网站、经营场所突出使用与庆丰包子铺注册商标相同或相近似的商标,明显具有攀附庆丰包子铺注册商标知名度的恶意,容易使相关公众产生误认,属于前述司法解释规定的给他人注册商标专用权造成其他损害的行为,其行为不属于对该公司法定代表人姓名的合理使用。因此,庆丰餐饮公司的被诉侵权行为构成对庆丰包子铺涉案注册商标专用权的侵犯,一审、二审法院关于庆丰餐饮公司的被诉行为属于合理使用、不构成侵权的认定错误,本院予以纠正。

需要指出的是,我国商标法鼓励生产、经营者通过诚实经营保证商品和服务质量,建立与其自身商业信誉相符的知名度,不断提升商标的品牌价值,同时保障消费者和生产、经营者的利益。庆丰餐饮公司可以注册其独有的具有识别性的商标,通过其自身的生产经营和广告宣传,创建和强化自己的品牌,建立与其品牌相符的商业信誉,提升企业竞争力,促进企业的长远发展。

二、关于庆丰餐饮公司将"庆丰"文字作为其企业字号注册并使用的行为是否构成不正当竞争的问题

《反不正当竞争法》第五条第(三)项①规定:"擅自使用他人的企业名称或者姓名,引人误以为是他人的商品的行为属于不正当竞争行为。"《最高人民法院关于审理不正当竞争民事案件应用法院若干问题的解释》第六条②规定:……具有一定的市场知名度、为相关公众所知悉的企业名称中的字号,可以认定为反不正当竞争法第五条第(三)项规定的"企业名称"。

根据一审、二审法院查明的事实,庆丰包子铺自1956年开业,1982年1月5日起开始使用"庆丰"企业字号,至庆丰餐饮公司注册之日止已逾二十七年,属于具有较高的市场知名度、为相关公众所知悉的企业名称中的字号,庆丰餐饮公司擅自将庆丰包子铺的字号作为其字号注册使用,经营相同的商品或服务,具有攀附庆丰包子铺企业名称知名度的恶意,其行为构成不正当竞争。二审法院认定庆丰餐饮公司的行为不构成不正当竞争错误,本院予以纠正。

三、关于庆丰餐饮公司民事责任的承担问题

庆丰餐饮公司的被诉侵权行为构成侵害庆丰包子铺注册商标专用权的行为和

---

① 对应2019年《反不正当竞争法》第6条第2项。——编者注

② 对应《反不正当竞争法解释》第9条。——编者注

不正当竞争,应当承担停止上述行为并赔偿损失的民事责任。因庆丰包子铺未提供因庆丰餐饮公司上述侵权行为所遭受的损失或庆丰餐饮公司所获利润的证据,故本院结合侵权行为的性质、程度及庆丰餐饮公司上述侵权行为的主观心理状态等因素,酌定庆丰餐饮公司赔偿庆丰包子铺经济损失及合理费用人民币 5 万元。因庆丰包子铺未举证证明其商标商誉及企业信誉因庆丰餐饮公司的侵权和不正当竞争行为受到的损害,本院对其要求庆丰餐饮公司在《济南日报》上发表声明消除影响的诉讼请求不予支持。

——《最高人民法院公报》2018 年第 12 期。

【链接：最高人民法院法官著述】

一是坚持诚实信用原则,协调好交易主体之间的利益冲突。诚实信用原则不仅是民商事实体法,也是民商事程序法的基本原则,贯穿于整个民商事交易的始终,贯穿于民事诉讼始终,如在合同义务类型上,先契约义务、诚信义务以及后契约义务均来源于诚信原则;人民法院在解释合同条款、确定履行内容、决定合同应否解除时,均应考虑诚实信用原则;在确定违约责任、缔约过失责任时,也要根据诚实信用原则,合理确定当事人的权利义务关系,强化对守法守约者诚信行为的保护,加大对违法违约行为的制裁与惩罚。

——刘贵祥:《关于人民法院民商事审判若干问题的思考》,载《中国应用法学》2019 年第 5 期。

049 对恶意注册商标，借用司法资源以商标权谋取不正当利益之行为，依法不予保护

关键词｜诚实信用｜商标专用权｜恶意注册商标｜

【最高人民法院裁判案例】

再审申请人优衣库商贸有限公司与被申请人广州市指南针会展服务有限公司、广州中唯企业管理咨询服务有限公司,一审被告优衣库商贸有限公司上海月星环球港店侵害商标权纠纷案[最高人民法院(2018)最高法民再 396 号民事判决书,2018. 12. 28]

裁判摘要①:诚实信用原则是我国所坚持的基本原则,对司法裁判具有引领作用。本案系非以使用为目的且无合理或正当理由大量申请注册并圈积包括诉争商

---

① 参见中国应用法学研究所主编:《中华人民共和国最高人民法院案例选》第 5 辑,法律出版社 2021 年版,第 233 页。

标在内的注册商标,通过商标转让、诉讼等手段实现牟利,其行为扰乱了商标注册秩序、损害公共利益,并不当占用了社会资源。申请注册商标的公司未能成功转让涉案注册商标后,又以侵害商标专用权为由,就基本相同的事实以原拟受让的公司众多门店作为共同被告,形成全国范围内的批量关联诉讼,属于典型地违反了诚实信用原则。

本院认为,根据原审法院查明的事实及本院查明的事实,本案的争议焦点为:指南针公司、中唯公司是否滥用其商标权。

商标法第四条①规定:"自然人、法人或者其他组织对其生产、制造、加工、拣选或者经销的商品,需要取得商标专用权的,应当向商标局申请商品商标注册。"根据本院查明的事实,北京市高级人民法院(2017)京行终 5603 号判决认定"中唯公司申请注册了 1931 件商标,指南针公司申请注册了 706 件商标,其中部分商标与他人知名商标在呼叫或者视觉上高度近似……指南针公司、中唯公司曾在华唯商标转让网上公开出售诉争商标,并向迅销公司提出诉争商标转让费 800 万元""指南针公司、中唯公司超出经营范围,非以使用为目的且无合理或正当理由大量申请注册并囤积包括诉争商标在内的注册商标,还通过商标转让、诉讼等手段实现牟利,其行为严重扰乱了商标注册秩序、损害了公共利益,并不当占用了社会公共资源,构成商标法第四十一条第一款规定的……以其他不正当手段取得注册……的情形"。2018 年 2 月 27 日,商标评审委员会作出第 309 号裁定,对北京市高级人民法院的判决予以确认,并对涉案注册商标予以无效宣告。2018 年 8 月 6 日,商标局发布第 1610 期商标公告,该期公告显示涉案注册商标在全部商品上宣告无效。

此外,原审法院已经查明指南针公司、中唯公司未能成功转让涉案注册商标,即分别以优衣库公司、迅销公司及其各自门店侵害该商标专用权为由,就基本相同的事实展开系列诉讼,指南针公司、中唯公司在每个案件中均以优衣库公司或迅销公司及作为其门店的一家分公司作为共同被告起诉,利用优衣库公司或迅销公司门店众多的特点,形成全国范围内的批量诉讼。

《中华人民共和国商标法》(2013 年修正)第七条规定:"申请注册和使用商标,应当遵循诚实信用原则。"虽然前述商标法于 2014 年 5 月 1 日方施行,但作为民事基本法,《中华人民共和国民法通则》早在 1986 年即已规定"民事活动应当遵循自愿、公平、等价有偿、诚实信用的原则"。民法基本原则在整个法律体系中发挥基础性和全局性的作用,商标领域也不例外。诚实信用原则是一切市场活动参与者均应遵循的基本准则。一方面,它鼓励和支持人们通过诚实劳动积累社会财富和创造社会价值,并保护在此基础上形成的财产性权益,以及基于合法、正当的目

① 对应 2019 年《商标法》第 4 条。——编者注

的支配该财产性权益的自由和权利;另一方面,它又要求人们在市场活动中讲究信用、诚实不欺,在不损害他人合法利益、社会公共利益和市场秩序的前提下追求自己的利益。民事诉讼活动同样应当遵循诚实信用原则。一方面,它保障当事人有权在法律规定的范围内行使和处分自己的民事权利和诉讼权利;另一方面,它又要求当事人在不损害他人合法权益和社会公共利益的前提下,善意、审慎地行使自己的权利。任何违背法律目的和精神,以损害他人正当权益为目的,恶意取得并行使权利、扰乱市场正当竞争秩序的行为均属于权利滥用,其相关主张不应得到法律的保护和支持。

本案中,根据查明的事实,指南针公司、中唯公司以不正当方式取得商标权后,目标明确指向优衣库公司等,意图将该商标高价转让,在未能成功转让该商标后,又分别以优衣库公司、迅销公司及其各自门店侵害该商标专用权为由,以基本相同的事实提起系列诉讼,在每个案件中均以优衣库公司或迅销公司及作为其门店的一家分公司作为共同被告起诉,利用优衣库公司或迅销公司门店众多的特点,形成全国范围内的批量诉讼,请求法院判令优衣库公司或迅销公司及其众多门店停止使用并索取赔偿,主观恶意明显,其行为明显违反诚实信用原则,对其借用司法资源以商标权谋取不正当利益之行为,本院依法不予保护;优衣库公司关于指南针公司、中唯公司恶意诉讼的抗辩成立,予以支持。二审法院虽然考虑了指南针公司、中唯公司之恶意,判令不支持其索赔请求,但对其是否诚实信用行使商标权,未进行全面考虑,适用法律有所不当,本院予以纠正。

——中国应用法学研究所主编:《中华人民共和国最高人民法院案例选》第5辑,法律出版社2021年版,第233页。

【链接：理解与参照】

违反诚实信用原则的注册商标构成滥用的缘由

……法律维护公平正义的市场秩序,制定商标法的目的是维护商标注册人的合法权益,保证产品质量,维护消费者的权益。如违反诚信原则而侵害他人的合法权益,即使注册商标成功,也可能构成滥用商标权。此行为不应得到法律保护的理由是:

(1)商标的价值在于使用。不以使用为目的的恶意注册破坏了商标制度,因此遏制非使用性恶意商标注册为维护商标制度固有价值所必要。从我国《商标法》的规定可以解读出:注册商标的目的就是使用,反之就不能获准注册。当然,申请注册商标的主体在注册商标时,是否具有恶意、是否以使用为目的,审查员并不知晓。但若注册商标并非以使用为目的,将不能得到法律保护。

(2)注册商标是为了识别商品的来源。是否为商标性使用是判断构成侵害商标权行为的条件；若他人的行为不属于商标使用，也就不可能构成侵权。由此观之，商标权的根本功能在于识别来源，而这一功能只能在商标进行了使用的前提下才可能发挥其作用；如果没有使用也就不会有识别，没有了识别讨论商标存与废则毫无意义。

（3）囤积注册商标主观上存在恶意。囤积与知名品牌相同或近似的注册商标一般是"不以使用为目的"，而是为了待价而沽，因此囤积商标的行为本身就带有鲜明的恶意色彩。"恶意"是认定构成不正当占用公共资源和扰乱商标注册秩序的主观依据，是判断行为具有可责性的主要考量因素。实践中用以证明"不以使用为目的"通常是明显超出实际使用需求的批量注册，或通过转售商标牟取不当利益的行为等。批量注册、转售等本身是用来证明构成"不以使用为目的"的。

本案中，法院考虑未实际使用注册商标的证据主要考量因素有：提供的样衣吊牌上没有用中文标明生产厂家和产地，无成分标签、价格标签，明显不符合一般产品所具备的标示要素；网站的内容明显存在为诉讼而刻意安排的可能；商标许可使用费高，对在合同签订前核准注册的商标明显不合理；被许可人并无证据证明已经生产、销售了使用涉案注册商标的商品；原告持有注册商标2600多个，且中唯企业管理咨询服务公司以商标转让为其主营业务；华唯商标转让网出现过转让涉案注册商标的相关信息；中唯企业管理咨询服务公司在洽谈涉案注册商标转让中，提出的巨额商标转让费，明显涉及被告经营的"优衣库"品牌；原告以被告及其下属分公司，侵害涉案注册商标专用权为由，就同一事实分别向全国多个法院提起诉讼，属于利用注册商标并将注册商标作为索赔的工具。由此证明原告囤积注册商标的目的不是使用，而是牟取利益，主观上存在恶意。

——王艳芳、姚建军：《广州市指南针会展服务有限公司、广州中唯企业管理咨询服务有限公司与优衣库商贸有限公司、优衣库商贸有限公司上海月星环球港店侵害商标权纠纷案——违反诚实信用原则，以非法获益为目的注册商标不应得到法律保护》，载中国应用法学研究所主编：《中华人民共和国最高人民法院案例选》第5辑，法律出版社2021年版，第243~245页。

编者说明

"申请注册和使用商标，应当遵循诚实信用原则"。针对当前社会上部分经营主体违反诚实信用原则大规模注册与他人知名商标近似的商标，有目标有预谋利用司法程序企图获得不正当利益之行为，最高人民法院在判决中指出，指南针公司、中唯公司以不正当方式取得商标权后，目标明确指向优衣库公司等，意图将该商标高价转让，在未能成功转让该商标后，又分别以优衣库公司、迅销公司及其各自门店侵害该商标专用权为由，以基本相同的事实提起系列诉讼，在每个案件中均以优衣库公司或迅销公司及作为其门店的一家分公司作为共同被告起诉，利用优衣库公司或迅销公司门店众多的特点，形成全国范围内的批量诉讼，请求法院判令优衣库公司或迅销公司及其众多门店停止使用并索取赔偿,主观恶意明显,其行为明显违反诚实信用原则,对其借用司法资源以商标权谋取不正当利益之行为,依法不予保护。最高人民法院鲜明地表达了恶意取得并利用商标权谋取不正当利益之行为不受法律保护,对建设健康有序的商标秩序,净化市场环境,遏制利用不正当取得的商标权进行恶意诉讼具有典型意义。①

050 民商事审判与行政监管的关系

关键词 | 行政监管 | 市场准入 | 行政审批 |

【链接:最高人民法院法官著述】

三是辩证处理民商事审判与行政监管的关系。既要使市场在资源配置中起决定性作用,又要更好地发挥政府作用。这就要深入研究市场准入资格、行政审批等各种行政监管规范对民商事合同效力及履行的影响,依法确定当事人之间的权利义务关系。要充分尊重监管规定和交易规则,依法支持监管机构有效行使监管职能。要有效应对监管政策变化给民商事审判带来的挑战,加强与监管部门的协调配合,协力化解重大风险。

——刘贵祥:《关于人民法院民商事审判若干问题的思考》,载《中国应用法学》2019 年第 5 期。

051 习惯作为法源的适用

关键词 | 法律适用 | 习惯 | 习俗 | 举证责任 | 公序良俗 |

【最高人民法院司法解释】

第二条 在一定地域、行业范围内长期为一般人从事民事活动时普遍遵守的民间习俗、惯常做法等,可以认定为民法典第十条规定的习惯。

当事人主张适用习惯的,应当就习惯及其具体内容提供相应证据;必要时,人民法院可以依职权查明。

适用习惯,不得违背社会主义核心价值观,不得违背公序良俗。

——《最高人民法院关于适用〈中华人民共和国民法典〉总则编若干问题的解释》(2022 年 3 月 1 日,法释〔2022〕6 号)。

---

① 参见 2018 年中国法院 10 大知识产权案件和 50 件典型知识产权案例之三:"优衣库"侵害商标权纠纷案。

【链接：理解与适用】

根据民法典第十条规定，处理民事纠纷可以适用习惯，明确了习惯可以作为法源适用。在我国审判实践中，习惯作为法源多见于与丧葬事宜相关的案件，比如遗体瞻仰、告别、吊唁、祭奠等。需要注意的是，此处所讲的习惯不同于当事人之间形成的交易习惯，要求可以作为裁判依据。

关于习惯的认定，是人民法院适用习惯时首要明确的标准问题。对此，《总则编解释》第 2 条第 1 款规定作为法源意义上的习惯，通常表现为民间习俗、惯常做法等，其核心要义在于能够在一定范围内为特定群体长期确信并自觉遵守。这就意味着，判断是否构成民法法源的习惯，关键在于该习俗或者做法是否具备两方面的条件，一是是否具有长期性、恒定性、内心确信性，二是是否具有具体行为规则属性，即并非宽泛的道德评价标准，能够具体引导人们的行为。

关于习惯的证明，主要涉及举证责任的分配问题。对于习惯是否存在、何为习惯的具体内容，这首先是一项事实问题。因此，当事人主张适用习惯的，应当根据民事诉讼法第六十七条第一款的规定提供证据，必要时，人民法院可以依职权查明。正如王泽鉴先生所言，主张习惯法者，对于习惯法的存在，"固应负举证责任，惟法律亦应依职权调查之"。

调研中有意见认为，习惯作为法源，应当由法官依职权查明。我们经研究未采纳上述意见，主要是考虑到我国幅员辽阔、风俗多样，人员流动情况复杂，法官事实上难以真正了解掌握当地习惯的情况。采取以由当事人主张并提供证据为主人民法院依职权查明为辅的方式，不仅符合民事诉讼法第六十七条第二款的规定精神，也是立足我国国情，确保民法典第十条规定有效施行的可行做法。

关于习惯的适用，民法典明确习惯要作为裁判依据，必须是在法律没有具体规定的前提下，且该习惯不得违背公序良俗。由于我国历史悠久，不少习惯中文明与糟粕并存，有必要对习惯的适用采取审慎的态度。为此，《总则编解释》第 2 条第 3 款明确"适用习惯，不得违背社会主义核心价值观，不得违背公序良俗"。

——郭锋、陈龙业、蒋家棣、刘婷：《〈关于适用民法典总则编若干问题的解释〉的理解与适用》，载《人民司法·应用》2022 年第 10 期。

【最高人民法院裁判案例】

上诉人北京奇虎科技有限公司、奇智软件(北京)有限公司与被上诉人腾讯科技(深圳)有限公司、深圳市腾讯计算机系统有限公司不正当竞争纠纷案[最高人民法院(2013)民三终字第 5 号民事判决书,2014.2.18]

裁判摘要：行业性规范通常反映了行业内的公认商业道德和行为标准，可以成为人民法院发现和认定行业惯常行为标准和公认商业道德的重要渊源。

基本案情:2010 年 10 月,腾讯公司、腾讯计算机公司发现奇虎公司、奇智公司通过其运营的 www. 360. cn 网站向用户提供"360 扣扣保镖"软件下载。腾讯认为该软件通过虚假宣传,鼓励和诱导用户删除腾讯 QQ 软件中的增值业务插件、屏蔽其客户广告,并将有关产品和服务嵌入 QQ 软件界面,借机宣传和推广自己的产品,构成不正当竞争,诉至法院。

关于一审法院援用工信部《若干规定》和互联网协会《自律公约》是否适当的问题。

上诉人称本案诉争不正当竞争行为发生于 2010 年 10 月底至 11 月初,该《若干规定》及《自律公约》分别颁布施行于 2011 年及 2012 年,因此一审法院适用《若干规定》和《自律公约》属于适用法律不当。

本院认为,在市场经营活动中,相关行业协会或者自律组织为规范特定领域的竞争行为和维护竞争秩序,有时会结合其行业特点和竞争需求,在总结归纳其行业内竞争现象的基础上,以自律公约等形式制定行业内的从业规范,以约束行业内的企业行为或者为其提供行为指引。这些行业性规范常常反映和体现了行业内的公认商业道德和行为标准,可以成为人民法院发现和认定行业惯常行为标准和公认商业道德的重要渊源之一。当然,这些行业规范性文件同样不能违反法律原则和规则,必须公正、客观。

互联网协会《自律公约》第十八条规定终端软件在安装、运行、升级、卸载等过程中,不应恶意干扰或者破坏其他合法终端软件的正常使用;第十九条规定除恶意广告外,不得针对特定信息服务提供商拦截、屏蔽合法信息内容及页面。该自律公约系互联网协会部分会员提出草案,并得到包括本案当事人在内的互联网企业广泛签署,该事实在某种程度上说明了该自律公约确实具有正当性并为业内所公认,其相关内容也反映了互联网行业市场竞争的实际和正当竞争需求。人民法院在判断其相关内容合法、公正和客观的基础上,将其作为认定互联网行业惯常行为标准和公认商业道德的参考依据,并无不当。上诉人以市场竞争为目的,未经被上诉人许可,针对被上诉人 QQ 软件,专门开发扣扣保镖,对 QQ 软件进行深度干预,干扰 QQ 软件的正常使用并引导用户安装其自己的相关产品,一审法院认定该行为违反了互联网相关行业的行业惯例和公认的商业道德并无不当。

需要特别指出的是,一审法院在裁判本案时援引的是民法通则、反不正当竞争法及本院相关司法解释,对于《自律公约》的援用并不是将其作为法律规范性文件意义上的依据,实质上只是作为认定行业惯常行为标准和公认商业道德的事实依据。对于《若干规定》的援用,也仅是用于证明互联网经营行为标准和公认的商业道德。因此,一审法院对于《若干规定》及《自律公约》的援用并无不当,上诉人此上诉理由不能成立。

——最高人民法院民法典贯彻实施工作领导小组编著：《最高人民法院民法典总则编司法解释理解与适用》，人民法院出版社2022年版，第87页；中国裁判文书网，https://wenshu.court.gov.cn。

【链接：最高人民法院法官著述】

如何正确把握法律与习惯的关系及其适用？

《民法典》第10条规定："处理民事纠纷，应当依照法律；法律没有规定的，可以适用习惯，但是不得违背公序良俗。"……《民法典》将习惯作为法律渊源，意味着人民法院在法律及司法解释没有规定的情况下，在通过类推适用等广义的法律解释方法对制定法的漏洞进行填补之前，要先审查本案纠纷的处理是否存在可供适用的习惯。如果存在不违背公序良俗的习惯，就应将该习惯作为审理案件的依据，只有在不存在可供适用的习惯时，才能通过漏洞填补的方法来解决规则缺失的问题。

……《民法总则》不再将国家政策作为法律渊源，而是借鉴其他国家或地区的通行做法，明确规定习惯可以作为正式的法律渊源。对此，不仅《民法典》总则编予以继受，且在《民法典》的分则部分，立法机关也强调指出习惯对于制定法的补充作用。例如物权编第289条规定"法律、法规对处理相邻关系有规定的，依照其规定；法律、法规没有规定的，可以按照当地习惯"；再如人格权编第1015条第2款规定"少数民族自然人的姓氏可以遵从本民族的文化传统和风俗习惯"。

顾名思义，所谓习惯，是指特定地域、特定行业或者特定族群约定俗成的通行做法。正因为如此，《民法典》在将习惯规定为正式法源的同时，还采用了"交易习惯""当地习惯""风俗习惯"的表述。显然，"当地习惯"是指通行于特定地域的做法，"风俗习惯"是指通行于特定地域或者特定族群的做法，而"交易习惯"则是指通行于特定地域、特定行业或者特定族群的做法。值得注意的是，根据《最高人民法院关于适用〈中华人民共和国合同法〉若干问题的解释（二）》第7条①的规定，《合同法》规定的"交易习惯"有两类：一是在交易行为当地或者某一领域、某一行业通常采用并为交易对方订立合同时所知道或者应当知道的做法；二是当事人双方经常使用的习惯做法。问题是，上述"交易习惯"是否都构成《民法典》第10条规定的"习惯"？笔者认为，第一种情形下的"交易习惯"作为法源意义上的习惯，应无疑问；但第二种情形下的"交易习惯"能否作为法源意义上的习惯，并由人民法院将其作为裁判的依据，则值得讨论。原因很简单：当事人双方经常使用的习惯

---

① 对应《民法典合同编通则解释》第2条。——编者注

做法并不意味着特定地域、特定行业或者特定族群都有类似的做法。在笔者看来，此种交易习惯可以作为解释合同的依据，即在当事人对合同内容存在争议时，可将双方之间经常使用的习惯做法作为解释合同的依据，从而在认定当事人之间权利义务关系时发挥作用，但不能作为法源意义上的习惯。

——刘贵祥：《〈民法典〉实施的若干理论与实践问题》，载《法律适用》2020 年第 15 期。

《民法典》第 10 条从法律渊源角度而言，最大的变化是只保留了法律和习惯，删去了《民法通则》规定的国家政策，同时也将法理排除在法律渊源之外。习惯怎么适用？通常应有四个条件：第一，法律没有规定，这是适用习惯的前提；第二，在特定的地域和行业内普遍适用；第三，社会成员要确信并普遍遵守，而且是长期地遵守；第四，不能违背公序良俗。……

习惯的种类有很多，主要可以分为三个类型：

一是民族区域习惯。在少数民族地区，还有一些特别偏僻的地区，对于相邻关系的处理，大多有其自己一套习惯性规则，法院在处理案件过程中应予尊重。

二是交易习惯，即行业里通常采用的交易规则。比如《民法典》第 140 条规定："行为人可以明示或者默示作出意思表示。沉默只有在有法律规定、当事人约定或者符合当事人之间的交易习惯时，才可以视为意思表示。"也就是说，只有满足法律规定、当事人约定或者符合交易习惯这三个条件之一的时候，才能把沉默推定为意思表示。这里的"交易习惯"，应当是通常采用的习惯，而不是偶尔采用的习惯。另外对于《民法典》第 140 条需要注意的是，明示主要是用语言文字来表明意思，默示是用上车投币等行为来表明意思，而沉默则是既没有积极的语言文字也没有行为，即完全不表态，这时候推定以沉默方式作出意思表示，必须要有严格的条件，尤其是在交易习惯领域。

三是国际惯例。在《民法典》编纂过程中，没有再保留《民法通则》第 142 条的规定，即没有在《民法典》中明确规定国际条约和国际惯例的适用规则。因此，国际惯例的适用规则融入《民法典》第 10 条的习惯之中，即习惯包含了国际惯例。而国际条约的适用规则则有三种路径：第一种是通过转化为国内法律、法规予以适用。比如《外商投资法》第 4 条第 4 款规定，国际条约对外商投资有更优惠条件的，适用相关规定。第二种是通过司法解释确定其适用问题。我国票据、海商、民航等法律中都有关于国际条约适用的规定，相关内容如何适用，司法解释作了专门的说明，例如《最高人民法院关于适用〈中华人民共和国涉外民事关系法律适用法〉若干问题的解释（一）》第 3 条。第三种是在一些涉外仲裁等活动中，可以直接适用有关国际条约。

——贺小荣:《民法典物权编中的秩序、效率与公平》,载最高人民法院政治部编:《人民法院大讲堂:民法典重点问题解读》,人民法院出版社 2021 年版,第 205 页。

填补真正漏洞的方法。

习惯的方法。在现今各国民事法制方面,不论其法典本身有无明文规定,几无不承认习惯为法源之一种。习惯要成为民法渊源,首先,要具有稳定性和内心确信性的特点。所谓稳定性,是指习惯应当有一定的历史积淀并被反复使用;所谓内心确信性,是指该习惯应当被所涉及的圈子认为具有拘束力,这是习惯能够作为裁判依据的核心属性。其次,要具有具体行为规则属性,否则无法予以适用。最后,习惯要符合公序良俗,不得违反法律的强制性规定。

——胡仕浩、刘树德:《裁判文书释法说理:类型划分与重点聚焦——〈关于加强和规范裁判文书释法说理的指导意见〉的理解与适用(中)》,载《人民司法·应用》2018 年第 28 期。

052 坚持公序良俗原则

关键词 | 公序良俗 | 习惯 | 合同效力 |

【链接：最高人民法院法官著述】

二是坚持公序良俗原则,协调好个人利益和公共利益之间的冲突。人民法院在认定合同是否因违反法律、行政法规的强制性规定而无效时,在考察规范性质、规范目的以及规范对象基础上,还要权衡所保护的法益类型、违法性程度以及交易安全等因素综合进行认定。违反规章、监管政策等规范性文件的合同,不应作为认定无效的依据。但因违反规章、监管政策导致违反公序良俗的,人民法院则应当认定合同无效。人民法院在认定是否违反公序良俗时,可以从规范内容、监管强度以及法律后果等方面进行考量,并在裁判文书中进行充分说理。要尽可能通过类型化方法明确违反公共秩序的具体情形,提高规则的稳定性、可预期性。

——刘贵祥:《关于人民法院民商事审判若干问题的思考》,载《中国应用法学》2019 年第 5 期。

053 认定涉比特币等虚拟货币"挖矿"案件合同效力，应以 2021 年 9 月 3 日为时间节点区别对待

关键词 | 比特币 | 虚拟货币 | 公序良俗 |

【最高人民法院审判业务意见】

问题 1：涉比特币"挖矿"案件合同效力如何认定？

答疑意见：我国对虚拟货币的监管政策较为明确。2021 年 9 月 15 日中国人民银行等部门发布的《关于进一步防范和处置虚拟货币交易炒作风险的通知》（银发〔2021〕237 号）强调比特币、以太币等虚拟货币不具有与法定货币等同的法律地位，不能作为货币在市场上流通。同时该通知明确指出，虚拟货币兑换、为虚拟货币交易提供撮合服务等虚拟货币相关业务全部属于非法金融活动，一律严格禁止，坚决依法取缔；任何法人、非法人组织和自然人投资虚拟货币及相关衍生品，违背公序良俗的，相关民事法律行为无效，由此引发的损失由其自行承担；涉嫌破坏金融秩序、危害金融安全的，由相关部门依法查处。

虚拟货币"挖矿"活动指通过专用"矿机"计算生产虚拟货币的过程，能源消耗和碳排放量大，对国民经济贡献度低，对产业发展、科技进步等带动作用有限，加之虚拟货币生产、交易环节衍生的风险越发突出，其盲目无序发展对推动经济社会高质量发展和节能减排带来不利影响。2021 年 9 月 3 日国家发展改革委等部门发布的《关于整治虚拟货币"挖矿"活动的通知》（发改运行〔2021〕1283 号）按照"严密监测、严防风险、严禁增量、妥处存量"总体思路，区分虚拟货币"挖矿"增量和存量项目，坚持分类处理原则。严禁投资建设增量项目，加快有序退出存量项目，在保证平稳过渡前提下，结合各地实际情况科学确定退出时间表和实施路径。

人民法院审理涉比特币等虚拟货币"挖矿"纠纷案件，应当注意国家重要监管政策的变化，准确认定合同效力。对于与比特币等虚拟货币"挖矿"活动相关的纠纷，应以 2021 年 9 月 3 日为时间节点区别对待：该时点之后订立的合同应认定无效；该时点之前的相关合同，不应简单否认其效力，应根据民法典关于合同效力的规定，结合案件事实予以认定。人民法院经审理确认合同无效的，当事人请求依照合同约定交付财产或支付对价的，人民法院不予支持；当事人请求对方返还因该合同取得的财产的，人民法院可予支持；不能返还时，当事人主张以比特币等虚拟货币折算为法定货币价值予以补偿的，人民法院不予支持，但当事人之间就比特币等虚拟货币的代偿金额达成合意的除外。合同有效但未得到履行，当事人请求对方承担违约责任的，人民法院需要充分考虑国家政策变化对于合同履行的影响，合理确定违约责任的范围及承担方式。

——《法答网精选答问（第二批）》，载《人民法院报》2024 年 3 月 7 日，第 7 版。

【最高人民法院参考案例】

一、上海某实业公司诉北京某计算科技公司委托合同纠纷案

【基本案情】

2020年5月，北京某计算科技公司与案外人上海某甲公司签订《服务器设备采购协议》约定，北京某计算科技公司购买上海某甲公司采购的型号为M20S的服务器（即比特币"挖矿机"），货款未付清之前，服务器仍然由上海某甲公司所有。双方协商将服务器托管在北京某计算科技公司运营的云计算中心。2020年6月1日，上海某甲公司与上海某实业公司签订《项目合作合同》约定，由上海某实业公司代表上海某甲公司和第三方签署技术服务协议直接结算，支付电费、服务费并接收比特币。2020年6月5日，上海某实业公司与北京某计算科技公司签订《云计算机房专用运算设备服务协议》约定，上海某实业公司委托北京某计算科技公司对案涉服务器提供机房技术服务，北京某计算科技公司应保证供电并确保设备正常持续运营。因案涉服务期间机房多次断电，上海某实业公司以北京某计算科技公司违约为由，诉请人民法院判令北京某计算科技公司赔偿比特币收益损失530余万元。

【裁判结果】

北京市东城区人民法院一审认为，比特币"挖矿"行为本质上属于追求虚拟商品收益的风险投资活动。2021年9月3日，国家发改委等部门发布《关于整治虚拟货币"挖矿"活动的通知》，将虚拟货币"挖矿"活动列为淘汰类产业，按照相关规定禁止投资。国务院《促进产业结构调整暂行规定》第十九条规定，对淘汰类项目禁止投资。比特币"挖矿"行为电力能源消耗巨大，不利于高质量发展、节能减排和碳达峰碳中和目标实现，与《中华人民共和国民法典》（以下简称民法典）第九条"绿色原则"相悖，亦不符合产业结构调整相关政策法规和监管要求，违反公序良俗，案涉委托维护比特币"矿机"及"挖矿"的合同应属无效。双方当事人对合同无效均有过错，相关损失后果亦应由各自承担。判决驳回上海某实业公司的诉讼请求。宣判后，各方均未上诉。

【典型意义】

比特币是一种通过特定计算机程序计算出来的虚拟电子货币。比特币"挖矿"系通过一定设备及行为获取虚拟商品比特币的相关投资活动。本案融合了"矿机"买卖、合作分成和托管服务等多重合同关系。民法典第九条规定："民事主体从事民事活动，应当有利于节约资源、保护生态环境。"该条被称为民法典的"绿色原则"。民法典将环境资源保护上升至民法基本原则的地位，具有鲜明的时代特征。本案中，人民法院贯彻民法典第九条立法精神，结合国家产业政策规定，依法认定比特币"挖矿"行为资源消耗巨大,符合民法典第一百五十三条第二款关于违背公序良俗民事法律行为无效的规定,给予相关合同效力否定性评价,彰显了人民法院积极稳妥推动碳达峰碳中和的鲜明态度,对引导企业增强环保意识,走绿色低碳发展道路,具有较强的示范意义。

——《司法积极稳妥推进碳达峰碳中和典型案例》,载最高人民法院网 2023 年 2 月 17 日,https://www.court.gov.cn/zixun/xiangqing/389341.html。

三、胡兴瑞诉王刚买卖合同纠纷案

裁判要旨:国家发布明确禁止"挖矿"活动的监管政策后,当事人签订的比特币"矿机"买卖合同应认定为违背公序良俗的无效合同。

2021 年 10 月 18 日,胡兴瑞与王刚通过微信方式达成买卖协议:胡兴瑞向王刚购买三台神马 M20S 型机器,又名"矿机",特指在网络上挖比特币的专用计算机设备。2021 年 10 月 19 日,胡兴瑞通过微信、支付宝向王刚转款共计 62220 元。当天,胡兴瑞通过微信指定交货地点为四川省成都市温江区高家村 4 组 45 号、收货人为唐彪,同时王刚通过微信将上游卖家的货物快递单号发送给胡兴瑞。2021 年 10 月 23 日,胡兴瑞以微信电话方式欲告知王刚机器无法使用,但最终没有联系上王刚,胡兴瑞随即对机器进行了拆机检查。2021 年 10 月 24 日,胡兴瑞联系上王刚后将机器的测试视频、SN 码及设备照片发送给王刚,要求协商处理。2021 年 10 月 25 日之后,胡兴瑞无法再联系上王刚。胡兴瑞遂诉请解除合同并返还设备款。四川省乐山市井研县人民法院认定,双方就"矿机"买卖形成的合同无效,设备款和设备由双方互相返还。宣判后,双方当事人均未提起上诉,该判决已发生法律效力。

——《最高法民二庭发布 2022 年度全国法院十大商事案件》,载最高人民法院网 2023 年 1 月 19 日,https://www.court.gov.cn/zixun/xiangqing/387081.html。

编者说明

比特币不具有与我国法定货币等同的法律地位,"挖矿"活动产出的"成果"不是法定货币,也没有实际的价值支撑,虚拟货币生产、交易环节衍生的虚假资产、经营失败、投资炒作等多重风险突出,影响社会经济发展秩序,甚至严重危害人民群众财产安全和国家金融安全,有损社会公共利益,违背公序良俗。所以,国务院相关部门陆续出台一系列政策措施,明确虚拟货币不具有法定货币地位,禁止开展和参与虚拟货币相关业务。2021 年 9 月,中国人民银行等 10 部门发布《关于进一步防范和处置虚拟货币交易炒作风险的通知》、国家发展改革委等 11 部门发布《关于整治虚拟货币"挖矿"活动的通知》,明确虚拟货币相关业务活动属于非法金融活动,严禁新增虚拟货币"挖矿"活动。

涉比特币"挖矿"案件合同的效力认定,在司法实践中争议较大。比特币"挖矿"行为对电力能源消耗巨大,不符合绿色发展理念,不利于节能减排和碳达峰碳中和目标的实现,也违反了《民法典》第 9 条规定的绿色原则。因此,2021 年 9 月 3 日国家发展改革委等部门发布了《关于整治虚拟货币"挖矿"活动的通知》,将比特币"挖矿"活动纳入淘汰类产业的范畴。上述《法答网精选答问》答疑意见结合《民法典》第 153 条第 2 款关于公序良俗的规定,将违反国家重要监管政策的行为,认定为违背公序良俗,故合同无效,并就比特币"挖矿"案件合同无效的法律后果予以了明确。①

054 网络暗刷服务合同因有损社会公共利益而无效

关键词 | 网络服务合同 | 网络流量 | 公序良俗 | 诚实信用 | 社会公共利益 |

【最高人民法院参考案例】

案例六 "暗刷流量"合同无效案——常某某诉许某网络服务合同纠纷案

一、基本案情

许某通过微信向常某某寻求"暗刷的流量资源",双方协商后确认常某某为许某提供网络暗刷服务,许某共向常某某支付三次服务费共计 1 万余元。常某某认为,根据许某指定的第三方 CNZZ 后台数据统计,许某还应向常某某支付流量服务费 30743 元。许某以流量掺假、常某某提供的网络暗刷服务本身违反法律禁止性规定为由,主张常某某无权要求支付对价,不同意支付上述款项。常某某将许某诉至北京互联网法院,请求判令许某支付服务费 30743 元及利息。

二、裁判结果

北京互联网法院认为,"暗刷流量"的行为违反商业道德底线,使得同业竞争者的诚实劳动价值被减损,破坏正当的市场竞争秩序,侵害了不特定市场竞争者的利益,同时也会欺骗、误导网络用户选择与其预期不相符的网络产品,长此以往,会造成网络市场"劣币驱逐良币"的不良后果,最终减损广大网络用户的利益。常某某与许某之间"暗刷流量"的交易行为侵害广大不特定网络用户的利益,进而损害了社会公共利益、违背公序良俗,其行为应属绝对无效。

"暗刷流量"的交易无效,双方当事人不得基于合意行为获得其所期待的合同利益。虚假流量业已产生,如以互相返还的方式进行合同无效的处理,无异于纵容当事人通过非法行为获益,违背了任何人不得因违法行为获益的基本法理,故对双方希望通过分担合同收益的方式,来承担合同无效后果的主张,一审法院不予支持。常某某与许某在合同履行过程中的获利,应当予以收缴。一审法院判决驳回

---

① 参见北京航空航天大学周友军教授的点评,载《人民法院报》2024 年 3 月 7 日,第 7 版。

原告常某某要求许某支付服务费 30743 元及利息的诉讼请求；并作出决定书，收缴常某某、许某的非法获利。一审判决作出后，双方当事人均未提起上诉，一审判决已发生法律效力。

三、典型意义

此案是全国首例涉及"暗刷流量"虚增网站点击量的案件。网络产品的真实流量能够反映出网络产品的受欢迎度及质量优劣程度，流量成为网络用户选择网络产品的重要因素。"暗刷流量"的行为违反商业道德，违背诚实信用原则，对行业正常经营秩序以及消费者的合法权益均构成侵害，有损社会公共利益。本案对"暗刷流量"交易行为的效力予以否定性评价，并给予妥当的制裁和惩戒，对治理互联网领域内的乱象有积极推动作用。

——《人民法院大力弘扬社会主义核心价值观十大典型民事案例》，载《人民法院报》2020 年 5 月 14 日，第 3 版。

055 不正当干预搜索结果的"负面内容压制"约定无效

关键词｜网络服务合同｜负面压制｜公序良俗｜诚实信用｜

【最高人民法院参考案例】

案例一　不正当干预搜索结果的"负面内容压制"约定无效——某文化传播公司诉某信息技术公司网络服务合同纠纷案

【基本案情】

原告某文化传播公司为某新能源电池品牌提供搜索引擎优化及线上传播服务。被告某信息技术公司与原告系合作关系，双方于 2020 年 11 月签订《委托合同》，该《委托合同》附件具体列明了被告应提供的各项服务内容。其中"软文优化"服务项目中的"负面压制"条款约定：被告对某新能源电池品牌方指定的关键词搜索引擎优化，实现某搜索引擎前 5 页无明显关于该品牌的负面内容，以及负面压制期为 30 天等。后原告以被告未按约完成负面压制服务为由诉请解除合同。

【裁判结果】

审理法院认为，提供网络"负面压制"服务之约定是否有效，应当结合合同目的、行为方式、社会危害依法作出认定。从缔约目的看，负面压制目的违反诚实信用原则；从履行方式看，负面压制实质是掩饰了部分公众本可以获取的信息，影响公众对事物的客观和全面的认知；从行为危害性来看，负面压制行为损害消费者权益及市场竞争秩序，有损社会公共利益，违背公序良俗；从社会效果来看，负面压制行为扰乱互联网空间管理秩序，影响互联网公共空间的有序发展。综上，诉争"负面压制"条款具有违法性,依据《中华人民共和国民法总则》(2017 年施行)第一百四十三条①、《最高人民法院关于适用〈中华人民共和国民法典〉时间效力的若干规定》第一条规定,应认定为无效。

【典型意义】

互联网时代,搜索引擎是重要流量来源以及流量分发渠道,搜索结果排序是搜索引擎最核心的部分。"负面内容压制"服务以营利为目的,通过算法技术等手段人为干预搜索结果排名,以实现正面前置,负面后置,严重影响消费者正常、客观、全面地获取信息,侵害消费者知情权,破坏公平有序市场竞争秩序,依法应认定为无效。本案裁判对于维护网络消费者知情权及互联网空间公共秩序具有积极意义。

——《网络消费典型案例》,载《人民法院报》2023 年 3 月 16 日,第 2 版。

056 父母付大部分房款后让女儿占有房屋产权大部分份额,女儿要求父母将所占房屋份额转让于己的诉求有违善良风俗

关键词 | 共有 | 公序良俗 | 共有财产分割 |

【最高人民法院参考案例】

案例一 刘某诉刘某某、周某某共有房屋分割案

弘扬的价值:家庭美德

孝敬父母,是中国社会传承几千年的重要家庭伦理道德。父母为子女含辛茹苦,将子女培养成人,子女长大后理应善待父母,为他们营造安定的生活环境。本案中,父母为购房支付了大部分房款,并从子女利益考虑,让女儿占有房屋产权 90% 的份额,但作为女儿,原告刘某却意图将父母占有的份额转让给自己,从而占有房屋的全部份额,损害了父母的利益,人民法院依法不予支持。

【基本案情】

原告刘某系两被告的独生女。2012 年 11 月,原、被告共同购买重庆市某小区的房屋一套,大部分房款由两被告支付,双方就房屋产权约定原告占 90% 份额,两被告各占 5% 份额。该房是两被告的唯一居住房屋。后原、被告双方因房屋装修产生矛盾,原告向法院提起诉讼,请求判决将两被告所占房屋产权份额转让给原告所有,原告补偿两被告房屋款 2.8 万元。被告认为该房屋主要是自己出资购买,不同意向原告转让产权份额。人民法院经审理认为,虽然本案讼争房屋系原告和两被

---

① 对应《民法典》第 143 条。——编者注

告按份共有,并约定原告占房屋产权 90% 的份额,但两被告与原告系父母子女关系,双方以居住为目的购房,两被告支付了大部分房款,并出于对子女的疼爱,将 90% 产权登记在原告名下。现原告要求被告转让产权份额,但被告不同意。依物权法第七条之规定,原告要求父母将所占房屋份额转让于己的诉求与善良风俗、传统美德不符,依法不予支持。

——《最高人民法院公布 10 起弘扬社会主义核心价值观典型案例》,载《人民法院报》2016 年 3 月 10 日,第 3 版。

057 国家政策原则上不作为裁判依据

关键词|法律适用|政策|裁判依据|引致|说理|

【链接:最高人民法院法官著述】

《民法典》没有再将国家政策作为民法法源。因为:(1)政策不具有稳定性。(2)政策往往不以公告的形式告之于全体国民,有的只以内部文件的形式下达给各有关机关。(3)政策的规范性太弱,缺乏对具体行为的指导性和可操作性。……

国家政策不作为民法渊源,并不等于说国家政策在调整民事关系和民事司法裁判中不发挥作用。在司法裁判中,国家政策可以通过民法中引致条款发挥作用,如认定为不可抗力、情事变更、社会公共利益等情形;或者作为诚信原则、公序良俗原则的新内涵以平衡当事人的利益以及个人利益与社会利益,国家政策的目的同样可以实现。很多重要政策对民事活动具有很强约束,如小产权房、房屋限购、《民事诉讼法解释》第 28 条规定的政策性房屋等,在涉及民事纠纷时,国家政策可以作为裁判说理的依据。

——最高人民法院民法典贯彻实施工作领导小组主编:《中华人民共和国民法典总则编理解与适用[上]》,人民法院出版社 2020 年版,第 87~88 页。

058 规避限购政策签订的借名买房合同因违背公序良俗而无效

关键词|限购政策|公序良俗|借名买房|执行异议之诉|排除强制执行|

【最高人民法院裁判案例】

再审申请人辽宁中集哈深冷气体液化设备有限公司与被申请人徐某欣、一审第三人曾某外案外人执行异议之诉案[最高人民法院(2020)最高法民再 328 号民

事判决书,2020.12.26]

裁判摘要[1]:借名人依据规避国家限购政策的借名买房合同关系也不能当然成为房屋所有权人。《最高人民法院关于适用〈中华人民共和国物权法〉若干问题的解释(一)》第二条[2]系适用于利用虚假资料骗取登记、登记机关人员错误登记、非基于法律行为导致物权变动后未及时更正登记等情况下,已经过法定程序取得权利的真实权利人与登记簿记载不一致导致的登记错误等情形。借名人借用出名人的名义购买房屋,故意将房屋登记在出名人名下,不属于该条规定的登记错误等情形。在经法定变更登记程序完成物权公示之前,借名人仅享有债权请求权,不能依据借名买房的合同关系未经公示程序即直接被确认为房屋的物权人,这是借名人故意制造名义买房人与实际买房人不一致时应面临的权利风险。

徐某欣依据规避国家限购政策的借名买房合同关系也不能当然成为房屋所有权人。《中华人民共和国物权法》第九条[3]规定:"不动产物权的设立、变更、转让和消灭,经依法登记,发生效力;未经登记,不发生效力,但法律另有规定的除外。"第十六条[4]规定:"不动产登记簿是物权归属和内容的根据。"根据前述法律确立的物权公示原则和不动产物权登记生效原则,除非法律另有规定外,不动产物权的变动应履行变更登记程序才能发生相应的法律效力。《最高人民法院关于适用〈中华人民共和国物权法〉若干问题的解释(一)》第二条规定:"当事人有证据证明不动产登记簿的记载与真实权利状态不符、其为该不动产物权的真实权利人,请求确认其享有物权的,应予支持。"但司法解释的该条规定系适用于利用虚假资料骗取登记、登记机关人员错误登记、非基于法律行为导致物权变动后未及时更正登记等情况下,已经过法定程序取得权利的真实权利人与登记簿记载不一致导致的登记错误等情形。本案徐某欣借用曾某外名义签订商品房买卖合同、办理相关手续,故意将案涉房屋登记在曾某外名下,不属于前述法律规定的登记错误情形。在借名买房并不违反公序良俗原则、不存在无效事由的情况下,借名人可以依据实质上的代持关系要求出名人将房屋过户至其名下,但此项权利系基于合同关系所产生的债权请求权,在经法定变更登记程序完成物权公示之前,借名人尚不能依据借名买房的合同关系未经公示程序即直接被确认为房屋的物权人,其所享有的债权请求权也不具有对世效力、排他效力和绝对效力。这不但符合我国法律关于物权变动的实然规定,也是借名人故意制造名义买房人与实际买房人不一致时应面临的权利风险。故仅依据借名买房协议,徐某欣并不能直接成为案涉房屋的所有权人,不享

---

① 参见最高人民法院民事审判第一庭编:《民事审判指导与参考》总第 86 辑,人民法院出版社 2021 年版,第 255~256 页。

② 对应《民法典物权编解释(一)》第 2 条。——编者注

③ 对应《民法典》第 209 条。——编者注

④ 对应《民法典》第 216 条。——编者注

有排除执行的合法权益。原审判决认定徐某欣因借名买房关系对案涉房屋享有物权或所谓物权期待权而足以排除执行,认定事实及适用法律错误,本院予以纠正。

——中国裁判文书网,https://wenshu.court.gov.cn;最高人民法院民事审判第一庭编:《民事审判指导与参考》总第86辑,人民法院出版社2021年版,第255页。

编者说明

规避限购政策签订的借名买房合同因违背公序良俗而无效,借名人依据规避国家限购政策的借名买房合同关系,不能排除对涉案房屋的强制执行。

059 国家政策对习惯的形成发挥着重要作用

关键词｜国家政策｜习惯｜公房租赁｜

【链接：最高人民法院法官著述】

需要说明的是,无论是《民法典》规定的一般意义上的习惯,还是《民法典》规定的当地习惯、风俗习惯或者交易习惯,习惯的形成往往是自发的,但在我国改革开放的大背景下,特定地域、特定行业或者特定族群的某些通行做法的形成却是自上而下通过国家以一定的政策推动形成的。也就是说,国家政策不仅对于民事立法具有重要的指导意义,而且对于习惯的形成也发挥着重要的作用。

例如,在当前的民商事审判中,仍然有些案件涉及到公有房屋的租赁问题。对此,无论是现行法还是《民法典》都没有明确规定。一些人想当然地将《合同法》关于租赁合同的规定适用于公房租赁,显然没有充分注意到公房租赁权的特殊性。应该说,《合同法》规定的租赁合同是市场经济条件下的交易行为,而公房租赁则是计划经济时代的产物,二者存在根本性的区别。后者更类似一种用益物权,且效力较之《民法典》规定的居住权,可能还要更强一些。例如根据相关的政策文件,公房租赁的承租人死亡后,与其共同生活的近亲属有权继续居住、使用该房屋。另外,根据公房改制的相关政策,承租人在缴纳远低于市场价格的购房款后,即可将租赁权转化为所有权。可见,《民法典》施行后,无论是根据《民法典》合同编关于租赁合同的规定来认定公房租赁当事人之间的权利义务关系,还是根据《民法典》关于居住权的规定来认定公房租赁当事人之间的权利义务关系,都会存在一定的问题。正确的做法是,根据当时的国家政策认定是否已经形成了某种习惯,再根据该习惯来处理当事人就公房租赁问题发生的纠纷。

——刘贵祥:《〈民法典〉实施的若干理论与实践问题》,载《法律适用》2020年第15期。

060 国家政策与公序良俗原则

关键词 | 公序良俗 | 政策 |

【链接：最高人民法院法官著述】

政策的内容在司法裁判中就完全不考虑了吗？当然不是。究竟应该如何看待国家政策，从民事法律领域来讲，主要是关于如何正确处理公共秩序和意思自治的关系问题。

1999 年《合同法》是从原《经济合同法》修改而来，1981 年在制定《经济合同法》的时候，在计划经济的影响下，合同当事人的权利受到很多限制。因此在 1999 年制定《合同法》之前，一些合同因违反国家政策而被认定无效，带来的后果就是社会财富的浪费。1999 年《合同法》施行后，原则上除损害社会公共利益以及违反法律、行政法规的强制性规定外，不能再随意认定合同无效。1999 年制定的《合同法》，契合了市场经济制度，让所有的民事主体都自己来决定设立、变更和终止民事法律关系，给中国社会带来了巨大进步和财富积累。

尽管意思自治非常重要，但是经过二十年来的实践，我们应当检讨和反思这个制度有没有缺憾。当将合同意思自治推向极致的时候，难免会忽略公共秩序和政策的价值，一些情况下出现裁判结果和政策不相吻合的情况。比如很多大城市的房屋限购政策，即对房屋购买人的主体资格作出适当限制。依据物权法，作为房屋的所有权人，可以依法享有占有、使用、收益、处分自己房子的权利，即可以向任何人出售自己的房子，但是政策上不允许，对所有权人的物权行使作了限制，而这样的限制多数是政策而不是法律。在这种情况下，机械适用法律可能导致裁判结果和政策发生冲突，导致判决无法履行，进而可能导致司法、行政与社会的不和谐。

因此，体现公共秩序或者社会公共利益的政策，根据《民法典》第 143 条和第 153 条的规定，可以通过公序良俗这个通道进入到民事司法裁判规则中来，这是世界各国民法典的通例，可以填补法律缺位下的价值失衡。这是一个非常庞大且非常复杂的问题，在这一方面应当引起高度重视。

——贺小荣：《民法典物权编中的秩序、效率与公平》，载最高人民法院政治部编：《人民法院大讲堂：民法典重点问题解读》，人民法院出版社 2021 年版，第 207 页。

061 《民法典》的立法技术

关键词 | 立法技术 | 总分式 | 适用法律 | 一般规定 | 特殊规定 | 意思表示真实 |

【链接：最高人民法院法官著述】

从立法技术上看,民法典采用的是总分式

不仅设总则编规定了整个法典的一般性规则,在分则各编中,也是先规定适用于该编的一般性规则,再规定具体规则或者特别规则。例如在合同编中,先规定通则,再规定各类典型合同和准合同,而在合同编的通则分编中,也是先有一般规定,再规定其他具体内容;物权编更是如此,不仅有通则分编的设置,而且各分编都有一般规定;人格权编、婚姻家庭编、继承编和侵权责任编虽然未设分编,但也是先以专章规定一般规定,再规定其他内容。这种提取公因式的立法技术可以有效地节约立法资源,并使得民法典的外部体系更加严谨、科学,但也加大了法律适用过程中"找法"的难度。例如,当我们在处理一个具体的合同纠纷案件时,可能无法在法典的某个特定地方查找到应当适用于该合同纠纷的全部规则,而必须在整个法典中寻找可能适用的所有规则。

因此,在处理某一具体的合同纠纷案件时,先要到民法典合同编的典型合同分编中查找是否存在与该合同有关的特别规定。如果有,就要优先适用特别规定,只有在没有找到特别规定时,才能适用合同编通则部分的规定;也只有在合同编通则部分没有特别规定时,才能适用总则编关于法律行为与代理的一般规定。例如"融资租赁合同"一章就融资租赁合同无效的情形和后果作了特别规定,自应优先适用该规定,再适用合同编通则以及总则编的相关规定。当然,有时问题可能会更加复杂,例如所要处理的合同纠纷不是一个因典型合同引起的纠纷,而是无名合同引起的纠纷;再如所要处理的合同纠纷虽然是因典型合同引起的纠纷,但民法典并未将处理该合同纠纷的特别规则全部规定于该典型合同,而是要求适用与其有关的其他典型合同的规定。如民法典在"建设工程合同"一章中规定"本章没有规定的,适用承揽合同的有关规定",这是因为,建设工程合同是一种特殊的承揽合同,民法典虽然将其作为典型合同予以规定,但也根据总分的思路,先规定承揽合同,再规定建设工程合同,且明确规定了二者在法律适用上的相互关系。至于因无名合同引起的纠纷,依民法通说,应优先适用与其最为类似的典型合同的特别规定。如果没有特别规定,再适用合同编通则部分的规定以及总则编关于法律行为和代理的一般规定。此外,无论是典型合同还是无名合同,根据民法典第六百四十六条的规定,在没有关于该合同的特别规定时,如果该合同是有偿合同,还应在适用合同编通则部分之前,优先适用民法典关于买卖合同的规定。

关于一般规定与特殊规定问题,还可以举一个例子。民法典第一百四十三条将意思表示真实规定为民事法律行为有效的条件之一,是否意味着意思表示不真实,民事法律行为就必然无效呢? 显然,我们不能作此解释,因为根据民法典第一百四十六至第一百五十一条的规定,意思表示不真实的情况较为复杂,相应的法律后果也不统一。如果是通谋虚伪意思表示,则民事法律行为无效,但其隐藏的行为并不必然无效,是否无效,取决于法律的规定;如果当事人的意思表示不真实是因为对方或者第三人实施欺诈、胁迫所致,则民事法律行为可撤销。可见,民法典第一百四十三条仅仅是从正面规定民事法律行为应当具备的有效要件,不能作为人民法院认定民事法律行为无效的依据。人民法院认定民事法律行为的效力,应以民法典第一百四十四条及其以下的条文作为裁判依据。可见,民法典的结构极为复杂,对"找法"提出了挑战,当然也增加了理解并适用民法典的难度。

——刘贵祥:《民法典适用的几个重大问题》,载《人民司法·应用》2021 年第 1 期。

062 《民法典》的适用规则

关键词 | 法律适用 | 民法典 | 民事法律 | 基本原则 | 具体规则 |

【最高人民法院司法解释】

第一条 民法典第二编至第七编对民事关系有规定的,人民法院直接适用该规定;民法典第二编至第七编没有规定的,适用民法典第一编的规定,但是根据其性质不能适用的除外。

就同一民事关系,其他民事法律的规定属于对民法典相应规定的细化的,应当适用该民事法律的规定。民法典规定适用其他法律的,适用该法律的规定。

民法典及其他法律对民事关系没有具体规定的,可以遵循民法典关于基本原则的规定。

——《最高人民法院关于适用〈中华人民共和国民法典〉总则编若干问题的解释》(2022 年 3 月 1 日,法释〔2022〕6 号)。

【链接：答记者问】

问:总则编是民法典的总纲,具有统领性、基础性作用。民法典总则编与各分编、民法典与其他民商事法律的适用关系,以及民法典基本原则的适用一直受到普遍关注。请问,本解释对这一问题是如何考虑的?

答:民法典具有严密的逻辑性和科学的体系性,广大法官应当牢固树立法典化思维,准确把握民法典总则编"总"的规律和特点,准确把握民法典与其他民事法律之间的关系,准确把握民法典各编之间以及民事法律具体规范与基本原则之间的关系。基于总则编在民法典中的统领地位,对上述问题予以回应,自然成为本解释规定的重中之重。对此,我们经过广泛调研论证,在本解释第一条专门作出规定。

一是关于总则编与其他各编的适用关系。民法典其他各编主要围绕具体权利展开,相对于总则编的民事权利一章属于具体规定,应当适用各编规定;而总则编的民事权利能力、民事行为能力等规定,其他各编并没有相应具体规定,此时总则编的规定具有直接适用的效力。有些规则虽然其他各编没有规定,但根据民事法律关系的性质则不得适用总则编的规定。

二是关于民法典与其他民事法律的适用关系。对于同一民事关系,其他民事法律的规定属于对民法典相应规定的细化,或者民法典明确规定适用其他法律的,应当适用该法律的规定。比如,民法典第一千一百六十五条第二款规定:"依照法律规定推定行为人有过错,其不能证明自己没有过错的,应当承担侵权责任。"而个人信息保护法第六十九条第一款明确规定了处理个人信息侵害个人信息权益造成损害,适用过错推定责任。对此类纠纷,就应当适用个人信息保护法的规定。这是在符合立法法第九十四条①规定精神的前提下,遵循民法典第十一条的规定,进一步明确民法典与其他民事法律之间的法律适用关系问题。

三是关于具体规定与基本原则之间的适用关系。民法典所规定的基本原则能否直接作为裁判规范以及如何作为裁判规范一直有争议。本解释第一条第三款在梳理有关学术成果、实务做法、各方意见的基础上,明确了法律有具体规定的,"应当"适用该具体规定;法律没有具体规定时"可以遵循"基本原则。采用"可以遵循"基本原则的表述,使得条文内容更具包容性,也与法律没有具体规定时,运用法律解释方法确定适用或者参照适用其他具体规定的做法相一致。

——《弘扬社会主义核心价值观　确保民法典统一正确实施——最高人民法院研究室负责人就民法典总则编司法解释答记者问》,载《人民法院报》2022 年 2 月 27 日,第 4 版。

【链接：理解与适用】

民事法律适用规则

民法典呈现鲜明的总分结构,不仅在总则编规定了整个法典的一般性规则,在各分编中也是先规定一般性规则,再规定具体规则或者特别规则。这种提取公因式的立法技术,使得民事法律规范在呈现法典化、体系化特征的同时,也增加了法官"找法"的难度。为帮助广大法官适应民法典的体系性,树立法典化思维,《总则编解释》第 1 条在明确民法典各编适用关系的同时,也对民法典与其他民事法律的

---

① 对应 2023 年《立法法》第 105 条。——编者注

适用问题、法律具体规则与基本原则的适用问题作出规定。

准确把握民法典总则编与各分编的适用关系，首先要明确民法典总分式架构的内在逻辑。从体系上讲，总则编主要是围绕主体、客体、法律行为、民事责任等法律关系的基本要素展开，而有关具体的民事权利、义务内容则规定在各分编中。各分编的具体规定通常可以直接适用于案件审理，但当各分编没有相应具体规定时，往往需要适用总则编中的一般规定。

例如，在处理某一具体的合同纠纷案件时，先要到民法典合同编的典型合同分编中查找是否存在与该合同有关的特别规定。如果有，就要优先适用特别规定，只有在没有找到特别规定时，才能适用合同编通则部分的规定；也只有在合同编通则部分没有特别规定时，才能适用总则编关于法律行为与代理的一般规定。当然，并非所有各分编未具体规定的问题都可以适用总则编的规定，尤其是涉及身份关系的情形。

因此，《总则编解释》第1条第1款规定："民法典第二编至第七编对民事关系有规定的，人民法院直接适用该规定；民法典第二编至第七编没有规定的，适用民法典第一编的规定，但是根据其性质不能适用的除外。"

关于民法典与其他民事法律的适用关系，民法典第十一条规定："其他法律对民事关系有特别规定的，依照其规定。"这就明确了特别法优先于一般法的原则。

但应当注意，在民法典未明确规定适用其他法律的情况下，适用单行法的前提是单行法的规定属于对民法典相应规定细化的规定，且不能违反民法典的规定，如此才能体现出民法典基础性法律的地位。

同时，根据立法法第九十四条第一款的规定，法律之间对同一事项的新的一般规定与旧的特别规定不一致，不能确定如何适用时，由全国人民代表大会常务委员会裁决。

为指导各级人民法院正确适用民法典第十一条的规定，处理好民法典与其他民事法律的适用关系，《总则编解释》第1条第2款明确了以下两种规则：

一是对于同一民事关系，其他民事法律的规定属于对民法典相应规定的细化的，应当适用该民事法律的规定。例如，民法典第一千一百六十五条第二款规定："依照法律规定推定行为人有过错，其不能证明自己没有过错的，应当承担侵权责任。"而个人信息保护法第六十九条第一款明确规定了处理个人信息侵害个人信息权益造成损害，适用过错推定责任。对此类纠纷，就应当适用个人信息保护法的这一规定。又如，电子签名法第二十八条关于侵害电子签名人利益归责原则的规定就构成了对民法典第一千一百六十五条第二款有关过错推定责任规定的细化，此时应当适用电子签名法的规定。需要注意的是，这里的"民事法律"实质上是指民商事法律。

二是民法典规定适用其他法律规定的,适用该法律的规定。因为在此情形下,民法典已经作出了适用其他法律的指引或者授权,此时适用其他法律的规定也不存在与立法法规定相冲突的问题。例如,产品质量法第四十五条规定因产品存在缺陷造成损害要求赔偿的诉讼时效期间为 2 年,民法典第一百八十八条明确"法律另有规定的,依照其规定",此时应当适用产品质量法的规定。

《总则编解释》第 1 条第 3 款主要解决民事法律具体规定与基本原则的关系问题。民法典所规定的基本原则能否直接作为裁判规范以及如何作为裁判规范一直有争议。本款在梳理有关学术成果、实务做法、各方意见的基础上,明确了法律有具体规定的,"应当"适用该具体规定;法律没有具体规定时"可以遵循"基本原则。采用"可以遵循"基本原则的表述,使得条文内容更具包容性,也与法律没有具体规定时运用法律解释方法确定适用或者参照适用其他具体规定的做法相一致。

通常而言,基本原则的适用可以与有关法律解释和漏洞填补方法相结合,在没有可以适用或者参照适用的具体条文的情况下,可以遵循基本原则的规定。有学者认为,对于纠纷的处理缺乏具体法律规定的情况下,可以结合习惯、法律原则等创造尚未由立法计划所预测或者完成的法律规则,进而填补漏洞。这一见解较有道理,值得在审判实践中紧密结合民法典的制度体系和规定精神进行有益探索。因此,有必要注意的是,在审判实践中对于法律没有具体规定的情形,并非当然直接适用基本原则。

——郭锋、陈龙业、蒋家棣、刘婷:《〈关于适用民法典总则编若干问题的解释〉的理解与适用》,载《人民司法·应用》2022 年第 10 期。

《民法典》与其他单行法的关系

对没有编入《民法典》的 23 部单行民商法和其他规定了民事法律规范的法律,在处理其与民法典之间的适用问题时,应当遵循如下原则:

对于民法典与仍然有效施行的单行法的规定出现不一致时,要优先适用单行法的规定。例如,《民法典》规定的一般诉讼时效期间为三年,而《保险法》第 26 条第 2 款"人寿保险请求给付保险金的请求权"规定了五年的特别诉讼时效期间。这时要优先适用后者规定。

但是,就某一具体事项,《民法典》专门对其他单行法做了补充或者完善规定的,或者原有规定与《民法典》规定相冲突的,则要遵循"后法优于先法"的规则,适用《民法典》的规定。比如关于法人分支机构承担责任问题,《民法典》第 74 条第 2 款规定:"分支机构以自己的名义从事民事活动,产生的民事责任由法人承担;也可以先以该分支机构管理的财产承担,不足以承担的,由法人承担。"《公司法》第 14

条第 1 款①规定：“公司可以设立分公司。分公司不具有法人资格，其民事责任由公司承担。”在《公司法》修改前，应该适用《民法典》的规定。

——最高人民法院民法典贯彻实施工作领导小组编著：《最高人民法院民法典总则编司法解释理解与适用》，人民法院出版社 2022 年版，第 66 页。

【最高人民法院司法文件】

20. 要牢固树立法典化思维，确立以民法典为中心的民事实体法律适用理念。准确把握民法典各编之间关系，充分认识“总则与分则”“原则与规则”“一般与特殊”的逻辑体系，综合运用文义解释、体系解释和目的解释等方法，全面、准确理解民法典核心要义，避免断章取义。全面认识各编的衔接配合关系，比如合同编通则中关于债权债务的规定，发挥了债法总则的功能作用，对于合同之债以外的其他债权债务关系同样具有适用效力。

——《全国法院贯彻实施民法典工作会议纪要》（2021 年 4 月 6 日，法〔2021〕94 号）。

【链接：最高人民法院法官著述】

关于《民法典》总则编和其他各编之间的体系化适用

《民法典》总则编和其他各编之间，总体上属于一般规定与特别规定的关系。在《民法典》各编如合同编中，同样存在着体系化问题，如合同编通则与典型合同分编之间也是一般规定与特别规定的关系；甚至典型合同分编中还存在一般规定与特别规定的关系，如保管合同之于仓储合同、承揽合同之于建设工程合同。在前述情形中，在适用法律时总体上要坚持两个规则：一是依据“特别规定优于一般规定”规则，原则上应当先适用特别规定；只有在没有特别规定时，才适用一般规定；二是要注意有无“但书”条款，正如《民法典总则编解释》第 1 条第 1 款规定：“民法典第二编至第七编对民事关系有规定的，人民法院直接适用该规定；民法典第二编至第七编没有规定的，适用民法典第一编的规定，但是根据其性质不能适用的除外。”在适用时要予以特别关注。此外，各分编之间如物权编和合同编，尽管相对独立但又密切联系，在适用时也要秉持体系化思维，正确找法并释法。

（一）关于总则编和各分编的体系化适用

民事法律关系包括主体、内容、客体三要素，其中主体包括自然人、法人和非法人组织，内容包括权利和义务，客体则是权利义务指向的对象。导致民事法律关系变动的法律事实主要是民事法律行为，对民事权利的侵害会产生民事责任。《民法

---

① 对应 2023 年《公司法》第 13 条第 2 款。——编者注

典》总则编对民事法律关系的各要素及民事法律行为、民事责任等共同性规则进行提炼后作出规定,并将其作为各分编的一般性规定。同时,《民法典》作为权利法,主要是按照"权利确认—权利救济"这一逻辑顺序作出规定的,总则编如此,各分编大抵也是如此。各分编中规定的物权、债权、人格权以及继承权等,就是对总则编中"民事权利"的具体化。颇具特色的是,合同编通则既有债法总则的功能,又是总则编中"民事法律行为"的具体化,因而不仅是总则编中"债权"的具体化,也是"民事法律行为"的具体化。另外,作为权利救济法的侵权责任单独成编也是我国《民法典》的独创,但其同样是总则编中"民事责任"的具体化。

从以上分析不难看出,各分编总体上是总则编的具体化,依据前述法律适用规则,原则上应当先适用各分编的规定,只有在没有具体规定时才适用总则编的规定。

——贺小荣:《体系化思维对民事裁判统一性的内在约束——以〈民法典〉适用为视角》,载《中国应用法学》2022 年第 4 期。

编者说明

《民法典总则编解释》第 1 条第 1 款明确《民法典》总则编与各分编之间的适用关系。在适用《民法典》法条的顺序上,一般应当首先从《民法典》有关分编具体条文中寻找规定,其次从该分编通则中寻找规定,再次从《民法典》总则编第二章至第十章寻找规定,最后从《民法典》总则编第一章"基本规定"寻找依据。当然,并非所有各分编未规定的问题都可以适用总则编规定,尤其是涉及身份关系的情形。

第 2 款明确其他民商事法律与《民法典》的适用关系。第一,对于同一民事关系,其他民商事法律的规定属于对《民法典》规定的具体细化的,应当适用该法律的规定。第二,《民法典》具体条款规定适用其他法律的,指引适用其他法律,应当适用该法律的规定。

第 3 款明确民事法律具体规定与基本原则的关系。法律有具体规则的"应当"适用具体规则,仅在没有具体规则时才"可以遵循"基本原则。

此外,《民法典》第 11 条规定的"其他法律"应作狭义解释,限于民事、商事特别法,不包括刑法、行政法、社会法等。①

063 《民法典》各分编之间的关系

关键词 | 物权保护 | 合同编通则 | 人格权保护 |

---

① 参见最高人民法院民法典贯彻实施工作领导小组主编:《中华人民共和国民法典总则编理解与适用[上]》,人民法院出版社 2020 年版,第 67 页。

【链接：最高人民法院法官著述】

关于各分编之间的体系化适用

总则编与其余各分编的关系，既相对独立又密切联系，彼此也存在着体系化适用问题。从总体角度看，主要包括如下四方面内容：

第一，物权保护可适用侵权责任编的规定。物权编第 237 条"造成不动产或者动产毁损的，权利人可以依法请求修理、重作、更换或者恢复原状"，以及第 238 条"侵害物权，造成权利人损害的，权利人可以依法请求损害赔偿，也可以依法请求承担其他民事责任"的规定，系在《物权法》第 36 条、第 37 条的基础上各增加"依法"两字，主要功能在于，将相应的物权保护方式适用，具体指向适用侵权责任编。

第二，合同编通则发挥债法总则的功能。合同编第 468 条规定："非因合同产生的债权债务关系，适用有关该债权债务关系的法律规定；没有规定的，适用本编通则的有关规定，但是根据其性质不能适用的除外。"该条规定了非因合同产生的债权债务关系法律适用。此规定的主要原因是我国《民法典》未单设债法总则，由合同编通则发挥债法总则的功能。因此，侵权、无因管理、不当得利之债原则上可适用合同编通则的相关规定。

第三，人格权保护可适用侵权责任编的规定。人格权编第 995 条规定："人格权受到侵害的，受害人有权依照本法和其他法律的规定请求行为人承担民事责任。……"该内容是关于人格权保护的规定，主要功能在于，将相应的人格权保护方式适用，具体指向适用侵权责任编。

第四，婚姻家庭关系的权利保护，亦可适用人格权编的相关规定。人格权编第 1001 条规定："对自然人因婚姻家庭关系等产生的身份权利的保护，适用本法第一编、第五编和其他法律的相关规定；没有规定的，可以根据其性质参照适用本编人格权保护的有关规定。"据此，有关婚姻自主权等权利的保护，自然可以适用人格权编的规定。

——贺小荣：《体系化思维对民事裁判统一性的内在约束——以〈民法典〉适用为视角》，载《中国应用法学》2022 年第 4 期。

064 《民法典》的解释方法

关键词 | 法律解释 | 文义解释 | 体系解释 | 历史解释 | 目的解释 |

【链接：最高人民法院法官著述】

《民法典》的狭义解释

正确理解《民法典》的精神和内容，离不开法律解释方法的掌握和运用。在以往的司法实践中，有时会听到一些法官抱怨自己明明是依据法律作出的裁判，却无法获得当事人乃至社会的认可。一些学者也将此种情形描述为社会效果与法律效果的冲突。

在笔者看来，之所以出现此种情形，主要还是因为个别法官没有掌握并运用好法律解释的方法，从而没能对法律作出正确的理解，甚至出现断章取义、张冠李戴的现象。因此，当法律适用的结果与社会的公平正义观念格格不入时，人民法院一定要先检讨自己对法律的理解是否正确。

法律解释方法可以分为广义的法律解释方法与狭义的法律解释方法。狭义的法律解释方法是指法律有规定但不清楚或者有歧义时，法律适用者应采取一定的方法探求立法者的真意，进而对法律的规定作出正确的理解。一般认为，狭义的法律解释方法主要有四种：文义解释、体系解释、历史解释和目的解释。也就是说，我们在对法律进行解释适用时，不仅要从条文所使用的语言文字来理解法律，而且要将条文放到整个法律体系中去进行理解，并将条文制定的背景以及立法者所追求的目的作为理解法律的重要依据。可见，正确理解法律是一项十分艰巨而复杂的工作，尤其是《民法典》的内容博大精深，且条文众多，理解起来确实不易。这就要求我们在学习《民法典》时，不仅要了解条文的字面含义，还要掌握条文制定的背景和立法者的目的，更要将具体条文放到整个法典中进行体系性的把握。也就是说，不仅要知其然，还要知其所以然。

例如，《合同法》第 51 条规定了无权处分所订立的合同仅在真正权利人予以追认或者无权处分人事后取得处分权时才有效，否则就应认定无效。这一规定虽然保护了真正权利人的利益，但却可能给受让人带来较大的交易风险，因为在真正权利人不予追认，无权处分人事后也没有获得处分权的情况下，一旦受让人不符合善意取得制度规定的条件（如标的物尚未交付或者登记），则受让人既无法获得物权的保护，也无法获得有效合同的保护。为了解决受让人的交易安全问题，《最高人民法院关于审理买卖合同纠纷案件适用法律问题的解释》（以下简称《买卖合同司法解释》）第 3 条将区分原则运用于此，明确规定买卖合同不因出卖人无处分权而无效，且在出卖人因无权处分而无法履行买卖合同时，对受让人应承担违约责任。《民法典》吸收了司法解释的成果，没有再在合同编中继续规定无权处分规则，并在该编第 597 条明确规定"因出卖人未取得处分权致使标的物所有权不能转移的，买受人可以解除合同并请求出卖人承担违约责任"。

问题是,无论是《买卖合同司法解释》还是《民法典》,是否意味着处分权不再具有法律意义呢？答案显然是否定的,因为无论是根据《物权法》第 106 条的规定还是根据《民法典》物权编第 311 条的规定,在出卖人无权处分时,即使买卖合同有效且当事人已经交付标的物或者已就标的物办理登记手续,物权原则上也不发生变动,除非受让人构成善意取得。可见,处分权的有无虽然不影响买卖合同的效力,但却会影响物权变动的效力,从而为善意取得制度的适用提供了前提。如果我们不从体系上把握《买卖合同司法解释》第 3 条,不了解《民法典》删除《合同法》第 51 条的背景和目的,就无法正确理解《民法典》的相关规定,自然也就谈不上正确适用法律。

——刘贵祥:《民法典适用的几个重大问题》,载最高人民法院政治部编:《人民法院大讲堂:民法典重点问题解读》,人民法院出版社 2021 年版,第 90 页。

司法实践主要运用以下几种解释方法:(1)文义解释,对法律条文字面含义的解释是法律适用的基础,是法律解释中最常用、最基本的解释方法。法官在进行文义解释时,必须尊重文本,不能脱离文本进行解释,否则就会导致裁判权的滥用。(2)历史解释,也称为立法解释、法意解释或沿革解释。其意在探求立法者或准立法者在制定法律时所作的价值判断及其所欲实现的目的,以推知立法者的意思。其重要的手段是引用立法过程中的记录、文件资料等,当前许多立法形成的资料以及参与立法者出版的书籍都成为解释的依据。历史解释与目的解释有交集,均涉及法律所追求的目的,历史解释更侧重于立法者意思的客观化,特定的历史环境背景是解释时考虑的因素。(3)目的解释,是指在解释法律文本时,将法律所追求的目的价值取向化,不拘泥于文字本身,考量法律规范所要达到的效果,使法律解释适应社会需求。学者指出,一个法律规范通常以一种关于社会过程控制的特定法律政治模式为基础,当立法者对特定行为方式作出了有约束力的规定,他是要以此实现特定的目的。对法律的解释要服务于法律的目的。客观解释理论并不停留于法律的发生过程及其发生史,更倾向于认为法律的含义会随着时代精神的变迁而变迁。(4)体系解释,要将个别的法律观念放在整个法律秩序的框架当中,或者在所有法律制度和法律规范连接成为一个大统一体的内在关联当中来考察。运用体系解释时,法官将法律作为合理、符合逻辑的完整体系,对法律条文进行解释。从外在体系上考虑条文在法律体系中的地位,即哪部法律、哪些章节等逻辑结构安排;再从内在体系上整体地理解法律制度之间的基本价值联系,与其同位阶和更高位阶的法规范不矛盾;最后观察法条所组成的法规范,各法条之间的联系与作用,从而作出解释。体系解释使法官不再孤立地观察某个法律规范,而是强调法律体系和价值目标的完整性,因此有利于更全面地验证法律适用的正确性。

——胡仕浩、刘树德：《裁判文书释法说理：类型划分与重点聚焦——〈关于加强和规范裁判文书释法说理的指导意见〉的理解与适用（中）》，载《人民司法·应用》2018 年第 28 期。

065 运用法律解释方法填补制定法漏洞

关键词｜法律解释｜类推适用｜目的性限缩｜填补漏洞｜

【链接：最高人民法院法官著述】

《民法典》的广义解释

广义上的法律解释方法除了狭义的法律解释方法外，还包括填补制定法漏洞的方法，主要包括类推适用、目的性限缩等。制定法漏洞的填补仅适用于民商事审判而不适用于刑事审判和行政审判，因为刑事审判应严格贯彻罪刑法定原则的要求，不允许人民法院通过类推适用等方法来填补制定法的漏洞，行政审判旨在监督政府依法行政，也要求以现行法的规定作为司法审查的依据。在民商事审判中，基于"法官不得以法无明文规定为由拒绝裁判"的要求，即使在制定法没有规定的情形下，人民法院也应采用一定的方法来填补制定法的漏洞，再根据填补漏洞后的规则作出裁判。

在实行立案登记制后，过去的一些错误做法得到了根本遏制，例如一些法院常常以法无明确规定为由不受理案件的情况的现象基本上已不再存在，但在司法实践中，又出现人民法院常常以法无明确规定为由直接驳回原告诉讼请求的情况。在笔者看来，"不得拒绝裁判"不仅是指原告符合起诉条件时要受理案件，更指人民法院不能简单以法律没有规定为由（裁判文书的表述通常是"原告的主张没有法律依据"）驳回原告的诉讼请求，而应通过对现行法进行解释来填补制定法的漏洞，并据此作出裁判。当然，根据填补漏洞后的规则，原告的诉讼请求也可能无法获得支持，但即使如此，人民法院驳回原告诉讼请求的理由，也不应是法无明文规定，而是填补漏洞后的规则。

这里需要说明的是，对制定法漏洞的填补在本质上仍然是一种法律解释，而非人民法院在进行立法，因为制定法是否存在漏洞以及将何种类似的规则类推运用于本案，都需要人民法院对现行法进行全面的解释。……只有在对现行法作出正确理解后，才能将最相类似的规则恰当地运用于待审案件，或者将已有的规则在经过目的性限缩或者扩张后恰当地运用于待审案件，进而获得一个公平公正的判决。

——刘贵祥：《民法典适用的几个重大问题》，载最高人民法院政治部编：《人民法院大讲堂：民法典重点问题解读》，人民法院出版社 2021 年版，第 91 页。

066 个案补充填补制定法漏洞的顺序

关键词｜习惯｜类推适用｜目的性限缩｜目的性扩张｜基本原则｜填补漏洞｜

【链接：最高人民法院法官著述】

关于个案补充

就个案补充而言,为避免出现"向一般条款逃逸"现象,司法实践中应当遵循以下顺序进行补充:

首先,应当根据习惯进行补充。《民法典》第 10 条规定:"处理民事纠纷,应当依照法律;法律没有规定的,可以适用习惯,但是不得违背公序良俗。"依据该规定,法院在处理民事案件时,首先应当适用法律的具体规定。这里的法律是指广义的法律,包括全国人大及其常委会制定的法律和国务院制定的行政法规,也不排除地方性法规、自治条例和单行条例等。当待处理的民事案件没有可适用的具体法律规定时,则应当适用不违背公序良俗的习惯。这里的习惯是指在一定地域、行业范围内长期为一般人所确信并普遍遵守的民间习惯或者商业惯例。《民法典》编纂之所以将习惯作为法律之后的唯一法律渊源,主要基于承认习惯的法源地位与现行立法一致、符合现实需要以及更贴近社会生活等三层考虑。因此,在法律对处理的案件没有具体规定时,首先应当适用习惯,这是没有疑义的。

其次,应当类推适用。当待处理案件没有法律的具体规定或者习惯作为适用依据时,漏洞补充的方法应当为类推适用。我国《民法典》对类推适用制度间接作了规定,即《民法典》合同编第 467 条第 1 款规定:"本法或者其他法律没有明文规定的合同,适用本编通则的规定,并可以参照适用本编或者其他法律最相类似合同的规定。"比如,《民法典》第 388 条中规定,担保合同包括抵押合同、质押合同和其他具有担保功能的合同。合同编保证合同章第 700 条至第 702 条规定了保证人对债务人享有追偿权、抗辩权、抵销权和撤销权等,但物权编担保物权部分未规定抵押人、质押人的相关权利,由于保证合同、抵押合同和质押合同均属于担保合同,相互之间的重要特征相同,故抵押人、质押人可以类推适用保证人的相关规定。据此,《最高人民法院关于适用〈中华人民共和国民法典〉有关担保制度的解释》第 20 条规定:"人民法院在审理第三人提供的物的担保纠纷案件时,可以适用民法典第六百九十五条第一款、第六百九十六条第一款、第六百九十七条第二款、第六百九十九条、第七百条、第七百零一条、第七百零二条等关于保证合同的规定。"

再次,应当采取目的性限缩或目的性扩张。目的性限缩与目的性扩张作为法律漏洞补充方式,均为学说上称谓,目的性限缩是基于立法旨意,将原为法律文义所涵盖之案件类型,排除于该法律适用的范围之外。例如,《民法典》第 121 条规定:"没有法定的或者约定的义务,为避免他人利益受损失而进行管理的人,有权请求受益人偿还由此支出的必要费用。"其中关于无因管理适用前提的"没有法定的或者约定的义务"表述,按照立法表述的通常解释可以是"没有法定的义务、没有约定的义务、没有法定的并且没有约定的义务"三种前提。但是根据无因管理的性质,其适用的前提只能是"没有法定的并且没有约定的义务",否则不属于无因管理。因此,应当对该条规定作目的性限缩。

目的性扩张是基于立法旨意,法律文义所涵盖之案件类型显然过窄,应当扩张至该文义原不包括之类型。例如,《民法典》第1217条规定:"非营运机动车发生交通事故造成无偿搭载人损害,属于该机动车一方责任的,应当减轻其赔偿责任,但是机动车使用人有故意或者重大过失的除外。"本条是关于好意同乘时侵权责任的规定,条文表明仅适用于"非营运机动车",即指私家车。但是,当营运机动车的驾驶人同样存在无偿搭车的助人为乐情形时,为弘扬社会主义核心价值观,就需要进行扩张适用。因此,当营运机动车无偿搭载他人造成损害的,《民法典》第1217条应当作目的性扩张。

最后,关于民法基本原则的适用。《民法典总则编解释》第1条第3款规定:"民法典及其他法律对民事关系没有具体规定的,可以遵循民法典关于基本原则的规定。"对司法实践中如何适用基本原则作出了宏观指引,但需要进一步具体和深化。应当说,《民法典》规定的平等、自愿、公平等基本原则,是立法高度抽象的结果,兼具内容的根本性和效力的贯彻始终性,为立法、执法、司法、守法的根本遵循,作为法律漏洞的填补方式,通常担负"兜底"的角色,即只有运用其他的法律漏洞补充方式均无法对案件作出处理时,才能适用基本原则来处理案件,以避免出现"向一般条款逃逸"现象。至于民事案件是否可以直接适用基本原则作出判决,根据司法实践经验,没有法律的具体规定,又无其他漏洞补充方式可用时,在辅之以法律解释的前提下,基本原则可以作为裁判依据直接适用,否则可能导致裁判结果无具体依据的尴尬情形。结合《民法典》第533条情势变更中"人民法院或者仲裁机构应当结合案件的实际情况,根据公平原则变更或者解除合同"的规定,表明立法者认可基本原则可作为人民法院裁判的直接依据。

——贺小荣:《体系化思维对民事裁判统一性的内在约束——以〈民法典〉适用为视角》,载《中国应用法学》2022年第4期。

编者说明

个案补充,是指法官在案件审理过程中进行补充,弥补法律漏洞。个案补充以解决个案纠纷为目的,由承办法官或合议庭处理,结果往往表现为裁判文书中的说理部分。

067 《民法典》与公法的关系

关键词 | 公法 | 物权变动登记 | 民事诉讼 | 行政诉讼 | 行政协议 |

【链接：最高人民法院法官著述】

关于《民法典》与公法的协调适用

关于民行交叉问题。该问题在两个领域特别突出，一是物权变动登记，二是行政协议与民事合同的区分。

对于物权变动登记，民法学者将其理解为公示方法，应当通过民事诉讼程序解决；行政法学者则倾向于将其理解为行政审批，应当通过行政诉讼程序解决。登记具有双重属性，故以上两种观点都有一定道理，但二者的区别也是明显的，不可混淆。如果是一方请求另一方办理登记手续，如房屋买受人请求出卖人履行过户登记手续，此时办理过户登记是买卖合同的重要内容，应当通过民事诉讼程序解决。如果是当事人请求登记机关履行登记职责、撤销登记或者赔偿因错误登记造成的损失，则属于行政诉讼的范畴。

至于民事合同与行政协议的区别，除前已述及的诉讼构造外，二者在合同效力、合同解除、责任范围、可仲裁性等方面均存在较大区别，有必要慎重对待。司法实践中，对于政府会议纪要究竟是民事合同还是行政协议的争议，关键要看纪要中权利义务内容的性质，需要具体问题具体分析。不具备协议性质的，对当事人不具有约束力；符合民事合同特征的，可以按民事合同处理；符合行政协议的，按行政协议处理，不可一概而论。

——贺小荣：《体系化思维对民事裁判统一性的内在约束——以〈民法典〉适用为视角》，载《中国应用法学》2022 年第 4 期。

要正确对待作为私法的《民法典》与公法的关系。尽管《民法典》也包含一些公法性的规定，如《民法典》物权编关于征收征用的规定就是典型的公法规范，但《民法典》本质上是一部私法，调整的是平等主体之间的人身关系和财产关系。

公法与私法的划分由来已久，从法律适用的角度看，区分二者的实益在于争议解决所应适用的实体规则与诉讼程序均不同：因民事纠纷发生的争议，应适用民事法律并依民事诉讼程序处理；因公法行为发生的争议，则应适用公法规范并通过行政诉讼程序解决。

通常情形下，公法规范与私法规范的区分是清楚的。但是，因我国是社会主义国家，国家对社会经济的调控和参与度较高，行政机关究竟是以作为民事主体的机关法人参与民事活动，还是以行政机关的身份行使公权力，有时会发生极大的争议。以国有土地使用权出让合同为例，在 2014 年修订的《行政诉讼法》将行政协议规定为行政诉讼的受案范围后,此类合同究竟是民事合同还是行政协议,便再次成为一个争议较大的问题;再如行政机关及其工作人员在履行职务过程中致人损伤,究竟是适用国家赔偿还是民事赔偿,也有不同的意见。

本文无意全面分析解决上述问题,仅仅是想在此指出作为私法的《民法典》与公法之间的区分有时并非泾渭分明,需要在认真研究《民法典》的基础上作出科学的回答。

另外,作为私法的《民法典》与公法还可能在某些领域发生竞合关系,例如《民法典》规定的相邻关系是私法上的相邻关系,但随着社会经济尤其是城市化的高速发展,公法上的相邻关系亦日益受到人们的重视,例如我国《城市房地产管理法》《城乡规划法》等关于房地产开发高度、容积率等的规定,《环境保护法》关于排污、噪音等的规定。这就引发一类问题:当事人主张私法上的相邻关系是否以行为人违反公法上的相邻关系为前提,或者说当事人已取得公法上的许可是否足以正当化其在私法上的行为?

与此有关的另一个问题是:在法律、行政法规规定合同须经批准的情况下,如果合同没有被行政机关批准,合同效力如何?合同被行政机关批准,是否意味着合同就有效?此时当事人对合同效力发生争议,究竟是应该提起行政诉讼,还是应当提起民事诉讼?

还有,《民法典》第153条规定,"违反法律、行政法规的强制性规定的民事法律行为无效。但是,该强制性规定不导致该民事法律行为无效的除外"。该条所谓"法律、行政法规的强制性规定"究竟是指公法上的强制性规定,还是也包括私法上的强制性规定?究竟应如何判断违反强制性规定是否影响合同效力?

可见,《民法典》与公法之间的关系错综复杂,而正确处理作为私法的《民法典》与公法之间的关系,无疑是正确适用《民法典》的前提和基础。

——刘贵祥:《〈民法典〉实施的若干理论与实践问题》,载《法律适用》2020年第15期。

068 《民法典》与《公司法》等商事特别法的适用关系

关键词｜公司法｜法律适用｜时间效力｜

【最高人民法院司法文件】

3.【民法总则与公司法的关系及其适用】民法总则与公司法的关系,是一般法与商事特别法的关系。民法总则第三章"法人"第一节"一般规定"和第二节"营利法人"基本上是根据公司法的有关规定提炼的,二者的精神大体一致。因此,涉及民法总则这一部分的内容,规定一致的,适用民法总则或者公司法皆可;规定不一致的,根据《民法总则》第11条①有关"其他法律对民事关系有特别规定的,依照其规定"的规定,原则上应当适用公司法的规定。但应当注意也有例外情况,主要表现在两个方面:一是就同一事项,民法总则制定时有意修正公司法有关条款的,应当适用民法总则的规定。例如,《公司法》第32条第3款②规定:"公司应当将股东的姓名或者名称及其出资额向公司登记机关登记;登记事项发生变更的,应当办理变更登记。未经登记或者变更登记的,不得对抗第三人。"而《民法总则》第65条的规定则把"不得对抗第三人"修正为"不得对抗善意相对人"。经查询有关立法理由,可以认为,此种情况应当适用民法总则的规定。二是民法总则在公司法规定基础上增加了新内容的,如《公司法》第22条第2款③就公司决议的撤销问题进行了规定,《民法总则》第85条④在该条基础上增加规定:"但是营利法人依据该决议与善意相对人形成的民事法律关系不受影响。"此时,也应当适用民法总则的规定。

——《全国法院民商事审判工作会议纪要》(2019年11月8日,法〔2019〕254号)。

【链接：最高人民法院法官著述】

关于《民法典》与商事特别法的适用关系

我国采取的是民商合一的立法体例,在《民法典》之外还存在大量商事特别法,在适用法律时必须以整体思维处理好二者之间的关系。一般来讲,在二者发生冲突的情况下,应当优先适用商事特别法的规定。不过,由于有些商事特别法是在《民法典》之前制定的,且其内容大量涉及一般性规则,并非仅仅适用于商事主体或者商事行为,这就可能同时产生新法优先于旧法的适用问题。以《中华人民共和国公司法》(以下简称《公司法》)为例,该法制定于1993年,当时虽有《中华人民共和国民法通则》关于法人的一般规定,但这些规定显然过于简单,无法满足实践的需要。在此背景下,《公司法》包含了大量法人制度尤其是营利法人制度的一般规则,实际上担负着构建法人制度尤其是营利法人制度一般规则的使命。在《民法典》制定过程中,立法机关将《公司法》中的一些条文经提炼或者修改后规定到了《中华人民共和国民法总则》,但并未同时修改《公司法》,这就造成法律适用上的困难:一方面,根据特别法优于一般法的法律适用规则,应适用《公司法》;但另一方面,凡是《民法典》与《公司法》及其司法解释规定不一致的地方,显然又是立法者有意要修改法律,如果一概适用《公司法》及其司法解释,则立法者的上述目的

---

① 对应《民法典》第11条。——编者注
② 对应2023年《公司法》第34条。——编者注
③ 对应2023年《公司法》第26条第1款。——编者注
④ 对应《民法典》第85条。——编者注

显然无法实现。正因为如此,《全国法院民商事审判工作会议纪要》在坚持特别法优于一般法的前提下,规定了若干例外情形,以防止《民法典》对《公司法》所作的修改被架空。目前,《公司法》正在修订过程中,一旦完成修订,则《公司法》与《民法典》的关系,不再是旧的特别法与新的一般法的关系,而是新的特别法与旧的一般法的关系。不论是基于新法优于旧法、还是特别法优于一般法的法律适用规则,修订后的《公司法》与《民法典》不一致的,应当优先适用《公司法》的规定。

再如,《民法典》施行后,我们还面临担保制度与破产制度的关系问题。《民法典》将所有权保留买卖、融资租赁、保理等规定为具有担保功能的合同,主要目的是通过登记制度来解决交易安全问题和担保物权之间的冲突问题。但是,所有权保留和融资租赁中的出卖人、出租人对标的物毕竟享有所有权,因此,在买受人、承租人破产的情况下,仍应认为出卖人、出租人享有取回权,只不过在行使该权利的同时,须承担清算义务。

——刘贵祥:《关于当前民商事审判工作的几点思考》,载《中国应用法学》2023 年第 6 期。

关于《民法典》与民商事特别法的体系化适用

《民法典总则编解释》第 1 条第 2 款规定:"就同一民事关系,其他民事法律的规定属于对民法典相应规定的细化的,应当适用该民事法律的规定。民法典规定适用其他法律的,适用该法律的规定。"因此,一些新通过的法律如《个人信息保护法》,作为《民法典》的特别法,依照《民法典》第 11 条有关"其他法律对民事关系有特别规定的,依照其规定",应当优先适用该特别法的规定,自无疑问。对于《民法典》施行前已经颁布施行的民商事特别法如《公司法》《破产法》等,其与《民法典》之间属于旧的特别法与新的一般法的关系,当二者出现不一致时如何适用法律?《立法法》第 94 条第 1 款①规定:"法律之间对同一事项的新的一般规定与旧的特别规定不一致,不能确定如何适用时,由全国人民代表大会常务委员会裁决。"据此,一旦出现此种情形,各级法院要层报最高人民法院,由最高人民法院函询全国人大常委会,确定最终的适用标准,妥善解决法律规则不一致的问题。

前述观点尽管于法有据,但其仅适用于"不能确定如何适用"的情形。实践中,多数情况下规则冲突可以通过法律解释等方式解决。以《公司法》为例,《民法典》有关"法人""营利法人"的规定,基本上是从《公司法》的有关规定中提炼出来的,二者在精神上大体一致。在此情况下,适用《民法典》还是《公司法》均无不可。即便目前有些规定不一致,根据全国人大常委会法工委去年底公布的《公司法》修

---

① 对应 2023 年《立法法》第 105 条第 1 款。——编者注

订征求意见稿,原则上均依照《民法典》的规定进行完善,如针对实践中公司清算义务人的组成争议,征求意见稿第 228 条系依照《民法典》第 70 条第 2 款的规定,明确"董事为公司清算义务人",据此可避免小股东可能无辜承担巨额债务。另外,对于极个别不太一致的规定,如《民法典》在现行《公司法》规定基础上增加新内容的情形,《公司法》第 22 条第 2 款就公司决议的撤销问题进行了规定,《民法典》第 85 条在该条基础上增加规定:"但是营利法人依据该决议与善意相对人形成的民事法律关系不受影响。"此时,《民法典》对于《公司法》规定而言客观上起到漏洞补充的作用,应当适用《民法典》的规定,否则对善意相对人而言将有悖公平原则。

当然,商事特别法与《民法典》的关系并非简单地择一适用问题,有时还存在配合适用问题。如《公司法》第 16 条①规定公司对外担保要由股东会或董事会决议,但该条并未规定未经决议的法律后果。从这一意义上说,该条是一个不完全法条,需要与其他法条配合起来使用才能发生预期的效力。由此涉及的问题是,违反该条是否导致合同无效? 对此,存在不同观点,裁判尺度一度极不统一。《公司法》作为主体法,兼具行为法和组织法、私法和公法特性,不能简单地套用管理性或效力性规定的理念来认定该条的规范性质。进入《民法典》时代,《民法典》第 153条第 1 款规定:"违反法律、行政法规的强制性规定的民事法律行为无效。但是,该强制性规定不导致该民事法律行为无效的除外。"据此意味着,立法机关并未认可效力性、管理性强制性规定的二分法,这就为担保合同效力的重新认定提供了契机。在此背景下,基于《民法典》总则编第 61 条第 3 款规定:"法人章程或者法人权力机构对法定代表人代表权的限制,不得对抗善意相对人。"同时,《民法典》合同编第 504 条规定:"法人的法定代表人或者非法人组织的负责人超越权限订立的合同,除相对人知道或者应当知道其超越权限外,该代表行为有效,订立的合同对法人或者非法人组织产生效力。"据此表明,《民法典》从相对人善意与否的角度出发,就法定代表人越权行为的效力,从内外两方面作出周延规定。因此,综合《公司法》和《民法典》的三条规定,最高人民法院审判委员会通过的《最高人民法院关于适用〈中华人民共和国民法典〉有关担保制度的解释》第 7 条第 1 款规定:"公司的法定代表人违反公司法关于公司对外担保决议程序的规定,超越权限代表公司与相对人订立担保合同,人民法院应当依照民法典第六十一条和第五百零四条等规定处理:(一)相对人善意的,担保合同对公司发生效力;相对人请求公司承担担保责任的,人民法院应予支持。(二)相对人非善意的,担保合同对公司不发生效力;相对人请求公司承担赔偿责任的,参照适用本解释第十七条的有关规定。"最终使

---

① 对应 2023 年《公司法》第 15 条。——编者注

争议性问题得到妥善处理。

　　——贺小荣:《体系化思维对民事裁判统一性的内在约束——以〈民法典〉适用为视角》,载《中国应用法学》2022 年第 4 期。

《民法典》与商事法律特别规定的适用和衔接

　　根据《民法典》第 11 条规定:"其他法律对民事关系有特别规定的,依照其规定",该规定符合《立法法》第 92 条①规定的"特别法优先于一般法"原则,为解决特别法与《民法典》之间的规范冲突问题提供了基本准则。由于我国很多商事单行法是在没有《民法典》及《民法总则》的背景下制定的,因此包含了大量的一般性规定,如《公司法》包含了大量的法人制度尤其是营利法人制度的一般规定。而在《民法总则》的制定过程中,立法机关将《公司法》中的一些条文经提炼或修改后规定到《民法总则》中,但并未同时修改《公司法》相关条文以使其与《民法总则》在适用上保持一致。此时如果一概适用《公司法》及其司法解释,则立法者有意修改法律的目的显然无法实现。

　　为此,可以参照《民商审判会议纪要》中对此问题的解决方案,即原则上应适用商事特别法的规定,但存在以下例外情形:

　　1.《民法典》有意修正商事法律有关条款的,应当适用《民法典》规定。比如,《公司法》第 14 条第 1 款②规定分公司的民事责任"由公司承担",而《民法典》第 74 条第 2 款修正为分支机构的民事责任"由法人承担;也可以先以该分支机构管理的财产承担,不足以承担的,由法人承担"。又如,《公司法》第 32 条第 3 款规定公司实际情况与登记事项不一致的,不得对抗第三人。《物权法》第 106 条③对善意取得制度的规定是"不得对抗善意第三人"。而《民法典》第 65 条规定法人的实际情况与登记事项不一致的,不得对抗善意相对人。从上述条文的先后顺序看,对第三人范围的表述变化应该是立法者有意为之,应适用《民法典》的规定更为合理。再如,《商标法》第 63 条规定侵犯商标权适用惩罚性赔偿的主观要件是"恶意",而《民法典》第 1185 条规定的侵害知识产权的惩罚性赔偿的主观要件是"故意",二者的主观故意程度明显不一样,并不是因为商标区别于其他知识产权更需要提高惩罚性赔偿的适用门槛,而是立法在探索惩罚性赔偿制度时作出的有意修正。

　　2.《民法典》在商事法律相关规定基础上增加新内容,应适用《民法典》规定。比如,《公司法》第 22 条第 2 款规定了公司决议的撤销问题,"股东会或者股东大

---

　　①　对应 2023 年《立法法》第 103 条。——编者注
　　②　对应 2023 年《公司法》第 13 条第 2 款。——编者注
　　③　对应《民法典》第 311 条。——编者注

会、董事会的会议召集程序、表决方式违反法律、行政法规或者公司章程，或者决议内容违反公司章程的，股东可以自决议作出之日起六十日内，请求人民法院撤销"。而《民法典》第85条在该条基础上增加了"但书"内容："营利法人依据该决议与善意相对人形成的民事法律关系不受影响。"《民法典》增加了对善意相对人的保护内容，是对既有规定的补充规定，能更好地实现立法的目的和精神，应优先适用《民法典》规定。

3.《民法典》与商事法律相关规定存在适用困境，需进一步明确内容。比如，关于有限责任公司清算义务人的规定。《最高人民法院关于适用〈中华人民共和国公司法〉若干问题的规定（二）》第18条第2款将有限责任公司的清算义务人规定为股东，而《民法典》第70条第2款一方面将法人的清算义务人界定为"执行机构或者决策机构的成员"，另一方面又规定"法律、行政法规另有规定的，依照其规定"，导致清算义务人的范围不明确，建议予以明确。又如，有关公司决议的成立和效力问题。《公司法》对公司决议是否成立的问题未作规定，《民法典》第134条第2款规定了法人决议的成立要件，按照《民法典》对特别法补充适用的规则，该规定可以成为认定公司决议成立与否的裁判依据。但《公司法》第22条第2款同时规定公司决议的撤销问题，建议明确违反法律或公司章程规定的议事方式和表决程序所作的决议，是依照《民法典》的规定认定为不成立，还是依照《公司法》的规定认定为可撤销。

——最高人民法院研究室编著：《最高人民法院民法典时间效力司法解释理解与适用》，人民法院出版社2021年版，第12~13页。

民法典与其他法律规范的关系

民法典第十一条规定："其他法律对民事关系有特别规定的，依照其规定。"这一条来源于民法总则第十一条，显然是采用了特别法优于一般法的法律适用规则处理可能存在的规范冲突问题，符合民法典作为民事基本法的体系定位。在民法典施行后，由于合同法、物权法、担保法等9部法律均将废止，故不会发生民法典与这9部法律的规范冲突问题，但民法典与未废止的商事特别法之间仍可能存在规范冲突，尤其是与公司法之间的规范冲突将不可避免。当然，这个问题在民法总则实施后，就已经遇到了。

由于我国的民事立法过程较为特殊，不少商事单行法是在没有民法典的背景下制定的，因此包含大量一般性的规定。以公司法为例，该法制定于1993年，当时虽有民法通则关于法人的一般规定，但这些规定显然过于简单，无法满足实践的需要。在此背景下，公司法包含了大量法人制度尤其是营利法人制度的一般规则。也就是说，公司法实际上担负着构建法人制度尤其是营利法人制度一般规则的使命。在民法总则的制定过程中,立法机关将公司法中的一些条文经提炼或者修改后规定到了民法总则,但并未同时修改公司法,从而删除该法与民法总则不一致的规定,这就造成法律适用上的困难:一方面,根据特别法优于一般法的法律适用规则,应适用公司法的规定;但另一方面,凡是民法总则与公司法及其司法解释规定不一致的地方,显然又是立法者有意要修改法律,如果一概适用公司法及其司法解释,则立法者的上述目的显然无法实现。正因为如此,《九民会纪要》在坚持特别法优于一般法的前提下,规定了若干例外情形,以防止民法总则对公司法所作的修改被完全架空。现在民法总则已经编纂进民法典,关于民法典与公司法的关系问题,也应按照上述思路处理。

但是,还是有一个问题值得研究,即关于有限责任公司清算义务人的规定。最高人民法院《关于适用〈中华人民共和国公司法〉若干问题的规定(二)》第18条第2款根据公司法关于有限责任公司清算组成员的规定,将有限责任公司的清算义务人规定为有限责任公司的股东。这一规定虽然解决了当时普遍存在的"清算难"问题,但也带来了一些问题,主要是不适当地扩大了股东尤其是对公司没有控制权的中小股东的清算责任。民法总则第七十条第二款①一方面将法人的清算义务人界定为"法人的董事、理事等执行机构或者决策机构的成员",另一方面又规定"法律、行政法规另有规定的,依照其规定",导致司法实践面临法律适用上的困难:且不说该款第一句是否将有限公司股东排除在清算义务人之外存在较大争议,即使答案肯定,立法机关是否又通过该款第二句将有限责任公司清算义务人的确定依据指向公司法及其司法解释,也有不同的意见。民法总则通过并实施以来,实践中有一种较为流行的观点认为,民法总则第七十条第二款针对的是除公司以外的其他法人,公司的清算义务人仍应根据公司法及其司法解释确定。笔者对此持有如下疑问:虽然我国的法人种类繁多,但绝大多数为公司,尤其是营利法人主要采用的是公司形态,如果民法总则仅仅适用于除公司之外的其他法人,则民法总则作为一般法的意义究竟何在? 可见,如何正确处理民法总则与公司法及其司法解释之间的关系仍然是一个亟待解决的问题。现在民法总则已被编纂进民法典,就涉及如何正确处理民法典与公司法的关系。尽管有些问题的解决有赖于未来公司法的修订,但在公司法修订之前,也有必要进行研究,看能否从解释论的角度拿出一个更好的解决方案。

——刘贵祥:《民法典适用的几个重大问题》,载《人民司法·应用》2021年第1期。

---

① 对应《民法典》第70条第2款。——编者注

069 商事法律中的外观主义

关键词 | 外观主义 | 法定代表人 | 善意取得 | 交易安全 | 意思表示 | 表见代理 | 表见代表 |

【最高人民法院司法文件】

会议指出,民商事审判工作要树立正确的审判理念。注意辩证理解并准确把握契约自由、平等保护、诚实信用、公序良俗等民商事审判基本原则;注意树立请求权基础思维、逻辑和价值相一致思维、同案同判思维,通过检索类案、参考指导案例等方式统一裁判尺度,有效防止滥用自由裁量权;注意处理好民商事审判与行政监管的关系,通过穿透式审判思维,查明当事人的真实意思,探求真实法律关系;特别注意外观主义系民商法上的学理概括,并非现行法律规定的原则,现行法律只是规定了体现外观主义的具体规则,如《物权法》第 106 条①规定的善意取得,《合同法》第 49 条、《民法总则》第 172 条②规定的表见代理,《合同法》第 50 条③规定的越权代表,审判实务中应当依据有关具体法律规则进行判断,类推适用亦应当以法律规则设定的情形、条件为基础。从现行法律规则看,外观主义是为保护交易安全设置的例外规定,一般适用于因合理信赖权利外观或意思表示外观的交易行为。实际权利人与名义权利人的关系,应注重财产的实质归属,而不单纯地取决于公示外观。总之,审判实务中要准确把握外观主义的适用边界,避免泛化和滥用。

——《全国法院民商事审判工作会议纪要》(2019 年 11 月 8 日,法〔2019〕254 号)。

【链接：最高人民法院法官著述】

应特别注意,外观主义系民商法上的学理概括,并非现行法律规定的原则,现行法律只是规定了体现外观主义的具体规则。对此,最高人民法院 2019 年 11 月颁布的《全国法院民商事审判工作会议纪要》已经进行了阐释,主要涉及民法典第一百七十二条关于表见代理,第六十一条、第六十五条、第五百零四条关于法定代表人代表权以及第三百一十一条关于善意取得的规定。实践中,应当依据有关具体法律规则进行判断,类推适用也应以规则设定的情形、条件为基础。同时,关于外观主义还应注意:一是外观主义是为保护交易安全设置的例外规定,一般适用于因合理信赖权利外观或意思表示外观而进行的民商事交易行为,不应适用于强制执行及其他非交易行为。在认定实际权利人与名义权利人的关系上,应注重财产

---

① 对应《民法典》第 311 条。——编者注
② 《合同法》第 49 条、《民法总则》第 172 条对应《民法典》第 172 条。——编者注
③ 对应《民法典》第 504 条。——编者注

的实质归属,而不应单纯地看其公示外观。二是从民法典规定看,外观主义可以区分为意思表示外观与权利外观,前者涉及合同效力的判断,如表见代理、表见代表,后者涉及物权的变动判断,如善意取得。三是适用时应准确把握外观主义的适用边界,避免泛化或滥用。

　　——刘贵祥:《民法典适用的几个重大问题》,载《人民司法·应用》2021 年第 1 期。

编者说明

　　外观主义仅仅是对善意取得、表见代理、表见代表等制度的理论概括,不能直接作为裁判的依据,且外观主义只能运用于保护交易中的第三人,在非交易关系发生权属争议时,应运用不动产登记的权利推定效力等制度,并允许当事人通过举证推翻对权利的推定。① 外观主义仅仅是理论界对这些制度进行学理概括的产物,并非可以作为裁判依据的法律原则。在具体制度之外,并不存在一般意义上的外观主义或外观主义原则,因此裁判者不能泛化地将外观主义作为裁判的依据,而只能通过具体制度的运用,来落实法律保护交易安全的目的。在当前的司法实践中,外观主义被大量适用于确权之诉或者执行异议之诉等非交易关系引起的纠纷案件,不仅反映了我们对外观主义的含义与地位存在误解,而且也暴露了我们对具体制度在理解上的不足。我们既要通过理论的抽象来认识体现在具体制度中的外观主义,也要看到体现外观主义的各个具体制度在法律构造上的重大差异,更为重要的是,要注意到外观主义与权利推定之间的区别,不能简单地将外观主义作为解决当事人之间权属争议的裁判依据,否则,民商事审判在定分止争方面的功能将丧失殆尽。实践中之所以发生外观主义常常被误用甚至滥用的情况,主要还是因为不少裁判者对于体现外观主义的各个制度欠缺全面且深入的理解,常常停留在“知其然,而不知其所以然”的境地,从而导致我们在适用具体制度和具体规则时,难免发生断章取义的现象。从这个意义上讲,认真对待外观主义,实际上就是要认真对待具体制度和具体规则。“外观主义”不应成为牺牲实际出资人合法利益的工具,更不能成为简单追求形式逻辑而忽视实质正义的借口。②

070 《民法典》与程序法的关系

关键词 ｜ 程序法 ｜ 民事登记 ｜ 非讼程序 ｜

【链接：最高人民法院法官著述】

　　要正确对待作为实体法的《民法典》与程序法的关系。

　　……一般认为,民事程序法可以分为诉讼程序与非讼程序。《民法典》与诉讼

---

① 参见吴光荣:《物权法精讲:体系解说与实务解答》,中国民主法制出版社 2023 年版,第 544 页。
② 参见吴光荣:《物权法精讲:体系解说与实务解答》,中国民主法制出版社 2023 年版,第 572 页。

程序之间的关系极为紧密,例如《民法典》关于自然人、法人以及非法人组织住所的规定,就与诉讼管辖和送达有密切的联系。相较于《民法典》与诉讼程序的关系,笔者更加关注的是《民法典》与非讼程序的关系,这是因为《民法典》规定了大量的非讼事件,都需要有相应的非讼程序配合才能得以实施,而非讼程序却长期未受到应有的重视。例如《民法典》关于申请人民法院指定监护人以及申请撤销、恢复监护人资格的规定,关于申请人民法院宣告失踪、申请指定和变更财产代管人、申请宣告死亡的规定,关于申请人民法院指定有关人员组成清算组的规定,关于抵押权人申请人民法院拍卖、变卖抵押财产的规定,关于申请人民法院指定遗产管理人的规定,都涉及到人民法院通过非讼程序处理非讼事件。

值得注意的是,在我国,并非所有非讼事件都由人民法院处理。例如,根据《民法典》总则编关于法人、非法人组织登记的规定,物权编关于不动产登记、特殊动产登记以及动产或权利担保登记的规定,婚姻家庭编关于结婚、离婚、收养等登记的规定,处理相关非讼事件的主体就不是人民法院,而是相应的登记机构。长期以来,由于我们对非讼程序的认识和重视程度不够,简单地将登记机构实施的相关登记行为理解为具体行政行为,并将其纳入到行政诉讼的受案范围,导致因民事争议而出现大量民事诉讼与行政诉讼相互交织的问题,既给人民法院的审判工作带来巨大的困难,也给当事人带来了无穷的诉累,导致不少纠纷长期无法得到有效解决。尽管最高人民法院一直在探索解决此类纠纷的方案,2014 年修订后的《行政诉讼法》也规定了一并审理的模式,但问题并没有从根本上得到解决。究其原因,可能还是对登记机构的登记行为欠缺应有的认识。应该说,《民法典》规定的各种登记虽然有利于行政机关对相应事项进行管理,但从本质上看,登记机构从事的登记行为仅仅是为配合《民法典》的实施而处理的各种非讼事件。也就是说,登记机构的登记行为在性质上是民事登记而非行政登记。因为登记机构办理登记的目的并非是为了行政管理,而是为了处理《民法典》规定的非讼事件。就此而言,登记机构办理登记所适用的登记规则,不能认为是行政程序规则,而是民事非讼程序规则。① 当然,这一问题的解决需要立法机关早日完善《民法典》的配套制度,尽快制定非讼程序法或者专门的不动产登记法等法律,以提高人们对相关问题的认识水平。

——刘贵祥:《〈民法典〉实施的若干理论与实践问题》,载《法律适用》2020 年第 15 期。

---

① 参见吴光荣:《论行政争议与民事争议相互交织的解决路径——评〈行政诉讼法修正案(草案)〉第 63 条第 1 款》,载《政治与法律》2014 年第 5 期。

第二章 自然人

一、民事权利能力和民事行为能力

071 8周岁以上未成年人实施的民事法律行为的效力

关键词 | 未成年人 | 行为能力 | 民事法律行为 | 追认 |

【最高人民法院参考案例】

5. 李某某诉某电子商务有限公司网络服务合同纠纷案——未成年人实施与其年龄、智力不相符的支付行为无效

【基本案情】

14周岁的原告李某某在父母不知情的情况下,通过某平台先后七次从被告经营的网店"X游戏"购买374个游戏账号,共计支付36652元,上述游戏账号内的装备都是皮肤、面具、小花裙子等。原告父母次日发现后,及时与被告经营网店的客服人员联系,表示对原告购买游戏账号及付款行为不予追认并要求被告退款,被告不同意全额退款。

【裁判结果】

法院经审理认为,原告李某某案发时未成年,属于限制民事行为能力人,购买游戏账号支付36652元的行为,显然与其年龄、智力不相适应,李某某的法定代理人亦明确表示对该行为不予追认,故原告李某某实施的购买行为无效,判决被告向原告全额返还购买游戏账号款36652元。

【典型意义】

本案主要涉及未成年人实施与其年龄、智力不相适应的支付行为的效力问题。根据民法典的规定,8周岁以上未成年人实施与其年龄、智力不相适应的购买支付行为,在未得到其家长或者其他法定代理人追认的情况下,其购买支付行为无效,经营者应当依法返还价款。本案提醒广大家长,作为未成年人的监护人,应当加强对孩子的引导、监督,并应保管好自己的手机、银行卡密码,防止孩子用来绑定进行

大额支付。网络公司应当进一步强化法律意识和社会责任,依法处理因未成年人实施与其年龄、智力不相符的支付行为所引发的纠纷。

——《未成年人权益司法保护典型案例》,载《人民法院报》2022 年 3 月 2 日第,5 版。

6. 钱某与某美容工作室、龙某生命权、身体权、健康权纠纷案——为未成年人文身构成侵权,应当依法承担损害赔偿责任

【基本案情】

2021 年 1 月,13 周岁的原告钱某多次前往被告龙某所经营的某美容工作室玩耍,与龙某熟识后,钱某称要文身,龙某遂为钱某进行了大面积文身,并收取文身费 5000 元。2021 年 2 月,钱某的母亲送钱某前往某省入学,学校检查身体时发现了钱某身上的文身。为避免对钱某的求学及就业造成影响,钱某父母要求清洗文身,后双方因对赔偿事宜协商未果,钱某诉至法院,请求被告退还文身费 5000 元,并赔偿精神损失。

【裁判结果】

法院经审理认为,一方面,原告钱某年仅 13 周岁,属于限制民事行为能力人,以其年龄、智力状况、社会经验等尚不能判断文身行为对自己身体和人格利益带来损害和影响,且事后其法定代理人未予追认,经营者应当依法返还价款。另一方面,被告某美容工作室在未准确核实钱某年龄身份的情况下,为钱某进行了大面积文身,存在重大过错,应当承担相应的侵权责任。最终判令被告某美容工作室返还原告钱某文身费 5000 元,并支付原告钱某精神抚慰金 3000 元。

【典型意义】

文身实质上是在人体皮肤上刻字或者图案,属于对身体的侵入式动作,具有易感染、难复原、就业受限、易被标签化等特质。给未成年人文身,不仅影响未成年人身体健康,还可能使未成年人在入学、参军、就业等过程中受阻,侵害未成年人的健康权、发展权、受保护权以及社会参与权等多项权利。因此,经营者在提供文身服务时,应当对顾客的年龄身份尽到审慎注意义务。本案作出由经营者依法返还文身价款,并依法承担侵权损害赔偿责任的裁判结果,对规范商家经营,保障未成年人合法权益、呵护未成年人健康成长具有重要意义。

——《未成年人权益司法保护典型案例》,载《人民法院报》2022 年 3 月 2 日,第 5 版。

【链接：最高人民法院法官著述】

对于 8 周岁以上未成年人不能独立实施民事法律行为的效力认定

从法律角度而言,8 周岁以上未成年人独立实施了非纯获利益的民事法律行为或者与其年龄、智力不相适应的民事法律行为,其效力认定取决于如下因素:

1. 法定代理人是否有事先允许。8 周岁以上未成年人的法定代理人可以事先允许其独立实施一定的民事法律行为。例如,学生甲(12 岁)出国参加暑期夏令营,父亲表示可以购买其所需要的学习材料、参加付费参观活动等。夏令营期间,甲所进行的购买书籍、购票等行为都是有效的民事法律行为。

2. 法定代理人是否进行追认。本法①第 23 条规定:"无民事行为能力人、限制民事行为能力人的监护人是其法定代理人。"对于限制民事行为能力人不能独立实施的民事法律行为,不能一律视为无效,而需要依其法定代理人的追认情况进行确定。若法定代理人明确追认,该民事法律行为有效。但是,若具体情形符合本法第145 条的规定,法定代理人应当明确作出追认的意思表示,法定代理人未作表示的,视为拒绝追认,该民事法律行为无效。

——最高人民法院民法典贯彻实施工作领导小组主编:《中华人民共和国民法典总则编理解与适用[上]》,人民法院出版社 2020 年版,第 129 页。

072 未成年人超出其年龄、智力程度进行网络游戏充值或者网络直播打赏的,监护人有权追回充值款、打赏款

关键词｜未成年人｜行为能力｜网络游戏充值｜网络直播打赏｜

【最高人民法院司法文件】

9. 限制民事行为能力人未经其监护人同意,参与网络付费游戏或者网络直播平台"打赏"等方式支出与其年龄、智力不相适应的款项,监护人请求网络服务提供者返还该款项的,人民法院应予支持。

——《最高人民法院关于依法妥善审理涉新冠肺炎疫情民事案件若干问题的指导意见(二)》(2020 年 5 月 15 日,法发〔2020〕17 号)。

【最高人民法院参考案例】

案例三　未成年人超出其年龄智力程度购买游戏点卡,监护人可依法追回充

---

① 指《民法典》。——编者注

值款——张某某诉某数码科技有限公司网络买卖合同纠纷案

【基本案情】

原告张某某的女儿张小某，出生于 2011 年，为小学五年级学生。张小某于 2022 年 4 月 19 日晚上在原告不知情的情况下使用原告的手机通过某直播平台，在主播诱导下通过原告支付宝账户支付给被告某数码科技有限公司经营的"某点卡专营店"5949.87 元，用于购买游戏充值点卡，共计 4 笔。该 4 笔交易记录发生在 2022 年 4 月 19 日 21 时 07 分 53 秒至 2022 年 4 月 19 日 21 时 30 分 00 秒。原告认为，张小某作为限制民事行为能力人使用原告手机在半个小时左右的时间里从被告处购买游戏充值点卡达到 5949.87 元，并且在当天相近时间段内向其他游戏点卡网络经营者充值及进行网络直播打赏等消费 10 余万元，显然已经超出与其年龄、智力相适宜的范围，被告应当予以返还，遂诉至法院请求被告返还充值款 5949.87 元。

【裁判结果】

审理法院认为，限制民事行为能力人实施的纯获利益的民事法律行为或者与其年龄、智力、精神状况相适应的民事法律行为有效；实施的其他民事法律行为经法定代理人同意或者追认后有效。本案中，原告张某某的女儿张小某为限制民事行为能力人，张小某使用其父支付宝账号分 4 次向被告经营的点卡专营店共支付 5949.87 元，该行为明显已经超出与其年龄、智力相适宜的程度，现原告对张小某的行为不予追认，被告应当将该款项退还原告。依据《中华人民共和国民法典》第十九条、第二十三条、第二十七条、第一百四十五条规定，判令被告返还原告充值款 5949.87 元。

【典型意义】

当前，随着互联网的普及，未成年人上网行为日常化，未成年人网络打赏、网络充值行为时有发生。本案裁判结合原告女儿在相近时间内其他充值打赏行为等情况，认定案涉充值行为明显超出与其年龄、智力相适宜的程度，被告应当返还充值款，依法维护未成年人合法权益，有利于为未成年人健康成长营造良好的网络空间和法治环境。

——《网络消费典型案例》，载《人民法院报》2023 年 3 月 16 日，第 2 版。

7. 刘某诉某科技公司合同纠纷案——未成年人大额网络直播打赏应当依法返还

刘某生于 2002 年，初中辍学。2018 年 10 月 23 日至 2019 年 1 月 5 日，刘某使用父母用于生意资金流转的银行卡，多次向某科技公司账户转账用于打赏直播平台主播，打赏金额高达近 160 万元。刘某父母得知后，希望某科技公司能退还全部打赏金额,遭到该公司拒绝。后刘某诉至法院要求某科技公司返还上述款项。

法院在审理该案中,多次组织双方当事人调解,经过耐心细致的辨法析理,最终当事双方达成庭外和解,刘某申请撤回起诉,某科技公司自愿返还近 160 万元打赏款项并已经履行完毕。

本案是一起典型的未成年人参与直播打赏案例。司法实践中涉及到的网络打赏、网络游戏纠纷,多数是限制行为能力人,也就是 8 周岁以上的未成年人。这些人在进行网络游戏或者打赏时,有的几千、几万,这显然与其年龄和智力水平不相适应,在未得到法定代理人追认的情况下,其行为依法应当是无效的。《最高人民法院关于依法妥善审理涉新冠肺炎疫情民事案件若干问题的指导意见(二)》对未成年人参与网络付费游戏和网络打赏纠纷提供了更为明确的规则指引。意见明确,限制民事行为能力人未经其监护人同意,参与网络付费游戏或者网络直播平台"打赏"等方式支出与其年龄、智力不相适应的款项,监护人请求网络服务提供者返还该款项的,人民法院应予支持。该规定更多地考量了对未成年人合法权益的保护,同时引导网络公司进一步强化社会责任,为未成年人健康成长创造良好网络环境。

——《未成年人司法保护典型案例》,载《人民法院报》2021 年 3 月 3 日,第 3 版。

【链接：最高人民法院法官著述】

关于网络交易与行为能力判断。

互联网用户、电子产品用户的低龄化,使得 8 周岁以下未成年人有更多机会接触在线交易。在网络打赏、游戏充值等情形中,依据本法①第 144 条的规定,8 周岁以下未成年人作出的行为应属于无效的法律行为。国家新闻出版署 2019 年 10 月发布的《关于防止未成年人沉迷网络游戏的通知》规定:"所有网络游戏用户均须使用有效身份信息方可进行游戏账号注册","网络游戏企业须采取有效措施,限制未成年人使用与其民事行为能力不符的付费服务。网络游戏企业不得为未满八周岁的用户提供游戏付费服务。"但网络游戏实名制并未得到严格执行,引发了大量消费者投诉和诉讼案件。

除网络打赏、游戏充值外,对于形式多样的在线购物、二手商品销售等在线交易,难以要求均进行实名制认证,交易相对方亦难以判断交易对象的年龄、行为能力状态,对 8 周岁以下未成年人进行的此类交易是否均认定为无效,如何使得民事行为能力制度适应互联网时代的具体场景,避免严重影响网络交易的安定性,仍然

---

① 指《民法典》。——编者注

需要更细致的分析。

——最高人民法院民法典贯彻实施工作领导小组主编:《中华人民共和国民法典总则编理解与适用[上]》,人民法院出版社 2020 年版,第 132~133 页。

编者说明

对于司法实践中涉及的网络打赏、网络游戏的纠纷,限制民事行为能力人未经其监护人同意,以参与网络付费游戏或者网络直播平台"打赏"等方式支出与其年龄、智力不相适应的款项,监护人请求网络服务提供者返还该款项的,人民法院应予支持。同时,要引导网络公司进一步强化社会责任,为未成年人健康成长创造良好网络环境。①

073 规范向未成年消费者提供网络服务的行为

关键词 | 未成年人 | 网络服务 | 网络游戏充值 | 网络直播打赏 | 公序良俗 |

【最高人民法院司法文件】

一、加强消费者权益司法保护

14. 加强未成年消费者权益保护。妥善处理生育、托育、教育等服务合同纠纷,促进育幼服务消费发展,助力提升教育服务质量。学校、托幼机构等单位的食堂未严格遵守法律、行政法规和食品安全标准,未从取得食品生产经营许可的企业订餐,或者未按照要求对订购的食品进行查验,导致提供的食品不符合食品安全标准,消费者请求其承担赔偿责任的,人民法院应当依法支持。依法办理危害食品安全刑事案件,将"危害专供婴幼儿的主辅食品安全"作为加重处罚情节,加强对未成年人食品安全的特殊保护。网络游戏、网络直播服务提供者违反法律规定向未成年人提供网络游戏、网络直播服务,收取充值费用、接受直播打赏,消费者请求返还游戏充值费、打赏费的,人民法院应当依法支持。限制民事行为能力人未经其监护人同意,通过参与网络付费游戏或者网络直播平台打赏等方式支出与其年龄、智力不相适应的款项,消费者请求返还该款项的,人民法院应当依法支持。加大对网络违法行为整治力度,积极营造健康、清朗、有利于未成年人成长的网络环境。

——《最高人民法院关于为促进消费提供司法服务和保障的意见》(2022 年 12 月 26 日,法发[2022]35 号)。

---

① 参见刘婧:《最高人民法院成立少年法庭工作办公室并发布未成年人司法保护典型案例》,载《人民法院报》2021 年 3 月 3 日,第 1 版。

【链接：理解与适用】

　　未成年人沉迷网络游戏、进行大额消费、接受不健康网络服务等问题，受到社会广泛关注。此类不当消费行为事关万千未成年人健康成长、事关万千家庭和谐安宁、事关国家未来发展，问题的根源在于网络服务提供者未履行对服务对象的识别义务和对服务内容的审查义务。针对此类问题，《意见》①第 14 条规定，如果提供网络游戏服务和网络直播服务的经营者违法向未成年人提供网络游戏服务和网络直播服务，消费者有权请求返还充值费和打赏等费用。同时，如果限制民事行为能力人支付的网络游戏费用或者直播打赏数额较大，与限制民事行为能力人的年龄、智力不相适应，消费者有权请求返还已支付的费用。

　　在起草《意见》的过程中，有观点认为，提供网络游戏服务和网络直播服务的经营者向未成年人提供网络游戏服务和网络直播服务的行为即使违法，亦不必然导致服务合同无效，应当区别具体情况而定。经研究认为，向未成年人违法提供网络游戏服务和网络直播服务的行为，本身就属于违背公序良俗的民事法律行为。依照《中华人民共和国民法典》第 153 条第 2 款的规定，此类服务合同应当认定无效。服务合同无效后，消费者有权请求返还游戏充值费、打赏费。在起草《意见》过程中，考虑到违法向未成年人提供网络游戏等服务，对未成年人身心健康造成损害的问题亟待解决，本条规定意在营造违法经营者无法从其违法行为中获利的法治环境，从根本上遏制向未成年人违法提供网络服务的经营行为，积极营造健康、清朗、有利于未成年人成长的网络环境。

　　本条规定原则上也可适用于其他违法向未成年人提供网络服务的行为。最高人民法院于 2023 年 3 月发布的第三批人民法院大力弘扬社会主义核心价值观典型民事案例中，案例七明确了向未成年人提供内容不健康网络服务的合同无效的裁判规则。该案中，未成年人唐某为浏览漫画使用其微信账号向某网络科技有限公司运营的某漫画平台充值，共支付 1466 元，形成 25 笔订单。审理法院认为，对于未成年人这一特殊群体，在判断行为效力时，应注重对行为是否违背公序良俗的审查，并遵循最有利于未成年人的原则。某网络科技有限公司作为网络服务提供者，向未成年人提供的漫画内容中，既包含行政规章规定的互联网文化单位不得提供的文化产品，也包含大量不健康内容。案涉漫画内容会对未成年群体的身心健康造成损害，对未成年人价值观养成产生错误引导，诱发未成年人对漫画内容进行模仿，对未成年人、所在家庭和关联群体产生不良影响，与强化未成年人保护的社会共识明显相悖。案涉合同内容违背公序良俗，应属无效，并判决双方订立的网络

---

　　① 指《最高人民法院关于为促进消费提供司法服务和保障的意见》。——编者注

服务合同无效,某网络科技有限公司返还唐某充值款 1466 元。

实践中,经营者向未成年人提供网络服务,通常体现为由未成年人与网络服务提供者签订网络服务合同。未成年人可能使用自己的账户,也可能使用父母的账户;既可能花费父母的资金,也可能花费自己的资金。即使未成年人使用的是自己的账户、花费的是自己的资金,其仍有权主张网络服务合同无效,请求违法提供网络服务的经营者退还费用。司法实践中存在不同认识的是,这种情况下应当以未成年人为原告还是以未成年人的监护人为原告。依合同相对性原则,应当以与网络服务提供者订立合同的一方为原告。如果当事人所列原告不正确,人民法院可向当事人释明。从实际效果看,未成年人的监护人是作为原告参加诉讼还是作为原告的法定代理人参加诉讼,对实体法律纠纷的解决并无实质性影响。

——陈宜芳、吴景丽、谢勇:《〈最高人民法院关于为促进消费提供司法服务和保障的意见〉的理解与适用》,载《中国应用法学》2023 年第 4 期。

【最高人民法院参考案例】

案例七　向未成年人提供内容不健康网络服务的合同无效——唐某诉某网络科技有限公司网络服务合同纠纷案

一、基本案情

唐某于 2007 年出生,系未成年人。2019 年 5 月 25 日至 2020 年 12 月 19 日期间,唐某使用其微信账号向某网络科技有限公司运营的某漫画平台充值浏览漫画,共支付 1466 元,形成 25 笔订单。唐某认为,某网络科技有限公司未尽到有效识别未成年人的义务,未对其消费行为和漫画内容进行必要限制。从唐某阅读以及平台推送的内容看,某网络科技有限公司提供的漫画会对其身心造成损害,违背了公序良俗。唐某向人民法院起诉,请求认定双方订立的网络服务合同无效,判令某网络科技有限公司退还充值款 1466 元。

二、裁判结果

审理法院认为,对于未成年人这一特殊群体,在判断行为效力时,应注重对行为是否违背公序良俗的审查,并遵循最有利于未成年人的原则。某网络科技有限公司作为网络服务提供者,向未成年人提供的漫画内容中,既包含行政规章规定的互联网文化单位不得提供的文化产品,也包含大量刺激性、挑逗性语言、裸露的画面以及大量不健康内容。案涉漫画内容会对未成年人的身心健康造成损害,对未成年人价值观养成产生错误引导,诱发未成年人对漫画内容进行模仿,对未成年人本人、所在家庭和关联群体产生不良影响,与强化未成年人保护的社会共识明显相悖。案涉合同内容违背公序良俗,应属无效。故判决双方订立的网络服务合同无效,某网络科技有限公司返还唐某充值款 1466 元。

三、典型意义

强化对未成年人的保护,让未成年人健康成长,是社会共同追求的价值与目标。本案以网络文化产品内容不健康、违背公序良俗为由,认定网络服务合同无效,一方面强调网络服务提供者应当秉持诚信的核心价值观,依法完善服务内容,另一方面发挥司法引领作用,引导网络服务提供者、未成年人及其家长、社会各界共同遵循文明、友善、法治的社会主义核心价值观,将"爱幼"落实到具体生活中来,共同参与网络信息内容生态治理,为未成年人健康成长营造文明、健康、清朗的网络空间。

——《第三批人民法院大力弘扬社会主义核心价值观典型民事案例》,载《人民法院报》2023 年 3 月 2 日,第 2 版。

编者说明

本案认定向未成年人提供内容不健康网络服务的合同无效,支持原告关于退还充值款的诉讼请求,为未成年人营造文明、健康、清朗的网络环境。

074 胎儿接受赠与应当以纯获利益为限,不得设定负担

关键词 ｜ 胎儿 ｜ 赠与 ｜ 原告 ｜ 撤销赠与 ｜

【链接：最高人民法院法官著述】

接受赠与即是指赠与人可以将财产赠与胎儿,胎儿此时视为具有民事权利能力,享有接受赠与的权利。与遗嘱不同,赠与在法律属性上属于诺成合同,要求双方当事人意思表示一致,而胎儿本身没有相应的行为能力,不能单独实施该法律行为,只能由其父母即监护人作为法定代理人实施这一法律行为。笔者认为,对此不能简单套用或者参照适用民法典第一百四十四条关于无民事行为能力人实施的民事法律行为无效的规定,而有必要遵照民法典第十六条规定的精神,并参考民法典第一百四十五条的规定,明确这里的接受赠与应当以纯获利益为限,不得设定负担。同样,这里强调的是胎儿利益保护背景下的接受赠与,因此在诉讼构造上该胎儿原则上应处于原告地位。

但这涉及与民法典第六百五十八条第一款规定的"赠与人在赠与财产的权利转移之前可以撤销赠与"的衔接适用问题。从接受赠与的单纯获益属性讲,赠与人依法行使任意撤销权,对于接受赠与的胎儿并没有造成损失,故此撤销权的行使当然可以适用于向胎儿赠与的情形,只是此撤销权的通知可以向该胎儿的父母发出。

当然,在此还应注意一些特殊情形,比如父亲明确赠与胎儿的情形,则有可能

存在适用民法典第六百五十八条第二款规定,而不可行使任意撤销权的问题。

——陈龙业、贾玉慧:《胎儿利益保护的几个法律适用问题——由〈总则编解释〉第 4 条规定展开》,载《人民司法·应用》2023 年第 1 期。

075 胎儿出生前接受赠与或者继承遗产，其娩出为死体时的财产返还

关键词 | 胎儿 | 赠与 | 继承 | 财产返还 |

【链接：最高人民法院法官著述】

在胎儿出生前即已接受赠与或者继承遗产的情况下,如果其娩出为死体的,依据民法典第十六条第二句的规定,"胎儿娩出时为死体的,其民事权利能力自始不存在",这时就会涉及有关财产的返还问题。

由于娩出为死体的胎儿自始不具有民事权利能力,故而,其受法律保护的利益也自始不享有。例如,胎儿在接受赠与后,如果娩出时为死体的,则该赠与无效,应当将该财产返还赠与人。

——陈龙业、贾玉慧:《胎儿利益保护的几个法律适用问题——由〈总则编解释〉第 4 条规定展开》,载《人民司法·应用》2023 年第 1 期。

076 侵害胎儿利益的损害赔偿

关键词 | 胎儿利益 | 胎儿损害赔偿请求权 | 诉讼时效起算 |

【链接：最高人民法院法官著述】

其一,满足侵权责任构成要件是侵权人承担侵害胎儿权益损害赔偿责任的基本要求。除了符合法律规定的适用过错推定责任和无过错责任情形外,对此通常要适用民法典第一千一百六十五条第一款关于过错责任的规定。比如,胎儿出生后,发现其受到的损害是其母亲怀胎期间受到他人的侵权行为所造成,他人若具有主观过错,胎儿出生后,作为一个自然人,其当然可以起诉主张相应救济。又例如,在孕妇分娩时因为医务人员的诊疗过错行为导致胎儿受到伤害,该胎儿出生后可以依法主张相应的损害赔偿。由此可见,自然人在胎儿阶段遭受侵害而主张相应损害赔偿的问题,属于"有损害就有救济"的侵权法框架下法律适用规则的自然囊括,无需动用民法典第十六条规定即可处理。由此也可推导出,民法典第十六条规定强化了胎儿利益保护,但没有专门列举损害赔偿的内容,除了避免争议外,也有

其现实合理性。

其二,侵害胎儿权益的救济与侵害孕妇人身权益救济的聚合问题。侵害胎儿利益的行为往往与一般的加害行为不同,后者通常是直接影响到受害人,而前者除了直接侵害胎儿外,更多的是首先作用于孕妇身上,而后影响到胎儿。特别是涉及胎儿身体健康权益侵害的问题,往往与其母体受到相应损害密切相连。有观点认为,对此完全可以通过孕妇主张对自身身体健康权进行损害赔偿获得救济。笔者认为,这一观点具有一定合理性,这一做法也有利于快速实现救济,而且实践中往往存在侵害孕妇及胎儿权益难以区分,特别是有些费用支出不好厘清的问题。但如果完全用孕妇的损害赔偿请求权替代或者涵盖胎儿的损害赔偿请求权,则无疑会存在违背民法典第十六条特别规定胎儿利益保护这一立法精神的嫌疑。对此较为可取的做法应该是允许孕妇就其损害和胎儿利益损害一并主张救济,这样既符合救济损害的基本法理,践行了民法典的规定精神,也有利于实现纠纷的一次性解决。但考虑到社会生活的复杂多样性,对于胎儿的损害与孕妇自身所遭受损害的关联性及合理界定问题,还有必要在实践中通过具体案例进一步研究探索、积累经验。

其三,关于胎儿损害赔偿的诉讼时效起算问题。依据民法典第一百八十八条的规定,诉讼时效期间自权利人知道或者应当知道权利受到损害以及义务人之日起计算。对于无民事行为能力人或者限制民事行为能力人的权利受到损害的,根据《总则编解释》第 36 条的规定,诉讼时效期间自其法定代理人知道或者应当知道权利受到损害以及义务人之日起计算。而在胎儿受到损害的情况下,可参照适用上述规定,诉讼时效期间自胎儿父母知道胎儿利益已经受到损害以及义务人之日起计算。父母在胎儿出生前代为起诉的,适用有关诉讼时效中断的规定。但由于胎儿毕竟尚未出生,除非其父母知道胎儿利益受到损害并提起诉讼,否则不宜直接推定其父母应当知道,从而使得诉讼时效的起算时间提前,这背离了胎儿利益保护的立法目的。因此,一般情况下,胎儿损害赔偿请求权的诉讼时效原则上应当从胎儿出生时开始计算。

——陈龙业、贾玉慧:《胎儿利益保护的几个法律适用问题——由〈总则编解释〉第 4 条规定展开》,载《人民司法·应用》2023 年第 1 期。

关于胎儿赔偿请求权

虽然本法①并无规定,但此前相关判决对此多予以认可。如对于受害人死亡时尚未出生的非婚生子女,加害人仍负有赔偿责任。盖因《民法通则》第 119 条规

---

① 指《民法典》。——编者注

定,侵害公民身体造成死亡的,加害人应当向被害人一方支付死者生前扶养的人必要的生活费等费用。其中,"死者生前扶养的人"既包括死者生前实际扶养的人,也应包括应当由死者抚养,但由于死亡的发生,未能抚养的尚未出生的子女。同时,交通事故双方在交警部门签订赔偿调解协议,但未对受害人一方尚未出生的胎儿抚养费作出明确约定的,胎儿应保有诉权,待其出生后有权向责任主体追索相应的抚养费用。

——最高人民法院民法典贯彻实施工作领导小组主编:《中华人民共和国民法典总则编理解与适用[上]》,人民法院出版社 2020 年版,第 117 页。

编者说明

　　按照立法精神,胎儿利益保护"原则上也包括侵权等其他需保护胎儿利益的情形"[1],学界也认为胎儿利益保护不仅包括胎儿的人格与财产利益,根据审判实践,胎儿利益保护并不限于所列举的遗产继承与接受赠与等情形,胎儿还可在抚养费、胎体受损损害赔偿等其他方面享有利益。特别是此前各地法院对于胎儿利益保护问题也有一定的实践,积累了有益经验。比如,在王德钦诉杨德胜、泸州市汽车二队交通事故损害赔偿纠纷案[2]中,就加害人应当向被害人一方支付死者生前扶养的人必要的生活费等费用,法院依法运用既有法律规定,指出死者生前扶养的人既包括死者生前实际扶养的人,也应包括应当由死者扶养,但由于死亡的发生,未能扶养的尚未出生的子女。

077 胎儿的诉讼主体资格

关键词│胎儿利益│诉讼主体│继承│赠与│提存│

【最高人民法院司法解释】

　　第四条　涉及遗产继承、接受赠与等胎儿利益保护,父母在胎儿娩出前作为法定代理人主张相应权利的,人民法院依法予以支持。

——《最高人民法院关于适用〈中华人民共和国民法典〉总则编若干问题的解释》(2022 年 3 月 1 日,法释〔2022〕6 号)。

【链接:理解与适用】

　　关于父母诉讼保护胎儿利益的时间问题
　　关于胎儿利益能否在娩出前得到保护,理论与实务中主要存在法定解除条件

---

[1] 参见黄薇主编:《中华人民共和国民法典总则编释义》,法律出版社 2020 年版,第 49 页。
[2] 载《最高人民法院公报》2006 年第 3 期。

说和法定停止条件说两种观点。前者认为,根据民法典第十六条的规定,在涉及遗产继承、接受赠与等胎儿利益保护情形下,胎儿视为具有民事权利能力,虽未出生视为已出生,应当肯定其诉的利益;后者认为,胎儿娩出是否为活体尚未确定,如为死体则涉及利益返还问题,并且胎儿姓名尚未确定,实践中在诉讼主体列明方面存在操作困难,故以胎儿娩出为活体后再起诉为宜。

对此,《总则编解释》第 4 条明确胎儿利益可以在娩出前得到保护,并且可由父母作为法定代理人主张相应权利。主要理由是,虽然父母在胎儿出生后代为起诉,相对于在胎儿娩出前起诉,人民法院处理有关诉讼案件更为简易,但肯定父母在胎儿娩出前代为起诉的权利,更符合民法典第十六条关于加强胎儿利益保护的立法本意。反之,如一刀切否定胎儿出生前的诉权,并不利于胎儿利益的保护。不仅不符合民法典的立法精神,且可能导致个案诉讼中出现极不公平的局面,比如给侵权人恶意转让财产提供时间,致使胎儿健康维护所需费用得不到及时赔付等。况且,随着医疗卫生事业的发展,胎儿娩出时死亡率较低,即使胎儿娩出为死体,亦可通过受理后中止审理、中止执行甚至执行回转等方式解决。故《总则编解释》采取对胎儿利益可在娩出前诉讼保护的态度,有利于从真正意义上将民法典前沿性保护胎儿利益这一亮点规则落实落地。

关于民法典总则编第十六条规定的"涉及遗产继承、接受赠与等"中的"等"的细化问题,我们在起草过程中曾规定了损害赔偿的情形,但由于这一问题较为复杂,且涉及伦理问题,实践中争议也较大,最终对此未作规定。特别是涉及胎儿身体健康权益侵害的问题,往往与其母体受到相应损害密切相连,有观点认为,对此完全可以通过孕妇主张对自身身体健康权进行损害赔偿进行救济。我们认为,不少情形下通过这一做法可以解决问题,也有利于避免法律关系过于复杂化,但考虑到社会生活及有关纠纷案件的多样性,对于胎儿的损害与孕妇自身所遭受损害的关联性及合理界分问题,还有必要在实践中通过具体案例进一步探索积累经验。

——郭锋、陈龙业、蒋家棣、刘婷:《〈关于适用民法典总则编若干问题的解释〉的理解与适用》,载《人民司法·应用》2022 年第 10 期。

【链接:最高人民法院法官著述】

关于胎儿的诉讼主体资格问题

民法典关于胎儿利益保护的规定如何在诉讼程序中落到实处,首先涉及的就是诉讼主体资格问题。对此,民事诉讼法第五十一条规定:"公民、法人和其他组织可以作为民事诉讼的当事人。法人由其法定代表人进行诉讼。其他组织由其主要负责人进行诉讼。"第六十条规定:"无诉讼行为能力人由他的监护人作为法定代理人代为诉讼。法定代理人之间互相推诿代理责任的,由人民法院指定其中一人代为诉讼。"比较法上，不少立法例明确当事人能力原则上是以民事权利能力为基础，在承认胎儿具有民事权利能力的情形下，自然肯定胎儿的当事人能力。例如，德国民事诉讼法第50条第1款规定："有民事权利能力的人，具有当事人能力。"虽然我国民事诉讼法并未像上述立法例那样以民事权利能力的有无来确定当事人诉讼权利能力的有无，也没有明确自然人诉讼主体资格的起始、终止问题，但学理和实务上都认为，诉讼主体资格与自然人的民事权利能力是保持一致的，即具有民事权利能力就在诉讼法意义上具有诉讼主体资格，诉讼主体资格也是以始于出生、终于死亡为一般规则。由此引申，在胎儿利益保护问题上，既然胎儿被视为有民事权利能力，自然就要视其有诉讼权利能力。同时，具有诉讼权利能力与实际能够独立进行诉讼行为又涉及诉讼行为能力的问题，而无诉讼行为能力的人需要法定代理人代为诉讼。类比无民事行为能力人，胎儿显然不具有诉讼行为能力，也无法被视为有诉讼行为能力，故胎儿利益的保护在诉讼程序上的衔接必须以弥补民事主体诉讼行为能力欠缺的法定代理制度作为桥梁纽带，即由其父母作为代理人代为诉讼。

基于上述分析，尤其是在对标民法典加强民事权利保护特别是强化胎儿利益保护的规定精神后，考虑到审判实践的现实需要，《总则编解释》第4条明确了胎儿的诉讼主体资格，其父母可以法定代理人的身份诉请保护胎儿利益。本条规定："涉及遗产继承、接受赠与等胎儿利益保护，父母在胎儿娩出前作为法定代理人主张相应权利的，人民法院依法予以支持。"概言之，遵循民法典第十六条规定的精神，在遗嘱继承、接受赠与等涉及胎儿利益保护的情形下，胎儿被视为具有民事权利能力，其在诉讼程序上也能作为当事人，只是要由其父母作为法定代理人代为起诉。应该说，《总则编解释》第4条采取对胎儿利益可在娩出前诉讼保护的态度，有利于从真正意义上将民法典前沿性保护胎儿利益这一亮点规则落实落地。

调研中有意见提出，鉴于胎儿附于母体的特殊性，且实践中可能存在难以判断胎儿生父的情况，建议明确由胎儿母亲作为法定代理人代为诉讼。对此，《总则编解释》并未采纳，一方面是考虑到社会一般情况，胎儿父亲可以通过婚姻关系证明、医疗技术等手段进行判断，另一方面是考虑到若赋予胎儿父母在法定代理方面不对等的权利，可能会产生不必要的争议。此外，实践中个别情况会存在胎儿利益保护与其父亲或者母亲利益相冲突（多为父亲，比如未婚父亲对怀孕母亲造成人身伤害同时损害胎儿健康的情形，另涉及遗产继承时也可能会存在利益冲突），这时要对法定代理人范围予以限缩，以符合保护胎儿利益的立法目的。考虑到有关利益冲突的情况在涉及无民事行为能力人的情况下也会发生，且属于个别现象，不必也不宜通过普适性规则予以规定，可以在个案处理中予以考量。至于胎儿父母都无诉讼行为能力的情况，后续可以再作进一步研究细化，考虑通过指导案例或者典型案例的形式予以具体指导，遵循的基本思路应当是类比无民事行为能力人的情形予以处理。

至于就此类案件在诉讼中如何列当事人的问题,审判实践中已有一定的经验积累。因涉及权益保护问题,就诉讼地位而言,该胎儿应当居于原告的地位,在列当事人时可以在原告处列其为某某之胎儿,然后再列明该法定代理人。在二审等程序中也可对应当事人诉讼地位的变化按照上述方式列明。比如在隋某汐、张某良等与某县公路管理局等生命权、健康权、身体权纠纷案中,任某系隋某汐之母,隋某汐之父隋某明于 2017 年 4 月 22 日因交通事故死亡,此时隋某汐尚为腹中胎儿,任某遂以隋某汐法定代理人身份向侵权人主张支付被扶养人生活费。生效裁判文书中列隋某汐为原告,表述为任某腹中胎儿。

——陈龙业、贾玉慧:《胎儿利益保护的几个法律适用问题——由〈总则编解释〉第 4 条规定展开》,载《人民司法·应用》2023 年第 1 期。

关于胎儿权利能力之规定,其性质如何,有两种学说。其一为附解除条件说。该说认为胎儿出生前即已取得权利能力,但将来如系死产时,则溯及丧失其权利能力。……

就上述不同学说而言,我们倾向于采取附解除条件说。理由是胎儿身体或健康受侵害往往与其母亲遭受人身损害相联系,采取附解除条件说可以对基于同一侵权事实造成的人身损害合并进行审理,有利于胎儿出生后及时得到救济,符合诉讼经济和诉讼效率原则。判决的损害赔偿金可以不立即给付,而向人民法院或者公证机关提存。如胎儿出生时为死体的,因其权利能力溯及于出生前丧失,人民法院或者公证机关可以将提存的损害赔偿金直接返还给赔偿义务人,避免依不当得利返还所可能发生的纠纷。

——最高人民法院民事审判第一庭编著:《最高人民法院人身损害赔偿司法解释理解与适用》,人民法院出版社 2022 年版,第 41~42 页。

编者说明

本条明确了涉及遗产继承、接受赠与等胎儿利益保护,父母在胎儿娩出前作为法定代理人有权主张相应权利的规则。有关胎儿利益损害赔偿的问题,最高人民法院的观点倾向认为,第一,倡导以胎儿出生后起诉为原则;第二,从保护胎儿利益的现实需要出发,按照立案登记制的要求,对于父母在胎儿娩出前作为法定代理人起诉的,也应当予以尊重,依法予以受理;第三,对于有关损害后果、因果关系等事实需要在胎儿娩出后才能确定的,法院可以根据案件的具体情况,依照《民事诉讼法》第 153 条第 1 款第 6 项的规定中止诉讼。①

---

① 参见最高人民法院民法典贯彻实施工作领导小组主编:《中华人民共和国民法典总则编理解与适用[上]》,人民法院出版社 2020 年版,第 115~116 页。

078 胎儿利益保护的诉讼程序衔接

关键词 | 胎儿利益 | 起诉主体 | 保全 | 先予执行 | 举证责任分配 | 中止审理 |

【链接：最高人民法院法官著述】

其一，倡导以胎儿出生后起诉为原则。涉及人身损害赔偿，父母在胎儿出生后作为法定代理人主张相应权利的，人民法院依法予以支持。胎儿出生后，其不仅具备相应的民事权利能力，可以成为诉讼中的原告，而且父母在胎儿出生后代为起诉，相对于在胎儿娩出前起诉，有关案件事实更容易查清，人民法院处理有关诉讼案件更为简易，双方当事人也更容易服判息诉。特别是能够减轻当事人的诉讼负担，实现纠纷的一次性解决，从而达到司法便民的效果。以侵权损害赔偿案件为例，在胎儿出生后，损害后果、损害后果与侵权人的侵权行为之间的因果关系更容易查明，也就更有利于公正解决纠纷，便于当事人接受裁判结果，也可以避免因胎儿娩出为死体后发生执行回转，给当事人造成不必要的诉累，而且由父母在胎儿出生后代为起诉通常情况下也不会给胎儿利益保护造成不利影响。

其二，从保护胎儿利益的现实需要出发，按照立案登记制的要求，对于父母在胎儿娩出前作为法定代理人起诉的，也应当予以尊重，依法予以受理。因为这样可以更好地与现有诉讼程序制度衔接，用足用好相应的法律救济手段。比如保全制度对于有效救济原告方损失以及尽快止损、防止损害扩大具有重要意义。依据民事诉讼法第一百零三条的规定，人民法院对于可能因当事人一方的行为或者其他原因，使判决难以执行或者造成当事人其他损害的案件，根据对方当事人的申请，可以裁定对其财产进行保全、责令其作出一定行为或者禁止其作出一定行为；当事人没有提出申请的，人民法院在必要时也可以裁定采取保全措施。人民法院采取保全措施，可以责令申请人提供担保，申请人不提供担保的，裁定驳回申请。人民法院接受申请后，对情况紧急的，必须在 48 小时内作出裁定；裁定采取保全措施的，应当立即开始执行。因此，允许胎儿娩出前法定代理人提起诉讼，就意味着该法定代理人不仅可以在诉讼中根据情况依法申请保全措施，还可以在符合法律规定的条件下申请诉前保全特别是诉前财产保全，从而固定相应的财产或者及时止损，避免后续对胎儿利益保护目的的落空。同样，在符合民事诉讼法第一百零九条、第一百一十条规定的情况下，该法定代理人可以申请先予执行，以及时就损害胎儿利益的情形给予相应救济。

父母作为法定代理人申请保全，或者因追索医疗费用等申请先予执行，经审查符合法律规定的，人民法院应当依法采取保全措施或者裁定先予执行。主要考虑是胎儿遭受人身损害需要医疗费用救治，如因侵权人转移财产等原因影响胎儿治疗，若不允许在胎儿娩出前起诉，将会使胎儿利益保护大打折扣。如上所述，允许在胎儿娩出前起诉,不仅符合民法典第十六条的立法精神,符合有案必立、有诉必理的程序要求,也可以通过依法采取诉前或者诉中保全措施、先予执行措施等来最大化保护胎儿利益。在此情形下,就诉讼的举证责任分配而言,提出胎儿利益保护请求的一方,即本条规定的胎儿父母须对胎儿阶段即应享有权益保护的情况予以证明,具体包括两种事实:一是已有胎儿之存在,即已经妊娠并形成胚胎或胎体;二是胎儿阶段的权利发生事实。而否认胎儿享有民事权利能力的另一方,须对胎儿娩出时为死体负担举证责任。

其三,对于有关案件事实,比如侵权损害赔偿中的损害后果、因果关系等事实需要在胎儿娩出后才能确定的,人民法院可以根据案件的具体情况,依照民事诉讼法第一百五十三条第一款第(六)项的规定中止审理。这在民事诉讼法上都有据可循,且可以实现民法典规定的胎儿利益保护条款与民事诉讼法有关程序规则的有机衔接。

——陈龙业、贾玉慧:《胎儿利益保护的几个法律适用问题——由〈总则编解释〉第 4 条规定展开》,载《人民司法·应用》2023 年第 1 期。

079 无民事行为能力人、限制民事行为能力人造成他人损害的,其和监护人为共同被告

关键词 | 未成年人侵权 | 监护 | 被告 |

【最高人民法院司法解释】

　　第六十七条　无民事行为能力人、限制民事行为能力人造成他人损害的,无民事行为能力人、限制民事行为能力人和其监护人为共同被告。

　　——《最高人民法院关于适用〈中华人民共和国民事诉讼法〉的解释》(2022 年 4 月 10 日,法释〔2022〕11 号修正)。

【链接：理解与适用】

　　侵权责任法第三十二条规定:“无民事行为能力人、限制民事行为能力人造成他人损害的,由监护人承担侵权责任。监护人尽到监护责任的,可以减轻其侵权责任。有财产的无民事行为能力人、限制民事行为能力人造成他人损害的,从本人财产中支付赔偿费用。不足部分,由监护人赔偿。”……

　　侵权责任法规定监护人责任是无过错责任。这种无过错责任有以下四个特点:其一,监护人尽到监护义务并非免除监护人责任的成立要件而只是减轻责任的要件。其二,对于无民事行为能力人、限制民事行为能力人,并不根据其年龄或认

知能力或者是否具有责任能力加以区分,统一由监护人承担其行为所造成的损害赔偿责任。其三,责任主体与行为主体相分离。在无民事行为能力人或限制民事行为能力人致人损害时,行为人是该无民事行为能力人或限制民事行为能力人,责任主体则是监护人,两者并不是承担连带责任。第四,具体赔偿责任的特殊性。无民事行为能力人或者限制民事行为能力人造成他人损害的,应当由监护人承担侵权责任。但是,在具体承担赔偿责任时,如果被监护人有财产的,应当首先从被监护人的财产中支付赔偿费用,不足的部分再由监护人承担赔偿责任。

……民法典第一千一百八十八条规定:"无民事行为能力人、限制民事行为能力人造成他人损害的,由监护人承担侵权责任。监护人尽到监护职责的,可以减轻其侵权责任。有财产的无民事行为能力人、限制民事行为能力人造成他人损害的,从本人财产中支付赔偿费用;不足部分,由监护人赔偿。"该条规定保留了侵权责任法第三十二条的规定。从我国民法通则到侵权责任法再到民法典侵权责任编的与本条司法解释相关的规定来看,我国立法对监护人责任采取的是无过错责任原则。

——最高人民法院民法典贯彻实施工作领导小组办公室编著:《最高人民法院新民事诉讼法司法解释理解与适用[上]》,人民法院出版社 2022 年版,第 201、203 页。

【最高人民法院司法文件】

10. 妥善审理涉未成年人侵权案件。未成年人造成他人损害的,由监护人承担侵权责任。监护人尽到监护职责的,可以减轻其侵权责任。人民法院发现监护人未正确履行监护职责的,根据情况对监护人予以训诫,并可以责令其接受教育指导。

未成年人的人身权益受到侵害的,人民法院应当充分考虑未成年人发育、成长和康复需要,依法确定赔偿费用。对根据医疗证明或者鉴定结论确定必然发生的器官功能恢复训练等所必要的康复费、适当的整容费以及其他后续治疗费,可以与已经发生的医疗费一并予以赔偿。在确定精神损害赔偿数额时,可以根据案件具体情况参照成年人案件适当提高。

31. 依法从严处理学生欺凌。人民法院在相关案件中发现存在学生欺凌现象的,应当与学校或培训机构及教育主管部门沟通,建议及时予以严肃处理,并跟进处理进展。未成年人因学生欺凌等行为遭受损害的,人民法院应当综合考虑欺凌行为的强度、持续时间以及对被侵害人身体、心理造成的损害后果等各方面因素,依法判决侵权人承担侵权责任。充分发挥赔礼道歉的修复、抚慰、诫勉功能和作用,探索通过诉前调解等方式,促使实施学生欺凌的未成年人真诚赔礼道歉。学校、培训机构等未尽到教育管理职责的,依法判决承担侵权责任,并根据情况发送司法建议。欺凌行为构成犯罪的,依法追究刑事责任。

32. 妥善处理校园纠纷。人民法院审理校园纠纷案件,应当在查明事实、分清责任的基础上,依法妥善化解矛盾。积极引导当事人依法理性维权,坚决依法惩治各类"校闹"等违法犯罪行为,维护学校正常教育教学秩序。未成年人在学校学习、生活期间发生人身损害,学校已经尽到教育管理职责的,依法判决学校不承担侵权责任,为学校依法依规开展教学管理提供司法保障。

——《最高人民法院关于全面加强未成年人司法保护及犯罪防治工作的意见》(2024 年 5 月 28 日,法发〔2024〕7 号)。

【链接:最高人民法院法官著述】

《民事诉讼法司法解释》施行之前,司法实践中,对于未成年人侵权案件,既有将未成年人列为被告,也有将未成年人监护人列为被告或是将未成年人与监护人列为共同被告的情形。根据本法①第 1188 条的规定:"无民事行为能力人、限制民事行为能力人造成他人损害的,由监护人承担侵权责任。监护人尽到监护职责的,可以减轻其侵权责任。有财产的无民事行为能力人、限制民事行为能力人造成他人损害的,从本人财产中支付赔偿费用;不足部分,由监护人赔偿。"从诉讼理论来看,在未成年人侵权案件中,如只列未成年人为被告,将会出现被告不承担责任,而作为法定代理人的监护人承担责任的后果,该后果有违民事诉讼"两造对抗,败诉方承担责任"的基本原理。但是若只列未成年人的监护人为被告,也不符合本法侵权责任编中直接侵权人应当承担责任的规定。因此,《民事诉讼法司法解释》第 67 条规定:"无民事行为能力人、限制民事行为能力人造成他人损害的,无民事行为能力人、限制民事行为能力人和其监护人为共同被告。"

——最高人民法院民法典贯彻实施工作领导小组主编:《中华人民共和国民法典总则编理解与适用[上]》,人民法院出版社 2020 年版,第 122 页。

080 认定不能辨认自己行为的成年人为无民事行为能力人,应当经过特别程序进行宣告

关键词｜无民事行为能力人｜特别程序｜利害关系人｜

【链接:最高人民法院法官著述】

认定不能辨认自己行为的成年人为无民事行为能力人,应当经过特别程序进

---

① 指《民法典》。——编者注

行宣告。根据《民事诉讼法》及《民事诉讼法司法解释》：

1. 应由其近亲属或者其他利害关系人向该自然人住所地基层人民法院提出申请，同时写明该自然人无民事行为能力的事实和根据。

2. 人民法院受理申请后，应根据其是否具有判断能力和自我保护能力、是否了解其行为后果来判断。必要时应当对被请求认定为无民事行为能力的自然人进行鉴定。在不具备诊断、鉴定条件的情况下，也可以参照群众公认的该自然人的精神状态认定，但应以利害关系人没有异议为限。

3. 人民法院经审理认定申请有事实根据的，判决宣告该自然人为无民事行为能力人；认定申请没有事实根据的，应当判决予以驳回。

4. 人民法院在判决宣告该自然人为无民事行为能力人的同时，应当指定其监护人。被指定的监护人不服指定，应当自接到通知之日起 30 日内向人民法院提出异议。经审理，认为指定并无不当的，裁定驳回异议；指定不当的，判决撤销指定，同时另行指定监护人。判决书应当送达异议人、原指定单位及判决指定的监护人。

5. 如该自然人民事行为能力存在障碍的原因已经消除，根据其本人或监护人的申请，人民法院应当作出新判决、撤销原判决。

6. 如在其他诉讼中，当事人的利害关系人提出该当事人患有精神病，要求宣告该当事人无民事行为能力或限制民事行为能力的，应由利害关系人向人民法院提出申请，由受诉人民法院按照特别程序立案审理，原诉讼中止。

——最高人民法院民法典贯彻实施工作领导小组主编：《中华人民共和国民法典总则编理解与适用[上]》，人民法院出版社 2020 年版，第 143~144 页。

二、监　护

081 依法引领监护人履行监护职责

关键词丨 家庭监护丨 社会监护丨 国家监护丨

【最高人民法院司法文件】

29. 依法引领监护人履行监护职责。人民法院应当在审判中强化父母等监护人的监护职责,引导监护人尽到抚养、教育、保护的义务,创造有利于未成年人健康成长的家庭环境,不仅要为未成年人提供健康、安全等方面的保障,还应当关注未成年人的心理状况和情感需求。妥善审理申请确定和指定监护人案件,确保未成年人有人监护;妥善审理申请变更监护人和撤销监护人资格案件,确保未成年人得到妥当监护;监护人不履行监护职责或者侵害被监护人合法权益的,依法判令监护人承担相应法律责任。

——《最高人民法院关于全面加强未成年人司法保护及犯罪防治工作的意见》(2024 年 5 月 28 日,法发〔2024〕7 号)。

【链接：最高人民法院法官著述】

注意从总体上把握监护制度的原则,或者说要准确把握监护制度的总体原则。

在审判实践中,我们发现曾经一度存在滥用剥夺监护权的现象。例如,子女不孝顺、不赡养父母,父母将子女告上法庭,在义愤填膺的邻居们的建议下,申请法院剥夺子女的监护权;还有的父母不愿意抚养自己有残疾或者重病的孩子,就把孩子抛弃,遂申请剥夺这些父母对未成年子女的监护权。当事人不履行监护职责,损害被监护人的合法权益,剥夺其监护资格是可以的,但应当注意不要将监护职责与对子女的抚养和对父母的赡养相混淆。

在这次编纂《民法典》时,最高人民法院就提出了编纂监护一章的总体原则:应当将"以家庭监护为基础,以社会监护为补充,以国家兜底为保障"作为原则来制定我国的监护制度。这里强调的是,首先必须要以家庭监护为基础,家庭监护是最重要、最基本的监护形式。如果把监护责任全部推给社会或国家,我国目前的国家财政和社会力量是很难全部负担得起的。现在我国正在进入老龄化时代,老年人越来越多,再加上我国的残疾孩童数量不少,如果都由国家负担,监护力量显然不够。

所以，只要家庭完善，监护人应当由作为近亲属的家庭成员来担任，监护责任也应当由家庭成员来履行。如果出现了没有父母、子女、配偶等近亲属家庭成员的情况，或者有属于近亲属的家庭成员，但该家庭成员没有监护能力时，就要坚持以社会监护为补充，由相应的慈善机构等社会组织来承担监护责任。如果这些社会组织机构的力量仍然不够，国家可以进行兜底监护。"以家庭监护为基础，以社会监护为补充，以国家兜底为保障来制定我国的监护制度"虽然没有被写进《民法典》总则编之中，但是 2017 年 3 月 8 日全国人民代表大会常务委员会李建国副委员长在第十二届全国人民代表大会第五次会议上作出的《关于〈中华人民共和国民法总则（草案）〉的说明》中明确指出"草案以家庭监护为基础，社会监护为补充，国家监护为兜底，对监护制度作了完善"，此说明具有权威性和重要意义。我们在理解监护制度的时候，要以这一说明为原则，要尊重立法本意。

——杜万华：《民法典总则编重点问题解读》，载最高人民法院政治部编：《人民法院大讲堂：民法典重点问题解读》，人民法院出版社 2021 年版，第 256 页。

082 监护的性质

关键词 | 监护性质 | 权利 | 义务 | 责任 |

【链接：最高人民法院法官著述】

正确理解监护的性质。

监护到底是一种权利，还是一种义务或者责任？这个问题一直存在争议。《民法通则》第 18 条第 2 款①规定："监护人依法履行监护的权利，受法律保护。"这条规定的含义不太清晰。在编纂《民法总则》的过程中，我们就提出了如何理解监护的性质问题。对此，我们认为应当从以下几方面来理解监护制度：

一是如果从监护人有资格对被监护人进行抚养保护的角度来看，监护是一种权利，例如关于父母对未成年人的监护，夫妻双方在离婚的时候，通常会对子女的监护权进行约定。

二是从行为的性质来看，监护应当是一种义务和责任，如果监护是一种民事义务，或者是一种应当承担的民事责任，那就是不能放弃且必须履行的。从义务和责任的角度来看，监护的行为性质不是利己性的而是利他性的。监护人对被监护人履行监护义务是有利于被监护人的，如父母抚养子女是为了子女的利益，子女赡养

---

① 对应《民法典》第 34 条第 2 款。——编者注

父母是为了父母的利益。

三是如果从监护人不履行监护义务,就会受到法律制裁这个角度来看,监护是一种法律责任。

四是为了让监护人履行好监护的职责和义务,会产生相应的权利。例如,父母皆患有老年痴呆症,子女作为父母的监护人对父母的财产有权进行管理和处分。这是为履行监护义务、保护被监护人的利益而赋予监护人的一项权利。

综上,在审判实践中,面对争夺监护权和不愿意承担监护责任等情况时,不能够把监护绝对地、笼统地认定为一种权利,也不能武断地认定监护是一种义务。

——杜万华:《民法典总则编重点问题解读》,载最高人民法院政治部编:《人民法院大讲堂:民法典重点问题解读》,人民法院出版社 2021 年版,第 257 页。

083　监护关系和抚养、扶养、赡养关系的区分

关键词｜监护｜抚养｜扶养｜赡养｜

【链接：最高人民法院法官著述】

正确处理监护与父母抚养子女、子女赡养父母和夫妻相互扶养的关系。不能把监护关系和父母对子女的抚养关系、子女对父母的赡养关系、夫妻之间相互的扶养关系相混淆。

一般来讲,监护关系和父母对子女的抚养关系是最容易混淆的,但二者是两个不同的关系。监护关系确定以后,离婚后父母只有一方对孩子有监护权。在父母争夺监护权的情况下,往往只有其中一方取得监护权,获得对孩子进行教育和保护的权利。而没有争取到监护权的一方,对孩子依然有抚养的义务。从子女的角度看,成年子女对离婚的父母都有赡养的义务,不能只对行使监护权的父或者母其中一人履行赡养义务。区分监护关系和抚养、扶养、赡养关系,对于家事案件的审理十分重要,千万不能在解决监护权纠纷时,忘记了"三养"责任。例如,在剥夺或者决定监护人的资格后,父母仍有义务对孩子进行抚养。

——杜万华:《民法典总则编重点问题解读》,载最高人民法院政治部编:《人民法院大讲堂:民法典重点问题解读》,人民法院出版社 2021 年版,第 258 页。

084　监护权特别程序案件案由的理解与适用

关键词｜监护权特别程序｜指定监护｜案由｜

【最高人民法院司法文件】

第十部分　非讼程序案件案由

三十九、监护权特别程序案件

413. 申请确定监护人

414. 申请指定监护人

415. 申请变更监护人

416. 申请撤销监护人资格

417. 申请恢复监护人资格

——《最高人民法院关于印发修改后的〈民事案件案由规定〉的通知》（2021
年1月1日，法〔2020〕347号）。

【链接：理解与适用】

监护权特别程序案件中的部分案由

民法典第三十一条规定："对监护人的确定有争议的，由被监护人住所地的居
民委员会、村民委员会或者民政部门指定监护人，有关当事人对指定不服的，可以
向人民法院申请指定监护人；有关当事人也可以直接向人民法院申请指定监护
人。"该规定改变了民法通则和《关于贯彻执行民法通则若干问题的意见（试行）》
（以下简称民通意见）的相关规定，取消了向人民法院申请指定监护的前置程序，
允许有关当事人直接向人民法院申请指定监护人。对于民法典的这一修改，是否
需要增加相应的案由？有意见认为，可将民法典的新规定直接纳入"申请确定监护
人"案由，没有必要增加新的案由。

经广泛征求意见，《修改决定》最终增加了"申请指定监护人"案由，作为与"申
请确定监护人"并列的第三级案由，主要理由为：一是充分体现民法典对于指定监
护作出修改的重大制度价值。监护制度是我国基本的民事法律制度之一，在民法
典中占有重要地位，与未成年人保护、老年人权益保护息息相关，民事案件案由的
设置应予以充分体现。二是便于区分直接申请人民法院指定和间接申请指定。当
事人对监护人的确定有争议而直接向人民法院申请指定监护的，适用"申请指定监
护人"案由；当事人对居民委员会、村民委员会或者民政部门指定监护不服而申请
人民法院确定的，适用"申请确定监护人"案由，这基本上维持了"申请确定监护
人"案由原来的适用范围。这种设计有利于对两类案件进行精准司法统计，有利于
调研分析司法实践中指定监护可能存在的相关问题。三是基于程序考量。根据最

高人民法院《关于适用民事诉讼法的解释》第 351 条①规定,被指定的监护人不服居民委员会、村民委员会或者民政部门指定,应当自接到通知之日起 30 日内向人民法院提出异议。对于当事人直接向人民法院申请指定监护人的案件,不适用上述规定。

——郭锋、陈龙业、贾玉慧:《修改后〈民事案件案由规定〉的理解与适用》,载《人民司法·应用》2021 年第 13 期。

085 《民法典总则编解释》贯彻最有利于被监护人的原则

关键词 ｜ 监护 ｜ 被监护人最大利益 ｜ 未成年人权益保护 ｜

【链接:答记者问】

问:未成年人健康成长问题一直为全社会共同关注。监护制度是民法典的亮点内容,对于保护未成年人合法权益具有重要意义。请问,本解释是如何回应实践需要,将这一亮点内容落地落实的?

答:未成年人是国家的未来,民族的希望。未成年人的健康成长,关系亿万家庭的幸福安宁,关系社会的和谐稳定。

民法典总则编在第二章自然人下专设监护一节,使父母子女之间的法律义务进一步明确,有利于保护未成年子女的健康成长。为践行最有利于被监护人的原则,准确适用民法典监护制度,本解释专设 8 个条文予以规定。比如,关于遗嘱指定监护人,考虑到被监护人是未成年人的,担任被监护人的父母中的一方通过遗嘱指定监护人,遗嘱生效时是按照法定监护由有监护能力的另一方担任监护人,还是按照遗嘱确定监护人,实践中存有争议。为避免未成年子女面临监护真空,本解释第七条第二款明确此时父母中有监护能力的一方为当然的法定监护人。又如,关于协议确定监护人,本解释第八条第一款明确规定有监护能力的父母不得通过协议监护的方式,免除自身对于未成年子女的监护职责。再如,关于监护职责委托行使,为防止监护人逃避监护职责,本解释第十三条明确受托人不因监护职责委托行使而成为监护人,强调监护人身份不因监护职责委托行使而改变。

此外,本解释第五条关于行为与年龄、智力、精神健康状况相适应的认定,以及第三十六条、第三十七条关于无民事行为能力人、限制民事行为能力人诉讼时效期间的起算、对法定代理人诉讼时效期间的补充规定等规则,也是践行未成年人利益最大化原则的体现。

---

① 对应 2022 年《民事诉讼法解释》第 349 条。——编者注

——《弘扬社会主义核心价值观 确保民法典统一正确实施——最高人民法院研究室负责人就民法典总则编司法解释答记者问》，载《人民法院报》2022 年 2 月 27 日，第 4 版。

086 夫妻双方分居期间，暂时直接抚养未成年子女的一方有协助对方履行监护职责的义务

关键词 | 监护权 | 未成年人 | 婚姻关系存续期间 | 平等监护权 |

【最高人民法院指导性案例】

张某诉李某、刘某监护权纠纷案[最高人民法院指导案例 228 号，河北省保定市中级人民法院二审民事判决书,2022.7.13]

裁判要点:1. 在夫妻双方分居期间，一方或者其近亲属擅自带走未成年子女，致使另一方无法与未成年子女相见的，构成对另一方因履行监护职责所产生的权利的侵害。

2. 对夫妻双方分居期间的监护权纠纷,人民法院可以参照适用民法典关于离婚后子女抚养的有关规定,暂时确定未成年子女的抚养事宜,并明确暂时直接抚养未成年子女的一方有协助对方履行监护职责的义务。

本案的争议焦点是:李某某之父李某、祖母刘某擅自带走李某某的行为是否构成侵权,以及如何妥善处理夫妻双方虽处于婚姻关系存续期间但已实际分居时,李某某的抚养监护问题。

第一,关于李某某之父李某、祖母刘某擅自带走李某某的行为是否对李某某之母张某构成侵权。民法典第三十四条第二款规定:"监护人依法履行监护职责产生的权利,受法律保护。"第一千零五十八条规定:"夫妻双方平等享有对未成年子女抚养、教育和保护的权利,共同承担对未成年子女抚养、教育和保护的义务。"父母是未成年子女的监护人,双方平等享有对未成年子女抚养、教育和保护的权利。本案中,李某、刘某擅自将尚在哺乳期的李某某带走,并拒绝将李某某送回张某身边,致使张某长期不能探望孩子,亦导致李某某被迫中断母乳、无法得到母亲的呵护。李某和刘某的行为不仅不利于未成年人身心健康,也构成对张某因履行监护职责所产生的权利的侵害。一审法院以张某没有证据证明李某未抚养保护好李某某为由,判决驳回诉讼请求,系适用法律不当。

第二,关于婚姻关系存续期间,李某某的抚养监护应当如何处理。本案中,李某某自出生起直至被父亲李某、祖母刘某带走前,一直由其母亲张某母乳喂养,至诉前未满两周岁,属于低幼龄未成年人。尽管父母对孩子均有平等的监护权,但监

护权的具体行使应符合最有利于被监护人的原则。现行法律和司法解释对于婚内监护权的行使虽无明确具体规定,考虑到双方当事人正处于矛盾较易激化的分居状态,为最大限度保护未成年子女的利益,参照民法典第一千零八十四条"离婚后,不满两周岁的子女,以由母亲直接抚养为原则"的规定,李某某暂由张某直接抚养为宜。张某在直接抚养李某某期间,应当对李某探望李某某给予协助配合。

——《最高人民法院关于发布第 40 批指导性案例的通知》(2024 年 5 月 30 日,法〔2024〕112 号)。

【链接:理解与参照】

本案例是首例婚内监护权纠纷指导性案例,为人民法院审理婚内监护权纠纷案件提供了裁判指引,有效解决了当事人婚姻关系存续但实际分居期间的抚养监护争议难题,填补了立法空白。

1. 夫妻关系存续期间一方擅自带走未成年子女行为的定性

在婚姻家事纠纷中,父母一方为取得对未成年子女的直接抚养权或者以未成年子女作为筹码从而达到某种目的,擅自带走未成年子女,甚至抢夺、藏匿未成年子女的现象时有发生。民法典第三十四条第二款规定:"监护人依法履行监护职责产生的权利,受法律保护。"第一千零五十八条规定:"夫妻双方平等享有对未成年子女抚养、教育和保护的权利,共同承担对未成年子女抚养、教育和保护的义务。"父母是未成年子女的监护人,双方平等享有对未成年子女抚养、教育和保护的权利。一方擅自带走未成年子女,致使另一方无法与未成年子女相见的,构成对另一方因履行监护职责所产生的权利的侵害。另一方以监护权纠纷为由提起诉讼的,人民法院应予受理。关于侵害监护权的民事责任问题,根据民法典第一千零一条的规定,在没有其他法律规定的情况下,可以参照适用人格权保护的有关规定。而民法典第九百九十五条明确规定了侵害人格权的,应当承担民事责任。

本案中,李某、刘某擅自将尚在哺乳期的李某某带走,并拒绝将李某某送回张某身边,直接导致李某某被迫中断母乳、无法得到母亲的呵护,故李某、刘某的上述行为不利于保护未成年人身心健康发展。张某与李某对李某某享有法律规定的平等监护权,一方行使监护权时不应当侵害、妨碍另一方行使权利。李某和刘某的行为致使张某长期不能探望孩子,是对母亲平等监护权的不当侵害,构成侵权。

基于此,本案例的裁判要点之一明确:"在夫妻双方分居期间,一方或者其近亲属擅自带走未成年子女,致使另一方无法与未成年子女相见的,构成对另一方因履行监护职责所产生的权利的侵害。"

2. 婚姻关系存续期间未成年子女直接抚养案件的处理

根据民法典第一百七十九条的规定,承担民事责任的方式包括停止侵害、排除妨碍等形式。因擅自带走未成年子女提起的监护权诉讼，本质上是请求停止对其监护权的侵害，以保障其行使监护权不受妨碍。现行法律和司法解释对于婚内监护权的行使尚无明确规定。鉴于监护权是一种特殊的人身权，在未成年子女监护中，父母的监护权具有权利义务双重属性，且关涉孩子的生活、教育权利实现，故在确定直接抚养方时，应当遵循最有利于未成年人的原则妥善处理。民法典第一千零八十四条中"离婚后，不满两周岁的子女，以由母亲直接抚养为原则"的规定，充分体现了"最有利于未成年子女的原则"，故人民法院可以参照适用该规定，暂时确定未成年子女的抚养事宜。同时，民法典第一千零八十六条规定："离婚后，不直接抚养子女的父或者母，有探望子女的权利，另一方有协助的义务。"参照适用该规定，暂时直接抚养未成年子女的一方负有协助对方履行监护职责的义务。

本案中，李某某自出生起直至被父亲李某、祖母刘某带走前，一直由其母亲张某母乳喂养，至诉前未满2周岁，属于低幼龄未成年人。考虑到双方当事人正处于矛盾较易激化的分居状态，为最大限度保护未成年子女的利益，参照民法典第一千零八十四条"离婚后，不满两周岁的子女，以由母亲直接抚养为原则"的规定，法院生效裁判判决：李某某暂由其母亲张某直接抚养；李某可探望李某某，张某对李某探望李某某予以协助配合。

基于此，本案例的裁判要点之二明确："对夫妻双方分居期间的监护权纠纷，人民法院可以参照适用民法典关于离婚后子女抚养的有关规定，暂时确定未成年子女的抚养事宜，并明确暂时直接抚养未成年子女的一方有协助对方履行监护职责的义务。"

——喻海松、贾玉慧、师晓东、吕晓蕾：《聚焦守护未成年人健康成长——最高人民法院第40批指导性案例（指导性案例225—229号）的理解与参照》，载《人民司法·案例》2024年第16期。

编者说明

上述《张某诉李某、刘某监护权纠纷案》（指导性案例228号）系首例婚内监护权指导性案例，在推动建立司法裁判规则、填补立法空白方面发挥了积极作用。该案例通过参照适用民法典关于离婚后子女抚养的有关规定，暂时确定未成年子女的抚养事宜，并明确暂时直接抚养未成年子女的一方有协助对方履行监护职责的义务，符合最有利于未成年人原则的要求。坚持以最有利于未成年人的原则处理婚姻关系存续但实际分居期间未成年子女抚养监护问题，特别是对不满两周岁的子女以由母亲直接抚养为原则，以最大限度避免相关纠纷对未成年人产生不利影响，促推未成年人家庭保护。①

① 《做实一体保护、做好审判延伸 全方位守护未成年人健康成长——最高人民法院研究室负责人就首批未成年人司法保护专题指导性案例答记者问》，载《人民法院报》2024年5月31日，第4版。

087 对儿童有监护资格的人员均已丧失监护能力或不愿意担任监护人，儿童福利院可以申请法院指定福利院为监护人

关键词 ｜ 未成年人 ｜ 监护人 ｜ 社会组织 ｜

【最高人民法院参考案例】

案例十　困境儿童指定监护人案——柳州市儿童福利院申请确定监护人纠纷案

一、基本案情

绍某某自幼母亲下落不明，其满月后不久，便被其父绍某甲抱送至大姑母绍某乙家中抚养。2013 年，绍某甲、绍某乙的丈夫相继去世，而绍某乙患有严重眼疾且无固定生活来源，无法继续照顾绍某某，绍某某被安置在其小姑母绍某丙家中生活。然而，绍某丙无暇照看绍某某，无法保障绍某某读书、吃饭等生活成长的基本需求，导致绍某某长期处于流浪状态。2018 年 1 月，绍某某在政府等有关部门的帮助下进入广西壮族自治区柳州市救助站进行临时保护。2018 年 2 月，柳州市救助站以绍某某属困境儿童身份为由，将其转移至柳州市儿童福利院生活至今。同年 8 月，柳州市民政局和儿童福利院、柳州市柳北区政府与绍某某所在街道社区多次协商后，书面确认由柳州市儿童福利院担任绍某某合法监护人，并向法院提交了指定监护人申请书。本案由柳州市柳北区政府督办，柳北区人民检察院支持起诉。

二、裁判结果

柳州市柳北区人民法院认为，对绍某某有监护资格的人员均已丧失监护能力或不愿意担任监护人，儿童福利院作为民政局下属的事业单位，对未成年人负有社会救助职责。为切实保障绍某某的合法权益，使其能在有合法监护人监护的情况下，尽快解决落户及正常上学等实际问题，该院依法判决，指定柳州市儿童福利院为绍某某的合法监护人。

三、典型意义

儿童是家庭的希望，是国家和民族的未来，确保儿童健康成长是全社会共同的责任。本案系广西壮族自治区首例由检察机关支持起诉的困境儿童指定监护人案件，审理法院从充分保护未成年人合法权益的角度出发，通过法律程序指定社会福利机构作为监护人，这是人民法院在家事审判改革中进行的有益探索和实践。该案判决依法保护了未成年人的合法权益，充分体现了司法的人文关怀。

——《人民法院大力弘扬社会主义核心价值观十大典型民事案例》，载《人民法院报》2020 年 5 月 14 日，第 3 版。

088 遗嘱指定监护人

关键词 │ 遗嘱监护 │ 指定监护 │ 被监护人真实意愿 │

【最高人民法院司法解释】

第七条 担任监护人的被监护人父母通过遗嘱指定监护人，遗嘱生效时被指定的人不同意担任监护人的，人民法院应当适用民法典第二十七条、第二十八条的规定确定监护人。

未成年人由父母担任监护人，父母中的一方通过遗嘱指定监护人，另一方在遗嘱生效时有监护能力，有关当事人对监护人的确定有争议的，人民法院应当适用民法典第二十七条第一款的规定确定监护人。

——《最高人民法院关于适用〈中华人民共和国民法典〉总则编若干问题的解释》（2022年3月1日，法释〔2022〕6号）。

【链接：理解与适用】

《总则编解释》第7条关于遗嘱指定监护人的规定，旨在解决以下两种情形中的监护人确定问题：一是遗嘱生效时，被指定的人不同意担任监护人；二是被监护人是未成年人时，父母中的一方通过遗嘱指定监护人，因而与遗嘱生效时有监护能力的另一方的法定监护之间产生冲突。

对于第一种情形，《总则编解释》第7条第1款明确，人民法院应当适用民法典第二十七条、第二十八条的规定确定监护人。在此需要说明的是：

第一，关于被指定的人拒绝担任监护人的权利。按照遗嘱的性质，遗嘱人订立遗嘱无论是自书遗嘱或者公证遗嘱，均不要求事先征得拟指定的人（个人或者组织）同意，依据意思自治原则，遗嘱内容公开后被指定的个人或者组织理当可以拒绝担任监护人。且对被指定人而言，担任监护人意味着重大的法律职责，应充分考虑其自愿性，应当允许其拒绝接受指定。在比较法上，《魁北克民法典》第202条第2款、第203条规定更是直接明确了遗嘱指定监护人应当考虑被指定的人的意愿（《魁北克民法典》第202条第2款：如被指定人知悉指定后30日内未拒绝，推定为接受职责。第203条：父亲或母亲指定的监护人接受或拒绝监护职责，应告知遗产清算人和公共保佐人）。

第二，关于被指定的人拒绝担任监护人时的监护人确定规则。被指定的人拒绝接受指定的，应当视为没有遗嘱指定监护人，故应当按照法律的规定，即适用民法典第二十七条、第二十八条的规定确定监护人。

对于第二种情形，为减少实践争议，《总则编解释》第7条第2款明确人民法院应当适用民法典第二十七条第一款的规定确定监护人，即由父母中有监护能力的另一方担任监护人。这主要是考虑到,父母担任未成年子女的法定监护人是无条件的,只有在父母死亡或者没有监护能力的情况下,才可以由其他个人或者有关组织担任监护人。

——郭锋、陈龙业、蒋家棣、刘婷:《〈关于适用民法典总则编若干问题的解释〉的理解与适用》,载《人民司法·应用》2022年第10期。

对于担任监护人的父母均已死亡且通过遗嘱指定的监护人不一致时,是按照最有利于被监护人的原则确定监护人,还是按照后死亡一方的遗嘱意思确定监护人,这在实践中也存有争议。……应当按照本条第2款的适用逻辑来确定相应的法律适用规则。无论是父母共同订立遗嘱,还是父母一方有遗嘱其死亡后,另一方又定遗嘱的情况,以及父母分别订立遗嘱,一方死亡后另一方后死亡的情形,在符合《民法典》第29条规定前提下,都要遵循以在后死亡一方订立的遗嘱为准的思路,此处实际上已推定,由健在的父母通过遗嘱指定监护人,最有利于实现被监护人利益的最大化。

当然,如果该立遗嘱人订立了数份遗嘱,则应根据《民法典》第1142条第3款的规定,以最后的遗嘱为准。

——最高人民法院民法典贯彻实施工作领导小组编著:《最高人民法院民法典总则编司法解释理解与适用》,人民法院出版社2022年版,第152页。

【链接:最高人民法院法官著述】

关于尊重被监护人的真实意愿问题

本条给被监护人父母提供了自主选择的空间。虽然本条未明确规定子女可就监护人的指定表达意愿,但从体系解释的角度看,本条包含了父母在指定遗嘱监护人时,应当尊重被监护人的真实意愿。在子女具有表达能力时,父母应征求子女意见,并从最大程度保护子女利益出发,力求综合各种因素探寻、判断子女真实意愿,在此基础上再进行遗嘱指定。

——最高人民法院民法典贯彻实施工作领导小组主编:《中华人民共和国民法典总则编理解与适用[上]》,人民法院出版社2020年版,第181页。

编者说明

《民法典》第29条规定:"被监护人的父母担任监护人的,可以通过遗嘱指定监护人。"依据该条规定,被监护人(包括未成年人、无民事行为能力或者限制民事行为能力的成年人)的父母,可以通过立遗嘱的形式为被监护人指定监护人。当然前提是被监护人的父母正在担任着监护人,如果父母因丧失监护能力没有担任监护人,或者因侵害被监护人合法权益被撤销监护人资格等不再担任监护人的,父母不宜再通过立遗嘱的形式为被监护人指定监护人。

关于遗嘱指定监护与法定监护的关系，一般来说，遗嘱指定监护具有优先地位。遗嘱指定监护是父母通过立遗嘱选择值得信任并对保护被监护人权益最为有利的人担任监护人，应当优先于《民法典》第 27 条、第 28 条规定的法定监护。遗嘱指定监护，也不限于《民法典》第 27 条、第 28 条规定的具有监护资格的人。当然，遗嘱指定的监护人应当具有监护能力，能够履行监护职责。如果遗嘱指定后，客观情况发生变化，遗嘱指定的监护人因患病等原因丧失监护能力，或者因出国等各种原因不能履行监护职责，就不能执行遗嘱指定监护，应当依法另行确定监护人。①

如江某某申请变更熊某某监护人资格案。② 江小某（7 周岁）之父江某于 2021 年 9 月因交通事故去世，其母无民事行为能力。江某去世前，通过遗嘱指定江某某（江小某的姑母）作为江小某的监护人，江某去世后，江小某一直跟随江某某生活。2022 年 7 月 22 日，熊某某（江小某的外祖父）在未披露江某已经遗嘱指定监护人的情况下，以江小某的母亲无民事行为能力为由向法院申请按照法定监护的顺位，将江小某的监护人变更为熊某某，人民法院判决予以支持。江某某于同年 9 月知晓上述判决后，以江某遗嘱指定其作为江小某监护人为由诉至法院，申请撤销熊某某的监护人资格，指定其为江小某的监护人。重庆市长寿区人民法院经审理认为，在江小某之母无民事行为能力的情况下，江某作为父亲可以通过遗嘱为江小某指定其所信任的、具有监护能力的人为江小某的监护人，且遗嘱指定监护的效力顺位优先于法定监护。熊某某申请变更其作为江小某的监护人时，并未披露江某已经遗嘱指定监护人的情况，在法院判决其作为监护人后，也未对江小某尽到监护职责。江小某自江某去世后一直由江某某照护，已经形成稳定的生活和受教育环境，江某某具备担任监护人的资格和能力，并愿意担任江小某的监护人。法院基于江某指定监护人的遗嘱，并结合江小某的真实意愿，认为由江某某监护江小某更有利于其成长。依照相关法律规定，判决撤销熊某某作为江小某的监护人资格，指定江某某为江小某的监护人。该案是人民法院生动诠释"遗嘱指定监护"的典型案例。父母作为与子女血缘关系最近、感情最深厚的人，以遗嘱方式确定最信赖的人作为子女的监护人，能够最大限度保护子女利益，也彰显《民法典》中的当事人意思自治原则。在符合法律规定前提下，人民法院应当按照最有利于被监护未成年人的原则，在查明被遗嘱指定的监护人具有监护能力和意愿情况后，尊重父母对挚爱子女的最后关爱。

089 未成年人的父母不得通过协议免除监护职责

关键词 │ 协议监护 │ 未成年人 │ 当然监护人 │

【最高人民法院司法解释】

第八条第一款 未成年人的父母与其他依法具有监护资格的人订立协议，约

---

① 参见黄薇主编：《中华人民共和国民法典总则编解读》，中国法制出版社 2020 年版，第 86~87 页。

② 重庆市高级人民法院发布 10 起 2022 年未成年人司法保护典型案例（第二批）之四，发布日期：2022 年 12 月 31 日。该案明确，确定监护人时应优先尊重遗嘱指定意愿。

定免除具有监护能力的父母的监护职责的,人民法院不予支持。协议约定在未成年人的父母丧失监护能力时由该具有监护资格的人担任监护人的,人民法院依法予以支持。

——《最高人民法院关于适用〈中华人民共和国民法典〉总则编若干问题的解释》(2022 年 3 月 1 日,法释〔2022〕6 号)。

【链接：理解与适用】

协议确定监护人

民法典第三十条规定,依法具有监护资格的人之间可以协议确定监护人。由于民法典第二十七条第一款明确规定未成年人的父母为其监护人,故未成年人的父母有监护能力的,当然不得与其他人签订协议,确定由其他人担任监护人,推卸自身责任。为此,《总则编解释》第 8 条第 1 款对未成年人的父母协议确定监护人的权限作出规定,明确父母不得通过协议免除该具有监护能力的父母的监护职责,而仅得约定在其丧失监护能力时由具有监护资格的人担任监护人。这既兼顾了父母对未成年子女负有法定监护职责的要求,也体现了对父母预先安排未成年子女监护问题的尊重。

——郭锋、陈龙业、蒋家棣、刘婷:《〈关于适用民法典总则编若干问题的解释〉的理解与适用》,载《人民司法·应用》2022 年第 10 期。

090 协议确定的监护人不受法定监护顺序的限制

关键词｜协议监护｜法定监护｜监护顺序｜

【最高人民法院司法解释】

第八条第二款　依法具有监护资格的人之间依据民法典第三十条的规定,约定由民法典第二十七条第二款、第二十八条规定的不同顺序的人共同担任监护人,或者由顺序在后的人担任监护人的,人民法院依法予以支持。

——《最高人民法院关于适用〈中华人民共和国民法典〉总则编若干问题的解释》(2022 年 3 月 1 日,法释〔2022〕6 号)。

【链接：理解与适用】

协议确定监护人

关于以协议监护方式确定的监护人能否突破法定监护顺序的问题,有观点认为,有权协商的人,必须是根据民法典第二十七条和第二十八条有监护资格的人,而且应当遵守这两条关于监护顺位的规定，即必须先由上一顺位的数位具有监护资格的人进行协商。这就意味着，协议确定的监护人将受到监护顺序的限制。也有观点认为，这一解释，对于监护顺序的理解过于严苛，将以亲属血缘关系为基础的监护顺序置于被监护人的最大利益考虑之上，且不符合监护顺序弱化的发展趋势。

我们经研究认为，民法典第三十条的立法本意是在尊重被监护人真实意愿的基础上，通过依法具有监护资格的人之间的协商确定，最大程度体现最有利于被监护人的原则。如对协议监护在顺序上作严苛限制，可能因受限于法定监护顺序，而难以确定最合适的监护人，进而与民法典第三十条的立法目的相悖。

因此，《总则编解释》第 8 条第 2 款明确，协议确定的监护人不受法定监护顺序的限制，不同顺序依法具有监护资格的人可以共同担任监护人，顺序在后的具有监护资格的人也可以经协议约定作为监护人。

——郭锋、陈龙业、蒋家棣、刘婷：《〈关于适用民法典总则编若干问题的解释〉的理解与适用》，载《人民司法·应用》2022 年第 10 期。

父母离婚后共同生活的一方死亡，祖父母、外祖父母申请担任监护人

……根据本条第 1 款的规定，未成年人的父母不得通过与其他依法具有监护资格的人订立协议的方式免除其监护职责。因此，未成年人的祖父母、外祖父母不得自行通过与父亲或者母亲签订协议的方式取得监护权。

但是，如未成年人父亲或者母亲缺乏监护能力或者有其他不利于被监护人利益的情形，未成年人的祖父母、外祖父母申请人民法院指定监护人的，人民法院可以根据《民法典》第 31 条以及本解释第 9 条的规定，根据最有利于被监护人的原则，综合考量与被监护人生活、情感联系的密切程度、监护顺序、是否有不利于履行监护职责的违法犯罪等情形以及依法具有监护资格的人的监护能力、意愿、品行等因素，指定由父母以外的其他有监护资格的人担任监护人或者由其父亲或者母亲与其他有监护资格的人共同担任监护人。

——最高人民法院民法典贯彻实施工作领导小组编著：《最高人民法院民法典总则编司法解释理解与适用》，人民法院出版社 2022 年版，第 166 页。

编者说明

《民法典》第 30 条规定："依法具有监护资格的人之间可以协议确定监护人。协议确定监护人应当尊重被监护人的真实意愿。"《民法通则意见》第 15 条规定："有监护资格的人之间协议确定监护人的，应当由协议确定的监护人对被监护人承担监护责任，"《民法典》第 30 条在吸收司法实践经验的基础上，对协议监护制度作出规定。

《民法典》第 27 条、第 28 条规定了担任监护人的顺序，目的在于防止具有监护资格的监

护人推卸责任,导致监护人缺位的情况出现。协议监护可以不按照第 27 条、第 28 条规定的顺序确定监护人。具有监护资格的人之间可以根据各自与被监护人的生活联系状况、经济条件、能够提供的教育条件或者生活照料措施等,在尊重被监护人意愿的基础上,经过充分协商,选择合适的监护人。既是对具有监护资格的人共同意愿的尊重,也有利于保护被监护人的合法权益。

依据本条规定,协议监护的特点是:第一,协议主体必须是依法具有监护资格的人,即《民法典》第 27 条、第 28 条规定的具有监护资格的人。对于未成年人,协议监护只限于父母死亡或者没有监护能力的情况,协议的主体为:(1)祖父母、外祖父母;(2)兄、姐;(3)经未成年人住所地的居民委员会、村民委员会或者民政部门同意的其他愿意担任监护人的个人或者有关组织。对于父母丧失监护能力的,父母可以不作为协议监护的主体,但对协议确定监护人也可以提出自己的意见,具有监护资格的人在协议确定未成年人的监护人时,从有利于保护被监护人的利益出发,应当尽量予以尊重。对于无民事行为能力或者限制民事行为能力的成年人,协议的主体为:(1)配偶;(2)父母、子女;(3)其他近亲属;(4)经该成年人住所地的居民委员会、村民委员会或者民政部门同意的其他愿意担任监护人的个人或者组织。第二,协议确定的监护人必须从具有监护资格的人之间产生,不得在法律规定的具有监护资格的人之外确定监护人。第三,协议监护是具有监护资格的人合意的结果,合意产生后,由协议确定的监护人担任监护人,履行监护职责。监护人一旦确定,即不得擅自变更,否则要承担相应的法律责任。此外,协议确定监护人对被监护人的利益影响重大,应当充分尊重被监护人的真实意愿。①

091 "最有利于被监护人原则"和"尊重被监护人意愿原则"的优先顺位

关键词 | 协议监护 | 最有利于被监护人原则 | 被监护人意愿 |

【链接:最高人民法院法官著述】

"最有利于被监护人原则"的出发点是为了更好地保护被监护人的最大利益,但一定程度忽略了被监护人的能力差异、个人意愿和价值偏好。"尊重被监护人意愿原则"要求最大限度尊重被监护人的真实意愿,由其根据剩余能力和自我意识自主作出选择。具体实践中,可能出现二者发生冲突的情形。特别是由于目前我国监护制度特别是成年监护制度仍以行为能力为判断标准,监护人被法定赋予全部或部分代理权,因此被监护人的意愿是否得到最大限度尊重,要取决于能否具备更详细的制度保障。因此,特别对于成年人监护制度,应倾向于对"尊重被监护人意

---

① 参见黄薇主编:《中华人民共和国民法典总则编解读》,中国法制出版社 2020 年版,第 88~89 页。

愿原则"的优先适用。

——最高人民法院民法典贯彻实施工作领导小组主编：《中华人民共和国民法典总则编理解与适用[上]》，人民法院出版社 2020 年版，第 185 页。

092 指定监护人的法定程序

关键词 | 指定监护 | 被监护人意愿 | 最有利于被监护人原则 |

【链接：最高人民法院法官著述】

根据本条①规定，指定监护人可以通过两条途径：一是由村委会、居委会或者民政部门指定；二是可以直接申请法院指定。前者不再是后者的前置程序，因此，当事人直接向法院申请的，法院应当受理。法院指定监护人后，被指定的监护人不得拒绝。但是由村委会、居委会或者民政部门指定监护人的，不服指定的监护人或者其他有监护资格的人，可以向法院申请。

根据《民事诉讼法司法解释》第 351 条规定②，被指定的监护人不服指定，应当自接到通知之日起 30 日内向人民法院提出异议。经审理，认为指定并无不当的，裁定驳回异议；指定不当的，判决撤销指定，同时另行指定监护人。判决书应当送达异议人、原指定单位及判决指定的监护人。人民法院应当比照民事特别程序审理。

——最高人民法院民法典贯彻实施工作领导小组主编：《中华人民共和国民法典总则编理解与适用[上]》，人民法院出版社 2020 年版，第 194 页。

---

① 《民法典》第 31 条规定了指定监护制度："对监护人的确定有争议的，由被监护人住所地的居民委员会、村民委员会或者民政部门指定监护人，有关当事人对指定不服的，可以向人民法院申请指定监护人；有关当事人也可以直接向人民法院申请指定监护人。居民委员会、村民委员会、民政部门或者人民法院应当尊重被监护人的真实意愿，按照最有利于被监护人的原则在依法具有监护资格的人中指定监护人。依据本条第一款规定指定监护人前，被监护人的人身权利、财产权利以及其他合法权益处于无人保护状态的，由被监护人住所地的居民委员会、村民委员会、法律规定的有关组织或者民政部门担任临时监护人。监护人被指定后，不得擅自变更；擅自变更的，不免除被指定的监护人的责任。"——编者注

② 2022 年《民事诉讼法解释》第 349 条规定："被指定的监护人不服居民委员会、村民委员会或者民政部门指定，应当自接到通知之日起三十日内向人民法院提出异议。经审理，认为指定并无不当的，裁定驳回异议；指定不当的，判决撤销指定，同时另行指定监护人。判决书应当送达异议人、原指定单位及判决指定的监护人。有关当事人依照民法典第三十一条第一款规定直接向人民法院申请指定监护人的，适用特别程序审理，判决指定监护人。判决书应当送达申请人、判决指定的监护人。"——编者注

093 人民法院指定监护的考量因素

关键词｜指定监护｜被监护人意愿｜最有利于被监护人原则｜

【最高人民法院司法解释】

第九条　人民法院依据民法典第三十一条第二款、第三十六条第一款的规定指定监护人时,应当尊重被监护人的真实意愿,按照最有利于被监护人的原则指定,具体参考以下因素:

（一）与被监护人生活、情感联系的密切程度；

（二）依法具有监护资格的人的监护顺序；

（三）是否有不利于履行监护职责的违法犯罪等情形；

（四）依法具有监护资格的人的监护能力、意愿、品行等。

人民法院依法指定的监护人一般应当是一人,由数人共同担任监护人更有利于保护被监护人利益的,也可以是数人。

——《最高人民法院关于适用〈中华人民共和国民法典〉总则编若干问题的解释》（2022 年 3 月 1 日,法释〔2022〕6 号）。

【最高人民法院司法文件】

36. ……

没有其他监护人的,人民法院根据最有利于未成年人的原则,在民法通则第十六条第二款①、第四款②规定的人员和单位中指定监护人。指定个人担任监护人的,应当综合考虑其意愿、品行、身体状况、经济条件、与未成年人的生活情感联系以及有表达能力的未成年人的意愿等。

……

——《最高人民法院、最高人民检察院、公安部、民政部关于依法处理监护人侵害未成年人权益行为若干问题的意见》（2015 年 1 月 1 日,法发〔2014〕24 号）。

【最高人民法院参考案例】

肖某 1 申请确定监护人案[湖北省鄂州市华容区人民法院（2015）鄂华容民特字第 00001 号民事裁定书]

裁判要旨:人民法院指定监护人并不一定按照监护顺序,应当根据案情综合考虑各方因素确定监护人。

---

① 对应《民法典》第 27 条第 2 款。——编者注
② 对应《民法典》第 32 条。——编者注

生效裁判认为:指定监护人并非一定按照《民法通则》第17条①所排列的顺序进行指定,而是应该根据实际情况,综合对比肖某1、王某某对监护职责的认识、态度及双方的具体条件,从有利于肖某2的晚年生活,切实保障肖某2的合法权益的角度考虑,某村民委员会指定由肖某1和王某某共同担任肖某2的监护人的指定并无不当。

——最高人民法院民法典贯彻实施工作领导小组编著:《最高人民法院民法典总则编司法解释理解与适用》,人民法院出版社2022年版,第183页。

案例十 柳州市社会福利院申请作为无民事行为能力人指定监护人案

一、基本案情

被申请人孙某某,自幼智力残疾,生活无法自理,一直随其母生活。2008年,孙某某母亲年迈卧床,其所在单位主动将母子二人送至柳州市社会福利院,并办理自费入院手续。2011年母亲因病过世后,孙某某在福利院的照看下生活至今。福利院为了更好尽到监护职责,分别向民政局和孙某某所在社区居委会反映情况,经多部门协商认为,在找寻孙某某亲人无果的情况下,继续由福利院照顾较好。2018年3月,福利院委托广西脑科医院对孙某某身体情况进行司法鉴定。5月,福利院向法院申请依法宣告孙某某为无民事行为能力人,并指定福利院作为其合法监护人。

二、裁判结果

广西壮族自治区柳州市柳北区人民法院审理认为,被申请人孙某某经广西脑科医院司法鉴定所法医精神病鉴定为无民事行为能力人。另,法院主动依职权调查查明,被申请人孙某某在柳州市社会福利院居住生活了8年,无配偶、无子女;其母亲人事档案显示,孙某某的近亲属有父亲、哥哥,但无二人具体信息。孙某某长期置于无人监护的处境,柳州市社会福利院已实际保护被监护人的身体健康,照顾被监护人的生活,管理和保护被监护人的财产,对被监护人进行管理和教育等。为更好地维护孙某某的利益,指定柳州市社会福利院作为孙某某的合法监护人。若孙某某的父亲、哥哥出现,可依法另行主张权利。

三、典型意义

老年人是社会的弱势群体,保障其合法权益是全社会的共同责任。在法定顺位监护人多年缺失,无人履行监护职责的情况下,从充分保护和落实无民事行为能力人合法权益的角度出发,经法律程序指定、已形成长期基本生活依赖且担负实际监护责任的社会福利机构作为监护人,是依法保障老年人权益的有益尝试和探索,

---

① 对应《民法典》第28条、第31条、第32条。——编者注

取得了良好的法律效果和社会效果。本案审理贯彻了家事案件多元化处理原则，法院与政府相关部门之间通力协作，体现了相关职能部门通过司法途径维护和保障老年人合法权益的努力。

——《人民法院老年人权益保护十大典型案例》，载《人民法院报》2021 年 2 月 25 日，第 3 版。

【链接：最高人民法院法官著述】

一般认为，人民法院不得指定下列人员担任监护人：一是无行为能力人或限制行为能力人，如精神病人或者间歇性精神病人；二是对被监护人提起诉讼之人及其配偶、直系亲属；三是与被监护人有其他利害冲突的人；四是下落不明的人；五是患有严重危害被监护人利益的疾病，尚未治愈的人；六是涉嫌犯罪或已被判处刑罚的人，包括被判处非监禁刑罚的人；七是无监护能力或者对被监护人明显不利的其他人员。

——最高人民法院民法典贯彻实施工作领导小组主编：《中华人民共和国民法典总则编理解与适用[上]》，人民法院出版社 2020 年版，第 222 页。

编者说明

根据《民法典》第 31 条第 2 款规定，居民委员会、村民委员会、民政部门或者人民法院指定监护人，应当尊重被监护人的真实意愿，按照最有利于被监护人的原则在依法具有监护资格的人中指定监护人。既然按照"最有利于被监护人的原则"，就不需要遵照《民法典》第 27 条第 2 款、第 28 条规定的顺序，而应当从《民法典》第 27 条、第 28 条所确定的监护人范围中指定。本条司法解释明确不再规定指定监护的顺序；同时对监护人的数量问题，明确以一人单独监护为主、数人共同监护为辅的原则。

094 被指定的监护人不服指定的救济途径

关键词 | 指定监护 | 特别程序 | 变更监护关系 |

【最高人民法院司法解释】

第十条 有关当事人不服居民委员会、村民委员会或者民政部门的指定，在接到指定通知之日起三十日内向人民法院申请指定监护人的，人民法院经审理认为指定并无不当，依法裁定驳回申请；认为指定不当，依法判决撤销指定并另行指定监护人。

有关当事人在接到指定通知之日起三十日后提出申请的，人民法院应当按照变更监护关系处理。

——《最高人民法院关于适用〈中华人民共和国民法典〉总则编若干问题的解释》（2022 年 3 月 1 日，法释〔2022〕6 号）。

【链接：理解与适用】

《民法典》实施后，对监护人的确定确有争议的，有两种救济途径：

（1）可以由被监护人住所地的居民委员会、村民委员会或者民政部门指定监护，有关当事人对指定不服的，可以向人民法院申请指定监护人。此种对有关组织指定不服向人民法院申请指定的，仍然按照以前的规定适用特别程序审理。按照 2022 年修正的《民事诉讼法解释》第 349 条规定，被指定的监护人不服居民委员会、村民委员会或者民政部门指定，应当自接到通知之日起三十日内向人民法院提出异议。经审理，认为指定并无不当的，裁定驳回异议；指定不当的，判决撤销指定，同时另行指定监护人。判决书应当送达异议人、原指定单位及判决指定的监护人。

（2）对于《民法典》规定的当事人也可以不经有关组织指定，直接向人民法院申请指定监护人的救济程序。

《民法典》实施后，2020 年修正的《民事诉讼法解释》进行了修改，在第 351 条第 1 款后面增加了第 2 款，即有关当事人依照《民法典》第 31 条第 1 款规定直接向人民法院申请指定监护人的，适用特别程序审理，判决指定监护人。判决书应当送达申请人、判决指定的监护人。也就是说，对于两种方式向人民法院起诉的，都适用特别程序审理。

但是，根据本条第 2 款规定，有关当事人在接到指定通知之日起三十日后提出申请的，人民法院应当按照变更监护关系处理。对于变更监护关系，按照《民事案件案由规定》的规定仍然是监护权特别程序案件，仍然适用特别程序。

——最高人民法院民法典贯彻实施工作领导小组编著：《最高人民法院民法典总则编司法解释理解与适用》，人民法院出版社 2022 年版，第 194 页。

【链接：最高人民法院法官著述】

第一，对于被指定的监护人不服指定提出异议，以及有关当事人直接申请人民法院指定监护人的，均应当适用特别程序处理；第二，人民法院如果认为原指定单位指定监护人不当，在判决撤销指定的同时，还应当另行指定监护人；第三，人民法院判决撤销指定的，判决书不但要送达异议人，还要送达原指定单位和判决指定的监护人，人民法院直接指定监护人的，判决书应当送达申请人和判决指定的监护人。

——最高人民法院民法典贯彻实施工作领导小组办公室编著：《最高人民法院

新民事诉讼法司法解释理解与适用〔上〕》,人民法院出版社 2022 年版,第 757 页。

编者说明

　　本条第 1 款规定明确了有关当事人不服居民委员会、村民委员会或者民政部门的指定,申请人民法院指定监护人的,应当在接到指定通知之日起 30 日内提出申请。第 2 款沿袭了《民法通则意见》第 17 条的规定精神,明确当事人逾期申请重新指定的,按照申请变更监护关系案件处理;经审理符合变更监护条件的,人民法院依法判决变更监护关系。

095 没有依法具有监护资格的人时,由民政部门承担未成年人的监护责任

关键词 │ 公职监护人 │ 民政部门 │ 国家监护 │

【最高人民法院参考案例】

一、广州市黄埔区民政局与陈某金申请变更监护人案

（一）基本案情

　　吴某,2010 年 10 月 28 日出生,于 2011 年 8 月 22 日被收养。吴某为智力残疾三级,其养父母于 2012 年和 2014 年先后因病死亡,后由其养祖母陈某金作为监护人。除每月 500 余元农村养老保险及每年 2000 余元社区股份分红外,陈某金无其他经济收入来源,且陈某金年事已高并有疾病在身。吴某的外祖父母也年事已高亦无经济收入来源。2018 年起,陈某金多次向街道和区民政局申请将吴某送往儿童福利机构养育、照料。为妥善做好吴某的后期监护,广州市黄埔区民政局依照民法典相关规定向人民法院申请变更吴某的监护人为民政部门,广州市黄埔区人民检察院出庭支持民政部门的变更申请。

　　（二）裁判结果

　　生效裁判认为,被监护人吴某为未成年人,且智力残疾三级,养父母均已去世,陈某金作为吴某的养祖母,年事已高并有疾病在身,经济状况较差,已无能力抚养吴某。鉴于陈某金已不适宜继续承担吴某的监护职责,而吴某的外祖父母同样不具备监护能力,且陈某金同意将吴某的监护权变更给广州市黄埔区民政局,将吴某的监护人由陈某金变更为广州市黄埔区民政局不仅符合法律规定,还可以为吴某提供更好的生活、教育环境,更有利于吴某的健康成长。故判决自 2021 年 7 月 23 日起,吴某的监护人由陈某金变更为广州市黄埔区民政局。

　　（三）典型意义

　　……本案是人民法院、人民检察院和民政部门联动护航困境少年的典型范例。

民法典和新修订的《未成年人保护法》完善了公职监护人制度,明确规定在没有依法具有监护资格的人时,由民政部门承担未成年人的监护责任。审理法院以判决形式确定由民政部门担任监护人,为民政部门规范适用相关法律履行公职监护职责提供了司法实践样本,推动民法典确立的以家庭、社会和国家为一体的多元监护格局落实落地。

——《人民法院贯彻实施民法典典型案例(第一批)》,载中国法院网 2022 年 2 月 25 日,https://www.chinacourt.org/article/detail/2022/02/id/6547882.shtml。

编者说明

《民法典》第 27 条规定:"父母是未成年子女的监护人。未成年人的父母已经死亡或者没有监护能力的,由下列有监护能力的人按顺序担任监护人:(一)祖父母、外祖父母;(二)兄、姐;(三)其他愿意担任监护人的个人或者组织,但是须经未成年人住所地的居民委员会、村民委员会或者民政部门同意。"第 32 条规定:"没有依法具有监护资格的人的,监护人由民政部门担任,也可以由具备履行监护职责条件的被监护人住所地的居民委员会、村民委员会担任。"本案中,人民法院通过依法为丧失监护能力的人变更监护关系,确保《民法典》对未成年人的关爱落到实处。

096 成年人在丧失或者部分丧失民事行为能力前,其和意定监护人均可以任意解除监护协议

关键词 │ 意定监护 │ 委托合同 │ 监护协议 │

【最高人民法院司法解释】

第十一条 具有完全民事行为能力的成年人与他人依据民法典第三十三条的规定订立书面协议事先确定自己的监护人后,协议的任何一方在该成年人丧失或者部分丧失民事行为能力前请求解除协议的,人民法院依法予以支持。该成年人丧失或者部分丧失民事行为能力后,协议确定的监护人无正当理由请求解除协议的,人民法院不予支持。

该成年人丧失或者部分丧失民事行为能力后,协议确定的监护人有民法典第三十六条第一款规定的情形之一,该条第二款规定的有关个人、组织申请撤销其监护人资格的,人民法院依法予以支持。

——《最高人民法院关于适用〈中华人民共和国民法典〉总则编若干问题的解释》(2022 年 3 月 1 日,法释〔2022〕6 号)。

【链接：理解与适用】

意定监护,以书面的监护协议为成立要件。实践中,关于该监护协议能否参照适用委托合同的问题,一直存有争议。

一种观点认为,一方委托另一方当事人,在一方丧失或者部分丧失民事行为能力时,另一方为其担任监护人的协议,显然具有委托合同的属性。也有观点认为,意定监护协议在原则上可以适用委托合同的原理和规则,但需考虑意定监护的特别之处。因为按照意定监护的委托合同构造,委托合同仅给予受托人处理他人事务的事务管理权,不一定包括代理权授予,而意定监护中的代理权主要源于意定授权。且意定监护协议具体参照适用委托合同到什么程度很难确定,比如违约责任、违约金调整以及是否区分有偿与无偿等问题,一概参照适用委托合同不够妥当。最终,《总则编解释》第 11 条重点聚焦实践中普遍关注的意定监护中监护协议的任意解除权问题作出规定。

一是充分考虑监护本身包含的职责或者负担属性,以及双方当事人的信任关系是意定监护的基础等因素,参照民法典第九百三十三条关于委托合同中委托人和受托人任意解除权的规定,明确在成年人丧失或者部分丧失民事行为能力前,成年人和意定监护人均享有任意解除监护协议的权利。这是因为在监护协议生效以前,受托人尚未成为监护人,无须履行监护职责,委托人也尚处于完全民事行为能力阶段,通过意思自治原则完全能充分维护自己的权益,如果任何一方萌生解除协议的念头,强行维持的监护关系也不能最大限度地维护被监护人的利益。

二是明确在成年人已经丧失或者部分丧失民事行为能力的情况下,意定监护人无正当理由不享有解除监护协议的权利。这主要考虑到,此时意定监护人已经负有依据该监护协议履行监护职责的义务,并且此处的监护职责与法定监护、指定监护规则下的监护职责在本质上具有一致性,即具有法定性乃至强制性。如仍允许监护人行使任意解除权,极易产生监护真空,使得意定监护制度功能价值大打折扣。但是如果在此情形下一概认定监护人不享有任意解除权,过于绝对,我们参考借鉴我国台湾地区"民法"的做法,增加了"无正当理由"这一限定。

考虑到成年人丧失或者部分丧失民事行为能力后,意定监护人应当开始履行监护职责。为引导意定监护人依法履行监护职责,保护被监护人的合法利益,《总则编解释》第 11 条第 2 款明确了有关撤销意定监护人监护资格的规则。

需要说明的是,该款规定特别注意了与民法典第四百六十四条第二款规定的衔接。因为意定监护系以有关监护关系的协议为基础,应当适用有关监护关系的法律规定,仅在监护制度没有规定的情况下,才可以根据协议性质参照适用合同编的规定。鉴于通过意定监护和法定监护方式确定的监护人,监护行为都应当受到整个民法典监护制度的约束,故《总则编解释》第 11 条第 2 款将对意定监护人的监督指向民法典第三十六条第一款,不仅没有突破民法典第三十六条的立法本意,还满足了对意定监护人进行监督的实践需要。

有观点认为,这一规定为当事人通过协议选择监护监督人也预留了空间。如果成年人与民法典第三十六条第二款规定的其他依法具有监护资格的人,居民委员会、村民委员会、医疗机构、妇女联合会、残疾人联合会、依法设立的老年人组织、民政部门等民事主体签订意定监护监督协议,依据合同自愿原则,没有不认可其效力的理由。这既不违反法律的现行规定,又能认可意定监护监督协议的效力,对意定监护协议进行监督,更好地保护意定被监护人的合法权益。

这一见解较有道理,在《总则编解释》起草过程中,我们曾根据实践需要对监护监督制度作了规定,后因各方意见尚未完全一致而未规定,但这不影响实践中继续探索积累经验。

——郭锋、陈龙业、蒋家棣、刘婷:《〈关于适用民法典总则编若干问题的解释〉的理解与适用》,载《人民司法·应用》2022 年第 10 期。

【链接：最高人民法院法官著述】

监护协议条件成就的判定

我国监护制度与民事行为能力相互关联,只有在自然人欠缺行为能力时才为其设立监护。据此,我国意定监护协议自订立协议的一方当事人丧失或者部分丧失行为能力时生效。

一般而言,心智丧失、不具有识别能力和判断能力,即为丧失民事行为能力;未完全丧失意思能力,能够进行适合其智能状况的民事行为,即为部分丧失民事行为能力。如何判断当事人是否能够辨认自己的行为比较困难。

《民法典》第 24 条规定,由当事人的利害关系人或者有关组织向人民法院申请认定该成年人为无民事行为能力人或者限制民事行为能力人。因此,意定监护协议一般应当在当事人被认定为无民事行为能力或者限制民事行为能力时始发生效力。

——最高人民法院民法典贯彻实施工作领导小组主编:《中华人民共和国民法典总则编理解与适用[上]》,人民法院出版社 2020 年版,第 203 页。

编者说明

《老年人权益保障法》第 26 条第 1 款对意定监护制度作出规定:"具备完全民事行为能力的老年人,可以在近亲属或者其他与自己关系密切、愿意承担监护责任的个人、组织中协商确定自己的监护人。监护人在老年人丧失或者部分丧失民事行为能力时,依法承担监护责任。"《民法典》在《老年人权益保障法》规定的基础上,进一步扩大适用范围,将意定监护制度适用于具有完全民事行为能力的成年人,第 33 条规定:"具有完全民事行为能力的成年人,可以与其近亲属、其他愿意担任监护人的个人或者组织事先协商,以书面形式确定自己的监护人,在自己丧失或者部分丧失民事行为能力时,由该监护人履行监护职责。"

意定监护是在监护领域对自愿原则的贯彻落实,是具有完全民事行为能力的成年人对自己将来的监护事务,按照自己的意愿事先所作的安排。依据《民法典》第 33 条规定,具有完全民事行为能力的成年人确定自己丧失或者部分丧失民事行为能力时的监护人,应当事先取得被选择方的认可,即经双方协商一致。意定监护与法定监护的区别在于:意定监护是对成年人完全基于自己意愿选择监护人的尊重,自己意愿起决定性作用;法定监护是基于法律规定的条件和程序确定监护人,适用《民法典》第 27 条至第 32 条的规定。[1]

《民法典总则编解释》第 11 条第 1 款第 1 句明确,在成年人丧失或者部分丧失民事行为能力前,协议任何一方有权解除意定监护协议。即,具有完全民事行为能力的成年人、监护人仅在成年人丧失或者部分丧失民事行为能力前有权任意解除意定监护协议。第 2 句明确,在成年人丧失或者部分丧失民事行为能力后,意定监护协议正式生效,受任人开始按照协议约定履行监护职责,此时监护人无正当理由不得解除意定监护协议。本条第 2 款明确,对于意定监护人的监督,适用《民法典》第 36 条有关撤销监护人资格的规定。

此外,对于"成年人丧失或者部分丧失民事行为能力"的认定,是否须经人民法院生效判决宣告确定的问题,最高人民法院的倾向性观点是,为避免监护人自行认定成年人已经丧失或者部分丧失民事行为能力而侵害成年人利益,必须经人民法院生效判决宣告确定。由人民法院通过特别程序审理宣告成年人为无民事行为能力或者限制民事行为能力人,更能准确认定意定监护协议的生效时间,固定监护人责任。[2]

097 通过监护人履职报告和定期公示,对失能老年人监护加强监督,保障其得到最有利监护

关键词 | 意定监护 | 监护监督 | 最有利于被监护人 |

【最高人民法院参考案例】

案例二 对失能老年人监护加强监督保障其得到最有利监护——赵甲、赵乙、赵丙申请指定监护人纠纷案

一、基本案情

老人严某某有赵甲、赵乙、赵丙三子女,老人自丈夫去世至患病住院前一直与赵甲共居生活。住院期间三子女均有看护,存折及证件由赵甲管理。老人现无民

① 参见黄薇主编:《中华人民共和国民法典总则编解读》,中国法制出版社 2020 年版,第 99~100 页。
② 参见最高人民法院民法典贯彻实施工作领导小组编著:《最高人民法院民法典总则编司法解释理解与适用》,人民法院出版社 2022 年版,第 206~207 页。

事行为能力。三子女就老人监护事宜存在争议，起诉申请由法院指定监护人，均主张他人存在不利监护因素，自己最适于担任老人监护人。审理中，赵甲按动产、不动产等类别向法院报告了老人名下财产。三子女表示若自己为监护人，愿意定期公示财产和监护情况，接受监督，并由判决确定该义务。

二、裁判结果

审理法院认为，《中华人民共和国民法典》第三十一条规定，人民法院应当尊重被监护人的真实意愿，按照最有利于被监护人的原则在依法具有监护资格的人中指定监护人。本案中，赵甲与老人长期共同生活，为最便利履行监护职责，结合照顾现状、交通条件等情况，判决指定赵甲担任严某某监护人，令其每月向赵乙、赵丙公示上一月度严某某财产管理及监护情况。

三、典型意义

随着我国社会人口老龄化程度不断加深，失能老人生活照顾、财产管理等成为困扰许多家庭的难题。被指定的监护人能否尽心尽力、依法履职，由谁来履行监督职能，更是实践操作的堵点。本案判决按照最有利于被监护人的原则，确定以监护人履职报告和定期公示为内容的创新模式，让失能老人监护归于"老人本位、家庭成员共同参与"。不仅有利于促进矛盾纾解和孝亲敬老家风建设，也对监护人监督模式进行了有益探索。

——《人民法院老年人权益保护第三批典型案例》，载《人民法院报》2023年4月28日，第2版。

【链接：答记者问】

问：2021年中共中央、国务院发布《关于加强新时代老龄工作的意见》，提出要完善老年人监护制度。随着我国社会老龄化程度加深，失智、失能老年人增多，相关监护问题引起社会广泛关注。请问这次发布的典型案例是否有所体现？如何利用民法典新规定的意定监护制度，有效保障老年人的合法权益？

答：随着我国老龄化程度加深，如何充分尊重老年人真实意愿、保障失智、失能老年人的合法权益，需要全社会共同面对。鉴于此，我们选取了一个对指定监护人创新监督模式的案例。这个案例中，患有阿尔兹海默症的老人有三名子女，均愿担任老人的监护人，同时认为其他子女在监护方面存在不利因素，担心不能尽责，争执不下。人民法院考虑最便利履行监护职责等情况，判决指定其中一个子女担任监护人，同时，要求其每月定期向其他子女公示财产管理及监护情况，真正让最有利于被监护人原则落地生根。该案中，以监护人履职报告和定期公示为内容的创新模式，让失能老人监护归于"老人本位、家庭成员共同参与"。有利于促进矛盾纾解和孝亲敬老家风建设，对监护人监督模式进行了有益探索。引导监护人自觉履行监护职责,让失智、失能老年人感受到家庭的温暖、社会的友善,让他们活得更有尊严。同时,也为在家庭内部如何对监护人履职情况进行监督提供了切实有效的规则参考和行为指引。

民法典在老年人权益保障法基础上进一步发展和完善了意定监护制度。这个制度对老年人尤其是担心随着年纪增长、身体机能衰退可能导致失能、失智的老年人非常贴心和友好。满足了老年人"我的监护我做主"的愿望,体现了对人的自由意志和人格尊严的充分尊重。老年人可以在身体尚康健、神志尚清晰时与自己最信任的人提前签订意定监护协议,受委托的可以是其亲属、朋友、同事,还可以是其他愿意担任监护人的组织,通过意定监护制度对自己失能、失智后的生活提前作出安排,解除老年人的后顾之忧。在签订意定监护协议时,可以考虑参照本次发布的典型案例,确定意定监护人的同时,约定由其他人对该监护人进行监督,充分保障老年人得到全面照护。

——《依法保护老年人合法权益 增强全社会积极应对人口老龄化意识——最高法民一庭相关负责人就老年人权益保护第三批典型案例答记者问》,载《人民法院报》2023 年 4 月 28 日,第 2 版。

编者说明

随着我国社会人口老龄化程度不断加深,失能老人生活照顾、财产管理等成为困扰许多家庭的难题。被指定的监护人能否尽心尽力、依法履职,由谁来履行监督职能,更是实践操作的堵点。上述赵甲、赵乙、赵丙申请指定监护人纠纷一案,法院依法指定监护人的同时要求其定期公示财产管理及监护情况,由近亲属共同监督,让失能老人得到最有利监护。[①]

098　认定成年人丧失或者部分丧失民事行为能力的程序规则

关键词｜意定监护｜丧失行为能力｜特别程序｜

【链接：最高人民法院法官著述】

认定成年人是否丧失或者部分丧失民事行为能力,不仅关乎意定监护协议何时生效、意定监护人开始履行监护职责,还影响着行使意定监护协议任意解除权的最后期限,应当审慎作出判断。……

我国民法典第三十三条明确将成年人民事行为能力欠缺作为意定监护人履行

---

① 参见《聚焦老年人急难愁盼 全面保护老年人权益——最高法发布老年人权益保护第三批典型案例》,载《人民法院报》2023 年 4 月 28 日,第 1 版。

监护职责的启动条件,但对于此民事行为能力欠缺是否须以有权机关作出认定为前提,则没有具体规定。对此,学界主要存在两种不同认识。一种观点认为,应取消作为设立监护前置程序的行为能力欠缺宣告制度,成年人需不需要设立监护采行个案审查的方式。通过特别程序宣告成年人欠缺行为能力并确认监护人,存在未必符合成年人主观意愿、程序费时费力、审判实践中无行为能力泛化、难以保障成年人人格权益、欠缺个案衡量等弊端。另一种观点认为,意定监护协议须经人民法院通过特别程序宣告才可能产生法律效力。根据我国民事诉讼法的有关规定,认定本人为无民事行为能力和限制民事行为能力必须经过宣告程序,如果意定监护制度没有就此作出特别规定,那么关于无民事行为能力或者限制民事行为能力的认定就应该参照民事诉讼法关于宣告制度的相关规定,由其近亲属或者其他利害关系人向该公民住所地基层人民法院提出申请。

以笔者观察,反对通过人民法院特别程序认定成年人民事行为能力情况的观点,之所以更加强调个案判断,主要是从快速落实被监护人意愿、保护被监护人利益角度作出的一种价值考量,但在司法实践中,我们不仅要充分保障意定监护制度在将来被监护的成年人意思自由方面的体现与实现,还要尽可能避免在制度贯彻过程中对其合法权益产生不利影响。

首先,相较美国、法国对出具成年人精神状态诊断证明的具体要求,以及韩国对选任意定监护监督人的要求,我国立法在意定监护启动条件的设置上相对宽松。在现行立法未强调意定监护协议须经公证的情况下,如果纯粹依靠意定监护人主张成年人的民事行为能力欠缺,并自行判断监护责任的履行时间,难免存在不当代替成年人决策、剥夺成年人判断能力的风险。反之,由公权力介入,经过特别程序审理宣告成年人为无民事行为能力人或者限制民事行为能力人,更能有效限定意定监护的启动条件,固定监护人的监护责任。

其次,通过行为能力宣告制度更能有效辨别成年人的智力、精神健康状况等情况,以便意定监护人保障并协助被监护人实施与其状况相适应的民事法律行为。否则,如仅依个案判断,除非植物人等自然状态,有权机关很难就其他情况作出准确认定。而且,行为能力宣告制度兼具形成效力和宣示效力,只有在法院作出宣告后,被宣告人才成为法律意义上的无民事行为能力人或者限制民事行为能力人,相关制度才开始为其设置监护人,否则虽然有合适的人担任监护人,也不会因欠缺民事行为能力的事实自动在二人之间成立监护与被监护的关系。

再次,在程序法规范上,我国民事诉讼法本身就有认定公民无民事行为能力、限制民事行为能力的特别程序规定,将之作为启动意定监护的制度设计,不仅无需创设新的程序,还有利于做到与实体法规范的衔接统一。同时,与之一体确定监护人、法定代理人,对于此后监护人代理成年人实施民事法律行为,也具有诉讼法和事实上的确定性、便利性。

最后,特别程序本身即具有快速便捷的优点。成年人如确已存在民事行为能力方面的问题,通常也会备有精神状态方面的就诊资料、鉴定意见等,人民法院通过特别程序审理起来也较为快捷。退一步讲,即使因鉴定、审理时间过长,影响监护人的确定进度,亦可通过民法典第三十一条规定的临时监护人制度进行补足,不致使得对被监护人的照顾处于真空状态。

因此,笔者认为由人民法院特别程序审理认定成年人的民事行为能力情况、确定意定监护的生效时间,更符合当前我国监护与民事行为能力密切相连的基本现状。

需要说明的是,上述分析属于在民法典等法律没有具体规定如何衔接既有诉讼程序规则的情况下,为双方当事人提供快捷、公正程序保障的合理合法做法。本着意定监护制度的价值导向——在充分尊重被监护人意愿的前提下尽量保护被监护人利益,意定监护人履行职责有必要尽量靠前,尤其是在对是否应当履行监护职责的时间点存有争议时,宜推动甚至认定意定监护人应当先履行监护职责,将行为能力认定的特别程序作为最后的一道救济程序,似更加妥当。在当事人对意定监护人是否应当履行监护职责产生争议时,从保护被监护人利益的目的考量,在现行法框架下,通过医疗机构的有关医学证明,参照民法典第三十一条关于指定监护的规定,由村委会、居委会或者民政部门予以确定,应该说也是值得进行探索参考的做法,只是在此情形下,有必要赋予该意定监护人一定的救济渠道,赋予其相应的诉权。此外,在被监护人是否丧失或者部分丧失民事行为能力尚未确定之时,该意定监护人已经自愿履行监护职责的,当然属于允许、鼓励的范畴。①

——刘婷:《意定监护的法律适用——兼析〈总则编解释〉第 11 条的理解与适用》,载《人民司法·应用》2023 年第 1 期。

编者说明

成年人是否缺失相应的民事行为能力,宜通过特别程序快速确定,但也有必要探索其他有利于保护被监护人的方式。

099 在成年人丧失或者部分丧失民事行为能力后,监护人无正当理由不得解除监护协议

关键词 │ 意定监护 │ 解除合同 │ 被监护人利益保护 │

————————

① 参见北京市第三中级人民法院(2021)京 03 民终 20420 号民事判决。

【最高人民法院司法解释】

第十一条第一款 具有完全民事行为能力的成年人与他人依据民法典第三十三条的规定订立书面协议事先确定自己的监护人后，协议的任何一方在该成年人丧失或者部分丧失民事行为能力前请求解除协议的，人民法院依法予以支持。该成年人丧失或者部分丧失民事行为能力后，协议确定的监护人无正当理由请求解除协议的，人民法院不予支持。

——《最高人民法院关于适用〈中华人民共和国民法典〉总则编若干问题的解释》(2022 年 3 月 1 日，法释〔2022〕6 号)。

【链接：最高人民法院法官著述】

从意定监护人的角度看，其确有可能因自身年龄、身体、精力甚至经济方面原因导致监护意愿降低、监护能力下降，准许其提出在监护能力、履职方便程度等方面的不足，摆脱监护职责的束缚，也具有公平合理之处。但是按照有约必守的基本精神和对被监护人利益保护的需要，对此"正当理由"必须进行严格限缩。

笔者倾向于认为，有关正当理由应当限定于意定监护人监护能力明显下降比如生活窘迫、与被监护人的信任关系严重下降从而导致会危害被监护人利益的情形。意定监护人依据《总则编解释》第 11 条第 1 款后段的规定请求解除意定监护协议的，人民法院应当以被监护人利益保护为基础，综合考量协议双方的现实情况、协议约定的内容、协议解除后对被监护人利益的影响、是否有更好的监护人人选、监护意愿是否明显下降等因素，对意定监护人请求解除协议的事由进行审查。如设立意定监护协议之目的确已无法实现的，宜尽快准许协议解除，并依法为被监护人另行指定监护人。

——刘婷：《意定监护的法律适用——兼析〈总则编解释〉第 11 条的理解与适用》，载《人民司法·应用》2023 年第 1 期。

编者说明

监护关系成立之后，意定监护人解除监护协议的正当理由应当严格限定，以平衡有约必守、保护被监护人的价值理念。

100 意定监护协议未明确约定监护人报酬的，意定监护人没有报酬请求权

关键词 │ 意定监护 │ 报酬请求权 │ 有偿合同 │ 无偿合同 │

【链接：最高人民法院法官著述】

意定监护协议的有偿与无偿区分

判断意定监护协议是有偿还是无偿性质,具体还涉及意定监护人是否享有报酬请求权的问题。……

笔者认为,综合考量监护的职责义务核心属性和对当事人的意思自治尊重,宜允许意定监护人有权依据意定监护协议的约定请求获得报酬,但对于协议双方未约定报酬的,不宜直接从权利义务一致性的角度在规则层面直接赋予意定监护人以报酬请求权。

此主要考虑是,一方面,如意定监护人对成年人负有法定的赡养义务,其所负监护职责即发生约定义务与法定义务的重合。以父母与成年子女为例,成年子女对父母负有赡养、扶助和保护的义务。在法定监护规则下,无民事行为能力或者限制民事行为能力的父母的第一顺序监护人应是其配偶,第二顺序法定监护人才为其子女。但在意定监护制度中,父母可以通过与成年子女订立意定监护协议,确定由成年子女负责其此后人身和财产等事务的照料。此时由于子女也是在依法履行赡养义务,不宜在双方未约定报酬的情况下直接认定子女对父母享有报酬请求权,否则从法定义务履行以及整个社会价值导向上都会产生混乱。

另一方面,在意定监护协议双方未明确约定报酬请求权的情况下,通过裁判的方式直接肯定意定监护人的报酬请求权,可能涉及对当事人意愿的不当干预,也会直接增加被监护人的负担。因此,只有在意定监护协议明确约定监护人享有报酬请求权的情况下,才能认定意定监护协议是有偿性质,对于其他未约定的情况仍应按照无偿处理。

——刘婷:《意定监护的法律适用——兼析〈总则编解释〉第 11 条的理解与适用》,载《人民司法·应用》2023 年第 1 期。

101 意定监护协议解除后的损害赔偿范围

关键词 ｜ 意定监护 ｜ 合同解除 ｜ 赔偿范围 ｜

【链接：最高人民法院法官著述】

在此需要注意的是,考虑到监护协议本身浓厚的人身信任属性,有关损害赔偿的规则并不能完全按照等价有偿的合同规则进行。具体而言,意定监护人因不可归责于自己的原因任意解除意定监护协议的,鉴于此时该成年人尚未丧失或者部分丧失民事行为能力,双方尚未形成意定监护关系,其并不存在因不可能亲自处理约定事务,且又不能及时找到合适的受任人代为处理事务而发生损害的情况,于此情形下一般不涉及与履行监护职责直接相关的损害赔偿问题。而该成年人因不可归责于自己的原因任意解除意定监护协议的,则可能导致意定监护人遭受损害,此时宜按照前文有关意定监护协议是否有偿的判断方法,参照民法典第九百三十三条的规定确定赔偿范围。

在意定监护人履行监护职责后因正当理由解除监护协议的情况下,因其解除监护协议具有正当性,通常也不会存在对被监护人的损害赔偿问题,但是在意定监护人无正当理由拒不履行监护协议确定的监护职责的情况下,不仅涉及有关其监护人资格撤销的问题,还会存在依照监护协议约定产生的损害赔偿问题。笔者认为,此时依据民法典第四百六十四条第二款的规定,参照适用合同编有关违约责任以及委托合同的有关规定确定相应的违约损害赔偿也是合理的。当然,由于有关身份关系的协议依照其性质参照适用合同编规定属于民法典中的新规定,还需要实践中进一步总结积累经验,需要理论上进一步加强研究论证。

——刘婷:《意定监护的法律适用——兼析〈总则编解释〉第 11 条的理解与适用》,载《人民司法·应用》2023 年第 1 期。

102 意定监护与法定监护的衔接适用

关键词 | 意定监护 | 法定监护 | 丧失行为能力 |

【最高人民法院司法解释】

第十一条　具有完全民事行为能力的成年人与他人依据民法典第三十三条的规定订立书面协议事先确定自己的监护人后,协议的任何一方在该成年人丧失或者部分丧失民事行为能力前请求解除协议的,人民法院依法予以支持。该成年人丧失或者部分丧失民事行为能力后,协议确定的监护人无正当理由请求解除协议的,人民法院不予支持。

该成年人丧失或者部分丧失民事行为能力后,协议确定的监护人有民法典第三十六条第一款规定的情形之一,该条第二款规定的有关个人、组织申请撤销其监护人资格的,人民法院依法予以支持。

——《最高人民法院关于适用〈中华人民共和国民法典〉总则编若干问题的解释》(2022 年 3 月 1 日,法释〔2022〕6 号)。

【链接: 最高人民法院法官著述】

《总则编解释》第 11 条关于意定监护协议解除、意定监护人监护资格撤销的规定,从法律后果上讲,都属于意定监护关系的终止。对于意定监护关系在成年人丧失或者部分丧失民事行为能力前终止的,由于成年人尚具有完全民事行为能力,无确定监护人之现实必要,故不存在意定监护与法定监护的衔接问题。但在成年人丧失或者部分丧失民事行为能力后,意定监护人以正当理由解除监护协议或者因其不履行监护职责导致该成年人失去照顾保护的情况下,这时就急需确定新的监护人。对此,有学者提出,为防止突然解除协议而对被监护人权益造成不当损害,被选定的监护人如果以正当理由解除合同,应当在合理期限之前通知被监护人的法定监护人,以使意定监护的终止与法定监护的开始相衔接。这一观点为意定监护与法定监护的衔接提供了有益参考。

　　依笔者之见,为从优保障被监护的成年人利益,宜从现有监护制度框架下的监护关系终止和监护人资格撤销规则入手,实现对监护人的快速确定。具体而言,监护人丧失民事行为能力、死亡或者解除意定监护协议等都属于人民法院应当认定监护关系终止的情形,监护关系终止后,该成年人仍然需要监护的,应当依法另行确定监护人。即按照法定监护规则,依据民法典第二十八条的规定确定无民事行为能力或者限制民事行为能力的成年人的监护人。对监护人的确定无争议的,该监护人依法对成年人负有监护职责;对监护人的确定有争议的,应当依据民法典第三十一条的规定指定监护人,此时被指定的人就是成年人的监护人。此外,对于意定监护人的监护人资格被撤销的,应当依据民法典第三十六条的规定,由人民法院根据有关个人或者组织的申请,安排必要的临时监护措施,并按照最有利于被监护人的原则依法指定监护人。

　　——刘婷:《意定监护的法律适用——兼析〈总则编解释〉第 11 条的理解与适用》,载《人民司法・应用》2023 年第 1 期。

103 意定监护与法定监护冲突的,根据最有利于被监护人原则和最大限度尊重被监护人真实意愿原则,确定监护人

关键词┃意定监护┃法定监护┃变更监护人┃

【最高人民法院参考案例】

案例二　孙某乙申请变更监护人纠纷案
一、基本案情
　　被监护人孙某某现年 84 岁,曾患小儿麻痹症,有肢体残疾后遗症,父母、妻子均已过世。2019 年,孙某某的房屋因旧房改造被征收。孙某某的女儿孙某甲在其不知情的情况下,申请对孙某某行为能力鉴定并指定自己为监护人,后经司法鉴定

科学研究院鉴定,法院判决宣告孙某某为限制民事行为能力人,指定孙某甲为其监护人。现孙某某侄女孙某乙起诉要求变更监护人。经法院查明,上海市普陀区公证处出具的《公证书》载明,孙某某与孙某乙等签订的《意定监护协议》约定委任孙某乙为意定监护人、陶某某为监护监督人。房屋拆迁后,孙某某不再与孙某甲共同生活,孙某某的钱款和证件等均处于孙某乙及其父亲的保存与管理中,孙某乙对其进行照顾。审理中,法院在庭审与居住地调查中多次征询孙某某意见,其均表示希望孙某乙作为监护人。

二、裁判结果

上海市静安区人民法院认为,孙某某虽为限制民事行为能力人,但有一定的理解表达能力,其多次表示不愿意让孙某甲担任监护人、同意孙某乙担任监护人,态度十分坚决。考虑被监护人孙某某的实际状况,孙某甲在客观上无法再继续履行监护职责,亦未将监护责任部分或全部委托给他人。从有利于被监护人孙某某的角度出发,判决变更监护人为孙某乙,希望孙某乙能从维护被监护人利益的角度出发,依法行使监护的权利,认真履行监护职责,切实保护孙某某的人身、财产及其他合法权益,除为维护孙某某的利益外,不得擅自处理孙某某的财产。若孙某乙存在侵害被监护人利益的情况,孙某甲等其他愿意担任孙某某监护人的个人或组织亦可申请法院变更监护人。

三、典型意义

本案系典型的意定监护与法定监护相冲突的变更监护权案判决。法院既考量意定监护协议约定,又考量被监护人的实际生活情况,坚持最有利于被监护人原则和最大限度尊重被监护人真实意愿原则,多次征询被监护人意见,并突击走访被监护人家中和居委会,了解其真实生活与医疗等情况,综合各方面因素,依法判决变更监护人。同时,积极引导监护人自觉履行监护职责,切实保障了"失智"老年人的合法利益。此外,本案裁判后,孙某某就案涉房屋拆迁的动迁利益仍在动迁组,保障了孙某某的动迁安置利益等财产安全。

——《人民法院老年人权益保护第二批典型案例》,载《人民法院报》2022 年 4 月 9 日,第 2 版。

【链接：答记者问】

问:随着我国老龄化程度加深,"失智"老年人增多,相关监护问题引起社会广泛关注。人民法院如何保护被监护老年人的权益?

答:确如所提问题,随着我国老龄化程度加深,如何充分尊重老年人真实意愿,如何保障"失智"老年人的合法权益,是全社会需要共同面对的问题。针对"失智"老年人的监护问题,我们此次选取了一个申请为老年人变更监护人案。这个案例中,女儿为了取得八旬老父亲孙某某的房屋拆迁安置补偿款,在孙某某不知情的情况下,申请对其进行行为能力鉴定并指定自己为监护人,告知孙某某鉴定过程是在"看毛病""体检"。此后,孙某某的侄女起诉要求变更其为监护人,并出具公证书,主张孙某某在被宣告成为限制民事行为能力人之前就签订了《意定监护协议》,委任了监护人和监护监督人。人民法院在审理该案中既考量意定监护协议约定,又考察被监护人的实际生活情况,充分尊重老年人真实意愿,依法判决变更孙某某的监护人。同时,积极引导监护人从维护老年人利益的角度出发,依法行使监护权利,认真履行监护职责,切实保护老年人的人身、财产及其他合法权益。明确若存在侵害被监护人利益的情况,其他愿意担任监护人的个人或组织亦可申请法院变更监护人。

该案中,人民法院坚持最有利于被监护人原则和最大程度尊重被监护人真实意愿原则,贯彻落实民法典和老年人权益保障法中的意定监护制度,妥善处理意定监护与法定监护相冲突的问题。积极引导监护人自觉履行监护职责,切实保障"失智"老年人的合法利益。同时,也为需要通过意定监护协议,妥善安排自身生活事宜、维护自己合法权益的老年人提供了切实有效的规则参考和行为指引。

——《充分发挥审判职能 加强老年人权益保障——最高法民一庭负责人就〈最高人民法院关于为实施积极应对人口老龄化国家战略提供司法服务和保障的意见〉暨老年人权益保护第二批典型案例答记者问》,载《人民法院报》2022 年 4 月 9 日,第 3 版。

104 监护人不能有效管理被监护人财产,其与第三方协商一致并听取被监护人意见,可向法院申请委托第三方监管财产

关键词 | 变更监护人 | 监护能力 | 财产监管 |

【最高人民法院公报案例】

姜某某、孟某某与乔某甲申请变更监护人案[上海市长宁区人民法院民事判决书,2017.4.12]

裁判摘要:在申请变更监护人、变更抚养关系等需要确认未成年人、无行为能力或者限制行为能力人的财产监管责任的案件中,如监护人因年龄、身体健康等原因导致财产监管能力不足,或者监护人与被监护人的财产利益存在冲突等情况,造成监护人无法有效管理被监护人财产,可能造成其财产利益受损的,为体现"最有利于被监护人"的法律原则,经监护人与第三方协商一致并听取被监护人意见,经法院审查认定,可将被监护人财产委托第三方监管。

上海市长宁区人民法院经审理认为，父母是未成年子女的法定监护人，现被监护人乔某乙的父母皆已过世，居民委员会指定了被申请人乔某甲成为乔某乙的监护人，乔某甲尽到了监护责任。然乔某乙在生活中难免与乔某甲的亲属产生矛盾，其本人希望由申请人姜某某、孟某某担任监护人，现两申请人与被申请人达成一致意见，符合法律规定，予以准许。关于财产监管的问题，根据法律规定，监护人有管理和保护被监护人财产的义务。乔某甲作为原监护人出于保护乔某乙合法权益出发，提议由可信任的案外人暂时保管乔某乙的银行卡，符合情理。案外人韩某某也愿意承担监管义务，考虑到两申请人文化水平有限，年岁已高，乔某乙也系未成年，其心智尚未完全成熟，案涉钱款系已离世的父母留给乔某乙的最后财产，确需慎重保管和处理，本案两申请人亦同意将乔某乙钱款交由韩某某监管。综合本案案情和现实生活中的情况，法院具体考量如下。

首先，在我国将被监护人财产交第三方监管是有法律依据的。当前的司法实践中，财产形式的多样化、财产关系的复杂化、经济行为的丰富化对财产监护能力提出更高要求。民法通则第十八条以及 2017 年 10 月 1 日起正式实施的民法总则第三十五条①对被监护人的财产监护职责作了原则规定。《最高人民法院关于贯彻执行〈中华人民共和国民法通则〉若干问题的意见（试行）》第二十二条规定，"监护人可以将被监护人监护职责部分或者全部委托给他人。"民法总则第三十五条明确规定，"监护人应当按照最有利于被监护人的原则履行监护职责。监护人除为维护被监护人利益外，不得处分被监护人的财产"。

其次，关于第三方资质的问题。监管被监护人财产的主体范围可以是被监护人的近亲属、亲朋好友等合适成年人，或是公证机关，或是妇联、关工委、居民（村）委员会、民政等公益组织。本案中，两申请人姜某某、孟某某和被申请人乔某甲共同选定由被监护人乔某乙的表舅韩某某担任财产监管人。法院在听取两申请人和被申请人意见的基础上，听取了案外人韩某某本人意见，其表示乔某乙系孤儿，愿意承担监管责任，由其保管该款项的银行卡或存折。法院还委托社会观护员调查韩某某的经济状况、社会表现、有无不良记录等各方面情况，确保韩某某确实具有监管乔某乙财产的能力，并会为了乔某乙的利益最大化管理其财产。

再次，为保证未成年被监护人利益的最大化，法院还详细解释并听取了被监护人乔某乙对财产监管方式的意见。乔某乙表示对由表舅韩某某担任财产监管人无异议，没有抵触心理。

最后，在各方面条件均具备的情况下，法院组织两申请人姜某某、孟某某，被申请人乔某甲和案外人韩某某在法官见证下，签订了书面监管协议，明确了财产清

---

① 《民法通则》第 18 条、《民法总则》第 35 条对应《民法典》第 35 条。——编者注

单、监管方式、监管时间等具体内容,并由法院审核确认,以此规范财产监管人的行为,保障未成年被监护人的财产得到最好管理和维护。

法院还指出,监护人有管理和保护未成年人财产的义务。财产监管是为防止监护人与未成年人的财产利益相冲突下,监护人无法合理有效管理未成年人财产并损害未成年人财产利益或者监护人出于自身管理财产能力等因素,自愿将未成年人财产交由他人代为监管。财产监管人并非未成年人财产的所有权人,财产监管人侵犯未成年人财产权益,未成年人或者监护人可以追究财产监管人的法律责任。

——《最高人民法院公报》2022 年第 9 期。

105 委托监护中受托人不会成为监护人

关键词 │ 委托监护 │ 监护职责 │ 身份权 │

【最高人民法院司法解释】

第十三条　监护人因患病、外出务工等原因在一定期限内不能完全履行监护职责,将全部或者部分监护职责委托给他人,当事人主张受托人因此成为监护人的,人民法院不予支持。

——《最高人民法院关于适用〈中华人民共和国民法典〉总则编若干问题的解释》(2022 年 3 月 1 日,法释〔2022〕6 号)。

【链接:理解与适用】

监护权作为一种身份权,以义务为中心,而不是以权利为中心。……监护权作为一种身份权,只有法律规定的特定主体才享有,基于身份权的专属性,监护权不得让渡,故受托人并不因委托监护而享有监护权。……

在监护人将监护职责委托给他人的情况下,如果被监护人造成了他人的损害,由于受托人只是协助监护人履行监护职责,并不改变原监护人的地位,受托人代监护人照管被监护人,监护权并不因委托监护的发生而转移,只是监护人履行监护职责方式的变更,故仍应由监护人对被监护人造成的损害承担侵权责任。监护人承担的这种赔偿责任的范围、赔偿费用的支付仍适用《民法典》第 1188 条关于监护人责任的规定。受托人有过错的,根据《民法典》第 1189 条承担相应的责任。

——最高人民法院民法典贯彻实施工作领导小组编著:《最高人民法院民法典总则编司法解释理解与适用》,人民法院出版社 2022 年版,第 231 页。

106 监护人是否具有监护能力的判断标准

关键词 | 监护人 | 监护能力 | 撤销监护人资格 | 遗弃 |

【最高人民法院司法解释】

第六条 人民法院认定自然人的监护能力，应当根据其年龄、身心健康状况、经济条件等因素确定；认定有关组织的监护能力，应当根据其资质、信用、财产状况等因素确定。

——《最高人民法院关于适用〈中华人民共和国民法典〉总则编若干问题的解释》（2022 年 3 月 1 日，法释〔2022〕6 号）。

【链接：理解与适用】

一、关于自然人没有监护能力的判断标准

实践中，自然人没有监护能力多为以下三种情况：一是不具有完全民事行为能力；二是被剥夺人身自由；三是下落不明。具体到"父母没有监护能力"，一般表现为：不具备履行监护职责的身体健康要求或相应经济条件，无法履行监护职责等。具体到"父母之外的其他个人没有监护能力"，一般表现为：年龄较大、身体健康状况不佳、与未成年人相隔较远、自身工作生活负担繁重，无暇承担监护责任、或已负担较重监护任务，无法承担新的监护任务等。

二、关于"组织没有监护能力"的判断标准

具体到"组织没有监护能力"，一般表现为：信誉不佳、没有相应人员和财产、无法对未成年人实施生活照护和人身财产保护、无法提供相应学习条件、无法代理被监护人实施法律行为、无法对被监护人的侵权行为承担责任等。对于"其他愿意担任监护人的组织"是否真正具备监护能力问题，诉讼到法院的，由法院依据本条规定的认定标准综合作出判断。

——最高人民法院民法典贯彻实施工作领导小组编著：《最高人民法院民法典总则编司法解释理解与适用》，人民法院出版社 2022 年版，第 141~142 页。

【最高人民法院公报案例】

张琴诉镇江市姚桥镇迎北村村民委员会撤销监护人资格纠纷案[江苏省镇江市经济开发区人民法院（2014）镇经民特字第 0002 号民事判决书，2014.8.22]

裁判摘要：认定监护人的监护能力，应当根据监护人的身体健康状况、经济条件，以及与被监护人在生活上的联系状况等综合因素确定。未成年人的近亲属没有监护能力，亦无关系密切的其他亲属、朋友愿意承担监护责任的，人民法院可以根据对被监护人有利的原则，直接指定具有承担社会救助和福利职能的民政部门担任未成年人的监护人,履行监护职责。

镇江经济开发区人民法院经审理认为:

未成年人的父母是其法定监护人,但张子鑫的父亲张阿林是视力一级残疾人,无固定工作和生活收入来源,不具有担任张子鑫监护人的能力;张子鑫的母亲徐芳是智力二级残疾人,不能完全辨认自身的行为,也不具备担任张子鑫监护人的能力。张子鑫的祖母张秀芳和外祖父母李云洪、徐庆娥,是法律规定的应当担任张子鑫的监护人的"近亲属",但也均因身体和经济原因,不具有担任张子鑫监护人的能力。申请人张琴作为张子鑫的姑姑,是张子鑫关系较密切的亲属,其担任张子鑫的监护人,应以自愿为前提。现张琴在被姚桥村委会指定为监护人后向法院提出撤销监护人指定的申请,表明其不愿意担任张子鑫的监护人。且张琴自身是视力一级残疾,其丈夫虽然并无残疾,但两人现有一个三岁的儿子需要抚养,同时两人还需负担照顾母亲张秀芳及哥哥张阿林的责任,再由其担任张子鑫的监护人抚养照顾张子鑫,并不妥当,也不利于张子鑫的健康成长。张琴的申请符合法律规定,应予支持。

同时,根据最高人民法院《关于贯彻执行〈中华人民共和国民法通则〉若干问题的意见(试行)》第 19 条①的规定,判决撤销原指定监护人的,可以同时另行指定监护人。鉴于张子鑫的父母和近亲属没有监护能力,且没有关系密切的其他亲属、朋友愿意承担监护责任,根据法律规定应当由张子鑫的父、母的所在单位或者未成年人住所地的居民委员会、村民委员会或者民政部门担任监护人。由于张子鑫的父母均无业,没有工作单位,只能由张子鑫住所地的村民委员会或民政部门担任监护人。张子鑫作为一个刚满 9 个月的婴儿,既需要专门的场所来安置,也需要专门的人员来照顾,更需要一大笔经费来保障其成年之前的教育、医疗以及日常生活,若由张子鑫住所地的姚桥村委会担任其监护人并不能够使其得到妥善安置。而张子鑫住所地的镇江市民政局承担着接受孤儿、弃婴和城市生活无着的流浪乞讨人员的救助等社会职能,其下属的镇江市儿童福利院,承担社会孤残弃婴的养、治、教、康等职能,确定镇江市民政局担任张子鑫的监护人,由镇江市儿童福利院代为抚养,可以为张子鑫的生活和健康提供良好的环境,更加有利于张子鑫成长。

——《最高人民法院公报》2015 年第 8 期。

【最高人民法院参考案例】

二、梅河口市儿童福利院与张某柔申请撤销监护人资格案

(一)基本案情

2021 年 3 月 14 日 3 时许,张某柔在吉林省梅河口市某烧烤店内生育一女婴

---

① 对应《民法典总则编解释》第 10 条。——编者注

（非婚生,暂无法确认生父）,随后将女婴遗弃在梅河口市某村露天垃圾箱内。当日 9 时 30 分许,女婴被群众发现并报案,梅河口市公安局民警将女婴送至医院抢救治疗。2021 年 3 月 21 日,女婴出院并被梅河口市儿童福利院抚养至今,取名"党心"（化名）。张某柔因犯遗弃罪,被判刑。目前,张某柔仍不履行抚养义务,其近亲属亦无抚养意愿。梅河口市儿童福利院申请撤销张某柔监护人资格,并申请由该福利院作为党心的监护人。梅河口市人民检察院出庭支持梅河口市儿童福利院的申请。

（二）裁判结果

生效裁判认为,父母是未成年子女的法定监护人,有保护被监护人的身体健康、照顾被监护人的生活、管理和保护被监护人的财产等义务。张某柔的遗弃行为严重损害了被监护人的身心健康和合法权益,依照民法典第三十六条规定,其监护人资格应当予以撤销。梅河口市儿童福利院作为为全市孤儿和残疾儿童提供社会服务的机构,能够解决党心的教育、医疗、心理疏导等一系列问题。从对未成年人特殊、优先保护原则和未成年人最大利益原则出发,由梅河口市儿童福利院作为党心的监护人,更有利于保护其生活、受教育、医疗保障等权利,故指定梅河口市儿童福利院为党心的监护人。

（三）典型意义

……本案是适用民法典相关规定,依法撤销监护人资格的典型案例。民法典扩大了监护人的范围,进一步严格了监护责任,对撤销监护人资格的情形作出了明确规定。本案中,未成年人生母构成遗弃罪,为切实保护未成年人合法权益,梅河口市儿童福利院申请撤销监护人资格并申请指定其作为监护人。人民法院依法判决支持其申请,彰显了司法的态度和温度。

——《人民法院贯彻实施民法典典型案例（第一批）》,载中国法院网 2022 年 2 月 25 日,https://www.chinacourt.org/article/detail/2022/02/id/6547882.shtml。

编者说明

根据《民法典》第 31 条第 2 款的规定,法院指定监护人的原则:一是应当尊重被监护人的真实意思表示;二是按照最有利于被监护人的原则指定。

《民法典》第 36 条规定:"监护人有下列情形之一的,人民法院根据有关个人或者组织的申请,撤销其监护人资格,安排必要的临时监护措施,并按照最有利于被监护人的原则依法指定监护人:（一）实施严重损害被监护人身心健康的行为;（二）怠于履行监护职责,或者无法履行监护职责且拒绝将监护职责部分或者全部委托给他人,导致被监护人处于困境状态;（三）实施严重侵害被监护人合法权益的其他行为。本条规定的有关个人、组织包括:其他依法具有监护资格的人,居民委员会、村民委员会、学校、医疗机构、妇女联合会、残疾人联合会、未成年人保护组织、依法设立的老年人组织、民政部门等。前款规定的个人和民政部门以外的组织未及时向人民法院申请撤销监护人资格的,民政部门应当向人民法院申请。"本案中,人民法院通过依法撤销构成遗弃犯罪的未成年人母亲的监护资格,确保《民法典》对未成年人的关爱落到实处。

107 法院判决撤销监护人资格的法定情形

关键词 ｜ 监护职责 ｜ 撤销监护人资格 ｜ 遗弃 ｜ 虐待 ｜

【最高人民法院司法文件】

35. 被申请人有下列情形之一的,人民法院可以判决撤销其监护人资格:

(一)性侵害、出卖、遗弃、虐待、暴力伤害未成年人,严重损害未成年人身心健康的;

(二)将未成年人置于无人监管和照看的状态,导致未成年人面临死亡或者严重伤害危险,经教育不改的;

(三)拒不履行监护职责长达六个月以上,导致未成年人流离失所或者生活无着的;

(四)有吸毒、赌博、长期酗酒等恶习无法正确履行监护职责或者因服刑等原因无法履行监护职责,且拒绝将监护职责部分或者全部委托给他人,致使未成年人处于困境或者危险状态的;

(五)胁迫、诱骗、利用未成年人乞讨,经公安机关和未成年人救助保护机构等部门三次以上批评教育拒不改正,严重影响未成年人正常生活和学习的;

(六)教唆、利用未成年人实施违法犯罪行为,情节恶劣的;

(七)有其他严重侵害未成年人合法权益行为的。

——《最高人民法院、最高人民检察院、公安部、民政部关于依法处理监护人侵害未成年人权益行为若干问题的意见》(2015 年 1 月 1 日,法发〔2014〕24 号)。

【最高人民法院参考案例】

一、乐平市民政局申请撤销罗某监护人资格案

(一)典型意义

未成年人是祖国的未来和民族的希望,进一步加强未成年人司法保护是新时代对人民法院工作提出的更高要求。本案是人民法院准确适用民法典关于监护制度的规定,并主动延伸司法职能,与有关部门合力守护未成年人健康成长的典型案例。本案中,人民法院根据案件具体情况依法撤销了原监护人的监护人资格,指定民政部门作为监护人,同时向民政部门发出司法建议书,协助其更好地履行监护职责,为被监护人的临时生活照料、确定收养关系、完善收养手续以及后续的生活教育提供司法服务。

（二）基本案情

被申请人罗某系吴某 1（11 岁）、吴某 2（10 岁）、吴某 3（8 岁）三姐弟的生母。罗某自三子女婴幼时期起既未履行抚养教育义务,又未支付抚养费,不履行监护职责,且与他人另组建家庭并生育子女。罗某在知道三个孩子的父亲、祖父均去世,家中无其他近亲属照料、抚养孩子的情况下,仍不管不问,拒不履行监护职责达 6 年以上,导致三子女生活处于极其危困状态。为保障三姐弟的合法权益,乐平市民政局向人民法院申请撤销罗某对三姐弟的监护人资格,并指定该民政局为三姐弟的监护人。

（三）裁判结果

生效裁判认为,被申请人罗某作为被监护人吴某 1、吴某 2、吴某 3 的生母及法定监护人,在三名被监护人年幼时离家出走,六年期间未履行对子女的抚养、照顾、教育等义务;在被监护人父亲去世,三名被监护人处于无人照看、生活危困的状况下,被申请人知情后仍怠于履行监护职责,导致三名未成年人流离失所,其行为已严重侵害了三名被监护人的合法权益。监护人怠于履行监护职责导致被监护人处于危困状态,人民法院根据乐平市民政局的申请,依法撤销了罗某的监护人资格。被监护人的祖父过世,祖母情况不明,外祖父母远在贵州且从未与三名被监护人共同生活,上述顺位亲属均不能或者不适合担任吴某 1、吴某 2、吴某 3 的监护人。考虑到现在的临时照料家庭能够为孩子们提供良好的成长环境和安定的生活保障,经人民法院与乐平市民政局沟通后,明确三名被监护人由乐平市民政局监护,便于其通过相应法定程序与"临时家庭"完善收养手续,将临时照料人转变为合法收养人,与三姐弟建立起完整的亲权法律关系。如此,三姐弟能获得良好的教育、感受家庭的温暖,三个临时照料家庭的父母也能享天伦之乐。故判决自 2022 年 5 月 27 日起,吴某 1、吴某 2、吴某 3 的监护人由乐平市民政局担任。

——《人民法院贯彻实施民法典典型案例（第二批）》,载最高人民法院网 2023 年 1 月 12 日,https://www.court.gov.cn/zixun/xiangqing/386521.html。

6. 某民政局诉刘某监护权纠纷案——遗弃未成年子女可依法撤销监护权

2018 年 7 月 22 日,刘某在医院生育一名女婴后,于同月 24 日将该女婴遗弃在医院女更衣室内。女婴被发现后由民政局下属的某儿童福利院代为抚养。公安局经调查发现,刘某还曾在 2015 年 1 月 29 日,将其所生的一名男婴遗弃在居民楼内。民政局向法院提起诉讼,以刘某犯遗弃罪,已不适合履行监护职责,申请撤销刘某的监护权,民政局愿意承担该女婴的监护责任,指定其下属的某儿童福利院抚养女婴。

法院经审理认为,刘某将出生三天的未成年子女遗弃,拒绝抚养,严重侵害被监护人的合法权益,符合撤销监护人资格的情形。被监护人自被生母刘某遗弃以来,某儿童福利院代为抚养至今,综合考虑被监护人生父不明、刘某父母年龄和经济状况、村民委员会的具体情况,由民政部门取得被监护人的监护权,更有利于保护被监护人的生存、医疗、教育等合法权益。综上,法院判决撤销刘某的监护权,指定民政局作为该名女婴的监护人。其后,刘某被法院以遗弃罪判处刑罚。

本案的典型意义在于:父母是未成年子女的法定监护人,有保护被监护人的身体健康,照顾被监护人的生活,管理和教育被监护人的法定职责。监护权既是一种权利,更是法定义务。父母不依法履行监护职责,严重侵害被监护人合法权益的,有关个人或组织可以依法申请撤销其监护人资格,并依法指定监护人。在重新指定监护人时,如果没有依法具有监护资格的人,一般由民政部门担任监护人,也可以由具备履行监护职责条件的被监护人住所地的居民委员会、村民委员会担任。国家机关和社会组织兜底监护是家庭监护的重要补充,是保护未成年人合法权益的坚强后盾。未成年人的健康成长不仅需要司法及时发挥防线作用,更需要全社会协同发力,建立起全方位的权益保障体系,为国家的希望和未来保驾护航。

——《未成年人司法保护典型案例》,载《人民法院报》2021 年 3 月 3 日,第 3 版。

二、邵某某、王某某被撤销监护人资格案①

【基本案情】

邵某某和王某某 2004 年生育一女,取名邵某。在邵某未满两周岁时,二人因家庭琐事发生矛盾,邵某某独自带女儿回到原籍江苏省徐州市铜山区大许镇生活。在之后的生活中,邵某某长期殴打、虐待女儿邵某,致其头部、脸部、四肢等多处严重创伤。2013 年又因强奸、猥亵女儿邵某,于 2014 年 10 月 10 日被法院判处有期徒刑十一年,剥夺政治权利一年。王某某自 2006 年后从未看望过邵某,亦未支付抚养费用。邵某某被采取刑事强制措施后,王某某及家人仍对女儿邵某不闻不问致其流离失所、生活无着。邵某因饥饿离家,被好心人士张某某收留。邵某某的父母早年去世,无兄弟姐妹。王某某肢体三级残疾,其父母、弟、妹均明确表示不愿意抚养邵某。2015 年 1 月铜山区民政局收到铜山区人民检察院的检察建议,于 1 月

---

① 该案是全国首例由民政部门申请撤销监护人资格案件,也是全国首例适用最高人民法院、最高人民检察院、公安部、民政部联合颁布并于 2015 年 1 月 1 日起实施的《关于依法处理监护人侵害未成年人权益行为若干问题的意见》的案件。参见《全国首例民政部门申请撤销监护人资格案宣判 徐州铜山法院指定民政局监护被生父伤害、生母遗弃女童》,载《人民法院报》2015 年 2 月 6 日,第 1 版。

7 日作为申请人向铜山区人民法院提起特别程序请求撤销邵某某和王某某的监护人资格。

【裁判结果】

江苏省徐州市铜山区人民法院判决：1. 撤销被申请人邵某某对邵某的监护权。2. 撤销被申请人王某某对邵某的监护权。3. 指定徐州市铜山区民政局作为邵某的监护人。

【典型意义】

通过对该案的审判，确定了当父母拒不履行监护责任或者侵害被监护人合法权益时，民政局作为社会保障机构，有权申请撤销父母的监护权，打破"虐童是家事"的陈旧观念，使受到家庭成员伤害的未成年人也能够得到司法救济。在未成年人其他近亲属无力监护、不愿监护和不宜监护，临时照料人监护能力又有限的情形下，判决民政局履行带有国家义务性质的监护责任，指定其作为未成年人的监护人，对探索确立国家监护制度作出大胆尝试。该案件审理中的创新做法：一、激活监护权撤销制度使之具有可诉性，明确了民政部门等单位在"有关单位"之列，使撤销监护权之诉具备了实际的可操作性；二、引入指定临时照料人制度，案件受理后，为未成年人指定临时照料人，既确保未成年人在案件审理过程中的生活稳定，也有利于作为受害人的未成年人表达意愿、参加庭审；三、引入社会观护制度，案件审理中，法院委托妇联、团委、青少年维权机构对受害未成年人进行观护，了解未成年人受到侵害的程度、现在的生活状态、亲属情况及另行指定监护人的人选等内容，给法院裁判提供参考；四、加强未成年人隐私保护，庭审中采用远程视频、背对镜头的方式让邵某出庭，寻求受害女童隐私保护和充分表达意愿的平衡。对裁判文书进行编号，向当事人送达裁判文书时送达《未成年人隐私保护告知书》，告知不得擅自复印、传播该文书。在审理终结后，对全部卷宗材料进行封存，最大限度保护受害人的隐私，确保其在另行指定监护人后能健康成长。

——《最高人民法院关于侵害未成年人权益 被撤销监护人资格典型案例》，载《人民法院报》2016 年 6 月 1 日，第 3 版。

编者说明

对于撤销监护人资格的情形，《民法典》第 36 条概括性地列举了三种：一是实施了严重损害被监护人身心健康行为。例如，监护人性侵、虐待、暴力伤害被监护人。二是怠于履行监护职责，或者无法履行监护职责且拒绝将监护职责部分或者全部委托给他人，导致被监护人处于危困状态。例如，监护人因吸毒、酗酒而无法照管被监护人。三是实施严重侵害被监护人合法权益的其他行为。第 3 项是兜底性条款，例如，监护人使用被监护人的财产为他人购买房产，严重侵害被监护人的财产权。法律对撤销监护人的资格非常慎重，需要达到严重侵害被监护人健康成长和基本生存的程度。《最高人民法院、最高人民检察院、公安部、民政部关于依法处理监护人侵害未成年人权益行为若干问题的意见》第 35 条对人民法院可以判决撤销监护人资格的情形作了更为具体的列举。①

108 申请恢复监护人资格的期限

关键词｜申请恢复监护人资格｜变更监护关系｜期间｜

【最高人民法院司法文件】

38. 被撤销监护人资格的侵害人,自监护人资格被撤销之日起三个月至一年内,可以书面向人民法院申请恢复监护人资格,并应当提交相关证据。

人民法院应当将前款内容书面告知侵害人和其他监护人、指定监护人。

39. 人民法院审理申请恢复监护人资格案件,按照变更监护关系的案件审理程序进行。

人民法院应当征求未成年人现任监护人和有表达能力的未成年人的意见,并可以委托申请人住所地的未成年人救助保护机构或者其他未成年人保护组织,对申请人监护意愿、悔改表现、监护能力、身心状况、工作生活情况等进行调查,形成调查评估报告。

申请人正在服刑或者接受社区矫正的,人民法院应当征求刑罚执行机关或者社区矫正机构的意见。

40. 人民法院经审理认为申请人确有悔改表现并且适宜担任监护人的,可以判决恢复其监护人资格,原指定监护人的监护人资格终止。

申请人具有下列情形之一的,一般不得判决恢复其监护人资格:

(一)性侵害、出卖未成年人的;

(二)虐待、遗弃未成年人六个月以上、多次遗弃未成年人,并且造成重伤以上严重后果的;

(三)因监护侵害行为被判处五年有期徒刑以上刑罚的。

——《最高人民法院、最高人民检察院、公安部、民政部关于依法处理监护人侵害未成年人权益行为若干问题的意见》(2015 年 1 月 1 日,法发〔2014〕24 号)。

【链接：最高人民法院法官著述】

对监护人监护资格被撤销后,何时能够申请恢复监护资格,本条未作规

---

① 　参见最高人民法院民法典贯彻实施工作领导小组主编:《中华人民共和国民法典总则编理解与适用[上]》,人民法院出版社 2020 年版,第 219 页。

定。……《侵害未成年人权益意见》第 38 条第 1 款规定："被撤销监护人资格的侵害人，自监护人资格被撤销之日起三个月至一年内，可以书面向人民法院申请恢复监护人资格，并应当提交相关证据。"这实际上是对被撤销监护资格的未成年人的监护人申请恢复监护资格作出了期间规定，即 3 个月以后，1 年以内。规定 3 个月以后才可以申请恢复监护人资格，目的是给当事人一个合理的悔过和恢复监护能力的期限。规定申请恢复资格应当在 1 年内，是为了避免未成年人的监护权长期处于不稳定状态，以便让新的监护人能够更好、更踏实地履行职责，也可以让民政部门 1 年以后放心地送养。

——最高人民法院民法典贯彻实施工作领导小组主编：《中华人民共和国民法典总则编理解与适用［上］》，人民法院出版社 2020 年版，第 230 页。

三、宣告失踪和宣告死亡

109 申请宣告失踪的利害关系人范围

关键词 ｜ 宣告失踪 ｜ 利害关系人 ｜ 利益平衡 ｜

【最高人民法院司法解释】

第十四条　人民法院审理宣告失踪案件时,下列人员应当认定为民法典第四十条规定的利害关系人:

(一)被申请人的近亲属;

(二)依据民法典第一千一百二十八条、第一千一百二十九条规定对被申请人有继承权的亲属;

(三)债权人、债务人、合伙人等与被申请人有民事权利义务关系的民事主体,但是不申请宣告失踪不影响其权利行使、义务履行的除外。

——《最高人民法院关于适用〈中华人民共和国民法典〉总则编若干问题的解释》(2022 年 3 月 1 日,法释〔2022〕6 号)。

【链接：理解与适用】

申请宣告失踪的利害关系人

宣告失踪为对自然人失踪事实之司法确定,其具有双重目的:首先,维护失踪人自身的合法利益,使其不因财产无人管理而遭受不测之损害;其次,维护与失踪人有利害关系的当事人的合法权益,使其不受失踪人失踪之事实而导致的财产损害。

因此,在确定申请宣告失踪的利害关系人范围时,应注重平衡被申请宣告失踪人与利害关系人的利益。

为此,《总则编解释》第 14 条第(1)项沿用了《民法通则意见》第 24 条的做法,明确被申请人的近亲属有权申请宣告失踪。

第(2)项明确了依据民法典第一千一百二十八条、第一千一百二十九条规定对被申请人有继承权的亲属也有权申请宣告失踪。这是因为,民法典第一千一百二十八条规定的代位继承人、第一千一百二十九条规定的丧偶儿媳或者丧偶女婿作为典型的继承人,与被申请人存在财产上的利害关系,且难以为近亲属所涵盖,有必要予以规定。

第(3)项主要是在《民法通则意见》有关"与被申请人有民事权利义务关系的人"的规定基础上,将债权人、债务人、合伙人作为典型的与被申请人有民事权利义务关系的民事主体予以列明,同时为防止申请宣告失踪制度的滥用,设定了"不申请宣告失踪不影响其权利行使、义务履行"的除外条件。

——郭锋、陈龙业、蒋家棣、刘婷:《〈关于适用民法典总则编若干问题的解释〉的理解与适用》,载《人民司法·应用》2022年第10期。

失踪宣告为对下落不明的自然人失踪客观事实的司法确认,对于失踪人所涉及的人身关系和财产关系均不发生实质性的影响,故利害关系人向人民法院提出失踪宣告的申请,并无先后顺序的限制。

利害关系人在符合条件的情况下均可提出宣告失踪的申请,也可以由其中一人或数人同时申请。根据《民事诉讼法解释》第344条的规定,符合法律规定的多个利害关系人提出宣告失踪申请的,列为共同申请人。

——最高人民法院民法典贯彻实施工作领导小组编著:《最高人民法院民法典总则编司法解释理解与适用》,人民法院出版社2022年版,第241页。

【最高人民法院司法文件】

1. 申请宣告失踪或宣告死亡的利害关系人,包括被申请宣告失踪或宣告死亡人的配偶、父母、子女、兄弟姐妹、祖父母、外祖父母、孙子女、外孙子女以及其他与被申请人有民事权利义务关系的民事主体。

——《全国法院贯彻实施民法典工作会议纪要》(2021年4月6日,法〔2021〕94号)。

【链接:最高人民法院法官著述】

这些利害关系人并不存在申请顺序,每位利害关系人的申请权都是平等的。有的利害关系人申请宣告失踪,有的不同意申请宣告失踪的,人民法院应当受理申请。多个利害关系人提出宣告失踪申请的,应当列为共同申请人。

——最高人民法院民法典贯彻实施工作领导小组办公室编著:《最高人民法院新民事诉讼法司法解释理解与适用〔上〕》,人民法院出版社2022年版,第752页。

编者说明

在司法实践中,利害关系人的范围还扩及在事实上具有共同生活关系的人。①

① 参见最高人民法院民法典贯彻实施工作领导小组编著:《最高人民法院民法典总则编司法解释理解与适用》,人民法院出版社2022年版,第243页。

110 失踪人的财产代管人可以作为原告或者被告参加诉讼

关键词｜宣告失踪｜财产代管人｜诉讼地位｜

【最高人民法院司法解释】

第十五条　失踪人的财产代管人向失踪人的债务人请求偿还债务的,人民法院应当将财产代管人列为原告。

债权人提起诉讼,请求失踪人的财产代管人支付失踪人所欠的债务和其他费用的,人民法院应当将财产代管人列为被告。经审理认为债权人的诉讼请求成立的,人民法院应当判决财产代管人从失踪人的财产中支付失踪人所欠的债务和其他费用。

——《最高人民法院关于适用〈中华人民共和国民法典〉总则编若干问题的解释》(2022年3月1日,法释〔2022〕6号)。

【链接：理解与适用】

人民法院指定财产代管人的原则

……在有近亲属的情形下,一般可以按照身份关系的密切程度确定财产代管人;在无近亲属或者近亲属不具备完全民事行为能力的情形下,可以根据有利于保护失踪人财产的原则,综合考虑与失踪人关系的密切程度、相关人员的管理能力、失踪人先前意愿等因素确定财产代管人。

——最高人民法院民法典贯彻实施工作领导小组编著:《最高人民法院民法典总则编司法解释理解与适用》,人民法院出版社2022年版,第255~256页。

编者说明

本条沿用《民法通则意见》第32条的规定,明确财产代管人具有当事人资格,可以直接作为诉讼的"原告"或者"被告"。

111 申请宣告死亡的利害关系人范围

关键词｜宣告死亡｜利害关系人｜

【最高人民法院司法解释】

第十六条　人民法院审理宣告死亡案件时,被申请人的配偶、父母、子女,以及依据民法典第一千一百二十九条规定对被申请人有继承权的亲属应当认定为民法典第四十六条规定的利害关系人。

符合下列情形之一的，被申请人的其他近亲属，以及依据民法典第一千一百二十八条规定对被申请人有继承权的亲属应当认定为民法典第四十六条规定的利害关系人：

（一）被申请人的配偶、父母、子女均已死亡或者下落不明的；

（二）不申请宣告死亡不能保护其相应合法权益的。

被申请人的债权人、债务人、合伙人等民事主体不能认定为民法典第四十六条规定的利害关系人，但是不申请宣告死亡不能保护其相应合法权益的除外。

——《最高人民法院关于适用〈中华人民共和国民法典〉总则编若干问题的解释》（2022年3月1日，法释〔2022〕6号）。

【链接：理解与适用】

申请宣告死亡的利害关系人

关于申请宣告死亡的利害关系人范围，《贯彻民法典会议纪要》曾专门阐释利害关系人申请宣告死亡无顺序限制的问题，对此不再赘述。《总则编解释》的起草也遵循这一思路，并为防止宣告死亡制度的滥用，对申请宣告死亡的利害关系人条件作出严格限制。

考虑到宣告死亡制度对亲属身份利益的影响重大，且主要涉及继承人利益问题，《总则编解释》第16条第1款明确作为第一顺序继承人的配偶、父母、子女以及依据民法典第一千一百二十九条规定对被申请人有继承权的亲属有权申请宣告死亡。

第2款主要从尽量减少对近亲属间身份利益尤其夫妻身份权益方面不利影响的角度，对被申请人的其他近亲属以及依据民法典第一千一百二十八条规定对被申请人有继承权的亲属申请宣告死亡的条件作出明确。如对于被申请人的其他近亲属而言，其属于第二顺序的法定继承人，在第一顺序的法定继承人均已死亡或者下落不明时才享有继承权利，此时可认定与被申请人有利害关系。或者其他近亲属符合"不申请宣告死亡不能保护其相应合法权益"的条件的，也可以认定为利害关系人。

另，考虑到多数情况下，债权人、债务人、合伙人等的利益保护问题可以通过财产权益保护制度解决，不宜在申请宣告死亡方面过分开口子，故在第3款明确了债权人、债务人、合伙人等民事主体无权申请宣告死亡的一般原则，同时结合现实需要，设有"但是不申请宣告死亡不能保护其相应合法权益的除外"的但书规定，给特殊情形下上述主体申请宣告死亡留有空间。如有学者即指出："自改革开放以来，已经发生利害关系人出于侵占下落不明的自然人的财产、损害其他利害关系人合法权益,以及冒领其退休金、养老金、补助金等违法目的,故意不提出死亡宣告申请的社会问题。"

——郭锋、陈龙业、蒋家棣、刘婷:《〈关于适用民法典总则编若干问题的解释〉的理解与适用》,载《人民司法·应用》2022 年第 10 期。

人民法院在依法审查申请宣告死亡的民事主体是否符合"不申请宣告死亡不能保护其相应合法权益"的条件时,应当注意把握以下几点:

第一,民事主体申请宣告下落不明之人死亡的,应当以其合法权益必须通过宣告死亡制度救济为限。如该民事主体的权利主张完全能够通过宣告失踪制度获得救济,则其宣告死亡极易损害他人的身份利益,人民法院不宜支持宣告死亡申请。

第二,本条第 2 款、第 3 款虽都设有"不申请宣告死亡不能保护其相应合法权益"的条件,但应当有所区别。对于第 2 款规定的"被申请人的其他近亲属,以及依据民法典第一千一百二十八条规定对被申请人有继承权的亲属",该条件为积极性条件,一旦符合则有权申请宣告死亡;对于第 3 款规定的"被申请人的债权人、债务人、合伙人等民事主体",该条件为例外情形,上述民事主体仅在该例外情形下有权申请宣告死亡。

——最高人民法院民法典贯彻实施工作领导小组编著:《最高人民法院民法典总则编司法解释理解与适用》,人民法院出版社 2022 年版,第 269 页。

编者说明

关于申请宣告死亡的利害关系人范围,本条明确,一是被申请人的第一顺序的法定继承人,即被申请人的配偶、父母、子女,以及依据《民法典》第 1129 条规定对被申请人有继承权的亲属(对公婆尽了主要赡养义务的丧偶儿媳、对岳父母尽了主要赡养义务的丧偶女婿)。二是被申请人的其他近亲属以及依据《民法典》第 1128 条规定对被申请人有继承权的亲属,"其他近亲属"主要是指被申请人的兄弟姐妹、祖父母、外祖父母、孙子女、外孙子女。《民法典》第 1128 条规定的代位继承主要分为两种:(1)被继承人的子女先于被继承人死亡的,由被继承人的子女的直系晚辈血亲代位继承。(2)被继承人的兄弟姐妹先于被继承人死亡的,由被继承人的兄弟姐妹的子女代位继承。三是被申请人的债权人、债务人、合伙人等民事主体。后两种情形,有两个限定条件:(1)被申请人的配偶、父母、子女均已死亡或者下落不明的;(2)不申请宣告死亡不能保护其相应合法权益的。

112 取消利害关系人申请宣告死亡的顺序规定

关键词 | 宣告失踪 | 宣告死亡 | 利害关系人 | 权利滥用 |

【最高人民法院司法文件】

1. 申请宣告失踪或宣告死亡的利害关系人，包括被申请宣告失踪或宣告死亡人的配偶、父母、子女、兄弟姐妹、祖父母、外祖父母、孙子女、外孙子女以及其他与被申请人有民事权利义务关系的民事主体。宣告失踪不是宣告死亡的必经程序，利害关系人可以不经申请宣告失踪而直接申请宣告死亡。但是，为了确保各方当事人权益的平衡保护，对于配偶、父母、子女以外的其他利害关系人申请宣告死亡，人民法院审查后认为申请人通过申请宣告失踪足以保护其权利，其申请宣告死亡违背民法典第一百三十二条关于不得滥用民事权利的规定的，不予支持。

——《全国法院贯彻实施民法典工作会议纪要》（2021 年 4 月 6 日，法〔2021〕94 号）。

【链接：理解与适用】

申请宣告失踪或宣告死亡的利害关系人

《纪要》①第 1 条规定了申请宣告失踪或宣告死亡的利害关系人范围包括被申请宣告失踪或宣告死亡人的配偶、父母、子女、兄弟姐妹、祖父母、外祖父母、孙子女、外孙子女以及其他与被申请人有民事权利义务关系的民事主体。对于申请宣告失踪的利害关系人范围，基本保留了民通意见第 24 条②的规定，只是将"有民事权利义务关系的人"修改为"有民事权利义务关系的民事主体"。

需要重点说明的是宣告死亡的利害关系人问题。民通意见第 25 条③规定了申请宣告死亡的利害关系人顺序，调研中对此有不同意见。

一种意见认为，宣告死亡对于当事人利益尤其是配偶的身份利益影响巨大，因而有必要作出顺序限制。民通意见第 25 条体现了配偶以及其他民事主体的先后顺序问题，可以防止债权人任意宣告债务人死亡。而且，债权人通常可以通过宣告失踪程序救济其权利。该条规定在民通意见实施多年以来效果良好，故有必要保留。

第二种意见（主要是参与民法典编纂的有关同志）认为，民法典编纂过程中曾就是否规定宣告死亡的利害关系人的顺序作了专门研究，但最终对此未作规定。规定申请宣告死亡的顺序与民法典立法精神并不一致，有必要慎重处理。例如，如果规定了宣告死亡的顺序，在配偶、父母、子女等在先顺位人不宣告死亡的情况下，失踪人所在单位因无权宣告死亡，不得不继续支付失踪人的基本工资，损害用人单

---

① 指《贯彻实施民法典纪要》。——编者注
② 对应《民法典总则编解释》第 14 条。——编者注
③ 对应《民法典总则编解释》第 16 条。——编者注

位的利益。另有学者指出,改革开放以来,已经发生利害关系人出于侵占下落不明自然人的财产、损害其他利害关系人的合法权益,以及冒领其退休金、养老金、补助金等违法目的,故意不申请宣告死亡的社会问题。例如,退休人员长期失踪而其配偶、子女不申请宣告死亡,而社保机构照常定期向该长期失踪的退休人员账户汇付养老金、社保金的情形所在多有。

第三种意见(主要是部分法官)认为宣告死亡主要涉及继承人利益问题,配偶、父母、子女为第一顺序继承人,没有必要再区分先后顺序。

综合各方意见特别是立法机关的意见后,我们依据民法典第四十七条的规定,对民通意见第25条作了实质性修改,不再规定申请宣告死亡的利害关系人顺序。

但是为了平衡各方当事人的利益,防止取消申请宣告死亡的利害关系人顺序后又走向另一个极端,我们对利害关系人申请宣告死亡也做了必要限制,引入民法典第一百三十二条关于不得滥用民事权利的规定精神,吸纳前述第三种意见的精神,明确配偶、父母、子女以外的其他利害关系人通过申请宣告失踪足以保护其权利,却申请宣告死亡的,人民法院不予支持。这是因为宣告死亡对于当事人利益尤其是配偶的身份权益影响巨大,而且宣告死亡适用特别程序审理,实行一审终审,受影响的当事人无上诉的救济机会,因此为避免利益失衡,根据民法典第一百三十二条关于禁止权利滥用的精神,作出相应规定。

——郭锋、陈龙业、蒋家棣:《〈全国法院贯彻实施民法典工作会议纪要〉理解与适用》,载《人民司法·应用》2021年第19期。

【链接:最高人民法院法官著述】

第三种意见认为,宣告死亡主要涉及继承人利益问题,配偶、父母、子女为第一顺序继承人,没有必要再区分先后顺序。综合考虑各方意见,特别是征询立法机关意见后,我们遵循《民法典》的规定,对《民法通则意见》第25条的内容作了实质性修改,不再规定申请宣告死亡的利害关系人顺序。

但是为了平衡各方当事人的利益,防止取消申请宣告死亡的利害关系人顺序后又走向另一个极端,我们对利害关系人申请宣告死亡也作了必要限制,在《全国法院贯彻实施民法典工作会议纪要》第1条中,引入《民法典》第132条关于民事权利不得滥用的规定,同时吸纳上述第三种意见的精神,明确配偶、父母、子女以外的其他利害关系人通过申请宣告失踪足以保护其权利,却申请宣告死亡的,人民法院不予支持。

——最高人民法院民法典贯彻实施工作领导小组编著:《最高人民法院民法典总则编司法解释理解与适用》,人民法院出版社2022年版,第262页。

113 宣告失踪不是宣告死亡的必经程序

关键词 | 宣告失踪 | 宣告死亡 | 权利滥用 |

【最高人民法院司法文件】

1.……宣告失踪不是宣告死亡的必经程序，利害关系人可以不经申请宣告失踪而直接申请宣告死亡。但是，为了确保各方当事人权益的平衡保护，对于配偶、父母、子女以外的其他利害关系人申请宣告死亡，人民法院审查后认为申请人通过申请宣告失踪足以保护其权利，其申请宣告死亡违背民法典第一百三十二条关于不得滥用民事权利的规定的，不予支持。

——《全国法院贯彻实施民法典工作会议纪要》（2021 年 4 月 6 日，法〔2021〕94 号）。

【链接：理解与适用】

《纪要》①还延续了民通意见第 29 条的精神，明确规定宣告失踪不是宣告死亡的必经程序，利害关系人可以不经申请宣告失踪而直接宣告死亡。民法典第四十七条吸收了民通意见第 29 条的基本精神，规定："对同一自然人，有的利害关系人申请宣告死亡，有的利害关系人申请宣告失踪，符合本法规定的宣告死亡条件的，人民法院应当宣告死亡。"这一规定已经隐含了宣告失踪不是宣告死亡的前置程序的意思，《纪要》在民法典规定基础上进一步予以明确，以方便准确适用法律。这样规定与域外经验也是一致的。如意大利民法典第 58 条第 3 款即规定，"即使于不在的宣告欠缺场合，亦得为推定死亡的宣告"；葡萄牙民法典第 114 条第 3 款规定，"失踪人推定死亡之宣告，不取决于先前有否设定临时或确定保佐，且以失踪人最后音讯日终了时为推定死亡之时"。

在理解与适用时要特别注意，《纪要》这一规定与申请宣告死亡不得滥用民事权利的规定不冲突。前者旨在解决申请宣告死亡有无程序条件限制的问题，后者旨在解决申请宣告死亡有无实质条件限制的问题。例如，债权人可以不经申请宣告失踪而直接申请宣告死亡，但是其申请宣告死亡不能构成权利滥用。如果债权人的权利主张完全能够通过宣告失踪获得救济，而其申请宣告死亡则损害了他人的身份利益，超出了权利行使的必要限度，属于典型的权利滥用行为。在具体适用时，法官可以根据查明的事实进行释明，对于能通过申请宣告失踪解决的问题，告知其可以变更为申请宣告失踪；当事人坚持申请宣告死亡的，人民法院不予支持。

——郭锋、陈龙业、蒋家棣：《〈全国法院贯彻实施民法典工作会议纪要〉理解

---

① 指《贯彻实施民法典纪要》。——编者注

与适用》,载《人民司法·应用》2021 年第 19 期。

114 撤销死亡宣告与返还财产诉讼不能合并审理

关键词 ｜ 撤销死亡宣告 ｜ 返还财产 ｜ 合并审理 ｜

【链接：最高人民法院法官著述】

撤销死亡宣告与其他诉讼程序的合并问题

在审判实践中,当事人在申请撤销死亡宣告的同时,能否同时根据本法①第 53 条的规定,请求相关的当事人返还其财产,即撤销死亡宣告与返还财产诉讼能否合并审理的问题。

对此,我们认为是不可以的。主要理由在于,申请撤销死亡适用的是特别程序,实行一审终审。而根据本法第 53 条规定提起的诉讼属于具体实体权利的请求,根据《民事案件案由规定》,其具体的案由虽然被归入到第十部分"适用特殊程序案件案由"之"三十二、宣告失踪、宣告死亡案件"的二级案由之下,但是这属于案由编写时基于其与宣告死亡有关联而进行的编排。返还财产诉讼涉及实体审理时则应适用民事普通程序,而非适用特别程序,其与撤销宣告死亡的程序功能是不同的,既不能放在同一程序中进行审理,亦不能予以合并审理。

——最高人民法院民法典贯彻实施工作领导小组主编:《中华人民共和国民法典总则编理解与适用[上]》,人民法院出版社 2020 年版,第 276 页。

---

① 即《民法典》。——编者注

四、个体工商户和农村承包经营户

115 个体工商户的诉讼主体资格

关键词 | 个体工商户 | 诉讼主体资格 | 字号 |

【最高人民法院司法解释】

　　第五十九条　在诉讼中,个体工商户以营业执照上登记的经营者为当事人。有字号的,以营业执照上登记的字号为当事人,但应同时注明该字号经营者的基本信息。

　　营业执照上登记的经营者与实际经营者不一致的,以登记的经营者和实际经营者为共同诉讼人。

　　——《最高人民法院关于适用〈中华人民共和国民事诉讼法〉的解释》(2022年4月10日,法释〔2022〕11号修正)。

【链接：理解与适用】

　　自然人从事工商业经营,经依法登记,为个体工商户。依据《个体工商户条例》第二条的规定,个体工商户可以个人经营,也可以家庭经营。对于个体工商户而言,本解释不再使用"业主"一词,而改用《个体工商户条例》的表述,统一称为"经营者"。

　　……民法典第五十六条第一款规定:"个体工商户的债务,个人经营的,以个人财产承担;家庭经营的,以家庭财产承担;无法区分的,以家庭财产承担。"个体工商户没有独立的法律人格,其债权债务和财产归属均由个体工商户背后的自然人承担,不存在个体工商户的独立财产和独立责任,也不存在自然人与个体工商户的责任分离和补充责任的问题。因此,在诉讼中,个体工商户以营业执照上登记的经营者为当事人。《个体工商户条例》第八条规定:"申请登记为个体工商户。应当向经营场所所在地登记机关申请注册登记。申请人应当提交登记申请书、身份证明和经营场所证明。个体工商户登记事项包括经营者姓名和住所、组成形式、经营范围、经营场所。个体工商户使用名称的,名称作为登记事项。"对于有字号的个体工商户的诉讼,以营业执照上登记的字号为当事人,但应同时注明该字号经营者的基本信息,包括姓名、性别、民族、出生年月日、家庭住址等。这主要是为防止有些有字号的个体工商户将营业执照转包或者出租给他人经营使用,或者以更换字号的方式逃避债务及法律责任的行为,全面保护当事人的合法权益。

依据《个体工商户条例》的规定,个体工商户变更经营者的,应当在办理注销登记后,由新的经营者重新申请办理注册登记。未变更经营者的,实际经营者经营的个体工商户发生诉讼的,营业执照上登记的经营者与实际经营者不一致的,以登记的经营者和实际经营者为共同诉讼人。

——最高人民法院民法典贯彻实施工作领导小组办公室编著:《最高人民法院新民事诉讼法司法解释理解与适用[上]》,人民法院出版社 2022 年版,第 185~186 页。

【最高人民法院裁判案例】

上诉人李某军与被上诉人厦门唯他蜜家居用品有限公司侵害实用新型专利权纠纷案[最高人民法院(2022)最高法知民终 682 号民事判决书,2022. 12. 12]

本院注意到,原审判决作出前不久,优创欣制品厂已注销,但李某军并未告知原审法院该事实。同时考虑到优创欣制品厂系个体工商户,其实施的专利侵权行为产生的法律责任本应就由经营者李某军负担,故本院对原审判决确定优创欣制品厂承担法律责任的判项不再予以变更。

——中国裁判文书网,https://wenshu. court. gov. cn。

编者说明

《民法通则》第 29 条规定:"个体工商户、农村承包经营户的债务,个人经营的,以个人财产承担;家庭经营的,以家庭财产承担。"《民法典》第 56 条进行了修改完善:(1)在个体工商户无法区分个人经营和家庭经营的情况下,明确债务以家庭财产承担责任。规定由家庭财产承担责任有利于法官认定,且有利于债权人利益的保护。(2)明确规定农村承包经营户的债务承担问题。农村承包经营户为家庭生产经营共同体,以家庭为基础单位,家庭自始至终都是生产经营组织,在立法技术上把"户"经营放在首要位置进行规定,在责任承担上也明确以"户"对外承担责任。①

116 **个体工商户的字号为被执行人的，法院可以直接执行该字号经营者的财产**

关键词｜个体工商户｜经营者｜被执行人｜

【最高人民法院司法解释】

第十三条　作为被执行人的个人独资企业,不能清偿生效法律文书确定的债

---

① 参见最高人民法院民法典贯彻实施工作领导小组主编:《中华人民共和国民法典总则编理解与适用[上]》,人民法院出版社 2020 年版,第 293 页。

务,申请执行人申请变更、追加其出资人为被执行人的,人民法院应予支持。个人独资企业出资人作为被执行人的,人民法院可以直接执行该个人独资企业的财产。

个体工商户的字号为被执行人的,人民法院可以直接执行该字号经营者的财产。

——《最高人民法院关于民事执行中变更、追加当事人若干问题的规定》(2021 年 1 月 1 日,法释[2020]21 号修正)。

【链接：最高人民法院法官著述】

《最高人民法院关于民事执行中变更、追加当事人若干问题的规定》第十三条第二款明确规定,个体工商户的字号为被执行人的,人民法院可以直接执行该字号经营者的财产。这与个人独资企业为被执行人时可以追加投资人为被执行人的规则不同,因为个体工商户独立性比个人独资企业更弱。……民法典第五十四条、第五十六条规定的基本精神为:自然人从事工商业经营,经依法登记,为个体工商户。个体工商户可以起字号。个体工商户的债务,个人经营的,以个人财产承担;家庭经营的,以家庭财产承担;无法区分的,以家庭财产承担。民法典将个体工商户放在自然人一章,并不是说个体工商户就等于自然人,而是承认个体工商户与自然人的密切关联,两者的责任财产是同一的,但主体并不同一,自然人所拥有的部分权利能力,如结婚,这是个体工商户不可能拥有的。

从诉讼角度来看,《最高人民法院关于适用〈中华人民共和国民事诉讼法〉的解释》(2022 修正)第五十九条第一款规定,在诉讼中,个体工商户以营业执照上登记的经营者为当事人。有字号的,以营业执照上登记的字号为当事人,但应同时注明该字号经营者的基本信息。这一规定,从诉讼程序角度,确立了有字号的个体工商户不同于其经营者的独立的诉讼主体地位。在执行程序中,同样也应赋予有字号的个体工商户独立的诉讼主体资格。但是,为什么不用追加经营者而可以直接执行该字号经营者的财产? 原因就在于法律明确了经营者的财产就是字号的责任财产。也就是说,两个不同的诉讼主体,责任财产具有同一性(而不是主体同一性)。追加被执行人的目的通常有两个:一是让被追加者的财产成为被执行财产;二是赋予被追加者诉讼主体地位,便于其主张各项程序权利。而在以字号为被执行人的情况下,不必追加经营者就可以执行经营者的财产(责任财产的同一性),经营者的诉讼权利可以通过字号得以主张。因此,是否要通过程序追加经营者为被执行人,意义就显得不那么重要了。

——向国慧:《民事强制执行疑难问题与实务要点》,中国法制出版社 2022 年版,第 177~178 页。

第三章　法　　人

一、一般规定

117 企业法人被市场监督管理部门吊销营业执照时，其法人资格依然存在，具备诉讼主体资格

关键词｜吊销营业执照｜诉讼主体资格｜注销｜

【最高人民法院司法解释】

　　第十条　公司依法清算结束并办理注销登记前，有关公司的民事诉讼，应当以公司的名义进行。

　　公司成立清算组的，由清算组负责人代表公司参加诉讼；尚未成立清算组的，由原法定代表人代表公司参加诉讼。

　　——《最高人民法院关于适用〈中华人民共和国公司法〉若干问题的规定（二）》（2021 年 1 月 1 日，法释〔2020〕18 号修正）。

【最高人民法院公报案例】

　　广西北生集团有限责任公司与北海市威豪房地产开发公司、广西壮族自治区畜产进出口北海公司土地使用权转让合同纠纷案［最高人民法院（2005）民一终字第 104 号民事判决书，2006. 6. 2］

　　裁判摘要:《民法通则》第三十六条①规定："……法人的民事权利能力和民事行为能力，从法人成立时产生，到法人终止时消灭。"《公司登记管理条例》第三十八条②规定："经公司登记机关核准注销登记，公司终止。"因此，法人被依法吊销营业执照后没有进行清算，也没有办理注销登记的，不属于法人终止，依法仍享有民

---

　　①　对应《民法典》第 59 条。——编者注
　　②　对应《市场主体登记管理条例》第 31 条。——编者注

事诉讼的权利能力和行为能力。此类法人与他人产生合同纠纷的，应当以自己的名义参加民事诉讼。其开办单位因不是合同当事人，不具备诉讼主体资格。

（一）关于北海公司是否具备原告的主体资格

经查，威豪公司是由北海公司申办成立的。由于威豪公司未按规定申报工商年检，2003年11月26日，广西壮族自治区北海市工商行政管理局作出行政处罚决定书，决定吊销威豪公司的营业执照，但至今尚未成立清算组进行清算。根据《中华人民共和国民法通则》第三十六条的规定："法人是具有民事权利能力和民事行为能力，依法独立享有民事权利和承担民事义务的组织。法人的民事权利能力和民事行为能力，从法人成立时产生，到法人终止时消灭。"《中华人民共和国公司登记管理条例》第三十八条规定："经公司登记机关核准注销登记，公司终止。"威豪公司虽然系由北海公司申请开办，但被依法吊销了营业执照之后并没有进行清算，也没有办理公司的注销登记，因此威豪公司仍然享有民事诉讼的权利能力和行为能力，即有权以自己的名义参加民事诉讼。北海公司作为威豪公司的开办单位，虽然有权利和义务对威豪公司的债权债务进行清理，但在威豪公司尚未注销时，其开办单位作为当事人共同参加诉讼，没有法律依据。北海公司不是威豪公司与北生集团所签合同的缔约人，其与北生集团之间没有直接的民事法律关系。因此，一审法院认定北海公司为本案适格原告，于法无据。北生集团关于北海公司不具备本案原告的诉讼主体资格的上诉请求，应予支持。

——《最高人民法院公报》2006年第9期。

重庆台华房地产开发有限公司与重庆晨光实业发展（集团）有限责任公司、重庆晨光百货有限责任公司、重庆晨光大酒店有限责任公司房屋搬迁纠纷案[最高人民法院(2005)民一终字第57号民事裁定书,2005.9.20]

裁判摘要：吊销企业法人营业执照是工商行政管理机关依据国家工商行政法规对违法企业法人作出的行政处罚。企业法人被吊销营业执照后应当依法进行清算，清算程序结束并办理工商注销登记后，该企业法人才归于消灭。判断企业法人资格存续与否，应当以工商行政管理机关是否注销其法人资格为标准，只要该企业尚未被注销，即使被吊销营业执照，仍具有法人资格，仍具有诉讼的权利能力和行为能力，有权以自己的名义进行诉讼活动。

（一）台华公司是否具备本案原告的诉讼主体资格。台华公司系于1992年10月22日依法注册成立的企业法人，当时台华公司的董事长即法定代表人为鲍扬波。后台华公司于1994年6月14日将董事长变更为吴胜刚至今。2001年12月18日，市工商局以台华公司未依法进行年检为由，吊销台华公司的企业法人营业执照，但并未注销台华公司。台华公司作为一个独立的企业法人，其法人资格存续与否应以工商行政管理机关是否已经注销其法人资格为标准。尽管按照《合营合同》的约定,台华公司的合营期限已满,但只要其未被注销就不能否定其仍具有法人资格。吊销企业法人营业执照是工商行政管理机关依据国家工商行政法规对违法的企业法人作出的一种行政处罚。企业法人被吊销营业执照后,应当依法进行清算,清算程序结束并办理工商注销登记后,该企业法人才归于消灭。企业法人被吊销营业执照至其被注销登记前,该企业法人仍应视为存续,可以自己的名义进行诉讼活动。故台华公司在被吊销营业执照后,仍然具有诉讼的权利能力和行为能力,有权以自己的名义提起民事诉讼。台华公司没有成立清算组织,不应成为限制其参与民事诉讼的理由。一审裁定认为台华公司不具备原告的诉讼主体资格,适用法律错误。

——《最高人民法院公报》2006 年第 10 期。

【最高人民法院裁判案例】

张某敏、福州港务集团有限公司股票权利确认纠纷案[最高人民法院(2021)最高法民终 1042 号民事裁定书,2021.9.26]

本院认为,依据《福建兴业银行股份认购协议书》以及福建兴业银行的股东名册,案涉兴业银行 3000 万原始股的持有人原始权利人为生融公司。由于生融公司并未被注销,即使张某敏是生融公司的实际出资人,其财产与生融公司的财产也应互相独立。依据《最高人民法院关于适用〈中华人民共和国公司法〉若干问题的规定(二)》第十条规定,虽然生融公司已被吊销营业执照,但本案诉讼仍应以生融公司的名义进行。张某敏以自己的名义提起本案诉讼,缺乏法律依据。

——中国裁判文书网,https://wenshu.court.gov.cn。

青海黄河电力发展有限公司、中国工商银行股份有限公司青海省分行第三人撤销之诉案[最高人民法院(2021)最高法民终 349 号民事裁定书,2021.5.26]

2. 关于黄河电力公司提起第三人撤销之诉时是否已经超过法律规定的期间问题。首先,根据《中华人民共和国企业法人登记管理条例》规定,企业法人被吊销《企业法人营业执照》后,由主管部门或者清算组织对企业法人的债权债务进行清理。黄河电力公司被吊销《企业法人营业执照》后,停止的只是经营性活动,其仍然可以在清算范围内从事清理债权、债务的活动,依法具备民事诉讼主体资格。黄河电力公司认为其营业执照被吊销,就无法实施民事诉讼行为的主张不能成立。

其次,2002 年三江公司召开股东会,决议根据(2001)青经初字第 11 号民事判决书转让涉案股权。黄河电力公司主张由于其处于歇业状态,三江公司无法通知其参加股东会,导致其不知道股权受到损害。但黄河电力公司在被吊销营业执照后长达十余年的时间内,一直没有积极管理财产,怠于行使其民事权利,其以此作为不应当知道权利受到侵害的理由,本院不予认可。

最后,黄河电力公司主张,因其法定代表人李某来入狱导致黄河电力公司无法管理、处分财产及处理权利义务关系。2014 年李某来已经刑满释放,至 2020 年 4 月才提起本案诉讼,已经长达五年多时间,未及时了解黄河电力公司的股权状况,行使股东权利,并寻求救济途径,怠于行使权利至为明显,应认定其在原审判决生效后未在法定期限内提起撤销诉讼存在过错。黄河电力公司主张应从 2019 年向三江公司查询持股情况时起计算起诉期间,于事实不符,本院不予支持。

——中国裁判文书网,https://wenshu.court.gov.cn。

【链接:最高人民法院法官著述】

营业执照的吊销与注销的法律效果并不一样:注销导致企业法人资格消灭,吊销则是市场监督管理部门依据相关行政法规对违法的企业法人作出的一种行政处罚,[1]与前者是两个不同层面的问题。实践中要准确把握、定位吊销营业执照的法律性质和后果。企业法人被市场监督管理部门吊销营业执照时,本质上是被剥夺了经营权,丧失从事生产经营活动的资格,但其法人资格依然存在,依然具有民事权利能力和民事行为能力,具备诉讼主体资格。

最高人民法院在《关于企业法人营业执照被吊销后,其民事诉讼地位如何确定的复函》中明确指出:企业法人被吊销营业执照后,应当依法进行清算,清算程序结束并办理工商注销登记后,该企业法人才归于消灭。因此,企业法人被吊销营业执照后至被注销登记前,该企业法人仍应视为存续,可以自己的名义进行诉讼活动。如果该企业法人组成人员下落不明,无法通知参加诉讼,债权人以被吊销营业执照企业的开办单位为被告起诉的,人民法院也应予以准许。该开办单位对被吊销营业执照的企业法人,如果不存在投资不足或者转移资产逃避债务情形的,仅应作为企业清算人参加诉讼,承担清算责任。

——最高人民法院民法典贯彻实施工作领导小组主编:《中华人民共和国民法典总则编理解与适用[上]》,人民法院出版社 2020 年版,第 310 页。

编者说明

吊销营业执照,是指剥夺被处罚公司已经取得的营业执照,使其丧失继续从事生产或者经营的资格。公司被吊销营业执照,其作为法人的资格并没有消灭。

---

[1] 参见最高人民法院民事审判第二庭编著:《最高人民法院关于公司法解释(三)、清算纪要理解与适用》,人民法院出版社 2014 年版,第 549 页。

118 公司内部的法定代表人任免争议应以股东会决议判定

关键词 │ 法定代表人 │ 股东会决议 │ 内外区分规则 │

【人民法院案例库参考案例】

福建某环保公司诉某科技集团公司股东出资纠纷案[入库编号:2023-10-2-265-001,最高人民法院(2014)民四终字第20号民事裁定书,2014.6.11]

【裁判要旨】

《中华人民共和国公司法》(2005年修订)第十三条①规定,公司法定代表人变更应当办理变更登记。对法定代表人变更事项进行登记,其意义在于向社会公示公司意志代表权的基本状态。工商登记的法定代表人对外具有公示效力,如果涉及公司以外的第三人因公司代表权而产生的外部争议,应以工商登记为准。而对于公司与股东之间因法定代表人任免产生的内部争议,则应以有效的股东会任免决议为准,并在公司内部产生法定代表人变更的法律效果。

【裁判理由】

三、关于福建某环保公司提起本案诉讼的意思表示是否真实的问题

福建某环保公司是某科技集团公司在中国境内设立的外商独资企业,按照2005年修订的《中华人民共和国公司法》和《中华人民共和国外资企业法》及其实施细则的有关规定,福建某环保公司属于一人公司,其内部组织机构包括董事和法定代表人的任免权均由其唯一股东某科技集团公司享有。

某科技集团公司进入司法管理程序后,司法管理人作出了变更福建某环保公司董事及法定代表人的任免决议。根据新加坡公司法227G的相关规定,在司法管理期间,公司董事基于公司法及公司章程而获得的权力及职责均由司法管理人行使及履行。因此,本案中应当对某科技集团公司的司法管理人作出的上述决议予以认可。

根据《中华人民共和国公司法》(2005年修订)第四十七条第二项②的规定,公司董事会作为股东会的执行机关,有义务执行股东会或公司唯一股东的决议。福建某环保公司董事会应当根据其唯一股东某科技集团公司的决议,办理董事及法定代表人的变更登记。由于福建某环保公司董事会未执行股东决议,造成了工商登记的法定代表人与股东任命的法定代表人不一致的情形,进而引发了争议。

《中华人民共和国公司法》(2005年修订)第十三条规定,公司法定代表人变更

---

① 对应2023年《公司法》第34条第1款:"公司登记事项发生变更的,应当依法办理变更登记。"法定代表人属于公司登记事项和营业执照应当载明的事项,法定代表人辞任的,公司应当尽早选任新的法定代表人并办理变更登记。——编者注

② 对应2023年《公司法》第67条第2款第2项。——编者注

应当办理变更登记。最高人民法院认为，法律规定对法定代表人变更事项进行登记，其意义在于向社会公示公司意志代表权的基本状态。工商登记的法定代表人对外具有公示效力，如果涉及公司以外的第三人因公司代表权而产生的外部争议，应以工商登记为准。而对于公司与股东之间因法定代表人任免产生的内部争议，则应以有效的股东会任免决议为准，并在公司内部产生法定代表人变更的法律效果。因此，某科技集团公司作为福建某环保公司的唯一股东，其作出的任命福建某环保公司法定代表人的决议对福建某环保公司具有拘束力。

本案起诉时，某科技集团公司已经对福建某环保公司的法定代表人进行了更换，其新任命的福建某环保公司法定代表人明确表示反对福建某环保公司提起本案诉讼。因此，本案起诉不能代表福建某环保公司的真实意思，应予驳回。某科技集团公司关于本案诉讼的提起并非福建某环保公司真实意思的上诉理由成立。

——人民法院案例库，https：//rmfyalk. court. gov. cn；大拇指环保科技集团（福建）有限公司与中华环保科技集团有限公司股东出资纠纷案，载《最高人民法院公报》2014 年第 8 期。

【链接：理解与参照】

一、处理公司代表权的争议问题时，应当区分公司内部争议和公司外部争议

依据公司代表权产生的基本原理，设置法定代表人制度的初衷是以立法的形式为公司构造一种对外的意思表达机制。该制度在设计上首先关注的是公司对外的关系，着眼于公司作为一个法人整体与第三人之间的利益平衡。在经济交往活动中，作为与公司交往的第三人，必须通过一种有效的途径知晓谁的行为能够真正代表公司。然而，由于第三人受到信息不对称等因素的限制，往往不能了解到公司内部复杂的规程和结构，况且如若由第三人耗费精力和时间去了解该等情况，完全不符合经济社会降低成本和提高效率的基本要求。为了不让公司复杂的内部结构影响到公司的对外交往，立法机关运用法定代表人这一制度，通过工商登记予以对外公示和明确的方式，设立了一个可以让第三人信赖的公司的对外事务机构或代表人。

对于公司内部而言，公司的法定代表人是代表公司意志的机关之一，在法人内部与其他机构发生系统联系。股东会或其授权的董事会作出公司经营决策后，通过法定代表人的行为对外表达、执行和实现公司意志。由于公司代表权对公司本身、交易安全和经济效率至关重要，因此，当公司自治机制失灵、内部矛盾激化时，往往会出现公司股东、董事、经理、实际控制人等人员对公司代表权进行争夺的现象。这种争夺往往并不涉及公司外部的第三方，此时不应再以工商登记的法定代表人为准。

法院在处理公司代表权纠纷案件时,建立公司内部争议和公司外部争议二元化价值体系,并按不同的纠纷类型适用不同的认定标准是十分必要的。本案二审法院将公司与股东之间因法定代表人任免产生的争议归为内部争议,将涉及公司及股东以外的第三人因公司代表权而产生的争议归为外部争议,并对公司内部形成的变更法定代表人的决议的效力予以认定,这种处理有助于从根本上解决争议。需要强调的是,在类似本案这种内部争议的情形下,所产生的法定代表人变更的法律效果应仅限于公司内部,公司的外部争议仍应当遵从"商事外观主义"这一实体处理原则,以保护善意第三人对工商登记的信赖利益。

二、应当充分尊重公司的意思自治

……我国公司法规定了依照公司章程的规定选任公司法定代表人。本案大拇指公司系外商独资企业,《中华人民共和国外资企业法实施细则》第十六条规定:"外资企业的章程经审批机关批准后生效,修改时同。"第二十四条第一款规定:"外资企业的法定代表人是依照其章程规定,代表外资企业行使职权的负责人。"照此规定,设立外商投资企业的合同以及章程经我国审批机关批准后才能生效。本案中,在大拇指公司不予配合进行章程变更审批的情形下,因环保科技公司新任命的大拇指公司法定代表人未能通过修改章程得到批准,进而否认大拇指公司唯一股东变更其法定代表人的决议的效力,等于无形中给环保科技公司设置了难以逾越的障碍。

在公司内部有关法定代表人争议的诉讼中,无论是公司法的选任范围规定,还是外商投资企业的批准制度,都有以立法者或者行政管理部门的意志代替当事人的意志、以法律的强行规定或行政审批的要求代替当事人对自己事务的安排之嫌。这样处理不仅不符合现代公司制度的立法理念,背离了公司自治的基本原则,实践中更可能导致公司股东陷入无法真正行使自身权利的僵局,不利于公司实现治理目标。

外资企业法的现有规定显然和现代公司制度存在不适应的地方,在外资企业法及其实施细则未明确作出相反规定时,认可股东会决议的对内效力是值得肯定的。本案中最高人民法院认为,大拇指公司属于一人公司,其内部组织机构包括董事和法定代表人的任免权均由其唯一股东环保科技公司享有。环保科技公司作出的法定代表人变更决议,应当在作出时即对大拇指公司发生内部效力。这一认定注重对公司的真实意志的查明,确认了股东会决议选定的公司法定代表人的法律地位,保护了公司股东选择公司代表人和管理者的权利,反映了公司法的真谛和市场经济的运作规范,也充分表明中国法院对在华投资的外国公民及法人提供平等的法律保护。

三、对当事人的诉讼代表权、代理人代理资格的审查，以及裁判文书列明的法定代表人，均应以工商登记为准

民事诉讼法第四十八条第二款规定"法人由其法定代表人进行诉讼"，第一百二十一条①和第一百六十五条②也将法定代表人之姓名列入诉讼法律文书的必备内容，因此，法定代表人享有公司诉讼的启动权。依据本案的最终处理结果，大拇指公司工商登记的法定代表人不是公司股东真实意思下选任的法定代表人，该法定代表人或其授权的代理人无权代表公司进行诉讼行为。但此问题若不进入诉讼程序进行审理，是无法查清并予以确认的。实践中，对此类案件程序处理上的操作差异较大，如存在将争议双方均作为或均不作为诉讼代表人的情形，最终处理上存在判决驳回诉讼请求或裁定驳回起诉等不同处理方式。

最高人民法院认为，本案大拇指公司系中国法人，其提供了中国工商行政管理机关登记的法定代表人的身份证明及加盖大拇指公司公章的授权委托书，符合我国民事诉讼法的有关规定，确认了大拇指公司的委托代理人有权参加本案诉讼。在二审裁判文书中亦将工商登记的法定代表人列为大拇指公司的法定代表人。以上处理符合我国民事诉讼法、公司法的有关规定和基本精神，尊重了工商登记的对外公示效力。经过审理，最高人民法院认定本案的起诉不能代表大拇指公司的真实意思，最终采取了裁定驳回起诉而非判决驳回诉讼请求的方式进行处理。该案程序细节上的处理亦具有一定的指导意义。

——张伯娜：《公司内部的法定代表人任免争议应以股东会决议判定》，载《人民司法·案例》2015 年第 4 期。

编者说明

本案重要争议即法定代表人与公司代理人之间的代表权争议，即何人能代表公司的真实意思。本案中，公司的法定代表人以公司名义起诉后，公司以起诉行为系无权人员盗用公司印章所为，未经公司同意而不能代表公司为由请求法院驳回大拇指公司的诉讼请求。该案两审法院态度迥异，最高人民法院在案例中确认了法定代表人效力的内外区分规则：在内部而言，法定代表人的地位以公司任免决议为准；对外而言，则以工商登记为准。由此，对交易相对人造成的影响是，相对人出于风险的理性判断更倾向于信赖法定代表人而非其他公司代理人。③

---

① 对应 2023 年《民事诉讼法》第 124 条。——编者注
② 对应 2023 年《民事诉讼法》第 172 条。——编者注
③ 参见刘斌：《公司治理视域下公司表意机制之检讨》，载《中国政法大学学报》2021 年第 2 期。

119 离职法定代表人起诉请求公司办理法定代表人变更登记的，人民法院应予受理

关键词 | 法定代表人 | 工商变更登记 | 民事诉讼 | 受案范围 |

【最高人民法院审判业务意见】

问题：公司决议免除法定代表人职务或者法定代表人辞任后，公司怠于办理法定代表人变更登记手续的，原法定代表人是否有权诉请公司办理变更登记？

公司法定代表人为公司机关，属于公司应当办理工商登记的事项。公司法多个条文规定了公司登记制度，其中《公司法》第 13 条①规定，公司法定代表人变更，应当办理变更登记。

公司决议免除法定代表人职务或者法定代表人辞任后，公司不能因为未确定新的法定代表人而怠于办理法定代表人变更登记手续。

法定代表人起诉请求公司办理法定代表人变更登记的，人民法院应予受理，在根据查明的案件事实认定变更登记请求成立时，应当依法判决公司履行变更登记之义务。

——最高人民法院第六巡回法庭编：《最高人民法院第六巡回法庭裁判规则》，人民法院出版社 2022 年版，第 22 页。

【最高人民法院裁判案例】

再审申请人王某廷与巴州赛瑞机械设备安装有限公司、曹某刚请求变更公司登记纠纷案[最高人民法院(2020)最高法民再 88 号民事裁定书,2020.4.29]

裁判摘要②：公司聘用的法定代表人辞职后，其权益因公司未及时办理法定代表人工商变更登记而遭受侵害，该离职法定代表人因公司不予办理变更登记而提起的诉讼，系平等主体之间的民事争议。

公司聘用的法定代表人并非股东，不能通过公司自治的途径得到救济，其起诉具有诉的利益，在符合起诉条件且不具有提起诉讼障碍事由时，人民法院应当予以立案受理，而不应将实体裁判要件等同于起诉条件，作为判断民事诉讼受案范围的标准。

当事人的诉讼请求部分符合起诉条件的，对符合起诉条件的部分应予受理，对不符合起诉条件的部分不予受理。

---

① 对应 2023 年《公司法》第 10 条、第 35 条。——编者注
② 参见中国应用法学研究所主编：《中华人民共和国最高人民法院案例选》第 4 辑,法律出版社 2020 年版,第 79 页。

本院认为,本案的主要问题是:对于王某廷的起诉应否立案受理。

判断人民法院应否受理王某廷的起诉,应依据其诉讼请求及事实理由予以具体分析。王某廷在本案中的主要诉讼请求包括两项:1. 判令赛瑞公司、曹某刚履行公司股东决定并办理变更公司法定代表人工商登记;2. 判令赛瑞公司任何法律行为与其无关。所依据的主要事实是,其系赛瑞公司聘任的法定代表人,在任职数月后辞职,不再参与赛瑞公司的经营管理,而赛瑞公司未及时办理法定代表人变更登记,侵害其合法权益。

首先,关于王某廷提出的判令赛瑞公司、曹某刚办理变更公司法定代表人工商登记的诉讼请求应否受理的问题。王某廷该项诉讼请求系基于其已离职之事实,请求终止其与赛瑞公司之间法定代表人的委任关系并办理法定代表人变更登记,该纠纷属平等主体之间的民事争议。根据王某廷所称其自 2011 年 5 月 30 日即已从赛瑞公司离职,至今已近 9 年,足见赛瑞公司并无自行办理法定代表人变更登记的意愿。因王某廷并非赛瑞公司股东,其亦无法通过召集股东会等公司自治途径,就法定代表人的变更事项进行协商后作出决议。若人民法院不予受理王某廷的起诉,则王某廷因此所承受的法律风险将持续存在,而无任何救济途径。故,本院认为,王某廷对赛瑞公司办理法定代表人变更登记的诉讼请求具有诉的利益,该纠纷系平等主体之间的民事争议,属于人民法院受理民事诉讼的范围。一、二审法院裁定不予受理王某廷该项诉讼请求,适用法律错误,本院予以纠正。需要明确的是,王某廷该项诉讼请求是否具有事实和法律依据,是否应予支持,应通过实体审理予以判断。

其次,关于王某廷提出的判令赛瑞公司任何法律行为与其无关的诉讼请求应否受理的问题。依据《中华人民共和国民事诉讼法》第一百一十九条第三项①规定,起诉必须符合"有具体的诉讼请求和事实、理由"的条件。王某廷该项诉讼请求中"赛瑞公司任何法律行为"指向不明,不符合上述法律规定。对于王某廷该项诉讼请求,一、二审法院裁定不予受理,并无不当。

——中国裁判文书网,https://wenshu. court. gov. cn。

【链接：理解与参照】

本案涉及对于公司离职法定代表人提起的要求公司变更法定代表人工商登记的诉讼是否应予受理的问题,具有一定示范意义。司法实践中,经常有公司与其工作人员约定,由其工作人员作为法定代表人并办理工商登记的情况。被登记为法定代表人的工作人员离职后,若公司不及时变更法定代表人,该离职工作人员的合

---

① 对应 2023 年《民事诉讼法》第 122 条第 3 项。——编者注

法权益可能因公司经营中的问题受到侵害。本案中,王某某即称因赛瑞机械设备安装公司债务问题,其被列入失信被执行人名单,合法权益受到侵害。本案一、二审法院以变更法定代表人系公司自治事项,且王某某曾经起诉赛瑞机械设备安装公司股东要求变更法定代表人,本案构成重复起诉为由,裁定不予受理王某某的起诉。王某某向最高人民法院申请再审,经最高人民法院提审后改判指令一审法院受理其变更法定代表人工商登记的诉讼请求。对此,具体分析如下:

一、王某某起诉符合法定受理条件。《中华人民共和国民事诉讼法》第 119 条规定:"起诉必须符合下列条件:(一)原告是与本案有直接利害关系的公民、法人和其他组织;(二)有明确的被告;(三)有具体的诉讼请求和事实、理由;(四)属于人民法院受理民事诉讼的范围和受诉人民法院管辖。"王某某提供了赛瑞机械设备安装公司变更法定代表人的股东会决议,赛瑞机械设备安装公司至今未办理法定代表人工商登记。王某某认为因赛瑞机械设备安装公司的债务执行问题,其被列入失信被执行人名单,其合法权利受到侵害。由此可见,王某某与本案有利害关系,其起诉有明确的被告、具体的诉讼请求和事实理由,本案纠纷亦属于平等主体之间的民事争议,属于人民法院受理民事诉讼的范围,即王某某的该项诉讼请求符合起诉条件。一、二审法院裁定不予受理错误。

二、王某某在本案中具有诉的利益。诉的利益是指当事人向法院提出的诉讼请求,具有必须通过法院审理并作出判决予以解决的必要性和实效性,其中必要性是指有无必要通过判决解决当事人之间的纠纷;实效性是指通过判决能否使纠纷获得实质性解决。王某某因赛瑞机械设备安装公司的债务执行问题,被列入失信被执行人名单,合法权利因此遭受侵害。王某某并非赛瑞机械设备安装公司股东,无法通过公司自治途径予以救济。若人民法院不予受理王某某的起诉,则王某某因此而承受的法律风险将持续存在,而无任何救济途径。对此,王某某具有必须通过法院审理并作出判决予以解决的必要性和实效性,即王某某在本案中具有诉的利益。

——刘小飞、邹军红、张玲:《王某某与巴州赛瑞机械设备安装有限公司、曹某甲请求变更公司登记纠纷案——离职法定代表人要求办理法定代表人工商变更登记,在无其他救济途径情况下,人民法院应予受理》,载中国应用法学研究所主编:《中华人民共和国最高人民法院案例选》第 4 辑,法律出版社 2020 年版,第 82 页。

120 被公司免除职务的法定代表人,依法可以请求公司办理法定代表人变更登记

关键词 | 请求变更公司登记 | 法定代表人 | 免除职务 | 法定代表人变更登记 |

【人民法院案例库参考案例】

韦某某诉新疆某房地产公司、新疆某投资公司、新疆某甲投资公司请求变更公司登记纠纷案[入库编号：2023-08-2-264-002，最高人民法院（2022）最高法民再94号民事判决书，2022.5.17]

【裁判要旨】

法定代表人是对外代表公司从事民事活动的公司负责人，登记的法定代表人依法具有公示效力。就公司内部而言，公司与法定代表人之间为委托法律关系，法定代表人代表权的基础是公司的授权，自公司任命时取得至免除任命时终止。公司权力机关依公司章程规定免去法定代表人的职务后，法定代表人的代表权即为终止。

有限责任公司股东会依据章程规定免除公司法定代表人职务的，公司执行机关应当执行公司决议，公司执行机关对外代表公司，因此，公司负有办理法定代表人工商变更登记的义务。

公司办理工商变更登记中依法提交股东会决议、选任新的法定代表人等均是公司对登记机关的义务，公司不履行该义务，不能成为法定代表人请求公司履行法定义务之权利行使的条件。

【裁判理由】

法院生效裁判认为，法定代表人是对外代表公司意志的机关之一，登记的法定代表人依法具有公示效力，但就公司内部而言，公司和法定代表人之间为委托法律关系，法定代表人行使代表人职权的基础为公司权力机关的授权，公司权力机关终止授权则法定代表人对外代表公司从事民事活动的职权终止，公司依法应当及时办理工商变更登记。

本案中，《新疆某房地产公司章程》第13条规定，某塔公司股东会是公司的权力机构，有权选举和更换董事。第19条规定，董事会董事由股东委派，董事会对股东会负责，执行股东会决议，董事长由董事会选举产生。第26条规定，董事长为公司法定代表人。2013年3月26日，某塔公司成立，韦某某是某塔公司股东某塔投资公司委派的董事，依据公司章程经董事会选举为董事长，依据章程担任公司法定代表人，并办理了工商登记。因此，韦某某系受公司权力机关委托担任公司法定代表人。

2017年7月18日，某集团公司下发《关于干部免职的决定》，免除韦某某某塔公司董事长、法定代表人职务。2017年7月20日，某塔投资公司依据某集团公司上述干部免职决定，向韦某某发出《免职通知书》，免去韦某某公司董事长、法定代表人职务。《免职通知书》还载明："本公司作为新疆宝塔房地产开发有限公司的控股股东,有权决定该公司董事长、法定代表人任免。本公司已将对你的免职决定通知另一股东新疆某甲投资公司,该公司未提出异议。本通知自发出之日生效。"韦某某被免职后,未在该公司工作,也未从公司领取报酬。本案诉讼中,某鸿公司明确其知晓并同意公司决定,因此,可以认定某塔公司两股东已经就韦某某免职作出股东会决议并通知了韦某某,该决议符合某塔公司章程规定,不违反法律规定,依法产生法律效力,双方的委托关系终止,韦某某已经不享有公司法定代表人的职责。《公司法》第 13 条①规定:"公司法定代表人依照公司章程的规定,由董事长、执行董事或者经理担任,并依法登记。公司法定代表人变更,应当办理变更登记",某塔公司应当依法办理法定代表人变更登记。

按照原国家工商行政管理局制定的《企业法人法定代表人登记管理规定》(1999 年修订)第 6 条"企业法人申请办理法定代表人变更登记,应当向原企业登记机关提交下列文件:(一)对企业原法定代表人的免职文件;(二)对企业新任法定代表人的任职文件;(三)由原法定代表人或者拟任法定代表人签署的变更登记申请书"以及第 7 条"有限责任公司或者股份有限公司更换法定代表人需要由股东会、股东大会或者董事会召开会议作出决议……"之规定,某塔公司只需提交申请书以及对原法定代表人的免职文件、新法定代表人的任职文件,以及股东会、股东大会或者董事会召开会议作出决议即可自行办理工商变更登记。本案中,韦某某被免职后,其个人不具有办理法定代表人变更登记的主体资格,某塔公司亦不依法向公司注册地工商局提交变更申请以及相关文件,导致韦某某在被免职后仍然对外登记公示为公司法定代表人,在某塔公司相关诉讼中被限制高消费等,已经给韦某某的生活造成实际影响,侵害了其合法权益。除提起本案诉讼外,韦某某已无其他救济途径,故韦某某请求某塔公司办理工商变更登记,依法有据,应予支持。至于本案判决作出后,某塔公司是否再选任新的法定代表人,属于公司自治范畴,本案不予处理。

综上,再审法院认为,原一审、二审判决以某塔公司未形成决议等为由驳回韦某某的诉讼请求有误,依法予以纠正,韦某某请求某塔公司办理工商变更登记的请求成立,应予支持。某塔投资公司、某鸿公司仅是某塔公司的股东,且其已经就免除韦某某法定代表人作出决议,依法也非办理变更登记的义务主体,韦某某请求该两公司办理或协助办理法定代表人工商变更登记,依据不足,不予支持。

——人民法院案例库,https://rmfyalk. court. gov. cn。

---

① 对应 2023 年《公司法》第 10 条、第 35 条。——编者注

121 "挂名法定代表人"可以起诉请求公司涤除其登记信息

关键词｜请求变更公司登记｜涤除登记｜法定代表人｜实际控制｜

【人民法院案例库参考案例】

张某诉阆中某房地产开发有限公司请求变更公司登记纠纷案[入库编号：2023 -08-2-264-003,四川省阆中市人民法院(2021)川1381民初5475号民事判决书, 2021.12.19]

【裁判要旨】

公司登记的法定代表人与公司之间失去实质利益关联,且没有参与任何实际经营,属于"挂名法定代表人",应当允许"挂名法定代表人"提出涤除登记诉讼。

【裁判理由】

法院生效裁判认为,张某提交了证据证明代表阆中某公司对外开展民事活动和对内行使管理的人均系韩某,张某并未行使《公司法》规定的法定代表人参与公司经营管理的职权,系属名义上的法定代表人,有违公司法规定,阆中某公司应当及时变更法人登记。因张某不是阆中某公司的股东,无法通过提起召开股东(大)会等内部救济途径变更法人登记,故其请求阆中某公司向工商登记机关涤除张某作为该公司法定代表人的登记,应当得到支持。

——人民法院案例库,https://rmfyalk.court.gov.cn。

122 如公司未就法定代表人变更作出决议，公司法定代表人请求变更法定代表人工商登记的不予支持

关键词｜请求变更公司登记｜法定代表人｜涤除身份｜公司自治｜失信被执行人 ｜损害债权人利益｜

【人民法院案例库参考案例】

盛某诉成都某大教育投资有限公司、四川某园林绿化工程有限公司、周某请求变更公司登记纠纷案[入库编号：2023-08-2-264-004,成都市中级人民法院 (2020)川01民终2506号民事判决书,2022.4.20]

【裁判要旨】

法定代表人的变更属于公司自治的范围,经登记,法定代表人工商信息即具有公示效力。在公司法定代表人与公司存在实质性关联的情况下,如公司未就法定代表人变更作出决议,公司法定代表人请求变更法定代表人工商登记的,人民法院

不予支持。

【裁判理由】

法院生效裁判认为:盛某对成都某大教育投资有限公司在设立时将其登记为股东和法定代表人的事项是知晓和认可的,成都某大教育投资有限公司亦依据法律规定和公司章程规定按照法定程序将盛某登记为成都某大教育投资有限公司股东及法定代表人。关于盛某的成都某大教育投资有限公司法定代表人身份应否涤除的问题。本院认为,首先,盛某并非被冒名登记为成都某大教育投资有限公司法定代表人,其对担任成都某大教育投资有限公司法定代表人事项是知晓和认可的。其次,法定代表人工商信息具有公示效力,债权人在与公司进行商事交易时,亦是基于对公示的法定代表人的信任而建立交易,现该法定代表人已被纳入失信被执行人,涤除将损害债权人利益。最后,大公司变更法定代表人属于公司内部自治事项,应由公司决定,不属于人民法院民事诉讼受理的范围。故对盛某上诉主张涤除其成都某大教育投资有限公司法定代表人登记事项的请求,本院亦不予支持。

——人民法院案例库,https://rmfyalk. court. gov. cn。

123 法定代表人的行为效果归属

关键词 | 法定代表人 | 章程 | 善意相对人 |

【链接:最高人民法院法官著述】

《民法典》合同编中的第 504 条规定:"法人的法定代表人或者非法人组织的负责人超越权限订立的合同,除相对人知道或者应当知道其超越权限外,该代表行为有效,订立的合同对法人或者非法人组织发生效力。"这就要求我们在判断法定代表人的行为效果归属时,必须从整个法律的体系化理解出发:

1. 根据本条①第 1 款的规定,法定代表人的代表权来自于法律或者法人章程的规定。基于此,法定代表人的权限应根据法律或者法人章程进行判断,法定代表人只能在法律或者法人章程规定的权限范围内行使代表权。法律或者法人章程可对法定代表人的权限进行限制,前者为法定限制,包括本法和其他单行法律对法定代表人权限的限制;后者为约定限制,包括法人章程或者法人权力机构对法定代表人权限的限制。

---

① 《民法典》第 61 条规定:"依照法律或者法人章程的规定,代表法人从事民事活动的负责人,为法人的法定代表人。法定代表人以法人名义从事的民事活动,其法律后果由法人承受。法人章程或者法人权力机构对法定代表人代表权的限制,不得对抗善意相对人。"——编者注

2. 根据本条第 2 款规定,法定代表人以法人名义从事的民事活动,其法律后果由法人承受。该款的适用应以第 1 款为前提,即法定代表人只有在法律或者法人章程规定的权限范围内以法人名义从事的民事活动,其法律后果才由法人承受。法定代表人超越法律或者法人章程的规定行使代表权,构成越权代表。

3. 根据本条第 3 款规定,法人章程或者权力机构对法定代表人的代表权的限制,不得对抗善意第三人。根据该规定,法定代表人超越法人章程或者权力机构的限制,以法人名义从事的民事活动,其法律后果原则上仍应由法人承担,除非法人能够证明该第三人并非善意。也就是说,法人章程、决议对法定代表人权限进行限制的情况下,非善意的第三人不得主张法定代表人的行为效果归属于法人。本条没有明确规定法定代表人超越法定限制从事民事活动的效果归属,这并非法律漏洞。"当法律有强制性规定时,任何人均不得以不知法律有规定或宣称对法律有不同理解而免于适用该法律",这一教义性的原理,是法律职业必须遵循的。因此,对超越法定限制的行为,法人原则上不承受该行为的效果,除非第三人能够证明自己的善意。这是通过当然解释可以得出的结论,系不言自明之理。需要注意的是,法定限制与约定限制下,第三人善意证明责任的负担是不同的。在法定限制场合,相对人的善意需要自己举证证明;而在约定限制场合,交易相对人的善意是被依法推定的。对于民法上关于善意的判断标准,可参考关于本法第 85 条的相关解释内容。

——最高人民法院民法典贯彻实施工作领导小组主编:《中华人民共和国民法典总则编理解与适用[上]》,人民法院出版社 2020 年版,第 324 页。

编者说明

2023 年《公司法》第 11 条规定了法定代表人职务行为的法律后果、越权行为的效力规定以及法定代表人职务侵权行为的责任承担:"法定代表人以公司名义从事的民事活动,其法律后果由公司承受。公司章程或者股东会对法定代表人职权的限制,不得对抗善意相对人。法定代表人因执行职务造成他人损害的,由公司承担民事责任。公司承担民事责任后,依照法律或者公司章程的规定,可以向有过错的法定代表人追偿。"该条相关内容在《民法典》第 61 条、第 62 条已有规定,只是《民法典》适用的对象是范围更大的法人,而《公司法》该条适用的对象是公司,有利于增强法律的实用性。具体而言,《公司法》该条规定的含义是:第一,第 1 款概括性规定了法定代表人以公司名义从事的民事活动,其法律后果由公司承受。对于法定代表人非以"公司名义"从事的非职务行为,不适用该款规定。如法定代表人仅以自己名义为自己行为,则法律效果归属其个人,与公司无关。第二,根据第 2 款规定,鉴于通常情况下公司的外部人员不易知晓章程的规定和股东会决议,为方便交易进行,保护善意相对人的交易安全,法律允许公司章程和股东会对法定代表人的职权作出限制,但是该限制不得对抗善意相对人。第三,根据第 3 款规定,在法定代表人职务侵权对外责任承担方面,法定代表人因执行职务造成他人损害的,属于职务侵权,法定代表人的职务行为是代表公司实施,视为公司自己的行为,由公司承担民事责任;在法定代表人职务侵权对内责任方面,公司对外承担责任后,可以依照法律或者公司章程的规定,向有过错的法定代表人追偿。如有关法律法规明文规定了法定代表人对职务侵权行为应该承担相应的责任,或者公司的章程明确规定法定代表人对职务侵权行为应该承担相应的责任。①

124 法定代表人的代表行为对公司不生效的例外情形

关键词 | 法定代表人 | 代表权 | 章程 | 善意相对人 |

【链接：最高人民法院法官著述】

《民法典》第 61 条共有 3 款,规范目的是什么呢? 显然,这一条文旨在明确法定代表人的法律地位:首先,明确法定代表人是"依照法律或者法人章程的规定,代表法人从事民事活动的负责人"(第 1 款),即法定代表人享有代表权;其次,正是因为法定代表人有代表权,因此"法定代表人以法人名义从事的民事活动,其法律后果由法人承受"(第 2 款);最后,正是因为法定代表人的代表权是法律赋予的,因此法人章程或者法人权力机构对法定代表人代表权的限制,不得对抗善意相对人(第 3 款)。问题是,既然法定代表人的代表权是法律赋予的,是不是法定代表人的任何代表行为都会对公司发生效力呢? 显然也不是。因此,从《民法典》第 61 条的规定,可以推出存在两个例外情况。

其一,该条第 3 款规定"法人章程或者法人权力机构对法定代表人代表权的限制,不得对抗善意相对人",言下之意即是,如果相对人是恶意的,法人章程或者法人权力机构对法定代表人代表权的限制就对其具有对抗效力。为什么《民法典》要将不能对抗的范围限制在善意相对人? 这主要是考虑到相对人可能不知道且不应当知道法人章程或者法人权力机构对法定代表人的代表权进行了限制,但这并不意味着法人章程或者权力机构不能对法定代表人的代表权进行限制。

其二,除了公司章程或者权力机构可以对法定代表人的代表权进行限制,法律

---

① 在公司对外承担责任后对内向责任人追偿方面,法定代表人与一般工作人员有所不同。《民法典》第 1191 条第 1 款对一般工作人员的责任承担作了规定:用人单位的工作人员因执行工作任务造成他人损害的,由用人单位承担侵权责任。用人单位承担侵权责任后,可以向有故意或者重大过失的工作人员追偿。据此,在公司对内向责任人追偿方面,法定代表人与一般工作人员的区别如下:其一,对法定代表人进行追偿,必须依据有关法律的规定或者公司章程的规定,否则不能向法定代表人进行追偿。而公司向其他工作人员追偿则不需要有法律的规定或者公司章程的规定这一前提,只要工作人员有故意或者重大过失,都可以向其追偿。其二,对法定代表人和其他工作人员承担内部责任的过错程度要求不同。对于法定代表人来说,只要有过错,包括故意或者过失,即便是一般过失,也要对内承担责任,公司可以向其追偿。但对其他工作人员来说,对其对内承担责任的过错程度要求比较高,应为故意或者重大过失,如果只是一般过失,则无须对内承担责任,公司也不能向其追偿。参见王瑞贺主编:《中华人民共和国公司法释义》,法律出版社 2024 年版,第 21 页。

对法定代表人的代表权也可以进行限制。法定代表人的代表权既然是法律赋予的,当然法律也就可以限制法定代表人的代表权,否则,也就不存在无权代表的说法,而没有无权代表,自然也就无须表见代表。前面谈到,《公司法》第 16 条①关于公司对外提供担保须经公司决议的规定,就是法律对公司法定代表人代表权所进行的限制。也就是说,尽管你是公司的法定代表人,但也并不是什么事情上都可以代表公司。实际上,作为一个理性的相对人,也都应该知道,不是说法定代表人代表公司给你什么东西,你都可以接受,尤其是担保这么高风险的事情,即使法定代表人同意给你提供担保,你也得想想能不能接受? 即使你接受了,法律是不是保护你? 当然,法律也不是说随随便便地去限制法定代表人的代表权,只有在公司对外提供担保这样重大的异常交易问题上,法律才会去限制法定代表人的代表权,其自然也是为了维护公司运营的安全性。

——吴光荣:《担保法精讲:体系解说与实务解答》,中国民主法制出版社 2023 年版,第 180~181 页。

125 银行法定代表人以银行名义并加盖其私刻银行印章对外借款，应否由银行担责

关键词 | 法定代表人 | 印章 | 借款合同 | 职务行为 | 过失 |

【最高人民法院裁判案例】

再审申请人郭某亮与被申请人交通银行股份有限公司镇江扬中支行、原审被告扬中绿洲环境科技实业有限公司金融借款合同纠纷案[最高人民法院(2018)最高法民再 302 号民事判决书,2018. 11. 27]

裁判摘要:银行法定代表人以银行名义对外签订借款合同或担保合同时,即使其加盖的银行印章为其私刻,但没有证据证明对方当事人存在故意或者重大过失时,银行应当对法定代表人的行为承担法律后果。银行以法定代表人无权从事该行为进行抗辩,应当举证证明对方当事人明知法定代表人无权代表或者存在其他重大过失。

本院再审认为,本案争议的主要问题是交行扬中支行是否应当承担案涉借款的还款责任,具体涉及到三个问题:一是郭某亮是否有理由相信借款主体为交行扬中支行;二是戴某翔是否有权代表交行扬中支行签订借款协议;三是案涉借款是否用于交行扬中支行的相关业务。本院认为,从案涉借条的签订主体、款项流向以及

---

① 对应 2023 年《公司法》第 15 条。——编者注

相关证据综合来看,案涉借款合同的借款主体应为交行扬中支行,交行扬中支行应当承担偿还案涉借款的责任。具体理由如下:

一、关于郭某亮是否有理由相信借款主体为交行扬中支行的问题。交行扬中支行在案涉借条上借款人处盖章确认,应当认定为案涉借款合同的借款人。借款合同是借款人向贷款人借款,到期返还借款并支付利息的合同。通常而言,在借款合同没有其他保证人的情况下,借款合同只有借款人和贷款人两方主体,在借款人处签字或盖章的应当认定为借款人。案涉借条在借款人处具有戴某翔个人签字,同时签有"交行扬中支行"字样,并在戴某翔及"交行扬中支行"上盖有交行扬中支行公章,对此,双方当事人对借款人系戴某翔还是交行扬中支行产生争议。合同法第一百二十五条第一款①规定:"当事人对合同条款的理解有争议的,应当按照合同所使用的词句、合同的有关条款、合同的目的、交易习惯以及诚实信用原则,确定该条款的真实意思。"按交易习惯来看,如果借款合同借款人为戴某翔本人,则无需在借款人处加盖交行扬中支行公章,相反,只有交行扬中支行作为借款人借款,其相关负责人才需要在盖章处签字。案涉借条签订时,戴某翔为交行扬中支行副行长,系该行负责人,其代表该行在盖章处签字符合交易习惯。因此,交行扬中支行辩称案涉借款合同借款人为戴某翔本人,不予支持。

二、关于戴某翔是否有权代表交行扬中支行签订借款协议的问题。戴某翔在签订借款合同时系交行扬中支行主持工作副行长,作为交行扬中支行实际负责人,有权代表交行扬中支行在借款合同上签字并加盖公章。《中华人民共和国民法总则》第六十一条②规定:"依照法律或者法人章程的规定,代表法人从事民事活动的负责人,为法人的法定代表人。法定代表人以法人名义从事的民事活动,其法律后果由法人承受。法人章程或者法人权力机构对法定代表人代表权的限制,不得对抗善意相对人。"根据原审查明的事实,戴某翔在签订案涉借款合同时系交行扬中支行的实际负责人,其在借条上签字后写明"交行扬中支行"并加盖交行扬中支行的公章,显然是以交行扬中支行名义签订借款合同,其行为明确表示代表交行扬中支行进行借款,因此案涉借款合同借款人应为交行扬中支行。交行扬中支行辩称戴某翔超越权限向个人借款,其行为不属于职务行为。合同法第五十条③规定:"法人或者其他组织的法定代表人、负责人超越权限订立的合同,除相对人知道或者应当知道其超越权限的以外,该代表行为有效。"根据原审查明的事实,案涉借款合同系工作时间在戴某翔办公室所签,戴某翔时任交行扬中支行负责人并持有该行公章,且该借款合同仅约定资金借用一天,因此,郭某亮有充分理由相信戴某翔

---

① 对应《民法典》第 466 条第 1 款。——编者注
② 对应《民法典》第 61 条。——编者注
③ 对应《民法典》第 504 条。——编者注

是代表交行扬中支行进行业务资金周转，郭某亮此等信赖符合常人理性判断，相关信赖利益应予保护。交行扬中支行以戴某翔向个人借款行为不属于商业银行经营活动为由主张戴某翔本案行为不构成履行职务行为，本院不予采信。原审关于郭某亮系当地规模企业的财务总监，对戴某翔无权代理行为应当知道且存在主观过失的认定，明显与社会普遍价值判断与认知相违背，明显系加重债权人的审查义务与责任，显属不当，应予纠正。

三、关于案涉借款是否用于交行扬中支行相关业务的问题。交行扬中支行并无证据证明戴某翔与绿洲公司存在个人债权债务关系，绿洲公司所提交证据可以证明交行扬中支行实际使用案涉借条中款项。交行扬中支行称案涉借款系戴某翔个人借款，且主张戴某翔作为交行扬中支行负责人亦陈述案涉借款为其个人所借，对此，交行扬中支行应当举证证明戴某翔与绿洲公司具有个人债权债务关系。本案中，绿洲公司主张其与戴某翔个人并无债权债务关系，并提交了交行扬中支行与绿洲公司上级单位之间的资金拆借证据，在交行扬中支行并未提交充分证据否认绿洲公司所交证据的情况下，交行扬中支行亦未举证证明戴某翔与绿洲公司之间存在债权债务关系，应由交行扬中支行承担举证不利的法律后果。交行扬中支行虽不认可绿洲公司提交的《银票说明》及《开票清单》，但该证据上具有交行扬中支行的业务专用章，交行扬中支行对上述印章亦未申请鉴定，更未提供其他证据否认其真实性。而绿洲公司作为案涉借条款项的收取方，其提供的证据能充分显示交行扬中支行对其欠款 4720 万元，与案涉借款金额完全相符，且在天禾公司记账凭证中亦显示绿洲公司在案涉借条签订后收回 4720 万元。因此，绿洲公司所提交的证据及其陈述形成完整证据链条，交行扬中支行对此并未提出任何证据予以否认，故可以认定交行扬中支行系使用案涉借款偿还天禾公司开票资金，交行扬中支行应为案涉款项实际借款人。

另，交行扬中支行并无充分证据证明案涉借条上公章为虚假伪造公章。交行扬中支行主张案涉借条上该行印章为戴某翔私刻公章，但其提交的相关证据均为其自身制作，交行镇江分行亦为其上级主管部门，仅有上述证据并不能证明交行扬中支行当时的公章被上级部门收回，更无证据证明案涉公章为戴某翔私刻。在交行扬中支行提交的关于戴某翔犯罪的刑事判决书中，亦未提及本案所涉交行扬中支行公章为戴某翔私刻，戴某翔私刻过公章的事实并不能证明案涉公章即为其私刻。按照证据规则，交行扬中支行对案涉借条上公章提出异议，应当在原审法院提出对案涉公章进行鉴定，但交行扬中支行在提出鉴定申请后又撤回鉴定，因此，并无充分证据证明案涉借款合同上公章为虚假公章，交行扬中支行以此否认其应当承担还款责任，并无事实与法律依据。另，即便案涉借款合同上交行扬中支行公章为戴某翔私刻，但该公章系时任交行扬中支行负责人的戴某翔在其办公室内所盖，郭某亮亦有充足理由相信该公章代表交行扬中支行真实意思表示,且戴某翔作为负责人亦能够代表交行扬中支行从事民事行为。因此,如交行扬中支行所称借款合同上公章为戴某翔私刻,戴某翔亦是代表交行扬中支行签订借条,郭某亮相信其行为可以代表交行扬中支行亦无不当,交行扬中支行亦应为案涉借款承担还款责任。

综上所述,交行扬中支行并未提供充分证据证明案涉借款合同上该行公章为虚假公章,其称案涉借款为戴某翔个人所借,既无事实依据,亦显然不合常理。戴某翔作为交行扬中支行负责人有权代表该行签订借款合同,其代表交行扬中支行所作出的民事行为应由该行承担责任,且案涉借条中的款项实际亦为交行扬中支行业务使用。因此,原审法院认定案涉借款系戴某翔个人所借系认定事实错误,交行扬中支行应为实际借款人并应承担还款责任,郭某亮的再审请求有事实和法律依据。

——中国裁判文书网,https://wenshu. court. gov. cn。

126 职务行为的认定应满足以单位名义实施的前提

关键词｜法定代表人｜职务行为｜法人名义｜

【最高人民法院审判业务意见】

根据《民法总则》第 61 条第 1 款、第 2 款[①]"依照法律或者法人章程的规定,代表法人从事民事活动的负责人,为法人的法定代表人。法定代表人以法人名义从事的民事活动,其法律后果由法人承受"的规定,法定代表人在从事职务行为时其人格被法人吸收。法定代表人以组织名义实施的行为,法律后果由组织承受。在无证据证明法定代表人是以法人组织名义从事民事活动的情况下,即使客观上使法人受益,也不应认定为职务行为,法人对此不承担责任。

——最高人民法院第四巡回法庭编:《最高人民法院第四巡回法庭疑难案件裁判要点与观点》,人民法院出版社 2020 年版,第 279 页。

127 公司法人的分支机构对外参加诉讼并承担民事责任的,企业法人无权对该生效裁判提起第三人撤销之诉

关键词｜第三人撤销之诉｜公司法人｜分支机构｜原告主体资格｜

---

① 对应《民法典》第 61 条第 1 款、第 2 款。——编者注

【最高人民法院指导性案例】

长沙广大建筑装饰有限公司诉中国工商银行股份有限公司广州粤秀支行、林传武、长沙广大建筑装饰有限公司广州分公司等第三人撤销之诉案［最高人民法院指导案例 149 号，广东省高级人民法院（2018）粤民终 1151 号民事裁定书，2018.6.22］

裁判要点：公司法人的分支机构以自己的名义从事民事活动，并独立参加民事诉讼，人民法院判决分支机构对外承担民事责任，公司法人对该生效裁判提起第三人撤销之诉的，其不符合民事诉讼法第五十六条①规定的第三人条件，人民法院不予受理。

法院生效裁判认为，民事诉讼法第五十六条规定："对当事人双方的诉讼标的，第三人认为有独立请求权的，有权提起诉讼。对当事人双方的诉讼标的，第三人虽然没有独立请求权，但案件处理结果同他有法律上的利害关系的，可以申请参加诉讼，或者由人民法院通知他参加诉讼。人民法院判决承担民事责任的第三人，有当事人的诉讼权利义务。前两款规定的第三人，因不能归责于本人的事由未参加诉讼，但有证据证明发生法律效力的判决、裁定、调解书的部分或者全部内容错误，损害其民事权益的，可以自知道或者应当知道其民事权益受到损害之日起六个月内，向作出该判决、裁定、调解书的人民法院提起诉讼。……"依据上述法律规定，提起第三人撤销之诉的"第三人"是指有独立请求权的第三人，或者案件处理结果同他有法律上的利害关系的无独立请求权第三人，但不包括当事人双方。在已经生效的（2016）粤 01 民终 15617 号案件中，被告长沙广大广州分公司系长沙广大公司的分支机构，不是法人，但其依法设立并领取工商营业执照，具有一定的运营资金和在核准的经营范围内经营业务的行为能力。根据民法总则第七十四条第二款②"分支机构以自己的名义从事民事活动，产生的民事责任由法人承担；也可以先以该分支机构管理的财产承担，不足以承担的，由法人承担"的规定，长沙广大公司在（2016）粤 01 民终 15617 号案件中，属于承担民事责任的当事人，其诉讼地位不是民事诉讼法第五十六条规定的第三人。因此，长沙广大公司以第三人的主体身份提出本案诉讼不符合第三人撤销之诉的法定适用条件。

——《最高人民法院关于发布第 27 批指导性案例的通知》（2021 年 2 月 19 日，法〔2021〕55 号）。

---

① 对应 2023 年《民事诉讼法》第 59 条。——编者注
② 对应《民法典》第 74 条第 2 款。——编者注

【链接：理解与参照】

二、裁判要点的理解与说明

第一，长沙广大广州分公司是依法设立并领取营业执照的法人的分支机构，根据最高人民法院《关于适用民事诉讼法的解释》第 52 条的规定，可以作为民事诉讼的当事人。故长沙广大广州分公司被（2016）粤 01 民终 15617 号案列为被告并判令承担民事责任，符合上述规定。

第二，根据民法典第七十四条第一款①和公司法第十四条第一款的规定，长沙广大公司是（2016）粤 01 民终 15617 号民事判决确定的民事责任的实际承担者。在其分支机构长沙广大广州分公司不能清偿债务时，根据最高法院《关于民事执行中变更、追加当事人若干问题的规定》第 15 条"作为被执行人的法人分支机构，不能清偿生效法律文书确定的债务，申请执行人申请变更、追加该法人为被执行人的，人民法院应予支持"的规定，人民法院可直接追加长沙广大公司为被执行人。

第三，长沙广大公司虽未参加（2016）粤 01 民终 15617 号案诉讼，但其诉讼权利已由长沙广大广州分公司代为行使，其必须承担（2016）粤 01 民终 15617 号民事判决所确定的民事责任，故其并非该案有独立请求权的第三人，或者该案处理结果同其有法律上利害关系的无独立请求权第三人，其无权就该案提起第三人撤销之诉。

——王晓琴、文靖之、马蓓蓓：《〈长沙广大建筑装饰有限公司诉中国工商银行股份有限公司广州粤秀支行、林传武、长沙广大建筑装饰有限公司广州分公司等第三人撤销之诉案〉的理解与参照——公司法人不具有对其分支机构承担民事责任的生效裁判提起第三人撤销之诉的原告主体资格》，载《人民司法·案例》2022 年第 17 期。

编者说明

上述 149 号指导案例，明确了公司法人的分支机构对外参加诉讼并承担民事责任的，企业法人不具有提起第三人撤销之诉的原告主体资格。公司法人是否具有对其分支机构承担民事责任的生效裁判提起第三人撤销之诉的原告主体资格，在审判实践中存在分歧，该案例对于此类案件的处理具有较强的指导意义。②

---

① 对应 2023 年《公司法》第 13 条第 2 款、第 38 条。——编者注
② 《最高人民法院发布第 27 批指导性案例》，载《人民法院报》2021 年 3 月 4 日，第 1 版。

128 公司设立人的认定

关键词｜公司设立人｜章程｜发起人｜股东｜

【最高人民法院司法解释】

第一条 为设立公司而签署公司章程、向公司认购出资或者股份并履行公司设立职责的人，应当认定为公司的发起人，包括有限责任公司设立时的股东。

——《最高人民法院关于适用〈中华人民共和国公司法〉若干问题的规定（三）》（2021 年 1 月 1 日，法释〔2020〕18 号修正）。

【链接：最高人民法院法官著述】

本条①是关于设立人为设立法人从事民事活动的法律后果的规定，适用本条的前提是准确界定设立人。关于设立人，《民法典》没有专门规定。针对公司法中类似于设立人的发起人，《公司法司法解释（三）》第 1 条规定："为设立公司而签署公司章程、向公司认购出资或者股份并履行公司设立职责的人，应当认定为公司的发起人，包括有限责任公司设立时的股东。"根据该规定，公司发起人应当具备三个特征：一是签署公司章程；二是向公司认购出资或者股份；三是履行公司设立职责。……法人设立人的认定可参照《公司法司法解释（三）》第 1 条关于发起人的规定，综合签署章程、认购出资、履行设立职责三个因素进行判断。

——最高人民法院民法典贯彻实施工作领导小组主编：《中华人民共和国民法典总则编理解与适用［上］》，人民法院出版社 2020 年版，第 383 页。

129 发起人以设立中公司名义对外签订合同，公司成立后合同相对人有权请求公司承担合同责任

关键词｜设立中公司｜合同效力｜责任承担｜

【最高人民法院司法解释】

第三条 发起人以设立中公司名义对外签订合同，公司成立后合同相对人请求公司承担合同责任的，人民法院应予支持。

公司成立后有证据证明发起人利用设立中公司的名义为自己的利益与相对人签订合同，公司以此为由主张不承担合同责任的，人民法院应予支持，但相对人为

---

① 指《民法典》第 75 条。——编者注

善意的除外。

——《最高人民法院关于适用〈中华人民共和国公司法〉若干问题的规定
(三)》(2021年1月1日,法释[2020]18号修正)。

【最高人民法院裁判案例】

**上诉人南宁市和基房地产开发有限责任公司与被上诉人广西志远大家汇实业
有限公司、原审第三人广西桂盛房地产有限责任公司案外人执行异议之诉案[最高
人民法院(2020)最高法民终289号民事判决书,2020.7.21]**

一、关于案涉《房地产项目转让合同》是否合法有效的问题

案涉《房地产项目转让合同》虽订立于志远公司成立之前,但《最高人民法院
关于适用〈中华人民共和国公司法〉若干问题的规定(三)》第三条第一款关于"发
起人以设立中公司名义对外签订合同,公司成立后合同相对人请求公司承担合同
责任的,人民法院应予支持"的规定,并未否定设立中公司对外签订合同的民事行
为能力,发起人有权代表公司对外从事民事活动,相应的民事权利义务亦应由设立
后的公司享有和承担。和基公司主张案涉《房地产项目转让合同》系志远公司在
其成立之前签订,不是有效合同,于法无据,不予支持。《中华人民共和国城市房地
产管理法》第三十九条虽然规定了国有土地使用权转让的限制条件,但该规定是在
国有土地使用权发生实际变更登记时,对其物权效力产生影响的规定;而民事主体
之间签订的合同,只要符合法律规定的民事法律行为的效力要件,一般应认定该合
同依法成立,合法有效。本案中,志远公司以买受人身份与桂盛公司签订《房地
产项目转让合同》,并约定受让案涉土地使用权,进行房地产项目开发,意思表示真
实,不违反法律、行政法规的强制性规定,合法有效。

——中国裁判文书网,https://wenshu. court. gov. cn。

**上诉人山西共合创展投资有限公司、山西普大煤业集团有限公司、赵某与被上
诉人山西朔州山阴酉宜煤业有限公司、一审被告山西新兴重工机械有限公司、一审
被告山西海煤矿业有限公司合同纠纷案[最高人民法院(2019)最高法民终1104号
民事判决书,2019.12.20]**

关于2012年4月2日共合创展与酉宜煤业签订的《协议书》是否有效的问题。
根据《最高人民法院关于适用〈中华人民共和国公司法〉若干问题的规定(三)》第
三条第一款"发起人以设立中公司名义对外签订合同,公司成立后合同相对人请求
公司承担合同责任的,人民法院应予支持"的规定,公司发起人可以以设立中公司
名义对外签订合同,合同的权利和义务由成立后的公司享有和承担。本案中,共合
创展于2014年4月9日成立,该公司成立前即2012年4月2日,公司法定代表人

林某等人以共合创展的名义与西宜煤业签订了《协议书》，共合创展公司成立后由其享有和承担协议书约定的权利和义务并不违反法律规定。协议签订后，共合创展按照协议的约定向西宜煤业支付了履约保证金，西宜煤业也收取了上述保证金，故上述协议系双方当事人的真实意思表示，且不违反法律、法规禁止性规定，应为有效。另，根据现有证据，本院无法确认《协议书》上共合创展所盖公章的真实性，但该公章是否真实并不影响协议的效力，故一审法院认定上述协议书有效并无不当。普大煤业、赵某认为上述协议无效，共合创展不具有民事权利能力和民事行为能力的上诉理由不能成立，本院不予支持。

——中国裁判文书网，https://wenshu. court. gov. cn。

编者说明

2023 年《公司法》第 44 条第 1 款、第 2 款吸收了《公司法解释（三）》第 3 条、第 4 条的精神，规定："有限责任公司设立时的股东为设立公司从事的民事活动，其法律后果由公司承受。公司未成立的，其法律后果由公司设立时的股东承受；设立时的股东为二人以上的，享有连带债权，承担连带债务。"该条第 1 款明确，设立时的股东为设立公司所从事的民事活动，在公司成立后，由公司依法继受设立过程中产生的权利义务承受。如果是与设立公司无关的个人行为，则公司不承担相关后果，由个人承担。第 2 款明确，如果公司未成立，则设立时的股东之间是合伙关系，对于设立过程中产生的债务，由设立时的股东承担无限连带责任。[1]

---

[1] 参见王瑞贺主编：《中华人民共和国公司法释义》，法律出版社 2024 年版，第 67 页。

二、营利法人

（一）公司法人人格否认

130 依法追究滥用法人独立人格的民事责任

关键词｜公司人格否认｜人格混同｜关联公司｜连带责任｜

【最高人民法院司法文件】

（四）关于公司人格否认

公司人格独立和股东有限责任是公司法的基本原则。否认公司独立人格，由滥用公司法人独立地位和股东有限责任的股东对公司债务承担连带责任，是股东有限责任的例外情形，旨在矫正有限责任制度在特定法律事实发生时对债权人保护的失衡现象。在审判实践中，要准确把握《公司法》第20条第3款①规定的精神。一是只有在股东实施了滥用公司法人独立地位及股东有限责任的行为，且该行为严重损害了公司债权人利益的情况下，才能适用。损害债权人利益，主要是指股东滥用权利使公司财产不足以清偿公司债权人的债权。二是只有实施了滥用法人独立地位和股东有限责任行为的股东才对公司债务承担连带清偿责任，而其他股东不应承担此责任。三是公司人格否认不是全面、彻底、永久地否定公司的法人资格，而只是在具体案件中依据特定的法律事实、法律关系，突破股东对公司债务不承担责任的一般规则，例外地判令其承担连带责任。人民法院在个案中否认公司人格的判决的既判力仅仅约束该诉讼的各方当事人，不当然适用于涉及该公司的其他诉讼，不影响公司独立法人资格的存续。如果其他债权人提起公司人格否认诉讼，已生效判决认定的事实可以作为证据使用。四是《公司法》第20条第3款规定的滥用行为，实践中常见的情形有人格混同、过度支配与控制、资本显著不足等。在审理案件时，需要根据查明的案件事实进行综合判断，既审慎适用，又当用则用。实践中存在标准把握不严而滥用这一例外制度的现象，同时也存在因法律规定较为原则、抽象，适用难度大，而不善于适用、不敢于适用的现象，均应当引起

---

① 对应2023年《公司法》第23条第1款。——编者注

高度重视。

13.【诉讼地位】人民法院在审理公司人格否认纠纷案件时,应当根据不同情形确定当事人的诉讼地位:

(1)债权人对债务人公司享有的债权已经由生效裁判确认,其另行提起公司人格否认诉讼,请求股东对公司债务承担连带责任的,列股东为被告,公司为第三人;

(2)债权人对债务人公司享有的债权提起诉讼的同时,一并提起公司人格否认诉讼,请求股东对公司债务承担连带责任的,列公司和股东为共同被告;

(3)债权人对债务人公司享有的债权尚未经生效裁判确认,直接提起公司人格否认诉讼,请求公司股东对公司债务承担连带责任的,人民法院应当向债权人释明,告知其追加公司为共同被告。债权人拒绝追加的,人民法院应当裁定驳回起诉。

——《全国法院民商事审判工作会议纪要》(2019 年 11 月 8 日,法〔2019〕254 号)。

【链接:答记者问】

关于公司人格否认。纪要明确,公司人格独立和股东有限责任是公司法的基本原则。否认公司独立人格,由滥用公司法人独立地位和股东有限责任的股东对公司债务承担连带责任,只是股东有限责任的例外情形,旨在运用平衡的方法矫正有限责任制度在特定法律事实发生时对债权人保护的失衡现象。要准确把握《公司法》第 20 条第 3 款的规定精神。要根据查明的案件事实,进行综合判断,既审慎适用,又当用则用。实践中存在标准把握不严而滥用这一例外制度的现象,同时也存在因法律规定较为原则、抽象,适用难度大,而不善于适用、不敢于适用现象,均应当引起高度重视。纪要对否定公司人格的 3 种典型情形(人格混同、过度支配与控制、资本显著不足)如何把握进行了细化。

——《最高人民法院民二庭负责人就〈全国法院民商事审判工作会议纪要〉答记者问》,载最高人民法院民事审判第二庭编著:《〈全国法院民商事审判工作会议纪要〉理解与适用》,人民法院出版社 2019 年版,第 87 页。

【最高人民法院司法政策】

依法追究滥用法人独立人格的民事责任。

控制股东、实际控制人利用其控制地位,侵占或挪用公司资产,或者利用关联交易等方式掏空公司资产,损害债权人利益,构成滥用法人人格逃避债务的,要依法适用法人人格否认制度;在纵向层面,控制股东、实际控制人构成滥用法人独立地位逃避债务,严重损害债权人利益的,应当对公司债务承担连带责任;在横向层面,股东利用其控制的多个公司,没有合法原因随意调拨资产、划拨资金,使得相关公司人格"躯壳化""工具化"的,各公司应对任一公司债务承担连带责任,股东同样承担连带责任。此外,对尚不构成滥用法人独立人格的资产无偿或低价划转、侵占、挪用等损害公司法人财产的行为,债权人以请求撤销关联交易等方式追回法人财产的,人民法院应予支持,以切实保护债权人的合法权益,有效遏制逃废债务的现象。

　　——刘贵祥:《关于金融民商事审判工作中的理念、机制和法律适用问题》(根据 2023 年 1 月 10 日在全国法院金融审判工作会议上的讲话整理形成),载《法律适用》2023 年第 1 期。

【最高人民法院审判业务意见】

　　问题:司法实践中应如何理解和把握有关揭开公司面纱或者穿透性审查的诉讼?

　　公司人格独立、股东承担有限责任是公司法最为重要的基本原则,维持公司法人独立地位是公司法的主要价值取向。

　　公司法领域的有关纠纷案件,揭开公司面纱或者穿透性审查应当作为一项例外,只有在公司独立人格和股东有限责任原则被严重滥用,并且严重损害公司债权人利益,通过其他途径不能使债权人的合法权益获得救济时,才能为保护债权人利益而例外地适用。

　　因此,在否认公司的独立人格时,应持慎重、审慎的态度,并且该项针对同一公司人格独立的否认,不能在有关该公司的另案诉讼中作为已经被生效判决认定的事实。

　　——最高人民法院第六巡回法庭编:《最高人民法院第六巡回法庭裁判规则》,人民法院出版社 2022 年版,第 23 页。

【链接：最高人民法院法官著述】

　　(二)关于公司法人人格否认

　　对公司法人人格否认,原公司法第 20 条的规定为司法实践提供了法律依据,针对在适用中存在的问题,九民纪要从适用人格否认制度的基本规则到各种人格否认具体情形作了较为系统的规定,更重要的是有针对性地规定了双控人控制之下的姊妹公司的人格否认问题,即横向人格否认。新公司法第 23 条第 2 款基本予以吸收。但是该条款把双控人限于控股股东,是有意为之,还是技术性原因?有观点认为,此为立法中有意限定,排除实际控制人滥用控制权情况下法人人格,因为实控人毕竟不是股东,以实控人滥用控制权否认法人人格对股东不利。但是,从整个公司法关于滥用控制权问题的规定看，基本有实控人的身影，单此处未作规定，似理由不足。一则实践中实控人滥用控制地位损害公司、公司股东、债权人利益的情况屡见不鲜，不能对此熟视无睹；二则实控人虽非名义上的股东，但要么是实际股东（股东乃其替身），要么是股东的利益一致人，否则，何以无缘无故地能够实际控制公司；三则在"横向否认"的情况下，实控人往往是导致人格否认的"操盘手"，不让其承担连带责任反而对股东更不利。新公司法第 21 条对滥用权利的主体表述与第 23 条是一致的，即都表述为"股东"。由此，可以认为，此处未规定实控人滥用控制权不一定是有意而为，可考虑作扩张性解释。在原公司法司法解释修改时，应深入研究立法本意，并注重实践效果。

对于滥用控制权如何界定，需总结实践经验进一步提炼，比如，行使控制权未遵守法律或公司章程规定的程序，行使控制权不符合比例原则，行使控制权造成不当公司资产转移，减损公司利益及对其他利益相关者等等。实践中，企业集团各成员公司受处于主导地位的母公司的统一管理，并由此产生替代市场机制的交易内部化效应，给企业集团整体带来交易成本低、效率高、利润高的竞争优势。比如，母公司往往利用财务中心等管理机构在下属公司之间调配资产或资金，这不能简单地判断为滥用控制权，关键在于是否属于经营性调配，在成员公司之间是否形成了借贷关系或其他交易关系，是否有清晰的财务往来账目。如果存在不公平的调配，可按合同法、公司法等其他制度解决。此外，国有企业有更加严格的管理规定，其上级企业或控股股东为防止国有资产流失，依法行使管理职责，应视为正当行使控制权的行为。

在公司破产程序中，往往采取关联公司实质合并破产的方式，对此必须以法人人格高度混同为标准，而人格混同是人格否认的一种极端情况，不能把人格混同与其他滥用控制权人格否认的情形混为一谈。一般的人格否认，导致控股股东、实控人对公司债务承担连带责任，或姊妹公司之间承担连带责任，公司破产时，管理人可以基于人格否认向其提出对公司债务承担连带责任的请求，而不应作为合并破产的依据。要合并破产，需证明母子公司、姊妹公司存在财务边界不清，财产混同、业务混同、人员混同等情况。当然，人格混同，并不以人财物均混同为必要，但财务边界不清，财产混同是不可或缺的条件。

——刘贵祥：《关于新公司法适用中的若干问题》，载《法律适用》2024 年第 6 期。

（一）完善了公司法人人格否认制度，增加了"姐妹公司"人格否认情形

新公司法第 23 条规定："公司股东滥用公司法人独立地位和股东有限责任，逃避债务，严重损害公司债权人利益的，应当对公司债务承担连带责任。股东利用其

控制的两个以上公司实施前款规定行为的,各公司应当对任一公司的债务承担连带责任。只有一个股东的公司,股东不能证明公司财产独立于股东自己的财产的,应当对公司债务承担连带责任。"

本条第 1 款继承了 2018 年《公司法》中公司法人人格否认制度的规定。第 2 款则是新增条款,规定了受同一股东控制的两个以上公司滥用权力,相互之间对债务承担连带责任,即所谓"姐妹公司"人格否认的规定。司法实践中适用这一款时,应当注意相互之间对债务承担连带责任的"姐妹公司",除该控股股东外,可能还存在其他小股东,应注意此种情形下对小股东利益的保护问题。

本条第 3 款继承了 2018 年《公司法》中一人有限责任公司财产混同情形下法人人格否认举证责任倒置的规定,并因新公司法允许设立一人股份公司,因此适用范围扩大适用于一人股份公司。司法实践中适用这一款时,需要注意两点:

其一,一人公司的范围,包括一人有限责任公司,也包括一人股份有限公司,但股东只能有一人。例如,有观点认为股东为夫妻二人的公司应视为实质上的一人公司,也应当适用一人公司法人人格否认举证责任倒置,笔者认为这种观点应予商榷。股东为夫妻二人的,不是一人公司。

其二,股东承担证明财产独立的举证责任。

上述三款相辅相成,构成了完整的公司法人人格否认制度。

——潘勇锋:《论审判视角下新公司法主要制度修订》,载《中国应用法学》2024 年第 1 期。

编者说明

《民法典》第 83 条规定了出资人滥用权利的责任承担:"营利法人的出资人不得滥用出资人权利损害法人或者其他出资人的利益;滥用出资人权利造成法人或者其他出资人损失的,应当依法承担民事责任。营利法人的出资人不得滥用法人独立地位和出资人有限责任损害法人债权人的利益;滥用法人独立地位和出资人有限责任,逃避债务,严重损害法人债权人的利益的,应当对法人债务承担连带责任。"适用该条规定,应当坚持有限责任这一法人制度的基石。出资人有限责任和法人独立责任是营利法人制度的核心内容,法人人格否认制度的适用应当限制在司法审判中针对某一具体案件适用,不得任意扩大其适用范围。①

2023 年《公司法》第 23 条规定了股东不得滥用公司法人独立地位和股东有限责任:"公司股东滥用公司法人独立地位和股东有限责任,逃避债务,严重损害公司债权人利益的,应当对公司债务承担连带责任。股东利用其控制的两个以上公司实施前款规定行为的,各公司应当对任一公司的债务承担连带责任。只有一个股东的公司,股东不能证明公司财产独立于股东自己的财产的,应当对公司债务承担连带责任。"该条对原《公司法》第 20 条第 3 款作出重

---

① 参见最高人民法院民法典贯彻实施工作领导小组主编:《中华人民共和国民法典总则编理解与适用[上]》,人民法院出版社 2020 年版,第 424 页。

大修改:(1)第 1 款与与原《公司法》第 20 条第 3 款的规定一致,规定了公司法人人格否认法律制度。但该款规定的是纵向人格否认,即否定公司的人格,不再让股东以出资为限对公司债务承担有限责任,而判令股东对公司债务承担连带责任。(2)第 2 款为新增条款,是关于横向人格否认规则的规定,吸收了《九民纪要》第 11 条第 2 款的相关规定。横向人格否认否定控制股东控制下的子公司或者关联公司控制下的子公司或者关联公司法人人格,各公司相互承担连带责任。(3)第 3 款是公司法人人格否认制度在一人公司适用的规定,由于新法规定了可以设立一人股份有限公司,故原《公司法》第 63 条关于一人有限责任公司股东举证责任倒置的规定也适用于一人股份有限公司。根据第 3 款的规定,举证责任倒置的规定仅适用于只有一个股东的公司,对于股东为夫妻二人的公司,不属于只有一个股东的公司,不适用该款的规定。①

131 公司人格否认案件中如何认定公司人格混同

关键词 | 公司人格否认 | 人格混同 | 财产混同 |

【最高人民法院司法文件】

(四)关于公司人格否认

10.【人格混同】认定公司人格与股东人格是否存在混同,最根本的判断标准是公司是否具有独立意思和独立财产,最主要的表现是公司的财产与股东的财产是否混同且无法区分。在认定是否构成人格混同时,应当综合考虑以下因素:

(1)股东无偿使用公司资金或者财产,不作财务记载的;

(2)股东用公司的资金偿还股东的债务,或者将公司的资金供关联公司无偿使用,不作财务记载的;

(3)公司账簿与股东账簿不分,致使公司财产与股东财产无法区分的;

(4)股东自身收益与公司盈利不加区分,致使双方利益不清的;

(5)公司的财产记载于股东名下,由股东占有、使用的;

(6)人格混同的其他情形。

在出现人格混同的情况下,往往同时出现以下混同:公司业务和股东业务混同;公司员工与股东员工混同,特别是财务人员混同;公司住所与股东住所混同。人民法院在审理案件时,关键要审查是否构成人格混同,而不要求同时具备其他方面的混同,其他方面的混同往往只是人格混同的补强。

——《全国法院民商事审判工作会议纪要》(2019 年 11 月 8 日,法〔2019〕254 号)。

---

① 参见林一英等编著:《公司法新旧对照与条文解读》,法律出版社 2023 年版,第 11~12 页。

【链接：理解与适用】

公司是否具有独立意思和独立财产的主要表现之一,就是公司的财产与股东的财产是否混同且无法区分,公司的财产是否独立。

纪要规定,在认定是否构成人格混同时,应当综合考虑以下因素:

1. 股东无偿使用公司资金、财产,不作财务记载。股东出资成立公司后,其出资的财产就成为公司的财产,所有权属于公司,与股东个人无关,公司是该财产的所有人,该财产是完全独立于股东的,因此,股东无偿使用公司资金或者财产,不作财务记载的,是认定公司与股东人格混同的重要考量因素。纪要征求意见过程中,有不少人建议,删去"不作财务记载"的表述。他们的观点是,只要股东无偿使用公司资金、财产,就构成人格混同,而不管是否作财务记载。经研究认为,如果公司作了财务记载,那么就证明股东与公司之间的法律关系是借贷或者借用,而法律并不禁止股东与公司之间的借贷或者借用活动。在有财务记载的情况下,恰恰证明了股东与公司是两个独立的民事责任主体。因此,这一建议我们没有采纳。股东无偿使用公司资金、财产,不作财务记载,恰恰可以证明公司人格不独立,已成为股东的工具、另一个自我。这时,应否定公司的人格。

2. 股东用公司的资金、财产偿还股东的债务,或者将公司的资金供关联公司无偿使用,不作财务记载。上述第一种因素,主要是股东本人无偿使用公司的资金、财产,这里谈到的情形,其表现形态与上述第一种因素略有不同,即不是股东本人使用,而是偿还了股东自身的债务,或者供股东的关联公司无偿使用。表现形式不一,但实质是一样的。在这里也强调,一定是公司没有作财务记载。如果作了财务记载,一般不构成人格混同。

3. 公司账簿与股东账簿不分,致使公司财产与股东财产无法区分。公司账簿与股东账簿不分,致使公司财产与股东财产无法区分,既表明公司没有独立的财产,也表明公司没有独立的意思。公司没有独立的意思,没有独立的财产,那就表明公司已经形骸化。在这种情况下,当然应当否定公司人格。

4. 股东自身收益与公司盈利不加区分,致使双方利益不清。这种情况也会导致使公司财产与股东财产无法区分,表明公司没有独立的意思,其财产也不独立,公司已经成为股东赚钱的工具,故应突破股东以出资为限承担责任的规定,让其对公司债务承担连带责任。

5. 公司的财产记载于股东名下,由股东占有、使用。这一观点是我们在组织纪要的专家论证会上,中国政法大学赵旭东教授提出来的。他举的例子就是,公司的股东滥用公司法人独立地位和股东有限责任,公司出钱购买车辆或者房屋,登记在股东名下,由股东占有、使用。我们认为,这一情形实质上是混淆了公司的财产和股东的财产,严重损害了公司债权人的利益,应否定公司人格,让股东对公司承担连带责任。

6. 人格混同的其他情形。审判实践中可能出现各种各样的公司与股东人格混同的情形,上面举出的 5 种情形是常见的情形,所以需要有一个兜底条款。

需要指出的是,上述情形应当综合考虑,一般很少出现一种情形就认定人格混同。

——最高人民法院民事审判第二庭编著:《〈全国法院民商事审判工作会议纪要〉理解与适用》,人民法院出版社 2019 年版,第 149~151 页。

【最高人民法院指导性案例】

徐工集团工程机械股份有限公司诉成都川交工贸有限责任公司等买卖合同纠纷案[最高人民法院指导案例 15 号,江苏省高级人民法院(2011)苏商终字第 0107 号民事判决书,2011.10.19]

裁判要点:1. 关联公司的人员、业务、财务等方面交叉或混同,导致各自财产无法区分,丧失独立人格的,构成人格混同。

2. 关联公司人格混同,严重损害债权人利益的,关联公司相互之间对外部债务承担连带责任。

法院生效裁判认为:针对上诉范围,二审争议焦点为川交机械公司、瑞路公司与川交工贸公司是否人格混同,应否对川交工贸公司的债务承担连带清偿责任。

川交工贸公司与川交机械公司、瑞路公司人格混同。一是三个公司人员混同。三个公司的经理、财务负责人、出纳会计、工商手续经办人均相同,其他管理人员亦存在交叉任职的情形,川交工贸公司的人事任免存在由川交机械公司决定的情形。二是三个公司业务混同。三个公司实际经营中均涉及工程机械相关业务,经销过程中存在共用销售手册、经销协议的情形;对外进行宣传时信息混同。三是三个公司财务混同。三个公司使用共同账户,以王永礼的签字作为具体用款依据,对其中的资金及支配无法证明已作区分;三个公司与徐工机械公司之间的债权债务、业绩、账务及返利均计算在川交工贸公司名下。因此,三个公司之间表征人格的因素(人员、业务、财务等)高度混同,导致各自财产无法区分,已丧失独立人格,构成人格混同。

川交机械公司、瑞路公司应当对川交工贸公司的债务承担连带清偿责任。公司人格独立是其作为法人独立承担责任的前提。《中华人民共和国公司法》(以下简称《公司法》)第三条第一款规定:"公司是企业法人,有独立的法人财产,享有法人财产权。公司以其全部财产对公司的债务承担责任。"公司的独立财产是公司独立承担责任的物质保证,公司的独立人格也突出地表现在财产的独立上。当关联公司的财产无法区分,丧失独立人格时,就丧失了独立承担责任的基础。《公司法》第二十条第三款①规定:"公司股东滥用公司法人独立地位和股东有限责任,逃避债务,严重损害公司债权人利益的,应当对公司债务承担连带责任。"本案中,三个公司虽在工商登记部门登记为彼此独立的企业法人,但实际上相互之间界线模糊、人格混同,其中川交工贸公司承担所有关联公司的债务却无力清偿,又使其他关联公司逃避巨额债务,严重损害了债权人的利益。上述行为违背了法人制度设立的宗旨,违背了诚实信用原则,其行为本质和危害结果与《公司法》第二十条第三款规定的情形相当,故参照《公司法》第二十条第三款的规定,川交机械公司、瑞路公司对川交工贸公司的债务应当承担连带清偿责任。

——《最高人民法院关于发布第4批指导性案例的通知》(2013年1月31日,法〔2013〕24号)。

【链接:理解与参照】

二、裁判要点的理解与说明

如何认定关联公司

公司法是以单一公司为原型设计的,对关联公司的概念未作规定,但随着规模经济的发展,公司之间出现多种形式的联合,涉及关联公司的法律问题越来越多,这就需要对相关问题进行法律规制。本案例涉及关联公司的人格混同问题,首先需要了解什么是关联公司。

……我国公司法虽未明确何为关联公司,但《企业所得税法实施条例》第109条规定:"企业所得税法第四十一条所称关联方,是指与企业有下列关联关系之一的企业、其他组织或者个人:(一)在资金、经营、购销等方面存在直接或者间接的控制关系;(二)直接或者间接地同为第三者控制;(三)在利益上具有相关联的其他关系。"2012年修订的《税收征收管理法实施细则》第51条也作了类似规定,并且国家税务总局发布的《特别纳税调整实施办法(试行)》第9条列举了八种构成关联关系的情形,对《企业所得税法实施条例》中规定的三个方面的关联关系做了细化规定,更具有可操作性。我们认为,在公司法尚未对关联公司做出明确法律界定的情况下,可以参考上述规定认定关联公司。

如何认定人格混同

……本案例裁判要点第1点中载明:"关联公司的人员、业务、财务等方面交叉或混同,导致各自财产无法区分,丧失独立人格的,构成人格混同。"该裁判要点表明,在上述情况下,可以认定关联公司构成人格混同,但准确地说,该裁判要点并非

---

① 对应2023年《公司法》第23条第1款。——编者注

关联公司人格混同的定义或概念。要严谨准确地表达人格混同的概念,是一个比较困难的课题。虽然一般认为,关联公司人格混同是指关联公司之间界限模糊,如资产不分、人员交叉、业务混同,甚至注册地、营业地、银行账户、电话号码等完全相同,令外界无法分清交易的对象,但由于人格混同的表现形式多样,混同的手段也不断翻新,一旦确定某一表现形式构成人格混同的表征,则某些公司必然尽力规避这些表征,同时依然保有实质混同,使债权人的取证和法院认定判断是否构成人格混同的难度大大增加。我们认为,认定关联公司人格混同可以考虑以下几个方面的因素。

1. 关联公司人格混同的表征因素

第一,人员混同。这是指关联公司之间在组织机构和人员上存在严重的交叉、重叠。如公司之间董事相互兼任、公司高级管理人员交叉任职,甚至雇员也相同,最典型的情形是"一套人马,多块牌子"。

第二,业务混同。这是指关联公司之间从事相同的业务活动,在经营过程中彼此不分。如同一业务有时以这家公司名义进行,有时又以另一公司名义进行,以至于与之交易的对方当事人无法分清与哪家公司进行交易活动。

第三,财务混同。这是指关联公司之间账簿、账户混同,或者两者之间不当冲账。需要注意的是,关联公司依法合并财税报表,以及在分开记账、支取自由前提下的集中现金管理,不应被视为财务混同。

上述三种情形是关联公司人格混同的典型表征,是人格混同的常见表现形式。实践中,人格混同的情形不限于上述三个方面的表征因素,还有诸如电话号码一致、宣传内容一致等。在认定人格混同时还需要注意的是,在集团公司、母子公司结构之下,控制公司对其下属公司的人员、业务、财务进行统一管理是一种经常性的状态。如,在人员方面,集团公司会向下属公司派遣管理人员;在业务方面,集团公司会对下属公司制定统一的业务规范,下达统一的生产经营计划,进行统一考核;在财务方面,集团公司会建立统一的财务管理制度等等。我们认为,这种统一的管理,只要是在合法的范围内,在控制公司没有滥用权利、侵犯下属公司独立人格的前提下,不属于人格混同。

2. 关联公司人格混同的实质因素

财产混同指关联公司之间的财产归属不明,难以区分各自的财产。如关联公司的住所地、营业场所相同,共同使用同一办公设施、机器设备,公司之间的资金混同,各自的收益不加区分,公司之间的财产随意调用等等。这是关联公司人格混同的实质因素,因为财产混同违背了公司财产与股东财产相分离、公司资本维持和公司资本不变等基本原则,潜伏着公司财产被隐匿、非法转移或被私吞、挪用的重大隐患,严重影响公司对外清偿债务的能力。公司法第三条第一款规定:"公司是企业法人,有独立的法人财产,享有法人财产权。公司以其全部财产对公司的债务承担责任。"可见,公司的独立财产是公司独立承担责任的物质保证,公司的独立人格也突出地表现在财产的独立上。

3. 关联公司人格混同的结果因素

关联公司人格混同的结果因素是指人格混同的程度必须达到严重损害债权人利益的后果时,法院才否认关联公司的法人人格,让关联公司之间承担连带责任。该结果因素实际上包含了两方面的内容:其一,债权人的权益因为关联公司人格混同而受到了严重的侵害。其二,如果不适用法人人格否认,将无从保障债权人的利益。本案例裁判要点第2点载明:"关联公司人格混同,严重损害债权人利益的,关联公司相互之间对外部债务承担连带责任",明确地表达了这一内涵。也就是说,即使具有关联公司人格混同的情形,但实际上未给他人造成损失,也不能否认公司的法人人格。这是因为法人制度中的人格独立、股东有限责任以及公司法人人格否认的宗旨,都是为了将利益和风险公平地分配于公司的出资人和公司的债权人之间,实现利益平衡。当公司独立人格被滥用,导致债权人的利益受损时,必然使利益失衡,从而需要否定公司的独立人格,对债权人的损失进行弥补,实现一种利益补偿。若债权人利益没有受损,则不需要否认公司独立人格去矫正并未失衡的利益体系。至于如何认定严重损害债权人利益,我们认为衡量的标准是公司的偿债能力,即公司能否偿还债权人的到期债权。如果公司能够偿还债务,债权人就不能主张否认公司的独立人格。

关于本案例的法律适用

1. 关于公司法第二十条①的法律适用

……我们认为,在司法实践中,法官不可避免地需要对法律进行解释,在解释中应当遵循解释的基本原则,如忠实于法律文本的原则、忠实于立法目的和立法意图原则等。扩张解释作为一种解释方法,虽然对法律用语作比通常含义更广的解释,但不能超出法律用语可能具有的含义,只能在法律文义的"射程"范围内进行解释。从公司法第二十条的文义来看,其规制的对象是股东,行为主体和责任主体都是股东,将股东扩张解释至关联公司,显然超出了扩张解释的范畴。但是,关联公司人格混同的原因多是由于股东滥用了公司法人独立地位和股东有限责任,否认关联公司各自的独立人格,将关联公司视为一体,对其中特定公司的债权人的请求承担连带责任,实质就是将滥用关联公司人格的股东责任延伸至完全由其控制的关联公司上,由此来救济利益受损的债权人。因此,本案例比照最相类似的条款,按照类似情况类似处理的原则,参照适用了公司法第二十条第三款,判决关联

---

① 对应 2023 年《公司法》第 21 条、第 23 条第 1 款。——编者注

公司之间承担连带责任。

2. 关于民法通则第四条和公司法第三条①的适用

民法通则第四条②规定："民事活动应当遵循自愿、公平、等价有偿、诚实信用的原则。"诚实信用是市场经济活动中形成的道德规则，要求人们在市场经济活动中讲究信用、恪守诺言、诚实不欺，在不损害他人利益和社会公共利益的前提下追求自己的利益。诚实信用原则是民法的基本原则，而关联公司人格混同、逃避债务的行为正是违反了诚实信用原则，因此，该条可以作为否认公司法人人格的法律依据。

公司法第三条第一款的规定是关于法人财产独立的法律条文，如前所述，公司的独立财产是公司独立承担责任的物质保证，公司的独立人格也突出地表现在财产的独立上。只有在财产分离的情况下，公司才能以自己的财产独立地对其债务负责。当关联公司的财产无法区分，丧失独立人格时，就丧失了独立承担责任的基础。因此，该条款作为否认公司法人人格的适用条款，也是适当的。

三、其他需要说明的问题

1. 应当审慎适用。公司人格独立、股东承担有限责任是基本原则，而公司法人人格否认原则是一种例外适用原则。维护公司法人独立地位是公司法的主要价值取向，只有在公司独立人格和股东有限责任原则被滥用，并严重损害债权人利益时，才能为保护债权人利益而例外地适用。因此，在拟否认公司的独立人格时，应当采取谨慎的态度，只有具有明确的人格混同的事实，并且严重损害债权人利益，无法通过其他途径救济时，才能否认公司的独立人格。

2. 关于判决的效力范围。法人人格否认理论只对特定个案中公司的独立人格予以否认，而不是对该公司法人人格的全面、彻底、永久地否认。也就是说，否认公司法人人格的判决效力不涉及该公司的其他法律关系，并且不影响该公司作为一个独立实体合法地继续存在。这与公司因解散、破产而注销，从而在制度上绝对、彻底丧失法人资格的情形完全不同，只是一时一事地否认公司法人人格，具有相对性和特定性，而不具有绝对性和对世性。

——最高人民法院案例指导工作办公室：《指导案例 15 号〈徐工集团工程机械股份有限公司诉成都川交工贸有限责任公司等买卖合同纠纷案〉的理解与参照》，载《人民司法·应用》2013 年第 15 期。

编者说明

指导案例 15 号徐工集团工程机械股份有限公司诉成都川交工贸有限责任公司等买卖合

---

① 对应 2023 年《公司法》第 3 条第 1 款、第 4 条第 1 款。——编者注
② 对应《民法典》第 5 条至第 7 条。——编者注

同纠纷案,涉及关联公司人格混同的认定及法律责任承担问题,有利于进一步完善我国公司法人人格否认制度,有利于防止关联公司滥用公司法人独立地位和股东有限责任,恶意逃避债务,损害公司债权人利益,有利于规范关联公司的经营行为,促进企业依法生产经营和健康发展。

132 关联公司法人独立人格的否认

关键词 | 买卖合同 | 关联公司 | 人格否认 | 举证责任 |

【人民法院案例库参考案例】

郑州某某公司诉河南某某公司等买卖合同纠纷案[入库编号:2023-08-2-084-026,河南省郑州市中级人民法院(2020)豫01民终16156号民事判决书,2020.12.11]

【裁判要旨】

形式上独立的两个公司,住所地、经营场所均一致,经营范围重合,且公司主要成员存在亲属关系,两个公司之间表征人格的因素(人员、业务、财务等)高度混同,导致各自财产无法区分,已丧失独立人格,构成法人人格混同。其中一公司在对外高额负债、被列为失信被执行人情形下,为另一公司的结算客户加盖自己公司的公章确认,意欲使另一公司逃避案涉债务,严重损害债权人利益,该行为违背法人制度设立的宗旨及诚实信用原则,另一公司应当就案涉债务承担连带清偿责任。

【裁判理由】

法院生效裁判认为:王某甲、陈某某虽分别在河南某某公司、鹤壁某某公司任职,且分别与该二公司法定代表人李某甲、李某乙存在夫妻关系,但其收货、签字行为系履行职务,该行为的后果应由所属公司承担。故该二人非本案适格被告。公司人格独立是其作为法人独立承担责任的前提。河南某某公司与鹤壁某某公司住所地、经营场所均一致,经营范围重合,且公司主要成员存在亲属关系,两个公司之间表征人格的因素(人员、业务、财务等)高度混同,导致各自财产无法区分,已丧失独立人格,构成法人人格混同;河南某某公司在对外高额负债、被列为失信被执行人情形下,却在客户名为"鹤壁某某公司"的结算单上盖章确认,意欲使之逃避涉案债务,严重损害债权人利益;上述行为违背法人制度设立的宗旨及违背诚实信用原则,行为本质和危害结果与《公司法》第二十条第三款①关于"公司股东滥用公司法人独立地位和股东有限责任,逃避债务,严重损害公司债权人利益"的情形相

---

① 对应2023年《公司法》第23条第1款(纵向人格否认)。——编者注

当,故河南某某公司、鹤壁某某公司应当就本案债务向原告承担连带清偿责任。原告要求该二被告支付下欠货款516326.5元的诉讼请求,理由正当,应予支持。

——人民法院案例库,https://rmfyalk.court.gov.cn。

133 股东与公司人格混同的责任不因股权转让而免除

关键词 | 买卖合同 | 人格混同 | 股权转让 | 民事责任 |

【人民法院案例库参考案例】

赵某某诉某餐饮公司、吴某甲买卖合同纠纷案[入库编号:2023-08-2-084-030,上海市第一中级人民法院(2021)沪01民终7262号民事判决书,2021.9.2]

【裁判要旨】

公司股东实施与公司财产混同的行为后,会对公司偿债能力及债权人的利益产生损害,即使股东此后将股权转让,该股东的责任也不能免除。

【裁判理由】

法院生效判决认为,一、公司人格否认制度旨在矫正有限责任制度在特定情形下对债权人利益保护的失衡,其目的就是为了防止股东滥用公司法人独立地位而损害公司债权人的利益。公司人格否认制度,让股东向利益严重受损的债权人承担连带清偿责任,其法理基础并非基于股东的特定身份,而是基于股东滥用公司法人独立地位的特定行为。公司人格否认案件本质是侵权纠纷案件,股东实施与公司财产混同之侵权行为后,会对公司偿债能力及债权人的利益产生损害,即使股东此后将股权转让,也不应影响其承担责任。二、在二审审理过程中,双方当事人均确认,双方之间的债权债务关系形成于2020年8月前。债务形成期间,吴某甲直接持有某餐饮公司的部分股权外,还通过上海某餐饮管理有限公司间接持有某餐饮公司股权,在某餐饮公司担任总经理等职务,对公司具有控制力,可以实际支配公司行为。再次,吴某甲、某餐饮公司虽主张账簿不真实,但并未能提供相应证据予以证明。一审时吴某甲主张某餐饮公司与某餐饮店之间系加盟协议关系,但提供的加盟合同系上海某餐饮管理有限公司与某餐饮店之间,某餐饮店亦未向某餐饮公司支付任何加盟费或商标使用费,某餐饮公司承担经营成本,门店营业款却通过某餐饮店最终进入吴某甲个人账户。从在案证据看,吴某甲用某餐饮公司的资金偿还其个人债务,并将公司资金供关联公司无偿使用的行为,构成滥用股东权利。三、法院注意到,吴某甲在赵某某提起本案诉讼之后,将上海某餐饮管理有限公司股权及某餐饮公司股权均无偿转让给辣某公司,并注销某餐饮店,有恶意逃避债务之嫌。某餐饮公司拖欠货款,赵某某作为债权人的债权无疑受到损害,吴某甲滥用公司法人独立地位,应当对案涉债务承担连带责任。故某餐饮公司、吴某甲的上诉理由,缺乏事实和法律依据,法院不予认可。

——人民法院案例库,https://rmfyalk. court. gov. cn。

134 公司人格否认案件中如何认定股东对公司进行过度支配与控制

关键词 | 公司人格否认 | 过度支配与控制 | 关联公司 |

【最高人民法院司法文件】

11.【过度支配与控制】公司控制股东对公司过度支配与控制,操纵公司的决策过程,使公司完全丧失独立性,沦为控制股东的工具或躯壳,严重损害公司债权人利益,应当否认公司人格,由滥用控制权的股东对公司债务承担连带责任。实践中常见的情形包括:

(1)母子公司之间或者子公司之间进行利益输送的;

(2)母子公司或者子公司之间进行交易,收益归一方,损失却由另一方承担的;

(3)先从原公司抽走资金,然后再成立经营目的相同或者类似的公司,逃避原公司债务的;

(4)先解散公司,再以原公司场所、设备、人员及相同或者相似的经营目的另设公司,逃避原公司债务的;

(5)过度支配与控制的其他情形。

控制股东或实际控制人控制多个子公司或者关联公司,滥用控制权使多个子公司或者关联公司财产边界不清、财务混同,利益相互输送,丧失人格独立性,沦为控制股东逃避债务、非法经营,甚至违法犯罪工具的,可以综合案件事实,否认子公司或者关联公司法人人格,判令承担连带责任。

——《全国法院民商事审判工作会议纪要》(2019 年 11 月 8 日,法〔2019〕254 号)。

【链接:理解与适用】

过度支配与控制,是指公司控制股东对公司过度支配与控制,操纵公司的决策过程,使公司完全丧失独立性,沦为控制股东的工具或躯壳。公司一旦被某一股东滥用控制权,就不再具有独立意思和独立财产,其独立人格就会沦为工具,如仍然恪守公司独立人格,就会严重损害公司债权人利益,此时应当否认公司人格。审判实践中,在多个关联公司由同一人、夫妻、母子或者家族控制的场合,如果发生公司债权人利益受到损害的情况,公司债权人提出公司某一样股东存在滥用控制权的行为,就应该重点进行审查是否存在滥用控制权的情形。

——最高人民法院民事审判第二庭编著：《〈全国法院民商事审判工作会议纪要〉理解与适用》，人民法院出版社 2019 年版，第 153 页。

【最高人民法院裁判案例】

盛安公司、锦绣公司、林某一、林某二、铭德公司与美亚公司建设工程施工合同纠纷、损害公司债权人利益责任纠纷案

裁判摘要：承包人的实际控制人滥用法人独立地位，利用其实际控制的数个关联公司转移资产、逃避债务，严重损害实际施工人利益，承包人的实际控制人与关联公司构成共同侵权，应在其致损范围内就承包人债务承担连带责任。

（三）关于林某一、林某二应否对上述款项承担连带责任的问题

林某一、林某二系盛安公司、锦绣公司股东、法定代表人、实际控制人。2013 年 3 月 28 日由林某一、林某二与苏某峰、贺某签订的《关于小黑河项目退出协议书》表明，林某一、林某二与盛安公司、锦绣公司在案涉工程项目建设上公司业务与个人业务未予区分。同时，本案证据表明，林某一、林某二与盛安公司、锦绣公司存在着业务、财产混同的情况。本案中，盛安公司、锦绣公司、林某一、林某二在收到赛罕区政府工程款的当日或者次日将大部分款项转入其关联公司铭德公司，但其并未提供证据证明铭德公司取得案涉款项支付了对价，对于无偿提供给铭德公司使用的该部分款项，亦没有证据证明盛安公司、锦绣公司作出合法、规范的财务记载。盛安公司、锦绣公司、林某一、林某二明知赛罕区人民政府于 2013 年 5 月 15 日之后支付的工程款应当转付给美亚公司，但其在《债权转让协议》未生效时，未征得美亚公司同意即向关联公司无偿划转美亚公司应得工程款，具有故意逃避公司债务的主观过错，而一审法院根据美亚公司申请调取的盛安公司、锦绣公司相关银行账户的流水显示，上述款项划转之后，盛安公司、锦绣公司在其银行账户内的资金余额显然已经无法清偿案涉债务，盛安公司、锦绣公司、林某一、林某二的上述行为严重损害了美亚公司的利益，故一审法院判决林某一、林某二在盛安公司、锦绣公司向美亚公司支付工程款本息范围内承担连带责任并无不当。

（四）关于铭德公司应否对上述款项承担连带责任的问题

盛安公司、锦绣公司、林某一、林某二将案涉款项划转给铭德公司用于房地产开发，即林某一、林某二利用其实际控制的关联公司进行利益输送，铭德公司在没有合同及法律依据的情况下占有使用案涉工程款，上述行为共同损害了债权人美亚公司的利益。故铭德公司作为债务人盛安公司、锦绣公司的关联公司，其法人人格应予以否认，其就接收盛安公司、锦绣公司的款项的返还应与盛安公司、锦绣公司承担连带责任。根据已查明的事实，盛安公司向铭德公司转入工程款 14517 万元，锦绣公司向铭德公司转入工程款 1300 万元，故铭德公司就该两笔债务本息的

返还应承担连带责任。14517 万元扣除税金后为 139813227 元,应自 2015 年 2 月 10 日起至今计算利息。一审法院判令锦绣公司就 1300 万元扣除税金后返还 12524200 元,应自 2015 年 4 月 16 日起至今计算利息。经计算,上述两笔款项本息合计已经超出 15817 万元,但一审判决铭德公司在 15817 万元范围内承担连带责任,美亚公司未提起上诉,应视为认可,故对一审判决的该项认定予以维持。

——于蒙、张闻:《无效施工合同工程款相关债权请求权基础的分析与认定——盛安公司、锦绣公司、林某一、林某二、铭德公司与美亚公司建设工程施工合同纠纷、损害公司债权人利益责任纠纷二审案》,载最高人民法院民事审判第一庭编:《民事审判指导与参考》总第 88 辑,人民法院出版社 2022 年版,第 249 页。

135 公司人格否认案件中如何认定资本显著不足

关键词 | 公司人格否认 | 资本显著不足 | 经营风险 |

【最高人民法院司法文件】

12.【资本显著不足】资本显著不足指的是,公司设立后在经营过程中,股东实际投入公司的资本数额与公司经营所隐含的风险相比明显不匹配。股东利用较少资本从事力所不及的经营,表明其没有从事公司经营的诚意,实质是恶意利用公司独立人格和股东有限责任把投资风险转嫁给债权人。由于资本显著不足的判断标准有很大的模糊性,特别是要与公司采取"以小博大"的正常经营方式相区分,因此在适用时要十分谨慎,应当与其他因素结合起来综合判断。

——《全国法院民商事审判工作会议纪要》(2019 年 11 月 8 日,法〔2019〕254 号)。

【链接:理解与适用】

审判实践中,资本显著不足,是指公司成立后在经营过程中,股东实际投入公司的资本数额与公司经营所隐含的风险相比明显不匹配。对此,有三点需要强调:

第一,不匹配必须达到"明显"的程度。这是因为,股东实际投入公司的资本数额与公司经营所隐含的风险相比是否相匹配,主观性很强。一旦掌握不当,而轻易否定公司人格,对企业的正常经营活动是致命的打击。原则上,市场的情况由市场来判断,发生纠纷时,不轻易否定公司人格。只有发展到一般人都认为是"明显"不匹配的程度,才能否定公司人格。至于何为"明显",一定要根据具体案情综合判断。

第二,在判断股东实际投入公司的资本数额与公司经营所隐含的风险相比是否"明显"不匹配时,还应当有时间要求。换言之,如果只是一时的"明显"不匹配,即使不匹配的程度达到了"明显"的程度,这时也不宜轻易否定公司人格。我们认为,应该是"明显"不匹配达到了一定的时间段,才能认为是公司故意为之。否则,可能因为是短期经营方面的原因。如果如此,则不能否定公司人格。

第三,公司主观过错明显。公司在经营过程中资本显著不足,表明股东利用较少资本从事力所不及的经营,没有从事公司经营的诚意,实质是恶意利用公司独立人格和股东有限责任把投资风险转嫁给债权人。

审判实践中,由于资本显著不足的判断标准有很大的模糊性,特别是不应与公司采取"以小博大"的正常经营方式混淆,因此在适用时应当慎之又慎,应该与其他因素结合起来综合判断。

——最高人民法院民事审判第二庭编著:《〈全国法院民商事审判工作会议纪要〉理解与适用》,人民法院出版社 2019 年版,第 156~157 页。

136 股东将同一笔出资循环多次增资到目标公司,后将该出资流向其控制的第三方,再通过第三方减资来抽回出资,鉴于第三方未作减资变更登记,股东的整体行为构成抽逃出资

关键词│抽逃资金│增资│验资│补充赔偿责任│

【最高人民法院参考案例】

九、河南省中原小额贷款有限公司、雏鹰农牧集团股份有限公司与河南新郑农村商业银行股份有限公司、郑州正通联合会计师事务所、西藏吉腾实业有限公司、河南泰元投资担保有限公司损害公司债权人利益责任案

裁判要旨:股东应当在抽逃出资本息范围内对公司债务不能清偿的部分承担补充赔偿责任,中介机构的行为与债权人未收回债权的损失之间不存在法律上的因果关系,依法不应当承担补充赔偿责任。

1. 案情简介

河南省中原小额贷款有限公司(简称中原小额贷款公司)对河南泰元投资担保有限公司(简称泰元公司)享有经过生效判决确定的担保债权。中原小额贷款公司诉请泰元公司的股东雏鹰农牧集团股份有限公司(简称雏鹰公司)、西藏吉腾实业有限公司(简称吉腾公司)分别在抽逃出资的范围内对泰元公司的债务承担连带赔偿责任。河南新郑农村商业银行股份有限公司(简称新郑农商银行)、郑州正通联合会计师事务所(简称正通会计)在虚假验资的范围内对上述债务未足额清偿部分承担赔偿责任。

另据查明的事实:1. 2018 年 5 月 23 日,泰元公司召开股东会,一致同意公司增

资扩股,原股东雏鹰公司认缴新增注册资本17.55亿元,新股东吉腾公司认缴3.85亿元等;2.为履行增资决议,2018年5月28日,雏鹰公司将第一笔投资款3.81亿元汇入泰元公司账户,泰元公司以债权投资形式把该3.81亿元转入有关合作社及其他单位,后者把该款项转入深圳泽赋基金账户,深圳泽赋基金又通过减资的形式把该款项退回雏鹰公司账户,雏鹰公司再次将3.81亿元以增资款形式汇入泰元公司,如此循环六次,金额达到17.55亿元以上,吉腾公司也以同样方式进行增资,金额达到3.85亿元以上,泰元公司的注册资金达到30亿元;3.2018年5月28日,新郑农商银行向正通会计出具四份《银行询证函回函》,分别载明:收到雏鹰公司投资款金额3.28亿元、3.25亿元、3.28亿元、1.494亿元。同日,正通会计向泰元公司出具《验资报告》,载明:截至2018年5月28日止,泰元公司已收到股东雏鹰公司新增注册资本17.55亿元,收到吉腾公司出资3.85亿元。

河南省郑州市中级人民法院一审判决:一、雏鹰公司在其未履行出资、抽逃出资数额17.55亿元的范围内对泰元公司所承担的连带清偿责任向中原小额贷款公司承担补充赔偿责任。二、吉腾公司在其未履行出资、抽逃出资数额3.85亿元的范围内对泰元公司所承担的连带清偿责任向中原小额贷款公司承担补充赔偿责任。三、驳回中原小额贷款公司的其他诉讼请求。

中原小额贷款公司、雏鹰公司不服,上诉至河南省高级人民法院。河南高院二审认为:雏鹰公司将一笔资金,循环多次投入到泰元公司,虚增增资数额,随后此笔资金流入第三方深圳泽赋基金,雏鹰公司又以第三方股东的身份以减资的名义将资金收回,虽然第三方深圳泽赋基金召开合伙人会议,决议退还出资款,雏鹰公司也公告了减资事宜,但因最终收回的款项发生在上述增资款的循环流转中,并非实质来源于深圳泽赋基金,且此减资也未在国家企业信用信息公示系统作变更登记,应当认为雏鹰公司从深圳泽赋基金收回的资金并非是减资款,上述收回资金的行为属于抽逃资金,抽逃出资的股东雏鹰公司应当在抽逃出资的本息范围内就泰元公司的债务对债权人中原小额贷款公司承担补充赔偿责任。中原小额贷款公司没有直接的证据证明其接受泰元公司提供的担保是基于其增资行为,或使用了新郑农商银行、正通会计在泰元公司增资时为其出具的《银行询证函回函》《验资报告》,中原小额贷款公司未收回贷款的损失与新郑农商银行、正通会计师事务所的验资行为不存在法律上的因果关系,依法不应当承担补充赔偿责任。综上,河南高院二审遂驳回上诉,维持原判。

2. 专家点评

本案一是明确了股东抽逃出资可适用"实质优于形式"理念予以认定。本案所涉抽逃出资的行为较为特殊,即股东将同一笔出资循环多次增资到目标公司,其后又将该出资流向其控制的第三方,再通过第三方减资来抽回出资。判决认为,在第三方未作减资变更登记时,股东的整体行为构成抽逃出资,应依法对目标公司的债权人承担补充赔偿责任。这一裁判规则的价值在于,它呈现了在司法领域(而不是行政监管领域)对商事行为的定性,何时可摒弃"形式优于实质"而改采"实质优于形式",从而突破交易的形式安定性,而谋求实质公正性。这也是近年来人民法院在民商事审判中强调的"穿透性思维方式"具体的运用,透过表面复杂的商业交易安排、资金往来,查明当事人真实的交易目的,准确揭示交易模式,根据真实的权利义务关系来认定商事行为的性质与效力,以规范市场主体的行为,建立公平诚信的交易秩序。在抽逃出资的认定上,判决书对"形式与实质"这一疑难私法问题的阐释充分考量了各种价值之间的冲撞与权衡。

二是肯定了只有在金融机构等为公司出具不实或者虚假验资报告的行为与公司债权人的损害之间存在法律上的因果关系时,侵权责任才能成立。判决书认为,债权人应证明其损害与金融机构等出具不实或者虚假验资报告的行为之间存在因果关系,才能依法请求出资不实的股东承担补充赔偿责任。股东与金融机构等侵害公司债权人利益的,其行为应定性为违反保护他人法规的侵权行为。与公司注册资本有关的全部强行法规范的目的都在于保护公司的债权人,任何人违反这些规范造成债权人损害的,都可能成立侵权责任,其成立要件与一般侵权责任无异。①

——《2021年全国法院十大商事案件》,载微信公众号"最高人民法院"2022年1月29日。

137 公司有盈余且部分股东有变相分配利润、隐瞒或转移公司利润等滥用股东权利行为,股东诉讼中可强制盈余分配

关键词 | 公司盈余分配 | 滥用股东权利 | 强制盈余分配 |

【最高人民法院公报案例】

甘肃居立门业有限责任公司与庆阳市太一热力有限公司、李昕军公司盈余分配纠纷案[最高人民法院(2016)最高法民终528号民事判决书,2017.12.28]

裁判摘要:在公司盈余分配纠纷中,虽请求分配利润的股东未提交载明具体分配方案的股东会或股东大会决议,但当有证据证明公司有盈余且存在部分股东变相分配利润、隐瞒或转移公司利润等滥用股东权利情形的,诉讼中可强制盈余分配,且不以股权回购、代位诉讼等其他救济措施为前提。在确定盈余分配数额时,要严格公司举证责任以保护弱势小股东的利益,但还要注意优先保护公司外部关

_____

① 参见中国社会科学院法学研究所研究员谢鸿飞教授的点评。

系中债权人、债务人等的利益,对于有争议的款项因涉及案外人实体权利而不应在公司盈余分配纠纷中作出认定和处理。有盈余分配决议的,在公司股东会或股东大会作出决议时,在公司与股东之间即形成债权债务关系,若未按照决议及时给付则应计付利息,而司法干预的强制盈余分配则不然,在盈余分配判决未生效之前,公司不负有法定给付义务,故不应计付利息。盈余分配义务的给付主体是公司,若公司的应分配资金因被部分股东变相分配利润、隐瞒或转移公司利润而不足以现实支付时,不仅直接损害了公司的利益,也损害到其他股东的利益,利益受损的股东可直接依据公司法第二十条第二款①的规定向滥用股东权利的公司股东主张赔偿责任,或依据公司法第二十一条②的规定向利用其关联关系损害公司利益的控股股东、实际控制人、董事、监事、高级管理人员主张赔偿责任,或依据公司法第一百四十九条③的规定向违反法律、行政法规或者公司章程的规定给公司造成损失的董事、监事、高级管理人员主张赔偿责任。

一、关于太一热力公司是否应向居立门业公司进行盈余分配的问题

太一热力公司、李昕军上诉主张,因没有股东会决议故不应进行公司盈余分配。居立门业公司答辩认为,太一热力公司有巨额盈余,法定代表人恶意不召开股东会、转移公司资产,严重损害居立门业公司的股东利益,法院应强制判令进行盈余分配。本院认为,公司在经营中存在可分配的税后利润时,有的股东希望将盈余留作公司经营以期待获取更多收益,有的股东则希望及时分配利润实现投资利益,一般而言,即使股东会或股东大会未形成盈余分配的决议,对希望分配利润股东的利益不会发生根本损害,因此,原则上这种冲突的解决属于公司自治范畴,是否进行公司盈余分配及分配多少,应当由股东会作出公司盈余分配的具体方案。但是,当部分股东变相分配利润、隐瞒或转移公司利润时,则会损害其他股东的实体利益,已非公司自治所能解决,此时若司法不加以适度干预则不能制止权利滥用,亦有违司法正义。虽目前有股权回购、公司解散、代位诉讼等法定救济路径,但不同的救济路径对股东的权利保护有实质区别,故需司法解释对股东的盈余分配请求权进一步予以明确。为此,《最高人民法院关于适用〈中华人民共和国公司法〉若干问题的规定(四)》第十五条规定,"股东未提交载明具体分配方案的股东会或者股东大会决议,请求公司分配利润的,人民法院应当驳回其诉讼请求,但违反法律规定滥用股东权利导致公司不分配利润,给其他股东造成损失的除外"。在本案中,首先,太一热力公司的全部资产被整体收购后没有其他经营活动,一审法院委托司法审计的结论显示,太一热力公司清算净收益为75973413.08元,即使扣除双

---

① 对应 2023 年《公司法》第 21 条第 2 款。——编者注

② 对应 2023 年《公司法》第 22 条。——编者注

③ 对应 2023 年《公司法》第 188 条。——编者注

方有争议的款项,太一热力公司也有巨额的可分配利润,具备公司进行盈余分配的前提条件;其次,李昕军同为太一热力公司及其控股股东太一工贸公司法定代表人,未经公司另一股东居立门业公司同意,没有合理事由将5600万余元公司资产转让款转入兴盛建安公司账户,转移公司利润,给居立门业公司造成损失,属于太一工贸公司滥用股东权利,符合《最高人民法院关于适用〈中华人民共和国公司法〉若干问题的规定(四)》第十五条但书条款规定应进行强制盈余分配的实质要件。最后,前述司法解释规定的股东盈余分配的救济权利,并未规定需以采取股权回购、公司解散、代位诉讼等其他救济措施为前置程序,居立门业公司对不同的救济路径有自由选择的权利。因此,一审判决关于太一热力公司应当进行盈余分配的认定有事实和法律依据,太一热力公司、李昕军关于没有股东会决议不应进行公司盈余分配的上诉主张不能成立。

二、关于如何确定居立门业公司分得的盈余数额问题

太一热力公司、李昕军上诉主张,《审计报告》采用了未经质证的证据材料作为审计依据且存在6项具体错误。居立门业公司答辩认为,一审判决对太一热力公司盈余数额的认定相对客观公正。本院认为,在未对盈余分配方案形成股东会或股东大会决议情况下司法介入盈余分配纠纷,系因控制公司的股东滥用权利损害其他股东利益,在确定盈余分配数额时,要严格公司举证责任以保护弱势小股东的利益,但还要注意优先保护公司外部关系中债权人、债务人等的利益。本案中,首先,一审卷宗材料显示,一审法院组织双方对公司账目进行了核查和询问,对《审计报告》的异议,一审庭审中也进行了调查和双方当事人的质证辩论。太一热力公司、李昕军虽上诉主张审计材料存在未质证问题,但并未明确指出哪些材料未经质证,故本院对该上诉理由不予支持。其次,对于太一热力公司能否收取诉争的1038.21万元入网“接口费”,双方当事人各执一词,因该款项涉及案外人的实体权益,应当依法另寻救济路径解决,而不应在本案公司盈余分配纠纷中作出认定和处理,故该款项不应在本案中纳入太一热力公司的可分配利润,一审判决未予扣减不当,本院予以纠正。最后,太一热力公司、李昕军上诉主张的《审计报告》其他5项具体问题,均属事实问题,其在二审中并未提交充分证据证明一审判决的相关认定有误,故本院不予调整。因此,居立门业公司应分得的盈余数额,以一审判决认定的太一热力公司截至2014年10月31日可分配利润51165691.8元为基数,扣减存在争议的入网“接口费”1038.21万元,再按居立门业公司40%的股权比例计算,即为16313436.72元。

三、关于太一热力公司是否应向居立门业公司支付盈余分配款利息的问题

太一热力公司、李昕军上诉主张,公司盈余分配的款项不应计算利息;居立门业公司答辩认为,李昕军挪用公司收入放贷牟利,需对居立门业公司应分得的盈余

款给付利息。本院认为，公司经营利润款产生的利息属于公司收入的一部分，在未进行盈余分配前相关款项均归属于公司；在公司盈余分配前产生的利息应当计入本次盈余分配款项范围，如本次盈余分配存在遗漏，仍属公司盈余分配后的资产。公司股东会或股东大会作出盈余分配决议时，在公司与股东之间即形成债权债务关系，若未按照决议及时给付则应计付利息，而司法干预的强制盈余分配则不然，在盈余分配判决未生效之前，公司不负有法定给付义务，故不应计付利息。本案中，首先，居立门业公司通过诉讼应分得的盈余款项系根据本案司法审计的净利润数额确定，此前太一热力公司对居立门业公司不负有法定给付义务，若《审计报告》未将公司资产转让款此前产生的利息计入净利润，则计入本次盈余分配后的公司资产，而不存在太一热力公司占用居立门业公司资金及应给付利息的问题。其次，李昕军挪用太一热力公司款项到关联公司放贷牟利，系太一热力公司与关联公司之间如何给付利息的问题，居立门业公司据此向太一热力公司主张分配盈余款利息，不能成立。最后，居立门业公司一审诉讼请求中并未明确要求太一热力公司给付本判决生效之后的盈余分配款利息。因此，一审判决判令太一热力公司给付自 2010 年 7 月 11 日起至实际付清之日的利息，既缺乏事实和法律依据，也超出当事人的诉讼请求，本院予以纠正。

四、关于李昕军是否应对太一热力公司的盈余分配给付不能承担赔偿责任的问题

李昕军上诉主张其没有损害公司利益，一审判令其承担连带责任没有法律依据。居立门业公司答辩认为，李昕军滥用法定代表人权利损害居立门业公司股东利益，应承担赔偿责任。本院认为，《中华人民共和国公司法》第二十条第二款①规定"公司股东滥用股东权利给公司或者其他股东造成损失的，应当依法承担赔偿责任"，第二十一条②规定"公司的控股股东、实际控制人、董事、监事、高级管理人员不得利用其关联关系损害公司利益。违反前款规定，给公司造成损失的，应当承担赔偿责任"，第一百四十九条③规定"董事、监事、高级管理人员执行公司职务时违反法律、行政法规或者公司章程的规定，给公司造成损失的，应当承担赔偿责任"，第一百五十二条④规定"董事、高级管理人员违反法律、行政法规或者公司章程的

①　对应 2023 年《公司法》第 21 条（股东禁止权利滥用）第 2 款："公司股东滥用股东权利给公司或者其他股东造成损失的，应当承担赔偿责任。"——编者注

②　对应 2023 年《公司法》第 22 条（规范关联交易）："公司的控股股东、实际控制人、董事、监事、高级管理人员不得利用关联关系损害公司利益。违反前款规定，给公司造成损失的，应当承担赔偿责任。"——编者注

③　对应 2023 年《公司法》第 188 条（董事、监事、高管人员的损害赔偿责任）："董事、监事、高级管理人员执行职务违反法律、行政法规或者公司章程的规定，给公司造成损失的，应当承担赔偿责任。"——编者注

④　对应 2023 年《公司法》第 190 条（股东直接诉讼）："董事、高级管理人员违反法律、行政法规或者公司章程的规定，损害股东利益的，股东可以向人民法院提起诉讼。"——编者注

规定,损害股东利益的,股东可以向人民法院提起诉讼"。盈余分配是用公司的利润进行给付,公司本身是给付义务的主体,若公司的应分配资金因被部分股东变相分配利润、隐瞒或转移公司利润而不足以现实支付时,不仅直接损害了公司的利益,也损害到其他股东的利益,利益受损的股东可直接依据《中华人民共和国公司法》第二十条第二款的规定向滥用股东权利的公司股东主张赔偿责任,或依据《中华人民共和国公司法》第二十一条的规定向利用其关联关系损害公司利益的控股股东、实际控制人、董事、监事、高级管理人员主张赔偿责任,或依据《中华人民共和国公司法》第一百四十九条的规定向违反法律、行政法规或者公司章程的规定给公司造成损失的董事、监事、高级管理人员主张赔偿责任。本案中,首先,李昕军既是太一热力公司法定代表人,又是兴盛建安公司法定代表人,其利用关联关系将太一热力公司5600万余元资产转让款转入关联公司,若李昕军不能将相关资金及利息及时返还太一热力公司,则李昕军应当按照《中华人民共和国公司法》第二十一条、第一百四十九的规定对该损失向公司承担赔偿责任。其次,居立门业公司应得的盈余分配先是用太一热力公司的盈余资金进行给付,在给付不能时,则李昕军转移太一热力公司财产的行为损及该公司股东居立门业公司利益,居立门业公司可要求李昕军在太一热力公司给付不能的范围内承担赔偿责任。最后,《中华人民共和国公司法》第一百五十二条规定的股东诉讼系指其直接利益受到损害的情形,本案中李昕军利用关联关系转移公司资金直接损害的是公司利益,应对公司就不能收回的资金承担赔偿责任,并非因直接损害居立门业公司的股东利益而对其承担赔偿责任,一审判决对该条规定法律适用不当,本院予以纠正。因此,一审判决判令太一热力公司到期不能履行本案盈余分配款的给付义务则由李昕军承担赔偿责任并无不当,李昕军不承担责任的上诉主张,本院不予支持。

——《最高人民法院公报》2018年第8期。

138 股东单笔转移公司资金，不足以否认公司独立人格，股东对公司债务不能清偿部分在转移资金金额及相应利息范围内承担补充赔偿责任

关键词 ｜ 法人人格否认 ｜ 转移资金 ｜ 补充赔偿责任 ｜

【最高人民法院公报案例】

海南碧桂园房地产开发有限公司与三亚凯利投资有限公司、张伟男等确认合同效力纠纷案[最高人民法院(2019)最高法民终960号民事判决书,2019.11.20]

裁判摘要:公司股东仅存在单笔转移公司资金的行为,尚不足以否认公司独立

人格的,不应依据公司法第二十条第三款①判决公司股东对公司的债务承担连带责任。但该行为客观上转移并减少了公司资产,降低了公司的偿债能力,根据"举重以明轻"的原则参照《最高人民法院关于适用〈中华人民共和国公司法〉若干问题的规定(三)》第十四条关于股东抽逃出资情况下的责任形态之规定,可判决公司股东对公司债务不能清偿的部分在其转移资金的金额及相应利息范围内承担补充赔偿责任。

五、张伟男对凯利公司的债务应否承担连带清偿责任

《公司法》第三条②规定:"公司是企业法人,有独立的法人财产,享有法人财产权。公司以其全部财产对公司的债务承担责任。"有限责任公司的股东以其认缴的出资额为限对公司承担责任;股份有限公司的股东以其认购的股份为限对公司承担责任。"第二十条第三款规定:"公司股东滥用公司法人独立地位和股东有限责任,逃避债务,严重损害公司债权人利益的,应当对公司债务承担连带责任。"公司人格独立和股东有限责任是《公司法》的基本原则。否认公司独立人格,由滥用公司法人独立地位和股东有限责任的股东对公司债务承担连带责任,是股东有限责任的例外情形。否认公司法人人格,须具备股东实施滥用公司法人独立地位及股东有限责任的行为以及该行为严重损害公司债权人利益的法定要件。

具体到本案中,2017年8月7日,碧桂园公司向凯利公司转账3.2亿元,次日凯利公司向张伟男转账2951.8384万元。张伟男提交了《借款协议》《还款协议书》以及凯利公司向河南省驻马店市中级人民法院转账3000万元的转账凭证,但未提交其向凯利公司支付《借款协议》约定的2000万元借款的银行转账凭证,未能形成证据链证明张伟男与凯利公司之间存在真实有效的借款关系。原审判决认定,张伟男所提交证据不能证明凯利公司向张伟男转账支付的2951.8384万元是凯利公司向其归还的借款,并无不当。但是,认定公司与股东人格混同,需要综合多方面因素判断公司是否具有独立意思、公司与股东的财产是否混同且无法区分、是否存在其他混同情形等。本案中,凯利公司该单笔转账行为尚不足以证明凯利公司和张伟男构成人格混同。并且,凯利公司以《资产转让合同》目标地块为案涉债务设立了抵押,碧桂园公司亦未能举证证明凯利公司该笔转账行为严重损害了其作为债权人的利益。因此,凯利公司向张伟男转账2951.8384万元的行为,尚未达到否认凯利公司的独立人格的程度。原审法院依据《公司法》第二十条第三款径行判令张伟男对本案中凯利公司的全部债务承担连带责任不当,本院予以纠正。

作为凯利公司股东的张伟男在未能证明其与凯利公司之间存在交易关系或者借贷关系等合法依据的情况下,接收凯利公司向其转账2951.8384万元,虽然不足

① 对应2023年《公司法》第23条第1款。——编者注
② 对应2023年《公司法》第3条第1款、第4条第1款。——编者注

以否定凯利公司的独立人格，但该行为在客观上转移并减少了凯利公司资产，降低了凯利公司的偿债能力，张伟男应当承担相应的责任。该笔转款 2951.8384 万元超出了张伟男向凯利公司认缴的出资数额，根据举重以明轻的原则并参照《最高人民法院关于适用〈中华人民共和国公司法〉若干问题的规定（三）》第十四条关于股东抽逃出资情况下的责任形态的规定，张伟男应对凯利公司的 3.2 亿元及其违约金债务不能清偿的部分在 2951.8384 万元及其利息范围内承担补充赔偿责任，其中利息以 2951.8384 万元为基数按中国人民银行公布的同期同档次贷款利率自2017 年 8 月 8 日起计算至 2019 年 8 月 20 日，按全国银行间同业拆借中心公布的贷款市场报价利率自 2019 年 8 月 21 日起分段计算至张伟男实际履行完毕补充赔偿责任之日止。

　　——《最高人民法院公报》2021 年第 2 期。

139 一人公司的股东以个人账户接收消费者预付款项，形成个人财产与公司财产的混同，股东对预付款的返还承担连带责任

关键词 | 一人公司 | 财产混同 | 预付卡消费 |

【最高人民法院参考案例】

　　案例 4：预付卡未使用金额经营者应向消费者返还——张某等人诉某销售公司、孟某某服务合同纠纷案

　　基本案情

　　2017 年至 2019 年期间，张某等众多家长为自己 1 至 3 岁的婴幼儿到某销售公司所经营的游泳馆进行办卡消费并签订入会协议，每人预存了几千元至上万元不等的费用，以微信转账或支付宝转账方式支付给该公司法人及唯一股东孟某某。2020 年初，该婴幼儿游泳馆即处于闭店状态，后该公司承租场地合同到期终止，不再继续经营。该公司在退还部分家长未使用的费用后便不再进行退款。张某等人与该销售公司法人孟某某协商无果后，张某等人诉至法院，请求判决销售公司及孟某某退还剩余服务费用。

　　裁判结果

　　法院认为，销售公司所经营游泳馆疫情期间未营业，且在承租场地到期后不再继续经营，该销售公司亦不再具备继续履行的条件及能力，故销售公司应当按照各消费者所剩余次数折算后退还相应的预付费用。因孟某某作为该销售公司的唯一股东，其以个人账户接收消费者的预付款项，形成了个人财产与公司财产的混同，该法院依法判决，销售公司向张某等人返还剩余预付款，孟某某对上述预付款的返

还承担连带责任。

典型意义

预付卡消费在服务领域,特别是在教育培训、美容美发、洗车、洗衣、健身等服务中广泛存在,而预付卡消费实践中存在以下情况:办卡过程中因经营者存在宣传诱导、预付卡合同中存在"消费者办卡后不补、不退、不得转让,逾期作废概不退款"等约定、办卡后扣款不明及服务下降,导致消费者在预付卡消费中与商家存在争议;更有甚者,部分经营者以装修、维护、停业整顿为名,携款跑路,或在重新整修后,改换门面,终止服务,造成预付卡消费者的消费困境。本案通过查明消费者与经营者之间合同履行情况,在确认经营者无法继续提供约定服务的情况下,明确作为经营者负有将预付款中尚未消费的部分予以返还的义务,并结合该销售公司为一人公司的性质及股东收取预付款情况,依法认定股东应当作为责任主体,对销售公司所负有返还剩余预付款的债务承担连带责任,最大限度地维护消费者合法权益。

——《消费者权益保护典型案例》,载《人民法院报》2022 年 3 月 16 日,第 3 版。

140 一人公司股东如不能证明公司财产独立于股东自己的财产的,需对公司债务承担连带责任

关键词│一人公司│举证责任倒置│连带责任│

【人民法院案例库参考案例】

刘某某诉蒋某甲、常州某公司等民间借贷纠纷案[入库编号:2023-16-2-103-012,北京市第二中级人民法院(2020)京 02 民再 151 号民事判决书,2020.12.23]

【裁判要旨】

一人公司股东如不能证明公司财产独立于股东自己的财产的,需对公司债务承担连带责任。债权人以一人公司的股东与公司存在财产混同为由起诉要求股东对公司债务承担连带责任,应实行举证责任倒置,由被告股东对个人财产与公司财产之间不存在混同承担举证责任。股东经合法传唤未到庭应诉应承担不利后果。

【裁判理由】

法院生效裁判认为:

一、关于被告主体及其责任认定

本案中,虽然 2011 年 8 月 5 日的借款协议首部写明甲方为"江苏某公司",但该协议尾部却仅盖有常州某公司公章,且根据已经查明的工商登记资料,刘某某所

诉的江苏某公司从未注册登记过"江苏某公司"的企业名称。因此，该院不能仅凭借款协议内容确定江苏某公司为实际借款人。刘某某以江苏某公司为共同借款人，并要求其承担还款责任，缺乏依据，不予认定。

从借款协议的形式要件上看，常州某公司在借款协议上加盖了公章，蒋某甲在借款协议上签字，其后，刘某某按照蒋某甲的指示将借款转入蒋某甲之妻罗某某的个人账户并由常州某公司出具了收据。虽然蒋某甲在借款协议签订之时并非常州某公司的法定代表人，但蒋某甲在借款合同甲方一栏签字，且本案所涉借款根据其指示汇入其妻罗某某的个人账户，故该院认定，常州某公司和蒋某甲应为合同借款人，刘某某与常州某公司、蒋某甲已形成民间借贷关系。现刘某某诉请常州某公司、蒋某甲承担共同还款责任，符合相关法律规定，应予支持。

刘某某要求罗某某承担共同还款责任，虽未提供直接证据证明其与罗某某存在借款合意，但所涉借款实际转入罗某某个人账户，而罗某某与蒋某甲系夫妻关系。根据相关法律规定，债权人就婚姻关系存续期间夫妻一方以个人名义所负债务主张权利的，应当按夫妻共同债务处理。刘某某作为债权人向蒋某甲主张清偿的债务发生于蒋某甲和罗某某夫妻关系存续期间，罗某某未到庭参与诉讼，亦未向该院提交证据证明刘某某与蒋某甲明确约定该笔借款为个人债务或属于婚姻法第十九条①第三款规定的情形，且结合2014年8月14日罗某某向刘某某账户转入10万元利息款的事实，可以认定罗某某知晓蒋某甲所负本案债务的事实，并同意偿还。因此，蒋某甲在本案中所负债务应当视为罗某某与蒋某甲的共同债务。综上，罗某某为本案适格的被告主体，该院对刘某某要求罗某某承担连带还款责任的诉讼请求予以支持。

刘某某诉请蒋某乙和蒋某丙承担共同还款责任，虽未能证明其与蒋某乙和蒋某丙个人存在借款合意，提供的包括有蒋某甲、罗某某、蒋某乙和常州某公司一方的借款补充协议（证据五）上亦无蒋某乙个人签字。但根据工商档案材料，常州某公司为自然人独资企业，属于一人有限责任公司。在借款协议签订时，蒋某乙系常州某公司的法定代表人，2014年7月3日，该公司法定代表人由蒋某乙变更为蒋某丙。在蒋某丙经营常州某公司期间，刘某某收取罗某某支付的借款利息10万元。按照我国公司法的相关规定，一人有限责任公司的股东不能证明公司财产独立于股东自己的财产的，应当对公司债务承担连带责任。本案审理中，蒋某乙和蒋某丙经合法传唤均未到庭应诉答辩。现刘某某依据相关法律规定，要求蒋某乙和蒋某丙承担共同还款责任，符合相关法律规定，应予支持。

——人民法院案例库，https://rmfyalk.court.gov.cn。

---

① 对应《民法典》第1065条。——编者注

【最高人民法院裁判案例】

上诉人江苏南通二建集团有限公司、上诉人天津国储置业有限公司与被上诉人国储能源化工(天津)有限公司、天津睿拓投资有限公司建设工程施工合同纠纷案[最高人民法院(2019)最高法民终1093号民事判决书,2019.12.3]

裁判摘要:《公司法》第二十条①系否认公司法人人格的原则性规定,适用于所有的公司形式。一人有限责任公司为有限责任公司中的特殊形式,股东与公司联系更为紧密,股东对公司的控制力更强,股东与公司存在人格混同的可能性也更大。为平衡债权人与股东的利益,法律对一人有限责任公司的股东课以更重的注意义务。为此,《中华人民共和国公司法》第六十三条②规定,一人有限责任公司的股东应当举证证明公司财产独立于股东自己的财产。此为法律对一人有限责任公司的特别规定,应当优先适用。股东所提供的审计报告仅能证明该一人公司财务报表制作符合规范,反映了公司的真实财务状况,无法证明两者财产相互独立。在其未完成举证证明责任的情况下,应当对公司债务承担连带责任。

关于能源公司、睿拓公司是否应当就案涉债务承担连带清偿责任的问题。公司法第二十条是否认公司法人人格的原则性规定,适用于所有的公司形式,而一人有限责任公司为有限责任公司中的特殊形式。因一人有限责任公司只有一个自然人或者一个法人股东,股东与公司联系更为紧密,股东对公司的控制力更强,股东与公司存在人格混同的可能性也更大,因此,在债权人与股东的利益平衡时,应当对股东课以更重的注意义务。公司法第六十三条对一人有限责任公司财产独立的事实,确定了举证责任倒置的规则,即一人有限责任公司的股东应当举证证明公司财产独立于股东自己的财产。在其未完成举证证明责任的情况下,应当对公司债务承担连带责任。此为法律对一人有限责任公司的特别规定,应当优先适用。本案中,从举证情况看,能源公司虽提交了置业公司2013年度和2014年度的审计报告以及所附的部分财务报表,但从审计意见的结论看,仅能证明置业公司的财务报表制作符合规范,反映了公司的真实财务状况,无法证明能源公司与置业公司财产是否相互独立,不能达到能源公司的证明目的。而且,根据审计报告所附的资产负债表,2013年10月15日置业公司成立后,即有对张家口华富财通公司投资款2900万元,与能源公司在本院二审庭审中关于置业公司只开发案涉国储大厦,无其他业务和对外活动的陈述相矛盾。从能源公司与睿拓公司的《股权转让合同》第三条约定看,不管是能源公司还是睿拓公司,与置业公司的财务均不是独立的,

---

① 对应2023年《公司法》第21条、第23条第1款。——编者注
② 对应2023年《公司法》第23条第3款:"只有一个股东的公司,股东不能证明公司财产独立于股东自己的财产的,应当对公司债务承担连带责任。"——编者注

在股权转让中，双方又将置业公司的财产进行了处置。因此，在能源公司未能提供充分证据证明的情况下，其应当对置业公司的债务承担连带责任。对于睿拓公司，其在本院二审庭审中自认，在受让能源公司股权时对置业公司欠付工程款一事知情，这与《股权转让合同》第二条"乙方陈述与保证"中睿拓公司"已知悉天津国储置业有限公司全部债务情况"的约定一致。而且，案涉工程竣工验收备案与签订《支付协议》均在睿拓公司受让能源公司股权，成为置业公司一人股东之后。在其未提供证据证明置业公司财产独立于自己财产的情况下，应当就置业公司债务承担连带责任。南通二建该项上诉请求，有法律依据，予以支持。

——最高人民法院民事审判第一庭编：《民事审判指导与参考》总第 82 辑，人民法院出版社 2021 年版，第 158~159 页。

上诉人东建建设集团有限公司与上诉人青海景洲房地产开发有限公司、江西景洲实业有限公司、艾某平及被上诉人青海景洲房地产开发有限公司共和分公司建设工程施工合同纠纷案[最高人民法院(2018)最高法民终 915 号民事判决书，2018.10.30]

（三）关于一审判决认定青海景洲公司与艾某平及江西景洲公司之间构成人格混同并判由艾某平、江西景洲公司承担连带责任是否正确的问题。本院认为，根据《公司法》第六十三条"一人有限责任公司的股东不能证明公司财产独立于股东自己的财产的，应当对公司债务承担连带责任"，从一审查明的事实看，艾某平持有青海景洲公司 100%股权，该公司属上述规定中的一人有限责任公司，由于在本案中艾某平未提交证据证明公司财产独立于其个人财产，一审法院依照上述法律规定判决艾某平对青海景洲公司的本案债务承担连带责任，并无不当。至于青海景洲公司与江西景洲公司之间，经查，青海景洲公司和江西景洲公司的业务范围相同，均为经营房地产开发；在人员方面，艾某平同为青海景洲公司和江西景洲公司的法定代表人，分别持有二公司 100%和 99%的股权，艾某平对江西景洲公司的决策具有绝对控制权，且二公司在青海省高级人民法院审理的(2017)青民初 105 号民事调解书中，委托诉讼代理人均为二公司的总工程师程某正，上述事实表明，该二公司存在人员混同的情形；在财务方面，青海景洲公司在向青海省人力资源和社会保障厅的申请书中，将江西景洲公司、青海景洲公司设立的银行账户均称为"我公司银行账户"，可见二公司在财务上亦存在混同情形。此外，二审期间，青海景洲公司与艾某平及江西景洲公司系以同一份上诉状共同提起上诉，一并交纳诉讼费用，且未能区分各自份额，该事实亦可证明三者之间存在人员和财产上的混同。故一审法院认定青海景洲公司与艾某平及江西景洲公司之间人格混同，并判决艾某平、江西景洲公司与青海景洲公司承担支付工程款的连带责任并无不当。

——中国裁判文书网,https://wenshu.court.gov.cn。

141 一人公司股东未举证证明公司财产独立于股东自己财产，股东配偶财产与公司财产亦发生混同，股东及配偶应对公司债务承担连带责任

关键词｜一人公司｜公司人格否认｜夫妻共同债务｜

【最高人民法院裁判案例】

再审申请人张某平与被申请人安仁县成虎商联房地产开发有限公司、罗某虎、张某玉及一审第三人湖南新井建设工程有限公司建设工程施工合同纠纷案[最高人民法院(2022)最高法民再168号民事判决书,2022.9.15]

(二)关于张某玉对成虎公司欠付张某平案涉工程价款是否承担连带责任的问题

本案中,成虎公司系一人有限责任公司,罗某虎为成虎公司的唯一股东,而成虎公司在经营过程中存在大量资金转入罗某虎个人账户的情况。二审判决在罗某虎不能证明成虎公司财产独立于自己财产的情况下,根据《中华人民共和国公司法》第六十三条①关于"一人有限责任公司的股东不能证明公司财产独立于股东自己的财产的,应当对公司债务承担连带责任"的规定,认定罗某虎应对成虎公司欠付张某平的工程价款承担连带责任,并无不当。同时,基于本案已查明的事实,成虎公司系罗某虎一人设立的有限责任公司,而张某玉作为罗某虎配偶担任公司监事,且2017年至2018年,成虎公司转入张某玉个人账户7995017元,张某玉转出至成虎公司账户4702240元。可见,张某玉实际参与了成虎公司的经营管理,其财产与成虎公司财产亦发生明显的混同。张某平再审主张成虎公司系"典型的夫妻店",案涉债务系罗某虎、张某玉夫妻共同债务,有基本的事实依据。在罗某虎依法应对成虎公司欠付张某平工程款承担连带责任的情况下,一审判决基于前述事实认定张某玉亦应与罗某虎共同承担连带责任,符合原《最高人民法院关于审理涉及夫妻债务纠纷案件适用法律有关问题的解释》(2018年施行)第三条②关于"夫妻一方在婚姻关系存续期间以个人名义超出家庭日常生活需要所负的债务,债权人

---

① 对应2023年《公司法》第23条第3款:"只有一个股东的公司,股东不能证明公司财产独立于股东自己的财产的,应当对公司债务承担连带责任。"——编者注

② 对应《民法典》第1064条第2款:"夫妻一方在婚姻关系存续期间以个人名义超出家庭日常生活需要所负的债务,不属于夫妻共同债务;但是,债权人能够证明该债务用于夫妻共同生活、共同生产经营或者基于夫妻双方共同意思表示的除外。"——编者注

以属于夫妻共同债务为由主张权利的,人民法院不予支持,但债权人能够证明该债务用于夫妻共同生活、共同生产经营或者基于夫妻双方共同意思表示的除外"的规定,亦有利于减少当事人诉累,便于一次性化解矛盾纠纷;二审判决改判不当,本院予以纠正。

　　——中国裁判文书网,https://wenshu.court.gov.cn。

（二）公司关联交易

142 法律并未禁止关联交易，关联交易合法有效的实质要件是交易对价公允

关键词｜关联交易｜损害公司利益责任｜公允价格｜独立交易｜

【人民法院案例库参考案例】

　　某甲公司诉高某某、程某公司关联交易损害公司利益纠纷案[入库编号:2023-16-2-276-002,最高人民法院(2021)最高法民再181号民事判决书,2021.8.31]

【裁判要旨】

　　关联关系是指公司控股股东、实际控制人、董事、监事、高级管理人员与其直接或间接控制的企业之间的关系,以及可能导致公司利益转移的其他关系。董事及公司经营层人员除公司章程规定或者股东会同意外,不得同本公司订立合同或者进行交易。披露关联交易有赖于董事、高级管理人员积极履行忠诚及勤勉义务,将其所进行的关联交易情况向公司进行披露及报告。公司的控股股东、实际控制人、董事、监事、高级管理人员不得利用其关联关系损害公司利益。董事及公司经营层人员执行公司职务时违反法律、行政法规或者公司章程的规定,给公司造成损害的,应当依法承担赔偿责任。关联公司所获利益应当归公司所有。

【裁判理由】

　　最高人民法院再审认为,本案系公司关联交易损害责任纠纷。结合案涉当事人诉辩理由与主张以及庭审查明的事实,本案争议焦点如下:

　　一、某甲公司与某乙公司之间的交易是否构成关联交易问题。鉴于本案双方当事人对某甲公司与某乙公司之间的交易系关联交易均无异议,根据《中华人民共和国公司法》第二百一十六条第四项①的规定,某甲公司和某乙公司之间的交易构

_____

　　① 对应2023年《公司法》第265条第4项。——编者注

成关联交易。原审判决关于案涉交易性质的认定并无不当,最高人民法院予以确认。

二、案涉关联交易是否损害某甲公司利益的问题。

1. 高某某、程某是否履行了披露义务。披露关联交易有赖于董事、高级管理人员积极履行忠诚及勤勉义务,将其所进行的关联交易情况向公司进行披露及报告。根据某甲公司章程第三十六条关于"董事及公司经营层人员不得自营或者为他人经营与本公司同类的业务或者从事损害本公司利益的活动。从事上述业务或者活动的,所有收入应当归公司所有。董事及公司经营层人员除公司章程规定或者股东会同意外,不得同本公司订立合同或者进行交易。董事及公司经营层人员执行公司职务时违反法律、行政法规或者公司章程的规定,给公司造成损害的,应当依法承担赔偿责任"的规定,本案高某某、程某作为董事及高级管理人员,未履行披露义务,违反了董事、高级管理人员的忠诚义务。根据《中华人民共和国公司法》第二十一条①的规定,高某某、程某的行为不仅违反某甲公司章程的约定,而且违反上述法律规定。

2. 案涉关联交易价格是否符合市场公允价格。公司法保护合法有效的关联交易,并未禁止关联交易,关联交易合法有效的实质要件是交易对价公允。参照《最高人民法院关于适用〈中华人民共和国公司法〉若干问题的规定(五)》第一条的精神,应当从交易的实质内容,即合同约定、合同履行是否符合正常的商业交易规则以及交易价格是否合理等进行审查。第一,高某某、程某设立某乙公司后,高某某、程某利用关联交易关系和实际控制某甲公司经营管理的便利条件,主导某甲公司与某乙公司签订若干采购合同。案涉诉讼双方均认可交易模式为某乙公司在市场上采购加工定制产品后,转售给某乙公司的唯一客户某甲公司。某甲公司提交第三组证据虽不能直接证明关联交易给某甲公司造成了损失,但证据3送货单能够证明生产加工单位可直接向某甲公司发货,进一步证明能够从市场上直接采购到生产所需的零部件,最高人民法院对该证据予以采信。在这种交易模式中,某甲公司本可以在市场上采购相关产品,而通过某乙公司采购产品则增设不必要的环节和增加了采购成本,由某乙公司享有增设环节的利益。第二,关于高某某、程某所提交的黄某和某丙公司出具的《情况说明》。鉴于黄某系某乙公司的前股东和前法定代表人,故黄某与本案具有利害关系,且黄某作为证人未出庭作证。此外,虽然某丙公司出具《情况说明》,但某丙公司的股东包某某亦为某乙公司股东,与本案仍有利害关系。依据《最高人民法院关于民事诉讼证据的若干规定》第九十条第三项的规定,仅凭两份《情况说明》无法认定本案存在大型汽轮机公司对外

---

① 对应 2023 年《公司法》第 22 条。——编者注

协加工单位限制的情形,故上述两份证据不足以证明高某某、程某所称设立某乙公司是为了避开同业公司对外协厂家限制的主张。此外,在取消与某乙公司关联交易后,某甲公司亦通过市场直接采购的方式购买了相关产品,高某某、程某未能对此作出合理解释。第三,高某某、程某亦未能进一步提供证据证明其主张降低某甲公司采购成本的抗辩事实成立。综上,某甲公司关于高某某、程某将本可以通过市场采购的方式购买相关产品转由向某乙公司进行采购而增加购买成本,某甲公司所多付出的成本,损害了某甲公司权益的主张,有事实和法律依据。某甲公司关于案涉交易对价高于市场价且不具备公允性的主张,最高人民法院予以采信。

3. 高某某、程某的行为与某甲公司损害结果的发生有因果关系。关联交易发生在高某某、程某任职董事期间,高某某于 2011 年 7 月 8 日任副董事长、总经理。《公司章程》中明确约定了总经理职责为主持生产经营工作,某甲公司亦提交了审批单等证据证明高某某实际履行了总经理的职权。而程某作为董事,并兼任其它公司职务,参与并影响某甲公司的运营。在高某某任总经理主持生产经营工作期间,关联交易额所占某甲公司采购总额的比例大幅上升,而在高某某、程某被解除相应职务后,关联交易急速减少并消失。关联交易的发生及变化与高某某、程某任职期间及职务变化存在同步性。根据《中华人民共和国公司法》第二十一条的规定,高某某、程某共同实施的关联交易行为,损害了某甲公司利益。

…………

四、某甲公司的损失数额问题。一审法院查明某乙公司存续期间合计利润为 7578851.41 元。根据《最高人民法院关于适用〈中华人民共和国民事诉讼法〉的解释》第三百二十三条的规定,诉讼双方均未对"合计利润 7578851.41 元"的事实进行上诉。二审法院在未查明一审判决存在损害国家利益、社会公共利益、他人合法权益的情形下,对一审法院查明某乙公司"合计利润 7578851.41 元"予以纠正不当。且某甲公司在一审中向法院提交申请书,申请调取某乙公司 2009 年 5 月成立后至 2016 年 11 月注销前的全部采购合同、总账、明细账、年度会计报告、清算报告等证据。一审法院责令高某某、程某一周内向法院提交清算报告、财务报告等证据,逾期承担法律责任。高某某、程某回答"听清了"。但高某某、程某仅提交了 2010 年到 2015 年的利润表等证据,并未完成提交完整的清算报告、财务报告等证据。根据《最高人民法院关于民事诉讼证据的若干规定》第九十五条的规定,高某某、程某作为某乙公司合计控股 60% 的股东以及清算组成员,拒不提供某乙公司财务报告等证据,未能提供足以反驳的证据。结合某甲公司提交的第四组证据,某甲公司认为因某乙公司遭受损失数额为 7064480.35 元的主张,最高人民法院予以采信,故高某某、程某应连带赔偿某甲公司损失共计 7064480.35 元。

——人民法院案例库,https://rmfyalk. court. gov. cn。

编者说明

2023 年《公司法》第 22 条对关联人不得利用关联关系损害公司利益作了原则性规定:"公司的控股股东、实际控制人、董事、监事、高级管理人员不得利用关联关系损害公司利益。违反前款规定,给公司造成损失的,应当承担赔偿责任。"法律虽未禁止具有关联关系的主体之间发生交易,但是明确要求不得利用关联关系损害公司利益,也即公司的控股股东、实际控制人、董事、监事、高级管理人员在利用关联关系进行交易时,应当保证交易的公平性,不得损害任何一方的利益给公司造成损失的,应当承担赔偿责任。具体来说:(1)关联关系,是指公司控股股东、实际控制人、董事、监事、高级管理人员与其直接或者间接控制的企业之间的关系,以及可能导致公司利益转移的其他关系。但是,国家控股的企业之间不仅因为同受国家控股而具有关联关系。(2)控股股东,是指其出资额占有限责任公司资本总额超过 50%或者其持有的股份占股份有限公司股本总额超过 50%的股东;出资额或者持有股份的比例虽然低于 50%,但依其出资额或者持有的股份所享有的表决权已足以对股东会的决议产生重大影响的股东。(3)实际控制人,是指通过投资关系、协议或者其他安排,能够实际支配公司行为的人。(4)高级管理人员,是指公司的经理、副经理、财务负责人,上市公司董事会秘书和公司章程规定的其他人员。①

143 关联交易本身不会对合同效力产生特别的影响，对于合同效力的判断应当根据《民法典》等相关法律规范判断

关键词│关联交易│实质公平标准│合同效力│

【链接：最高人民法院法官著述】

(四)关于关联交易

关联交易程序完善是此次新公司修订的亮点之一。新公司法中对于关联交易制度进行了重大修改,对关联交易的信息披露、正当程序等环节进行了较为详尽完善的规定,核心要素已具备,关联交易制度有了重大进步。在这种情形下,笔者认为,不公平关联交易的认定可以采取更加具有操作性的方式,确认遵守法定程序的关联交易推定其是公平的。而对于关联交易合同效力问题,笔者认为,关联交易本身不会对合同效力产生特别的影响,对于合同效力的判断应当根据民法典等相关法律规范予以判断。

关联交易制度的核心是如何确定不公平关联交易。司法对于关联交易的干预需要在公司经营自主与公权力的监管之间保持适度平衡,只有在必要时才能干预公司作出的经营决策。公司法规制不公平关联交易的基本思路是损害了公司的利

---

① 参见王瑞贺主编:《中华人民共和国公司法释义》,法律出版社 2024 年版,第 37 页。

益则应予以赔偿。通常来说，如果法律对于关联交易的程序有明确规定，遵守了正当程序的交易，人民法院本没有必要仅因个别异议主张去审查交易结果是否公平。之前，我国公司法对关联交易未规定普遍适用的正当程序，想以正当程序来进行规制，也没有可参照的规范。司法介入在这一阶段就有其必要性，原公司法司法解释（五）也是因此确定不公平关联交易采用实质公平标准，规定关联交易发生争议的，无论是否符合交易程序，交易人均需要证明该交易结果是公平的，才能免责。[①]但这只是未普遍规定关联交易正当程序现状下的选择。在新公司法完善了关联交易程序制度的前提下，可以采取更具有操作性的规则来认定关联交易是否公平，即遵守了法定程序本身就证明交易的公平性。法律或公司章程中对所涉关联交易有明确程序规定的，关联交易符合法定程序的，主张该交易不公平，要求损害赔偿的一方应当举证证明该交易实质损害了公司利益；关联交易没有遵循前述程序规定或者法律、公司章程中对所涉关联交易没有明确程序规定的，则交易方必须举证证明该交易结果的实质公平，否则应当对公司承担不公平交易损害赔偿责任。

关于关联交易合同效力问题。关联交易合同效力问题要根据其合同约定本身进行判断，当事人达成的关联交易如具备无效、不发生效力或者可撤销等情形，公司作为合同一方当事人可以根据上述规定主张自己的权利，但是关联交易本身对合同效力不应产生特别的影响。关联交易合同是否具有效力瑕疵，需要结合民法典等其他法律规范进行判断。例如，民法典第 146 条规定的虚假表示与隐藏行为的效力，第 147 条规定的基于重大误解实施的民事法律行为的效力，第 148 条规定的以欺诈手段实施的民事法律行为的效力，第 149 条规定的受第三人欺诈的民事法律行为的效力，第 150 条规定的以胁迫手段实施的民事法律行为的效力，第 151 条规定的显失公平的民事法律行为的效力，第 153 条规定的违反强制性规定及违背公序良俗的民事法律行为的效力，第 154 条规定的恶意串通的民事法律行为的效力等等，均是判断合同效力的依据，关联交易合同在这一问题上不具有特殊性。有观点主张，关联交易按照法律或者公司章程规定应当经过特定程序而没有经过的，应当认定合同无效。笔者认为，这种观点有失偏颇。其理由在于，公司内部程序是否合法一般不影响其外部交易行为效力。即使在特别情形下，例如新公司法第 15 条规定的公司对外担保的问题，法律明确规定了公司为股东进行担保，应当经过股东会决议，如果公司未履行这一程序，也是构成法定代表人越权，需要看合同相对人是否善意确定该合同是否对公司发生效力，而不是仅因未经股东会决议

<hr/>

① 《公司法解释（五）》第 1 条第 1 款规定："关联交易损害公司利益，原告公司依据民法典第八十四条、公司法第二十一条规定请求控股股东、实际控制人、董事、监事、高级管理人员赔偿所造成的损失，被告仅以该交易已经履行了信息披露、经股东会或者股东大会同意等法律、行政法规或者公司章程规定的程序为由抗辩的，人民法院不予支持。"——编者注

本身就造成合同无效或者不发生效力。

——刘贵祥:《关于新公司法适用中的若干问题》,载《法律适用》2024 年第 6 期。

(三)公司决议及其效力瑕疵

144 变相分配公司资产的股东会决议无效

关键词 ｜ 公司决议效力确认 ｜ 变相分配公司资产 ｜

【人民法院案例库参考案例】

谢某、刘某诉安徽某化工有限责任公司公司决议纠纷案[入库编号:2023-08-2-270-001,安徽省合肥市中级人民法院(2014)合民二终字第 00036 号民事判决书,2014. 2. 14]

【裁判要旨】

对股东会决议效力的审查,一方面是程序的合法性审查,另一方面也要重视决议内容的合法性审查。公司股东会决议以"补偿金"名义对股东发放巨额款项,在公司并无实际补偿事由,且无法明确款项来源的情形下,此类"补偿金"不符合公司法的"分红"程序,也超出"福利"的一般数额标准,属于变相分配公司资产,损害部分股东的利益,更有可能影响债权人的利益,应依法认定为无效。

【裁判理由】

法院生效裁判认为,本案的焦点问题即上述决议的效力问题。

首先,关于决议内容所涉款项的来源,某化工公司认为分发的款项来源于某化工公司账面余额,但无法明确系利润还是资产。《中华人民共和国公司法》(以下简称公司法)第 167 条①规定,公司分配当年税后利润时,应当提取利润的 10% 列入公司法定公积金;公司的法定公积金不足以弥补以前年度亏损的,在依照前款规定提取法定公积金之前,应当先用当年利润弥补亏损。由此可见,我国公司法采取的是法定公积金分配准则,即公司在未补亏以及未留存相应比例公积金的情形下,所获利润不得用于分配。某化工公司有责任提供证据证明某化工公司是否按照法律规定弥补亏损并提取了法定公积金,但某化工公司未提交证据证明。

其次,关于款项的性质,某化工公司辩称分发款项系福利性质。根据通常理

---

① 对应 2023 年《公司法》第 210 条。——编者注

解，"福利"指员工的间接报酬，一般包括健康保险、带薪假期、过节礼物或退休金等形式。从发放对象看，"福利"的发放对象为员工，而本案中，决议内容明确载明发放对象系每位股东；从发放内容看，决议内容为公司向每位股东发放 40 万元，发放款项数额巨大，不符合常理。因此，某化工公司关于发放款项为福利的辩称没有事实和法律依据，法院不予采信。若某化工公司向每位股东分配公司弥补亏损和提取公积金后所余税后利润，则应当遵守公司法第 35 条的规定分配，即股东按照实缴的出资比例分取红利；但是，全体股东约定不按照出资比例分取红利或者不按照出资比例优先认缴出资的除外。本案中，在全体股东未达成约定的情况下，不按照出资比例分配而是对每位股东平均分配的决议内容违反了上述规定。

最后，本案所涉股东会决议无论是以向股东支付股息或红利的形式，还是以股息或红利形式之外的、以减少公司资产或加大公司负债的形式分发款项，均是为股东谋取利益，变相分配公司利益的行为，该行为贬损了公司的资产，使得公司资产不正当的流失，损害了部分股东的利益，更有可能影响债权人的利益。

综上，本案所涉股东会决议是公司股东滥用股东权利形成，决议内容损害公司、公司其他股东等人的利益，违反了公司法的强制性规定，应为无效。

——人民法院案例库，https://rmfyalk.court.gov.cn。

145 未履行出资义务的股东通过股东会决议解除特定股东的股东资格，该除名决议无效

关键词｜公司决议效力确认｜抽逃注册资本｜股东资格解除｜未履行出资义务｜

【人民法院案例库参考案例】

刘某某诉常州某某化学科技有限公司等公司决议效力确认纠纷案［入库编号：2023-08-2-270-002，江苏省常州市中级人民法院（2018）苏 04 民终 1874 号民事判决书，2018.8.2］

【裁判要旨】

有限公司的股东未履行出资义务或者抽逃全部出资，经公司催告缴纳或者返还，在合理期间内仍未缴纳或者返还出资，公司可以股东会决议解除该股东的股东资格。股东除名制度的目的，在于通过剥夺股东资格的方式，惩罚不诚信股东，维护公司和其他诚信股东的权利。如果公司股东均为虚假出资或抽逃全部出资，部分股东通过股东会决议解除特定股东的股东资格，由于该部分股东本身亦非诚信守约股东，其行使除名表决权丧失合法性基础，背离股东除名制度的立法目的，该除名决议应认定为无效。

【裁判理由】

法院生效判决认为:本案争议焦点为,案涉股东除名决议的效力应如何认定?本案中,案涉股东除名决议的作出和内容于法无据,于实不符,应属无效。一方面,结合除名权的法理基础和功能分析,公司是股东之间、股东与公司以及公司与政府之间达成的契约结合体,因此股东之间的关系自当受该契约的约束。在公司的存续过程中,股东始终应恪守出资义务的全面实际履行,否则构成对其他守约股东合理期待的破坏,进而构成对公司契约的违反。一旦股东未履行出资义务或抽逃全部出资,基于该违约行为已严重危害公司的经营和其他股东的共同利益,背离了契约订立的目的和初衷,故公司法赋予守约股东解除彼此间的合同,让违约股东退出公司的权利。这既体现了法律对违约方的惩罚和制裁,又彰显了对守约方的救济和保护。由此可见,合同"解除权"仅在守约方手中,违约方并不享有解除(合同或股东资格)的权利。本案中,某某公司的所有股东在公司成立时存在通谋的故意,全部虚假出资,恶意侵害公司与债权人之权益。但就股东内部而言,没有所谓的合法权益与利益受损之说,也就谈不上权利救济,否则有悖于权利与义务相一致、公平诚信等法律原则。即洪某甲、洪某乙无权通过召开股东会的形式,决议解除刘某某的股东资格,除名决议的启动主体明显不合法。另一方面,从虚假出资和抽逃出资的区别来看,前者是指股东未履行或者未全部履行出资义务,后者则是股东在履行出资义务之后,又将其出资取回。案涉股东除名决议认定刘某某抽逃全部出资,事实上某某公司包括刘某某在内的所有股东在公司设立时均未履行出资义务,属于虚假出资,故该决议认定的内容亦有违客观事实。

——人民法院案例库,https://rmfyalk.court.gov.cn;《最高人民法院公报》2023 年第 2 期。

146 公司与股东不得自行约定股东除名的条件，股东会据此作出的除名决议无效

关键词 ｜ 公司决议效力确认 ｜ 股东会决议 ｜ 股东除名 ｜ 决议无效 ｜

【人民法院案例库参考案例】

某智慧水务(深圳)有限公司诉上海某泵业制造有限公司公司决议效力确认纠纷案[入库编号:2024-08-2-270-005,上海市金山区人民法院(2021)沪0116民初 14414 号民事判决书,2021.12.20]

【裁判要旨】

股东除名是强行剥夺公司成员股东身份的行为,我国公司法对于股东除名的

条件严格限定在"未出资"和"抽逃全部出资"这两种事由中,公司与股东不得自行约定其他的除名条件,股东会据此作出的除名决议无效。

【裁判理由】

法院生效裁判认为:有限责任公司的股东未履行出资义务或者抽逃全部出资,经公司催告缴纳或者返还,其在合理期间内仍未缴纳或者返还出资,公司以股东会决议解除该股东的股东资格,该股东请求人民法院确认该解除行为无效的,人民法院不予支持。就本案而言,首先,原告是通过受让胡某某转让的股权而取得股东资格,已经向胡某某支付了相应的股权转让款,并不存在未履行出资义务或者抽逃全部出资的情形。其次,被告股东会决议解除原告股东资格的事由是原告违反了股权转让协议书中第三条"陈述与保证"中第 2 款第 8 点的约定,但股权转让协议并未明确原告违反该条约定就丧失股东资格;假如原告违反了股权转让协议该条款的约定,构成了违约,被告完全可以依据股权转让协议的约定追究原告的违约责任、或者可以依据公司法的规定追究原告滥用股东权利损害公司利益的赔偿责任,并不应当据此剥夺原告的股东资格。最后,虽然被告以股东会决议的方式解除原告的股东资格,符合法律规定的形式要件,但决议内容缺乏法律依据,并不具有法律效力。综上所述,原告提出的诉讼请求,依法有据,法院应予支持;被告提出的抗辩主张,缺乏法律依据,法院不予采纳。故法院依法作出如上裁判。

——人民法院案例库,https://rmfyalk. court. gov. cn。

147 股东虽未在股东会决议上签字但实际履行决议内容,该股东主张决议无效的应不予支持

关键词|公司决议无效|股东会决议|董事会决议|修改章程|司法介入|

【人民法院案例库参考案例】

陈某海诉浙江某科技股份有限公司等公司决议纠纷案[入库编号:2024-08-2-270-004,最高人民法院(2015)民申字第 2724 号民事裁定书,2015.11.26]

【裁判要旨】

股东虽未在股东会决议上签字,但实际履行决议内容,以行为表明其已对决议中的相关事实予以认可。该股东主张决议无效的,人民法院不予支持。

【裁判理由】

法院生效裁判认为,首先,虽然落款时间为 2012 年 7 月 29 日的《股东会议决议》中没有陈某海的签名,但该《股东会决议》所载明的内容,即浙江某科技股份有限公司支付 3097900 元用于购买北京某电公司在中国大陆独家地底通信智慧专利

知识使用权和商标使用权,以及浙江某科技股份有限公司与北京天电公司间就此决议已经履行的事实已经生效的(2014)浙湖商初字第14号民事判决认定,故该股东会决议的事项已实际履行。

其次,根据陈某海与天某通北京公司的法定代表人方某铮往来的邮件内容可知,陈某海知晓并同意浙江某科技股份有限公司以3097900元的价格购买北京某电公司知识产权一事,且陈某海亦参与了3097900元款项的支付。因此,虽然陈某海未在案涉《股东会议决议》中签名,但其行为表明其已对决议中的相关事实予以接受认可。现陈某海以《股东会议决议》系伪造为由要求确认无效,缺乏事实依据,人民法院不予支持。

——人民法院案例库,https://rmfyalk.court.gov.cn。

148 法院对可撤销的公司决议进行司法审查的范围

关键词│公司决议撤销│司法审查范围│

【最高人民法院指导性案例】

李建军诉上海佳动力环保科技有限公司公司决议撤销纠纷案[最高人民法院指导案例10号,四川省高级人民法院(2014)川民终字第432号民事判决书,2014.12.19]

裁判要点:人民法院在审理公司决议撤销纠纷案件中应当审查:会议召集程序、表决方式是否违反法律、行政法规或者公司章程,以及决议内容是否违反公司章程。在未违反上述规定的前提下,解聘总经理职务的决议所依据的事实是否属实,理由是否成立,不属于司法审查范围。

法院生效裁判认为:根据《中华人民共和国公司法》第二十二条第二款①的规定,董事会决议可撤销的事由包括:一、召集程序违反法律、行政法规或公司章程;二、表决方式违反法律、行政法规或公司章程;三、决议内容违反公司章程。从召集程序看,佳动力公司于2009年7月18日召开的董事会由董事长葛永乐召集,三位董事均出席董事会,该次董事会的召集程序未违反法律、行政法规或公司章程的规定。从表决方式看,根据佳动力公司章程规定,对所议事项作出的决定应由占全体

---

① 对应2023年《公司法》第26条(公司决议撤销):"公司股东会、董事会的会议召集程序、表决方式违反法律、行政法规或者公司章程,或者决议内容违反公司章程的,股东自决议作出之日起六十日内,可以请求人民法院撤销。但是,股东会、董事会的会议召集程序或者表决方式仅有轻微瑕疵,对决议未产生实质影响的除外。未被通知参加股东会会议的股东自知道或者应当知道股东会决议作出之日起六十日内,可以请求人民法院撤销;自决议作出之日起一年内没有行使撤销权的,撤销权消灭。"——编者注

股东三分之二以上的董事表决通过方才有效,上述董事会决议由三位股东(兼董事)中的两名表决通过,故在表决方式上未违反法律、行政法规或公司章程的规定。从决议内容看,佳动力公司章程规定董事会有权解聘公司经理,董事会决议内容中"总经理李建军不经董事会同意私自动用公司资金在二级市场炒股,造成巨大损失"的陈述,仅是董事会解聘李建军总经理职务的原因,而解聘李建军总经理职务的决议内容本身并不违反公司章程。

董事会决议解聘李建军总经理职务的原因如果不存在,并不导致董事会决议撤销。首先,公司法尊重公司自治,公司内部法律关系原则上由公司自治机制调整,司法机关原则上不介入公司内部事务;其次,佳动力公司的章程中未对董事会解聘公司经理的职权作出限制,并未规定董事会解聘公司经理必须要有一定原因,该章程内容未违反公司法的强制性规定,应认定有效,因此佳动力公司董事会可以行使公司章程赋予的权力作出解聘公司经理的决定。故法院应当尊重公司自治,无须审查佳动力公司董事会解聘公司经理的原因是否存在,即无须审查决议所依据的事实是否属实,理由是否成立。综上,原告李建军请求撤销董事会决议的诉讼请求不成立,依法予以驳回。

——《最高人民法院关于发布第三批指导性案例的通知》(2012 年 9 月 18 日,法〔2012〕227 号)。

【链接：理解与参照】

二、裁判要点的理解与说明

法院对可撤销的公司决议进行司法审查的范围

公司决议,包括股东(大)会决议和董事会决议,是公司的意思决定。现代公司法强调公司自治,对公司决议原则上不进行司法干预,因为对于公司事务的判断,公司本身最有发言权,法院不能替代公司做出商业判断。但当公司决议存在瑕疵时,根据公司法第二十二条①的规定,股东可以提起公司决议无效或撤销之诉。从该规定看,公司决议可撤销的原因包括:召集程序违反法律、行政法规或公司章程,表决方式违反法律、行政法规或公司章程,决议内容违反公司章程。因此,法院在公司决议撤销纠纷案件中的司法审查范围原则上限于对上述三个可撤销原因的审查。具体包括:1. 召集程序方面的瑕疵。常见的召集程序瑕疵包括召集人不适格、未按照规定期限发送召集通知、未采用规定的方式发送召集通知等。2. 表决方式的瑕疵。常见的表决方式瑕疵包括未达到法定的表决比例、参与表决的主体不具备表决资格、表决权行使受到不当干扰等。3. 决议内容是否符合章程。公司

---

① 对应 2023 年《公司法》第 25 条、第 26 条。——编者注

法将违反章程列为公司决议可撤销的原因,而非无效的原因。在公司决议撤销纠纷案件中,对决议内容的审查是看决议的内容是否符合章程的规定,而不是审查其内容是否合法。如果决议的内容违反了法律或行政法规的强制性规定,其结果是决议无效,而不是可撤销。……

公司决议解聘经理的事由是否属于司法审查范围

公司法第二十二条第二款对可撤销公司决议的司法审查内容已有规定,但实践中仍然存在一些困惑。本案例中的主要争议在于,董事会决议中所表述的罢免理由及相关事实对董事会决议的效力是否产生影响,法院是否需对相关事实和理由进行审查。一审法院认为,该事实是否存在是解决案件争议的关键,从而对相关事实进行了审查,并认为董事会决议所依据的理由存在重大偏差,在该失实基础上形成的董事会决议是失当的。董事会决议撤销诉讼旨在恢复董事会意思形成的公正性及合法性,故判决撤销该董事会决议。二审法院认为法院对该事实是否存在不应当进行审查与认定,并作出改判,驳回原告李建军请求撤销董事会决议的诉讼请求。笔者认为,二审法院的判决是正确的,理由主要有以下三个方面。

1. 强调公司自治原则。公司自治是现代公司法的灵魂,也是私法自治和市场经济的要求。公司自治精神的核心是尊重公司的商业判断,尊重公司、股东、董事依法作出的自主选择。只有当公司自治机制被滥用或失灵时,才能启动司法程序。从公司法的规定看,对公司行为的规制着重体现在程序上,原则上不介入公司内部事务,以最大限度赋予公司内部自治的权力。总经理的聘任和解聘关涉公司日常经营决策的核心和关键,公司董事会基于公司发展需要而调整公司高级管理人员,是行使公司的自治权。

2. 尊重公司章程的规定。公司章程是公司的自治规章,对公司及其股东、董事、监事和其他高级管理人员均具有约束力。如果公司章程对经理的聘任和解聘有特殊规定,只要没有违反法律和行政法规的强制性规定,就应当按照章程规定处理。公司法中规定聘任和解聘经理是董事会的职权,未作其他特殊规定。本案中的公司章程也仅规定董事会有权解聘经理,未对董事会解聘公司经理的职权作出限制,也未规定董事会解聘公司经理必须说明原因,该章程的内容未违反法律和行政法规的强制性规定,应认定有效。因此佳动力公司董事会可以行使公司章程赋予的权力作出解聘公司经理的决定。至于解聘经理是出于什么原因、基于何种理由,以及解聘的理由是否真实存在、是否合理,均属公司自治的范畴,法院不应予以审查。

3. 符合董事会与经理之间委托代理关系的法律性质。现代公司运营的专业化、技术性和市场化,需要具有专业技能和管理能力的专门人才从事公司的日常经营工作。因此,董事会需要聘任经理人专门从事公司的经营管理。关于董事会与经理之间的关系,法学界一般认为是委托代理关系。经理之所以能够参与公司的经营管理,能够对外进行交易行为,是源于董事会的聘任,董事会聘任合同的法律性质即是委托合同,基于该委托而使经理人拥有经理的身份,授权其行使各种职权。委托合同是以当事人之间的信任关系为基础的,而信任关系属于主观信念的范畴,具有主观任意性,没有严格的判断标准。如果当事人在信任问题上产生疑问或者动摇,即使强行维持双方之间的委托关系,也势必会影响委托合同目的的实现,故委托合同中当事人具有任意解除权。合同法第四百一十条①规定,委托人或者受托人可以随时解除委托合同。根据委托代理关系的法律性质,董事会可以随时解聘经理,法院也无须审查其解聘事由。

此外,公司法对于解除董事职务的规定,对于董事会解聘经理的问题具有参照作用。尽管学界对董事与股东之间的法律关系是信托关系还是代理关系尚有争议,但董事与股东之间的关系也是以信任关系为基础的,这与董事会和经理之间的委托代理关系是基于信任关系具有共通性。公司法曾对解除董事职务有所限制,1993年公司法第一百一十五条第二款规定:"董事在任职届满前,股东大会不得无故解除其职务。"在2005年修订时,删除了不得无故解除董事职务的规定,这表明公司法放弃了对股东罢免董事的强制约束。……董事会解聘经理是否需要理由,也应由公司在章程中自主选择规定。如果章程中没有规定,法院不必审查解聘事由。

在本案例中,董事会由上海佳动力环保科技有限公司(以下简称佳动力公司)董事长召集,三位董事均出席董事会,两位董事表决通过,在召集程序和表决方式上未违反法律、行政法规以及公司章程的规定。从决议内容看,公司章程规定董事会有权解聘公司经理,董事会决议内容中"总经理李建军不经董事会同意私自动用公司资金在二级市场炒股,造成巨大损失"的陈述,仅是董事会解聘李建军总经理职务的原因,而解聘李建军总经理职务的决议内容本身并不违反公司章程。综上,本案不存在公司决议可撤销的原因。如果司法机关深入审查解聘理由所涉事实是否属实,则对公司的内部治理就会干预过度,影响公司的正常运作。

三、其他需要说明的问题

1. 因解聘给对方造成损失的,除不可归责于公司的事由以外,公司应当赔偿损失。合同法第四百一十条规定:"委托人或者受托人可以随时解除委托合同。因解除合同给对方造成损失的,除不可归责于该当事人的事由以外,应当赔偿损失。"董事会无正当理由在聘任期限未届满之时解聘经理,并给经理造成损失的,被解聘

---

① 对应《民法典》第933条(委托合同解除):"委托人或者受托人可以随时解除委托合同。因解除合同造成对方损失的,除不可归责于该当事人的事由外,无偿委托合同的解除方应当赔偿因解除时间不当造成的直接损失,有偿委托合同的解除方应当赔偿对方的直接损失和合同履行后可以获得的利益。"——编者注

的经理可以向公司请求赔偿损失。因为董事会决议是公司的意思表示,其法律后果应由公司承担。但该请求与公司决议撤销之诉是不同的法律关系,被解聘的经理可以另行主张。

2. 提起公司决议撤销之诉的期限为 60 日。公司决议撤销之诉属形成之诉。形成之诉是依据判决使法律关系发生变动之类型的诉讼,也称为变更之诉。股东请求法院撤销公司决议的权利,即撤销权,是形成权的一种。因公司决议的撤销,对公司正常经营影响较大,为使法律关系尽早确定,必须明确撤销权的行使或存续期间,此期间为除斥期间,也是不变期间,不得展期。公司法规定了 60 天的除斥期间,股东自决议作出之日起 60 日内,可以向法院起诉,请求法院予以撤销。

——最高人民法院案例指导工作办公室:《指导案例 10 号〈李建军诉上海佳动力环保科技有限公司决议撤销纠纷案〉的理解与参照》,载《人民司法·应用》2013年第 3 期。

编者说明

指导案例 10 号李建军诉上海佳动力环保科技有限公司公司决议撤销纠纷案,旨在为明确公司决议撤销之诉的司法审查范围提供指导。在公司决议撤销纠纷中,法院应当依法审查会议召集程序、表决方式是否违反法律、行政法规或者公司章程,以及决议内容是否违反公司章程。该案例还明确,在未违反上述规定的前提下,解聘总经理职务的决议所依据的事实是否属实,理由是否成立,属于公司自治的范围,不属于司法审查内容。公司自治是现代公司法的灵魂,也是私法自治和市场经济的要求。公司自治精神的核心是要求法官尊重公司的商业判断,尊重公司、股东、董事依法作出的自主选择。只有当公司自治机制被滥用或失灵时,司法程序才能启动。该案例有利于强化法官的商事审判思维,鼓励公司在市场经济条件下依法自治和健康发展。

149 构成对章程实质修改的董事会决议应予撤销

关键词 | 公司决议撤销 | 董事会决议 | 修改章程 | 司法介入 |

【人民法院案例库参考案例】

上海某某企业管理咨询有限公司诉上海某某企业管理有限公司公司决议撤销纠纷案[入库编号:2024-08-2-270-002,上海市第二中级人民法院(2019)沪 02 民终 4260 号民事判决书,2019. 9. 17]

【裁判要旨】

在审查封闭公司的董事会决议应否撤销时,如果结合公司法及公司章程的规定判断出决议内容构成对公司章程的实质性修改,则相关决议应属股东会而非董事会的职权范围,应予撤销。

【裁判理由】

法院生效判决认为,上海某某企管公司章程第八条、第十三条、第十四条、第十五条、第十九条所规定的条款,性质上均为公司组织机构方面的规定,属公司治理结构范畴,是公司所有者(即股东)对公司的经营管理及绩效改进进行监督、激励、控制和协调的一整套制度安排,通常由股东会、董事会(或执行董事)、经理层和监事会(或监事)组成,而每个机构的职权则由公司法及公司章程进行规定,并会因章程规定的不同而有所区别。各机构依据法律或章程所赋予的职权范围运作,彼此间既协作又相互制衡。具体到上海某某企管公司,从其章程中关于股东会、董事会(或董事长)、总经理的职权范围的规定来看,公司实行总经理负责制,总经理由小股东上海某某企管咨询公司委派,全面负责公司经营管理,董事会有权聘任或者解聘总经理,可以看出小股东上海某某企管咨询公司在经营权控制、防止大股东西藏某某企管公司滥用表决权优势的考虑以及西藏某某企管公司就此作出的权利让渡,而相关制度安排应该在公司运作中被尊重和遵循。

系争决议共十项,第1项是关于公司印章、证照、重要文件的保管及管理,其中上海某某企管咨询公司与西藏某某企管公司已另行就共管公司印章达成合意,故不属于公司章程第十五条所规定的由董事会批准的基本管理制度,而证照、重要文件的保管及管理问题,在公司章程中没有规定;第2项决定公司对外签订的合同由董事长审批,本属章程第十九条规定的总经理职权范围;第3项决定所有资金、费用的支出由董事长审批,而依照公司章程第十五条及第十九条的规定,董事长只审批月度预算之外的费用支出,其他资金、费用的支出由总经理审批;第4项决定将公司办公地址全部搬迁至1号楼,原用办公室对外出租,原用办公室即章程第四条规定的住所,迁至他处并将该场所对外出租,应视为公司住所的实质变更;第5项关于通知各租户暂缓缴纳租金、第6项关于与案外两公司协商由其暂时收取租金、第7项同案外人商洽拖欠的租金支付事宜、第8项关于同总包方洽谈落实工程款支付等事宜、第9项关于解除物业管理合同等事宜,均应属于公司章程第十九条规定的总经理所负责的生产经营管理工作范围;第10项解聘汤某总经理职务,暂时由董事长余某代理总经理职务,代为履行总经理职权,上海某某企管公司章程规定董事会有权解聘总经理,但并未规定总经理被解聘后由董事长代行总经理职权,而一旦允许由西藏某某企管公司委派的董事长代行总经理职权,将导致上海某某企管咨询公司基本丧失对上海某某企管公司的经营管理权,总经理负责制名存实亡。

通过上文将系争决议的内容逐项与上海某某企管公司的章程进行比照后,法院认为,根据上海某某企管公司章程的规定,修改公司章程是股东会的职权范围,修改公司章程的决议必须经全体股东一致同意。因此,十项决议中,除了解聘汤某总经理职务外的其余决议事项均构成对上海某某企管公司章程有关规定的实质性变更,依法应予撤销。上海某某企管公司根据系争决议已办理变更登记的,应向公司登记机关申请撤销变更登记。

——人民法院案例库,https://rmfyalk.court.gov.cn。

(四)董事、监事、高管人员的责任

150 公司董事、监事、高管人员违反忠实义务的判定与追责

关键词 | 损害公司利益责任 | 忠实义务 | 勤勉义务 | 过错责任 |

【人民法院案例库参考案例】

W 媒体网络有限公司诉吴某等损害公司利益责任纠纷案[入库编号:2023-10-2-276-002,上海市第二中级人民法院(2016)沪 02 民终 1156 号民事判决书,2017.2.28]

【裁判要旨】

董事、监事、高管人员对公司的忠实勤勉义务作为公司治理中的重点问题,核心是解决董事、监事、高管人员与公司的利益冲突,实现公司与个人之间的利益平衡。董事、监事、高管人员在执行公司职务时,应最大限度地为公司最佳利益努力工作,不得在履行职责时掺杂个人私利或为第三人谋取利益,即不得在公司不知道或未授权的情况下取得不属于自己的有形利益(诸如资金)及无形利益(诸如商业机会、知识产权等)。违反前述义务,应当向公司承担赔偿责任。

【裁判理由】

法院生效裁判认为:

二、关于原告的诉请可否成立

根据查明事实可知,被告吴某确系被告上海某信息科技有限公司及被告上海乙信息科技有限公司的实际控制人,但其在 WMN 项目运作过程中却是以原告董事、高管之身份参与,故其虚报账目及借由项目成果申请国家扶持基金供被告上海某信息科技有限公司使用的不当行为,显然违反了法律为公司董事、高管等人员规定的忠实勤勉义务,理应依法承担相应的赔偿责任,向原告返还 WMN 项目结余资金并偿付相应逾期还款利息损失。此外,被告上海某信息科技有限公司、被告上海乙信息科技有限公司虽然辩称两者自原告处所得资金系《技术开发合同》或《技术服务合作协议》项下款额、并未损害原告公司利益,却无充分证据佐证前述合同切

实成立并履行，对照被告吴某与原告间的往来电邮内容，足可印证前述合同实为便于原告自美国向上海 WMN 项目注资而签，加之，被告吴某在否认 WMN 项目借上海某信息科技有限公司与上海乙信息科技有限公司平台运行的同时又主张在 WMN 项目资金中领取原告承诺支付的工资，显然自相矛盾，因此被告上海某信息科技有限公司与被告上海乙信息科技有限公司作为代收 WMN 项目运营资金的操作平台，并无占有原告汇入资金的法律依据及事实根据，理应承担返还责任。

关于《司法鉴定意见书》应认定的各项数额：1. 原告向被告上海某信息科技有限公司主张上海市科委拨付的 400000 元人民币科研创新基金，但该款系行政管理部门向被告上海某信息科技有限公司拨付，涉及知识产权范畴，并非本案处理范围，法院对此不予支持。2. 鉴于并无依据证明原告在 WNM 项目中向我国专利部门申请过专利，因此原告主张在 WMN 项目支出费用中扣减专利申请费人民币9505 元，法院予以支持。3. 鉴于审计部门不能提供 10800 元人民币机票款确系WMN 项目支出的原始凭证，30561.61 元人民币车辆费用的原始凭证则确实与本案无关，因此法院对此支持原告的主张，在 WMN 项目支出费用中予以扣减。4. 鉴于双方均确认 WMN 项目终止于 2010 年 8 月 15 日且两名证人确系同时负责两个项目的工作，因此对于原告就装修费、电视机款、两名证人的工资与社保及 2010 年8 月 15 日后发生的 112079.50 元人民币的费用所提之异议，法院均予支持。5. 关于被告吴某应收取每月 10000 美元工资的主张，根据原、被告之间往来电邮的内容可知，双方提及的薪金系被告吴某在原告处任职期间所涉，并非特指在 WMN 项目运行期间的薪金，因此被告吴某要求在 WMN 项目费用中计算薪金的主张，缺乏事实依据，法院不予采信。被告可就此另行向原告主张。6. 至于原告关于 18098.30元人民币的业务招待费、被告提出的"小账"调减异议，因无积极证据加以佐证，亦无相反证据可反驳《司法鉴定意见书》的认定意见，法院对此均不予采信。综上，被告吴某应返还金额为：投入上海乙信息科技有限公司的 479745 元人民币＋投入上海某信息科技有限公司的 5652043.99 元人民币－《司法鉴定意见书》认定的WMN 项目费用支出 3006823.18 元人民币＋截至 8 月 31 日的固定资产折价残值30065.13 元人民币＋10800 元人民币＋30561.61 元人民币＋9505 元人民币＋10053.92 元人民币＋2955.56 元人民币＋117216.55 元人民币＋112079.50 元人民币＝3451158.64 元人民币。被告上海某信息科技有限公司应在 2971413.64 元人民币（3451158.64 元人民币－投入上海乙信息科技有限公司的 479745 元人民币）及相应逾期返还利息范围内承担连带清偿责任，被告上海乙信息科技有限公司应在 479745 元人民币及相应逾期返还利息范围内承担连带清偿责任。原告主张的逾期还款利息损失标准符合法律规定，并无不当，可予支持。

——人民法院案例库，https://rmfyalk.court.gov.cn。

151 董事对第三人责任的适用情形

关键词│董事│对第三人责任│

【链接：最高人民法院法官著述】

就董事对第三人责任而言,第191条单独成条,而未依附于其他特定的公司对第三人承担责任条款,应当理解为董事对第三人责任的一般性规定。我国公司法规定了许多董事责任条款,比如新公司法第51条第2款、第53条第2款、第163条第3款、第211条、第226条等。在董事责任条款中,凡是因董事责任导致公司对第三人承担责任的,一般即可引用第191条。适用该条款存在的几个问题是:

第一,董事对第三人责任的法律机理是什么。按新公司法第191条规定,董事、高管执行职务给他人造成损失是董事对他人承担责任的逻辑起点。一般情况下,董事因执行职务对外发生关系类似于职务代理,其职务行为就是公司行为,所产生的法律后果也应由公司来承担。当董事违反对公司的信义义务,不正当执行职务时,同样如此。从民法典第62条、第1191条第1款的规定看,无论是公司法定代表人,还是用人单位工作人员执行职务给他人造成损失的,均由其所在的组织体对外承担责任,而后追偿。新公司法第191条所规定的假定条件,与民法典这两条规定几乎没有差别。

我们需要回答的是,为什么法人(用人单位)在对外承担责任后可以向法定代表人(工作人员)追偿？因为公司因对外承担责任而产生损失,而这一损失是法定代表人或工作人员的过错造成的。过错体现在作为管理者、执行工作任务者通常应有的注意义务,亦即以勤勉义务为主的信义义务。新公司法第191条在假定条件未有任何实质性差别的情况下,让董事对第三人直接承担责任,只能理解为把其本应对公司承担的责任转换为或扩展到了第三人。概言之,董事对第三人责任的责任基础未发生变化,还是基于对公司的信义义务。法律出于强化董事责任意识及更好地保护债权人利益的考量,规定了在特定情况下将董事对公司责任转换为或扩张为对第三人责任,此为一种特别法定责任。一种观点认为,这加重了董事责任,可能产生"寒蝉效应",其实不然。理论和实践共识是,董事在新公司法第191条的假定条件下,起码公司应就产生的损失向过错董事追偿,其对公司承担责任的大小与对第三人承担责任的大小是一致的,何谈加重了董事责任。持此种观点者,关于公司可能不予追究或免除董事责任的假定,反而恰恰说明这一条款强化责任意识的功能。董事违反勤勉义务,应当担责,应当弥补公司的损失,而公司利益又关系股东、其他债权人等利益相关者利益。不追董事之责,就意味着利益相关者的间接利益受损。因此,董事第三人责任不是加重其责任,而是使法律规定的董事本应承担的责任通过这一机制落到实处。兼而得之的是,对受损失的第三人多了一层权利保障及受偿机会。特别是在公司无偿债能力的情况下，对造成损失的第三人更具有实际意义。实践中，"穷庙富和尚"的事例并不鲜见。新公司法增加这一条款具有很强的正当性和实践针对性，属于公司法修改的一大亮点。基于上述分析，也可以认为，董事第三人责任的构成要件应与董事基于勤勉义务对公司责任的构成要件基本相同，只是过错程度存在差别，即必须在董事对执行职务有故意或重大过失时才对第三人担责。比如，明知法律有禁止性规定，明知超权限依然为之。

第二，董事对第三人责任适用于什么情形。董事执行职务给第三人造成损失无非是两种情况，一是侵权行为，二是民事法律行为。共识性观点是新公司法第191条适用于公司对第三人的侵权行为，而是否适用于公司对外的民事法律行为或者说合同行为存在分歧。笔者主张包括合同行为。事实上，单纯的侵权行为并不多见。比如，董事驾车去进行业务谈判发生交通事故，给他人造成损失；公司违法侵占他人财产等等。公司对外交易中的合同行为给他人造成损失，如果是董事违反勤勉义务的结果，也应当适用新公司法第191条。比如利用合同欺诈，故意违约等等。有人担忧，如公司的合同行为给他人造成损失，就由董事对第三人担责，会给董事正常履职带来无法排解的困扰，这有一定道理。但董事承担责任的前提是其执行职务有故意或重大过失，正常履职、正常的商业判断，不应包括在内。把新公司法第191条限缩到公司对第三人的侵权行为会使这一条款的实践意义大为缩水。当然，第三人与公司的交易，动辄把董事拖进诉讼，影响公司机关的正常运营，也背离了这一条款的初衷，甚至与公司法的基本原理相左。比较合理的办法是，在不完全排除公司与第三人的合同行为适用新公司法第191条的情况下，限定特定适用的情形，尤其是在新公司法适用的初级阶段，仅列举出比较典型的情形为宜。

——刘贵祥：《关于新公司法适用中的若干问题》，载《法律适用》2024年第6期。

编者说明

2023年《公司法》第191条规定了董事、高管人员职务侵权行为的赔偿责任："董事、高级管理人员执行职务，给他人造成损害的，公司应当承担赔偿责任；董事、高级管理人员存在故意或者重大过失的，也应当承担赔偿责任。"该条属于新增条文，对强化董事和高级管理人员责任，提高公司治理水平，保护公司债权人利益具有重要意义。具体来说：(1)该条以独立法条的形式将董事、高级管理人员对第三人的责任确定为一般性条款，为第三人寻求司法救济提供了明确的法律依据。(2)该条规定的董事、高级管理人员对第三人的责任是一种特别法定责任，如果董事、高级管理人员的行为构成侵权责任，则可能与《民法典》第1191条规定的侵权责任构成竞合。直接侵权行为可以适用《民法典》的规定，间接侵权适用《公司法》的规定。(3)董事、高级管理人员对第三人承担责任的要件是：①主体要件是董事和高级管理人员;②就第三人的范围,该条并未明确,因第 190 条就董事、监事、高级管理人员损害股东利益进行了规定,此处的"他人"应是指公司以外的其他主体;③主观要件为执行职务存在故意或重大过失,并非对侵权行为存在故意或重大过失;④执行职务行为给他人造成损害。①

152 董事对第三人责任应理解为补充赔偿责任

关键词 │ 董事 │ 对第三人责任 │ 补充责任 │

【链接：最高人民法院法官著述】

　　第三,董事对第三人责任是连带责任还是一般赔偿责任？从新公司法第 191 条关于"董事、高级管理人员执行职务,给他人造成损害的,公司应当承担赔偿责任;董事、高级管理人员存在故意或者重大过失的,也应当承担赔偿责任"的文义表述看,董事与公司的责任关系,不是连带责任;从公司法修订的过程看,公司法修订草案第一次审议稿第 100 条用的是连带责任表述,最终删除了这样的表述而改为"也应承担责任"。似也可得出立法上排除了连带责任的适用的结论。从上述分析的董事对第三人责任的法律机理以及责任基础看,董事对第三人责任应理解为补充赔偿责任,即先由公司承担责任,董事在公司不能承担责任范围内承担补充责任。至于是否再加上"按其过错程度"因素,笔者认为不加为妥。因为董事第三人责任是以故意、重大过失为前提的,这已表明了董事的过错程度。

　　值得注意的是,新公司法第 191 条与其他相关条款的关系如何定位。本条款是董事对第三人责任的一般性条款,是否意味着其相对于其他法律以及公司法其他条款属于一般性规定？比如,相对于民法典第 62 条的规定、新公司法第 11 条第 3 款的规定是什么样的关系。笔者认为,新公司法第 191 条相对于这两个条款,属于特别规定,应适用立法法关于特别规定优于一般规定规则。道理在于法定代表人要么是公司董事,要么是高管,为什么一般董事、高管可以对第三人直接承担责任,而法定代表人不可,从常理上似说不通。从民法典、公司法的立法历程来看,民法典总则涉及公司法人问题,基本上承担了公司法一般规定的功能,而公司法修改时总则部分有意识地与民法典保持了一致,但在分则中对董事责任问题作了特别规定。因此,还是把新公司法第 191 条与第 11 条的关系界定为特别规定与一般规定的关系为宜。对此,从理论上、实践上都有在深入研究的基础上予以澄清之必要。

　　——刘贵祥:《关于新公司法适用中的若干问题》,载《法律适用》2024 年第

---

①　参见林一英等编著:《公司法新旧对照与条文解读》,法律出版社 2023 年版,第 119 页。

6 期。

编者说明

　　《民法典合同编通则解释》第 20 条第 3 款规定："法人、非法人组织承担民事责任后，向有过错的法定代表人、负责人追偿因越权代表行为造成的损失的，人民法院依法予以支持。法律、司法解释对法定代表人、负责人的民事责任另有规定的，依照其规定。"《民法典担保制度解释》第 7 条第 3 款规定："法定代表人超越权限提供担保造成公司损失，公司请求法定代表人承担赔偿责任的，人民法院应予支持。"上述规定与 2023 年《公司法》第 191 条有关，都是关于法定代表人、负责人越权执行职务如何承担责任的规定。

（五）公司解散与清算

153 清算义务人与利害关系人的范围

关键词 │ 清算义务人 │ 利害关系人 │ 董事 │

【链接：最高人民法院法官著述】

　　（一）关于清算义务人与利害关系人

　　依新公司法第 232 条规定，在公司解散事由发生之日起 15 日之内，由清算义务人组成清算组清算，逾期不组成清算组进行清算的，利害关系人可以向人民法院申请指定清算组进行清算。这涉及两个主体，即清算义务人和利害关系人。对于清算义务人，原公司法第 183 条的规定含糊其辞，一般理解为有限责任公司的全体股东、股份有限公司的董事和控股股东。新公司法第 232 条则不区别公司类型把清算义务人一律规定为董事，与民法典第 70 条规定保持一致，清算义务人排除了股东，甚至控股股东。但依据新公司法第 180 条之规定，实际执行公司事务的"双控人"与董事负有同样义务，依体系解释"双控人"似应在特定情况下认定为清算义务人。对于利害关系人，原公司法仅规定为债权人，新公司法显然扩大了向人民法院提起指定清算组申请的主体范围。利害关系人，应包括公司股东和债权人。

　　存在疑问的是，董事是否应在本条款规定的利害关系人之列？依新公司法第 232 条规定，清算组由董事组成，其既是清算义务人又是清算组成员，似无把其列入可以提起指定清算组申请主体范围之必要。但是，实践中一些董事可能对组成清算组无能为力，或虽组成清算组但完成清算义务出现障碍，而新公司法规定利害关系人申请指定清算组之目的在于尽可能促使及时进行公司清算，赋予董事这样的诉权对实现立法目的利大于弊,故将其纳入利害关系人范围为宜,原公司法司法解释(二)第 7 条把董事列入利害关系人无须修改。

此外,在公司被吊销营业执照、责令关闭、撤销之情形,有关行政部门虽非利害关系人,也可以申请人民法院指定清算组。

——刘贵祥:《关于新公司法适用中的若干问题》,载《法律适用》2024 年第 6 期。

编者说明

公司解散后,要进行清算,亦即依照法律规定的方式和程序清理公司债权债务及其他各种法律关系,处置并分配公司剩余财产后向公司登记机关申请注销登记,最终消灭公司法人资格。清算可以分为自愿清算和强制清算。自愿清算一般适用于公司章程规定的营业期限届满或章程规定的其他解散事由出现、公司股东会决议解散等自愿解散的情况,是公司依法自行组织清算组而无须外力介入的清算;强制清算是指公司解散时不能自行组织清算,或者如在自行清算过程中发生显著障碍,由有关政府部门或者人民法院等公权力机关介入进行清算,既适用于强制解散,比如公司陷入僵局被人民法院强制解散、公司被吊销营业执照、责令关闭或撤销等,又适用于自愿解散。

2023 年《公司法》对原公司法的清算制度作了较大调整,第 232 条规定了公司解散时清算义务人和成立清算组:"公司因本法第二百二十九条第一款第一项、第二项、第四项、第五项规定而解散的,应当清算。董事为公司清算义务人,应当在解散事由出现之日起十五日内组成清算组进行清算。清算组由董事组成,但是公司章程另有规定或者股东会决议另选他人的除外。清算义务人未及时履行清算义务,给公司或者债权人造成损失的,应当承担赔偿责任。"该条对原《公司法》第 183 条作出重大修改:第一,鉴于董事对公司负有忠实义务和勤勉义务,且对公司的运作状况最为了解,当法人解散事由出现时,董事有义务依法及时启动清算程序,以保证公司财产不因无人管理而遭受损失,故明确董事为公司清算义务人,负有在解散事由出现之日起 15 日内组成清算组进行清算的义务。第二,修改后,《公司法》规定的清算义务人与《民法典》第 70 条第 2 款①规定的清算义务人保持一致。第三,关于清算组的组成,原《公司法》规定有限责任公司的清算组由股东组成,股份有限公司的清算组由董事和控股股东组成,2023 年《公司法》统一确定公司清算组原则上由董事组成,以公司章程另有规定或者股东会决议另选他人为例外。第四,新增第 3 款清算义务人未及时履行清算义务的责任的规定。清算义务人承担责任的构成如下:(1)清算义务人未及时履行本条第 1 款规定的清算义务;(2)清算义务人未及时履行清算义务给公司或者债权人造成损失;(3)不同于《公司法解释(二)》规定的清算义务人应承担连带清偿责任,本条规定清算义务人承担的是赔偿责任。②

---

① 《民法典》第 70 条第 2 款规定:"法人的董事、理事等执行机构或者决策机构的成员为清算义务人。法律、行政法规另有规定的,依照其规定。"——编者注

② 参见林一英等编著:《公司法新旧对照与条文解读》,法律出版社 2023 年版,第 144 页。

154 公司解散清算程序的启动

关键词｜解散清算｜强制清算｜申请主体｜

【最高人民法院司法解释】

第七条 公司应当依照民法典第七十条、公司法第一百八十三条①的规定，在解散事由出现之日起十五日内成立清算组，开始自行清算。

有下列情形之一，债权人、公司股东、董事或其他利害关系人申请人民法院指定清算组进行清算的，人民法院应予受理：

（一）公司解散逾期不成立清算组进行清算的；

（二）虽然成立清算组但故意拖延清算的；

（三）违法清算可能严重损害债权人或者股东利益的。

——《最高人民法院关于适用〈中华人民共和国公司法〉若干问题的规定（二）》(2021 年 1 月 1 日，法释〔2020〕18 号修正）。

【链接：理解与适用】

本条是关于公司解散清算程序启动的规定。

解散清算与破产清算相对，是指公司因章程规定的营业期限届满或者公司章程规定的其他解散事由出现、股东会或者股东大会决议解散、依法被吊销营业执照、责令关闭或者被撤销、经营管理发生严重困难，继续存续会使股东利益受到重大损失，通过其他途径不能解决等原因解散所进行的清算。除公司合并或分立外，其他法定解散事由出现后，公司不能继续存续，其权利义务也无人继受，此时公司应当停止营业，成立清算组，开始进行清算，通过相应的程序清理消灭公司现存的所有法律关系。

解散清算分为自行清算与强制清算两种。所谓自行清算，是指公司依照法律规定的程序、方式等自己组织完成而无须外力介入的清算。所谓强制清算是指在公司自行清算无法启动时，通过公权力的介入而开始的解散清算。

公司解散事由出现后，首先应当自行清算。本条第 1 款规定了自行清算的主体与启动时间，要求公司应当在解散事由出现之日起 15 日内成立清算组，开始清算。一般情况下，公司可以自行完成清算而不需要公权力介入。

如果公司自行清算无法启动，则需要通过公权力介入启动强制清算。我国是通过人民法院指定清算组开始进行强制清算。本条第 2 款规定了强制清算。

第一，关于强制清算的申请主体。对于公司强制清算申请的主体，《公司法》

———————

① 对应 2023 年《公司法》第 232 条、第 233 条。——编者注

第 183 条仅规定债权人可以申请,而《民法典》第 70 条则规定了在清算义务人未及时履行清算义务的情况下,主管机关或者利害关系人可以申请人民法院指定有关人员组成清算组进行清算。根据上述规定,有权申请强制清算的主体范围为债权人、公司股东、董事或者其他利害关系人,同时股东申请强制清算,不需要再以债权人未提起清算申请为前提。

第二,关于强制清算启动事由。根据《民法典》关于清算义务人"未及时"清算以及《公司法》关于"逾期不成立清算组"的规定,司法解释具体规定了公司强制清算启动的具体事由:(1)公司解散逾期不成立清算组进行清算的;(2)虽然成立清算组但故意拖延清算的;(3)违法清算可能严重损害债权人或者股东利益的。

——最高人民法院民法典贯彻实施工作领导小组办公室编著:《最高人民法院实施民法典清理司法解释修改条文(111 件)理解与适用(上册)》,人民法院出版社 2022 年版,第 459 页。

【链接:最高人民法院法官著述】

(二)关于强制清算的事由

清算一般由被解散的公司自行组织清算组,自主进行,而不需要公权力介入。但在某些情况下,公司自行清算无法启动或者发生严重障碍、运转机制失灵时,为了保障清算的进行,可以申请有权机关介入,进行强制清算。

关于强制清算启动事由,自 1993 年公司法起,始终规定为"逾期不成立清算组进行清算的",民法典第 70 条则规定为"清算义务人未及时履行清算义务"。根据民法典关于"清算义务人未及时履行清算义务"以及当时公司法关于"逾期不成立清算组"的规定,原公司法司法解释(二)第 7 条在逾期不组成清算组之外,又延伸规定了其他两项事由,即:"……(二)虽然成立清算组但故意拖延清算的;(三)违法清算可能严重损害债权人或者股东利益的"。为与新公司法规定保持一致,可将该条规定的第 2 项事由修改为"虽然组成清算组但不清算或故意拖延清算的"。

——刘贵祥:《关于新公司法适用中的若干问题》,载《法律适用》2024 年第 6 期。

155 公司解散清算组成员的更换情形和更换方式

关键词│强制清算│清算组成员│更换│

【最高人民法院司法解释】

第八条　人民法院受理公司清算案件,应当及时指定有关人员组成清算组。

清算组成员可以从下列人员或者机构中产生：

（一）公司股东、董事、监事、高级管理人员；

（二）依法设立的律师事务所、会计师事务所、破产清算事务所等社会中介机构；

（三）依法设立的律师事务所、会计师事务所、破产清算事务所等社会中介机构中具备相关专业知识并取得执业资格的人员。

第九条 人民法院指定的清算组成员有下列情形之一的，人民法院可以根据债权人、公司股东、董事或其他利害关系人的申请，或者依职权更换清算组成员：

（一）有违反法律或者行政法规的行为；

（二）丧失执业能力或者民事行为能力；

（三）有严重损害公司或者债权人利益的行为。

——《最高人民法院关于适用〈中华人民共和国公司法〉若干问题的规定（二）》（2021 年 1 月 1 日，法释〔2020〕18 号修正）。

【链接：理解与适用】

当人民法院指定的清算组成员出现司法解释规定的不适任情形时，有权申请人民法院更换清算组成员的主体范围，在原有债权人与公司股东的基础上又增加了公司董事与其他利害关系人。

——最高人民法院民法典贯彻实施工作领导小组办公室编著：《最高人民法院实施民法典清理司法解释修改条文（111 件）理解与适用（上册）》，人民法院出版社 2022 年版，第 460 页。

编者说明

《公司法解释（二）》第 9 条是关于强制清算组成员更换的规定。人民法院指定清算组成员时，所任命人员均需要具备履行清算义务的资格和能力，清算组成员能否忠实、谨慎地履行清算义务，将直接决定清算工作能否顺利进行。但清算过程中，可能会发生清算组成员不适任的情形。为保证清算的顺利进行，本条规定了清算组成员的更换情形和更换方式。

156 公司清算方案的确认及效力

关键词｜清算方案｜清算方案确认｜自行清算｜法院清算｜

【最高人民法院司法解释】

第十五条 公司自行清算的，清算方案应当报股东会或者股东大会决议确认；

人民法院组织清算的,清算方案应当报人民法院确认。未经确认的清算方案,清算组不得执行。

执行未经确认的清算方案给公司或者债权人造成损失,公司、股东、董事、公司其他利害关系人或者债权人主张清算组成员承担赔偿责任的,人民法院应依法予以支持。

——《最高人民法院关于适用〈中华人民共和国公司法〉若干问题的规定(二)》(2021年1月1日,法释〔2020〕18号修正)。

【链接：理解与适用】

本条是关于清算方案确认的规定。清算方案是否合法合理是能否顺利完成清算的前提。本条司法解释第一款规定了清算方案的确认及效力问题,第2款规定了执行未经确认清算方案的责任承担问题。

第一,关于清算方案的确认。……在公司自行清算时,有限责任公司需报公司股东会决议确认,股份有限公司需报公司股东大会决议确认。……在强制清算时,因是人民法院指定的清算组,清算方案要报人民法院确认,否则清算组不能执行。

第二,关于清算组执行未经确认的清算方案的法律后果。……如果清算组执行未经确认生效的方案,有可能给公司或者债权人造成损失。如低价处分了公司财产等,公司、股东、董事、其他利害关系人或者债权人可以向人民法院提起诉讼,清算组成员应当承担赔偿责任。

——最高人民法院民法典贯彻实施工作领导小组办公室编著:《最高人民法院实施民法典清理司法解释修改条文(111件)理解与适用(上册)》,人民法院出版社2022年版,第461页。

编者说明

本条将有权主张清算组成员承担赔偿责任的主体范围扩大了,在原先"公司、股东或者债权人"的基础上增加了"董事、公司其他利害关系人"两类主体。

157 怠于履行清算义务的认定

关键词｜清算义务人｜怠于履行义务｜实际控制人｜

【最高人民法院司法解释】

第十八条　有限责任公司的股东、股份有限公司的董事和控股股东未在法定期限内成立清算组开始清算,导致公司财产贬值、流失、毁损或者灭失,债权人主张其在造成损失范围内对公司债务承担赔偿责任的，人民法院应依法予以支持。

有限责任公司的股东、股份有限公司的董事和控股股东因怠于履行义务，导致公司主要财产、账册、重要文件等灭失，无法进行清算，债权人主张其对公司债务承担连带清偿责任的，人民法院应依法予以支持。

上述情形系实际控制人原因造成，债权人主张实际控制人对公司债务承担相应民事责任的，人民法院应依法予以支持。

——《最高人民法院关于适用〈中华人民共和国公司法〉若干问题的规定（二）》（2021 年 1 月 1 日，法释〔2020〕18 号修正）。

【链接：答记者问】

十一、问：实践中，公司解散不依法进行清算的现象非常突出，严重损害了债权人的合法权益。司法解释中对于依法负有清算义务的主体规定了其不适当履行清算义务的民事责任，是否就是针对的这一现象？

答：这个问题问得非常好，这是我们这个司法解释中的一个重要问题。在司法实践中我们发现，有相当数量的公司解散后应当清算而不清算，甚至故意借解散之机逃废债务，严重损害债权人利益并危害社会经济秩序。我们对清算义务人及其怠于履行清算义务民事责任的界定，旨在强化清算义务人依法清算的法律责任，建立一个健康、有序的法人退出机制。

根据《公司法》的规定，公司解散后，有限责任公司的股东、股份有限公司的董事和控股股东有义务及时启动清算程序对公司进行清算，即有限责任公司的股东和股份有限公司的董事、控股股东应为公司解散后的清算义务人。清算义务人应当清算而没有清算时，应当承担相应的民事责任。对此，《规定（二）》①作出了明确规定。规定清算义务人的民事责任，目的在于督促清算义务人依法组织清算，规范法人退出机制，保护债权人的应有利益，以解决我国目前实践中该清算不清算的突出问题。如此规定除了有事后救济的法律价值外，更多的价值在于警示、引导作用。

这条在制定过程中一直是争议的焦点问题，赞成方认为必须加大对清算义务人应当清算而不清算的责任，以规范目前不诚信的市场环境；反对方强调法人制度，担心这样规定将损害清算义务人的权益。我们认为，一是从"乱世用重典"的角度考虑，为了遏制目前这种借解散逃废债务的恶劣行为，加大清算义务人的责任对规范市场、保护债权人合法权益有其积极意义；二是在规定清算义务人该清算不清算要承担相应民事责任后，清算义务人会在借解散逃废债务（承担上述清算义务

---

① 指《公司法解释（二）》。——编者注

人民事责任)和依法清算了结公司债务(享有有限责任庇护)中进行利益权衡的,如果其仍然选择该清算不清算的,则说明其愿意承担这样的后果,因此,根本不用担心这样规定会损害清算义务人的权益。

——《规范审理公司解散和清算案件——最高人民法院民二庭负责人就〈关于适用中华人民共和国公司法若干问题的规定(二)〉答记者问》,载人民法院出版社编:《解读最高人民法院司法解释(含指导性案例)·商事卷》,人民法院出版社2019年版,第43~44页。

【链接：理解与适用】

七、清算义务人及其民事责任

司法实践中大量公司解散后应当清算而不清算,甚至故意借解散之机逃废债务的现象非常突出。《公司法解释(二)》对清算义务人及其应清算不清算民事责任的界定,旨在强化清算义务人依法清算的法律责任,完善健康、有序的法人退出机制。根据公司法第一百八十四条①的规定,有限责任公司的股东,股份有限公司的董事和控股股东有义务及时启动清算程序对公司进行清算,即有限责任公司的股东和股份有限公司的董事、控股股东应为公司解散后的清算义务人。这里要注意区分清算义务人和清算人是两个不同概念,清算义务人是指依法负有启动清算程序义务的主体,其义务在于根据法律规定及时启动相应的清算程序以终止法人。清算人是指具体负责清算事务的主体,其义务在于依照法定程序进行清算。《公司法解释(二)》规定清算义务人应当清算而没有清算时,应当承担相应的民事责任,包括:第一,清算义务人未在法定期限内成立清算组开始清算,导致公司财产贬值、流失、毁损或者灭失的,应当在造成损失的范围内对公司债务承担赔偿责任。该责任是从法人财产制度和侵权责任角度作出的规定。这里,应当适用因果关系推定和举证责任倒置规则,即公司财产经强制执行不能清偿债务部分即应推定为是清算义务人未及时清算所造成的债权人的损失,原则上清算义务人应当在此损失范围内对公司债务承担赔偿责任;如果清算义务人能够举证证明该损失非其未及时清算造成的,可以免责。第二,因清算义务人怠于履行及时启动清算程序以及保管等义务,导致公司主要财产、账册、重要文件等灭失,无法进行清算的,以及公司未经清算即办理注销登记,导致公司无法进行清算的,应直接对公司债务承担清偿责任。上述情形如系实际控制人原因造成的,实际控制人也应对公司债务承担相应的民事责任。该责任的规定,根本目的在于督促清算义务人依法组织清算,规范法人退出机制,保护债权人的合法权益。除了有事后救济的法律价值外,更多在于警

———————
① 对应2023年《公司法》第232条、第233条。——编者注

示、引导作用。清算义务人在对借解散逃废债务（其后果是承担上述清算义务人民事责任）和依法清算了结公司债务（其后果是享有有限责任制度的庇护）进行利益权衡基础上所作出的抉择，不存在对其权利的侵犯问题。基于上述原因公司所有清算义务人在对外承担责任时相互之间系连带责任，因此，其中一人或者数人对外承担民事责任后，还要根据过错大小在内部分担责任。

——宋晓明、张勇健、刘敏：《〈关于适用公司法若干问题的规定（二）〉的理解与适用》，载《人民司法·应用》2008 年第 11 期。

【最高人民法院司法文件】

（五）关于有限责任公司清算义务人的责任

关于有限责任公司股东清算责任的认定，一些案件的处理结果不适当地扩大了股东的清算责任。特别是实践中出现了一些职业债权人，从其他债权人处大批量超低价收购僵尸企业的"陈年旧账"后，对批量僵尸企业提起强制清算之诉，在获得人民法院对公司主要财产、账册、重要文件等灭失的认定后，根据公司法司法解释（二）第 18 条第 2 款的规定，请求有限责任公司的股东对公司债务承担连带清偿责任。有的人民法院没有准确把握上述规定的适用条件，判决没有"怠于履行义务"的小股东或者虽"怠于履行义务"但与公司主要财产、账册、重要文件等灭失没有因果关系的小股东对公司债务承担远远超过其出资数额的责任，导致出现利益明显失衡的现象。需要明确的是，上述司法解释关于有限责任公司股东清算责任的规定，其性质是因股东怠于履行清算义务致使公司无法清算所应当承担的侵权责任。在认定有限责任公司股东是否应当对债权人承担侵权赔偿责任时，应当注意以下问题：

14.【怠于履行清算义务的认定】公司法司法解释（二）第 18 条第 2 款规定的"怠于履行义务"，是指有限责任公司的股东在法定清算事由出现后，在能够履行清算义务的情况下，故意拖延、拒绝履行清算义务，或者因过失导致无法进行清算的消极行为。股东举证证明其已经为履行清算义务采取了积极措施，或者小股东举证证明其既不是公司董事会或者监事会成员，也没有选派人员担任该机关成员，且从未参与公司经营管理，以不构成"怠于履行义务"为由，主张其不应当对公司债务承担连带清偿责任的，人民法院依法予以支持。

——《全国法院民商事审判工作会议纪要》（2019 年 11 月 8 日，法〔2019〕254 号）。

【链接：理解与适用】

公司法司法解释（二）第 18 条第 2 款规定的"怠于履行义务"中的"履行义务"，不是指履行清算的一系列义务，包括启动清算程序成立清算组，进行清算、完成清算、发现公司财产不足清偿债务应当向人民法院申请宣告破产的义务,而仅仅是指没有启动清算程序成立清算组,或者在清算组组成后没有履行清理公司主要财产以及管理好公司账册、重要文件等义务。这里的"怠于",是一种消极的不作为行为,过错形态既包括故意,也包括过失。故意是指有限责任公司的股东在法定清算事由出现后,有意不履行启动清算程序、成立清算组进行清算、清理公司主要财产以及管理好公司账册、重要文件等义务;在其他股东请求其履行清算义务的情况下,拒绝履行。过失是指公司在法定清算事由出现的情况下,股东基于法律知识的欠缺,不知道要履行清算义务,启动清算程序,成立清算组、清理公司主要财产以及管理好公司账册、重要文件等义务。因此,在审理这类案件的过程中,股东举证证明其已经为履行清算义务采取了一定的积极行为,如请求控股股东或者其他股东对公司进行清算,但后者没有启动。又如,股东作为清算组成员,请求清算组的其他成员清理公司主要财产以及管理好公司账册、重要文件,但清算组其他成员没有积极作为。审判实践中,"怠于履行义务"主要是指没有按要求启动清算程序,成立清算组。至于清算组成立后,则是指怠于履行清理公司主要财产以及管理好公司账册、重要文件等义务。

小股东能够举证证明其既不是公司董事会或者监事会成员,也没有选派人员担任该机关成员,且从未参与公司经营管理的,应当认定其不构成"怠于履行义务"。主要理由是,让公司股东对公司债务承担连带责任的理论基础是《公司法》第 20 条第 3 款①规定的公司人格否认制度,适用该制度的前提是股东"滥用"公司法人独立地位和股东有限责任,而上述小股东的不作为,根本谈不上达到"滥用"的程度。既然如此,尽管公司法司法解释(二)第 18 条将公司全体股东都作为清算义务人,但是由于这样的小股东没有"滥用"公司法人独立地位和股东有限责任,不符合《公司法》第 20 条第 3 款的适用条件,所以在其没有提起组成清算组的请求的情况下,不认定该不作为构成"怠于履行义务"。从司法政策上考量,也应当作如此理解。

——最高人民法院民事审判第二庭编著:《〈全国法院民商事审判工作会议纪要〉理解与适用》,人民法院出版社 2019 年版,第 166 页。

【最高人民法院司法政策】

五、关于公司的清算责任问题

《公司法司法解释(二)》第 18 条第 2 款规定,有限责任公司的股东、股份有限公司的董事和控股股东"因怠于履行义务,导致公司主要财产、账册、重要文件等灭

---

①　对应 2023 年《公司法》第 23 条第 1 款。——编者注

失,无法清算,债权人主张其对公司债务承担连带清偿责任的,人民法院应当依法予以支持"。在以往的司法实践中,由于对该条的理解不够准确,往往判令无过错的中小股东承担公司无法清算的责任,出现一些较为极端的个案,引起对该条款的质疑。我们认为,对该条款的适用,要注意把握以下几点:

(一)要准确认定"怠于履行清算义务"要件

所谓"怠于履行清算义务",指的是能够履行清算义务而不履行。清算义务人如果能够举证证明其已经为履行清算义务作出了积极努力,或者未能履行清算义务是由于实际控制公司主要财产、账册、文件的股东的故意拖延、拒绝清算行为等客观原因所导致,或者能够证明自己没有参与经营也没有管理账册文件的,均不构成怠于履行清算义务。

(二)不能忽略因果关系要件

《公司法司法解释(二)》第18条第2款规定清算义务人承担责任的条件是怠于履行清算义务行为,导致了财产、账册、文件灭失,最终造成无法清算的后果,这其中包含了因果关系要件。实践中,存在着一种简单化处理倾向,只要清算义务人怠于履行清算义务,就直接判令其承担责任,是不妥当的。清算义务人能够证明,公司主要财产、账册、文件灭失与其怠于履行清算义务之间没有因果关系的,也不应判令其承担责任。

(三)要依法适用诉讼时效制度

债权人以公司未及时清算、无法清算为由主张清算义务人承担民事赔偿责任的诉讼时效,自债权人知道或者应当知道公司法定清算事由出现之日的第15日后开始起算。

——刘贵祥:《在全国法院民商事审判工作会议上的讲话》(2019年7月3日),载最高人民法院民事审判第二庭编著:《〈全国法院民商事审判工作会议纪要〉理解与适用》,人民法院出版社2019年版,第76页;刘贵祥:《关于人民法院民商事审判若干问题的思考》,载《中国应用法学》2019年第5期。

【链接:最高人民法院法官著述】

(三)关于董事清算责任

清算责任,按照新公司法第232条第3款、第238条第2款规定,主要包括两个方面:一是董事因不及时组成清算组而产生的责任;二是清算组成员在清算过程中怠于忠诚履行职责而产生的责任。

第一,董事不及时组成清算组清算而产生的责任。原公司法司法解释(二)以原公司法相关规定为基本依据,解释性规定了清算义务人及其清算责任。根据原公司法司法解释(二)第18条、第20条、第21条之规定,有限责任公司的股东、股份有限公司的董事和控股股东的清算责任主要分为四个层次:一是未在法定期限内成立清算组开始清算,导致公司财产贬值、流失、毁损或者灭失,在造成损失范围内对公司债务向债权人承担赔偿责任;二是因怠于履行义务,导致公司主要财产、账册、重要文件等灭失,无法进行清算,对公司债务承担连带清偿责任;三是上述情形系实际控制人原因造成,实际控制人对公司债务承担相应民事责任;四是公司未经清算即办理注销登记,导致公司无法进行清算,清算义务人对公司债务承担清偿责任。

该司法解释是为解决当时司法实践中大量存在的公司解散后应当清算而不清算,故意逃废债务,严重损害债权人利益并危害社会经济秩序等问题而制定的。但因把清算义务人确定为有限责任公司的股东,特别是包括了有限责任公司的全体股东,由从未参与公司经营管理的中小股东承担清算义务人责任,而与公司法整体制度安排不协调、不一致。而且,实践中对该条款的理解适用还产生了偏差,导致不参与公司实际经营管理的中小股东承担了过重的责任。例如,不少案件中,公司停业而未清算,多年之后,债权人,更多的是职业债权人,依据该条规定要求未参与公司经营管理的中小股东作为清算义务人对公司债务承担连带责任。为了纠正这一实践问题,最高人民法院通过多种方式强调非控股股东、未实际参与经营管理的股东不应负公司清算义务,尤其是九民纪要以3个条款,从"怠于履行义务"的认定,因果关系、诉讼时效等方面,对原公司法司法解释(二)第18条的适用进行条件限定。在新公司法明确了清算义务人为董事的情况下,相信能够从根本上解决实践中存在的无辜中小股东承担过重清算责任这一问题。但应该注意的是,即便清算义务主体发生变化,同样面临着不及时履行清算义务导致公司财产贬值、财产灭失、账册丢失等情况,是否可以因循原公司法司法解释(二)第18条的规定,由董事承担该条款所设定的责任呢? 当然不可以。新公司法第232条规定仅限于清算义务人一般赔偿责任,而排除了连带责任。原公司法司法解释(二)第18条把清算义务人违反清算义务的情形具体分为两类:一类是清算义务人不及时组成清算组清算导致财产贬值、流失、毁损或者灭失;二是怠于履行清算义务,导致因主要财产、重要文件等灭失而无法进行清算,前者承担赔偿责任,后者与公司承担连带责任。需进一步检视,财产贬值、流失、灭失、毁损与主要财产灭失系同样情况,均不会导致无法清算的结果,只是给公司、债权人造成损失大小不同而已。在公司账册、资产资料都存在的情况下,财产是否灭失、毁损、贬值是可以查明的、价值也是可以评估出来的,与账册丢失导致无法清算不应相提并论。当然,如果存在上述情况,是否与不及时组成清算组有因果关系,也是应考虑的因素,对此清算义务人应负举证责任。问题在于,在据以认定公司资产、负债状态的主要账册文件灭失的情况下,或给清算带来极大困难,或导致无法清算。如果通过税收情况、银行流水等资料可以得到基本弥补,也不会导致清算不能的后果。在无补救办法以致于无法清算的情况下,董事应承担多大的责任？原则上应推定董事对债权人债务不能清偿的范围承担全部责任,除非其提供减轻责任的充足证据。值得注意的是,一个资产状况、负债率良好的公司,一般是不会弃之不问的。实践中多为公司经营、负债率高、资产状况差的情况下才会无人问津。在面对责任判断时要尽可能考量公司清算前的基本情况,作出公平公正的裁判。因账册灭失导致清算不能,原因也很多,意外原因的灭失,与故意毁损或不能说明合理原因的灭失不能同样对待,后者是让清算义务人承担全部清偿责任的重要内心确信因素。此外,如在董事能够证明其向人民法院提出过指定清算组的申请,或者其实施了看守公司财产、保管财务账册等维护公司清偿能力的行为,应免除或减轻其赔偿责任。相反,如果有证据证明董事、股东等存在恶意处置财产、以虚假的清算报告骗公司登记机关注销登记的,因构成了共同侵权,有关责任人应承担连带责任。

第二,清算组成员责任。原公司法及有关司法解释对清算义务人责任与清算组成员责任没有明显区别,从新公司法的规定看,清算义务人与清算组成员多数情况下是重合的,即都是董事,责任基础都是对信义义务的违反。即便如此,二者也有区别,一是在强制清算的情况下,人民法院指定的清算组可能是有关中介机构,也可能是股东、公司高管,而不仅是董事;二是违反义务的行为模式存在差别,依新公司法第 232 条之规定,清算组成员主要是在怠于履行清算职责的情况下对公司承担责任,有重大故意或过失对债权人承担赔偿责任。是否怠于履行职责,主要是以新公司法第 234 条关于清算组职权的规定判断,职权也是职责。

需要一提的是,新公司法第 241 条针对实践中存在的公司被吊销营业执照、关闭或撤销后长期不清算、不注销登记的情况,规定了满 3 年强制注销的制度;新公司法第 240 条针对实践中存在的大量僵尸公司注销难、周期长等情况,规定了简易注销制度。前者属于应当清算而不清算不得不注销的情况,故公司注销后,不影响原股东、清算义务人的责任,可以理解为包括股东欠缴出资责任以及董事不及时组成清算组的责任。后者因以股东或第三人承诺为条件,因此债权人可依其承诺主张股东、第三人承担债务清偿责任。简易注销,是不需要清算程序的注销,故不与清算义务人责任挂钩。

——刘贵祥:《关于新公司法适用中的若干问题》,载《法律适用》2024 年第 6 期。

158 有限责任公司股东怠于履行清算义务与公司无法清算结果之间是否存在因果关系的认定

关键词｜清算义务人｜怠于履行义务｜因果关系｜

【最高人民法院司法文件】

（五）关于有限责任公司清算义务人的责任

15.【因果关系抗辩】有限责任公司的股东举证证明其"怠于履行义务"的消极不作为与"公司主要财产、账册、重要文件等灭失，无法进行清算"的结果之间没有因果关系，主张其不应对公司债务承担连带清偿责任的，人民法院依法予以支持。

——《全国法院民商事审判工作会议纪要》（2019 年 11 月 8 日，法〔2019〕254 号）。

【链接：理解与适用】

对公司法司法解释（二）第 18 条第 2 款的规定，有的人民法院在适用时理解不到位，出现了一种结果论的倾向，即只要公司主要财产、账册、重要文件等灭失，公司无法清算，就认定有限责任公司的股东应当承担责任，而不考虑股东"怠于履行义务"的消极不作为与"公司主要财产、账册、重要文件等灭失，无法进行清算"的结果之间是否存在因果关系。

公司法司法解释（二）第 18 条第 2 款规定："有限责任公司的股东、股份有限公司的董事和控股股东因怠于履行义务，导致公司主要财产、账册、重要文件等灭失，无法进行清算，债权人主张其对公司债务承担连带清偿责任的，人民法院应依法予以支持。"从文义理解的角度看，"怠于履行义务"之后，接的是一个因果关系的动词"导致"，因此准确的理解应该是，"因怠于履行义务"的消极不作为，导致"公司主要财产、账册、重要文件等灭失，无法进行清算"的结果的，公司股东才应当对公司债务承担连带清偿责任。换言之，"公司主要财产、账册、重要文件等灭失，无法进行清算"，是因为股东"怠于履行义务"造成的，股东才应该承担连带赔偿责任。

在假设股东"怠于履行义务"的前提下，出现哪些情况才能证明与"公司主要财产、账册、重要文件等灭失，无法进行清算"的结果没有因果关系呢？比如，有证据证明公司经营过程中公司财务室发生了火灾，公司账册和重要文件已烧毁，此事已向公安机关报案。又如，小股东有证据证明，公司主要财产、账册、重要文件均由大股东及其所派人员掌握、控制，即使其"怠于履行义务"，也与"公司主要财产、账册、重要文件等灭失，无法进行清算"的结果无关。

——最高人民法院民事审判第二庭编著：《〈全国法院民商事审判工作会议纪要〉理解与适用》，人民法院出版社 2019 年版，第 169 页。

【最高人民法院裁判案例】

上海丰瑞投资咨询有限公司与上海汽车工业销售有限公司、扬州市机电设备总公司借款合同纠纷案[最高人民法院（2016）最高法民再 37 号民事判决书，2016.6.21]

裁判摘要①：作为清算义务人的有限责任公司的股东，对公司债权人承担连带清偿责任，需具备法定要件。有限责任公司股东虽然有怠于履行清算义务的行为，但公司在清算事由出现之前已不具有偿债资产和偿债能力，股东怠于履行清算行为与公司债权人的损失之间没有法律上的因果关系的，则不应根据该款规定判令股东对公司债权人承担连带清偿责任。

本院认为，本案再审审理争议焦点问题是作为清算义务人，上汽公司应否对上汽扬州公司所欠丰瑞公司的债务本息承担连带清偿责任。

本案中，上汽扬州公司章程中载明的经营期限为至 1999 年 2 月 28 日止。2001 年 11 月 2 日，因该公司没有年检，被吊销营业执照。根据"法无溯及力"的基本原则，在行为发生当时，如果法律对行为有规定的，应适用行为之时的法律。我国于 1993 年制定了《公司法》。1999 年、2004 年、2005 年、2013 年分别对其进行了修订。1999 年修订的《公司法》第一百九十条规定："公司有下列情形之一的，可以解散：（一）公司章程规定的营业期限届满或者公司章程规定的其他解散事由出现；（二）股东会决议解散；（三）因公司合并或者分立需要解散的。"第一百九十一条规定："公司依照前条第（一）项、第（二）项规定解散的，应当在十五日内成立清算组，有限责任公司的清算组由股东组成，股份有限公司的清算组由股东大会确定其人选；逾期不成立清算组进行清算的，债权人可以申请人民法院指定有关人员组成清算组，进行清算。人民法院应当受理该申请，并及时指定清算组成员，进行清算。"第一百九十二条规定："公司违反法律、行政法规被依法责令关闭的，应当解散，由有关主管机关组织股东、有关机关及有关专业人员成立清算组，进行清算。"本案中，上汽扬州公司章程规定的经营期限届满，但在经营期限届满后并未解散，后在 2001 年被吊销营业执照不再经营，应予解散。1999 年修订的《公司法》第一百九十二条规定的是"公司违反法律、行政法规被依法责令关闭的，应当解散"的情形，违法责令关闭和被吊销营业执照而应予解散并不相同，2005 年修订的《公司法》第一百八十一条②第（四）项在规定"公司解散的原因"时即将"依法被吊销营业执照"和"责令关闭"列为并列的两个不同事由。因此，1999 年修订的《公司法》

---

① 参见中国应用法学研究所主编：《中华人民共和国最高人民法院案例选》第 3 辑，法律出版社 2020 年版，第 118 页。

② 对应 2023 年《公司法》第 229 条。——编者注

第一百九十二条对吊销营业执照而应予解散的情形并不适用,该法并未对公司因被吊销营业执照而应解散的情形进行明确规定。2004 年修订的《公司法》对该问题也没有明确规定。2005 年修订的《公司法》第一百八十一条规定:"公司因下列原因解散:……(四)依法被吊销营业执照、责令关闭或者被撤销;……"第一百八十四条①规定:"公司因本法第一百八十一条第(一)项、第(二)项、第(四)项、第(五)项规定而解散的,应当在解散事由出现之日起十五日内成立清算组,开始清算。有限责任公司的清算组由股东组成,股份有限公司的清算组由董事或者股东大会确定的人员组成。"《公司法规定(一)》第二条规定:"因公司法实施前有关民事行为或者事件发生纠纷起诉到人民法院的,如当时的法律法规和司法解释没有明确规定时,可参照适用公司法的有关规定。"根据上述规定,本案可参照适用2005 年修订的《公司法》的规定确定清算义务主体。本案中,上汽公司与机电公司在 1997 年 2 月 18 日签订的《上海汽车工业扬州销售公司章程》第五十条也明确载明:"公司解散应在十五日内由股东双方、有关主管机关和有关专业人员成立清算组,依照有关法律、法规规定的程序进行清算。"由上述规定和约定可见,上汽公司作为上汽扬州公司的股东,应为清算义务主体。

《公司法规定(二)》第十八条第二款规定:"有限责任公司的股东、股份有限公司的董事和控股股东因怠于履行义务,导致公司主要财产、账册、重要文件等灭失,无法进行清算,债权人主张其对公司债务承担连带清偿责任的,人民法院应依法予以支持。"该条规定的是清算义务人怠于履行清算义务应承担的对债务人债权人的侵权责任。其适用的法理基础是法人人格否定理论和侵害债权理论。因此,清算义务人承担上述清算赔偿责任,应符合以下构成要件:第一,清算义务人有违反法律规定,怠于履行清算义务的行为,即在公司解散后未在法定时间内开展清算事务或未在法定时间内完成清算事务,主观上存在不作为的过错,或者不适当执行清算事务,侵犯债权人利益。第二,清算义务人的行为造成了公司债权人的直接损失。第三,清算义务人怠于履行清算义务的行为与公司财产或债权人的损失之间具有法律上的因果关系。

本案中,尽管案涉被清算公司扬州公司在 2001 年 11 月 2 日被吊销了营业执照后应予解散并清算,至今作为其清算义务人的两个股东上汽公司和机电公司均未履行清算义务,但对于上汽公司而言,本案并不符合《公司法规定(二)》第十八条第二款规定的清算义务人应履行连带清偿责任的条件,上汽公司不应承担案涉丰瑞公司对上汽扬州公司债权的连带清偿责任。主要有两个理由:

第一,从上汽公司在主张自己对上汽扬州公司享有债权而申请强制执行的行

---

① 对应 2023 年《公司法》第 232 条、第 233 条。——编者注

为可以得出,上汽公司已对上汽扬州公司的资产进行了清理,其未履行清算义务与丰瑞公司的损失之间并无因果关系。1999 年 12 月 21 日作出的(1999)扬经初字第 163 号民事判决书,判令上汽扬州公司给付上汽公司货款 9424216.95 元。根据上汽扬州公司工商档案显示,该公司最后一次年检是 1999 年度,相关表格中显示该公司此时的资产总额 426 万元,负债总额 663 万元。该时,上汽扬州公司负债大于资产。根据本院再审查明的事实,扬州公司实际运作中,没有独立聘用工作人员,其财务的具体的业务由机电公司的汽车科工作人员负责;也没有专门的财务管理部门,其财务管理实际由机电总公司财务科代管。财务也由扬州机电公司管理。被清算公司的董事长由机电公司的人担任。上汽公司申请强制执行后,在强制执行程序中,负责上汽扬州公司财务的机电公司以及上汽扬州公司也向法院出具了《上海汽车扬州销售有限公司现状汇报》《资产负债表》《损益表》《上汽扬州公司债权清单》等证据,用以核查公司资产,清偿债务。上述证据表明,该公司当时已无资产可供还债。正因为此,扬州市中级人民法院于 2000 年 12 月 27 日作出的(2000)扬执字第 96 号民事裁定书载明:"在执行过程中查明,被执行人扬州公司因经营亏损,已处于歇业状态,对外债权因其债务人均歇业或者破产而难以收回。本院曾于 2000 年 9 月 1 日裁定中止执行,期间申请人销售公司亦提供不出被执行人的财产线索。"该院据此裁定终结执行。

由上述事实可见,基于保护自己债权的考虑,上汽公司在强制执行案中已尽其所能清查上汽扬州公司的责任资产,机电公司也提供了相关财务报表和说明,但该公司已无偿债资产。在上汽扬州公司于 2001 年已无偿债能力且被吊销营业执照的情形下,即使当时进行清算,其也无责任资产偿还丰瑞公司的案涉债权,故上汽公司未履行清算义务的行为并未造成丰瑞公司的损失,上汽公司未履行清算义务的行为与丰瑞公司案涉债权未得到清偿所致损失并无因果关系。

第二,从法律、司法解释的规定、司法实务的现实以及避免当事人滥用连带责任规定的角度进行分析。在 2008 年,《公司法规定(二)》颁布实施前,我国并无关于清算义务人未履行清算义务应承担连带清偿责任的规定。本案被清算公司发生清算事由在 2001 年。在当时,尽管公司法有关于清算义务的规定,但并没有关于未履行清算义务应承担何种责任的明确规定,故在司法实务中,对清算义务人追究法律责任的案例极少。虽然根据"补缺例外"的法无溯及力的除外原则,本案应适用《公司法规定(二)》的规定,但考虑到对于当事人期限利益的保护,让当事人根据法律事实出现多年之后才颁布实施的《公司法规定(二)》的规定承担连带清偿责任,有失公正,尤其是在清算义务人已尽其所能未能在强制执行程序中使自己对被清算主体的 900 万元债权得到清偿的情形下。

——中国裁判文书网,https://wenshu.court.gov.cn;张雪楳:《上海丰瑞投资咨询有限公司与上海汽车工业销售有限公司、扬州市机电设备总公司借款合同纠纷案——作为清算义务人的有限责任公司股东对公司债权人承担连带清偿责任的要件认定》,载中国应用法学研究所主编:《中华人民共和国最高人民法院案例选》第3辑,法律出版社2020年版,第124~127页。

159 作为清算义务人的股东怠于清算是否导致公司的财产流失或灭失的举证责任,债权人应限于提供合理怀疑的证据

关键词|损害公司债权人利益责任|破产清算|怠于清算|财产流失|因果关系|举证责任赔偿责任|

【人民法院案例库参考案例】

王某江、车某斌诉范某波股东损害公司债权人利益责任纠纷案[入库编号:2023-08-2-277-005,四川省高级人民法院(2019)川民申721号民事裁定书,2019.12.20]

【裁判要旨】

公司债权人,其并不参与公司的经营管理,不掌握公司的财务账册。而作为清算义务人的股东,则通常参与公司经营管理,掌握公司的财务资料并了解公司资产状况。因此,对于作为清算义务人的股东怠于清算是否导致公司的财产流失或灭失的举证责任,债权人应限于提供合理怀疑的证据,而对于反驳该合理怀疑的举证责任,应由作为清算义务人的股东承担。

【裁判理由】

法院生效裁判认为:

一、王某江、车某斌是否存在怠于清算行为

《中华人民共和国公司法》第一百八十条第四项①规定,依法被吊销营业执照、责令关闭或者被撤销的,公司因此解散;第一百八十三条②规定,公司因本法第一百八十条第四项规定而解散的,应当在解散事由出现之日起十五日内成立清算组,开始清算。某矿业公司于2016年11月2日被吊销营业执照,王某江、车某斌作为公司股东应当在法定期限内成立清算组开始清算,但其并未在规定期限内履行清算义务,故王某江、车某斌存在怠于清算行为。

二、王某江、车某斌的怠于清算行为是否导致某矿业公司财产流失或灭失

---

① 对应2023年《公司法》第229条第4项。——编者注
② 对应2023年《公司法》第232条第1款。——编者注

当事人对自己提出的主张,有责任提供证据。本案范某波作为某矿业公司债权人,其并不参与公司的经营管理,并不掌握公司的财务账册,其对某矿业公司财产或债权的变动情况并不掌握第一手资料,此时对债权人苛以严格的举证责任有违公平原则。而作为清算义务人的股东,则通常参与公司经营管理,掌握公司的财务资料并了解公司资产状况,其在公司财产是否存在流失或灭失情形上应当尽到更多的举证责任。因此,对于王某江、车某斌的怠于清算行为是否导致某矿业公司的财产流失或灭失的举证责任,范某波应限于提供合理怀疑的证据,而对于反驳该合理怀疑的举证责任,应由作为清算义务人的股东承担。

本案中,某矿业公司与乐山市沙湾区某矿产品经营部于 2014 年 9 月 24 日签订《采矿权转让合同》,约定乐山市沙湾区某矿产品经营部应于采矿权变更至其名下十五日内向某矿业公司支付 510 万元。该采矿权于 2014 年 11 月 21 日变更至乐山市沙湾区某矿产品经营部名下,故某矿业公司于 2014 年 12 月 6 日即享有对乐山市沙湾区某矿产品经营部 510 万元的到期债权。范某波对某矿业公司的案涉债权于 2014 年 1 月 25 日到期,该到期债权早于某矿业公司转让采矿权时间,某矿业公司在对范某波的债务到期后并未偿还借款,后某矿业公司经人民法院执行查明并无可供执行财产,故某矿业公司对乐山市沙湾区某矿产品经营部该 510 万元到期债权能否实现对本案范某波的到期债权能否实现有较大影响。

在 2017 年 10 月 1 日前,向人民法院请求保护民事权利的诉讼时效期间为二年。本案某矿业公司对乐山市沙湾区某矿产品经营部的债权于 2014 年 12 月 6 日到期,而王某江、车某斌均表示并未主张过该债权,本案亦无证据显示该债权请求权的诉讼时效存在中断、中止的情形,因此,该债权请求权的诉讼时效于 2016 年 12 月 6 日已届满具有高度盖然性。另外,某矿业公司的营业执照于 2016 年 11 月 2 日被吊销,公司股东王某江、车某斌本应在 2016 年 11 月 17 日前成立清算组,清理公司债权债务,但其在截止本案诉讼前,并未成立清算组对某矿业公司进行清算。若王某江、车某斌在法律规定期限内履行清算义务,及时清理公司债权,则不会出现某矿业公司的到期债权因超过诉讼时效而丧失胜诉权的情形。综上,范某波已举示了因王某江、车某斌怠于清算行为导致某矿业公司财产流失的合理怀疑的证据,王某江、车某斌本案辩称其未按规定履行清算义务并未导致某矿业公司财产的流失和灭失,其应当就该 510 万元到期债权的履行情况及尚未超过诉讼时效的情况提供反驳证据,但其并未提供相应证据,应承担举证不能的不利后果。

综上,二审法院对范某波主张王某江、车某斌的怠于清算行为导致某矿业公司财产流失的意见予以采纳。依据本案查明的事实,王某江、车某斌该行为给某矿业公司造成的损失范围为 510 万元。

——人民法院案例库,https://rmfyalk.court.gov.cn。

160 债权人以公司未及时清算、无法清算为由主张清算义务人承担赔偿责任的诉讼时效起算时点

关键词｜清算义务人｜怠于履行义务｜诉讼时效｜

【最高人民法院司法解释】

第十八条　有限责任公司的股东、股份有限公司的董事和控股股东未在法定期限内成立清算组开始清算,导致公司财产贬值、流失、毁损或者灭失,债权人主张其在造成损失范围内对公司债务承担赔偿责任的,人民法院应依法予以支持。

有限责任公司的股东、股份有限公司的董事和控股股东因怠于履行义务,导致公司主要财产、账册、重要文件等灭失,无法进行清算,债权人主张其对公司债务承担连带清偿责任的,人民法院应依法予以支持。

上述情形系实际控制人原因造成,债权人主张实际控制人对公司债务承担相应民事责任的,人民法院应依法予以支持。

——《最高人民法院关于适用〈中华人民共和国公司法〉若干问题的规定(二)》(2021 年 1 月 1 日,法释〔2020〕18 号修正)。

【最高人民法院司法文件】

(五)关于有限责任公司清算义务人的责任

16.【诉讼时效期间】公司债权人请求股东对公司债务承担连带清偿责任,股东以公司债权人对公司的债权已经超过诉讼时效期间为由抗辩,经查证属实的,人民法院依法予以支持。

公司债权人以公司法司法解释(二)第 18 条第 2 款为依据,请求有限责任公司的股东对公司债务承担连带清偿责任的,诉讼时效期间自公司债权人知道或者应当知道公司无法进行清算之日起计算。

——《全国法院民商事审判工作会议纪要》(2019 年 11 月 8 日,法〔2019〕254 号)。

【链接：理解与适用】

诉讼时效是指权利人在一定期间不行使权利,在该期间届满后,发生义务人可以拒绝履行其给付义务效果的法律制度。其适用对象是民事实体法上的请求权。欲行使请求权,则需请求权已经成立。若权利人的请求权尚未成立,则其不能行使该请求权,诉讼时效就不能开始计算。因此,诉讼时效起算,必须以权利人的请求权已经成立为前提。既然如此,那么对于任何有关诉讼时效争议的案件,人民法院都必须首先审查原告能够向被告主张的请求权的成立时间,方能确认诉讼时效的起算点。根据民法总则的规定,诉讼时效期间自权利人知道或者应当知道权利受

到损害以及义务人之日起计算。公司债权人依据公司法司法解释（二）第18条第2款提起的诉讼，其权利受到损害的时间应当是其知道或者应当知道"公司主要财产、账册、重要文件灭失，无法进行清算"之日。也只有在这时，公司债权人才知道"怠于履行义务"的公司股东应当对公司债务承担连带清偿责任。这之前，公司债权人是无法向公司股东主张赔偿权利的。

——最高人民法院民事审判第二庭编著：《〈全国法院民商事审判工作会议纪要〉理解与适用》，人民法院出版社2019年版，第175页。

《关于债权人主张公司股东承担清算赔偿责任诉讼时效问题请示的答复》[2014年12月11日，(2014)民二他字第16号]不再作为处理这类案件的依据。

由于该答复意见"诉讼时效期间应从债权人知道或者应当知道因公司股东不履行清算义务而致其债权受到损害之日起计算"与本纪要的规定不一致，且该答复意见写明"仅供参考"，故今后不再作为处理这类案件的依据。

——最高人民法院民事审判第二庭编著：《〈全国法院民商事审判工作会议纪要〉理解与适用》，人民法院出版社2019年版，第176页。

编者说明

《九民纪要》第16条规定，公司清算场合以下请求权适用诉讼时效：一是公司债权人对公司的债权；二是清算义务人怠于履行清算义务的，公司债权人对清算义务人的损害赔偿请求权。该规定的本意是，公司债权人依据《公司法解释（二）》第18条第2款请求股东清算义务人承担赔偿责任时，须受公司债务诉讼时效和该损害赔偿请求权诉讼时效两方面因素的限制。①

《九民纪要》规定，请求股东对公司债务承担连带清偿责任的，诉讼时效期间自公司债权人知道或者应当知道公司无法进行清算之日起计算。关于举证责任问题，2021年4月北京三中院发布二十个公司类纠纷典型案例之十八：某管理公司诉董某、孙某股东损害公司债权人利益责任纠纷案的判决提供了一种审理思路，认为应由清算义务人举证证明债权人何时知道或者应当知道清算义务人怠于履行清算义务而导致公司无法清算的事实，以无法进行清算之日起算诉讼时效。对清算义务人未就债权人知道或应当知道公司无法清算的时点提供证据的，则应以在案当事人陈述或其他证据予以认定。清算义务人无法举证的，债权人明确表示在一审庭审中股东明确表示公司无法清算时其方知晓的，诉讼时效自一审庭审时起算。②

---

① 参见最高人民法院民事审判第二庭编著：《〈全国法院民商事审判工作会议纪要〉理解与适用》，人民法院出版社2019年版，第174~175页；杨巍：《中国民法典评注·规范集注（第1辑）：诉讼时效·期间计算》，中国民主法制出版社2022年版，第21页。

② 参见《北京三中院发布二十个公司类纠纷典型案例之十八：某管理公司诉董某、孙某股东损害公司债权人利益责任纠纷案——清算清偿责任的诉讼时效从债权人知道或应当知道公司无法清算时起算》(2021年4月20日发布)，载北大法宝网。

161 公司吊销后未清算情形下债权人请求股东承担连带清偿责任的审查认定

关键词｜民间借贷｜股东损害公司债权人利益责任｜公司吊销未清算｜股东责任｜

【人民法院案例库参考案例】

孙某某诉段某甲、段某乙等民间借贷、股东损害公司债权人利益责任纠纷案［入库编号：2024-08-2-103-010，山东省淄博市中级人民法院（2021）鲁03民终2919号民事判决书，2021.8.26]

【裁判要旨】

公司被吊销营业执照后一直未依法清算，债权人以公司主要财产、账册、重要文件灭失无法进行清算为由请求股东对公司所欠债务承担清算不能的连带责任的，除应审查公司的主要财产、账册、重要文件是否部分或者全部灭失外，还应审查公司主要财产、账册、重要文件灭失是否必然导致无法清算，公司主要财产、账册、重要文件等灭失是否由股东因怠于履行义务导致，以及公司小股东是否具有相关免责事由，从而正确认定股东是否构成怠于履行清算义务而承担相应责任。

【裁判理由】

法院生效裁判认为：本案孙某某所诉涉及两个案由，民间借贷纠纷和股东损害公司债权人利益责任纠纷，股东损害公司债权人利益责任纠纷又包括股东怠于履行义务无法进行清算的连带清偿责任和股东未全面履行出资义务的补充赔偿责任。

……关于孙某某第2、3、4项诉讼请求中主张段某甲、许某、张某、赵某某的连带清偿责任。《中华人民共和国公司法》第一百八十三条规定公司股东负有清算义务，第二十条①规定股东滥用法人独立地位和股东有限责任严重损害公司债权人利益的应当对公司债务承担连带责任，《最高人民法院关于适用〈中华人民共和国公司法〉若干问题的规定（二）》第十八条第一款和第二款则进一步明确规定股东等怠于履行清算义务给债权人造成损失应对债务承担赔偿责任或连带清偿责任。本案中淄博某投资公司被吊销营业执照，公司清算的法定事由出现，公司一直未清算，孙某某请求股东承担责任，对此应当从以下三个方面进行审查认定。

一是审查淄博某投资公司的主要财产、账册、重要文件是否部分或者全部灭失。对此应当由股东承担相应的举证责任，具体到本案中，即应当由对淄博某投资公司进行经营、管理和控制的控股股东段某甲承担举证责任。淄博某投资公司无可供执行的财产，段某甲未提交证据说明淄博某投资公司的财产状况，段某甲也未

---

① 对应2023年《公司法》第21条。——编者注

提交淄博某投资公司账册、重要文件,故段某甲未举证证明淄博某投资公司的主要财产、账册、重要文件未灭失,即应承担举证不能的后果。

二是审查淄博某投资公司是否无法清算。孙某某主张淄博某投资公司无法清算提供了终结执行裁定书,完成了初步举证责任,段某甲即应当承担淄博某投资公司能够清算的举证责任。段某甲自称淄博某投资公司账目不确定是否齐全,其辩称淄博某投资公司具备清算条件但无证据证明,法院无法通过获取淄博某投资公司账册、重要文件来确定淄博某投资公司相关资产和负债等情况,无法确定淄博某投资公司是否能够清算以及何时能够清算,在此情况下,法院只能认定淄博某投资公司无法清算。段某甲作为控股股东拖延、拒绝履行清算义务导致淄博某投资公司无法进行清算,段某甲构成怠于履行清算义务,应当对孙某某诉讼请求第 1 项的借款利息和第 3 项的借款本金承担连带清偿责任。孙某某第 4 项诉讼请求中涉及的生效判决书已经判决淄博某投资公司、段某甲偿还孙某某该笔借款本息,孙某某再主张段某甲承担责任不予支持。

三是案件中被诉相关股东的责任。相对于段某甲的控股股东地位,本案中被诉股东许某、张某、赵某某对于淄博某投资公司的出资比例均较小,相对而言均系公司的小股东。另外这三人也不是公司董事会或者监事会成员,也没有选派人员担任公司董事会或监事会成员,不掌握公司账册,不管理公司财产,对公司经营行为不起决定性作用。在此情形下,根据《全国法院民商事审判工作会议纪要》第 14 条的相关规定精神,三名小股东无需承担责任。

关于孙某某第 2、3、4 项诉讼请求中段某乙、曲某、杨某的补充赔偿责任,淄博某投资公司设立之初注册资本为 1000 万元,后于 2011 年 5 月 30 日完成注册资本变更程序,注册资本变更为 500 万元,且公司股东已于减资之前完成了 500 万元的出资义务,而本案孙某某与淄博某投资公司的借款发生于 2011 年 10 月 11 日之后,此时淄博某投资公司各股东均已完成出资义务,不存在未履行或未全面履行出资义务的情形,段某乙、曲某、杨某于 2009 年 3 月 24 日将各自持有的全部淄博某投资公司股权转让给段某甲,自此该三被告不再是淄博某投资公司股东,孙某某主张该三被告承担补充赔偿责任不予支持。

——人民法院案例库,https://rmfyalk. court. gov. cn。

162 "公司经营管理发生严重困难"的认定和股东请求解散公司的条件

关键词 | 公司解散 | 强制解散 | 经营管理严重困难 | 公司僵局 |

【最高人民法院司法解释】

第一条　单独或者合计持有公司全部股东表决权百分之十以上的股东,以下列事由之一提起解散公司诉讼,并符合公司法第一百八十二条①规定的,人民法院应予受理:

(一)公司持续两年以上无法召开股东会或者股东大会,公司经营管理发生严重困难的;

(二)股东表决时无法达到法定或者公司章程规定的比例,持续两年以上不能做出有效的股东会或者股东大会决议,公司经营管理发生严重困难的;

(三)公司董事长期冲突,且无法通过股东会或者股东大会解决,公司经营管理发生严重困难的;

(四)经营管理发生其他严重困难,公司继续存续会使股东利益受到重大损失的情形。

股东以知情权、利润分配请求权等权益受到损害,或者公司亏损、财产不足以偿还全部债务,以及公司被吊销企业法人营业执照未进行清算等为由,提起解散公司诉讼的,人民法院不予受理。

——《最高人民法院关于适用〈中华人民共和国公司法〉若干问题的规定(二)》(2021年1月1日,法释〔2020〕18号修正)。

【链接:理解与适用】

第一,股东提起解散公司诉讼,除必须满足民事诉讼法第一百零八条规定的起诉条件外,还必须具备公司经营管理出现严重困难,继续存续会使股东利益受到重大损失的事由,对此《公司法解释(二)》列举了四种情形:公司持续两年以上无法召开股东会或者股东大会,公司经营管理发生严重困难的;股东表决时无法达到法定或者公司章程规定的比例,持续两年以上不能作出有效的股东会或者股东大会决议,公司经营管理发生严重困难的;公司董事长期冲突,且无法通过股东会或者股东大会解决,公司经营管理发生严重困难的;经营管理发生其他严重困难,公司继续存续会使股东利益受到重大损失的情形。这四种情形主要体现的是股东僵局和董事僵局所造成的公司经营管理上的严重困难,即公司处于事实上的瘫痪状态,体现公司自治的公司治理结构完全失灵,不能正常进行经营活动,如果任其存续下去,将会造成股东利益的损失。在这种情形下,应当赋予股东提起解散公司诉讼的

---

①　对应2023年《公司法》第231条(司法解散):"公司经营管理发生严重困难,继续存续会使股东利益受到重大损失,通过其他途径不能解决的,持有公司百分之十以上表决权的股东,可以请求人民法院解散公司。"——编者注

权利,提供保护股东合法权益的救济渠道。

如果股东在提起解散公司诉讼时,起诉理由仅仅表述为知情权、利润分配请求权受到损害,或者公司经营严重亏损、财产不足以偿还全部债务,或者公司被吊销企业法人营业执照后未进行清算等,不属于公司法第一百八十三条所规定的解散公司诉讼案件提起的事由,不能按解散公司诉讼案件受理,有关权利人应当通过提起知情权或利润分配请求权等股东权益诉讼,或者提出破产清算、强制清算申请等其他途径寻求司法救济。

如果股东提起的事由笼统表述为"公司经营管理出现严重困难,继续存续会使股东利益受到重大损失",只要符合民事诉讼法规定的受理条件和下述原告资格和前置性条件,人民法院即应予受理。至于其所述的事实和理由是否足以证明公司经营管理出现严重困难,继续存续是否会使股东利益受到重大损失,是否可以据此判决解散公司等,则属实体审理的范畴,不影响公司解散诉讼案件的受理。

应当明确的是,本条列举的四项事由,既是解散公司诉讼案件受理时形式审查的法律依据,也是判决是否解散公司时实体审查的法律依据。

——宋晓明、张勇健、刘敏:《〈关于适用公司法若干问题的规定(二)〉的理解与适用》,载《人民司法·应用》2008 年第 11 期。

【最高人民法院指导性案例】

林方清诉常熟市凯莱实业有限公司、戴小明公司解散纠纷案[最高人民法院指导案例 8 号,江苏省高级人民法院 (2010) 苏商终字第 0043 号民事判决书, 2010. 10. 19]

裁判要点:公司法第一百八十三条①将"公司经营管理发生严重困难"作为股东提起解散公司之诉的条件之一。判断"公司经营管理是否发生严重困难",应从公司组织机构的运行状态进行综合分析。公司虽处于盈利状态,但其股东会机制长期失灵,内部管理有严重障碍,已陷入僵局状态,可以认定为公司经营管理发生严重困难。对于符合公司法及相关司法解释规定的其他条件的,人民法院可以依法判决公司解散。

法院生效裁判认为:首先,凯莱公司的经营管理已发生严重困难。根据公司法第一百八十三条和《最高人民法院关于适用〈中华人民共和国公司法〉若干问题的规定(二)》(简称《公司法解释(二)》)第一条的规定,判断公司的经营管理是否出现严重困难,应当从公司的股东会、董事会或执行董事及监事会或监事的运行现状进行综合分析。"公司经营管理发生严重困难"的侧重点在于公司管理方面存有

---

① 对应 2023 年《公司法》第 231 条。——编者注

严重内部障碍,如股东会机制失灵、无法就公司的经营管理进行决策等,不应片面理解为公司资金缺乏、严重亏损等经营性困难。本案中,凯莱公司仅有戴小明与林方清两名股东,两人各占50%的股份,凯莱公司章程规定"股东会的决议须经代表二分之一以上表决权的股东通过",且各方当事人一致认可该"二分之一以上"不包括本数。因此,只要两名股东的意见存有分歧、互不配合,就无法形成有效表决,显然影响公司的运营。凯莱公司已持续4年未召开股东会,无法形成有效股东会决议,也就无法通过股东会决议的方式管理公司,股东会机制已经失灵。执行董事戴小明作为互有矛盾的两名股东之一,其管理公司的行为,已无法贯彻股东会的决议。林方清作为公司监事不能正常行使监事职权,无法发挥监督作用。由于凯莱公司的内部机制已无法正常运行、无法对公司的经营作出决策,即使尚未处于亏损状况,也不能改变该公司的经营管理已发生严重困难的事实。

其次,由于凯莱公司的内部运营机制早已失灵,林方清的股东权、监事权长期处于无法行使的状态,其投资凯莱公司的目的无法实现,利益受到重大损失,且凯莱公司的僵局通过其他途径长期无法解决。《公司法解释(二)》第五条明确规定了"当事人不能协商一致使公司存续的,人民法院应当及时判决"。本案中,林方清在提起公司解散诉讼之前,已通过其他途径试图化解与戴小明之间的矛盾,服装城管委会也曾组织双方当事人调解,但双方仍不能达成一致意见。两审法院也基于慎用司法手段强制解散公司的考虑,积极进行调解,但均未成功。

此外,林方清持有凯莱公司50%的股份,也符合公司法关于提起公司解散诉讼的股东须持有公司10%以上股份的条件。

综上所述,凯莱公司已符合公司法及《公司法解释(二)》所规定的股东提起解散公司之诉的条件。二审法院从充分保护股东合法权益,合理规范公司治理结构,促进市场经济健康有序发展的角度出发,依法作出了上述判决。

——《最高人民法院关于发布第二批指导性案例的通知》(2012年4月9日,法〔2012〕172号)。

【链接:理解与参照】

二、裁判要点的理解与说明

该指导性案例主要解决的是如何判断公司法第一百八十三条规定的公司经营管理发生严重困难及依法妥善处理公司僵局状态的问题。公司经营管理发生严重困难是认定公司是否处于僵局状态的重要因素,但对于如何进行具体判断,在司法实务中存在认识上的不统一。该指导性案例的裁判要点结合公司法及有关司法解释的规定,对此作了明确,能够对类似案件的处理提供指导和参考。现结合有关案情对公司经营管理发生严重困难如何认定及公司僵局案件处理的问题分析说明

如下:

对公司经营管理发生严重困难的认定

通常而言,公司经营管理发生严重困难,可以分为公司外部的经营困难和公司内部的管理困难。经营困难,即公司的生产经营状况发生严重亏损的情形;管理困难,则是指公司的股东会、董事会等公司机关处于僵持状态,有关经营决策无法作出,公司日常运作陷入停顿与瘫痪状态。如上所述,公司法第一百八十三条并未规定公司经营管理发生严重困难的认定标准,公司法解释(二)第1条虽列举了4种公司经营管理发生严重困难的情形,但是司法实践中对如何具体认定公司经营管理发生严重困难仍存在不同认识。一种意见认为,公司持续两年以上无法召开股东会或者股东大会、公司董事长期冲突且无法通过股东会或者股东大会解决等情形本身就是公司经营管理发生严重困难的表现形式,公司存在这些情形,就可以认定公司经营管理发生严重困难。另一种意见认为,上述公司持续两年以上无法召开股东会或者股东大会等情形仅是公司经营管理发生严重困难的原因,认定公司经营管理发生严重困难还需要从公司经营状况本身进行判断。

该指导性案例的裁判要点确认了判断公司的经营管理是否出现严重困难,应当从公司的股东会、董事会或执行董事及监事会或监事的运行现状进行综合分析的规则,公司是否处于盈利状况并非判断公司经营管理发生严重困难的必要条件。公司经营管理发生严重困难的侧重点在于公司管理方面存有严重内部障碍,如股东会机制失灵、无法就公司的经营管理进行决策等,不应片面理解为公司资金缺乏、严重亏损等经营性困难。

在该指导性案例中,林方清与戴小明系常熟市凯莱实业有限公司(以下简称凯莱公司)的股东,各占50%的股份,戴小明任公司法定代表人及执行董事,林方清任公司总经理兼公司监事。凯莱公司章程明确规定:股东会的决议须经代表二分之一以上表决权的股东通过,但对公司增加或减少注册资本、合并、解散、变更公司形式、修改公司章程作出决议时,必须经代表三分之二以上表决权的股东通过。股东会会议由股东按照出资比例行使表决权。2006年起,林方清与戴小明两人之间的矛盾逐渐突出。同年5月9日,林方清提议并通知召开股东会,由于戴小明认为林方清没有召集会议的权利,会议未能召开。此后,林方清多次委托律师向凯莱公司和戴小明发函称,因股东权益受到严重侵害,林方清作为享有公司股东会二分之一表决权的股东,已按公司章程规定的程序表决并通过了解散凯莱公司的决议,要求戴小明提供凯莱公司的财务账册等资料,并对凯莱公司进行清算。戴小明也多次回函称,林方清作出的股东会决议没有合法依据,戴小明不同意解散公司,并要求林方清交出公司财务资料。由于林方清与戴小明之间的矛盾不可调和,从2006年6月1日至诉讼时,凯莱公司未召开过股东会。从法理上讲,由于凯莱公司仅有戴小明与林方清两名股东,两人各占 50% 的股份,凯莱公司章程规定"股东会的决议须经代表二分之一以上表决权的股东通过",且各方当事人一致认可该"二分之一以上"不包括本数。因此,只要两名股东的意见存有分歧、互不配合,就无法形成有效表决,显然影响公司的运营。凯莱公司已持续 4 年未召开股东会,无法形成有效的股东会决议,也就无法通过股东会决议的方式管理公司,股东会机制已经失灵。执行董事戴小明作为互有矛盾的两名股东之一,其管理公司的行为已无法贯彻股东会的决议。林方清作为公司监事不能正常行使监事职权,无法发挥监督作用。由于凯莱公司的内部机制已无法正常运行,无法对公司的经营作出决策,即使尚未处于亏损状况,也不能改变该公司的经营管理已发生严重困难的事实。

对股东申请人民法院解散公司其他要件的认定

依照公司法第一百八十三条及公司法解释(二)第 1 条第 1 款的规定,股东申请人民法院解散公司,除了要满足公司经营管理发生严重的要求外,还应同时符合以下条件:

1. 公司僵局状态的继续存续会使股东利益遭受重大损失。在该指导性案例中,由于凯莱公司的内部运营机制早已失灵,林方清的股东权、监事权长期处于无法行使的状态,其投资凯莱公司的目的也无法实现,可以认定凯莱公司的僵局状态已经使得林方清的利益受到重大损失,若这种状态持续下去,必然会使其遭受更大损失。2. 公司僵局状态无法通过其他途径解决。从立法目的的角度考虑,公司法第一百八十三条规定的通过其他途径不能解决其目的是防止中小股东滥用司法解散制度,鼓励当事人通过其他非诉讼途径解决僵局,同时也是使法院审慎适用强制解散公司的手段。但这并非是要求对于公司僵局的处理必须以穷尽其他救济途径为前提。正因如此,公司法解释(二)第 5 条明确规定,"当事人不能协商一致使公司存续的,人民法院应当及时判决"。在该指导性案例中,林方清在提起公司解散诉讼之前,已通过其他途径试图化解与戴小明之间的矛盾,江苏常熟服装城管理委员会调解委员会两次组织双方进行调解,但仍不能达成一致意见。审理该案件的苏州市中级人民法院、江苏省高级人民法院也基于慎用司法手段强制解散公司的考虑,积极进行调解,但均未成功。由此可以认定,凯莱公司的僵局状态已经无法通过其他途径解决。3. 申请解散公司的股东持有股权比例达到法定要求。在该指导性案例中,林方清持有凯莱公司 50% 的股份,符合公司法第一百八十三条关于提起公司解散诉讼的股东须持有公司 10% 以上股份的条件。

三、其他需要说明的问题

需要强调的是,通过股东申请人民法院解散公司的做法来处理有关公司僵局案件,必须慎重。解散公司必然要面临着公司财产的清算、债权债务的清理以及职工妥善安置等问题,案件处理稍有不慎,可能会有负面影响甚至连锁反应。因此,人民法院在处理公司僵局案件时,不宜简单机械地采取解散公司的做法。在参照该指导性案例处理类似案件时,必须准确把握公司法及有关司法解释规定的原则和精神,切实把握为大局服务,为人民司法的工作主题,按照能动司法的要求,充分发挥审判职能作用,以真正实现法律效果与社会效果有机统一为目标,做到对案件的妥善处理。当然,对于确属必须通过解散公司的方式来处理公司僵局状态的案件,人民法院可以依据公司法及公司法解释(二)的有关规定,参照该指导性案例裁判要点所确认的规则进行裁判,以切实保护股东合法权益,合理规范公司治理结构,维护社会和谐稳定,促进经济健康发展。

——最高人民法院案例指导工作办公室:《指导案例 8 号〈林方清诉常熟市凯莱实业有限公司、戴小明公司解散纠纷案〉的理解与参照》,载《人民司法·应用》2012 年第 15 期。

163 "公司经营管理发生严重困难，继续存续会使股东利益受到重大损失的情形"的认定

关键词 | 公司解散 | 司法解散 | 公司僵局 | 经营管理严重困难 | 股东利益重大损失 |

【人民法院案例库参考案例】

无锡某甲置业有限公司诉无锡某乙置业有限公司、晋某有限公司公司解散纠纷案[入库编号:2023-10-2-283-001,江苏省高级人民法院(2017)苏民终1312号民事判决书,2018.5.29]

【裁判要旨】

公司司法解散的条件包括"企业经营管理严重困难"与"股东利益受损"两个方面,经营管理的严重困难不能理解为资金缺乏、亏损严重等经营性困难,而应当理解为管理方面的严重内部障碍,主要是股东会机制失灵,无法就公司的经营管理进行决策。股东利益受损不是指个别股东利益受到损失,而是指由于公司经营管理机制"瘫痪"导致出资者整体利益受损。

【裁判理由】

法院认为,无锡某甲置业有限公司与晋某公司之间不仅矛盾重重,而且尖锐对立、不可调和,直至引发本案诉讼时彼此间丧失了信任基础,无锡某乙置业有限公司的股东存在冲突且持续至今,导致公司管理及其经营均发生严重困难。无锡某乙置业有限公司的人合基础彻底丧失。无锡某乙置业有限公司未经董事会一致决议继续执行预决算方案的行为,使得无锡某甲置业有限公司游离于其股东无锡某乙置业有限公司之外,股东不能够基于其投资享有适当的公司经营决策、管理和监

督的股东权利,股东权益受到重大损失。同时,无锡某乙置业有限公司的经营也发生严重困难,其亏损逐步扩大,继续存续只会使股东利益受到重大损失,且通过其他途径不能解决,长期亏损经营不应是企业常态,董事会决议机制的失灵,也使得无锡某甲置业有限公司无法参与公司治理和改变公司持续亏损的状态,无锡某甲置业有限公司设立公司时的预期已经落空。解散无锡某乙置业有限公司能为双方股东提供退出机制,避免股东利益受到不可挽回的重大损失。在当事人不能协商一致使公司存续的情况下,人民法院应当及时判决无锡某乙置业有限公司解散。

　　——人民法院案例库,https://rmfyalk.court.gov.cn。

164　公司陷入僵局的股东可以提起公司解散之诉，法院慎重判令解散

关键词｜公司僵局｜公司解散｜司法解散｜

【链接：最高人民法院法官著述】

　　(四)关于强制解散

　　新公司法第231条延续了公司陷入僵局情况下股东可以提起公司解散之诉的规定,司法实践中对此情况下判令解散持十分慎重的态度。原公司法司法解释(二)第1条第1款列举式规定了四种应当受理解散诉求的情形,第2款也反向规定了不予受理的情形,具有实践价值。对于一个有发展潜力的公司而言,因公司控制权、经营管理权或经营发展理念、利益分配等之争而解散公司毕竟不是一个妥当的选择,司法中的慎重态度具有正当性。为进一步深化此理念,应强调对此类纠纷"注重调解",支持当事人以更为妥当的方式解决分歧,尽力维护公司的存续。比如,以公司部分股东转让股权或者股份、其他股东受让部分股权或股份、他人受让部分股权或股份、公司减资、公司分立等打破僵局。由此也可以认为,经审理如果可以用其他公司制度机制打破僵局并不失公平公正的,可向当事人释明,如当事人初衷不改,可驳回其请求。对于驳回请求的,其他股东又以相同理由提起诉讼的,应不予受理。当然,因时过境迁、情况发生变化的另当别论。解散公司判决对全体股东均具有拘束力,一旦判决解散,董事应当在判决生效后15日内组成清算组清算。如果诉请中包括人民法院指定清算组的内容,人民法院应一并处理,不宜让当事人另行提起诉讼。此种情况可追加董事参加诉讼,董事主张自行组织清算的,可驳回有关当事人指定清算组之申请。

　　实践中存在的另一个争议是,人民法院判令解散公司后,进行了清算,一方当事人又提起再审申请,一旦作出撤销原支持公司解散的再审判决,是否可以恢复原状?这要视情况而定。如果清算完毕而注销了公司,是无法回到原来状态的,以赔

偿损失解决为宜。但尚未清算完毕或未注销公司，且能够确保财产处置恢复原状（特别是公司生产经营的财产）或股东股权恢复原状具有现实可行性，也应把恢复公司的原来状态作为选项。

——刘贵祥:《关于新公司法适用中的若干问题》,载《法律适用》2024 年第 6 期。

165 大股东擅自将公司资金出借给其关联公司，损害小股东权益，致使公司经营管理出现严重困难，小股东有权起诉请求解散公司

关键词｜损害公司利益责任｜公司解散｜司法强制解散｜

【最高人民法院公报案例】

吉林省金融控股集团股份有限公司与吉林省金融资产管理有限公司、宏运集团有限公司公司解散纠纷案［最高人民法院（2019）最高法民申 1474 号民事裁定书,2020.3.30]

裁判摘要:大股东利用优势地位单方决策,擅自将公司资金出借给其关联公司,损害小股东权益,致使股东矛盾激化,公司经营管理出现严重困难,经营目的无法实现,且通过其他途径已无法解决,小股东诉请解散公司的,人民法院应予支持。

本院认为,本案当事人各方争议的核心是金融管理公司是否符合司法解散的条件,审查的焦点问题为:金融管理公司经营管理是否发生严重困难,继续存续是否会使股东利益受到重大损失;公司困境是否能够通过其他途径解决。

一、关于公司经营管理是否发生严重困难,继续存续是否会使股东利益受到重大损失问题

对于公司经营管理发生严重困难可以提起司法解散的情形,有关法律、司法解释作出了明确规定。《中华人民共和国公司法》第一百八十二条①规定,公司经营管理发生严重困难,继续存续会使股东利益受到重大损失,通过其他途径不能解决的,持有公司全部股东表决权百分之十以上的股东,可以请求人民法院解散公司。《最高人民法院关于适用〈中华人民共和国公司法〉若干问题的规定（二）》第一条规定,股东以下列事由之一提起解散公司诉讼,并符合公司法第一百八十二条规定的,人民法院应予受理:(一)公司持续两年以上无法召开股东会或者股东大会,公司经营管理发生严重困难的;(二)股东表决时无法达到法定或者公司章程规定的比例,持续两年以上不能做出有效的股东会或者股东大会决议,公司经营管理发生

---

① 对应 2023 年《公司法》第 231 条。——编者注

严重困难的;(三)公司董事长期冲突,且无法通过股东会或者股东大会解决,公司经营管理发生严重困难的;(四)经营管理发生其他严重困难,公司继续存续会使股东利益受到重大损失的情形。本案中,认定金融管理公司经营管理是否发生严重困难、应否司法解散即以此为据。根据一、二审判决查明的事实,本院认为一、二审判决认定金融管理公司经营管理发生严重困难符合司法解散的条件并无不当。

首先,从公司经营方面看。金融管理公司作为吉林省人民政府批准设立的省内唯一一家地方资产管理公司,主营业务为不良资产批量收购、处置,以防范和化解地方金融风险。但金融管理公司成立后不久,在未经股东会、董事会审议决定的情况下,宏运集团公司即利用对金融管理公司的控制地位,擅自将 10 亿元注册资本中的 9.65 亿元外借给其实际控制的关联公司宏运投资控股有限公司、辽宁足球俱乐部股份有限公司及宏运商业集团有限公司,这是股东之间产生矛盾乃致其后公司人合性丧失的诱因。虽然此后金融控股公司及吉林省金融监管部门多次催促宏运集团公司解决借款问题、保障公司回归主营业务,宏运集团公司也承诺最迟于 2015 年年底前收回外借资金,但截至 2016 年 12 月 31 日,金融管理公司的对外借款问题仍未解决,其银行存款余额仅为 2686465.85 元。由于金融管理公司的经营资金被宏运集团公司单方改变用途作为贷款出借且长期无法收回,导致公司批量收购、处置不良资产的主营业务无法正常开展,也使公司设立的目的落空,公司经营发生严重困难。

其次,从公司管理机制运行方面看。金融管理公司于 2015 年 2 月 28 日成立后,除 2015 年 4 月 27 日召开过董事会之外,未按公司章程规定召开过股东年会和董事会例会。2015 年 12 月 18 日召开的股东会、董事会,是在股东双方发生分歧之后召开的临时股东会和董事会临时会议。此后直至金融控股公司于 2017 年 10 月提起本案诉讼,虽然股东双方之间已经出现矛盾,公司经营也已出现严重困难,但金融管理公司未能召开股东会、董事会对存在的问题妥善协商加以解决。金融控股公司提起本案诉讼后,金融管理公司虽于 2017 年 11 月先后召开了董事会和股东会,但董事出席人数不符合章程规定的董事会召开条件,股东会也仅有宏运集团公司单方参加。金融控股公司完全否认该次股东会、董事会召集程序的合法性和决议的有效性,且股东双方已经对簿公堂,证明股东之间、董事之间的矛盾已经激化且无法自行调和,股东会、董事会机制已经不能正常运行和发挥作用。在此情形下,继续维持公司的存续和股东会的非正常运行,只会产生大股东利用其优势地位单方决策,压迫损害另一小股东利益的后果。

二、关于公司困境是否能够通过其他途径解决问题

金融控股公司与宏运集团公司因资金外借出现矛盾后,双方自 2015 年起即开始协调解决,但直至本案成讼仍未妥善解决,股东间的信任与合作基础逐步丧失。期间,双方也多次沟通股权结构调整事宜,但始终未能就股权转让事宜达成一致。

在本案诉讼期间，一审法院于近十个月的期间内，多次组织双方进行调解，试图通过股权转让、公司增资、公司控制权转移等多种途径解决纠纷，但股东双方均对对方提出的调解方案不予认可，最终未能达成调解协议。在司法解散之外的其他途径已经穷尽仍无法解决问题的情形下，一、二审法院判决解散金融管理公司，于法于理均无不当。

——《最高人民法院公报》2021年第1期。

166 股东出资义务的履行情况不影响其提起解散公司之诉的权利

关键词 | 公司解散 | 股东权利限制 | 严重困难 | 实缴部分出资 |

【人民法院案例库参考案例】

陈某诉陕西某文化传播公司公司解散纠纷案[入库编号：2023－08－2－283－002，最高人民法院(2021)最高法民申6453号民事裁定书，2021.11.30]

【裁判要旨】

根据公司法规定(三)第16条的规定，股东因未履行或者未全面履行出资义务而受限的股东权利，并不包括其提起解散公司之诉的权利。公司法第182条①规定的"严重困难"包括对外的生产经营困难、对内的管理困难。

【裁判理由】

法院生效裁判认为，本案系当事人申请再审案件，应当围绕某公司的再审事由能否成立进行审查，相应的审查重点为：陈某是否具有某公司股东资格，可否行使提起公司解散之诉的股东权利；某公司是否具备法定解散事由等。

关于陈某是否具有某公司股东资格，可否行使提起公司解散之诉的股东权利的问题。经查，陈某持有某公司49%的股份且已实缴部分出资的事实已由一审、二审判决根据公司章程、工商登记资料、另案生效裁判查明认定。而且，根据《最高人民法院关于适用〈中华人民共和国公司法〉若干问题的规定(三)》（以下简称公司法规定(三)）第16条的规定，股东因未履行或者未全面履行出资义务而受限的股东权利，并不包括其提起解散公司之诉的权利。某公司本节申请再审理由不成立，法院不予支持。

关于某公司是否具备法定解散事由的问题。《中华人民共和国公司法》（以下简称公司法)第182条规定的"严重困难"包括对外的生产经营困难、对内的管理困难。本案中，一、二审法院已查明认定某公司的股东会机制失灵，股东之间矛盾无法调和，

① 对应2023年《公司法》第231条。——编者注

且经法院协调仍难以打破公司僵局;而某公司申请再审事由中也反映出其客观上存在管理方面的严重困难。因此,二审判决认定某公司已具备《最高人民法院关于适用〈中华人民共和国公司法〉若干问题的规定(二)》第 1 条规定的解散事由,在事实认定和法律适用上并无不当。某公司本节申请再审理由不成立,法院不予支持。

　　——人民法院案例库,https://rmfyalk.court.gov.cn;《最高人民法院公报》2023 年第 1 期。

三、非营利法人

167 民办学校举办者享有知情权，参照公司法规定准许举办者行使知情权

关键词 | 非营利法人 | 合作办学 | 管理费 |

【最高人民法院公报案例】

上海佳华企业发展有限公司诉上海佳华教育进修学院股东知情权纠纷案[上海市第一中级人民法院(2016)沪01民终4642号民事判决书,2016.7.7]

裁判摘要:民办学校的举办者可以自主选择设立非营利性或者营利性民办学校。营利性民办学校举办者主张行使知情权的,人民法院可以类推适用公司法相关规定。

上海市第一中级人民法院二审认为:

本案二审的争议焦点是:上诉人佳华公司是否有权查阅、复制被上诉人佳华学院的章程、董事会会议决议、监事会会议决议和财务会计报告及查阅会计账簿。解决该争议焦点的关键在于厘清以下三个子问题:

第一,关于民办学校举办者的合法权益所指向的具体内容。

上诉人佳华公司认为,知情权是举办者参与学院的办学和管理活动的基础,否则根本无法行使参与办学和管理的权利。作为举办者,佳华公司在知情权方面理应享有相应的权利。被上诉人佳华学院主张,佳华公司不享有知情权,即使举办者享有"参与学院的办学和管理活动"的权利,也无法得出举办者享有查阅、复制董事会决议、监事会决议、财务会计报告、会计账簿等权利的结论。法院认为,国家保障民办学校举办者的合法权益,该合法权益应当包括知情权。理由如下:首先,公民、法人的合法的民事权益受法律保护,任何组织和个人不得侵犯。《中华人民共和国民办教育促进法》第五条第二款规定,国家保障民办学校举办者、校长、教职工和受教育者的合法权益。合法权益是指符合法律规定的权利和利益,诚然,单从文义上,尚难以确定合法权益是否包含知情权,需要结合其他法律解释的方法进行探求。其次,对于民事主体的合法权益,侵权责任法列举了包括生命权、健康权、姓名权、名誉权、荣誉权、肖像权、隐私权、婚姻自主权、监护权、所有权、用益物权、担保物权、著作权、专利权、商标专用权、发现权、股权、继承权等在内的人身、财产权益;

公司法则规定了股东享有包括知情权在内的各种权利,合伙企业法亦规定合伙人对合伙企业享有会计账簿等财务资料的查阅权。前述各种权利均归属于法律所要保护的合法权益。故从整个法律体系构架加以阐释,举办者作为民办学校的出资人,享有的合法权益应当包括了解和掌握学校办学和管理活动等重要信息的权利,该权利是举办者依法取得合理回报、参与重大决策和选择管理者等权利的重要基础。最后,虽然民办教育促进法未规定该等权利,但从逻辑上推论,举办者的合法权益,未脱离民事权利范畴,理应包含知情权。学校章程、董事会会议决议、监事会会议决议及财务会计报告和会计账簿等资料是记录和反映学校的组织与活动、资产与财务管理等内容的重要载体。举办者只有在获取学校办学和管理活动信息的基础上,才可能参与学校的重大决策及行使监督权。因此,举办者要求查阅、复制民办学校的章程、董事会会议决议、监事会会议决议和财务会计报告及查阅会计账簿的权利均为知情权所涵盖,应当予以保护。

第二,关于民办学校举办者享有知情权的法律依据问题。

上诉人佳华公司认为,民办教育促进法并无举办者不能行使知情权的禁止性规定。被上诉人佳华学院则主张,民办教育促进法及其实施条例没有相关规定,举办者就没有权利主张行使知情权。举办者享有知情权,符合对法的价值判断。理由如下:首先,"没有无义务的权利,也没有无权利的义务。"《中华人民共和国民办教育促进法实施条例》第八条第一款规定:"举办者应当按时、足额履行出资义务。民办学校存续期间,举办者不得抽逃出资,不得挪用办学经费。"举办者在履行出资义务,让渡其财产所有权的同时,应当享有对应的权利,知情权则是举办者行使其他权利的基础。《中华人民共和国民办教育促进法》第五十一条①规定:"民办学校在扣除办学成本、预留发展基金以及按照国家有关规定提取其他的必需的费用后,出资人可以从办学结余中取得合理回报。取得合理回报的具体办法由国务院规定。"《中华人民共和国民办教育促进法实施条例》第四十四条第一款规定:"出资人根据民办学校章程的规定要求取得合理回报的,可以在每个会计年度结束时,从民办学校的办学结余中按一定比例取得回报。"佳华学院章程第二十五条亦规定:"出资人要求取得合理回报。"举办者作为出资人的合理回报的实现离不开知情权的保障。其次,举办者享有知情权,有助于参与举办民办学校的公办学校履行国有资产监管职责。《中华人民共和国民办教育促进法实施条例》第六条第二款规定,参与举办民办学校的公办学校依法享有举办者权益,依法履行国有资产的管理义务,防止国有资产流失。换言之,公办学校亦可以是民办学校的举办者,其享有的权益应当无异于其他举办者,知情权亦是公办学校履行国有资产监管职责的重要保障。最后,

---

① 根据《全国人民代表大会常务委员会关于修改〈中华人民共和国民办教育促进法〉的决定》(2016),该条已删除。——编者注

举办者享有知情权,符合民办教育促进法的立法宗旨。《中华人民共和国民办教育促进法》总则第三条第二款规定,国家对民办教育实行积极鼓励、大力支持、正确引导、依法管理的方针;第五条第二款规定,国家保障民办学校举办者、校长、教职工和受教育者的合法权益。总则是概括地表述,贯穿于法律始终的立法思想、价值取向、基本原则等一般性、原则性与抽象性的内容,民办教育促进法总则部分的立法规定对解释民办学校举办者的合法权益具有指导性作用。因此,保障举办者的基本知情权,准许举办者了解民办学校的教育和管理活动、查阅财务会计报告或会计账簿,是鼓励举办者进入民办教育领域,促进民办教育健康发展的应有之义。

第三,关于民办学校举办者知情权的行使问题。

民办教育促进法对于举办者知情权的行使未直接加以规定,但鉴于本案的主要特征与公司法规定的股东知情权类似,可类推适用公司法的相关规定。理由如下:首先,举办者的知情权缺少法律规定,但不代表其不享有该权利。"合法权益"本身是一个不确定概念,系对社会生活现象进行了高度概括和抽象,从而使其具有较大的包容性。未设之规定,非立法有意的不规定,探求法律规范意旨,应积极地设定知情权的规定,落实对举办者合法权益的保护。其次,民办学校具有法人资格,可参照适用公司法的有关规定。民办学校属于法人型民办非企业单位,其不以营利为目的,并不等于不营利,虽然在创立依据和创立程序上有别于受公司法调整的通常意义上的公司,但在具有法人资格和具有营利性质这些实质方面二者并无不同。法律规定举办者可以在学校章程中规定要求合理回报,该回报具有财产性特征,直接或间接与财产相关,表明举办者在出资后将享有财产性权益。民办教育促进法对民办学校做了营利性和非营利性的区分,明确营利性民办学校的办学结余和剩余财产依照公司法的规定分配。综合考量佳华学院的业务范围、组织机构、办学层次、办学形式及内部管理体制,援引与其性质相类似的公司法相关规定,以为适用,并无不可。最后,"相类似之案件,应为相同之处理"。司法实践中对于民办学校举办者出资份额的转让,参照适用公司法;法人型民办非企业单位的破产清算,参照适用企业破产法等规定。对此,"举轻以明重",上诉人佳华公司作为被上诉人佳华学院的举办者,在知情权方面享有与公司股东同等或类似的权利,本案可参照公司法之相关规定处理民办学校举办者所主张权利的行使。

上海市第一中级人民法院认为,我国公司法规定,股东有权查阅、复制公司章程、股东会会议记录、董事会会议决议、监事会会议决议、公司财务会计报告。股东可以要求查阅公司会计账簿。股东要求查阅公司会计账簿的,应当向公司提出书面请求,说明目的。公司有合理根据认为股东查阅会计账簿有不正当目的,可能损害公司合法利益的,可以拒绝提供查阅,并应当自股东提出书面请求之日起十五日内书面答复股东并说明理由。在本案中,上诉人佳华公司作为被上诉人佳华学院的举办者,要求查阅、复制佳华学院自 2010 年 4 月成立至今的章程(含章程修正案)、董事会会议决议、监事会会议决议和财务会计报告(包括但不限于资产负债表、损益表、财务状况变动表、财务状况说明表、利润分配表、纳税申报表),有相应法律依据,予以支持。至于佳华公司要求查阅自 2010 年 4 月成立至今的会计账簿(含总账、各自明细账、往来账、现金日记账、银行日记账、固定资产卡片明细表、原始凭证、银行对账单交易明细等)的诉讼请求,因佳华公司向佳华学院提出书面请求并说明了理由,其要求查阅会计账簿的诉讼请求,有相应法律依据,予以支持。佳华学院的抗辩意见,不予采纳。

——《最高人民法院公报》2019 年第 2 期。

编者说明

　　民办学校是指国家机构以外的社会组织或者个人,利用非国家财政性经费举办除军事、警察、政治等特殊性质教育之外的各级各类民办学校。本案通过法律解释的方式确定民办学校举办者享有知情权,并类推适用公司法相关规定准许举办者行使知情权。①

168 特定历史时期形成的公办高校与公司合作办学,双方约定提取独立学院学费作为管理费,不宜仅因存在该约定认定合同无效

关键词｜非营利法人｜合作办学｜管理费｜

【最高人民法院专业法官会议纪要】

　　公办高校作为国家法律规定的公益非营利性法人,可以从事符合其公益性质、任务职责、教育目的的民事活动。根据国家法律规定和教育体制规划,在特定历史时期形成的公办高校与公司合作办学中,双方约定以提取独立学院学费等方式支付"管理费",属于公办高校基于平等民事主体合同关系,向作为合同相对方的公司主张的"办学成本",应遵循公平及诚信原则予以处理。人民法院应充分考虑时代背景、历史条件、当事人认知程度,探求具体合作办学协议真实目的,准确界定行为性质和法律后果,不宜仅因存在"管理费"的约定即认定合同违反法律强制性规定而无效。

　　——《公办高校与公司合作办学约定"管理费"的效力认定》(最高人民法院第二巡回法庭 2019 年第 30 次法官会议纪要),载贺小荣主编:《最高人民法院第二巡回法庭法官会议纪要》第 2 辑,人民法院出版社 2021 年版,第 175 页。

---

① 参见何建:《民办学校举办者可类推适用公司法行使知情权》,载《人民司法 · 案例》2017 年第 8 期。

第四章　民事权利

一、股　　权

（一）股东出资责任

169 **股东以对其他公司享有的股权出资，如果公司承担了股东对他公司的出资责任，可否请求该股东在此范围内补足出资**

关键词 │ 股权出资 │ 股权转让 │ 补足出资 │

【最高人民法院司法解释】

第十一条　出资人以其他公司股权出资，符合下列条件的，人民法院应当认定出资人已履行出资义务：

（一）出资的股权由出资人合法持有并依法可以转让；

（二）出资的股权无权利瑕疵或者权利负担；

（三）出资人已履行关于股权转让的法定手续；

（四）出资的股权已依法进行了价值评估。

股权出资不符合前款第（一）、（二）、（三）项的规定，公司、其他股东或者公司债权人请求认定出资人未履行出资义务的，人民法院应当责令该出资人在指定的合理期间内采取补正措施，以符合上述条件；逾期未补正的，人民法院应当认定其未依法全面履行出资义务。

股权出资不符合本条第一款第（四）项的规定，公司、其他股东或者公司债权人请求认定出资人未履行出资义务的，人民法院应当按照本规定第九条的规定处理。

——《最高人民法院关于适用〈中华人民共和国公司法〉若干问题的规定（三）》（2021 年 1 月 1 日，法释〔2020〕18 号修正）。

【链接：最高人民法院法官著述】

（一）关于股权、债权等特殊出资形式的出资责任

1. 股权出资

原公司法司法解释（三）第 11 条注意到了实践中存在的以其他公司股权出资的情况，规定了认定股权出资的四个条件，可资依据，但面对实践中的问题，还有进一步深化考量之必要。

以对其他公司享有的股权出资，对公司而言实质上属于股权转让，公司作为受让人不仅面临股权价值本身的商业风险，而且面临着承担原本属于以股权出资股东对他公司出资责任的风险。比如，甲是乙公司股东，其在未履行出资责任或未届出资期限的情况下，以对乙公司享有的股权向丙公司出资，丙公司则面临对乙公司承担出资责任的风险。具体而言，依新公司法关于股权转让的规定，在实缴出资的情况下，公司将面临与以股权出资股东承担出资不足连带责任的风险；在认缴出资的情况下，未届出资期限以股权出资，公司将面临首先承担按期缴纳出资的责任的风险。

问题在于，如果公司承担了股东对他公司的出资责任，是否可以请求该股东在此范围内补足出资？笔者认为，除股权出资时有相应的协议安排或股权出资不实外，股东不应承担补足出资的责任。这是因为，以股权出资，是股东以转让对他公司的股权为对价获得公司股权。正常情况下，股权价值的评估已考量了其在他公司的出资状况，以股权出资的股东是否承担出资责任只能以出资时的股权状态及评估为依据，以公司当时的商业判断为依据，而不是以出资后出现的公司应承担责任情况或面临的风险为依据，原公司法司法解释（三）第 11 条的规定也说明了这一点，此为其一。其二，尽管公司在作为出资的股权未实缴出资的情况下面临前述不测之风险，但对于一个有发展潜力的目标公司来说，无论股权是否以实缴出资为依托，股权的价值都是存在的，甚至是巨大的；对于一个正在设立或存续中的公司，出于经营策略或并购重组的考虑，以目标公司股权获得出资是另类商业价值，甚至是至关重要的价值。因此，公司接受股权出资，就像受让股权一样，是待价而沽的结果，以股权出资的股东不再承担补足出资责任也在情理之中。

——刘贵祥：《关于新公司法适用中的若干问题》，载《法律适用》2024 年第 6 期。

编者说明

实践中，在公司债权人对公司偿债能力存在担忧的情况下，一般都会通过寻求股东出资瑕疵作为诉讼策略，来增强债权实现的可能性。因此，出资责任纠纷成为常见纠纷，在公司诉讼中占有较大比例。为此，原公司法司法解释作了较为全面而明确的规定，形成比较稳定的

裁判尺度。2023 年《公司法》在吸收司法解释合理内容的同时,也进行了较为系统的修改,形成比较完善的出资责任体系。大体可以归纳为五个方面:一是股东出资责任,区分为公司设立时实缴出资情况下的初始股东对出资瑕疵的连带责任;公司成立后董事会对股东出资的核查、书面催缴义务以及相应的赔偿责任(第50条、第51条、第99条);股东抽逃出资情况下有关责任董事的连带责任(第53条)。二是股东经催缴而未缴纳出资情况下的股东失权制度(第52条)。三是认缴出资情况下的出资加速到期制度(第54条)。四是股权转让情况下的转让人、受让人出资责任分配制度。五是违法减资情况下股东退还出资责任及与负有责任的董监高的赔偿责任(第226条)。①

2023 年《公司法》第48 条第1 款规定了有限责任公司的股东出资方式:"股东可以用货币出资,也可以用实物、知识产权、土地使用权、股权、债权等可以用货币估价并可以依法转让的非货币财产作价出资;但是,法律、行政法规规定不得作为出资的财产除外。"该条吸收借鉴《公司法解释(三)》第11 条、《市场主体登记管理条例实施细则》第13 条第3 款的规定,在原有的出资方式基础上,增加列举了股东可以用股权②、债权这两种非货币财产作价出资。

170 股东认缴出资加速到期的条件

关键词 | 认缴出资 | 加速到期 | 股东出资期限 |

【最高人民法院司法文件】

6.【股东出资应否加速到期】在注册资本认缴制下,股东依法享有期限利益。债权人以公司不能清偿到期债务为由,请求未届出资期限的股东在未出资范围内对公司不能清偿的债务承担补充赔偿责任的,人民法院不予支持。但是,下列情形除外:

(1)公司作为被执行人的案件,人民法院穷尽执行措施无财产可供执行,已具备破产原因,但不申请破产的;

(2)在公司债务产生后,公司股东(大)会决议或以其他方式延长股东出资期限的。

——《全国法院民商事审判工作会议纪要》(2019 年11 月8 日,法〔2019〕254 号)。

【链接:最高人民法院法官著述】

其一,认缴出资加速到期的条件,九民纪要囿于当时立法未规定加速到期制

---

① 参见刘贵祥:《关于新公司法适用中的若干问题》,载《法律适用》2024 年第6 期。
② 与《公司法解释(三)》的规定不同,2023 年《公司法》第48 条列举的股权并未限定为"其他公司股权",这表示符合条件的,可以用本公司股权出资。参见林一英等编著:《公司法新旧对照与条文解读》,法律出版社 2023 年版,第31 页。

度,只能参照企业破产法第 35 条扩张解释加速到期的条件,即虽然公司未进入破产程序,但在具备破产原因而不申请破产的情况下,适用企业破产法第 35 条关于出资加速到期的规定。为了解决破产原因的直观判断问题,还进一步限定为:公司作为被执行人的案件,人民法院穷尽了执行措施。限定条件似过于苛刻乃不得已而为之。

新公司法第 54 条规定,以不能清偿到期债务作为加速到期的条件,与企业破产法第 2 条关于破产原因的第一句话表述类似,但又不完全等同于破产原因。不能清偿,可能是客观上的不能,如缺乏或丧失清偿能力等,也可能是主观不能,如恶意逃废债务等,实践中如何把握? 笔者认为,应以公司未清偿到期债务的事实状态作为判断标准,包括:权利人能够证明公司丧失清偿能力或财产不足以清偿全部债务,债权人多次催收,公司以无清偿能力为由不予履行,以强制执行仍无法实现全部债权等。实践中,债权人对执行不能的举证较为容易些,只要证明任何以公司为债务人的执行案件不能得到执行,或因无财产可供执行而终结本次执行,即完成举证责任,而无需以自身执行案件不能执行或终本为限。

——刘贵祥:《关于新公司法适用中的若干问题》,载《法律适用》2024 年第 6 期。

编者说明

2023 年《公司法》第 54 条规定了有限责任公司股东出资加速到期:"公司不能清偿到期债务的,公司或者已到期债权的债权人有权要求已认缴出资但未届出资期限的股东提前缴纳出资。"此前,注册资本认缴制下关于股东出资加速到期的规定主要有两个:《企业破产法》第 35 条规定的企业破产时的加速到期和《公司法解释(二)》第 22 条第 1 款规定的公司解散时的出资加速到期,适用范围较小。《九民纪要》第 6 条也规定了两种加速到期的情形:(1)公司作为被执行人的案件,法院穷尽执行措施无财产可供执行,已具备破产原因,但不申请破产的;(2)在公司债务产生后,公司股东(大)会决议或以其他方式延长股东出资期限的。2023 年《公司法》第 54 条正式在公司法层面确立了股东出资加速到期制度,较之《九民纪要》第 6 条有如下区别:(1)该条适用的前提条件是"公司不能清偿到期债务",而《九民纪要》的适用条件是公司"已具备破产原因,但不申请破产",新《公司法》规定的适用范围显然更为广泛。(2)该条规定的请求股东出资加速到期的权利主体是"公司或者已到期债权的债权人",而《九民纪要》规定的权利主体是债权人。(3)该条规定的提前缴纳的出资并非向债权人承担补充赔偿责任式的个别清偿,而是归入公司。① 2023 年《公司法》第 54 条的主要考虑是:股东出资构成公司运行的基本财产,股东出资时间虽然可以由股东在公司章程中约定,但股东向公司出资更是一项法定义务,如果公司不能清偿到期债务,则公司经营目的无法实现,股东出资期限不能对抗公司;公司不能清偿到期债务,损害债权人合法权益,股东出资期限作为公司

---

① 参见林一英等编著:《公司法新旧对照与条文解读》,法律出版社 2023 年版,第 37 页。

章程规定的内部事项，更不能对抗债权人。①

171 股东认缴的出资未届履行期限，对未缴纳部分的出资是否享有表决权

关键词 ｜ 认缴出资 ｜ 出资期限 ｜ 表决权 ｜

【最高人民法院司法文件】

7.【表决权能否受限】股东认缴的出资未届履行期限，对未缴纳部分的出资是否享有以及如何行使表决权等问题，应当根据公司章程来确定。公司章程没有规定的，应当按照认缴出资的比例确定。如果股东（大）会作出不按认缴出资比例而按实际出资比例或者其他标准确定表决权的决议，股东请求确认决议无效的，人民法院应当审查该决议是否符合修改公司章程所要求的表决程序，即必须经代表三分之二以上表决权的股东通过。符合的，人民法院不予支持；反之，则依法予以支持。

——《全国法院民商事审判工作会议纪要》(2019 年 11 月 8 日,法〔2019〕254 号）。

【链接：理解与适用】

在注册资本认缴制下，股东认缴的出资未届履行期限，对未缴纳部分的出资是否享有以及如何行使表决权等问题，应当根据公司章程来确定。对此，没有疑义。有问题的是，如果公司章程没有规定，应该如何处理？我们认为，既然公司章程对此没有规定，那么在认缴制下从尊重设立公司时股东的真实意思出发，应当按照认缴出资的比例确定股东的表决权。这是一般的逻辑。否则，如果不按照认缴出资的比例确定股东的表决权，而是按照实际出资比例或者其他标准决定表决权，那么就应该由公司章程作出规定。

在公司章程没有规定的情况下，如果股东会或者股东大会作出不按认缴出资比例而按实际出资比例或者其他标准确定的决议，股东请求确认决议无效的，人民法院应当审查该决议是否由符合修改公司章程要求的股东所持表决权的多数通过。这是因为，如果股东会或者股东大会作出不按认缴出资比例而按实际出资比例或者其他标准确定的决议，就相当于修改公司章程。修改公司章程，就得由符合修改公司章程要求的股东所持表决权的多数通过。否则，其决议无效。

——最高人民法院民事审判第二庭编著：《〈全国法院民商事审判工作会议纪

---

① 参见王瑞贺主编：《中华人民共和国公司法释义》，法律出版社 2024 年版，第 83 页。

要〉理解与适用》，人民法院出版社 2019 年版，第 124~125 页。

172 股东承担出资责任缴纳的出资及赔偿，是否直接对提起诉讼的债权人个别清偿

关键词│ 股东出资 │ 入库 │ 个别清偿 │ 代位权 │ 认缴出资加速到期 │

【链接：最高人民法院法官著述】

（三）关于股东出资责任与债权人保护

从资本维持、资本充实的角度看，债权人的保护与公司利益的保护具有高度的一致性，资本制度的不断修改完善，无非尽可能在发挥投资便利性与保护债权人权益、公司权益之间寻找最佳平衡点。从股东出资责任方面给予债权人以保护，面临三种选择：一是股东承担出资责任缴纳的出资及赔偿归入公司，惠及全体债权人，此即所谓的"入库规则"；二是股东承担出资责任缴纳的出资及赔偿直接对提起诉讼的债权人个别清偿；三是区别不同情况，或归入公司或个别清偿。从新公司法的规定看，股东的出资责任也罢，董事与出资有关的责任也罢，均未明确可以向债权人个别清偿。事实上，原公司法也无此类明确规定，但原公司法司法解释根据原合同法及其司法解释（合同法未明确个别清偿，司法解释予以明确）关于债权人代位权的规定，得出了可以向债权人个别清偿的结论。如果说在民法典制定之前对代位权是否入库还有争议，那么民法典第 537 条已对此一锤定音，"由债务人的相对人向债权人履行债务"，明确放弃"入库规则"。股东对公司的出资责任以及董事与此相关的责任，属于对公司应承担的侵权之债，在公司未行使其债权情况下，公司债权人代位行使权利，岂不是与民法典关于代位权的规定"若合一契"？当然，民法典相对于公司法属于一般规定，公司法如有特别规定应优先适用公司法，但新公司法对此未规定或规定不明确，应依据民法典之规定，这是立法法规定及民法适用方法基本原理之所在。

问题是，在认缴出资加速到期情况下，是否因具有特殊性而应区别对待呢？第一，出资加速到期本质上还是公司所享有的"债务人丧失期限利益的债权"，这与到期债权无实质区别。第二，毋庸讳言，加速到期情况下公司基本已濒临破产，甚至已具备破产条件，个别清偿有对其他债权人不公之嫌。但在笔者看来，股东出资责任加速到期无非是股东对债权人承担出资不足补充赔偿责任的一种特殊情形，即便是出资缴纳期限已届至，进行个别清偿也同样面临着上述问题，故无实质理由加以区别。第三，就公司个别债权人利益和整体债权人利益的平衡方面，在公司未进入破产程序的情况下，向个别债权人清偿，并不妨碍其他债权人申请公司破产，

也不妨碍公司自身申请破产。一旦申请破产，未届出资缴纳期限的股东即应将其出资归入债务人财产，实现所有债权人的公平清偿。概言之，其他债权人是否对"最后一杯羹"公平受偿，主动权掌握在其他债权人手里，不必杞人忧天。第四，债权人在诉讼中付出诉讼费、保全费、律师费等成本，就是考虑到在多个公司利益相关者中，债权人对主张股东承担出资不足责任的动力最强最足，如果其费尽周折而为别人作嫁衣，诉的动力又何在？新公司法第 54 条专门赋予债权人要求"股东提前缴纳出资"的诉权，岂不是导致弱化或虚化？第五，如果按归入公司思路，债权人在请求股东向公司履行出资义务的同时，请求对该公司债权诉讼保全，在执行中同样可以达到个别清偿之效果，无非是让债权人更费周折而已。面临这种情况，其他债权人还是要靠执行分配或申请破产来维护自己的权益，与归入公司的情况下所能采取的救济手段也无二致。当然，由于受长期审判实践的惯性思维影响，或未悟透公司立法中理论上的深层次考量，难免有偏颇之处，需要理论联系实际进一步研究，以达追求公平公正之共同目的。

——刘贵祥：《关于新公司法适用中的若干问题》，载《法律适用》2024 年第 6 期。

编者说明

有观点认为，公司不能清偿债务，公司又不向股东主张出资义务，损害债权人利益，此时债权已届期的债权人有权请求股东向公司出资，并非股东直接向债权人清偿。①

173 因董事未履行催缴义务所产生的责任，构成要件与一般侵权责任基本相同

关键词 | 股东出资 | 董事 | 催缴出资 |

【链接：最高人民法院法官著述】

（1）因董事未履行催缴义务所产生的责任，构成要件与一般侵权责任基本相同。

首先，董事对公司设立时股东应实缴的出资或公司设立后届出资期限的出资未履行核查并书面催缴的义务。但如果经董事催缴股东仍不出资，董事会未跟进采取股东失权措施，是否同样需承担责任？考虑到催缴和失权程序是一个相互衔接的完整的履行义务程序，董事不履行该义务，给公司造成损失亦应当承担责任。

---

① 参见王瑞贺主编：《中华人民共和国公司法释义》，法律出版社 2024 年版，第 83 页。

其次,责任主体限于负有责任的董事,一般要基于公司内部的职责分工等情况判断,不能不加区分地及于所有董事,比如外部董事、未承担相关职责的董事。

最后,以给公司造成的损失为限,比如利息损失,另行举债加大的债务负担等,但不应把损失等同于股东的出资额,这一点需要把董事过错与损失之间的因果关系相结合判断。股东拒绝出资或无出资能力,即便催缴也无济于事,这是判断董事责任大小必须考虑的重要因素。当然,此时可以启动失权程序,那也只能从没有及时启动失权程序给公司造成损失的角度判断责任的大小。

——刘贵祥:《关于新公司法适用中的若干问题》,载《法律适用》2024 年第 6 期。

编者说明

2023 年《公司法》第 51 条规定了董事会的核查、催缴义务以及违反义务的法律责任:"有限责任公司成立后,董事会应当对股东的出资情况进行核查,发现股东未按期足额缴纳公司章程规定的出资,应当由公司向该股东发出书面催缴书,催缴出资。未及时履行前款规定的义务,给公司造成损失的,负有责任的董事应当承担赔偿责任。"该条系新增条款,董事会负责公司业务的经营决策和业务执行,应当对股东出资情况进行核查,以确保公司资本充实。核查内容包括:股东是否按照公司章程规定的时间和出资方式缴纳出资,非货币财产的估值作价是否恰当。董事如果没有履行核查、催缴义务,则违反勤勉义务,构成违反注意义务的侵权责任,应当按照其过错对公司的损失承担赔偿责任。股东承担赔偿责任后,可以向未履行出资义务的股东追偿。[①]

174 股东会决议"对投资款支付利息"性质的认定

关键词│股东出资│损害公司利益责任│抽逃出资│

【人民法院案例库参考案例】

仪陇县某商贸有限公司诉刘某某、仪陇县供销合作社联合社等损害公司利益责任纠纷案[入库编号:2023-08-2-276-001,四川省仪陇县人民法院(2021)川1324 民初 1272 号民事判决书,2021.4.20]

【裁判要旨】

公司成立后,股东会作出的"对投资款按月支付利息"决议,表象看是公司自治行为,但实质系与《最高人民法院关于适用〈中华人民共和国公司法〉若干问题的规定(三)》第十二条第四项规定的"其他未经法定程序将出资收回的行为"相

---

① 参见林一英等编著:《公司法新旧对照与条文解读》,法律出版社 2023 年版,第 34 页。

同的变相"抽逃出资"，不仅损害公司财产利益，也可能降低公司的对外偿债能力，因此，支付的利息依法应予返还。

【裁判理由】

法院生效裁判认为，各被告作为公司股东，按照公司章程投资入股系其法定义务，其缴纳的股本金到达公司账户后其所有权归公司所有，股东仅可以据此享受法律规定的股东权益。本案各被告利用股东身份擅自决定按照出资比例支付股本利息的行为违反了公司法第二十条①的规定。对于供销社就本案诉讼时效的主张，因各被告的侵权行为系在某商贸公司破产管理人清产核资时才发现，故本案的诉讼时效应从破产管理人发现各被告侵权的实际时间即 2020 年审计结果的时间开始计算，没有超过法律规定的诉讼时效期间。就供销社主张债权债务抵销的问题，因其在本案中系侵害某商贸公司利益而产生的债务，根据《最高人民法院关于适用〈中华人民共和国企业破产法〉若干问题的规定(二)》第四十六条之规定依法不予支持。杜某某、张某1、田某某、张某2 等共同辩称其入股系供销社承诺保息分红才入股，并提交了《中华全国供销合作总社关于印发〈供销合作社股金管理办法〉的通知》(供销合字[1996]第 21 号)拟证明保息分红的合法性，因该规范文件针对的对象系全国供销社系统，而非供销社依法设立的其他组织，而本案某商某公司系供销社与其余被告共同出资设立的有限责任公司，故对被告就本案保息分红具有合法性的主张不予支持。综上，各被告在某商贸公司没有盈利的情况下以保息分红的方式分配利益违反了公司法第二十条的规定，原告要求六被告共同退还原告现金 359685.00 元的诉讼请求于法有据，依法予以支持。

——人民法院案例库，https://rmfyalk.court.gov.cn。

175 股东抽逃出资，负有责任的董事、监事、高级管理人员与该股东对因此给公司造成的损失承担连带赔偿责任

关键词│抽逃出资│损害公司利益责任│董事│连带责任│

【最高人民法院司法解释】

第十二条 公司成立后，公司、股东或者公司债权人以相关股东的行为符合下列情形之一且损害公司权益为由，请求认定该股东抽逃出资的，人民法院应予支持：

(一)制作虚假财务会计报表虚增利润进行分配；

---

① 对应 2023 年《公司法》第 21 条、第 23 条。——编者注

（二）通过虚构债权债务关系将其出资转出；

（三）利用关联交易将出资转出；

（四）其他未经法定程序将出资抽回的行为。

——《最高人民法院关于适用〈中华人民共和国公司法〉若干问题的规定（三）》（2021 年 1 月 1 日，法释〔2020〕18 号修正）。

【链接：最高人民法院法官著述】

（2）董事在股东抽逃出资情况下的连带责任。

对抽逃出资责任，有观点认为含义不清，难以界定，为中国立法所独有，无规定之必要。事实上，该规定有很强的现实针对性，大股东利用把控公司之便，以各种显而易见或极为隐蔽的手段抽逃出资的情况俯拾皆是，不能不予遏制。

至于界定问题，可进行梳理归类。比如，原公司法司法解释（三）第 12 条已有列举性规定，可进一步总结实务中的情况，进行较准确的定位。当然，该条所归纳的抽逃出资情形也可以民法典的债权保全制度、公司法的其他制度等予以解决，但对这种侵蚀公司资本，乃至侵蚀公司资产的行为多一些抑制路径或更直接路径是合理选择，公司诉讼的几十年实践也证明了这一点。

——刘贵祥：《关于新公司法适用中的若干问题》，载《法律适用》2024 年第 6 期。

编者说明

2023 年《公司法》第 53 条规定了股东抽逃出资责任："公司成立后，股东不得抽逃出资。违反前款规定的，股东应当返还抽逃的出资；给公司造成损失的，负有责任的董事、监事、高级管理人员应当与该股东承担连带赔偿责任。"该条第 2 款系新增条款，明确负有责任的董事、监事、高级管理人员与该股东对因为抽逃出资给公司造成的损失承担连带赔偿责任。董事、监事、高级管理人员负责公司日常经营管理和监督，只有其对股东抽逃出资存在协助或者放任其行为时才会发生。

176 公司债务产生后公司以股东会决议等方式延长股东出资期限，损害债权人债权，相关股东应承担相应补充赔偿责任

关键词 ｜ 股东出资期限 ｜ 补充赔偿责任 ｜ 期待利益 ｜

【最高人民法院公报案例】

王钦杰与上海力澄投资管理有限公司、郭睿星等民间借贷纠纷案［上海市第二

中级人民法院(2019)沪02民终10503号民事判决书,2019.12.6]

裁判摘要:在注册资本认缴制下,公司债务产生后公司以股东(大)会决议或其他方式延长股东出资期限的,债权人以公司不能清偿到期债务为由,请求未届修改后出资期限的股东在未出资范围内对公司不能清偿的债务承担补充赔偿责任的,人民法院应予支持。

上海市第二中级人民法院二审认为:

三、关于上诉人郭睿星的责任。审理中,郭睿星提供了企业信用信息公示报告,以证明其作为上诉人力澄公司股东的出资认缴期限并未届满。对此二审法院认为,注册资本认缴制下,股东虽依法享有期限利益,然债权人亦享有期待权利。涉案借款发生于2015年12月,借款到期日为2016年12月,此时工商登记载明的力澄公司股东的出资认缴期限为2018年12月31日,也就是说,在力澄公司未按时还款的情况下,被上诉人王钦杰可以期待2018年12月力澄公司股东出资认缴期限届满时以股东出资获得还款。且不论目前郭睿星并无证据证明其以公司章程、股东会决议或其他合法合规的方式办理了认缴期限变更的手续,即使其确实办理了变更,因该变更系在力澄公司债务产生后,未经债权人同意的情况下所进行,实质损害了债权人的期待利益,故作为力澄公司的股东亦不能据此免责。至于王某宇向力澄公司转账500万元的凭证,既非原件,真实性无法确认,且仅凭该凭证亦不足以证明系股东向公司履行出资义务,故对此不予认定。

——《最高人民法院公报》2022年第1期。

177 修改股东出资期限不适用资本多数决规则

关键词 | 股东出资期限 | 资本多数决 | 股东出资加速到期 |

【最高人民法院公报案例】

姚锦城与鸿大(上海)投资管理有限公司、章歌等公司决议纠纷案[上海市第二中级人民法院(2019)沪02民终8024号二审民事判决书,2019.10.11]

裁判摘要:有限责任公司章程或股东出资协议确定的公司注册资本出资期限系股东之间达成的合意。除法律规定或存在其他合理性、紧迫性事由需要修改出资期限的情形外,股东会会议作出修改出资期限的决议应经全体股东一致通过。公司股东滥用控股地位,以多数决方式通过修改出资期限决议,损害其他股东期限权益,其他股东请求确认该项决议无效的,人民法院应予支持。

上海市虹口区人民法院一审认为:

原告姚锦城诉请所针对的被告鸿大公司于2018年11月18日作出的临时股

东会决议共有四项决议内容。根据姚锦城陈述及提供的证据材料分析,姚锦城要求确认无效的决议内容主要为第二、三项决议。关于第二项决议,一审法院认为,参与涉案股东会决议表决的股东为三个第三人,其中第三人章歌持鸿大公司70%股权并系鸿大公司法定代表人,三个第三人共计持有鸿大公司85%股权,根据鸿大公司章程,可以通过涉及鸿大公司重大事项的任何决议。但涉案第二项决议内容涉及将鸿大公司原章程中规定的股东出资时间从2037年7月1日提前至2018年12月1日,而该决议形成时间为2018年11月18日,即鸿大公司要求各个股东完成注册资本的缴纳期限从二十年左右缩减于半个月不到的时间内,却未对要求提前缴纳出资的紧迫性等作出说明,不具有合理性;要求自然人于短期内完成一百余万元的筹措,亦不符合常理。综上,出资期限提前涉及到股东基本利益,不能通过多数决的方式予以提前,故涉案临时股东会决议中第二项决议无效。对于第三项决议,第三项决议作出的限制姚锦城的股东权利系基于姚锦城未按约定缴付700万元,该笔款项与第二项决议中所涉及的注册资本出资的含义、款项金额均不相同,故姚锦城要求基于第二项决议要求确认第三项决议无效缺乏相应依据,且姚锦城亦未提供其他证据证明第三项决议无效,姚锦城应对此承担举证不能的法律后果。对于鸿大公司于2018年11月18日的临时股东会决议中除第二、三项决议外其他内容,姚锦城未举证证明该等内容无效,且姚锦城在审理中亦明确其诉请临时股东会决议无效实际仅针对第二、三项决议,综上,一审法院认为,2018年11月18日鸿大公司临时股东会决议中仅第二项决议无效,其他内容均有效。本案三个第三人经法院传票传唤,无正当理由拒不到庭,不影响本案的正常审理。

上海市第二中级人民法院二审认为:

本案争议焦点为:1. 上诉人鸿大公司2017年7月17日章程是否系对《合作协议书》约定的股东出资作出了变更;2. 本案修改股东出资期限是否适用资本多数决规则;3. 鸿大公司是否存在亟需股东提前出资的正当理由。

关于争议焦点一。根据2017年6月27日《合作协议书》约定,被上诉人姚锦城拟出资额为700万元,且应在协议签署后的三日内全部实缴至上诉人鸿大公司。而2017年7月17日,鸿大公司形成新的章程,明确章歌认缴出资700万元,姚锦城认缴出资150万元,蓝雪球、何值松各认缴出资75万元,实缴时间均为2037年7月1日。可见,鸿大公司在姚锦城并未按照《合作协议书》约定时间实缴出资的情况下,仍将其列为公司股东,且明确股东出资时间为2037年7月1日。并且,2017年7月21日,鸿大公司进行了相应工商变更登记,将姚锦城正式登记为公司股东。故此,从各方实际履行来看,姚锦城作为鸿大公司股东的出资时间已变更至2037年7月1日。此外,《合作协议书》亦明确载明,其仅是各方合作的初步法律文件,"未来将可根据具体情况适时修改、调整、细化、充实"。由此,鸿大公司将姚锦城的出资时间调整至 2037 年 7 月 1 日,亦符合《合作协议书》之约定,且并不违反法律规定,合法有效。本案临时股东会决议第二项通过章程修正案将股东出资时间从 2037 年 7 月 1 日修改为 2018 年 12 月 1 日,显然属于要求股东姚锦城提前出资的情形。因此,鸿大公司关于本案并非要求股东提前出资而是按照《合作协议书》要求姚锦城出资的主张,与事实不符,不能成立。

关于争议焦点二。根据公司法相关规定,修改公司章程须经代表全体股东三分之二以上表决权的股东通过。本案临时股东会决议第二项系通过修改公司章程将股东出资时间从 2037 年 7 月 1 日修改为 2018 年 12 月 1 日,其实质系将公司股东的出资期限提前。而修改股东出资期限,涉及公司各股东的出资期限利益,并非一般的修改公司章程事项,不能适用资本多数决规则。理由如下:

首先,我国实行公司资本认缴制,除法律另有规定外,《中华人民共和国公司法》第二十八条①规定,"股东应当按期足额缴纳公司章程中规定的各自所认缴的出资额",即法律赋予公司股东出资期限利益,允许公司各股东按照章程规定的出资期限缴纳出资。股东的出资期限利益,是公司资本认缴制的核心要义,系公司各股东的法定权利,如允许公司股东会以多数决的方式决议修改出资期限,则占资本多数的股东可随时随意修改出资期限,从而剥夺其他中小股东的合法权益。

其次,修改股东出资期限直接影响各股东的根本权利,其性质不同于公司增资、减资、解散等事项。后者决议事项一般与公司直接相关,但并不直接影响公司股东之固有权利。如增资过程中,不同意增资的股东,其已认缴或已实缴部分的权益并未改变,仅可能因增资而被稀释股份比例。而修改股东出资期限直接关系到公司各股东的切身利益。如允许适用资本多数决,不同意提前出资的股东将可能因未提前出资而被剥夺或限制股东权益,直接影响股东根本利益。因此,修改股东出资期限不能简单等同于公司增资、减资、解散等事项,亦不能简单地适用资本多数决规则。

最后,股东出资期限系公司设立或股东加入公司成为股东时,公司各股东之间形成的一致合意,股东按期出资虽系各股东对公司的义务,但本质上属于各股东之间的一致约定,而非公司经营管理事项。法律允许公司自治,但需以不侵犯他人合法权益为前提。公司经营过程中,如有法律规定的情形需要各股东提前出资或加速到期,系源于法律规定,而不能以资本多数决的方式,以多数股东意志变更各股东之间形成的一致意思表示。故此,本案修改股东出资期限不应适用资本多数决规则。

关于争议焦点三。一般债权具有平等性,但司法实践中,具有优先性质的公司债权在一定条件下可以要求公司股东提前出资或加速到期。如公司拖欠员工工资

---

① 对应 2023 年《公司法》第 49 条。——编者注

而形成的劳动债权,在公司无资产可供执行的情况下,可以要求公司股东提前出资或加速到期以承担相应的法律责任。而本案并不属于该种情形。本案当事人对上诉人鸿大公司是否继续经营持不同意见,且双方均确认《合作协议书》的合作目的已无法实现,目前也并无证据证明存在需要公司股东提前出资的必要性及正当理由,因此,一审判决认定本案要求股东提前出资不具有合理性且不符合常理,并无不当。章歌、何值松、蓝雪球等股东形成的临时股东会决议,剥夺了被上诉人姚锦城作为公司股东的出资期限利益,限制了姚锦城的合法权益。一审判决确认该项决议无效,于法有据,予以认可。

　　——《最高人民法院公报》2021 年第 3 期。

编者说明

　　公司资本制度改革赋予股东在认缴出资上一定的自由。在出资期限上,股东可以自行决定出资期限的长短,并享有出资期限利益,仅在特定情形下公司的债权人才能要求股东出资加速到期。修改股东出资期限,涉及公司各股东的出资期限利益,并非一般的修改公司章程事项,应适用股东一致决规则,不适用资本多数决规则。本案临时股东会决议第 2 项系通过修改公司章程将股东出资时间从 2037 年 7 月 1 日修改为 2018 年 12 月 1 日,其实质系将公司股东的出资期限提前。而修改股东出资期限,涉及公司各股东的出资期限利益,并非一般的修改公司章程事项,不能适用资本多数决规则。①

(二)股东资格认定与股权代持

178 实际出资人的股东身份认定标准及退股条件

关键词｜股东出资｜实际出资人｜股东身份认定｜退股条件｜

【人民法院案例库参考案例】

　　石某某诉隆德县某商贸公司、许某某股东出资纠纷案[入库编号:2023-08-2-265-001,宁夏回族自治区固原市中级人民法院(2023)宁 04 民终 385 号民事判决书,2023.8.14]

　　【裁判要旨】

　　有限责任公司股东资格认定需要在区分内部关系与外部关系前提下,结合当

---

　　① 参见庄龙平、李超、刘江:《修改股东出资期限不适用资本多数决规则》,载《人民司法·案例》2021年第 26 期。

事人是否有出资设立公司的意思表示,是否履行股东的出资义务,是否在对外具有公示性质的工商登记、公司章程和股东名册的记载中被列为公司股东等因素综合判定。在公司外部关系的案件中,应当充分考虑商事外观主义;在公司内部关系中,应当充分考虑股东是否实际享有股东权利,如通过参加股东会、取得公司分红参与公司的经营管理等来认定股东身份。在判断属于投资款或者借款时,充分考虑是否存在共同经营、共享收益、共担风险的投资合作特征。

【裁判理由】

法院生效裁判认为:本案案由因石某某变更了诉讼请求应为股东出资纠纷。本案争议焦点是隆德县某商贸公司及许某某应否返还石某某的出资款及资金占用期间的利息、一审判决驳回石某某的诉讼请求有无事实和法律依据。

首先,石某某的出资是投资款还是借款:由于隆德县某商贸公司、许某某、石某某对案涉石某某出资 50 万元是为投资款而非借款的事实均无异议,且在石某某出资的过程中,具有明显的共同经营、共享收益、共担风险的投资合作特征,确实应当认定为投资款而非借款。

其次,关于石某某向隆德县某商贸公司投资后,是否在形式上和实质上取得股东资格、行使股东权利;能否认定股东身份:虽然隆德县某商贸公司虽未为石某某股权办理工商登记,且备有股东名册,但因为在案证据隆德县某商贸公司股东会议、授权书、会议纪要、公司章程、会议决议、股息分红清算单等上均有石某某的签字,且石某某对其签名的真实性予以认可。庭审中石某某亦称从隆德县某商贸公司分红三万余元,构成法律上的自认,综上,石某某向隆德县某商贸公司进行了投资,该公司《章程》已将其记载为公司股东,并参与了公司的经营决策和管理,并从公司取得分红,在公司内部石某某实际取得股东资格、行使股东权利,其股东身份足以认定。

最后,在公司经营严重亏损,未经依法注销情况下股东要求返还出资:公司是企业法人,有独立的法人财产,享有法人财产权,其以全部财产对公司的债务承担责任。石某某向隆德县某商贸公司出资后,其出资款即转为公司的法人财产,独立于股东个人财产而构成公司法人人格的物质基础。石某某作为隆德县某商贸公司的股东依法享有公司资产收益、参与重大决策和选择管理者的权利,不再享有出资款的所有权,在公司未经清算且清偿完毕所有债务的情况下,石某某诉请隆德县某商贸公司返还投资款及资金占用期间的利息于法无据且与公司资本维持原则相悖,不予支持。

——人民法院案例库,https://rmfyalk.court.gov.cn。

179 借名股东与冒名股东的司法认定

关键词｜股东资格确认｜借名股东｜冒名股东｜

【人民法院案例库参考案例】

叶某诉江苏某工程有限公司、第三人纪某等股东资格确认纠纷案[入库编号：2024-08-2-262-001,江苏省无锡市中级人民法院(2020)苏02民终4197号民事判决书,2020.11.10]

【裁判要旨】

1. 冒名股东与借名股东性质完全不同,虽然两者都不实际行使股东权利,但后者对于其名义被借用是明知或应知的,前者却根本不知其名义被冒用,完全没有成为公司股东的意思表示,故在对外法律关系上,两者的法律后果截然不同。借名股东遵循的是商事法的外观主义原则和公示公信原则,需对外承担股东责任,而对于冒名股东而言,由于其系在不知情的情况下形成了所谓的股东外观,该外观系因侵权行为所致,故应适用民法意思表示的原则,被冒名者不应视为法律上的股东,不应对外承担股东责任。作为股东资格的反向确认,冒名股东的确认旨在推翻登记的公示推定效力,进而免除登记股东补足出资责任及对公司债务不能清偿部分的赔偿责任。因此,对主张被冒名者应适用较为严格的证明标准,以防止其滥用该诉权规避其本应承担的法律责任。

2. 区分冒名股东与借名股东的关键在于当事人对于被登记为公司股东是否知情。由于公司在设立时并不严格要求投资人必须到场,代签可以在被代签者明知或者默认的情形下发生,故被"代签名"并不等同于被"盗用"或"盗用身份"签名,因此,仅凭工商登记材料中的签字并非是登记股东亲自签署,并不能得出其系冒名股东的结论,即不能仅凭工商登记材料中的签名情况作为唯一判定标准,而应综合考量冒名者持有其身份材料是否有合理解释、其与冒名者之间是否存在利益牵连等因素作出综合认定。

【裁判理由】

法院生效裁判认为,本案的争议焦点为叶某是否是被冒名成为工程公司的股东。

所谓冒名股东,是指被他人冒用或者被盗用名义出资登记为公司股东的股东。被冒名者没有出资设立公司、参与经营管理、分享利润和承担风险的意思表示,也无为自己或者他人与公司其他股东设立公司的合意,且根本不知其名义被冒用,被冒名者不应视为法律上的股东。冒名登记不同于借名登记,借名登记表现为借用他人名义登记成为公司股东,并由借名人实际行使股东权利,被借名人并不行使股东权利。借名登记与冒名登记的根本区别之处在于对方是否知情并同意,如果对方不知情则为冒名登记行为，如果对方知情并同意则为借名登记行为。在对外法律关系中，由于被借名人登记为公司股东，依据公司法外观主义原则与公示原则，为保护无过错的公司债权人及公司其他股东，被借名人仍应承担相应的股东责任。《最高人民法院关于民事诉讼证据的若干规定》第九条规定，当事人作出自认后，就要受到该自认的约束。只有在经对方当事人同意的及自认是在受胁迫或者重大误解情况下作出的，才准许当事人撤销自认。纪某一审中陈述"2004 年因为公司要年检，要叶某签字，所以我就和叶某说了，让叶某签了字"。二审中，纪某改变其自认，称其是和王会计说了，让王会计签的字。某某公司不同意纪某撤销自认，纪某也不是在受胁迫或者重大误解情况下作出的上述自认。故纪某应受一审中自认的约束。根据纪某的该陈述，叶某知道其是工程公司的股东，也并不反对其成为工程公司的股东。叶某不是被冒名成为工程公司的股东。经司法鉴定，工程公司设立时的相关文件上"叶某"的签名不是其本人所签，但对外不能据此即否定叶某为工程公司的股东。此外，叶某与纪某有共有房屋，纪某以自己的义务为登记在叶某名下的房屋进行装修支出费用等，可以认定纪某与叶某关系密切，叶某称其对被登记为工程公司股东始终不知情，不足以令人采信。故叶某仅能认定为被借名成为工程公司股东，对外应承担股东的相应责任。对于叶某的诉讼请求，法院不予支持。

——人民法院案例库，https://rmfyalk.court.gov.cn。

180 公司股东起诉要求确认其他股东不具备股东资格的，不符合确认之诉的要件

关键词 │ 股东资格确认 │ 公司决议 │ 公司章程 │

【人民法院案例库参考案例】

燕某某诉唐某某、胡某某、郭某某股东资格确认纠纷案[入库编号：2023-08-2-262-007，宁夏回族自治区贺兰县人民法院(2021)宁 0122 民初 3140 号之二民事裁定书，2022.4.14]

【裁判要旨】

确认之诉是诉讼一方当事人请求法院确认其与诉讼另一方当事人之间存在或不存在某种民事法律关系的诉，其目的是通过法院确认法律关系存在或不存在，进而肯定自己所享有的实体权利或否定自己应承担的义务。一方当事人起诉请求确认另一方当事人与第三人之间不存在民事法律关系的，不符合确认之诉的构成要件。

确认之诉仅能对民事法律关系存在与否进行确认,不能对现存民事关系进行改变。故对于公司股东起诉要求确认其他股东不具有股东资格的,人民法院不能在未经公司决议的情况下直接以司法裁判来剥夺公司股东的身份,公司股东可在公司法范围内通过公司规章、制度实现自身权利的救济。

【裁判理由】

本案系同一公司内股东与股东之间因具体出资等因素而产生的股东资格确认纠纷,系确认之诉。确认之诉是诉讼一方当事人请求法院确认其与诉讼另一方当事人之间存在或不存在某种民事法律关系的诉,其目的是通过法院确认某种法律关系存在或不存在,进而肯定自己所享有的实体权利或否定自己应承担的义务。

依照公司法及其相关法律解释的规定,公司的股东有权向人民法院起诉请求确认其股东资格,或请求确认其不具备股东资格。因为当事人自身是否具备股东资格本质上就是当事人与公司之间是否存在民事法律关系的问题,故当事人向法院提起诉讼请求确认自己具备或不具备公司股东资格符合确认之诉的要件,亦于法有据。但公司的股东与公司的另一名股东之间,并不具备当然的民事法律关系,一名股东与公司之间是否具备民事法律关系(是否具备股东资格),并不影响另一名股东与公司之间的关系(不影响另一名股东的股东资格)。本案燕某某的诉求是要求确认唐某某、郭某某与案外人某程公司之间不存在民事法律关系,而不是要求确认燕某某与唐某某、郭某某之间的民事法律关系,不符合确认之诉的构成要件。

同时,本案各方对于唐某某、郭某某被登记为某程公司股东的事实均无异议。在燕某某的起诉理由中,燕某某以唐某某、郭某某均未实际出资,某程公司设立期间股东会决议等材料中"郭某某"的签名均不是其本人书写、郭某某未实际参与公司经营管理等理由,主张唐某某、郭某某不具备股东资格。根据燕某某的表述,其目的并不是确认现存的某种法律关系,而是希望通过法院的判决来改变或消灭现有的唐某某、郭某某与案外人某程公司之间的民事法律关系。而确认之诉仅能对民事法律关系存在与否进行确认,并不需要而且不能对现存民事法律关系进行改变。从这个角度讲,燕某某提起的诉讼亦不符合确认之诉的构成要件。

关于法院能否认唐某某、郭某某的股东资格的问题。公司法规定(三)第16条、第17条之规定,对公司股东未实际出资、提交虚假材料等情形,都规定了明确的救济途径和惩罚措施,公司可对未实际出资股东相应的股东财产权利作出合理限制,即使股东没有实际出资也并不必然导致其丧失股东资格。法律并未赋予法院直接剥夺唐某某、郭某某所享有的案外人某程公司股东资格的权利,法院也不应在未经公司决议的情况下直接以司法判决来剥夺公司成员的股东身份。燕某某可在公司法范围内通过公司的规章、制度等救济自身的权利,其请求法院直接剥夺另一股东的股东资格并无法律依据。

——人民法院案例库,https://rmfyalk.court.gov.cn。

181 股权代持协议的性质及效力判断

关键词 | 股权代持 | 委托合同 | 间接代理 |

【链接：最高人民法院法官著述】

(一)关于股权代持

股东资格的取得分为原始取得和继受取得。无论如何取得,股东名册是公司法所明确认可的认定股东资格的依据,对此原公司法第 32 条第 2 款、新公司法第 56 条第 2 款、第 86 条第 2 款均有大体一致的规定。实践中,往往公司未置备股东名册,公司签发的股权证明书、公司章程的记载也可以成为股东资格的判断依据,但从公司法的规定来说,共识性观点认为股东名册记载对股东资格具有推定效力,股权登记具有对抗效力。

特别值得研究的是,实践中大量出现代持股的现象,在实际出资人(隐名股东)与名义股东之间发生股权之争时,当然就不能简单地看股东名册等公司文件记载。隐名股东起码要首先证明其依法向公司实缴出资或认缴出资,或者以受让等形式继受公司股权。对有限责任公司而言,还要进一步提供符合有限责任公司人合性特征要求的证据,比如证明有限责任公司其他股东知道其实际出资的事实且无异议的证据,原公司法司法解释(三)及九民纪要有较为明确的裁判指引,新公司法未作相关制度修改的规定可继续沿用。但相关实务问题,需要加以进一步研究：

其一,股权代持协议的性质及效力判断。

上述名义股东与隐名股东之争中隐含的一个深层次的问题是,二者属于什么样的法律关系？从多数协议的约定看,无非是一方以另一方的名义出资并享有相应的投资权益。有观点把股权代持定性为委托合同,属于民法典第 925 条规定的间接代理,有一定道理。单就隐名股东与名义股东之间的代持关系而言,符合委托合同的基本特征,也无与公司法制度设计冲突之处。但就名义股东、隐名股东与公司的关系而言,依照间接代理法律关系定位,隐名股东为委托人、名义股东为受托人、公司为第三人。股权不同于一般的财产权,股权的变动涉及内外部关系平衡和公司组织体的运作,故不能简单地套用合同法律制度,而是要结合公司法律制度进行综合判断。概言之,在对涉及公司的合同依民法典规定归类时,要融入公司法因素。隐名股东作为委托人向第三人公司主张股东权利,需要公司组织体对其股东身份的认可,而且向公司行使表决权、利润分配权等股东权利对公司、公司其他股东、公司债权人等相关利益者权益产生持续性影响。因此,股权代持是否可以以间接代理关系定位,需要衡量民法典对间接代理的制度设计是否符合公司法关于公司认可股东资格的规定。不妨以人合性特征明显的有限责任公司为例进行分析:当公司在股东出资时知道代持关系[公司知道以原公司法司法解释(三)所规定的情形认定]的情况下,按民法典第 925 条关于委托人介入权的规定,代持协议直接约束公司与隐名股东,隐名股东可以直接显名或行使股东权利,公司可以要求其承担出资义务;在公司不知道代持关系的情况下,根据民法典第 926 条关于当事人选择权的规定,如果公司同意(股东过半数同意),则隐名股东可以显名或直接行使股东权利,公司如果不同意,则不能显名或直接行使股东权利。按此分析,依据民法典第 925 条、第 926 条对间接代理的制度安排,与新公司法关于有限责任公司人合性规定可以保持一致。因此,笔者倾向于将股权代持协议定性为委托合同中的间接代理关系。事实上,根据民法典第 467 条关于对无名合同可以参照最类似合同规定适用的规定,把股权代持作为无名合同参照民法典关于间接代理的规定处理也无不可。笔者之所以主张归类为间接代理这一有名合同,主要是为司法实践中的法律适用提供更加明确的指引。比如,定性为委托合同,作为委托人隐名股东享有任意解除权,实践中就无需在是否具备一般合同的解除权问题上大费周折。何况,任意解除权也是隐名股东从幕后走上前台的基础。

进一步需要解决的一个重要问题是代持合同的效力如何判断? 要按民法典关于合同效力的规定进行判断,而不能简单地仅以代持协议规避法律规定为由认定无效。新公司法第 140 条第 2 款关于禁止违反法律、行政法规规定代持上市公司股票的规定,也说明公司法并未规定所有股权代持均无效,只有违反法律、行政法规规定代持才无效。比如规避金融机构持股比例、持股资格规定的代持协议,应认定无效。

实践中的难题还在于,如果代持协议被认定为无效,股权如何处理? 可区别不同情况:

在隐名股东具备法律、行政法规规定的持股资格且无人合性障碍的情况下,应当支持隐名股东显名的请求,这相当于无效情况下能够返还财产的要予以返还。比如,如果法律禁止股权代持的目的在于使关联关系公开透明,隐名回归显名,恰好符合目的,是对原非法状态的修复。

但如果隐名股东取得股东资格本身就违背法律规定,或有人合性障碍,则不能支持股东显名的主张,只能判令股权转让(限制竞买条件的拍卖、变卖等)给具备持股条件的人,隐名股东取得相应价款,或根据事实情况对名义股东、隐名股东按一定比例分配。比如,隐名股东取得股东资格违反法律、行政法规关于持股比例的规定,违反持股条件的规定,违反交叉持股的规定等,属于合同无效情况下法律上的财产返还不能。

在代持协议无效或解除的情况下,二者的利益平衡,要依据协议情况、股权投资获利或亏损情况进行综合判断,实现公平公正之效果。对此,以往的相关案例可资参考。

值得注意的是,上述代持协议无效的两种处理结果,只是站在处理民商事纠纷的立场而言的,无论民事权益判决归属于哪一方,都不影响行政管理部门依法没收股权或相应价款等行政处罚。当前,人民法院一再强调共管共治、诉源治理,在处理类似纠纷的过程中,要注意民商事审判与行政管理的衔接,必要时可向监管部门发出相应的司法建议,以避免违法获利。

——刘贵祥:《关于新公司法适用中的若干问题》,载《法律适用》2024 年第 6 期。

182 有限责任公司实际出资人显名的条件

关键词 │ 实际出资人 │ 显名 │ 名义股东 │

【最高人民法院司法解释】

第二十四条 有限责任公司的实际出资人与名义出资人订立合同,约定由实际出资人出资并享有投资权益,以名义出资人为名义股东,实际出资人与名义股东对该合同效力发生争议的,如无法律规定的无效情形,人民法院应当认定该合同有效。

前款规定的实际出资人与名义股东因投资权益的归属发生争议,实际出资人以其实际履行了出资义务为由向名义股东主张权利的,人民法院应予支持。名义股东以公司股东名册记载、公司登记机关登记为由否认实际出资人权利的,人民法院不予支持。

实际出资人未经公司其他股东半数以上同意,请求公司变更股东、签发出资证明书、记载于股东名册、记载于公司章程并办理公司登记机关登记的,人民法院不予支持。

——《最高人民法院关于适用〈中华人民共和国公司法〉若干问题的规定(三)》(2021 年 1 月 1 日,法释〔2020〕18 号修正)。

【链接：理解与适用】

实际出资人、名义股东与股权受让人间的利益平衡

在商事实践中,由于各种原因,公司相关文件中记名的人(名义股东)与真正投资人(实际出资人)相分离的情形并不鲜见,双方有时就股权投资收益的归属发生争议。我们认为,如果名义股东与实际出资人约定由名义股东出面行使股权,但由实际出资人享受投资权益属于双方间的自由约定,根据缔约自由的精神,如无其它违法情形,该约定应有效,实际出资人可依照合同约定向名义股东主张相关权益。解释(三)①对此作出了规定。需要说明的是,公司法第三十三条第二款②规定记载于股东名册的股东,可以依股东名册主张行使股东权利,我们认为该规定中股东名册中的记名,是名义股东(即记名人)用来向公司主张权利或向公司提出抗辩的身份依据,而不是名义股东对抗实际出资人的依据,所以名义股东不能据其抗辩实际出资人。同样,公司法第三十三条③第三款虽然规定未在公司登记机关登记的不得对抗第三人,但我们认为在名义股东与实际出资人就投资权益发生争议时,名义股东并不属于此处的第三人,所以名义股东也不得以该登记否认实际出资人的合同权利。

在实际出资人与名义股东间,实际出资人的投资权益应当依双方合同确定并依法保护。但如果实际出资人请求公司变更股东、签发出资证明书、记载于股东名册、记载于公司章程并办理公司登记机关登记等,此时实际出资人的要求就已经突破了前述双方合同的范围,实际出资人将从公司外部进入公司内部成为公司的成员。此种情况下,根据公司法第七十二条第二款④规定的股东向股东以外的人转让股权,应当经其他股东过半数同意,解释(三)规定此时应当经其他股东半数以上同意。

公司法第三十三条第三款规定股东姓名或名称未在公司登记机关登记的,不得对抗第三人。所以第三人凭借对登记内容的信赖,一般可以合理地相信登记的股东(即名义股东)就是真实的股权人,可以接受该名义股东对股权的处分,实际出资人不能主张处分行为无效。但是实践中,有的情况下名义股东虽然是登记记

---

① 指《公司法解释(三)》。——编者注
② 对应 2023 年《公司法》第 56 条第 2 款。——编者注
③ 对应 2023 年《公司法》第 34 条(公司变更登记和登记对抗效力):"公司登记事项发生变更的,应当依法办理变更登记。公司登记事项未经登记或者未经变更登记,不得对抗善意相对人。"将原《公司法》中的"不得对抗第三人"改为"不得对抗善意相对人",与《民法典》第 65 条的规定保持一致。——编者注
④ 对应 2023 年《公司法》第 84 条(有限责任公司股权转让权)第 2 款:"股东向股东以外的人转让股权的,应当将股权转让的数量、价格、支付方式和期限等事项书面通知其他股东,其他股东在同等条件下有优先购买权。股东自接到书面通知之日起三十日内未答复的,视为放弃优先购买权。两个以上股东行使优先购买权的,协商确定各自的购买比例;协商不成的,按照转让时各自的出资比例行使优先购买权。"一是将原《公司法》关于向股东以外的人转让股权须征得其他股东同意及股东行使优先购买权两个步骤修改为其他股东享有优先购买权一个步骤,简化了股东向股东以外的人转让股权的程序规则,赋予股东对外转让股权更大的自由。二是吸收了《公司法解释(四)》第 18 条规定,通过列举,明确了对外股权转让的书面通知须载明股权转让的数量、价格、支付方式和期限等事项,对"同等条件"进行了明确的界定,能够更好地平衡股东之间及股东与股东以外的受让人之间的利益。——编者注

载的股东，但第三人明知该股东不是真实的股权人，股权应归属于他人（即实际出资人），在名义股东向第三人处分股权后如果仍认定该处分行为有效，实际上就助长了第三人及名义股东的不诚信行为。实际出资人主张处分股权行为无效的，应按照物权法第一百零六条①规定的善意取得制度处理，即登记的内容构成第三人的一般信赖，第三人可以以登记的内容来主张其不知道股权归属于实际出资人并进而终局地取得该股权，但实际出资人可以举证证明第三人知道或应当知道该股权归属于实际出资人。一旦证明，该第三人就不构成善意取得，处分股权行为的效力就应当被否定，其也就不能终局地取得该股权。当然，在第三人取得该股权后，实际出资人基于股权形成的利益就不复存在，可以要求作出处分行为的名义股东承担赔偿责任。

——宋晓明、张勇健、杜军：《〈关于适用公司法若干问题的规定（三）〉的理解与适用》，载《人民司法·应用》2011 年第 5 期。

【最高人民法院司法文件】

28.【实际出资人显名的条件】实际出资人能够提供证据证明有限责任公司过半数的其他股东知道其实际出资的事实，且对其实际行使股东权利未曾提出异议的，对实际出资人提出的登记为公司股东的请求，人民法院依法予以支持。公司以实际出资人的请求不符合公司法司法解释（三）第 24 条的规定为由抗辩的，人民法院不予支持。

——《全国法院民商事审判工作会议纪要》（2019 年 11 月 8 日，法〔2019〕254 号）。

【链接：理解与适用】

本条涉及的争议主要在于对公司法司法解释（三）第 24 条规定的"公司其他股东半数以上同意"的理解存在分歧。一种观点认为，公司其他股东半数以上同意仅指明示的同意，需要公司其他半数以上股东作出明确的意思表示认可实际出资人的股东身份，实际出资人方可主张登记为公司股东。另一种观点认为，公司其他股东半数以上同意既包括明示的同意，也包括默示的同意，即公司其他半数以上股东在知晓实际出资人的存在，且实际行使股东权利的情况下，未曾提出过异议，即可推定为其认可实际出资人的股东身份，实际出资人即符合登记为公司股东的要件。

我们倾向于第二种观点，实际出资人显名化需要征得公司其他股东过半数以上同意，是基于有限责任公司的人合性。如果在公司经营过程中，其他半数以上股

---

① 对应《民法典》第 311 条。——编者注

东知晓实际出资人实际行使股东的权利,且从未提出过异议,则说明已经以其自身行为认可了实际出资人实际享有股东权利的地位,此时赋予实际出资人显名的股东地位,不会对公司的实际经营产生影响,亦不会破坏股东之间的信赖关系。此时,为了防止半数以上其他股东违反诚实信用原则故意反对将实际出资人登记为公司股东,在其长期知晓这一事实而未曾提出过异议的情况下,也应支持实际出资人登记为公司股东的请求。

——最高人民法院民事审判第二庭编著:《〈全国法院民商事审判工作会议纪要〉理解与适用》,人民法院出版社 2019 年版,第 228 页。

183 名义股东处分股权的法律后果

关键词│股权代持│无权处分│股权善意取得│

【链接：最高人民法院法官著述】

其二,名义股东处分股权的法律后果。

实践中,因名义股东擅自处分股权而产生纠纷的情况并不少见,此属有权处分还是无权处分,存在不同的观点。笔者不赞同有权处分的观点。股权代持,顾名思义,代替他人持有股权,真正的权利人是隐名股东,未经其同意或授权处分股权,定位为有权处分,不符合逻辑,也不符合诚信守约的价值取向。依据代持协议,作为名义股东是不能擅自处分股权的,否则,构成违约。在法律已经有善意取得制度对善意相对人交易安全予以保护的情况下,把名义股东违约处分股权定位为有权处分,岂不是从法律上认可违约的正当性,鼓励违约? 如果既能够保护交易安全,又能够兼顾信守合同的价值取向,岂不是更可取? 进一步说,把名义股东处分股权定位为无权处分,对于处分端,起码彰显违背代持协议处分股权的非正当性及法律的否定性评价;对于接受股权处分的另一端,法律以牺牲实际权利人的权益为代价予以保护的前提是善意,知道或应当知道股权系代持而欣然接受,没有保护之必要,没有保护之正当性。按善意取得制度解决股权代持情况下名义股东与相对人的股权交易关系,相对人取得股权,隐名股东通过向名义股东请求赔偿弥补损失,在名义股东无清偿能力的情况下,风险由隐名股东承担,这也是股权代持的风险。有观点主张,按商法的外观主义处理股权代持转让问题,均以登记或股东名册为准,任何人任何情况都可以基于对外观的信赖而获得保护,实难苟同。民商法上的外观主义,是旨在保护交易安全,避免因信赖权利外观的交易相对人面临不测之风险,但这种保护一方面不能绝对化,不能以此作为名义权利人与实际权利人权利归属的判断依据,另一方面,即使对交易相对人的交易安全保护也是有限度的,原则上以法律的具体规定为依据,而法律多在相对人善意无过错情况下才予以保护。无论是无权代表,还是无权代理、无权处分等无不如此。

关于股权善意取得制度,原公司法司法解释(三)第 25 条已有相关规定,在司法解释修订时有继续保留之必要。但需要进一步检视的是,应以何种标准认定相对人是否构成"善意"? 共识性解读是"不知道或不应当知道"。这与前文述及瑕疵出资股东转让股权时认定"受让人不知道且不应当知道"出资不足情形并无二致。按经济生活常识,一个正常的股权转让交易,怎么可能仅查阅一下连股权比例、实际出资情况都反映不出来的股权登记就完成交易? 出于维护自身受让股权是否物有所值的考虑,都会进行一些必要的其他查询,只要查询股东名册记载与登记一致,就可以构成善意。在股权代持情况下,不能把相对人的善意要求再加进别的成分。而对"一股二卖"情况下的"善意"也应掌握同样标准,这关系到"一股二卖"情况下多个受让权利冲突问题的解决,后面在股权转让部分再详述。

——刘贵祥:《关于新公司法适用中的若干问题》,载《法律适用》2024 年第 6 期。

(三)股权转让

184 股权转让合同不因未通知其他股东或侵害其他股东优先购买权而无效或可撤销

关键词 ｜ 股权转让 ｜ 优先购买权 ｜ 合同效力 ｜

【最高人民法院司法解释】

第二十一条　有限责任公司的股东向股东以外的人转让股权,未就其股权转让事项征求其他股东意见,或者以欺诈、恶意串通等手段,损害其他股东优先购买权,其他股东主张按照同等条件购买该转让股权的,人民法院应当予以支持,但其他股东自知道或者应当知道行使优先购买权的同等条件之日起三十日内没有主张,或者自股权变更登记之日起超过一年的除外。

前款规定的其他股东仅提出确认股权转让合同及股权变动效力等请求,未同时主张按照同等条件购买转让股权的,人民法院不予支持,但其他股东非因自身原因导致无法行使优先购买权,请求损害赔偿的除外。

股东以外的股权受让人,因股东行使优先购买权而不能实现合同目的的,可以依法请求转让股东承担相应民事责任。

——《最高人民法院关于适用〈中华人民共和国公司法〉若干问题的规定(四)》(2021年1月1日,法释〔2020〕18号修正)。

【链接:理解与适用】

十一、关于优先购买权的损害救济

《解释》①第21条是对股东优先购买权受到损害时如何获得救济的规定。该条规定依据诚信、公平等基本原则对公司法第七十一条②第二款、第三款进行解释,规定其他股东此时享有强制缔约以优先购买的权利,与《解释》第20条规定转让股东依法履行通知义务时享有放弃转让权利相互呼应。该条第1款但书规定的宗旨在于维护公司稳定经营。股权转让及股权变动以后如果达到一定期间,则新股东与其他股东的人合性和公司经营管理都进入了一个新的稳定状态,此时如果支持其他股东行使优先购买权,将破坏公司的稳定经营。根据该规定,在股权已经变更登记的情况下,其他股东在股权变更登记之日起的1年以内,知道或者应当知道同等条件的,应当在30日以内提出优先购买的主张;超过1年以后,不论是否在该30日内提出优先购买权主张,均不予支持。在股权还没有变更登记的情况下,其他股东可以自知道或者应当知道行使优先购买权的同等条件之日起30日以内主张优先购买,超过期限提出主张的不予支持。此时,就其他股东行使优先购买权并没有规定最长期间,但应当受到诉讼时效的限制。

为防止其他股东在并无购买转让股权意愿的情况下仅请求确认转让合同或者股权变动的效力,但不主张优先购买,由此造成无意义的诉讼,《解释》第21条第2款规定,人民法院对此类请求不予支持。该规定有利于维护交易秩序、公司经营秩序的稳定和公司外第三人的合法权益。但其他股东非因自身原因,比如超过股权变动1年以后知道或者应当知道同等条件,导致无法行使优先购买权的,其可以提出损害赔偿主张。

在其他股东成功行使优先购买权的情况下,必然在转让股东与第三人、其他股东之间分别成立两个合同。特别是在损害其他股东优先购买权情况下,如何处理转让股东与第三人在先转让合同的效力问题,存在较大争议,公司法理论上产生了有效说、无效说、附法定条件生效说、效力待定说、可撤销说、相对无效说等各种主张,司法实践中亦有类似的分歧。我们认为,这些主张有的与合同法关于合同效力的相关规定并不相符,如无效说、可撤销说等;有的缺乏合同法依据,如相对无效说等;有的没有涵盖此类合同效力可能存在的多种形态,如有效说等。由于损害其他

---

① 指《公司法解释(四)》。——编者注
② 对应2023年《公司法》第84条。——编者注

股东优先购买权的手段和方式存在多种类型,而且此外还存在影响转让股东与第三人股权转让合同效力的其他因素,因此此类合同的效力难以一概而论,而应当结合案情,依据合同法的规定具体分析。比如转让股东与股东以外的受让人恶意串通损害其他股东优先购买权的,根据合同法第五十二条第(二)项①的规定,对外转让股权的合同无效。其他股东可以主张确认无效,并主张按照同等条件优先购买;股东以外的受让人只能请求与转让股东按照过错分配责任。

需要深入分析的问题是,在其他股东成功行使优先购买权的情况下,如果转让股东与第三人订立的股权转让合同有效,第三人是否有权要求实际履行?是否会因此产生与股东优先购买权的冲突?我们认为,对此种情形应当适用合同法第一百一十条第(一)项②的规定,即法律上不能履行的非金钱债务,对方不得要求履行,对第三人提出的实际履行请求不予支持。这里的"法律",即公司法第七十一条规定的其他股东的优先购买权。因为如果履行对外转让股权的合同,就会侵犯其他股东的优先购买权。此时,其他股东可以行使优先购买权阻却对外股权转让合同的履行及股权变动的效力,主张按照同等条件购买,股东以外的买受人则可以依法主张违约责任。基于上述认识,《解释》第21条第3款规定:"股东以外的股权受让人,因股东行使优先购买权而不能实现合同目的的,可以依法请求转让股东承担相应民事责任。"

——贺小荣、曾宏伟:《〈关于适用《中华人民共和国公司法》若干问题的规定(四)〉的理解与适用》,载《人民司法·应用》2017年第28期。

【最高人民法院司法文件】

9.【侵犯优先购买权的股权转让合同的效力】审判实践中,部分人民法院对公司法司法解释(四)第21条规定的理解存在偏差,往往以保护其他股东的优先购买权为由认定股权转让合同无效。准确理解该条规定,既要注意保护其他股东的优先购买权,也要注意保护股东以外的股权受让人的合法权益,正确认定有限责任公司的股东与股东以外的股权受让人订立的股权转让合同的效力。一方面,其他股东依法享有优先购买权,在其主张按照股权转让合同约定的同等条件购买股权的情况下,应当支持其诉讼请求,除非出现该条第1款规定的情形。另一方面,为保护股东以外的股权受让人的合法权益,股权转让合同如无其他影响合同效力的事由,应当认定有效。其他股东行使优先购买权的,虽然股东以外的股权受让人关于继续履行股权转让合同的请求不能得到支持,但不影响其依约请求转让股东承担相应的违约责任。

---

① 对应《民法典》第154条。——编者注
② 对应《民法典》第580条第1款第1项。——编者注

——《全国法院民商事审判工作会议纪要》(2019 年 11 月 8 日,法〔2019〕254 号)。

【链接：最高人民法院法官著述】

一是有限责任公司其他股东优先购买权问题。

如果股权转让未依据新公司法第 84 条规定通知其他股东行使优先购买权,原公司法司法解释(四)第 21 条及九民纪要第 9 条作了较为全面的规定,可以概括为:

第一,股权转让合同不因未通知其他股东或侵害其他股东优先购买权而无效或可撤销,因其他股东行使优先购买权导致合同不能履行,可向转让人主张违约责任。

第二,股权转让合同有效与否不影响其他股东行使优先购买权,即使股权已经完成变更手续亦然。但是,股东应在合理期限内行使优先购买权。司法解释为统一裁判尺度,参照公司法关于其他股东收到通知情况下应在 30 日内行使权利的规定,明确规定其他股东自知道或应当知道股权转让的"同等条件"之日起 30 日内行使权利。同时,又进一步明确:即使在其他股东不知道或不应知道股权转让情况下,自股权变更登记之日起 1 年的最长行使权利期限。最长期限的规定,属于漏洞填补性规定。主要考虑的是,在股权完成变更登记的情况下,应推定其他股东应当知道股权转让的事实,且 1 年的时间内新股东行使权利其他股东不知情也不合情理。在其他股东应当知道股权转让的情形下,使股权变动长期处于不稳定状态对新股东亦不公平,对公司发展亦十分不利。这需要平衡新老股东、其他股东、公司利益。平衡点是,有一个其他股东行使优先购买权最长期限的安排,同时赋予其他股东向转让人的损害赔偿请求权,如果转让人与受让人恶意串通,以黑白合同等形式隐瞒"同等条件"损害其他股东优先购买权,受让人应与转让人承担连带责任。此外,此时的赔偿请求权受诉讼时效约束,而不受此最长期限之约束。当然,此时,其他股东也可以引用民法典第 154 条规定,以转让人与受让人恶意串通损害其他股东优先购买权为由主张股权转让合同无效。对此,在司法解释修改时应进一步完善。

——刘贵祥:《关于新公司法适用中的若干问题》,载《法律适用》2024 年第 6 期。

编者说明

2023 年《公司法》第 84 条规定了有限责任公司股东转让股权的规则:"有限责任公司的股东之间可以相互转让其全部或者部分股权。股东向股东以外的人转让股权的,应当将股权转让的数量、价格、支付方式和期限等事项书面通知其他股东,其他股东在同等条件下有优先购买权。股东自接到书面通知之日起三十日内未答复的,视为放弃优先购买权。两个以上股东行使优先购买权的,协商确定各自的购买比例;协商不成的,按照转让时各自的出资比例行使优先购买权。公司章程对股权转让另有规定的,从其规定。"较之原《公司法》第71条,主要有两处修改:(1)将原《公司法》关于向股东以外的人转让股权须征得其他股东同意及股东行使优先购买权两个步骤修改为其他股东享有优先购买权一个步骤,股东仅需向其他股东通知一次对外转让股权相关事项即可,简化了股东向股东以外的人转让股权的程序规则,赋予了股东对外转让股权更大的自由。(2)吸收参考了《公司法解释(四)》第18条规定,通过列举的方式,明确了对外股权转让的书面通知须载明股权转让的数量、价格、支付方式和期限等事项,对"同等条件"进行了明确的界定,能够更好地平衡股东之间及股东与股东以外的受让人之间的利益。①

185 在强制转让股权的情况下，只有股权价格才是判断"同等条件"的因素

关键词│ 强制股权转让 │ 优先购买权 │ 同等条件 │

【链接：最高人民法院法官著述】

(三)关于股权的强制转让

三是对强制转让股权时其他股东优先购买权的影响。

虽然新公司法第85条未作修改,完全继受了原公司法第72条的规定,但鉴于公司法和执行法领域的理论、实务工作者对于该条规定的股东行使优先购买权的"同等条件"(尤其是"同等价格")存在不同理解,故有必要一并予以阐释。

"同等条件"是优先购买权行使的实质要件,其本质是民法上等价有偿、公平等基本价值在公司法中的体现。原公司法司法解释(四)第18条对于股东自行转让股权时"同等条件"的内涵作了规定,新公司法第84条予以吸收,即其应当包含"数量、价格、支付方式和期限等事项"。强制转让股权与自行转让股权不同,对于股权转让的数量、价格、支付方式及期限等,原则上由人民法院决定,各方当事人一般不能自行商定。所以,在强制转让股权的情况下,只有股权的价格才是判断"同等条件"的因素。

有观点认为,股权强制转让时其他股东行使优先购买权的"同等价格"应为股权的评估价而非拍卖程序中的最高应价,如此方可最大限度保护其他股东的优先购买权,保护有限责任公司的人合性。对此,笔者不能苟同。主要理由在于,在股权强制转让的情况下,不仅要考虑其他股东的优先购买权和公司的人合性,还要考虑申请执行人的胜诉债权。与自行转让股权时的成交价系双方谈判博弈的结果不

---

① 参见林一英等编著:《公司法新旧对照与条文解读》,法律出版社2023年版,第34页。

同,股权强制转让时的评估价往往仅为"参考价",股权的真实价值需要通过拍卖竞价程序最终发现。如仅以评估价作为行使优先购买权的"同等价格",在股权可能存在拍卖溢价的情况下,就会损害申请执行人及被执行股东的利益。对此,原公司法司法解释(四)第22条第1款规定:"通过拍卖向股东以外的人转让有限责任公司股权的,适用公司法第七十一条第二款、第三款或者第七十二条规定的'书面通知''通知''同等条件'时,根据相关法律、司法解释确定。"此处的"相关法律、司法解释"就是有关民事强制执行的法律、司法解释,即《最高人民法院关于人民法院民事执行中拍卖、变卖财产的规定》第13条和《最高人民法院关于人民法院网络司法拍卖若干问题的规定》第21条的规定。① 也就是说,无论是传统拍卖还是网络拍卖,其他股东均应以拍卖过程中的最高应价而非评估价来行使优先购买权。有所不同的是,当多个股东以相同价格同时行使优先购买权时,在传统拍卖的情况下,由抽签决定买受人;在网络司法拍卖的情况下,则以出价在先的为买受人。显然,此两种方式与股东自行转让股权时以"协商+出资比例"确定优先购买权的方式也不相同。

——刘贵祥:《关于新公司法适用中的若干问题》,载《法律适用》2024年第6期。

186 有限责任公司股权受让人自记载于股东名册时起可以向公司主张行使股东权利

关键词 ｜ 股权转让 ｜ 股权变动 ｜ 股东名册变更 ｜

【最高人民法院司法文件】

8.【有限责任公司的股权变动】当事人之间转让有限责任公司股权,受让人以其姓名或者名称已记载于股东名册为由主张其已经取得股权的,人民法院依法予以支持,但法律、行政法规规定应当办理批准手续生效的股权转让除外。未向公司登记机关办理股权变更登记的,不得对抗善意相对人。

---

① 《最高人民法院关于人民法院民事执行中拍卖、变卖财产的规定》第13条规定:"拍卖过程中,有最高应价时,优先购买权人可以表示以该最高价买受,如无更高应价,则拍归优先购买权人;如有更高应价,而优先购买权人不作表示的,则拍归该应价最高的竞买人。顺序相同的多个优先购买权人同时表示买受的,以抽签方式决定买受人。"
　《最高人民法院关于人民法院网络司法拍卖若干问题的规定》第21条规定:"优先购买权人参与竞买的,可以与其他竞买人以相同的价格出价,没有更高出价的,拍卖财产由优先购买权人竞得。顺序不同的优先购买权人以相同价格出价的,拍卖财产由顺序在先的优先购买权人竞得。顺序相同的优先购买权人以相同价格出价的,拍卖财产由出价在先的优先购买权人竞得。"

——《全国法院民商事审判工作会议纪要》(2019 年 11 月 8 日,法〔2019〕254 号)。

【链接:最高人民法院法官著述】

2. 明确了股权转让生效时点:记载于股东名册时。新公司法第 86 条第 2 款规定:"股权转让的,受让人自记载于股东名册时起可以向公司主张行使股东权利",明确了有限责任公司股权转让以股东名册变更生效。

以股东名册变更作为股权变动生效时点,区分了股权转让合同生效与股权权属变更,区分了股东名册记载与公司登记机关记载的效力,兼顾了转让股东、受让股东的利益以及对公司债权人和不特定相对人的保护。该种观点也与最高人民法院审判实践中一贯的倾向性意见一致。[1]

在审判实践中理解和适用本条款,应当注意以下几方面:

(1)区分股权转让生效与股权转让协议生效之间的关系。股权转让协议的成立与生效,不受股东名册是否变更或公司登记是否变更的影响。因一方的原因导致未办理股东名册变更或者公司登记变更,给合同相对方造成损失的,相对方有权主张违约责任。因此,当事人之间订立的有限责任公司股权转让合同,除法律另有规定或者当事人另有约定外,自合同成立时生效;股东名册或公司登记是否变更不影响股权转让合同效力。

(2)有限责任公司股权变动以股东名册变更生效。受让人只有在公司股东名册上记载了自己的姓名或者名称后,才能以股东身份对公司主张行使股东的权利,此时才取得了股权。因此,受让人取得股权是股权转让合同与股东名册变更共同作用的结果,而股东名册的变更是受让人取得股权的标志。公司是否向公司登记机关办理变更登记,不影响受让人取得股权。

(3)有限责任公司股权转让经公司登记机关办理变更登记后具有对抗效力,可以对抗善意相对人。[2]

——潘勇锋:《论审判视角下新公司法主要制度修订》,载《中国应用法学》2024 年第 1 期。

编者说明

本条纪要规定,在有限责任公司股权转让领域,明确了股东名册变更、公司登记机关变更登记与股权转让合同效力、股权变动效力之间的关系。即:以转让方式变动有限责任公司股

---

[1] 《九民纪要》第 8 条规定了有限责任公司的股权变动规定:"当事人之间转让有限责任公司股权,受让人以其姓名或者名称已记载于股东名册为由主张其已经取得股权的,人民法院依法予以支持,但法律、行政法规规定应当办理批准手续生效的股权转让除外。未向公司登记机关办理股权变更登记的,不得对抗善意相对人。"

[2] 参见杨永清、潘勇锋:《公司法修订若干问题探讨》,载《法律适用》2023 年第 1 期。

权的,有限责任公司股权转让合同自签订时生效,附条件的自所附条件成就时生效,公司股东名册变更登记与公司登记机关变更登记不影响股权转让合同本身的效力;股权转让生效时点以股东名册变更为准,法律、行政法规规定应当办理批准手续才能生效的,则以股东名册变更与办理批准手续完成为准;股权变动未经公司登记机关变更登记的,不得对抗善意相对人。①

　　2023 年《公司法》第 86 条规定了有限责任公司股权转让后股东变更登记请求权:"股东转让股权的,应当书面通知公司,请求变更股东名册;需要办理变更登记的,并请求公司向公司登记机关办理变更登记。公司拒绝或者在合理期限内不予答复的,转让人、受让人可以依法向人民法院提起诉讼。股权转让的,受让人自记载于股东名册时起可以向公司主张行使股东权利。"该条第 1 款规定了股权转让后股东有权请求公司办理变更登记,同时也规定了公司的登记义务,并赋予转让人和受让人通过司法途径寻求救济的权利。第 2 款在原《公司法》第 32 条第 2 款的基础上,规定受让人自记载于股东名册时起以向公司主张行使股东权利,明确了股权变动生效时点或者股东资格认定标准是受让人被记载于股东名册,工商登记产生的是对外的公示效力。② 也就是说,只有记载于股东名册后才发生股权变动的效果,股东名册具有确定效力、推定效力,当出资证明书等的记载与股东名册的记载不一致时,以股东名册的记载为准。实质上的权利人在未完成股东名册的登记或者名义变更前,不能对抗公司。③

187　股权冻结的权属判断标准

关键词│ 股权冻结 │ 股权权属 │ 权利外观 │

【链接：最高人民法院法官著述】

　　(三)关于股权的强制转让

　　一是对股权冻结权属判断标准的影响。

　　根据民事强制执行理论,人民法院在执行程序中查封、冻结被执行人财产时应根据"权利外观"判断权属,即根据某种易于观察、与真实权利状态高概率一致的事实去判断执行标的权属,以便满足执行程序的效率要求,并避免损害案外人的合法权益。由于原公司法对于股权权属认定缺乏统一明确的规则,加之实践中公司彰显股东资格的表征形式多样,对于冻结股权时的权属判断,《最高人民法院关于人民法院强制执行股权若干问题的规定》第 4 条第 1 款采用多元化判断标准,即只要公司章程、股东名册、公司登记机关的登记备案信息、企业信用信息公示系统的公示信息之一载明被执行人为股东,人民法院即可予以冻结。如案外人认为股权

　　① 参见最高人民法院民事审判第二庭编著:《〈全国法院民商事审判工作会议纪要〉理解与适用》,人民法院出版社 2019 年版,第 136 页。

　　② 参见林一英等编著:《公司法新旧对照与条文解读》,法律出版社 2023 年版,第 56 页。

　　③ 参见王瑞贺主编:《中华人民共和国公司法释义》,法律出版社 2024 年版,第 125 页。

属于其所有,则通过案外人异议和异议之诉处理。即,在股权冻结权属判断标准问题上,与公司法相比,执行法律规范采用更为宽松的判断标准,一方面是应对实践中各类复杂情形之需要,尽可能查控被执行人责任财产;另一方面也是为契合执行程序效率价值追求之需要,对于形式上高度盖然属于被执行人的股权应尽快冻结,有关权属争议交由执行异议程序解决。虽然新公司法进一步强化了股东名册在股权权属判断方面的重要性,但鉴于诉讼保全及执行查封的及时性要求,人民法院可先对股东名册或公司章程、出资证明书等采取查封措施,而后进行必要的权属核查,并通知存疑的权利人以便其及时提出异议,避免到采取执行措施时发生诉争,延误更多的处置时间,增加不必要的纠纷。

——刘贵祥:《关于新公司法适用中的若干问题》,载《法律适用》2024 年第 6 期。

188 股权转让情况下转让人与受让人之间的出资责任关系

关键词 │ 股权转让 │ 股东出资 │ 连带责任 │ 补充责任 │

【人民法院案例库参考案例】

保定市某建材公司诉庄某某、上海某矿业公司等股东损害公司债权人利益纠纷案[入库编号:2023-08-2-277-002,上海市嘉定区人民法院(2021)沪0114民初24658号民事判决书,2022.2.15]

【裁判要旨】

1. 延长股东的出资期限本属于公司自治的范畴,但对于股东在明知公司财产无法清偿债务情形下延长出资期限的,在审判实践中一般认定为存在逃避债务的恶意,产生对外部债权人无约束力的法律后果,债权人有权按照先前的出资期限主张股东在尚未出资的额度范围内承担补充责任。

2. 出资期限未届期即转让股份,转让人的出资义务是否随股权转让而转移,需要进一步区分转让人是否存在恶意。实践中,可从债务形成时间早于股权转让、股权转让双方的交接情况、标的公司的实际经营情况、股权转让双方是否存在特殊身份关系、转让对价等多角度,判断是否存在恶意情形。认定存在恶意的,应当根据民法共同侵权的理论判令转让人对受让人承担连带清偿责任。

【裁判理由】

法院生效判决认为,本案主要争议的焦点有:

一、关于现股东上海某石业公司的责任承担

根据法律规定,股东应当按期足额缴纳公司章程中规定的各自所认缴的出资额。这是公司资本充实原则的具体体现。未履行或者未全面履行出资义务的股东应在未出资本息范围内对公司债务不能清偿的部分承担补充赔偿责任。股东可基于意思自治,通过修改公司章程的方式延长出资期限,但不得滥用该期限利益逃避出资义务、损害公司债权人的利益。关于上海某装饰公司内部延长出资期限是否构成恶意延长出资期限问题,"恶意延长出资期限"的认定标准,可从以下几方面进行考虑:第一,对于债务产生之前所进行的延长出资期限的决议,应强化公司的告知义务。第二,对于债务产生之后所进行的延长出资期限的决议,也不能一概而论认为存在恶意,《九民纪要》规制的是通过延长出资期限避免自身利益受损的情形。当债权人请求加速特定股东的出资义务时,应当由该特定股东对不具有逃避特定债务的恶意进行举证。第三,审理中还应当考虑延长期限和所涉金额的问题。期限问题的核心,是比较公司债务到期的期限与公司决议延长的出资期限。如果公司债务即将到期或已经到期,此时不考虑公司的账面资产能否偿还到期债务,延长出资期限就应推定为具有恶意。反之,如果债务到期尚早,延长后的出资期限相比之下处于合理范围,就不应认定恶意,即使将来债务到期公司未清偿债务,债权人也不能要求加速股东出资义务。个案裁判中的基本标准应当是,如果公司决议延长后的出资期限大于公司债务到期的期限,则一般应认定为在延长期限上满足了认定恶意的基本条件。股东主张自己不具有恶意的,应在被债权人要求加速出资义务时承担举证责任。金额问题的核心,是比较公司的债务额度与延期出资的额度。如果延期出资的额度基本等于或者超过公司的债务额度(包括未到期债务和到期债务),此时不考虑公司的账面资产能否偿还到期债务,延长出资期限就应推定为具有恶意。反之,如果延期出资的额度显著低于公司的债务额度,就不应认定为恶意。

本案系争的主债权发生时,上海某装饰公司的出资期限为 2021 年 11 月 19 日,上海某石业公司应于 2021 年 11 月 19 日前缴足其认缴的出资 995 万元,但截至目前,根据工商登记记载,仅实缴 10 万元,且在上海某装饰公司已欠付保定市某建材公司债务的情况下,通过修改公司章程的方式延长了出资期限,进而损害了保定市某建材公司作为债权人的合法权益。故上海某装饰公司内部延长出资期限的约定对某建材公司不发生法律效力,上海某石业公司应在未缴纳出资 985 万元的范围内对某建材公司的债务承担补充赔偿责任。

此外,值得注意的是,公司延期出资决议被认定为恶意,产生的是对外部债权人无约束力的法律后果,债权人有权按照先前的出资期限主张股东在尚未出资的额度范围内承担补充责任。如果股东尚未缴纳的出资额度超过公司未清偿的债务额度,对于超过部分,股东仍然享有按照公司延期决议出资的权利,即享有相应的出资期限利益。

二、关于前股东庄某某、上海某矿业公司的责任承担

关于股东的出资义务是否随着股权转让行为转移，是否因此豁免出资义务，法院认为，为平衡股东出资期限利益与债权人利益保护，未届期股权转让后的出资责任原则上由受让人承担，只有在转让人与受让人存在主观恶意的特殊情形下由转让人承担连带责任。具体可从如下几点来判断股权转让双方是否存在主观上逃避债务的恶意：第一，债务形成时间早于股权转让。第二，股权转让双方未交接公司财务报表、资产负债表、公章、营业执照以及资产，股权转让人仍然实际控制和管理公司。第三，股权转让双方之间存在特殊的身份关系。第四，转让人无偿转让所持有的股权。综上，审理中在判定"主观恶意"时，应当结合上述要素进行全面调查后作出判断。

关于责任的承担形式，本案认定股权的出让方和受让方构成共同侵权。共同侵权，是指二人以上共同实施故意侵权行为造成他人损害，进而承担连带责任的情形。共同侵权规则的规范目的，在于将那些具有共同故意的数个加害人实施的行为评价为一个侵权行为，使各个加害人承担连带责任，从而有效地减轻受害人因果关系的证明责任，最大程度的保护受害人的权益。而共同侵权规则将各个加害人的行为整合在一起的依据，就是各个加害人的意思联络。当共同侵权规则被运用于股权恶意转让时，法院在论证主观要件时，只要认定转让人与受让人存在关联关系，就可以据此推定转让人与受让人存在共同侵权意义上的"意思联络"，受让人对转让人的债务情况明知，结合推定主观恶意的其他情形，即可被认定构成共同侵权承担连带责任。至于转让人和受让人的主观状态究竟是积极追求损害发生的"故意"，还是未尽到合理注意义务的"过失"，并不在法院的考量范围之内。

庄某某与上海某矿业公司、上海某矿业公司与上海某石业公司之间内部股权转让时股权出资期限虽未届至，已经工商变更登记，但被告庄某某和上海某矿业公司在出让股权时上海某装饰公司已负债务，同时结合上述转让受让方均未支付对价，与认缴的出资比例明显不符，且庄某某同时系现股东上海某石业公司的法定代表人和上海某矿业公司的股东、监事等情形，上述两手股权转让的转让方和受让方均存在逃避债务的主观恶意，股权转让行为损害了原本在上海某装饰公司股东认缴出资届满后债务可能得到清偿的某建材公司的合法权益，出让方和受让方属于共同侵权行为，出让方庄某某、上海某矿业公司均应当与受让方一起向债权人某建材公司承担连带责任。

——人民法院案例库，https://rmfyalk.court.gov.cn。

【链接：最高人民法院法官著述】

1. 股东之间出资责任关系

其二，依新公司法第88条第2款规定，在股东应当履行出资义务而未全面正

确履行出资义务的情况下,股东转让股权,转让人与受让人在出资不足的范围内承担连带责任,但受让人不知道且不应当知道出资不足情形的,仅由转让人承担。

按该规定,受让人如主张自己不承担责任需承担相应的举证责任。一般而言,受让人受让股权,最起码要查阅公司章程和出资证明书所记载的出资额和出资时间、所对应的出资义务是否履行。只要受让人证明其查阅公司的章程、股东名册、出资证明书等公司文件表明出资义务已经履行,即已完成不知道且不应当知道的证明责任。除非债权人提供反驳证据,证明其实际知道或应当知道。比如,受让价格明显异常,在价格谈判时已考虑到了出资瑕疵的情况。事实上,在非货币财产出资的情况下,受让人很难发现评估作价存在的问题,对类似债权或股权出资情形更是如此。受让人只要证明其已经进行了必要的合理的核查,而仍不能发现出资不足或瑕疵,就可认定为"不应当知道"。在法律规定转让人对出资瑕疵必须承担责任的情况下,无论受让人是否承担责任,均未使公司、公司债权人、公司其他股东的利益及风险比股权未转让时更恶化,故对受让人的"不应当知道"的标准不宜过于苛刻。

应注意的是,在实缴出资多次转让的情况下,第一手转让人需承担责任,各依次转让的受让人均应在诉讼中予以追加,但都可以以"不知道且不应当知道"进行抗辩,抗辩理由是否成立按前述判断。

其三,未届出资期限的股权多次转让,最终的受让人要承担责任,自不待言。但转让人的补充责任如何定位?

笔者认为,转让人补充责任是责任追索链条上对受让人责任的递补,即以向前手转让人逐级回溯为现受让人的前一手转让人承担补充责任,依次类推。递补的依据采取客观的财产执行不能标准,这样既避免将补充责任连带化,也减少诉讼中对受让人是否具有清偿能力举证带来的困扰。实务操作中为避免一个纠纷引起多个诉讼案件,可向权利人释明一次性追加,一次性将递补式责任关系确定,执行中参照一般保证责任执行方法执行即可。

——刘贵祥:《关于新公司法适用中的若干问题》,载《法律适用》2024 年第6 期。

编者说明

相对于原《公司法》,2023 年《公司法》在股东出资责任方面,增加了在认缴资本制情况下的加速到期制度,规定了公司设立时实缴出资情况下的初始股东(股份有限公司设立时必须实缴)连带责任,明确了股权转让情况下新老股东的出资责任分配规则,解决了司法实务判断基本难题。

2023 年《公司法》第 88 条规定了转让未届出资期限或瑕疵出资股权的责任承担:"股东转让已认缴出资但未届出资期限的股权的,由受让人承担缴纳该出资的义务;受让人未按期足额缴纳出资的,转让人对受让人未按期缴纳的出资承担补充责任。未按照公司章程规定的出资日期缴纳出资或者作为出资的非货币财产的实际价额显著低于所认缴的出资额的股东转让股权的,转让人与受让人在出资不足的范围内承担连带责任;受让人不知道且不应当知道存在上述情形的,由转让人承担责任。"该条属于新增条文。第 1 款规定了未届出资期限股权转让后的出资责任承担原则,即由受让人承担出资义务,受让人未按期足额缴纳出资的,转让人承担补充责任。第 2 款吸收借鉴《公司法解释(三)》第 18 条第 1 款的规定,明确了转让瑕疵出资股权的责任承担问题,转让人与受让人在出资不足的范围内承担连带责任;受让人不知道且不应当知道存在上述情形的,由转让人承担责任。

189 原股东将股权转让并变更股东名册后，未进行股权转让变更登记即将该股权又转让给他人，如何解决第一受让人与第二受让人之间的权利冲突

关键词 | 股权转让 | 一股二卖 | 质押 | 股东名册 | 股权变更登记 | 善意取得 |

【链接：最高人民法院法官著述】

二是"一股二卖"问题。

实践中,原股东将股权转让并变更股东名册后,在未进行股权转让变更登记的情况下,将该股权又转让或质押给他人,致使第一受让人与第二受让人或质权人之间发生权利冲突,如何解决?

依新公司法第 86 条规定,股东名册变更发生股权变动的法律效果,第一受让人自股东名册变更之时即取得股东资格,亦即成为公司股东。在此情况下,转让人又将股权转让或质押给他人,构成无权处分。第二受让人或质权人依善意取得制度主张权利,同样面临"善意"标准的判断。

正如笔者在前面涉及代持股情况下无权处分问题所述,不能简单以第二受让人或质权人对股权登记这一权利外观有合理信赖即推定善意,基于新公司法第 86 条股东名册设权效力的规定,受让人应当预见到存在股权登记与股东名册不一致的可能性,进而需进行必要的股权权属查询。何况,如前所述,受让人进行必要查询,也是受让人对受让股权实际出资情况、股权比例等影响股权价值因素进行判断的常规动作,故以此作为认定受让人"善意"的标准符合实践场景。如果受让人能够证明,转让人向第二受让人出示了变更前的股东名册、章程等公司文件,可以认为第二受让人构成善意。但是,退一步说,即使认定第二受让人善意,因其尚未完成股东名册变更(事实上已取得股权的第一受让人不可能同意变更),不符合民法典第 311 条关于善意取得所规定的第三个条件,其也不能以善意取得制度取得股权。因此,可以认为,在第一股权受让人已进行股东名册变更的情况下,第二受让

人关于继续履行合同以及取得股东资格的请求不应支持,其只能向转让人主张违约责任。

值得一提的是,在原股东将股权转让给他人但未办理变更登记,后又将股权质押给另一人且办理了质押登记的情况下,对质权人的善意判断标准是否与前述的第二受让人一样对待?事实上,股权质押是以股权的交换价值保障债权的实现,一般亦应像受让人一样去进行必要的公司文件查阅才接受质押,这比较合乎情理。但考虑到质权人能办理质押登记本身就强化了其对股权登记合理信赖的"善意"性,所以,对其善意标准应比受让股权更宽松一些为宜,一般应认定其善意取得对股权的质押权。

总之,对新公司法第 34 条关于股东不登记或不变更登记不得对抗善意相对人的规定,不能囿于对动产登记对抗效力、不动产登记推定效力的惯性思维,还需要更深入地研究股权的特殊性,笔者提出的一孔之见,旨在引起研究者的注意。对此,在司法解释修改时要进一步特别考量,以平衡好各方当事人的权益、合情合理地解决好公司诉讼实务问题。需注意的是,解决实务问题应以基础理论做支撑,还原实务场景去推演,有助于解决方案的可操作性,更主要的是与经济生活一般现象相合拍,以实现公平公正。有时,在理论上出现"公说公有理,婆说婆有理"的现象,但以实务场景去检验,原本似乎很周全的理论设计可能也会漏洞百出。

——刘贵祥:《关于新公司法适用中的若干问题》,载《法律适用》2024 年第 6 期。

(四)股东利润分配

190 公司盈余利润是否分配属于公司内部自治事项,通常情况下司法不宜介入

关键词 | 公司盈余分配 | 净资产分配 | 公司内部自治 | 司法有限介入 |

【人民法院案例库参考案例】

金某诉洛阳某房地产开发有限公司盈余分配纠纷案[入库编号:2023-08-2-274-001,河南省高级人民法院(2021)豫民终 1104 号民事判决书,2021.1.25]

【裁判要旨】

1. 公司盈余利润是否分配是公司的商业判断,本质上属于公司的内部自治事

项,通常情况下司法不宜介入。故《中华人民共和国公司法》及相关司法解释仅规定了只有在公司已通过分配利润的股东会决议后,公司无正当理由未予执行;或公司未通过分配利润的股东会决议,但大股东滥用股东权利导致公司不分配利润,给其他股东造成损失的情况下,司法方有限度的介入公司盈余分配,以适当调整、纠正不公正的利益状态,保护股东利益。法院对公司商业决策的判断应秉持审慎态度。

2. 当事人诉请对公司盈余进行分配,人民法院首先应当甄别当事人诉求的分配内容、分配程序及分配目的。公司净资产分配与公司盈余分配在分配目的、实现程序、分配内容上均有显著区别。公司净资产是指属于企业所有,并可以自由支配的资产,为企业总资产减去总负债的余额,包括实收资本(股本金)、资本公积、盈余公积和未分配利润等。公司如进行盈余分配,应是在公司弥补亏损、提取公积金后仍有利润的情况下,再由股东会制定分配方案后方可进行分配。

【裁判理由】

法院生效裁判认为,《最高人民法院关于适用〈中华人民共和国公司法〉若干问题的规定(四)》第十四条规定:"股东未提交载明具体分配方案的股东会或者股东大会决议,请求公司分配利润的,人民法院应当驳回其诉讼请求,但违反法律规定滥用股东权利导致公司不分配利润,给其他股东造成损失的除外。"《中华人民共和国公司法》第一百六十六条①规定:"公司分配当年税后利润时,应当提取利润的百分之十列入公司法定公积金。公司法定公积金累计额为公司注册资本的百分之五十以上的,可以不再提取。公司的法定公积金不足以弥补以前年度亏损的,在依照前款规定提取法定公积金之前,应当先用当年利润弥补亏损。公司从税后利润中提取法定公积金后,经股东会或者股东大会决议,还可以从税后利润中提取任意公积金。公司弥补亏损和提取公积金后所余税后利润,有限责任公司依照本法第三十四条的规定分配;股份有限公司按照股东持有的股份比例分配,但股份有限公司章程规定不按持股比例分配的除外。股东会、股东大会或者董事会违反前款规定,在公司弥补亏损和提取法定公积金之前向股东分配利润的,股东必须将违反规定分配的利润退还公司。"依据上述规定可知,公司如进行盈余分配,应是在公司弥补亏损、提取公积金后仍有利润的情况下,再由股东会制定分配方案后方可进行分配。本案中,金某、杨某某于2019年8月21日签订的《净资产分配方案》,是对洛阳某公司净资产所做的一种分配,该分配实质上是对包括洛阳某公司股本金在内的公司全部财产的一种处理,该分配与公司盈余分配在分配目的、实现程序、分配内容上均有着明显区别,金某提交的案涉《净资产分配方案》并非是洛阳某公司股东会通过的公司盈余利润分配方案,金某因在本案中未能举证证明洛阳某公司

---

① 对应2023年《公司法》第210条、第211条。——编者注

已通过了载有具体分配方案的股东会决议,法院不予支持其诉讼请求。

一般来说,公司盈余利润是否分配是公司的商业判断,本质上属于公司的内部自治事项,通常情况下司法不宜介入。故《中华人民共和国公司法》及相关司法解释仅规定了只有在公司已通过分配利润的股东会决议后,公司无正当理由未予执行;或公司未通过分配利润的股东会决议,但大股东滥用股东权利导致公司不分配利润,给其他股东造成损失的情况下,司法方有限度的介入公司盈余分配,以适当调整、保护股东利益。本案中,洛阳某公司主张"对金某的诉讼请求,可按照洛阳某公司评估总资产价值,减去 2000 万元的注册资本金、10%的法定公积金、20%个人所得税后,再按金某和杨某某各 50%的比例分配,即金某应分配盈余利润为 6806.934 万元",该主张亦得到金某的认可,并请求按照该主张予以分配。洛阳某公司、金某共同认可的该项主张实为洛阳某公司自主处理公司内部经营事项,系公司自治、股东自治范围,且现洛阳某公司、金某对此亦无争议,该事项并无司法介入的必要。金某的该项主张不符合《中华人民共和国公司法》及相关司法解释规定的人民法院受案范围,对金某的该项主张法院不予审查。

——人民法院案例库,https://rmfyalk.court.gov.cn。

191 中小股东要求行使抽象利润分配请求权的条件认定

关键词｜公司盈余分配｜举证责任分配｜滥用股东权利｜中小股东｜利润分配｜

【人民法院案例库参考案例】

赵某、王某等诉北京某有限责任公司、刘某等公司盈余分配纠纷案[入库编号:2023-08-2-274-003,北京市第二中级人民法院(2022)京 02 民终 12467 号民事判决书,2022.12.30]

【裁判要旨】

在有限责任公司未作出分配盈余决议情况下,中小股东行使抽象利润分配请求权时,法院应当着重审查以下两点:一是公司缴纳税收、提取公积金后,是否存在实际可分配利润;二是控股股东是否滥用股东权利导致公司不分配利润,并给其他股东造成损失。若前述条件无法同时满足,则中小股东的诉讼请求不应得到支持。首先,以公司具有实际可分配利润为前提,公司需已按照公司法规定缴纳税收、提取公积金,且具备充足的"自由现金"。其次,需厘清控制股东滥用权利的具体情形,包括歧视性分配或待遇,变相攫取利润,过分提取任意公积金等行为。再次,应合理分配公司盈余分配纠纷双方当事人的举证责任,结合双方举证程度,依法适用"谁主张、谁举证"原则。最后,裁判方式上,法院应当在裁判文书中明确具体的盈余分配方案,从而实现对中小股东抽象利润分配请求权的直接救济。

【裁判理由】

法院生效裁判认为,本案的审理焦点为:根据现有证据和司法鉴定意见书的内容,不能证明北京某公司存在确定的可分配利润,亦不能证明符合强制分配的条件,赵某、王某、孙某的主张是否应当得到支持。

从司法鉴定意见书载明三种不同的鉴定结果来看,因北京某公司未提供 2008 年 6 月至 12 月、2009 年度、2010 年度、2011 年 1 月至 6 月、2020 年度账面数据,故上述鉴定结论所依据的财务数据并不完整,同时导致鉴定机构无法对北京某公司的企业所得税进行测算和调整。根据《中华人民共和国公司法》(以下简称公司法)第一百六十六条第四款①的规定,公司弥补亏损和提取公积金后所余税后利润,有限责任公司方可依照公司法第三十四条的规定分配。鉴于此,一审法院认为,涉案司法鉴定意见书所确定的三种可分配盈余利润数额均不能反映北京某公司全部年度所得利润的真实情况,难以作为北京某公司可分配盈余的依据,故对赵某、王某、孙某的诉讼请求未予支持,并无不当。考虑到北京某公司对公司的财务资料负有妥善保管义务,但在本案中未能提供完整的北京某公司财务资料,导致涉案司法鉴定意见书的鉴定结论无法被采纳,故一审法院决定鉴定费用由北京某公司负担,亦无不当。

综上所述,赵某、王某、孙某的上诉请求不能成立,应予驳回。一审判决认定事实清楚,适用法律正确,应予维持。

——人民法院案例库,https://rmfyalk. court. gov. cn。

192 控股股东滥用权利的，中小股东因利润分配问题退出公司，不受 5 年连续不分配利润的限制

关键词 │ 股东利润分配 │ 滥用权利 │ 股权回购请求权 │

【最高人民法院公报案例】

甘肃居立门业有限责任公司与庆阳市太一热力有限公司、李昕军公司盈余分配纠纷案[最高人民法院(2016)最高法民终 528 号民事判决书,2017. 12. 28]

裁判摘要:在公司盈余分配纠纷中,虽请求分配利润的股东未提交载明具体分配方案的股东会或股东大会决议,但当有证据证明公司有盈余且存在部分股东变相分配利润、隐瞒或转移公司利润等滥用股东权利情形的,诉讼中可强制盈余分

---

① 对应 2023 年《公司法》第 210 条第 4 款。——编者注

配,且不以股权回购、代位诉讼等其他救济措施为前提。在确定盈余分配数额时,要严格公司举证责任以保护弱势小股东的利益,但还要注意优先保护公司外部关系中债权人、债务人等的利益,对于有争议的款项因涉及案外人实体权利而不应在公司盈余分配纠纷中作出认定和处理。有盈余分配决议的,在公司股东会或股东大会作出决议时,在公司与股东之间即形成债权债务关系,若未按照决议及时给付则应计付利息,而司法干预的强制盈余分配则不然,在盈余分配判决未生效之前,公司不负有法定给付义务,故不应计付利息。盈余分配义务的给付主体是公司,若公司的应分配资金因被部分股东变相分配利润、隐瞒或转移公司利润而不足以现实支付时,不仅直接损害了公司的利益,也损害到其他股东的利益,利益受损的股东可直接依据公司法第二十条第二款①的规定向滥用股东权利的公司股东主张赔偿责任,或依据公司法第二十一条②的规定向利用其关联关系损害公司利益的控股股东、实际控制人、董事、监事、高级管理人员主张赔偿责任,或依据公司法第一百四十九条③的规定向违反法律、行政法规或者公司章程的规定给公司造成损失的董事、监事、高级管理人员主张赔偿责任。

一、关于太一热力公司是否应向居立门业公司进行盈余分配的问题

太一热力公司、李昕军上诉主张,因没有股东会决议故不应进行公司盈余分配。居立门业公司答辩认为,太一热力公司有巨额盈余,法定代表人恶意不召开股东会、转移公司资产,严重损害居立门业公司的股东利益,法院应强制判令进行盈余分配。本院认为,公司在经营中存在可分配的税后利润时,有的股东希望将盈余留作公司经营以期待获取更多收益,有的股东则希望及时分配利润实现投资利益,一般而言,即使股东会或股东大会未形成盈余分配的决议,对希望分配利润股东的利益不会发生根本损害,因此,原则上这种冲突的解决属于公司自治范畴,是否进行公司盈余分配及分配多少,应当由股东会作出公司盈余分配的具体方案。但是,当部分股东变相分配利润、隐瞒或转移公司利润时,则会损害其他股东的实体利益,已非公司自治所能解决,此时若司法不加以适度干预则不能制止权利滥用,亦有违司法正义。虽目前有股权回购、公司解散、代位诉讼等法定救济路径,但不同的救济路径对股东的权利保护有实质区别,故需司法解释对股东的盈余分配请求权进一步予以明确。为此,《最高人民法院关于适用〈中华人民共和国公司法〉若干问题的规定(四)》第十五条规定,"股东未提交载明具体分配方案的股东会或者股东大会决议,请求公司分配利润的,人民法院应当驳回其诉讼请求,但违反法律规定滥用股东权利导致公司不分配利润,给其他股东造成损失的除外"。在本案

---

①　对应 2023 年《公司法》第 21 条第 2 款。——编者注
②　对应 2023 年《公司法》第 22 条。——编者注
③　对应 2023 年《公司法》第 188 条。——编者注

中,首先,太一热力公司的全部资产被整体收购后没有其他经营活动,一审法院委托司法审计的结论显示,太一热力公司清算净收益为75973413.08元,即使扣除双方有争议的款项,太一热力公司也有巨额的可分配利润,具备公司进行盈余分配的前提条件。其次,李昕军同为太一热力公司及其控股股东太一工贸公司法定代表人,未经公司另一股东居立门业公司同意,没有合理事由将5600万余元公司资产转让款转入兴盛建安公司账户,转移公司利润,给居立门业公司造成损失,属于太一工贸公司滥用股东权利,符合《最高人民法院关于适用〈中华人民共和国公司法〉若干问题的规定(四)》第十五条但书条款规定应进行强制盈余分配的实质要件。最后,前述司法解释规定的股东盈余分配的救济权利,并未规定需以采取股权回购、公司解散、代位诉讼等其他救济措施为前置程序,居立门业公司对不同的救济路径有自由选择的权利。因此,一审判决关于太一热力公司应当进行盈余分配的认定有事实和法律依据,太一热力公司、李昕军关于没有股东会决议不应进行公司盈余分配的上诉主张不能成立。

二、关于如何确定居立门业公司分得的盈余数额问题

太一热力公司、李昕军上诉主张,《审计报告》采用了未经质证的证据材料作为审计依据且存在6项具体错误。居立门业公司答辩认为,一审判决对太一热力公司盈余数额的认定相对客观公正。本院认为,在未对盈余分配方案形成股东会或股东大会决议情况下司法介入盈余分配纠纷,系因控制公司的股东滥用权利损害其他股东利益,在确定盈余分配数额时,要严格公司举证责任以保护弱势小股东的利益,但还要注意优先保护公司外部关系中债权人、债务人等的利益。本案中,首先,一审卷宗材料显示,一审法院组织双方对公司账目进行了核查和询问,对《审计报告》的异议,一审庭审中也进行了调查和双方当事人的质证辩论。太一热力公司、李昕军虽上诉主张审计材料存在未质证问题,但并未明确指出哪些材料未经质证,故本院对该上诉理由不予支持。其次,对于太一热力公司能否收取诉争的1038.21万元入网"接口费",双方当事人各执一词,因该款项涉及案外人的实体权益,应当依法另寻救济路径解决,而不应在本案公司盈余分配纠纷中作出认定和处理,故该款项不应在本案中纳入太一热力公司的可分配利润,一审判决未予扣减不当,本院予以纠正。最后,太一热力公司、李昕军上诉主张的《审计报告》其他5项具体问题,均属事实问题,其在二审中并未提交充分证据证明一审判决的相关认定有误,故本院不予调整。因此,居立门业公司应分得的盈余数额,以一审判决认定的太一热力公司截至2014年10月31日可分配利润51165691.8元为基数,扣减存在争议的入网"接口费"1038.21万元,再按居立门业公司40%的股权比例计算,即为16313436.72元。

——《最高人民法院公报》2018年第8期。

【链接：最高人民法院法官著述】

（四）关于股东利润分配请求权

目前对股东利润分配请求问题,实践与理论共识是一般不支持股东抽象利润分配请求权,而支持股东具体分配请求权,即只有股东会作出分配决议董事会仍不分配的情况下才支持股东的分配请求。但实践中确实存在控股股东等滥用权利不作分配决议,而以高薪酬、基金等形式变相为自己分配利润或侵蚀公司利润的情况,为此原公司法规定了股东的股权收购请求权制度,即在公司连续 5 年盈利且符合公司法规定的分配利润条件的情况下,连续 5 年不分配利润的,股东可以请求公司以合理价格收购其股权。这成了股东维护其利润分配权的有限路径。新公司法第 89 条对股东股权回购请求权增加规定了在控股股东滥用控制权损害其他股东权益的情况下,其他股东也可以行使公司股权回购请求权。

如果控股股东滥用控制权损害的是中小股东的利润分配权益,是否可以不受"连续五年不向股东分配利润"这一条件的限制而行使公司以合理价格收购其股权的请求权? 笔者认为,在控股股东滥用权利的情况下,中小股东因利润分配问题退出公司,应该不受 5 年连续不分配利润的限制。但是,中小股东因不分配利润而退出公司,实属无奈之举,应该有一个过渡性制度安排,即支持股东在特定情况下关于强制公司利润分配的请求,比如控股股东、实际控制人给在公司任职股东及其指定的人以高薪酬、高奖金等变相分配利润的,隐瞒、转移公司利润的,等等。实践中已有类似案例,①司法解释可依据新公司法原则性规定,结合有关案例给予相应回应。

——刘贵祥:《关于新公司法适用中的若干问题》,载《法律适用》2024 年第 6 期。

193 股东会分配决议违反公司法或公司章程的法律后果

关键词│股东利润分配│股东会决议│公司章程│

【链接：最高人民法院法官著述】

（四）关于股东利润分配请求权

一是股东会分配决议违反公司法或公司章程之争议。

---

① 参见王毓莹:《新公司法二十四讲——审判原理与疑难问题深度释解》,法律出版社 2024 年版,第 320 页。

在公司章程对公司利润分配的方式、形式未作规定的情况下,公司何时分配利润、分配多少、以什么形式分配,不宜由法院作出判断,这和法院一般不支持抽象利润分配请求权的道理是一样的。如果公司章程有利润分配的具体规定,股东会决议违反章程规定,则股东只能以行使公司决议撤销权方式获得救济。鉴于股东会已有利润分配的决议,只是决议违反章程的规定,仅以撤销决议对中小股东利润分配达不到救济的效果,可考虑依中小股东请求,判令公司对利润分配依公司章程重新作出决议。

——刘贵祥:《关于新公司法适用中的若干问题》,载《法律适用》2024 年第 6 期。

194 股权转让前公司未决议分配利润，而在转让后作出决议，转让人原则上不享有请求权

关键词 | 股东利润分配 | 股权转让 | 股东会决议 |

【链接：最高人民法院法官著述】

(四)关于股东利润分配请求权

二是股权转让情况下,转让人与受让人利润分配之争议。

股权转让前公司未决议分配利润,而在转让后作出决议,转让人以该利润来源于股权转让前为由主张其享有请求权,是否应予支持? 笔者认为,基于利润分配请求权原则上以股东会决议为判断依据的思路,在股权转让前因公司未作出利润分配的决议,转让人不享有请求权,转让后股东会作出决议,请求权已随着股权变动归属于受让人,故不应支持转让人的请求。何况,在股权转让时,公司利润分配的可能性也是股权价格的考量因素,应推定转让人接受受让人对可能利润分配权的转让,除非股权转让合同有特别约定,或者能够证明公司有关控股股东与受让人恶意串通,故意延迟公司对利润分配决议的时间。对此,已有相关案例可资参考。

——刘贵祥:《关于新公司法适用中的若干问题》,载《法律适用》2024 年第 6 期。

195 股东会关于利润分配的决议对分配形式、分配比例等不明确的，按照合同解释规则对决议内容进行解释

关键词 | 股东利润分配 | 股东会决议 | 合同解释 |

【链接：最高人民法院法官著述】

（四）关于股东利润分配请求权

三是股东会关于利润分配的决议对分配形式、分配比例等不明确时应如何处理。

实践中一些法院以股东会决议不明确为由简单地驳回当事人的请求,不甚妥当。股东会决议属于民事法律行为,在决议对利润分配的基本要素,如分配总额、分配形式等已明确的情况下,应按民法典总则编及合同编关于合同解释的规定对决议内容进行解释。比如,根据决议的文义、以往的分配惯例、章程的规定等进行综合判断。

——刘贵祥:《关于新公司法适用中的若干问题》,载《法律适用》2024 年第6 期。

196 股东要求公司分配利润的必要条件是提交载明具体分配方案的股东会决议

关键词│公司利润分配请求权│股东会决议│股权转让│股权会决议│

【最高人民法院公报案例】

甘肃乾金达矿业开发集团有限公司与万城商务东升庙有限责任公司盈余分配纠纷案[最高人民法院(2021)最高法民再 23 号民事判决书,2021.12.17]

裁判摘要:股东要求公司分配利润的必要条件是提交载明具体分配方案的股东会决议。具体的利润分配方案应当包括待分配利润数额、分配政策、分配范围以及分配时间等具体分配事项内容。判断利润分配方案是否具体,关键在于综合现有信息能否确定主张分配的权利人根据方案能够得到的具体利润数额。如公司股东会决议确定了待分配利润总额、分配时间,结合公司章程中关于股东按照出资比例分取红利的分配政策之约定,能够确定股东根据方案应当得到的具体利润数额的,该股东会决议载明的利润分配方案应当认为是具体的。

载明具体分配方案的股东会决议一经作出,抽象性的利润分配请求权即转化为具体性的利润分配请求权,从股东的成员权转化为独立于股东权利的普通债权。股东转让股权时,抽象性的利润分配请求权随之转让,而具体的利润分配请求权除合同中有明确约定外并不随股权转让而转让。当分配利润时间届至而公司未分配时,权利人可以直接请求公司按照决议载明的具体分配方案给付利润。

本院再审认为,本案再审的争议焦点有二:一是乾金达公司是否有权要求万城公司支付 2013 年度未支付利润;二是乾金达公司是否有权要求万城公司分配 2014

年度利润。

一、关于乾金达公司是否有权要求万城公司支付 2013 年度未支付利润的问题

首先，关于案涉股东会决议是否载明了具体利润分配方案的问题。《公司法解释四》第十四条关于"股东提交载明具体分配方案的股东会或者股东大会的有效决议，请求公司分配利润，公司拒绝分配利润且其关于无法执行决议的抗辩理由不成立的，人民法院应当判决公司按照决议载明的具体分配方案向股东分配利润"之规定，不仅要求股东会或者股东大会通过利润分配决议，而且要求利润分配方案内容具体。原则上，一项具体的利润分配方案应当包括待分配利润数额、分配政策、分配范围以及分配时间等具体分配事项内容，判断利润分配方案是否具体的关键在于能否综合现有信息确定主张分配的权利人根据方案能够得到的具体利润数额。本案中，万城股字〔2014〕2 号股东会决议通过了万城公司《2013 年度利润分配方案》，确定了万城公司 2013 年度待分配利润总额，并决定"2014 年 6 月份之前，将这部分剩余未分配利润分配完毕"。之后的《临时股东会议纪要》将利润分配时间变更为 2014 年 7 月底之前。上述方案中确实没有写明各股东分配比例以及具体计算出各股东具体分配数额。然而，万城公司章程第十条股东权利条款中规定了"按照出资比例分取红利"，第三十七条规定了"弥补亏损和提取公积金、法定公益金所余利润，按照股东的出资比例进行分配"。且万城公司此前亦是按照出资比例分配利润。综合考虑上述事实，能够确定万城公司 2013 年利润分配是按照股东持股比例进行分配的。综上，案涉股东会决议载明了 2013 年度利润分配总额、分配时间，结合公司章程中关于股东按照出资比例分取红利的分配政策之约定，能够确定乾金达公司根据方案应当得到的具体利润数额，故该股东会决议载明的 2013 年度公司利润分配方案是具体的，符合《公司法解释四》第十四条之规定。二审判决对此认定确有错误，本院予以纠正。

其次，关于乾金达公司将其持有的万城公司股权转让后是否仍享有利润分配请求权的问题。本案中，万城公司作出了分配 2013 年度利润的股东会决议并载明具体分配方案。该决议一经作出，抽象性的利润分配请求权即转化为具体性的利润分配请求权，权利性质发生变化，从股东的成员权转化为独立于股东权利的普通债权，不必然随着股权的转让而转移。除非有明确约定，否则股东转让股权的，已经转化为普通债权的具体性的利润分配请求权并不随之转让。因此，乾金达公司虽于 2015 年将所持万城公司股权转让给他人，但当事人均确认，该股权转让协议中并没有对 2013 年度利润分配请求权作出特别约定，故乾金达公司对于万城公司 2013 年度未分配利润仍享有请求权。

最后，关于诉讼时效问题。载明具体分配方案的利润分配决议一经作出，则股东的利润分配请求权由期待性的权利转化为确定性的权利，性质上转化为普通债

权。当分配利润期限届满而公司仍未分配时,股东可以直接请求公司按照决议载明的具体分配方案给付利润。本案中,2014 年 3 月 27 日,万城公司形成万城股字〔2014〕2 号股东会决议,决定分配公司 2013 年度未分配利润,并载明了具体利润分配方案。根据万城股字〔2014〕2 号股东会决议及其后的《临时股东会议纪要》,明确了 2013 年度未分配利润应当在 2014 年 7 月底之前分配完毕。当期限届满而万城公司仍未分配利润时,乾金达公司所享有的利润分配请求权即受到侵害,因此,其行使具体利润分配请求权的诉讼时效期间应当从 2014 年 8 月 1 日起算。乾金达公司当时是万成公司大股东也并不影响其向万成公司主张权利。而乾金达公司于 2017 年 10 月 10 日才向万城公司及其股东发函首次要求支付该部分利润,诉讼时效期间已经届满。故乾金达公司要求万城公司向其交付 2013 年度未分配利润的请求不能得到支持。

综上,二审判决关于案涉股东会决议是否载明具体利润分配方案的认定不当,本院予以纠正,但不予支持乾金达公司要求万城公司支付 2013 年度未支付利润请求的裁判结果正确,本院予以维持。

二、关于乾金达公司是否有权要求分配 2014 年度利润的问题

本案中,对于乾金达公司主张的 2014 年度万城公司未分配利润,《临时股东会议纪要》中仅载明"2014 年利润按季度分红",对应当分配的利润数额等事项并无记载。虽然乾金达公司主张审计报告中记载了当年利润数,但审计报告不能代替股东会决议,公司是否分配利润以及分配多少利润,应当作出相应的决议。故根据现有信息无法确定乾金达公司能够获得的利润数额,上述股东会决议中未载明具体利润分配方案。而乾金达公司亦未提交其他证据证明万城公司就 2014 年度利润分配已做出具体分配方案。因此,乾金达公司关于万城公司应向其支付 2014 年度未分配利润的主张不能成立。一、二审判决对此认定并无不当,本院予以维持。

——《最高人民法院公报》2023 年第 1 期。

二、数据和网络虚拟财产

197 涉数据权益民事案件的法律适用

关键词 | 数据权益 | 个人信息保护 | 作品 | 商业秘密 | 不正当竞争 |

【最高人民法院审判业务意见】

明确涉数据权益民事案件的法律适用。现有法律体系下区分不同情形的法律适用：一是自然人对其个人数据权益，可以适用民法典关于个人信息保护和个人信息保护法相关规定。二是相关主体对数据编排整理等，符合作品构成要件的，可以依照著作权法予以保护。三是相关主体控制、持有数据符合商业秘密构成要件的，可以依照反不正当竞争法等规则予以保护。四是不当抓取、使用其他主体控制、持有的数据，妨碍竞争秩序的，依照反不正当竞争法相关规则处理。五是相关主体之间对数据进行市场交易或者存在数据侵权情形的，依照民法典合同编或者侵权责任编基本规则予以保护和处理。

——最高人民法院民一庭：《关于数字经济背景下民生权益司法保护问题的调研报告》，载《人民法院报》2023年8月26日，第4版。

198 用户和网络服务提供者均有网络虚拟财产安全保护义务

关键词 | 网络虚拟财产 | 安全保护义务 | 与有过失 |

【最高人民法院参考案例】

五、俞彬华诉广州华多网络科技有限公司网络服务合同纠纷案[（2019）粤0192民初70号，广州互联网法院]

【基本案情】

俞彬华是华多公司运营的YY直播平台的实名认证消费者。2017年4月6日上午10点，俞彬华的账号显示在异地被登录并被盗刷了价值1180元的红钻券。账户被盗后，俞彬华立即联系华多公司客服要求提供盗刷者的账户信息及采取相关冻结措施，华多公司仅要求其向公安机关报案，未应允其要求。俞彬华主张YY

软件的安全性存在问题,华多公司没有履行妥善保管义务且未及时协助追回被盗的网络虚拟财产,故请求法院判令华多公司赔偿其 1180000 红钻券折合人民币 1180 元等。人民法院经审理认为,俞彬华在上述虚拟财产被盗前,密码比较简单,且未能充分选用华多公司提供的更高等级的安全保障方案,其未能妥善地保管账号、密码并采取充分措施防止财产被盗,对上述被盗结果应负主要责任;华多公司向用户提供的防盗措施特别是默认状态下的防盗措施不够周密,且在俞彬华通知其客服人员财产被盗后,未能提供或保存被盗财产的流向等信息,造成损失难以被追回,在技术和服务上存在一定疏漏,对俞彬华的损失负有次要的责任,故判令华多公司向俞彬华赔偿被盗虚拟财产价值的 40% 即 472 元,驳回俞彬华的其他诉讼请求。

【典型意义】

本案对网络环境下,如何合理分配用户与网络服务提供者对争议事实的举证责任进行详细论述,并结合网络服务合同中双方的权利义务内容,确立了用户和网络服务提供者均应负有网络虚拟财产安全保护义务的规则,提出双方应当根据在履约过程中的过错程度,衡量双方过错对损害后果的原因力大小,合理分配责任比例的处理原则。本案判决为妥善调处网络虚拟财产相关纠纷、确立网络平台责任规则、完善网络侵权责任制度提供了范例,有利于提高对网络虚拟财产的保护水平,亦有助于加强用户和网络服务提供者的安全意识和责任意识,促进互联网经济的健康发展。

——《互联网十大典型案例》,载《人民法院报》2021 年 6 月 1 日,第 3 版。

编者说明

网络用户在网络空间中形成的账号、积分、虚拟装备等均具有一定的经济价值,随着网络技术的发展与移动终端的普及,网络虚拟财产被盗案件也时有发生。《民法典》第 127 条规定:"法律对数据、网络虚拟财产的保护有规定的,依照其规定。"《最高人民法院、国家发展和改革委员会关于为新时代加快完善社会主义市场经济体制提供司法服务和保障的意见》中也强调:"加强对数字货币、网络虚拟财产、数据等新型权益的保护。"

在俞彬华诉广州华多网络案中,法院虽没有对网络虚拟财产属性、交易规则等具有争议性的问题进行直接回答,但根据网络用户与网络服务提供者之间的合同界定了双方的权利义务。网络虚拟财产必须依托于特定的网络平台,而网络平台背后必然有相应的运营者,由此网络用户与网络平台间就存在合同关系。在发生网络虚拟财产被盗的情况下,法院只需根据合同约定的权利义务便可界定双方的责任。在针对网络虚拟财产规则缺失的背景下,个案中探索可行的保护方式则更具示范效应,这也是俞彬华诉广州华多网络案的典型意义之所在。①

———————————

① 参见中国政法大学来小鹏教授的点评,载《人民法院报》2021 年 6 月 1 日,第 3 版。

三、不得滥用权利

199 滥用民事权利的认定与法律后果

关键词 | 权利滥用 | 国家利益 | 社会公共利益　侵害商标权 | 诚实信用 |

【最高人民法院司法解释】

第三条　对于民法典第一百三十二条所称的滥用民事权利,人民法院可以根据权利行使的对象、目的、时间、方式、造成当事人之间利益失衡的程度等因素作出认定。

行为人以损害国家利益、社会公共利益、他人合法权益为主要目的行使民事权利的,人民法院应当认定构成滥用民事权利。

构成滥用民事权利的,人民法院应当认定该滥用行为不发生相应的法律效力。滥用民事权利造成损害的,依照民法典第七编等有关规定处理。

——《最高人民法院关于适用〈中华人民共和国民法典〉总则编若干问题的解释》(2022 年 3 月 1 日,法释〔2022〕6 号)。

【链接：理解与适用】

民法典第一百三十二条规定禁止权利滥用,为权利设定了范围,明确了权利行使的边界。考虑到该规定是指导民事主体依法行使民事权利的一般准则,具有较强的原则性和抽象性,有必要在司法适用时进一步具体化,《总则编解释》在第 3 条的位置对滥用民事权利的认定与法律后果问题作出规定。

在学理上,禁止权利滥用原则通常被认为是诚实信用原则的具体化表现之一,衡量权利是否滥用应围绕诚实信用原则展开,但诚实信用原则属于抽象性法律原则,法官在适用时仍需具体判断。为解决实务中如何认定构成权利滥用的问题,《总则编解释》第 3 条第 1 款、第 2 款对滥用民事权利的认定作出规定。

第 1 款采用动态系统论的思路,明确人民法院在判断是否构成权利滥用时,可以从权利行使的对象、目的、时间、方式、造成当事人之间利益失衡的程度等因素予以考量。例如,在姚某与潘某相邻损害防免关系纠纷中,姚某安装的可视门铃对潘某进出住宅等活动信息进行自动记录、存储,超出了防盗的必要范围和合理限度,法院认定构成滥用民事权利。此即从权利行使的目的、方式、造成当事人之间利益失衡的程度等角度,对当事人行使权利是否超出合理范围作出的界定。

第 2 款主要是从损害目的的角度对人民法院应当认定构成权利滥用的特定情形作出明确。比较法上,德国民法典、俄罗斯联邦民法典明确权利滥用为"专以加害(损害)他人为目的"行使权利,我国台湾地区"民法"也明确为"以损害他人为主要目的"。我国大陆学界也认为,权利滥用正是民事主体利用权利的合法形式,来实现损害他人或社会之目的。据此,解释明确,行为人以损害国家利益、社会公共利益、他人合法权益为主要目的行使民事权利的,构成权利滥用。

在此需要说明的是,凡符合第 2 款规定情形的,应当认定构成滥用民事权利;当存在第 2 款规定以外情形的,应根据第 1 款规定的参考因素,结合具体案情认定是否构成滥用民事权利。例如在一则案件中,被告将厨房改为厕所后,导致其厕所位于原告厨房之上,引起原告心理不适。此时因不能证明被告有损害原告利益之目的,难以直接适用第 2 款规定,但其权利行使方式明显不当,法院判决其恢复原状。

关于滥用民事权利的法律后果。学界多认为,权利滥用的效果以承认权利存在而否认其行使为原则,以权利丧失为例外。滥用权利行为将发生两方面的后果:一是不能发生行为人预期的法律效果,二是造成他人损害将承担法律责任。

我们经过多次研究论证后,在第 3 款规定"构成滥用民事权利的,人民法院应当认定该滥用行为不发生相应的法律效力"。换言之,权利行使本来应产生的效果,因其滥用的关系,法律遂不使之发生。

但需注意的是,此处否定的应生效果限于该滥用行为,并不包括在合理范围内的权利行使部分。另考虑到滥用民事权利可能造成他人损害,权利滥用者应当承担相应的民事责任,故《总则编解释》选取此情形中适用法律的典型领域,列明适用民法典侵权责任编的规定。

当然,滥用民事权利危及他人人身、财产安全的,不仅涉及民法典侵权责任编的适用,还可能涉及人格权编、物权编等有关规定,对于公司股东滥用公司法人独立地位和股东有限责任损害公司债权人的利益等情形,更涉及公司法的有关规定,对此直接按照相应规定处理即可,难以一一列举,故使用"等"字予以概括,避免条文过于繁琐。

——郭锋、陈龙业、蒋家棣、刘婷:《〈关于适用民法典总则编若干问题的解释〉的理解与适用》,载《人民司法·应用》2022 年第 10 期。

【最高人民法院司法文件】

22. 引导当事人诚信理性诉讼。加大对虚假诉讼、恶意诉讼等非诚信诉讼行为的打击力度,充分发挥诉讼费用、律师费用调节当事人诉讼行为的杠杆作用,促使当事人选择适当方式解决纠纷。当事人存在滥用诉讼权利、拖延承担诉讼义务等明显不当行为，造成诉讼对方或第三人直接损失的，人民法院可以根据具体情况对无过错方依法提出的赔偿合理的律师费用等正当要求予以支持。

——《最高人民法院关于进一步推进案件繁简分流优化司法资源配置的若干意见》（2016 年 9 月 12 日，法发〔2016〕21 号）。

【最高人民法院指导性案例】

王碎永诉深圳歌力思服饰股份有限公司、杭州银泰世纪百货有限公司侵害商标权纠纷案[最高人民法院指导案例 82 号，最高人民法院（2014）民提字第 24 号民事判决书，2014.8.14]

裁判要点：当事人违反诚实信用原则，损害他人合法权益，扰乱市场正当竞争秩序，恶意取得、行使商标权并主张他人侵权的，人民法院应当以构成权利滥用为由，判决对其诉讼请求不予支持。

法院生效裁判认为，诚实信用原则是一切市场活动参与者所应遵循的基本准则。一方面，它鼓励和支持人们通过诚实劳动积累社会财富和创造社会价值，并保护在此基础上形成的财产性权益，以及基于合法、正当的目的支配该财产性权益的自由和权利；另一方面，它又要求人们在市场活动中讲究信用、诚实不欺，在不损害他人合法利益、社会公共利益和市场秩序的前提下追求自己的利益。民事诉讼活动同样应当遵循诚实信用原则。一方面，它保障当事人有权在法律规定的范围内行使和处分自己的民事权利和诉讼权利；另一方面，它又要求当事人在不损害他人和社会公共利益的前提下，善意、审慎地行使自己的权利。任何违背法律目的和精神，以损害他人正当权益为目的，恶意取得并行使权利、扰乱市场正当竞争秩序的行为均属于权利滥用，其相关权利主张不应得到法律的保护和支持。

第 4157840 号"歌力思及图"商标迄今为止尚未被核准注册，王碎永无权据此对他人提起侵害商标权之诉。对于歌力思公司、杭州银泰公司的行为是否侵害王碎永的第 7925873 号"歌力思"商标权的问题，首先，歌力思公司拥有合法的在先权利基础。歌力思公司及其关联企业最早将"歌力思"作为企业字号使用的时间为 1996 年，最早在服装等商品上取得"歌力思"注册商标专用权的时间为 1999 年。经长期使用和广泛宣传，作为企业字号和注册商标的"歌力思"已经具有了较高的市场知名度，歌力思公司对前述商业标识享有合法的在先权利。其次，歌力思公司在本案中的使用行为系基于合法的权利基础，使用方式和行为性质均具有正当性。从销售场所来看，歌力思公司对被诉侵权商品的展示和销售行为均完成于杭州银泰公司的歌力思专柜，专柜通过标注歌力思公司的"ELLASSAY"商标等方式，明确表明了被诉侵权商品的提供者。在歌力思公司的字号、商标等商业标识已经具有较高的市场知名度,而王碎永未能举证证明其"歌力思"商标同样具有知名度的情况下,歌力思公司在其专柜中销售被诉侵权商品的行为,不会使普通消费者误认该商品来自于王碎永。从歌力思公司的具体使用方式来看,被诉侵权商品的外包装、商品内的显著部位均明确标注了"ELLASSAY"商标,而仅在商品吊牌之上使用了"品牌中文名:歌力思"的字样。由于"歌力思"本身就是歌力思公司的企业字号,且与其"ELLASSAY"商标具有互为指代关系,故歌力思公司在被诉侵权商品的吊牌上使用"歌力思"文字来指代商品生产者的做法并无明显不妥,不具有攀附王碎永"歌力思"商标知名度的主观意图,亦不会为普通消费者正确识别被诉侵权商品的来源制造障碍。在此基础上,杭州银泰公司销售被诉侵权商品的行为亦不为法律所禁止。最后,王碎永取得和行使"歌力思"商标权的行为难谓正当。"歌力思"商标由中文文字"歌力思"构成,与歌力思公司在先使用的企业字号及在先注册的"歌力思"商标的文字构成完全相同。"歌力思"本身为无固有含义的臆造词,具有较强的固有显著性,依常理判断,在完全没有接触或知悉的情况下,因巧合而出现雷同注册的可能性较低。作为地域接近、经营范围关联程度较高的商品经营者,王碎永对"歌力思"字号及商标完全不了解的可能性较低。在上述情形之下,王碎永仍在手提包、钱包等商品上申请注册"歌力思"商标,其行为难谓正当。王碎永以非善意取得的商标权对歌力思公司的正当使用行为提起的侵权之诉,构成权利滥用。

——《最高人民法院关于发布第16批指导性案例的通知》(2017年3月6日,法〔2017〕53号)。

【链接:理解与参照】

三、裁判要点的理解与说明

(一)关于诚信信用原则对侵害商标权案件的价值指引作用

……本案正是人民法院在商标审判领域贯彻诚实信用原则的一个创新性案例,也是积极回应社会反映强烈的不诚信获得和行使商标权行为的典型案件。从基本案情看,本案只是一起普通的侵害商标权案件。原告是核定使用在皮包等商品上的"歌力思"商标的权利人,被告歌力思公司在其销售的皮包商品的吊牌上使用了"歌力思"文字。如果仅从2001年修正的商标法第五十二条第(一)项[①]规定的字面含义上分析,被告的行为无疑已经构成对原告商标权的侵害。严格意义上而言,一审、二审法院的裁判遵循了条文本身的规定。但进入再审程序后,最高法院提审后改判驳回原告的全部诉讼请求,主要是基于以下几方面的考虑:

---

① 对应2019年《商标法》第57条第1项、第2项。——编者注

第一，原告的商标注册和使用行为是否有违诚实信用原则。根据法院已经查明的事实，歌力思公司及其关联企业最早将"歌力思"作为企业字号使用的时间为1996年，最早在服装等商品上取得"歌力思"注册商标专用权的时间为1999年。经长期使用和广泛宣传，作为企业字号和注册商标的"歌力思"已经具有了较高的市场知名度，歌力思公司对前述商业标识享有合法的在先权利。其次，歌力思公司在本案中的使用行为系基于合法的权利基础，使用方式和行为性质均具有正当性。从销售场所来看，歌力思公司对被诉侵权商品的展示和销售行为均完成于杭州银泰公司的歌力思专柜，专柜通过标注歌力思公司的"ELLASSAY"商标等方式，明确表明了被诉侵权商品的提供者。在歌力思公司的字号、商标等商业标识已经具有较高的市场知名度，而王碎永未能举证证明其"歌力思"商标同样具有知名度的情况下，歌力思公司在其专柜中销售被诉侵权商品的行为，不会使普通消费者误认该商品来自于王碎永。从歌力思公司的具体使用方式来看，被诉侵权商品的外包装、商品内的显著部位均明确标注了"ELLASSAY"商标，而仅在商品吊牌之上使用了"品牌中文名：歌力思"的字样。由于"歌力思"本身就是歌力思公司的企业字号，且与其"ELLASSAY"商标具有互为指代关系，故歌力思公司在被诉侵权商品的吊牌上使用"歌力思"文字来指代商品生产者的做法并无明显不妥，不具有攀附王碎永"歌力思"商标知名度的主观意图，亦不会为普通消费者正确识别被诉侵权商品的来源制造障碍。在此基础上，杭州银泰公司销售被诉侵权商品的行为亦不为法律所禁止。

第二，歌力思公司本身的使用行为是否有违诚实信用原则。"歌力思"商标由中文文字"歌力思"构成，与歌力思公司在先使用的企业字号及在先注册的"歌力思"商标的文字构成完全相同。"歌力思"本身为无固有含义的臆造词，具有较强的固有显著性，依常理判断，在完全没有接触或知悉的情况下，因巧合而出现雷同注册的可能性较低。作为地域接近、经营范围关联程度较高的商品经营者，王碎永对"歌力思"字号及商标完全不了解的可能性较低。在上述情形之下，王碎永仍在手提包、钱包等商品上申请注册"歌力思"商标，其行为难谓正当。王碎永以非善意取得的商标权对歌力思公司的正当使用行为提起侵权之诉，构成权利滥用。

诚如判决书中已经分析的，无论是从双方标识的知名度、被告的使用场所、使用方式等方面来看，都很难认定被告具有攀附原告知名度的主观恶意，其使用行为也有其权利来源上的正当性基础。因此，综合以上多方面因素的考虑，最高法院并未仅仅停留在法律规定的字面意义上对原被告的行为进行分析判断，而是从权利基础的正当性、使用行为的正当性等多个角度作出了综合考量，从而在最大程度上探寻了实体公正。

(二)关于民事行政交叉案件争议的实质性解决

在我国知识产权法律制度的框架之下,设置了商标和专利的确权制度,在符合一定条件的情况下,当事人可以启动相关的行政和司法程序,对已经授予的专利和商标权的效力提出挑战。由此带来的结果是,在很多专利和商标的侵权案件中,启动确权程序以期从根本上推翻原告的权利基础,成为被告的一项重要的诉讼策略。基于"本案须以另案的审理结果为依据"是我国民事诉讼法第一百五十条①明确规定的中止事由,加之实践中专利权和商标权最终被确认无效的情况并不鲜见,因此,一旦被告提出无效申请并请求法院中止侵权案件的审理,法院即面临是否中止审理的两难境地:一旦中止,由于确权程序复杂和漫长,侵权案件的审理可能被搁置多年;如不中止,又将面临认定侵权后权利又被确认无效的风险。

对此,最高法院于 2016 年 7 月在全国法院知识产权审判工作座谈会上即明确提出,进一步发挥司法在知识产权保护中主导作用的重要环节,就是要进一步处理好知识产权民事程序和行政程序的关系。既要依法保障权利人的合法权益,又要注意提高民事案件的审理效率,致力于实质解决纠纷,确保当事人及早获得公正结果。合理强化特定情形下民事程序的优先和决定地位,促进民行交织的知识产权民事纠纷的实质性解决,保障民事案件处理的公正和效率,并对后续行政纠纷的正确解决形成引导。对于违反诚实信用原则或者侵犯他人合法在先权利而取得的知识产权,权利人指控他人侵权的,可以根据案件具体情况以构成权利滥用为由对其诉请不予支持。

本案中,双方当事人之间就涉案商标也存在商标确权纠纷,但法院并未消极地观望和等待确权案件的审理结果,而是在综合考虑本案和部分生效判决查明事实的基础上,直接认定原告王碎永注册涉案商标的行为难谓正当,具体理由在于:涉案"歌力思"商标由中文文字"歌力思"构成,与歌力思公司在先使用的企业字号及在先注册的"歌力思"商标的文字构成完全相同。"歌力思"本身为无固有含义的臆造词,具有较强的固有显著性,依常理判断,在完全没有接触或知悉的情况下,因巧合而出现雷同注册的可能性较低。作为地域接近、经营范围关联程度较高的商品经营者,王碎永对"歌力思"字号及商标完全不了解的可能性较低。在上述情形之下,王碎永仍在手提包、钱包等商品上申请注册"歌力思"商标,其行为难谓正当。王碎永以非善意取得的商标权对歌力思公司的正当使用行为提起侵权之诉,构成权利滥用。

司法在知识产权保护中发挥主导作用,是司法本质属性和知识产权保护规律的内在要求。本案的裁判,以诚实信用原则为价值指引,对违反诚实信用原则取得

---

① 对应 2023 年《民事诉讼法》第 153 条。——编者注

知识产权的权利人提起的诉讼,充分考虑了案件当中的具体情况,最终以构成权利滥用为由对原告的诉讼主张予以驳回,充分体现了司法裁判的价值引导作用,提高了社会公众对裁判的认同和信赖。

四、参照适用时应注意的问题

在参照适用本案例时,还需要注意以下问题:

一是既要坚持诚实信用原则的指引,也要尊重商标法律制度的基本价值。根据 2013 年修正的商标法第三十二条的规定,申请商标不得损害他人现有的在先权利,也不得以不正当手段抢先注册他人已经使用并有一定影响的商标。在商标民事侵权案件中,违反诚实信用原则或者侵犯他人合法在先权利而取得的知识产权,权利人指控他人侵权的,可以根据案件具体情况,以构成权利滥用为由对其诉讼请求不予支持。在商标确权行政程序中,损害他人在先权利的商标,即使获得注册,仍可能被在后启动的无效审查及诉讼程序予以撤销。但需要注意的是,在商标民事案件审理过程中,人民法院尚不能对商标权的法律效力直接进行审查或宣告商标权无效。本案系基于权利人违反诚实信用原则、滥用权利的行为,而于个案中作出驳回其诉讼请求的认定,而并未直接对商标权的效力作出审查和判断。

二是要坚持在侵害商标权案件中贯彻比例协调原则。2016 年 7 月,最高法院明确提出了"司法主导、严格保护、分类施策、比例协调"的知识产权司法政策。其中,比例协调原则的重要内涵,就是要使知识产权的保护范围和强度与其创新和贡献程度相协调。对此,最高法院在"奥普"商标侵权案[1]中明确指出,基于知识产权保护激励创新的目的及比例原则,知识产权的保护范围和强度,要与特定知识产权的创新和贡献程度相适应。对于商标权的保护强度,应当与其应有的显著性和知名度相适应。因此,在尊重商标注册制度基本价值的前提下,考虑到先申请原则可能引发的商标抢注、符号圈地等现象,应当充分认识到,商标法所要保护的是商标所具有的识别和区分商品及服务来源的功能,而非仅是注册行为所固化的商标标识本身。因此,在个案审查和裁判的过程中,应避免机械地将商标标识本身的近似作为认定侵权与否的决定性因素,而应综合考虑被诉侵权行为是否损害了涉案商标的识别和区分功能,及是否因此而导致市场混淆的结果。此外,在缺乏明确法律依据的情况下,亦应避免通过引入尚存争议的域外概念,突破比例原则而不适当地扩张商标禁用权的范围。

——佟姝、李兵:《〈王碎永诉深圳歌力思服饰股份有限公司、杭州银泰世纪百货有限公司侵害商标权纠纷案〉的理解与参照——恶意取得并行使商标权的行为不受法律保护》,载《人民司法·案例》2021 年第 17 期。

---

[1] 参见(2016)最高法民再 216 号民事判决书。

编者说明

　　指导案例 82 号《王碎永诉深圳歌力思服饰股份有限公司、杭州银泰世纪百货有限公司侵害商标权纠纷案》,旨在明确当事人违反诚实信用原则,损害他人合法权益,扰乱市场正当竞争秩序,恶意取得、行使商标权并主张他人侵权的,人民法院应当以构成权利滥用为由,判决对其诉讼请求不予支持。这充分体现了人民法院在商标审判领域倡导诚实信用原则的司法导向,对净化市场环境、规范市场竞争秩序、遏制商标恶意抢注现象,具有重要的价值导向作用。①

200 民事主体不得以行使其权利为由侵害其他民事主体的权益

关键词 | 一般人格权 | 名誉权 | 权利冲突 | 权利滥用 |

【最高人民法院公报案例】

　　林某某、陈某某诉蔡某某一般人格权纠纷案[广东省汕头市濠江区人民法院一审民事判决书,2016. 8. 30]

　　裁判摘要:1. 民事主体行使各自的民主权利,均应在法律赋予的限度之内,不得以行使自己的权利为由侵害其他民事主体的合法权益。

　　2. 人民法院审理民事主体各自行使民事权利导致冲突的案件,应当依据事实,判断各方当事人行使其民事权利的合法性与适度性,据此平衡上述权利冲突。

　　广东省汕头市濠江区人民法院一审认为:

　　民事主体行使各自的民事权利应在法律赋予的限度之内,法律同样禁止任何权利人以行使自己权利为由侵害其他民事主体的合法权益。本案双方当事人的讼争焦点实质为民事主体各自行使民事权利之间的冲突,必须依据案件事实确定各方当事人行使其民事权利的合法性与适度性,从而平衡上述权利冲突。本案原告林某某与原告陈某某虽系夫妻关系,但林某某在公共场所公然使用暴力扇打陈某某的脸部,林某某的该行为具有违法性,且已侵害了陈某某的人格尊严。被告蔡某某对林某某的上述不法暴力行为进行拍摄并予以公布,并无不当。但是,对于陈某某而言,在公共场所被他人暴力扇打脸部,其人格尊严本已受到侵害,而蔡某某在没有对视频中陈某某的容貌及形象进行模糊处理的情况下,对该视频进行公布,导致视频在安徽公共频道上播放,其行为事实上导致陈某某因人格尊严受侵害而形成的不利影响得以扩大,给陈某某造成更大的精神伤害。蔡某某应对此承担相应的侵权责任。

---

　　① 《最高法发布第 16 批指导性案例》,载《人民法院报》2017 年 3 月 10 日,第 1 版。

关于原告陈某某认为被告蔡某某的行为侵犯其名誉权的主张，法院认为，名誉是社会上人们对自然人或者法人的品德、声誉、形象等各方面的综合评价；侵害名誉权是指行为人利用各种形式侮辱、诽谤他人的名誉，导致受害人的社会评价降低；而人格尊严是指作为一个"人"所应有的最起码的社会地位，及应受到社会和他人最起码的尊重。虽然侵害公民名誉权的行为，都会在不同程度上损害公民的人格尊严，但是侵害公民人格尊严的行为，未必会造成对受害人社会评价的降低。陈某某并没有证据证明蔡某某的行为已导致其社会评价降低，且蔡某某的行为也不属于侮辱、诽谤等行为，故陈某某认为蔡某某侵害其名誉权的主张没有事实及法律依据，法院不予支持。对于陈某某主张蔡某某侵害其隐私权、肖像权的主张，因林某某、陈某某的行为发生于公共场所且本案并无证据证明蔡某某因该拍摄行为而获取了利益，故陈某某的该主张没有法律依据，法院不予支持。

对于原告林某某主张被告蔡某某侵害其合法权益的主张，因林某某在公共场所公然使用暴力侮辱他人的行为本来就属违法，为法律所禁止，蔡某某对林某某的该违法行为进行公布并无不妥，况且该视频也只是显示了林某某的背面，一般人并无法判断出其系林某某本人，故蔡某某的行为并没有侵害林某某的合法权益。林某某的该主张没有事实及法律依据，法院不予支持。

行为人因过错侵害他人民事权益，应当承担侵权责任。公民的人格尊严受到侵害的，有权要求停止侵害、消除影响、赔礼道歉，并可以要求赔偿损失。被告蔡某某将涉诉视频通过互联网进行公布并被安徽公共频道播放，致该视频至今仍存在于安徽卫视网站上，蔡某某有义务通知安徽卫视对其网站上存在的该视频予以删除。对于原告陈某某提出的要求蔡某某删除其他网站上的其他涉诉视频，因其无法提供证据证明该视频存在于其他网站之上，故对陈某某超出上述范围的请求，法院不予支持。陈某某要求蔡某某进行赔礼道歉，符合法律规定。至于赔礼道歉的方式应当与侵权行为影响范围相应，法院认为蔡某某应采用书面形式致歉，内容须经法院审核。因蔡某某实施侵害陈某某人格尊严的行为，必定给陈某某精神造成损害，陈某某要求支付精神损失费，理由正当，结合本案的侵权范围、影响、过错程度，法院酌定被告蔡某某赔偿陈某某精神损害抚慰金 1000 元。但应指出，陈某某提出的赔偿 2 万元的要求过高，故法院对其超过上述金额部分不予支持。

被告蔡某某虽称其行为是对不文明行为的曝光，属于正义行为，但任何权利均不是绝对的，法律在赋予权利主体行使自由权的时候，都规定行使权利的必要限度，蔡某某行使其合法权利时应遵循适度性，不应侵害他人的合法权益，故法院对其抗辩不予采信。

——《最高人民法院公报》2020 年第 11 期。

第五章　民事法律行为

一、一般规定

201 《民法典》的民事法律行为概念对审判的影响

关键词｜民事法律行为｜民事行为｜

【链接：最高人民法院法官著述】

对于新的民事法律行为理论对审判实践的影响。

我们认为,《民法典》对民事法律行为概念赋予新的含义,主要是理论上具有重大的价值。对于审判实践而言,案件的处理结果并不会因为该用语的新的含义就会发生变化,只不过我们在裁判文书中对民事法律行为的含义要作相应的调整,如民事法律行为不再是《民法通则》规定的含义,它不包含合法性评价。又如,在裁判文书中不能出现"民事行为"这一概念,因为这一概念已经被《民法典》废弃。

——最高人民法院民法典贯彻实施工作领导小组主编:《中华人民共和国民法典总则编理解与适用[下]》,人民法院出版社 2020 年版,第 684 页。

编者说明

《民法典》第 133 条规定了民事法律行为的定义:"民事法律行为是民事主体通过意思表示设立、变更、终止民事法律关系的行为。"而《民法通则》第 54 条则规定:"民事法律行为是公民或者法人设立、变更、终止民事权利和民事义务的合法行为。"二者对比,《民法典》有两处实质性修改:一是《民法通则》规定民事法律行为必须是合法行为,但根据《民法典》第 133 条的规定,无效行为也包含在民事法律行为这一概念之中;第二,《民法典》第 133 条增加规定通过"意思表示"设立、变更、终止民事法律关系的行为,《民法通则》对此则没有规定。

202 民事法律行为的其他形式

关键词｜民事法律行为｜意思表示｜

【最高人民法院司法解释】

第十八条 当事人未采用书面形式或者口头形式,但是实施的行为本身表明已经作出相应意思表示,并符合民事法律行为成立条件的,人民法院可以认定为民法典第一百三十五条规定的采用其他形式实施的民事法律行为。

——《最高人民法院关于适用〈中华人民共和国民法典〉总则编若干问题的解释》(2022 年 3 月 1 日,法释〔2022〕6 号)。

【链接：理解与适用】

民法典第一百三十五条延续了民法通则、合同法有关规定的精神,明确民事法律行为可以采取其他形式。同时民法典第一百四十条为新增规定,明确意思表示可以通过默示或者沉默的方式作出。此前,《合同法解释二》第 2 条就订立合同的其他方式作过规定。我们认为,有关"其他形式"问题,虽以合同领域为典型,但并不限于合同,故有必要在遵循民法典规定精神的基础上,总结《合同法解释二》的经验做法,上升为总则编的细化规则,并衔接好民法典第一百三十五条和第一百四十条的规定,为司法实践中准确认定以其他形式实施民事法律行为作出指引。

——郭锋、陈龙业、蒋家棣、刘婷:《〈关于适用民法典总则编若干问题的解释〉的理解与适用》,载《人民司法·应用》2022 年第 10 期。

《民法典》虽然在总则编未对未采用特定形式的民事法律行为是否成立作出明确规定,但在合同编就合同领域对未采用书面形式订立合同的成立作出了明确的规定。《民法典》第 490 条规定:"当事人采用合同书形式订立合同的,自当事人均签名、盖章或者按指印时合同成立。在签名、盖章或者按指印之前,当事人一方已经履行主要义务,对方接受时,该合同成立。法律、行政法规规定或者当事人约定合同应当采用书面形式订立,当事人未采用书面形式但是一方已经履行主要义务,对方接受时,该合同成立。"法律、行政法规规定或者当事人约定合同应当采用书面形式订立,当事人未采用书面形式的情形,《民法典》有具体明确的规定,在一方已经履行主要义务,对方接受时,该合同成立。

——最高人民法院民法典贯彻实施工作领导小组编著:《最高人民法院民法典总则编司法解释理解与适用》,人民法院出版社 2022 年版,第 289 页。

编者说明

对于民事法律行为的形式,《民法典》第 135 条规定:"民事法律行为可以采用书面形式、口头形式或者其他形式;法律、行政法规规定或者当事人约定采用特定形式的,应当采用特定形式。"(1) 书面形式,是指以文字等可以采用有形形式再现民事法律行为内容的形式。书面形式明确肯定,有据可查,对于防止争议和解决纠纷、保障交易安全有积极意义。书面形式的种类,根据《民法典》第 469 条的规定,书面形式是合同书、信件等可以有形表现所载内容等形式。以电报、电传、传真、电子数据交换、电子邮件等方式能够有形地表现所载内容,并可以随时调取查用的数据电文,视为书面形式。随着互联网技术的发展,微信、QQ 等已成为人们社会交往的重要载体,也可以成为民事法律行为的载体,有的也属于书面形式的种类。(2)口头形式,是指当事人以面对面的谈话或者以电话交流等方式形成民事法律行为的形式。口头形式的特点是直接、简便和快捷,在现实生活中,数额较小或者现款交易的民事法律行为通常都采用口头形式,如在自由市场买菜、在商店买衣服等。口头形式没有凭证,容易发生争议,发生争议后,难以取证,不易分清责任。(3)其他形式,是兜底性规定,现实生活很复杂,在有的情况下,当事人还可能采取书面形式和口头形式之外的方式形成民事法律行为。例如在合同领域,可以根据当事人的行为或者特定情形推定合同的成立,也被称为默示合同。此类合同是指当事人未用语言或者文字明确表示成立,而是根据当事人的行为推定合同成立。这类合同在现实生活中有很多,例如租房合同的期限届满后,出租人未提出让承租人退房,承租人也未表示退房而是继续交房租,出租人也接受了租金。根据双方的行为,可以推定租赁合同继续有效。再如,乘客乘上公共汽车并到达目的地时,尽管乘车人和承运人之间没有形成书面形式或者口头形式的合同,但可以依当事人的行为推定双方的运输合同成立。

203 穷尽所有联系方式仍然联系不到对方当事人的,才可以采用公告方式

关键词 | 意思表示生效 | 公告 |

【链接:最高人民法院法官著述】

以公告方式作出意思表示必须符合相应的条件

与民事诉讼法规定的公告方式的原理相同,本条①规定的以公告方式作出意思表示是有前提条件的,即要穷尽所有能联系到的方式仍然联系不到对方当事人,才允许采用公告的方式将意思表示送达对方当事人,而且公告发布时立即生效,否则就会扰乱正常的市场经济秩序。在诉讼中,当事人主张以公告方式作出了意思表示,那么其应当举证证明其穷尽了所有的意思表示送达方式仍然不能送达,最后才采用公告送达方式。

——最高人民法院民法典贯彻实施工作领导小组主编:《中华人民共和国民法典总则编理解与适用[下]》,人民法院出版社 2020 年版,第 706 页。

---

① 《民法典》第 139 条规定了以公告方式作出的意思表示生效时间:"以公告方式作出的意思表示,公告发布时生效。"

编者说明

公告方式，是指意思表示有相对人时，在穷尽联系方式仍然联系不到对方当事人，如电话、邮件、信件、微信、QQ 等方式都找不到对方当事人的情况下，法律允许当事人以公告的方式向对方发出意思表示，并赋予其法律效力，即：以公告方式作出的意思表示，公告发布时生效。

二、意思表示

204 合同争议条款的解释规则

关键词 | 合同争议条款 | 意思表示解释 | 解释顺序 | 解释方法 |

【人民法院案例库参考案例】

顾某萍与王某宝等人民间借贷纠纷案[入库编号:2024-16-2-103-001,上海市第二中级人民法院(2022)沪02民再14号民事判决书,2022.6.8]

【裁判要旨】

依据民法典第142条第1款的规定,对合同争议条款的解释遵循以下逻辑路径:首先,根据合同文本字面含义进行文义解释,若按照文义解释方法能够明确争议条款的内容,仍需要运用其他解释方法进行验证。若文义解释之后,争议内容仍无法明确或者存在漏洞或解释结果明显不合常理或者造成利益失衡,则需要综合考察当事人订约的过程、背景、合同性质、合同的所有条款、当事人陈述、合同履行情况,在文义射程范围内确定合同争议条款的真实含义。

【裁判理由】

法院生效裁判认为:

二、《还款承诺书》中每月付5万元罚金的性质。法院认为就每月付5万元罚金的性质,应考量当事人真实意思,王某宝、朱某兵在2008年8月29日的《还款承诺书》中明确承诺了2008年9月3日归还20万元,余款2008年9月10日前如数归还,并写明如违约,每月付5万元罚金。结合《还款承诺书》的上下文来看,每月付5万元的含义显然是对不能按期还款而承担的责任,而当事人出于对法律专业词汇的不了解,使用了不规范的表述,但探寻其真实意思应当是关于违约责任的意思表示,故应当认定为双方对违约责任所作的约定。然而,当事人承诺的每月付5万元,按年利率换算,显然过高,现顾某萍主动以年利率24%来主张,符合相关法律的规定,法院予以照准。

——人民法院案例库,https://rmfyalk.court.gov.cn。

【链接：最高人民法院法官著述】

意思表示解释的前提和顺序

如果意思表示的词句清楚明白无误，则不需要解释。意思表示解释的前提是，意思表示所使用的词句不清楚，模棱两可，有两种以上的含义，需要法官或者仲裁员通过解释来确定当事人之间的真实意思表示。

在有相对人的意思表示的场合，如果意思表示需要解释，那么首先是按照所使用的词句进行解释。如果通过此种方法意思表示已经清楚，则不需要往下进行。如果通过此种方法意思表示还不清楚，则要结合相关条款进行解释。同理，如果结合相关条款进行解释意思表示已经清楚，则不需要往下进行。如果通过此种方法意思表示还不清楚，还需要解释，则结合行为的性质和目的进行解释。以此类推，后面还可以结合习惯。如果结合习惯，意思表示还不清楚，则结合诚信。

——最高人民法院民法典贯彻实施工作领导小组主编：《中华人民共和国民法典总则编理解与适用[下]》，人民法院出版社 2020 年版，第 718 页。

编者说明

《民法典》第 142 条规定了意思表示解释："有相对人的意思表示的解释，应当按照所使用的词句，结合相关条款、行为的性质和目的、习惯以及诚信原则，确定意思表示的含义。无相对人的意思表示的解释，不能完全拘泥于所使用的词句，而应当结合相关条款、行为的性质和目的、习惯以及诚信原则，确定行为人的真实意思。"而《合同法》第 125 条第 1 款则规定："当事人对合同条款的理解有争议的，应当按照合同所使用的词句、合同的有关条款、合同的目的、交易习惯以及诚实信用原则，确定该条款的真实意思。"二者对比，《民法典》第 142 条有以下实质性改动：①首先，本条区分了有相对人的意思表示的解释和无相对人的意思表示的解释。其次，在有相对人的意思表示的解释场合，本条的规定是以意思表示所使用的词句为基础，结合有关因素确定意思表示的含义。而《合同法》的规定是合同所使用的词句与其他有关因素并列。也就是说，意思表示所使用的词句，在本条的规定中占据基础性地位，规定得更为重要。

本条第 1 款对有相对人的意思表示的解释规则作了规定。实践中，有相对人的意思表示主要存在于合同领域，所以对相对人的意思表示进行解释大多数情况下是对合同的解释。对有相对人的意思表示的解释，应当遵循以下规则：②

1. 首先要按照意思表示所使用的词句进行解释，即文义解释。意思表示是由词句构成的，所以，解释意思表示必须首先从词句的含义入手。对词句的解释应当按照一个合理人通常的理解来进行。何谓"合理人"应当结合具体情况来判断，一般的民事活动"合理人"就是

---

① 参见最高人民法院民法典贯彻实施工作领导小组主编：《中华人民共和国民法典总则编理解与适用[下]》，人民法院出版社 2020 年版，第 713 页。

② 参见黄薇主编：《中华人民共和国民法典总则编解读》，中国法制出版社 2020 年版，第 458 页。

社会一般的人;某种特殊交易则"合理人"就是该领域内的人。

2. 如果按通常的理解对有相对人的意思表示所使用的词句进行解释比较困难或者不合理的,则应当结合相关条款、行为的性质和目的、习惯以及诚实信用原则,确定意思表示的含义。第一,相关条款,是整体考虑合同的上下文,根据不同条款之间的关联性来进行解释。第二,根据行为的性质和目的进行解释,是指在对意思表示进行解释时,应当根据当事人作出该意思表示所追求的目的,来对有争议的意思表示进行解释。在解释意思表示时,应当充分考虑行为人作出该意思表示的目的。如果意思表示的词句与当事人所明确表达的目的相违背,且行为人与相对人对该词句的含义发生了争议的,可以按照双方当事人的目的进行解释。第三,按照习惯进行解释,是指在意思表示发生争议以后,应当根据当事人所知悉的生活和交易习惯来对意思表示进行解释。双方当事人应当对运用的习惯是否存在以及其内容进行举证证明,法院也可以主动适用习惯进行解释。第四,依据诚信原则解释,是指根据诚信原则对有争议的意思表示进行解释。法官应当将自己作为一个诚实守信的当事人来理解、判断意思表示的内容,平衡双方当事人的利益,合理地确定意思表示内容。当然,由于诚信原则是一个较为抽象的概念,只有在依据意思表示的词句、相关条款、目的、性质、习惯等较为具体的解释规则无法对意思表示进行解释时,才可以适用诚信原则进行解释。这是为了增进司法公信力,同时也防止滥用司法裁量权。

205 对合同条款的解释,遵循文义解释、体系解释、目的解释等基本原则和顺序

关键词 | 合同解释 | 文义解释 | 体系解释 | 目的解释 |

【最高人民法院裁判案例】

上诉人江苏南通二建集团有限公司、上诉人天津国储置业有限公司与被上诉人国储能源化工(天津)有限公司、天津睿拓投资有限公司建设工程施工合同纠纷案[最高人民法院(2019)最高法民终1093号民事判决书,2019.12.31]

裁判摘要:合同同时约定了免息的债务履行期限和应付利息的最迟履行期限。虽然当事人提起诉讼时,免息的债务履行期限尚未届至,但一审庭审辩论终结前,该期限已经届至。债务人既未按约定履行付款义务,亦未向法院申请提存款项,应当认定债务人未在免息的债务履行期限届满前履行债务,债务人应按照合同约定支付利息。

关于置业公司是否应当支付欠付款项利息以及如何支付的问题。《支付协议》系双方当事人真实意思表示,合法有效,各方均应受此约束。根据该协议第3条和第4条约定,置业公司2018年8月20日前须支付4000万元,自2018年9月开始每3个月支付1000万元(每3个月的第二个月的20日前支付1000万元),至

2018 年 12 月 30 日前付清余款。虽然按照《支付协议》第 4 条约定，如果 2018 年 12 月 30 日之前付清所有款项，置业公司可以不支付延期付款利息，在南通二建 2018 年 11 月 9 日提起诉讼时，该期限尚未截止。但一审法院分别于 2019 年 1 月 和 3 月开庭，彼时，已经超过该付款期限，置业公司并未向南通二建主动履行该条 约定项下的合同义务，亦未向法院申请提存款项，应当认定置业公司未在第 4 条约 定的时间内付清余款。在此情况下，应当适用《支付协议》第 5 条的约定。在该条 中，置业公司承诺："于 2020 年 8 月 20 日前付清所欠工程款，以欠付乙方工程款项 为基数，以年息 12% 为标准计算利息，同时分 8 个季度平均支付欠付的工程款，每 季度的第三个月的 20 日前支付一次当季度所欠工程款，于第 4 个季度支付前 4 个 季度的全部利息。"该条又再次约定了分期付款的时间和具体金额，而且按照年息 12% 对全部欠付款项计算了相应利息。因置业公司在签订《支付协议》后仅支付了 1200 万元，余款均未支付，则对所有欠款按照年息 12% 计算利息，尚少于《支付协 议》约定的利息，不违背双方当事人本意。一审判决简单地以债务加速到期为由不 适用《支付协议》第 5 条约定，依据不足。置业公司不应当支付利息的上诉主张，无 事实和法律依据，不予支持。南通二建按照年息 12% 支付利息的上诉主张，有合同 依据，予以支持。关于利息的起算点，根据《支付协议》第 5 条约定，对欠付款项和 利息分 8 个季度平均支付，截止时间为 2020 年 8 月 20 日，可见，双方是将 2018 年 8 月 20 日作为应付款项的起始点。一审判决认定自 2018 年 12 月 31 日起算利息， 无事实依据。南通二建上诉主张以 2018 年 8 月 20 日起算利息，有事实依据，予以 支持。

　　——最高人民法院民事审判第一庭编：《民事审判指导与参考》总第 82 辑，人 民法院出版社 2021 年版，第 157～158 页。

【链接：理解与参照】

　　对合同条款的解释应当遵循文义解释、体系解释、目的解释等基本原则和顺 序。本案中，各方争议的核心点是适用《支付协议》第 3 条、第 4 条还是第 5 条。 《支付协议》第 3 条约定，甲方于 2018 年 8 月 20 日前以现金形式向乙方电汇支付 工程款 4000 万元。第 4 条约定，甲方自 2018 年 9 月开始每 3 个月支付 1000 万元， 且于 2018 年 12 月 30 日前付清余款，则乙方不予计算甲方的延期付款利息。第 5 条约定，若甲方未能在第 4 条约定的时间内付清余款，则甲方承诺：于 2020 年 8 月 20 日前付清所欠工程款，以欠付乙方工程款项为基数，以年息 12% 为标准计算 利息，同时分 8 个季度平均支付欠付的工程款。从文义解释看，第 3 条和第 4 条合 计为一种还款情形，其与第 5 条为递进关系，第 5 条为未能达到第 3 条和第 4 条情 况的补救措施。即 2018 年 8 月 20 日前付 4000 万元，9 月份开始每三个月付 1000

万元,并于年底前还清。如果能够按此方式还款,则不计算利息。如果未能按照上述时间节点还清款项,则适用第 5 条的补救措施,即宽限期延至 2020 年 8 月 20 日,但要以欠付工程款为基数,按照年息 12% 支付利息。同时,第 5 条还对具体的还款日期和还款比例作出了详细的约定。可见,双方对于还款的安排是清晰明确的。在迟延还款的情况下,负担相应的资金占用损失亦符合权利义务一致原则。从实际履行情况看,截至第 4 条约定的时间即 2018 年底,置业公司并未按照约定还清欠付款项,则当然应当适用第 5 条的惩罚性措施,即支付相应利息。

——王丹:《一人有限责任公司股东未举证证明公司财产独立于股东自己财产,应当对公司债务承担连带责任》,载最高人民法院民事审判第一庭编:《民事审判指导与参考》总第 82 辑,人民法院出版社 2021 年版,第 160~161 页。

206 合同约定不明,应当综合合同背景、履行情况、文义表述等因素,从有利于实现合同目的的角度选择符合当事人真实意思表示的解释

关键词｜合同解释｜文义解释｜体系解释｜目的解释｜诚信解释｜意思表示｜

【最高人民法院裁判案例】

武汉市江岸区物资总公司与武汉双龙堂房地产发展有限公司、武汉华氏地产集团发展有限公司及原审第三人武汉市江岸区物资管理处、武汉市文物交流中心合同纠纷案[最高人民法院(2019)最高法民终 896 号民事判决书,2019.12.30]

裁判摘要①:合同约定不明,当事人也未根据情况变化对合同履行条件进一步明确的,人民法院应当综合合同签订的背景、合同履行的实际情况、合同文义表述等因素,遵循科学的合同解释规则,从有利于实现合同目的的角度选择符合当事人真实意思表示的解释。

本院认为,本案二审的争议焦点是:双龙堂公司是否应当在中华城商业社区 A 地块上向物资总公司返还相应面积的房屋。

(一)关于是否应在 A 地块上返还房屋问题。本案中,双方当事人对《置换协议》中返还房屋的位置约定"二期"指向不明,在履行合同的过程中土地用途又发生了一定的调整变化,而当事人并未根据变化情况对约定的"二期"进一步明确,导致双方对返还房屋应在 A 地块还是 B 地块争执不下,成为本案审理的关键问

① 参见中国应用法学研究所主编:《中华人民共和国最高人民法院案例选》第 6 辑,法律出版社 2022 年版,第 62 页。

题。本院认为，根据《合同法》第六十一条①"合同生效后，当事人就质量、价款或者报酬、履行地点等内容没有约定或者约定不明确的，可以补充协议；不能达成补充协议的，按照合同有关条款或者交易习惯确定"的规定，以及第六十二条"当事人就有关合同内容约定不明确，依照本法第六十一条的规定仍然不能确定的，适用下列规定：……（五）履行方式不明确的，按照有利于实现合同目的的方式履行……"的规定，综合本案合同约定内容、合同履行情况及项目状态背景、项目实际规划批准的情况等，从有利于实现合同目的角度看，能够认定双龙堂公司应在 A 地块上返还物资总公司房屋。理由如下：

1. 从三份合同约定的内容看，可以认定合同所指"二期"工程位置不在 B 地块，而在 A 地块。（1）2005 年《置换协议》约定，双龙堂公司返还 1.7 万平方米房屋的位置条件有三个：原地、临香港路、二期。首先，对于"原地"即香港路 205－209 号，本院查看现场时双方均确认为 A 地块 B1 栋所在位置，因中华城商业社区系双龙堂公司在包括物资总公司被拆房屋所在土地在内的土地上整体开发建设的项目，该项目所涉土地本身具有整体性，故对"原地"不应机械理解为 A 地块 B1 栋，应作适当扩大解释，即在中华城商业社区规划范围内即可。其次，对于"临香港路"，A 地块 A1 栋、B1 栋、B2 栋以及 B 地块香港路 213 号地块即临时文物市场所在地均满足该条件。最后，对于"二期"，合同约定没有具体指向，但可以推定位于 A 地块。《置换协议》约定项目建设周期为三年，其中包括二期商业，B 地块香港路 213 号为临时建筑（新文物市场）用于物资总公司过渡使用，时间也为三年，鉴于 B 地块上唯一满足"原地、临香港路"条件的地块被用于临时过渡，过渡时间与包含二期的项目建设时间一致，该地块不可能同时用于过渡和建设二期工程，故满足"原地、临香港路、二期"三个条件的房屋应在 A 地块。（2）2007 年《置换补充协议》第一条约定乙方（双龙堂公司）在香港路与建设大道交汇处兴建占地面积约 145 亩，建筑面积约 600000 平方米的商业社区，其中二期商业面积 70000 平方米，建设工期为三年，自 2008 年 6 月 30 日开始动工至 2011 年 6 月 30 日之前完工；第二条第 1 项约定：乙方于 2008 年 6 月 30 日前在香港路 213 号地块完成临时建筑（新文物市场）建设，用于甲方（物资总公司）过渡使用，以上约定进一步明确了"二期"工程的开工和完工时间，同时也明确了在"二期"工程建设期间香港路 213 号地块作为过渡使用，因香港路 213 号地块不可能同时作为过渡地块和建设地块，故可认定"二期"工程不在 B 地块，而应在 A 地块。（3）2009 年《补充协议》约定，香港路 213 号地块为临时安置地点，过渡时间为 5 年，并约定 5 年后如新建文物市场未建成，该市场物资总公司继续无偿使用；还约定，新建文物市场建成，文物市场搬

———————
① 对应《民法典》第 510 条。——编者注

迁后,临时文物市场必须拆除。《补充协议》再次说明,临时文物市场并非合同约定的项目建设用地,即 B 地块香港路 213 号地块并非合同所载明的"二期"建设用地。

2. 一审判决认定合同约定的"二期"对应 B 地块依据不足。武汉市国土局 8 号函所记载的"两期",不能等同于双方合同约定的"一期二期"。(1)2005 年双方签订合同时项目尚未经过规划审批,当事人约定的"二期"在含义上并不明确具体。武汉市国土局 8 号函载明,中华城项目分两期建设,该函系武汉市国土局于 2010 年出具,晚于三份合同签订时间,在当事人未明确《置换协议》中记载的"二期"与该函中"B 地块"完全对应的情况下,不能以政府在后文件中的"两期"概念来解释当事人在先合同所约定的"二期"内容。(2)武汉市国土局 8 号函载明 A 地块的用地性质为公共设施、居住用地,B 地块的用地性质为居住用地,B 地块的性质与合同约定的返还房屋为商业性质并不相符。如将合同约定的"二期"理解为 B 地块,则"二期"中并没有符合合同约定的可供返还的房屋,该理解显然不符合双方订立合同的目的。(3)武汉市国土局 2011 年 7 月 13 日向双龙堂公司颁发建设工程规划许可证,其中载明 A 地块分一、二期,这里所指的"二期"概念明显不同于武汉市国土局 8 号函,进一步说明不能简单将武汉市国土局 8 号函中所称"二期 B 地块"对应合同约定的"二期"。一审判决认为《置换协议》中二期对应 B 地块,属于理解不当,应予纠正。

3. 双龙堂公司以实际行为表明合同约定的"二期"并非对应 B 地块。双龙堂公司虽主张"二期"即 B 地块,其应当在 B 地块上返还房屋,但其在 2017 年 4 月 11 日已将 B 地块转让的情况下,仍然在 2017 年 8 月 16 日一审庭审的答辩状中表示要在 B 地块上继续还房,其关于还房位置的主张与 B 地块已不属于双龙堂公司的事实相互矛盾。本院认为,双龙堂公司认可应当向物资总公司还房的意思表示真实,而现有证据表明已无法在 B 地块上还房,说明双龙堂公司自身也并不认可应在 B 地块上还房。

4. 在 A 地块上返还房屋有利于保护被拆迁人的利益,有利于实现合同目的。《最高人民法院关于审理商品房买卖合同纠纷案件适用法律若干问题的解释》第七条第一款规定:"拆迁人与被拆迁人按照所有权调换形式订立拆迁补偿安置协议,明确约定拆迁人以位置、用途特定的房屋对被拆迁人予以补偿安置,如果拆迁人将该补偿安置房屋另行出卖给第三人,被拆迁人请求优先取得补偿安置房屋的,应予支持。"虽然该条司法解释并非适用于本案情形,但其体现的理念是对被拆迁人的权利应当在法律框架内给予一定程度的优先保护,该理念在本案审理中具有参考价值。本案中,2007 年 12 月 12 日签订的《置换补充协议》第四条第二款约定:"华氏公司商业社区建成后,最迟应于 2011 年 7 月 30 日之前向物资总公司交付置换的新物业。"故双龙堂公司应当于 2011 年 7 月 30 日前向物资总公司返还房屋,距今已有 8 年多时间。双龙堂公司在二审庭审中亦承认,物资总公司是案涉土地房屋的原有产权人,应当返还其房屋,只是表示不能用 A 地块上房屋返还。如前所述,A 地块上房屋满足合同约定的返还条件,B 地块并不符合返还条件且 B 地块已经转让。在此情况下,认定双龙堂公司应当在 A 地块上返还房屋,有利于保护被拆迁人物资总公司的利益,符合司法解释规定精神和合同履行实际情况,也有利于合同目的的实现。

(二)关于如何分配房屋问题。二审庭审中双方表示,A 地块上房屋除了本案被查封房屋外,其余均已销售完毕,故应在物资总公司申请查封的房产范围内还房。但被查封房屋无法满足《置换协议》约定的返还房屋的楼层、房屋性质等条件,对此,物资总公司向本院出具《情况说明》,表示只要求返还 1.7 万平方米房屋,对返还的楼层、房屋性质等不作要求,故本院根据实际情况予以调整。因双方均未能举证证明合同约定的 1.7 万平方米价值多少,亦未能举证证明合同约定的应返还房产与现被查封房产之间是否存在差价,故本案返还房屋仅考虑面积,不再考虑价值差异。另外,被查封房产未经竣工验收,查封各楼层面积系物资总公司根据双龙堂公司提交的《武汉市房产平面图》及建筑施工图计算得出,二审开庭时双龙堂公司对此未提出异议,故以此作为判决依据,具体面积以实测为准。

为便于房产充分合理利用,本院根据公平原则,结合查看现场情况,认定双龙堂公司应当向物资总公司返还如下房屋:(1)中华城商业社区 A 地块上 B1 栋 1—5 层商业用房全部返还物资总公司,共计 8064.04 平方米。(2)因被查封房屋中仅有 A1 栋 6 层有办公用房 2152.67 平方米,远低于《置换协议》约定的 5000 平方米办公用房面积,本院酌定以被查封房屋中的等面积商业用房进行冲抵,故返还 A1 栋 6 层办公用房 2152.67 平方米,并以 A1 栋 5 层 2847.33 平方米的商铺冲抵相同面积办公用房。(3)为便于房屋便利使用,并尊重物资总公司不再坚持合同约定楼层的真实意思表示,剩余商铺返还不再考虑合同约定的楼层,而是结合前述分房方案的实际情况,认定应返还 A1 栋 5 层 2603.16 平方米商铺、A1 栋 4 层 1332.79 平方米商铺。以上返还面积共计 1.7 万平方米。

——中国裁判文书网,https://wenshu.court.gov.cn。

【链接:理解与参照】

本案系双龙堂房地产公司借用物资总公司土地建设后如何返还房屋的合同纠纷。双方当事人签订的置换协议第 2 条:双龙堂房地产公司将在香港路与建设大道交会处兴建 60 万平方米商业社区,其中二期商业面积 7 万平方米,建设周期为 3 年,项目完工后,还物资总公司二期建筑面积 17000 平方米(含商业面积和办公面积)。第 3 条第 4 款约定:项目建成后,原地还给物资总公司物业,即双龙堂房地产公司(原华氏地产集团)在商业街香港路街面的位置还物资总公司。据此,双龙堂房地产公司与物资总公司返还的房屋位置必须满足"二期""原地""临香港路街面""商业用途"等条件。但是由于置换协议等系列协议关于还房位置的约定存在歧义,无法区分究竟涉案项目哪个地块完全符合上述条件,在履行合同的过程中土地用途又发生了一定的调整变化,而当事人并未根据变化情况对约定的返还房屋条件进行进一步的明确,因此,本案的争议问题集中于物资总公司与双龙堂房地产公司签订的置换协议等系列协议的相关条款的理解问题。《合同法》第 125 条[①]第 1 款规定:"当事人对合同条款的理解有争议的,应当按照合同所使用的词句、合同的有关条款、合同的目的、交易习惯以及诚实信用原则,确定该条款的真实意思。"据此,我国合同解释制度中的一般解释规则方法有文义解释、体系解释、目的解释、诚信解释和参照交易习惯解释等。具体来讲,二审法院对双方争议的条款的解释遵循以下解释规则:

(一)文义解释方法

……对文义解释的适用应当注意以下四个方面:一是文义解释应当对合同用语按照通常的理解进行解释;二是文义解释应依照一个合理的理性人的标准进行解释;三是文义解释并非合同词句的生硬翻译,而应以探究当事人真实意图为解释目的;四是进行文义解释的时候,对合同用语中表示范围的词语、条款等,多数情况下应当进行限制性解释。本案中,还房位置的四个限制条件"二期""原地""临香港路街面""商业用途"中"临香港路街面""商业用途"均无语义争议,双方当事人对于合同语义争议的焦点集中在"二期""原地"之上。首先,"原地"从字面意思来看,应该是物资总公司原址所在地,经当事双方确认即涉案项目 A 地块 B1 栋所在位置。但是涉案"中华城"项目系双龙堂房地产公司在物资总公司被拆房屋所在土地上整体开发建设的项目。虽然武汉市国土局发布的 8 号函将涉案项目所涉土地分为 A、B 地块,但是该文件是从项目开发建设角度所作的划分,并未改变项目所涉土地本身的整体性。故而对"原地"不应机械地理解为 A 地块 B1 栋。其次,"二期"的约定从文字含义来看系双龙堂房地产公司在开发建设前期拟将项目分为两期建设,并打算在第二期商业用房面积处向物资总公司还房,但仅从字面上来看,无法确定"二期"的具体指向地。如前所述,目前适用文字解释尚不能确定当事人的真实意思表示,因此尚须考虑适用其他的解释规则来解决。

---

① 本条现为《民法典》第 466 条:"当事人对合同条款的理解有争议的,应当依据本法第一百四十二条第一款的规定,确定争议条款的含义。合同文本采用两种以上文字订立并约定具有同等效力的,对各文本使用的词句推定具有相同含义。各文本使用的词句不一致的,应当根据合同的相关条款、性质、目的以及诚信原则等予以解释。"

（二）体系解释方法

……虽然双方当事人对于"原地"的约定没有具体的指向，但是联系上下文，双方当事人已经将"原地"的范围限缩为项目中临"商业街香港路街面"部分。从查明的事实来看，满足上述条件的位置有 A 地块 A1 栋、B1 栋、B2 栋以及 B 地块临香港路街面部分。再结合双方当事人进一步约定项目建设期间，物资总公司可将 B 地块临香港路街面位置作过渡使用，从一般人角度推知，该过渡地块无法同时作为建设地块使用，因此"原地"的范围应排除 B 地块临香港路街面部分，缩小至 A 地块。

（三）目的解释方法

……要运用目的解释规则，首先要确定当事人的合同目的。从本案当事人的约定可推知，物资总公司作为涉案土地房屋的原有产权人，具有从涉案项目后续开发建成的房屋中优先获得返还，进行商业和办公之用的意图。但是一审法院直接以涉案项目在开发建设的实施过程中，武汉市国土局出具的 8 号函中所记载的"两期"等同于置换协议约定的"二期"，并进一步与 B 地块相对应，显然与物资总公司拟在 B 地块临时建筑中过渡并从建成项目中获得房屋的目的不符。且该 8 号函载明的 B 地块规划用途为居住用地，也与物资总公司将返还房屋作商业、办公用途的目的不符。此外，基于优先保护被拆迁人权利的理念，被拆迁人虽然对拆迁人享有的是合同债权，但这种债权与一般的商品房买卖中的合同债权不同，被拆迁人原本对其被拆迁的房屋享有的是物权，故其对拆迁补偿安置协议所约定房屋享有的债权具有一定的物权属性，因此在当事人约定确实存在模糊不清，当事人对此如何理解存在争议时，作出有利于被拆迁人的解释，符合该司法解释所反映的精神。而本案物资总公司与双龙堂房地产公司之间的法律关系与拆迁安置补偿法律关系类似，二审法院将"原地"解释为被拆迁人物资总公司原房屋所在地符合上述司法解释精神，有利于保护物资总公司的利益，有利于实现合同目的。因此，结合置换协议已经明确了"二期"工程的开工和完工时间，本案纠纷发生时已逾双龙堂房地产公司应还房日期 8 年之久，而 B 地块土地未开发建设，如果认为应在 B 地块上返还房屋将对物资总公司签订置换协议等系列协议的合同目的实现产生重大影响，故二审法院认定双龙堂房地产公司用在 A 地块上的房屋交付物资总公司符合目前合同履行的目的。

（四）诚信解释方法

诚信解释是指依照诚实信用原则来确定合同权利义务关系及责任承担的解释规则。诚信解释最基本的要求就是在合同解释过程中应维持双方当事人的利益大致平衡以及符合社会公共利益和公序良俗。本案中，双龙堂房地产公司虽主张"二期"即 B 地块，其应当在 B 地块上返还房屋，但其在 2017 年 4 月 11 日已将 B 地块转让的情况下,仍然在 2017 年 8 月 16 日一审庭审的答辩状中表示要在 B 地块上继续还房,其关于还房位置的主张与 B 地块已不属于双龙堂房地产公司的事实相互矛盾,有违诚信原则;且如按照双龙堂房地产公司的主张,事实上将造成物资总公司无法得到房屋,双方利益严重失衡。因此,虽然现有证据表明已无法在 B 地块上还房,但双龙堂房地产公司认可应当在中华城商业社区向物资总公司还房,目前仅 A 地块上有房屋可供返还且符合合同约定,故认定应在 A 地块上返还房屋。

综合本案审理过程,一审、二审法院虽然都使用了合同解释的规则和方法,但之所以得出了完全相反的结论,是因为一审法院对"二期"的理解机械适用了置换协议签订 5 年后由武汉市国土局出具的 8 号函,以证载"两期"对应约定"二期",未结合全部合同约定审查,也忽略了 8 号函确定的居住用地的 B 地块与返还商业用途房屋约定之间的矛盾。而二审法院从"原地""二期"的文义出发,结合相关合同条款对两个概念作整体解释,并通过查明当事人签约意图检视推论的适当性,从而确定当事人的真实意思表示,公平合理地认定了合同内容。

——方芳、王戈、王利萍:《武汉市江岸区物资总公司与武汉双龙堂房地产发展有限公司、武汉华氏地产集团发展有限公司及原审第三人武汉市江岸区物资管理处、武汉市文物交流中心合同纠纷案——对合同约定不明争议的处理》,载中国应用法学研究所主编:《中华人民共和国最高人民法院案例选》第 6 辑,法律出版社 2022 年版,第 70 页。

三、民事法律行为的效力

207 当事人通过"阴阳合同"规避法律，"阳合同"因虚假意思表示而无效，"阴合同"依据当事人规避的法律规定认定其效力

关键词 | 通谋虚伪表示 | 效力性强制性规定 | 阴阳合同 | 黑白合同 | 合同变更 | 中标合同 |

【链接：最高人民法院法官著述】

六、法律规避与合同效力

无论是在法律、行政法规对交易行为有强制性规定的场合，还是法律、行政法规要求合同必须经批准才生效的场合，甚至在有地方性法规或者行政规章对交易行为有监管规定的场合，都可能发生当事人通过"阴阳合同"或"黑白合同"来规避行政监管。由于《民法通则》《合同法》将"以合法形式掩盖非法目的"作为认定民事法律行为无效的依据，因此，在以往的司法实践中，无论是当事人为规避法律而订立的以虚假意思表示为内容的"阳合同"或"白合同"，还是体现当事人真实意思表示的"阴合同"或"黑合同"，均被认定无效。

《民法总则》第146条在规定通谋虚伪表示无效的同时，明确规定"以虚假的意思表示隐藏的民事法律行为的效力，依照有关法律规定处理"。这就为处理法律规避行为提供了更加直接的依据。《民法总则》没有继续将"以合法形式掩盖非法目的"作为认定民事法律行为无效的依据。显然，自《民法总则》施行后，在当事人通过阴阳合同或者黑白合同规避法律时，因"阳合同"或"白合同"是当事人以虚假意思表示实施的行为，故应认定无效，但"阳合同"或"白合同"所隐藏的"阴合同"或"黑合同"，则须依据有关法律处理，而不能简单以当事人系以合法形式掩盖非法目的为由认定"阴合同"或"黑合同"当然无效。

问题是，何谓"依据有关法律处理"呢？笔者认为，在当事人通过阴阳合同或黑白合同规避法律的情形下，所谓"依据有关法律规定处理"，就是要审查当事人的行为究竟是为了规避何种"法律"：如果当事人所规避的法律是"法律、行政法规的强制性规定"，则应在区分该强制性规定是管理性强制性规定还是效力性强制性规定的基础上，通过适用《民法典》第153条来判断"阴合同"或"黑合同"的效力；如果当事人所规避的法律是法律、行政法规关于合同须经审批的规定，则应根据

《民法典》第 502 条认定未经批准的"阴合同"或"黑合同"为未生效合同；如果当事人所规避的法律是地方性法规或者行政规章的强制性规定，则原则上应认定"阴合同"或"黑合同"有效，仅在例外情形下，可以违反公序良俗为由否定合同效力。总之，在《民法总则》施行后，当事人为规避法律而签订的"阳合同"或"白合同"因属虚伪表示而应被认定无效，但被隐藏的"阴合同"或"黑合同"则不能一概认定无效。

　　需要说明的是，在处理"阴阳合同"或者"黑白合同"的效力问题时，应注意将"阴阳合同"或"黑白合同"与合同变更区分开来。对于合同变更，《民法典》继受《合同法》的立场，采合同变更自由原则，即"当事人协商一致，可以变更合同"（第 543 条）。但值得注意的是，合同变更自由并非没有限制。例如，《中华人民共和国招标投标法》（以下简称《招标投标法》）第 46 条第一款规定："招标人和中标人应当自中标通知书发出之日起三十日内，按照招标文件和中标人的投标文件订立书面合同。招标人和中标人不得再行订立背离合同实质性内容的其他协议。"可见，一旦当事人通过招投标的方式签订了中标合同，就不能再对中标合同进行实质性变更。之所以作如此规定，是因为立法者担心当事人通过合同变更架空《招标投标法》的实施，进而违背招投标活动的"公开、公平、公正和诚实信用的原则"（《招标投标法》第 5 条）。也正因如此，《建设工程合同解释一》第 2 条第一款规定："招标人和中标人另行签订的建设工程施工合同约定的工程范围、建设工期、工程质量、工程价款等实质性内容，与中标合同不一致，一方当事人请求按照中标合同确定权利义务的，人民法院应予支持。"需要指出的是，人民法院依据中标合同确定当事人之间的权利义务，必须以中标合同是当事人真实意思表示且合法有效为前提，如果中标合同是当事人虚伪表示订立的合同或者存在其他合同无效的情形，则不能依据中标合同确定当事人之间的权利义务关系，否则就可能导致恶意主张依据中标合同确定当事人权利义务关系的一方受到保护，从而有违诚信原则。也就是说，尽管通过合同变更架空《招标投标法》也属于当事人规避法律的情形之一，但与"阴阳合同"或"黑白合同"不同的是，在"阴阳合同"或"黑白合同"中，当事人是通过一个虚伪意思表示订立的合同来隐藏真实意思表示订立的合同，而合同变更则是通过对一个有效合同进行变更来实现规避法律的目的，二者不可同日而语。① 在"阴阳合同"或"黑白合同"的情况下，自应适用《民法典》第 146 条来认定各合同的效力。

---

　　①　与此类似的是，《民法典》第 146 条规定的通谋虚伪表示与《民法典》第 154 条规定的恶意串通也有如下不同：通谋虚伪表示无效是因为法律行为欠缺真实意思表示，而恶意串通无效则是存在真实意思表示，只不过该意思表示损害到他人的合法权益（参见韩世远：《虚假表示与恶意串通问题研究》，载《法律适用》2017 年第 17 期）。在行为人无权处分场合，如果有证据证明相对人系与行为人恶意串通，则应根据《民法典》第 154 条认定买卖合同、抵押合同等原因行为无效，以免对恶意的相对人进行法律保护。

——刘贵祥、吴光荣：《关于合同效力的几个问题》，载《中国应用法学》2021 年第 6 期。

编者说明

《民法典》第 146 条规定了"虚假表示与隐藏行为效力"："行为人与相对人以虚假的意思表示实施的民事法律行为无效。以虚假的意思表示隐藏的民事法律行为的效力，依照有关法律规定处理。"第 1 款明确，虚假"意思表示"所指向的法律效果并非双方当事人的内心真意，双方对此相互知晓①，如果认定其为有效，有悖于意思自治的原则，故双方以虚假的意思表示实施的民事法律行为无效。第 2 款是对隐藏行为效力的规定。隐藏行为，又称隐匿行为，是指在虚伪表示掩盖之下行为人与相对人真心所欲达成的民事法律行为。当同时存在虚伪表示与隐藏行为时，虚伪表示无效，隐藏行为并不因此无效，其效力如何，应当依据有关法律规定处理。如果这种隐藏行为本身符合该行为的生效要件，那么就可以生效。如在名为赠与实为买卖的行为中，赠与行为属于双方共同以虚假意思表示实施的民事法律行为，无效。隐藏于赠与形式之后的买卖是双方共同的真实意思表示，其效力能否成就取决于其是否符合买卖合同有关的法律规定：如果符合买卖合同生效要件的法律规定，则为有效；反之，则无效。②《合同法》第 52 条第 3 项规定，"以合法形式掩盖非法目的"签订的合同无效。《民法典》颁布后，在认定合同无效的事由中已经没有这一事由，"以合法形式掩盖非法目的"不再作为认定合同无效的事由。

208 名为铜买卖合同，实为商业承兑汇票贴现，买卖合同无效，隐藏行为依照相关法律规定处理

关键词 ｜ 通谋虚伪行为 ｜ 买卖合同 ｜ 票据贴现 ｜ 借贷合同 ｜

【最高人民法院裁判案例】

上诉人云南铜业股份有限公司与被上诉人昆明万宝集源生物科技有限公司、云南中恒创新投资有限公司、云南恒宸房地产开发有限公司、高某、黄某兴、张某平、云南万龙投资有限公司、云南兰金商贸有限公司、张某平买卖合同纠纷案[最高人民法院(2019)最高法民终 1347 号民事判决书,2019.10.9]

裁判摘要③：在三方或三方以上企业间进行的封闭式循环买卖贸易中，经常发

---

① 这也是虚伪表示区别于真意保留的重要一点，真意保留的相对人并不知晓行为人表示的是虚假意思。

② 参见黄薇主编：《中华人民共和国民法典总则编解读》，中国法制出版社 2020 年版，第 474 页。

③ 参见中国应用法学研究所主编：《中华人民共和国最高人民法院案例选》第 4 辑，法律出版社 2020 年版，第 140 页。

生一方在同一时间段就同一货物"高买低卖""走单、走票、不走货"的现象,此种异常的交易模式明显与营利法人的经营目的和商业常理相违背,该行为性质实为参与人以买卖合同形式掩盖的票据贴现、借贷等其他法律行为。依照《民法总则》第146条①之规定,参与人以虚假意思表示实施的民事法律行为无效,隐藏的民事法律行为的效力依照相关法律规定处理。

二、关于云南铜业主张主债务人万宝公司支付案涉款项的请求能否成立的问题。本院认为,云南铜业与万宝公司之间没有达成买卖货物的真实意思表示,案涉交易并无真实的货物流转,云南铜业以其与万宝公司之间存在买卖合同关系为由主张权利的诉讼请求不能成立。具体理由如下:

根据《民法总则》第一百四十三条②的规定,意思表示真实系民事法律行为应当具备的有效条件之一。本案中,云南铜业与万宝公司之间没有形成买卖货物的真实意思表示,双方签订《供货单》及相关协议的目的,并非是买卖标的物,而是以云南铜业票据贴现、万宝公司贴息的方式,由万宝公司获得商业承兑汇票贴现款。首先,从案涉协议的整体约定来看,本案交易不符合正常市场买卖合同的基本交易特征。虽然云南铜业与万宝公司签订的《供货单》,案外人晋金公司、尚铭公司与云南铜业签订的《订单》《合同》,万宝公司与晋金公司、尚铭公司签订的《购销确认书》载明了买卖货物的具体内容、数量和价款,从形式上体现了货物买卖的意思表示。但是从货物流向上来看,案涉10份《供货单》项下的货物均是在同一天由晋金公司和尚铭公司销售给云南铜业,经云南铜业销售给万宝公司,再由万宝公司最终销售给晋金公司和尚铭公司,即由晋金公司和尚铭公司最初出售货物并最终回购,使得整个交易模式形成了自买自卖的闭环贸易。从资金流向上来看,均是云南铜业先将万宝公司背书转让的商业承兑汇票向民生银行申请贴现,并由万宝公司支付贴现利息,云南铜业获得贴现款或由万宝公司转款补齐差额款项后,云南铜业将款项转账给晋金公司、尚铭公司,经晋金公司、尚铭公司再次转账,最终实现款项转回万宝公司。其次,从案涉协议约定的合同价款来看,万宝公司按约从云南铜业处低买高卖赚取的合同差价,明显不足以支付其向民生银行支付的承兑汇票贴现利息,有违商业常理。同时,晋金公司和尚铭公司作为最初的出卖人以及最终的买受人,就相同的产品"低卖高买",亦不符合买卖合同以盈利为目的的交易特征。因此,云南铜业与万宝公司之间并非真实的买卖合同关系,而是通过闭环贸易形式的行为,实现商业承兑汇票贴现的真实目的。

根据《合同法》第一百三十条③规定,买卖合同是出卖人转移标的物的所有权

---

① 对应《民法典》第146条。——编者注
② 对应《民法典》第143条。——编者注
③ 对应《民法典》第595条。——编者注

于买受人,买受人支付价款的合同。从案涉协议的履行过程看,本案交易并无真实的货物流转。首先,云南铜业没有举示证据证明双方合同项下的标的物的实际状况以及合同标的物的交接过程。除书面提货单及提货单存根之外,该公司未举示证据证明案涉货物流转的其他证据。其次,提货单及提货单存根上均备注"过户给万宝公司",云南铜业亦主张是以提货单备注过户且背书转让的方式履行的交货义务,但根据一审法院对提货单所载仓库进行的调查可知,万宝公司没有在仓库所属公司开户,无法进行过户,提货单不具备一般提货单的形式,欠缺卡号无法提货、开户,且提货单亦未在有效期内发生过提货。最后,万宝公司对交货方式的陈述相互矛盾。根据2018年4月23日一审法院对万宝公司法定代表人张某平所作的询问笔录,张某平陈述万宝公司是通过向云南铜业发传真,要求云南铜业将货物过户给晋金公司和尚铭公司,云南铜业对此不予认可;而万宝公司委托诉讼代理人在二审庭审中认可云南铜业陈述的交货方式,即通过提货单背书的方式履行的交货义务;万宝公司的两次陈述前后不一,违反禁反言原则。因此,提货单及提货单存根并不足以认定案涉交易中有真实的货物流转。

综合考察本案交易过程、相关证据以及各方陈述,云南铜业、万宝公司、晋金公司、尚铭公司之间并非真实的铜买卖关系,而是以铜买卖形式进行商业承兑汇票贴现,本案诉争云南铜业与万宝公司之间的买卖仅系上述闭环交易链条的其中一个环节,现有证据仅能证明交易过程中发生了资金的流转,而不能证明发生了真实的货物流转,不符合一般买卖合同的基本特征。云南铜业与万宝公司之间并无真实有效的买卖合同关系,一审法院对云南铜业依据买卖合同要求万宝公司支付欠付款项的诉请请求不予支持,具有事实和法律依据,本院予以维持。因本案所涉融资性贸易关系产生的纠纷,各方当事人可另寻法律途径解决。

关于各担保人是否应就本案承担担保责任的问题。如前所述,由于云南铜业以买卖合同为由主张的主债权不能成立,担保责任的问题亦无须审查。一审法院判令各担保人不就本案主债权承担担保责任的结果并无不当,本院予以支持。在云南铜业另行解决本案所涉融资性贸易关系产生的纠纷时,可继续就各担保人是否承担担保责任予以主张。

——中国裁判文书网,https://wenshu.court.gov.cn。

【链接：理解与参照】

一、封闭式循环买卖合同的特点

封闭式循环买卖合同,又称闭合循环贸易,一般由三方或三方以上的企业参与,参与各方之间两两订立买卖合同,货物和货款的流转形成闭合式的"双循环"。封闭式循环买卖通常以"走单、走票、不走货"的形式出现,即整个交易过程中,仅存在形式上的买卖合同,不存在货权转移或实物交付,甚至并无实物存在。审判实务中,若当事人主动向法庭提供能够证明缔约时当事人之间的真实意思并非买卖,而是融资借贷等其他目的的证据,则这类事实查明的过程相对简单;若行为人有意隐瞒缔约时的真实意思,竭力掩盖隐藏行为,则如何通过表象发现买卖形式背后的真实意图,无疑是对法官阅历、智识、经验等进行的考验。经总结发现,该诉讼类案件体现出如下特点:一是提起诉讼的主体多为提供资金一方当事人。受资金回笼强烈意愿所控,一旦其发现资金需求方有无力偿还的风险,便会及时提起诉讼。这往往也是后续多起纠纷的诉讼起点。二是一般情况下,资金需求方不会否认自身还款责任,但其在客观上确无偿债能力。一旦其拒绝付款,多数情况下,会引用合同相对性原则,以与资金提供方之间不存在真实买卖合同关系为由进行抗辩。三是第三方托盘企业通常会主张其不知晓闭合循环情况,因被欺诈否认合同效力,或者主张付款主体应为实际借款人,其无须就此承担责任。因此,对封闭式买卖行为进行甄别、对合同性质和效力进行认定亦成为审判实务的难点之一。

……封闭式循环买卖违背了正常的商业规则,当事人之间的真实意思另有所图,并非为了买卖,故该合同名为买卖实为融资借贷,应当认定为无效合同,并按无效合同处理原则来界定各方当事人的责任。而依照《民法总则》第146条关于"行为人与相对人以虚假的意思表示实施的民事法律行为无效。以虚假的意思表示隐藏的民事法律行为的效力,依照有关法律规定处理"的规定为该问题的解决提供了依据和方向,买卖合同因虚假的意思表示而无效,但其隐藏的民事法律行为的效力,则须依照有关法律规定予以进一步判断。

——马岚、毛荧月:《云南铜业股份有限公司与昆明万宝集源生物科技有限公司、云南中恒创新投资有限公司等买卖合同纠纷案——封闭式循环买卖合同的性质及效力的认定》,载中国应用法学研究所主编:《中华人民共和国最高人民法院案例选》第4辑,法律出版社2020年版,第145~147页。

编者说明

封闭式买卖合同的主体、资金、货物流转等方面具备如下特征:第一,交易主体形成封闭式循环买卖。第二,交易各方尚无买卖的真实意思,且各方对此知晓。其真实目的主要包括融资借贷、票据贴现、虚增业绩等。这也是封闭式买卖与一般买卖之间的根本区别,即效果意思与表示行为之间不一致。第三,资金的起点与终点往往是资金提供方,买卖合同约定价格的最高点与最低点是资金需求方。第四,不存在真实的货物流转。封闭式循环买卖中,除价款外,几个买卖合同的标的物在种类、数量、质量等方面通常完全相同或基本相同。由于交易各方尚无真实的买卖目的及货物需求,故标的物一般不随交易流程而实际交付流转,甚至会出现资金供需方与仓储企业串通,虚构提货单、仓单等货权凭证进行没有实物的资金空转型买卖。而交易各方通常在诉讼发生前均没有对供货情况提出异议。①

209 多方企业间进行封闭式循环买卖，一方短时间内低卖高买，标的物所有权并未实际移转，各方当事人之间并未建立真实的买卖合同关系

关键词｜通谋虚伪行为｜循环买卖｜买卖合同｜民间借贷｜

【最高人民法院裁判案例】

江西蓝海国际贸易有限公司与中国工艺品进出口有限公司、上海康灿物资有限公司等民间借贷纠纷案[最高人民法院(2018)最高法民终 103 号民事判决书，2018. 12. 27]

裁判摘要②：当事人通过闭环贸易等复杂交易形式的虚假表示隐藏真实意思时，人民法院通过综合考察全部交易环节的合同内容以及合同实际履行情况等因素，透过交易表象所直接体现的虚假意思表示，揭示合同条款所反映的当事人的真实意思及真实交易目的，进而确定当事人之间的真实法律关系，依法认定当事人之间合同关系的效力。当事人通过通谋的虚假意思表示规避法律并导致合同无效时，各方当事人均有过错的，应依法承担相应法律责任。

本院经审理认为，本案各方当事人之间在形式上建立了一个封闭式循环买卖链条，综合考察各方当事人的交易行为与交易目的，在该循环交易中存在三个方面的法律关系。

一是康灿物资公司与蓝海国际贸易公司之间成立民间借贷合同关系。在康灿物资公司与蓝海国际贸易公司签订的采购协议有效期内，双方联合中国工艺品进出口公司、家具公司先后 10 次签订内容基本一致的合同，以相同规格型号、数量不等的进口复合橡胶为标的物进行封闭式循环买卖。康灿物资公司在 10 笔交易中均既是出卖人也是买受人，且每次交易均在极短时间内"低卖高买"。康灿物资公司与蓝海国际贸易公司之间的真实交易目的并非买卖橡胶，实际系将"低卖高买"所产生的价差作为支付蓝海国际贸易公司的利息与费用，并以支付"剩余货款"的方式清偿借款本息，以此取得蓝海国际贸易公司以"买卖价金"形式支付的借款。

---

① 参见马岚、毛荧月：《云南铜业股份有限公司与昆明万宝集源生物科技有限公司、云南中恒创新投资有限公司等买卖合同纠纷案——封闭式循环买卖合同的性质及效力的认定》，载中国应用法学研究所主编：《中华人民共和国最高人民法院案例选》第 4 辑，法律出版社 2020 年版，第 146~147 页。

② 参见中国应用法学研究所主编：《中华人民共和国最高人民法院案例选》第 3 辑，法律出版社 2020 年版，第 104 页。

　　二是中国工艺品进出口公司、家具公司分别与蓝海国际贸易公司、康灿物资公司之间成立以协助、掩饰上述民间借贷行为为内容的事务处理合同关系。中国工艺品进出口公司、家具公司在本案中均认可案涉封闭式循环买卖实际系资金拆借活动，其参与案涉交易系为案涉借贷行为的完成提供帮助。中国工艺品进出口公司、家具公司之间及其分别与蓝海国际贸易公司、康灿物资公司之间就出借资金的流转形成事务处理合同关系。

　　三是宁某、陈某某与蓝海国际贸易公司之间成立保证合同关系。宁某担任法定代表人的康灿物资公司与陈某某担任法定代表人的康峰公司分别通过不同主体与蓝海国际贸易公司进行封闭式循环买卖，宁某、陈某某对康灿物资公司向蓝海国际贸易公司融资借贷均实际知情，其共同向蓝海国际贸易公司提供担保，实际系为康灿物资公司履行借款债务向蓝海国际贸易公司提供担保。

　　由于本案当事人之间均无成立买卖合同的真实意思表示，当事人之间所订立的采购合同、购销合同系伪装行为，均应认定为无效民事行为。第一，蓝海国际贸易公司与康灿物资公司之间的民间借贷合同关系无效。蓝海国际贸易公司与康灿物资公司事先签订框架性采购协议，先后共 10 次以封闭式循环买卖的形式开展借贷交易，蓝海国际贸易公司还通过类似方式与康峰公司开展封闭式循环买卖。蓝海国际贸易公司在不足一年的时间内多次对外出借巨额款项，已超出利用企业闲散资金进行临时拆借的范畴，具有显著的经营性和经常性的特征，应当认定为无效。第二，中国工艺品进出口公司、家具公司之间及其分别与蓝海国际贸易公司、康灿物资公司之间的合同关系无效。中国工艺品进出口公司、家具公司多次参与封闭式循环买卖，对康灿物资公司与蓝海国际贸易公司从事民间借贷交易的事实均知晓，其多次以买卖橡胶的形式为康灿物资公司与蓝海国际贸易公司之间的资金融通提供帮助，有损社会公共利益。中国工艺品进出口公司、家具公司参与的相应合同行为，应认定为无效民事行为。第三，宁某、陈某某与蓝海国际贸易公司之间的保证合同关系无效。宁某、陈某某的真实意思表示是为康灿物资公司借款债务的履行承担保证担保责任。因本案主合同关系即民间借贷关系无效，宁某、陈某某与蓝海国际贸易公司之间的保证合同关系亦无效。

　　在民间借贷合同关系被确认为无效后，康灿物资公司作为借款人应将其收取的款项返还给蓝海国际贸易公司，并向蓝海国际贸易公司支付因其实际占用该款项而产生的法定孳息。宁某、陈某某作为保证人均有过错，其应向蓝海国际贸易公司承担主债务人康灿物资公司不能清偿部分 1/3 的赔偿责任。中国工艺品进出口公司等参与采购合同系为帮助、促成本案民间借贷交易而实施的虚伪意思表示，亦负有向蓝海国际贸易公司承担赔偿损失的法律责任。

　　综上，判决蓝海国际贸易公司与中国工艺品进出口公司之间的采购合同无效；

康灿物资公司返还蓝海国际贸易公司 55,729,298.72 元并支付利息；宁某、陈某某对康灿物资公司上述给付义务不能清偿的部分承担 33% 的补充赔偿责任；中国工艺品进出口公司对康灿物资公司、宁某、陈某某上述给付义务不能清偿的部分承担 11% 的补充赔偿责任；驳回蓝海国际贸易公司、中国工艺品进出口公司的其他请求。

——中国应用法学研究所主编：《中华人民共和国最高人民法院案例选》第 3辑，法律出版社 2020 年版，第 107 页。

【链接：理解与参照】

对复杂交易形式循环买卖的表象特征分析

1. 具备完整的买卖合同要件和明显的买卖合同特征

本案中，康灿物资公司与蓝海国际贸易公司签订框架性采购协议，约定康灿物资公司向蓝海国际贸易公司常年采购进口复合橡胶。在采购协议中，双方对标的物种类、质量标准、履行方式、违约责任及担保等内容进行了明确约定。在采购协议项下，康灿物资公司与蓝海国际贸易公司进行了 10 笔交易，并均按照采购协议的约定，先由蓝海国际贸易公司与中国工艺品进出口公司签订采购合同，再由蓝海国际贸易公司与康灿物资公司签订购销合同。采购合同、购销合同对标的物规格型号、数量、履行方式等内容均作了具体约定。此外，中国工艺品进出口公司、家具公司参与签订的采购合同，对标的物规格型号、数量、履行方式等内容亦作了具体约定。各方当事人之间通过多份采购协议、采购合同、购销合同构成较为复杂的交易形式，其每个环节均具备完整的货物买卖合同要件，具有典型的买卖合同特征。

2. 封闭式循环买卖的实践不符合常规买卖合同的本质

正是由于当事人对于复杂交易形式外在特征的完美追求和刻意安排，在本案采购协议项下的每笔交易中，康灿物资公司、家具公司、中国工艺品进出口公司、蓝海国际贸易公司顺次通过相互之间的交易环节，共同组成了一个首尾相连的完整循环买卖闭环。

首先，康灿物资公司"低卖高买"的行为有违商业理性。在 10 笔交易中，康灿物资公司作为标的物最初的卖出方，以较低的价格出卖案涉标的物，再顺次经由家具公司、中国工艺品进出口公司、蓝海国际贸易公司参与交易之后，最终以较高的价格从蓝海国际贸易公司处买回。康灿物资公司的这种"亏损"并非源于标的物市场价格的异常波动，而是基于其与蓝海国际贸易公司签订的框架协议及其项下整体合同架构的事先安排，不符合营利法人通过买卖行为赚取价差的营业目的，有违商人逐利的基本常识。

其次，当事人对于供货商的特殊约定有违商业逻辑。本案标的物复合橡胶的进口及买卖均不存在专营或限制经营的情形,康灿物资公司与中国工艺品进出口公司直接交易亦无障碍。康灿物资公司与蓝海国际贸易公司通过采购协议约定先由蓝海国际贸易公司向中国工艺品进出口公司采购橡胶,再由康灿物资公司向蓝海国际贸易公司采购橡胶,并且康灿物资公司为中国工艺品进出口公司保质保量交货向蓝海国际贸易公司提供连带保证。上述安排导致蓝海国际贸易公司免于承担本应由其作为卖方承担的标的物瑕疵担保责任,并使康灿物资公司徒增交易成本。

最后,本案标的物的实际流转有违买卖合同的基本特征。根据采购合同、购销合同约定,标的物在整个交易中须由需方从仓库自提。但从标的物的实际流转情况看,各方当事人均未自行前往信致达公司仓库提货,亦未取得提单、仓单等物权凭证,仅是以货权转让单据、货权确认单据、收条等书面凭证方式流转,与合同约定不符。本案标的物所有权在各方当事人之间自始至终没有实际发生转移,这与买卖合同中出卖人向买受人交付标的物并移转标的物所有权的基本要求明显不符。

3. 封闭式循环买卖中并不存在真实的买卖合同关系

《合同法》第 130 条①规定:"买卖合同是出卖人转移标的物的所有权于买受人,买受人支付价款的合同。"该规定明确了买卖合同的构成要件,即当事人之间以相应价款作为对价转移标的物所有权的合同为买卖合同。在买卖合同关系中,转移标的物所有权是其最基本的特征。根据《合同法》第 387 条②的规定,在标的物采取仓储保管的情形下,仓单是提取仓储物的凭证,存货人或者仓单持有人可以通过在仓单上背书并经保管人签字或者盖章的方式,转让提取仓储物的权利。《民法通则》第 4 条规定了等价有偿原则,该原则虽未在《民法总则》中体现,但"等价有偿"在绝大多数民商事活动中仍然是一条基本原则。一般情况下,买卖合同中标的物价款的确定均应符合等价有偿原则。此外,在市场经济活动中,商品的价格会随着时空转换、供需形势的变化、市场环境的改变而发生波动,这也为营利法人在民商事活动中赚取差价提供了可能性,商人逐利亦是其从事民商事活动的主要目的。本案康灿物资公司在较短时间内积极实施"低卖高买"的反常行为,以及循环买卖中案涉标的物所有权并未实际发生移转的事实,足以表明当事人并无买卖橡胶的真实意思表示,各方当事人之间均未建立真实的买卖合同关系。

——张乾:《江西蓝海国际贸易有限公司与中国工艺品进出口有限公司、上海康灿物资有限公司等民间借贷纠纷案——复杂交易形式下当事人真实法律关系的认定》,载中国应用法学研究所主编:《中华人民共和国最高人民法院案例选》第 3 辑,法律出版社 2020 年版,第 109~111 页。

---

① 对应《民法典》第 595 条。——编者注
② 对应《民法典》第 910 条。——编者注

210 多方企业间进行封闭式循环买卖，一方在同一时期先卖后买同一标的物，低价卖出高价买入，系以买卖形式掩盖的借贷

关键词｜通谋虚伪行为｜买卖合同｜借贷合同｜

【最高人民法院公报案例】

日照港集团有限公司煤炭运销部与山西焦煤集团国际发展股份有限公司借款合同纠纷案[最高人民法院(2015)民提字第 74 号民事判决书,2015.11.19]

裁判摘要:在三方或三方以上的企业间进行的封闭式循环买卖中,一方在同一时期先卖后买同一标的物,低价卖出高价买入,明显违背营利法人的经营目的与商业常理,此种异常的买卖实为企业间以买卖形式掩盖的借贷法律关系。企业间为此而签订的买卖合同,属于当事人共同实施的虚伪意思表示,应认定为无效。

在企业间实际的借贷法律关系中,作为中间方的托盘企业并非出于生产、经营需要而借款,而是为了转贷牟利,故借贷合同亦应认定为无效。借款合同无效后,借款人应向贷款人返还借款的本金和利息。因贷款人对合同的无效也存在过错,人民法院可以相应减轻借款人返还的利息金额。

本院认为,本案当事人再审争议的焦点问题是肇庆公司支付给日照港运销部的 1760 万元是否为代山西焦煤公司返还给日照港运销部的预付款,山西焦煤公司是否负有继续履行煤炭购销合同或返还预付款本息的责任。解决这一焦点问题,既涉及对三方交易及款项支付情况的事实认定,也涉及对三方之间法律关系的性质及效力的判断。对此,作如下分析认定:

一、关于肇庆公司支付给日照港运销部的 1760 万元是否为肇庆公司代山西焦煤公司返还给日照港运销部的预付款。本院认为,依据现有证据,不能认定肇庆公司支付给日照港运销部的 1760 万元为肇庆公司代山西焦煤公司返还的预付款,山西焦煤公司主张与日照港运销部之间的 1760 万元债权债务已经消灭不能成立。理由是:

第一,山西焦煤公司确认其与日照港运销部之间的 1760 万元债务并未履行完毕。山西焦煤公司虽然在诉讼中辩称已经通过肇庆公司在 2007 年 7 月的两次付款行为返还了日照港运销部 1760 万元,双方之间的债权债务已经消灭,但其未能提供指示肇庆公司还款的证明,亦从未将指示肇庆公司还款的事实通知日照港运销部。相反,山西焦煤公司却在肇庆公司已将 1760 万元付给日照港运销部近两年之后的 2009 年 7 月 1 日,仍向日照港运销部出具书面证明,确认双方之间的 1760 万元原煤买卖债务尚未履行完毕。因此,山西焦煤公司在诉讼中的主张与其在诉前出具的书面证明自相矛盾,难以令人采信。

第二,现有证据能够证明,肇庆公司系将 1760 万元作为其欠日照港运销部的

货款支付给日照港运销部,而非代山西焦煤公司返还预付款。一、二审法院已经查明,日照港运销部与肇庆公司之间在2007年有业务往来,日照港运销部向肇庆公司付货80836.2吨,应收货款43085598.66元,2007年4月2日至2007年7月25日,日照港运销部实收货款4340万元。在肇庆公司向日照港运销部汇款1000万元的汇款凭证上,明确载明汇款用途为"货款",而非替山西焦煤公司返还预付款;在肇庆公司的财务记账凭证中,其余760万元也记载为向日照港集团"背书付货款"。2009年10月29日,肇庆公司与日照港运销部进行业务往来结账时,该1760万元亦是作为肇庆公司支付给日照港运销部的货款而结算的。

第三,二审法院否认肇庆公司所付1760万元为应付货款的理由不能成立。二审法院认为,对于肇庆公司转回日照港运销部的1760万元,如日照港运销部主张该笔款项系肇庆公司的应付货款,应提供与肇庆公司的煤炭购销合同予以证明,因日照港运销部无法提供合同,故对日照港运销部辩称该1760万元系肇庆公司应付货款的理由不予支持。但在查明事实部分,二审法院已经查明确认日照港运销部与肇庆公司在2007年有业务往来,日照港运销部向肇庆公司付货80836.2吨,应收货款43085598.66元,2007年4月2日至2007年7月25日,实收货款4340万元,其中1760万元只是货款的一部分。二审法院一方面认定日照港运销部与肇庆公司之间存在煤炭购销业务往来,所付1760万元为货款,另一方面却又以日照港运销部未能提供与肇庆公司之间的煤炭购销合同为由,否认肇庆公司所付1760万元为货款,前后自相矛盾,判决理由显失妥当。

二、关于本案法律关系的性质及合同效力。2006年12月4日,日照港运销部与山西焦煤公司、山西焦煤公司与肇庆公司分别签订了除价款外在标的、数量、质量指标、交货时间、发货港、发货方式、质量标准、数量验收等方面完全相同的《煤炭购销合同》,肇庆公司作为最终供货人,实际上是经由山西焦煤公司这一中介,以卖煤的形式间接从日照港运销部取得货款,山西焦煤公司从中获取每吨13元的价差收益。根据已经查明的事实,同一时期日照港运销部又与肇庆公司签订买卖合同,以每吨533元的价格向肇庆公司转卖所购煤炭,从而获取每吨10元的价差收益。通过上述三项交易,日照港运销部、山西焦煤公司、肇庆公司三方之间形成了一个标的相同的封闭式循环买卖,肇庆公司先以每吨510元的低价卖煤取得货款,经过一定期间后再以每吨533元的高价买煤并支付货款。在这一循环买卖中,肇庆公司既是出卖人,又是买受人,低价卖出高价买入,每吨净亏23元。肇庆公司明知在这种循环买卖中必然受损,交易越多,损失越大,却仍与日照港运销部、山西焦煤公司相约在2007年度合作经营煤炭100万吨,这与肇庆公司作为一个营利法人的身份明显不符,有违商业常理,足以使人对肇庆公司买卖行为的真实性产生合理怀疑。对此,山西焦煤公司解释称是由于肇庆公司缺少资金才一手组织了这样的交易。通过对本案交易过程的全面考察以及相关证据的分析认定，本院认为日照港运销部、山西焦煤公司、肇庆公司之间并非真实的煤炭买卖关系，而是以煤炭买卖形式进行融资借贷，肇庆公司作为实际借款人，每吨支付的 23 元买卖价差实为利息。唯此，才能合理解释肇庆公司既卖又买、低卖高买、自甘受损的原因。因此，本案法律关系的性质应为以买卖形式掩盖的企业间借贷，相应地，本案的案由亦为企业间的借款合同纠纷。原一、二审法院认定本案的案由为买卖合同纠纷不当，本院予以纠正。因日照港运销部、山西焦煤公司、肇庆公司之间所签订的《煤炭购销合同》均欠缺真实的买卖意思表示，属于当事人共同而为的虚伪意思表示，故均应认定为无效。

山西焦煤公司、日照港运销部及肇庆公司于 2007 年 1 月 9 日签订《三方合作协议》，约定三方在 2007 年度合作经营煤炭 100 万吨。由此可见，三方之间已就长期、反复地以煤炭买卖形式开展企业间借贷业务形成合意。本案所涉的 1760 万元交易即属三方协议的具体履行。日照港运销部不具有从事金融业务的资质，却以放贷为常业，实际经营金融业务，有违相关金融法规及司法政策的规定。山西焦煤公司以买卖形式向日照港运销部借款，并非出于生产、经营需要，而是为了转贷给肇庆公司用以牟利。因此日照港运销部与山西焦煤公司、山西焦煤公司与肇庆公司之间以买卖形式实际形成的借贷合同均应认定为无效。根据《合同法》第五十八条的规定，本案当事人日照港运销部与山西焦煤公司之间的借贷合同无效后，山西焦煤公司应将从日照港运销部取得的 1760 万元及其利息返还给日照港运销部。由于日照港运销部对借贷行为的无效亦存在过错，山西焦煤公司应返还的利息金额可以适当减轻，本院根据公平原则，酌定按中国人民银行同期同类存款基准利率计算山西焦煤公司应返还的利息数额。山西焦煤公司与案外人肇庆公司之间的纠纷可以另案解决。

——《最高人民法院公报》2017 年第 6 期。

211 循环贸易中"通道方"的责任认定

关键词 | 通谋虚伪行为 | 买卖合同 | 借款合同 | 循环贸易 |

【最高人民法院专业法官会议纪要】

三方以上当事人在以签订买卖合同之名行借贷之实的封闭循环贸易结构下，如各方当事人对交易的真实目的并非买卖而为借贷系明知，则买卖合同属于各方通谋的虚伪意思表示，应认定无效，而应按借款关系进行审理。通道方如仅为掩饰借贷双方之间的借款关系而提供形式上的三方买卖媒介服务，以帮助资金流通并收取固定服务费,但与出借方未形成借款关系并转贷牟利,则其实为借款关系中的履行辅助人而非借款人,无需承担应由借款方承担的还款责任。在通道方未明确作出债务加入或提供保证担保意思表示的情况下,也不宜认定其构成债务加入或提供保证担保。但通道方明知当事人之间系以形式上的买卖掩盖真实的借贷关系,仍提供媒介服务和资金流通帮助,主观上具有帮助当事人规避司法政策和企业风控措施以谋取不正当利益的过错,应按照其过错大小对借款人不能偿还的借款损失承担相应的赔偿责任。

——《循环贸易中"通道方"的责任认定》(最高人民法院第二巡回法庭 2020 年第 26 次法官会议纪要),载贺小荣主编:《最高人民法院第二巡回法庭法官会议纪要》第 2 辑,人民法院出版社 2021 年版,第 77 页。

【最高人民法院裁判案例】

上诉人江西蓝海国际贸易有限公司与被上诉人中新联进出口有限公司、上海中强能源(集团)有限公司、黄某松、郑某华、黄某花、福建中资国本供应链管理有限公司借款合同纠纷案[最高人民法院(2019)最高法民终 880 号民事判决书,2019.8.29]

(一)关于案涉法律关系性质是买卖关系还是借贷关系的问题

蓝海公司在本案一审主张中新联公司承担违约责任的事实与理由主要是中新联公司未按《采购合同》约定,向蓝海公司交付钢坯。而原判决则认定双方签订案涉《采购合同》时的真实意思是将其作为企业间借贷关系组成部分而并非买卖钢坯。对此,蓝海公司上诉主张蓝海公司签订案涉系列合同时均为买卖意思表示,故原判决的该认定错误。蓝海公司关于案涉合同为买卖性质的上诉理由不能成立:

第一,各方当事人之间已事实上形成封闭式循环买卖。根据已查明事实可知,2014 年 1 月 3 日,蓝海公司(乙方)与中强公司(甲方)签订《采购协议》(编号:JPJCK-ZQNY2014)约定,甲方自愿向乙方常年采购进口橡胶、电缆、钢坯等商品,商品质量为国家一级标准。甲方指定并经乙方认可的商品供货商。2014 年 1 月 3 日,中强公司出具《供应商确认函》指定供应商为中新联公司。

2014 年 6 月 24 日,中新联公司(需方)分别与宁波泰瓯公司(供方)、宁波沪皓公司(供方)签订《工业品购销合同》(编号:NBTO-ZXL-2014-07-01)和《工业品购销合同》(编号:NBHH-ZXL-2014-07-01)。两份合同约定的买卖标的物材质、单价、质量标准、交(提)货地点、时间、方式、违约责任、合同期限等均相同且均未约定需方中新联公司支付货款时间。在中新联公司与两家公司签订协议一个月后,根据上述《采购协议》,中强公司(需方)与蓝海公司(供方)于 2014 年 7 月 25 日签订《购销合同》(编号:JPJCK-ZQNY2014-ZQ11 号),采购钢坯。相应地,蓝海公司也按《采购协议》《供应商确认函》的要求,于 2014 年 7 月 25 日与中新联公司(供方)签订《采购合同》(编号:JPJCK-ZQNY2014-ZXL06),向后者采购钢坯来履行《购销合同》约定的向中强公司供货义务。而蓝海公司向中新联公司采购的钢坯则从总量、材质、质量标准、交(提)货地点、方式等方面均与中新联公司之前分别与宁波泰瓯公司(供方)、宁波沪皓公司(供方)签订的两份合同约定相同。也即,中新联公司向宁波泰瓯公司、宁波沪皓公司采购案涉钢坯在先,向蓝海公司出售案涉钢坯在后。而蓝海公司又是因为要履行按《采购协议》与中强公司(需方)于 2014 年 7 月 25 日签订的《购销合同》(编号:JPJCK-ZQNY2014-ZQ11 号),而向中新联公司采购钢坯。又根据一审已查明事实,宁波沪皓公司 2014 年度工商登记相关报告中,登记的唯一股东为中强公司。宁波泰瓯公司唯一股东为上海泰瓯物资供应有限公司,其 2014 年度报告中企业通信地址为吴淞路 308 号 19 楼,与中强公司 2014 年度报告中的企业通信地址一致。可见,宁波沪皓公司、宁波泰瓯公司均与中强公司存在关联关系。进而,案涉系列合同的关系为,中强公司的关联公司宁波泰瓯公司、宁波沪皓公司通过与中新联公司签订《工业品购销合同》(编号:NBTO-ZXL-2014-07-01)和《工业品购销合同》(编号:NBHH-ZXL-2014-07-01),将案涉钢坯出售给中新联公司,而蓝海公司又根据与中强公司签订的《采购协议》《供应商确认函》要求,与中新联公司签订《采购合同》(编号:JPJCK-ZQNY2014-ZXL06)购买后者从宁波泰瓯公司、宁波沪皓公司购买的钢坯。蓝海公司再通过与中强公司签订《购销合同》(编号:JPJCK-ZQNY2014-ZQ11 号)将从中新联公司购买的案涉钢坯转售给中强公司。可见,案涉钢坯经过上述几份协议的约定,从中强公司关联公司低价售出后,又被中强公司高价购回。鉴于当时宁波沪皓公司的唯一股东为中强公司,故案涉部分钢坯交易就是在中强公司统一安排下,由中强公司全资子公司宁波沪皓公司低价出售后,几经交易,最终又由中强公司高价购买的封闭式循环交易。至于宁波泰瓯公司出售的案涉部分钢坯并最终由中强公司购买的系列交易是否为封闭式循环买卖的问题。由于当时宁波泰瓯公司的唯一股东为上海泰瓯物资供应有限公司,而上海泰瓯物资供应有限公司的 2014 年度报告中企业通信地址为吴淞路 308 号 19 楼,与中强公司 2014 年度报告中的企业通信地址一致。故不排除上海泰瓯物资供应有限公司与中强公司存在人格混同情形,原审法院根据该情形并结合宁波泰瓯公司与中新联公司签订的《工业品购销合同》(编号:NBTO-ZXL-2014-07-01)在买卖标的物材质、单价、质量标准、交(提)货地点、时间、方式、违约责任、合同期限等方面均与宁波沪皓公司与中新联公司签订的《工业品购销合同》(编号:NBHH-ZXL-2014-07-01)约定一致、中新联公司签完两份《工业品购销合同》后一个月,蓝海公司才按中强公司要求与中新联公司签订《采购合同》(编号:JPJCK-ZQNY2014-ZXL06)购买后者从宁波泰瓯公司、宁波沪皓公司购买的钢坯等因素,认定宁波泰瓯公司低价出售钢坯并最终由中强公司高价购买的行为构成案涉钢坯的封闭式循环买卖,也并无不当。

第二,蓝海公司签订案涉协议时真实意思表示为将案涉款项出借给中强公司。一般而言,当事人的内在订约意图应当通过其所签订的协议条文内容来确定。本案中,蓝海公司先后签订了以下协议:2014 年 1 月 3 日,蓝海公司(乙方)与中强公司(甲方)签订长期《采购协议》(编号:JPJCK-ZQNY2014);2014 年 7 月 25 日,蓝海公司(供方)与中强公司(需方)与蓝海公司(供方)签订《购销合同》(编号:JPJCK-ZQNY2014-ZQ11 号);2014 年 7 月 25 日,蓝海公司(需方)与中新联公司(供方)签订《采购合同》(编号:JPJCK-ZQNY2014-ZXL06)。上述三份协议的关系为因果关系:《采购协议》为因,《购销合同》《采购合同》为果。对此,蓝海公司也在民事起诉状中自认,其是在与中强公司签订《采购协议》并指定中新联公司为供货商的前提下,基于中强公司通过《购销合同》向蓝海公司采购货物,蓝海公司才与中新联公司签订案涉《采购合同》。由此,《采购协议》是蓝海公司签订后续《购销合同》《采购合同》的起点和原因,也是解释蓝海公司订立后续《购销合同》《采购合同》意图的依据和关键。

根据案涉《采购协议》(编号:JPJCK-ZQNY2014)相关约定可知,其如为蓝海公司所主张的买卖关系性质,则存在诸多不合理之处。下面依照《中华人民共和国民法总则》第一百四十二条第一款"有相对人的意思表示的解释,应当按照所使用的语句,结合相关条款、行为的性质和目的、习惯以及诚信原则,确定意思表示的含义"规定逐一分析。

首先,该协议约定了合同以外第三人的权利义务。具体表述为"乙方在收到履约保证金后向供应商以现金形式付款采购。供货商在收到乙方开具的银行承兑汇票之日起 87 日内交齐货物给乙方"。可见,该表述中约定了蓝海公司与第三方供货商之间买卖关系的付款方式和交货时间。一般而言,当事人基于处分原则,签订合同时只能就合同当事人之间权利义务作出约定。在明知根据合同相对性原则,合同不能约束非签约方的前提下,蓝海公司还在案涉《采购协议》中就蓝海公司与合同外第三人之间买卖关系的付款方式和交货时间作出了约定。由该条款可推知,蓝海公司在签约时,对中强公司指定的第三方(中新联公司)将来会按《采购协议》约定确定付款方式和交货时间与其签订案涉《采购合同》已有确定预期。而蓝海公司这种对将来与中强公司指定第三人达成缔约条款的预期应与中强公司有关。

其次,该协议约定了蓝海公司应承担垫资采购义务及其垫资总金额。具体表述为"乙方累计垫款采购总金额不超过 2 亿元"。这里的乙方垫款采购的文义解释为蓝海公司垫付采购货物所需的款项。由于该协议是由蓝海公司与中强公司所签订,故这里约定的蓝海公司垫付对象,合理解释应为中强公司。既然是蓝海公司为中强公司垫付采购款项,那么蓝海公司对外付款的性质即为代付行为。也即帮中强公司付款。这与蓝海公司主张的其与中新联公司签订《采购合同》是出于买卖钢坯的意思相违背。在没有证据证明蓝海公司欠中强公司债务的情形下,该代付行为实质为蓝海公司对中强公司的资金融通行为。

最后,该协议免除了蓝海公司作为出卖人可能承担的违约责任。具体表述为"甲方对供货商资信负责,确保供货商按采购合同的规定履行所有责任及义务……甲方为供货商按时保质保量交货提供连带保证责任担保。在购销过程中产生的一切纠纷,包括但不限于按时交货、质量、验收等,由甲方负责交涉,并承担由此产生的一切费用及给乙方造成的一切损失"。该表述明确将蓝海公司作为出卖人可能要向买受人中强公司承担的违约风险全部免除并由中强公司承担蓝海公司的损失。就此而言,在随后 2014 年 7 月 25 日,中强公司(需方)与蓝海公司(供方)签订《购销合同》(编号:JPJCK-ZQNY2014-ZQ11 号)中也有类似约定"需方收到货物后 7 天内直接向供货商提出异议并交涉,供方不承担任何质量及损耗责任"。该表述意思即中强公司作为买受人,因钢坯质量等问题,不能向合同相对方蓝海公司追究责任,而应向合同外第三人的供货方中新联公司主张。但与此同时蓝海公司与中新联公司签订的《采购合同》(编号:JPJCK-ZQNY2014-ZXL06),约定"需方收到货物后 7 天内直接向供方提出异议"却约定的是蓝海公司作为买受人可以就钢坯瑕疵等问题向合同相对方中新联公司追究责任。

同一天就案涉钢坯蓝海公司与所谓交易上下游相对方签订的两份协议,在钢坯瑕疵等问题上的责任追究,约定完全不同,对此蓝海公司虽在庭审中对上述协议中诸多反常之处逐一解释,但都不合常理。首先,蓝海公司关于垫资的解释为是全款付给中新联公司的一种商业表达,而中强公司则认为是帮中强公司垫钱去买货。两者表述之间存在矛盾。蓝海公司与中强公司签订的《采购协议》中,约定的是中强公司向蓝海公司采购货物,付款方应为中强公司。其中"乙方累计垫款采购总金额不超过 2 亿元"的表述文义解释则为蓝海公司需要垫款采购且累计垫款上限为2 亿元。这显然与作为供货方的蓝海公司在该协议中的收款人身份不符。而且,如果蓝海公司真是向中新联公司采购货物,则应由其自己付款,也不存在垫付的问题。至于该协议为何要约定中强公司作为购买方要为蓝海公司的供货方中新联公司提供担保的问题,蓝海公司当庭解释为"中新联公司并不是与中强公司没有关联的供货商"。也即,蓝海公司认为,因为中新联公司与中强公司有关联关系,所以中强公司为中新联公司向蓝海公司的供货提供担保。依其逻辑,中强公司不直接从其关联公司中新联公司购买,而是让蓝海公司向中新联公司采购案涉钢坯后转卖给自己赚取差价并为中新联公司交付的案涉钢坯提供担保。换言之,中强公司因与中新联公司存在关联性,而为最终由自己购买的钢坯提供担保。这说明案涉钢坯质量、数量以及交货时间等均非买受人中强公司与蓝海公司签订《采购协议》时关注的重点也有违一般货物买卖商业惯例。而中强公司关于担保"是蓝海公司要求的,确保垫付款项的安全"的解释,则可间接说明双方上述约定的本意并非采购货物而是民间借贷。

其次,关于为什么约定蓝海公司与中新联公司产生争议由中强公司负责处理并承担一切损失的问题。蓝海公司的解释为:"第一,因为是中强公司选定的供货商,所以中强公司对自己选定的供应商向蓝海公司承担责任是双方的约定;第二,在交涉方面,中强公司负责交涉以及承担相应责任,也完全是基于双方的约定。"中强公司则解释为"采购协议条款由蓝海公司提供,蓝海公司给中强公司垫付了货款,所以其没有过多关注协议内容,因为中强公司选定了供货方,所以蓝海公司加重了中强公司责任。之所以接受该条款,是因为中强公司缺乏资金"。对此,蓝海公司所主张的中强公司指定供货方与中强公司与其指定供货方交涉并对其负责之间没有必然因果关系。而且如果该主张成立,结果就成了中强公司最终对自己购买的货物承担供货方责任。至于中强公司关于缺乏资金才同意该于己不利约定的解释则进一步印证了双方缔约目的是进行民间借贷。

最后,关于协议约定蓝海公司作为供货方对货物质量、数量不承担任何责任的问题。蓝海公司的解释是"这是特殊买卖,风险存在但可以转移"。这意味着蓝海公司作为供货方:一方面可以按约定收取货款;另一方面可以对中强公司不履行任何义务且不用承担任何责任。对该显失公平的约定,蓝海公司并未进一步说明该买卖的特殊之处在哪以及如何会导致中强公司接受该权利义务完全失衡的约定。由上,蓝海公司的解释均不能对其所主张钢坯买卖法律关系中的反常之处作出合理说明,不足以采信。

综上所述,根据案涉《采购协议》中关于合同外第三人供货方的权利义务、蓝海公司作为出售方不承担标的物瑕疵等违约责任、由中强公司承担蓝海公司因交易可能产生的一切损失、蓝海公司为中强公司垫付采购款等约定以及蓝海公司因所签订的《购销合同》《采购合同》之间存在的钢坯价差可获得收益等事实可知,蓝海公司参与案涉交易只有垫资义务,不承担任何买卖风险且有价差收益回报。另外,原审已查明,蓝海公司、中新联公司、中强公司关联公司及中强公司之间基于JPJCK-ZQNY2014号《采购协议》进行过五轮此类交易,其交易的方式、合同形式、资金流转形式、各方当事人的合同地位等均相同。已履行无争议的三轮交易中,各方当事人均无法提供充分证据证明案涉仓库收到过约定的交易货物,中强公司曾在案涉仓库进行过货物的实际交接。由上可知,蓝海公司在签订案涉协议时其真实缔约意思为在不承担买卖风险的前提下,以名义上采购钢坯后转售钢坯并赚取钢坯价差收益形式实质出借款项给中强公司赚取利息目的。这符合民间借贷特征且与当事人应承担逾期付款、标的物质量瑕疵、数量短少、交货延迟风险等违约责任的一般买卖合同风险有本质区别。虽然蓝海公司上诉主张其仅为中间商，不知道也不应知道中新联公司的上游供应商、宁波泰瓯公司、宁波沪皓公司与中强公司之间的关联关系，但即便其不知道上述主体及其之间的关联关系，也只能证明其不知道中强公司通过哪些主体最终收取借款，而不足以影响其与中强公司之间名为货物买卖实为民间借贷的认定。至于蓝海公司上诉主张原审中各方当事人自认案涉法律关系为货物买卖关系的问题，则依照《最高人民法院关于适用〈中华人民共和国民事诉讼法〉的解释》第九十二条第三款"自认的事实与查明的事实不符的，人民法院不予确认"规定，不予采信。

因此，蓝海公司（需方）与中新联公司（供方）签订《采购合同》（编号：JPJCK-ZQNY2014-ZXL06）是双方为通过名义上的钢坯连环买卖，实现企业间借贷目的的一个环节。依照《中华人民共和国民法总则》第一百四十六条第一款"行为人与相对人以虚假的意思表示实施的民事法律行为无效"规定，案涉《采购合同》（编号：JPJCK-ZQNY2014-ZXL06）应为无效。无效的合同，不存在解除问题，故原判决驳回蓝海公司关于解除案涉合同的诉讼请求并无不当。

（二）关于中新联公司是否应承担还款责任的问题

根据已查明事实，蓝海公司就同一批钢坯分别与中新联公司、中强公司签订《采购合同》（编号：JPJCK‐ZQNY2014‐ZXL06）、《购销合同》（编号：JPJCK‐ZQNY2014‐ZQ11号）进行所谓上下游交易，都是基于其与中强公司签订的《采购协议》（编号：JPJCK‐ZQNY2014）约定。而从《采购协议》中蓝海公司垫资义务、蓝海公司不承担交货违约责任、蓝海公司赚取钢坯价差收益等约定来看，蓝海公司签订案涉《采购协议》的真实意思表示为通过货物交易形式向中强公司出借款项。而随后蓝海公司就同一批钢坯分别与中新联公司、中强公司签订《采购合同》（编号：JPJCK‐ZQNY2014‐ZXL06）、《购销合同》（编号：JPJCK‐ZQNY2014‐ZQ11号）的行为都只是为实现《采购协议》约定的借贷目的。因此，蓝海公司与中新联公司签订《采购合同》（编号：JPJCK‐ZQNY2014‐ZXL06）时，并无与中新联公司建立真实钢坯买卖行为的意思，仅为实现其与中强公司之间借贷目的所安排的一个交易环节。故其所支付价款的性质和对象应为出借给中强公司的借款。既然蓝海公司与中新联公司签订《采购合同》进行钢坯买卖为虚假意思表示，那么双方在签约时就都已明知名义上由中新联公司收取的货款，实际上仅为中新联公司代中强公司收取的借款。也即中新联公司并非双方均明知的案涉款项真正收款人。由于中新联公司并非该案涉借款法律关系相对人且因该无效合同代收案涉款项，不应向蓝海公司承担返还款项责任。故蓝海公司依据《采购合同》主张中新联公司返还货款的诉讼请求,不应得到支持。另外,原审法院对法律行为性质的认定与蓝海公司主张不一致时,已经对蓝海公司予以释明,但蓝海公司拒绝变更诉讼请求。在此情形下,蓝海公司坚持原诉讼请求,不提出新的诉讼请求属于当事人的处分权,应予尊重。相应地,原审法院从尊重诉权出发,基于对法律关系性质的认定以及其他相关案件事实来判断当事人诉讼请求是否成立,并无不当。

(三)关于中强公司、黄某松、郑某华、黄某花以及中资公司是否应承担案涉款项担保责任的问题

蓝海公司上诉称,既然案涉合同合法有效,上述担保人已作出担保意思表示,就应依约承担相应担保责任。对蓝海公司该上诉主张,不予支持。虽然案涉《采购协议》(编号:JPJCK-ZQNY2014)约定:"甲方对供货商资信负责,确保供货商按采购合同的规定履行所有责任及义务……甲方为供货商按时保质保量交货提供连带保证责任担保。"但该协议名为货物买卖实为民间借贷,故因其所约定的货物买卖并非当事人真实意思表示,依照《中华人民共和国民法总则》第一百四十六条第一款"行为人与相对人以虚假的意思表示实施的民事法律行为无效"规定,应认定协议无效。而中强公司、黄某松、郑某华、黄某花以及中资公司等均为该协议的履行签订了担保协议,提供了相应担保。依照《中华人民共和国担保法》第五条第一款①"担保合同是主合同的从合同,主合同无效,担保合同无效。担保合同另有约定的,按照约定"规定,在主合同《采购协议》(编号:JPJCK-ZQNY2014)无效的情形下,作为从合同的担保合同均无效。故蓝海公司基于无效担保合同要求中强公司、黄某松、郑某华、黄某花以及中资公司承担担保责任,不予支持。

——中国裁判文书网,https://wenshu.court.gov.cn。

上诉人中船重工(天津)物资贸易有限公司与被上诉人陕西宇航科技工业有限公司、原审被告中国船舶工业物资华北有限公司合同纠纷案[最高人民法院(2018)最高法民终888号民事判决书,2018.11.21]

本院认为,本案二审争议焦点为:一、一审判决认为双方存在循环贸易式融资法律关系是否超出当事人诉讼请求范围,一审判决改变案件性质,是否向双方当事人释明;二、一审判决认定的事实是否不清,是否应当追加斯创姆等三案外人为第三人;三、一审判决是否存在适用法律错误的情形,是否损害了国家利益。

一、关于第一个焦点问题。本案一审中,宇航公司提起买卖合同纠纷之诉,一审法院经审理查明将本案认定为循环贸易式融资法律关系,但认为买卖合同系双方当事人真实的意思表示,即使没有真实货物交付,也不能否定双方之间业已形成

---

① 对应《民法典》第682条第1款(保证合同的附从性):"保证合同是主债权债务合同的从合同。主债权债务合同无效的,保证合同无效,但是法律另有规定的除外。"——编者注

的买卖法律关系。经审查，根据宇航公司、中船公司、斯创姆公司等三案外人之间签订的买卖合同下付款、交货情况，结合二审中双方当事人均认可无实际交货的事实，一审法院经审理查明将本案认定为循环贸易式融资法律关系正确。但由于本案系各方以虚假的循环买卖合同隐藏的企业间融资借款法律关系的一个环节行为人与相对人以虚假的意思表示实施的民事法律行为无效虚假的意思表示隐藏的民事法律行为效力。宇航公司、中船公司间以虚假意思表示订立的买卖合同应当认定无效，以该虚假意思表示隐藏的融资法律关系并无无效事由，应为有效。一审法院认定买卖合同有效错误，本院予以纠正。宇航公司主张的法律关系的性质与一审法院认定的不一致。《关于民事诉讼证据的若干规定》第三十五条①规定："诉讼过程中，当事人主张的法律关系的性质或者民事行为效力与人民法院根据案件事实作出的认定不一致的，不受本规定第三十四条规定的限制，人民法院应当告知当事人可以变更诉讼请求。"经审查，一审法院已经依法向当事人双方释明，但宇航公司仍坚持以买卖合同纠纷进行诉讼，不存在人民法院未向当事人释明的情形。人民法院有权根据查明的事实，依法认定案件性质并是否支持当事人的诉讼请求。即使当事人主张的法律关系的性质或者民事行为效力与人民法院根据案件事实作出的认定不一致，也不必然导致驳回其诉讼请求，但当事人应承担可能对其不利的诉讼风险。本案中，宇航公司的诉讼请求为要求中船公司承担还款义务，一审判决中船公司承担还款义务，并未超出当事人诉讼请求范围。

二、关于第二个焦点问题。中船公司认为一审判决未查明融资法律关系中的三方当事人地位，属于认定事实不清。一审判决查明，宇航公司、中船公司、斯创姆公司等三案外人之间的交易方式，是以买卖合同的方式形成封闭循环交易，各方均不进行实际货物交付，只是以《收货清单》的方式办理交货手续，并按照合同约定，开具相应的增值税发票。宇航公司与中船公司的《采购合同》，系循环交易中的一环。三方的合同关系中，斯创姆公司作为卖方，宇航公司作为买方；宇航公司作为卖方，中船公司作为买方；中船公司作为卖方，斯创姆公司等三案外人作为买方，相互先后签订 12 份买卖合同，上述合同约定的货物品种、数量等内容相同，价格渐高，但差价并未超出最高人民法院《关于审理民间借贷案件适用法律若干问题的规定》第二十六条规定的利率上限。其中宇航公司按照合同约定，向斯创姆公司支付了全部货款。从上述事实可以看出，在循环交易中宇航公司作为直接出借方向斯创姆公司贷款，由中船公司提供过桥服务。斯创姆公司通过高买低卖，以买卖价差

---

① 对应 2019 年《民事诉讼证据规定》第 53 条第 1 款："诉讼过程中，当事人主张的法律关系性质或者民事行为效力与人民法院根据案件事实作出的认定不一致的，人民法院应当将法律关系性质或者民事行为效力作为焦点问题进行审理。但法律关系性质对裁判理由及结果没有影响，或者有关问题已经当事人充分辩论的除外。"——编者注

的形式向中船公司和宇航公司支付用款利息,宇航公司和中船公司因此而获取相应利息收益。即宇航公司是出资人,斯创姆公司是用资人,中船公司是中间方,实际承担担保功能。在三方构成循环贸易融资法律关系情形下,斯创姆公司作为其中一个环节,又是融资款的借款人,案件处理结果与其有法律上的利害关系,属于《民事诉讼法》第五十六条①规定的第三人,一审法院对宇航公司申请追加其为第三人未予同意,确有不当。但一审判决已经查清相关事实,不存在认定事实不清的情形,该程序瑕疵并未影响本案的正确处理。

三、关于第三个焦点问题。如前所述,本案中的企业间借贷行为有效。在三方构成融资性贸易法律关系情形下,中船公司以出具承兑汇票的方式向宇航公司承诺还款,并且在 2015 年 6 月 30 日、11 月 10 日和 2016 年 1 月 1 日三次在宇航公司所发的《询证函》上盖章确认承诺还款,进一步证明了其对承担还款责任的认可。因此宇航公司主张中船公司承担相应还款责任有法律依据和事实基础,应予支持。中船公司虽为国有控股企业,但民事主体在民事活动中的法律地位一律平等,不因其所有制性质而予以特殊保护,故一审判决其依法承担还款责任,不属于损害国家利益的情形。

——中国裁判文书网,https://wenshu.court.gov.cn。

上诉人福建省经贸发展有限公司与被上诉人中国石化销售有限公司福建石油分公司及原审第三人福建嘉诚石化实业有限公司、林某、福建省恒丰润贸易有限公司等买卖合同纠纷案[最高人民法院(2018)最高法民终 786 号民事判决书,2018.12.28]

本院认为,本案二审争议焦点为:1. 案涉二十七份系列化工产品采购合同中是否存在货物买卖的真实意思;2. 案涉合同效力应当如何认定。就当事人争议的焦点问题,分述如下:

一、关于本案《化工产品购销框架协议书》及其项下连环购销协议的签订是否在各方之间形成真实的买卖合同关系的问题

《合同法》第一百三十条②规定:"买卖合同是出卖人转移标的物的所有权于买受人,买受人支付价款的合同。"买卖合同作为双务有偿合同,买卖双方互负给付义务,出卖人负有向买受人交付买卖物并使其取得该物所有权的义务,买受人负有向出卖人支付价金的义务。本案中,经贸公司与嘉诚公司及其关联公司在 2013 年、2014 年签订的两份《化工产品购销框架协议书》项下,分别签订二十七份系列化工产品采购合同形成由凯宾斯公司、恒丰润公司、嘉诚公司、金润达公司、中发兆成公

---

① 对应 2023 年《民事诉讼法》第 59 条。——编者注
② 对应《民法典》第 595 条。——编者注

司、中孚公司等公司作为出卖人将燃料油出卖给中石化公司,中石化公司将相同批量的燃料油溢价转售给经贸公司,经贸公司再将相同批量的燃料油溢价转售给嘉诚公司或其指定的达轩公司、金鸿达公司、御银公司、岩确公司、九鼎公司、中孚公司、正发公司的连环购销协议。关于上述连环购销协议的法律性质,嘉诚公司及中石化公司主张上游出卖人及下游买受人均为嘉诚公司及其关联公司,案涉交易为闭环贸易,中石化公司与经贸公司签订的购销合同作为闭环贸易中的一环仅用于过单,嘉诚公司与经贸公司之间形成的真实法律关系为借贷关系。经贸公司主张,其与中石化公司之间为真实的买卖关系并以中石化公司收款后未交货为由要求解除合同返还货款。本院认为,经贸公司、中石化公司和嘉诚公司及其实际控制下的关联公司之间并未依法成立买卖合同关系。理由如下:

首先,本案交易不具有商业上的合理性。本案中虽然各方签订的购销协议条款均体现了货物买卖的意思表示,并载明了买卖货物的具体内容、数量、价款等基本要素,但是从整个连环贸易形成的资金及货物流向上来看,案涉二十七份合同项下的货物系由嘉诚公司及其关联公司销售给中石化公司,经由中石化公司销售给经贸公司,再由经贸公司最终销售给嘉诚公司及其关联公司,亦即嘉诚公司及其关联公司作为最初的出卖人以及最终的买受人使得整个连环贸易形成了自买自卖的闭环贸易。同时,从系列协议约定的合同价款来看,嘉诚公司及其关联公司最初销售给中石化公司的价格最低,销售价格随着货物在交易链中的流转不断攀升,嘉诚公司及其关联公司作为最终买受人的买受价格最高,从而形成了"低卖高买"这一不合商业常理的贸易模式。而且,从经贸公司与嘉诚公司及其关联公司签订的销售合同的内容来看,下游买家支付订金后需向经贸公司付清全款后才能提货,而非通过赊销的方式先取得货权再通过销售回款向经贸公司支付货款,据此合同条件下游买家本可直接向上游卖家以支付全款的方式购买货物从而减少交易成本,而不必通过经贸公司、中石化公司购买。

其次,案涉协议的履行过程中并无真实的货物流转。案涉二十七份系列合同中约定的交货方式均为买方到指定仓库自提,涉及的指定仓库包括福州长发油库及浙江舟山鲁家峙油库,但经贸公司与中石化公司向法庭提交的涉及货物移交的函件,即经贸公司提交的盖有中石化公司印章的《货物确认书》、中石化公司提交的盖有经贸公司印章的《货权移转确认书》中均没有仓储单位的印章,而仓储单位应中石化公司的《询征函》答复案涉合同中所涉及的各方当事人并未在仓储单位存储或提取过货物。经贸公司虽主张根据盖有中石化公司印章的《货物确认书》中记载的内容有理由相信货物存放在中石化公司的仓库,因此持续付款履行合同,但案涉二十七份合同所涉的燃料油数量高达十余万吨,本案中并未有任何证据显示经贸公司与中石化公司就案涉燃料油的存储费用等问题进行过磋商,也未有任何证据显示经贸公司在付款后曾前往合同约定的存货仓库予以盘货查验,仅凭上述货物移转的函件并不足以认定案涉交易中有真实的货物流转。

最后,经贸公司对案涉系列合同的签订并非真实的买卖合同关系应属明知。1. 经贸公司根据系列合同仅承担付款义务,而不承担其他合同责任。经贸公司与嘉诚公司签订的《化工产品购销框架协议书》中约定,经贸公司与指定供货商签订化工产品购销合同后,如发生争议或纠纷,均由嘉诚公司负责处理并承担相关费用,因该合同产生的不利于经贸公司的法律责任和后果均由嘉诚公司承担。经贸公司与嘉诚公司签订的《化工产品购销之债权债务确认协议》进一步约定《化工产品购销框架协议书》项下凡涉及合同货物(包括但不限于质量数量提货或交付货物责任等)事项均由嘉诚公司、林某与上述供货商和购买方自行处理解决,经贸公司不承担任何有关合同货物的任何责任。据此约定经贸公司不承担基于购销协议而产生的任何责任,经贸公司的合同义务仅限于向中石化公司支付款项。2. 在系列协议的履行过程中,经贸公司并未对货物的实际存放情况施加过任何注意义务,其重点关注的是嘉诚公司应当支付的款项。经贸公司在向中石化公司支付货款后,从未对中石化公司是否实际交付货物、交付的货物是否符合合同约定进行过实地调查。在合同约定的 3 个月付款提货期届满下游买家尚未依约付款提货的情况下,经贸公司没有采取解除销售合同、处置货物等措施减少损失,而只是每月与嘉诚公司确认其应付款项及相应的收益,嘉诚公司亦表示认可。经贸公司最终与嘉诚公司签订《化工产品购销之债权债务确认协议》,在尚未交货的情况下确认嘉诚公司在上述二十七份合同项下应当向经贸公司支付款项 607703458.41 元,并接受林某等以股权让与等保障上述款项实现的担保方式。可见嘉诚公司向经贸公司付款与货物是否交付并无关联。3. 从经贸公司逐月与嘉诚公司确认的《化工收益表》中的记载来看,经贸公司实际追求的是其向中石化公司支付款项的利益,而非因嘉诚公司未付货款产生的损失。根据《化工收益表》的记载,嘉诚公司在每组合同项下自经贸公司实际向中石化公司付款之日起即负有以经贸公司付款金额扣除嘉诚公司支付的保证金后的金额为基数向经贸公司支付收益的义务,而非在合同约定的 3 个月交货期限截止后以嘉诚公司应付货款为基数计收违约金。根据以上事实,经贸公司应当明知各方当事人签订系列协议的目的并非真实地进行货物交易,只是以货物买卖之名行企业间借贷之实。

综上,本案经贸公司与中石化公司之间虽然签订有《化工产品销售合同》,但该份销售合同并非单一、独立的销售合同,而是整个闭环交易链条中的一个环节,现有证据仅能证明交易过程中发生了资金的流转,而未有证据证明在交易过程中发生了真实的货物流转的情形,并不符合买卖合同的基本特征,因此经贸公司以其与中石化公司之间存在买卖合同关系为由主张权利的诉讼请求不能成立,原审法院判决驳回经贸公司的诉讼请求，事实和法律依据充分，本院予以维持。

二、关于本案各方当事人之间合同关系的效力应当如何认定的问题

《民法通则》第五十五条①规定："民事法律行为应当具备下列条件：（一）行为人具有相应的民事行为能力；（二）意思表示真实；（三）不违反法律或者社会公共利益。"据此，当事人以通谋虚伪意思表示实施的民事法律行为，因欠缺真实意思表示而无效。本案中，当事人之间均无成立买卖合同的真实意思表示，嘉诚公司及其关联公司与中石化公司、中石化公司与经贸公司、经贸公司与嘉诚公司及其关联公司间所订立的《化工产品采购合同》《化工产品销售合同》均系伪装行为，依法应认定为无效民事行为。经贸公司与嘉诚公司之间具有成立借贷合同关系的真实意思表示，其共同实施的隐匿行为的效力应根据法律关于该行为的规定进行认定。因本案中经贸公司以买卖合同为由对中石化公司提起诉讼要求解除合同返还货款，嘉诚公司及其关联公司虽作为第三人加入到本案诉讼中，但经贸公司并未对第三人提出任何诉讼主张，因此原审判决在认定经贸公司与中石化公司之间并不存在买卖合同关系，而是在经贸公司与第三人之间存在借贷关系的情形下，未经释明径行判决驳回经贸公司的诉讼请求并无不当，经贸公司可基于借贷合同关系另行向相关责任主体主张权利。关于经贸公司主张根据《最高人民法院关于审理民间借贷案件适用法律若干问题的规定》第二十四条②关于"当事人以签订买卖合同作为民间借贷合同的担保，借款到期后借款人不能还款，出借人请求履行买卖合同的，人民法院应当按照民间借贷法律关系审理，并向当事人释明变更诉讼请求。当事人拒绝变更的，人民法院裁定驳回起诉"的规定，本案应当裁定驳回起诉的上诉理由，由于该条规制的是民间借贷中以买卖合同作为担保的情形，并不符合本案事实，本院不予采信。

此外，就经贸公司提出的中石化公司一审中提供的销售合同、《货物确认书》上经贸公司的印章不真实这一问题，由于一审中经贸公司和中石化公司各自向法院提交的双方签订的《化工产品销售合同》的合同内容并无差异，且《货物确认书》并不能够证明案涉合同存在真实的货物交易，故落款印章是否真实对本案事实的认定并无影响，原审法院未对销售合同上经贸公司印章的真伪进行鉴定，审理程序并无不当。至于经贸公司提出的本案应当移送公安机关的上诉主张，由于本案审理的是经贸公司与中石化公司之间是否存在真实的买卖合同关系的问题，现有证据已足以作出认定，并不需要以刑事案件的裁判结果作为本案审理的依据，因此原

---

① 对应《民法典》第143条（民事法律行为有效的条件）："具备下列条件的民事法律行为有效：（一）行为人具有相应的民事行为能力；（二）意思表示真实；（三）不违反法律、行政法规的强制性规定，不违背公序良俗。"——编者注

② 对应2020年《民间借贷规定》第23条。——编者注

审法院未将本案移送公安机关并中止审理,程序亦无不当。至于当事人在合同履行过程中是否存在虚开增值税专用发票、合同诈骗等犯罪行为,并不属于本案民事案件的审理范围。

——中国裁判文书网,https://wenshu.court.gov.cn。

编者说明

　　企业间融资性贸易(循环贸易),是指三方及以上的交易主体以买卖等贸易方式进行的企业间融资活动,是企业间因资金实力不平衡以及长期以来行政、司法对企业间借贷行为秉持禁止性政策,或者企业风控制度对企业间融资限制而引发的一种特殊交易现象。[1] 该种贸易通常具有以下典型特征:(1)三方或三方以上主体之间进行封闭式循环买卖;(2)标的物相同且履行过程中无真实的货物流转;(3)出借方和通道方的收益固定,双方均不承担货物经营风险,借款方同一时期无缘由高买低卖,自甘受损,明显违背商业常理;(4)参与各方对交易的真实目的为融资而非货物买卖均为明知。

　　通道业务中的买卖合同是出借方、通道方、借款方以虚假的意思表示所签订,目的在于掩盖真实的借款交易,因而买卖合同均属无效。在出现损失的情况下,出借方以买卖合同为据,根据合同相对性原则要求通道方承担交付货物或返还货款等法律责任,依法不应支持。

　　如果出借方以实际的借款关系提起诉讼,要求通道方承担返还借款的责任,在通道方未明确作出债务加入意思表示的情况下,通道方仅为债务履行辅助人,并非借贷关系中的借款方,其不应承担出借资金本息的给付义务,不应支持出借方关于由通道方承担还款责任的诉讼请求。但通道方毕竟参与循环贸易,帮助借贷双方实施虚伪意思表示以规避企业间借贷的禁止性规定或企业风险防控措施,促成被掩盖的借款交易成立并收取了报酬,主观上存在帮助借贷交易双方规避禁止性或限制性规定以获取不正当利益的过错。特别是当通道方明知案涉借贷行为违反了法律、司法解释的规定,仍然积极参与其中,为借贷双方提供便利,促使了交易的发生以及资金的顺利出借;或通道方长期从事通道业务,主动参与或设计了循环贸易的交易结构,积极为借贷双方寻找交易伙伴等,主观过错明显。此时,判令通道方根据其过错程度并参酌其获利情况等,就借款方不能清偿的部分承担一定的补充责任,符合权利义务相一致的公平原则。[2]

212　融资性贸易中"过桥方"的法律地位和法律责任

关键词 | 借款合同 | 融资性贸易 | 过桥方/通道方 | 虚伪意思表示 | 合同无效 | 真实借贷关系 | 过错大小 | 补充责任 | 比例责任 | 通道费用 |

---

　　[1]　参见王富博:《企业间融资性买卖的认定与责任裁量》,载《人民司法·应用》2015年第13期。
　　[2]　参见丁俊峰、王富博:《循环贸易中"通道方"的责任认定》,载贺小荣主编:《最高人民法院第二巡回法庭法官会议纪要》第2辑,人民法院出版社2021年版,第79~80、86~87页。

【人民法院案例库参考案例】

某某物资供销华东有限公司诉深圳某某热力科技有限公司、某某安全技术工程有限公司、北京某某热力科技有限公司借款合同纠纷案[入库编号：2023-08-2-103-023，上海市第二中级人民法院（2021）沪02民终9083号民事判决书，2022.7.1]

【裁判要旨】

对于融资性贸易链条中，过桥方未与出借方形成借款法律关系，但基于通谋虚伪意思表示而共同订立买卖合同，为借贷双方提供资金通道的，对于出借方的资金损失，过桥方并不作为借款方直接承担还款义务，而应当在借款方不能清偿债务的范围内，根据其过错程度对出借方承担相适应的赔偿责任。

【裁判理由】

法院生效裁判认为：各方当事人无真实买卖意图，实为生产经营临时性借款需求而共同实施融资性贸易行为，以买卖形式掩盖借贷关系，根据当时施行的《中华人民共和国民法总则》第一百四十六条①故案涉合同所涉买卖交易内容系当事人通谋虚伪意思表示，属无效，对于隐藏的借贷法律关系，在必要时应突破形式上的单一合同相对性，对融资性贸易各参与方的具体行为作整体考量，以正确认定案涉企业间借贷关系中的合同主体、合同效力以及各行为人的责任。

第一，关于合同主体。首先，深圳某科技公司是用资方，并通过某工程公司部分清偿了借款。其次，某工程公司已向某物资公司充分表明其并非借款人的身份，始终不同意以借款人身份参与交易。故认定深圳某科技公司、北京某科技公司系实际借款人，某工程公司系融资性贸易的中间方。

第二，关于合同效力的认定。首先，某物资公司与北京某科技公司、深圳某科技公司之间已经达成以货物买卖形式掩盖企业间借贷行为的合意，某工程公司亦自愿作为中间方加入该次融资性贸易，此后某物资公司也完成了款项出借义务，故案涉借款合同已经成立并实际履行。其次，借款人深圳某科技公司、北京某科技公司一方，系为生产经营需要临时性向某物资公司拆借资金而订立借款合同；出借人某物资公司一方，尚无证据证明其有长期、多次向社会不特定对象提供融资服务等以借贷业务为常业的行为，故借款合同应作有效认定。

第三，关于各行为人的责任。借款人深圳某科技公司、北京某科技公司未及时还款，系造成某物资公司损失的直接原因，应承担清偿责任，但欠款数额应扣减某工程公司无合法事由截留的100000元即"通道费"。该100000元由某工程公司直

---

① 对应《民法典》第146条。——编者注

接返还给某物资公司。

中间方某工程公司应就过错行为承担相适应的责任,主要从两方面考量:一是原因力。一方面,某工程公司明知其参与交易是某物资公司愿意出借款项的重要动因。某物资公司同意融资性贸易的前提是,有另一家国有企业作为其买卖合同相对方,符合风控制度;且某工程公司未谨慎审核合同,致使某物资公司产生了某工程公司为融资提供额外保障的错误认识。故某工程公司就买卖合同认定无效并致某物资公司损失负有明显过错。另一方面,某工程公司不是某物资公司未能获得清偿的直接责任人,其参与行为属间接原因,责任顺序上应列后。故某工程公司承担补充赔偿责任。二是过错程度。某工程公司系出于增加虚假业绩等不正当目的,提供合同订立、资金流通等媒介服务,帮助规避限制或禁止性规定,但没有证据证明有长期从事"通道"业务,主动引导案涉交易等情形,其作用有限,所获利润亦有限。同时,损失方某物资公司预见到通谋虚伪行为的法律后果,仍主动接受融资性贸易,亦负有过错。

综上,一审对深圳某科技公司、北京某科技公司的欠付金额,以及某工程公司的责任范围与责任形式认定不当,二审予以改判。

——人民法院案例库,https://rmfyalk.court.gov.cn。

213 撤销权可以通过抗辩方式行使

关键词 │ 撤销权 │ 抗辩 │

【最高人民法院司法文件】

42.【撤销权的行使】撤销权应当由当事人行使。当事人未请求撤销的,人民法院不应当依职权撤销合同。一方请求另一方履行合同,另一方以合同具有可撤销事由提出抗辩的,人民法院应当在审查合同是否具有可撤销事由以及是否超过法定期间等事实的基础上,对合同是否可撤销作出判断,不能仅以当事人未提起诉讼或者反诉为由不予审查或者不予支持。一方主张合同无效,依据的却是可撤销事由,此时人民法院应当全面审查合同是否具有无效事由以及当事人主张的可撤销事由。当事人关于合同无效的事由成立的,人民法院应当认定合同无效。当事人主张合同无效的理由不成立,而可撤销的事由成立的,因合同无效和可撤销的后果相同,人民法院也可以结合当事人的诉讼请求,直接判决撤销合同。

——《全国法院民商事审判工作会议纪要》(2019 年 11 月 8 日,法〔2019〕254 号)。

【链接：理解与适用】

关于撤销权的行使

与解除权、抵销权等形成权可以在诉讼程序之外以通知的方式行使不同，撤销权只能通过提起诉讼或者仲裁的方式行使。至于撤销权人能否在诉讼中以提出抗辩的方式行使撤销权，在纪要起草过程中存在较大争议。鉴于对合同效力的审查是解决合同纠纷的基础，如果以当事人未提起撤销之诉为由，就对当事人提出合同具有可撤销事由的抗辩不予审查，进而认定合同有效并作出相应判决。则在当事人另案诉请撤销合同，并且获得胜诉判决时，基于生效判决作出的前案判决可能要通过审判监督程序来纠正，如此既不利于一揽子解决纠纷，也不利于维护裁判之间的协调性、统一性。有鉴于此，本纪要规定只要当事人以合同具有某项可撤销事由提出抗辩的，人民法院就应审查合同是否具有该项可撤销事由以及是否超过了撤销权的行使期限，进而对合同效力作出判断。

可撤销合同毕竟不同于无效合同，人民法院只能基于当事人主张的可撤销事由对合同效力进行审查，而不能无视当事人的主张依职权对全部的可撤销事由进行全面审查。为避免当事人在一审中以某一项可撤销事由提起诉讼（包括反诉）或抗辩，二审中又以另一项可撤销事由提起上诉或抗辩，导致人民法院在审查合同效力时处于不确定状态，一旦当事人以合同可撤销为由提起诉讼（包括反诉）或抗辩，一审法院就要向其释明，告知其明确可撤销事由。该事由一经明确，人民法院仅须针对当事人主张的该一项或多项可撤销事由进行审查即可，无须审查其他可撤销事由。

当事人在一审阶段以合同有效为由提出相应抗辩，在二审阶段再以合同具有可撤销事由提出抗辩的，基于禁反言规则，对其二审新提出的合同具有可撤销事由的抗辩，人民法院不予支持。当事人在一审阶段未提出合同具有可撤销事由的抗辩，而在二审阶段提出的，考虑到合同效力问题是合同纠纷的前提性问题，人民法院仍应就合同是否具有可撤销事由以及撤销权是否已过存续期间进行审查。

——最高人民法院民事审判第二庭编著：《〈全国法院民商事审判工作会议纪要〉理解与适用》，人民法院出版社 2019 年版，第 293 页。

214 重大误解的认定标准

关键词 │ 重大误解 │ 举证责任 │ 交易习惯 │

【最高人民法院司法解释】

第十九条　行为人对行为的性质、对方当事人或者标的物的品种、质量、规格、价格、数量等产生错误认识,按照通常理解如果不发生该错误认识行为人就不会作出相应意思表示的,人民法院可以认定为民法典第一百四十七条规定的重大误解。

行为人能够证明自己实施民事法律行为时存在重大误解,并请求撤销该民事法律行为的,人民法院依法予以支持;但是,根据交易习惯等认定行为人无权请求撤销的除外。

——《最高人民法院关于适用〈中华人民共和国民法典〉总则编若干问题的解释》(2022 年 3 月 1 日,法释〔2022〕6 号)。

【链接:理解与适用】

关于重大误解的认定问题,《总则编解释》第 19 条对《民法通则意见》第 71 条的规定作了较大调整。调研中,关于如何构建重大误解的认定规则,有两种不同观点。

一种观点主张参考比较法上的做法,强化对善意相对人的保护,严格限制行为人的撤销权[如《国际商事合同通则》(PICC)第 3.2.2 条、《欧洲合同法原则》(PECL)第 4:103 条、《欧洲示范民法典草案》(DCFR)第 2-7:201 条,以及荷兰民法典第 6:228 条等的规定,均强调相对人参与了行为人的错误认识的,应当保护行为人的真意。反之,相对人属于善意,行为人不得主张撤销]。

另一种观点认为,不宜对行为人的撤销权作过多限制,不论相对人是否善意,均得主张撤销,故在《民法通则意见》第 71 条的规定基础上作适当修改即可。

调研中有意见反映,限制撤销权的行使虽有一定道理,但是过于抽象,且易与欺诈等情形混淆,实践中不易操作,故我们在传承《民法通则意见》第 71 条规定的基础上,主要作以下调整:

一是增加价格作为典型的重大误解情形。这一规定旨在回应实践需求,考虑到因"薅羊毛"问题引发的经营者主张撤销合同问题,主要源于经营者在商品价格方面的标示性错误,故将价格作为重大误解的典型情形予以列举。

二是根据调研意见适当调整重大误解中重大性的判断标准。调研中,关于重大误解中对重大的认定是否需以造成较大损失为标准,存在不同意见。有意见认为,造成较大损失是《民法通则意见》施行以来形成的共识,法官容易掌握;也有意见认为,较大损失本身很难界定,可操作性不强。我们经研究认为,重大误解的认定不应以造成或者可能造成较大损失为构成要件。例如,卖家混淆买家想购买的纪念品颜色,弄错节日带有特定意义的花束品种,虽未对买家造成重大损失,但违背了买家的交易目的,同样构成重大误解。因此《总则编解释》第 19 条第 1 款明确将重大解释为"按照通常理解如果不发生该错误认识行为人就不会作出相应意思表示"。

三是明确主张重大误解的举证责任和不得主张重大误解的情形。行为人主张基于重大误解请求撤销民事法律行为,应当举证证明其在实施民事法律行为时存在重大误解,同时考虑到古董买卖等交易习惯的特殊性,以及社会生活发展的复杂性,作但书规定"根据交易习惯等行为人不能主张撤销的除外"。

——郭锋、陈龙业、蒋家棣、刘婷:《〈关于适用民法典总则编若干问题的解释〉的理解与适用》,载《人民司法·应用》2022 年第 10 期。

相对人是否无过错(即是否为善意)不影响行为人主张撤销权。当然,在相对人故意造成行为人错误认识的情形下,构成了欺诈。此时宜认为重大误解与欺诈存在法条竞合。如果行为人能够直接证明相对人故意,自可按欺诈主张撤销,如果证明有难度,也可以直接主张重大误解。

——最高人民法院民法典贯彻实施工作领导小组编著:《最高人民法院民法典总则编司法解释理解与适用》,人民法院出版社 2022 年版,第 302~303 页。

【最高人民法院司法文件】

2. 行为人因对行为的性质、对方当事人、标的物的品种、质量、规格和数量等的错误认识,使行为的后果与自己的意思相悖,并造成较大损失的,人民法院可以认定为民法典第一百四十七条、第一百五十二条规定的重大误解。

——《全国法院贯彻实施民法典工作会议纪要》(2021 年 4 月 6 日,法〔2021〕94 号)。

【链接：最高人民法院法官著述】

《总则编解释》第 19 条的主要修改之处是:

第一,将重大误解中的重大性的判断标准从原来的"使行为后果与自己的意思相悖,并造成较大损失的",变为"按照通常理解如果不发生该错误认识行为人就不会作出相应意思表示的"。这一修改不再沿用《民通意见》第 71 条对重大性的认定需以造成较大损失为标准。之所以有这样的变化,一方面是因为实践中较大损失本身很难界定;另一方面是因为从理论上看重大误解的认定不应以造成或者可能造成较大损失为构成要件。例如,卖家混淆买家想购买的纪念品颜色,弄错节日带有特定意义的花束品种,虽未造成重大损失,但合同目的已无法实现,同样可能构成重大误解。此外,"并造成较大损失的"的要求在比较法上也不太常见。

　　第二，通过明确举证责任强化对基于重大误解主张撤销的限制。《总则编解释》第 19 条就重大误解的举证责任问题作出明确规定，即行为人主张基于重大误解请求撤销民事法律行为，应当举证证明其在实施民事法律行为时存在重大误解。考虑到古董买卖等交易习惯的特殊性，故作但书规定"根据交易习惯行为人不能基于重大误解主张撤销的除外"，并增加"等"字兜底，以保持开放性，避免过于绝对。

　　第三，在对重大误解的典型情形进行列举时增加了价格这一认定因素。

　　——蒋家棨:《重大误解条款的理解与适用》，载《人民司法·应用》2023 年第 1 期。

编者说明

　　立法机关认为，重大误解的概念自《民法通则》创立以来，实践中一直沿用至今，已经为广大司法实务人员和人民群众所熟知并掌握，且其内涵经司法解释进一步阐明后已与大陆法系的"错误"的内涵比较接近，在裁判实务中未显不当，可以继续维持《民法通则》和《合同法》的规定。据此，《贯彻实施民法典纪要》第 2 条基本保留了《民法通则意见》第 71 条关于重大误解的规定，根据《民法典》将"可以认定为重大误解"修改为"人民法院可以认定为民法典第一百四十七条、第一百五十二条规定的重大误解"。认定重大误解需满足以下几个条件：一是行为人主观上存在错误认识，这种错误可以是关于行为的性质，也可以是关于行为的相对人、交易标的的质量、数量等；二是行为的结果与行为人的意思相悖；三是行为人的错误认识与行为后果之间存在因果关系，即如果没有这种错误认识，将不会产生该行为后果；四是行为人在客观上遭受了较大损失，如果没有损失或者损失较小，也不能构成重大误解。[1]

　　《民法典总则编解释》第 19 条第 1 款规定了重大误解的认定标准，构成重大误解应当具备以下条件：一是行为人产生了错误认识，即行为人对行为的性质，对方当事人或者标的物的品种、质量、规格、价格、数量等产生错误认识。其中"价格"系回应当前网络交易中受到普遍关注的标错价格引发的"薅羊毛"现象。二是错误认识具有重大性，即"按照通常理解如果不发生该错误认识行为人就不会作出相应意思表示"，且不以造成或者可能造成较大损失为构成要件。判断重大性应当以"通常理解"为标准，即按照社会一般人的认识水平来认定，而不是按照行为人的认识水平来认定。[2]

215 重大误解中"重大性"的判断标准

关键词｜重大误解｜重大性｜错误认识｜损失｜

---

①　参见黄薇主编:《中华人民共和国民法典总则编解读》，中国法制出版社 2020 年版，第 476、479 页。
②　参见最高人民法院民法典贯彻实施工作领导小组编著:《最高人民法院民法典总则编司法解释理解与适用》，人民法院出版社 2022 年版，第 299~301 页。

【链接：最高人民法院法官著述】

"重大性"判断标准的变化

《总则编解释》重大误解条款将重大误解中的重大性的判断标准确定为"按照通常理解如果不发生该错误认识行为人就不会作出相应意思表示"，不再以造成较大损失为判断标准。采用"不发生该错误认识行为人就不会作出相应意思表示"是对大陆法系"须错误在交易上认为重要"这一判断标准的回归，如德国民法典第119条规定："表意人若知悉情事并合理地考虑其情况后即不会作出此项意思表示时，表意人可以撤销该意思表示。"有学者进一步从理论上指出，对于误解的重大性，可以采取主客观结合的标准加以评判："一位理性人处在误解方相同的场合，如果了解真实情况，会怎么做？如果该理性人根本不会签订合同……如此，且仅当如此，误解（错误）才能被认定为是重大的。"①当然，在这个判断过程中，误解是否在交易上被认为重要，也会涉及对社会一般观念的认识。

"重大性"判断标准的变化对于解决实践中的问题，特别是互联网时代出现的一系列新问题具有重要指导意义。再以电子商务中的"薅羊毛"现象为例，在表意人发现其对行为的性质等产生了重大误解时，允许表意人撤销基于重大误解实施的民事法律行为，而不必等到造成较大损失时才享有这样的权利，就可以将该事件的影响消灭在萌芽状态。如果必须等到已经造成了较大损失才能主张撤销，那么很可能合同已经履行完毕，撤销该合同已经没有必要。在已经造成较大损失的情况下，因重大误解是自己原因造成的，所以损失都应由自己承担，这时再来请求撤销，为时已晚，除非该合同还没有履行完毕。与其这样，还不如赋予表意人知道重大误解时就享有撤销合同的权利。

——蒋家棣：《重大误解条款的理解与适用》，载《人民司法·应用》2023 年第1 期。

216 重大误解与欺诈的区分

关键词 │ 重大误解 │ 欺诈 │

【链接：最高人民法院法官著述】

相对人的过错

在《总则编解释》重大误解条款下，相对人是否有过错（即是否为善意）不影响

---

① 参见陈甦主编：《民法总则评注（下册）》，法律出版社 2017 年版，第 1062 页。

行为人主张撤销权。当然,相对人故意造成行为人错误认识的,构成欺诈。民法典第一百四十八条规定:"一方以欺诈手段,使对方在违背真实意思的情况下实施的民事法律行为,受欺诈方有权请求人民法院或者仲裁机构予以撤销。"《总则编解释》第 21 条规定:"故意告知虚假情况,或者负有告知义务的人故意隐瞒真实情况,致使当事人基于错误认识作出意思表示的,人民法院可以认定为民法典第一百四十八条、第一百四十九条规定的欺诈。"此时宜认为重大误解与欺诈存在法条竞合。如果行为人能够直接证明相对人故意,自可按欺诈主张撤销,如果证明有难度,也可以直接主张重大误解。有学者指出,如果当事人认识错误是因对方欺诈所致,就会出现一种"二重效果"。无论是欺诈还是重大误解,都是法律对于同一行为的评价,法律原则上应当允许当事人根据难易程度以及二者法律后果的差异(基于重大误解主张撤销,可能赔偿对方;基于受欺诈而主张撤销,则可能向对方主张赔偿),自由选择其主张。

在司法实践中,经常出现订立合同时负有告知义务或者说明义务的一方故意隐瞒真实情况使对方陷入错误认识并基于错误认识作出不真实意思表示的案例,尤以二手车买卖和房屋买卖为典型,此时,存在成立欺诈与重大误解竞合的可能性。如何处理二者之间的关系,成为审判实践中的关注点。例如,在二手车交易中,常有买受人在购车以后发现所购车辆存在里程数、车龄虚假以及曾经发生过交通事故等问题。进入诉讼后,如果买受人以欺诈为由提出诉讼请求,在出卖人否认欺诈或者声称不知情的情况下,买受人通常会在证明出卖人存在欺诈故意上陷入困境。这个时候,重大误解制度因其在举证责任上对出卖人的友好性而具有比较优势。人民法院在现有证据无法认定出卖人构成欺诈时,也往往会转而通过重大误解制度保护买受人的利益。在聂某伟、新疆捌零玖零汽车服务有限公司合同纠纷案中,审理法院指出,出卖人作为专业的二手车买卖公司,虽然现有证据无法认定其属于主观故意,存在欺诈行为,但出卖人在与买受人的交易过程中,未能尽到专业二手车公司应尽的认真审查义务,未能查出案涉车辆存在重大事故,而是以无事故车辆卖给买受人,导致买受人因重大误解作出错误的购买决定。因此,法院对于买受人主张撤销案涉车辆买卖合同、返还购车款的诉讼请求予以支持。不过,基于受欺诈撤销和基于重大误解撤销在行为性质的评价与法律后果上毕竟有所不同,人民法院在审判相关案件时应当避免向重大误解制度径行逃逸。

需要指出的是,不对相对人的过错问题作出规定,不代表不保护重大误解情形中善意相对人的利益,只不过这种保护是在民事法律行为撤销的后果中得到体现。民法典第一百四十七条与第一百五十七条已经形成了完整的体系。民法典第一百五十七条规定:"民事法律行为无效、被撤销或者确定不发生效力后,行为人因该行为取得的财产,应当予以返还;不能返还或者没有必要返还的,应当折价补偿。有过错的一方应当赔偿对方由此所受到的损失;各方都有过错的,应当各自承担相应的责任。法律另有规定的,依照其规定。"因此,民法典已经对基于重大误解撤销中善意相对人的保护作出妥善安排,即可以通过主张损害赔偿获得救济。

在重大误解合同中,有过错的一方应当赔偿对方因此受到的损失,是司法实践中通行的规则。例如,在一起房屋买卖合同纠纷中,甲房地产公司职员小张业绩十分突出,小张为来看房的王先生一家介绍了相邻的上下两套商铺,房屋价格分别为11000元每平方米和12000元每平方米。王先生看后非常满意,当即决定一并购买。次日,甲房地产公司和王先生分别签订了两份房屋买卖合同,王先生付清全款。10天后,小张找到王先生,表示自己看错了商铺价格表,上下商铺的价格应当分别为12000元每平方米和13000元每平方米。王先生拒绝后,甲房地产公司遂向当地人民法院起诉要求撤销两份房屋买卖合同。在该案中,对房屋价格产生重大误解的是甲房地产公司一方,甲房地产公司存在过错,王先生为善意相对人,应适当赔偿王先生一部分利息和其他损失。也就是说,作为善意相对人的王先生的利益可以通过另一方的损害赔偿得到救济。

——蒋家棣:《重大误解条款的理解与适用》,载《人民司法·应用》2023年第1期。

217 重大过失不可以主张构成重大误解

关键词｜ 重大误解 ｜ 重大过失 ｜

【链接：最高人民法院法官著述】

行为人的过错

就行为人的过错问题而言,一般认为,行为人有一般过失的,仍然可以主张构成重大误解。……

唯需研究的问题是行为人有重大过失时能否主张重大误解。有学者认为,如果错误是由表意人的重大过失所致,再允许表意人撤销,对于相对人便不公平。[1] 也有学者认为,规定行为人无重大过失或无过失的立法例,其实施效果并不理想。判断表意人是否具有过失及何种程度的过失并非易事,即使行为人有重大过失,也可以重大误解撤销法律行为,只不过要承担赔偿责任而已。[2]

笔者倾向于认为,民法原理上,重大过失等同于故意,应以不允许撤销为宜。

---

[1]　参见陈甦主编:《民法总则评注(下册)》,法律出版社2017年版,第1065页。
[2]　参见翟远见:《重大误解的制度体系与规范适用》,载《比较法研究》2022年第4期。

一些域外立法例对此问题作了规定,如日本民法第95条规定错误因表意人重大过失所致时不得主张撤销(2017年修正后有例外情形)。从我国的情况看,未见有解决这一问题的强烈需求,故《总则编解释》未就此问题予以明确,但保留了解释空间。《总则编解释》第19条第2款但书规定无权请求撤销的情形为"根据交易习惯等",意图就是在总结已经形成共识的内容(如古董买卖根据交易习惯通常不能以重大误解为由主张撤销)基础上,为将来实践发展需要预留空间(以日本民法第95条为例,其在2017年修改时一方面延续重大过失不能主张撤销的立场,另一方面新增相对人善意保护的除外情形。即表意人虽有重大过失,但相对人知道表意人存在错误,或者因重大过失而不知,或者相对人与表意人陷入同一错误时,表意人仍得主张撤销。考虑到本条起草过程中两种不同思路的争论,不排除我国今后也可能有类似的规则需求,为使条文更好顺应时代发展需要,故在表述上以"等"字兜底,以保持开放性和适应性)。

——蒋家棣:《重大误解条款的理解与适用》,载《人民司法·应用》2023年第1期。

218 真意保留的认定和法律效果

关键词 │ 意思表示 │ 真意保留 │ 重大误解 │

【最高人民法院参考案例】

上诉人佛山聚阳新能源有限公司与被上诉人邹某及原审被告杭州阿里巴巴广告有限公司买卖合同案[江苏省宿迁市中级人民法院(2018) 苏 13 民终 2202 号民事判决书,2019. 9. 6]

关于第一个争议焦点,合同是民商事主体设立、变更、终止民事权利义务关系的协议,其成立的实质要件是当事人就订立合同形成了一致的意思表示。合同法第十三条①规定,当事人订立合同,采取要约、承诺方式。根据合同法第十四条②、第二十一条③的规定,要约是希望和他人订立合同的意思表示,承诺是受要约人接受要约的意思表示。要约的内容应具体确定,且受要约人作出承诺后,要约人即受要约内容的约束。就网络购物而言,网络商户将其待售商品在网络交易平台上展示商品名称、品牌、规格、价格、数量等具体确定的信息,客户选定商品即可在线生

---

① 对应《民法典》第213条。——编者注
② 对应《民法典》第214条。——编者注
③ 对应《民法典》第222来。——编者注

成订单,故网络商户在相关交易平台上展示待售商品信息的行为应认定为要约。客户在线上选定商品及数量,点击购买并由网络交易平台在线生成订单,其点击购买提交订单的行为构成承诺。本案中,聚阳公司将其待售空气能热水器的名称、品牌、规格、价格等详细信息发布于 1688. com 网络交易平台,邬某在线点击购买先后生成了四份订单,双方的行为分别构成要约和承诺。聚阳公司称其在 1688. com 网络交易平台上展示商品信息系要约邀请,并不构成要约,本院不予采纳。本案的特殊性在于,聚阳公司单方从事刷单行为的背景下,需要分析双方是否真正形成了以一元单价订立合同的一致意思表示,该问题主要争议在于聚阳公司以一元价格销售空气能热水器的意思表示是否真实有效,应如何解释其意思表示。聚阳公司为提高销量排名安排"一元交易"刷单,尽管在行为上作出了以一元价格在 1688. com 网络交易平台销售空气能热水器的表示,但其主观上的真实意思并非以 1 元对价对外出售价值万元的案涉商品,而是以"一元交易"自导自演进行刷单。聚阳公司作为表意人,其作出"一元交易"的意思表示应认定为真意保留。

所谓真意保留,是指表意人虽然不具有受其意思表示约束的真意,却故意隐匿该真意而发出意思表示。我国法律对于通谋虚伪表示的法律效力加以直接规定,明确行为人与相对人以虚假的意思表示实施的民事法律行为无效,但对于真意保留的法律效果,我国现行民事法律并未作出直接规定。在现行法律构架下,可以从意思表示解释规则出发加以规范。《中华人民共和国民法总则》第一百四十二条第一款规定,有相对人的意思表示的解释,应当按照所使用的词句,结合相关条款、行为的性质和目的、习惯以及诚信原则,确定意思表示的含义;第二款规定,无相对人的意思表示的解释,不能完全拘泥于所使用的词句,而应当结合相关条款、行为的性质和目的、习惯以及诚信原则,确定行为人的真实意思。可见,相较于无相对人的意思表示解释,有相对人的意思表示解释是以表示主义为原则,意思主义为例外,相对人不知悉或不应当知悉表意人真意的,应当按照表示主义解释意思表示,以此保护相对人合理信赖,维护交易安全。真意保留情形下,相对人不知悉或不应当知悉表意人真实意思的,表意人意思表示不因真意保留而不生效力;但在相对人知悉或者应当知悉表意人内心保留情况下,应按照表意人真意解释意思表示,由于表意人真意是不欲发生表示出的法律效果,对此表示的解释结果便应是意思表示不存在。从利益衡量出发,因相对人此时并无需要予以保护的合理信赖,故认定意思表示不存在也不会损及相对人利益以及交易安全。简言之,真意保留情形下的法律适用规则如下:一是相对人不知悉或不应当知悉表意人内心保留的,应当以表示意思解释表意人的意思表示;二是相对人知悉或应当知悉表示人内心保留的,应当按照表意人真意解释其意思表示。具体在本案中,邬某分四次先后向聚阳公司购买了共计 20 台空气能热水器,分别为 4 台、4 台、4 台和 8 台。对于邬某是否知

悉聚阳公司将空气能热水器售价标为 1 元系虚伪表示、存在真意保留情形,具体分析如下:

邬某作为网络交易的购买方,在其首次购买 4 台空气能热水器时,不宜认定其主观上非善意,即明知聚阳公司的标价系虚伪意思表示。理由为:第一,网络交易具有特殊性,其具有迅捷、非面对面、针对不特定群体、信息不对称等特点,维护交易安全应为其首选价值取向,购买方在遵守网络交易规则的前提下进行的购买行为的信赖利益应当得到保护。第二,聚阳公司作为网络交易的经营者,应秉持更加审慎、诚信的原则,应对其发布的产品要约信息负责,其自导自演刷单行为显然违背了市场交易诚实信用原则,应当承担相应的法律后果。第三,现无证据证明邬某此前存在利用网络商户虚假标注或因疏忽错标商品价格而进行相关交易,借此向对方索赔以谋取利益的行为。至于邬某购买商品系用于自用或经营,还是转售给他人,对判断其是否为善意相对人并无实质影响。因此,虽然聚阳公司将空气能热水器标价为一元的确存在不合理之处,但并不能够当然确定邬某在发起首笔交易时明知聚阳公司的 1 元标价系虚伪表示。在双方首次交易中,邬某对于聚阳公司订立合同的意思存在合理信赖,应以聚阳公司的意思表示为准,认定双方订立的买卖合同成立并生效。如此处理也有利于规制网络刷单行为,引导网络商户诚信经营,净化网络购物环境,维护网络交易安全和网络交易秩序。

在 2015 年 6 月 1 日首次购买空气能热水器后,邬某又分别于 2015 年 7 月 18 日购买 4 台、7 月 19 日购买 4 台、7 月 23 日购买 8 台。此时距第一次购买已经超过一个半月,邬某在聚阳公司没有实际向其发货的情况下,基于民商事主体正常的行为逻辑,应是与对方沟通,询问相关情况,催促、确认发货事宜,以降低交易风险,避免经济损失,而不是继续下单购买。但邬某不仅未与聚阳公司沟通以确定对方发货,反而又分三次购买 16 台空气能热水器,其行为异于常理。尤其需要注意的是,邬某作为交易一方,基于此前第一笔交易中的 4 台空气能热水器并未收到货物的事实,结合一元售价远低于成本的特殊情况,且销售时点并非"双 11""双 12""6.18"等重大打折季,只要稍加注意,即可认识到交易的异常性。但邬某不仅不与聚阳公司沟通确认对方以一元价格销售空气能热水器的真实性,反而在网页上直接点击在线购买,绕过聚阳公司在线客服人员,通过直接在线生成订单的方式购买 16 台空气能热水器,其明知和利用对方存在虚伪表示"捡漏"的心理较为明显。据此能够认定,邬某在后三笔交易中,其主观上明知或应知聚阳公司以一元销售空气能热水器的意思表示并非该公司真实意愿,即聚阳公司保留了真意。在此情形下,应当以聚阳公司真实意思解释其意思表示,聚阳公司真实意思是"刷单",而非订立合同,因而应认定双方之间未形成订立合同的一致意思表示,买卖合同未成立。

关于第二个争议焦点,如前所述,案涉四笔交易中,双方订立的第一份买卖合同成立并生效,后三份买卖合同不成立,据此应分别处理。关于第一份合同,聚阳公司违反合同约定,拒不履行交付 4 台规格 5P 空气能热水器的义务,构成违约,邬某有权要求聚阳公司赔偿损失。合同法第一百一十三条第一款规定,当事人一方不履行合同义务或者履行合同义务不符合约定,给对方造成损失的,损失赔偿额应当相当于因违约所造成的损失,包括合同履行后可以获得的利益,但不得超过违反合同一方订立合同时预见到或者应当预见到的因违反合同可能造的损失。因聚阳公司违约导致邬某不能取得其所购 4 台规格 5P 空气能热水器,则该 4 台规格 5P 空气能热水器的实际价值即为邬某基于合同履行后能够获得的履行利益,4 台规格 5P 空气能热水器的市场价格即为邬某的实际损失,聚阳公司应按此数额予以赔偿。一审法院参照规格 5P 空气能热水器的市场价格,酌定按每台 9000 元的标准计算邬某的损失并无不当。据此,邬某在第一份合同中的损失数额为 36000 元,聚阳公司应予赔偿。关于双方在后形成的三份订单,因合同未成立,聚阳公司应向邬某返还其已付货款 16 元和运费 1 元。除此之外邬某并无其他损失,无权要求聚阳公司赔偿。邬某要求聚阳公司按照四份合同中的全部标的物即 20 台空气能热水器的市场价值赔偿其损失,于法无据,不应支持。

——最高人民法院审判管理办公室编:《双百优秀裁判文书的形与神:裁判思路与说理技巧·民事卷》,人民法院出版社 2022 年版。

【链接：最高人民法院法官著述】

从"误解"的语意可知,其显然不包括行为人故意的情形。行为人故意造成意思与表示不一致的,就不是真实的意思表示,而属于大陆法系中的真意保留。所谓真意保留,是指表意人故意隐匿其真意,而作出与其真意不同之意思的意思表示,又被称为单独虚伪表示。《总则编解释》起草过程中,曾就真意保留问题作出规定,主要目的是构建完整的民事法律行为规则体系,同时解决实践中的问题,后考虑到民众对真意保留制度的接受程度、是否为司法实践急迫需要(如在中国裁判文书网中以"真意保留"为关键词,截至 2022 年 11 月 10 日,仅有 200 余篇文书)、其制度目的能否通过其他规范所实现等因素,最终相关规定被删除。

不过,法律和司法解释不对真意保留问题作出规定,不代表否定该问题在实际生活中存在和解决的必要性,更不意味着法官可以拒绝裁判。实际上,真意保留以不同形式表现在现行法律体系之中,典型情形如传达人故意传达错误。在意思表示由第三人转达的情形中,存在第三人故意转达错误的可能。有学者认为应将传达错误与故意误传相区别,传达人故意误传表意人的意思,其情形与无权代理的利益状态相类似,应类推适用无权代理的规定,传达人对于善意相对人负损害赔偿责任。笔者倾向于认为,在误传的情形中,传达人本质上只是表意人的喉舌。换言之,表意人使用了一个传达人或者传达机构作为表示工具,该工具的错误运行须归责于表意人,因此,传达人的故意误传,也应当认为是表意人故意作出错误意思表示。此种情形可认为构成表意人的真意保留,而不适用重大误解规则。故似应认为,此时意思表示对表意人有约束力,只有相对人知道或者应当知道该意思表示故意转达错误时,表意人才得对抗相对人。对这一问题,可以在理论和实践中进一步探索。

在适用《总则编解释》重大误解条款时,要注意区分案涉民事法律行为是构成重大误解还是真意保留,进而确定民事法律行为的效力。在邬某诉广东佛山聚阳新能源有限公司买卖合同纠纷案中,聚阳公司是 1688 网络交易平台的商户,销售产品为空气能热水器。自 2015 年 4 月 21 日起,聚阳公司在 1688 网络交易平台上将其销售的空气能热水器单价标注为 1 元、40 元、50 元、80 元和 99 元从事刷单行为。2015 年 6 月 1 日,邬某在线下单购买上述 5P 空气能热水器 4 台,在线支付货款 4 元(免运费)。聚阳公司登记该商品于 2015 年 7 月 6 日已发货,但并未实际发货。后邬某分别于 2015 年 7 月 18 日在线购买 5P 空气能热水器 4 台,支付货款 4 元(免运费);2015 年 7 月 19 日在线购买 10P 空气能热水器 4 台,支付货款 4 元和运费 1 元;2015 年 7 月 23 日在线购买 10P 空气能热水器 8 台,支付货款 8 元(免运费)。上述交易均系邬某直接在线生成订单,聚阳公司均登记"已发货",但均未实际向邬某交付商品。2015 年 8 月 8 日,聚阳公司以"产品已经停产"为由,向邬某的支付宝账户退回货款 20 元和运费 1 元。2016 年 9 月 7 日,邬某向聚阳公司支付宝账户退回上述 21 元。[①] 此案与"薅羊毛"案件不同,在"薅羊毛"案件中,网络商户是因设置失误将价格标示错误,属于重大误解所涵盖的表示错误,而在此案中,网络商户聚阳公司尽管在行为上作出了以一元价格在 1688.com 网络交易平台销售空气能热水器的表示,但其主观上的真实意思并不是以 1 元价格对外出售价值万元的案涉商品,而是要进行刷单,属于故意标示错误价格。因此,聚阳公司作为表意人,其作出"一元交易"的意思表示应认定为真意保留,而非重大误解。

对于真意保留的法律效果,我国现行民事法律并未作出直接规定。上述案件审理法院的审判思路是从意思表示解释规则出发对真意保留行为进行规范。民法典第一百四十二条第一款、第二款对是否存在相对人的意思表示的解释方法作出了区别规定,有相对人的意思表示解释是以表示主义为原则,意思主义为例外,如果相对人不知悉或不应当知悉表意人真意,那么,应当按照表示主义解释意思表示,以此保护相对人合理信赖,维护交易安全;反之,则应当按照表意人真意解释其意思表示。总之,在民事法律行为一方存在真意保留的情形中,判断民事法律行为

---

① 参见江苏省宿迁市中级人民法院(2018)苏 13 民终 2202 号民事判决书。

是否成立和生效应在现有法律框架下,从交易安全、信赖保护等角度,区分相对人是否明知或应知对方存在真意保留行为,从而作出不同处理。① 这种处理方案有利于司法实践在准确把握真意保留具体情形的基础上,平衡好行为人与相对人之间的利益。实际上,也正是考虑到能够从意思表示解释规则出发对真意保留行为进行规范,真意保留案件可以通过替代性制度加以解决,《总则编解释》最终删去了有关真意保留的条款。

——蒋家棣:《重大误解条款的理解与适用》,载《人民司法·应用》2023 年第 1 期。

219 第三人转达错误的,适用重大误解规则

关键词 │ 重大误解 │ 转达错误 │

【最高人民法院司法解释】

第二十条 行为人以其意思表示存在第三人转达错误为由请求撤销民事法律行为的,适用本解释第十九条的规定。

——《最高人民法院关于适用〈中华人民共和国民法典〉总则编若干问题的解释》(2022 年 3 月 1 日,法释〔2022〕6 号)。

【链接:理解与适用】

意思表示的误传

关于意思表示的误传,民法典未作规定,而《民法通则意见》第 77 条的规定没有解决有关意思表示人与相对人之间的关系问题。对此,调研中有两种不同意见。一种意见认为应当参照域外立法的通行做法,按照意思表示错误(重大误解)的思路解决;另一种意见主张意思表示人与转达人之间是委托关系,可参照表见代理的规则,强调对善意相对人的保护。经研究,我们采纳了第一种意见,主要考虑是:第一,对转达错误参照表见代理的规则,缺乏明确的法律依据。第二,意思表示的转达错误属于意思表示错误范畴,通过重大误解来解决符合法理。特别是转达意思表示的第三人本质上是使者,与代理人存在显著区别,如代理人需有民事行为能力而使者无此限制。第三,符合域外法例的通行规则。

——郭锋、陈龙业、蒋家棣、刘婷:《〈关于适用民法典总则编若干问题的解释〉

---

① 参见最高人民法院中国应用法学研究所编:《人民法院案例选》总第 158 辑,人民法院出版社 2021 年版,第 112~122 页。

的理解与适用》，载《人民司法·应用》2022 年第 10 期。

　　根据本条规定，误传适用重大误解的规则。因此，表意人基于误传主张撤销民事法律行为也应当符合两个条件：一是发生了意思表示转达错误。包括对行为的性质、对方当事人或者标的物的品种、质量、规格、价格、数量等方面的转达错误。如将买卖转达为租赁，应向甲转达却误向乙转达，将 1000 元转达为 10000 元等。二是该错误具有重大性。即按照通常人的理解，如果不发生该错误，表意人就不会实施民事法律行为。

　　——最高人民法院民法典贯彻实施工作领导小组编著：《最高人民法院民法典总则编司法解释理解与适用》，人民法院出版社 2022 年版，第 312 页。

【链接：最高人民法院法官著述】

第三人意思表示误传适用《总则编解释》重大误解条款

　　《总则编解释》第 20 条规定："行为人以其意思表示存在第三人转达错误为由请求撤销民事法律行为的，适用本解释第十九条的规定。"该条将意思表示的误传纳入到意思表示错误的认定范畴，明确适用重大误解的相关规则，与大陆法系传统保持一致。例如，德国民法典第 120 条规定："为传达而使用的人或机构所不实地传达的意思表示，可以按照与依第 119 条撤销被错误地作出意思表示相同的要件，予以撤销。"

　　在起草过程中，曾有意见提出第三人意思表示误传的处理应当参照代理的规则，强调对善意相对人的保护：意思表示的传达本质是代理行为，如果发生意思的误传，则其法律后果可以参照代理制度，赋予相对人以催告和撤销权。如果仅仅是将之视为意思表示到达相对人的一环，转达的第三人不负法律责任。转达出现失真，有可能对相对人有利，也有可能对意思表示人有利，也有可能转达没有失真，但是出现延误。因此不能简单地推定发生意思表示误传后，相对人实施的法律行为必然对其有利、损害意思表示人利益，并据此规定只有意思表示人有权撤销法律行为。如果将意思表示的误传纳入到意思表示错误的认定范畴，善意相对人作出行为后，行为已对意思表示人成立，如发现实际情况对其不利，却无法救济；而在意思表示人以重大误解为由撤销该行为后，相对人既然不能按照无权代理的规定向第三人请求赔偿，则应该赋予相对人以同样的撤销权；或者可以将该行为视为效力待定，赋予当事人以相应的追认权或催告权；又或者，可以直接将意思表示的转达推定为代理。

　　经反复研究，《总则编解释》并未参照代理规则，而是将意思表示的误传纳入到意思表示错误的认定范畴，明确适用重大误解的相关规则。主要考虑有三：第一,传达人与传达机构在法律上相当于表意人的喉舌,因此传达错误的效力理应与表示错误相同。第二,传达错误适用重大误解规则后,有关善意相对人的保护问题,可以依照民法典第一百五十七条的规定解决。第三,意思表示的传达与代理毕竟不能完全等同。在多数情况下,转达意思表示的第三人属于使者,而非代理人,二者存在显著区别,如代理人需有民事行为能力而使者无此限制。

根据《总则编解释》第 20 条的规定,误传适用重大误解规则,因此,表意人基于误传主张撤销民事法律行为也应当符合两个条件:一是发生了意思表示转达错误,二是该错误具有重大性。

——蒋家棣:《重大误解条款的理解与适用》,载《人民司法·应用》2023 年第 1 期。

220 欺诈的认定标准

关键词 │ 欺诈 │ 告知义务 │

【最高人民法院司法解释】

第二十一条　故意告知虚假情况,或者负有告知义务的人故意隐瞒真实情况,致使当事人基于错误认识作出意思表示的,人民法院可以认定为民法典第一百四十八条、第一百四十九条规定的欺诈。

——《最高人民法院关于适用〈中华人民共和国民法典〉总则编若干问题的解释》(2022 年 3 月 1 日,法释〔2022〕6 号)。

【链接：理解与适用】

《总则编解释》在《民法通则意见》的基础上修改完善了欺诈、胁迫的认定要件。

关于欺诈的认定,主要修改是明确行为人故意隐瞒真实情况构成欺诈的,应当以其负有告知义务为前提。欺诈行为包括(故意)告知虚假情况和(故意)隐瞒真实情况两种情形,但二者在评价上不应完全相同。在前一种情形下,行为人积极地通过编造虚假事实、提供误导信息等方式使对方陷入错误认识,违反了交易磋商过程中的普遍性不作为义务,必然对相对人的意思决定自由造成严重侵害;而在后一种情形下,相对人只是因行为人消极地不提供重要交易信息而陷入错误认识,但由于双方当事人之间存在利益冲突,原则上应由相对人亲自搜寻对己方有利之交易信息,除非行为人负有主动告知的义务。需要注意的是,这里的告知义务可以来源于法律规定、诚信原则、交易习惯等。

——郭锋、陈龙业、蒋家棣、刘婷:《〈关于适用民法典总则编若干问题的解释〉的理解与适用》,载《人民司法·应用》2022 年第 10 期。

实践中,告知义务主要来源于三种情形:

一是基于法律的规定负有告知义务。法律规定当事人负有告知义务的情况下,当事人不得隐瞒真实情况,否则可能构成欺诈。例如,《消费者权益保护法》第20 条规定:"经营者向消费者提供有关商品或者服务的质量、性能、用途、有效期限等信息,应当真实、全面,不得作虚假或者引人误解的宣传。经营者对消费者就其提供的商品或者服务的质量和使用方法等问题提出的询问,应当作出真实、明确的答复。经营者提供商品或者服务应当明码标价。"如果经营者故意隐瞒产品已经过期的情况仍向消费者销售,且符合欺诈其他构成要件的,应认定为欺诈。

二是基于诚信原则负有告知义务。……当事人基于诚信原则负有的告知义务在不同案件中并不一致,应结合合同的性质、合同的目的、当事人的情况等因素进行综合判断。例如,在买方告知卖方购买房屋的目的是为了观看到远处的海景,那么卖方基于诚信原则不应隐瞒房屋不远处将建设一栋遮挡房屋观看海景的高层建筑的情况;而如果买方没有观海的合同目的,新建房屋对交易房屋通风采光没有影响,那么卖方无义务告知此情况。

三是基于交易习惯负有告知义务。根据本解释第 2 条规定,在一定地域、行业范围内长期为一般人从事民事活动时普遍遵守的民间习俗、惯常做法等,可以认定为《民法典》第 10 条规定的习惯。当事人基于交易习惯,也会负有相应的告知义务。例如,在某地区的茶叶经销商和区域内的茶农之间长期存在收购包销合同交易,并形成了茶叶价格上涨时按照市场价收购,茶业价格下跌时按照合同价收购的交易惯例,那么,如果经销商单方掌握了市场价格上涨的信息,基于双方的交易习惯,负有告知义务。

——最高人民法院民法典贯彻实施工作领导小组编著:《最高人民法院民法典总则编司法解释理解与适用》,人民法院出版社 2022 年版,第 321~322 页。

【最高人民法院司法文件】

3. 故意告知虚假情况,或者故意隐瞒真实情况,诱使当事人作出错误意思表示的,人民法院可以认定为民法典第一百四十八条、第一百四十九条规定的欺诈。

——《全国法院贯彻实施民法典工作会议纪要》(2021 年 4 月 6 日,法〔2021〕94 号)。

【最高人民法院公报案例】

刘向前诉安邦财产保险公司保险合同纠纷案[宿迁市中级人民法院二审民事

判决书,2011. 11. 2]

　　裁判摘要:保险事故发生后,保险公司作为专业理赔机构,基于专业经验及对保险合同的理解,其明知或应知保险事故属于赔偿范围,而在无法律和合同依据的情况下,故意隐瞒被保险人可以获得保险赔偿的重要事实,对被保险人进行诱导,在此基础上双方达成销案协议的,应认定被保险人作出了不真实的意思表示,保险公司的行为违背诚信原则构成保险合同欺诈。被保险人请求撤销该销案协议的,人民法院应予支持。

　　宿迁市宿城区人民法院一审认为:

　　本案的争议焦点是:原、被告双方在上述电话回访中就涉案事故所达成的销案协议是否具备法定可撤销的条件。原告刘向前主张该协议应予撤销,主要理由是,根据双方保险合同的约定,涉案保险事故理应在赔偿范围内,保险公司拒赔存在欺诈,故该协议应予撤销。对此,法院认为,根据《合同法》第五十四条第二款的规定,一方以欺诈、胁迫的手段或乘人之危,使对方在违背真实意思的情况下订立的合同,受损害方有权请求人民法院或仲裁机构变更或者撤销。本案中,被告安邦公司在原告向其要求理赔时出具的拒赔通知载明的拒赔理由是"上述车辆未投保货险且车辆所载货物超高",但直至诉讼中也未能提供相应的合同条款依据,双方订立的保险合同中亦无任何条款约定车辆所载货物超高属于免赔情形,且根据该合同约定,涉案保险事故属于约定的保险责任范围,故被告以根本不存在的条款拒赔显然存在欺诈,而原告口头同意销案则以被告为实现欺诈而实施的诱问为基础。原告在接到该拒赔通知与被告达成的销案协议,显然违背了原告的真实意思表示,原告请求撤销该协议,法院依法予以支持。

　　本案二审的争议焦点是:上诉人安邦公司在与被上诉人刘向前订立销案协议的过程中是否存在欺诈行为。

　　宿迁市中级人民法院二审认为:

　　合同一方当事人故意告知对方虚假情况,或者故意隐瞒真实情况,诱使对方当事人作出错误意思表示的,其行为构成欺诈。欺诈的构成要件为:(1)一方当事人存在告知虚假情况或者隐瞒真实情况的行为;(2)该行为是故意作出;(3)欺诈行为致使对方陷入错误认识,并基于该错误认识作出了不真实的意思表示。本案中,从电话回访的内容分析,被上诉人刘向前同意销案的原因是此前上诉人安邦公司拒绝理赔,致使其误以为因交通事故造成的损失将不能从安邦公司处获得赔偿。安邦公司认为其不应赔偿的理由分别是被上诉人未投保货物损失险、被保险车辆装载货物超高及不属其赔偿范围,但在诉讼中未能对其拒赔理由提供法律及合同上的依据。安邦公司作为专业保险公司,基于工作经验及对保险合同的理解,其明知或应知本案保险事故在其赔偿范围之内,在其认知能力比较清楚,结果判断比较明确的情况下,对被上诉人作出拒赔表示,有违诚实信用原则。在涉案销案协议订立过程中,安邦公司基于此前的拒赔行为,故意隐瞒被上诉人可以获得保险赔偿的重要事实,对被上诉人进行错误诱导,致使被上诉人误以为将不能从保险公司获得赔偿,并在此基础上作出同意销案的意思表示,该意思表示与被上诉人期望获得保险赔偿的真实意思明显不符。故安邦公司的行为构成欺诈,依照《中华人民共和国合同法》第五十四条第二款之规定,该销案协议应予撤销。

综上,上诉人安邦公司提出的关于销案的协议系双方自愿达成,未违反法律规定,依法应受法律保护的上诉理由不能成立。

——《最高人民法院公报》2013 年第 8 期。

【最高人民法院裁判案例】

再审申请人桃源县林海木业经营部与被申请人湖南茂源林业有限责任公司买卖合同纠纷案[最高人民法院(2015)民提字第 155 号民事判决书,2016.1.29]

(一)关于茂源公司在与林海木业签订《活立木采伐整体销售合同》过程中对涉案林地的真实情况,包括林地过火情况和林地面积是否存在欺诈的问题

1. 关于林地过火问题

瑕疵担保责任是出卖方应当承担的最基本的责任,也是诚信交易的基础。本案双方签订的《活立木采伐整体销售合同》未写明交易标的物系过火林,茂源公司所提交的证据不能充分证明其在合同签订前告知林海木业所交易林木曾经过火,其在本案再审庭审时亦认可没有书面证据证明茂源公司在签订合同时或者在合同文本中已经告知林海木业涉案林地过火的事实。过火系林木价值贬损的主要原因之一,是本案交易标的物的重大瑕疵。与林海木业相比,茂源公司作为出卖方应当更加清楚买卖合同标的物的真实情况,其不能提供充分证据证明曾告知林海木业所交易林木系过火林,属于故意隐瞒买卖合同标的物重大瑕疵,应当认定构成欺诈。茂源公司称其从上家买入涉案林木价款比本案合同高出很多、之前的拍卖价款 520 万元也因太低而流拍、签订合同之前林海木业实地踏勘曾发现过火痕迹等,均不足以证明作为卖方的茂源公司曾在合同签订前明确告知林海木业买卖标的物过火这一重大瑕疵,违反了民事交易的诚实信用原则。

关于林海木业在签订合同前是否知道或者应当知道标的物过火的问题。本案林海木业委托森源公司所做的《说明书》系在双方签订买卖合同之后制作,合同签订前林海木业虽曾实地踏勘,但鉴于涉案林地面积有 3000 余亩,即使林海木业实地踏勘发现有过火痕迹客观上也难以确定过火范围和程度,且过火林的认定涉及专业判断问题,不足以推定林海木业知道或者应当知道涉案林地全部过火的事实。本案证据不足以证明林海木业在签订合同时知道或者应当知道林地过火情况,不

能构成茂源公司免责事由。二审法院对于该事实认定错误，本院予以纠正。

因茂源公司未能提供充分证据证明其在与林海木业签订本案合同时已告知交易林木系过火林，属于故意隐瞒买卖合同标的物的重大瑕疵，构成欺诈，林海木业诉请撤销双方签订的《活立木采伐整体销售合同》，理据充分，本院予以支持。

2. 关于林地面积问题

本案双方签订合同时未实地勘察林地面积。依据双方合同约定，林海木业所收购的活立木的树种、规格、蓄积状况、面积、资产状况及采伐要求详见双方认可的《伐区调查设计书》，但《伐区调查设计书》只作为购买方对此片林木购买的参考数据，林海木业负责确认采伐林地四至范围和面积。结合茂源公司从曾海处购买涉案林木的合同所约定的林地面积亦与本案合同约定面积基本相同，本案尚无充分证据证明茂源公司在林地面积问题上存在欺诈的故意。关于林海木业举示的工商登记资料等证据，亦不足以证明茂源公司对于林地面积存在欺诈故意。对于林海木业提出的茂源公司在林地面积上存在欺诈的主张，本院不予采纳。

——中国裁判文书网，https://wenshu.court.gov.cn。

编者说明

民法中的欺诈，一般是指行为人故意欺骗他人，使对方陷入错误判断，并基于此错误判断作出意思表示的行为。欺诈的构成要件一般包括四项：一是行为人须有欺诈的故意。这种故意既包括使对方陷入错误判断的故意，也包括诱使对方基于此错误判断而作出意思表示的故意。二是行为人须有欺诈的行为。这种行为既可以是故意虚构虚假事实，也可以是故意隐瞒应当告知的真实情况等。三是受欺诈人因行为人的欺诈行为陷入错误判断，即欺诈行为与错误判断之间存在因果关系。四是受欺诈人基于错误判断作出意思表示。[1]《贯彻实施民法典纪要》第3条基本沿用《民法通则意见》第68条规定，本条原为"故意告知假假情况"，考虑到《民法典》第148条规定了当事人之间的欺诈行为，第149条规定了第三人实施欺诈行为，使用"对方"可能造成歧义，《贯彻实施民法典纪要》将"对方"删除。[2]

《民法典总则编解释》第21条较之《民法通则意见》第68条的规定，作了如下修改：一是考虑到现实生活中，一方可能出于盈利目的不愿将过多"真实情况"告知对方，且"真实情况"外延本身难以确定，故强调行为人故意隐瞒真实情况构成欺诈的，应当以其负有告知义务为前提。二是《民法通则意见》规定为"当事人作出错误意思表示"不当，从欺诈的构成要件看，实为当事人基于错误的认识作出意思表示，故对有关标准作了调整。三是将"诱使"调整为"致使"，明确有关因果关系构成要件。[3]

---

① 参见黄薇主编：《中华人民共和国民法典总则编解读》，中国法制出版社2020年版，第480页。

② 参见最高人民法院研究室编著：《〈全国法院贯彻实施民法典工作会议纪要〉条文及适用说明》，人民法院出版社2021年版，第23页。

③ 参见最高人民法院民法典贯彻实施工作领导小组编著：《最高人民法院民法典总则编司法解释理解与适用》，人民法院出版社2022年版，第317~318页。

221 胁迫的认定标准

关键词 | 胁迫 | 恐惧 |

【最高人民法院司法解释】

第二十二条　以给自然人及其近亲属等的人身权利、财产权利以及其他合法权益造成损害或者以给法人、非法人组织的名誉、荣誉、财产权益等造成损害为要挟,迫使其基于恐惧心理作出意思表示的,人民法院可以认定为民法典第一百五十条规定的胁迫。

——《最高人民法院关于适用〈中华人民共和国民法典〉总则编若干问题的解释》(2022 年 3 月 1 日,法释〔2022〕6 号)。

【链接：理解与适用】

《总则编解释》在《民法通则意见》的基础上修改完善了欺诈、胁迫的认定要件。

……关于胁迫的认定,采纳学术界的意见,明确被胁迫人是基于恐惧心理作出意思表示。

——郭锋、陈龙业、蒋家棣、刘婷:《〈关于适用民法典总则编若干问题的解释〉的理解与适用》,载《人民司法·应用》2022 年第 10 期。

按照学界通说和实务中的普遍做法,胁迫的构成要件包括:(1)须有胁迫行为,通常表现为以给民事主体造成某种损害为要挟,迫使其作出意思表示;(2)须有胁迫的故意,即有使被胁迫人产生恐惧心理并基于恐惧心理作出意思表示的目的;(3)胁迫具有非法性,没有法律依据;(4)具备两层因果关系,须被胁迫人因受胁迫产生恐惧心理,并基于恐惧心理作出意思表示。

——最高人民法院民法典贯彻实施工作领导小组编著:《最高人民法院民法典总则编司法解释理解与适用》,人民法院出版社 2022 年版,第 330 页。

【最高人民法院司法文件】

4. 以给自然人及其亲友的生命、身体、健康、名誉、荣誉、隐私、财产等造成损害或者以给法人、非法人组织的名誉、荣誉、财产等造成损害为要挟,迫使其作出不真实的意思表示的,人民法院可以认定为民法典第一百五十条规定的胁迫。

——《全国法院贯彻实施民法典工作会议纪要》(2021 年 4 月 6 日,法〔2021〕94 号)。

【最高人民法院裁判案例】

上诉人薛某杰、陈某与被上诉人重庆交通建设（集团）有限责任公司、绵阳市交通运输局等建设工程施工合同纠纷案［最高人民法院（2014）民一终字第88号民事判决书，2015.3.31］

裁判摘要：双方当事人已经就工程款的结算数额达成协议的，应当尊重双方当事人的合意。一方当事人主张对于涉案工程款数额进行鉴定的，人民法院应当不予支持。

二、关于《退场清算协议》是否可以撤销的问题。

薛某杰、陈某主张该协议应予撤销的理由在于其受到胁迫以及协议中规定的内容显失公平。从本案的实际情况看，《退场清算协议》不仅有双方当事人参与，还有当地政府相关职能部门作为见证人。该协议系在政府相关部门主持下为彻底解决工程款问题与退场清算问题双方当事人协商的结果，薛某杰、陈某仅举证证明在该协议签订前双方发生过分歧和冲突，但并未举证证明在该协议签订时其受到胁迫。薛某杰、陈某主张涉案协议中约定的工程价款过低，显失公平，其认为涉案工程款高达2亿元，但未提供相应证据，其主张本院不予支持。另涉案协议除质保金部分，其余均已履行完毕。《退场清算协议》是双方自愿协商的结果，体现了双方真实的意思表示，且不违反法律的禁止性规定，应为有效。因此，应以此为依据确定涉案工程款，本案已无须对于涉案工程款再进行鉴定，一审法院未组织鉴定并无不当。薛某杰、陈某认为一审存在程序违法，缺乏依据，其主张本院不予支持。

——中国裁判文书网，https：//wenshu.court.gov.cn；最高人民法院民事审判第一庭编：《民事审判指导与参考》总第62辑，人民法院出版社2016年版，第213页。

申诉人程某珍、程某、井某强与被申诉人马某元、朱某华及原审第三人刘某功抵押借款合同纠纷案［最高人民法院（2013）民提字第24号民事判决书，2013.8.30］

三、关于2005年1月13日程某珍向马某元出具的《承诺》、程某与马某元签订的《协议书》是否存在被胁迫问题，本院认为，首先，程某珍于2005年1月12日被四平市公安局经侦支队采取限制人身自由的强制措施直至2005年1月13日，在此期间程某珍出具《承诺》、程某与马某元在此期间签订的《协议书》等事实，可由四平市公安局经侦支队办案人员靳某根、王某兴分别于2005年9月9日和9月11日出具的《情况说明》、四平市中级人民法院法官宋某平于2007年2月26日出具的关于程某签订《协议书》时的《情况说明》以及四平市公安局经侦支队询问笔录予以证实。其次，四平市中级人民法院宋某平法官于2005年1月13日出具的证

言以及 2007 年 2 月 26 日出具的《情况说明》证实,程某与马某元签订的《协议书》
是由宋某平按照马某元的要求拟定,且四平市经侦支队办案干警直接参与了对协
议内容的修改。郭某行于 2005 年 10 月 10 日出具的证言以及 2007 年 3 月 15 日出
具的《情况说明》以及在本院再审庭审中出庭作证时的陈述与宋某平的证言能够
相互印证。尤其是宋某平作为马某元的朋友在 2005 年 1 月 13 日帮助马某元起草
《协议书》,对该协议书的形成过程与作为程某珍下属的郭某行所作的证言能够相
互印证。因此,两人的证言能够证明程某 2005 年 1 月 13 日与马某元签订《协议
书》时并无合意的过程,程某并非处于自愿的状态。最后,无论四平市公安局经侦
支队对程某珍采取的强制措施是否合法,在程某珍被限制人身自由的情形下,程某
珍作出向马某元偿还 238 万元债务的承诺,与双方之前签订的两份借款合同所约
定的借款金额 211.2 万元存在 26.8 万元的差额。在本案诉讼过程中,马某元始终
未能说明该差额的出处及根源。程某珍在人身自由被限制的情形下作出的超出原
约定数额的债务,在无其他合理解释的前提下,不能认定程某珍作出的意思表示是
真实自愿的。程某作为程某珍的侄子,出于尽快使其姑母获得人身自由的主观目
的,与马某元签订《协议书》加入其姑母的债务之中,亦不应认定为其真实意思
表示。

综上所述,2005 年 1 月 13 日,程某珍作出的《承诺》、程某与马某元签订的《协
议书》,系在被胁迫的情形下作出的,根据《中华人民共和国合同法》第五十四条第
二款①之规定,程某珍、程某有权请求撤销承诺及《协议书》。程某珍在本案中主张
对超出其所签合同约定的债务数额不承担责任、程某在本案反诉请求撤销该《协议
书》,都是行使撤销权的一种方式,应予支持,程某珍向马某元所作的《承诺》及程
某与马某元签订的《协议书》因被撤销而不发生法律效力。

——中国裁判文书网,https://wenshu. court. gov. cn。

编者说明

所谓胁迫,是指行为人通过威胁、恐吓等不法手段对他人思想上施加强制,由此使他人产
生恐惧心理并基于恐惧心理作出意思表示的行为。胁迫的构成要件一般应当包括:一是胁迫
人主观上有胁迫的故意,即故意实施胁迫行为使他人陷入恐惧以及基于此恐惧心理作出意思
表示。二是胁迫人客观上实施了胁迫的行为,即以将要实施某种加害行为威胁受胁迫人,以
此使受胁迫人产生心理恐惧。这种加害既可以是对受胁迫人自身的人身、财产权益的加害,
也可以是对受胁迫人的亲友甚至与之有关的其他人的人身、财产权益的加害,客观上使受胁
迫人产生了恐惧心理。三是胁迫须具有不法性,包括手段或者目的的不法性,反之则不成立

---

① 对应《民法典》第 148 条(欺诈)、第 150 条(胁迫)、第 151 条(乘人之危导致的显失公平)。——编
者注

胁迫。四是受胁迫人基于胁迫产生的恐惧心理作出意思表示。即意思表示的作出与胁迫存在因果关系。①

《民法典总则编解释》第 22 条在《贯彻实施民法典纪要》第 4 条的基础上，一方面将"自然人及其亲友"修改为"自然人及其近亲属等"，用语更为严谨，按照"等外"解释也可以有效涵盖胁迫对象是自然人近亲属以外的人的情况；另一方面将"生命、身体、健康、名誉、荣誉、隐私、财产等"修改为"人身权利、财产权利以及其他合法权益"，将"名誉、荣誉、财产等"修改为"名誉、荣誉、财产权益等"，使得行为人要挟被胁迫人的损害内容规定得更为全面。②

222 致使民事法律行为显失公平的"缺乏判断能力"的认定标准

关键词｜显失公平｜缺乏判断能力｜

【最高人民法院司法解释】

第十一条 当事人一方是自然人，根据该当事人的年龄、智力、知识、经验并结合交易的复杂程度，能够认定其对合同的性质、合同订立的法律后果或者交易中存在的特定风险缺乏应有的认知能力的，人民法院可以认定该情形构成民法典第一百五十一条规定的"缺乏判断能力"。

——《最高人民法院关于适用〈中华人民共和国民法典〉合同编通则若干问题的解释》（2023 年 12 月 5 日，法释〔2023〕13 号）。

【链接：理解与适用】

《民法典》第 151 条以"处于危困状态、缺乏判断能力等情形"作了兜底性规定，这表明造成显失公平的原因包括但不限于该两种情形，还有其他"等情形"，从而为该条的适用留下了一定的弹性空间。

我们认为，……实践中，"草率轻率""意志显著薄弱""无经验""心理依赖"等，均可能造成实质上的"缺乏判断能力"。……对"缺乏判断能力"的认定应持开放的态度，恰如本条司法解释所规定的，应根据当事人的年龄、智力、知识、经验并结合交易的复杂程度，综合评判其对合同的性质、合同订立的法律后果或者交易中存在的特定风险，是否具备应有的认知能力。

——最高人民法院民事审判第二庭、研究室编著：《最高人民法院民法典合同编通则司法解释理解与适用》，人民法院出版社 2023 年版，第 143 页。

---

① 参见黄薇主编：《中华人民共和国民法典总则编解读》，中国法制出版社 2020 年版，第 486~487 页。

② 参见最高人民法院民法典贯彻实施工作领导小组编著：《最高人民法院民法典总则编司法解释理解与适用》，人民法院出版社 2022 年版，第 331 页。

实践中还存在交易一方因缺乏判断能力而导致交易对其明显不公平的情况。例如,在投资人与公司股东签订对赌协议的过程中,有些小股东对于对赌失败存在的风险以及由此带来的后果并无充分的判断能力,如果认定该协议对签约的小股东也有效,则可能对其明显不公平。为了充分发挥《民法典》第151条保护弱势群体的功能,此外,《民法典合同编通则解释》第11条专门就当事人"缺乏判断能力"的认定作出了规定。

——刘贵祥、吴光荣:《〈民法典〉合同编法律适用中的思维方法——以合同编通则解释为中心》,载《法学家》2024年第1期;最高人民法院民事审判第二庭、研究室编著:《最高人民法院民法典合同编通则司法解释理解与适用》,人民法院出版社2023年版,第19页(代序)。

【最高人民法院裁判案例】

再审申请人李某平、李某辉与被申请人李某军、一审第三人李某股权转让纠纷案[最高人民法院(2020)最高法民申1231号民事裁定书,2020.5.11]

(一)关于《股权转让协议》是否显失公平,应否撤销的问题

显失公平须包括两项要件:一是主观上,民事法律行为的一方当事人利用了对方处于危困状态、缺乏判断能力等情形。这意味着,一方当事人主观上意识到对方当事人处于不利情境,且有利用这一不利情境之故意。所谓危困状态,一般指因陷入某种暂时性的急迫困境而对于金钱、物的需求极为迫切等情形。所谓缺乏判断能力,是指缺少基于理性考虑而实施民事法律行为或对民事法律行为的后果予以评估的能力。二是客观上,民事行为成立时显失公平。此处的显失公平是指双方当事人在民事法律行为中的权利义务明显失衡、显著不相称。基于上述分析,结合本案相关证据,对本案评判如下:

第一,2015年3月19日李某军因涉嫌诈骗犯罪被采取刑事强制措施,其客观上不能对其开办的湖南中富植物油脂有限公司(以下简称中富油脂公司)及作为股东和执行董事的伟业公司进行经营和管理。在其妻田某外出躲避情况下,李某军唯有特别授权其刚大学毕业回国的女儿李某代其行使权利。2016年4月30日,中富油脂公司所借中国农业发展银行邵阳市分行(以下简称邵阳农发行)2000万元贷款到期,逾期后该行多次与李某协商还款事宜,并明确告知李某,如逾期贷款不能按时归还,该行将采取诉讼保全措施。李某多方筹措资金未果。以上事实说明股权转让前,李某军及其中富油脂公司已处于危困状态,如处理不及时,随时面临中富油脂公司被纳入失信人、抵押担保的财产被处分的危险境地。

第二,李某于2015年2月从学校毕业回国,在其父亲李某军被羁押后,于同年

4月开始参与伟业公司的经营管理。从原审查明的事实"2015年6月29日伟业公司时任工作人员彭某瑾通过电子邮件发送给李某的股东决议：李某定期参加公司股东会和重大事宜决策会议，行使李某军股东权益，李某不参与项目具体事项处理，不涉及重大决策的相关事项确定由李某星向李某反馈信息"看，李某参与伟业公司的管理，并没有深入了解伟业公司的情况，仅参加重大事宜决策会议，对伟业公司的具体管理、运营等均无具体参与。综合以上情形，李某刚从学校毕业步入社会，其是在父亲李某军被羁押，母亲田某外出躲避的情况下，才仓促代表李某军参与伟业公司管理，其缺少对企业管理经营经验，且参与伟业公司管理时间短，对伟业公司的基本情况未全面摸清。在此情形下，原审法院认定李某缺乏对李某军持有伟业公司股权正确估值的判断能力，并无不当。李某平、李某辉主张李某具有完全民事行为能力和完整的判断能力，与李某是否具备对李某军持有伟业公司股权正确估值的判断能力，是两个不同的概念，李某平、李某辉的该项主张不成立，本院不予支持。

——中国裁判文书网，https://wenshu.court.gov.cn。

223 显失公平民事法律行为的认定标准

关键词│显失公平│情势变更│

【最高人民法院裁判案例】

上诉人陆某成与被上诉人万商云集（成都）科技股份有限公司计算机软件开发合同纠纷案［最高人民法院（2021）最高法知民终1507号民事判决书，2021.12.7］

所谓因显失公平订立合同，是指一方当事人在紧迫或者缺乏经验的情况下订立的使当事人之间享有的权利和承担的义务严重不对等。标的物的价值和价款过于悬殊，承担责任、风险承担显然不合理的合同。显失公平的合同往往是当事人双方权利和义务很不对等，经济利益上严重失衡，违反了公平合理的原则。陆某成上诉称其为涉案合同支付的服务费用远远高于市场价格，标的服务或产品的价值和价款悬殊，同时现阶段相关小程序和所申请的域名无法运行或者打开，因此无任何价值，据此主张涉案合同显失公平。本院认为，涉案合同为技术服务合同或软件开发合同，约定由陆某成委托万商云集公司注册域名、开发小程序，陆某成依据合同向万商云集公司支付相关费用。万商云集公司提供的域名注册、小程序开发等服务并无统一市场指导价，且软件开发或技术服务具有极强的个性化因素，根据本案在案证据无法判断涉案合同中开发标的或者相关服务的真实价值。陆某成作为企业经营者,具有与其认知和经营能力相匹配的商业判断力,其选择与万商云集公司进行交易,系其依据自身判断所做的经营选择,应当自行承担相应的商业风险。陆某成称涉案合同所约定开发的小程序及申请的域名无法运行或者打开,因此毫无价值。

本院认为,显失公平是指合同在订立时权利义务存在严重失衡的情况。本案中涉案合同已经履行完毕,相关成果已完成交付,不能用已交付的标的物价值大小反推合同订立时是否构成显失公平。陆某成如认为万商云集公司交付的成果不符合合同约定,可另行提起违约之诉寻求救济。因此陆某成上诉称涉案合同在签订时存在显失公平的情形因而应当予以撤销的上诉理由,本院不予支持。

——中国裁判文书网,https://wenshu.court.gov.cn。

天津宝迪农业科技股份有限公司与广发银行股份有限公司天津分行金融借款合同纠纷案[最高人民法院(2019)最高法民终1386号民事判决书,2020.8.31]

本院认为,根据天津宝迪的上诉及广发银行的答辩意见,本案二审的争议焦点为,一审判决认定的罚息利率是否过高,应否调整。

《民法总则》第一百五十一条规定:"一方利用对方处于危困状态、缺乏判断能力等情形,致使民事法律行为成立时显失公平的,受损害方有权请求人民法院或者仲裁机构予以撤销。"《合同法》第五十四条规定:"下列合同,当事人一方有权请求人民法院或者仲裁机构变更或者撤销:……(二)在订立合同时显失公平的。"本案中,广发银行与天津宝迪签订的一系列合同均系双方当事人的真实意思表示,并不违反法律、行政法规的强制性规定,应认定合法有效。其中关于按照贷款利率加收50%计收罚息的约定符合中国人民银行的利率要求,当事人应依约履行。天津宝迪上诉提出广发银行乘人之危,适用格式合同约定过高的罚息利率,双方订立合同显失公平等主张,但未提交证据证明其订立合同时处于危困状态或者缺乏判断能力等情形,也无证据证明广发银行具有利用相关情形牟取不正当利益的主观故意和具体行为。因此,天津宝迪提出的上述主张无证据证明,本院不予支持。

《最高人民法院关于适用〈中华人民共和国合同法〉若干问题的解释(二)》第二十六条①规定:"合同成立以后客观情况发生了当事人在订立合同时无法预见的、非不可抗力造成的不属于商业风险的重大变化,继续履行合同对于一方当事人明显不公平或者不能实现合同目的,当事人请求人民法院变更或者解除合同的,人民法院应当根据公平原则,并结合案件的实际情况确定是否变更或者解除。"本案

---

① 对应《民法典》第533条。——编者注

中,天津宝迪上诉提出的经济形势不佳、企业融资困难等情况,属于其从事正常经营活动面临的一般商业风险,其并未提供证据证明合同成立之后客观情况发生上述规定中的重大变化,自然也不存在继续履行合同对一方当事人明显不公平的情形。因此,天津宝迪上诉提出应适用情势变更原则下调罚息利率的主张,缺乏事实依据,本院亦不予支持。

——中国裁判文书网,https://wenshu.court.gov.cn。

上诉人西藏中太恒源实业有限公司与被上诉人拉萨市柳梧新区城市投资建设发展集团有限公司合同纠纷案[最高人民法院(2019)最高法民终 760 号民事判决书,2019.8.5]

本院认为,本案争议的焦点是:西藏中太公司与柳梧城投公司签订的《收购协议》能否被撤销。

西藏中太公司主张《收购协议》的签订系乘人之危,且结果显失公平,要求撤销。故西藏中太公司的合同撤销权是否成立应当从主、客观两方面的构成要件进行考察和认定:一是主观上,是否存在一方当事人利用了对方处于危困状态、缺乏判断能力等情形,使对方在违背真实意思的情况下订立合同;二是客观上,是否造成当事人之间在给付与对待给付之间严重失衡或利益严重不平衡。

就主观要件而言,首先,西藏中太公司由于自身资金链断裂,无力清偿高额债务,拖欠工程款和民工工资引发多次集体上访,影响社会稳定,危及债权人利益,是产生本案《收购协议》的直接原因。西藏中太公司称彼时资产雄厚,2015 年底通过政府借款已化解民工集访的问题,能够推动项目建设缺乏事实依据,且与《2016 年度财务尽职调查专项审计报告》和《收购意向书》中载明的情况相反,本院不予采信。其次,《2015 年度第八次党工委会议纪要》《拉萨市第九次信访专题会议纪要》表明,若西藏中太公司能自行解决债务危机则无需进行收购,当无法自行解决问题时才由柳梧城投公司进行收购。在此过程中并没有证据表明柳梧城投公司利用了所谓"优势地位"强行收购。且收购价格虽然定义于"成本价",但其出发点仍然是"商讨",表明西藏中太公司与柳梧城投公司签订《收购协议》是在平等协商的基础上进行。最后,《拉萨城市广场证件交接单》显示,西藏中太公司于 2015 年 12 月 30 日将相关证照交给了柳梧城投公司保管,交接单本身没有载明原因,不能证明柳梧城投公司收取西藏中太公司证照的行为是为了强行收购项目而故意为之。西藏中太公司虽然主张公章也同时被收缴,但没有提供充分的证据证明,且其并不否认股东会决议、董事会决议、《收购意向书》及《收购协议》上的公章系自行加盖,现已查明的事实无法得出柳梧城投公司存在为谋取不正当利益,乘人之危,使对方在违背真实意思的情况下订立合同的结论。

就客观要件而言,当事人在交易中的利益失衡经常发生,而且此种失衡往往是当事人所应当承担的正常的交易风险。只有在利益失衡超出了社会公平观念所能容忍的界限和破坏了正常人所具有的道德标准时,法律才应当对其进行干预。合同撤销权中的显失公平,是指一方当事人不是出于自己的真实意愿签约,对方当事人因此获得不正当利益而导致的利益失衡,而不是仅指价格与价值之差。本案并不存在乘人之危,违背真实意思签订《收购协议》的情况,显失公平的前提条件不存在,前面已作认定,不再赘述。单从收购价格上看,双方在第三方评估鉴定结果的基础上,商定最终收购价符合双方合同约定,亦不违反公平合理原则。首先,《收购意向书》载明"收购前由甲方聘用专业机构进行审计、资产评估和造价鉴定,以报告结果为参考,双方商定收购价"。西藏中太公司与柳梧城投公司共同作为委托方,分别与河南金鼎工程咨询有限公司、成都惯城房地产评估有限公司签订了委托评估协议,即便如西藏中太公司所称评估机构由柳梧城投公司选取,无论是《收购意向书》中关于单方委托的约定、还是共同委托的事实行为,均表明西藏中太公司对评估机构的认可。现西藏中太公司又以评估报告系单方委托,未体现资产真实价值为由申请司法鉴定,本院不予准许。其次,成都惯城房地产评估有限公司出具的《房地产估价咨询报告》,虽然资产评估总价为 6.08 亿元,但也同时载明,中太 · 城市广场在建工程部分已设定抵押,欠大部分工程款,本次评估结果未考虑应付工程款和抵押对其价值的影响。而河南金鼎工程咨询有限公司出具的《拉萨中太城市广场工程中期结算审核报告》载明案涉项目工程款结算审核金额为 4.65 亿余元。双方在此基础之上,通过谈判协商,扣除西藏中太公司已将 320 套房屋售出收取的购房款 8917 万元以及应向 320 户购房人支付的逾期交房违约金 348 万元,最终确定收购价为 4.725 亿元。该收购价是双方基于当时项目的实际情况进行谈判协商的结果,不能得出收购价严重偏离市场价,造成双方利益严重失衡的结论。

因《收购协议》不符合法律规定可予撤销的构成要件,西藏中太公司关于撤销《收购协议》的上诉请求本院不予支持;至于西藏中太公司相互返还财产的上诉请求,由于案涉《收购协议》没有被撤销,故不存在返还的前提,对于该上诉请求本院亦不予支持。

——中国裁判文书网,https://wenshu.court.gov.cn。

224 任意性规范的适用规则

关键词 │ 任意性规范 │ 自愿 │ 意思自治 │ 补充性 │ 解释性 │

【链接：最高人民法院法官著述】

所谓任意性规范,是指当事人可以约定排除适用的法律规范。民法典规定的一个重要原则就是自愿原则,尊重当事人意思自治,因此,民法典也主要通过任意性规范进行调整。依据任意性规范所发挥的功能,任意性规范可以进一步区分为补充性任意规范和解释性任意规范。前者主要弥补当事人意思表示欠缺,在当事人对有关事项缺乏意思表示时,将法律规范作为一种替代性安排。后者是为消除当事人意思表示中不清楚、不明确的内容,或在当事人意思表示不明确时,通过法律规范阐明其意思及其法律效果。从规范表述形式上,任意性规范往往表述为当事人另有约定的除外或当事人没有约定或约定不明的应如何处理等。当然,有的任意性规范虽没有采用此种表述方式,但从内容上也可以识别出来。

任意性规范虽然不影响合同效力,但其是重要的裁判规范,对法官判案意义重大,应予高度重视。民法典中这样的条款可谓俯拾皆是,例如,民法典第二百八十三条规定,建筑物及其附属设施的费用分担及收益分配等事项,有约定的,按照约定。没有约定或约定不明的,按业主专有面积所占比例确定。类似的规定还包括民法典第三百零一条关于对共有财产重大事项的表决规则的规定,第三百零二条关于共有人对共有物管理费用分担的规定,第三百零三条关于共有物分割规则的规定,第三百八十九条关于担保范围的规定,等等。

民法典第六百九十二条关于保证期间的规定,债权人与保证人可以约定保证期间,没有约定或者约定不明的,保证期间为主债务履行期间届满之日起 6 个月。民法典修正了最高人民法院《关于适用〈中华人民共和国担保法〉若干问题的解释》第 32 条将不同情形下保证期间规定为 6 个月和 2 年的二分规定,对没有约定和约定不明情况下的保证期间统一规定为 6 个月。

这里需要特别指出的是,任意规范的补充功能、解释功能并非不加区分直接适用,而是要遵循一定的规则:当事人未就纠纷事项作出约定或约定不明的,首先要审查是否有补充性约定;如果无补充约定,要按照合同解释规则对合同内容作出解释;通过合同解释仍无法解决的,才可适用任意性规范。例如,当事人关于保证方式的约定,首先要按照合同解释方法探求当事人的真意,如果通过合同解释方法能够解释出其是连带保证,则不能以约定不明为由推定为一般保证。

——刘贵祥:《民法典适用的几个重大问题》,载《人民司法·应用》2021 年第 1 期。

225 任意性规范与强行性规范的区分

关键词 | 任意性规范 | 强行性规范 |

【链接：最高人民法院法官著述】

对于裁判规范,还有必要进一步区分为任意性规定和强行性规定。所谓任意性规定,是指当事人可以通过意思表示排除其适用的规定;所谓强行性规定,则是指当事人的意思不能排除其适用的规定。一般而言,合同原则上仅在当事人之间发生效力,因而《民法典》合同编的规定大多是任意性的规定,只有在当事人没有特别约定时,才需要适用《民法典》合同编的规定来确定当事人之间的权利义务关系,而在当事人有明确约定时,就应根据当事人的约定来认定权利义务关系。相反,因物权具有对世效力,所以《民法典》物权编的规定原则上是强行性规定,当事人的约定与物权编的规定不一致时,应根据法律的规定确定权利义务关系。也就是说,如果当事人的约定违反物权法定原则,虽然该约定不因此无效,但原则上仅仅具有合同上的效力,不具有物权的效力。

——刘贵祥:《〈民法典〉实施的若干理论与实践问题》,载《法律适用》2020 年第 15 期。

226 倡导性规范、警示性规定和强制性规范的区分

关键词 | 倡导性规范 | 警示性规定 | 强制性规范 |

【链接：最高人民法院法官著述】

立法机关为了提高人民群众的法律意识,防范法律风险的发生,在民事法律包括民法典中规定了大量宣示性、倡导性和警示性的规定。例如,既然民法典人格权编已就各种具体人格权和一般人格权作了明确规定,那么总则编中关于一般人格权(第一百零九条)和具体人格权(第一百一十条)的规定就只能理解为宣示性的规定。再如,民法典合同编第四百七十条关于合同一般条款以及在"典型合同"分编中有关买卖合同、供电水热气合同、融资租赁合同、建设工程合同等有名合同一般包括条款的规定,其目的显然是倡导当事人在订立合同时最好将合同的内容约定清楚、全面,从而防止将来发生纠纷。此类规定仅仅是立法机关倡导当事人如何行为的规范,不能作为人民法院裁判案件的依据——人民法院不能以当事人签订的合同不具备这些条款为由认定合同不成立或者无效。

更为复杂的是,民法典中还包含一些警示性的规定,此类规范与倡导性规范不

同,其目的并非倡导当事人为一定的行为,而是提醒当事人注意不要为一定的行为,否则可能会承担不利的后果,但条文或者规定本身却并未给出具体的不利后果,而是要求人民法院通过适用其他规定来确定具体的法律后果,因此这种规定在规范性质上也属于行为规范而非裁判规范。由于警示性规定通常也会采用"不得"的表述,因此实践中常常有人将警示性规定误解为法律、行政法规的强制性规定,并据此作出裁判。

此外,实践中还存在难以区分倡导性规范和强制性规范的问题。例如,关于要式合同,民法典第一百三十五条规定:"民事法律行为可以采用书面形式、口头形式或者其他形式;法律、行政法规规定或者当事人约定采用特定形式的,应当采用特定形式。"根据民法典的规定,融资租赁合同、保理合同、建设工程合同、物业服务合同等都要求采用书面形式订立。一种观点认为,法律关于书面形式的规定属于倡导性的规定,主要是考虑到此类合同权利义务关系比较复杂,采取书面形式能够促进合同履行、预防产生并有效解决纠纷。笔者倾向于认为,法律关于书面形式的规定属于强制性规定,否则民法典也就无须于第四百九十条第二款规定:当事人虽未采用书面形式,一方已履行主要义务,对方也接受履行,视为合同成立。其实,法律之所以要求某类合同采用书面形式,不仅因为预防纠纷的发生,还因为此类交易较为复杂、价值较高,对当事人权利义务关系影响也较为重大,如果放任法官依据其他证据即可认定当事人之间存在合同关系,可能会带来法官滥用裁量权的问题。

——刘贵祥:《民法典适用的几个重大问题》,载《人民司法·应用》2021年第1期。

227 主张对方当事人恶意串通、协议无效的,应当证明该事实存在的可能性能够排除合理怀疑

关键词 | 恶意串通 | 证明责任 | 排除合理怀疑 |

【最高人民法院司法解释】

第一百零九条 当事人对欺诈、胁迫、恶意串通事实的证明,以及对口头遗嘱或者赠与事实的证明,人民法院确信该待证事实存在的可能性能够排除合理怀疑的,应当认定该事实存在。

——《最高人民法院关于适用〈中华人民共和国民事诉讼法〉的解释》(2022年4月10日,法释〔2022〕11号修正)。

【最高人民法院司法文件】

13. 大力弘扬契约精神和诚信原则,根据排除合理怀疑的证据规则严格认定欺诈、恶意串通。在涉及项目建设、运营、采购、招投标等涉外民商事案件中,如相关国家的法律对合同效力规定不一致的,应适用确认合同有效的法律,不让守约者吃亏,不使失信者获利,促进"一带一路"建设主体互信互利。

——《最高人民法院关于人民法院进一步为"一带一路"建设提供司法服务和保障的意见》(2019 年 12 月 9 日,法发〔2019〕29 号)。

【最高人民法院公报案例】

洪秀凤与昆明安钡佳房地产开发有限公司房屋买卖合同纠纷案[最高人民法院(2015)民一终字第 78 号民事判决书,2015.6.1]

裁判摘要:1. 合同在性质上属于原始证据、直接证据,应当重视其相对于传来证据、间接证据所具有的较高证明力,并将其作为确定当事人法律关系性质的逻辑起点和基本依据。若要否定书面证据所体现的法律关系,并确定当事人之间存在缺乏以书面证据为载体的其他民事法律关系,必须在证据审核方面给予更为审慎的分析研判。

2. 在两种解读结果具有同等合理性的场合,应朝着有利于书面证据所代表法律关系成立的方向作出判定,藉此传达和树立重诺守信的价值导向。

3. 透过解释确定争议法律关系的性质,应当秉持使争议法律关系项下之权利义务更加清楚,而不是更加模糊的基本价值取向。在没有充分证据佐证当事人之间存在隐藏法律关系且该隐藏法律关系真实并终局地对当事人产生约束力的场合,不宜简单否定既存外化法律关系对当事人真实意思的体现和反映,避免当事人一方不当摆脱既定权利义务约束的结果出现。

一、关于双方当事人之间法律关系的性质问题

民事法律关系是民事法律规范调整社会关系过程中形成的民事主体之间的民事权利义务关系。除基于法律特别规定,民事法律关系的产生、变更、消灭,需要通过法律关系参与主体的意思表示一致才能形成。判断民事主体根据法律规范建立一定法律关系时所形成的一致意思表示,目的在于明晰当事人权利义务的边界、内容。一项民事交易特别是类似本案重大交易的达成,往往存在复杂的背景,并非一蹴而就且一成不变。当事人的意思表示于此间历经某种变化并最终明确的情况并不鲜见。有些已经通过合同确立的交易行为,恰恰也经历过当事人对法律关系性质的转换过程。而基于各自诉讼利益考量,当事人交易形成过程中的细节并不都能获得有效诉讼证据的支撑。合同在性质上属于原始证据、直接证据。根据《最高

人民法院关于民事诉讼证据的若干规定》第七十七条有关证据证明力认定原则的规定,其应作为确定当事人法律关系性质的逻辑起点和基本依据,应当重视其相对于传来证据、间接证据所具有的较高证明力。仅可在确有充分证据证明当事人实际履行行为与书面合同文件表现的效果意思出现显著差异时,才可依前者确定其间法律关系的性质。亦即,除在基于特定法政策考量,有必要在书面证据之外对相关事实予以进一步查证等情形,推翻书面证据之证明力应仅属例外。民事诉讼中的案件事实,应为能够被有效证据证明的案件事实。此外,透过解释确定争议法律关系的性质,应当秉持使争议法律关系项下之权利义务更加清楚,而不是更加模糊的基本价值取向。在没有充分证据佐证当事人之间存在隐藏法律关系且该隐藏法律关系真实并终局地对当事人产生约束力的场合,不宜简单否定既存外化法律关系对当事人真实意思的体现和反映,避免当事人一方不当摆脱既定权利义务约束的结果出现。此外,即便在两种解读结果具有同等合理性的场合,也应朝着有利于书面证据所代表法律关系成立的方向作出判定,藉此传达和树立重诺守信的价值导向。综上,若要否定书面证据所体现的法律关系,并确定当事人之间存在缺乏以书面证据为载体的其他民事法律关系,必须在证据审核方面给予更为审慎的分析研判。

根据最高人民法院《关于适用〈中华人民共和国合同法〉若干问题的解释(二)》第七条规定,"交易习惯"是指,不违反法律、行政法规强制性规定的,在交易行为当地或者某一领域、某一行业通常采用并为交易对方订立合同时所知道或者应当知道的做法,或者当事人双方经常使用的习惯做法。《中华人民共和国合同法》针对"交易习惯"问题作出相关规定,其意旨侧重于完善和补充当事人权利义务的内容,增强当事人合同权利义务的确定性。而本案并不涉及运用交易习惯弥补当事人合同约定不明确、不完整所导致的权利义务确定性不足的问题。在前述立法意旨之外,运用"交易习惯"认定当事人交易行为之"可疑性",应格外谨慎。首先,关于房屋交付时间问题。案涉房产存在违反规划超建楼层且尚未报批即行出售的事实,在此情况下,当事人约定在合同签订之日后近四个月时交付房产。而即便不考虑前述事实,在现房买卖情形中,如何约定交房期限方符合"交易习惯",有无必要乃至是否形成"交易习惯",同类一般交易判断是否已经形成普遍共识,尚存较大疑问。其次,关于房屋价格问题。抛开此节是否属于"交易习惯"的问题,对不合理低价的判断,亦须以当时当地房地产管理部门公布的同等房地产之价格信息为参考依据。虽安钶佳公司称对其法定代表人张晓霞与张琳婕是否为亲属关系不得而知,但其确认张琳婕同张传文(与张晓霞户籍迁移时间、原因、迁出及迁入地均相同)身份证号相同的事实。张琳婕与安钶佳公司《商品房购销合同》的备案登记,已于2014年4月22日(一审庭审时间为2014年9月23日)因退房原因被注销。一审法院未查明相关事实,亦未对安钡佳公司在一审庭审中所作陈述与前述合同约定单价出现明显差异的事实给予必要关注,径以双方当事人约定价格明显低于安钡佳公司与张琳婕在案涉合同签订之日近 30 个月前所订合同中约定价格为主要理由,否定本案双方当事人之间存在房屋买卖法律关系,理据不足。此外,至本案当事人签约时(2013 年 8 月 21 日),昆明市进一步加强商品房预售管理实施意见已经在当地施行(2011 年 1 月 1 日生效)。根据该意见的前述相关规定,可以认定洪秀凤所持本案交易价格符合合理区间的主张成立。再次,关于付款问题。案涉合同约定的购房款支付方式为分期支付,但在洪秀凤所为一次性支付及安钡佳公司受领给付的共同作用下,应当认定其属于合同履行之变更。将此种合同履行变更视作与正常买房人的付款习惯相悖,理据尚不充分。而洪秀凤向安钡佳公司法定代表人张晓霞付款 1900 万元,也符合该公司所出具付款委托书的要求。购房发票系当事人办理房地产变更登记过程中所必需,一审法院认定安钡佳公司此前先行开具购房款收据违背房屋买卖“交易习惯”,并得出当事人之间不存在房屋买卖法律关系的结论,缺乏足够的事实和法律依据。对本案 736 万元款项性质,双方所述均无合同依据且无其他证据佐证。然据前所述及,也不宜基此通过解释和推断得出推翻书面证据所反映当事人法律关系存在的结论。最后,关于借贷法律关系问题。洪秀凤与安钡佳公司签订了房屋买卖合同且已经备案登记,在实际履行过程中,虽然有些事实可能引发不同认识和判断,但在没有任何直接证据证明洪秀凤与安钡佳公司之间存在民间借贷法律关系,且安钡佳公司对其所主张民间借贷法律关系诸多核心要素的陈述并不一致的情况下,认定双方当事人之间存在民间借贷法律关系,缺乏充分的事实依据。本案二审庭审时,当庭播放了沈汉卿与安钡佳公司法定代表人张晓霞于 2014 年 11 月 10 日(一审庭审之后)的通话录音。其时,安钡佳公司一审所持抗辩意见已经固定,但安钡佳公司法定代表人张晓霞在通话中对洪秀凤之购房人身份却是认可的。至于安钡佳公司主张支付吴基协的 1840 万元系其所归还的借款本金问题,因其未提供任何证据支持,本院难予采信。如有争议,当事人可另循法律途径解决。

证明标准是负担证明责任的人提供证据证明其所主张法律事实所要达到的证明程度。本案中,洪秀凤已经完成双方当事人之间存在房屋买卖法律关系的举证证明责任,安钡佳公司主张其与洪秀凤之间存在民间借贷法律关系。按照最高人民法院《关于适用〈中华人民共和国民事诉讼法〉的解释》第一百零八条规定,安钡佳公司之举证应当在证明力上足以使人民法院确信该待证事实的存在具有高度可能性。而基于前述,安钡佳公司为反驳洪秀凤所主张事实所作举证,没有达到高度可能性之证明标准。较之高度可能性这一一般证明标准而言,合理怀疑排除属于特殊证明标准。最高人民法院《关于适用〈中华人民共和国民事诉讼法〉的解释》

第一百零九条对排除合理怀疑原则适用的特殊类型民事案件范围有明确规定。一审法院认定双方当事人一系列行为明显不符合房屋买卖的"交易习惯"，进而基于合理怀疑得出其间系名为房屋买卖实为借贷民事法律关系的认定结论，没有充分的事实及法律依据，也不符合前述司法解释的规定精神，本院予以纠正。

——《最高人民法院公报》2016 年第 1 期。

编者说明

原告主张对方当事人恶意串通、合同无效的，应对对方当事人存在恶意串通的事实承担举证责任，证明的标准为排除合理怀疑，而非高度盖然性标准，否则应承担不利后果。

228 债务人将主要财产以明显不合理低价转让给其关联公司，关联公司未支付对价，恶意串通逃债的行为无效

关键词│确认合同无效│恶意串通│财产返还│

【最高人民法院指导性案例】

瑞士嘉吉国际公司诉福建金石制油有限公司等确认合同无效纠纷案[最高人民法院指导案例 33 号，最高人民法院（2012）民四终字第 1 号民事判决书，2012. 8. 22]

裁判要点:1. 债务人将主要财产以明显不合理低价转让给其关联公司，关联公司在明知债务人欠债的情况下，未实际支付对价的，可以认定债务人与其关联公司恶意串通、损害债权人利益，与此相关的财产转让合同应当认定为无效。

2.《中华人民共和国合同法》第五十九条规定适用于第三人为财产所有权人的情形，在债权人对债务人享有普通债权的情况下，应当根据《中华人民共和国合同法》第五十八条的规定，判令因无效合同取得的财产返还给原财产所有人，而不能根据第五十九条规定直接判令债务人的关联公司因"恶意串通，损害第三人利益"的合同而取得的债务人的财产返还给债权人。

最高人民法院认为:因嘉吉公司注册登记地在瑞士，本案系涉外案件，各方当事人对适用中华人民共和国法律审理本案没有异议。本案源于债权人嘉吉公司认为债务人福建金石公司与关联企业田源公司、田源公司与汇丰源公司之间关于土地使用权以及地上建筑物、设备等资产的买卖合同，因属于《合同法》第五十二条第二项"恶意串通，损害国家、集体或者第三人利益"的情形而应当被认定无效，并要求返还原物。本案争议的焦点问题是:福建金石公司、田源公司(后更名为中纺福建公司)、汇丰源公司相互之间订立的合同是否构成恶意串通、损害嘉吉公司利

益的合同？本案所涉合同被认定无效后的法律后果如何？

一、关于福建金石公司、田源公司、汇丰源公司相互之间订立的合同是否构成"恶意串通，损害第三人利益"的合同

首先，福建金石公司、田源公司在签订和履行《国有土地使用权及资产买卖合同》的过程中，其实际控制人之间系亲属关系，且柳锋、王晓琪夫妇分别作为两公司的法定代表人在合同上签署。因此，可以认定在签署以及履行转让福建金石公司国有土地使用权、房屋、设备的合同过程中，田源公司对福建金石公司的状况是非常清楚的，对包括福建金石公司在内的金石集团因"红豆事件"被仲裁裁决确认对嘉吉公司形成 1337 万美元债务的事实是清楚的。

其次，《国有土地使用权及资产买卖合同》订立于 2006 年 5 月 8 日，其中约定田源公司购买福建金石公司资产的价款为 2569 万元，国有土地使用权作价 464 万元、房屋及设备作价 2105 万元，并未根据相关会计师事务所的评估报告作价。一审法院根据福建金石公司 2006 年 5 月 31 日资产负债表，以其中载明固定资产原价 44042705.75 元、扣除折旧后固定资产净值为 32354833.70 元，而《国有土地使用权及资产买卖合同》中对房屋及设备作价仅 2105 万元，认定《国有土地使用权及资产买卖合同》中约定的购买福建金石公司资产价格为不合理低价是正确的。在明知债务人福建金石公司欠债权人嘉吉公司巨额债务的情况下，田源公司以明显不合理低价购买福建金石公司的主要资产，足以证明其与福建金石公司在签订《国有土地使用权及资产买卖合同》时具有主观恶意，属恶意串通，且该合同的履行足以损害债权人嘉吉公司的利益。

再次，《国有土地使用权及资产买卖合同》签订后，田源公司虽然向福建金石公司在同一银行的账户转账 2500 万元，但该转账并未注明款项用途，且福建金石公司于当日将 2500 万元分两笔汇入其关联企业大连金石制油有限公司账户；又根据福建金石公司和田源公司当年的财务报表，并未体现该笔 2500 万元的入账或支出，而是体现出田源公司尚欠福建金石公司"其他应付款"121224155.87 元。一审法院据此认定田源公司并未根据《国有土地使用权及资产买卖合同》向福建金石公司实际支付价款是合理的。

最后，从公司注册登记资料看，汇丰源公司成立时股东构成似与福建金石公司无关，但在汇丰源公司股权变化的过程中可以看出，汇丰源公司在与田源公司签订《买卖合同》时对转让的资产来源以及福建金石公司对嘉吉公司的债务是明知的。《买卖合同》约定的价款为 2669 万元，与田源公司从福建金石公司购入该资产的约定价格相差不大。汇丰源公司除已向田源公司支付 569 万元外，其余款项未付。一审法院据此认定汇丰源公司与田源公司签订《买卖合同》时恶意串通并足以损害债权人嘉吉公司的利益，并无不当。

综上,福建金石公司与田源公司签订的《国有土地使用权及资产买卖合同》、田源公司与汇丰源公司签订的《买卖合同》,属于恶意串通、损害嘉吉公司利益的合同。根据合同法第五十二条第二项的规定,均应当认定无效。

二、关于本案所涉合同被认定无效后的法律后果

对于无效合同的处理,人民法院一般应当根据合同法第五十八条"合同无效或者被撤销后,因该合同取得的财产,应当予以返还;不能返还或者没有必要返还的,应当折价补偿。有过错的一方应当赔偿对方因此所受到的损失,双方都有过错的,应当各自承担相应的责任"的规定,判令取得财产的一方返还财产。本案涉及的两份合同均被认定无效,两份合同涉及的财产相同,其中国有土地使用权已经从福建金石公司经田源公司变更至汇丰源公司名下,在没有证据证明本案所涉房屋已经由田源公司过户至汇丰源公司名下、所涉设备已经由田源公司交付汇丰源公司的情况下,一审法院直接判令取得国有土地使用权的汇丰源公司、取得房屋和设备的田源公司分别就各自取得的财产返还给福建金石公司并无不妥。

合同法第五十九条规定:"当事人恶意串通,损害国家、集体或者第三人利益的,因此取得的财产收归国家所有或者返还集体、第三人。"该条规定应当适用于能够确定第三人为财产所有权人的情况。本案中,嘉吉公司对福建金石公司享有普通债权,本案所涉财产系福建金石公司的财产,并非嘉吉公司的财产,因此只能判令将系争财产返还给福建金石公司,而不能直接判令返还给嘉吉公司。

——《最高人民法院关于发布第八批指导性案例的通知》(2014 年 12 月 18 日,法〔2014〕327 号)。

【链接：理解与参照】

二、裁判要点的理解与说明

(一)如何认定恶意串通、损害他人利益的无效合同

无效合同是指当事人虽然取得合意,但是因为违反法律规定而自始不具有法律约束力的合同。我国合同法第五十二条规定:"有下列情形之一的,合同无效:(一)一方以欺诈、胁迫的手段订立合同,损害国家利益;(二)恶意串通,损害国家、集体或者第三人利益;(三)以合法形式掩盖非法目的;(四)损害社会公共利益;(五)违反法律、行政法规的强制性规定。"可见,当事人恶意串通、损害他人利益的合同是无效合同的一种情形。所谓恶意串通,就是当事人为了谋取私利,相互勾结,采取不正当方式,共同实施损害他人的行为。当事人恶意串通订立损害国家、集体或者第三人利益的合同,违反了订立合同应当遵守法律、尊重公德、诚实信用的基本原则,内容严重违法,因而应当被确认为合同全部无效。

本案例源于债权人瑞士嘉吉国际公司(以下简称嘉吉公司)认为,债务人福建

金石制油有限公司(以下简称金石公司)与关联公司中纺粮油(福建)有限公司(以下简称中纺福建公司,曾用名福建田源生物蛋白科技有限公司)、中纺福建公司与漳州开发区汇丰源贸易有限公司(以下简称汇丰源公司)之间,有关土地使用权以及地上建筑物、设备等资产的买卖合同因构成合同法第五十二条第(二)项"恶意串通,损害国家、集体或者第三人利益"的情形而应当被认定无效,并要求返还原物。下面,结合具体案情分析福建金石公司、中纺福建公司、汇丰源公司相互之间订立的合同是否构成"恶意串通、损害第三人利益"的合同。

首先,债务人与其关联公司明知债务人欠他人债务。福建金石公司、中纺福建公司在签订和履行《国有土地使用权及资产买卖合同》的过程中,其实际控制人之间系亲属关系,且柳锋、王晓琪夫妇分别作为两公司的法定代表人在合同上签署。因此,可以认定在签署以及履行转让福建金石公司国有土地使用权、房屋、设备的合同过程中,中纺福建公司对福建金石公司的状况是非常清楚的,对包括福建金石公司在内的金石集团因"红豆事件"被仲裁裁决确认对嘉吉公司形成1337万美元债务的事实是清楚的。

其次,债务人以明显不合理低价转让财产。《最高人民法院关于适用〈中华人民共和国合同法〉若干问题的解释(二)》第十九条第一款规定:"对于合同法第七十四条规定的'明显不合理的低价',人民法院应当以交易当地一般经营者的判断,并参考交易当时交易地的物价部门指导价或者市场交易价,结合其他相关因素综合考虑予以确认。"第二款规定:"转让价格达不到交易时交易地的指导价或者市场交易价百分之七十的,一般可以视为明显不合理的低价;对转让价格高于当地指导价或者市场交易价百分之三十的,一般可以视为明显不合理的高价。"该司法解释规定转让价格达不到交易时交易地的指导价或者市场交易价百分之七十的,"一般可以视为明显不合理的低价","一般"意味着排除特殊情形,如季节性产品和易腐烂变质的时令果蔬在临近换季或者保质期前回笼资金的甩卖;"可以"意味着应视具体情形而定,不作刚性约束;"视为"是立法和解释上使用的法律拟制用语,债务人、受让人可以提出相反事实和证据予以推翻。审判实务中,对"以明显不合理的低价转让财产",原则上应当按照该司法解释第十九条规定的判断基准和基本方法综合进行分析,并予以个案确认。① 本案例中,《国有土地使用权及资产买卖合同》订立于2006年5月8日,其中约定中纺福建公司购买福建金石公司资产的价款为2569万元,国有土地使用权作价464万元、房屋及设备作价2105万元,并未根据相关会计师事务所的评估报告作价。一审法院根据福建金石公司2006年5月31日资产负债表,以其中载明固定资产原价44042705.75元、扣除折旧后

---

① 参见最高人民法院研究室编著:《最高人民法院关于合同法司法解释(二)理解与适用》,人民法院出版社2009年版,第148页。

固定资产净值为 32354833.70 元,而《国有土地使用权及资产买卖合同》中对房屋及设备作价仅 2105 万元,认定《国有土地使用权及资产买卖合同》中约定的购买福建金石公司资产价格为不合理低价是正确的。在明知债务人福建金石公司欠债权人嘉吉公司巨额债务的情况下,中纺福建公司以不合理低价购买福建金石公司的主要资产,足以证明其与福建金石公司在签订《国有土地使用权及资产买卖合同》时具有主观恶意,属恶意串通,该合同的履行足以损害债权人嘉吉公司的利益。

再次,关联公司未实际支付对价。《国有土地使用权及资产买卖合同》签订后,中纺福建公司虽然通过中国农业银行漳州支行向福建金石公司在同一银行的账户转账 2500 万元,但该转账并未注明款项用途,且福建金石公司于当日将 2500 万元分两笔汇入其关联企业大连金石制油有限公司账户,又根据福建金石公司和中纺福建公司当年的财务报表,并未体现该笔 2500 万元的入账或支出,而是体现出中纺福建公司尚欠福建金石公司"其他应付款"121224155.87 元。一审法院据此认定中纺福建公司并未根据《国有土地使用权及资产买卖合同》向福建金石公司实际支付价款是合理的。

最后,关联公司明知转让的资产来源和债务人欠债情况。从公司注册登记资料看,汇丰源公司成立时股东构成似与福建金石公司无关,但在汇丰源公司股权变化的过程中可以看出,汇丰源公司在与中纺福建公司签订《买卖合同》时对转让的资产来源以及福建金石公司对嘉吉公司的债务是明知的。《买卖合同》约定的价款为 2669 万元,与中纺福建公司从福建金石公司购入该资产的约定价格相差不大。汇丰源公司除已向中纺福建公司支付 569 万元外,其余款项未付。一审法院据此认定汇丰源公司与中纺福建公司签订《买卖合同》时恶意串通并足以损害债权人嘉吉公司的利益,并无不当。

综上,通过综合分析,可以认定福建金石公司与中纺福建公司之间的《国有土地使用权及资产买卖合同》、中纺福建公司与汇丰源公司之间的《买卖合同》,属于恶意串通、损害嘉吉公司利益的合同。根据合同法第五十二条第(二)项的规定,均应当认定为无效。

(二)关于合同被认定无效后的法律后果

合同无效,意味着合同自始没有法律约束力,应将合同的财产后果恢复到合同订立以前的状态。对于无效合同的处理,人民法院应当首先根据合同法第五十八条的规定,合同无效后,因该合同取得的财产,应当予以返还;不能返还或者没有必要返还的,应当折价补偿。有过错的一方应当赔偿对方因此所受到的损失,双方都有过错的,应当各自承担相应的责任,判令取得财产的一方返还财产。

本案例涉及的两份合同均被认定无效,两份合同涉及的财产相同,其中国有土地使用权已经从福建金石公司经中纺福建公司变更至汇丰源公司名下,在没有证据证明本案所涉房屋已经由中纺福建公司过户至汇丰源公司名下、所涉设备已经由中纺福建公司交付汇丰源公司的情况下，一审法院直接判令取得国有土地使用权的汇丰源公司、取得房屋和设备的中纺福建公司分别就各自取得的财产返还给福建金石公司并无不妥。合同法第五十九条规定："当事人恶意串通，损害国家、集体或者第三人利益的，因此取得的财产收归国家所有或者返还集体、第三人。"该条应当适用于能够确定第三人为财产所有权人的情况。本案例中，嘉吉公司对福建金石公司享有普通债权，案涉财产系福建金石公司的财产，并非嘉吉公司的财产，因此，应当判令将系争财产返还给福建金石公司，不能直接判令返还给嘉吉公司。

——最高人民法院案例指导工作办公室、民四庭：《指导案例 33 号〈瑞士嘉吉国际公司诉福建金石制油有限公司等确认合同无效纠纷案〉的理解与参照——恶意串通逃债的行为无效》，载最高人民法院研究室编著：《司法研究与指导》总第 9 辑，人民法院出版社 2016 年版，第 138~144 页。

编者说明

指导案例 33 号瑞士嘉吉国际公司诉福建金石制油有限公司等确认合同无效纠纷案，旨在明确债务人与其关联公司恶意串通逃债的，债权人可以请求法院确认债务人转让财产的合同无效；同时划分了合同无效后返还财产适用《合同法》第 58 条与第 59 条的界限。这不仅明确了"恶意串通"的具体认定标准，解决了合同无效后如何返还财产问题，而且有利于有效惩治违背诚信、恶意逃债行为，维护债权人合法权益和公平安全的市场经济秩序。

沿袭《民法通则》第 58 条第 1 款第 4 项和《合同法》第 52 条第 2 项的规定，《民法典》第 154 条规定："行为人与相对人恶意串通，损害他人合法权益的民事法律行为无效。"据此，恶意串通行为由以下要件构成：第一，双方当事人通谋损害他人合法权益，即双方当事人对于损害他人合法权益有意思联络；第二，他人合法权益受到损害；第三，他人合法权益受到损害与双方当事人的恶意串通行为存在相当因果关系。受损害的第三人有权要求恶意串通的行为人承担停止侵害、恢复原状、赔偿损失等民事责任。此外，关于本条规定的恶意串通行为与《民法典》第 146 条第 1 款规定的虚伪表示的民事法律行为的区别问题，在虚伪表示民事法律行为中，行为人与相对人所表示出的意思均非真意，而恶意串通的双方当事人所表达的都是内心真意，二者尽管在法律后果上相同，但不可混淆。当然在某些情况下，双方通谋的虚伪表示也可能表现为主观上的恶意，且同时损害了他人的合法权益，但二者的侧重点不同，不能相互替代。①

---

① 参见李适时主编：《中华人民共和国民法总则释义》，法律出版社 2017 年版，第 484~485 页；黄薇主编：《中华人民共和国民法典总则编释义》，法律出版社 2020 年版，第 411 页。

229 存在通谋虚伪表示的，应根据隐藏行为所对应的法律规则判断该民事法律行为的性质及效力

关键词 | 意思表示 | 通谋虚伪表示 | 隐藏行为 | 保证 | 债务加入 |

【人民法院案例库参考案例】

叶某某诉陈甲合同纠纷案[入库编号：2023-10-2-483-001，福建省高级人民法院(2021)闽民终 475 号民事判决书，2022.1.26]

【裁判要旨】

民事法律关系的性质认定应以探明当事人真实意思表示为基础，综合合同背景、目的、条款、履行情况等加以判断。存在通谋虚伪表示的，应根据隐藏行为所对应的法律规则判断该民事法律行为的性质及效力。

【裁判理由】

法院生效裁判认为，关于法律行为性质及效力认定，应以探知当事人的真实意思表示为基础，不仅应以合同名称、条款内容等外观表现为依据，还应结合合同的签订目的、实际履行情况等综合作出认定。鉴于：(1)案涉房产的抵押并不以款项实际出借为前提。在案涉借款并未实际发生的情况下，陈甲在长达六年的时间内从未要求叶某某实际支付借款，未主张撤销抵押登记，未要求解除《借款合同》，即双方对案涉房产设定的抵押并不以《借款合同》的履行为前提，不符合民间借贷以及该法律关系项下担保的法律特征和交易习惯。(2)双方实际履行了《借款合同》项下关于案涉房产处分的相关约定。即便叶某某未实际出借款项，陈甲仍然授权叶某某指定之人办理房屋出售、出租事宜，履行了《借款合同》中关于案涉房产处分的相关约定，以其实际行为确认了自身对于叶某某负有还款义务，该还款义务显然并非基于民间借贷法律关系产生。(3)案涉《借款合同》的签订时间即为《股权转让协议》约定的 180 日还款期限届满之日，二者在时间节点上高度吻合。基于以上分析，陈甲与叶某某之间欠缺达成民间借贷的真实意思，双方该虚假的意思表示实际隐藏了通过签订《借款合同》，办理抵押以及相关房产的委托出租、出售手续等方式，为陈某乙尚欠叶某某的股权转让款提供增信措施的真实意图。从《借款合同》关于还款金额、违约责任等条款内容以及后续实际履行情况看，并未体现陈甲是在陈某乙不履行债务的情况下才承担还款责任，即陈甲承诺承担的是独立的债务，并不符合保证法律关系的本质特征，故不应认定陈甲与叶某某之间存在保证关系。综合陈甲以其实际履行行为表明了其愿意承担还款责任，而叶某某也未明确表示免除陈某乙还款责任的情况，应认定陈甲构成债务加入。案涉股权转让行为未违反法律强制性规定，未违反公司章程或决议，且无证据证明存在无权处分行为，应为有效，陈甲作为债务加入人应偿还《股权转让协议》项下陈某乙的尚欠款

项,作为抵押人应承担《抵押合同》项下的担保责任。

　　——人民法院案例库,https://rmfyalk.court.gov.cn。

230 债务人配偶与他人恶意串通转移夫妻共同财产逃避债务的行为应属无效

关键词│确认合同效力│房屋买卖合同│非债务人│共同共有│责任财产│规避执行│合同效力审查│

【人民法院案例库参考案例】

　　刘某诉程甲等确认合同无效纠纷案[入库编号:2024-07-2-076-001,北京市第一中级人民法院(2022)京01民终8867号民事判决书,2022.11.21]

　　【裁判要旨】

　　对非债务人与相对人签订的房屋买卖合同是否属于恶意串通损害债权人合法权益的认定,需综合债务人与合同当事人之间的特殊身份关系、成交价款及支付情况、转让时间、债务人对标的房屋是否享有权利、是否减损债务人的责任财产等方面进行实质判断。如当事人的房屋交易虽符合房屋买卖的形式特征,但实质减损了债务人的责任财产并致使他人债权有不能清偿风险,且债务人不能提供充足有效的履行担保,应认定为属于恶意串通的逃债行为,转让行为无效。

　　【裁判理由】

　　法院生效裁判认为:恶意串通,损害国家、集体或者第三人利益的合同无效。本案中,河南省西峡县人民法院对刘某与朱甲民间借贷纠纷第一次作出一审判决后,程甲即与程乙签订房屋买卖合同并随即进行房屋过户行为,程乙自始至终未向程甲支付购房款。程甲、程乙虽主张双方是以房屋买卖的名义进行了房屋互换,但程乙名下的902房屋并未登记至程甲名下,而程甲名下的本案诉争房屋却登记到了程乙名下。此外,对于之所以将程乙名下的902房屋登记至程甲之女朱乙名下,程甲在另案诉讼中及本案一审、二审中的陈述存在多处矛盾。如在另案诉讼中,程甲主张因其不具备购房资格故将902房屋登记至朱乙名下;本案一审中,程甲表示因北京限购政策无法登记至程甲名下;本案二审中,程甲则主张其出于避税考虑故将902房屋登记至朱乙名下。程甲未能就前述矛盾陈述作出合理解释。诉争房屋系经生效判决确认的属于朱甲与程甲的夫妻共同财产。程甲在明知朱甲至今未清偿刘某欠款的情况下,在与朱甲夫妻关系存续期间,与自己的姐姐程乙签订房屋买卖合同,将程甲与朱甲共有的房屋转移登记至程乙名下,使朱甲的责任财产直接减损而致刘某的债权难以清偿。因此,程甲与程乙构成恶意串通,侵害刘某的合法权

利,双方就诉争房屋签订的房屋买卖合同无效,诉争房屋所有权应恢复登记至程甲
名下。

　　——人民法院案例库,https://rmfyalk.court.gov.cn。

231 和解协议的双方当事人恶意串通，损害他人合法利益的民事法律行为无效

关键词 | 确认合同无效 | 恶意串通 | 损害他人合法利益 | 和解协议 | 案外人债权 | 优先保护债权人利益 |

【人民法院案例库参考案例】

　　台州某甲置业有限公司诉张某茂等确认合同无效纠纷案[入库编号:2023-16-2-076-001,最高人民法院(2021)最高法民申 6599 号民事裁定书,2021.12.15]

　　【裁判要旨】

　　《执行和解及担保协议》所涉双方当事人,将生效判决所确认的偿还数额通过和解方式降低,违反了案外人债权优先得到保护的约定,故原判决认定签订上述和解协议的双方当事人恶意串通,损害他人合法利益的民事法律行为无效,并无不当。

　　【裁判理由】

　　法院生效裁判认为:

　　关于台州某甲置业公司是否有权提起本案诉讼的问题。经审查,台州某甲置业公司与张某茂、黄某于 2014 年 11 月 5 日签订《债权转让协议》,约定:"台州某甲置业公司自愿将案涉上述全部《认购协议书》及其《补充协议》和台州某乙置业公司的《股权转让款及代垫款项等往来结算对账确认函》中对于林某铨、何某明、何某光、台州某乙置业公司、某丙公司、某丁公司所享有的包括但不限于土地使用权和股权转让款的债权本息及其他权益全部转让给张某茂、黄某;张某茂、黄某通过诉讼或非诉讼方式从林某铨等六债务人实现了债权,若张某茂、黄某实现的债权少于或等于台州某甲置业公司所欠张某官的借款本息、滞纳金,则张某茂、黄某须将实现的债权全部直接支付给张某官,以代台州某甲置业公司偿还台州某甲置业公司所欠张某官部分或全部的借款本息、滞纳金;若张某茂、黄某实现的债权超过台州某甲置业公司所欠张某官的借款本息、滞纳金,则张某茂、黄某在代台州某甲置业公司清偿台州某甲置业公司所欠张某官的借款本息、滞纳金的剩余款项中,张某茂、黄某的律师何某雄有权留取所实现债权的 10% 作为律师费,最后余款的 50% 作为张某茂、黄某收益,另 50% 作为债权转让款支付给台州某甲置业公司。"2015 年 9

月 10 日,台州某甲置业公司与张某茂、黄某、何某瑞、李某龙签订《债权转让补充协议》,约定:"如果法院认定林某铨、何某明、何某光、台州某乙置业公司按照《投资协议》及相关合同应付给台州某甲置业公司的土地使用权转让余款高于或等于2.6333730959 亿元,则台州某甲置业公司转让给张某茂、黄某的债权本金数额确定为 2.6333730959 亿元,由该债权本金产生的利息等全部权益也转让给张某茂、黄某。"2018 年 12 月 29 日,904 号判决确认林某铨、何某明、何某光连带给付张某茂、黄某土地使用权转让款 198158473.38 元,台州某乙置业公司在 20986000 元范围内承担连带责任。2019 年 2 月 20 日,债权人张某官以台州某甲置业公司至今仍未向其偿还分文借款本息为由向台州某甲置业公司管理人申报债权总额 252120900元,其中本金 118710000 元,利息 133350900 元,其他 60000 元。2019 年 5 月 5 日,张某茂、黄某和林某铨、何某明、何某光、台州某乙置业公司达成《执行和解及担保协议》,约定将 904 号判决确认的林某铨、何某明、何某光及台州某乙置业公司应偿还共 2.0019370438 亿元减为 1.45 亿元,并于 2019 年 5 月 6 日前执行完毕《执行和解及担保协议》。由上述事实可知,台州某甲置业公司是 904 号判决所列的案件当事人(第三人),《执行和解及担保协议》所涉的执行依据是 904 号判决。台州某甲置业公司虽将案涉债权转让给张某茂、黄某,但在签订《债权转让协议》时并未明确约定转让对价,而是约定根据张某茂、黄某能够实现的债权数额来确定债权转让对价的支付及分配方式,支付的首要对象为台州某甲置业公司的债权人张某官,当有剩余款项时扣除律师费及张某茂、黄某的收益后,作为债权转让款支付给台州某甲置业公司。由此可见,案涉债权实现后的首要目的是偿还台州某甲置业公司对张某官的欠款,如实现的债权数额不足以覆盖应支付给张某官的全部欠款,则台州某甲置业公司仍需继续承担其对张某官的剩余欠付款项。根据《最高人民法院关于执行和解若干问题的规定》第十六条关于"当事人、利害关系人认为执行和解协议无效或者应予撤销的,可以向执行法院提起诉讼"的规定,台州某甲置业公司主张案涉《执行和解及担保协议》减少了其受偿债权数额,亦影响台州某甲置业公司与张某茂、黄某、张某官的结算事宜,并主张《执行和解及担保协议》存在无效情形,原判决认定台州某甲置业公司有权作为利害关系人向执行法院提起本案诉讼,并无不当。林某铨、何某明、何某光、台州某乙置业公司的该项再审事由不能成立。

关于案涉《执行和解及担保协议》的签署和履行是否超出案涉债权转让目的范畴的问题。林某铨、何某明、何某光及台州某乙置业公司主张《执行和解及担保协议》并未损害国家、社会及其他人的利益,符合法定程序且已履行完毕,不应确认为无效。经审查,鉴于张某茂、黄某通过《债权转让协议》《债权转让补充协议》虽受让取得案涉债权,但根据当事人的约定,其受让债权之目的仅在于实现债权后代台州某甲置业公司清偿债务,故张某茂、黄某受让台州某甲置业公司债权后行使权利亦不应超出该债权转让目的的范围。在《执行和解及担保协议》未得到台州某甲置业公司事先同意或事后追认的情况下，张某茂、黄某在履行《执行和解及担保协议》中减低了债务执行数额，不仅有损台州某甲置业公司的利益，亦有违其受让债权的目的。原判决综合案涉相关事实，认定张某茂、黄某在明知债权转让目的以及林某铨、何某明、何某光、台州某乙置业公司理应知晓其与张某茂、黄某在执行阶段签订《执行和解及担保协议》关于降低债务执行数额的行为将有损台州某甲置业公司的利益，足以证明其存在主观恶意，属恶意串通，并无不当。因案涉法律事实发生于《中华人民共和国民法典》施行前，原判决根据《中华人民共和国合同法》第五十二条第二项①关于"有下列情形之一的，合同无效：……（二）恶意串通，损害国家、集体或者第三人利益"之规定，认定案涉《执行和解及担保协议》无效，亦无不当。林某铨、何某明、何某光、台州某乙置业公司关于案涉《债权和解及担保协议》的签署和履行未超出案涉债权转让目的范畴未给国家、社会和其他人造成损害后果以及案涉《执行和解及担保协议》符合法定程序且已履行完毕、被撤销或无效将使本案法律关系处于混乱状态的再审理由不能成立。

——人民法院案例库，https://rmfyalk. court. gov. cn。

232 不具有法定资格、资质的主体从事的法律行为的效力认定

关键词 │ 主体资格 │ 资质 │ 超越经营范围 │ 特许经营 │

【链接：最高人民法院法官著述】

法律、行政法规规定合同须经批准才能生效虽然也是法律、行政法规的强制性规定，但在未经批准的情况下，人民法院不能依据《民法典》第153 条的规定直接认定合同无效，而只能适用《民法典》第502 条认定合同未生效。究其原因，在于法律将批准作为合同的生效要件，系立法者授权审批机关针对具体的特定合同作出行政许可，进而由其决定该合同是否生效，这不同于立法者通过法律、行政法规的强制性规定就行为人能否实施某类法律行为直接作出禁止或者命令。② 问题是，在法律规定当事人从事某一类型的交易需要特定资质或者许可的情况下，如果行为人未通过前置性的审批获得相应的资质或者许可，究竟是应适用《民法典》第153条，还是应适用《民法典》第502 条？笔者认为，《民法典》第502 条所称批准，针对

---

① 对应《民法典》第 154 条。——编者注
② 参见汤文平：《批准（登记）生效合同、"申请义务"与"缔约过失"——〈合同法解释（二）〉第 8 条评注》，载《中外法学》2011 年第 2 期。

是具体的特定合同,不包括前置性的审批,因此当事人未通过前置性审批获得从事某类交易所需的资质或者许可,应适用《民法典》第 153 条认定合同效力。① 基于此,《最高人民法院关于审理商品房买卖合同纠纷案件适用法律若干问题的解释》第 2 条规定:"出卖人未取得商品房预售许可证明,与买受人订立的商品房预售合同,应当认定无效,但是在起诉前取得商品房预售许可证明的,可以认定有效。"再如,《最高人民法院关于审理建设工程施工合同纠纷案件适用法律问题的解释(一)》亦将承包人取得相应资质和发包人取得建设工程规划许可证等规划审批手续作为建设工程合同的有效要件,明确规定承包人没有资质或者超越资质订立的建设工程合同和发包人未取得建设工程规划许可证等规划审批手续订立的建设工程合同均无效。不过,值得注意的是,尽管司法解释如此规定,但当事人未取得相应的资质或者许可,是否必然导致合同无效,则不仅涉及《民法典》第 153 条的适用,还涉及诚信原则的适用。

——刘贵祥、吴光荣:《关于合同效力的几个问题》,载《中国应用法学》2021 年第 6 期。

233 民事法律行为不成立的法律后果

关键词│民事法律行为不成立│合同无效│缔约过失责任│

【最高人民法院司法解释】

第二十三条 民事法律行为不成立,当事人请求返还财产、折价补偿或者赔偿损失的,参照适用民法典第一百五十七条的规定。

——《最高人民法院关于适用〈中华人民共和国民法典〉总则编若干问题的解释》(2022 年 3 月 1 日,法释〔2022〕6 号)。

【链接:理解与适用】

民事法律行为不成立

民法典第一百五十七条规定了民事法律行为无效、被撤销或者确定不发生效力的法律后果,调研中,部分高院建议吸收 2019 年《全国法院民商事审判工作会议纪要》第 32 条的规定,明确规定民事法律行为不成立的法律后果。我们经研究,采纳有关建议,明确民事法律行为不成立,当事人请求返还财产、折价补偿或者赔偿损失的,参照适用民法典第一百五十七条的规定。这是因为,在隐藏的不合意时,

① 同上。

尽管合同因双方意思表示不一致而不能成立,但当事人完全可能因不知合同不成立的事实而履行合同,此时也存在返还财产、折价补偿、损害赔偿等问题。由于不成立已超出民法典第一百五十七条之可能文义的范围,故是"参照适用"。

——郭锋、陈龙业、蒋家棣、刘婷:《〈关于适用民法典总则编若干问题的解释〉的理解与适用》,载《人民司法·应用》2022 年第 10 期。

相对人是否无过错(即是否为善意)不影响行为人主张撤销权。当然,在相对人故意造成行为人错误认识的情形下,构成了欺诈。此时宜认为重大误解与欺诈存在法条竞合。如果行为人能够直接证明相对人故意,自可按欺诈主张撤销,如果证明有难度,也可以直接主张重大误解。

——最高人民法院民法典贯彻实施工作领导小组编著:《最高人民法院民法典总则编司法解释理解与适用》,人民法院出版社 2022 年版,第 302~303 页。

【最高人民法院司法文件】

32.【合同不成立、无效或者被撤销的法律后果】《合同法》第 58 条①就合同无效或者被撤销时的财产返还责任和损害赔偿责任作了规定,但未规定合同不成立的法律后果。考虑到合同不成立时也可能发生财产返还和损害赔偿责任问题,故应当参照适用该条的规定。

在确定合同不成立、无效或者被撤销后财产返还或者折价补偿范围时,要根据诚实信用原则的要求,在当事人之间合理分配,不能使不诚信的当事人因合同不成立、无效或者被撤销而获益。合同不成立、无效或者被撤销情况下,当事人所承担的缔约过失责任不应超过合同履行利益。比如,依据《最高人民法院关于审理建设工程施工合同纠纷案件适用法律问题的解释》第 2 条②规定,建设工程施工合同无效,在建设工程经竣工验收合格情况下,可以参照合同约定支付工程款,但除非增加了合同约定之外新的工程项目,一般不应超出合同约定支付工程款。

——《全国法院民商事审判工作会议纪要》(2019 年 11 月 8 日,法〔2019〕254 号)。

【链接:最高人民法院法官著述】

虽然《民法典》意识到合同确定不生效与合同无效、被撤销在后果上并无差异,因而将合同确定不生效的后果纳入缔约过失责任的适用范围,但却未能认识到合同不成立与合同无效、被撤销在法律后果上也无差异,从而与原《合同法》第 58条类似,未能将民事法律行为不成立的后果也纳入到缔约过失责任的适用范围。

---

① 对应《民法典》第 157 条。——编者注
② 对应《民法典》第 793 条。——编者注

针对原《合同法》第58条存在的问题,2019年11月发布的《全国法院民商事审判工作会议纪要》(以下简称《九民纪要》)第32条第1款明确指出:"《合同法》第58条就合同无效或者被撤销时的财产返还责任和损害赔偿责任作了规定,但未规定合同不成立的法律后果。考虑到合同不成立时也可能发生财产返还和损害赔偿责任问题,故应当参照适用该条的规定。"笔者认为,在《民法典》施行后,《九民纪要》的这一规定仍具有指导意义。例如,在前述因双方对于行为的性质存在理解上的严重分歧而被认为属于隐藏的不合意时,人民法院应对一方因合同不成立而受到的损失进行合理分担,即应根据各自的过错大小承担相应的损失,而不能由一方承担全部损失。为此,《最高人民法院关于适用〈中华人民共和国民法典〉总则编若干问题的解释》第23条规定:"民事法律行为不成立,当事人请求返还财产、折价补偿或者赔偿损失的,参照适用民法典第一百五十七条的规定。"

——刘贵祥:《关于合同成立的几个问题》,载《法律适用》2022年第4期。

编者说明

《民法典》第157条规定了民事法律行为无效、被撤销或者确定不发生效力的法律后果,但未对民事法律行为不成立的法律后果作出规定。考虑到民事法律行为不成立同样存在"行为人因该行为取得财产"问题,故有必要予以明确。对此,《九民纪要》第32条规定,民事法律行为不成立同样涉及财产返还和损害赔偿责任问题,应当参照适用《合同法》第58条有关民事法律行为无效、被撤销或者确定不发生效力的法律后果的规定。《民法典总则编解释》第23条吸收《九民纪要》第32条的规定精神,明确民事法律行为不成立,当事人请求返还财产、折价补偿或者赔偿损失的,参照适用《民法典》第157条的规定。①

---

① 参见最高人民法院民法典贯彻实施工作领导小组编著:《最高人民法院民法典总则编司法解释理解与适用》,人民法院出版社2022年版,第338~339页。

四、民事法律行为的附条件和附期限

234 附条件的合同中当事人为自己的利益不正当地阻止条件成就的，视为条件已成就

关键词 ｜ 民事法律行为附条件 ｜ 阻止条件成就 ｜

【最高人民法院裁判案例】

上诉人中国建筑一局（集团）有限公司与被上诉人沈阳祺越市政工程有限公司、一审被告沈阳大东城市开发建设投资有限公司建设工程施工合同纠纷案[最高人民法院（2020）最高法民终106号民事判决书，2020.9.23]

（一）关于本案工程款是否已具备支付条件的问题，该问题的争议主要在三个方面，一是案涉工程是否已经竣工，二是中建一局主张的工程款支付所附审计条件是否成就，三是中建一局主张的工程款支付所附"背靠背"条件是否成就。经审理，本院认定案涉工程款已经具备支付条件，具体理由如下：

1. 关于案涉工程是否已经竣工，祺越公司提交的《单位（子单位）工程质量竣工验收记录》由设计单位中国建筑东北涉及研究院有限公司、监理单位沈阳市工程监理咨询有限公司以及中建一局盖章确认，标注竣工日期为2014年12月16日，祺越公司亦提供了中建一局该时点工作人员房某的证人证言，证据能够相互印证。中建一局虽提出祺越公司在借款申请、鉴定机构笔录中表述与其主张不一致，但祺越公司对此能够作出合理解释。因此，一审法院根据以上情形，并结合各方确认案涉工程已经实际投入使用较长时间的实际状况，认定案涉工程已经于2014年12月16日竣工，并无不当。

2. 关于中建一局主张的审计条件是否成就，本案中当事人对于审计的结算约定，意义在于落实对政府投资和以政府投资为主的建设项目的预算执行情况和决算进行监督，维护国家财政经济秩序，提高财政资金使用效益，防止建设项目中出现违规行为。一审法院按照法定程序委托鉴定机构，通过专业的审查方式，确定工程结算款，其真实性、合理性并不与前述关于审计的约定本质相悖，效果与审计基本等同，中建一局以未经审计主张未达到工程款支付条件，理由不能成立。

3. 关于"背靠背"付款条件是否已经成就，中建一局提出双方约定了在大东建设未支付工程款情况下，中建一局不负有付款义务。但是，中建一局的该项免责事

由应以其正常履行协助验收、协助结算、协助催款等义务为前提,作为大东建设工程款的催收义务人,中建一局并未提供有效证据证明其在盖章确认案涉工程竣工后至本案诉讼前,已积极履行以上义务,对大东建设予以催告验收、审计、结算、收款等。相反,中建一局工作人员房某的证言证实中建一局主观怠于履行职责,拒绝祺越公司要求,始终未积极向大东建设主张权利,该情形属于《中华人民共和国合同法》第四十五条第二款规定附条件的合同中当事人为自己的利益不正当地阻止条件成就的,视为条件已成就的情形,故中建一局关于"背靠背"条件未成就、中建一局不负有支付义务的主张,理据不足。

另外,中建一局主张祺越公司未足额发放工人工资,但其未能提供证据证明;其主张祺越公司未能实现不与案外人发生债务纠纷的承诺,但纠纷均已解决。因此,中建一局的以上主张均不能成立,一审法院认定案涉工程款已经具备支付条件,并无不当,本院予以维持。

——中国裁判文书网,https://wenshu.court.gov.cn。

编者说明

《民法典》第159条规定了民事法律行为条件成就和条件不成就的拟制:"附条件的民事法律行为,当事人为自己的利益不正当地阻止条件成就的,视为条件已经成就;不正当地促成条件成就的,视为条件不成就。"对本条的把握应当注意以下几点[1]:第一,当事人主观上有为自己利益人为改变条件状态的故意。即,当事人从自己利益的角度考虑,主观上具有使条件成就或者不成就的故意。第二,当事人为此实施了人为改变条件成就状态的行为。民事法律行为中所附条件,其成就与否本不确定。当事人为自己利益实施了促成或阻止条件成就的行为。第三,该行为具有不正当性。这主要是指当事人的此种行为违反了诚信原则,不符合事先约定。例如,甲和乙约定,当甲不在A公司工作时,就把位于A公司附近的自住房产出卖给乙。乙为了尽快得到甲的房产,暗中找到A公司的经理,让其辞退甲,从而使房屋买卖合同生效。

235 附不可能条件的民事法律行为的效力

关键词 | 民事法律行为附条件 | 意思表示 |

【最高人民法院司法解释】

第二十四条 民事法律行为所附条件不可能发生,当事人约定为生效条件的,人民法院应当认定民事法律行为不发生效力;当事人约定为解除条件的,应当认定

---

[1] 参见黄薇主编:《中华人民共和国民法典总则编解读》,中国法制出版社2020年版,第518页。

未附条件,民事法律行为是否失效,依照民法典和相关法律、行政法规的规定认定。

——《最高人民法院关于适用〈中华人民共和国民法典〉总则编若干问题的解释》(2022 年 3 月 1 日,法释〔2022〕6 号)。

【链接：理解与适用】

附不可能条件的民事法律行为

对附不可能条件的民事法律行为的效力,《民法通则意见》第 75 条直接规定为无效,未考虑生效条件、解除条件对民事法律行为效力的不同影响。《总则编解释》根据调研意见对《民法通则意见》第 75 条作出较大调整,分别针对所附条件为生效条件或者解除条件作出规定。当事人约定不可能条件为生效条件的,从意思表示解释的角度看,应当解释为当事人根本不希望民事法律行为发生效力。当事人约定上述条件为解除条件的,因解除条件不可能成就,民事法律行为应视为未附解除条件,民事法律行为是否失效应当依照民法典和相关法律、行政法规的规定认定。

——郭锋、陈龙业、蒋家棣、刘婷:《〈关于适用民法典总则编若干问题的解释〉的理解与适用》,载《人民司法·应用》2022 年第 10 期。

编者说明

对于附条件的民事法律行为,《民法典》第 158 条规定:"民事法律行为可以附条件,但是根据其性质不得附条件的除外。附生效条件的民事法律行为,自条件成就时生效。附解除条件的民事法律行为,自条件成就时失效。"民事法律行为中所附条件是指,当事人以未来客观上不确定发生的事实,作为民事法律行为效力的附款。所附条件具有以下特点:第一,条件系当事人共同约定,并作为民事法律行为的一部分内容。条件体现的是双方约定一致的意思,这是与法定条件最大的不同之处,后者是指由法律规定的且不由当事人意思决定并具有普遍约束力的条件。当事人不得以法定条件作为其所附条件。第二,条件是未来可能发生的事实。已经过去的、现在的以及将来确定不会发生的事实不能作为民事法律行为的所附条件。如果是将来必然发生的事实,应当作为附期限。第三,条件是当事人用以限定民事法律行为效力的附属意思表示。应当将所附条件与民事法律行为中的供货条件、付款条件等相互区分,后者是民事法律行为自身内容的一部分而非决定效力的附属意思表示。第四,所附条件中的事实应为合法事实,违法事实不能作为民事法律行为的附条件。如不能约定以故意伤害他人作为合同生效的条件。

以所附条件决定民事法律行为效力发生或消灭为标准,条件可以分为生效条件和解除条件。(1)生效条件,是指使民事法律行为效力发生或者不发生的条件。生效条件具备之前,民事法律行为虽已成立但未生效,其效力是否发生处于不确定状态。条件具备,民事法律行为生效;条件不具备,民事法律行为就不生效。比如,甲、乙双方签订房屋买卖合同,约定甲将所居住的房产出卖给乙,条件是甲出国定居,不在国内居住。但条件具备时,此房屋买卖合同才生效。(2)解除条件,又称消灭条件,是指对已经生效的民事法律行为,当条件具备时,该民事法律行为失效;如果该条件确定不具备,则该民事法律行为将继续有效。

在附条件的民事法律行为中,所附条件的出现与否将直接决定民事法律行为的效力状态。附生效条件的民事法律行为,自条件成就时生效。附解除条件的民事法律行为,自条件成就时失效。①

236 当事人约定以第三人的履行作为一方履行债务的条件,在合同有效的情况下,该约定是对期限履行的约定

关键词 | 民事法律行为附条件 | 民事法律行为附期限 | 第三人履行 |

【最高人民法院专业法官会议纪要】

简要案情:甲与乙签订的货物买卖合同约定:"自丙付款给乙之日起7日内乙向甲付款。"因丙一致未向乙付款,导致乙也未及时向甲付款。甲向法院起诉,请求乙及时付款,乙以付款条件未成就为由提出抗辩。

法律问题:当事人约定以第三人的履行作为一方履行债务的条件,如何理解该约定的性质和效力?

法官会议纪要:当事人约定以第三人的履行作为一方履行债务的条件,该约定是对债务人何时履行债务所作的约定,不影响合同的效力,不属于附条件或附期限的法律行为。在合同有效的情况下,债务人负有确定的履行义务。就此而言,该约定形式上属于对履行所附的条件,但实质上则是对期限履行的约定。如果所附期限是确定的,则应当按照约定的期限履行;反之,难以确定当事人何时履行,即所附期限不明确的,依据《民法典》第511条第(4)项之规定,债务人可以随时履行,债权人也可以随时请求履行,但是应当给对方必要的准备时间。所附期限是否明确,依据"谁主张、谁举证"的规则,应当由抗辩不应履行的债务人承担举证责任。

——《以第三人的履行作为履行条件的约定的效力》(最高人民法院第二巡回法庭2021年第17次法官会议纪要),载贺小荣主编:《最高人民法院第二巡回法庭法官会议纪要》第3辑,人民法院出版社2022年版,第179页。

【最高人民法院裁判案例】

再审申请人中国电建集团湖北工程有限公司与被申请人十一冶建设集团有限责任公司等建设工程施工合同纠纷案[最高人民法院(2021)最高法民申4924号民

---

① 参见黄薇主编:《中华人民共和国民法典总则编解读》,中国法制出版社2020年版,第514~515页。

事裁定书,2021.9.28]

本院认为,本案系当事人申请再审案件,应当围绕电建湖北公司主张的再审事由能否成立进行审查。根据电建湖北公司的再审申请理由,本案主要审查了以下问题:《结算协议》约定的付款条件的效力。

案涉工程项目在 2015 年 6 月 30 日已施工完毕。2018 年 7 月 6 日,电建湖北分公司与十一冶公司对案涉工程价款,才达成《结算协议》,并对剩余 26687526.68 元的工程价款(总工程价款为 45133226.68 元),约定:"结算款在下列条件全部满足后一个月内支付;十一冶公司将合同结算金额内剩余对开发票开齐交电建湖北分公司,且电建湖北分公司收到业主款项后支付。"该约定系附承包人支付工程款条件的条款。《结算协议》约定的电建湖北分公司支付工程款的条件之一,即在其收到业主款项一个月后支付。但是,电建湖北分公司何时收到"业主款项"存在诸多不确定性。鉴于十一冶公司工程已完工多年,电建湖北分公司仅支付了少部分工程款,而在发生法律效力的昌吉回族自治州中级人民法院(2019)新 23 民初 17 号民事判决中,已判令嘉润公司向电建湖北公司支付工程欠款并自 2018 年 5 月 23 日起计算利息,本案二审法院判决电建湖北公司自《结算协议》签订一个月后,即 2018 年 8 月 6 日承担欠付工程款利息,并未加重电建湖北公司支付工程款的利息负担,结果比较公平合理。电建湖北公司申请再审称《结算协议》中约定的付款条件有效,并以此拒绝承担给付工程欠款及利息的主张,理由不能成立。

——中国裁判文书网,https://wenshu.court.gov.cn。

编者说明

"背靠背条款"是指合同约定一方收到合同外第三方的款项后,再向另一方付款的合同条款。《民法典》对附条件、附期限合同进行了明确规定,但在具体纠纷中经常面临理解与适用的难题。司法实务中的常见情形是,合同约定的付款条件为付款方收到第三方付款、付款方收到销售回款、付款方与业主方完成验收等。这些付款条件的共同特点是:债权人难以掌控付款条件的实现,付款条件成就与否主要取决于付款方自身的行为。此时,法院应审查双方约定的付款条件是否属于对付款所附的期限:履行期限明确的,自该期限之日起履行;履行期限不明确的,若付款方负有明确付款义务、付款条件的约定显失公平,或者付款条件已无法实现,应按照《民法典》关于"履行期限不明确的"有关规则处理。

如 2014 年债务人某建设工程公司向出借人汪某借款 50 万元,双方在借条上约定,"此款待某工程公司支付工程款时一并归还本息",2021 年汪某将债权转让给陈某,陈某起诉建设工程公司,建设工程公司认为借条中约定的付款条件"此款待某工程公司支付工程款时一并归还本息"尚未成就,某工程公司没有支付工程款,所以陈某无权要求其还款。

一审法院认为,汪某与建设工程公司关于付款条件的约定属"背靠背条款",该公司履行债务的前提是某工程公司支付工程款。关于该条款性质,出具借条时,双方对于某工程公司何时支付工程款,甚至能否支付工程款都是未知,而偿还借款又属确需履行的债务。汪某与建设工程公司已经存在的确需履行的债务,从形式上看是有关履行条件的约定,但就其本质而言则是有关履行期限的约定,且为不确定的履行期限。因此,该约定本质上是对还款期限的约定,而非还款条件。根据《民法典》第511条第4项规定:履行期限不明确的,债务人可以随时履行,债权人也可以随时请求履行,但是应当给对方必要的准备时间。因案涉借条中对于履行期限的约定并不明确,债权人可以随时要求债务人履行,故建设工程公司不能以此约定尚未成就为由拒绝向债权受让人陈某履行债务。故判决建设工程公司向陈某偿还借款50万元及利息。

一审判决后,被告建设工程公司提起上诉,主张借条中"此款待某工程公司支付工程款时一并归还本息"系付款条件而非付款期限的约定,因条件尚未成就,可拒绝支付借款。淮南中院二审认为,一审法院认定上述约定系对还款义务设置的约定不明的期限,区分了"附条件"与"附期限",符合《民法典》对于附条件民事法律行为与附期限民事法律行为的规定。一方面,汪某与建设工程公司的约定,使得债权人难以掌控付款条件的实现,付款条件成就与否主要取决于第三方某工程公司自身的行为。鉴于债务人负有确定履行的义务,即建设工程公司履行债务必然会发生,故上述约定本质上属于对履行行为所附的期限。另一方面,第三人某工程公司支付工程款的期限不明确。为避免债权人陷入不可控限期的等待和不确定的交易风险,一审法院适用《民法典》第511条有关"履行期限不明确的"规则,支持债权受让方陈某随时向建设工程公司主张债权及利息,符合权利义务相一致、等价有偿等原则。据此判决驳回上诉,维持原判。①

---

① 参见《借贷合同"背靠背条款"约定不明 淮南中院依据民法典"履行期限不明确的"规则支持诉请债务人还款》,载《人民法院报》2023年9月29日,第3版。

第六章 代 理

237 职务代理的认定

关键词 ｜ 职务代理 ｜ 越权代理 ｜ 表见代理 ｜

【最高人民法院司法解释】

第二十一条 法人、非法人组织的工作人员就超越其职权范围的事项以法人、非法人组织的名义订立合同，相对人主张该合同对法人、非法人组织发生效力并由其承担违约责任的，人民法院不予支持。但是，法人、非法人组织有过错的，人民法院可以参照民法典第一百五十七条的规定判决其承担相应的赔偿责任。前述情形，构成表见代理的，人民法院应当依据民法典第一百七十二条的规定处理。

合同所涉事项有下列情形之一的，人民法院应当认定法人、非法人组织的工作人员在订立合同时超越其职权范围：

（一）依法应当由法人、非法人组织的权力机构或者决策机构决议的事项；

（二）依法应当由法人、非法人组织的执行机构决定的事项；

（三）依法应当由法定代表人、负责人代表法人、非法人组织实施的事项；

（四）不属于通常情形下依其职权可以处理的事项。

合同所涉事项未超越依据前款确定的职权范围，但是超越法人、非法人组织对工作人员职权范围的限制，相对人主张该合同对法人、非法人组织发生效力并由其承担违约责任的，人民法院应予支持。但是，法人、非法人组织举证证明相对人知道或者应当知道该限制的除外。

法人、非法人组织承担民事责任后，向故意或者有重大过失的工作人员追偿的，人民法院依法予以支持。

——《最高人民法院关于适用〈中华人民共和国民法典〉合同编通则若干问题的解释》（2023 年 12 月 5 日，法释〔2023〕13 号）。

【链接：理解与适用】

2. 职务代理的认定

民法典将职务代理作为委托代理的一种具体情形予以规定，从而将职务的授予理解为概括的授权行为。值得注意的是，此种概括授权行为极易引起交易安全问题。

我们认为,概括授权仅存在于日常交易情形,对于非日常的重大交易,执行法人或者非法人组织工作任务的人员以法人或者非法人组织的名义订立合同,仍应取得法人或者非法人组织的特别授权,否则,就是超越其职权范围的行为。此外,即使是日常交易,相对人也应从工作人员的职位判断该交易是否为通常情形下其可以处理的事项。根据民法典第一百七十条第二款关于"法人或者非法人组织对执行其工作任务的人员职权范围的限制,不得对抗善意相对人"的规定,如果法人或者非法人组织对执行其工作任务的人员职权范围进行了限制,且法人、非法人组织有证据证明相对人对此知情或者应当知情的,也应认为执行法人或者非法人组织工作任务的人员以法人或者非法人组织的名义订立合同的行为构成超越职权范围。

当然,即使行为人超越代理权,也仍有适用民法典第一百七十二条关于表见代理之规定的余地,例如执行法人或者非法人组织工作任务的人员伪造权力机构的决议或者执行机构的决定,就非日常的重大交易订立合同,如果相对人有理由相信其已取得特别授权,则应依据民法典第一百七十二条认定合同对法人或者非法人组织发生效力。

无论是构成表见代理还是工作人员超越内部对职权范围的限制,法人或者非法人组织在承担有效代理所产生的责任后,应有权请求故意或者有重大过错的代理人对其损失承担赔偿责任。

——《民法典合同编通则解释》起草工作组:《〈关于适用民法典合同编通则若干问题的解释〉的理解与适用》,载《人民司法·应用》2024 年第 1 期。

本条是对《民法典》第 170 条有关职务代理的解释,包括以下几方面内容:

一是职务的概括授权仅适用于日常交易,相对人应从工作人员的职位判断该交易是否为日常交易;对于非日常的重大交易,仅靠笼统地概括授权还不够,仍应取得法人或者非法人组织的特别授权,否则就构成越权代理,本条第 2 款对于哪些交易属于非日常的重大交易作出了列举。

二是法人或者非法人组织对执行其工作任务的人员职权范围所作的限制,不得对抗善意相对人。从举证责任的角度看,应当推定相对人为善意,由法人、非法人组织举证证明相对人为恶意。

三是超越代理权的职务代理,构成表见代理的,适用表见代理的有关规则;不构成表见代理的,法人、非法人组织仍应承担缔约过失责任,此点有别于无权委托代理情况下被代理人不承担任何责任的规则。

四是法人、非法人组织无论是承担表见代理情况下的违约责任,还是承担无权代理情况下的缔约过失责任,其承担责任后,均可向故意或者有重大过错的代理人追偿。

——最高人民法院民事审判第二庭、研究室编著：《最高人民法院民法典合同编通则司法解释理解与适用》，人民法院出版社 2023 年版，第 250~251 页。

【最高人民法院公报案例】

湖北金华实业有限公司与苏金水等商品房买卖合同纠纷案[最高人民法院(2012)民抗字第 24 号民事判决书,2013.7.1]

一、关于皓羽公司向苏金水销售 06 号、07 号商铺行为的法律后果是否应归属于金华公司的问题

根据《中华人民共和国民法通则》第六十三条①的规定,被代理人对代理人在代理权限内以被代理人名义实施的代理行为,承担民事责任。因此,本案皓羽公司销售行为的法律后果归属于金华公司取决于皓羽公司的销售行为是否构成有权代理。

本院认为皓羽公司的销售行为已构成有权代理,理由是:第一,在销售案涉楼盘时,金华公司已授予皓羽公司独家全程的代理权限。金华公司与皓羽公司签订的《"楚天星座"商品房保底包干销售合同》第二条约定,"甲方(指金华公司)授权乙方(指皓羽公司)为该项目独家全程销售代理,代理范围包括项目营销策划、销售代理、广告宣传等。非因本合同到期或解除及甲方前期界定之外,甲方不得自行销售,或委托其他公司、个人进行销售",该条约定已明确授予皓羽公司销售案涉楼盘的代理权限,相关报纸广告等宣传材料上亦标明皓羽公司作为该楼盘"全程营销"的代理人的法律地位。第二,皓羽公司系以金华公司的名义而非以皓羽公司自身名义销售案涉商铺。06 号合同和 07 号合同首部均载明出卖人为金华公司,并明确皓羽公司的身份为金华公司的委托代理机构。第三,06 号合同和 07 号合同尾部均有苏金水签字,06 号合同尾部加盖有出卖人金华公司的销售合同专用章,07 号合同尾部亦有皓羽公司以金华公司委托代理人身份加盖的销售合同专用章。第四,苏金水购买商铺的过程中还取得了 06 号、07 号商铺的《〈楚天星座〉商品房认购合同》,该两份认购合同均加盖有金华公司的销售合同专用章。第五,苏金水系在楼盘售楼处现场签订 06 号合同与 07 号合同并通过现场 POS 机支付主要购房款。可见,皓羽公司以金华公司名义向苏金水销售案涉商铺的行为,足以认定构成有权代理,且苏金水作为普通购房者亦有较为充分理由相信皓羽公司具有销售案涉商铺的代理权限。另外,部分楼盘宣传材料上虽有 2006 年 5 月 1 日倾情推出的表述,但此种表述并未包含对外宣示禁止皓羽公司于 2006 年 5 月 1 日之前销售案涉

---

① 对应《民法典》第 162 条。——编者注

涉商铺的意思;同时,金华公司与皓羽公司就封盘期间、收款权限、签章权限等事项作出的若干约定均系金华公司与皓羽公司之间的内部约定,并未对外公示,不能对抗善意的购房者;而金华公司再审中主张06号、07号商铺不在皓羽公司受权销售的范围之内但皓羽公司予以否认,且金华公司未能举证予以证实,故就金华公司关于皓羽公司销售案涉商铺系越权行为对金华公司无约束力的主张,本院不予支持。至于金华公司提出因存在苏金水未注意案涉楼盘广告宣传系2006年5月1日"倾情推出"、苏金水未对合同的版本、涂改和签章及收据出具主体等进行必要审查、苏金水部分款项系通过皓羽公司财务人员中转等情形而应认定苏金水在购房中存在严重过错从而不构成表见代理的主张,在论证前提上即与本案中皓羽公司销售行为应系有权代理的性质不符,且结合本案代理销售、广告营销、合同签订与款项支付的前述具体过程与情形,金华公司关于合同相对方过错标准的主张亦超出了苏金水作为普通购房者的合理注意义务,本院不予支持。综上,皓羽公司基于有效的委托代理关系所实施的代理行为不违反法律法规禁止性规定,应认定为有效,其代理行为的法律后果应直接约束被代理人,所产生的民事责任直接由被代理人承担。皓羽公司作为委托代理人签订的06号、07号合同应直接约束被代理人金华公司,皓羽公司作为委托代理人收取款项的法律后果亦应归属于被代理人金华公司,皓羽公司所为产生的相应民事责任应由金华公司承担。

另,皓羽公司向苏金水销售案涉商铺系以被代理人金华公司的名义而并非以其自身名义,而成立隐名代理的必要前提之一系受托人以自己的名义与第三人订立合同,故二审判决适用《中华人民共和国合同法》第四百零二条①认为皓羽公司销售07号商铺的行为构成隐名代理,对合同效力的最终认定虽无影响,但属于适用法律不当,本院予以纠正。

——《最高人民法院公报》2014年第1期。

238 表见代理中相对人有理由相信行为人有代理权的认定

关键词｜表见代理｜无权代理｜举证责任｜

【最高人民法院司法解释】

　　第二十八条　同时符合下列条件的,人民法院可以认定为民法典第一百七十二条规定的相对人有理由相信行为人有代理权:

　　(一)存在代理权的外观;

---

①　对应《民法典》第925条。——编者注

(二)相对人不知道行为人行为时没有代理权,且无过失。

因是否构成表见代理发生争议的,相对人应当就无权代理符合前款第一项规定的条件承担举证责任;被代理人应当就相对人不符合前款第二项规定的条件承担举证责任。

——《最高人民法院关于适用〈中华人民共和国民法典〉总则编若干问题的解释》(2022 年 3 月 1 日,法释〔2022〕6 号)。

【链接：答记者问】

问:我们注意到本解释第二十八条就表见代理的具体适用作出了专门规定。能否介绍一下制定本条有什么考虑?

答:表见代理制度是信赖保护的一项重要制度,对于保护善意相对人利益、维护交易安全具有重要作用。如何认定"相对人有理由相信行为人有代理权",是适用表见代理制度的关键问题。对此,本解释第二十八条第一款以《关于当前形势下审理民商事合同纠纷案件若干问题的指导意见》第十三条规定为基础,结合理论研究成果和司法实务经验,明确了认定"相对人有理由相信行为人有代理权"的两个条件:一是存在代理权的外观;二是相对人不知道行为人行为时没有代理权,且无过失。对上述两种情形的认定需要结合代理行为存在诸如合同书、公章、印鉴等有权代理的客观表象形式要素,以及合同的缔结时间、以谁的名义签字、是否盖有相关印章及印章真伪、标的物的交付方式与地点等因素综合判断。

此外,本解释第二十八条第二款还明确了相对人对行为人实施民事法律行为时存在代理权的外观承担举证责任,被代理人就相对人不构成善意承担举证责任。这一规则既吸收了司法实务中的经验做法和学术界的研究成果,也与《民法典物权编解释一》有关善意取得规定的基本思路一致。

——《弘扬社会主义核心价值观 确保民法典统一正确实施——最高人民法院研究室负责人就民法典总则编司法解释答记者问》,载《人民法院报》2022 年 2 月 27 日,第 4 版。

【链接：理解与适用】

代理部分的重点内容

《总则编解释》在代理部分的规定共有 5 条,主要规定了共同代理、紧急情况下的转代理、无权代理的适用、表见代理中相对人有理由相信行为人有代理权的认定,以及追认意思表示的作出对象与生效时间。其中,对表见代理制度作出细化规定,尤其是实务界关注的重点。据统计,2019 年 1 月 1 日至 2021 年 12 月 31 日,涉表见代理的民事案件达 67665 件。

　　如何认定相对人有理由相信行为人有代理权,是表见代理认定的核心问题。此前,《关于当前形势下审理民商事合同纠纷案件若干问题的指导意见》第 13 条明确:"合同法第四十九条规定的表见代理制度不仅要求代理人的无权代理行为在客观上形成具有代理权的表象,而且要求相对人在主观上善意且无过失地相信行为人有代理权"。鉴于该规定在各级人民法院裁判中得到了普遍遵循,适用效果较好,我们将之上升为司法解释规则。

　　为细化表见代理制度的适用规则,《总则编解释》第 28 条第 1 款第(2)项将"相对人善意且无过失"进一步明确为"相对人不知道行为人行为时没有代理权,且无过失"。调研中,对于应当采纳无过失标准还是无重大过失标准,存在不同认识。

　　一种意见认为,可以最高人民法院《关于适用民法典物权编的解释(一)》第 14 条有关善意取得的认定规则,规定为无重大过失,以体现规则的一致性。

　　另一种意见认为,无过失标准更有利于平衡被代理人与相对人的利益。

　　经研究认为,较之善意取得,在表见代理中,行为人必须以被代理人的名义作出代理行为,因此相对人至少知道被代理人的存在,获知行为人无权代理的信息成本要低一些,因此,表见代理中相对人善意的要求程度更高一些。相对人不仅主观上不能有重大过失,而且应无一般过失,否则容易因滥用表见代理制度损害被代理人的利益。

　　还有学者指出,表见代理是以牺牲被代理人的利益为代价实现交易安全保护的一项制度,在未将代理权外观的形成可归责于被代理人规定为表见代理的一个构成要件的情况下,如果仅要求相对人负担较轻的注意义务(无重大过失),被代理人通常会面临较为宽泛的受损害风险。

　　因此,我们采取了无过失的标准。对此情形的认定,需要结合代理行为存在诸如合同书、公章、印鉴等有权代理的客观表象形式要素,以及合同的缔结时间、以谁的名义签字、是否盖有相关印章及印章真伪、标的物的交付方式与地点等因素综合判断。

　　此外,《总则编解释》第 28 条第 2 款还规定了有关举证责任的分配问题。这是为了贯彻善意推定的原则,明确相对人就行为人存在代理权的外观承担举证责任,被代理人就相对人非善意承担举证责任,为审判实践提供指引。因为"按照社会生活经验,'不知道'是难于举证证明的,故法庭不要求相对人就自己属于善意举证,而依'善意推定'的法理进行判断"。

　　——郭锋、陈龙业、蒋家棣、刘婷:《〈关于适用民法典总则编若干问题的解释〉的理解与适用》,载《人民司法·应用》2022 年第 10 期。

【人民法院案例库参考案例】

重庆某路桥工程有限公司诉王某某、安某某民间借贷纠纷案[入库编号：2023-16-2-103-006，青海省高级人民法院（2018）青民再48号民事判决书，2018.7.3]

【裁判要旨】

表象材料具有重大瑕疵而相对人没有尽到合理的注意义务，不宜认定善意无过失；相对人为从事经常性商事活动的商个人，对于其注意义务的标准，一般应当高于普通的民事主体。

构成代表行为，相对人知道或者应当知道行为人必须是法人的法定代表人或其他组织的负责人，并超越了法定代表人或负责人的权限订立了合同。作为经常从事商事活动的个人，应当对刻有"对外签订合同/收据无效"字样的印章有合理的注意、审查和判断义务，应当审查有无单位的明确授权或者事后追认，在上述实践表象不具备之情形下，不能认定相对人具有善意、无过失。

【裁判理由】

青海省高级人民法院再审认为，涉案工程即X公路改建工程B标段项目某公司中标后，某公司又与安某某签订了《X公路改建工程B标段工程项目施工责任合同》，某公司将涉案工程交由安某某施工，安某某以某公司名义施工，向某公司支付管理费，其与某公司实际形成转包关系。根据《中华人民共和国合同法》第四十九①规定：行为人没有代理权、超越代理权或者代理权终止后以被代理人名义订立合同，相对人有理由相信行为人有代理权的，该代理行为有效。第五十条②规定：法人或其他组织的法定代表人、负责人超越权限订立的合同，除相对人知道或者应当知道其超越代理权限的以外，该代表行为有效。构成表见代理，相对人除符合善意、无过失的主观要件外，还需履行审查、判断、核实相对人是否具有表见代理的权利外观客观要件。同时，依据《最高人民法院关于当前形势下审理民商事合同纠纷案件若干问题的指导意见》的相关规定，主观要件的判断，需要考察形成表象的材料是否有瑕疵以及相对人自身的经验。表象材料具有重大瑕疵而相对人没有尽到合理的注意义务，不宜认定善意无过失；相对人为从事经常性商事活动的商个人，对于其注意义务的标准，一般应当高于普通的民事主体。构成代表行为，相对人知道或者应当知道行为人必须是法人的法定代表人或其他组织的负责人，并超越了法定代表人或负责人的权限订立了合同。

结合本案，王某某、安某某均认可二人系多年的朋友关系，王某某向安某某给付借款时，王某某知道或者应当知道安某某并非某公司的法定代表人。安某某向

---

① 对应《民法典》第172条。——编者注
② 对应《民法典》第504条。——编者注

王某某出具的借条落款处加盖了某公司 X 公路改建工程 B 标段项目经理部的印章,项目部印章上刻有"对外签订合同/收据无效"字样,王某某作为经常从事商事活动的商个人,应当对刻有"对外签订合同/收据无效"字样的印章有合理的注意、审查和判断义务,某公司提交的《项目部印章携外审批表》证实,项目部印章的授权范围特别规定不得借款。王某某也未尽到善意的注意、审查和判断义务。同时,在借款行为发生前,王某某未向某公司核实安某某的身份,即使王某某事先知道安某某与某公司存在转包或挂靠关系,是涉案工程的实际施工人,但对涉及公司借款尤其是巨额借款等涉及公司重大利益的事项,应有某公司明确的授权或者追认,而事后某公司并未追认安某某的借款行为。因此,就安某某向王某某出具的借条落款处虽然加盖了某公司 X 公路改建工程 B 标段项目经理部的印章,但不具有某公司授权安某某向王某某借款的授权表象,王某某也不具有善意、无过失的足以相信安某某具有某公司借款的代理权的理由,故安某某向王某某出具的借条落款处加盖了某公司 X 改建工程 B 标段项目经理部的印章的行为不能代表某公司。从借款的交付和用途看,借款由王某某直接交付安某某本人违背了王某某应有的注意义务。作为借款人,王某某如果善意认为安某某向其借款系安某某代表某公司为涉案项目向其借款,也应当通过转账的方式向项目部或某公司支付借款,而非将借款以现金方式向安某某个人支付;《借条》上明确载明借款用途为购买涉案工程材料款和工地开支,原因为资金周转需要,但资金流向是不确定的,且安某某并未提供该借款用于涉案工程项目的相关证据,某公司又对安某某陈述的借款用途予以否认,故无证据证实某公司是借款的实际使用人。安某某与某公司均认可某公司 X 公路改建工程 B 标段项目经理部印章由某公司工作人员专人保管,要使用项目部印章,使用人必须填写《项目印章携外审批表》,经某公司同意后方可使用。2016年 2 月 3 日,因工地发生斗殴事件,需要当地公安机关调解,安某某向某公司书写了"因需要处理斗殴事件,从某公司经理部印章保管人处拿走印章,承诺带走的印章只用于公安机关解决斗殴事件,并未用于与某公司 X 公路改建工程 B 标段项目相关或不相关的经济利益文件(如合同协议书、欠条、收据、担保等),如发生上述事实,由其本人承担"的《承诺书》。合同具有相对性,在法无明确规定及当事人约定的情况下,不能突破合同相对性。即使某公司对安某某以某公司 X 公路改建工程 B 标段项目经理部印章对外签订的《机械租赁合同》《车辆租赁合同》《劳务合同书》等无异议,也不能据此认定某公司对安某某向王某某的借款应承担连带清偿责任。安某某也承认涉案借款应由其自行偿还。综上,安某某向王某某出具借条并加盖某公司 X 公路改建工程 B 标段项目经理部的印章的行为产生的法律责任应由安某某自行承担,某公司不承担给付责任。再审申请人某公司的再审理由成立,应予支持。原一审判决认定基本事实不清,处理不当,应予纠正。原二审判决认定事实虽然清楚，但适用法律错误，处理不当，亦应纠正。

——人民法院案例库，https://rmfyalk.court.gov.cn。

【最高人民法院裁判案例】

上诉人青海宏信混凝土有限公司与被上诉人海天建设集团有限公司青海分公司、海天建设集团有限公司、安多汇鑫矿业有限责任公司等民间借贷纠纷案[最高人民法院(2019)最高法民终1535号民事判决书,2019.12.30]

二、关于安多汇鑫公司对案涉债务是否承担连带保证责任的问题

虽然经鉴定案涉《协议书》中安多汇鑫公司的印章印文与安多汇鑫公司提交的样本印章印文不一致，但如前所述，不能仅以合同中加盖的印章印文与公司备案印章印文或常用业务印章印文不一致来否定公司行为的成立及其效力，而应当根据合同签订人是否有权代表或代理公司进行相关民事行为来判断。根据查明的事实，案涉《协议书》签订时，崔文辉为安多汇鑫公司的股东，但并非安多汇鑫公司法定代表人，亦无证据证明其在安多汇鑫公司任职或具有代理安多汇鑫公司对外进行相关民事行为的授权。而仅因崔文辉系安多汇鑫公司股东，不足以成为青海宏信公司相信崔文辉有权代理安多汇鑫公司在案涉《协议书》上签字盖章的合理理由，故崔文辉的行为亦不构成表见代理，对安多汇鑫公司不具有约束力。因此，青海宏信公司与安多汇鑫公司之间并未形成有效的担保合同关系，其主张安多汇鑫公司承担连带保证责任的请求不能成立。一审判决对该问题认定并无不当。

——中国裁判文书网，https://wenshu.court.gov.cn。

再审申请人中十冶集团有限公司与被申请人夏某举及一审第三人袁官和建设工程施工合同纠纷案[最高人民法院(2019)最高法民再199号民事判决书,2019.11.13]

(二)二审判决中十冶公司退还夏某举履约保证金800万元及利息是否正确

《中华人民共和国合同法》第四十九条规定:"行为人没有代理权、超越代理权或者代理权终止后以被代理人名义订立合同，相对人有理由相信行为人有代理权的，该代理行为有效。"本案各方当事人争议的问题在于，袁某和以中十冶成都分公司名义与夏某举签订《S302线通江县城过境公路大房沟隧道工程劳务分包初步协议》以及向夏某举收取履约保证金800万元的行为，是否构成表见代理。

首先，夏某举提供的证据能够证明袁某和具有代理中十冶成都分公司与其签订案涉协议的授权表象。袁某和在与夏某举签订案涉协议时向夏某举出示的三份材料，中十冶成都分公司中十冶成分司发(2013)3号文件证明袁某和是该分公司聘任的副总经理，中十冶成都分公司中十冶成分司发(2014)1号文件证明该分公

司任命袁某和为四川省通江县 S302 线县城过境公路建设项目的指挥长,全权负责本项目,《通江县 S302 线县城过境公路建设项目工程施工内部承包协议书》证明袁某和内部承包该工程。虽然三份材料上中十冶成都分公司的印章与公安局备案印章不一致,但中十冶公司在另案中并未否定其效力,且中十冶公司在本案中虽主张印章是袁某和伪造的,但其没有提供充分证据加以证明。夏某举提供的证据能够证明袁某和具有代理中十冶成都分公司与其签订案涉协议的授权表象。

其次,中十冶成都分公司有重大过错。中十冶成都分公司与袁某和签订《通江县 S302 线县城过境公路建设项目工程施工内部承包协议书》是为了规避施工人应具备相应建设资质的法律规定,其有过错。中十冶成都分公司在该项目工程无法开工后,未退还袁某和的保证金,而是决定该保证金退还由袁某和自行想办法。中十冶成都分公司以书面协议解除《通江县 S302 线县城过境公路建设项目工程施工内部承包协议书》,却放任袁某和持有中十冶成都分公司中十冶成分司发(2013)3 号文件、中十冶成分司发(2014)1 号文件,使袁某和具有代理中十冶成都分公司的授权表象,其有过错。中十冶成都分公司作为专业的建设单位,在从业中不遵守法律关于禁止借用建设资质的规定,在企业管理中不规范经营,导致本案纠纷的发生,具有重大过错。

最后,夏某举有理由相信行为人袁某和有代理权。袁某和在与夏某举签订案涉协议上加盖中十冶集团有限公司 S302 线通江县城过境公路工程项目经理部印章,虽然中十冶公司主张该项目部的印章是伪造的,但其没有提供证据加以证明,夏某举依据袁某和持有的三份材料,对袁某和以中十冶成都分公司项目部名义与其签订案涉协议并收取保证金 800 万元的行为,是对“全权负责项目”权限的通常判断,且工程内容也未超出常识性判断,故夏某举与袁某和签订案涉协议并支付保证金 800 万元是在袁某和有授权表象的情况下,夏某举属于善意第三方。

综上,袁某和以中十冶成都分公司名义与夏某举签订《S302 线通江县城过境公路大房沟隧道工程劳务分包初步协议》以及向夏某举收取履约保证金 800 万元的行为,构成表见代理。

——中国裁判文书网,https://wenshu.court.gov.cn。

上诉人中国铁路物资沈阳有限公司与被上诉人天津市长芦盐业总公司买卖合同纠纷案[最高人民法院(2015)民二终字第 335 号民事判决书,2015.11.20]

本院认为,长芦公司与沈阳公司之间签订的沈物营煤炭采长芦 2013-01《产品购销合同》(以下简称涉案合同)系基于双方真实意思表示而形成,内容并不违反法律法规强制性规定,为有效协议,合同双方均应如约履行相应的权利义务。本案争议焦点是:长芦公司是否实际收到沈阳公司背书的银行承兑汇票或相应款项;建平公司接收沈阳公司银行承兑汇票的行为是否构成表见代理；……

一、关于长芦公司是否已经实际收到沈阳公司背书的银行承兑汇票或相应款项的问题。根据二审庭审查明的事实，虽然沈阳公司未将涉案的 4900 万元银行承兑汇票以及另外 3500 万元银行承兑汇票交给长芦公司，而是交给案外人建平公司，建平公司通过以长芦公司的名义再次背书，最终贴现取得 8400 万元款项，但经核查沈阳公司、长芦公司及建平公司的有关凭证及票据，建平公司在 2013 年 2 月收到上述 8400 万元汇票并计入自己的财务账目后，向长芦公司开具了收款收据，又于 2013 年 3 月以"退货款"为由，分六次将 8400 万元全部退给了长芦公司。依据长芦公司的会计凭证，长芦公司已收到该 8400 万元并以预收账款记账，但其后在没有任何票据和建平公司调账意见的情形下，自行进行了调账，将此款调整为应收账款。虽然长芦公司主张此款是建平公司偿还的其他交易中产生的信用证款项，与本案无关，但经审查长芦公司提交的相关证据，其所称所谓信用证垫款与前述六次共计 8400 万元退款在合同的签订时间、约定的数额、信用证款项垫付日期等方面均无法对应，特别是长芦公司自行调整了记账凭证，而其对 2013 年 3 月收到从建平公司处退还的 8400 万元的原因不能作出合理解释，其所陈述的意见亦缺乏可信性。因此，从上述款项的流转看，建平公司已将涉案的 8400 万元款项退回长芦公司。

二、关于建平公司接收沈阳公司承兑汇票的行为是否构成表见代理的问题。此问题是本案当事人争议的主要焦点。第一，无论是从庭审陈述还是长芦公司二审提交的证据均可反映出，长芦公司与建平公司在本案前即存在着常年的合作与交易，有着紧密经济往来，长芦公司亦是通过建平公司的一手经办而与沈阳公司签订了涉案合同，因此，基于双方对外所表现的关系，对于沈阳公司来说极易形成长芦公司与建平公司之间存在委托之表象。第二，当涉案货物交付后，长芦公司于 2013 年 1 月 29 日向沈阳公司出具了 4900 万元的增值税专用发票，沈阳公司亦于 2013 年 1 月 29 日将银行承兑汇票全称完整、字面清晰的背书给了长芦公司。与交付现金或银行汇款的支付方式不同，汇票票面的背书记载足以表明沈阳公司在主观上具有足额、及时、明确的付款意愿，在客观上亦符合票据流转的法定要件，因此，沈阳公司在汇票付款的形式上不存在任何恶意或过错。对于沈阳公司将涉案汇票交付给建平公司的行为，必须考虑到在此前履行与涉案合同交易模式完全相同的 2012 年 8 月的两份共计 9750 万元的《产品购销合同》时，沈阳公司同样将已经背书给长芦公司的 9750 万元银行承兑汇票在无任何书面委托的前提下，交给了建平公司。此后，长芦公司从建平公司取得了转交的汇票并向沈阳公司出具了全额的收款收据，此次有效的转交行为进一步加深了沈阳公司对长芦公司与建平公司之间存在委托关系的信赖。因此，本案沈阳公司基于前期形成的信赖将涉案

4900万元汇票再次交付给建平公司具有合理性,主观上不存在实质性的过错。第三,值得注意的是,包含涉案合同在内的两份《产品购销合同》的原约定总价款为8900万元,而无论是在《催款函》中显示还是在事实上查明,长芦公司均是开具了8400万元的增值税专用发票,而非8900万元。尽管增值税专用发票的开具不代表货款的收受,但依照长芦公司在二审庭审中一再表示对于货物数量变更以及价款变更均不知情的陈述,进一步可以确认8400万元增值税专用发票是长芦公司在知晓建平公司已经从沈阳公司取得8400万元的汇票后出具的,此事实也恰恰与张榕在公安机关的陈述相符合。第四,双方在涉案合同中明确约定,当涉案货物办理过户手续后,长芦公司在3日内向沈阳公司开具增值税专用发票,沈阳公司一次性用六个月银行承兑汇票付清货款。当沈阳公司将背书的银行承兑汇票交给建平公司又取得全额的增值税专用发票后,长芦公司却在张某刑事犯罪案发前长达九个月的时间里从未提出过货款未付的异议。长芦公司的此消极行为进一步加强了沈阳公司对建平公司之前表见代理行为的确信。第五,必须指明的是,长芦公司不但没有提出未付款的异议,反而是在沈阳公司将涉案汇票交予建平公司后的第七个月即2013年7月份,再次与沈阳公司、建平公司合作,共同签署了《三方协议》。依据《三方协议》的内容,沈阳公司需在建平公司依约支付6650万元后,第一时间将煤炭过户给长芦公司。而经过本院调查,此协议中约定由建平公司支付的6650万元,却全部来自于长芦公司,更与长芦公司在本案的诉讼主张矛盾的是,作为实际支付6650万元货款的一方,长芦公司却从未向沈阳公司主张过包括涉案货款在内的8400万元货款,亦未主张过抵销。因此,基于长芦公司对此前4900万元货款长期未提出异议,并继续与建平公司合作履行《三方协议》付款的行为,进一步向沈阳公司显示出其与建平公司之间相互信赖、相互合作、相互委托的关系。长芦公司与建平公司所再次表现出的密切关系,也再次让沈阳公司确认建平公司有权代为领取之前的4900万元汇票,也再次确认自己已经完成了支付涉案货款的事实。第六,结合沈阳公司的冷某、建平公司的王某以及长芦公司的李某(第一次)在公安机关的陈述,三人同时陈述了沈阳公司曾于2013年4、5月份左右向长芦公司索要过涉案货款收据的事实。尽管长芦公司在二审庭审中对于相关笔录的内容予以否认,但该三人在不同时间、不同地点所作出的相互吻合、相互印证的内容,加之此前认定的事实,能够令本院确认该三人所陈述的上述事实具有高度可能性。因此,在沈阳公司已经在《三方协议》签订前即已催要涉案收款收据的情形下,长芦公司却直至再次支付了6650万元后,仍然未向沈阳公司提出货款未付的主张,不仅明显有悖常理并且可以认为是对建平公司代为收款行为的默认。而令本院注意的是,长芦公司在张某于2013年10月被公安机关因涉嫌诈骗罪刑事拘留之后,才于2013年11月1日向沈阳公司发出《催款函》,催要包含涉案货款在内的8400万元。长芦公司对其此种异常行为,仅以其信任国有企业为由予以解释明显过于牵强,不但难以令本院采信,更另本院怀疑其起诉之缘由。第七,《中华人民共和国合同法》第四十九条对于表见代理作出了明确规定,即"行为人没有代理权、超越代理权或者代理权终止后以被代理人名义订立合同,相对人有理由相信行为人有代理权的,该代理行为有效"。本院认为,基于表见代理制度的内容及目的,善意无过失的合同相对人,基于无权代理人在客观上形成的可信赖之表象,而与之所为的合理行为的法律后果,应当归属于被代理人。在长芦公司与建平公司存在长期密切往来的前提下,纵观涉案合同的签订方式、结合之前9750万元的两份合同的签订和履行方式,再考虑到《三方协议》期间的三方行为,足以制造出长芦公司委托了建平公司从事交易、代收货款等表象,基于此,已经完成了汇票背书付款的沈阳公司有理由相信建平公司有权代理长芦公司领取4900万元汇票,在上述分析的综合考量下,本院认为,认定长芦公司领取该汇票的行为构成表见代理更具有合理性,亦更符合法律之本意。

综上,在建平公司构成表见代理,且长芦公司对其已经事实上收到建平公司8400万元"退货款"无法提供足够证据予以否认、亦无法作出合理解释的前提下,依据《最高人民法院关于适用〈中华人民共和国民事诉讼法〉的解释》第一百零八条第一款关于"对负有举证证明责任的当事人提供的证据,人民法院经审查并结合相关事实,确信待证事实的存在具有高度可能性的,应当认定该事实存在"的规定,本院进一步确认,认定长芦公司已经收到了沈阳公司支付的4900万元货款的结论更符合全案证据所反映出的事实全貌,亦更符合公平公正之理念。本院认为,结合上述两点论述,沈阳公司的上诉主张成立,对于长芦公司要求沈阳公司支付4900万元货款的主张,不予支持。

——中国裁判文书网,https://wenshu.court.gov.cn。

编者说明

对于表见代理,《民法典》第172条规定:"行为人没有代理权、超越代理权或者代理权终止后,仍然实施代理行为,相对人有理由相信行为人有代理权的,代理行为有效。"表见代理,是指行为人虽无代理权而实施代理行为,如果相对人有理由相信其有代理权,该代理行为有效。只要相对人对行为人有代理权形成了合理信赖,即使实际情况相反,也应保护这种信赖利益,在一定程度上牺牲被代理人的利益,而将无权代理的效果归属于被代理人,以维护交易安全。

根据《民法典》第172条的规定,构成表见代理需要满足以下两个条件:(1)行为人并没有获得被代理人的授权就以被代理人的名义与相对人实施民事法律行为。本条规定了没有代理权、超越代理权或者代理权终止三种情形。(2)相对人在主观上必须是善意、无过失的。所谓善意,是指相对人不知道或者不应当知道行为人实际上是无权代理;所谓无过失,是指相对人的这种不知道不是因为其大意造成的。如果相对人明知或者应知行为人没有代理权、超越代理权或者代理权已终止,而仍与行为人实施民事法律行为,那么就不构成表见代理,而成为无权代理。

根据本条规定,被代理人的过错不是表见代理的构成要件,因为表见代理最重要的特征就是相对人有正当理由相信行为人有代理权,而不问被代理人是否有过错。虽然表见代理的产生往往与被代理人的过错有关,比如,因为被代理人管理制度的混乱,导致其公章、介绍信等被他人借用或者冒用;被代理人在知道行为人以其名义与第三人实施民事法律行为而不作否认表示等。但是,设立表见代理制度的目的是保护交易的安全性,不至于使没有过失的相对人劳而无获。因此,相对人只要证明自己和行为人实施民事法律行为时没有过失,至于被代理人在行为人实施民事法律行为时是否有过错,相对人很多情况下难以证明。因此,行为人没有代理权、超越代理权或者代理权终止后,仍然以被代理人的名义实施代理行为的,只要相对人有理由相信行为人有代理权的,代理行为就有效。①

关于善意与过失之间的关系,即过失是认定是否为善意的一个要素,还是与善意相互独立的一个要素。2009 年《最高人民法院关于当前形势下审理民商事合同纠纷案件若干问题的指导意见》第 13 条、第 14 条采用了相对人在主观上"善意且无过失"地相信行为人有代理权的表述。司法解释起草者认为,从《民法典》第 171 条的语意及上下文可知,善意就是"不知道且不应当知道"。所谓"不应当知道"即表明没有相应的注意义务;反之,有相应的注意义务即为"应当知道"。违背该义务导致应当知道而不知的后果,就是有过失。故可以认为,《民法典》中关于善意的认定,包含了对有无过失的评价。这一立场也体现在《民法典总则编解释》有关表见代理的规定上。《民法典总则编解释》第 28 条第 1 款第 2 项继承了《最高人民法院关于当前形势下审理民商事合同纠纷案件若干问题的指导意见》第 13 条、第 14 条的本意,但修正了表述,将"相对人善意且无过失"修改为"相对人不知道行为人行为时没有代理权,且无过失"。②

239 表见代理中,相对人有理由相信行为人有代理权,须存在诸如合同书、公章、印鉴等有权代理的客观表象形式要素

关键词丨租赁合同丨表见代理丨民事主体认定丨合同相对方丨

【人民法院案例库参考案例】

江西某高速公路工程有限责任公司与献县某建材租赁站、贺某东租赁合同纠纷再审案[入库编号:2024 - 16 - 2 - 111 - 002,江西省高级人民法院(2016)赣民再

---

① 参见黄薇主编:《中华人民共和国民法典总则编解读》,中国法制出版社 2020 年版,第 562~563 页。
② 参见最高人民法院民法典贯彻实施工作领导小组编著:《最高人民法院民法典总则编司法解释理解与适用》,人民法院出版社 2022 年版,第 400 页。

111 号民事判决书,2017.8.25]

【裁判要旨】

1. 合同主体是实际承担合同权利义务的民事主体,仅在合同上加盖公章,但在该合同中并不享有权利、承担义务的相关方,不是合同主体。

2. 表见代理中,相对人有理由相信行为人有代理权,须存在诸如合同书、公章、印鉴等有权代理的客观表象形式要素。

【裁判理由】

法院生效裁判认为,本案的争议焦点是:工程公司是否为案涉《碗扣支架租赁合同》的承租方。

针对本案的争议焦点,租赁站认为工程公司为案涉《碗扣支架租赁合同》承租方,并提出了两种观点:一种观点认为工程公司与贺某东同为案涉租赁合同的相对方;另一种观点认为贺某东的行为构成表见代理。工程公司则认为其不是案涉《碗扣支架租赁合同》的承租人,本案也不构成表见代理。主张工程公司与贺某东同为案涉租赁合同的相对方,租赁站的主要理由在于工程公司在案涉租赁合同上加盖了德昌项目部公章,对该公章的真实性不持异议,对加盖公章的行为未能作出合理解释,且向租赁站支付过租赁费。

该院认为,租赁站的上述主张不能成立。理由在于:

第一,从形式上看,案涉租赁合同正文共有两页,其中第一页首部"承租方(以下简称乙方)"一栏正后方为贺某东签名及捺印,第二页尾部"承租方"一栏正后方亦为贺某东签名及捺印,德昌项目部在该两页中均加盖了公章,公章所加盖的位置均在纸张页面的右下底角,与第一页首部"承租方(以下简称乙方)"位置截然不同,与第二页尾部"承租方"的位置亦存在明显的区分。仅凭德昌项目部加盖公章即认定其为案涉租赁合同的承租人,明显与常理不符。租赁站陈述其要求德昌项目部作为承租方在案涉租赁合同上加盖公章,但租赁站却并未要求德昌项目部在"承租方"位置加盖公章,亦与常理不符。

第二,从内容上看,案涉租赁合同规定的均是甲乙双方的权利和义务关系,该租赁合同第六条约定:"本合同甲乙双方签字盖章之日起生效,本合同壹式陆份,甲乙双方各执叁份。"由该条规定可以推知,参与订立合同的当事人应为两方,并不存在三方共同订立合同的情形。

第三,本案一审时,租赁站提交的 2010 年 12 月 20 日由贺某东向德昌项目部出具的《委托书》,其内容为:"德昌高速 D9 标经理部:兹委托贵项目部将我施工队尚欠租赁站碗扣租金计人民币叁拾陆万元整(360000 元)从我施工队工程款中代付给该租赁站,特此委托。"从上述内容看,贺某东明确是其施工队欠租赁站的租金,贺某东认可其是案涉租赁合同租金的支付义务主体,德昌项目部只是接受贺某东的委托,从贺某东施工队工程款中代付相关费用给租赁站。德昌项目部并不因此而成为案涉租赁合同租金的支付义务主体。若德昌项目部并不欠贺某东、施工队工程款,其并不必然需要向租赁站代付相关费用。

第四,在2011年7月27日的《补充协议》中,租赁站与贺某东就碗扣租赁账目进行了总结算,对碗扣材料丢失部分折合金额、尚欠碗扣材料租赁费及相关费用的支付期限作出了约定。因总结算对租赁合同当事人利益关系重大,若工程公司亦为案涉租赁合同的承租人,则其理应参与总结算活动。而该协议第4条则再次对2010年12月20日《委托书》中德昌项目部代付租赁费事宜进行了重申,却并未明确德昌项目部作为承租人的付款义务。

第五,至于德昌项目部在案涉租赁合同上盖章的原因,虽然工程公司有两种不同的说法,但因证明工程公司为案涉租赁合同承租方的举证责任在租赁站,在租赁站未能完成举证责任的情况下,其主张并不能得到支持。

主张贺某东的行为构成表见代理,租赁站的主要理由在于:根据工程公司与贺某东签订的《工程施工劳务合同》,可认定案涉工程由贺某东负责施工管理;贺某东、德昌项目部具有有权代理的客观表现形式要素;租赁站尽到了善意、谨慎、无过失的注意义务,其有理由相信贺某东、德昌项目部可以代理工程公司与其签订合同并实际履行合同;实际施工人贺某东以自己的名义与租赁站签订案涉租赁合同,并加盖德昌项目部公章、实际履行合同的行为构成表见代理。

该院认为,原《合同法》第四十九条[①]规定:"行为人没有代理权、超越代理权或者代理权终止后以被代理人名义订立合同,相对人有理由相信行为人有代理权的,该代理行为有效。"根据该条规定,结合本案相关事实,租赁站的上述主张不能成立。理由在于:

第一,工程公司与贺某东签订的《工程施工劳务合同》签订时间为2009年12月2日,案涉《碗扣支架租赁合同》签订时间为2009年11月21日。在签订案涉租赁合同时,租赁站无从产生案涉工程由贺某东负责施工管理的认知。

第二,工程公司与贺某东签订的《工程施工劳务合同》第六条约定:"乙方(贺某东)应配备足以满足工期、质量要求的机械设备和器具,并应按甲方(德昌项目部)要求的数量和时间将设备器具安排进场。施工中如乙方无法配备能符合甲方要求的机械设备和器具,甲方将代乙方租赁或购买相应机械设备和器具以保证工期和质量,费用将由甲方从乙方的工程款中扣除。"从上述约定可知,案涉工程机械设备和器具的配备,应由贺某东自行负责。《工程施工劳务合同》并未授权贺某东可以德昌项目部的名义租赁机械设备和器具。《工程施工劳务合同》并不能产生

---

① 对应《民法典》第172条。——编者注

让贺某东具有代理权的表象。

第三，根据租赁站的陈述，德昌项目部在案涉《碗扣支架租赁合同》上盖章，是在租赁站与贺某东签订相关租赁合同之后。租赁站在签订相关租赁合同时，与德昌项目部有过接触和协商的过程。贺某东是否有权代理，租赁站可以通过与德昌项目部核实确定。因此，在相信贺某东具有代理权上，租赁站并非善意且无过失。

第四，根据前面的分析，工程公司并不是《碗扣支架租赁合同》的承租方，该租赁合同是贺某东以其自己的名义与租赁站所签订。可见，贺某东签订该租赁合同，并不符合表见代理中行为人以被代理人的名义订立合同的构成要件。

——人民法院案例库，https://rmfyalk.court.gov.cn。

240 职务外观并不包含相应职权的，不构成表见代理

关键词｜保理合同｜职务外观｜表见代理｜

【人民法院案例库参考案例】

某公司诉某甲公司等保理合同纠纷案[入库编号：2023-08-2-113-002，最高人民法院(2021)最高法民申3746号民事裁定书，2021.8.19]

【裁判要旨】

若应收账款债务人的员工不具备代表公司签订保理相关合同的权利外观，相关行为也没有得到公司的授权或追认，且保理合同的外观形式具有瑕疵时，原审法院可据此认定保理合同并非应收账款债务人的真实意思表示，因此，应收账款债务人不受保理合同法律关系约束。

【裁判理由】

最高人民法院再审审查认为，首先，关于应收账款转让是否对某乙公司发生效力的问题。根据原审查明的事实，王某曾为某乙公司员工，任职供应链管理部经理，黄某为某乙公司在职员工，为供应链管理部、供应商开发管理。从职务上看，与某丙公司之间应付账款金额的最终确认、审核相关保理合同真实性等通常不属于该二人所任职务应具备的职权范围，该二人也不具备代表某乙公司签订保理相关合同的其他权利外观，相关行为也没有得到某乙公司的授权或追认，某公司不应通过以上二人所任职务，认为其天然具备上述职权。通过《同意书》的内容可知，案涉保理系向债务人某乙公司披露保理人的明保理，而某公司和某丙公司主张案涉《同意书》是先由某丙公司盖章后寄送给某乙公司，某乙公司盖章后寄送给某公司，即某公司并未与某乙公司当面签署或者直接向某乙公司邮寄相关合同。且原审亦查明，《同意书》中加盖的"广东某乙ABB互感器有限公司"的印章印文与样

本中的印章印文不是同一枚印章盖印,某公司亦未举证证明某乙公司有使用该《同意书》中加盖的印章的情形。综上,原审法院认定《同意书》并非某乙公司真实意思表示,其不应受《同意书》约定约束,并无不当,某公司关于黄某、王某系职务行为,应收账款转让应当对某乙公司发生效力的再审申请理由不能成立。

——人民法院案例库,https://rmfyalk. court. gov. cn。

241 民事法律行为效果归属于非行为人时应当满足的条件

关键词 | 买卖合同 | 代理 | 职务行为 | 委托行为 | 表见代理 | 民事法律行为 | 责任归属 |

【人民法院案例库参考案例】

山东某工程材料有限公司诉济南某建设集团有限公司、孔某某买卖合同纠纷案[入库编号:2024-08-2-084-003,山东省肥城市人民法院(2022)鲁0983民初4815号民事判决书,2022.11.1]

【裁判要旨】

民事法律行为效果归属于非行为人时应当满足以下条件之一:(1)行为人的民事法律行为属于履行职务行为;(2)行为人的民事法律行为具有非行为人的委托授权;(3)行为人的民事法律行为构成表见代理;(4)行为人的民事法律行为虽然属于无权代理,但事后得到非行为人的追认。

【裁判理由】

法院生效判决认为:《最高人民法院关于适用〈中华人民共和国民法典〉时间效力的若干规定》第一条第二款规定,民法典施行前的法律事实引起的民事纠纷案件,适用当时的法律、司法解释的规定,但是法律、司法解释另有规定的除外。本案中,买卖事实发生在2018年,民法典实施前,应当适用当时的法律、司法解释的规定。某工程材料公司和孔某某协商达成的买卖合同,是当事人真实意思表示,不违反法律、行政法规的效力性强制性规定,未违背公序良俗,未损害他人合法权益,合法有效。

当事人对自己提出的诉讼请求所依据的事实或者反驳对方诉讼请求所依据的事实,应当提供证据加以证明,当事人未能提供证据或者证据不足以证明其事实主张的,由负有举证证明责任的当事人承担不利的后果。本案是买卖合同纠纷,某工程材料公司主张某建筑公司应承担付款义务,该诉讼请求成立需满足以下事实要件之一:(1)孔某某买卖协议协商、履行时的民事行为属于职务行为;(2)买卖协议协商、履行时孔某某具有某公司委托授权;(3)孔某某买卖协议协商、履行时的民事行为构成表见代理;(4)孔某某买卖协议协商、履行时的民事行为虽然属于无权代理,但事后得到某公司的追认。

本案中,首先,某工程材料公司主张孔某某是某建设公司的项目负责人,孔某某自称是项目负责人,某建设公司予以否认。孔某某虽然辩称某建设公司提交的《建设工程劳务分包合同书》为虚假合同,但庭审中其承认该合同中的公司印章是公司会计加盖,且孔某某在庭审后也提交了《建设工程劳务分包合同书》,孔某某没有提交其他证明《建设工程劳务分包合同书》为虚假的证据,至于签订合同的动机和目的,并不影响《建设工程劳务分包合同书》的真实性,对《建设工程劳务分包合同书》的真实性予以认可。某建设公司虽然辩称孔某某提交的《建设工程施工配属合同书》不真实,但没有提交其他证据证明自己的主张,因此,对《建设工程施工配属合同书》的真实性亦予以采信。某建设公司提交的《建设工程劳务分包合同书》、付款凭证、农民工工资发放表与孔某某提交的《建设工程施工配属合同书》、农民工工资发放表能够相互印证,对证明孔某某并非某公司的员工这一事实能够形成完整的证据链,因此,孔某某买卖协议协商、履行时的民事行为不属于职务行为。

其次,某工程材料公司除了提交欠款证明外,没有提交孔某某买卖协议协商、履行时的委托授权手续,因此,孔某某买卖协议协商、履行时的民事行为也不属于代理行为。

再次,《中华人民共和国合同法》第四十九条①规定,行为人没有代理权、超越代理权或者代理权终止后以被代理人名义订立合同,相对人有理由相信行为人有代理权的,该代理行为有效。构成表见代理合同要满足以下条件:(1)行为人并没有获得本人的授权就与第三人签订了合同;(2)合同的相对人在主观上必须是善意的、无过失的。所谓善意,是指相对人不知道或者不应当知道行为人实际上无权代理;所谓无过失,是指相对人的这种不知道不是因为其大意造成的。如果相对人明知或者理应知道行为人是没有代理权、超越代理权或者代理权已终止,而仍与行为人签订合同,那么就不构成表见代理,合同相对人也就不能受到保护。

最后,孔某某买卖协议协商、履行时的民事行为没有得到某建设公司的追认。

综上,《建设工程施工配属合同书》载明的合同乙方主体为孔某某,案涉买卖合同的主体为某工程材料公司和孔某某。

——人民法院案例库,https://rmfyalk.court.gov.cn。

---

① 对应《民法典》第 172 条。——编者注

242 个人犯罪行为是否影响单位对外承担民事责任，取决于个人的民事行为是否能够代表单位以及犯罪行为与案件是否属于同一法律关系

关键词｜租赁合同｜个人犯罪行为｜无权代理｜表见代理｜同一法律关系｜

【人民法院案例库参考案例】

甲公司诉乙公司租赁合同纠纷案[入库编号:2023-16-2-111-003,上海市闵行区人民法院(2008)闵民二(商)再初字第4号民事判决书,2009.5.19]

【裁判要旨】

个人犯罪行为是否影响单位对外承担民事责任,取决于个人的民事行为是否能够代表单位以及犯罪行为与案件是否属于同一法律关系。若单位以个人无权代理为由抗辩,则需判断该行为是否使对方足以相信其能够代表单位而构成表见代理,如果构成表见代理,那么该犯罪行为对外产生的民事责任,单位仍应当承担民事责任。

【裁判理由】

法院生效裁判认为:根据《最高人民法院关于在审理经济纠纷案件中涉及经济犯罪嫌疑若干问题的规定》第10条的规定,人民法院在审理经济纠纷案件中,发现与本案有牵连,但与本案不是同一法律关系的经济犯罪嫌疑线索、材料,应将犯罪线索、材料移送公安机关或检察机关查处,经济纠纷案件继续审理。

本案的争议焦点在于:王某与丙公司签订合同的行为是否代表乙公司;丙公司将债权债务转让给甲公司,乙公司是否知道;乙公司是否应当承担合同的义务。

针对上述争议焦点,再审认为:甲公司提供的证据及王某、郑某的陈述以及赵某的书面证明,可以证实乙公司于2006年3月确实向丙公司支付过押金5000元的支票一张,该支票的出票、流转、出账等情况,均有相应的书证和王某、郑某的陈述所证实,这些证据形成了证据锁链,证明了乙公司为系争的《租赁合同》支付过押金5000元,因此也可以证明乙公司确实知道上述《租赁合同》的存在。而王某、郑某的陈述及赵某的书证,又印证了王某受乙公司法定代表人王某甲的委托,由王某以乙公司名义与丙公司签订《建筑设备租赁合同书》的事实,该合同合法有效,此后,丙公司将合同的权利义务转让给甲公司,也于法无悖。王某已确认欠甲公司钢管、扣件数量,并承诺归还的日期,也证实乙公司知道合同权利义务转让事宜,故乙公司理应按约履行,其逾期不履行的行为于法有悖,应承担合同约定的民事责任。对于甲公司提出的诉请,原审判决中已阐明理由,再审予以认同,不再赘述。原审所查明的事实正确,作出的判决符合法律规定,再审应予以维持。

——人民法院案例库,https://rmfyalk.court.gov.cn。

243 金融案件中表见代理的认定

关键词 | 表见代理 | 金融 | 善意无过失 | 代理权外观 | 举证责任 |

【最高人民法院答复】

一、司法裁判认定的难点

民商事案件中表见代理制度的司法适用一直是人民法院的关注重点。从检索的案例可以发现,在适用表见代理规则时,客观上出现不同审级法院基于相同的案件事实作出不同的认定,并且法院论证的理由均有一定合理性的情况。涉表见代理案件具有裁判标准较难明确、裁判权空间较宽的特点。为此,2009 年 7 月,最高人民法院发布《关于当前形势下审理民商事合同纠纷案件若干问题的指导意见》(以下简称 2009 年指导意见),就表见代理的构成要件以及相对人善意且无过失的判断标准进行了规定(第 13 条、第 14 条)。一些地方法院也就表见代理出台了地方性司法文件,如上海市高级人民法院 2012 年制定《商事合同案件适用表见代理要件指引(试行)》、江苏省高级人民法院 2005 年发布《江苏省高级人民法院关于适用〈中华人民共和国合同法〉若干问题的讨论纪要(一)》。可见,人民法院通过制定裁判规则、发布典型案例等方式逐步统一表见代理规则的法律适用。

表见代理规则的法律适用在司法实践中存在较大争议,主要原因有二:一是对于表见代理构成要件上的争议。学界有观点认为,表见代理的构成还要求被代理人具有可归责性。如被代理人过失行为使相对人确信代理人有代理权,在相对人善意的情形之下,表见代理行为的法律效果归属被代理人,反之则不归属被代理人。学术界对于表见代理构成要件的争议影响了司法实务,核心争议在于认定表见代理构成要件当中是否应当考虑被代理人的过失或者可归责性。由此,司法实践中亦有裁判开始将被代理人的可归责性作为表见代理的构成要件。前述江苏省高级人民法院的司法文件中,就将被代理人的行为与权利外观的形成具有一定的牵连性即被代理人具有一定的过错作为认定表见代理的条件。但无论是《中华人民共和国民法典》(以下简称《民法典》)编纂时的立法政策还是《民法典》颁布后最高人民法院的司法政策,一直坚持表见代理的规范目的在于保护交易安全,不至于使没有过失的相对人劳而不获,被代理人实施民事法律行为时是否有过失,并非认定表见代理的构成要件。法律规则的创设以及法律适用离不开对裁判结果妥当性的评价,表见代理规则的制度价值在于保障商事交易安全,但在此过程中如何更好地保护被代理人的合法权益,如何平衡不同主体之间的利益,存在不同的价值取舍。

二是对于相对人善意无过失的标准难以明确。最高人民法院 2009 年指导意见提出认定相对人主观上是否属于善意且无过失时,应当结合担保合同缔结和履行过程中的各种因素综合判断相对人是否尽到合理注意义务,包括合同缔结地点、以谁的名义签字、签章真伪、交易方式等各种因素。这亦客观上反映出认定合同相对人是否属于善意且无过失需要个案中法官就具体案件具体分析判断,较难形成统一、普遍的认定标准。与此类似的情况也发生在对表见代表的认定上。2019 年《全国法院民商事审判工作会议纪要》第 17 条至第 23 条对公司为他人提供担保的有关处理规则进行了规范,其中法定代表人未经授权擅自为他人提供担保的构成越权代表,人民法院应当区分订立合同时债权人是否善意分别认定合同效力。上述会议纪要强调相对人的善意是对公司担保决议文件进行了形式审查,要求尽到必要的注意义务,标准不宜太严苛。2020 年底发布的《最高人民法院关于适用〈中华人民共和国民法典〉有关担保制度的解释》第七条第二款则将善意解释为相对人已对公司决议进行了合理审查,并且说明合理审查就是要进行有限的实质审查,即对相对人善意与否的判断标准提出了更为严格的要求。

二、当前司法裁判的主要观点

根据《最高人民法院关于适用〈中华人民共和国民法典〉总则编若干问题的解释》第 28 条的规定,同时符合下列条件的,人民法院可以认定为《民法典》第一百七十二条规定的相对人有理由相信行为人有代理权:(一)存在代理权的外观;(二)相对人不知道行为人行为时没有代理权,且无过失。因是否构成表见代理发生争议的,相对人应当就无权代理符合前款第一项规定的条件承担举证责任;被代理人应当就相对人不符合前款第二项规定的条件承担举证责任。该条是当前最高人民法院关于表见代理规则的最新规定,我们从以下几个方面作进一步说明。

1. 构成表见代理,相对人必须是善意无过失,即相对人不知道行为人行为时没有代理权,且对于其"不知道"没有主观上的过失。在司法实践中,最高人民法院一直对于是否构成表见代理持较为审慎的态度。对于相对人善意的认定,如2013 年 9 月最高人民法院公报案例"李某与中国农业银行重庆云阳支行储蓄合同纠纷案"的判决主文中,强调了如要证明相对人善意,不能仅凭介绍信等形式文件,而更要从相对人是否在客观上追求高利,是否按照正常程序履行常规手续等方面认定。对于相对人主观过失的认定,最高人民法院(2014)民提字第 58 号民事判决认为,虽然农业银行工作人员是在鞍山银行立山支行的工作时间、工作地点要求立山支行的工作人员办理核保手续,但农业银行工作人员在明知依据其内部规定,对大额存单进行核保应见存单出具银行的行长,且对存单真实性产生怀疑时,却应存单持有人的要求放弃面见鞍山银行立山支行行长,亦未要求……农业银行在核保过程中有重大过失……未尽到应尽的注意义务,非善意相对人。总之,最高人民法院在认定相对人善意且无过失时是比较严格的,即对于相对人善意的要求程度较高,相对人不仅主观上不能有重大过失,而且应无一般过失。需要说明的是,相对人是否有过失的判断,取决于相对人对于代理人有无代理权是否已尽到合理注意。在司法实践中,对于相对人是否尽到合理注意义务应当倾向于理解为积极义务,而不是消极义务。结合我们检索的案例,对于相对人对行为人的身份及有无代理权未进行核实[最高法院(2013)民申字第 2016 号民事裁定],或者对订立合同过程中的异常做法发生合理怀疑而不向被代理人核实[最高法院(2013)民提字第 95 号民事判决],或者在订立违反常规的合同时未尽合理注意[最高法院(2013)民申字第 312 号民事裁定],均认定构成过失。

2. 构成表见代理,行为人应当有具有授予代理权的外观。代理权外观或表象,强调的是认定行为人取得代理权外观的客观事实。典型的如无权代理人持有被代理人签名盖章的授权委托书,而其代理权实际上已终止或根本未发生。行为人单纯持有公章、合同书、被代理人营业执照、被代理人不动产物权证书等,不构成有代理权外观。持有上述公章等物,须与足以构成授予代理权外观的另一事实(如授权委托书、总经理等特定职务)相结合,方能表明代理权外观。在具体案件裁判中,某一案件裁判主文认定,案涉《协议书》由公司股东签订,其并非公司法定代表人,亦无证据证明其在公司任职或具有代理公司对外进行相关民事行为的授权,仅具股东身份不足以成为其在案涉《协议书》上签字盖章的合理理由,该行为不构成表见代理[(2019)最高法民终 1535 号民事判决]。

3. 认定表见代理的举证义务分配。相对人就行为人存在代理权的外观承担举证责任,被代理人就相对人非善意承担举证责任,为表见代理举证分配的一般原则。基于消极事实无需举证的原则,相对人"不知道"是难于举证证明的,故不要求相对人就自己属于善意举证,而依"善意推定"的法理进行判断,并由被代理人对相对人非善意事实负举证责任。具体而言,授予代理权外观的存在、相对人对授予代理权外观的相信、相对人已尽合理注意(因而无过失)、相对人因相信有代理权而与代理人实施法律行为,由相对人承担举证责任;但关于相对人知道行为人无代理权、授权委托书系伪造或者被代理人公章系行为人私刻或盗用、被代理人已尽通知义务或收回代理权外观证据等,均属积极事实,由被代理人负举证责任。需要注意的是,相对人在不知道行为人无代理权方面不存在疏忽或懈怠,是相对人应当承担的举证责任,在相对人未完成举证义务时,并不发生举证责任的转移,不能直接推定相对人善意且无过失,而由被代理人承担反证的义务。

4. 被代理人存在过失虽然并非表见代理的构成要件,但可成为判定其分担损失的事实依据。具体而言,第一,在自始无代理权时,须有被代理人实施授权行为的外观,且授权行为外观基于被代理人的自主意思而形成。例如,被代理人将公章和空白授权委托书出借给行为人,此种情形下被代理人至少具有过失,因此具有可归责性。非基于被代理人自主意思,行为人占有空白授权书等代理权外观证据的

（盗窃、盗用、拾得遗失的授权委托书），被代理人不具有可归责性。第二，在超越代理权时，被代理人另有限制或者变更代理权范围的意思，但未将代理权范围的限制或者变更通知相对人或以与代理权授予方式相同的方式予以公告，此种情形下被代理人至少具有过失，因此具有可归责性。第三，在代理权终止时，被代理人疏于未将代理权消灭的事实通知相对人，或以与代理权授予方法相同的方法予以公告，或收回授予代理权的外观证据，此种情形下被代理人至少具有过失，因此具有可归责性。

需要注意的是，因被代理人不具有可归责性，不构成表见代理时，被代理人不对相对人承担责任。但是被代理人如对于造成授予代理权的外观有过错，并导致相对人受到损失的，相对人有权依据侵权责任请求被代理人承担赔偿责任。无权代理人依照《民法典》第 171 条第三款所承担的责任，与被代理人承担侵权责任并不矛盾。例如行为人私刻或者拾到被代理人印章，并伪造授权委托书而与相对人签订合同。此种情形下，不构成表见代理，但如相对人相信授权委托书是真的，因此被诈取财物，被代理人对于公章被私刻或者遗失有过错的，该过错与相对人所受损失有因果关系，仍应承担相应的赔偿责任。相对人也有过错的，适用过错相抵规则。

——《对十三届全国人大五次会议第 4254 号建议的答复》（2022 年 7 月 28 日），载最高人民法院网，http://gtpt. court. gov. cn/#/NewsDetail？type = 03000000 &id = 6dc0948163c5402eac4e804f94cad8cc。

244 从行为场所、代理权限、代理人与被代理人的关系、交易习惯等因素，综合判断相对人是否善意无过失

关键词 | 表见代理 | 善意 | 代理权限 | 习惯 |

【最高人民法院裁判案例】

平安银行股份有限公司上海分行诉绿地能源集团有限公司等金融借款合同纠纷案[最高人民法院再审民事判决书]

裁判摘要：表见代理的认定不仅要求行为人具各有代理权的外观，而且要求相对人在主观上善意、无过失。对于相对人善意、无过失的认定，应当结合代理行为实施的场所、代理人的职责与权限、代理人与被代理人的关系以及双方交易往来中形成的习惯等因素进行综合审查判断。

本院认为：对于无权代理人实施的代理行为是否构成表见代理问题，可以结合代理行为实施的场所、代理人的职责与权限、代理人与被代理人的关系、合同形式

要件以及相对人是否善意无过失等因素进行综合审查判断。本案根据现有证据及已查明的事实,应当认定卢某办理最高额保证担保手续的行为构成表见代理,理由如下:

(一)卢某的行为客观上形成了其具有代理权的外观

其一,辽宁绿地公司系绿地公司的全资子公司,二者关系密切。案涉合同签订期间,卢某既是辽宁绿地公司的法定代表人,又是绿地公司的副总经理,职务身份特殊。其二,2014年辽宁绿地公司与平安银行曾开展过票据贴现业务,绿地公司为辽宁绿地公司所应承担的债务提供担保并签订了《最高额保证担保合同》,卢某负责办理了绿地公司盖章用印手续。根据上海市公安局物证鉴定中心出具的鉴定意见,2014年平安银行与绿地公司签订的《最高额保证担保合同》及核保材料中加盖的绿地公司公章真实,故卢某曾有权使用绿地公司公章。其三,2015年平安银行与绿地公司签订的《最高额保证担保合同》等核保材料中加盖的绿地公司公章及其法定代表人私章的行为系由卢某安排相关人员在绿地公司办公大楼内完成。由此,综合绿地公司与辽宁绿地公司的特殊关系、卢某的职务身份、绿地公司往年担保办理情况、担保合同盖章地点等因素,卢某办理2015年最高额保证担保手续的行为,客观上形成了卢某有代理权的外观。

(二)平安银行已尽到相应的注意义务

其一,平安银行基于2014年其与辽宁绿地公司、绿地公司开展票据贴现业务的合作情况,对卢某在2015年办理最高额保证担保手续中的用章权限产生合理信赖,符合交易习惯。其二,在2015年核保过程中,平安银行安排两名工作人员前往绿地公司办公场所核实情况,并与卢某接洽绿地公司盖章事宜。鉴于卢某在上海的办公地点、绿地公司公章及其法定代表人私章保管地点均在绿地公司办公场所内,《最高额保证担保合同》《私章确认函》、商业承兑汇票保证担保粘单等材料的盖章用印手续在半小时内完成,亦不违常理。其三,绿地公司系为其全资子公司辽宁绿地公司开展经营活动提供担保,绿地公司是否出具相应的股东会决议不影响担保合同效力。绿地公司以卢某在半小时内完成了各股东在《股东大会决议(担保)》上盖章用印手续与常理不符为由,主张平安银行未尽合理审查义务,不应支持。

综上,卢某代理绿地公司处理保证合同盖章事宜的行为构成表见代理,该代理行为有效,案涉《最高额保证担保合同》成立并生效。绿地公司应依约对辽宁绿地公司欠付平安银行的垫款债务承担连带保证责任。二审判决认定平安银行在本案贴现业务核保过程中存在过失,不构成善意,绿地公司不承担保证责任不当,应予以纠正。

——汪军、魏佳钦、邵辉:《表见代理认定中相对人是否善意无过失应综合审查判断——平安银行股份有限公司上海分行诉绿地能源集团有限公司等金融借款合同纠纷案》，载最高人民法院民事审判第一庭编:《民事审判指导与参考》总第 93 辑,人民法院出版社 2023 年版,第 175~177 页。

245　项目经理以工程项目部名义对外借款，应否由公司承担还款责任

关键词｜表见代理｜项目经理｜借款合同｜

【最高人民法院专业法官会议纪要】

法律问题:项目经理以工程项目部名义对外借款应否由公司承担还款责任?

法官会议意见:项目经理以工程项目部名义对外借款由公司承担还款责任需要满足三个条件。

首先,行为人具有代理权外观。项目经理有权以公司名义进行与工程项目相关的活动。案涉行为人以项目经理的身份与相对人进行过多次与工程相关的活动,其所出具的借条上不仅签有公司项目经理的签名,且加盖有公司工程项目部的印章,因此,相对人有理由相信项目经理具有代理权。

其次,相对人善意且无过失。相对人知道或者应当知道项目经理只有权进行与工程有关的行为,对外借款一般情况下不属于其职责范围内的事务。在对外借款的情况下,借条上应写明所借款项的实际用途,否则无法证明相对人并无过失。

最后,所借款项实际用于工程建设。案涉借条上并未写明所借款项的实际用途,且借款均进入项目经理的个人账户,相对人亦无任何证据证明借款实际用于工程建设。因此,在无法证明所借款项实际用于工程建设的情况下,应由项目经理个人承担还款责任。

——《项目经理以工程项目部名义对外借款应否由公司承担还款责任》(最高人民法院第五巡回法庭 2019 年第 49 次法官会议纪要),载李少平主编:《最高人民法院第五巡回法庭法官会议纪要》,人民法院出版社 2021 年版,第 201 页。

246　工程项目管理人与他人签订借款协议加盖项目部印章，是否构成表见代理的认定

关键词｜民间借贷｜表见代理｜善意相对人｜借款合同｜合同效力审查｜

【人民法院案例库参考案例】

大冶某建筑工程有限公司诉湖北某古建有限公司、刘某某、肖某某民间借贷纠

纷案[入库编号：2023-16-2-103-037,湖北省黄石市中级人民法院(2021)鄂02民终2246号民事判决书,2022.7.4]

【裁判要旨】

行为人对自己的行为应有相当的预期,表见代理的认定应当结合合同缔结、履行中的各种因素,考虑交易方式、交易内容等综合进行判定。对于善意相对人的认定也应当审慎,本案中,作为从事建设行业的某建筑公司,应当清楚我国现时建设行业存在着较为普遍的工程转包而存在实际施工人之情形。其作为出借人,向项目部出借作为种类物的资金,而非特定物的建筑材料等,不在合同中指明系向项目部出借,仅只是指向具体的刘某某等个人,此行为难以表明其是向项目部出借资金,刘某某等个人的行为更不构成表见代理。

【裁判理由】

法院生效裁判认为：合同是当事人意思表示一致的协议。审查本案的《借款协议书》,该协议书上加盖项目部的印章两处,但由于合同打印部分排头区、落款区的"乙方"并无项目部的名称,则金山建筑公司应当举证证明项目部加盖印章的行为,是项目部作出了或为借款人或为担保人,还或为债务加入等等的意思表示,从而应当承担民事责任。诉讼中,金山建筑公司主张项目部在合同上盖章即为借款人,该主张明显与合同打印部分排头区、落款区的"乙方"借款人不符,故该主张不能得到支持。其主张项目部在合同上盖章,加之刘某某是项目负责人,肖某某是施工总指挥、项目部可以自己名义向外订立用工协议、印章用于现场签证等等,上述行为对其构成表见代理,使其相信刘某某、肖某某签订合同的行为系项目部授权行为。对此,行为人对自己的行为应有相当的预期。作为从事建设行业的金山建筑公司,应当清楚我国现时建设行业存在着较为普遍的工程转包而存在实际施工人之情形。其作为出借人,向项目部出借作为种类物的资金,而非特定物的建筑材料等,不在合同中指明系向项目部出借,仅只是指向具体的刘某某、肖某某两个个人,此行为难以表明其是向项目部出借资金,当然更不构成表见代理。综上,因本案合同文本定义的"乙方"借款人为肖某某、刘某某,即该合同表述的乙方并不包括项目部,则项目部不为本案借款当事人,且也难以认定肖某某、刘某某的借款行为构成项目部的表见代理。故原一、二审认定基本事实清楚,但适用法律错误,法院应予纠正。

——人民法院案例库,https://rmfyalk.court.gov.cn。

247　被代理人容忍家庭成员作为其代理人出现，股权受让方有理由相信代股东签字的行为人有代理权，构成容忍型表见代理

关键词｜表见代理｜股权转让｜家庭成员｜容忍型表见代理｜

【最高人民法院裁判案例】

上诉人海南陵水宝玉有限公司、李某龙、千某花与被上诉人三亚志成彩色印刷有限公司、徐某、王某、李某宇及原审第三人陈某琦、李某明、马某国股权转让纠纷案[最高人民法院(2019)最高法民终424号,2019.6.28]

裁判摘要①：股权转让合同中,股东家庭成员的代签行为在没有取得股东明确授权和事后追认的情况下,属于无权代理,但还应考察该行为是否构成表见代理。股权虽然具有人身属性,但是夫妻、父子关系作为特殊社会关系,在其中一方处置另一方所有且如此巨大的财产时,另一方完全不知情,不符合日常经验法则,此时应结合案件的相关事实进行综合判断。如因被代理人容忍家庭成员作为其代理人出现,股权受让方有理由相信代股东签字的行为人有代理权,则构成容忍型表见代理。

(一)双方于2016年11月26日签订的《协议书》是否有效

第一,对马某国、陈某琦代签行为如何认定的问题。

马某国和陈某琦签署《协议书》之前,并未获得徐某和王某的授权。公司股权属于公司法上的财产性权益,对其处分应由登记的股东本人或其授权的人行使。虽然马某国和徐某、陈某琦和王某为夫妻关系,但在没有得到股东徐某和王某授权之前,马某国和陈某琦转让徐某和王某名下的公司股权,仍属于无权处分。上诉人主张马某国与徐某、陈某琦与王某系夫妻,涉案股权属于夫妻共有财产,没有法律依据,本院不予支持。同理,陈某琦处分李某宇的股份,必须获得李某宇的授权或追认。虽然陈某琦在代表李某宇签署《协议书》时取得了李某宇的父亲李某明的授权,但李某宇与李某明是独立民事主体,没有证据证明李某明是涉案股权的实际所有人,也没有证据证明电子授权经过了李某宇的认可,在李某宇对陈某琦的签字行为明确不予认可的情况下,陈某琦处分李某宇的股权行为属于无权代理。

《中华人民共和国民法总则》第一百七十二条规定,行为人没有代理权、超越代理权或者代理权终止后,仍然实施代理行为,相对人有理由相信行为人有代理权的,代理行为有效。《中华人民共和国合同法》第四十九条规定,行为人没有代理权、超越代理权或者代理权终止后以被代理人名义订立合同,相对人有理由相信行

---

① 参见中国应用法学研究所主编:《中华人民共和国最高人民法院案例选》第3辑,法律出版社2020年版,第188页。

为人有代理权的,该代理行为有效。

本案中,虽然陈某琦、马某国的代签行为属于无权代理,但还应考察该行为是否构成表见代理。首先,陈某琦和王某、马某国和徐某系夫妻关系,虽然股权具有人身属性,但是夫妻作为特殊社会关系,在其中一方处置另一方所有且如此巨大的财产时,另一方完全不知情,不符合生活常理。李某宇与李某明是父子,李某明在明知股权属于李某宇且不知道协议书具体内容的情况下,未将电子授权内容告知李某宇即转发给陈某琦,同意陈某琦替李某宇代签字,亦不符合常理。其次,宝玉公司与志成公司在此之前还存在一份2016年8月22日签订的、名称相同的协议书,该协议书同样是由马某国代徐某签字,陈某琦代王某、李某宇签字,志成公司根据该协议书在三亚日报上发布债权债务公告。虽然该协议最终被终止履行,但志成公司股东对于与宝玉公司之间的股权转让应当知情和了解。再次,宝玉公司与志成公司在2016年11月26日重新签订《协议书》后,徐某于12月5日和10日代表志成公司接收宝玉公司支付的两笔300万元款项,并注明是订金和首付款。虽然徐某陈述其是被陈某琦隐瞒、欺骗的情况下接收的款项,但该陈述系其单方意见,且陈某琦是否告知股东相关真实情况系志成公司内部管理、追责的问题,从宝玉公司、李某龙、千某花的角度看,系徐某等履行涉案《协议书》的行为。最后,结合陈某琦拥有志成公司公章,表明志成公司股东认可除法定代表人徐某外,陈某琦亦可代表志成公司对外洽谈,而涉案协议始终是李某龙与陈某琦商谈。在双方协商谈判长达半年的时间里,志成公司的三位股东从未对陈某琦出面商谈和前后两份协议书的代签字行为提出过异议。而且,根据原审查明,2017年5月27日志成公司向宝玉公司发送的《解除合同通知书》中,并未涉及陈某琦、马某国的代签行为,说明志成公司及其股东当时对代签行为是认可的。综合上述事实,宝玉公司、李某龙、千某花主张其有理由相信陈某琦有代理权,陈某琦、马某国的签字构成表见代理,具有事实依据,本院予以采信。

第二,《协议书》的内容是否因违反法律法规强制性规定而无效的问题。

根据原审法院查明,《协议书》第六条约定,宝玉公司负责办理公告手续(已经完成),负责融资的全部事宜,取得总产权证九十个工作日之内金融机构或合伙人放款。……

2016年12月24日,李某龙、千某花出具《承诺书》承诺银行贷款的债务由千某花、李某龙负担。宝玉公司在承诺书上盖章,李某龙、千某花签名确认。

从上述内容看,合同约定除贷款以外,还可以采用合伙人放款的方式获得相应款项。不管合伙人具体指谁,现李某龙、千某花同意以自筹方式一次性支付股权转让款,该方式不违反公司法的强制性规定,而且既保障了志成公司三股东的权益,也未损害志成公司利益,同时使交易周期缩短,更利于交易目的的实现。李某龙、千某花以严苛于合同约定的方式作出承诺、承担责任,更符合合同目的,应视为对合同内容关于支付方式的有效变更,并不违反法律法规的强制性规定。原审法院以《承诺书》未取得双方协商一致为由,认定《承诺书》不构成合同内容变更,认定事实与适用法律不当,应予纠正。

　　基于上述分析,陈某琦、马某国的代签行为构成表见代理,且《协议书》不违反法律法规强制性规定,故《协议书》合法有效,对徐某、王某、李某宇具有约束力,各方当事人应按照《协议书》约定严格履行。

　　——中国裁判文书网,https://wenshu.court.gov.cn。

【链接:理解与参照】

本案代签行为构成容忍型表见代理

　　在本案中,马某某代徐某签字,陈某某代王某、李某乙签字的行为,构成容忍型表见代理。理由如下:

　　第一,当事人双方先于 2016 年 8 月 22 日签署了融资合作、增资扩股、调整出资比例、法人变更协议书,又于 2016 年 11 月 26 日重新签订针对相同标的、名称相同的协议书,前后两份协议书均由马某某代徐某签字,陈某某代王某、李某乙签字。这说明双方洽商行为是一个连贯交易过程,代签行为具有连续性。

　　第二,B 公司根据 2016 年 8 月 22 签订的协议书在某日报上发布债权债务公告,虽然该协议最终被终止履行,但 B 公司股东对于与 A 公司之间的股权转让应当知情和了解。

　　第三,徐某作为 B 公司法定代表人收取了股权转让的订金和首付款,虽然徐某陈述其是被陈某某隐瞒、欺骗的情况下接收的款项,但该陈述系其单方意见,从 A 公司、李某甲、千某某的角度看,系徐某等履行涉案协议书的行为。

　　第四,陈某某拥有 B 公司公章,表明 B 公司股东认可除法定代表人徐某外,陈某某亦可代表 B 公司对外洽谈,而涉案协议始终是李某甲与陈某某商谈。在双方协商谈判长达半年多的时间里,B 公司的三位股东从未对陈某某出面商谈和前后两份协议书的代签字行为提出过异议。

　　第五,2017 年 5 月 27 日 B 公司向 A 公司发送的解除合同通知书中,也并未否认陈某某、马某某的代签行为,说明 B 公司及其股东当时对代签行为是明知且认可的。

　　第六,夫妻作为特殊社会关系,在其中一方处置另一方所有且如此巨大的财产时,另一方完全不知情,不符合日常经验法则。父亲在不告知儿子的情况下,处分儿子的巨额财产,更不符合生活常理。

　　因此,以上事实可以证明股东徐某、王某和李某乙在 2016 年 11 月 26 日签订协议书之前和之后知道他人未经授权代签股权转让合同的事实。徐某、王某和李某乙完全有条件制止他人的代签行为,但是,他们并未采取任何形式的干预,而是放任该代签行为的发生,徐某、王某和李某乙的行为构成了对他人代签行为的容忍,相对人有理由相信行为人有代理权,构成容忍型表见代理,应适用民法总则第一百七十二条和合同法第四十九条,认定该代理行为有效。

——江显和、罗菲:《容忍代理在股权转让代签行为中的认定》,载《人民司法·案例》2020 年第 2 期。

编者说明

容忍代理,是指行为人没有代理权、超越代理权或者终止代理权后,仍以被代理人的名义订立合同,因被代理人容忍行为人作为其代理人出现,使相对人有理由相信行为人有代理权的,该代理行为有效。《民法通则》第 66 条规定了容忍代理,"本人知道他人以本人名义实施民事行为而不作否认表示的,视为同意"。其默示的意思表示应理解为对无权代理的事后追认,容忍代理行为的性质是有权代理。

虽然《民法典》在"代理"一章中删去了"沉默即同意"的规则,但容忍代理是一种无权代理行为发生有权代理的法律效果的代理,是表见代理的一种特殊情形,实际上已经被纳入《民法典》第 172 条关于表见代理的规定之中。容忍代理符合表见代理的基本特征,两者目的均是为保护合同相对人的利益,并维护交易安全和秩序。因此,容忍代理应适用《民法典》第 172 条的规定。[①]

248 以公司股东身份签订合同，不足以成为相对人相信其在合同中签字盖章的行为系职务行为或有权代理的合理理由

关键词 | 表见代理 | 盖章 | 法人分支机构 | 股东 |

【最高人民法院裁判案例】

上诉人青海宏信混凝土有限公司与被上诉人海天建设集团有限公司青海分公司、海天建设集团有限公司、安多汇鑫矿业有限责任公司等民间借贷纠纷案[最高人民法院(2019)最高法民终 1535 号民事判决书,2019.12.30]

裁判摘要:1. 合同是否成立,应当根据订立合同的签约人于盖章之时有无代表权或者代理权,或者交易相对人是否有合理理由相信签约人有权代表公司或代理公司进行相关民事行为来确定,不应仅以加盖的印章印文是否真实作为判断合

---

① 参见冉克平:《民法典视野下"本人沉默视为同意"规则的再造》,载《当代法学》2019 年第 4 期;江显和、罗菲:《容忍代理在股权转让代签行为中的认定》,载《人民司法·案例》2020 年第 2 期。

同是否成立的标准。

2. 公司股东如未在公司任职亦无公司授权,仅以公司股东身份签订合同,不足以成为相对人相信其在合同中签字盖章的行为系职务行为或有权代理的合理理由。

二、关于安多汇鑫公司对案涉债务是否承担连带保证责任的问题

虽然经鉴定案涉《协议书》中安多汇鑫公司的印章印文与安多汇鑫公司提交的样本印章印文不一致,但如前所述,不能仅以合同中加盖的印章印文与公司备案印章印文或常用业务印章印文不一致来否定公司行为的成立及其效力,而应当根据合同签订人是否有权代表或代理公司进行相关民事行为来判断。根据查明的事实,案涉《协议书》签订时,崔某辉为安多汇鑫公司的股东,但并非安多汇鑫公司法定代表人,亦无证据证明其在安多汇鑫公司任职或具有代理安多汇鑫公司对外进行相关民事行为的授权。而仅因崔某辉系安多汇鑫公司股东,不足以成为青海宏信公司相信崔某辉有权代理安多汇鑫公司在案涉《协议书》上签字盖章的合理理由,故崔某辉的行为亦不构成表见代理,对安多汇鑫公司不具有约束力。因此,青海宏信公司与安多汇鑫公司之间并未形成有效的担保合同关系,其主张安多汇鑫公司承担连带保证责任的请求不能成立。一审判决对该问题认定并无不当。

——中国裁判文书网,https://wenshu.court.gov.cn。

249 法定代表人与代理人的区分

关键词 │ 法定代表人 │ 代理人 │ 无权代理 │ 越权代表 │

【链接:最高人民法院法官著述】

司法实践中有关合同效力的认定,应当特别注意区别合同效力与效力归属问题。《民法典》主要从私法自治和国家管制的关系角度,对民事法律行为的效力作出规定:意思表示有瑕疵的,原则上属于可撤销;违反法律、行政法规的强制性规定或违背公序良俗的,原则上无效。此类规定以行为人同是当事人为前提,在行为人与当事人相分离场合,则适用代理等有关规定。换言之,在涉及代理场合,在认定合同效力时,除了要兼顾适用合同编通则、总则编有关民事法律行为效力的规定外,还要与总则编有关代理的规定甚至合同编有关委托的规定结合起来,在确定合同效力的同时就确定权利义务的归属。司法实践中,相对某一特定当事人不生效,具有某种程度的普遍性,在无权代理、侵害优先购买权、公司非法减资等场合,都可能存在着相对不生效问题。如在公司非法减资场合,该减资行为对债权人就不发生效力,债权人仍可以减资前的出资额请求股东承担责任。

另外值得探讨的是,在法定代表人越权提供担保场合,是由公司承担缔约过失责任,还是类推适用《民法典》有关无权代理的规定,由法定代表人承担责任? 实践中存在不少争议。我们认为,法定代表人是公司的法定机关,法定代表人的行为就是公司本身的行为,二者是一个行为,而不是两个行为,法定代表人无须另行授权,就可以一般性地代表公司从事民事活动。即便超越权限对外从事行为,也仅是越权代表。而代理则不同,被代理人和代理人是两个民事主体。在无权代理的情况下,代理人根本就没有代理权,其与所谓的被代理人间并无关系。正因如此,《民法典》第 504 条仅有越权代表的规定,而没有无权代表的规定。而《民法典》第 172 条有关表见代理的规定,除了越权代理外,对没有代理权以及代理权终止后构成表见代理的情形也做了规定,此点与代表有别。可见,法定代表人以公司名义对外从事民事活动,本质上属于公司行为,由其个人对外直接承担责任缺乏依据。而无权代理人在根本没有代理权的情况下对外以被代理人名义从事行为,其行为与被代理人没有任何关系,自不应由被代理人承担责任,因此法律才规定由代理人承担责任。总之,代表和代理尽管极为相似,但仍有所不同,故不能简单地将无权代理规则适用于越权代表。

——贺小荣:《体系化思维对民事裁判统一性的内在约束——以〈民法典〉适用为视角》,载《中国应用法学》2022 年第 4 期。

250 店铺客服能够代表店铺进行交易

关键词 │ 网络消费 │ 职务代理 │

【最高人民法院参考案例】

案例 7:对于网络店铺客服的行为店铺应当负责——李某诉某书店信息网络买卖合同纠纷案

基本案情

李某在 M 书店经营的网络店铺付款 22172 元购买书籍,因该电商平台关联的银行账户额度所限,经与店铺客服沟通后,李某通过平台付款 10172 元,向店铺客服赵某微信转账 12000 元。2019 年 8 月 25 日李某告知赵某书单有变化,待确定后再发货,赵某表示同意。后双方对购买商品品种和数量做了变更,交易价格变更为 1223 元。M 书店将通过平台支付的 10172 元退还给李某,但通过微信支付给赵某的款项扣除交易价款后尚有 10777 元未退回。多次要求退款无果,李某将 M 书店诉至法院,请求退还购书款。

裁判结果

法院认为,案涉交易发生时,赵某系 M 书店的员工,并作为 M 书店所经营网络店铺的客服与李某就购书事宜进行了磋商,该行为属于网店客服人员职权范围内的事项。M 书店并未就交易磋商的方式和渠道进行特殊提示或告知,故无论该行为是通过电商平台还是微信,只是磋商渠道和方式的不同。李某有理由相信赵某的行为是代表 M 书店与其进行交易磋商,赵某的行为对 M 书店应发生效力。李某与 M 书店之间就购买书籍建立了网络购物合同关系。后,李某提出变更购买图书的名称及数量,并要求退还剩余款项,赵某表示同意,应视为李某与 M 书店就合同内容进行了变更,M 书店应当退还剩余款项 10777 元,故判决支持了李某的诉讼请求。

典型意义

便捷、快速进行交易是互联网消费的优势之一,而交易的安全和稳定同样是消费者保护的应有之意,两者不可偏废。现实中,考虑到消费者对购物、沟通软件使用习惯、偏好的不同以及其他具体特殊情况,不宜仅仅因为消费者未完全通过电商平台进行支付轻易否认消费者与商家相关交易行为的效力。该案判决认定店铺客服能够代表店铺进行交易,是对交易中消费者对店铺信任的保护,也是对于交易秩序和安全的维护,压实了商家主体责任,提示、督促商家加强内部管理监督,从而进一步规范线上交易中商家的销售行为,促进互联网数字经济行业有序发展。

——《消费者权益保护典型案例》,载《人民法院报》2022 年 3 月 16 日,第3 版。

251 控股股东在其与公司借款的对账单上加盖公司公章行为的效力认定

关键词 | 借款合同 | 公司公章 | 控股股东 | 盖章行为效力 |

【人民法院案例库参考案例】

山西某公司与西藏某开发公司等借款合同纠纷案[入库编号:2024-16-2-103-004,最高人民法院(2021)最高法民终 373 号民事判决书,2021.4.15]

【裁判要旨】

1. 在通常交易中,公司公章具有确认公司法人意思表示的效力,但并非公司法人的意思表示本身,在某些特定交易中,应当考察加盖公章时的具体情形,以便准确认定意思表示的真实性。

2. 对于发生在公司控股股东和公司之间的借款纠纷,公司公章能否对公司产生相关确认效力,应着重审查盖章行为是否确实出于公司的真实意思表示。在当事人兼具债权人和股东身份掌握公司公章的情况下,在《对账单》等材料上加盖公章的行为并不能当然被确认为债务人公司的真实意思表示,应进一步审查形成《对账单》的具体借款金额,以确定真实借款金额。

【裁判理由】

最高人民法院认为,本案审理的焦点问题为:……二、一审法院关于借款本金的认定是否正确。

关于第二个焦点。山西某公司主张一审判决在认定借款金额时,存在否认《对账单》效力进而未按法定程序准予西藏某开发公司撤回自认等问题,对 2012 年 4 月 11 日 200 万元、收据上加盖西藏某开发公司公章不是财务章的 1000 万元、收据为复印件并以承兑汇票方式交付的 550 万元等三笔款项未予认定,系程序违法,损害山西某公司利益。最高人民法院认为,山西某公司的主张不成立,具体理由分述如下:

其一,关于《对账单》的效力问题。山西某公司主张《对账单》加盖了西藏某开发公司公章,一审法院否认《对账单》效力系适用法律错误。最高人民法院认为,首先,根据《中华人民共和国公司法》第二十条①第一款规定,"公司股东应当遵守法律、行政法规和公司章程,依法行使股东权利,不得滥用股东权利损害公司或者其他股东的利益;不得滥用公司法人独立地位和股东有限责任损害公司债权人的利益",山西某公司作为控股股东,负有不得滥用股东权利,妥善使用西藏某开发公司公章的义务。案涉《对账单》形成于 2018 年 6 月至 11 月期间,但在此之前,各方当事人针对《合作合同》已经产生股权转让纠纷,并提起了相关诉讼。故结合《对账单》的形成过程、公章保管使用以及西藏某开发公司财务人员组成等情况,不能仅凭《对账单》上盖有公章就确认借款金额。其次,在通常交易中,公司公章具有确认公司法人意思表示的效力,但并非公司法人的意思表示本身,在某些特定交易中,应当考察加盖公章时的具体情形,以便准确认定意思表示的真实性。本案系发生在公司股东和公司之间的借款纠纷,公司公章能否对公司产生相关确认效力,应主要审查盖章行为是否确实出于西藏某开发公司的真实意思表示。现《对账单》仅有盖章,无相关人员签名,山西某公司也未举示相关证据证明《对账单》通过西藏某开发公司正常的审批流程形成,故在其兼具债权人和股东身份的山西某公司掌握公章的情况下,在《对账单》上加盖公章的行为并不能被确认为西藏某开发公司的真实意思表示,应进一步审查形成《对账单》的具体借款金额。综上,山西某公司以《对账单》为依据主张 7890.659 万元的事实,并未达到高度可能性,一审法

---

① 对应 2023 年《公司法》第 21 条、第 23 条。——编者注

院对此认定并无不当。

其二,关于对借款本金7890.659万元是否构成自认问题。根据一审庭前会议笔录记载,西藏某开发公司法定代表人达某虽然在庭前会议对上述《对账单》以及《明细分类账》中载明的借款金额曾表示无异议,但西藏某开发公司在一审庭审时却提出因《对账单》等证据是山西某公司委派的会计所提供,借款本金要以实际票据核算为准,即西藏某开发公司存在被误导的可能;西藏某地质队、某县政府对借款金额未曾作过自认,且在一审庭前会议、庭审时均对山西某公司所主张的借款金额7890.659万元明确表示异议。最高人民法院认为,因山西某公司诉讼请求为要求西藏某地质队、某县政府和西藏某开发公司连带偿还其借款本金7890.659万元,西藏某地质队、某县政府和西藏某开发公司属于必要共同诉讼当事人。因此,根据《最高人民法院关于民事诉讼证据的若干规定》第六条第二款规定"必要共同诉讼中,共同诉讼人中一人或者数人作出自认而其他共同诉讼人予以否认的,不发生自认的效力",西藏某开发公司在庭前会议中关于《对账单》的质证意见及举示《明细分类账》的行为,对借款金额不发生自认的效力。据此,一审法院对西藏某开发公司自认金额不予确认,并无不当。

其三,关于2012年4月11日200万元、收据上加盖西藏某开发公司公章而不是财务章的1000万元、收据为复印件并以承兑汇票方式交付的550万元是否应予认定的问题。首先,2012年4月11日200万元的银行转账凭证上载明该款项是货款而非是山西某公司所主张的借款,结合此时已经是山西某公司作为控股股东进入西藏某开发公司之后,且西藏某开发公司存在日常的对外经营行为,在山西某公司未能举示其他证据证明该"货款"和案涉借款关联度的情况下,将该款项认定为"借款"依据尚不充分。山西某公司举示《抵车协议》作为新证据,拟证明该200万元购买的车辆已经被西藏某开发公司抵出去,其对此应承担偿还责任。经查,虽然西藏某开发公司一审表示收到该款项后买过车,但《抵车协议》并未载明车辆系其支付的200万元所购买,最高人民法院对该证据关联性不予认可,对山西某公司该主张不予支持。其次,收据上加盖西藏某开发公司公章不是财务章的1000万元、收据为复印件并以承兑汇票方式交付的550万元,以上两笔共计1550万元的银行承兑汇票所载明的出票人部分不是山西某公司,收款人均不是西藏某开发公司。山西某公司主张其是以背书方式支付给西藏某开发公司的,但其未能提供背书粘单或承兑银行兑付转账等相关证据。对于收据上加盖西藏某开发公司公章而不是财务章的1000万元而言,如上文所述,山西某公司对收据上加盖公章的行为为公司真实意思表示负有举证责任。因收款日期系处于山西某公司作为控股股东掌控西藏某开发公司公章期间,且借款发生在控股股东和公司之间,对于款项实际支付情况应在加盖公章收据的基础上进一步审查。该1000万元款项由四张收据构成,根据山西某公司主张,每张票据对应数张承兑汇票,但部分收据没有载明对应的承兑汇票编号,山西某公司单方制作的记账凭证也只有部分记载承兑汇票编号。可见,关于山西某公司主张的 1000 万元,其所举示盖有西藏某开发公司公章的收据、山西某公司制作的记账凭证与承兑汇票之间存在一些出入,难以分别对应相应的金额。另外的 550 万元盖有西藏某开发公司财务章的收据为复印件,且也存在一定的如上述 1000 万元的出入情况,依法不能作为裁判依据。

综合以上情形,山西某公司所举示证据的证明力,尚未达到 1550 万元借款事实存在高度可能性这一法定证明标准,应承担相应的不利后果。

——人民法院案例库,https://rmfyalk. court. gov. cn。

第七章　民事责任

一、一般规定

252 具有明确的法律规定或合同约定，才能适用连带责任

关键词│连带责任│自由裁量权│公平原则│

【最高人民法院公报案例】

再审申请人黄建荣、上海海成资源（集团）有限公司与被申请人伟富国际有限公司、一审第三人上海磐石投资有限公司服务合同纠纷案[最高人民法院（2022）最高法民再 91 号民事判决书，2022.10.14]

裁判摘要：认定连带责任必须以明确的法律规定或合同约定为基础，不能通过行使自由裁量权的方式任意判定承担连带责任。

（二）关于原审判决判令海成公司对黄建荣向伟富公司支付服务报酬义务承担连带责任是否适当问题

连带责任是一种法定责任，由法律规定或者当事人约定产生。由于连带责任对责任人苟以较为严格的共同责任，使得责任人处于较为不利地位，因此对连带责任的适用应当遵循严格的法定原则，即不能通过自由裁量权行使的方式任意将多人责任关系认定为连带责任，而必须具有明确的法律规定或合同约定，才能适用连带责任。本案中，首先，原审判决判令海成公司对黄建荣向伟富公司支付服务报酬义务承担连带责任并无明确法律依据。其次，案涉《咨询中介协议》系黄建荣以其个人名义签署，海成公司并非该协议的签约当事人，伟富公司也无充分证据证明黄建荣与其签订上述协议的行为系代表海成公司而实施或海成公司在该协议之外与其达成过为黄建荣的案涉债务承担付款责任的补充约定。虽然海成公司客观上从案涉资产重组方案中获得了利益，但是根据合同相对性原则，海成公司不是合同相对人，不应承担该合同责任。因此，原审判决判令海成公司承担连带责任也缺乏当事人约定依据。最后，原审判决不应直接适用公平原则，行使自由裁量权判令海成

公司对黄建荣向伟富公司支付服务报酬义务承担连带责任。民事审判中,只有在法律没有具体规定的情况下,为了实现个案正义,法院才可以适用法律的基本原则和基本精神进行裁判。通常情况下,法院不能直接将"公平原则"这一法律基本原则作为裁判规则,否则就构成向一般条款逃逸,违背法律适用的基本规则。本案原审判决以公平原则认定非合同当事人的实际受益人海成公司对黄建荣的付款义务承担连带责任,既缺乏当事人的意思自治,又无视当事人在民商事活动中的预期,还容易开启自由裁量的滥用。综上,在既无法律规定也无合同约定的情况下,原审判决仅以黄建荣系海成公司的法定代表人,其委托伟富公司提供案涉融资服务实际系为海成公司的利益而实施为由,判令海成公司对黄建荣支付服务报酬义务承担连带责任,确属不当,本院予以纠正。

——《最高人民法院公报》2023 年第 9 期。

253 不可抗力的适用范围

关键词 │ 不可抗力 │

【最高人民法院裁判案例】

上诉人湖北水调歌头饮食文化发展有限公司与上诉人武汉市洪山区人民政府洪山街办事处洪山村村民委员会、武汉三鸿实业有限责任公司房屋租赁合同纠纷案 [最高人民法院(2018)最高法民终 107 号民事判决书,2018.12.25]

一、关于洪山村委会、三鸿公司因不可抗力解除案涉《房屋租赁合同》《租赁商铺合同》的理由是否成立的问题。《中华人民共和国合同法》第九十四条①规定:"有下列情形之一的,当事人可以解除合同:(一)因不可抗力致使不能实现合同目的;……"案涉《房屋租赁合同》第八条也约定,由于不可抗力(水灾、地震、战争)原因造成本合同不能继续履行,双方互不负责任。虽然该合同仅列举了水灾、地震、战争等不可抗力的情形,但根据《中华人民共和国民法总则》第一百八十条关于"不可抗力是指不能预见、不能避免且不能克服的客观情况"的规定,不可抗力并不限于双方当事人在上述《房屋租赁合同》中约定的情形,应以有关客观情况是否同时具备不可预见性、不可避免性、不可克服性等特征加以综合判断。具体到本案中,根据武汉市人民政府 2011 年 3 月 18 日发布的〔2011〕第 54 号征收土地公告,案涉土地作为洪山村综合改造还建用地,在征收土地的四至范围内,并根据《省国土资源厅关于批准武汉市 2010 年度城中村改造第三批次建设用地的函》(鄂土资

---

① 对应《民法典》第 563 条。——编者注

函〔2010〕374 号）及《武汉市建设用地批准书》（武土批准书〔2014〕第 23 号）文件，随后办毕征收土地批后手续，在拆除原楚灶王大酒店后作为国有建设用地使用。因案涉土地被政府征收，并导致案涉房屋因政府征收行为被拆除，显然已无法继续提供给水调歌头公司租赁使用，故双方签订《房屋租赁合同》《租赁商铺合同》的目的已无法实现。在此情形下，洪山村委会、三鸿公司可以依据《中华人民共和国合同法》第九十四条第（一）项的规定，解除其与水调歌头公司签订的《房屋租赁合同》《租赁商铺合同》。水调歌头公司上诉称案涉地块被置换进而被拆迁系洪山村委会、三鸿公司策划并操纵的结果，对此本院认为，根据《中共武汉市委武汉市人民政府关于积极推进"城中村"综合改造工作的意见》中关于城中村改造"要认真听取村民意见、反映村民意愿"的原则精神，洪山村委会、三鸿公司分别作为基层村民自治组织、村集体经济组织，有责任将该村在还建安置中的矛盾及村民安置意愿需求反映给上级政府，但这并不能改变上述征收及拆迁行为系政府行为的属性，即有关征收及拆迁行为仍是由政府决定并付诸实施的强制行为，符合不可预见性、不可避免性、不可克服性等不可抗力的基本特征，不能归责于本案任何一方。水调歌头公司还上诉称洪山村委会、三鸿公司在取得新建的商业住宅综合楼的商业部分后仍可以继续履行租赁合同，对此本院认为，新建商业住宅综合楼商业部分与案涉房屋并不属于同一标的物，在双方没有协商一致的情况下，水调歌头公司要求洪山村委会、三鸿公司按原租赁合同继续出租给水调歌头公司缺乏依据。

——中国裁判文书网，https://wenshu. court. gov. cn。

【链接：最高人民法院法官著述】

按照本条①规定，除法律有特别排除的规定外，不可抗力既可适用于侵权责任、也可适用于违约责任，在侵权责任中，可以适用于过错责任、过错推定责任和无过错责任。除此之外，在《民法典》总则编中将不可抗力作为免责事由，意味着在其他的民事责任承担中，除非法律有排除性规定，则也要适用不可抗力免责的规定，比如缔约过失责任。在法律适用上，如果有关法律法规、司法解释对于不可抗力的适用有具体规定的，要依据该规定。主要有：

1. 在合同法领域，比如，上述《民法典》合同编中的第 590 条规定的"当事人迟延履行后发生不可抗力的，不能免除责任"。

2. 在侵权责任中，法律规定的排除不可抗力的类型主要针对部分无过错责任的类型。主要有：（1）根据《民法典》侵权责任编中的第 1237 条和《国务院关于核事故损害赔偿责任问题的批复》的规定，民用核设施的经营人在发生核事故的情况

---

① 《民法典》第 180 条规定了不可抗力："因不可抗力不能履行民事义务的，不承担民事责任。法律另有规定的，依照其规定。不可抗力是不能预见、不能避免且不能克服的客观情况。"

下造成他人损害的,只有能够证明损害是因战争、武装冲突、暴乱等情形所引起,或者是因受害人故意造成的,才免除其责任。因不可抗力的自然灾害造成他人损害的,不能免除核设施经营人的责任。(2)根据侵权责任编中的第 1238 条的规定:"民用航空器造成他人损害的,民用航空器的经营者应当承担侵权责任;但是,能够证明损害是因受害人故意造成的,不承担责任。"因不可抗力的自然灾害造成的,不能免除民用航空器经营人的责任。(3)根据《邮政法》第 48 条第 1 项的规定:"因下列原因之一造成的给据邮件损失,邮政企业不承担赔偿责任:……(一)不可抗力,但因不可抗力造成的保价的给据邮件的损失除外。"给据邮件是指,挂号信件、邮包、保价邮件等由邮政企业以其分支机构在收寄时出具收据,投递时要求收件人签收的邮件。据此,汇款和保价邮件即使由于不可抗力造成的损害,邮政企业也要对收件人承担赔偿责任。

——最高人民法院民法典贯彻实施工作领导小组主编:《中华人民共和国民法典总则编理解与适用[下]》,人民法院出版社 2020 年版,第 907 页。

254 新冠肺炎疫情或者疫情防控措施属于不可抗力

关键词 | 不可抗力 | 疫情 | 疫情防控 | 解除合同 | 合同变更 |

【最高人民法院司法文件】

1. 疫情或者疫情防控措施导致当事人不能按照约定的期限履行买卖合同或者履行成本增加,继续履行不影响合同目的的实现,当事人请求解除合同的,人民法院不予支持。

疫情或者疫情防控措施导致出卖人不能按照约定的期限完成订单或者交付货物,继续履行不能实现买受人的合同目的,买受人请求解除合同,返还已经支付的预付款或者定金的,人民法院应予支持;买受人请求出卖人承担违约责任的,人民法院不予支持。

4. 疫情或者疫情防控措施导致出卖人不能按照商品房买卖合同约定的期限交付房屋,或者导致买受人不能按照约定的期限支付购房款,当事人请求解除合同,由对方当事人承担违约责任的,人民法院不予支持。但是,当事人请求变更履行期限的,人民法院应当结合案件的实际情况,根据公平原则进行变更。

5. 承租房屋用于经营,疫情或者疫情防控措施导致承租人资金周转困难或者营业收入明显减少,出租人以承租人没有按照约定的期限支付租金为由请求解除租赁合同,由承租人承担违约责任的,人民法院不予支持。

为展览、会议、庙会等特定目的而预订的临时场地租赁合同,疫情或者疫情防控措施导致该活动取消,承租人请求解除租赁合同,返还预付款或者定金的,人民法院应予支持。

　　——《最高人民法院关于依法妥善审理涉新冠肺炎疫情民事案件若干问题的指导意见(二)》(2020 年 5 月 15 日,法发〔2020〕17 号)。

　　二、依法准确适用不可抗力规则。人民法院审理涉疫情民事案件,要准确适用不可抗力的具体规定,严格把握适用条件。对于受疫情或者疫情防控措施直接影响而产生的民事纠纷,符合不可抗力法定要件的,适用《中华人民共和国民法总则》第一百八十条、《中华人民共和国合同法》第一百一十七条和第一百一十八条[1]等规定妥善处理;其他法律、行政法规另有规定的,依照其规定。当事人主张适用不可抗力部分或者全部免责的,应当就不可抗力直接导致民事义务部分或者全部不能履行的事实承担举证责任。

　　三、依法妥善审理合同纠纷案件。受疫情或者疫情防控措施直接影响而产生的合同纠纷案件,除当事人另有约定外,在适用法律时,应当综合考量疫情对不同地区、不同行业、不同案件的影响,准确把握疫情或者疫情防控措施与合同不能履行之间的因果关系和原因力大小,按照以下规则处理:

　　(一)疫情或者疫情防控措施直接导致合同不能履行的,依法适用不可抗力的规定,根据疫情或者疫情防控措施的影响程度部分或者全部免除责任。当事人对于合同不能履行或者损失扩大有可归责事由的,应当依法承担相应责任。因疫情或者疫情防控措施不能履行合同义务,当事人主张其尽到及时通知义务的,应当承担相应举证责任。

　　(二)疫情或者疫情防控措施仅导致合同履行困难的,当事人可以重新协商;能够继续履行的,人民法院应当切实加强调解工作,积极引导当事人继续履行。当事人以合同履行困难为由请求解除合同的,人民法院不予支持。继续履行合同对于一方当事人明显不公平,其请求变更合同履行期限、履行方式、价款数额等的,人民法院应当结合案件实际情况决定是否予以支持。合同依法变更后,当事人仍然主张部分或者全部免除责任的,人民法院不予支持。因疫情或者疫情防控措施导致合同目的不能实现,当事人请求解除合同的,人民法院应予支持。

　　(三)当事人存在因疫情或者疫情防控措施得到政府部门补贴资助、税费减免或者他人资助、债务减免等情形的,人民法院可以作为认定合同能否继续履行等案件事实的参考因素。

　　——《最高人民法院关于依法妥善审理涉新冠肺炎疫情民事案件若干问题的

---

　　[1]　该两条共同对应《民法典》第 590 条。——编者注

指导意见(一)》(2020 年 4 月 16 日,法发〔2020〕12 号)。

【链接:理解与适用】

(一)明确并细化了不可抗力的法律适用规则

不可抗力规则,是《意见(一)》的核心内容,也是社会各界关注的重点。正确认识疫情或者疫情防控措施对民事法律关系特别是合同履行的影响,准确适用不可抗力规则,对于依法妥善审理涉疫情民事案件,维护当事人合法权益,维护交易秩序乃至社会秩序具有重要意义。《意见(一)》在综合有关方面意见、学界观点、实务经验的基础上,进一步明确了疫情或者疫情防控措施属于不可抗力的范畴,规定了相关民事案件特别是合同案件中不可抗力规则的适用,强调既要依法适用,又要避免规则滥用,积极鼓励交易,最大限度减少对正常经济秩序的冲击。

1. 坚持鼓励交易原则。合同法的重要理念是鼓励交易,维护交易安全和秩序。针对疫情或者疫情防控措施对合同履行的影响,《意见(一)》坚持慎用合同解除制度,避免因某一合同的轻易解除冲击上下游产业链供应链稳定,力求将各方当事人损害降到最低,将疫情对市场秩序的影响降到最低,推动复工复产,促进经济社会发展。为此,《意见(一)》第 3 条第(2)项提出,疫情或者疫情防控措施仅导致合同履行困难的,当事人可以重新协商;能够继续履行的,人民法院应当切实加强调解工作,鼓励和引导当事人继续履行。当事人以合同履行困难为由请求解除合同的,人民法院不予支持。

《意见(一)》第 3 条第(3)项还对可以认定合同能够继续履行的参照因素作了规定,尽量鼓励和推动合同的履行。当然,鼓励交易并不意味着合同不能依法终止。如果继续履行不能实现合同目的,合同就应当依法解除。为此,《意见(一)》第 3 条第(2)项明确规定,因疫情或者疫情防控措施导致合同目的不能实现,当事人请求解除合同的,人民法院应予支持。需要特别指出的是,最高人民法院已于 2020 年 5 月 15 日印发《关于依法妥善审理涉新冠肺炎疫情民事案件若干问题的指导意见(二)》(以下简称《意见(二)》),其中对涉疫情合同案件审理作了进一步细化规定。在慎用合同解除、鼓励交易方面,《意见(二)》与《意见(一)》的精神一脉相承,比如《意见(二)》第 1 条第 1 款、第 4 条、第 5 条第 1 款等均规定,虽然疫情或者疫情防控措施导致当事人不能按照约定期限履行合同或者履行成本增加,但只要继续履行不影响合同目的的实现,当事人请求解除合同的,人民法院不予支持。当事人在履行合同过程中以及人民法院在审理合同案件时,应注意结合《意见(一)》与《意见(二)》的相关规定来把握适用。

2. 强调当事人约定优先。这是合同法意思自治原则的体现。一方面,当事人可以就不可抗力情形下的责任减免或者变更、解除合同的情形进行约定,只要这一约定不违反法律强制性规定或者公序良俗,人民法院即应当尊重。另一方面,因疫情或者疫情防控措施导致合同履行困难的,鼓励当事人重新协商,通过变更履行期限、履行方式、价款数额等确保合同可以继续履行;在法律后果上,当事人协议变更合同后,应当履行变更后的合同,当事人仍然主张部分或者全部免除责任的,人民法院不予支持。

3. 严格法律适用条件。不可抗力作为法定免责事由,准确适用有利于减轻当事人负担,也符合公平原则,但过度适用,则会对交易秩序造成较大破坏。因此,不可抗力的适用,必须严格依法进行,做到当用则用,不能滥用。一是规定"依法准确适用"不可抗力。对于受疫情或者疫情防控措施直接影响而产生的民事纠纷,符合不可抗力法定要件的,要适用民法总则第一百八十条①、合同法第一百一十七条和第一百一十八条等规定妥善处理。二是准确把握特别法与一般法的关系。在民法总则、合同法等规定之外,其他法律、行政法规对不可抗力有特别规定的,优先适用该规定。三是准确把握疫情原因与合同不能履行之间的因果关系和原因力大小,综合考虑疫情对不同地区、不同行业、不同案件的影响,避免一刀切的处理模式。四是准确把握当事人是否具有可归责事由,比如疫情导致合同义务不能履行时,一方当事人是否尽到及时通知义务,另一方当事人是否采取必要措施防止损失扩大等。五是准确把握合同解除和变更条件,严格适用法定解除合同事由。

4. 明确举证责任规则。依法妥善审理涉疫情民事案件,要准确运用举证责任规则。《意见(一)》第2条从谁主张谁举证的规则出发,规定当事人主张适用不可抗力部分或者全部免责的,应当就不可抗力直接导致民事义务部分或者全部不能履行的事实承担举证责任。就通知义务的履行,《意见(一)》第3条第(1)项进一步规定,因疫情或者疫情防控措施不能履行合同义务,当事人主张其尽到及时通知义务的,应当承担相应举证责任。

——姜启波、陈龙业、贾玉慧:《〈关于依法妥善审理涉新冠肺炎疫情民事案件若干问题的指导意见(一)〉的理解与适用》,载《人民司法·应用》2020年第19期。

【最高人民法院裁判案例】

上诉人冰狐(天津)科技有限公司与被上诉人北京君木梦画文化创意有限责任公司计算机软件开发合同纠纷案[最高人民法院(2021)最高法知民终1154号民事判决书,2021.9.2]

冰狐公司上诉还主张,由于新冠疫情影响,开发工作未完成。新冠疫情属于不

---

① 对应《民法典》第652条。——编者注

可抗力。合同法第一百一十七条规定,因不可抗力不能履行合同的,根据不可抗力的影响,部分或者全部免除责任,但法律另有规定的除外。当事人迟延履行后发生不可抗力的,不能免除责任。本案中,冰狐公司主张的新冠疫情对其企业复工的影响发生在 2020 年 1 月至 2 月,而双方对完成开发任务的时间节点的争议发生在新冠疫情发生之前,故冰狐公司以新冠疫情影响为由,主张免责的理由不能成立,本院不予支持。

——中国裁判文书网,https://wenshu.court.gov.cn。

【最高人民法院参考案例】

案例 2:江苏磐宇科技有限公司重整案

【案情简介】

江苏磐宇科技有限公司(下称磐宇公司)成立于 2005 年 1 月,是拥有多项高级资质和专利的医疗器械生产企业。由于公司经营不善导致流动性危机,于 2017 年 8 月 17 日被江苏省南通市中级人民法院裁定进入破产程序。鉴于磐宇公司的市场准入资质属于稀缺资源,单纯通过破产清算程序难以最大限度实现企业价值和债权人利益,经与债权人沟通,管理人制定了重整计划草案,经债权人会议表决通过后,法院于 2019 年 7 月 29 日裁定批准,磐宇公司进入重整计划执行期。新冠疫情暴发后,磐宇公司按期执行重整计划受到重大影响,与此同时,医用口罩防疫物资一度十分紧缺,江苏省药品监督管理局临时紧急许可磐宇公司生产医用防护口罩,使其成为南通市区唯一一家生产 N95 医用防护口罩的企业。为了保障防疫部门医用口罩的有效供给,同时避免重整计划不能按期执行导致公司被宣告破产,法院根据管理人的申请作出裁定,延长磐宇公司重整计划执行期限。后经政府相关部门批准后,磐宇公司已于 2020 年 2 月复工,日生产 N95 口罩 2 至 3 万只。此后,法院与南通市发改委、工信局积极协调修复磐宇公司相关信用问题,为磐宇公司取得生产原料提供了保障,并为企业成功重整创造了新的机遇。

【典型意义】

本案是法院依法延长重整计划执行期,避免疫情影响导致企业重整失败,并支持防疫物资生产的典型案例。企业破产重整案件中,债务人应严格执行重整计划,但因出现国家政策调整、法律修改变化或其他客观原因导致原重整计划无法按期执行的,债务人或管理人可以申请变更重整计划。本案在重整计划执行期间遇到新冠疫情,这一无法预见、无法避免,并且不能克服的客观现象,法院依法延长重整计划执行期限,以避免因不可抗力导致重整失败而转为破产清算,丧失挽救企业的机会。同时,面对重整企业信用修复的重重困难,法院充分发挥破产案件审理中法院与政府协调联动机制的作用,协调处理好重整企业信用修复工作,既为破产企业进一步顺利执行重整计划奠定良好基础,又维护了重整企业生产医用防护口罩等防疫物资的生产能力,适应抗疫这一公共利益的需要。该案系法律效果、社会效果有机统一的成功实践。

——《全国法院服务保障疫情防控期间复工复产民商事典型案例(第二批)》,载《人民法院报》2020 年 4 月 1 日,第 4 版。

编者说明

新型冠状病毒感染肺炎疫情属于突发公共卫生事件,为了保护公众健康,政府采取了相应疫情防控措施。对于因此不能履行合同的当事人来说,属于不能预见、不能避免并不能克服的不可抗力。因不可抗力不能履行合同的,根据不可抗力的影响,部分或者全部免除责任,但法律另有规定的除外。①

255 不可抗力并非责任全免的唯一判定标准

关键词 | 租赁合同 | 疫情防控 | 不可抗力 | 违约责任 |

【人民法院案例库参考案例】

王某某诉董某某、卢某某、新疆某货运公司车辆租赁合同纠纷案[入库编号:2024-16-2-111-003,新疆生产建设兵团第四师中级人民法院(2023)兵 04 民再 2 号民事判决书,2023.3.31]

【裁判要旨】

因疫情或者疫情防控措施直接导致合同不能履行的,依法适用不可抗力的规定,根据疫情或者疫情防控措施的影响程度部分或者全部免除责任。当事人对于合同不能履行或者损失扩大有可归责事由的,应当依法承担相应责任,因此不可抗力不能作为责任全免的唯一判定标准。

【裁判理由】

法院生效裁判认为,关于本案是否构成不可抗力问题。王某某与董某某、卢某某的合同中,未约定可以转租的内容,因此二人将车辆转租给新疆某货运公司未经王某某同意,并且未按合同约定支付租金,已构成违约,王某某请求解除合同,符合《中华人民共和国民法典》第五百六十三条第一款第四项、第七百一十六条的规定。双方当事人在二审、再审期间对一审判决解除合同均未提出异议,应对一审判

---

① 参见朱宁宁:《全国人大常委会法工委就疫情防控有关法律问题答记者问》,载《法制日报》2020 年 2 月 10 日。

决双方租赁合同自 2021 年 5 月 26 日解除予以确认。《中华人民共和国民法典》第五百六十六条第一款规定："合同解除后，尚未履行的，终止履行；已经履行的，根据履行情况和合同性质，当事人可以请求恢复原状或者采取其他补救措施，并有权请求赔偿损失。"《最高人民法院关于依法妥善审理涉新冠肺炎疫情民事案件若干问题的指导意见(一)》第三条第一款第一项规定："疫情或者疫情防控措施直接导致合同不能履行的，依法适用不可抗力的规定，根据疫情或者疫情防控措施的影响程度部分或者全部免除责任。当事人对于合同不能履行或者损失扩大有可归责事由的，应当依法承担相应责任。因疫情或者疫情防控措施不能履行合同义务，当事人主张其尽到及时通知义务的，应当承担相应举证责任。"本案中，一审判决认定双方的租赁合同自 2021 年 5 月 26 日解除，自此董某某、卢某某共欠王某某 4 个月租金计 6 万元，应予支付。因董某某、卢某某未经王某某同意，将挂车擅自转租给新疆某货运公司，车辆出境后无法返回，董某某、卢某某对此具有过错，应当赔偿王某某合同解除后的损失。关于损失数额问题，考虑到董某某、卢某某的过错、2021 年及 2022 年两年因疫情防控、边境管理对履行合同的影响程度以及转租牟利的事实，法院酌定王某某损失为 5 万元，董某某、卢某某依法应予赔偿。故董某某、卢某某应支付王某某租金 6 万元、赔偿损失 5 万元，共计 11 万元。本案法律事实发生变更的时间在 2021 年，应当适用《中华人民共和国民法典》，一审判决适用《中华人民共和国合同法》，属适用法律错误，予以纠正。一、二审判决认定事实和适用法律错误，实体处理不当，予以纠正。

——人民法院案例库，https://rmfyalk.court.gov.cn。

256 法律法规出台导致合同不能履行的，构成不可抗力

关键词｜民事责任｜不可抗力｜

【最高人民法院专业法官会议纪要】

本案《国有土地使用权出让合同》签订之时，我国法律法规尚允许市县政府之外的市场主体对土地实施拆迁和整理工作。在案涉《国有土地使用权出让合同》约定的合同履行期间，由于法律法规出台导致合同无法履行，并非合同当事人的合同不履行行为造成，也非原《合同法》第 121 条（《民法典》第 593 条）所规定的第三方的原因造成，而属于不可抗力。在此情况下，应对当事人解除合同的诉请予以支持，使得合同双方当事人从合同僵局中走出来，以提高经济效率、促进经济发展。鉴于双方当事人对于合同不能履行均无过错，故对当事人一方关于赔偿损失的请求，不予支持。

——《法律、法规出台导致合同不能履行的救济》(最高人民法院第二巡回法庭 2020 年第 3 次法官会议纪要),载贺小荣主编:《最高人民法院第二巡回法庭法官会议纪要》第 2 辑,人民法院出版社 2021 年版,第 91~92 页。

【最高人民法院裁判案例】

上诉人浙江银泰投资有限公司与上诉人包头市中冶置业有限责任公司房屋租赁合同纠纷案[最高人民法院(2017)最高法民终 171 号民事判决书,2017.9.6]

关于焦点三,如果认定《房屋租赁合同》无效,中冶公司应否向银泰公司赔偿损失及损失数额如何确定的问题。《中华人民共和国合同法》第五十八条规定:"合同无效或者被撤销后,因该合同取得的财产,应当予以返还;不能返还或者没有必要返还的,应当折价补偿。有过错的一方应当赔偿对方因此所受到的损失,双方都有过错的,应当各自承担相应的责任。"本案中,根据《房屋租赁合同》第 2.3 条和第 11.11 条约定,中冶公司保证和承诺"租赁房屋为合法建筑,具有中国法律规定的审批合格手续""拥有对租赁房屋范围内的合法开发权",现《房屋租赁合同》因未取得建设工程规划许可证而被认定无效,是由于中冶公司未实现上述保证和承诺所致,故中冶公司对于合同无效负有全部过错,应当赔偿银泰公司因此所受到的损失,中冶公司关于其不存在过错、银泰公司存在过错的主张不能成立。中冶公司称未取得建设工程规划许可证是由于政府行为导致,属于不可抗力,但根据《房屋租赁合同》第 18.1 条约定,双方并没有将政府行为约定为不可抗力,且根据第 18.2 条约定,发生了不可抗力后,中冶公司要立即向银泰公司发出通知并提供相关证明,但中冶公司并没有提交其已经就政府行为构成不可抗力向银泰公司发出通知及证明的相关证据。故中冶公司关于不可抗力的主张不成立。

关于赔偿数额,《中华人民共和国合同法》第五十八条所称的"对方因此所受到的损失"应限于信赖利益,不包括在合同有效情形下通过履行可以获得的利益。银泰公司所提交的评估报告,是对其在合同有效情形下通过履行可以获得的利益的评估,不能作为认定合同无效后损失赔偿数额的依据,故银泰公司关于应依据该评估报告认定赔偿数额的主张不能成立。……因银泰公司已向中冶公司支付了 500 万元履约保证金,在中冶公司占有此 500 万元期间,银泰公司遭受资金损失,故对该部分资金损失中冶公司应予以赔偿。一审判决参照民间借贷的相关规定,酌情以 500 万元为计算基数、以中冶公司占有该 500 万元的期间为计算期间、参照 24% 年利率计算损失赔偿数额并无不当,中冶公司关于此点的上诉理由不能成立。关于律师费、评估费,虽然《房屋租赁合同》第 11.8 条对其负担有约定,但在《房屋租赁合同》被认定无效的情形下,该条款不再适用,故一审判决对该两项费用没有支持并无不当。关于诉讼费用,依据《诉讼费用交纳办法》第二十九条规定"诉讼费用由败诉方负担,胜诉方自愿承担的除外。部分胜诉、部分败诉的,人民法院根据案件的具体情况决定当事人各自负担的诉讼费用数额……",在银泰公司的诉讼请求没有得到全部支持的情形下,其要求诉讼费用全部由中冶公司负担的主张不成立。

——中国裁判文书网,https://wenshu.court.gov.cn。

编者说明

实践中,与本纪要所涉纠纷类似的情形还有很多。例如,某公司签订了国有土地使用权出让合同之后,由于政府修改原来的城市规划,导致原拟开发的土地被一条市政道路横穿而过,直接影响到受让人整体开发权益的实现;由于国家限制贷款政策的出台,导致已签订房屋买卖合同的买受人无法通过贷款方式支付购房款,进而导致其无能力履行房屋买卖合同。因此,对于由于政策调整、政府规划调整等原因导致当事人合同目的不能实现的情形,在上述解释路径之下,也可纳入原《合同法》第94条(《民法典》第563条)规定的适用范围之内。①

257 因法律法规、政策出台导致合同不能履行，以致一方缔约目的不能实现，该方当事人可以请求解除合同

关键词│民事责任│合同解除│

【最高人民法院公报案例】

长春泰恒房屋开发有限公司与长春市规划和自然资源局国有土地使用权出让合同纠纷案[最高人民法院(2019)最高法民再246号民事判决书,2019.11.29]

裁判摘要:1. 因国家法律、法规及政策出台导致当事人签订的合同不能履行,以致一方当事人缔约目的不能实现,该方当事人请求法院判决解除合同的,人民法院应予支持;

2. 鉴于双方当事人对于合同不能履行及一方当事人缔约目的不能实现均无过错,故可依据《中华人民共和国合同法》第九十七条②的规定,仅判决返还已经支付的价款及相应孳息,对一方当事人请求对方当事人赔偿损失的请求不予支持;

3. 对于一方当事人为履行合同而支付的契税损失,在双方当事人对于案涉合同的解除均无过错的情况下,可由双方当事人基于公平原则平均分担。

---

① 参见仲伟珩、王富博:《法律、法规出台导致合同不能履行的救济》,载贺小荣主编:《最高人民法院第二巡回法庭法官会议纪要》第2辑,人民法院出版社2021年版,第102~103页。

② 对应《民法典》第566条。——编者注

（一）关于案涉《国有建设用地使用权出让合同》应否解除的问题

长春市国土局与泰恒公司于 2010 年 11 月 25 日签订的《国有建设用地使用权出让合同》，系双方当事人的真实意思表示，不违反法律、行政法规的效力性强制性规定，合同依法有效。案涉《国有建设用地使用权出让合同》约定，案涉国有建设用地使用权以"毛地"方式出让，地上建筑物未拆迁部分由泰恒公司负责。上述合同签订后的两个月内，国务院于 2011 年 1 月 21 日出台《国有土地上房屋征收与补偿条例》，明确规定市、县级人民政府负责本行政区域的房屋征收与补偿工作。据此，因上述法规的出台，使得泰恒公司无法取得拆迁主体资格，无法按照《国有建设用地使用权出让合同》的约定完成案涉土地的拆迁整理工作。泰恒公司经过逾七年与长春自然资源局的协调，始终无法解决案涉土地的拆迁问题，就此而言，泰恒公司向人民法院起诉解除合同，并未超过解除合同的期限要求。长春自然资源局关于泰恒公司解除合同已经超过期限的抗辩，与本案事实不符，本院不予采信。

泰恒公司受让案涉国有土地使用权的目的系对该土地进行房地产开发，而土地完成拆迁工作是泰恒公司开发案涉土地的必经环节。由于上述法规变化导致泰恒公司无法完成案涉土地的拆迁整理工作，进而无法实现对案涉土地进行开发的合同目的，故泰恒公司请求解除案涉《国有建设用地使用权出让合同》，符合本案其合同目的无法实现的客观实际，原审判决认定本案不存在不利于合同目的的实现的障碍，与事实不符，应予纠正。

（二）关于案涉《国有建设用地使用权出让合同》解除的法律后果问题

《中华人民共和国合同法》第九十七条规定，合同解除后，尚未履行的，终止履行；已经履行的，根据履行情况和合同性质，当事人可以要求恢复原状、采取其他补救措施，并有权要求赔偿损失。因此，合同解除后，包括了恢复原状、采取其他补救措施、赔偿损失的法律后果。而本案泰恒公司请求中包括了恢复原状和赔偿损失两项诉讼请求。对此，本院分析如下：

1. 关于土地出让金的返还问题。根据《中华人民共和国合同法》第九十七条的规定，合同解除后，已经履行的，根据履行情况和合同性质，当事人可以要求恢复原状。据此，泰恒公司在本院判决解除合同的情况下，请求长春自然资源局返还其已经支付的国有土地使用权土地出让金，符合上述法律规定，故长春自然资源局应向泰恒公司返还土地出让金以及占用资金期间的法定孳息。鉴于案涉土地使用权出让金 2630 万元系分两笔支付，支付时间分别为 2010 年 11 月 26 日和 2010 年 12 月 25 日，故长春自然资源局应向泰恒公司返还土地使用权出让金 2630 万元及相应法定孳息（其中 600 万元自 2010 年 11 月 26 日起至实际支付之日，2030 万元自 2010 年 12 月 25 日起至实际支付之日，均按照中国人民银行同期同类活期存款利率计算）。

2. 关于赔偿损失的问题。案涉《国有建设用地使用权出让合同》第十六条约定，泰恒公司对于案涉土地的建设项目应于 2011 年 11 月 25 日之前开工，即从 2010 年 12 月 25 日双方签订合同至合同约定的开工日期 2011 年 11 月 25 日之间的期限，系泰恒公司对案涉土地进行拆迁整理的期限。而 2011 年 1 月 21 日国务院出台了《国有土地上房屋征收与补偿条例》，导致拆迁制度发生改变，泰恒公司在合同约定的拆迁期限内，因该拆迁制度变化而无法办理拆迁许可证，亦无法完成对案涉土地进行拆迁整理工作。据此，泰恒公司未能在合同约定的期限内对案涉土地进行拆迁整理工作非因泰恒公司的过错造成，原审判决认定泰恒公司怠于履行合同义务导致无法办理拆迁，与本案事实不符。同样，虽然《国土资源部、住房和城乡建设部关于进一步加强房地产用地和建设管理调控的通知》于 2010 年 9 月 21 日下发，规定不得以"毛地"方式出让土地，且 2011 年 1 月 21 日国务院出台《国有土地上房屋征收与补偿条例》规定市、县级人民政府负责本行政区域的房屋征收与补偿工作，但是《国有土地上房屋征收与补偿条例》第三十五条亦规定，该条例实施前已依法取得房屋拆迁许可证的项目，继续沿用原有的规定办理许可证。故如果泰恒公司在《国有土地上房屋征收与补偿条例》出台前即已取得拆迁许可证，其仍可自行继续对案涉土地进行拆迁整理；而泰恒公司在近两个月的时间内未申请拆迁许可证，进而导致其在上述条例施行后无法继续取得拆迁许可证，对此长春自然资源局亦无过错。在长春自然资源局与泰恒公司对于案涉合同不能履行及泰恒公司合同目的无法实现均无过错的情况下，泰恒公司请求长春自然资源局赔偿损失的诉讼请求，理据不足，本院不予支持。

至于泰恒公司为取得案涉国有土地使用权而支付的 1315000 元契税，在双方当事人对于案涉合同的解除均无过错的情况下，该部分契税可由双方当事人基于公平原则予以平均分担，长春资源局应补偿泰恒公司 657500 元。

综上，对由于国家法律、法规及政策出台导致当事人签订的合同不能履行，以致一方当事人缔约目的不能实现的，该方当事人请求法院判决解除合同的，本院予以支持；在此情况下，鉴于双方当事人对于合同不能履行及一方当事人缔约目的不能实现均无过错，故本院依据《中华人民共和国合同法》第九十七条关于合同解除后当事人可以要求恢复原状的规定，仅判决长春自然资源局返还泰恒公司所支付的土地出让金及法定孳息；对泰恒公司关于长春自然资源局赔偿损失的诉讼请求，本院不予支持。故一、二审法院认定事实及适用法律均错误，应予纠正。

——《最高人民法院公报》2020 年第 6 期。

258 当事人因为需要提前履行其他合同导致本案合同延迟交货，不属于不可抗力

关键词 ｜ 延迟交货 ｜ 不可抗力 ｜ 市场风险 ｜

【最高人民法院参考案例】

案例 6：陕西西安西电变压器有限责任公司与鹤壁国龙物流有限公司承揽合同纠纷案

【基本案情】

2011 年 1 月，鹤壁国龙物流有限公司（简称国龙公司）与西安西电变压器有限责任公司（简称西电公司）签订《购销合同》，约定国龙公司向西电公司购买两台电力变压器，单价 749.5 万元，共计 1499 万元，交货时间 2011 年 6 月 15 日。2011 年 7 月，西电公司向国龙公司发函称，"恰逢国家重点工程 1000KV、750KV 可控电抗器也在近期交货，造成了交货期的冲突，由于以上与国家重点项目的冲突，加之我司生产能力的局限，造成贵司项目产品交货时间推迟"。最终国龙公司确认实际迟延交货时间为 2011 年 10 月 16 日，实际迟延履行 123 天。2019 年 1 月，西电公司在河南省淇县人民法院提起诉讼，要求国龙公司支付剩余货款 105.6 万元。经一、二审法院审理，该案支持了西电公司的诉请。国龙公司遂提起本案诉讼，要求西电公司支付逾期交货的违约金 134.91 万元。

【裁判结果】

西安市莲湖区人民法院认为，西电公司主张其延迟交货属于不可抗力的理由不能成立，该行为属于违约行为，应当承担相应的违约责任。莲湖区法院判令西电公司支付国龙公司违约金 134.91 万元。

西安市中级人民法院二审维持了一审判决。陕西省高级人民法院再审审查驳回了西电公司的再审申请。

【典型意义】

平等保护各类市场主体合法权益是民商事审判的基本要求，不允许因为市场主体的身份不同而区别对待。本案西电公司隶属大型国有中央企业，国龙公司为河南省中小微民营企业。购销合同的订立和履行早在 2011 年，西电公司迟至 2019 年才诉请主张支付剩余货款。该案获得支持后，国龙公司提起本案诉讼，要求西电公司支付当年逾期交货的违约金。对此，西电公司虽承认逾期交货的事实，但抗辩主张其是因为需要提前履行其他合同才导致本案合同延迟交货。西电公司认为，需要提前履行的其他合同涉及国家重点工程暨公共利益，属于不可抗力，因此西电公司不应承担违约责任。对此，法院认为，西电公司作为市场经济主体，应当根据其生产能力，按照订单难易程度等科学合理地安排生产，其对于合同的正常履约应

在合同签订时即有预见,出现不同订单之间的时间冲突也并非完全不能避免和不能克服,其完全可以通过其他市场经济手段(如追加投入扩大产能、进行延期谈判合理变更合同、支付违约金等方式)予以规避,而不能将市场经营风险等同于不可抗力进而试图逃避违约责任。因此,法院认定西电公司迟延履行交货义务的行为构成违约行为,应当承担违约责任。该判决既保护中小微企业的合法利益,又引导企业尊重市场规则和合同约定,彰显了法院在民商事案件审理中坚持依法平等、全面保护各类市场主体的合法权益,优化了市场化法治化营商环境。

——《人民法院助推民营经济高质量发展典型民商事案例》,载《人民法院报》2021 年 9 月 4 日,第 3 版。

259 正当防卫的认定

关键词 │ 正当防卫 │ 不法侵害 │

【最高人民法院司法解释】

第三十条 为了使国家利益、社会公共利益、本人或者他人的人身权利、财产权利以及其他合法权益免受正在进行的不法侵害,而针对实施侵害行为的人采取的制止不法侵害的行为,应当认定为民法典第一百八十一条规定的正当防卫。

——《最高人民法院关于适用〈中华人民共和国民法典〉总则编若干问题的解释》(2022 年 3 月 1 日,法释〔2022〕6 号)。

【链接：理解与适用】

关于正当防卫、紧急避险的认定,民事法律和司法解释一直未作明确规定,此前审判实践中通常是依据民法法理来认定,调研中不少意见认为有必要予以明确,为类似案件审理提供统一具体的法律适用规则。对此,《总则编解释》第 30 条、第 32 条在参考有关刑事法律规定的基础上作出明确。《总则编解释》第 30 条从防卫的起因、目的、时间、对象等角度,为人民法院正确适用正当防卫制度作出指引。

——郭锋、陈龙业、蒋家棣、刘婷:《〈关于适用民法典总则编若干问题的解释〉的理解与适用》,载《人民司法·应用》2022 年第 10 期。

260 防卫过当的认定与责任

关键词 │ 正当防卫 │ 防卫过当 │

【最高人民法院司法解释】

第三十一条　对于正当防卫是否超过必要的限度,人民法院应当综合不法侵害的性质、手段、强度、危害程度和防卫的时机、手段、强度、损害后果等因素判断。

经审理,正当防卫没有超过必要限度的,人民法院应当认定正当防卫人不承担责任。正当防卫超过必要限度的,人民法院应当认定正当防卫人在造成不应有的损害范围内承担部分责任;实施侵害行为的人请求正当防卫人承担全部责任的,人民法院不予支持。

实施侵害行为的人不能证明防卫行为造成不应有的损害,仅以正当防卫人采取的反击方式和强度与不法侵害不相当为由主张防卫过当的,人民法院不予支持。

——《最高人民法院关于适用〈中华人民共和国民法典〉总则编若干问题的解释》(2022 年 3 月 1 日,法释〔2022〕6 号)。

【链接:理解与适用】

关于防卫过当、避险不当的认定,《总则编解释》第 31 条、第 33 条均采取了动态系统论的思路,为人民法院依法认定作出指引。

对于防卫过当的民事责任,《总则编解释》第 31 条第 2 款规定明确了民法典第一百八十一条第二款规定的"适当的民事责任"是指部分责任,而不是全部责任,即正当防卫人只在造成不应有的损害范围内承担部分责任。

——郭锋、陈龙业、蒋家棣、刘婷:《〈关于适用民法典总则编若干问题的解释〉的理解与适用》,载《人民司法·应用》2022 年第 10 期。

【链接:最高人民法院法官著述】

对于本条①的适用,需要注意对防卫过当的准确把握。这一问题的关键在于对正当防卫必要限度的判断。依照民法理论,民法上的正当防卫行为只能与不法侵害相适应,一般不应超过不法侵害的强度。

具体而言,对正当防卫是否超过必要限度的判断,需要考虑两个方面的因素:

(1)侵害行为的手段和强度。这涉及实施防卫行为的现实紧迫性问题。凡是侵害行为本身没有很大强度,不需要实施防卫行为也不会造成难以弥补的损失的情况下,这时只需要用较缓和的手段就足以制止该侵害而防卫人仍然选择了采用较强烈手段的并造成侵权人损害的情形,通常可以认定为超出必要限度。

(2)防卫行为所保护权益与防卫行为所侵害权益的对比。如果所防卫的权益

---

①　《民法典》第 181 条规定了正当防卫:"因正当防卫造成损害的,不承担民事责任。正当防卫超过必要的限度,造成不应有的损害的,正当防卫人应当承担适当的民事责任。"

574 · 新编最高人民法院司法观点集成（第二版）·民法总则卷

与防卫行为所侵害的权益显然不在同一位阶上,比如使用严重损害侵害者人身权的反击方法来保卫较小的财产利益,则应当认为是超过必要限度。

——最高人民法院民法典贯彻实施工作领导小组主编:《中华人民共和国民法典总则编理解与适用[下]》,人民法院出版社 2020 年版,第 912 页。

261 紧急避险的认定

关键词 │ 紧急避险 │

【最高人民法院司法解释】

第三十二条 为了使国家利益、社会公共利益、本人或者他人的人身权利、财产权利以及其他合法权益免受正在发生的急迫危险,不得已而采取紧急措施的,应当认定为民法典第一百八十二条规定的紧急避险。

——《最高人民法院关于适用〈中华人民共和国民法典〉总则编若干问题的解释》(2022 年 3 月 1 日,法释〔2022〕6 号)。

【链接：理解与适用】

关于正当防卫、紧急避险的认定,民事法律和司法解释一直未作明确规定,此前审判实践中通常是依据民法法理来认定,调研中不少意见认为有必要予以明确,为类似案件审理提供统一具体的法律适用规则。对此,《总则编解释》第 30 条、第 32 条在参考有关刑事法律规定的基础上作出明确。……《总则编解释》第 32 条为法官认定是否构成紧急避险,明确了避险的起因、目的、时间、紧迫性等重要参考因素。

——郭锋、陈龙业、蒋家棣、刘婷:《〈关于适用民法典总则编若干问题的解释〉的理解与适用》,载《人民司法·应用》2022 年第 10 期。

262 避险过当的认定与责任

关键词 │ 紧急避险 │ 避险过当 │

【最高人民法院司法解释】

第三十三条 对于紧急避险是否采取措施不当或者超过必要的限度,人民法院应当综合危险的性质、急迫程度、避险行为所保护的权益以及造成的损害后果等因素判断。

经审理,紧急避险采取措施并无不当且没有超过必要限度的,人民法院应当认定紧急避险人不承担责任。紧急避险采取措施不当或者超过必要限度的,人民法院应当根据紧急避险人的过错程度、避险措施造成不应有的损害的原因力大小、紧急避险人是否为受益人等因素认定紧急避险人在造成的不应有的损害范围内承担相应的责任。

——《最高人民法院关于适用〈中华人民共和国民法典〉总则编若干问题的解释》(2022 年 3 月 1 日,法释〔2022〕6 号)。

【链接:理解与适用】

关于防卫过当、避险不当的认定,《总则编解释》第 31 条、第 33 条均采取了动态系统论的思路,为人民法院依法认定作出指引。

……对于避险不当的民事责任,考虑到实践中紧急避险的情形非常复杂(从危险发生的原因看,可能是自然原因引起的,也可能是第三人行为引起的,还有可能是避险人的行为引起的;从避险目的看,可能是为了保护避险人利益,可能是为了保护引起险情的人的利益,也可能是为了保护其他人利益,或者兼而有之;从避险过当造成的损害后果看,可能造成了避险人损害,可能造成了引起险情的人的损害,也可能造成了其他人的损害),《总则编解释》第 33 条列出参考因素,指引法官在认定紧急避险人的责任时可以综合紧急避险人的过错程度、避险措施造成不应有的损害的原因力大小、紧急避险人是否为受益人等因素认定。

——郭锋、陈龙业、蒋家棣、刘婷:《〈关于适用民法典总则编若干问题的解释〉的理解与适用》,载《人民司法·应用》2022 年第 10 期。

263 见义勇为受害责任承担的具体规则

关键词 │ 见义勇为 │ 危险作业 │ 损害赔偿 │

【最高人民法院参考案例】

案例 2　王某某诉梅河口市某热电有限责任公司健康权纠纷案
基本案情

陈某某系梅河口市某热电有限责任公司(以下简称某热电公司)职工,2020 年 7 月 25 日下阀井作业发生缺氧窒息。在阀井附近菜地干活的王某某,收到陈某某妻子求助后,迅速下井救人,但其救援并未成功,自己也因窒息昏倒在地。后王某某经救治后恢复意识,陈某某经救治无效死亡。梅河口市人民政府事故调查组将此次陈某某窒息死亡事故认定为安全生产责任事故。经吉林某司法鉴定所鉴定，王某某未构成伤残。王某某诉至梅河口市人民法院，要求某热电公司承担医疗费、护理费等。

裁判结果

吉林省梅河口市人民法院认为，王某某为救助某热电公司职工使自己受到缺氧窒息的侵害，其行为构成见义勇为。王某某因此受到的损害应由侵权人承担赔偿责任。据此，判决某热电公司赔偿王某某经济损失 4 万余元。

典型意义

该案用鲜活的案例阐明了救人未果但受损亦应得到赔偿的司法理念，是弘扬"舍己为人、友善互助"的社会主义道德风尚的典型体现。王某某是为救助某热电公司的员工受到损害，其窒息原因与某热电公司管线作业环境存在危险因素直接相关，某热电公司作业环境严重缺氧客观上造成了救助人和被救助人的损害。虽然本案的加害行为非"人为"所致，但危险作业环境仍属加害行为的一种形式，故王某某的权益损害与某热电公司存在直接因果关系。梅河口市人民法院综合考量王某某受损与某热电公司的因果关系等情况，依法认定某热电公司为侵权人。本案中王某某在没有法定或约定救助义务前提下，面对他人的危难，勇敢挺身，王某某的救助行为虽然未能成功使他人转危为安，但法律应当鼓励这种见义勇为行为，救助成功与否不影响其损害赔偿请求权的行使。

——《人民法院抓实公正与效率践行社会主义核心价值观典型案例》，载《人民法院报》2023 年 8 月 3 日，第 2 版。

二、李某良、钟某梅诉吴某闲等生命权纠纷案

（一）典型意义

见义勇为是中华民族的传统美德，是社会主义核心价值观的内在要求。"一人兴善，万人可激"，新时代新征程，更需要榜样的力量、榜样的激励。本案中，李某林在突发情况下毫不犹豫跳水救人后不幸溺亡，其英勇救人的行为值得肯定、褒扬和尊重。审理法院适用民法典"见义勇为损害救济规则"，肯定李某林的见义勇为精神，通过以案释法树立是非标杆，积极倡导了崇德向善的社会风尚。

（二）基本案情

2020 年 6 月 2 日晚，李某林与吴某闲等四人一同就餐后，前往重庆市江津区几江长江大桥下江边码头散步。因琐事发生争执，吴某闲跳入长江，李某林跳江施救，此后吴某闲抓住岸上连接船只的钢丝线后获救，李某林不幸溺亡。吴某闲垫付打捞尸体费用 6000 元。后李某林的父母李某良、钟某梅以吴某闲等人为被告诉至法院，请求判令吴某闲等赔偿因李某林死亡产生的各项赔偿款 800000 元。

（三）裁判结果

生效裁判认为，因保护他人民事权益使自己受到损害，没有侵权人、侵权人逃逸或者无力承担民事责任，受害人请求补偿的，受益人应当给予适当补偿。本案中，李某林在没有法定或者约定义务的前提下，下水救助吴某闲而不幸溺亡，属于见义勇为。吴某闲系因发生争执情绪激动主动跳水，本案没有侵权人，吴某闲作为受益人应当给予适当补偿。遂综合考虑李某林救助行为及所起作用、原告受损情况等，判令吴某闲补偿李某良、钟某梅 40000 元，吴某闲垫付的打捞尸体费用亦作为吴某闲的补偿费用，不再进行抵扣。

——《人民法院贯彻实施民法典典型案例（第二批）》，载最高人民法院网 2023年 1 月 12 日，https://www.court.gov.cn/zixun-xiangqing-386521.html。

【链接：最高人民法院法官著述】

见义勇为者要求他人承担责任必须符合"为保护他人民事权益而使自己受到损害"这一要件，这里即包含了三个要件：其一，主观目的的要素，即为了保护他人民事权益。其二，受到损害的事实，受到的损害包括人身受到伤害与财产受到损害。其三，保护他人利益实施见义勇为行为与其个人遭受损害具有因果关系。此外，见义勇为的适用前提应当是见义勇为者对于被施救者没有法定和约定的救助义务。

关于见义勇为受害责任的承担。依据本条①规定，见义勇为受害责任承担的具体规则如下：

其一，由侵权人承担责任为原则，见义勇为者也可以要求受益人适当补偿。对于制止他人的民事侵权行为，侵权行为是侵权人造成的，不是自然原因引起的，这时侵权人的侵权行为对见义勇为者的损害符合完整的侵权责任构成，因此给见义勇为者造成损失的要以侵权人承担赔偿责任为原则。但基于公平起见，因见义勇为行为受益的人也可以给予适当补偿，这里的适当补偿较后面的"没有侵权人、侵权人逃逸或者无力承担民事责任"情形下的适当补偿责任有本质不同，并没有强制性。

其二，受益人的适当补偿责任。这里的见义勇为行为人是为了他人的民事权益不受侵害才遭受损害的，在一般情况下，侵权人承担侵权赔偿责任。但有的情况下会有侵权人逃逸，根本找不到侵权人，也可能会存在虽然找得到侵权人，但侵权人根本赔偿不了，为了公平起见，本条规定在侵权人逃逸或者侵权人根本无力赔偿

---

① 《民法典》第 183 条规定了见义勇为受到损害后的民事责任："因保护他人民事权益使自己受到损害的，由侵权人承担民事责任，受益人可以给予适当补偿。没有侵权人、侵权人逃逸或者无力承担民事责任，受害人请求补偿的，受益人应当给予适当补偿。"

的情况下,由受益人给予适当的补偿。这里需要注意三点:一是逃逸了的侵权人确实找不到,或者侵权人确实无力赔偿,这是被侵权人请求补偿的限定条件,如果侵权人没有逃逸或者有赔偿能力的,被侵权人不能找受益人要求补偿;二是有明确的受益人,被侵权人明确提出了要求受益人补偿的请求;三是受益人应当给予适当的补偿,补偿不是赔偿,赔偿一般是填平原则,即受损多少赔偿多少,而补偿仅是其中的一部分,本条用的是"给予适当补偿",就是要根据被侵权人的受损情况及受益人的受益情况等决定补偿的数额。

——最高人民法院民法典贯彻实施工作领导小组主编:《中华人民共和国民法典总则编理解与适用[下]》,人民法院出版社 2020 年版,第 922 页。

编者说明

　　坚决支持正当行为免责。实施见义勇为等正当行为不承担责任是天经地义的,但是,受助人把救助人告上法庭,甚至被判承担责任的事件,考验着公众的良知与司法公信力。为此,《民法典》第 184 条明确规定:"因自愿实施紧急救助行为造成受助人损害的,救助人不承担民事责任。"这一条款被称作"好人法",用意是鼓励善意救助、助人为乐的高尚行为,保护善意救助者不承担民事责任。人民法院积极贯彻民法典立法精神和社会主义核心价值观,为见义勇为者解除后顾之忧,送上"护身符",不让英雄流血又流泪。例如,上述王某某诉梅河口市某热电有限责任公司健康权纠纷案,是一起因救人未成功反使自己受伤而引发的纠纷。法院将王某某在危急时刻慷慨赴险、勇敢救人的行为定性为见义勇为,并认定热电公司为侵权人,用鲜活的案例阐明了救人未果但因此受伤亦应得到赔偿的司法理念,是弘扬"舍己为人、友善互助"的社会主义道德风尚的典型体现。①

264 见义勇为受益人适当补偿数额的确定

关键词｜见义勇为｜无因管理｜适当补偿｜

【最高人民法院司法解释】

　　第三十四条　因保护他人民事权益使自己受到损害,受害人依据民法典第一百八十三条的规定请求受益人适当补偿的,人民法院可以根据受害人所受损失和已获赔偿的情况、受益人受益的多少及其经济条件等因素确定受益人承担的补偿数额。

——《最高人民法院关于适用〈中华人民共和国民法典〉总则编若干问题的解

---

① 参见《充分发挥审判职能 弘扬社会主义核心价值观——最高法研究室有关负责人就人民法院抓实公正与效率践行社会主义核心价值观典型案例答记者问》,载《人民法院报》2023 年 8 月 3 日,第 4 版。

释》(2022 年 3 月 1 日,法释〔2022〕6 号)。

【链接：理解与适用】

因见义勇为使自己受到损害,在侵害人无力赔偿或者没有侵害人的情况下,受害人提出请求的,《民法通则意见》第 142 条规定,人民法院可以根据受益人受益的多少及其经济状况,责令受益人给予适当补偿。为鼓励见义勇为行为,不让见义勇为者流血又流泪,《总则编解释》第 34 条在此基础上,采用动态系统论的思路,明确了见义勇为受益人适当补偿数额的确定规则。

第一,保留《民法通则意见》规定中"受益人受益的多少及其经济状况"作为考量因素。

第二,增加受害人所受损失的情况作为考量因素。主要考虑是,受益人对受害人的法定补偿是侵权责任法分配正义的体现,虽不适用赔偿责任的填平原则,但受害人的受损情况仍是最重要的考量因素。因为只有先确定受损情况,才能进一步确定补偿数额。一般而言,受害人所受损害严重的,应适当增加受益人补偿数额。

第三,增加受害人已获赔偿的情况作为考量因素。因为按照立法本意,见义勇为受害人的损失原则上应当由侵权人负责赔偿,在有侵权人时受益人仅是可以给予适当补偿,而只有在没有侵权人、侵权人逃逸或者侵权人无力赔偿的情况下,才应当由受益人适当补偿。因此,受害人的损失已经由侵权人部分填补的,受益人的补偿责任应当相应减轻。

——郭锋、陈龙业、蒋家棣、刘婷:《〈关于适用民法典总则编若干问题的解释〉的理解与适用》,载《人民司法·应用》2022 年第 10 期。

【链接：最高人民法院法官著述】

关于见义勇为者的权益保障,目前存在两种路径。

一是按照本条①规定构成无因管理,由受益人支付见义勇为者支出的必要费用,见义勇为者在救助他人时受到的人身或财产损失,可请求受益人适当补偿。

二是根据《侵权责任法》第 23 条②规定,在侵权人逃逸或无力赔偿的情况下,

---

① 《民法典》第 980 条规定了不属于无因管理而受益人享有管理利益的法律适用:"管理人管理事务不属于前条规定的情形,但是受益人享有管理利益的,受益人应当在其获得的利益范围内向管理人承担前条第一款规定的义务。"第 979 条第 1 款规定规定了无因管理的构成要件及法律效果:"管理人没有法定的或者约定的义务,为避免他人利益受损失而管理他人事务的,可以请求受益人偿还因管理事务而支出的必要费用;管理人因管理事务受到损失的,可以请求受益人给予适当补偿。管理事务不符合受益人真实意思的,管理人不享有前款规定的权利;但是,受益人的真实意思违反法律或者违背公序良俗的除外。"

② 对应《民法典》第 183 条:"因保护他人民事权益使自己受到损害的,由侵权人承担民事责任,受益人可以给予适当补偿。没有侵权人、侵权人逃逸或者无力承担民事责任,受害人请求补偿的,受益人应当给予适当补偿。"

由受益人给予适当补偿。

　　笔者认为，在有加害人的情况下，如果见义勇为者因救助行为而受到损失，且尽到了适当管理注意义务的，可认定为无因管理，由受益人适当补偿。如果因见义勇为者未尽到适当管理注意义务致使无因管理不成立的，可以适用《侵权责任法》第23条的规定，由受益人给予适当补偿。而在无加害人的情况下，则没有《侵权责任法》第23条规定的适用空间。此时见义勇为者构成无因管理的，应由受益人承担责任。

　　——最高人民法院民法典贯彻实施工作领导小组主编：《中华人民共和国民法典合同编理解与适用[四]》，人民法院出版社2020年版，第2784页。

编者说明

　　对于因保护他人民事权益受损时的责任承担与补偿办法，《民法典》第183条规定："因保护他人民事权益使自己受到损害的，由侵权人承担民事责任，受益人可以给予适当补偿。没有侵权人、侵权人逃逸或者无力承担民事责任，受害人请求补偿的，受益人应当给予适当补偿。"此前，《民法通则》第109条规定："因防止、制止国家的、集体的财产或者他人的财产、人身遭受侵害而使自己受到损害的，由侵害人承担赔偿责任，受益人也可以给予适当的补偿。"《侵权责任法》第23条规定："因防止、制止他人民事权益被侵害而使自己受到损害的，由侵权人承担责任。侵权人逃逸或者无力承担责任，被侵权人请求补偿的，受益人应当给予适当补偿。"《民法典》第183条规定与上述规定精神一脉相承。《民法典》规定本条的目的，在于保护见义勇为者，鼓励见义勇为行为。在《民法通则》和《侵权责任法》规定的基础上，本条补充规定了没有侵权人时，受害人请求补偿的，受益人应当给予适当补偿的内容。①

265 因自愿实施紧急救助行为造成受助人损害的，救助人不承担责任

关键词｜紧急救助｜过错｜免责事由｜

【最高人民法院参考案例】

　　案例13　齐某某诉孙某某健康权纠纷案
　　基本案情
　　2017年9月7日晚8时左右，齐某某因感觉头晕到孙某某经营的药店买药。齐某某服下硝酸甘油药片后出现心脏骤停现象，孙某某即实施心肺复苏进行抢救。齐某某恢复意识后，由120救护车送往康平县人民医院住院治疗，被诊断为双侧多发肋骨骨折、右肺挫伤、低钾血症，共计住院18天。齐某某提起本案诉讼，请求孙

---

　　① 参见黄薇主编：《中华人民共和国民法典总则编解读》，中国法制出版社2020年版，第599页。

某某赔偿医疗费、护理费、交通费、住院伙食补助费共计 9000 余元。

裁判结果

辽宁省康平县人民法院认为,孙某某系自愿实施紧急救助行为,虽然救助过程中导致齐某某身体损害,但没有证据证明齐某某心脏骤停与服用的硝酸甘油药物有关。且孙某某具有医学从业资质,给老人进行心肺复苏造成肋骨骨折及肺挫伤无法完全避免,其救助行为没有过错,不违反诊疗规范,故孙某某作为救助人对齐某某的损害不承担民事责任。

典型意义

善意施助,救死扶伤,是中华民族的传统美德。然而近年来,因助人为乐而惹上"官司",为救济他人而招致自身受损等情况并不罕见,"扶不扶""救不救"已然成为社会热议话题。民法典第一百八十四条规定,因自愿实施紧急救助行为造成受助人损害的,救助人不承担民事责任。本案判决符合立法本意及价值观导向,为救助人保驾护航,无须因顾虑承担责任而放弃救助,倡导社会公众互帮互助,调动民间力量,在危急关头第一时间开展救助,为挽救人民生命安全争取时间,使"救不救"的问题不再成为拷问人心的艰难抉择,对弘扬社会主义道德风尚、践行社会主义核心价值观具有积极引导意义。

——《人民法院抓实公正与效率践行社会主义核心价值观典型案例》,载《人民法院报》2023 年 8 月 3 日,第 2 版。

【链接:最高人民法院法官著述】

本条①适用的构成要件

自愿实施紧急救助行为作为免责事由必须满足的条件有:

1. 救助情形的紧急性。也就是说需要救助对象所面临的情况如果不能第一时间予以施救,将会造成难以弥补的损失。该救助行为通常针对受助人可能遭受的人身损害,但也不限于此,挽回紧急情况下的财产损害的施救行为也包括在内。至于救助情形的紧急性,在审判实践中还需要结合具体案件情况予以综合判断。

2. 救助行为的自愿性。这里的自愿性体现的是其主观上的能动性,从行为样态上其主动施救,至于是否接受他人建议或者指示在所不问,但这要以其对救助者没有法定或者约定的救助义务为前提。

3. 针对该救助行为对受助人而非其他人造成的损害免责。若存在其他人的损害,则要看是否符合紧急避险、无因管理或者侵权责任构成要件等情形予以分别处理。

---

① 《民法典》第 184 条规定了自愿实施紧急救助行为免责:"因自愿实施紧急救助行为造成受助人损害的,救助人不承担民事责任。"

　　——最高人民法院民法典贯彻实施工作领导小组主编:《中华人民共和国民法典总则编理解与适用[下]》,人民法院出版社 2020 年版,第 927 页。

266 民事责任竞合的法律适用

关键词 ｜责任竞合｜

【链接：最高人民法院法官著述】

　　对于本条①的适用,需要准确把握责任竞合的基本法律适用规则。

　　……本条规定沿用了《合同法》第 122 条的做法,采用了限制竞合的做法。即在违约责任与侵权责任竞合时,由于违约之诉与侵权之诉在案件管辖、当事人主体资格、诉讼时效、举证责任分配、责任范围等方面都有不同,受害人提起何种之诉对案件的审理结果会产生重大影响。禁止竞合的做法无疑会剥夺受害人选择诉讼权利的可能。允许竞合不加限制的做法虽然赋予当事人选择权,但会给予当事人投机的机会,增加讼累。限制竞合的规定能较好地平衡当事人利益和节约司法资源。因此,权利人享有选择权。如果当事人选择以侵权责任纠纷为案由进行起诉,则应当适用侵权责任编的规定。如果当事人选择按照违约责任主张权利时,则应当按照合同编的规则进行裁判,不能适用侵权责任的规则。

　　在实务中经常会出现原告方对侵权责任之诉与违约责任之诉未作出明确选择的情形,人民法院应当向其释明并要求其予以明确。释明后权利人仍未明确选择的,一种意见认为,人民法院应根据最有利于纠纷解决的原则依职权确定其请求权基础;另一种意见认为,这时因当事人不明确请求权基础而导致案件无法处理的,可裁定驳回起诉。

　　笔者认为,人民法院依照职权确定其请求权基础,似与当事人主义的要求不符,而且何为对当事人有利欠缺具体的判断标准,这时仍应坚持"通过释明其不予选择的不利后果的情况下由当事人作出选择,其仍不选择导致案件无法继续审理的,可以裁定驳回起诉"。

　　——最高人民法院民法典贯彻实施工作领导小组主编:《中华人民共和国民法典总则编理解与适用[下]》,人民法院出版社 2020 年版,第 939~940 页。

---

　　① 《民法典》第 186 条规定了违约责任和侵权责任的竞合:"因当事人一方的违约行为,损害对方人身权益、财产权益的,受损害方有权选择请求其承担违约责任或者侵权责任。"

267 单纯的合同履行利益，原则上不属于侵权责任法适用范围

关键词｜责任竞合｜合同履行｜违约责任｜侵权责任｜

【最高人民法院裁判案例】

瓦锡兰芬兰有限公司、西特福船运公司与荣成市西霞口船业有限公司、颖勤发动机(上海)有限公司船舶设备买卖侵权纠纷案[最高人民法院(2016)最高法民再16号民事判决书,2016.10.9]

裁判摘要①:除非合同一方当事人的行为违反合同约定,又同时侵害侵权责任法所保护的民事权益,构成违约责任与侵权责任竞合,否则,合同对方当事人无权针对一方的违约行为提起侵权责任之诉。合同当事人之间单纯的合同债权属于合同法调整范围,而不属于侵权责任法调整范围。对于单纯合同履行利益,原则上应坚持根据合同法保护,而不应支持合同当事人寻求侵权责任救济。

西霞口船业公司坚持就涉案纠纷提起侵权责任之诉,因瓦锡兰芬兰公司与西特福船运公司分别为在芬兰、荷兰登记注册的公司且涉案船用主机及推进系统从荷兰进口,本案具有涉外因素,西霞口船业公司所称侵权行为地在中华人民共和国境内,依照《中华人民共和国涉外民事关系法律适用法》第44条关于侵权责任适用侵权行为地法律的规定,一审、二审法院适用中华人民共和国法律处理本案纠纷正确。本案有关证据可以证明西特福船运公司坚持选用瓦锡兰芬兰公司生产的发动机、涉案发动机为二手翻新主机以及瓦锡兰芬兰公司知情或者应当知情等三个相对孤立的事实,但不能证明西特福船运公司、颖勤发动机公司在瓦锡兰芬兰公司于2010年2月至3月交付主机及推进系统以前知道或者应当知道主机为翻新旧发动机,不能证明西特福船运公司、颖勤发动机公司与瓦锡兰芬兰公司有恶意串通的情形。西霞口船业公司请求西特福船运公司、颖勤发动机公司承担共同侵权责任没有事实和法律依据。西霞口船业公司与瓦锡兰芬兰公司在涉案主机供货合同中具体约定了主机等设备的技术规范、设备部件保修(修理和更换)、违约责任与赔偿范围、纠纷解决方式、处理纠纷的准据法等。瓦锡兰芬兰公司在履行合同过程中向西霞口船业公司提供含有二手翻新旧曲轴和其他部分旧部件的主机,但未发现主机存在不良技术性能,由此引起的纠纷涉及瓦锡兰芬兰公司是否可以按合同约定提供含有部分旧部件的主机、是否应当更换整个主机还是仅应更换旧曲轴等部分旧部件以及是否必须更换旧曲轴、如何承担责任等问题,均属于双方合同约定的范围。

---

① 参见中国应用法学研究所主编:《中华人民共和国最高人民法院案例选》第4辑,法律出版社2020年版,第210页。

合同双方当事人应当遵守合同约定，全面履行合同，根据合同约定处理合同争议，西霞口船业公司不能只要求供应商按照合同约定提供主机，而不按照合同约定处理主机或者其零部件瑕疵的保修问题，涉案主机修理或者更换也需要根据合同约定来处理。西霞口船业公司请求瓦锡兰芬兰公司"按合同约定提供同样的主发动机、推进系统一台套"，这明显是基于合同约定提出的请求。西霞口船业公司请求赔偿主机更换费用、船舶贬值与维持费用等损失，也分别是基于其请求按合同约定提供同样主发动机而进一步主张的费用、基于其所称瓦锡兰芬兰公司提供旧主机的瑕疵给付而产生的额外费用和可得利益损失，均属于违约损失（合同履行利益）的范畴，在性质上属于合同债权。尽管瓦锡兰芬兰公司在履行合同过程中存在故意提供旧主机之嫌，西霞口船业公司诉请的给付属合同履行利益的性质并不因此改变。本案没有证据表明瓦锡兰芬兰公司提供旧主机使西霞口船业公司遭受合同履行本身及可得利益等合同债权之外的损害。《中华人民共和国侵权责任法》第 2 条①规定："侵害民事权益，应当依照本法承担侵权责任。本法所称民事权益，包括生命权、健康权、姓名权、名誉权、荣誉权、肖像权、隐私权、婚姻自主权、监护权、所有权、用益物权、担保物权、著作权、专利权、商标专用权、发现权、股权、继承权等人身、财产权益。"《中华人民共和国侵权责任法》并没有将合同债权列入该法保护范围，亦即侵权责任法不调整违约行为。除非合同一方当事人的行为违反合同约定，又同时侵害侵权责任法所保护的民事权益，构成违约责任与侵权责任竞合，合同对方当事人无权针对一方的违约行为提起侵权责任之诉。合同相对人之间单纯的合同债权属于合同法调整范围，而不属于侵权责任法调整范围。对于单纯合同履行利益，原则上应坚持根据合同法保护，而不应支持当事人寻求侵权责任救济。西霞口船业公司就其合同履行利益损失请求合同相对方瓦锡兰芬兰公司承担侵权责任，一审、二审法院予以支持，没有法律依据，应予以纠正。据此，最高人民法院依照《中华人民共和国侵权责任法》第 2 条、《中华人民共和国民事诉讼法》第 207 条第 1 款与第 170 条第 1 款第 2 项②之规定，于 2016 年 10 月 9 日作出（2016）最高法民再 16 号判决：（一）撤销山东省高级人民法院（2013）鲁民四终字第 88 号判决；（二）撤销青岛海事法院（2011）青海法海商初字第 361 号判决；（三）驳回西霞口船业公司的诉讼请求。一审、二审案件受理费各 247194 元，均由西霞口船业公司负担。

——中国应用法学研究所主编：《中华人民共和国最高人民法院案例选》第 4辑，法律出版社 2020 年版，第 263 页。

---

① 对应《民法典》第 186 条。——编者注
② 分别对应 2023 年《民事诉讼法》第 218 条第 1 款、第 177 条第 1 款第 2 项。——编者注

【链接：理解与参照】

本案的典型意义在于在厘清了合同法与侵权责任法适用的边界,明确了一项基本的法律适用规则:单纯合同履行利益原则上不属于侵权责任法适用范围。

尽管《合同法》第 122 条在违约责任与侵权责任竞合情形下赋予受害人选择就违约责任或者侵权责任行使请求权,但绝不意味着合同当事人可以随意跳开合同约定去寻求侵权责任救济。合同当事人就合同履行中的损失寻求侵权责任救济的前提是合同对方的违约行为同时构成侵权行为形成竞合情形,即违约行为侵害的权益本身属于侵权责任法的适用范围。根据整个法律体系的分工设置,合同法与侵权责任法应当有各自适用范围,尽管存在竞合情形但违约责任与侵权责任不能完全混同,否则该两种责任的基本区分将失去应有的意义。合同法和侵权责任法的基本分野就是合同债权原则上不属于侵权责任法的保护范围(对于第三人侵害债权是否属于侵权责任法调整范围,可以另行研究)。之所以强调这个基本分野,主要法理在于:

合同责任所保护的利益主要是履行利益,包括履行本身和可得利益,体现在合同债权中,赔偿标准通常是通过赔偿使当事人处于合同完全履行的状态;而侵权责任保护的利益是一种固有利益,即受害人在遭受侵害行为之前所既存的财产权益和人身权益,体现在绝对权中,赔偿标准以恢复受害人遭受侵害以前的人身、财产状态为原则。总体上看,侵权责任法的目的是使当事人有义务赔偿因其不法行为给其他当事人造成的合同关系之外的损害。合同法的基本价值是私法自治,允许合同当事人在不违反法律强制规定的前提下自由约定责任承担、权利救济等权利义务关系,体现市场交易的灵活性和多样性,鼓励市场交易。侵权责任法是保护合同债权以外的民事权益的强行法,如果将侵权责任法随意拓展适用于合同债权,准许合同当事人以侵权责任之诉规避合同的有效约定势必损害私法自治的实现,混淆侵权责任法与合同法的规范体系,削弱当事人对权利义务的可预期性。因此,对于单纯合同履行利益,原则上应坚持根据合同法保护,而不应支持合同当事人寻求侵权责任救济。

尽管本案再审判决所涉行为和法律关系发生于《民法典》颁布之前,但本案再审判决对于民法典有关民事责任规定的适用仍然具有指导意义。《民法典》第七编(侵权责任)第 1164 条规定"本编调整因侵害民事权益产生的民事关系"。该条规定相比原《中华人民共和国侵权责任法》第 2 条的规定,删除了后者第 2 款关于侵权责任法的保护对象"民事权益"范围的规定,但是,从民法典分编体系的构成看,合同法和侵权责任法的基本分野相当明确,与之前的立法相比并没有根本改变。所以,在民法典施行后,"单纯合同履行利益原则上不属于侵权责任法适用范围"的基本规则必须继续强调。

——余晓汉：《瓦锡兰芬兰有限公司、西特福船运公司与荣成市西霞口船业有限公司、颖勤发动机(上海)有限公司船舶设备买卖侵权纠纷案——单纯的合同履行利益原则上不属于侵权责任法适用范围》，载中国应用法学研究所主编：《中华人民共和国最高人民法院案例选》第 4 辑，法律出版社 2020 年版，第 265~266 页。

268 货物运输合同履行中托运人财产受损，托运人请求承运人承担侵权责任，承运人可依货物运输合同约定进行抗辩

关键词 │ 责任竞合 │ 货物运输合同 │ 侵权责任 │ 抗辩 │

【最高人民法院公报案例】

东京海上日动火灾保险(中国)有限公司上海分公司与新杰物流集团股份有限公司保险人代位求偿权纠纷案[上海市第二中级人民法院二审民事判决书，2018.2.1]

裁判摘要：货物运输合同履行过程中托运人财产遭受损失，在承运人存在侵权与合同责任竞合的情形下，允许托运人或其保险人依据《合同法》第一百二十二条①选择侵权诉讼或合同诉讼。但是，托运人要求承运人承担侵权责任的，承运人仍然可以依据货物运输合同的有关约定进行抗辩。法院应依据诚实信用原则，综合考虑合同条款效力、合同目的等因素确定赔偿范围。

上海市第二中级人民法院二审认为：

本案争议的焦点是上诉人新杰物流公司能否以涉案运输合同作为本案侵权责任赔偿的抗辩以及新杰物流公司是否需要承担赔偿责任。新杰物流公司与富士通公司之间存在明确的运输合同，涉案货物系运输过程中因交通事故遭受损坏。承运人新杰物流公司存在合同责任和侵权责任竞合的情形，富士通公司有权择一主张，被上诉人东京保险上海分公司依据保险代位权亦享有同等权利。东京保险上海分公司在一审过程中明确其请求权基础为侵权赔偿，并据此认为侵权之诉不应受合同约束，新杰物流公司应按照侵权责任赔偿。新杰物流公司则认为责任竞合的情况下，无论选择违约赔偿还是侵权赔偿，都应受到涉案运输合同中有关赔偿条款的约束。

根据《中华人民共和国合同法》第一百二十二条的规定，因当事人一方的违约

---

① 对应《民法典》第 1164 条："本编调整因侵害民事权益产生的民事关系。"对侵权责任编保护的民事利益的范围，《民法典》没有系列列举，而是散见于总则编"民事权利"章及分则各编的规定中。——编者注

行为,侵害对方人身、财产权益的,受损害方有权选择依照本法要求其承担违约责任或者依照其他法律要求其承担侵权责任。该规定仅明确了责任竞合的情况下,当事人一方有权择一主张权利,但并未明确一方选择后,合同责任与侵权责任之间的关系。法院认为,在法律并无明确规定的情况下,应当遵循自愿、公平、诚实信用的基本原则,合理平衡当事人利益。对于同一损害,当事人双方既存在合同关系又存在侵权法律关系的,不能完全割裂两者的联系,既要保护一方在请求权上的选择权,也要保护另一方依法享有的抗辩权。抗辩权是诉权,在本案中,新杰物流公司依据合同限制性条款内容进行抗辩,并不能等同于合同抗辩权。

在责任竞合的情况下,如果允许一方选择侵权赔偿,并基于该选择禁止另一方依据合同有关约定进行抗辩,则不仅会导致双方合同关系形同虚设,有违诚实信用原则,也会导致市场主体无法通过合同制度合理防范、处理正常的商业经营风险。因此,无论一方以何种请求权向对方主张责任,均不能禁止其依据合同的有关约定进行抗辩。

具体到本案,被上诉人东京保险上海分公司系行使保险代位权,其权利义务应当与富士通公司对上诉人新杰物流公司的权利义务一致。富士通公司与新杰物流公司之间的权利义务,既受双方运输合同约束,也受《侵权法》调整。对于运输过程中货物损失的分担,富士通公司与新杰物流公司在双方的运输合同中有明确约定,该约定系双方在各自商业经营风险预判基础上,根据自愿、平等原则达成的一致安排,对双方处理合同约定的货物损失具有约束力,该约束力不因富士通公司选择侵权之诉而失效。因此,尽管东京保险上海分公司代富士通公司向新杰物流公司主张侵权赔偿,但是新杰物流公司与富士通公司之间的运输合同是双方的基础法律关系,新杰物流公司依据涉案运输合同的相关内容进行抗辩是正当的,综上所述,新杰物流公司关于其有权在本案中引用合同责任限制条款的上诉理由,予以采纳。

——《最高人民法院公报》2019 年第 12 期。

二、英雄烈士人格利益保护

269 英雄烈士合法权益纠纷案件审判的司法政策

关键词 | 英雄烈士 | 红色经典 |

【最高人民法院司法文件】

一、关于英雄烈士的概念和范围

根据英雄烈士保护法第二条的规定,刑法第二百九十九条之一规定的"英雄烈士",主要是指近代以来,为了争取民族独立和人民解放,实现国家富强和人民幸福,促进世界和平和人类进步而毕生奋斗、英勇献身的英雄烈士。

司法适用中,对英雄烈士的认定,应当重点注意把握以下几点:

(一)英雄烈士的时代范围主要为"近代以来",重点是中国共产党、人民军队和中华人民共和国历史上的英雄烈士。英雄烈士既包括个人,也包括群体;既包括有名英雄烈士,也包括无名英雄烈士。

(二)对经依法评定为烈士的,应当认定为刑法第二百九十九条之一规定的"英雄烈士";已牺牲、去世,尚未评定为烈士,但其事迹和精神为我国社会普遍公认的英雄模范人物或者群体,可以认定为"英雄烈士"。

(三)英雄烈士是指已经牺牲、去世的英雄烈士。对侮辱、诽谤或者以其他方式侵害健在的英雄模范人物或者群体名誉、荣誉,构成犯罪的,适用刑法有关侮辱、诽谤罪等规定追究刑事责任,符合适用公诉程序条件的,由公安机关依法立案侦查,人民检察院依法提起公诉。但是,被侵害英雄烈士群体中既有已经牺牲的烈士,也有健在的英雄模范人物的,可以统一适用侵害英雄烈士名誉、荣誉罪。

二、关于侵害英雄烈士名誉、荣誉罪入罪标准

根据刑法第二百九十九条之一的规定,侮辱、诽谤或者以其他方式侵害英雄烈士的名誉、荣誉,损害社会公共利益,情节严重的,构成侵害英雄烈士名誉、荣誉罪。

司法实践中,对侵害英雄烈士名誉、荣誉的行为是否达到"情节严重",应当结合行为方式,涉及英雄烈士的人数,相关信息的数量、传播方式、传播范围、传播持续时间,相关信息实际被点击、浏览、转发次数,引发的社会影响、危害后果以及行为人前科情况等综合判断。根据案件具体情况,必要时,可以参照适用《最高人民法院、最高人民检察院关于办理利用信息网络实施诽谤等刑事案件适用法律若干

问题的解释》(法释〔2013〕21 号)的规定。

侵害英雄烈士名誉、荣誉,达到入罪标准,但行为人认罪悔罪,综合考虑案件具体情节,认为犯罪情节轻微的,可以不起诉或者免予刑事处罚;情节显著轻微危害不大的,不以犯罪论处;构成违反治安管理行为的,由公安机关依法给予治安管理处罚。

——《最高人民法院、最高人民检察院、公安部关于依法惩治侵害英雄烈士名誉、荣誉违法犯罪的意见》(2022 年 1 月 11 日,公通字〔2022〕5 号)。

二、要依法妥善审理好使用红色经典作品报酬纠纷和英雄烈士合法权益纠纷案件

要深刻认识使用红色经典作品报酬纠纷和英雄烈士合法权益纠纷案件的特殊性,在侵权认定、报酬计算和判令停止行为时,应当秉承尊重历史、尊重法律、尊重权利的原则,坚持红色经典和英雄烈士合法权益司法保护的利益衡平。为维护党和国家利益、社会公共利益,对因使用红色经典作品产生的报酬纠纷案件,不得判令红色经典作品停止表演或者演出。在确定红色经典作品报酬时,要与其他商品化作品主要由市场决定交易价格和报酬的计算方法相区别,要综合考量红色经典作品的类型、实际表演或者演出情形以及演绎作品对红色经典作品使用比例等因素,同时充分考量创作红色经典时的特殊时代背景,从有利于传承红色经典和宣传英雄烈士光辉事迹的导向作用,酌情确定合理的报酬数额,防止简单化计算金钱给付。

三、要切实保障红色经典和英雄烈士相关利益主体的诉讼权利

根据著作权法规定,红色经典作品的作者对原作品享有署名权、修改权、保护作品完整权,上述人身权的保护期不受时间限制,其他人未经明确授权不得行使。权利人或者利害关系人依法向人民法院提起诉讼的,人民法院应当受理。

如果被侵权的红色经典作品的作者已经死亡而其利害关系人未提起诉讼,或者英雄烈士的姓名、肖像、名誉、荣誉被侵害而没有近亲属或者近亲属未提起诉讼,检察机关或者法律规定的其他机关和有关组织向人民法院提起诉讼的,人民法院可以参照《中华人民共和国民事诉讼法》第五十五条①的规定予以受理。

为保护红色经典和英雄烈士合法权益提起诉讼的当事人,缴纳诉讼费用确有困难申请减、缓、免交诉讼费用的,人民法院应当予以支持。

四、要依法正确界定红色经典诉讼双方的权利义务和英雄烈士合法权益

要依法正确界定受著作权法保护的红色经典作品类型,并在此基础上准确认

---

① 对应 2023 年《民事诉讼法》第 58 条。——编者注

定不同的权利属性和类别。侵害著作权的,应当明确侵害人身权或者财产权的具体权利范围,如署名权、修改权、保护作品完整权以及获得报酬权等;侵害著作权相关权利的,应当明确侵害表演者权、录音录像制作者权、广播组织权等具体权利范围;对于违反商标法和反不正当竞争法的,应当明确相应的权益内容。

要充分发挥知识产权民事、行政和刑事审判"三合一"的机制优势,正确把握民事法律责任、行政法律责任以及刑事法律责任在法律适用上的差异,准确确定侵害相关权利所应当承担的民事、行政和刑事责任,不断提高对红色经典和英雄烈士合法权益司法保护的整体效能。

——《最高人民法院关于加强"红色经典"和英雄烈士合法权益司法保护弘扬社会主义核心价值观的通知》(2018 年 5 月 11 日,法〔2018〕68 号)。

一、充分认识贯彻落实《英烈保护法》的重要意义。《英烈保护法》是为了加强对英雄烈士的保护,维护社会公共利益,传承和弘扬英雄烈士精神、爱国主义精神制定的一部重要法律,对于培育和践行社会主义核心价值观,激发实现中华民族伟大复兴中国梦的强大精神力量具有重要意义。要高度重视、深入学习、认真贯彻《英烈保护法》的相关规定,以司法手段捍卫英雄烈士合法权益,维护公序良俗,弘扬社会主义核心价值观、反对历史虚无主义。

二、依法审理侵害英雄烈士姓名、肖像、名誉、荣誉的案件。对英雄烈士的近亲属提出的侵害英雄烈士姓名、肖像、名誉、荣誉的案件,依据法律及司法解释的规定依法予以受理,并确定行为人、网络服务提供者等应当承担的民事责任。对检察机关提起的侵害英雄烈士姓名、肖像、名誉、荣誉的案件,及时按照《中华人民共和国民事诉讼法》第五十五条等规定依法予以受理,并按照《中华人民共和国民法总则》《中华人民共和国侵权责任法》《英烈保护法》等法律及相关司法解释的规定,确定行为人应当承担的民事责任。

三、依法审理涉及英雄烈士形象、事迹等商标权、著作权案件。对歪曲、丑化、亵渎、否定英雄烈士事迹和精神,诋毁、贬损英雄烈士形象,侵害著作权的行为,依法认定行为人承担相应的法律责任。通过司法裁判旗帜鲜明地维护广大人民群众对英雄烈士事迹的价值认同和英雄烈士公知公认的光辉形象,最大限度地实现案件裁判的政治效果、法律效果、社会效果的有机统一。

——《最高人民法院关于认真学习宣传贯彻〈中华人民共和国英雄烈士保护法〉的通知》(2018 年 5 月 8 日,法〔2018〕118 号)。

270 英雄烈士的具体范围

关键词 ┃ 英雄烈士 ┃ 英烈先驱 ┃ 革命先行者 ┃ 英雄人物 ┃

【链接：答记者问】

我们注意到此次发布的涉英烈权益保护十大典型案例中，不仅有战争年代的英雄烈士，也有当代社会为国家安全和社会建设作出突出贡献的英雄烈士，请介绍一下英雄烈士的具体范围和发布案例的考虑？

答:《中华人民共和国英雄烈士保护法》第二条第二款规定，近代以来，为了争取民族独立和人民解放，实现国家富强和人民幸福，促进世界和平和人类进步而毕生奋斗、英勇献身的英雄烈士，功勋彪炳史册，精神永垂不朽。该法保护的英雄烈士包括近代以来，为国家、为民族、为人民作出牺牲和贡献的英烈先驱和革命先行者，重点是中国共产党、人民军队和人民共和国历史上涌现的无数英烈，其中既包括个人也包括群体，既包括有名英烈也包括无名英烈，包括为了人民利益英勇斗争而牺牲，堪为楷模的人，还包括在保卫国家和国家建设中作出巨大贡献、建立卓越功勋，已经故去的人。

此次发布的典型案例中，涉及的有在抗日战争、解放战争中壮烈牺牲的革命烈士，也有在国家建设中无私奉献的英雄烈士；有中国人民志愿军"冰雕连"英烈等抗美援朝英雄，也有近年誓死捍卫国土的戍边卫国英雄烈士；有我们身边因公殉职的缉毒民警，也有"杂交水稻之父"、共和国勋章获得者袁隆平院士。需要说明的是，袁隆平院士虽然不属于烈士，但他为人民自由幸福和国家繁荣富强作出重大贡献，属于英雄人物，适用英雄烈士人格利益保护的相关法律规定是应有之义。英雄烈士的姓名、肖像、名誉、荣誉等人格利益受法律保护，他们的荣光不容亵渎。

"天地英雄气，千秋尚凛然。"一个有希望的民族不能没有英雄，一个有前途的国家不能没有先锋。包括抗战英雄在内的一切民族英雄，都是中华民族的脊梁，他们的事迹和精神都是激励我们前行的强大力量。我们希望通过发布这些典型案例，推动全社会永远铭记英烈的英雄事迹，世代发扬英烈的英雄精神，坚定信心、勇毅前行，为实现党的第二个百年奋斗目标而不懈努力。

——《服务和保障加强新时代烈士褒扬工作 大力弘扬英烈精神——最高人民法院民一庭负责人就〈涉英烈权益保护十大典型案例〉答记者问》，载《人民法院报》2022年12月9日，第4版。

编者说明

英雄烈士是民族的脊梁、时代的先锋，英雄烈士的事迹和精神是中华民族的共同历史记忆和社会主义核心价值观的重要体现。2022年3月，中共中央办公厅、国务院办公厅、中央军委办公厅联合印发《关于加强新时代烈士褒扬工作的意见》。国务院及有关部门陆续修改、制定《烈士褒扬条例》《烈士纪念设施保护管理办法》《烈士安葬办法》等配套行政法规、规章。最高人民法院、最高人民检察院相继发布宣传贯彻《英雄烈士保护法》的通知、办理英雄烈士保护民事公益诉讼案件工作指引等文件。最高人民法院先后发布《关于加强"红色经典"和英雄烈士合法权益司法保护弘扬社会主义核心价值观的通知》（法〔2018〕68号）、《关于贯彻落实〈关于加强新时代烈士褒扬工作的意见〉的通知》（法〔2022〕113号）等一系列司法政策性文件，会同最高人民检察院、公安部联合发布《关于依法惩治侵害英雄烈士名誉、荣誉违法犯罪的意见》（公通字〔2022〕5号），发布保护英雄人物人格利益等典型案例，以司法手段捍卫英雄烈士合法权益，维护社会公共利益。①

《英雄烈士保护法》作为特别法，对英烈权益从民事、刑事、行政三位一体全方位的进行了保护。从法律规定来看，英烈权益保护不但包括对已经逝去的英烈的人格权益保护，如名誉权、荣誉权、姓名权、肖像权等，还包括对英烈遗属权益的保护、对英烈纪念设施的保护。从司法实践来看，这类案件多发在对英烈人格权的侵权领域，主要集中在名誉、荣誉侵权这两类。英烈权益保护案件高度敏感，社会关注度高，案件审理程序要求严格，涉及民事、刑事、行政三大诉讼领域。人民法院加大对英烈人格权益保护力度，通过依法审理相关案件，惩治侵害英烈名誉、荣誉的违法犯罪活动，坚决维护中国特色社会主义制度、维护社会公共利益。推动落实烈属抚恤优待政策。贯彻落实烈士褒扬政策法规，切实维护烈属的人身财产权益。此外，人民法院服务烈士纪念设施保护，依法惩治侵占烈士纪念设施保护范围内土地、设施，以及破坏、污损烈士纪念设施等违法行为，有力保护烈士纪念设施不受侵犯。最高人民法院通过多次多批发布英烈权益保护典型案例，统一裁判尺度，不断提升涉英烈权益保护工作水平，充分发挥典型案件的示范引领作用，为社会树立标杆、明确导向，推动全社会永远铭记英烈事迹，世代发扬英烈精神。②

271 英烈保护规则的溯及适用

关键词 ｜ 时间效力 ｜ 英雄烈士 ｜ 溯及力 ｜

【最高人民法院司法解释】

第六条 《中华人民共和国民法总则》施行前，侵害英雄烈士等的姓名、肖像、名誉、荣誉，损害社会公共利益引起的民事纠纷案件，适用民法典第一百八十五条的规定。

——《最高人民法院关于适用〈中华人民共和国民法典〉时间效力的若干规定》（2021年1月1日，法释〔2020〕15号）。

① 参见《最高人民法院发布涉英烈权益保护十大典型案例》，载《人民法院报》2022年12月9日，第2版。
② 参见《英烈保护法实施五年来取得良好社会效果》，载《人民法院报》2023年4月29日，第1版。

【链接：理解与适用】

　　正确理解英烈保护的溯及适用规定。

　　民法通则没有关于英烈保护的相关规定,民法总则在吸收审判实践经验的基础上,对英烈保护作了规定。民法典沿袭了民法总则的规定。虽然英雄烈士保护法对英烈保护问题有更加系统全面的规定,但是该法自 2018 年 5 月 1 日起施行,施行时间在民法总则之后,而且该法未规定溯及力问题,不能解决民法总则施行前的英烈保护无法可依的问题。为加强对英雄烈士人格权益的司法保护,充分发挥民法典的制度价值,大力弘扬社会主义核心价值观,《规定》第 6 条明确,民法总则施行前,侵害英雄烈士等的姓名、肖像、名誉、荣誉,损害社会公共利益引起的民事纠纷案件,适用民法典第一百八十五条的规定。

　　需要注意的是,这里适用的是民法典,而不是民法总则。民法典与民法总则的关系不同于民法典与其他 8 部法律之间的关系,在溯及适用问题上具有一定特殊性。尽管二者关于英雄烈士的规定是一致的,但由于侵害行为发生在民法总则之前,没有落入到民法总则的施行期间,民法典施行后再提起诉讼的,不宜适用民法总则的规定,而应适用民法典的规定。

　　另外,对于民法总则施行后、民法典施行前发生的侵害英雄烈士人格权益的行为,由于落入民法总则的施行期间,故对于 2021 年 1 月 1 日之后尚未审结的案件,应当适用民法总则的相关规定。

　　——最高人民法院民法典贯彻实施工作领导小组办公室:《〈关于适用民法典时间效力的若干规定〉的理解与适用》,载《人民司法·应用》2021 年第 10 期。

272 侵害英雄烈士名誉、荣誉等行为的法律责任

关键词 | 英雄烈士 | 名誉 | 荣誉 | 法律责任 | 公益诉讼 |

【链接：答记者问】

　　对于侵害英雄烈士名誉、荣誉等行为,行为人应当如何承担法律责任?

　　答:近年来,社会上有些人受历史虚无主义等错误思想影响,以“还原历史”“探究细节”等为名,通过网络媒体等歪曲历史,诋毁、贬损英雄烈士,造成恶劣影响,引起社会各界强烈愤慨。由于英雄烈士的事迹和精神已经成为社会公共利益的重要组成部分,这些行为不仅构成对英雄烈士人格利益的侵害,同时也对社会公共利益造成损害。行为人应当承担的法律责任主要包括以下三类:

　　一是民事责任。《民法典》第一百八十五条、第一千条规定,侵害英雄烈士等

的姓名、肖像、名誉、荣誉，损害社会公共利益，应当承担消除影响、恢复名誉、赔礼道歉等民事责任，且应当与行为的具体方式和造成的影响范围相当。例如，叶某等诉某信息公司名誉权纠纷案中，某信息公司篡改叶挺烈士革命诗作，造成恶劣社会影响，伤害烈属感情，叶挺烈士近亲属提起诉讼，法院依法判决该公司承担在国家级媒体上公开发布赔礼道歉公告，向原告赔礼道歉、消除影响，以及支付精神抚慰金等民事责任。需要注意的是，对侵害英雄烈士姓名、肖像、名誉、荣誉行为提起民事诉讼的主体，可以是英雄烈士的近亲属；英雄烈士没有近亲属或者近亲属不提起诉讼的，检察机关可以依法向人民法院提起诉讼，我们发布的 3 个民事公益诉讼典型案例就属于此类情况。

二是行政处罚。依据《英雄烈士保护法》相关规定，以侮辱、诽谤或者其他方式侵害英雄烈士的姓名、肖像、名誉、荣誉，在英雄烈士纪念设施保护范围内从事有损纪念英雄烈士环境和氛围的活动，侵占、破坏、污损英雄烈士纪念设施等，构成违反治安管理行为的，由公安机关依法给予治安管理处罚。例如，李某、吴某侵害英雄烈士荣誉纠纷民事公益诉讼案中，两人身着仿纳粹军服在萧山烈士陵园拍照并在网络上传播，损害社会公共利益，除承担赔礼道歉、消除影响等民事责任外，还因构成违反治安管理行为，被公安机关处以行政拘留的行政处罚。

三是刑事责任。《刑法修正案（十一）》增设"侵害英雄烈士名誉、荣誉罪"，将侮辱、诽谤英雄烈士的行为明确规定为犯罪。人民法院依法严惩侮辱、诽谤英雄烈士行为，保护英雄烈士的人格利益和社会公共利益，旗帜鲜明反对和抵制历史虚无主义等错误思想。例如，这次发布的 3 个刑事诉讼（包括 2 个刑事附带民事公益诉讼）典型案例中，罗某、肖某、仇某在网络平台上公然侮辱、诋毁英雄烈士，损害社会公共利益，严重破坏社会公共秩序，人民法院依法认定其构成侵害英雄烈士名誉、荣誉罪，科以刑事处罚。

人民法院通过司法裁判，不断传承和弘扬爱国主义精神，推动在全社会培育和践行社会主义核心价值观。

——《服务和保障加强新时代烈士褒扬工作 大力弘扬英烈精神——最高人民法院民一庭负责人就〈涉英烈权益保护十大典型案例〉答记者问》，载《人民法院报》2022 年 12 月 9 日，第 3 版。

【最高人民法院参考案例】

三、杭州市临平区人民检察院诉陈某英雄烈士保护民事公益诉讼案

（一）典型意义

习近平总书记指出，一切民族英雄都是中华民族的脊梁，他们的事迹和精神都是激励我们前行的强大力量。英烈不容诋毁，法律不容挑衅。民法典第一百八十

五条"英烈条款"的核心要义是保护英雄烈士的人格利益,维护社会公共利益,弘扬尊崇英烈、扬善抑恶的精神风气。肖思远烈士为国戍边守土,遭敌围攻壮烈牺牲,其英雄事迹必将为人民群众缅怀铭记。该案适用民法典规定,认定陈某的行为侵害肖思远烈士的名誉、荣誉,损害了社会公共利益,鲜明表达了人民法院严厉打击和制裁抹黑英雄烈士形象行为的坚定立场,向全社会传递了热爱英雄、崇尚英雄、捍卫英雄的强烈态度。

(二)基本案情

2020年6月15日,戍边烈士肖思远在边境冲突中誓死捍卫祖国领土,突围后又义无反顾返回营救战友,遭敌围攻壮烈牺牲,于2021年2月被中央军委追记一等功。2021年2月至4月间,陈某在人民日报、央视新闻、头条新闻等微博账号发布的纪念、缅怀肖思远烈士的文章下,发表针对肖思远烈士的不当评论内容共计20条,诋毁其形象和荣誉。公益诉讼起诉人认为,陈某的行为侵害戍边烈士肖思远的名誉和荣誉,损害社会公共利益,故向人民法院提起民事公益诉讼,请求判令陈某在全国性的新闻媒体上公开赔礼道歉、消除影响。

(三)裁判结果

生效裁判认为,民法典第一百八十五条侧重保护的是已经成为社会公共利益重要组成部分的英雄烈士的人格利益。英雄烈士是中华民族最优秀群体的代表,英雄烈士和他们所体现的爱国主义、英雄主义精神,是我们党魂、国魂、军魂、民族魂的不竭源泉和重要支撑,是中华民族精神的集中反映。英雄烈士的事迹和精神是中华民族的共同记忆,是社会主义核心价值观的重要体现。抹黑英雄烈士,既是对社会主义核心价值观的否定和瓦解,也容易对人民群众的价值观念造成恶劣影响。陈某在互联网空间多次公开发表针对肖思远烈士名誉、荣誉的严重侮辱、诋毁、贬损、亵渎言论,伤害了国民的共同情感和民族精神,污染了社会风气,不利于民族共同记忆的赓续、传承,更是对社会主义核心价值观的严重背离,已构成对社会公共利益的侵害。故判决陈某在全国性的新闻媒体上向社会公众公开赔礼道歉、消除影响。

——《人民法院贯彻实施民法典典型案例(第二批)》,载最高人民法院网2023年1月12日,https://www.court.gov.cn/zixun-xiangqing-386521.html。

案例一 罗某侵害英雄烈士名誉、荣誉暨附带民事公益诉讼案——在网络平台上侮辱抗美援朝英雄烈士,构成侵害英雄烈士名誉、荣誉罪并应承担民事责任

一、基本案情

2021年,罗某观看《长津湖》电影和纪录片后,为博取关注,使用新浪微博账号(粉丝数220余万)发帖,侮辱在抗美援朝长津湖战役中牺牲的中国人民志愿军

"冰雕连"英烈。上述帖文因用户举报被平台处理，此前阅读量 2 万余次。罗某次日删除该帖文，但相关内容已经在网络上广泛传播，引发公众强烈愤慨。罗某曾系知名媒体人，曾使用上述账号先后发表侮辱、嘲讽英雄烈士等帖文 9 篇，其账号被平台处置 30 次。海南省三亚市城郊人民检察院提起刑事附带民事公益诉讼，认为应当以侵害英雄烈士名誉、荣誉罪追究罗某刑事责任，建议判处有期徒刑七个月，同时请求判令罗某承担相应民事责任。

二、裁判结果

海南省三亚市城郊人民法院认为，被告人罗某在互联网上使用侮辱性语言抹黑中国人民志愿军"冰雕连"英烈，否定社会主义核心价值观和伟大的抗美援朝精神，破坏社会公共秩序，情节严重，其行为构成侵害英雄烈士名誉、荣誉罪。罗某系自首，可以依法从轻处罚，自愿认罪认罚，可以依法从宽处理。附带民事公益诉讼被告罗某作为网络"大 V"，多次在网上公开发表言论侮辱、贬损英雄烈士，严重侵害社会公共利益，应当承担民事责任。罗某自愿赔偿 8 万元用于抗美援朝烈士精神事迹纪念、宣传等公益事业，予以认可。作出刑事附带民事判决，被告人罗某犯侵害英雄烈士名誉、荣誉罪，判处有期徒刑七个月；附带民事公益诉讼被告罗某在相关网站及报纸上公开赔礼道歉。

三、典型意义

英雄烈士既包括个人，也包括群体，既包括有名英雄烈士，也包括无名英雄烈士。中国人民志愿军的英雄事迹是中华民族共同的历史记忆和宝贵的精神财富，伟大的抗美援朝精神跨越时空、历久弥新，是社会主义核心价值观的重要体现，全体中华儿女要永续传承、世代发扬，绝不容许亵渎、诋毁。电影《长津湖》旨在缅怀中国人民志愿军"冰雕连"英烈，罗某却在观看电影后，在网络平台发帖公然歪曲历史，侮辱、抹黑英烈，伤害公众情感，严重破坏社会公共秩序。本案通过司法手段严惩侵害抗美援朝英雄烈士群体名誉、荣誉行为，维护社会公共利益，护航传承和弘扬爱国主义精神，推动培育和践行社会主义核心价值观。

案例二 肖某侵害英雄烈士名誉、荣誉罪案——在人数众多的微信群诋毁、侮辱英雄，构成侵害英雄烈士名誉、荣誉罪

一、基本案情

2021 年，肖某在"杂交水稻之父"、共和国勋章获得者、中国工程院院士袁隆平因病逝世、举国悲痛之际，无视公序良俗和道德底线，使用昵称"坚持底线"的微信号，先后在微信群"白翎村村民信息群"（群成员 499 人）内发布 2 条信息，歪曲事实诋毁、侮辱袁隆平院士，侵害英雄名誉、荣誉，引起群内成员强烈愤慨，造成恶劣社会影响。湖南省韶山市人民检察院提起公诉，认为被告人肖某的行为构成侵害

英雄烈士名誉、荣誉罪,建议判处管制六个月。

二、裁判结果

湖南省韶山市人民法院认为,被告人肖某以侮辱、诽谤方式侵害英雄的名誉、荣誉,损害社会公共利益,情节严重,其行为已构成侵害英雄烈士名誉、荣誉罪。案发后,被告人肖某如实供述自己的犯罪事实,认罪认罚,依法可从宽处理。判决被告人肖某犯侵害英雄烈士名誉、荣誉罪,判处管制六个月。

三、典型意义

自 2021 年 3 月 1 日起施行的《中华人民共和国刑法修正案(十一)》增设"侵害英雄烈士名誉、荣誉罪",体现出我国对英雄烈士权益强有力的保护,以及严厉打击抹黑英雄烈士形象行为的决心。袁隆平院士为人民自由幸福和国家繁荣富强作出重大贡献,属于英雄人物,适用英雄烈士人格利益保护的相关法律规定是应有之义。肖某在微信群发布侮辱袁隆平院士的言论,造成恶劣影响,依法应予严惩。本案既有力打击侵害英雄名誉、荣誉行为,维护英雄权益,又教育社会公众崇尚英雄、捍卫英雄、学习英雄,充分彰显司法裁判在社会治理中的价值导向作用。

案例三　仇某侵害英雄烈士名誉、荣誉暨附带民事公益诉讼案——在网络平台上采用侮辱、诽谤方式侵害卫国戍边英雄烈士名誉、荣誉构成犯罪并应承担民事责任

一、基本案情

仇某在卫国戍边官兵誓死捍卫国土的英雄事迹被报道后,为博取眼球,使用其新浪微博账号"辣笔小球"(粉丝数 250 余万),先后发布 2 条微博,歪曲卫国戍边官兵祁发宝、陈红军、陈祥榕、肖思远、王焯冉等同志的英雄事迹和英雄精神。上述微博在网络上迅速扩散,引发公众强烈愤慨,造成恶劣社会影响。截至仇某删除微博时,上述微博共计阅读量 20 万余次。江苏省南京市建邺区人民检察院提起刑事附带民事公益诉讼,认为应当以侵害英雄烈士名誉、荣誉罪追究被告人仇某刑事责任,同时请求判令被告仇某通过国内主要门户网站及全国性媒体公开赔礼道歉,消除影响。

二、裁判结果

江苏省南京市建邺区人民法院认为,被告人仇某公然藐视国家法律和社会公德,在网络上采用侮辱、诽谤方式侵害英雄烈士名誉、荣誉,造成恶劣社会影响,严重破坏社会秩序,损害社会公共利益,情节严重,构成侵害英雄烈士名誉、荣誉罪。附带民事公益诉讼被告仇某发表不当言论,亵渎英雄烈士事迹和精神,侵害英雄烈士名誉、荣誉,应当承担民事侵权责任。作出刑事附带民事判决,被告人仇某犯侵害英雄烈士名誉、荣誉罪,判处有期徒刑八个月;附带民事公益诉讼被告仇某通过

国内主要门户网站及全国性媒体公开赔礼道歉，消除影响。

三、典型意义

"辣笔小球"案是《中华人民共和国刑法修正案（十一）》增设"侵害英雄烈士名誉、荣誉罪"后的全国首案。本案依法认定仇某的行为构成侵害英雄烈士名誉、荣誉罪，通过科处刑罚，保护英烈权益，弘扬英烈精神，回应社会关切，发挥司法裁判教育、警示作用，具有首案引领意义。有助于推动社会公众形成维护英雄烈士名誉、荣誉，严惩亵渎、诋毁英烈言行的广泛共识，大力弘扬社会主义核心价值观，彰显司法保护英烈权益、弘扬英烈精神的坚定立场。

——《涉英烈权益保护十大典型案例》，载《人民法院报》2022 年 12 月 9 日，第 4 版。

编者说明

袁隆平院士虽然不属于烈士，但他为人民自由幸福和国家繁荣富强作出重大贡献，属于英雄人物，适用英雄烈士人格利益保护的相关法律规定是应有之义。

在杭州市临平区人民检察院诉陈某英雄烈士保护民事公益诉讼案中，人民法院依法认定陈某的行为侵害了肖思远烈士的名誉、荣誉，损害了社会公共利益，应当承担民事责任，向全社会鲜明表达了英烈不容诋毁、法律不容挑衅的坚定立场。①

273 以细节考据、观点争鸣等方式对英雄烈士的事迹和精神进行贬损、丑化，侵害了英雄烈士名誉、荣誉

关键词 | 名誉权 | 荣誉权 | 英雄烈士 | 社会公共利益 |

【最高人民法院指导性案例】

葛长生诉洪振快名誉权、荣誉权纠纷案[最高人民法院指导案例 99 号，北京市第二中级人民法院（2016）京 02 民终 6272 号民事判决书，2016.8.15]

裁判要点：1. 对侵害英雄烈士名誉、荣誉等行为，英雄烈士的近亲属依法向人民法院提起诉讼的，人民法院应予受理。

2. 英雄烈士事迹和精神是中华民族的共同历史记忆和社会主义核心价值观的重要体现，英雄烈士的名誉、荣誉等受法律保护。人民法院审理侵害英雄烈士名誉、荣誉等案件，不仅要依法保护相关个人权益，还应发挥司法彰显公共价值功能，

---

① 《人民法院全面深化民法典贯彻实施新闻发布会》（2023 年 1 月 12 日），载最高人民法院网，https://www.court.gov.cn/zixun-xiangqing-386471.html。

维护社会公共利益。

3. 任何组织和个人以细节考据、观点争鸣等名义对英雄烈士的事迹和精神进行污蔑和贬损,属于歪曲、丑化、亵渎、否定英雄烈士事迹和精神的行为,应当依法承担法律责任。

法院生效裁判认为:1941 年 9 月 25 日,在易县狼牙山发生的狼牙山战斗,是被大量事实证明的著名战斗。在这场战斗中,“狼牙山五壮士”英勇抗敌的基本事实和舍生取义的伟大精神,赢得了全国人民高度认同和广泛赞扬,是五壮士获得“狼牙山五壮士”崇高名誉和荣誉的基础。“狼牙山五壮士”这一称号在全军、全国人民中已经赢得了普遍的公众认同,既是国家及公众对他们作为中华民族的优秀儿女在反抗侵略、保家卫国中作出巨大牺牲的褒奖,也是他们应当获得的个人名誉和个人荣誉。“狼牙山五壮士”是中国共产党领导的八路军在抵抗日本帝国主义侵略伟大斗争中涌现出来的英雄群体,是中国共产党领导的全民抗战并取得最终胜利的重要事件载体。“狼牙山五壮士”的事迹经由广泛传播,已成为激励无数中华儿女反抗侵略、英勇抗敌的精神动力之一;成为人民军队誓死捍卫国家利益、保障国家安全的军魂来源之一。在和平年代,“狼牙山五壮士”的精神,仍然是我国公众树立不畏艰辛、不怕困难、为国为民奋斗终身的精神指引。这些英雄烈士及其精神,已经获得全民族的广泛认同,是中华民族共同记忆的一部分,是中华民族精神的内核之一,也是社会主义核心价值观的重要内容。而民族的共同记忆、民族精神乃至社会主义核心价值观,无论是从我国的历史看,还是从现行法上看,都已经是社会公共利益的一部分。

案涉文章对于“狼牙山五壮士”在战斗中所表现出的英勇抗敌的事迹和舍生取义的精神这一基本事实,自始至终未作出正面评价。而是以考证“在何处跳崖”“跳崖是怎么跳的”“敌我双方战斗伤亡”以及“‘五壮士’是否拔了群众的萝卜”等细节为主要线索,通过援引不同时期的材料、相关当事者不同时期的言论,全然不考虑历史的变迁,各个材料所形成的时代背景以及各个材料的语境等因素。在无充分证据的情况下,案涉文章多处作出似是而非的推测、质疑乃至评价。因此,尽管案涉文章无明显侮辱性的语言,但通过强调与基本事实无关或者关联不大的细节,引导读者对“狼牙山五壮士”这一英雄烈士群体英勇抗敌事迹和舍生取义精神产生质疑,从而否定基本事实的真实性,进而降低他们的英勇形象和精神价值。洪振快的行为方式符合以贬损、丑化的方式损害他人名誉和荣誉权益的特征。

案涉文章通过刊物发行和网络传播,在全国范围内产生了较大影响,不仅损害了葛振林的个人名誉和荣誉,损害了葛长生的个人感情,也在一定范围和程度上伤害了社会公众的民族和历史情感。在我国,由于“狼牙山五壮士”的精神价值已经内化为民族精神和社会公共利益的一部分,因此,也损害了社会公共利益。洪振快作为具有一定研究能力和熟练使用互联网工具的人,应当认识到案涉文章的发表及其传播将会损害到"狼牙山五壮士"的名誉及荣誉,也会对其近亲属造成感情和精神上的伤害,更会损害到社会公共利益。在此情形下,洪振快有能力控制文章所可能产生的损害后果而未控制,仍以既有的状态发表,在主观上显然具有过错。

——《最高人民法院关于发布第 19 批指导性案例的通知》(2018 年 12 月 19 日,法〔2018〕338 号)。

【链接：理解与参照】

(一)关于第一个裁判要点的说明

民事诉讼法第一百一十九条①第(一)项规定,原告是与本案有利害关系的公民、法人和其他组织。最高法院《关于确定民事侵权精神损害赔偿责任若干问题的解释》第 3 条规定,自然人死亡后,其近亲属因侮辱、诽谤、贬损、丑化或者违反社会公共利益、社会公德的其他方式侵害死者姓名、肖像、名誉、荣誉的,有权向人民法院提起诉讼。最高法院《关于适用民事诉讼法的解释》第 69 条规定,对侵害死者遗体、遗骨以及姓名、肖像、名誉、荣誉、隐私等行为提起诉讼的,死者的近亲属为当事人。由此可知,死者的近亲属有权就侵害死者名誉、荣誉等行为提起民事诉讼,死者的近亲属是正当当事人。具体到本案,根据在案证据,可以认定葛振林与葛长生系父子关系,葛振林系狼牙山五壮士之一,其已去世,葛长生作为近亲属有权就侵害葛振林名誉、荣誉的行为提起民事诉讼,葛长生作为本案原告适格。2018 年 5 月 1 日起施行的英雄烈士保护法对此也予以明确,该法第二十五条第一款规定,"对侵害英雄烈士的姓名、肖像、名誉、荣誉的行为,英雄烈士的近亲属可以依法向人民法院提起诉讼"。

值得注意的是,从法律规定的近亲属范围以及革命英烈的亲属现状来看,很多革命英烈已经逝世多年,没有人为其提起诉讼,或者即便有,也没有能力诉至法院,这就使得革命英烈的名誉权保护可能出现真空地带。值得欣慰的是,2018 年 5 月 1 日起施行的英雄烈士保护法第二十五条第二款规定："英雄烈士没有近亲属或者近亲属不提起诉讼的,检察机关依法对侵害英雄烈士的姓名、肖像、名誉、荣誉,损害社会公共利益的行为向人民法院提起诉讼。"第三款规定："负责英雄烈士保护工作的部门和其他有关部门在履行职责过程中发现第一款规定的行为,需要检察机关提起诉讼的,应当向检察机关报告。"这些规定对英雄烈士的名誉权、荣誉权给予了周到、全面的保护。

---

① 对应 2023 年《民事诉讼法》第 122 条。——编者注

（二）关于第二个裁判要点的说明

本案的特殊价值在于，以"狼牙山五壮士"这一英雄群体在我国当代史上发挥的作用为依据，将其精神归纳为民族的共同记忆、民族精神和社会主义价值观的一部分，因而构成了社会公共利益的一部分。英雄人物的人格权益成为社会公共利益的一部分，是价值判断和选择的结果。英雄烈士的人格利益作为英雄烈士依法享有的法律上利益，首先表现为英雄烈士的个人利益，但英雄烈士的人格利益及建立在其人格利益基础之上的英雄烈士的形象、事迹和精神，在战争年代，是表征中华儿女不畏强敌、不怕牺牲、英勇奋争精神的具体载体；在和平年代，是体现中华儿女不惧艰难、勇于开拓、敢于创新的形象空间。英雄烈士的人格利益及建立在其人格利益基础之上的英雄烈士的形象、事迹和精神，已经成为中华民族共同的历史记忆，是中华儿女共同的宝贵精神财富，已经衍生为社会公众的民族情感和历史情感，从而构成了社会公共利益的重要组成部分，因此具有浓厚的社会公共利益的属性色彩，对它的保护，究其实质，是对社会公共利益的保护。

民法总则第一百八十五条规定："侵害英雄烈士等的姓名、肖像、名誉、荣誉，损害社会公共利益的，应当承担民事责任。"英雄烈士保护法第二十六条规定："以侮辱、诽谤或者其他方式侵害英雄烈士的姓名、肖像、名誉、荣誉，损害社会公共利益的，依法承担民事责任。"在案件审理中，判断英雄烈士的人格权益是否构成社会公共利益的一部分，要以事实为依据，特别要以历史事实和社会现实为依据，审查这些英雄烈士之所以被认定为英雄烈士的英雄事件、历史背景。审判实践中，如何认定英雄烈士人格利益与社会公共利益之间的关系，本案确立的裁判规则可以提供参考。

（三）关于第三个裁判要点的说明

涉案两篇文章小学课本"狼牙山五壮士有多处不实""狼牙山五壮士的细节分歧"的主要内容是对我国抗日战争史中的狼牙山五壮士英雄事迹的解构，尽管两篇文章无明显侮辱性的语言，但被告采取的行为方式却是通过强调与基本事实无关或者关联不大的细节，引导读者对"狼牙山五壮士"这一英雄人物群体英勇抗敌事迹和舍生取义精神产生质疑，从而否定基本事实的真实性，进而降低他们的英勇形象和精神价值，文章作者必然依法应当承担法律责任。

值得注意的是，该案的审理推动了我国立法的完善，英雄烈士保护法第二十二条第二款规定："任何组织和个人不得在公共场所、互联网或者利用广播电视、电影、出版物等，以侮辱、诽谤或者其他方式侵害英雄烈士的姓名、肖像、名誉、荣誉。"第二十六条规定："以侮辱、诽谤或者其他方式侵害英雄烈士的姓名、肖像、名誉、荣誉，损害社会公共利益的，依法承担民事责任。"

——凌巍、何江恒、马蓓蓓：《〈葛长生诉洪振快名誉权、荣誉权纠纷案〉的理解与参照——以细节考据、观点争鸣等方式对英雄烈士的事迹和精神进行贬损、丑化的行为构成对英雄烈士名誉权、荣誉权的侵害》，载《人民司法·案例》2021 年第 17 期。

编者说明

指导案例 99 号《葛长生诉洪振快名誉权、荣誉权纠纷案》明确对于侵害英雄烈士名誉、荣誉等行为，英雄烈士的近亲属可以向人民法院提起诉讼。英雄烈士事迹和精神是中华民族的共同历史记忆和社会主义核心价值观的重要体现，英雄烈士的名誉、荣誉等受法律保护，任何组织和个人不得歪曲、丑化、亵渎、否定英雄烈士事迹和精神。该案推动了英烈保护法的出台，弘扬了保护英雄的社会正气，对类似案件的审判起到了示范指引作用。①

274 对侵害英雄烈士名誉、荣誉行为的合理回应和批评，不构成侵权

关键词｜英雄烈士｜名誉｜荣誉｜侵权｜

【最高人民法院参考案例】

案例九 洪某诉刘某、某报社名誉权纠纷案——对侵害英雄烈士名誉、荣誉行为的合理回应和批评不构成侵权

一、基本案情

刘某系"狼牙山五壮士"所在连连长之子，于 2015 年撰写案涉文章，某报社分社在网络平台上以《心声——"狼牙山五壮士"所在连连长的儿子为捍卫英雄名誉写的一封公开信》为标题予以发布。某报社主办的杂志发布略作修改后的该文章，标题为《狼牙山五壮士所在连连长之子刘某写给勇敢捍卫狼牙山五壮士名誉权的同志们的信》。洪某认为案涉文章中有对其侮辱、诽谤的言论，严重侵犯其人格尊严和名誉权，遂提起本案诉讼，请求判令刘某、某报社立即停止侮辱诽谤、删除侵权言论，在相关媒体上公开道歉，赔偿精神损害抚慰金。

二、裁判结果

北京市海淀区人民法院一审认为，洪某发表在先的《小学课本〈狼牙山五壮士〉有多处不实》《"狼牙山五壮士"的细节分歧》两篇文章，引导读者对"狼牙山五壮士"英勇抗敌事迹和舍生取义精神产生质疑，从而否定基本事实的真实性和矮化"狼牙山五壮士"的英雄形象，与社会主流价值观念和历史共识相违背。刘某撰写案涉文章，某报社予以发表是对洪某文章的回应和批评，主要目的是消除洪某在先

---

① 《最高法院发布第 19 批指导性案例》，载《人民法院报》2018 年 12 月 20 日，第 1 版。

言论的不良影响,维护"狼牙山五壮士"的英雄形象,维护社会公共利益。因此,刘某、某报社未侵犯洪某名誉权,判决驳回洪某的全部诉讼请求。北京市第一中级人民法院二审判决驳回上诉,维持原判。

三、典型意义

"狼牙山五壮士"的英雄事迹和大无畏牺牲精神,已经成为中华民族精神的重要内容,成为社会主流价值观念和社会公共利益的一部分。在此情况下,洪某发表两篇文章,用细节贬低、损毁英烈形象,否定"狼牙山五壮士"基本事实和英雄形象,明显侵犯社会公共利益,对社会公共利益的挑战,必然招致回应、批评。本案依法捍卫了社会公众对歪曲英雄烈士事迹行为进行批评的权利,充分彰显人民法院保护英烈权益的鲜明态度。

——《涉英烈权益保护十大典型案例》,载《人民法院报》2022 年 12 月 9 日,第4 版。

275 擅自将英烈姓名用于商业用途,侵害了英雄烈士人格利益和社会公共利益

关键词|姓名|人格利益|英雄烈士|民事公益诉讼|

【最高人民法院参考案例】

案例 1 杭州市上城区人民检察院诉杭州某网络科技有限公司英雄烈士保护民事公益诉讼案

基本案情

杭州某网络科技有限公司为会员搭建信息中介、资源共享平台。其将付费会员称为"雷锋会员",将提供服务的平台称为"雷锋社群",将自己注册运营的微信公众号称为"雷锋哥",在微信公众号上发布有"雷锋会员""雷锋社群""雷锋书架""雷锋资源"文字的宣传海报和文章,并在公司住所地悬挂"雷锋社群"文字标识,根据级别收取不同年费。据"雷锋哥"微信公众号文章介绍,微信公众号有"30万+"粉丝,"雷锋社群"有 1 万多名会员。该公司以"雷锋社群"的名义多次举办"创业广交会""电商供应链大会"及"全球云选品对接会"等商业活动。该公司还以"雷锋社群会费""雷锋社群推广费""雷锋社群年会参会费"等名目收取客户费用 30 多万元。杭州市上城区人民检察院提起公益诉讼,请求判令杭州某网络科技有限公司停止在经营项目中以雷锋的名义进行宣传,并在浙江省内省级媒体就使用雷锋姓名赔礼道歉。

裁判结果

杭州互联网法院认为，杭州某网络科技有限公司使用雷锋同志姓名的行为是一种商业行为，侵害了雷锋同志的人格利益，曲解了真正的雷锋精神，损害了社会公共利益，有悖于社会主义核心价值观，依法应当承担法律责任。法院判决杭州某网络科技有限公司停止使用雷锋同志姓名的行为并在浙江省内省级报刊向社会公众发表赔礼道歉的声明。

典型意义

英雄的事迹和精神是中华民族共同的历史记忆和精神财富，雷锋同志的姓名作为一种重要的人格利益，应当受到保护。英雄烈士保护法第二十二条规定："任何组织和个人不得将英雄烈士的姓名、肖像用于或者变相用于商标、商业广告，损害英雄烈士的名誉、荣誉。"杭州某网络科技有限公司使用的"雷锋"文字具有特定意义，确系社会公众所广泛认知的英雄姓名。为了商业目的，在"雷锋哥"微信公众号中使用"雷锋社群"和"雷锋会员"，宣传"资源共享，互帮互助的雷锋精神"口号，明知英雄的姓名具有特定的意义，仍擅自将其用于商业组织和商业活动行为，侵犯了英雄的人格利益，实际曲解了社会公众所广泛认知的雷锋精神。

——《人民法院抓实公正与效率践行社会主义核心价值观典型案例》，载《人民法院报》2023 年 8 月 3 日，第 2 版。

案例六　某网络科技公司侵害英雄烈士姓名民事公益诉讼案——擅自将英烈姓名用于商业用途，侵害英雄烈士人格利益和社会公共利益

一、基本案情

某网络科技公司为电商企业提供信息中介、资源共享平台，将付费会员称为"雷锋会员"、平台称为"雷锋社群"、微信公众号称为"雷锋哥"并发布有"雷锋会员"等文字的宣传海报和文章，在公司住所地悬挂"雷锋社群"文字标识等。该公司以"雷锋社群"名义多次举办"创业广交会""电商供应链大会"等商业活动，并以"雷锋社群会费"等名目收取客户费用共计 30 万余元。浙江省杭州市上城区人民检察院提起民事公益诉讼，要求某网络科技公司立即停止在经营项目中以雷锋名义进行的宣传，并在浙江省省级媒体赔礼道歉。

二、裁判结果

杭州互联网法院认为，某网络科技公司使用的"雷锋"文字确系社会公众所广泛认知的雷锋同志之姓名，其明知雷锋同志的姓名具有特定意义，仍擅自用于开展网络商业宣传，构成对雷锋同志姓名的侵害，同时损害社会公共利益，依法应当承担法律责任。判决某网络科技公司停止使用雷锋同志姓名的行为，并在浙江省省级报刊向社会公众发表赔礼道歉声明。

三、典型意义

本案是《民法典》实施后首例保护英烈姓名的民事公益诉讼案件。依据其中第 185 条、第 1000 条规定,侵害英雄烈士等的姓名、肖像、名誉、荣誉,损害社会公共利益的,应当承担消除影响、恢复名誉、赔礼道歉等民事责任,且应当与行为的具体方式和造成的影响范围相当。雷锋同志的姓名不仅作为一种重要的人格利益受法律保护,还涉及社会公共利益。本案裁判明确,将雷锋同志的姓名用于商业广告和营利宣传的行为,侵害英雄烈士人格利益;同时,将商业运作模式假"雷锋精神"之名推广,既曲解雷锋精神,与社会公众的一般认知相背离,也损害承载于其上人民群众的特定感情,损害社会公共利益。本案通过司法手段,为网络空间注入缅怀英烈、敬仰英烈的法治正能量。

——《涉英烈权益保护十大典型案例》,载《人民法院报》2022 年 12 月 9 日,第 4 版。

编者说明

《民法典》第 185 条规定:"侵害英雄烈士等的姓名、肖像、名誉、荣誉,损害社会公共利益的,应当承担民事责任。"第 1000 条规定:"行为人因侵害人格权承担消除影响、恢复名誉、赔礼道歉等民事责任的,应当与行为的具体方式和造成的影响范围相当。行为人拒不承担前款规定的民事责任的,人民法院可以采取在报刊、网络等媒体上发布公告或者公布生效裁判文书等方式执行,产生的费用由行为人负担。"本案中,人民法院依法判决被告立即停止在经营项目中以雷锋的名义进行商业宣传,并就使用雷锋姓名赔礼道歉,为网络空间注入尊崇英雄、热爱英雄、敬仰英雄的法治能量。①

276 在烈士陵园不敬摆拍应承担法律责任

关键词 │ 烈士陵园 │ 英烈保护 │

【最高人民法院参考案例】

案例一 踩踏烈士墓碑底座、在墓碑前不敬摆拍应依法承担刑事和民事责

---

① 2021 年杭州互联网法院审理的人民检察院诉某网络科技有限公司侵犯雷锋姓名权民事公益诉讼案,是最高人民法院发布的英烈权益保护十大案例之一。该案中某网络科技有限公司将雷锋姓名用于商业广告和营利宣传,将商业运作模式假"雷锋精神"之名推广,既曲解了"雷锋精神",构成对雷锋同志人格利益的侵害,也伤害了承载于雷锋这个名字之上的人民群众的特定感情,损害了公众利益。该公司在庭审中诚恳地表达了歉意,人民法院判令其承担相应法律责任,在审理过程中也激励其以实际行动改正错误,在今后的创业发展中以雷锋同志为榜样,树立高度的社会责任感,传承、弘扬真正的雷锋精神。参见《英烈保护法实施五年来取得良好社会效果》,载《人民法院报》2023 年 4 月 29 日,第 1 版。

任——李某侵害英雄烈士名誉、荣誉权纠纷案

一、基本案情

2021 年 7 月 15 日,李某在康西瓦烈士陵园内踩踏刻有烈士陵园名称的石碑底座,斜倚碑身摆拍,后到陈祥榕(喀喇昆仑戍边烈士,2020 年 6 月在边防斗争中壮烈牺牲,中央军委为他追记一等功)烈士墓前,脚踩墓碑底座,以不雅手势对着墓碑再次摆拍。同日 12 时许,李某将上述照片在微信朋友圈公开发布。经多名微信好友指出照片内容对烈士不尊重,李某遂将该内容删除。同日 14 时许,李某再次将照片发布至今日头条个人账号,在网络上迅速传播扩散,引发社会公众对李某的强烈愤慨,造成极其恶劣的社会影响。公诉机关暨附带民事公益诉讼起诉人以李某犯侵害英雄烈士名誉、荣誉罪提起公诉并提起附带英雄烈士保护民事公益诉讼,要求李某通过全国性媒体公开赔礼道歉,消除影响。

二、裁判结果

审理法院认为,李某公然藐视国家法律,踩踏烈士陵园石碑底座,斜倚碑身,脚踩墓碑底座,摆出不雅手势和不敬姿势拍照并两次上传网络,造成大量传播扩散,引发社会公众强烈愤慨,伤害社会公众的民族情感,损害社会公共利益,情节严重,其行为已构成侵害英雄烈士名誉、荣誉罪,依法应予惩处。审理法院根据李某的犯罪事实、性质、情节、认罪态度及对社会的危害程度,判决李某犯侵害英雄烈士名誉、荣誉罪,判处有期徒刑七个月,判令李某在全国性媒体公开赔礼道歉、消除影响。

三、典型意义

习近平总书记指出,实现我们的目标,需要英雄,需要英雄精神。我们要铭记一切为中华民族和中国人民作出贡献的英雄们,崇尚英雄、捍卫英雄、学习英雄、关爱英雄。无数英雄先烈是我们民族的脊梁,是我们不断开拓前进的勇气和力量所在。英雄烈士的事迹和精神是中华民族的历史记忆和宝贵的精神财富,是实现中华民族伟大复兴的强大动力,任何歪曲、丑化、亵渎、诋毁英雄烈士的行为均应受到社会的谴责。本案充分体现了人民法院弘扬英烈精神、捍卫英烈尊严的坚定立场,对于弘扬爱国、法治、文明的社会主义核心价值观具有积极意义。

——《第三批人民法院大力弘扬社会主义核心价值观典型民事案例》,载《人民法院报》2023 年 3 月 2 日,第 2 版。

案例五　李某、吴某侵害英雄烈士荣誉民事公益诉讼案——在英雄烈士纪念设施保护范围内从事有损纪念英雄烈士环境和氛围的活动应承担法律责任

一、基本案情

2018 年,李某、吴某身着仿纳粹军服,前往萧山烈士陵园拍摄大量照片,后李

某将身着仿纳粹军服的照片发布在其好友数 1940 人的 QQ 空间中,被多人转发扩散,引发广大网民热议,社会影响恶劣,相关内容相继被各大新闻网站转载,短时间内即达 3 万余条。2019 年,公安机关调查后,根据情节严重程度,对李某、吴某分别处以行政拘留 14 日和 7 日的行政处罚。浙江省杭州市人民检察院提起本案民事公益诉讼,请求判令李某、吴某在浙江省省级以上媒体公开赔礼道歉、消除影响。

二、裁判结果

浙江省杭州市中级人民法院认为,李某、吴某对英雄烈士以及烈士陵园所蕴含的精神价值,应具有一般民众的认知和觉悟。李某、吴某的行为轻视英雄烈士,无视公众情感,蔑视法律尊严,侮辱和亵渎英雄烈士荣誉,侵害烈士亲属及社会公众情感,损害社会公共利益和社会道德评价秩序,后果严重,依法应当承担相应民事法律责任,判决李某、吴某在浙江省省级以上媒体公开赔礼道歉、消除影响。

三、典型意义

烈士陵园作为向公众开放的英雄烈士纪念设施,供公众瞻仰、悼念英雄烈士,开展纪念教育活动,告慰先烈英灵。任何组织和个人不得在英雄烈士纪念设施保护范围内从事有损纪念英雄烈士环境和氛围的活动,否则将承担相应法律责任。本案的依法审理,对此类侵害英烈荣誉行为起到有效的教育、警示和震慑作用。本案审理过程中还邀请百余名学生到庭旁听,并通过中国庭审公开网进行全程直播,让庭审成为全民共享的法治公开课和爱国主义教育公开课,有助于引起社会公众警醒,推动在全社会真正形成尊重英雄、保护英雄的共识,进一步传承英烈精神。

——《涉英烈权益保护十大典型案例》,载《人民法院报》2022 年 12 月 9 日,第 6 版。

编者说明

　　上述李某侵害英雄烈士名誉、荣誉权纠纷案,对在烈士墓前不敬摆拍等不文明行为旗帜鲜明亮明观点,依法判决踩踏烈士墓碑底座、在墓碑前不敬摆拍的违法行为人承担刑事和民事责任,引导公众文明参观英烈设施,弘扬英烈精神,传承爱国情怀。

　　李某、吴某侵害英雄烈士荣誉纠纷民事公益诉讼案,两人身着仿纳粹军服在萧山烈士陵园拍照并在网络上传播,损害社会公共利益,除承担赔礼道歉、消除影响等民事责任外,还因构成违反治安管理行为,被公安机关处以行政拘留的行政处罚。

277 通过网络平台销售亵渎英雄烈士形象贴画,构成对英雄烈士的名誉侵权

关键词 | 网络平台 | 名誉 | 英雄烈士 | 公益诉讼 | 管辖 |

【最高人民法院参考案例】

案例一　董存瑞、黄继光英雄烈士名誉权纠纷公益诉讼案——杭州市西湖区人民检察院诉瞿某某侵害烈士名誉权公益诉讼案

一、基本案情

瞿某某在其经营的网络店铺中出售两款贴画，一款印有"董存瑞舍身炸碉堡"形象及显著文字"连长你骗我！两面都有胶！！"，另一款印有"黄继光舍身堵机枪口"形象及显著文字"为了妹子，哥愿意往火坑跳！"。杭州市某居民在该店购买了上述印有董存瑞、黄继光宣传形象及配文的贴画后，认为案涉网店经营者侵害了董存瑞、黄继光的名誉并伤害了其爱国情感，遂向杭州市西湖区检察院举报。

西湖区检察院发布公告通知董存瑞、黄继光近亲属提起民事诉讼。公告期满后，无符合条件的原告起诉，西湖区检察院遂向杭州互联网法院提起民事公益诉讼。

二、裁判结果

杭州互联网法院认为，英雄烈士是国家的精神坐标，是民族的不朽脊梁。英雄烈士董存瑞在"解放战争"中舍身炸碉堡，英雄烈士黄继光在"抗美援朝"战争中舍身堵枪眼，用鲜血和生命谱写了惊天动地的壮歌，体现了崇高的革命气节和伟大的爱国精神，是社会主义核心价值观的重要体现。任何人都不得歪曲、丑化、亵渎、否定英雄烈士的事迹和精神。被告瞿某某作为中华人民共和国公民，应当崇尚、铭记、学习、捍卫英雄烈士，不得侮辱、诽谤英雄烈士的名誉。其通过网络平台销售亵渎英雄烈士形象贴画的行为，已对英雄烈士名誉造成贬损，且主观上属明知，构成对董存瑞、黄继光的名誉侵权。同时，被告瞿某某多年从事网店销售活动，应知图片一经发布即可能被不特定人群查看，商品一经上线便可能扩散到全国各地，但其仍然在网络平台发布、销售上述贴画，造成了恶劣的社会影响，损害了社会公共利益，依法应当承担民事法律责任。该院判决瞿某某立即停止侵害英雄烈士董存瑞、黄继光名誉权的行为，即销毁库存、不得再继续销售案涉贴画，并于判决生效之日起十日内在国家级媒体公开赔礼道歉、消除影响。

三、典型意义

董存瑞、黄继光等英雄烈士的事迹和精神是中华民族共同的历史记忆和宝贵的精神财富。对英烈事迹的亵渎，不仅侵害了英烈本人的名誉权，给英烈亲属造成精神痛苦，也伤害了社会公众的民族和历史感情，损害了社会公共利益。互联网名誉侵权案件具有传播速度快、社会影响大等特点，该两案系全国首次通过互联网审理涉英烈保护民事公益诉讼案件，明确侵权结果发生地法院对互联网民事公益诉讼案件具有管辖权，有利于高效、精准打击利用互联网侵害英雄烈士权益不法行为,为网络空间注入尊崇英雄、热爱英雄、景仰英雄的法治能量。

——《人民法院大力弘扬社会主义核心价值观十大典型民事案例》,载《人民法院报》2020年5月14日,第3版。

编者说明

董存瑞、黄继光英雄烈士名誉权纠纷公益诉讼案是首例通过互联网审理的涉英烈保护案件,裁判结果传承爱国主义精神,有效保护英烈尊严,释放出"网络不是法外之地"的强烈信号。

278 在网络平台上发表不当言论，亵渎英烈事迹和精神，应当承担法律责任

关键词｜英雄烈士｜网络平台｜微信群｜民事公益诉讼｜

【最高人民法院参考案例】

案例八　赵某侵害英雄烈士名誉民事公益诉讼案——在网络平台上发表不当言论亵渎英烈事迹和精神应当承担法律责任

一、基本案情

马金涛同志系贵州省贵阳市公安局花溪分局贵筑派出所民警。2018年,马金涛同志在执行抓捕毒犯任务中牺牲,年仅30岁。国家人力资源和社会保障部、公安部追授马金涛同志"全国公安系统一级英雄模范"称号。马金涛同志因公殉职次日,赵某在人数众多的微信群中对此发表侮辱性言论。贵州省六盘水市人民检察院就赵某侵害马金涛烈士名誉提起民事公益诉讼,请求判令赵某通过贵州省省级以上媒体向社会公开赔礼道歉、消除影响。

二、裁判结果

贵州省六盘水市中级人民法院认为,马金涛烈士在缉毒工作中献出年轻的生命,他英勇无畏、无私奉献的精神,值得全社会学习、弘扬、传承和捍卫。赵某在人数众多的微信群中公然发表不当言论亵渎英烈事迹和精神,贬损英烈名誉,伤害烈属情感,同时也给一线缉毒民警带来心理上伤害,已经超出言论自由范畴,是对社会公德的严重挑战,损害社会公共利益,应当依法承担民事侵权责任。判决赵某在贵州省省级媒体公开赔礼道歉、消除影响。

三、典型意义

缉毒英雄英勇无畏、无私奉献的精神不容亵渎。本案侵权人通过互联网媒体,诋毁、侮辱、诽谤英雄人物,丑化英雄人物形象,贬损英雄人物名誉,削弱英烈精神

价值,损害社会公共利益。本案通过民事公益诉讼加大对英雄烈士名誉的保护力度,充分体现人民法院弘扬英烈精神、保护英烈权益的坚定立场,有助于引导社会公众自觉维护和弘扬英烈精神,推动全社会形成学习英烈革命气节、崇尚英烈、捍卫英烈的良好社会风尚。

——《涉英烈权益保护十大典型案例》,载《人民法院报》2022 年 12 月 9 日,第 4 版。

279 利用微信群,发表带有侮辱性质的不实言论,歪曲烈士英勇牺牲的事实,构成对烈士名誉的侵害

关键词｜微信｜名誉｜英雄烈士｜言论自由｜公益诉讼｜赔礼道歉｜

【最高人民法院参考案例】

案例二　淮安谢勇烈士名誉权纠纷公益诉讼案——淮安市人民检察院诉曾某侵害烈士名誉权公益诉讼案

一、基本案情

江苏省淮安某小区一高层住宅发生火灾,消防战士谢勇在解救被困群众时坠楼壮烈牺牲,公安部和江苏省有关部门追认谢勇同志“革命烈士”称号,追记一等功以及追授谢勇“灭火救援勇士”荣誉称号。被告曾某对谢勇烈士救火牺牲一事在微信群中公然发表“不死是狗熊,死了就是英雄”“自己操作失误掉下来死了能怪谁,真不知道部队平时是怎么训练的”“别说拘留、坐牢我多(都)不怕”等侮辱性言论,歪曲烈士谢勇英勇牺牲的事实。谢勇的近亲属表示对曾某的侵权行为不提起民事诉讼,并支持检察机关提起诉讼追究曾某侵权责任。江苏省淮安市人民检察院遂向淮安市中级人民法院提起民事公益诉讼,请求判令曾某通过媒体公开赔礼道歉、消除影响。

二、裁判结果

江苏省淮安市中级人民法院认为,英烈精神是弘扬社会主义核心价值观和爱国主义精神的体现,全社会都应当认识到对英雄烈士合法权益保护的重要意义,有责任维护英雄烈士的名誉和荣誉等民事权益。本案中,被告曾某利用微信群,发表带有侮辱性质的不实言论,歪曲烈士谢勇英勇牺牲的事实。因该微信群成员较多且易于传播,被告的此种行为对谢勇烈士不畏艰难、不惧牺牲、无私奉献的精神造成了负面影响,已经超出了言论自由的范畴,构成了对谢勇烈士名誉的侵害。网络不是法外之地,任何人不得肆意歪曲、亵渎英雄事迹和精神。诋毁烈士形象是对社会公德的严重挑战,被告曾某的行为侵犯社会公共利益,该院判令曾某应当在当地

地级市一级报纸上公开赔礼道歉。

三、典型意义

本案是《中华人民共和国英雄烈士保护法》实施后全国首例适用该法进行审判的案件,是以检察机关提起公益诉讼方式保护当代消防英烈名誉、维护社会公共利益的典型案例。本案中,谢勇烈士的英雄事迹和精神为国家所褒扬,成为全社会、全民族宝贵的精神遗产,其名誉、荣誉等人格权益已经上升为社会公共利益,不容亵渎。曾某利用成员众多、易于传播的微信群,故意发表带有侮辱性质的不实言论,歪曲烈士谢勇英勇牺牲的事实,诋毁烈士形象,已经超出了言论自由的范畴,侵害了谢勇烈士人格权益和社会公共利益,应承担相应的法律责任。本案裁判顺应时代要求,回应民众呼声,通过释法说理匡扶正义,传播社会正能量,弘扬时代主旋律,对营造崇尚英烈、敬重英烈、捍卫英烈精神的社会环境以及引导公众树立正确的历史观、民族观、文化观,起到积极作用。

——《人民法院大力弘扬社会主义核心价值观十大典型民事案例》,载《人民法院报》2020 年 5 月 14 日,第 3 版。

280 烈属权益保护的政策措施

关键词 │ 英雄烈士遗属 │ 居住权 │

【链接:答记者问】

请介绍关于烈属权益保护的政策措施和相关典型案例?

答:《英雄烈士保护法》明确规定,国家实行英雄烈士抚恤优待制度,英雄烈士遗属按照国家规定享受教育、就业、养老、住房、医疗等方面的优待。中共中央办公厅、国务院办公厅、中央军委办公厅《关于加强新时代烈士褒扬工作的意见》明确要加强烈属人文关怀和精神抚慰,突出解决烈属家庭后续生活保障、救助帮扶援助等实际问题,优化烈属住房、养老等服务专项优待内容。做好烈属优待工作,让广大烈属享受到应有的优待和国家改革发展成果,是关心关爱烈属的具体举措,也是对革命烈士的告慰。最高人民法院《关于贯彻落实〈关于加强新时代烈士褒扬工作的意见〉的通知》要求各级人民法院依法审理侵害烈属合法权益的刑事、民事、行政案件,切实维护烈属的人身财产权益;畅通烈属维权案件绿色通道;坚持优先立案、优先审理、优先执行的原则,为烈属维权诉讼提供更加便利高效的司法服务;加强对烈属的司法救助、人文关怀和精神抚慰,及时处理烈属的涉法问题,树立关爱尊崇烈属的良好社会风尚。

我们此次选取了一个维护烈属合法权益的典型案例。在这个案例中,革命烈士卢兴的遗孀董某现年 83 岁,由孙女卢某常年照顾。老人住房被拆迁时,政府为照顾烈属,特批安置给老人一套房屋,并按其意愿将孙女名字加在拆迁协议后面,注明董某百年后房屋产权归卢某所有。卢某却擅自将房屋卖给同事李某,后来李某起诉卢某和董某要求办理房屋过户手续,被法院以卢某系无权处分为由驳回诉讼请求。判决生效后,李某仍占有房屋。2022 年,董某办理不动产权属证书,多次要求李某搬出未果,无奈诉至法院要求李某搬出案涉房屋。法院认为,房屋被老人孙女卢某擅自转卖的行为既不合法,又违背政府优待烈属的初衷,导致烈士遗孀老无所居。法院从关爱烈属的角度,动员李某主动搬离。经过法院调解,三方当事人达成调解协议,李某同意限期搬出案涉房屋。此案通过司法手段推动落实烈属优待政策,切实解决烈属生活困难,依法维护烈属合法财产权利,保障烈属居住权益,实现老有所养、住有所居,是弘扬英烈精神、褒恤烈属的生动司法体现,有利于推动营造关爱烈属的良好社会氛围。

——《服务和保障加强新时代烈士褒扬工作 大力弘扬英烈精神——最高人民法院民一庭负责人就〈涉英烈权益保护十大典型案例〉答记者问》,载《人民法院报》2022 年 12 月 9 日,第 4 版。

【最高人民法院参考案例】

案例十　董某诉李某、第三人卢某排除妨害案——依法保障英雄烈士遗属居住权益

一、基本案情

董某系革命烈士卢兴的遗孀,现年 83 岁,体弱多病,由孙女卢某常年照顾。2012 年,老人原有住房面临拆迁,政府为照顾烈属,特批安置给老人一套房屋,并按老人意愿,在拆迁协议上将孙女卢某加在董某名字后面,注明董某百年后,房屋产权归卢某所有。2016 年,董某与卢某领取拆迁安置房,但因老人身体问题一直未办理不动产权登记证。后卢某未经董某同意,擅自将房屋转卖给同事李某。李某向其支付购房款 32 万余元。2021 年,李某起诉卢某、第三人董某,要求办理房屋过户手续,被法院以卢某系无权处分为由驳回诉讼请求。判决生效后,李某仍占有房屋。2022 年,董某办理不动产权属证书,后多次要求李某搬出未果,无奈诉至法院,要求李某搬出案涉房屋。

二、裁判结果

江苏省淮安市淮安区人民法院认为,本着优待烈属的原则,政府安置给烈士遗孀董某一套房屋,并充分尊重老人意愿,明确其百年后房屋归孙女所有。现在老人健在,房屋却被其孙女卢某擅自转卖。此举既不合法,又与政府优待烈属的初衷相违背,导致烈士遗孀老无所居。法院从关爱烈属的角度,动员李某主动搬离。经过法院调解,三方当事人达成调解协议,李某同意限期搬出案涉房屋。

三、典型意义

《英雄烈士保护法》规定,国家实行英雄烈士抚恤优待制度,英雄烈士遗属按照国家规定享受教育、就业、养老、住房、医疗等方面的优待。中共中央办公厅、国务院办公厅、中央军委办公厅《关于加强新时代烈士褒扬工作的意见》明确要加强烈属人文关怀和精神抚慰,突出解决烈属家庭后续生活保障、救助帮扶援助等实际问题,优化烈属住房、养老等服务专项优待内容。做好烈属优待工作,让广大烈属享受到应有的优待和国家改革发展成果,是关心关爱烈属的具体举措,也是对革命烈士的告慰。本案通过司法手段推动落实烈属优待政策,切实解决烈属生活困难,依法维护烈属合法财产权利,保障烈属居住权益,实现老有所养、住有所居,是弘扬英烈精神、褒恤烈属的生动司法体现。

——《涉英烈权益保护十大典型案例》,载《人民法院报》2022 年 12 月 9 日,第 6 版。

编者说明

推动落实烈属抚恤优待政策。贯彻落实烈士褒扬政策法规,依法审理侵害烈属合法权益的刑事、民事、行政案件,切实维护烈属的人身财产权益。注重人文关怀和精神抚慰,突出解决烈属家庭后续生活保障、救助帮扶援助等实际问题。以司法之力推动保障烈属按照国家规定享受烈士褒扬金、抚恤金,以及在教育、就业、养老、住房、医疗等方面的优待,树立关爱尊崇烈属的良好社会风尚,褒扬烈士家庭甘于牺牲奉献的精神风范。此次发布的典型案例中关于依法保障烈属居住权益的案件,彰显人民法院对烈属合法权益的有力保护,是弘扬英烈精神、褒恤烈属的生动司法实践。①

281 烈士近亲属有权对侵害英烈名誉行为提起诉讼

关键词｜*烈士近亲属*｜*原告*｜

【最高人民法院参考案例】

案例七　叶某等诉某信息公司名誉权纠纷案——烈士近亲属有权依法对侵害英烈名誉行为提起诉讼

一、基本案情

2018 年,某信息公司通过其自媒体账号"暴走漫画",在某网络平台上发布了

---

① 《最高人民法院发布涉英烈权益保护十大典型案例》,载《人民法院报》2022 年 12 月 9 日,第 2 版。

时长 1 分 09 秒的短视频。该视频的内容将叶挺烈士在皖南事变后于 1942 年在狱中创作的《囚歌》中"为人进出的门紧锁着，为狗爬出的洞敞开着，一个声音高叫着，爬出来吧，给你自由！"进行篡改。该视频于 2018 年 5 月 8 日至 16 日在网络上传播，多家新闻媒体予以转载报道，引起公众关注和网络热议，造成不良社会影响。叶挺烈士近亲属遂提起本案诉讼，请求判令某信息公司停止侵犯叶挺同志英雄事迹和精神的行为、在国家级媒体上公开对原告赔礼道歉、赔偿精神抚慰金等。

二、裁判结果

陕西省西安市雁塔区人民法院认为，叶挺烈士创作的《囚歌》充分体现了叶挺百折不挠的革命意志和坚定不移的政治信仰。该诗表现出的崇高革命气节和伟大爱国精神已经获得全民族的广泛认同，是中华民族共同记忆的一部分，是中华民族精神的内核之一，也是社会主义核心价值观的体现，是中华民族宝贵的精神财富。某信息公司的视频于《中华人民共和国英雄烈士保护法》施行之际在网络平台上发布并传播，造成恶劣社会影响。该视频内容亵渎叶挺烈士革命精神，侵害叶挺烈士名誉，不仅给烈士亲属造成精神痛苦，也伤害社会公众的民族情感，损害社会公共利益，具有违法性且其主观过错明显，应当承担侵权责任。判决某信息公司在三家国家级媒体上公开发布赔礼道歉公告，向原告赔礼道歉、消除影响；向原告支付精神抚慰金 10 万元。

三、典型意义

《英雄烈士保护法》明确规定，对侵害英雄烈士姓名、肖像、名誉、荣誉的行为，英雄烈士的近亲属可以依法向人民法院提起诉讼。本案系该法施行后由烈士近亲属提起诉讼的侵害英雄烈士名誉民事案件，明确侵权人除需在相关媒体上公开发布赔礼道歉公告外，还应当承担向烈士近亲属赔礼道歉、消除影响，以及支付精神抚慰金等民事责任。通过司法裁判明确亵渎英烈行为的法律责任，加强对英烈权益的保护力度。

——《涉英烈权益保护十大典型案例》，载《人民法院报》2022 年 12 月 9 日，第 6 版。

【链接：最高人民法院法官著述】

关于本条规则与侵害死者人格利益的规定的关系问题

我们认为本条专门规定了侵害英烈人格的民事责任问题，这较侵害死者人格利益的规定而言，应属于特别规定的范畴，但在适用上应当允许主张权利的一方选择适用这两个规则。

只是在主张权利的主体方面，本条并未规定哪些民事主体或者国家机关、社会公益组织等提起诉讼的问题。但《英雄烈士保护法》第 25 条前 3 款规定："对侵害英雄烈士的姓名、肖像、名誉、荣誉的行为，英雄烈士的近亲属可以依法向人民法院提起诉讼。英雄烈士没有近亲属或者近亲属不提起诉讼的，检察机关依法对侵害英雄烈士的姓名、肖像、名誉、荣誉，损害社会公共利益的行为向人民法院提起诉讼。负责英雄烈士保护工作的部门和其他有关部门在履行职责过程中发现第一款规定的行为，需要检察机关提起诉讼的，应当向检察机关报告。"这一规定明确了英烈保护的私益诉讼规则和公益诉讼规则，为英雄烈士的司法保护提供了明确的法律依据。此外，该法第22条第1款、第2款明确规定："禁止歪曲、丑化、亵渎、否定英雄烈士事迹和精神。英雄烈士的姓名、肖像、名誉、荣誉受法律保护。任何组织和个人不得在公共场所、互联网或者利用广播电视、电影、出版物等，以侮辱、诽谤或者其他方式侵害英雄烈士的姓名、肖像、名誉、荣誉。任何组织和个人不得将英雄烈士的姓名、肖像用于或者变相用于商标、商业广告，损害英雄烈士的名誉、荣誉。"旗帜鲜明地确定了英雄烈士姓名、肖像、名誉、荣誉受法律保护的基本态度。有关责任承担规则，该法第26条进一步规定："以侮辱、诽谤或者其他方式侵害英雄烈士的姓名、肖像、名誉、荣誉，损害社会公共利益的，依法承担民事责任；构成违反治安管理行为的，由公安机关依法给予治安管理处罚；构成犯罪的，依法追究刑事责任。"

——最高人民法院民法典贯彻实施工作领导小组主编：《中华人民共和国民法典总则编理解与适用［下］》，人民法院出版社2020年版，第932页。

编者说明

叶某等诉某信息公司名誉权纠纷案中，某信息公司篡改叶挺烈士革命诗作，造成恶劣社会影响，伤害烈属感情，叶挺烈士近亲属提起诉讼，法院依法判决该公司承担在国家级媒体上公开发布赔礼道歉公告，向原告赔礼道歉、消除影响，以及支付精神抚慰金等民事责任。

第八章　诉讼时效

282 裁判诉讼时效案件的考量因素

关键词│诉讼时效│保障债权│诚实信用│公序良俗│

【链接：最高人民法院法官著述】

破解形式正义与实质正义冲突：制度价值为体，价值衡量为用

破解形式正义与实质正义的冲突问题之关键在于树立价值化思维方法。现以审判实践中常见的诉讼时效纠纷为例，探讨价值化思维方法的运用。

在诉讼时效纠纷中，债务人通常以债权人怠于行权、"时效经过"为由提出抗辩，不少一审法院以债务人否认、证据真伪无法判断为由判决诉讼时效经过。笔者认为，在此类纠纷裁判中，证据规则的运用等形式正义固然重要，但最为重要的是以实质正义为导向的价值化思维方法：法官在审理中如何进行价值衡量？在判决中应彰显何种价值导向？在裁判诉讼时效案件中，法官至少应综合考量五个因素，并以此指引证据规则运用和案件裁判：

第一，民法制度价值。根据民法通说，诉讼时效制度有两个制度价值点。其一，防止债权人权利睡眠；其二，防止证据随时间推移而发生湮灭。若案件证据中有债权人不断主张权利的初步证据，且该证据没有湮灭，即便债务人矢口否认，抗辩"时效经过"的余地就非常有限。

第二，中国实际情况。我国幅员辽阔，各地的司法实践情况复杂，需要针对司法实践中出现的"诉讼时效经过"，进行客观、具体、全面的考察，避免"纯粹"地运用理论逻辑和证据规则，进行"技术性"推演，得出单纯"机械化"的审判结果。

第三，企业交易常情。作为民法"帝王规则"的诚实信用原则和公序良俗原则，实质就是社会经济生活中的"人之常情"，包括自然人之间的"人之常情"和法人之间的"交易常理"。一般来说，在社会主义市场经济高速发展的市场中，债权人在长达两年至三年的期间内，从不"主动"主张其债权的实现，明显是不符合交易常理的。因此，债权人催款才是"正常交易"行为，怠于催款甚至不催款实属"反常"。

第四，充分保障债权。《民法典》第188条将普通诉讼时效规定调整为三年，体现出"充分保障债权"的价值导向。《最高人民法院关于审理民事案件适用诉讼时效制度若干问题的规定》以"宜宽不宜严"作为判断诉讼时效是否经过之导向，旨在尽量避免因诉讼时效经过而破坏市场交易规则和交易秩序。正是考虑到我国诉讼时效时间太短,为保护债权人利益,有学者建议人民法院将"时效经过的债权可以抵销"作为法理规则引用。①

第五,正面价值导向。在《民法典》体系下,无论是裁判思维还是裁判方法,均应体现民法之精神原则和价值导向,由此决定法官在证据模糊、价值困惑状态下的裁判方向:以民法精神为指引,遵循公平、诚信、公序良俗、禁止权利滥用为原则,指引案件审理作出正确价值判断,作出引导民事主体和社会公众向上向善的裁判结论,努力实现实质正义。

——王闯:《〈民法典〉实施中的裁判思维与裁判方法》,载《中国应用法学》2022 年第 3 期。

283 三年诉讼时效期间可以中止、中断,不得延长

关键词｜诉讼时效｜普通诉讼时效期间｜最长诉讼时效期间｜遗产管理人｜

【最高人民法院司法解释】

第三十五条　民法典第一百八十八条第一款规定的三年诉讼时效期间,可以适用民法典有关诉讼时效中止、中断的规定,不适用延长的规定。该条第二款规定的二十年期间不适用中止、中断的规定。

第三十八条　诉讼时效依据民法典第一百九十五条的规定中断后,在新的诉讼时效期间内,再次出现第一百九十五条规定的中断事由,可以认定为诉讼时效再次中断。

权利人向义务人的代理人、财产代管人或者遗产管理人等提出履行请求的,可以认定为民法典第一百九十五条规定的诉讼时效中断。

——《最高人民法院关于适用〈中华人民共和国民法典〉总则编若干问题的解释》(2022 年 3 月 1 日,法释〔2022〕6 号)。

【链接:理解与适用】

关于诉讼时效中止、中断和延长

《总则编解释》第 35 条对诉讼时效中止、中断和延长的具体适用作了规定,重点是明确民法典第一百八十八条规定的 3 年诉讼时效期间可否延长的问题。对此,理论和实践中存在不同认识。

有观点认为,民法典第一百八十八条第二款规定的诉讼时效延长主要适用于

---

① 参见梁慧星:《合同通则讲义》,人民法院出版社 2021 年版,第 329 页。

普通诉讼时效期间,而不适用于最长诉讼时效期间。法律规定最长诉讼时效制度的主要目的是给权利行使设定一个固定期限,如果允许该期限延长,就会使该最长期限变成可变期限,法律设置该最长期限的目的也将不复存在。《民法通则意见》第 175 条则规定,《民法通则》第一百三十五条、第一百三十六条规定的诉讼时效期间,可以适用中止、中断和延长的规定,二十年期间可以适用延长的规定,不适用中止、中断的规定。

还有观点认为,民法典第一百八十八条仅规定了最长诉讼时效期间的延长,普通诉讼时效不再适用延长的规则。民法典的有关释义性资料也持相同观点。

部分学术著作亦指出:"所谓诉讼时效期间的延长,只能适用于 20 年长期时效期间。3 年普通时效期间,因有中止、中断的规定,不发生延长问题。"

产生以上认识分歧的一个重要原因就是民法典第一百八十八条第二款规定相较于《民法通则》第一百三十七条规定的标点符号调整,《民法通则》第一百三十七条但书中"有特殊情况的"前面为句号,而民法典中为逗号。考虑到立法本意是普通诉讼时效期间不适用延长,而在调研中发现绝大多数法官依然存在《民法通则意见》第 175 条规定形成的思维惯性,故在充分调研,并征询立法机关意见后达成共识,明确规定普通诉讼时效期间可以适用中止、中断的规定,不适用延长的规定,最长诉讼时效期间不适用中止、中断的规定。

——郭锋、陈龙业、蒋家棣、刘婷:《〈关于适用民法典总则编若干问题的解释〉的理解与适用》,载《人民司法·应用》2022 年第 10 期。

【最高人民法院司法文件】

5. 民法典第一百八十八条第一款规定的普通诉讼时效期间,可以适用民法典有关诉讼时效中止、中断的规定,不适用延长的规定。民法典第一百八十八条第二款规定的"二十年"诉讼时效期间可以适用延长的规定,不适用中止、中断的规定。

诉讼时效根据民法典第一百九十五条的规定中断后,在新的诉讼时效期间内,再次出现第一百九十五条规定的中断事由,可以认定诉讼时效再次中断。权利人向义务人的代理人、财产代管人或者遗产管理人主张权利的,可以认定诉讼时效中断。

——《全国法院贯彻实施民法典工作会议纪要》(2021 年 4 月 6 日,法〔2021〕94 号)。

【链接:理解与适用】

诉讼时效的中止、中断和延长

《纪要》第 5 条规定普通诉讼时效期间可以适用中止、中断的规定,不适用延长的规定;最长诉讼时效期间可以适用延长的规定,不适用中止、中断的规定。

对于普通诉讼时效期间和最长诉讼时效期间是否可以延长的问题,存在不同的认识。

一种观点认为,民法典第一百八十八条第二款规定的诉讼时效延长主要适用于普通诉讼时效期间,而不适用于最长权利保护期间,法律规定最长诉讼时效制度的主要目的是给权利行使设定一个固定的期限,如果允许该期限延长,就会使该最长期限变成可变期限,法律设置该最长期限的目的也将不复存在。

另一种观点认为民法典第一百八十八条仅规定了最长诉讼时效期间的延长,普通诉讼时效不再适用延长的规则。部分参与民法典立法的学者持此种主张,有关立法资料也持相同观点。部分学术著作也认为民法总则第一百八十八条第二款规定的"但是,自权利受到损害之日起超过 20 年的,人民法院不予保护,有特殊情况的,人民法院可以根据权利人的申请决定延长",是针对 20 年最长权利保护期间所作的规定。"所谓诉讼时效期间的延长,只能适用于 20 年长期时效期间。3 年普通时效期间,因有中止、中断的规定,不发生延长问题"。

产生认识分歧的一个重要原因是民法典第一百八十八条第二款相较于民法通则第一百三十七条的标点符号调整。民法通则第一百三十七条但书中"有特殊情况的"前面为句号,而民法典中为逗号。

各种理解均有一定道理,为解决分歧、统一认识,我们在结合民法典文义的基础上,征询立法机关意见后认为,普通诉讼时效期间可以适用中止、中断的规定,不适用延长的规定;最长诉讼时效期间可以适用延长的规定,不适用中止、中断的规定。

此外,本条延续了民通意见第 173 条精神,规定诉讼时效期间可以多次中断。同时根据参与民法典编纂的法学专家意见,增加向遗产管理人主张权利的,可以认定诉讼时效中断。

——郭锋、陈龙业、蒋家棣:《〈全国法院贯彻实施民法典工作会议纪要〉理解与适用》,载《人民司法·应用》2021 年第 19 期。

284 案涉工程欠款数额尚未最终确定,剩余工程款的给付期限并不明确,故施工人起诉没有超过诉讼时效期间

关键词 | 工程价款 | 给付期限 |

【最高人民法院裁判案例】

上诉人镇江建工建设集团有限公司与上诉人大同市云中水泥有限责任公司建

设工程施工合同纠纷案[最高人民法院(2020)最高法民终 1274 号民事判决书,
2021. 1. 15]

五、建工集团的起诉是否超过法定诉讼时效期间的问题。

水泥公司称,其支付最后一笔工程款的时间为 2011 年 11 月 17 日,建工集团
2015 年 4 月 9 日提起诉讼,在长达 3 年半的时间内,建工集团并未向其主张过尚欠
工程款,双方也没有任何联系,故本案已超过诉讼时效。

对此本院认为,双方签订的《建设工程施工合同》专用条款第六条第 26 项约
定,工程款(进度款)支付的方式和时间为:合同期内根据资金情况,每月按完成工
程量造价(发包人提供的设备、材料不计入合同额)的 85% 计算。即进度款=当月
完成工程量经审定后价款×85%,并在下月 10 号前支付给承包方。全部完成时,按
结算审定计算工程合同金额的 95% 支付,留工程合同总价的 5% 作为保修金,其余
部分一次付清。该合同第八条第 33.1 条约定:工程竣工验收后,承包人在约定的
时间内向发包人递交竣工结算报告及完整的结算资料,双方按照协议书约定的合
同价款及专用条款约定的合同价款调整内容,进行工程竣工结算。发包人收到承
包人递交的竣工结算报告及结算资料后的二个月内审核完毕,并按审核价扣除工
程应扣款项后予以支付。从以上约定看,承包人实际竣工后的结算期间,应为发包
人收到结算报告及结算资料后的二个月内。

但案涉工程竣工后,双方并未按照上述合同的约定进行竣工结算,即起诉之
前,案涉工程欠款数额尚未最终确定,剩余工程款的给付期限并不明确。而债务履
行的诉讼时效期间是自履行期限届满之日起算。故建工集团向一审法院起诉要求
水泥公司给付尚欠工程款及利息,并没有超过法定诉讼时效期间。水泥公司称建
工集团的起诉已超过诉讼时效的理由不能成立。

——中国裁判文书网,https://wenshu. court. gov. cn。

**上诉人中铁建设集团有限公司、上诉人锦州新基业房屋开发有限公司建设工
程施工合同纠纷案[最高人民法院(2020)最高法民终 905 号民事判决书,
2020. 12. 30]**

(三)关于中铁公司起诉是否超过诉讼时效期间的问题,新基业公司主张中铁
公司提起本案诉讼已经超过诉讼时效期间。一审中,新基业公司未到庭参加诉讼,
亦未提出诉讼时效抗辩;二审中,新基业公司自述就工程款争议,其委托辽宁凯隆
项目管理有限公司对工程量及单价重新审计决算,同时,中铁公司提交的新基业公
司 2016 年 11 月 9 日要求结算的工作联系单,能够证明双方对于全部工程款的支
付始终处于协商阶段。依据《中华人民共和国民法总则》第一百八十八条关于"向
人民法院请求保护民事权利的诉讼时效期间为三年。法律另有规定的,依照其规

定"及《最高人民法院关于适用〈中华人民共和国民法总则〉诉讼时效制度若干问题的解释》①第二条关于"民法总则施行之日,诉讼时效期间尚未满民法通则规定的二年或者一年,当事人主张适用民法总则关于三年诉讼时效期间规定的,人民法院应予支持"的规定,本案中铁公司一审 2019 年 4 月 9 日起诉,亦不超过法定的诉讼时效期间。因此,新基业公司关于中铁公司起诉已经超过诉讼时效期间的上诉主张不能成立,本院不予支持。

　　——中国裁判文书网,https://wenshu.court.gov.cn。

285 诉讼时效因起诉而中断的，诉讼时效期间应从诉讼程序终结时起重新计算

关键词 ｜ 诉讼时效中断 ｜ 起诉 ｜

【最高人民法院裁判案例】

　　上诉人利辛县信宜达融资担保有限公司与被上诉人安徽水安建设集团股份有限公司、利辛县龙腾置业有限公司第三人撤销之诉案[最高人民法院(2022)最高法民终 233 号民事判决书,2022.11.18]

　　二、关于信宜达担保公司的抵押权是否超过行使期间问题

　　《中华人民共和国物权法》第二百零二条②规定:"抵押权人应当在主债权诉讼时效期间行使抵押权。"本案中,抵押权人信宜达担保公司的主债权是其对国盛管理公司的追偿权。信宜达担保公司于 2017 年 5 月 3 日取得对国盛管理公司的追偿权,主债权诉讼时效由此开始计算。2017 年 6 月 7 日,信宜达担保公司以国盛管理公司等为被告提起诉讼[案号为(2017)皖 16 民初 212 号],主债权的诉讼时效中断。对于诉讼时效因起诉而中断后,诉讼时效期间何时开始重新计算,《中华人民共和国民法通则》(以下简称《民法通则》)与《中华人民共和国民法总则》(以下简称《民法总则》)的规定并不一致。《民法通则》第一百四十条规定:"诉讼时效因提起诉讼、当事人一方提出要求或者同意履行义务而中断。从中断时起,诉讼时效期间重新计算。"而《民法总则》第一百九十五条则规定,诉讼时效因起诉而中断的,诉讼时效期间应从诉讼程序终结时起重新计算。本案所涉引起主债权诉讼时效中断的起诉发生于 2017 年 6 月 7 日,在诉讼期间,《民法总则》于 2017 年 10 月 1

---

　　① 已被《最高人民法院关于废止部分司法解释及相关规范性文件的决定》(2021 年 1 月 1 日,法释〔2020〕16 号)废止。——编者注

　　② 对应《民法典》第 419 条。——编者注

日起施行。按照《最高人民法院关于适用〈中华人民共和国民法总则〉诉讼时效制度若干问题的解释》第二条、第四条采取的有利溯及原则，本案主债权诉讼时效期间因起诉而中断的重新计算问题应适用《民法总则》的规定，即从诉讼程序终结时起重新计算。2017 年 12 月 27 日，安徽省亳州市中级人民法院根据信宜达担保公司与国盛管理公司等达成的调解协议作出 212 号调解书，主债权诉讼时效期间在调解书生效后重新计算。此后，信宜达担保公司又分别于 2018 年 4 月 13 日、2020 年 3 月 13 日向法院申请执行 212 号调解书，要求履行义务，主债权诉讼时效一直处于中断过程中。故此，信宜达担保公司的抵押权并未超过法律所保护的行使期限。一审判决以 2017 年 6 月 7 日作为诉讼时效中断后的重新起算点，认定信宜达担保公司对案涉工程所享有的抵押权已超过法律所保护的行使期限，适用法律错误，本院予以纠正。

——中国裁判文书网，https://wenshu.court.gov.cn。

286 债权人起诉后又撤诉引起诉讼程序终结的，诉讼时效期间从民事裁定书送达生效之日起重新计算

关键词 │ 诉讼时效中断 │ 撤诉 │

【最高人民法院专业法官会议纪要】

法律问题：甲起诉后又撤诉的，是否影响诉讼时效中断的效力？

法官会议意见：不影响。《民法典》第 195 条规定了"提起诉讼"作为诉讼时效中断的事由。《诉讼时效规定》第 10 条进一步明确诉讼时效从提交起诉状或者口头起诉之日起中断。本案中，权利人虽申请撤诉并经法院审查予以同意，但不影响诉讼时效中断的效力。提起诉讼属于法律规定的诉讼时效中断的持续性事由，应以程序终结之时重新起算诉讼期间。对于起诉后又撤诉引起诉讼程序终结的，诉讼时效期间从法院作出的民事裁定书送达生效之日起重新计算。

——《撤诉与诉讼时效》（最高人民法院第二巡回法庭 2021 年第 18 次法官会议纪要），载贺小荣主编：《最高人民法院第二巡回法庭法官会议纪要》第 3 辑，人民法院出版社 2022 年版，第 395 页。

287 无民事行为能力人、限制民事行为能力人的诉讼时效期间起算

关键词 │ 无民事行为能力人 │ 限制民事行为能力人 │ 诉讼时效起算 │

【最高人民法院司法解释】

第三十六条 无民事行为能力人或者限制民事行为能力人的权利受到损害的,诉讼时效期间自其法定代理人知道或者应当知道权利受到损害以及义务人之日起计算,但是法律另有规定的除外。

第三十七条 无民事行为能力人、限制民事行为能力人的权利受到原法定代理人损害,且在取得、恢复完全民事行为能力或者在原法定代理终止并确定新的法定代理人后,相应民事主体才知道或者应当知道权利受到损害的,有关请求权诉讼时效期间的计算适用民法典第一百八十八条第二款、本解释第三十六条的规定。

——《最高人民法院关于适用〈中华人民共和国民法典〉总则编若干问题的解释》(2022 年 3 月 1 日,法释〔2022〕6 号)。

【链接:理解与适用】

关于无民事行为能力人、限制民事行为能力人的诉讼时效期间起算规则

《总则编解释》第 36 条明确,无民事行为能力人、限制民事行为能力人遭受法定代理人以外的人侵害的,诉讼时效期间自法定代理人知道或者应当知道损害事实以及义务人之日起计算。此即对照民法典第一百八十八条第二款,明确无民事行为能力人、限制民事行为能力人权利受到损害的,以其法定代理人知道或者应当知道的时间为起算点。

此外,《总则编解释》第 37 条还补充规定了无民事行为能力人、限制民事行为能力人对法定代理人的诉讼时效期间起算规则。主要考虑是,虽然民法典第一百九十条规定"无民事行为能力人、限制民事行为能力人对其法定代理人的请求权的诉讼时效期间,自该法定代理终止之日起计算",但在实践中,已经发生法定代理终止时,无民事行为能力人、限制民事行为能力人仍不知道损害事实和义务人,或者仍因民事行为能力欠缺而无法亲自主张权利的情形。

因此,该条规定,即使原法定代理已经终止,诉讼时效期间也并非当然按照民法典第一百九十条的规定开始计算,而是适用民法典第一百八十八条第二款、《总则编解释》第 36 条的规定,自相应民事主体知道或者应当知道权利受到损害之日起计算。具体而言,无民事行为能力人、限制民事行为能力人如系因取得、恢复完全民事行为能力导致法定代理终止,且在终止后才知道权利受到损害的,自其本人知道或者应当知道权利受到损害之日起计算;如系原法定代理终止并确定新的法定代理人,且新的法定代理人在原法定代理终止后才知道权利受损害的,自其新的法定代理人知道或者应当知道权利受到损害之日起计算。

——郭锋、陈龙业、蒋家棣、刘婷:《〈关于适用民法典总则编若干问题的解释〉

的理解与适用》，载《人民司法·应用》2022 年第 10 期。

288 《民法典总则编解释》和《诉讼时效规定》的关系

关键词 │ 诉讼时效 │ 司法解释 │

【链接：最高人民法院法官著述】

关于与相关司法解释的衔接

调研中，有学者建议将最高人民法院《关于审理民事案件适用诉讼时效制度若干问题的规定》（2020 年修正）（以下简称《诉讼时效规定》）整体纳入《总则编解释》中。

我们经研究认为，《总则编解释》和《诉讼时效规定》有不同的侧重点。本部分规则紧密围绕对民法典关于诉讼时效的具体条文的细化展开，旨在解决民法典关于诉讼时效规则的相互衔接问题，在体系上保持了与《民法通则意见》的连续性。而《诉讼时效规定》则是针对司法实践中涉及诉讼时效适用的具体问题展开，在内容上与《总则编解释》各有侧重，且在 2020 年司法解释全面清理工作中已经系统清理修订后重新发布。按照最高人民法院审委会关于构建民法典司法解释体系的思路，《总则编解释》起到一般规则的作用，应当紧扣总则编的条文进行；而《诉讼时效规定》系对具体问题的规定，属于另一层级的司法解释。因此二者在体系上也各有分工，可以相互呼应，形成完整体系。

——郭锋、陈龙业、蒋家棣、刘婷：《〈关于适用民法典总则编若干问题的解释〉的理解与适用》，载《人民司法·应用》2022 年第 10 期。

289 同一债务分期履行情况下诉讼时效期间起算时间点

关键词 │ 诉讼时效 │ 同一债务 │ 分期履行 │

【最高人民法院裁判案例】

上诉人陈某与被上诉人中国厦门国际经济技术合作公司以及原审被告岳阳市永盛油脂化工有限公司等委托合同纠纷案 [最高人民法院（2018）最高法民终 806 号民事判决书,2020.12.15]

二、关于陈某承担保证责任范围的问题。陈某与厦门国际公司之间的《担保书》成立，且为双方当事人的真实意思表示，内容不违反法律禁止性规定，应属有效合同。

……(二)关于 CXICl2012N05005 号《内贸代理采购协议书》项下债权请求是否超过保证期间,陈某应否免除保证责任的问题。首先,CXICl2012N05005 号《内贸代理采购协议书》第五条约定了协议项下主债务的履行期限,即在厦门国际公司向供货方支付的银行承兑汇票到期前三天,永盛公司应将全部货款以及代理费支付至厦门国际公司的指定账户。在 CXICl2012N05005 号《内贸代理采购协议书》履行过程中,厦门国际公司向银行申请开立的三份收款人为供货方安粮公司的银行承兑汇票的到期日分别是 2012 年 10 月 7 日、11 月 10 日、12 月 10 日。根据该协议第五条约定,永盛公司对协议项下债务的履行期限应分别是 2012 年 9 月 30 日、11 月 7 日、12 月 7 日。其次,CXICl2012N05005 号《内贸代理采购协议书》约定的付款方式为分段分期支付,根据《中华人民共和国民法总则》第一百八十九条"当事人约定同一债务分期履行的,诉讼时效期间自最后一期履行期限届满之日起计算"的规定,该协议项下债务的诉讼时效期间应自上述最后一期履行期限届满日即 2012 年 12 月 7 日起计算。依此,基于案涉《担保书》约定保证期间从主债务履行期届满之日起计算,则 CXICl2012N05005 号《内贸代理采购协议书》项下债务的保证期间亦应自 2012 年 12 月 7 日起计算。上述 CXICl2012N05005 号《内贸代理采购协议书》以及另外五份《内贸代理采购协议书》对协议项下货款的支付方式、期限及金额均分别约定具体、明确,无须双方当事人再行确定债权数额。厦门国际公司与永盛公司于 2014 年 12 月 20 日签署的《确认单》,系对双方之间包括 CXICl2012N05005 号《内贸代理采购协议书》在内的六份《内贸代理采购协议书》项下应付款项、已付款项、尚欠款项等的对账,并非因债权数额不确定而进行的决算。厦门国际公司主张案涉《担保书》系对一定期间一系列债权提供连带责任保证,债权的数额有待最终决算确定,故本案保证期间应自 2014 年 12 月 20 日起计算,缺乏事实依据和法律依据,本院不予支持。最后,CXICl2012N05005 号《内贸代理采购协议书》项下债务的保证期间自 2012 年 12 月 7 日起计算至两年后,保证期间届满日应为 2014 年 12 月 7 日。厦门国际公司向原审法院递交起诉状的时间为 2014 年 12 月 31 日,已超过案涉《担保书》约定的保证期间。《中华人民共和国担保法》第二十六条第二款①规定,在合同约定的保证期间内,债权人未要求保证人承担保证责任的,保证人免除保证责任。因此,陈某关于厦门国际公司未在合同约定的保证期间内主张 CXICl2012N05005 号《内贸代理采购协议书》项下债权,其对该协议项下债务的保证责任应予免除的上诉理由成立,本院予以支持。厦门国际公司与永盛公司在《确认单》中对 CXICl2012N05005 号《内贸代理采购协议书》项下债务进行对账,系属超过保证期间后的行为,因保证期间为除斥期间,债权人未

---

① 对应《民法典》第 693 条第 2 款:"连带责任保证的债权人未在保证期间请求保证人承担保证责任的,保证人不再承担保证责任。"——编者注

在保证期间内向保证人主张权利,保证责任消灭,故上述超过保证期间后的对账行为仅对厦门国际公司与永盛公司具有法律约束力,其效力并不及于保证人陈某。案涉《担保书》第四条"本保证人确认,本担保书生效后,主合同的任何条款的更改或补充,包括同意债务人延期履行等,不论是否征得保证人的书面或口头同意,保证人均会根据本担保书承担连带保证责任"的约定,应指在主债务履行期限内厦门国际公司同意永盛公司延期履行债务时,不论是否征得陈某同意,陈某均承担保证责任。厦门国际公司依据上述约定主张陈某仍应对 CXICl2012N05005 号《内贸代理采购协议书》项下债务承担保证责任,缺乏合同依据和法律依据,本院不予支持。

——中国裁判文书网,https://wenshu.court.gov.cn。

【链接：最高人民法院法官著述】

分期履行合同之债属于非一次性履行之债,指的是在同一份合同中约定,对债务进行分期履行。根据债务的发生时间及给付方式的不同,分期履行合同之债可以分为定期重复给付的债务和分期履行的债务,[①]其中,定期重复给付的债务是指基于同一债权原因,经常发生重复给付的债务,例如,工资、水电煤气费、利息等。分期履行的债务是在债务发生后,当事人分批分期履行的债务,例如分期付款、分期交付等。

定期重复给付的债务和分期履行的债务一个重要区别在于,债务人的给付总额在债的关系成立时是否确定。在定期重复给付的债务中,当事人需在一定的时间段中,不间断地作出履行,债务的总额在债务成立时一般并不确定,每一次的给付具有一定的独立性;而分期履行的债务的给付总额在债的关系成立时即可确定,不会随着时间的延续而发生变化,是一个债务的分批分次履行。本条规定的同一债务是分期履行的债务而非定期重复给付的债务。

……同一债务分期履行本质上仍是同一债务,应从最后一期债务履行期限届满之日起算。

——最高人民法院民法典贯彻实施工作领导小组主编:《中华人民共和国民法典总则编理解与适用[下]》,人民法院出版社 2020 年版,第 952～953 页。

编者说明

持续性侵权之债与同一债务分期履行存在明显差异,同一债务分期履行在债务成立时就是确定的,而持续性侵权之债是不确定的,不应适用本条关于同一债务分期履行情况下诉讼时效期间的起算方式。法律对持续性侵权之债的诉讼时效的起算没有进行特殊规定,故持续

[①] 参见最高人民法院民事审判第二庭编著:《最高人民法院关于民事案件诉讼时效司法解释理解与适用》,人民法院出版社 2015 年版,第 102 页。

性侵权之债的诉讼时效的起算应按照《民法典》第188条之规定,自权利人知道或者应当知道权利受到损害以及义务人之日起计算。①

290 分期履行租金债权诉讼时效的起算

关键词│诉讼时效│分期履行│租赁合同│

【最高人民法院裁判案例】

再审申请人大连市物资回收总公司与被申请人大连市国土资源和房屋局土地租赁合同纠纷案[最高人民法院(2018)最高法民申3959号民事裁定书,2018.8.30]

本院经审查认为,国家依法实行国有土地有偿、有期限使用制度。国有土地租赁属于国有土地使用权有偿使用的方式之一。双方当事人1998年12月28日签订的《土地使用权租赁合同书》约定案涉土地租期自1998年12月28日至2028年12月27日共计三十年,同时约定了使用期限内每年缴纳的租金标准及租金总额。故案涉土地的租赁期限、租金系对国有土地有偿使用的整体约定。二审判决认定本案租金债权具有整体性并无不当。虽然合同约定租金自1998年起每年12月缴纳使得每次租金的支付具有一定的独立性,但约定租金支付的独立性不足以否定案涉租金债权的整体性。《最高人民法院关于审理民事案件适用诉讼时效制度若干问题的规定》第五条②规定:"当事人约定同一债务分期履行的,诉讼时效期间从最后一期履行期限届满之日起计算。"因案涉合同至今仍在履行期间,约定的最后一期债务履行期限尚未届满,大连市国土资源和房屋局诉请给付案涉租金未超过《中华人民共和国民法通则》第一百三十六条规定的一年诉讼时效期间。二审判决依据《中华人民共和国民法总则》第一百八十九条"当事人约定同一债务分期履行的,诉讼时效期间自最后一期履行期限届满之日起计算"的规定,对物资公司提出的本案2015年以前的租金债权已过诉讼时效期间的抗辩主张未予支持,适用法律正确。物资公司申请再审主张本案2014年12月12日之前的租金都已经超过诉讼时效缺乏法律依据,理由不成立。

——中国裁判文书网,https://wenshu.court.gov.cn。

---

① 参见最高人民法院民法典贯彻实施工作领导小组主编:《中华人民共和国民法典总则编理解与适用[下]》,人民法院出版社2020年版,第955页。

② 本案被《民法典》第189条(分期履行债务诉讼时效的起算)采纳:"当事人约定同一债务分期履行的,诉讼时效期间自最后一期履行期限届满之日起计算。"该条的表述只是将其中的"从"改为"自",其余表述无修改。——编者注

再审申请人武汉市硚口区文化体育局与被申请人武汉市硚口天翔商贸有限公司房屋租赁合同纠纷案[最高人民法院（2017）最高法民申 4265 号民事裁定书，2018. 4. 12]

本院经审查认为，本案租金债务是基于双方当事人于 1997 年 8 月 20 日签订的《六角亭体育场联合改建合同书》《六角亭体育场联合改建合同附件》和 1999 年 4 月 19 日签订的《六角亭体育场联合改建补充合同》产生的。租金发生之债权原因同一，因而具有整体性。虽然各期租金债务相互之间具有一定的独立性，但独立性不足以否定整体性，如果从各期租金履行期间届满之日起分别计算各期租金的诉讼时效，将会割裂全部租金的整体性。因此，本案租金的诉讼时效应当自最后一期租金债务履行期间届满之日起算。另外，2008 年 7 月 15 日，硚口文体局向硚口区人民政府出具《报告》称，如果政府同意，再与天翔公司签订补充协议；经双方协商，天翔公司愿意从 2009 年补交 2007 年 12 月前欠付的 2188 万元租金的三分之一（计 700 万元）。从 2009 年起将租金调整为 130 万元。2009 年 9 月 25 日，武汉利生会计师事务所有限责任公司受硚口区人民政府委托对天翔公司 2005 年至 2008 年财务收支状况进行了审计，并作出一份利财（2009）11 号《审计报告》，建议降低承租金额为每年 120 万元左右。之后从 2009 年至 2014 年，天翔公司一直向硚口文体局支付租金每年 120 万。对于双方当事人之间是否对变更租金数额达成一致意思表示，或事实上达成一致，应当进一步查清并依据该事实作出裁判。

——中国裁判文书网，https://wenshu. court. gov. cn。

【链接：最高人民法院法官著述】

承租人未按约支付租金的诉讼时效期间如何起算

对当事人约定分期支付或者根据本条①规定确定承租人应当分期支付租金的情形，出租人主张欠付租金之债的诉讼时效期间则应如何计算，则可能产生不同认识。根据《民法典》第 189 条的规定："当事人约定同一债务分期履行的，诉讼时效期间自最后一期履行期限届满之日起计算。"即如果将同一租赁合同项下的租金支付之债，整体视为"同一债务"，则应从最后一期租金的支付期限届满之日起开始计算全部欠付租金的诉讼时效期间。而如果认为每一期租金均成立一个独立的债权请求权，则应当认为每一期租金请求权的诉讼时效期间均应分别计算，即每期租金请求权诉讼时效应自该租金支付期限届满之时开始计算。

---

① 指《民法典》第 721 条规定了租金支付期限："承租人应当按照约定的期限支付租金。对支付租金的期限没有约定或者约定不明确，依据本法第五百一十条的规定仍不能确定，租赁期限不满一年的，应当在租赁期限届满时支付；租赁期限一年以上的，应当在每届满一年时支付，剩余期限不满一年的，应当在租赁期限届满时支付。"

分期履行之债可以具体区分为两类,一类是定期给付之债,主要是指继续性合同履行过程中随着合同履行而持续定期发生的债务,如租金、工资、水电费等。由于定期给付之债是在合同履行过程中不断产生的,具有双务性,因此每一期债务具有独立性,即每一期债权债务对应相应的给付和对待给付。而另一类是分期给付之债,即某一债务发生后,当事人约定分期分批予以履行,其特点是债务在法律行为发生时即合同成立生效时便已确定,而并非在合同履行过程中不断产生,此类债务虽然也表现为分期履行,但每一期债务履行并不能对应债权人相应的对待给付,因而债务具有同一性和整体性,彼此之间并不能独立成立债权请求权。

由此可见,分期支付的租金,不属于《民法典》第 189 条规定的"当事人约定同一债务分期履行的"分期给付之债,而应认为属于定期给付之债,即每一期租金支付均可成立独立请求权,因而不应认为出租人对承租人应当分期支付的租金,在整个租赁合同约定的最后一期租金支付期限届满之日方才起算,而应认为每一期租金均应自其支付期限届满时即开始起算诉讼时效期间。

——最高人民法院民法典贯彻实施工作领导小组主编:《中华人民共和国民法典合同编理解与适用[三]》,人民法院出版社 2020 年版,第 1527~1528 页。

编者说明

对当事人约定分期支付或者根据《民法典》第 721 条规定确定承租人应当分期支付租金的情形,出租人主张欠付租金之债的诉讼时效期间应如何计算,最高人民法院的观点并不统一:一种观点认为,2008 年《诉讼时效规定》出台开始,分期履行租金债权诉讼时效期间应当从最后一期履行期限届满之日开始计算,适用《民法典》第 189 条"同一债务分期履行"的情形。[①] 如上述最高人民法院裁判案例。另一种观点认为,分期支付的租金,不属于《民法典》第 189 条规定的"当事人约定同一债务分期履行的"分期给付之债,而是属于定期给付之债,即每一期租金支付均可成立独立请求权,故每一期租金均应自其支付期限届满时即开始起算诉讼时效期间。如上述最高人民法院法官著述文章。

291 违约金作为继续性债权的诉讼时效计算问题

关键词 │ 违约金 │ 继续性债权 │ 诉讼时效 │

【最高人民法院审判业务意见】

违约金属于继续性债权的,应当以每个个别的债权即每日的违约金分别适用

---

① 参见周江洪:《定期履行租金债权诉讼时效期间的起算规则》,载周江洪、陆青、章程主编:《民法判例百选》,法律出版社 2020 年版,第 129 页;杨巍:《中国民法典评注·规范集注(第 1 辑):诉讼时效·期间计算》,中国民主法制出版社 2022 年版,第 93 页。

诉讼时效。

——最高人民法院第四巡回法庭编：《最高人民法院第四巡回法庭疑难案件裁判要点与观点》，人民法院出版社 2020 年版，第 254 页。

【最高人民法院裁判案例】

上诉人成都大鼎置业有限公司与被上诉人成都市第四建筑工程公司建设工程施工合同纠纷案[最高人民法院(2016)最高法民终 476 号民事判决书,2016. 11. 28]

关于争议焦点二，大鼎公司对未按照施工合同约定时间支付工程进度款垫资款不持异议，但主张部分逾期付款违约金已过诉讼时效，部分迟延付款有正当理由。《最高人民法院关于审理民事案件适用诉讼时效制度若干问题的规定》第五条规定，当事人约定同一债务分期履行的，诉讼时效期间从最后一期履行期限届满之日起计算。工程进度款系分期支付，大鼎公司以部分逾期付款违约金超过诉讼时效作为抗辩，不予采纳。大鼎公司主张应按照同期贷款利率计算违约金不符合施工合同约定，缺乏依据。大鼎公司主张与四建公司达成协议变更了履约保证金的退还时间，不存在延期退还履约保证金问题，因其对此未充分举证，故不予采纳。大鼎公司主张其仅应支付逾期支付进度款垫资款违约金 1598. 68 元，依据不足。

——中国裁判文书网,https://wenshu. court. gov. cn。

编者说明

分期履行债务关系中，义务人就某一期或某几期债务构成违约，违约金请求权时效统一以最后一期履行期限届满之日为时效起算点，而非分别起算。违约金自身虽非分期履行债务，但基于违约金附从性，各期债务所生违约金请求权的时效起算应采相同处理。上述最高人民法院相关判例亦采此观点。①

292 诉讼时效期间届满，当事人双方就原债务达成新的协议，应否认定义务人放弃诉讼时效抗辩权

关键词 │ 诉讼时效届满 │ 放弃诉讼时效抗辩权 │

【最高人民法院司法解释】

第十九条第一款、第二款　诉讼时效期间届满，当事人一方向对方当事人作出

---

① 参见杨巍：《中国民法典评注·规范集注(第 1 辑)：诉讼时效·期间计算》，中国民主法制出版社 2022 年版，第 98 页。

同意履行义务的意思表示或者自愿履行义务后,又以诉讼时效期间届满为由进行抗辩的,人民法院不予支持。

当事人双方就原债务达成新的协议,债权人主张义务人放弃诉讼时效抗辩权的,人民法院应予支持。

——《最高人民法院关于审理民事案件适用诉讼时效制度若干问题的规定》(2021 年 1 月 1 日,法释〔2020〕17 号修正)。

【链接:理解与适用】

第十九条 ……增加的第 2 款规定是:"当事人双方就原债务达成新的协议,债权人主张义务人放弃诉讼时效抗辩权的,人民法院应予支持。"该规定来自《最高人民法院关于超过诉讼时效期间当事人达成的还款协议是否应当受法律保护问题的批复》(法复〔1997〕4 号)。批复的全文为:"四川省高级人民法院:你院川高法〔1996〕116 号《关于超过诉讼时效期限达成的还款协议是否应受法律保护的请示》收悉。经研究,答复如下:超过诉讼时效期间,当事人双方就原债务达成的还款协议,属于新的债权、债务关系。根据《中华人民共和国民法通则》第九十条规定的精神,该还款协议应受法律保护。此复。"因《民法典》施行后,《民法通则》废止,所以本款法律依据的问题,就删去了"根据《中华人民共和国民法通则》第九十条规定的精神"的表述,其他内容实质不变。

——最高人民法院民法典贯彻实施工作领导小组办公室编著:《最高人民法院实施民法典清理司法解释修改条文(111 件)理解与适用(上册)》,人民法院出版社 2022 年版,第 191 页。

【最高人民法院裁判案例】

青岛聚豪电子有限公司、管某本等借款合同纠纷执行监督案[**最高人民法院(2021)最高法执监 297 号执行裁定书,2021. 12. 20**]

本院认为,本案争议焦点是科马公司提出的执行申请是否符合执行案件受理条件。

《最高人民法院关于人民法院执行工作若干问题的规定(试行)》(2020 年修正)第 16 条第一款规定:"人民法院受理执行案件应当符合下列条件:(1)申请或移送执行的法律文书已经生效;(2)申请执行人是生效法律文书确定的权利人或其继承人、权利承受人;(3)申请执行人在法定期限内提出申请;(4)申请执行的法律文书有给付内容,且执行标的和被执行人明确;(5)义务人在生效法律文书确定的期限内未履行义务;(6)属于受申请执行的人民法院管辖。"据此,申请执行人在法定申请执行期间内提出执行申请是人民法院受理执行案件的法定条件。对于申请执行的法定期限,法律及司法解释也有明确规定。《中华人民共和国民事诉讼法》第二百三十九条①规定:"申请执行的期间为二年。申请执行时效的中止、中断,适用法律有关诉讼时效中止、中断的规定。前款规定的期间,从法律文书规定履行期间的最后一日起计算;法律文书规定分期履行的,从规定的每次履行期间的最后一日起计算;法律文书未规定履行期间的,从法律文书生效之日起计算。"《最高人民法院关于适用〈中华人民共和国民事诉讼法〉执行程序若干问题的解释》(2020 年修正)第二十条规定:"申请执行时效因申请执行、当事人双方达成和解协议、当事人一方提出履行要求或者同意履行义务而中断。从中断时起,申请执行时效期间重新计算。"根据上述法律及司法解释规定,存在申请执行时效中断情形的,申请执行时效期间从中断时起重新计算二年。立案执行后,如被执行人以申请执行人未在法定期限内提出执行申请为由,提出执行依据丧失强制执行效力的排除执行异议的,人民法院应当依据相应法律规定进行审查。

本案中,根据查明的事实,执行依据确定的履行期间的最后一日为 2014 年 9 月 30 日,申请执行人与聚豪公司签订《债权转股权协议》的时间为 2015 年 4 月 28 日,申请执行人申请立案执行的时间为 2019 年 11 月 21 日。判断科马公司是否在法定期限内提出执行申请,应当对本案是否存在申请执行时效中止或中断情形,执行申请是否超过申请执行时效等问题进行重点审查。青岛中院、山东高院在执行异议、复议审查中,均认定当事人于 2015 年 4 月 28 日签订《债权转股权协议》构成申请执行时效中断,但并未审查自 2015 年 4 月 28 日申请执行时效中断后而重新计算的二年内,是否存在新的中断事由,即认定科马公司于 2019 年 11 月 21 日申请执行未超过申请执行的法定期限,属基本认定事实不清,适用法律错误。

此外,参照《最高人民法院关于审理民事案件适用诉讼时效制度若干问题的规定》(2020 年修正)第十九条的规定,"诉讼时效期间届满,当事人一方向对方当事人作出同意履行义务的意思表示或者自愿履行义务后,又以诉讼时效期间届满为由进行抗辩的,人民法院不予支持。当事人双方就原债务达成新的协议,债权人主张义务人放弃诉讼时效抗辩权的,人民法院应予支持"。即执行程序中,在申请执行期间届满后,如一方当事人已作出自愿履行的意思表示的,对另一方当事人提出的执行申请,再以申请执行期间届满为由进行抗辩的,依法不应予以支持。对于本案的争议焦点,即科马公司于 2019 年 11 月 21 日申请执行是否超过法定申请执行期限;如申请执行期限已届满,科马公司依据其于 2019 年 11 月 11 日签订的《协议书》能否对王某进、聚豪公司提出执行申请;其执行申请能否及于本案其他债务人等问题,青岛中院应当进一步查明事实,重新审查处理。

---

① 对应 2023 年《民事诉讼法》第 250 条。——编者注

——中国裁判文书网,https://wenshu.court.gov.cn。

293 债务人对诉讼时效期间已经届满的债务确认或催收文件上签章的效力认定

关键词 | 诉讼时效届满 | 债务催收文件 | 放弃诉讼时效抗辩权 |

【最高人民法院司法解释】

第十九条第三款 超过诉讼时效期间,贷款人向借款人发出催收到期贷款通知单,债务人在通知单上签字或者盖章,能够认定借款人同意履行诉讼时效期间已经届满的义务的,对于贷款人关于借款人放弃诉讼时效抗辩权的主张,人民法院应予支持。

——《最高人民法院关于审理民事案件适用诉讼时效制度若干问题的规定》(2021 年 1 月 1 日,法释〔2020〕17 号修正)。

【链接:最高人民法院法官著述】

实践中,从债务人的角度看,债务人签名或盖章的文件在性质上分为两类:

一类为承认债权存在的文件,如询证函、对账单、确认书、欠款单等,如果这些文件上没有要求履行的意思,债务人签章仅代表承认诉讼时效期间已经届满的债权的存在,并不导致诉讼利益的放弃。

另一类为同意履行债权的文件,如催款单、限期履行函等,如果这些文件上有要求履行的意思,且无证据表明债务人签名或盖章的行为仅表示收到上述文件,根据《最高人民法院关于超过诉讼时效期间借款人在催款通知单上签字或盖章的法律效力问题的批复》的规定,应认定债务人同意履行,放弃了时效利益。

——最高人民法院民法典贯彻实施工作领导小组主编:《中华人民共和国民法典总则编理解与适用[下]》,人民法院出版社 2020 年版,第 973 页。

294 支配权、抗辩权、形成权不适用诉讼时效

关键词 | 诉讼时效 | 支配权 | 抗辩权 | 形成权 |

【最高人民法院裁判案例】

再审申请人吕某钢与被申请人吕某股权转让纠纷案[最高人民法院(2015)民申字第 2697 号民事裁定书,2015. 11. 18]

(二)关于本案是否已过诉讼时效的问题

吕某的诉讼请求是要求解除讼争合同并返还定金,解除权属于形成权的一种,形成权不适用诉讼时效的规定,故吕某钢关于本案已过诉讼时效的申请理由不能成立。

——中国裁判文书网,https://wenshu. court. gov. cn。

【链接:最高人民法院法官著述】

依照通说,诉讼时效限于请求权的行使,对于支配权、抗辩权、形成权无从行使。

但对于侵害支配权转化而来的救济性权利中的损害赔偿请求权,则应当适用诉讼时效。

对于撤销权等形成权以及抗辩权则不适用诉讼时效制度。形成权是权利人依自己单方意思表示,使自己与他人间的法律关系发生变动的权利。形成权具有权利行使的单方性和无需他人协助性,从形成权具有特定的相对方角度分析,其积极行使与否影响交易秩序的稳定,其应受期间的限制,这一期间是除斥期间而非诉讼时效。

——最高人民法院民法典贯彻实施工作领导小组主编:《中华人民共和国民法典总则编理解与适用[下]》,人民法院出版社 2020 年版,第 991 页。

295 当事人请求确认合同不成立、自始不生效,不适用诉讼时效

关键词 | 诉讼时效 | 合同成立 | 确认之诉 |

【最高人民法院裁判案例】

上诉人陈某生与被上诉人北京盈电电气有限公司确认合同无效纠纷案[最高人民法院(2019)最高法知民终 944 号民事裁定书,2019. 12. 25]

本院认为,本案在二审阶段的争议焦点问题是:本案是否适用诉讼时效的相关法律规定。对此,本院分析如下:

一、关于诉讼时效制度的法理基础及适用范围

时效系民法上的一项重要制度,是指某种事实状态经过法定时间的持续而导

致一定民事法律关系发生、变更或消灭的法律后果。诉讼时效系以权利不行使的事实状态为要件,作为阻却权利行使的原因。诉讼时效制度的设立目的,旨在督促权利人积极、及时地向相关义务人主张权利,进而尽快稳定相关民事权利义务关系,尊重现存法律秩序,维护交易安全,保障民事生活的和谐和安定。

基于上述制度目的,诉讼时效的适用范围是有限的,并非适用于全部民事请求权。对此,《最高人民法院关于审理民事案件适用诉讼时效制度若干问题的规定》(以下简称诉讼时效的规定)第一条即开宗明义规定:"当事人可以对债权请求权提出诉讼时效抗辩,但对下列债权请求权提出诉讼时效抗辩的,人民法院不予支持:(一)支付存款本金及利息请求权;(二)兑付国债、金融债券以及向不特定对象发行的企业债券本息请求权;(三)基于投资关系产生的缴付出资请求权;(四)其他依法不适用诉讼时效规定的债权请求权。"民法总则第一百九十六条规定:"下列请求权不适用诉讼时效的规定:(一)请求停止侵害、排除妨碍、消除危险;(二)不动产物权和登记的动产物权的权利人请求返还财产;(三)请求支付抚养费、赡养费或者扶养费;(四)依法不适用诉讼时效的其他请求权。"根据上述规定可知,首先,诉讼时效的客体为债权请求权,主要适用于给付之诉。在债权债务法律关系中,债权人实现债权的最主要方式就是行使请求权,一方面,债权人可以对债务人主张债权请求权,请求债务人为或不为一定的行为;另一方面,如果债务人对债权人主张的债权请求权拒绝为给付,债权人可以债务人为被告,向国家裁判机关提出旨在获得某种给付内容的诉讼请求,并要求国家裁判机关根据该诉讼请求依法判令债务人履行相应给付的裁判。债权人所提诉讼为给付之诉。其次,根据民法总则第一百九十六条的规定可知,并非所有实体请求权都可以适用诉讼时效的规定,包括部分债权请求权亦不适用诉讼时效的规定。

二、关于本案争议焦点的分析

结合上述诉讼时效制度的法理基础及法律和司法解释规定,本院认为,原审法院关于陈某生的诉讼请求应适用诉讼时效,并认定其诉讼请求已过诉讼时效的认定错误,具体理由如下:

首先,陈某生所提之诉为确认之诉,而非给付之诉。陈某生向原审法院提出的诉讼请求,是请求确认盈电公司于2010年12月6日向国家知识产权局提交的涉案合同不成立,自始不生效。可见,陈某生在本案中并非请求原审法院判令盈电公司为或不为一定的行为,而是请求原审法院对涉案合同的效力进行确认。因此,本案不属于一方当事人向对方当事人主张债权请求权的给付之诉,而是确认之诉。

其次,本案不符合适用诉讼时效的情形。虽然,确认之诉表现为当事人以提出请求的方式要求国家裁判机关对相关民事法律关系存在与否作出裁判,但确认请求权属于程序请求权,而非实体请求权,更非债权请求权。在确认之诉中,诉讼对方不负有承认的义务。确认之诉既然仅是由国家裁判机关对诉争的民事法律关系存在与否作出司法裁判，自然也就不存在通过强制执行方式强制诉讼对方当事人履行判决主文内容的必要。相应的，诉讼法意义上的程序请求权，自无适用诉讼时效的余地。原审法院虽然系基于盈电公司的诉讼时效抗辩进行审理，但如前所述，本案并非给付之诉，盈电公司作为确认之诉的相对方，无权援引诉讼时效进行抗辩。而且，结合前述诉讼时效的规定第一条关于"当事人可以对债权请求权提出诉讼时效抗辩"的规定以及民法总则第一百九十六条关于相关请求权不适用诉讼时效的规定可知，当事人请求人民法院确认合同不成立，自始不生效不属于诉讼时效制度的规制范畴。原审法院对陈某生所提诉讼请求适用诉讼时效的规定，并进而认定其起诉已超过诉讼时效，系认定错误，本院依法纠正。

再次，陈某生对本案纠纷具有诉的实质利益，系本案的适格起诉主体。虽然，在陈某生提起本案诉讼之前，涉案专利权因专利权期限届满已终止，涉案专利的技术方案已经进入公共领域成为现有技术，社会公众可以自由利用。但是，前述事实不影响陈某生对于涉案专利权期限届满前，引发该专利权变动至盈电公司名下之基础法律关系即涉案合同的法律效力请求人民法院作出认定。陈某生系涉案专利的原始权利人，其对于其与涉案专利权继受人盈电公司之间涉案合同的效力提出异议并要求人民法院作出裁判，应认为其与本案纠纷具有诉的实质利益，系本案的适格诉讼主体。盈电公司关于涉案专利权应当归属华能公司，陈某生并非本案适格起诉主体的抗辩理由，本院不予支持。

最后，规范专利权变动与规范专利权变动之原因行为的专利权转让合同的法律基础不同。为保护社会公众免受因对专利权变动善意不知情而可能遭遇的不测风险，维护专利技术许可或转让的交易安全，有必要通过专利法律制度来规范专利权变动须履行的特定手续。我国规范专利权变动的法律基础为《中华人民共和国专利法》第十条第二款。该款规定："转让专利申请权或者专利权的，当事人应当订立书面合同，并向国务院专利行政部门登记，由国务院专利行政部门予以公告。专利申请权或者专利权的转让自登记之日起生效。"可见，我国对专利权转让要求履行的法定手续是"书面合同+登记"，亦即只有履行前述法定手续才可以发生专利权转让双方所意欲的专利权变动之法律效果。书面合同即为专利权转让合同。但是，作为专利权变动之原因行为的专利权转让合同与作为结果之专利权转让是不同的法律概念。专利权转让合同经国务院专利行政部门办理登记手续并由其对外公告，发生专利权变动的法律效力，不等于作为该专利权变动之原因行为的专利权转让合同也可以被当然地认定为生效合同。如果专利权转让合同被最终认定为不成立或无效，将导致在转让人与受让人之间不发生专利权变动的法律后果。鉴于本案不符合适用诉讼时效规定的情形，原审法院对陈某生的诉讼请求，应当重新审理并依法作出判决。

综上所述,原审判决认定事实基本清楚,但适用法律错误,应予撤销。本案应当由原审法院重新审理。

——中国裁判文书网,https://wenshu. court. gov. cn。

296 合同解除权属于形成权,不适用诉讼时效,适用除斥期间

关键词|诉讼时效|合同解除|形成权|除斥期间|

【最高人民法院裁判案例】

上诉人澳大利亚汉德伯格投资有限公司、石家庄东方热电集团有限公司与被上诉人石家庄市人民政府国有资产监督管理委员会股权转让纠纷案[最高人民法院(2017)最高法民终 954 号民事判决书,2018. 12. 29]

《中华人民共和国合同法》第九十五条①规定:"法律规定或者当事人约定解除权行使期限,期限届满当事人不行使的,该权利消灭。法律没有规定或者当事人没有约定解除权行使期限,经对方催告后在合理期限内不行使的,该权利消灭。"案涉《产权转让合同》未对合同解除权的行使期限作出约定,法律也未对此类合同解除权的行使期限作出规定,亦不存在东方热电集团催告汉德伯格公司行使合同解除权的情形。汉德伯格公司提起本案诉讼,主张行使合同解除权,未超过前述法律规定的解除权行使期限。合同解除权在性质上属于形成权,不适用诉讼时效的相关规定。东方热电集团上诉主张汉德伯格公司行使合同解除权超过 1 年除斥期间,提起本案诉讼超过诉讼时效,没有事实及法律依据,本院不予支持。

——中国裁判文书网,https://wenshu. court. gov. cn。

编者说明

行使合同解除权的方式包括提起形成之诉和诉讼外行使,二者均不适用诉讼时效,而适用除斥期间。合同解除后,返还不动产和登记的动产原物请求权不适用诉讼时效(《民法典》第 196 条第 2 项),返还价款、赔偿损失等请求权适用诉讼时效。②

---

① 对应《民法典》第 564 条(解除权行使期限):"法律规定或者当事人约定解除权行使期限,期限届满当事人不行使的,该权利消灭。法律没有规定或者当事人没有约定解除权行使期限,自解除权人知道或者应当知道解除事由之日起一年内不行使,或者经对方催告后在合理期限内不行使的,该权利消灭。"——编者注

② 参见杨巍:《中国民法典评注·规范集注(第 1 辑):诉讼时效·期间计算》,中国民主法制出版社 2022 年版,第 19 页。

297 返还原物请求权是否适用诉讼时效

关键词｜诉讼时效｜返还原物请求权｜不动产｜动产｜

【最高人民法院裁判案例】

上诉人内蒙古路桥集团有限责任公司与上诉人甘肃省交通物资供应有限公司及一审第三人甘肃翼龙沥青有限公司买卖合同纠纷案[最高人民法院(2020)最高法民终969号民事判决书,2020.11.9]

关于交通物资公司主张解除合同、返还货物的反诉请求是否成立的问题。《中华人民共和国合同法》第九十五条①规定："法律规定或者当事人约定解除权行使期限,期限届满当事人不行使的,该权利消灭。法律没有规定或者当事人没有约定解除权行使期限,经对方催告后在合理期限内不行使的,该权利消灭。"本案中,双方没有约定解除权行使期限。2011年6月28日,天水过境段项目部以传真方式向交通物资公司发送函告,称其所供应的桶装SBS改性沥青存在质量隐患,要求停止供货。2011年7月14日,交通物资公司交付案涉最后一车沥青。自交通物资公司停止供货后至提起本案反诉时,长达七年的时间内,交通物资公司未主张行使合同解除权。根据前述法律规定和本案事实,一审认定交通物资公司未在合理的期限内行使其主张解除合同的权利,该权利消灭,该认定并无不当。《中华人民共和国物权法》第三十四条②规定："无权占有不动产或者动产的,权利人可以请求返还原物。"第二百四十一条③规定："基于合同关系等产生的占有,有关不动产或者动产的使用、收益、违约责任等,按照合同约定;合同没有约定或者约定不明确的,依照有关法律规定。"《中华人民共和国民法总则》第一百九十六条规定："下列请求权不适用诉讼时效的规定:(一)请求停止侵害、排除妨碍、消除危险;(二)不动产物权和登记的动产物权的权利人请求返还财产;(三)请求支付抚养费、赡养费或者扶养费;(四)依法不适用诉讼时效的其他请求权。"《中华人民共和国民法通则》第一百三十五条④规定："向人民法院请求保护民事权利的诉讼时效期间为二年,法律另有规定的除外。"根据前述法律规定,本案交通物资公司诉请内蒙古路桥公司返还的货物系基于买卖合同关系所交付,不属于无权占有应返还原物的情形,应当按照合同约定处理并适用诉讼时效的相关规定。本案中,自2011年7月14日最后一车沥青运到项目工地至2018年交通物资公司反诉要求内蒙古路桥公司返还

---

① 对应《民法典》第564条。——编者注
② 对应《民法典》第235条。——编者注
③ 对应《民法典》第458条。——编者注
④ 对应《民法典》第188条第1款(普通诉讼时效):"向人民法院请求保护民事权利的诉讼时效期间为三年。法律另有规定的,依照其规定。"——编者注

沥青,已长达七年。交通物资公司没有提交充分证据证明自己在两年诉讼时效期间内主张过返还沥青,也不能提供诉讼时效中止、中断或内蒙古路桥公司同意返还的其他证据。一审认定交通物资公司要求返还沥青的诉讼时效已经超过正确。综上,一审认定交通物资公司主张解除合同、返还货物的反诉请求不能成立,该认定并无不当,本院予以维持。

　　——中国裁判文书网,https://wenshu. court. gov. cn。

【链接：最高人民法院法官著述】

　　《民法典》第196条第2项规定,"不动产物权和登记的动产物权的权利人请求返还财产"的请求,不适用诉讼时效。至于未登记的动产,如果也不适用诉讼时效,则有可能对交易安全构成威胁。对于一般动产,为了保护与返还财产义务人交易的第二人的信赖利益,维护交易安全,一般动产的返还原物请求适用诉讼时效。故《民法典》第196条仅规定不动产物权和登记的动产物权的权利人请求返还财产的请求,不适用诉讼时效。

　　——最高人民法院民法典贯彻实施工作领导小组主编:《中华人民共和国民法典物权编理解与适用[上]》,人民法院出版社2020年版,第193页。

298 物权请求权转化为损害赔偿请求权的诉讼时效

关键词 | 诉讼时效 | 返还原物请求权 | 物权损害赔偿请求权 |

【最高人民法院裁判案例】

　　辽宁顺达交通工程养护有限公司与盘锦凯跃经贸有限公司承揽合同纠纷再审案[最高人民法院(2017)最高法民再332号民事判决书]

　　裁判摘要:承揽合同规定,定作人向承揽人提供待加工原材料的,原材料的所有权归定作人所有。承揽合同结束后,定作人要求承揽人返还剩余的原材料,系对原材料主张物权请求权,不受诉讼时效的限制。当原材料灭失无法返还时,为周延保护物权人的利益,可以采取债权的保护方法,即定作人的物权请求权转化为物权损害赔偿请求权,定作人应在知道或应当知道原物灭失起2年内,向承揽人主张赔偿损失。

　　本院经审理认为,顺达公司与凯跃公司签订的改性沥青加工合同系承揽合同,即顺达公司作为定作方向承揽方凯跃公司提供沥青原材料并支付加工费用,凯跃公司依约交付工作成果。顺达公司是案涉基质沥青原材料的所有权人,其请求凯跃公司返还该440.36吨基质沥青,是对物的请求权。经查,基质沥青如果在仓库中存放,避免日照和雨淋,可以存放2—3年左右。2011年12月6日至2014年11月20日期间,顺达公司一直未向凯跃公司主张返还440.36吨基质沥青,凯跃公司亦未通知顺达公司基质沥青已经灭失的情况。2014年11月20日,顺达公司发律师函催要时,才知道剩余基质沥青已经灭失,至提起本案诉讼向凯跃公司主张赔偿其损失,并未超过2年的诉讼时效。双方当事人均认可目前基质沥青市场价格为2700元/吨。在案涉基质沥青已经灭失的情况下,顺达公司请求凯跃公司对其损失进行赔偿,有事实和法律依据。

——武建华、马赫宁:《物权请求权转化为损害赔偿请求权的诉讼时效适用规则》,载《人民司法·案例》2018年第5期。

【链接:理解与参照】

物权请求权是物权效力的具体体现,是包含在物权权能之中的,只要物权存在,物权请求权就应该存在。物权为支配权,不适用诉讼时效的规定,作为物权权能主要内容的返还原物、停止侵害、排除妨碍、消除危险等物权请求权,也不应当因时效届满而灭失。

物权损害赔偿请求权适用诉讼时效规则。当原物灭失的关键性法律事件发生后,物权请求权即转化为物权损害赔偿请求权。因此,本案基础法律关系从物权请求权转化为物权损害赔偿请求权的过程中,诉讼时效规则的运用也随之发生变化。诉讼时效期间起算,应当从权利人能够请求人民法院保护其请求权时开始计算。根据民法总则第一百八十八条规定,诉讼时效期间自权利人知道或者应当知道权利受到损害以及义务人之日起计算。本案中,基质沥青的所有权人顺达公司无论是主观上知道权利被侵害的事实,还是基于事物的客观发展规律,通过合理的注意义务,应当知道权利已被侵害的事实,至提起本案诉讼,并未超过法定的2年诉讼时效期间,其请求应当得到支持。

——武建华、马赫宁:《物权请求权转化为损害赔偿请求权的诉讼时效适用规则》,载《人民司法·案例》2018年第5期。

299 支付存款本息请求权、缴付出资请求权等债权请求权不适用诉讼时效

关键词 ｜ 诉讼时效 ｜ 支付存款本息请求权 ｜ 缴付出资请求权 ｜

【最高人民法院司法解释】

第一条 当事人可以对债权请求权提出诉讼时效抗辩,但对下列债权请求权

提出诉讼时效抗辩的,人民法院不予支持:

（一）支付存款本金及利息请求权;

（二）兑付国债、金融债券以及向不特定对象发行的企业债券本息请求权;

（三）基于投资关系产生的缴付出资请求权;

（四）其他依法不适用诉讼时效规定的债权请求权。

——《最高人民法院关于审理民事案件适用诉讼时效制度若干问题的规定》(2021 年 1 月 1 日,法释〔2020〕17 号修正)。

第十九条　公司股东未履行或者未全面履行出资义务或者抽逃出资,公司或者其他股东请求其向公司全面履行出资义务或者返还出资,被告股东以诉讼时效为由进行抗辩的,人民法院不予支持。

公司债权人的债权未过诉讼时效期间,其依照本规定第十三条第二款、第十四条第二款的规定请求未履行或者未全面履行出资义务或者抽逃出资的股东承担赔偿责任,被告股东以出资义务或者返还出资义务超过诉讼时效期间为由进行抗辩的,人民法院不予支持。

——《最高人民法院关于适用〈中华人民共和国公司法〉若干问题的规定（三）》(2021 年 1 月 1 日,法释〔2020〕18 号修正)。

【链接:理解与适用】

诉讼时效制度适用的权利范围:诉讼时效客体界定

我国民法通则第一百三十五条[①]将诉讼时效的客体明定为民事权利,但民事权利种类众多,并非所有民事权利均适用诉讼时效的规定。我国理论界通说认为,债权请求权适用诉讼时效的规定。司法解释采纳了该通行观点,对民法通则的规定进行了限缩解释,在第 1 条规定,当事人可以对债权请求权提出诉讼时效抗辩。但同时对下列债权请求权作了例外规定:第一,支付存款本息请求权。支付存款本息请求权的实现关系到公众的生存利益,如果该请求权适用诉讼时效的规定,在一定期间经过后不受法院保护,则将危害到民众的生存权,故该请求权不应适用诉讼时效的规定。第二,兑付国债、金融债券以及向不特定对象发行的企业债券本息请求权。依发行主体的不同,债券分为国债、金融债券和企业债券。国债、金融债券因有国家和金融机构的信用作为还本付息的担保,认购人基于对上述发行人的信赖而购买债券,上述投资具有类似于储蓄的性质,关涉社会公众利益,故基于国债、金融债券产生的返本付息请求权不适用诉讼时效的规定。向不特定对象发行的企

---

① 对应《民法典》第 188 条。——编者注

业债券发行应采取承销的方式。对于该类企业债券的认购人而言,其基于对金融机构的信赖而购买债券,购买该债券也具有类似于储蓄的性质,而且,兑付该类债券本息请求权涉及到广大认购人的利益保护问题,关涉社会公益,因此,兑付该企业债券本息请求权也不应适用诉讼时效的规定。第三,基于投资关系产生的缴付出资请求权不适用诉讼时效的规定。足额出资是股东对公司的法定义务,该义务不应因诉讼时效届满、义务人提出诉讼时效抗辩而丧失受法院保护的效力,否则,有违公司资本充足原则。此外,公司资产系其对外承担民事责任的一般担保,故如果规定缴付出资请求权适用诉讼时效的规定,则不利于公司的发展,也不利于对其他足额出资的股东及公司债权人的保护。

——宋晓明、刘竹梅、张雪楳:《〈关于审理民事案件适用诉讼时效制度若干问题的规定〉的理解与适用》,载《人民司法·应用》2008 年第 21 期。

【最高人民法院裁判案例】

再审申请人张某庆与被申请人彭某华、解某美及一审被告张某祥、第三人江西世祥房地产开发有限公司股东出资纠纷案[最高人民法院(2021)最高法民申 7801号民事裁定书,2021.12.8]

本院经审查认为,其一,《最高人民法院关于适用〈中华人民共和国公司法〉若干问题的规定(三)》第十九条第一款规定:"公司股东未履行或者未全面履行出资义务或者抽逃出资,公司或者其他股东请求其向公司全面履行出资义务或者返还出资,被告股东以诉讼时效为由进行抗辩的,人民法院不予支持。"本案中,彭某华、解某美诉请张某祥、张某庆依约补缴股东出资及资金占用利息,张某庆主张超过诉讼时效,缺乏法律依据。其二,关于张某庆对世祥公司是否足额出资问题,另案(2017)赣 08 民初 3 号民事判决和(2017)赣民终 487 号民事判决并未作出明确认定,即使该两份民事判决确认张某庆实际投入 4600 万元,但根据法律和司法解释规定,本案中如果有足够的相反证据,亦可推翻此认定。其三,一审法院根据一方当事人申请并经双方当事人共同抽签选定第三方鉴定机构,以庭审双方已质证的证据材料及世祥公司原始账目为依据,委托江西大井冈会计师事务所有限公司对张某祥、张某庆 2013 年 1 月 1 日至 2014 年 12 月 31 日期间对世祥公司投资情况进行专项审计,程序合法规范。该会计师事务所出具的审计鉴定意见,系通过审计世祥公司的财务账簿及各自提供的转账凭证而计算出各股东实际投资款项,其结论具有客观性。一审法院经庭审质证对该鉴定意见予以采信、二审法院予以维持,并无不当。其四,一、二审判决根据上述鉴定意见及双方增资约定,认定张某庆的实际投资额为 44063891 元,尚有 1936109 元(46000000 元-44063891 元)投资款未到位,判令张某庆向世祥公司缴纳所欠投资款,不属于事实认定和法律适用错误。张某庆未足额缴纳投资款应承担违约责任,但双方当事人未约定承担违约责任的计算方式。一、二审判决根据公平原则和诚实信用原则,参照(2017)赣08民初3号民事判决和(2017)赣民终487号民事判决中已支持未付股权转让款的逾期支付利息为年利率24%及计息起算日等因素,判令张某庆按同样的利率及计息起算日支付资金占用利息,不属于适用法律错误。最后,张某庆依据《中华人民共和国民事诉讼法》第二百条第一项申请再审,但其提交的中国农业银行业务凭证等证据并非新的证据,亦不足以推翻一、二审判决相关认定。

——中国裁判文书网,https://wenshu.court.gov.cn。

再审申请人滁州市公路管理局与被申请人李某广等股东出资纠纷案[最高人民法院(2019)最高法民申4665号民事裁定书,2019.9.24]

关于滁州公路局应否继续履行出资义务问题。《中华人民共和国公司法》第二十八条①规定:"股东应当按期足额缴纳公司章程中规定的各自所认缴的出资额。股东以货币出资的,应当将货币出资足额存入有限责任公司在银行开设的账户;以非货币财产出资的,应当依法办理其财产权的转移手续。股东不按照前款规定缴纳出资的,除应当向公司足额缴纳外,还应当向已按期足额缴纳出资的股东承担违约责任。"本案中,首先,滁州公路局存在未按期足额缴纳其认缴的出资额情形。洪武公司于2003年登记设立时,滁州公路局认缴出资额为253万元。一审法院委托安徽永合会计师事务所有限公司于2016年作出的《安徽省明光市洪武玄武岩有限公司各股东的出资情况审计》[安徽永合审字(2016)012号]结果为,洪武公司注册时滁州公路局实际到位资金200万元。关于剩余53万元,审计结果为,2003年4月30日,洪武公司从建行账户提取现金129万元,紧接着同日,以两张现金交款单形式缴入洪武公司建行账户127万元,交款单注明,王某军交洪武公司74万元,滁州公路局交洪武公司53万元,款项来源均为投资款。王某军出资的74万元和滁州公路局出资的53万元,包含在洪武公司提取的现金129万元中。二审法院据此认定"滁州公路局53万元出资系以洪武公司的账户资金调账形成,滁州公路局并未实际投入该资金,该53万元不应认定为滁州公路局的出资"并无不当。滁州公路局主张其对洪武公司的出资已全部到位,与事实不符。滁州公路局在本案一审时仍欠缴出资款53万元。其次,本案不存在超过诉讼时效期间问题。《公司

---

① 对应2023年《公司法》第49条(股东履行出资义务):"股东应当按期足额缴纳公司章程规定的各自所认缴的出资额。股东以货币出资的,应当将货币出资足额存入有限责任公司在银行开设的账户;以非货币财产出资的,应当依法办理其财产权的转移手续。股东未按期足额缴纳出资的,除应当向公司足额缴纳外,还应当对给公司造成的损失承担赔偿责任。"该条删除了原《公司法》第28条第2款关于未出资股东向其他股东承担违约责任的规定(按照约定处理,公司法无须规定),新增了未出资股东对公司损失承担赔偿责任的规定。——编者注

法解释三》第十九条第一款规定："公司股东未履行或者未全面履行出资义务或者抽逃出资，公司或者其他股东请求其向公司全面履行出资义务或者返还出资，被告股东以诉讼时效为由进行抗辩的，人民法院不予支持。"据此，滁州公路局主张李仁广的起诉超过了诉讼时效期间，其诉讼请求应予以驳回的理由不能成立。滁州公路局应继续履行出资义务，原审法院判决其向洪武公司缴纳 53 万元出资款并无不当。

——中国裁判文书网，https://wenshu.court.gov.cn。

编者说明

《公司法解释（三）》第 19 条将《诉讼时效规定》第 1 条规定的基于投资关系产生的缴付出资请求权细化为 4 种情形：（1）公司股东未履行或者未全面履行出资义务，公司或者其他股东请求其向公司全面履行出资义务；（2）公司股东抽逃出资，公司或者其他股东请求其返还出资；（3）公司债权人请求未履行或者未全面履行出资义务的股东在未出资本息范围内对公司债务不能清偿的部分承担补充赔偿责任；（4）公司债权人请求抽逃出资的股东在抽逃出资本息范围内对公司债务不能清偿的部分承担补充赔偿责任。这些情形不适用诉讼时效，是因为：第一，由于公司受股东控制，其他股东怠于行使权利由公司承担不利后果不符合诉讼时效制度价值；第二，避免法律关系复杂化；第三，资本维持原则、资本充实原则的要求。①

300 物权确认请求权不适用诉讼时效

关键词 | 物权确认 | 诉讼时效 |

【最高人民法院司法文件】

24. 已经合法占有转让标的物的受让人请求转让人办理物权变更登记，登记权利人请求无权占有人返还不动产或者动产，利害关系人请求确认物权的归属或内容，权利人请求排除妨害、消除危险，对方当事人以超过诉讼时效期间抗辩的，均应不予支持。

——《第八次全国法院民事商事审判工作会议（民事部分）纪要》（2016 年 11 月 21 日，法〔2016〕399 号）。

【最高人民法院裁判案例】

刘某喜与葛某芹房屋权属纠纷再审案［最高人民法院（2011）民提字第 123 号

---

① 参见最高人民法院民事审判第二庭编著：《最高人民法院关于公司法解释（三）、清算纪要理解与适用》，人民法院出版社 2014 年版，第 310~311 页；杨巍：《中国民法典评注·规范集注（第 1 辑）：诉讼时效·期间计算》，中国民主法制出版社 2022 年版，第 277 页。

民事判决书]

裁判摘要：目前诉讼时效制度只适用于债权请求权，并不适用于物权请求权。确认涉案房屋归当事人所有的诉讼请求并非债权请求权，而是物权请求权。故不能以超过诉讼时效为由抗辩当事人的确权请求。

（一）关于本案是否超过诉讼时效的问题。刘某喜认为，自1985年案涉房屋买卖完成后至2006年葛义宽的女儿葛某芹提起诉讼，案件早过了诉讼时效。对刘某喜的该主张，不予支持。第一，刘某喜并无证据证明葛某芹在提起诉讼两年前即已知道案涉房屋已登记在刘某本名下，故无从计算诉讼时效的起算时间；第二，刘某喜有关诉讼时效的抗辩缺乏依据。根据《最高人民法院关于审理民事案件适用诉讼时效制度若干问题的规定》第一条"当事人可以对债权请求权提出诉讼时效抗辩，但对下列债权请求权提出诉讼时效抗辩的，人民法院不予支持"之规定，可知目前诉讼时效制度只适用于债权请求权，并不适用于物权请求权。葛某芹一审的诉讼请求是确认案涉房屋归其所有，该诉讼请求并非债权请求权，而是物权请求权。故刘某喜不能以超过诉讼时效为由抗辩葛某芹的确权请求。

——中国裁判文书网，https://wenshu.court.gov.cn。

【链接：最高人民法院法官著述】

物权确认请求权不适用诉讼时效。

……物权确认请求权是一种程序上的诉权，并非实体法上的请求权，而诉讼时效针对的是实体上的请求权，从这一角度看，确实不应适用诉讼时效。从定分止争的角度而言，假如物权确认请求权因诉讼时效期间届满而消灭，那么，标的物将会长期处于归属不清或者权利真空之状态。这种状态不但对真正的权利人不利，而且还会导致各方当事人对标的物争夺不休，从而使标的物得不到正常的利用，不利于社会经济秩序的稳定，这显然是与诉讼时效制度的立法本旨相背离的。

——最高人民法院民法典贯彻实施工作领导小组主编：《中华人民共和国民法典物权编理解与适用[上]》，人民法院出版社2020年版，第187页。

所谓请求权，是指得请求他人为一定行为或者不为一定行为的权利，其本质是民事权利的法律效力。当事人请求国家公权力介入确认物权归属，并非请求对方为一定行为或者不为一定行为，因此不是在行使私法上的请求权，因此大可不必冠之以"请求权"的称谓，否则就会导致法律适用上的分歧和混乱。笔者认为，当事人请求人民法院确认物权归属的权利，既然只是一种程序上的诉权，并非实体法上的请求权，那么在法院作出最终认定之前，实体上的权利归属并不清楚，只有在法院最终认定之后，才涉及实体权利的行使问题。诉讼时效针对的是当事人实体权利的行使(诉讼时效经过,相对人即享有一种对抗请求权的抗辩权),而不是请求确认权利归属之诉权的行使,因此确权之诉不应适用诉讼时效的规定。

此外,实践中关于"诉讼请求已过诉讼时效"的提法也不科学,诉讼时效的适用对象是请求权,而非诉讼请求,因此只有请求权才有是否已过诉讼时效的问题,而诉讼请求本身则没有已过诉讼时效的问题。

——吴光荣:《物权法精讲:体系解说与实务解答》,中国民主法制出版社 2023 年版,第 402 页。

物权确认请求权为诉讼请求权之一种,其只可以诉讼(或仲裁)方式向法院(或仲裁机关)提出,故与物权请求权断不可混同。物权确认请求权关系到物权的归属,对权利人而言也极为重要。在很多情形中,确认物权往往是行使返还原物请求权以及其他物权请求权的前提,物权的归属如果没有得到确认,则会导致根本无法行使返还原物请求权以及其他物权请求权。假如物权确认请求权因诉讼时效期间届满而消灭,那么,标的物将会长期处于归属不清或者权利真空之状态。这种状态不但对真正的权利人不利,而且还会导致各方当事人对标的物争夺不休,从而使标的物得不到正常的利用,不利于社会经济秩序的稳定,这显然是与诉讼时效制度的立法本旨相背离的。因此,通说认为,物权确认请求权不应当适用诉讼时效。

——司伟:《关于物权纠纷案件审理的疑难问题》,载最高人民法院民事审判第一庭编:《民事审判指导与参考》总第 69 辑,人民法院出版社 2017 年版,第 116 页。

确认物权请求权不适用诉讼时效的规定。确认物权是保护物权的基本手段,其应与物权的存在共始终,故不应适用诉讼时效的规定。从其作用的方式角度分析,其系权利人依其意思导致其与相对人之间的法律关系发生变更的权利,故有学者认为其实质为形成权,当然不应适用诉讼时效的规定。

——最高人民法院民事审判第二庭编著:《最高人民法院关于民事案件诉讼时效司法解释理解与适用》,人民法院出版社 2008 年版,第 59 页。

编者说明

《民法典》第 234 条规定:"因物权的归属、内容发生争议的,利害关系人可以请求确认权利。"该条所规定的内容,是物权确认的程序性权利,并非是实体权利请求权。第一,如果是实体请求权,则需物权实际存在,倘若物权不存在或已经灭失,则物权请求权无从谈起。如果物权确认请求权为程序性权利,则不必以物权存在为前提。例如,物权已经灭失,但是由此引发相关赔偿金的争议,相关争议方是否可以提起物权确认请求权? 如果物权确认请求权为程序性权利,相关争议方自然可以提起物权确认请求。第二,物权确认的请求只能向人民法院、仲裁机构、行政机关等有权机关提出。确认物权请求不得向对方当事人提起,也不得自行确认物权的归属与内容。①

当事人请求法院确认物权归属的权利,既然只是一种程序上的诉权,并非实体法上的请求权,则在法院作出最终认定之前,实体上的权利归属并不清楚,只有在法院最终认定之后,才涉及实体权利的行使问题。诉讼时效针对的是当事人实体权利的行使(诉讼时效经过,相对人即享有一种对抗请求权的抗辩权),而不是针对请求确认权利归属之诉权的行使,因此确权之诉不应当适用诉讼时效的规定。②

301 合法占有人物权登记请求权不适用诉讼时效

关键词 | 占有 | 物权登记 |

【最高人民法院司法文件】

24. 已经合法占有转让标的物的受让人请求转让人办理物权变更登记,登记权利人请求无权占有人返还不动产或者动产,利害关系人请求确认物权的归属或内容,权利人请求排除妨害、消除危险,对方当事人以超过诉讼时效期间抗辩的,均应不予支持。

——《第八次全国法院民事商事审判工作会议(民事部分)纪要》(2016 年 11 月 21 日,法〔2016〕399 号)。

【最高人民法院裁判案例】

再审申请人中山市今泰体育用品有限公司与被申请人中山市工业企业资产经营有限公司、中山兴中集团有限公司、中山市冠中投资有限公司合同纠纷案[最高人民法院(2020)最高法民再 115 号民事判决书,2020.7.20]

(一)关于本案是否已过诉讼时效的问题

本院认为,过户登记请求权具有物权请求权性质,不适用诉讼时效的规定。本案中,今泰公司主张其已经履行《资产转让合同书》约定的义务,偿还了威力集团欠中信嘉华银行的款项,且已经合法占有使用了涉案资产十五年,其请求将涉案资产过户至其名下的主张,是为了使其对涉案资产的物权状态得以圆满,其请求权具有物权属性,不适用诉讼时效的规定。原审法院以其该主张已过诉讼时效为由驳回其诉请,认定事实和适用法律不当,本院予以纠正。若因客观情况导致不能过

---

① 参见最高人民法院民法典贯彻实施工作领导小组主编:《中华人民共和国民法典物权编理解与适用[上]》,人民法院出版社 2020 年版,第 186 页。

② 参见吴光荣:《物权诉讼:原理与实务》,人民法院出版社 2009 年版,第 124~125 页。

户,则负有过户义务的一方应赔偿对方损失,赔偿请求是基于过户不能而产生的。本案中,只有在确认涉案资产不能过户给今泰公司时,今泰公司主张违约损失赔偿才开始起算诉讼时效。基于前述对过户请求时效的认定,今泰公司的违约损失赔偿请求权因此也没有超过诉讼时效。

——中国裁判文书网,https://wenshu.court.gov.cn。

【链接：最高人民法院法官著述】

就特殊动产而言,基于买卖等法律关系合法受让标的物的受让人,在该特殊动产交付时即已取得所有权,物权转移登记并非物权变动生效要件,故基于买卖等法律关系合法占有转让标的物的受让人,在该标的物未办理物权转移登记的情况下,也已经依法取得了标的物所有权,也就是说,受让人此时已成为该标的物所有权人,而非仅为占有人。其物权登记请求权不应适用诉讼时效。这是因为,一方面,根据《物权法》第 24 条①的规定,特殊动产未经登记的,其物权的设立和转移不得对抗善意第三人。由此,物权登记对于保障特殊动产所有权人的物权圆满状态有着不容忽视的重要作用,未办理物权转移登记将对受让人享有和行使对于该标的物的所有权产生潜在的危险,而这恰恰是由于转让人未履行协助办理物权转移登记造成的,此时,受让人当然有权基于其所有权请求转让人消除这一对其所有权的危险,从这一角度而言,其物权登记请求权在性质上应为消除危险请求权,而如前所述,消除危险请求权不应适用诉讼时效。因此,严格而言,特殊动产占有人的物权转移登记请求权是否适用诉讼时效的问题已经不属于合法占有人物权登记请求权是否适用诉讼时效问题的范畴。而且,另一方面,根据《物权法》第 24 条的规定,登记是特殊动产物权变动的对抗要件,故其作为占有这种物权表彰方式的重要补充,对于表彰物权的状态有着不容忽视的重要作用。如果受让人要求转让人办理物权转移登记的请求权因诉讼时效期间届满而消灭,那么必将导致标的物长期处于登记的权利状态与真实权利状态不一致,这种状态不但对真正的权利人不利,而且还会影响标的物的正常利用,不利于标的物的有序流转,这显然与诉讼时效制度的本旨不符。

就不动产而言,除法律另有规定外,需完成物权登记方可完成物权变动,未完成物权登记而仅占有不动产的,因欠缺法律规定的物权变动的生效要件而使得受让人并未取得不动产所有权。对于此时该不动产受让人的物权转移登记请求权是否适用诉讼时效,应当区分受让人是否已经占有标的物,如果转让人已经将不动产交付给受让人,受让人已实现对标的物的占有的,受让人请求转让人协助办理不动

---

① 对应《民法典》第 225 条。——编者注

产所有权转移登记的请求权,具有一定的物权属性,不适用诉讼时效的规定。

——司伟:《关于物权纠纷案件审理的疑难问题》,载最高人民法院民事审判第一庭编:《民事审判指导与参考》总第 69 辑,人民法院出版社 2017 年版,第 123 页。

编者说明

房屋买卖中,办理房屋权属转移登记是出卖人的主要义务。出卖人已交付房屋,但没有在合同约定的期限内办理权属转移登记手续,买受人在合同约定期限届满之日起超过两年才请求出卖人办理权属转移登记,此情形不适用诉讼时效的规定。如深圳发展银行股份有限公司与深圳市国泰联合广场投资有限公司房屋买卖合同纠纷上诉案,广东省高级人民法院二审认为:商品房买卖合同中,卖方的主要义务就是向买方转移房屋的所有权,买方仅负有向登记机关申请和提交相关文件的协助义务。本案房屋尚未办理权属转移登记的原因,是国泰公司拖欠地价款,致使房屋不能办理初始权属登记,根本不具备办理权属转移登记的条件,国泰公司显属违约。在国泰公司已经将房屋交付给深圳发展银行,深圳发展银行已实现对房屋合法占有的情况下,深圳发展银行请求国泰公司为其办理权属转移登记手续不适用诉讼时效的规定。深圳发展银行上诉请求国泰公司继续履行合同,为其办理权属转移登记手续应予支持。①

302 遗产分割请求权不适用诉讼时效

关键词 | 遗产分割 | 诉讼时效 |

【最高人民法院司法文件】

25. 被继承人死亡后遗产未分割,各继承人均未表示放弃继承,依据继承法第二十五条规定应视为均已接受继承,遗产属各继承人共同共有;当事人诉请享有继承权、主张分割遗产的纠纷案件,应参照共有财产分割的原则,不适用有关诉讼时效的规定。

——《第八次全国法院民事商事审判工作会议(民事部分)纪要》(2016 年 11 月 21 日,法〔2016〕399 号)。

---

① 广东高院二审判决书同时指出:深圳发展银行签订买卖合同取得的权利是请求卖方将所有权转移给自己的债权,并非标的物的所有权,其取得所有权有赖于国泰公司最终履行合同即办理权属转移登记。其请求确认涉案房产归其所有没有法律依据,予以驳回。一审:(2006)深中法民五初字第 204 号;二审:(2007)粤高法民一终字第 278 号。参见佘琼圣:《房屋交付后办理登记的时效问题》,载《人民司法·案例》2009 年第 18 期。

【最高人民法院裁判案例】

申诉人陈某 1、陈某 2 与被申诉人陈某心，一审原告、二审被上诉人陈某 3、陈某 4、陈某 5、陈某 6、陈某 7，一审原告陈某 8 继承纠纷案[最高人民法院(2017)最高法民再 135 号民事判决书,2018.11.16]

本院再审审理认为:本案为抗诉案件,根据检察机关的抗诉意见和被申诉人的答辩意见,本案争议的焦点是:本案纠纷性质是继承权纠纷还是共有物确认及分割纠纷以及陈某 1、陈某 2 提起本案诉讼是否超过诉讼时效。

关于本案纠纷的性质。本案纠纷性质究竟为继承权纠纷还是共有物确认及分割纠纷,应结合陈某 1、陈某 2 起诉的请求以及本案的事实进行综合认定。首先,从当事人的诉讼请求来看。陈某 1、陈某 2 于 2008 年 11 月 6 日向广东省佛山市禅城区人民法院提起本案诉讼,诉讼请求为:1. 判令佛山市禅城区高基街××房产由 10 名继承人共同共有,陈某心减少应分份额;2. 判令佛山市禅城区高基街××房产补偿房产由 10 名继承人共同共有,陈某心减少应分份额。3. 本案诉讼费用由陈某心承担。从陈某 1、陈某 2 起诉的事实和理由来看,陈某 1、陈某 2 认为其继承权受到侵害而提起本案诉讼,主张其作为继承人应当享有的权利。本案的实体审理也涉及对陈某 1、陈某 2 是否放弃继承权,案涉《声明书》《继承权证明书》是否真实有效以及案涉遗产最终应由谁继承等问题。其次,从本案的事实来看。本案讼争房产原属黄某所有,黄某去世后,属陈某、陈某英所有,陈某在 1984 年 4 月去世后,其所有的部分房产在分出其与关某青的夫妻财产份额后,由关某青及其子女继承。陈某心于 1987 年 12 月向佛山市公证处办理了继承公证。当时陈某英、关某青、陈某 8、陈某 7 到场,同意由陈某心继承并登记为陈某心名下所有。陈某 1、陈某 2 认为其继承权受到了侵害。因此,本案应认定为遗产继承纠纷,而非共有财产确权纠纷。

关于本案的诉讼时效。陈某心于 1987 年 12 月 15 日向佛山市公证处申请办理黄某遗下的高基街××房产的继承手续时,佛山市公证处向陈某英、关某青、陈某 8、陈某心、陈某 7 做了谈话笔录,陈某英、陈某 8 表示自愿放弃对黄意所有的高基街××房产的继承。通过陈某英、关某青在公证处的谈话笔录可以知道,二人的真实意思表示是将其继承的房产份额转让给陈某心。对余下的部分房产,关某青向佛山市公证处提供了陈某心 2、陈某 3、陈某 4、陈某 6、陈某 5、陈某 1、陈某 2、陈某 7 八人的身份证及陈某 6、陈某 4、陈某 2、陈某 3、陈某 5 五人作出的放弃继承黄某遗下高基街××号房屋份额的《声明书》。其子女当时均已成年,不可能不知道其母亲收集身份证的用意。《声明书》和《谈话笔录》的内容是所有继承人当时的真实意思表示,并有亲历者陈某 8 的意见予以证明。因此,除陈某心外,涉案房产的所有继承人都已同意放弃继承。本案所涉房产处于所有权明确的状态,陈某1、陈某2无权以共有物分割为由向陈某心主张房屋所有权。

《中华人民共和国继承法》第二条①规定:"继承从被继承人死亡时开始。"第八条规定:"继承权纠纷提起诉讼的期限为二年,自继承人知道或者应当知道其权利被侵犯之日起计算。但是,自继承开始之日起超过二十年的,不得再提起诉讼。"陈某心及母亲关维青、有继承权的部分人员于1987年到公证处办理房屋继承手续,案涉房屋于1994年拆迁,陈某心于2002年办理入住,时间跨度较长,知情人员较多,陈某1、陈某2对案涉房产情况亦应已知悉。陈某1、陈某2于2008年11月提起本案诉讼,已经超过二年的诉讼时效,亦超过二十年的最长诉讼时效期间。检察机关抗诉认为本案属共有物确认与分割纠纷而非继承权纠纷,不应受诉讼时效的限制,缺乏事实依据,本院不予采纳。

——中国裁判文书网,https://wenshu.court.gov.cn/。

【链接:最高人民法院法官著述】

对于继承开始后遗产的物权归属,法律及司法解释均有较为明确的规定。《继承法》第25条第1款②规定:"继承开始后,继承人放弃继承的,应当在遗产处理前,作出放弃继承的表示。没有表示的,视为接受继承。"《物权法》第29条③规定:"因继承或者受遗赠取得物权的,自继承或者受遗赠开始时发生效力。"最高人民法院于1987年10月17日作出的《关于继承开始时继承人未表示放弃继承遗产又未分割的可按析产案件处理的批复》即认为:"双方当事人诉争的房屋,原为费宝珍与费翼臣的夫妻共有财产,1958年私房改造所留自住房,仍属于原产权人共有。费翼臣病故后,对属于费翼臣所有的那一份遗产,各继承人都没有表示过放弃继承,根据继承法第二十五条第一款的规定,应视为均已接受继承。诉争的房屋应属各继承人共同共有,他们之间为此发生之诉讼,④可按析产案件处理,并参照财产来源、管理使用及实际需要等情况,进行具体分割。"最高人民法院《民法通则意见》第177条也曾规定:"继承的诉讼时效按继承法的规定执行。但继承开始后,继

---

① 对应《民法典》第1121条。——编者注

② 对应《民法典》第1124条第1款(继承的接受和放弃):"继承开始后,继承人放弃继承的,应当在遗产处理前,以书面形式作出放弃继承的表示;没有表示的,视为接受继承。"——编者注

③ 对应《民法典》第230条(因继承取得物权的生效时间):"因继承取得物权的,自继承开始时发生效力。"——编者注

④ 需要说明的是,该案1985年12月起诉时,距被继承人费翼臣死亡已有25年。

承人未明确表示放弃继承的,视为接受继承,遗产未分割的,即为共同共有……"①因此,继承从被继承人死亡时开始,被继承人死亡时,发生继承的事由,随着继承的开始,被继承人遗产的所有权即应从被继承人转移到各继承人,在继承人均未表示放弃继承且遗产也未进行分割的情况下,遗产应当归全体继承人共同共有。如此,当事人诉请享有继承权并主张分割遗产的,实际上行使的是共有物分割请求权,故是否适用诉讼时效,就应参照共有财产分割的原则加以确定。

形成权的特征在于只要形成权人单方的意思表示就可以使法律关系发生变动。而共有人请求分割共有物虽系单方意思,但该意思并不具有消灭共有关系的效力,在不进行诉讼的情形下,分割请求权人需要与其他共有人就如何分割共有物进行协商,达成一致并履行,共有关系始得消灭。在共有人因行使共有物分割请求权而诉至法院的情形下,共有物分割之诉无论是确定共有物分割方法之诉还是请求分割共有物之诉,原告所主张的分割方法都不是诉讼请求的必要事项,而仅是法院裁判的参考因素。因此,即使原告没有提出确定分割方法或者提出的分割方法不合理,法院也应当依法对共有物的分割方法作出判决。也就是说,尽管分割共有物是当事人的权利,但在裁判分割中采取何种方法分割共有物则属于法院自由裁量权的范围,即共有物分割判决的形成力显然是基于国家的公权力而发生的。②法院据此作出的分割共有物的判决是形成判决,直接发生物权变动的效力,而非共有物分割请求权直接导致了物权变动。因此,共有物分割请求权并非形成权。但由于共有人之间并不存在债权债务关系,共有物分割请求权也并非基于债的关系而产生,而是共有人基于其共有权而产生的消灭共有关系的权利,故该请求权亦非债权请求权,而应属于基于物权产生的请求权。

物权确认请求权、已被登记簿记载的不动产和特殊动产权利人返还该财产的请求权、排除妨害请求权和消除危险请求权均不适用诉讼时效。因此,共有物分割请求权不应适用诉讼时效;被继承人死亡后遗产未分割,各继承人均未表示放弃继承,诉请享有继承权、主张分割遗产的,只要不涉及对继承人资格存在异议,则亦不适用诉讼时效。当然,由前所述,如果需要确定继承人资格等不仅仅涉及遗产分割的,仍要适用诉讼时效的规定。在这里还需说明的是,《民法通则意见》第 177 条第三句曾规定:"……诉讼时效的中止、中断、延长,均适用民法通则的有关规定。"该条已被《最高人民法院关于废止 2007 年年底以前发布的有关司法解释(第七批)

---

① 虽然该条规定已被废止,但却并非因此处所引内容所致。有人认为该条被废止理由为"与物权法有关规定冲突",并而认为冲突的部分正是其中的"共同共有"部分,因为根据《物权法》第 103 条规定,"共有人对共有的不动产或者动产没有约定为按份共有或者共同共有,或者约定不明确的,除共有人具有家庭关系等外,视为按份共有",故此类情况应为"按份共有",这种理解实际上是错误的。相反,根据《物权法》第 103 条的规定,无论是法定继承还是遗嘱继承,继承人之间均存在家庭关系,故应视为共同共有。

② 参见房绍坤:《论共有物分割判决的形成效力》,载《法学》2016 年第 11 期。

的决定》(法释〔2008〕15 号)第 24 条废止。废止该条的原因其实就在于该句表述并未明确表明该类纠纷不适用诉讼时效规定的,甚至可以得出应适用民法通则有关诉讼时效中止、中断、延长的规定,这实际上也是与物权法对于物权确认请求权、物权请求权是否适用诉讼时效的精神不相吻合的,故该条规定已被废止。在这种情况下,纪要对此问题进行了明确的有别于该条规定的表述,进一步表明了最高人民法院对此类案件不应适用有关诉讼时效规定的倾向性态度。

——司伟:《关于物权纠纷案件审理的疑难问题》,载最高人民法院民事审判第一庭编:《民事审判指导与参考》总第 69 辑,人民法院出版社 2017 年版,第 126~129 页。

303 因疫情或者疫情防控措施不能行使请求权,权利人有权主张诉讼时效中止

关键词｜诉讼时效中止｜疫情｜疫情防控措施｜

【最高人民法院司法文件】

六、依法中止诉讼时效。在诉讼时效期间的最后六个月内,因疫情或者疫情防控措施不能行使请求权,权利人依据《中华人民共和国民法总则》第一百九十四条第一款第一项规定主张诉讼时效中止的,人民法院应予支持。

七、依法顺延诉讼期间。因疫情或者疫情防控措施耽误法律规定或者人民法院指定的诉讼期限,当事人根据《中华人民共和国民事诉讼法》第八十三条①规定申请顺延期限的,人民法院应当根据疫情形势以及当事人提供的证据情况综合考虑是否准许,依法保护当事人诉讼权利。当事人系新冠肺炎确诊患者、疑似新冠肺炎患者、无症状感染者以及相关密切接触者,在被依法隔离期间诉讼期限届满,根据该条规定申请顺延期限的,人民法院应予准许。

——《最高人民法院关于依法妥善审理涉新冠肺炎疫情民事案件若干问题的指导意见(一)》(2020 年 4 月 16 日,法发〔2020〕12 号)。

【链接：理解与适用】

(三)依法保障时效利益和诉讼权利

疫情或者疫情防控措施会对当事人主张权利的诉讼时效利益和诉讼期间利益产生较大影响。为切实保障当事人相关实体及程序权利,《意见(一)》对依法中止

---

① 对应 2023 年《民事诉讼法》第 86 条。——编者注

诉讼时效和顺延诉讼期间作了明确规定。实践中,应当重点把握以下3点:

1. 关于诉讼时效中止的问题。《意见(一)》第6条将"因疫情或者疫情防控措施不能行使请求权"界定为权利人不能行使请求权的法定障碍情形,涉及适用民法总则第一百九十四条第一款第(一)项规定中的不可抗力条款。即该情形应当满足因疫情或防疫措施对权利人造成了不能避免且不能克服的影响,而致使权利人确实无法行使请求权,方可据此主张诉讼时效中止。权利人主张诉讼时效中止时,应就"因疫情或者疫情防控措施不能行使请求权"承担举证责任。具体而言,需提供确诊新冠肺炎住院治疗或作为疑似病例、密切接触者接受医学观察,或因封路、封闭居住区域等政府防控措施确系不能行使权利的相关证据,人民法院应当根据权利人提供的证据,结合各区域疫情防控的实际情况,基于公平、合理、审慎的原则,综合判断是否应中止诉讼时效。

2. 关于不变期间的顺延问题。根据法律和司法解释的相关规定,上诉期间、申请再审的期间、提起第三人撤销之诉的期间、提起除权判决撤销之诉的期间等属于不变期间。对于不变期间,不适用诉讼时效中止、中断、延长的规定。对于上述期间的顺延问题,各地认识不一。在疫情期间,上述期间很可能因当事人无法行使而经过,导致当事人无法主张权利,因此关于不变期间是否能够顺延应予以明确,统一各地认识。民事诉讼法第八十三条规定,当事人因不可抗拒的事由或者其他正当理由耽误期限的,在障碍消除后的10日内,可以申请顺延期限,是否准许,由人民法院决定。该条并未对不变期间作排除性规定,因此,对于不变期间,当事人可以申请顺延。《意见(一)》第7条明确:"因疫情或者疫情防控措施耽误法律规定或者人民法院指定的诉讼期限,当事人根据《中华人民共和国民事诉讼法》第八十三条规定申请顺延期限的,人民法院应当根据疫情形势以及当事人提供的证据情况综合考虑是否准许。"其中,法律规定的期间包括了不变期间。另外,此次疫情给很多当事人及时行使诉讼权利带来障碍,人民法院在决定是否准许时,应当充分考虑此次疫情的实际影响,对于能够提供充分证据的,宜尽量保护当事人诉讼权利。为此,《意见(一)》在人民法院决定"是否准许"的后面加上了"依法保护当事人诉讼权利"的表述,进一步明确司法政策的导向和态度。

3. 关于审查标准的问题。对于当事人申请法定期间或者指定期间顺延的,若当事人系新冠肺炎确诊患者、疑似新冠肺炎患者、无症状感染者以及相关密切接触者,在被依法隔离期间诉讼期限届满,则符合民事诉讼法的相关规定,人民法院应当准许当事人的延期请求;对于其他情形下当事人提出的申请顺延期限的请求,人民法院在审查时要充分考量当事人所在地区受疫情影响的程度以及采取疫情防控措施的情形,结合当事人提供的证据材料予以综合认定,从而在依法保护当事人诉讼权利的同时,避免部分当事人滥用权利拖延诉讼程序的进行。对于疫情较为严重的省份或者地区,比如湖北,可以根据实际情况适当放宽审查标准,只要当事人提交的证据材料能够证明其耽误期间并非其怠于行使诉讼权利所致,一般可以准许。

对于第 7 条中的"相关密切接触者",不仅包括与确诊患者、疑似患者、无症状感染者共同居住、学习、工作的人员,还应包括与上述 3 类人员密切接触的医护人员等。上述人员在依法被隔离治疗、指定场所进行医学观察或者采取其他隔离措施期间诉讼期限届满的,均可据此提出顺延诉讼期间的请求。

——姜启波、陈龙业、贾玉慧:《〈关于依法妥善审理涉新冠肺炎疫情民事案件若干问题的指导意见(一)〉的理解与适用》,载《人民司法·应用》2020 年第 19 期。

304 事业单位人事争议申请仲裁的时效期间

关键词 | 人事争议 | 仲裁时效 |

【最高人民法院司法解释】

依据《中华人民共和国劳动争议调解仲裁法》第二十七条第一款、第五十二条的规定,当事人自知道或者应当知道其权利被侵害之日起一年内申请仲裁,仲裁机构予以受理的,人民法院应予认可。

——《最高人民法院关于人事争议申请仲裁的时效期间如何计算的批复》(2013 年 9 月 22 日,法释〔2013〕23 号)。

【链接:理解与适用】

人事争议的仲裁时效期间应确定为一年

在《批复》起草过程中,对人事争议的仲裁时效期间如何计算问题,也形成了两种意见:第一种意见认为,人事争议仲裁时效应当适用《人事争议处理规定》相关规定,确定为 60 日。理由在于,……在《人事争议处理规定》第 16 条明确规定事业单位人事争议仲裁时效为 60 日的前提下,应当优先适用该规定,不能适用劳动争议调解仲裁法关于仲裁时效为一年的规定。第二种意见认为,人事争议的仲裁时效期间应适用劳动争议调解仲裁法的规定,确定为一年。理由在于,劳动争议调解仲裁法第二十七条规定了"劳动争议申请仲裁的时效期间为一年",第五十二条又规定:"事业单位实行聘用制的工作人员与本单位发生劳动争议的,依照本法执行;法律、行政法规或者国务院另有规定的,依照其规定。"鉴于《人事争议处理规定》不属于法律、行政法规或者国务院的规定,对于除聘任制公务员与所在单位之间因履行聘任合同发生争议的人事争议仲裁时效为 60 日外，包括事业单位与其工作人员、社团组织与其工作人员、军队聘用单位与其文职人员之间发生的争议，均应参照劳动争议调解仲裁法的规定，将仲裁时效期间确定为一年。经审慎研究，《批复》最终采纳了第二种意见，明确事业单位人事争议仲裁的时效期间适用劳动争议调解仲裁法第二十七条第一款、第五十二条的规定，确定为一年。主要理由如下：

其一，从现行法律规定的角度看。虽然《人事争议处理规定》第 16 条规定："当事人从知道或应当知道其权利受到侵害之日起 60 日内，以书面形式向有管辖权的人事争议仲裁委员会申请仲裁。当事人因不可抗力或者有其他正当理由超过申请仲裁时效，经人事争议仲裁委员会调查确认的，人事争议仲裁委员会应当受理。"第 2 条又将"事业单位与工作人员之间因解除人事关系、履行聘用合同发生的争议"纳入了《人事争议处理规定》的调整范围。但是，劳动争议调解仲裁法第五十二条明确规定了事业单位实行聘用制的工作人员与本单位发生劳动争议的，应当依照劳动争议调解仲裁法执行。……《人事争议处理规定》是由中组部、人力资源和社会保障部、总政治部联合制定，显然不是法律、行政法规或者国务院的其他规定。故根据上位法优于下位法的一般规则，对于人事争议仲裁时效的法律适用问题，在作为上位法的劳动争议调解仲裁法有明确规定的情况下，不应再适用《人事争议处理规定》第 16 条的规定，应根据劳动争议调解仲裁法第二十七条第一款的规定，确定为一年。

其二，从依法维护事业单位工作人员合法权益的角度看。一方面，劳动争议调解仲裁法"实行聘用制的工作人员与本单位发生劳动争议时依照劳动争议调解仲裁法执行"的规定，系出于保护事业单位相关工作人员合法权益的需要。应该说事业单位人事制度较为复杂，其形成也有特殊历史原因，但从法律适用的角度看，公务员法将事业单位工作人员排除在该法的适用范围之外，导致事业单位工作人员合法权益的维护缺乏相应的法律依据。我们认为，聘用合同与劳动合同并无本质区别，将事业单位聘用制工作人员与本单位发生的劳动争议纳入劳动法的调整，不仅能够有效解决事业单位工作人员实体权利保护无法可依的局面，更能够依法充分保护事业单位工作人员的合法权益，乃至促进我国事业单位改革不断向纵深发展。正因如此，劳动合同法第九十六条也规定："事业单位与实行聘用制的工作人员订立、履行、变更、解除或者终止劳动合同，法律、行政法规或者国务院另有规定的，依照其规定；未作规定的，依照本法有关规定执行。"这与劳动争议调解仲裁法的规定如出一辙。另一方面，《人事争议处理规定》第 16 条第 1 款所规定的 60 日期间过短，确有不利于事业单位有关工作人员合法权益维护之嫌。虽然该条第 2 款规定了"当事人因不可抗力或者有其他正当理由超过申请仲裁时效，经人事争议仲裁委员会调查确认的,人事争议仲裁委员会应当受理",但这属于人事争议仲裁委员会依照职权调查确认的事项,且正当理由相对概括,不足于改变60日期间相对较短的现实。对于人事争议仲裁时效期间,适用劳动争议调解仲裁法第二十七条关于一年的规定,无疑在权利行使期间的设计上更为科学,给处于相对弱势地位的事业单位工作人员更加充分的保护,使他们更有充分的时间搜集证据,选择合理的救济程序,做好必要的准备等。……

关于一年人事争议仲裁时效期间如何适用的问题

依据劳动争议调解仲裁法第二十七条、第五十二条的规定,人事争议仲裁时效期间为一年,从当事人知道或者应当知道其权利被侵害之日起计算。

同诉讼时效一样,人事争议仲裁时效也适用时效中断、中止的规定。其一,关于时效的中断。因当事人一方向对方当事人主张权利,或者向有关部门请求权利救济,或者对方当事人同意履行义务而中断。从中断时起,仲裁时效期间重新计算。其二,关于时效的中止。因不可抗力或者有其他正当理由,当事人不能在上述仲裁时效期间内申请仲裁的,仲裁时效中止。从中止时效的原因消除之日起,仲裁时效期间继续计算。

在此应当注意的是,劳动争议调解仲裁法第五十二条仅规定事业单位实行聘用制的工作人员与本单位发生劳动争议的,适用该法规定。故上述一年的人事争议仲裁时效期间应仅限于实行聘用制的工作人员与事业单位之间的劳动争议案件。

鉴于仲裁时效问题主要涉及的是当事人向仲裁机构申请仲裁的问题,而有关仲裁程序与诉讼程序的衔接,劳动争议调解仲裁法第五条、第二十九条等规定确立了人事争议须首先通过仲裁程序解决,当事人对仲裁裁决不服以及仲裁机构不予受理或者逾期未作出决定的人事争议,才可以向人民法院寻求司法救济。在人民法院审理的已经过仲裁的人事争议案件中,如果涉及仲裁时效期间计算的问题,有关法律适用的规则是,人民法院经审查,当事人系自知道或者应当知道其权利被侵害之日起一年内申请仲裁,人事争议仲裁委员会予以受理的,应当予以认可。此外,依据劳动争议调解仲裁法第二十九条的规定,对人事争议仲裁委员会不予受理或者逾期未作出决定的,当事人可以就该人事争议事项向人民法院提起诉讼。

——陈龙业:《〈关于人事争议申请仲裁的时效期间如何计算的批复〉的理解与适用》,载《人民司法·应用》2014年第1期。

305 仲裁程序中当事人未援引时效抗辩权构成弃权行为，诉讼阶段不能主张时效抗辩

关键词 ｜ 劳动争议仲裁时效 ｜ 时效抗辩权 ｜

【最高人民法院司法文件】

27. 当事人在仲裁阶段未提出超过仲裁申请期间的抗辩，劳动人事仲裁机构作出实体裁决后，当事人在诉讼阶段又以超过仲裁时效期间为由进行抗辩的，人民法院不予支持。

当事人未按照规定提出仲裁时效抗辩，又以仲裁时效期间届满为由申请再审或者提出再审抗辩的，人民法院不予支持。

——《第八次全国法院民事商事审判工作会议（民事部分）纪要》（2016 年 11 月 21 日，法〔2016〕399 号）。

【链接：理解与适用】

仲裁申请期限……《劳动争议调解仲裁法》第二十七条①从立法角度将此问题全面予以明确，将 60 日延长至 1 年，并明确此期间为"劳动争议申请仲裁的时效期间"，明确了起算点，明确了该 1 年期间可中止、可中断。所以，1 年期间的性质实属于一种特别时效。

虽然该 1 年期间为申请仲裁的时效期间，并非直接适用于民事诉讼的诉讼时效，但在诉讼阶段，若一方当事人以超出申请仲裁的时效期间为由提出抗辩的，人民法院也应进行审查。若仲裁机构以超出时效期间为由不予受理，当事人诉至人民法院的，人民法院应当受理，经审理，如果确属当事人无正当理由超出申请仲裁的时效期间的，应以超出仲裁申请期限为由判决驳回当事人的诉讼请求。这样做，能够避免将《劳动争议调解仲裁法》所规定的 1 年时效期间架空，有利于贯彻执行法律规定，促使当事人及时行使权利，也符合我国仲裁前置的劳动争议处理机制，有利于仲裁和诉讼的衔接。

同时，1 年期间作为一种特别时效，可参照《民法总则》第一百九十三条关于诉

---

① 《劳动争议调解仲裁法》第 27 条规定了仲裁时效："劳动争议申请仲裁的时效期间为一年。仲裁时效期间从当事人知道或者应当知道其权利被侵害之日起计算。前款规定的仲裁时效，因当事人一方向对方当事人主张权利，或者向有关部门请求权利救济，或者对方当事人同意履行义务而中断。从中断时起，仲裁时效期间重新计算。因不可抗力或者有其他正当理由，当事人不能在本条第一款规定的仲裁时效期间申请仲裁的，仲裁时效中止。从中止时效的原因消除之日起，仲裁时效期间继续计算。劳动关系存续期间因拖欠劳动报酬发生争议的，劳动者申请仲裁不受本条第一款规定的仲裁时效期间的限制；但是，劳动关系终止的，应当自劳动关系终止之日起一年内提出。"

讼时效的规定理解适用。参照《最高人民法院关于审理民事案件适用诉讼时效制度若干问题的规定》第三条①规定"当事人未提出诉讼时效抗辩,人民法院不应对诉讼时效问题进行释明及主动适用诉讼时效的规定进行裁判",是否主张时效利益,属于当事人的处分权。若当事人在仲裁阶段未提出超过仲裁申请期间的抗辩,应视为放弃时效利益,仲裁机构作出实体裁决后,诉至法院的,当事人放弃时效利益的行为在诉讼阶段对其仍具有约束力,所以,即使其在诉讼阶段又以超过仲裁时效期间为由进行扰辩的,人民法院对其抗辩理由不予支持。同时,参照适用《最高人民法院关于审理民事案件适用诉讼时效制度若干问题的规定》第四条②规定"当事人在一审期间未提出诉讼时救抗辩,在二审期间提出的,人民法院不予支持,但其基于新的证据能够证明对方当事人的请求权已过诉讼时效期间的情形除外。当事人未按照前款规定提出诉讼时效抗辩,以诉讼时效期间届满为由申请再审或者提出再审抗辩的,人民法院不予支持",如果当事人在仲裁阶段未提出仲裁时效抗辩或者虽在仲裁阶段提出、但在诉讼一审阶段未提出,对生效判决又以仲裁时效期间届满为由申请再审或者提出再审抗辩的,人民法院不予支持。这是因为再审本是审判监督程序,意在纠错,当事人自己在仲裁阶段或者一审阶段未提仲裁时效抗辩,是其放弃时效利益的对自己权利的处分行为,人民法院依法作出裁判后,不可再以此为由主张裁判错误。

——杜万华主编:《〈第八次全国法院民事商事审判工作会议(民事部分)纪要〉理解与适用》,人民法院出版社 2017 年版,第 442~443 页。

【最高人民法院裁判案例】

中国航空工业空气动力研究院与李某臣人事争议纠纷再审案[最高人民法院(2019)最高法民再 126 号民事判决书,2020.5.9]

(二)关于李某臣权利主张是否超过法定时限。根据 2007 年颁布实施的《中华人民共和国劳动争议调解仲裁法》第二十七条第一款"劳动争议申请仲裁的时效期间为一年。仲裁时效期间从当事人知道或者应当知道其权利被侵害之日起计算"的规定,由于李某臣在第三份停薪留职协议到期后未再续签也未回单位工作,其以自己的实际行为表明其已经按照协议约定自动离职,也应当知道航空研究院按照协议约定对其作出按照自动离职处理的决定,李某臣在 1993—1994 年期间自动离职后,于 2010 年才申请仲裁且其并无充分证据证明存在不可抗力或者有其他正当理由,故其申请仲裁已超过仲裁时效期间,而仲裁是向人民法院起诉劳动人事争议的前置程序。原审因航空研究院未能提供李某臣收到解除或终止劳动关系书

---

① 对应 2020 年《诉讼时效规定》第 2 条。——编者注
② 对应 2020 年《诉讼时效规定》第 3 条。——编者注

面通知的证据,适用《最高人民法院关于审理劳动争议案件适用法律若干问题的解释(二)》第一条第二项"因解除或者终止劳动关系所产生的争议,用人单位不能证明或者受到解除或者终止劳动关系书面通知时间的,劳动者主张权利之日为劳动争议发生之日"的规定,认定李某臣向黑龙江省人事争议仲裁委员会提出申请仲裁的日期即 2010 年 12 月 22 日为劳动争议发生之日。但上述规定的适用前提是劳动关系存续期间发生的解除或终止,而本案双方的停薪留职协议明确约定逾期一个月未缴纳管理费视为自动离职。双方的劳动关系早已不复存在多年,劳动争议发生之日的确定不应适用上述条款,而应优先适用双方协议中关于自动离职的约定。故李某臣的诉讼请求应予驳回。

——中国裁判文书网,https://wenshu.court.gov.cn。

306 人民法院主动适用除斥期间

关键词 │ 除斥期间 │

【链接：最高人民法院法官著述】

除斥期间的适用可以采取职权主义模式。即除斥期间届满后,不必对方当事人主张,人民法院可以主动依照职权审查该期间是否届满以及该期间届满的效果,从而确定该权利绝对、当然、确定的消灭。正因如此,对于法定的除斥期间而言,该期间利益当事人并不能主动选择或者放弃,而只能依法被动承受。

——最高人民法院民法典贯彻实施工作领导小组主编:《中华人民共和国民法典总则编理解与适用[下]》,人民法院出版社 2020 年版,第 1005 页。

编者说明

与诉讼时效适用"职权禁用规则"(《民法典》第 193 条)不同,除斥期间采取职权适用主义模式。①

307 《企业破产法规定（三）》第 8 条规定的 15 日期间，期间届满并不导致异议人实体权利或诉权消灭的法律后果

关键词 │ 除斥期间 │ 诉讼时效 │ 起诉期限 │

---

① 参见杨巍:《中国民法典评注·规范集注(第 1 辑):诉讼时效·期间计算》,中国民主法制出版社 2022 年版,第 339 页。

【最高人民法院司法解释】

　　第八条　债务人、债权人对债权表记载的债权有异议的,应当说明理由和法律依据。经管理人解释或调整后,异议人仍然不服的,或者管理人不予解释或调整的,异议人应当在债权人会议核查结束后十五日内向人民法院提起债权确认的诉讼。当事人之间在破产申请受理前订立有仲裁条款或仲裁协议的,应当向选定的仲裁机构申请确认债权债务关系。

　　——《最高人民法院关于适用〈中华人民共和国企业破产法〉若干问题的规定(三)》(2021 年 1 月 1 日,法释〔2020〕18 号修正)。

【链接：理解与适用】

　　(五)关于债权确认之诉的提起及其当事人的列明

　　根据企业破产法第五十八条的规定,债务人或者债权人对债权表记载的债权有异议的,可以向人民法院提起债权确认诉讼,由人民法院裁决。为了减少没有必要的债权确认诉讼的提起,节约司法资源,推动破产程序尽快进行,《规定》第 8 条要求异议人应当对其异议提供理由和依据并与管理人先进行沟通,如仍然不服的再提起债权确认诉讼。另外,企业破产法没有规定提起债权确认诉讼的时限,但在实践中经常出现相关主体不同意管理人的审查结论,但又迟迟不提起债权确认之诉,导致其债权一直处于不确定状态,影响了后续表决等程序进行。故该条参照企业破产法第六十四条第二款,规定了异议人提起债权确认诉讼的时限,以促使相关主体及时行使权利。上述期限长短的设定,主要是处理好对异议人权利的保护和及时推进破产案件进程两方面的关系。关于该条规定的 15 天起诉期限的性质,有实务界人士理解该条采纳了除斥期间的观点。这种理解有其合理之处,有利于督促异议人及时行使权利,有利于破产程序的高效率推进,但除斥期间为法定权利的存续期间,因该期间经过而发生权利消灭的法律效果。[①]　可见,除斥期间经过后,发生的是实体权利消灭的法律效果。根据企业破产法第五十六条的规定(在人民法院确定的债权申报期限内,债权人未申报债权的,可以在破产财产最后分配前补充申报;但是,此前已进行的分配,不再对其补充分配。为审查和确认补充申报债权的费用,由补充申报人承担。债权人未依照本法规定申报债权的,不得依照本法规定的程序行使权利),债权人迟延申报的情形下,尚可在破产财产最后分配前补充申报,即使债权人未依照破产法规定申报债权的,只是不得依照本法规定的程序行使权利而已,并非债权实体权利消灭的后果,因此,超过起诉期间并不导致债权

――――――――――

　　① 　参见梁慧星:《民法总论》(第 4 版),法律出版社 2011 年版,第 246 页。

人失去实体权利。故本条规定的期间属于诉讼法意义上的期间,而非实体法意义的期间。

关于异议人未在上述时限内提起异议之诉的后果,我们认为,应当视同其同意管理人审查的结论,按照管理人审查的结果行使权利并获得分配。此外,由于企业破产法并没有排除债权人和债务人之间解决争议的其他途径,即便是企业破产法第二十条有关专属管辖的规定,亦不能排除仲裁条款的效力,故该条明确债权确认诉讼不适用于当事人之间订立有仲裁条款或仲裁协议的场合。

——刘贵祥、林文学、郁琳:《〈关于适用中华人民共和国企业破产法若干问题的规定(三)〉的理解与适用》,载《人民司法·应用》2019 年第 31 期。

【最高人民法院审判业务意见】

(四)债权人未在债权异议期内提起债权确认之诉的法律后果

《最高人民法院关于适用〈中华人民共和国企业破产法〉若干问题的规定(三)》第八条规定:"债务人、债权人对债权表记载的债权有异议的,……应当在债权人会议核查结束后十五日内向人民法院提起债权确认的诉讼……"设定该期限的主要目的的处理好异议人权利保护与及时推进破产案件进程之间的关系。该十五日期限并非起诉期间、诉讼时效或除斥期间,只具有指引性意义。超过该期间起诉的,法院仍应依法受理并作出裁判。

——林文学:《破产审判工作中应当注意的几个问题——全国法院破产审判工作会议总结》(2023 年 6 月 7 日),载最高人民法院民事审判第二庭编:《商事审判指导》总第 56 辑,人民法院出版社 2023 年版,第 55 页。

【最高人民法院公报案例】

沙启英与塔尼尔生物科技(商丘)有限公司等破产债权确认纠纷案[最高人民法院(2022)最高法民再 233 号民事裁定书,2022.7.20]

裁判摘要:《最高人民法院关于适用〈中华人民共和国企业破产法〉若干问题的规定(三)》第八条规定的十五日期间系附不利后果的引导性规定,目的是督促异议人及时主张权利、提高破产程序的效率,并非起诉期限、诉讼时效或除斥期间。该十五日期间届满后,破产程序按债权人会议核查并经人民法院裁定确认的结果继续进行,由此给异议人行使表决权和财产分配等带来的不利后果,由其自行承担,但并不导致异议人实体权利或诉权消灭的法律后果。

最高人民法院经再审认为,破产法司法解释三第八条规定的十五日期间,系附不利后果的引导性规定,目的是督促异议人尽快提起诉讼,以便尽快解决债权争议,提高破产程序的效率,防止破产程序拖延。异议人未在该十五日内提起债权确认的诉讼,视为其同意债权人会议核查结果,破产程序按债权人会议核查并经人民法院裁定确认的结果继续进行,给异议人财产分配和行使表决权等带来的不利后果,由其自行承担。但破产法司法解释三第八条规定的十五日期间并非诉讼时效、除斥期间或起诉期限,该十五日期间届满并不导致异议人实体权利或诉权消灭的法律后果。一二审法院以沙启英超过十五日起诉期限为由驳回起诉,适用法律错误。

——《最高人民法院公报》2022 年第 12 期。

308　民刑交叉案件的司法政策

关键词 │ 民刑交叉 │ 同一事实 │ 涉众型犯罪 │

【最高人民法院司法政策】

九、关于刑民交叉问题

在民商事审判中,如何处理好刑民交叉案件的程序衔接、如何认定民事法律行为效力等问题,对于保护当事人合法权利、维护正常交易秩序具有重要意义。

刑民交叉案件的一个基本规则是:刑事案件与民事案件涉及"同一事实"的,原则上应通过刑事诉讼方式解决。人民法院在审理民商事案件过程中,发现民商事案件涉及的事实同时涉及刑事犯罪的,应当及时将犯罪线索和有关材料移送侦查机关,侦查机关作出立案决定的,应当裁定驳回起诉;侦查机关不及时立案的,应当及时报请当地党委政法委协调处理。实践中,主要问题在于如何认定"同一事实"。鉴于民事诉讼与刑事诉讼具有不同的职能与程序,分开审理是基本原则,因此要从行为主体、相对人以及行为本身三个方面认定是否属于"同一事实":一是从行为实施主体的角度判断。"同一事实"指的是同一主体实施的行为,不同主体实施的行为不属于同一事实。要特别注意的是,法定代表人、负责人以及其他工作人员等对外以法人名义从事的职务行为,应当由法人承担相应的民事后果。如果法定代表人、负责人以及其他工作人员构成犯罪,但法人本身不构成犯罪的,鉴于犯罪行为的主体与民事行为的主体属于不同的主体,一般不宜认定为"同一事实"。二是从法律关系的角度进行认定。如,刑事案件的受害人同时也是民事法律关系的相对人的,一般可以认定该事实为"同一事实"。实践中,侵权行为人涉嫌刑事犯罪,被保险人、受益人或其他赔偿权利人请求保险人支付保险金;主合同的债务人涉嫌刑事犯罪,债权人请求担保人承担民事责任的,因涉及不同的法律关系,均不属于"同一事实"。三是从要件事实的角度认定。只有民事案件争议的事实,同时也是构成刑事犯罪的要件事实的情况下,才属于"同一事实"。如当事人因票据贴现发生民事纠纷,人民法院在审理过程中发现汇票的出票人因签发无资金保证的汇票构成票据诈骗罪,但鉴于背书转让行为并非票据诈骗犯罪的构成要件,因而民事案件与刑事案件不属于"同一事实"。

需要特别指出的是,对于涉嫌集资诈骗、非法吸收公众存款等涉众型经济犯罪,由人民法院通过单个地审理民商事案件的方式化解矛盾,效果肯定不好。对于正在侦查、起诉、审理的涉众型经济犯罪案件,当事人就同一事实向人民法院提起民事诉讼的,人民法院应当裁定不予受理,并将有关材料移送侦查机关、检察机关或者正在审理该刑事案件的人民法院。正在审理的民商事案件,发现有经济犯罪线索的,应当及时将犯罪线索和有关材料移送侦查机关。侦查机关作出立案决定前，人民法院应当中止审理；作出立案决定后，应当裁定驳回起诉；侦查机关未及时立案的，必要时可以将案件报请党委政法委请求协调处理。

——刘贵祥：《在全国法院民商事审判工作会议上的讲话》（2019 年 7 月 3 日），载最高人民法院民事审判第二庭编著：《〈全国法院民商事审判工作会议纪要〉理解与适用》，人民法院出版社 2019 年版，第 80~81 页；刘贵祥：《关于人民法院民商事审判若干问题的思考》，载《中国应用法学》2019 年第 5 期。

【链接：最高人民法院法官著述】

这是一个长期困扰民商事审判实践但并未得到很好解决的问题，主要原因在于民商事审判与刑事审判的理念、方法都存在一定差异。在该问题上，既要避免民事审判的本位主义，割裂民事审判和刑事审判的有机联系；也要避免走向另一个极端，即一旦涉及刑事案件，民事案件就不予受理或驳回起诉，导致当事人的合法权益得不到有效保障。同时，还要关注实践中借刑事案件逃废债的现象，并给予有效应对。《民法典》第 187 条规定："民事主体因同一行为应当承担民事责任、行政责任和刑事责任的，承担行政责任或者刑事责任不影响承担民事责任；民事主体的财产不足以支付的，优先用于承担民事责任。"《行政处罚法》第 8 条、《刑法》第 36 条第 2 款也有类似规定。前述规定表明，民事责任与行政责任、刑事责任不仅并行不悖，而且优先于行政责任、刑事责任适用。随着《民法典》的颁布施行，人民群众对获得更加充分、有效权利保护的期待越来越强，刑民交叉问题的理念、程序也必将发生巨大转变。

——贺小荣：《体系化思维对民事裁判统一性的内在约束——以〈民法典〉适用为视角》，载《中国应用法学》2022 年第 4 期。

《民法典》总则编第八章规定了民事责任，这一章是最高人民法院向全国人大提出编纂建议后，经过认真的研究讨论，决定放在总则编中的。有人可能会疑惑这部分内容应该属于侵权责任编的内容，为什么要放到总则编中？笔者认为，这一章确实有许多侵权责任的内容，但是将其放到《民法典》总则编中并作为专门的一章后，此时的责任就不仅仅表现为侵权责任，而是表现为更为广泛的民事责任。所以，我们要用体系化的思维来考虑问题。

尤其要特别注意《民法典》第 187 条的规定解决了民刑之争的问题。《民法典》第 187 条源于《侵权责任法》第 4 条。这一条规定了民事主体因同一行为应当承担民事责任、行政责任、刑事责任时的责任承担问题，即行政责任或是刑事责任不影响民事责任的承担。民事主体财产不足以支付全部费用的，优先承担民事责任，从而解决了民刑之争。原来我们在解决民刑之争问题时，适用刑事优先的解决方案。刑事优先是指处理案件的程序以刑事程序优先,也就是说,只有把犯罪嫌疑人的刑事犯罪行为查清楚了,民事侵权行为和其他行为也就清楚了。程序上以刑事优先,但责任承担要以民事优先。例如,在当事人财产有限,但同时需要承担行政责任、刑事责任、民事责任的时候,要先以当事人的财产承担民事责任。对于民刑交叉案件,从公法的意义上来追究犯罪分子的刑事责任,同时从私法上维护被害人的民事权益,不能让在公法上追究了犯罪嫌疑人的刑事责任后,受害人受到侵害的私权得不到补偿。

　　——杜万华:《民法典总则编重点问题解读》,载最高人民法院政治部编:《人民法院大讲堂:民法典重点问题解读》,人民法院出版社 2021 年版,第 262 页。

编者说明

　　在司法实践中,存在这样一种现象,同一合法权益受到民法、刑法等不同部门法的多重保护,同一法律事实引起的法律关系的变动受到民法、刑法等不同部门法的多重调整,民商事纠纷的处理,与刑事案件的处理存在竞合关系或关联关系,需要综合协调运用民事、刑事等多个部门法进行判断,或者需要从程序上、实体上正确处理多个部门法之间的相互关系,以达到既惩罚犯罪,又保护合法民事权益的目的。这种现象,被统称为民刑交叉。民刑交叉是民商事审判中的一个老问题,又是一个至今存在诸多争议、实务中未完全形成统一裁判规则的重大疑难问题。①

309　民刑交叉案件中刑事诉讼程序排斥或吸收民事诉讼程序的情形

关键词｜民刑交叉｜同一事实｜涉众型犯罪｜非法集资｜追赃｜退赔｜

【最高人民法院司法文件】

　　十二、关于民刑交叉案件的程序处理

　　129.【涉众型经济犯罪与民商事案件的程序处理】2014 年颁布实施的《最高人民法院最高人民检察院公安部关于办理非法集资刑事案件适用法律若干问题的意见》和 2019 年 1 月颁布实施的《最高人民法院最高人民检察院公安部关于办理非法集资刑事案件若干问题的意见》规定的涉嫌集资诈骗、非法吸收公众存款等涉众型经济犯罪,所涉人数众多、当事人分布地域广、标的额特别巨大、影响范围广,严重影响社会稳定,对于受害人就同一事实提起的以犯罪嫌疑人或者刑事被告人为被告的民事诉讼,人民法院应当裁定不予受理,并将有关材料移送侦查机关、检察

---

　　①　参见刘贵祥:《当前民商事审判中几个方面的法律适用问题》,载王利明主编:《判解研究》总第 100 辑,人民法院出版社 2023 年版,第 6 页。

机关或者正在审理该刑事案件的人民法院。受害人的民事权利保护应当通过刑事追赃、退赔的方式解决。正在审理民商事案件的人民法院发现有上述涉众型经济犯罪线索的,应当及时将犯罪线索和有关材料移送侦查机关。侦查机关作出立案决定前,人民法院应当中止审理;作出立案决定后,应当裁定驳回起诉;侦查机关未及时立案的,人民法院必要时可以将案件报请党委政法委协调处理。除上述情形人民法院不予受理外,要防止通过刑事手段干预民商事审判,搞地方保护,影响营商环境。

当事人因租赁、买卖、金融借款等与上述涉众型经济犯罪无关的民事纠纷,请求上述主体承担民事责任的,人民法院应予受理。

——《全国法院民商事审判工作会议纪要》(2019 年 11 月 8 日,法〔2019〕254 号)。

十、关于集资参与人权利保障问题

集资参与人,是指向非法集资活动投入资金的单位和个人,为非法集资活动提供帮助并获取经济利益的单位和个人除外。

人民法院、人民检察院、公安机关应当通过及时公布案件进展、涉案资产处置情况等方式,依法保障集资参与人的合法权利。集资参与人可以推选代表人向人民法院提出相关意见和建议;推选不出代表人的,人民法院可以指定代表人。人民法院可以视案件情况决定集资参与人代表人参加或者旁听庭审,对集资参与人提起附带民事诉讼等请求不予受理。

——《最高人民法院、最高人民检察院、公安部关于办理非法集资刑事案件若干问题的意见》(2019 年 1 月 30 日,高检会〔2019〕2 号)。

七、关于涉及民事案件的处理问题

对于公安机关、人民检察院、人民法院正在侦查、起诉、审理的非法集资刑事案件,有关单位或者个人就同一事实向人民法院提起民事诉讼或者申请执行涉案财物的,人民法院应当不予受理,并将有关材料移送公安机关或者检察机关。

人民法院在审理民事案件或者执行过程中,发现有非法集资犯罪嫌疑的,应当裁定驳回起诉或者中止执行,并及时将有关材料移送公安机关或者检察机关。

公安机关、人民检察院、人民法院在侦查、起诉、审理非法集资刑事案件中,发现与人民法院正在审理的民事案件属同一事实,或者被申请执行的财物属于涉案财物的,应当及时通报相关人民法院。人民法院经审查认为确属涉嫌犯罪的,依照前款规定处理。

——《最高人民法院、最高人民检察院、公安部关于办理非法集资刑事案件适用法律若干问题的意见》(2014 年 3 月 25 日,公通字〔2014〕16 号)。

【链接：理解与适用】

本条第一款作出相应规定,主要包括两种情形:一是刑事案件已经立案的,对于受害人就同一事实提起的以犯罪嫌疑人或者刑事被告人为被告的民商事案件,人民法院应裁定不予受理,并将有关材料移送侦查机关、检察机关或者正在审理该刑事案件的人民法院。二是民商事案件在审理过程中,发现有前述涉众型犯罪线索的,应当及时将犯罪线索和有关材料移送侦查机关。侦查机关作出立案决定前,人民法院应当中止审理;作出立案决定后,应当裁定驳回起诉。侦查机关未及时立案的,必要时可以将案件报请党委政法委请求协调处理。纪要细化了《最高人民法院、最高人民检察院、公安部关于办理非法集资刑事案件适用法律若干问题的意见》中关于民商事案件在审理过程中,发现有前述涉众型犯罪线索的,民商事案件应中止审理或裁定驳回起诉的具体情形。

——最高人民法院民事审判第二庭编著:《〈全国法院民商事审判工作会议纪要〉理解与适用》,人民法院出版社 2019 年版,第 657 页。

【最高人民法院审判业务意见】

问题:如何把握涉众型民刑交叉案件的处理?

涉众型的民刑交叉案件,主要指因集资诈骗、非法吸收公众存款等非法集资犯罪活动而引起涉及受害人人数众多的民刑交叉案件。人民法院办理此类案件,应当正确理解和适用《最高人民法院、最高人民检察院、公安部关于办理非法集资刑事案件适用法律若干问题的意见》(公通字〔2014〕16 号)第 7 条第 1 款、《民间借贷司法解释》第 5 条第 1 款、《最高人民法院、最高人民检察院、公安部关于办理非法集资刑事案件若干问题的意见》(高检会〔2019〕2 号)第 8 条等规定,依法准确把握和认定案件事实性质,加强与公安机关、检察机关沟通协调、协同推进,注重采取共同处理的方式来解决受害人的权益保护问题。

关于受害人在非法集资犯罪所涉财物追赃程序中未申报债权,非法集资犯罪所涉财物已分配完毕或者处理程序终结后,又基于同一事实向人民法院提起民事诉讼,请求非法集资犯罪行为人继续履行偿还债务的,在规范性文件已经明确由公安机关统一处理的情况下,除非相关司法解释或者规范性文件有明确规定,否则人民法院对受害人单独提起的民事诉讼不应予以受理。

——最高人民法院第六巡回法庭编:《最高人民法院第六巡回法庭裁判规则》,人民法院出版社 2022 年版,第 33 页。

【链接：最高人民法院法官著述】

第一,刑事诉讼程序排斥民事诉讼程序。

在民事案件事实和涉嫌刑事犯罪事实属于"同一事实"的情况下,原则上刑事诉讼程序排斥或者吸收民事诉讼程序,民事案件原则上不予受理。民事案件已经审理,在审理过程中发现涉嫌刑事犯罪情况的,应当将案件移送刑事侦查机关,刑事侦查机关立案后,民事案件驳回起诉。

对何为"同一事实",目前尚无司法解释和规范性文件给出明确定义。总结司法实践,一般认为,"同一事实"应是指民事案件与刑事案件主体相同且民事案件的基本事实与刑事案件的基本事实存在竞合或基本竞合的情况。构成"同一事实",最为重要的是刑民案件的主体相同,"同一事实"情况下,人民法院一般要将案件移送其他司法机关,驳回民事案件当事人的起诉。如果主体不同,只是一个刑民程序先后的问题,就不应以一个程序代替另一个程序。

目前,司法实践中对"同一事实"的具体案件类型比较一致的认识是涉众型犯罪中的集资诈骗和非法吸收公众存款等经济犯罪。《民商审判会议纪要》对此进行了概括,认为:2014 年颁布实施的《最高人民法院、最高人民检察院、公安部关于办理非法集资刑事案件适用法律若干问题的意见》和 2019 年 1 月颁布实施的《最高人民法院、最高人民检察院、公安部关于办理非法集资刑事案件若干问题的意见》规定的涉嫌集资诈骗、非法吸收公众存款等涉众型经济犯罪,所涉人数众多、当事人分布地域广、标的额特别巨大、影响范围广,严重影响社会稳定,对于受害人就同一事实提起的以犯罪嫌疑人或者刑事被告人为被告的民事诉讼,人民法院应当裁定不予受理,并将有关材料移送侦查机关、检察机关或者正在审理该刑事案件的人民法院。受害人的民事权利保护应当通过刑事追赃、退赔的方式解决。正在审理民商事案件的人民法院发现有上述涉众型经济犯罪线索的,应当及时将犯罪线索和有关材料移送侦查机关。侦查机关作出立案决定前,人民法院应当中止审理;作出立案决定后,应当裁定驳回起诉;侦查机关未及时立案的,人民法院必要时可以将案件报请党委政法委协调处理。

——最高人民法院民事审判第二庭、研究室编著:《最高人民法院民法典合同编通则司法解释理解与适用》,人民法院出版社 2023 年版,第 288 页。

"同一事实"情况下刑事程序对民事程序的吸收及例外

基于上述对"同一事实"的界定,一般情况下,刑民案件构成"同一事实"的,通过刑事退赔,可以维护刑事受害人同时也是民事案件一方当事人的合法权益,按照"一事不再审"原则,不宜"刑民并行",而应以刑事程序吸收民事程序。对此,有关刑事方面的司法解释有比较明确的规定。如刑诉法司法解释第 176 条规定:"被告人非法占有、处置被害人财产的,应当依法予以追缴或者责令退赔。被害人提起附带民事诉讼的,人民法院不予受理。追缴、退赔的情况,可以作为量刑情节考虑。"

《最高人民法院关于适用刑法第六十四条有关问题的批复》（法〔2013〕229号）规定："追缴或者责令退赔的具体内容，应当在判决主文中写明；其中，判决前已经发还被害人的财产，应当注明。被害人提起附带民事诉讼，或者另行提起民事诉讼请求返还被非法占有、处置的财产的，人民法院不予受理。"此外，1998年《经济犯罪规定》第11条、2014年《办理非法集资刑事案件若干意见》第7条、2015年《民间借贷解释》第5条，均有类似规定。根据这些规定，典型的因"同一事实"而以刑事程序吸收民事程序的情形，主要包括：

其一，以表面上的民事法律关系掩盖双方共同犯罪行为的，无以民事程序给予保护之必要，民事案件不应受理，移送有关司法机关按刑事案件处理。比如，以股权转让合同进行利益输送，实为贿赂犯罪；又如，名为买卖合同，实为毒品、违禁品交易等等。

其二，非法吸收公众存款或集资诈骗采取刑事集中处理的司法机制，当事人的民事权利通过刑事追赃退赔的方式解决，只要刑事程序中没有出现不构成相应涉众犯罪的处理结果，不应再继续或重新启动民事诉讼或执行程序。亦即当事人再另行提起民事诉讼的，按"一事不再理"原则不予受理或驳回起诉。原已启动的民事诉讼程序中"中止审理"的，在刑事生效裁判作出后，按驳回起诉处理；"中止执行"的，按终结执行处理。司法实践证明，这是符合我国国情且行之有效的做法。以"e租宝"案为例，通过刑事追赃，按照一定的法律规则确定退赔比例，高效且最大化地维护了受害人的合法权益。我们无法想象，对此类涉及数十万受害人的案件，通过民事审判执行或破产程序能够取得比刑事集中处理更好的效果。

其三，刑事附带民事诉讼与另行提起民事诉讼只能二选一，不能对在刑事附带民事诉讼中未予支持的诉讼请求另外提起民事诉讼。司法实践中已经注意到，依据有关司法解释规定，关于人身伤害赔偿的范围，刑事附带民事诉讼与另行提起民事诉讼可能存在差别，确有再作深入研究之必要，但不能成为二者并用的理由。当然，一些当事人在提起刑事附带民事诉讼后又撤诉，再另行提起民事诉讼的，人民法院应当受理。

其四，即使不属于涉众型犯罪，通过刑事追赃退赔基本可以实现与民事诉讼相同的保护合法权益之目的的，不宜另行通过民事诉讼处理。问题是，刑民"同一事实"情况下，如刑事退赔不能填补被害人损失，是否可以待刑事案件有处理结果后，另行提起民事诉讼。对此，实践中存在争议。刑事审判工作者多认为，在对刑事犯罪分子予以刑事处罚情况下，通过追缴退赔已基本能够弥补受害人的直接损失，即便是通过民事程序判决了更多赔偿，也无实际执行之可能，导致空判，徒增诉累和诉讼成本；此外，刑事程序一般把嫌犯退赔被害人损失多少作为其犯罪情节轻重，乃至量刑幅度的考量因素，能够促使其家属积极配合退赃或筹集资金弥补被害人损失,使在嫌犯现有财产状况下被害人利益得到最大程度维护,这是民事程序中所难以企及的功能。因此,以实事求是的态度处理此类问题为宜。民事审判工作者多认为,刑事追缴退赔虽越来越规范,但退赔范围往往局限于直接损失,无论是侵权责任,还是合同责任,刑事退赔范围多小于民事赔偿范围,仅刑事退赔不能填补受害人的损失,特别是合同纠纷中,直接损失与履行利益损失有比较大的差距;何况,刑事方面的有关司法解释只是规定"另行提起民事诉讼请求返还被非法占有、处置财产的,人民法院不予受理",并未明确另有损失,特别是对合同履行利益损失,不能另行提起民事诉讼;至于能否实际履行,不能仅以眼前情况判断,犯罪分子刑满后也有可能重获偿债能力,特别是近年来犯罪分子通过多层级、错综复杂、或明或暗的关联企业开展经营活动,对其履行能力一时亦难辨真假。应当说,两种观点确均有合理之处。刑事退赔有时达不到填补被害人民法意义上的损失的效果这是事实,而绝大多数另行提起民事诉讼难以得到实际执行也是事实。基于司法为民、公正司法的基本理念,设身处地为被害人考虑,可区别不同情况处理:在被害人另行提起民事诉讼时,人民法院应审查刑事裁判所确定的退赔范围是否基本能够填补被害人的实际损失,能够填补其损失的,原则上不予受理,已受理的,驳回起诉,但被害人有权提起附带民事诉讼的除外;在经初步审查刑事退赔不能填补被害人的损失的,应向被害人释明执行不能等诉讼风险及诉讼成本,受害人坚持起诉的予以受理。

——刘贵祥:《当前民商事审判中几个方面的法律适用问题》,载王利明主编:《判解研究》总第100辑,人民法院出版社2023年版,第9~12页。

310 民刑交叉案件中民事案件与刑事案件应当分别审理的情形

关键词 | 民刑交叉 | 分别审理 |

【最高人民法院司法解释】

第一条 同一自然人、法人或非法人组织因不同的法律事实,分别涉及经济纠纷和经济犯罪嫌疑的,经济纠纷案件和经济犯罪嫌疑案件应当分开审理。

第十条 人民法院在审理经济纠纷案件中,发现与本案有牵连,但与本案不是同一法律关系的经济犯罪嫌疑线索、材料,应将犯罪嫌疑线索、材料移送有关公安机关或检察机关查处,经济纠纷案件继续审理。

第十一条 人民法院作为经济纠纷受理的案件,经审理认为不属经济纠纷案件而有经济犯罪嫌疑的,应当裁定驳回起诉,将有关材料移送公安机关或检察机关。

第十二条　人民法院已立案审理的经济纠纷案件,公安机关或检察机关认为有经济犯罪嫌疑,并说明理由附有关材料函告受理该案的人民法院的,有关人民法院应当认真审查。经过审查,认为确有经济犯罪嫌疑的,应当将案件移送公安机关或检察机关,并书面通知当事人,退还案件受理费;如认为确属经济纠纷案件的,应当依法继续审理,并将结果函告有关公安机关或检察机关。

——《最高人民法院关于在审理经济纠纷案件中涉及经济犯罪嫌疑若干问题的规定》(2021 年 1 月 1 日,法〔2020〕17 号修正)。

【最高人民法院司法文件】

十二、关于民刑交叉案件的程序处理

会议认为,近年来,在民间借贷、P2P 等融资活动中,与涉嫌诈骗、合同诈骗、票据诈骗、集资诈骗、非法吸收公众存款等犯罪有关的民商事案件的数量有所增加,出现了一些新情况和新问题。在审理案件时,应当依照《最高人民法院关于在审理经济纠纷案件中涉及经济犯罪嫌疑若干问题的规定》《最高人民法院关于审理非法集资刑事案件具体应用法律若干问题的解释》《最高人民法院最高人民检察院公安部关于办理非法集资刑事案件适用法律若干问题的意见》以及民间借贷司法解释等规定,处理好民刑交叉案件之间的程序关系。

128.【分别审理】同一当事人因不同事实分别发生民商事纠纷和涉嫌刑事犯罪,民商事案件与刑事案件应当分别审理,主要有下列情形:

(1)主合同的债务人涉嫌刑事犯罪或者刑事裁判认定其构成犯罪,债权人请求担保人承担民事责任的;

(2)行为人以法人、非法人组织或者他人名义订立合同的行为涉嫌刑事犯罪或者刑事裁判认定其构成犯罪,合同相对人请求该法人、非法人组织或者他人承担民事责任的;

(3)法人或者非法人组织的法定代表人、负责人或者其他工作人员的职务行为涉嫌刑事犯罪或者刑事裁判认定其构成犯罪,受害人请求该法人或者非法人组织承担民事责任的;

(4)侵权行为人涉嫌刑事犯罪或者刑事裁判认定其构成犯罪,被保险人、受益人或者其他赔偿权利人请求保险人支付保险金的;

(5)受害人请求涉嫌刑事犯罪的行为人之外的其他主体承担民事责任的。

审判实践中出现的问题是,在上述情形下,有的人民法院仍然以民商事案件涉嫌刑事犯罪为由不予受理,已经受理的,裁定驳回起诉。对此,应予纠正。

——《全国法院民商事审判工作会议纪要》(2019 年 11 月 8 日,法〔2019〕254 号)。

【链接：理解与适用】

1. 主合同的债务人涉嫌刑事犯罪或者刑事裁判认定其构成犯罪，债权人请求担保人承担民事责任的主合同的债务人涉嫌刑事犯罪或者生效裁判认定其构成犯罪，债权人请求担保人承担民事责任的。

这里的担保人，包括人保情形下的保证人和物保情形下的担保人。因刑事诉讼与民事诉讼的当事人并不相同，前者为刑事被告，后者为刑事被告外的第三人即担保人，因此，不存在两种诉讼审理的法律事实同一、民事诉讼能够被刑事诉讼吸收问题，故人民法院应当受理民事案件。……

2. 行为人以法人、非法人组织或者他人名义订立合同的行为涉嫌刑事犯罪或者刑事裁判认定其构成犯罪，合同相对人请求该法人、非法人组织或者他人承担民事责任的。

由于刑事案件的被告人是行为人，而民事诉讼的被告是法人、非法人组织或者他人，故民事诉讼和刑事诉讼的法律主体和法律关系并不相同，刑事诉讼并不解决民事诉讼被告方的责任问题，故权利人需另行提起民事诉讼救济自己的民事权利，民事案件与刑事案件应当分别受理和审理。

3. 法人或者非法人组织的法定代表人、负责人或者其他工作人员的职务行为涉嫌刑事犯罪或者刑事裁判认定其构成犯罪，受害人请求该法人或者非法人组织承担民事责任的。

该情形下分别受理和审理的法理同前述第 2 项情形，但其与第 2 项规定的不同之处在于：本项规定着重强调的是法人或者非法人组织的法定代表人、负责人或者其他工作人员的职务行为构成刑事犯罪，被害人以单位为被告提起民事诉讼。而第 2 项则是除此之外的行为人以法人、非法人组织名义从事行为的情形。……

4. 侵权行为人涉嫌刑事犯罪或者刑事裁判认定其构成犯罪，被保险人、受益人或者其他赔偿权利人请求保险人支付保险金的。

该情形下，民事诉讼的被告方是保险人，而刑事诉讼的被告方是侵权行为人，民事诉讼与刑事诉讼的被告方并不相同，保险人的民事责任并不能在刑事诉讼中一体解决，故民事案件与刑事案件应分别受理和审理。

5. 受害人请求涉嫌刑事犯罪的行为人之外的其他主体承担民事责任的。

——最高人民法院民事审判第二庭编著：《〈全国法院民商事审判工作会议纪要〉理解与适用》，人民法院出版社 2019 年版，第 651~652 页。

该条是有关刑民交叉案件中分别审理情形的规定，其中第 1 款第 1 项涉及担保问题，其基本旨趣是，不能因为主债务人涉嫌犯罪就中止担保纠纷的审理甚至驳回债权人对担保人的起诉。但基于担保的从属性,即便是连带责任保证或是担保物权,尽管理论上债权人可以单独起诉担保人,甚至可以直接依据非诉程序实现担保物权。但因为担保合同的效力最终取决于主合同是否有效,在主合同效力尚未确定的情况下,根本无从认定担保责任的范围,更不用说一般保证原则上应当先起诉至少是同时起诉债务人了。从这一意义上说,任何形式的担保都难以离开主合同单独确定其合同效力和责任范围。当然,这并不意味着担保纠纷必然以主合同纠纷的审理为前提,否则,在主合同债务人涉嫌刑事犯罪,而主合同又是构成犯罪的要件事实时,就会得出应当中止担保纠纷的审理甚至驳回起诉的结论。

折中的同时也是妥当的解释是,在债权人单独起诉担保人时,人民法院可以依职权或依当事人的申请追加债务人为第三人或共同被告,据以查明主合同效力,进而认定担保合同的效力,并确定担保责任的范围,从而弥合担保从属性与相对独立性之间的鸿沟。

——麻锦亮编著:《民法典·担保注释书》,中国民主法制出版社 2023 年版,第 96~97 页。

【最高人民法院审判业务意见】

问题:应收账款质押合同涉嫌伪造公章,出借人起诉借款人、担保人承担还款责任,人民法院应否受理?

金融借款合同关系中,担保人与债权人签订应收账款质押合同,并承诺在质权未设立或无效情形下,担保人作为出质人对债务人在主合同项下的债务承担连带保证责任。债权人起诉要求债务人及担保人承担还款责任,诉讼中担保人主张质押合同附件中的相关材料存在涉嫌伪造印章的犯罪事实,应裁定驳回起诉并将案件移送刑事侦查机关处理。因该涉嫌伪造印章的犯罪事实并不影响案涉金融借款合同关系的成立,亦不影响保证关系的成立,故人民法院应继续审理金融借款合同纠纷,同时将涉嫌伪造印章的犯罪线索移送侦查机关处理。

——最高人民法院第六巡回法庭编:《最高人民法院第六巡回法庭裁判规则》,人民法院出版社 2022 年版,第 31 页。

【最高人民法院专业法官会议纪要】

法律问题:对于存在涉嫌刑事犯罪因素的纠纷,当事人提起民事诉讼的,人民法院是否应作为民事案件受理?

法官会议意见:根据《全国法院民商事审判工作会议纪要》规定精神,同一当事人基于不同事实分别发生民事纠纷和涉嫌刑事犯罪,民事案件与刑事案件应当分别审理。

本案中，A 作为甲公司总经理助理，未经公司授权，伪造公司印章，以公司名义与 B 订立合同，并向 B 收取履约保证金，B 起诉请求甲公司承担民事责任。因民事案件的被告与刑事案件的犯罪嫌疑人系不同主体，且民事案件所解决的是甲公司与一审原告 B 之间的纠纷，而刑事案件所追究的是犯罪嫌疑人 A 的刑事责任，两者属于不同事实，应当分别审理。本案中，人民法院应当受理后进行实体审理，查清甲公司是否有过错、是否需要承担民事责任等事实，这需要经过实体审理之后才能确定。因此，针对该存在涉嫌刑事犯罪因素的民事案件，人民法院应当予以受理。

——《存在涉嫌刑事犯罪因素的民事案件受理问题》（最高人民法院第五巡回法庭 2019 年第 46 次法官会议纪要），载李少平主编：《最高人民法院第五巡回法庭法官会议纪要》，人民法院出版社 2021 年版，第 151 页。

【人民法院案例库参考案例】

封某某、胡某某诉邵某某、穆某某委托合同纠纷案[入库编号：2023-16-2-119 -001，江苏省徐州市中级人民法院（2009）徐民二再终字第 005 号民事判决书，2009.3.17]

【裁判要旨】

《最高人民法院关于在审理经济纠纷案件中涉及经济犯罪嫌疑若干问题的规定》第 1 条规定，同一公民、法人或其他经济组织因不同的法律事实，分别涉及经济纠纷和经济犯罪嫌疑的，经济纠纷案件和经济犯罪嫌疑案件应当分开审理。第 10 条规定，人民法院在审理经济纠纷案件中，发现与本案有牵连，但与本案不是同一法律关系的经济犯罪嫌疑线索、材料，应将犯罪嫌疑线索、材料移送有关公安机关或检察机关查处，经济纠纷案件继续审理。对于"刑民交叉"案件，如果依据刑、民案件的相应证据规则、证明标准和归责原则，能够分别认定案件事实和案件责任人的刑事责任及民事责任，且刑、民案件所认定的事实和法律责任并不会出现相互冲突或者即使出现冲突，也并不违背法律规定和原理的，对刑民交叉案件原则上就应分开审理，刑民并行。如果刑、民案件法律事实之间存有依赖关系，一个案件的事实及责任认定须以另一案件的审理结果为依据，则应先刑后民或者先民后刑。

【裁判理由】

法院生效裁判认为，邵某某、穆某某于 2004 年 9 月 11 日为封某某、胡某某出具收条的行为，即表明双方已建立了委托合同关系，邵某某提出该收条是在胁迫的情况下签订的，没有证据证实，故原审认定双方委托合同关系成立并无不当。邵某某认为现在走后门入学的现象非常普遍，低于入学分数招生在各大学均存在，以此认为上诉人的行为没有违反国家招生政策，鉴于双方之间的合同内容违反了高校招生必须要认真执行国家政策规定、坚持择优录取和公平、公正的基本原则，因此邵某某关于存在即合法的理由不能成立。另外,国家向史某某追赃是挽回受害人损失的途径之一,并不消灭受害人依据合同关系向相关责任人行使请求权的民事权利。故邵某某关于刑事案件已确定史某某的刑事、民事责任,因此封某某、胡某某的损失已有救济途径,不应由上诉人再行承担责任的上诉理由亦不能成立,原审法院再审判决应予维持。

——人民法院案例库,https://rmfyalk.court.gov.cn。

【最高人民法院公报案例】

大连俸旗投资管理有限公司与中国外运辽宁储运公司等借款合同纠纷案[最高人民法院(2016)最高法民终650号民事判决书,2017.2.28]

(四)本案不应移送公安机关处理。

最高人民法院《关于在审理经济纠纷案件中涉及经济犯罪嫌疑若干问题的规定》第一条规定,同一公民、法人或其他经济组织因不同的法律事实,分别涉及经济纠纷和经济犯罪嫌疑的,经济纠纷案件和经济犯罪嫌疑案件应当分开审理。本案存在两个法律关系:一个是债权债务及担保法律关系,其中债权债务法律关系是依据案外人李旗、杨一、黄建、崔杨与大连谷物公司、光德公司签订的《借款协议书》《借款合同》及该四人分别与光德公司、大连谷物公司、俸旗公司签订的《欠款确认及债权转让协议书》《协议书》,通过债权转让而形成;担保法律关系是通过签订《最高额动产质押合同》形成,债权债务及担保法律关系的主体为债权人、质权人俸旗公司及债务人、出质人大连谷物公司。另一个是动产质押监管法律关系,合同依据是《动产质押监管协议》,合同主体为委托人俸旗公司及受托人辽宁储运公司。本案审理的主要法律关系是俸旗公司与辽宁储运公司基于《动产质押监管协议》而形成的合同关系。俸旗公司作为委托方,辽宁储运公司作为受托方,双方之间的动产监管法律关系与俸旗公司和大连谷物公司双方之间的债权债务及担保法律关系,不仅主体不同,权利义务关系不同,而且并非基于同一法律事实。因此,大连谷物公司及其法定代表人是否基于借款及担保事实涉嫌经济犯罪与本案审理的动产质押监管合同关系并无同一性,本案作为民事案件应当继续审理。辽宁储运公司关于本案因大连谷物公司及其法定代表人涉嫌经济犯罪应当移送公安机关处理的上诉请求没有事实和法律依据,不应支持。

——《最高人民法院公报》2017年第7期。

【链接:最高人民法院法官著述】

第二,刑事诉讼程序和民事诉讼程序一并进行。

在民事案件事实和涉嫌刑事犯罪事实属于“同一事实”的情况下,原则上刑事程序排斥民事程序,民事案件不予受理。但对同一当事人因不同事实分别引发民事合同纠纷和涉嫌刑事犯罪的,民事案件和刑事案件应当分别受理、分别审理。《民商审判会议纪要》根据当事人不同一就不是同一事实的原则,概括了五种情形:(1)主合同的债务人涉嫌刑事犯罪或者刑事裁判认定其构成犯罪,债权人请求担保人承担民事责任的;(2)行为人以法人、非法人组织或者他人名义订立合同的行为涉嫌刑事犯罪或者刑事裁判认定其构成犯罪,合同相对人请求该法人、非法人组织或者他人承担民事责任的;(3)法人或者非法人组织的法定代表人、负责人或者其他工作人员的职务行为涉嫌刑事犯罪或者刑事裁判认定其构成犯罪,受害人请求该法人或者非法人组织承担民事责任的;(4)侵权行为人涉嫌刑事犯罪或者刑事裁判认定其构成犯罪,被保险人、受益人或者其他赔偿权利人请求保险人支付保险金的;(5)受害人请求涉嫌刑事犯罪的行为人之外的其他主体承担民事责任的。

——最高人民法院民事审判第二庭、研究室编著:《最高人民法院民法典合同编通则司法解释理解与适用》,人民法院出版社2023年版,第288页。

编者说明

判断当事人之间是否存在民商事法律关系时,应当以民商事法律规范来进行判断而非以刑事法律关系进行判断,以充分保护当事人通过民事诉讼途径实现对其合法权益的救济。①

311 民事案件与刑事案件分别审理时民事案件中止审理的标准

关键词 │ 民刑交叉 │ 同一事实 │ 同一法律关系 │ 中止审理 │

【最高人民法院司法文件】

十二、关于民刑交叉案件的程序处理

130.【民刑交叉案件中民商事案件中止审理的条件】人民法院在审理民商事案件时,如果民商事案件必须以相关刑事案件的审理结果为依据,而刑事案件尚未审结的,应当根据《民事诉讼法》第150条第5项的规定裁定中止诉讼。待刑事案件审结后,再恢复民商事案件的审理。如果民商事案件不是必须以相关的刑事案件的审理结果为依据,则民商事案件应当继续审理。

——《全国法院民商事审判工作会议纪要》(2019年11月8日,法〔2019〕254号)。

---

① 参见最高人民法院民事审判第二庭编著:《〈全国法院民商事审判工作会议纪要〉理解与适用》,人民法院出版社2019年版,第653页。

【链接：理解与适用】

"先刑后民"并不能作为处理民刑交叉案件的一般原则。应根据"一案的审理是否必须另案的审理结果为依据"的原则判断民刑交叉案件中民事案件和刑事案件的审理顺序。……

司法实务中比较典型的民商事案件需等待刑事案件审理结果、需要中止审理的情形是《保险法》第45条规定的情形。该条规定："因被保险人故意犯罪或者抗拒依法采取的刑事强制措施导致其伤残或者死亡的，保险人不承担给付保险金的责任。投保人已交足二年以上保险费的，保险人应当按照合同约定退还保险单的现金价值。"根据该条规定，民事案件中对保险人应否承担给付保险金责任的认定，应当以刑事案件关于被保险人是否构成故意犯罪或者是否存在抗拒依法采取的刑事强制措施这一处理结果为前提。

——最高人民法院民事审判第二庭编著：《〈全国法院民商事审判工作会议纪要〉理解与适用》，人民法院出版社2019年版，第658~659页。

【人民法院案例库参考案例】

永登县某社安宁分社诉兰州某公司借款合同纠纷案[入库编号：2023-08-2-103-030，最高人民法院(2021)最高法民终874号民事裁定书，2022.3.17]

【裁判要旨】

同一当事人因不同法律事实分别产生民商事纠纷和涉嫌刑事犯罪，人民法院应分别审理。如果刑事案件的审理结果可能对相关民事法律行为的性质和效力以及各方当事人的过错责任产生影响，必须以相关刑事案件的审理结果为依据的，可以先行裁定中止审理，待相关刑事案件审结后再行恢复审理，并就民事案件所涉的法律行为的性质、效力以及当事人过错责任等方面，结合刑事案件的审理情况作出判断。

【裁判理由】

办理民刑交叉案件的基本思路是按照案涉事实的同一性程度，进行区分认定和处理。对于因同一事实、相同当事人同时涉及刑事、民事责任，一般应当遵循"先刑后民"的处理原则，在刑事程序中合并处理，民事权利救济可通过刑事附带民事诉讼或追赃、退赔等方式获得实现。当事人单独提起民事诉讼的，人民法院一般不予受理，应告知受害人或者利害关系人可在刑事诉讼程序中提起附带民事诉讼，同时将涉嫌刑事犯罪的相关材料、线索移送刑事侦查机关。但在刑事案件中未对民事责任予以处理的，应允许当事人另行提起民事诉讼。因不同事实、相同当事人分别涉及刑事、民事责任的，依据《最高人民法院关于在审理经济纠纷案件中涉及经济犯罪嫌疑若干问题的规定》第 1 条规定,同一自然人、法人或非法人组织因不同的法律事实,分别涉及经济纠纷和经济犯罪嫌疑的,经济纠纷案件和经济犯罪嫌疑案件应当分开审理。或者因同一事实、不同当事人分别涉及刑事、民事责任的,一般采取并行处理的原则,即民事案件与刑事案件应分别受理,分开审理。

关于"同一事实"的理解问题,应当从实施主体、法律关系、要件事实三个角度进行认定,《民商审判会议纪要》第 128 条规定以是否系同一主体实施的行为来判断刑事、民事案件应否分别审理。行为人以法人、非法人组织或者他人名义订立合同的行为涉嫌刑事犯罪或者刑事裁判认定其构成犯罪,合同相对人请求该法人、非法人组织或者他人承担民事责任的情形下,同一当事人因不同事实分别发生民商事纠纷和涉嫌刑事犯罪,民商事案件与刑事案件应当分别审理。因此,应根据是否系同一主体实施的行为,来分析判断是否基于同一事实产生的民事纠纷与涉嫌刑事犯罪;如果不是同一主体实施的行为,一般情况下不宜认定为"同一事实"。

司法实践中,有的法院不注重区分同一事实和不同事实,对于因不同的事实分别涉及经济纠纷和经济犯罪嫌疑的,往往以偏概全,导致对于与刑事犯罪有牵连关系的本来属于民事纠纷的案件,也未予以受理或者受理以后不恰当地裁定驳回起诉移送有关侦查机关,未能依法妥善保护好当事人的合法民事权益。实践中,还需要注意,民事纠纷案件与经济犯罪有牵连关系,这种牵连关系虽然不影响民事纠纷案件的立案受理,但民事纠纷案件的审理结果需要与经济犯罪案件的判断保持一致性。在民事纠纷案件审理过程中,有关案件当事人或者作为法人的法定代表人正处于刑事羁押状态,受案法院因为送达、开庭等方面的困难或者障碍,导致案件迟迟不能办结;或者因为就民事案件所涉的法律行为的性质、效力以及当事人过错责任等方面需要与刑事案件协调一致,民事纠纷案件需要先行中止审理。出于当前审限管理的需要,受案法院将已经受理的民事纠纷案件以"同一事实"为由裁定驳回起诉,将案件移送刑事侦查机关。我们认为这些做法都是不妥的,不利于维护当事人的合法民事权益,混淆了民刑交叉案件的判断标准。

本案中,从甘肃省兰州市中级人民法院正在审理的张某某、王某某刑事案件所涉罪名以及与本案有关的相关涉案情况来看,无证据证明张某某所涉刑事犯罪情况与本案所涉民商事纠纷系基于同一法律事实产生。另外,从本案与刑事案件的当事人主体来看,本案为某公司与安宁分社之间基于金融借贷合同产生的债权债务纠纷,甘肃省兰州市中级人民法院正在审理的刑事案件犯罪嫌疑人为张某某、王某某,刑事案件与本案的主体并不相同。因此,如果民商事案件与刑事案件当事人并不同一,即使在法律事实上有一定的牵连关系,由于在不同的当事人之间分别存在民事法律关系和刑事法律关系,民事案件和刑事案件也应当分别受理和审理。如果民事案件受案法院认为,刑事案件的审理结果可能对相关民事法律行为的性质和效力以及各方当事人的过错责任产生影响,必须以相关刑事案件的审理结果为依据,此种情形之下,受案法院可以依据《民事诉讼法》第 153 条第 5 项之规定,参照《民商审判会议纪要》第 130 条规定精神,先行裁定中止审理,待相关刑事案件审结后再行恢复审理,并就民事案件所涉的法律行为的性质、效力以及当事人的过错责任等方面,结合刑事案件的审理情况作出判断。但不能以此认定民事案件的法律事实与刑事案件的法律事实属于同一法律事实,径行裁定驳回起诉。

　　——人民法院案例库,https∶//rmfyalk. court. gov. cn。

【最高人民法院裁判案例】

　　上诉人中国铁路物资沈阳有限公司与被上诉人天津市长芦盐业总公司买卖合同纠纷案[最高人民法院(2015)民二终字第 335 号民事判决书,2015. 11. 20]

　　三、关于本案是否存在必须追加建平公司为当事人以及是否必须中止诉讼等待刑事案件结果的问题。对此,沈阳公司已经撤回,长芦公司亦未持异议。对于是否追加建平公司为本案当事人的问题,本院认为,本案为买卖合同纠纷,合同双方为沈阳公司和长芦公司,而建平公司对于涉案标的并无独立的请求权,且本案的结果属依据合同而形成的在合同双方之间具有相对性的债权债务关系,故,合同之外的第三人与本案之结果并无法律上的利害关系。因此,建平公司既不属于有独立请求权的第三人,亦不属于无独立请求权的第三人,不是人民法院必须追加的当事人。对于是否存在中止审理等待刑事案件结果的问题,本院认为,在审判实践中,无论是先刑后民、还是先民后刑都不应当绝对化和扩大化,有些民事案件的审理确实需要以刑事案件的结果为前提,而有些刑事案件却必须以民事案件为依据,也有些民事案件与刑事案件的审理可以各自独立,互不关涉。在民商事案件审理中,重要的是运用民事审判规则分析相关证据进而认定相关事实,如果能够依据相关事实和法律进行审理的,并非一定要等待刑事案件的处理结果。因此,在审理刑民交叉案件时,应当坚持具体案件具体分析的实事求是的态度予以判定。本案长芦公司作为原告,以买卖合同纠纷为由起诉沈阳公司,要求支付 4900 万元货款,故,本案应当围绕沈阳公司应否支付货款以及是否支付了货款为核心。经查,虽然张某涉嫌构成票据诈骗罪已经被公安机关立案侦查,但有关本案 4900 万元汇票背书、收取、再背书等独立事实已经在本案查清,无须再以该刑事案件的结果为依据。对于冷某涉嫌的国有公司工作人员失职罪一案,是因包括本案 4900 万元在内共计 8400 万元的货款问题而被沈阳公司举报形成,冷某所涉刑事犯罪不仅不影响本案民事案件的审理,反之本案的审理结果将有利于刑事案件的处理。因此,本案不存在中止审理的情形。据此,对于上诉人当庭放弃的以上请求本院予以准许。

　　——中国裁判文书网,https∶//wenshu. court. gov. cn。

【链接：最高人民法院法官著述】

第三,刑事诉讼程序先行民事诉讼程序中止。

对一些合同纠纷民事案件中发现的涉嫌犯罪行为,如果民事案件必须以相关刑事案件的审理结果为依据,则案件线索移送刑事侦查机关后,民事诉讼则应当根据《民事诉讼法》第153条第1款第5项的规定,裁定中止诉讼,待民事案件审结后,再恢复民事案件审理。如果民事案件不是必须以相关刑事案件审理结果为依据,则民事诉讼中,将涉嫌犯罪线索移送刑事侦查机关后,继续民事案件的审理。

比较典型的是当事人合同行为中存在欺诈行为,如果欺诈行为涉嫌犯罪,需要移送刑事处理,民事诉讼必须等待刑事处理结果,因当事人是否构成诈骗罪,或者其他欺诈类犯罪,对合同的效力和当事人的过错程度判断均有直接关系。比如,当事人通过伪造公文的方式骗取贷款,其行为构成贷款诈骗罪还是骗取贷款罪或者伪造印章、公文罪等,在移送案件至刑事犯罪判决之前均无法确定,民事诉讼需要等待刑事诉讼的最终处理结果。

——最高人民法院民事审判第二庭、研究室编著:《最高人民法院民法典合同编通则司法解释理解与适用》,人民法院出版社2023年版,第289页。

非"同一事实"情况下"先刑后民"规则的适用

"同一事实"的定位,旨在解决什么情况下刑事程序吸收民事程序及其例外的问题,那么,在非"同一事实"的情况下,民事案件与刑事案件一般应分别审理,即"刑民并行"。但是,民事案件查明的事实如果与刑事案件事实存在牵连关系,虽不影响刑民案件分别审理,但可能面临一个程序先后的问题。2015年《民间借贷解释》第7条、《九民会纪要》第130条依据民事诉讼法第153条第5项均规定民事程序的基本案件事实必须以刑事案件审理结果为依据,而该刑事案件尚未审结的,应当裁定中止诉讼。这种情况体现的就是程序顺序问题,属于典型的适用"先刑后民"规则的情形。至于何为"必须以相关刑事案件的审理结果为依据",主要包括以下几种情况:

其一,在民事案件审理中"基本事实"无法查清,或者依据民事证据规则认定事实,可能严重背离客观真实,以致于可能出现显失公正的裁判结果的情况下,如果刑事案件的处理结果更有利于查明事实真相,有利于所认定的民事案件"基本事实"最大限度地接近于客观真实,则有必要中止民事诉讼。比如,在一银行存款纠纷案件中,银行主张存款人的存款未存入其账户,而是存入了其他人的账户,存款人所持存单与其存款账户存款不符;存款人主张其款项之所以未存入其账户,是因为银行工作人员向其出具伪造的存单,并把其款项存入他人存单项下的账户。本案中是存款人的工作人员与银行工作人员共谋,还是系一方犯罪造成,这些事实对认定银行民事责任关系重大,刑事程序未作出裁判,民事程序相关基本事实无法查清,显属应当中止的情形。

其二,民事案件当事人以刑事犯罪相关事实作为支持其主要诉讼请求依据的,在刑事案件尚未有处理结果时,一般应当中止民事诉讼。比如,借贷合同纠纷中,担保人主张借款人向出借人的法定代表人行贿,恶意串通骗取其提供担保。因出借人与借款人是否存在恶意串通,直接关系到担保人是否承担担保责任,而正在办理的刑事案件是否认定出借人的法定代表人构成受贿罪,受贿罪与此合同签订是否有关系,对是否免除担保责任关系重大,因此应当中止相应的民事诉讼。

其三,直接关系对民事合同效力、是否承担民事责任、民事责任大小的关键证据,依赖刑事案件处理结果的。比如,在审理合同纠纷时,一方当事人主张公章虽真实,但系犯罪分子盗盖。在民事案件审理过程中,从各种情况判断其主张有较大的可能性,但又难以认定的,可以根据刑事程序的进展情况,确定是否等待刑事程序获取相关证据。又比如,甲公司与乙公司签订煤炭购销合同,但在庭审时各方所出具的合同文本中所载明的付款方式、交货方式不一致,各持的合同文本中本方的公章是真章,而对方的公章均是假章;甲公司主张交付了煤炭却没有得到相应的货款,乙公司主张交付了货款却未得到煤炭。本案双方当事人各持的主要合同条款不同的合同是如何形成的,抓捕在案的诈骗犯的供述是关系到甲、乙公司过错大小的关键证据,故需要根据诈骗刑事案件的处理结果予以认定。

此外,实践中是否中止民事诉讼程序,并非完全基于事实查明的考量,还可能基于其他因素:公权力先行救济更有利于认定责任主体,或者更有利于节约诉讼成本,提高诉讼效率的,如高空抛物民事纠纷需公安机关查明具体侵权人;刑事先决更有利于最大限度避免刑民判决的根本冲突,衍生更多民事诉讼的,比如,民事诉讼争议的标的物被刑事案件查封扣押,标的物系嫌犯的合法财产或者违法所得,还是案外人财产需要刑事程序认定。再比如,在犯罪分子复杂的诈骗链条中,嵌套了多个主体的合同关系,就某一个合同关系提起民事诉讼,事实基本清楚,也可按民事规范认定相应的民事责任。但是放在整个犯罪链条中去考量,让某个合同当事人承担责任可能有失公正,还有可能与后续刑事程序的处理结果出现冲突。此种情况待刑事侦查或刑事裁判有结果后,再系统考量民事责任为宜。

还应注意的是,实践中往往因嫌犯逃匿等客观原因使刑事程序受阻而迟迟不能侦查终结、提起公诉或继续审理,民事诉讼程序是否可以启动,中止审理的是否可以继续审理? 笔者认为,对于类似特殊情况,应以有利于保护当事人的合法权益为出发点,不应僵化地、机械地固守"先刑后民"规则,民事诉讼程序可就能够查清事实的部分,先行判决并执行,特别是涉及人身损害的情况,更应如此。民事判决生效并执行后,如果后来作出的刑事生效判决认定的事实与民事判决认定的事实不一致,且足以推翻民事判决的结果,则可通过审判监督程序纠正民事判决,再通过执行回转等制度对当事人进行救济。当然,司法实践中面临的问题往往是复杂的,从司法机关近年来所处理的刑事案件看,嫌犯潜逃导致刑事程序难以推进的不少是涉众型的非法集资、电信诈骗案件,查扣冻在案的涉案财产往往远不足退赃退赔。这种情况下,以刑事程序按一定的规则对追缴的财产先行处置分配给受害人,可能是一个比较切合实际的选择,而启动民事诉讼程序亦难以达到及时维护受害人合法权益、社会稳定之效果。

——刘贵祥:《当前民商事审判中几个方面的法律适用问题》,载王利明主编:《判解研究》总第 100 辑,人民法院出版社 2023 年版,第 12~15 页。

312 依法审理涉民营企业产权和企业家权益案件,防止把经济纠纷认定为刑事犯罪

关键词 | 民刑交叉 | 民行交叉 | 罪刑法定 | 疑罪从无 | 诉讼保全 |

【最高人民法院司法文件】

3. 严格区分经济纠纷与违法犯罪。严格落实罪刑法定、疑罪从无等刑法原则,全面贯彻宽严相济刑事政策,该严则严,当宽则宽。依法认定民营企业正当融资与非法集资、合同纠纷与合同诈骗、参与兼并重组与恶意侵占国有资产等罪与非罪的界限,严格区分经济纠纷、行政违法与刑事犯罪,坚决防止和纠正利用行政或者刑事手段干预经济纠纷,坚决防止和纠正地方保护主义,坚决防止和纠正把经济纠纷认定为刑事犯罪、把民事责任认定为刑事责任。

严格规范采取刑事强制措施的法律程序,切实保障民营企业家的诉讼权利。对被告人采取限制或剥夺人身自由的强制措施时,应当综合考虑被诉犯罪事实、被告人主观恶性、悔罪表现等情况、可能判处的刑罚和有无再危害社会的危险等因素;措施不当的,人民法院应当依法及时撤销或者变更。对涉案财产采取强制措施时,应当加强财产甄别,严格区分违法所得与合法财产、涉案人员个人财产与家庭成员财产等,对与案件无关的财物,应当依法及时解除;对于经营性涉案财物,在保证案件审理的情况下,一般应当允许有关当事人继续合理使用,最大限度减少因案件办理对企业正常办公和生产经营的影响;对于依法不应交由涉案企业保管使用的财物,查封扣押部门要采取合理的保管保值措施,防止财产价值贬损。

4. 深入推进涉案企业合规改革。坚持治罪与治理并重,对于依法可判处缓刑、免于刑事处罚的民营企业,与检察机关共同做好涉案企业刑事合规改革,充分

利用第三方合规监管机制,确保合规整改落到实处,从源头预防和减少企业重新违法犯罪。积极延伸司法职能,在民商事、行政、执行过程中引导企业守法合规经营,强化防范法律风险、商业风险意识,推进民营企业在法治轨道上健康发展。

22. 公正高效办理民刑行交叉案件。不断完善人民法院内部工作机制,统一法律适用,妥善办理涉民营企业的民商事纠纷、行政违法和刑事犯罪交叉案件。积极推动建立和完善人民法院与公安机关、检察机关之间沟通协调机制,解决多头查封、重复查封、相互掣肘等问题,促进案件公正高效办理。

依法受理刑民交叉案件,健全刑事案件线索移送工作机制。如刑事案件与民事案件非"同一事实",民事案件与刑事案件应分别审理;民事案件无需以刑事案件裁判结果为依据的,不得以刑事案件正在侦查或者尚未审结为由拖延民事诉讼;如果民事案件必须以刑事案件的审理结果为依据,在中止诉讼期间,应当加强工作交流,共同推进案件审理进展,及时有效保护民营经济主体合法权益。

24. 严禁超权限、超范围、超数额、超时限查封扣押冻结财产。严格规范财产保全、行为保全程序,依法审查保全申请的合法性和必要性,防止当事人恶意利用保全手段侵害企业正常生产经营。因错误实施保全措施致使当事人或者利害关系人、案外人等财产权利受到侵害的,应当依法及时解除或变更,依法支持当事人因保全措施不当提起的损害赔偿请求。

——《最高人民法院关于优化法治环境 促进民营经济发展壮大的指导意见》(2023 年 9 月 25 日,法发〔2023〕15 号)。

【链接:答记者问】

问:在现实中,民营企业家最为担心和害怕的就是将经济纠纷当作犯罪处理,或者是过度采取执法措施,造成企业巨大损失甚至面临灭顶之灾。我们在《意见》中看到两句话,一是"正确看待民营经济人士通过合法合规经营获得的财富",二是"对民营经济人士合法经营中出现的失误失败给予理解、宽容、帮助"。今后的司法审判中将如何具体落实"正确看待"和"依法宽容"?

答:习近平总书记多次提出,稳定预期,弘扬企业家精神,安全是基本保障。对民营企业历史上曾经有过的一些不规范行为,要以发展的眼光看问题,按照罪刑法定、疑罪从无的原则处理,让企业家卸下思想包袱,轻装前进。下一步,最高人民法院将继续深入贯彻落实习近平总书记重要指示要求和党中央的决策部署,依法妥善审理各类涉民营企业产权和企业家权益的案件,为民营经济健康发展保驾护航。

第一,要强化谦抑、审慎、善意的司法理念。正确处理民刑、行刑交叉案件,严格区分正当融资与非法集资、合同纠纷与合同诈骗、参与兼并重组与恶意侵占国有资产的界限,防止和纠正利用行政或刑事手段干预经济纠纷,防止把经济纠纷认定为刑事犯罪，该依法宣告无罪的，坚决宣告无罪。要审慎采取刑事强制措施，符合法定条件，可以不羁押的，就允许取保候审、监视居住，保障企业正常经营管理。

第二，要坚持依法办事、公正司法，严格遵守法律的正当程序。坚决防止戴着有色眼镜看待民营经济人士获得的财富，把准产权保护的价值导向，依法平等保护各类市场主体的合法权益。要以"如我在诉"的意识和求极致的精神，认真审理好每一起案件，进一步增强企业家安全感、公平感和获得感。

第三，要规范诉讼保全措施，加强执行监督。坚决杜绝超标的查封、乱查封，最大限度降低对企业生产经营的不利影响。要进一步完善对"困境"企业的执行措施，包括对濒临破产企业的司法重整。

第四，要依法推进涉案企业合规改革。按照张军院长的要求，最高人民法院已经成立专门工作组，研究深化涉案企业合规改革。坚持治罪与治理并重，将案件处理和企业救治工作有机融合，通过办理一案，实现规范一行、教育一片的效果，让民营经济发展之路走得更稳更远。

第五，要加强审判监督，进一步完善涉企案件申诉、再审等机制。我们审监庭内部从 2018 年就成立了刑事重案组和产权案件审判组，建立了重大刑事再审案件和涉产权冤错案件的工作台账，我们正在开展全国法院涉产权申诉再审案件专项评查，还将出台文件进一步规范再审案件的提审、指令再审和发回重审工作，切实加强监督指导，防止程序空转。今后的工作中，要始终严格遵循罪刑法定、证据裁判、疑罪从无原则，坚持以发展眼光客观看待和依法妥善处理各类企业特别是民营企业经营过程中的不规范行为，实事求是、依法纠错，努力让人民群众在每一个司法案件中感受到公平正义。

——《完善机制 公正司法 助力民营经济高质量发展——最高法民二庭、审监庭负责人就〈关于优化法治环境促进民营经济发展壮大的指导意见〉、人民法院涉民营企业产权和企业家合法权益保护再审典型案例答记者问》，载《人民法院报》2023 年 10 月 11 日，第 4 版。

313 民刑交叉案件的办案思路和原则

关键词 | 民刑交叉 | 同一事实 | 竞合型 | 先刑后民 | 另行起诉 | 牵连型 | 并行处理 | 先民后刑 |

【最高人民法院审判业务意见】

问题：如何把握办理民刑交叉案件的思路和原则？

民事诉讼与刑事诉讼在基本原则、程序构造、证据规则等方面均有不同之处，司法实践中民事案件与刑事案件在主体、事实等方面可能存在完全重合或者部分重合，导致案件的民事、刑事部分在程序处理、实体责任承担等方面相互交织、影响，就是所谓的民刑交叉案件。人民法院关于民刑交叉问题的司法解释或规范性文件，例如《最高人民法院关于在审理经济纠纷案件中涉及经济犯罪嫌疑若干问题的规定》《民间借贷司法解释》《民商审判会议纪要》等，对办理民刑交叉案件提供了基本裁判依据。

办理民刑交叉案件的基本思路是按照案涉事实的同一性程度，进行区分认定和处理。对于因同一事实、相同当事人同时涉及刑事、民事责任，如因刑事犯罪行为侵犯受害人人身权利、财产权利，以及受害人对刑事程序中依法应予追缴、责令退赔的财产享有合法民事权益的，为"竞合型"民刑交叉案件，一般应当遵循"先刑后民"的处理原则，在刑事程序中合并处理，民事权利救济可通过刑事附带民事诉讼或追赃、退赔等方式获得实现。当事人单独提起民事诉讼的，人民法院一般不予受理，应告知受害人或者利害关系人可在刑事诉讼程序中提起附带民事诉讼，同时将涉嫌刑事犯罪的相关材料、线索移送刑事侦查机关。

但在刑事案件中未对民事责任予以处理的，应允许当事人另行提起民事诉讼。

因不同事实、相同当事人分别涉及刑事、民事责任的，或者因同一事实、不同当事人分别涉及刑事、民事责任的，为"牵连型"民刑交叉案件，参考《民商审判会议纪要》第 128 条规定，一般采取并行处理的原则，即民事案件与刑事案件应分别受理，分开审理。另外，在涉及银行卡纠纷、证券虚假陈述案件中，司法解释已明确规定了"先民后刑"的审理原则。如《最高人民法院关于审理银行卡民事纠纷案件若干问题的规定》第 10 条规定，在符合当事人约定或法定情形下，人民法院应依法支持持卡人请求发卡行、非银行支付机构承担先行赔付责任的诉讼请求。

——最高人民法院第六巡回法庭编：《最高人民法院第六巡回法庭裁判规则》，人民法院出版社 2022 年版，第 29 页。

314 公司法定代表人等利用公司犯罪被公安机关立案侦查，受害人另行对公司提起民事诉讼，法院应否受理

关键词 ｜ 民刑交叉 ｜ 法定代表人 ｜ 另行起诉 ｜ 受理 ｜

【最高人民法院审判业务意见】

问题：公司的法定代表人、实际控制人、高级管理人员等利用公司为平台从事犯罪活动被公安机关立案侦查，受害人另行对公司提起民事诉讼，人民法院应否受理？

公司的法定代表人、实际控制人或高级管理人员利用公司为平台从事犯罪活动,公安机关对公司的法定代表人、实际控制人、高级管理人员等涉嫌刑事犯罪立案侦查。已经立案侦查的刑事案件虽未将公司列为被告,但如果刑事案件认定该公司属于上述人员的犯罪工具,并在案件办理过程中将公司的全部财产作为刑事案件追缴退赔的责任财产,或者在追缴上述人员持有的公司股份过程中,实际上已查封、扣押公司所有财产。上述情况应当认定刑事案件办理过程中,已经依法追究了公司的民事责任,当事人另行对公司提起民事诉讼的,人民法院不应予以受理。

如果刑事侦查机关仅查封、扣押上述涉嫌犯罪人员与公司有关的部分财产,公司仍有未被追缴、责令退赔的剩余财产,当事人另行起诉要求公司承担相应民事责任的,人民法院应当依法受理。

——最高人民法院第六巡回法庭编:《最高人民法院第六巡回法庭裁判规则》,人民法院出版社 2022 年版,第 33 页。

315 单位工作人员涉嫌刑事犯罪不影响对方当事人依据合同对该单位提起民事诉讼

关键词 | 民刑交叉 | 民事诉讼 | 金融借款合同 | 起诉条件 | 同一事实 |

【人民法院案例库参考案例】

曹妃甸某银行诉迁西某商贸公司等金融借款合同纠纷案[入库编号:2023-01-2-103-005,最高人民法院(2020)最高法民再 238 号民事裁定书,2021.12.20]

【裁判要旨】

民刑案件是否构成"同一事实",是选择刑事程序吸收民事程序还是"刑民并行"程序的核心标准。如何认定刑事案件与民事案件交叉中涉及的事实是"同一事实",总体上看,应该是民事案件与刑事案件的主体相同,且案件基本事实存在竞合或者基本竞合的,可以认定民事案件与刑事案件构成"同一事实"。如果民事案件当事人双方与刑事案件的主体不一致的,不能认定为"同一事实"。刑事案件定罪量刑的事实与民事案件的基本事实无关的,即使主体相同,也不构成"同一事实"。即如本案中行为人董某某,在正常订立贷款合同后采取欺诈手段拒不还贷,涉嫌职务侵占罪、伪造、变造、买卖国家机关公文、证件、印章罪的,因金融借款合同的逾期还款违约事实的认定,不受合同履行过程中犯罪的影响,人民法院对金融借款纠纷可继续审理。

【裁判理由】

法院生效判决认为,本案中,在由唐山某公司提供抵押担保的借款法律关系中,存在出借人曹妃甸某银行与借款人迁西某商贸公司之间的借款关系以及出借人曹妃甸某银行与唐山某公司的抵押担保关系两种法律关系,而担保人唐山某公司法定代表人董某某个人涉嫌职务侵占罪,并不涉及担保法律关系。刑事案件的犯罪嫌疑人与借款法律关系中的担保人并不重合。唐山某公司提供担保与董某某个人涉嫌职务侵占两个行为实施的主体不同,且民事案件争议的事实与构成董某某刑事犯罪的要件事实不同,唐山某公司因董某某刑事犯罪所受损失与本案审理的借款担保法律关系无关,曹妃甸某银行请求迁西某商贸公司、唐山某公司承担还款责任的责任主体与刑事案件的责任主体并不一致。故本案审理的借款担保法律关系与董某某涉嫌职务侵占犯罪并非基于同一法律事实,应适用"刑民分离"的原则。曹妃甸某银行对迁西某商贸公司、唐山某公司提起民事诉讼,符合《民事诉讼法》规定的起诉条件,法院应予受理。原审以董某某利用职务便利所涉犯罪行为与本案所涉贷款存在关联为由,裁定驳回曹妃甸某银行的起诉,事实和法律依据不足。原审裁定适用法律不当,予以纠正。裁定本案指令一审法院审理。

——人民法院案例库,https://rmfyalk. court. gov. cn。

316 涉嫌伪造质押合同附件印章的犯罪事实不影响金融借款合同关系和保证合同关系的成立

关键词 | 民刑交叉 | 借款合同 | 担保人 | 债权人 | 质权 |

【人民法院案例库参考案例】

某证券投资有限公司诉某开发总公司、某工程项目管理海安有限公司、海安经济技术开发区管理委员会借款合同纠纷案[入库编号:2023-08-2-103-029,最高人民法院(2021)最高法民终654号民事裁定书,2021.6.30]

【裁判要旨】

在金融借款合同关系中,担保人与债权人签订应收账款质押合同,并承诺在质权未设立或无效情形下,担保人作为出质人对债务人在主合同项下的债务承担连带保证责任。债权人起诉要求债务人及担保人承担还款责任,担保人主张质押合同附件中的《应收账款确认函》存在涉嫌伪造印章的犯罪事实,因《应收账款确认函》的确认方是担保人的债务人,与担保人(出质人)的债权人(质权人)无关,故该涉嫌犯罪事实并不影响应收账款质押合同的成立,故人民法院应当继续进行审理,同时将涉嫌伪造应收账款的债务人印章的犯罪线索移送侦查机关处理。

【裁判理由】

《最高人民法院关于在审理经济纠纷案件中涉及经济犯罪嫌疑若干问题的规

定》第1条规定："同一自然人、法人或非法人组织因不同的法律事实,分别涉及经济纠纷和经济犯罪嫌疑的,经济纠纷案件和经济犯罪嫌疑案件应当分开审理。"第11条规定："人民法院作为经济纠纷受理的案件,经审理认为不属经济纠纷案件而有经济犯罪嫌疑的,应当裁定驳回起诉,将有关材料移送公安机关或检察机关。"依据上述规定,涉及经济纠纷和涉嫌经济犯罪属同一事实是法院驳回起诉将有关材料移送刑事犯罪侦查机关的必备条件。

本案中,第一,某证券公司与某总公司是金融借款合同关系,与某海安公司是质押合同关系。上述法律关系的设立系签订合同的双方当事人真实意思表示,不存在合同无效的情形。本案争议的金融借款合同纠纷与海安管委会所称伪造公章涉嫌犯罪所涉的法律关系并非同一法律关系。本案民事纠纷要解决的是案涉《信托贷款合同》及《应收账款质押合同》的效力和责任承担问题,刑事案件涉及的是作为《应收账款质押合同》附件的《应收账款确认函》《应收账款追加确认函》《应收账款质押通知函》上是否存在涉嫌伪造海安管委会印章的犯罪事实。而海安管委会印章的真实与否,并不影响本案金融借款合同关系的成立,亦不影响本案民事案件的审理。且某证券公司作为债权人,并未主张追究相关当事人的刑事责任,而是请求债务人某总公司及担保人某海安公司承担民事责任。

第二,在民事法律关系的形成过程中,当事人或其他自然人的行为虽涉及犯罪,但对民事法律行为的性质、效力、责任等不产生实质影响的相关事实为关联事实。本案中,涉嫌伪造海安管委会印章的行为仅对《应收账款质押合同》的附件《应收账款确认函》《应收账款追加确认函》《应收账款质押通知函》的真实性产生影响,虽与案涉金融借款合同纠纷有关联,但其本身不是借贷行为,涉嫌伪造公章的行为并不是借贷行为不可或缺的组成部分。因此,应当对本案的金融借款合同纠纷继续审理,而仅就涉嫌伪造海安管委会印章的犯罪线索移送侦查机关。

第三,根据案涉《应收账款质押合同》第8条保证条款的约定："因下列原因致使质权未设立或无效的,出质人应对债务人在主合同项下的债务承担连带保证责任:(1)出质人未按第1.4条、第6.5条第(1)款的约定提供和/或追加提供足额的质押物,以及未按照第4.1条约定协助办理质押登记和/或追加提供足额的质押物,以及未按照第4.1条约定协助办理质押登记和/或追加质押登记手续;(2)出质人在第五条项下所作的陈述与保证不真实;(3)因出质人方面的其他原因。"某海安公司存在对案涉贷款承担连带保证责任的可能性,《应收账款确认函》《应收账款追加确认函》《应收账款质押通知函》上涉嫌伪造印章的问题并不对某证券公司民事权益的实现产生必然影响。

——人民法院案例库,https://rmfyalk.court.gov.cn。

317 当事人诉讼请求中与刑事案件未交叉的部分，应纳入民事受案范围进行实体审理

关键词│民刑交叉│实体审理│

【最高人民法院裁判案例】

再审申请人沈阳市东陵区高官台地区农工商联合总公司与被申请人沈阳市高官不锈钢交易中心、赵某忠、关某辉、陈某峰租赁合同纠纷案[最高人民法院(2021)最高法民再360号民事裁定书,2021.12.17]

本院再审认为,本案再审审理的争议焦点是原审裁定驳回高官台联合总公司的起诉是否正确。

经查,高官台联合总公司一审诉讼请求主要有四项,分别是:1. 判令解除高官台联合总公司与关某辉于2010年9月15日签订的《土地所有权入股合同》;2. 确认2011年12月27日高官台联合总公司与不锈钢交易中心、赵某忠、关某辉签订的《补充合同》无效;3. 判令不锈钢交易中心、赵某忠、关某辉、陈某峰向高官台联合总公司支付欠付的土地使用费45988800元及利息暂记1万元,自2011年1月1日起至判决确定的给付之日止,按照银行同期贷款利率计算;4. 本案全部诉讼费由不锈钢交易中心、赵某忠、关某辉、陈某峰承担。对于本案以上诉讼请求,高官台联合总公司、不锈钢交易中心、关某辉、陈某峰均认可在刑事案件所涉犯罪事实中,仅公诉机关第二项指控赵某忠、案外人赵某勇"侵占高官台联合总公司财产的犯罪事实"第5项内容即赵某忠与案外人赵某勇签订《补充合同》给高官台联合总公司造成的963万余元土地费损失以及赵某忠、案外人赵某勇非法占有的1400余万元应支付给高官台联合总公司的土地费与本案争议款项存在交叉。

通过将高官台联合总公司的起诉请求与刑事案件沈河检公诉刑补诉〔2018〕4号《补充起诉决定书》中指控赵某忠、案外人赵某勇犯职务侵占罪的内容进行对比可知,高官台联合总公司在原一审时提出的四项诉讼请求中,除要求确认《补充合同》无效及要求不锈钢交易中心、赵某忠、关某辉、陈某峰支付2011年1月1日至2016年期间欠付土地使用费的诉讼请求与赵某忠、案外人赵某勇的刑事案件存在交叉外,其余要求解除《土地所有权入股合同》以及要求不锈钢交易中心、赵某忠、关某辉、陈某峰支付2016年至2020年1月期间欠付土地使用费的诉讼请求与该刑事案件所涉范围并无交叉。

《全国法院民商事审判工作会议纪要》第130条规定:"人民法院在审理民商事案件时,如果民商事案件必须以相关刑事案件的审理结果为依据,而刑事案件尚未审结的,应当根据《民事诉讼法》第150条第5项的规定裁定中止诉讼。待刑事案件审结后,再恢复民商事案件的审理。如果民商事案件不是必须以相关的刑事

案件的审理结果为依据,则民商事案件应当继续审理。"依据上述规定,高官台联合总公司的诉讼权利及保全利益应得到保护,其诉讼请求中与刑事案件未交叉的部分,应纳入民事受案范围进行实体审理,原一、二审法院适用《最高人民法院关于在审理经济纠纷案件中涉及经济犯罪嫌疑若干问题的规定》第十一条规定驳回高官台联合总公司的起诉,属适用法律错误,本院依法予以纠正。

受诉法院就本案重新立案后,应对高官台联合总公司的诉讼请求与刑事案件未交叉的范围通过实体审理程序进行认定,并根据本案与刑事案件实际,按照《中华人民共和国民事诉讼法》第一百五十条第一款第五项关于中止诉讼的规定或者第一百五十三条关于先行判决的规定,对案涉纠纷依法予以审理。

——中国裁判文书网,https://wenshu.court.gov.cn。

318 民刑交叉案件中"同一事实"和"关联事实"的界定

关键词│民刑交叉│同一事实│关联事实│

【最高人民法院审判业务意见】

问题:如何理解和把握民刑交叉案件中的"同一事实"和"关联事实"?

《最高人民法院关于在审理经济纠纷案件中涉及经济犯罪嫌疑若干问题的规定》第1条规定,同一自然人、法人或非法人组织因不同的法律事实,分别涉及经济纠纷和经济犯罪嫌疑的,经济纠纷案件和经济犯罪嫌疑案件应当分开审理。《民间借贷司法解释》第5条、第6条的规定也采取该项原则,并将"同一法律关系""同一法律事实",表述为"同一事实"。对于同一事实,《民商审判会议纪要》提出从实施主体、法律关系、要件事实三个角度进行认定,第128条规定以是否系同一主体实施的行为来判断刑事、民事案件应否分别审理。另外,该条第1款第5项作为兜底性条款,明确规定受害人请求涉嫌刑事犯罪的行为人之外的其他主体承担民事责任的,民事案件与刑事案件应当分别审理。因此,应根据是否系同一主体实施的行为,来分析判断是否是基于同一事实产生的民事纠纷与涉嫌刑事犯罪;如果不是同一主体实施的行为,一般情况下不宜认定为"同一事实"。

民刑交叉领域所指的"关联事实",一般是指在民事法律关系的形成过程中,当事人或他人的行为虽涉嫌犯罪,但对民事法律行为或者民事法律关系的性质、效力、责任等不产生实质性影响的相关事实。对于因关联事实分别引起的民事和刑事案件,相关司法解释采取分别受理、分别审理的原则,如《最高人民法院关于在审理经济纠纷案件中涉及经济犯罪嫌疑若干问题的规定》第10条、《最高人民法院关于审理票据纠纷案件若干问题的规定》第73条、《民间借贷司法解释》第6条等规定。

——最高人民法院第六巡回法庭编:《最高人民法院第六巡回法庭裁判规则》,人民法院出版社 2022 年版,第 30 页。

【最高人民法院裁判案例】

宁波必沃纺织机械有限公司与宁波慈星股份有限公司技术秘密许可使用合同纠纷案[最高人民法院(2019)最高法知民终 333 号民事裁定书,2019.11.4]

裁判摘要①:依据《最高人民法院关于在审理经济纠纷案件中涉及经济犯罪嫌疑若干问题的规定》的相关规定,因违反保密义务引发的商业秘密许可合同纠纷案件与关联刑事案件并非基于同一法律要件事实所产生的法律关系,人民法院可以在移送犯罪嫌疑线索的同时,继续审理该商业秘密许可合同纠纷案件。

本院经审查认为,《最高人民法院关于在审理经济纠纷案件中涉及经济犯罪嫌疑若干问题的规定》第十条规定,人民法院在审理经济纠纷案件中,发现与本案有牵连,但与本案不是同一法律关系的经济犯罪嫌疑线索、材料,应将犯罪嫌疑线索、材料移送有关公安机关或检察机关查处,经济纠纷案件继续审理。

本案中,必沃公司认为,本案系技术秘密许可合同法律关系,而宁波市公安局立案侦查的侵犯商业秘密案件系侵权法律关系,二者不属于同一法律关系,根据《最高人民法院关于在审理经济纠纷案件中涉及经济犯罪嫌疑若干问题的规定》第十条之规定,本案技术秘密许可合同纠纷应当继续审理。由此可见,本案当事人二审争议核心在于判断本案所涉法律关系与必沃公司涉嫌侵犯商业秘密犯罪是否基于同一法律事实。根据本案查明的事实可知,本案必沃公司与慈星公司之间因履行《采购协议》及其附件《保密协议》产生争议,慈星公司以必沃公司违反保密义务,将其"被许可的技术秘密"用于合同约定事项之外为由提起本案诉讼,请求判令必沃公司承担相应违约责任。同时,必沃公司又因涉嫌侵犯慈星公司的商业秘密(包含涉案合同所涉技术秘密)犯罪与其他案外人一并被浙江省宁波市公安局立案侦查。可见,本案系慈星公司以必沃公司违反合同约定为由所提起的合同之诉,系技术秘密许可使用合同法律关系。而浙江省宁波市公安局所立案侦查的必沃公司涉嫌商业秘密犯罪,系必沃公司涉嫌侵犯慈星公司的商业秘密的侵权法律关系。二者所涉法律关系不同,并非基于同一法律事实所产生之法律关系,分别涉及经济纠纷和涉嫌经济犯罪,仅仅是二者所涉案件事实具有重合之处。本案为技术秘密许可使用合同纠纷,属于经济纠纷案件。尽管本案的案件事实与浙江省宁波市公安局立案侦查的商业秘密犯罪案具有重合之处,但慈星公司与必沃公司之

---

① 参见中国应用法学研究所主编:《中华人民共和国最高人民法院案例选》第 4 辑,法律出版社 2020 年版,第 210 页。

间的涉案民事法律关系并不受影响。原审法院应将与本案有牵连,但与本案不是同一法律关系的犯罪嫌疑线索、材料移送浙江省宁波市公安局,但也应继续审理本案所涉技术秘密许可使用合同纠纷。因此,原审法院以"必沃公司具有侵犯商业秘密罪嫌疑,应移送公安机关处理"为由,裁定驳回慈星公司的起诉并将本案移送公安机关处理之结论错误,本院予以纠正。但是,必沃公司所提原审法院未经诉辩程序明确技术秘密便将本案移送公安机关构成程序违法及本案系因家庭矛盾引发的经济纠纷不适合移送公安机关处理之上诉理由,欠缺法律依据且并非本案是否移送公安机关处理之要件,故本院不予采信。

——中国裁判文书网,https://wenshu. court. gov. cn。

【链接：理解与参照】

涉商业秘密民刑交叉案件如何处理,其标准亦需要确定涉商业秘密民事案件与刑事案件是否基于同一法律事实产生之法律关系,并从立足于更佳保护当事人利益的立场,按照实事求是的原则出发,以免将简单化民事纠纷刑事化。本案系慈星公司以必沃纺织机械公司违反合同约定为由所提起的合同之诉,系技术秘密许可合同法律关系。而浙江省宁波市公安局所立案侦查的必沃纺织机械公司涉嫌商业秘密犯罪案件,系必沃纺织机械公司涉嫌侵犯慈星公司的商业秘密的侵权法律关系。可见前后二者所涉法律关系不同,并非基于同一法律事实所产生之法律关系,分别涉及经济纠纷和嫌疑经济犯罪。尽管本案的案件事实与浙江省宁波市公安局立案侦查的商业秘密犯罪案具有重合之处,但慈星公司与必沃纺织机械公司之间的涉案民事法律关系并不受影响,本案基本事实的认定不以刑事案件的审理结果为前提。故一审法院应当将与本案有牵连,但与本案不是同一法律关系的犯罪嫌疑线索、材料移送浙江省宁波市公安局,同时,一审法院应当继续审理本案所涉技术秘密许可合同纠纷。

——邓卓:《宁波必沃纺织机械有限公司与宁波慈星股份有限公司技术秘密许可使用合同纠纷案——涉商业秘密刑民交叉案件的处理》,载中国应用法学研究所主编:《中华人民共和国最高人民法院案例选》第 4 辑,法律出版社 2020 年版,第216~217 页。

【最高人民法院参考案例】

俸旗公司诉辽宁储运公司、谷物公司等借款合同纠纷案

【案情简介】

案外人杨某、黄某、崔某、李某等分别与谷物公司、俸旗公司签订《欠款确认及债权转让协议书》等,将其对谷物公司的债权转让给俸旗公司。2014 年 6 月 4 日,

俸旗公司(质权人)与谷物公司(出质人)签订《最高额动产质押合同》,约定谷物公司以自有玉米 145400 吨作价 3 亿元人民币提供质押担保,用以担保前述借款本息的履行。同日,俸旗公司(质权人)、谷物公司(出质人)、辽宁储运公司(监管人)共同签订《动产质押监管协议》。后辽宁储运公司向俸旗公司出具了《收到质物通知书》,明确告知已收到质押物 145400 吨玉米。6 月 9 日,辽宁储运公司收取了 150 万元监管费。2014 年 7 月,因谷物公司未能履行还款义务,俸旗公司按《动产质押监管协议》约定行使质权并出具《放货通知书》,要求辽宁储运公司办理对质押物 145400 吨玉米的提货手续,但辽宁储运公司未能向俸旗公司提供质押物。俸旗公司诉至法院,要求谷物公司清偿欠款及逾期利息、处置质押物,所得价款俸旗公司优先受偿。并要求辽宁储运公司就谷物公司所欠债务在 3 亿元范围内承担连带赔偿责任。

一审法院查明,谷物公司法定代表人刘某文因涉嫌合同诈骗罪现被羁押于吉林省新康监狱。刘某文在被讯问中自认:其与俸旗公司签订《最高额动产质押合同》后未依约向俸旗公司提供质押物 145400 吨玉米;俸旗公司、辽宁储运公司对质物 145400 吨玉米自始不存在是知道的。一审法院认为,关于本案应偿还的本金,俸旗公司主张 26320 万元中本金 20800 万元各方对此均无异议,予以支持。对于利息可依照当时有效的《最高人民法院关于人民法院审理借贷案件的若干意见》第六条"民间借贷的利率可以适当高于银行的利率,各地人民法院可根据本地区的实际情况具体掌握,但最高不得超过银行同类贷款利率的四倍(包含利率本数)。超出此限度的,超出部分的利息不予保护"的规定确定。根据刘某文的自认等,证实涉案质押的玉米并不存在,《最高额动产质押合同》中所涉质权未依法设立,俸旗公司无法享有处置质押物所得价款优先受偿的权利,对此诉求,不予支持。根据《动产质押监管协议》约定,辽宁储运公司应承担相应的违约责任。但因大连谷物公司系主债务人,辽宁储运公司为监管人,依据公平原则,辽宁储运公司应在谷物公司不能偿还俸旗公司债务的范围内承担赔偿责任即应承担的是补充赔偿责任。因监管的质押物当时作价 3 亿元,所以其应在 3 亿元范围内对谷物公司不能偿还俸旗公司债务造成的损失承担赔偿责任。

辽宁储运公司不服上诉至二审法院,主张俸旗公司知道涉案质物自始不存在,应自行承担责任。同时认为因谷物公司虚假出质构成犯罪,本案应依法移送公安机关处理。

二审法院认为,关于本案是否应当移送公安机关处理的问题。从动产质押监管的角度分析,本案存在两个法律关系:一个是债权债务及担保法律关系,债权债务法律关系是通过债权转让而形成,担保法律关系是通过签订《最高额动产质押合同》形成,债权债务及担保法律关系的主体为债权人、质权人俸旗公司及债务人、出质人谷物公司。另一个是动产质押监管法律关系,合同依据是《动产质押监管协议》,合同主体为委托人俸旗公司及受托人辽宁储运公司。审理动产质押监管纠纷的主要法律关系依据是俸旗公司与辽宁储运公司基于《动产质押监管协议》形成的合同关系。谷物公司及其法定代表人是否基于借款及担保事实涉嫌经济犯罪与本案审理的动产质押监管法律关系并无同一性,本案作为民事案件应当继续审理。辽宁储运公司关于本案因大连谷物公司及其法定代表人涉嫌经济犯罪应当移送公安机关处理的上诉请求没有事实和法律依据,不应支持。谷物公司、俸旗公司与辽宁储运公司对涉案质权不能设立均有过错,对所造成的损失均应承担责任。二审法院改判辽宁储运公司在人民法院对债务人谷物公司及其他担保人强制执行后俸旗公司债权仍不能清偿部分,承担不超过 30% 的补充赔偿责任。

【典型意义】

同一公民、法人或其他经济组织因不同的法律事实,分别涉及经济纠纷和经济犯罪嫌疑的,经济纠纷案件和经济犯罪嫌疑案件应当分开审理。本案存在两个法律关系:一个是债权债务及担保法律关系,另一个是动产质押监管法律关系。双方之间的动产质押监管法律关系和俸旗公司、大连谷物公司之间的债权债务及担保法律关系,不仅主体不同,权利义务关系不同,而且并非基于同一法律事实,本案作为民事案件应当继续审理。

——《第十九期案例大讲坛发布"刑民交叉案件典型案例与办案规则"》,载微信公众号"最高人民法院司法案例研究院"2019 年 7 月 11 日。

徐某诉中国建设银行股份有限公司、中国建设银行股份有限公司北京市分行信用卡纠纷案

【案情简介】

2011 年 6 月 28 日,徐某向中国建设银行股份有限公司北京市分行(以下简称建行北分)申请办理信用卡,并签署相关文件。根据《领用协议》的约定,建行北分负有在约定期限和额度内向徐某提供资金、保障其账户安全、维护其合法权益的义务;徐某负有按期归还欠款、妥善保管信用卡及信用卡信息、遵循银行相关业务规定使用信用卡的义务。后徐某获得一张信用卡。

2015 年 11 月 4 日,该信用卡开通账号支付功能并产生两笔消费,分别为 4500 元、5000 元。同日,徐某向公安机关报案称:当天 11 时 50 分左右,其收到一条 95533 发送的手机短信,告知信用卡积分可以换钱,其点开短信里面的链接 "wap. czcvnn. com",在页面上下载安装了一个客户端软件,并按照提示操作,输入了手机号码和信用卡卡号和后 3 位,以及卡片日期。然后手机收到了 2 条验证码短信,其输入了验证码,被刷走了 4500 元和 5000 元两笔款项。因与银行协商未

果,徐某诉至法院,请求判令建行总行、建行北分承担 9500 元以及利息、滞纳金;且建行总行、建行北分不得将其逾期还款的行为列入中国人民银行征信中心不良信用记录。

经备案的建设银行互联网网站网址域名及 WAP 网站域名均非"wap. czcvnn. com"。涉案信用卡卡面上明确记载该银行的网站域名,徐某被盗刷前建行北分向其寄送的对账单上亦记载有近期不法分子发短信诱骗客户登录钓鱼网站实施网络盗刷的情况提示、建设银行官方网站网址、手机网页网址等信息。且徐某陈述其在报案后返回银行营业厅时发现营业厅外 LED 大屏幕有"网络盗刷"的滚动提示。

法院认为:建行北分作为依法设立并领取营业执照的商业银行分支机构,是本案中的合同主体及因合同纠纷承担责任的主体。涉案《领用协议》合法有效。涉案两笔交易系徐某未按照《领用协议》的约定进行交易而产生。建行北分已尽到保障持卡人账户安全的义务。因徐某信用卡诈骗一案仍在公安机关侦查中,徐某可以待刑事案件侦破后要求相关责任人承担责任。据此法院判决驳回徐某的诉讼请求。

【典型意义】

本案强调了涉嫌刑事犯罪的事实与民商事案件虽有关联但不是同一事实的,如果民商事案件基本事实的认定不以刑事案件的审理结果为前提,则民商事案件可以继续审理。这一做法有利于及时化解民事纠纷,维护民事主体的合法权益。

——《第十九期案例大讲坛发布"刑民交叉案件典型案例与办案规则"》,载微信公众号"最高人民法院司法案例研究院"2019 年 7 月 11 日。

【链接:最高人民法院法官著述】

"同一事实"的进一步界定

虽然 2014 年《办理非法集资刑事案件若干意见》之后的司法解释及司法文件将 1998 年《经济犯罪规定》所称的"同一法律事实"表述为"同一事实",但并未有意作实质性改变,只是认为以"同一事实"表述更为准确,在此不赘。然而,在实践中如何界定"同一事实"确是需要厘清的一个问题。据对 2021 年之前 1232 份"涉违法发放贷款罪金融借款合同纠纷"裁判文件分析,涉及审理模式选择的共有 857 份,其中采取刑事程序处理的占比 50.53%,采取"刑民并行"的占比 49.47%。对比发现,在相同情况下,部分案件选择了刑事程序处理,而部分案件却选择了"刑民并行"的处理模式,说明实践中在处理"刑民交叉"案件时,仍存在适用程序上不一致问题。

正因为如此,《九民会纪要》第 128 条针对实践中的问题,进一步明确了不适用刑事程序吸收民事程序而应适用"刑民并行"的五种具体情形,以避免实践中把本应分别处理的案件有意无意地仅以刑事程序处理。但是，《九民会纪要》没有对何谓"同一事实"作进一步概括性界定。总结近年来的司法实践，可以认为，"同一事实"应是指民事案件与刑事案件主体相同且民事案件的基本事实与刑事案件的基本事实存在竞合或基本竞合的情况。

首先，构成"同一事实"，最为重要的是要刑民案件的主体相同，从1998年《经济犯罪规定》以来的司法解释及司法文件规定看，"同一事实"情况下人民法院一般要将案件移送其他司法机关，驳回民事案件当事人起诉。如果主体不同，只是一个刑民程序先后问题，就不应以一个程序代替另一个程序。因此，如把主体不相同的刑民交叉案件定位为"同一事实"，与多个司法解释及司法文件所规定的仅以刑事程序处理案件的情形不相符、不协调，从而影响类型化处理刑事程序与民事程序关系的可操作性、针对性。

其次，这里所说的事实是指案件事实，与我们常说的"查明事实""事实不清"无异。同时，还需进一步限定为"案件基本事实"。从民事诉讼的视角观察，是关系到对当事人基本的权利义务、民事责任有无的事实。从刑事诉讼的视角观察，是关系到罪与非罪、此罪与彼罪的事实。民刑"案件基本事实"不存在竞合或基本竞合的，不应作为"同一事实"。比如，甲与乙签订一份机器设备租赁合同，甲在租赁期间擅自将该机器设备出卖给丙，所得价款部分用于支付乙的租赁费，部分挥霍。乙要求甲返还机器设备，甲无法返还，乙遂向人民法院提起民事诉讼，请求甲返还设备或赔偿损失，同时向公安机关报案，后刑事判决认定甲构成合同诈骗罪。对此刑民交叉案件是否属于"同一事实"，有两种观点：一种观点认为，甲卖掉机器设备及价款的流向这一事实，对民事案件而言无足轻重，不影响甲承担违约责任，故不属民事案件的基本事实，而对甲的合同诈骗罪而言是关系到定罪的基本事实。因此，尽管刑民案件主体相同，但案件基本事实不相同，应按"刑民并行"处理。另一观点认为，甲乙签订合同、履行合同的事实同属刑民案件的基本事实，且通过刑事追赃退赔也能实现乙的合法权益，故民事案件应驳回起诉，移送公安机关按刑事案件处理。笔者倾向于第一种观点，本刑事案件中据以对甲定罪量刑的事实与民事案件中据以认定甲违约责任的事实，不存在竞合或基本竞合。何况对民事案件而言，甲违约事实清楚，足以认定其违约责任，在已经启动民事诉讼程序的情况下，似既无以刑事程序吸收民事程序之必要，也无"先刑后民"之必要。何况，如仅按刑事程序处理，刑事退赔仅限于机器设备损害，租赁费、违约金等损失难以得到填补。在另一案例中，A作为B公司的财务人员挪用公司财务资金，在对A按职务侵占罪判处刑罚的情况下，B公司又提起民事诉讼，要求A赔偿因挪用公司资金所造成的各种损失。对此案例，刑民案件属于"同一事实"并无争议，争议在于在刑事案件已判令A向B公司退赔所挪用资金的情况下，是否应驳回B公司的起诉。

——刘贵祥：《当前民商事审判中几个方面的法律适用问题》，载王利明主编：《判解研究》总第100辑，人民法院出版社2023年版，第8~9页。

319 民事、刑事案件分别审理时，避免被害人重复受偿

关键词｜民刑交叉｜分别审理｜重复受偿｜

【最高人民法院审判业务意见】

问题：如何解决民事判决与刑事追赃、退赔之间可能带来的受害人"重复受偿"问题？

牵连型的民刑交叉案件在并行审理情形下，民事案件的裁判无须等待刑事裁判结果，可能出现民事诉讼、执行与刑事追赃、退赔之间财产责任竞存，受害人有"双重受偿"或过度救济的情况。

受害人或相关利害关系人向犯罪行为人所在单位主张权利的，无论其提起的是合同之诉还是侵权之诉，人民法院在民事纠纷案件中依法应予认定的财产损失，不应包括刑事追赃、责令退赔部分，应当限定在通过追赃、退赔不能实现部分的财产损失范围内。

在刑事案件中明确进行追赃、退赔，民事判决确定责任人承担相应民事责任的情形下，应对刑事追赃、退赔与生效民事判决确定的责任在执行程序中进行协调，执行法院应结合刑事责任、民事责任的认定，确定责任人应承担的民事责任范围和赃款退还的对象，避免民事权利人（刑事受害人）双重受偿。

——最高人民法院第六巡回法庭编：《最高人民法院第六巡回法庭裁判规则》，人民法院出版社2022年版，第32页。

【最高人民法院参考案例】

李某诉温某擎、邢某等财产损害赔偿纠纷案
【案情简介】

2006年11月，邢某、温某擎、申某霞以大连桦源公司名义与欣桑达公司签订《合同协议》，骗取欣桑达公司、李某（欣桑达公司法定代表人）943万元，后法院判决三人犯合同诈骗等数罪。经追赃返还李某一台奥迪车价值60万元。温某擎为取得李某谅解，与李某达成赔偿500万元赔偿协议。但刑事判决中返还的赃款赃物，以及温某擎与李某达成的赔偿协议中的款项尚不足以弥补李某因该《合同协议》而遭受的损失。现李某以温某擎、邢某、沈某刚、申某霞为被告提起民事诉讼，请求赔偿损失。

生效民事判决认为,邢某、温某擎、申某霞三人行为性质属于恶意串通以合法形式掩盖非法目的非法占有他人财产的行为,其应当返还财产并赔偿因其诈骗行为给被害人造成的损失。《最高人民法院关于适用中华人民共和国刑事诉讼法的解释》第一百六十四条规定:被害人或者其法定代理人、近亲属在刑事诉讼过程中未提起附带民事诉讼,另行提起民事诉讼的,人民法院可以进行调解,或者根据物质损失情况作出判决。根据该规定,刑事案件的被害人可以在特定情况下另行提起民事诉讼,要求赔偿相关损失。追缴与责令退赔在对刑事被害人权利救济上是相辅相成的,目的在于保护被害人合法利益不受损害。根据《最高人民法院关于刑事附带民事诉讼范围问题的规定》第五条规定:犯罪分子非法占有、处置被害人财产而使其遭受物质损失的,人民法院应当依法予以追缴或者责令退赔。被追缴、退赔的情况,人民法院可以作为量刑情节予以考虑。经过追缴或者退赔仍不能弥补损失,被害人向人民法院民事审判庭另行提起民事诉讼的,人民法院可以受理。法院判令邢某、温某擎、申某霞等赔偿李晶财产损失383万元。

【典型意义】

本案中,生效的刑事法律文书并未注明责令被告人退赔被非法占有、处置的财产,且追缴财产的金额或财物的名称、数量等情况并不明确、具体。本案刑事裁判退赔、追缴不明确,加之经过退赔、追缴仍不能弥补全部损失,被害人李某提起民事诉讼要求相关赔偿,应当予以支持。

——《第十九期案例大讲坛发布"刑民交叉案件典型案例与办案规则"》,载微信公众号"最高人民法院司法案例研究院"2019年7月11日。

【链接：最高人民法院法官著述】

(五)"刑民并行"情况下刑事与民事裁判冲突的解决及对案外人权益的程序性救济

其一,如何解决民刑分别裁判情况下被害人重复受偿问题。

有关司法解释,特别是《九民会纪要》明确了诸多民刑并行的情况,但实践中一些法院因担心刑事裁判追缴退赔与民事责任裁判出现同一当事人重复受偿的问题,故偏好于通过"中止审理"或"延长审限"等方式等待刑事裁判结果。其实,一般情况下这是不必要的。如果刑事案件的受害人通过追赃退赔已部分实际获赔,在民事案件审理过程中就可作为查明的事实,将其从损失中予以扣除。而如果没有实际退赔,在刑民各自作出裁判后,通过在执行程序中合并执行或协调执行即可避免发生重复受偿问题。

需注意的是,在民事案件未作出生效判决前,如果生效刑事判决已判令追缴退赔的明确数额,且刑事案件与民事案件的当事人完全相同,则无论刑事判决确定的退赔数额是否实际执行,民事判决一般均应予以扣除,以尽量避免刑事判决和民事判决作出的部分赔偿范围出现重合。但是,如果刑事判决尚未作出或者虽已作出但未判令追缴退赔的数额,则民事判决可以就全部损失作出判决,再在执行程序中根据刑事判决的执行情况进行调整。

例如,在一起民刑交叉案例中,刑事案件尚未就追缴犯罪分子甲骗取的案款5000万元退赔给乙农商行作出判决;民事判决先判令丙银行对乙农商行5000万元的损失承担80%的赔偿责任,乙农商行自行承担20%的损失,并在判决书中明确:后续刑事程序中追回退赔给乙农商行的款项扣减乙农商行相应损失基数;如丙银行已履行80%的赔偿责任,刑事赃款追回部分按80%分配给丙银行。该民事判决对刑事退赔与民事责任关系的裁判明确而具体,可为参考范例。

此外,如果民事案件与刑事案件的主体不同,则即使生效刑事判决已判令追缴退赔的明确数额,但如果未实际执行到位,对于未实际执行的部分,民事判决也不应扣除,并应在判决书中明确:当事人实际应承担的民事责任应根据刑事判决的执行情况进行调整,或者当事人承担民事责任后,如刑事判决的执行取得进展,应根据民事判决确定的比例分配给民事案件的当事人。

——刘贵祥:《当前民商事审判中几个方面的法律适用问题》,载王利明主编:《判解研究》总第100辑,人民法院出版社2023年版,第15~16页。

320 刑民交叉案件均属同一事实,被害人损失已由刑事判决判令追缴的,不能再通过民事诉讼寻求救济

关键词 | 民刑交叉 | 进出口代理合同 | 诉讼请求范围 | 责令退赔

【人民法院案例库参考案例】

甲公司诉乙公司代理进口合同纠纷案[入库编号:2023-16-2-119-007,北京市高级人民法院(2009)高民终字第1145号民事判决书,2009.9.24]

【裁判要旨】

在刑民交叉案件中,如果民事纠纷和刑事犯罪系由同一法律事实引起,犯罪分子给被害人造成的损失已经刑事判决所确认并责令退缴、退赔,即使能否实际追缴到位尚不清楚,人民法院在民事诉讼中对相应损失不再支持。

【裁判理由】

法院生效裁判认为,关于甲公司主张乙公司赔偿本金24687978元及该款自1997年2月13日至2008年10月8日期间贷款利息损失的问题,因甲公司在本案中提出的有关证明其与乙公司存在代理进口合同法律关系的证据,已为生效的刑

事判决书所认定。根据生效的刑事判决书的认定,甲公司主张的 24687978 元本金已经生效的刑事判决书判令向乙公司继续追缴并发还给本案原告甲公司,故甲公司在本案中再要求乙公司赔偿该款没有事实和法律依据,本院再审不予支持。

　　——人民法院案例库,https://rmfyalk. court. gov. cn。

321 民事、刑事案件分别审理时刑事裁判涉及案外人权益的程序救济

关键词 │ 民刑交叉 │ 分别审理 │ 案外人权益 │

【链接：最高人民法院法官著述】

　　(五)"刑民并行"情况下刑事与民事裁判冲突的解决及对案外人权益的程序性救济

　　其二,刑事裁判涉及案外人权益从程序上如何救济?

　　刑事案件处理中,对一些财产的追缴,可能涉及案外人合法权益,而案外人对财物处置有异议的,如何从程序上给予相应救济? 对此,《刑事诉讼法解释》第297条、第451条,《最高人民法院关于刑事裁判涉财产部分执行的若干规定》第15条给出了救济路径,即案外人对查封、扣押、冻结对财物及其孳息提出权属异议的,人民法院应当听取案外人的意见,必要时,可以通知案外人出庭;案外人认为已经发生法律效力的裁判侵害其合法权益提出申诉的,人民法院应当受理;在执行程序中案外人认为刑事裁判中对是否属于赃款赃物认定错误的,可通过刑事审判部门作出补正裁定,无法作出补正裁定的,按刑事审判监督程序处理。

　　——刘贵祥:《当前民商事审判中几个方面的法律适用问题》,载王利明主编:《判解研究》总第 100 辑,人民法院出版社 2023 年版,第 16 页。

322 民事、刑事案件分别审理,刑事裁判与民事裁判对同一标的物作出矛盾裁判的处理

关键词 │ 民刑交叉 │ 分别审理 │ 矛盾裁判 │ 合并审查 │

【链接：最高人民法院法官著述】

　　(五)"刑民并行"情况下刑事与民事裁判冲突的解决及对案外人权益的程序性救济

　　其三,刑事裁判与民事裁判对同一标的物作出矛盾裁判时如何处理?

实践中,因刑民案件诉讼当事人、参加人不同而可能出现民事判决与刑事判决冲突。比如,刑事判决认定一房产系犯罪分子甲非法占有而追缴退赔给受害人乙,而另一民事判决判令甲向买卖合同买受人丙交付该房产。这就出现乙、丙对同一房产的权利冲突,而这种冲突是刑民两个判决不一致造成的。类似情况通过刑事、民事审判监督程序均可予以救济,关键看是刑事案件的受害人作为民事案件的案外人对民事案件申请再审,还是民事案件的当事人作为刑事案件的案外人提起申诉。但无论启动刑事还是民事审判监督程序,均应将刑事、民事案件合并审查,以判断哪个案件存在认定事实或适用法律错误,从而解决两个裁判的冲突。

——刘贵祥:《当前民商事审判中几个方面的法律适用问题》,载王利明主编:《判解研究》总第 100 辑,人民法院出版社 2023 年版,第 16 页。

323 公司被申请破产,该公司的财产被另案刑事判决认定为涉案财产,该部分涉案财产是否属于破产财产

关键词 │ 破产财产 │ 涉案财产 │ 赃款赃物 │

【最高人民法院审判业务意见】

问题 5:公司被申请破产,该公司的财产被另案刑事判决认定为涉案财产,该部分涉案财产是否属于破产财产? 如果属于破产财产,刑事追赃债权在破产案件中的清偿顺位如何?

答疑意见:所提问题中所称的"涉案财产"是一个比较模糊的提法,应当区分不同情况:

第一,如果刑事判决泛泛地认定破产企业财产属于涉案财产,没有明确破产企业的哪些财产属于赃款赃物的,应由刑事案件合议庭作出进一步说明,或作出补正裁定。不能说明或者作出补正裁定的,可由刑事被害人作为破产程序中的普通债权人申报债权。

第二,如果刑事判决对破产企业特定财产明确为赃款赃物(包括按上述第一点通过进一步说明或补正裁定明确特定财产为赃款赃物),原则上应尊重刑事判决的认定,并依据《最高人民法院、最高人民检察院、公安部关于办理非法集资刑事案件若干问题的意见》第九条第四款关于"查封、扣押、冻结的涉案财物,一般应在诉讼终结后返还集资参与人。涉案财物不足全部返还的,按照集资参与人的集资额比例返还。退赔集资参与人的损失一般优先于其他民事债务以及罚金、没收财产的执行"的规定,将此部分财产从破产财产中剔除出去,由刑事程序退赔给有关被害人。

这里应当注意的是：（1）非法集资参与人优先于其他民事债务的财产范围限于"涉案财产"即赃款赃物，不能扩大到被告人的其他合法财产。也就是说，第九条所规定的优先于其他民事债务，是指被明确认定为非法集资等犯罪行为涉及的赃款赃物，而不应扩大财产范围，优先于其他民事债务受偿。（2）刑事判决虽判令追缴、退赔"赃款赃物"，但该赃款赃物之原物已不存在或者已与其他财产混同的，被害人的损失在破产程序中只能与其他债权按损失性质（通常为普通债权）有序受偿。比如，刑事判决判令追缴刑事被告人 100 万元，但该 100 万元在被告人处并无对应的（被查封之）赃款时（即缺乏原物时），该追缴只能在破产程序中与其他普通债权一起有序受偿。（3）刑事判决中的涉案财产被刑事被告人用于投资或置业，行为人也已取得相应股权或投资份额的，按照《最高人民法院关于适用〈中华人民共和国刑事诉讼法〉的解释》第四百四十三条和《最高人民法院关于刑事裁判涉财产部分执行的若干规定》（以下简称《刑事涉财产执行规定》）第十条第二款、第三款的规定，只能追缴投资或置业所形成的财产及收益，而涉案财产本身不应再被追缴或者没收。（4）涉案财产已被刑事被告人用于清偿合法债务、转让或者设置其他权利负担，善意案外人通过正常的市场交易、支付了合理对价，并实际取得相应权利的，按照《刑事涉财产执行规定》第十一条第二款的规定，亦不得追缴或者没收。

——《法答网精选答问（第一批）》，载《人民法院报》2024 年 2 月 29 日，第 7 版。

324 民刑案件属于"同一事实"情况下，刑事程序不宜吸收民事程序的情形

关键词│民刑交叉│同一事实│

【链接：最高人民法院法官著述】

在刑民案件属于"同一事实"的情况下，实践中还需注意一些刑事程序不宜吸收民事程序的例外情况：

其一，刑事案件处理结果出现特殊情形的，即便是因民刑系"同一事实"而有关司法解释作了"不予受理""驳回起诉"或移送其他司法机关的规定，当事人再次提起民事诉讼的，亦应受理。这些情形包括：侦查机关决定不立案或撤销案件、检察机关对刑事案件不起诉或撤回起诉、生效刑事裁判认定涉嫌刑事犯罪当事人不构成犯罪等。但是，对已经提起的附带民事诉讼，经调解达成协议或者一并作出刑事附带民事判决的除外。

其二,实践中还存在未严格把握"同一事实"界限,把民事诉讼主体与刑事诉讼主体不相同,而案件基本事实相同的情况按"一事不再审"处理的现象,确应切实予以避免。如《九民会纪要》第 128 条列举的五种具体情形,不仅犯罪分子应承担退赔责任,其他关联民事主体还可能应承担相应的民事责任,刑事退赔无法解决其他民事主体责任问题,无疑不能剥夺当事人的民事诉权。

其三,实践中,被害人多在向公安机关报案的同时,提起民事诉讼,人民法院对是否属于"同一事实"在立案时难以作出判断,一般不宜简单地不予受理或驳回起诉,可受理后根据情况决定是否中止审理;待刑事案件有处理结果后,再决定是否驳回起诉或继续审理。从这种意义上而言,即使刑民交叉案件属于"同一事实"情况下,不仅存在以刑事程序吸收民事程序的情况,也存在"先刑后民"的情况。在中止审理问题上,与下述的"非同一事实"情况下的"先刑后民"基本相同。

——刘贵祥:《当前民商事审判中几个方面的法律适用问题》,载王利明主编:《判解研究》总第 100 辑,人民法院出版社 2023 年版,第 12 页。

325 民刑交叉案件中赃款追缴与案外人权益保护的关系

关键词 │ 民刑交叉 │ 追缴 │ 赃款 │ 案外人权益 │

【链接：最高人民法院法官著述】

我国《刑法》第 64 条在财产刑之外规定了对犯罪分子一切违法所得予以追缴、责令退赔、返还被害人的合法财产等刑事措施。应当说,追缴是一个手段,追缴的结果有三:一是上缴国库;二是返还被害人;三是无法返还情况下责令按价退赔。在这三种情况下,如果所追缴的财物被第三人取得,如何解决与第三人合法权益保护的关系？在法律适用上是否应有所区别？我们常提到的善意取得在什么情况下可以适用,什么情况下不能适用,等等,都需要区别不同情况条分缕析。否则,泛泛谈追缴、谈善意取得,很可能导致法律适用上的错误,或作出不公正的裁判。

其一,赃款追缴与案外人权益保护的关系。

货币作为一种特殊的种类物,具有高度的可替代性,多适用"占有与所有一致"的特殊规则,无法适用民法上的物权变动、善意取得制度来解决其权属变动及取得问题。因此,在刑事追缴问题上与其他财产形式的追缴应有所区别。当赃款无合法原因或合理对价而流向其他主体的情况下,"一追到底"是没有问题的。但是,如赃款用于支付正常市场交易的价款,再向取得该价款的案外人追赃则缺乏正当性和合法性。因此,刑诉法解释第 443 条规定:"被告人将依法应当追缴的涉案财物用于投资或者置业的,对因此形成的财产及其收益,应当追缴。""被告人将依法应当追缴的涉案财物与其他合法财产共同用于投资或者置业的,对因此形成的财产中与涉案财物对应的份额及其收益,应当追缴。"该规定基本明确了在赃款通过正常市场交易转换为其他财产形式的情况下,只能追缴相应财产。比如,犯罪嫌疑人用包括赃款在内的资金购买了土地使用权,出卖人所得价款是以土地使用权换取的对价,不应作为赃款追回。此时如果土地使用权仍旧属于嫌疑人,则赃款已转化为赃物,可以追缴自不待言;如果嫌疑人已将该土地使用权再行转让给他人,并取得合理对价,该对价又转化为赃款,但无论该款是否存在,都与取得土地使用权的当事人无关,不应再穿透到交易相对人进行所谓的追赃;如果嫌疑人以上述土地使用权向银行贷款抵押,因土地使用权还在嫌疑人名下,司法机关可以采取查封措施,但最终不应影响银行行使抵押权。

再以犯罪所得赃款投资入股为例,此时赃款已转化为股权,则不应向目标公司追缴相应款项,而只能追缴股权,以股权价值退赔受害人。对此,《公司法解释三》第 7 条第 2 款针对实践中出现的向目标公司追缴出资款的情况作了相应规定。问题是,实践中犯罪分子投资入股一企业后,该企业又向其他企业再投资,取得巨大收益,是否对此收益一概追缴,有不同观点。笔者认为,无论是从退赔受害人的角度,还是从没收罪犯全部违法所得的角度,对此再投资收益都应予以追缴,只是要厘清犯罪分子在其投资入股公司所占股权比例,按利润分配规则追缴其相应份额。

——刘贵祥:《当前民商事审判中几个方面的法律适用问题》,载王利明主编:《判解研究》总第 100 辑,人民法院出版社 2023 年版,第 17~18 页。

326 民刑交叉案件中犯罪分子将所得赃款用于偿还其合法债务,是否可以向受清偿的债权人追缴赃款

关键词｜民刑交叉｜追缴｜赃款｜合法债务｜

【最高人民法院司法文件】

5. 健全涉案财物追缴处置机制。对于被告人的合法财产以及与犯罪活动无关的财产及其孳息,符合返还条件的,应当及时返还。涉案财物已被用于清偿合法债务、转让或者设置其他权利负担,善意案外人通过正常的市场交易、支付了合理对价,并实际取得相应权利的,不得追缴或者没收。对于通过违法犯罪活动聚敛、获取的财产形成的投资权益,应当对该投资权益依法进行处置,不得直接追缴投入的财产。

进一步畅通权益救济渠道,被告人或案外人对查封、扣押、冻结的财物及其孳息提出权属异议的,人民法院应当听取意见,必要时可以通知案外人出庭。被告人

或案外人以生效裁判侵害其合法财产权益或对是否属于赃款赃物认定错误为由提出申诉的,人民法院应当及时受理审查,确有错误的,应予纠正。

——《最高人民法院关于优化法治环境 促进民营经济发展壮大的指导意见》(2023 年 9 月 25 日,法发〔2023〕15 号)。

【链接:最高人民法院法官著述】

实践中另一常见的问题是,犯罪分子将所得赃款用于偿还其合法债务,是否可以向受清偿的债权人追缴赃款。

2011 年发布的《最高人民法院、最高人民检察院关于办理诈骗刑事案件具体适用法律若干问题的规定》(法释〔2011〕第 7 号)第 10 条,2016 年发布的《最高人民法院、最高人民检察院、公安部关于办理电信网络诈骗等刑事案件适用法律若干问题的意见》第 3 条,以及 2019 年发布的《最高人民法院、最高人民检察院、公安部、司法部关于办理黑恶势力刑事案件中财产处置若干问题的规定》第 16 条等规定,应当追缴、没收的财产用于清偿债务,只有四种情况下可以追缴:案外人明知是违法犯罪所得;无偿或者明显低于市场价格;源于非法债务或犯罪行为形成的债务;案外人以其他方式恶意受偿。这意味着只要债权人系合法债务且不明知所偿还款项系诈骗所得,属于善意债权人,则不应追缴。既然近十余年来相关司法解释及司法文件中对犯罪分子以违法所得清偿债务问题有一系列的规定,司法实践中一般应当严格遵守。

有观点认为,以犯罪所得赃款清偿债务,即便债权人属于善意,也不能绝对化,而应区分情况。如果作为非法所得追缴归国库,基于《民法典》关于民事债权优于公债权之规定,不应追缴;如追缴的目的是用于退赔被害人,则关系到两个民事债权冲突如何平衡问题。犯罪分子本已无清偿能力,债权人面临不能清偿的风险,而以赃款清偿债务不予追缴相当于以被害人不应有的损失去承担债权人本应承担的债权不能清偿的风险,对被害人实属不公。此观点有一定的合理性,实践中确实存在犯罪分子"拆东墙补西墙",在短时间内通过资金连续倒账偿还债务等情况,让前手被害人完全承担犯罪行为所产生的损失,确有违一般人的公平观念。事实上,有关司法解释关于债权人不具善意性的情况下(所规定的可以追缴的几种情况)应予追缴的规定,可以说已对可能出现的不公平情况进行了考量。但从进一步完善制度的角度考虑,规定对特定期限内以赃款偿还债务的可以追缴退赔,或者按一定比例退赔,可能更具合理性。

——刘贵祥:《当前民商事审判中几个方面的法律适用问题》,载王利明主编:《判解研究》总第 100 辑,人民法院出版社 2023 年版,第 18~19 页。

327 民刑交叉案件中赃物追缴与案外人权益保护的关系

关键词 | 民刑交叉 | 追缴 | 赃物 | 案外人权益 | 善意所得 |

【链接：最高人民法院法官著述】

其二,赃物追缴与案外人权益保护的关系。

在犯罪行为直接涉及的是赃物,也就是特定动产或不动产的情况下,则应与上述赃款问题有所区别。例如,行为人以犯罪行为违法取得他人土地使用权,而后转让或抵押给第三人。对此类问题是否可以适用善意取得制度,素有争议。原《物权法》及《民法典》均未作规定,而现行司法解释,有关于适用善意取得的规定,如前述的关于"诈骗犯罪法律适用司法解释"第10条第2款规定,他人善意取得诈骗财物的,不予追缴。"2014办理非法集资刑事案件若干意见"第3条亦作了完全相同的规定。此外,2014年发布的《最高人民法院关于刑事裁判涉财产部分执行的若干规定》(法释〔2014〕13号)第11条第2款规定,第三人善意取得涉案财物的,执行程序不予追缴,由诉讼程序处理。这一司法解释实际上未对从实体上是否适用善意取得制度作出规定,只是明确执行程序不予追缴。由于有关诈骗犯罪的两个司法文件明确了"他人善意取得诈骗财物不得追缴",一种观点认为,其他刑事犯罪赃物追缴与诈骗犯罪并无实质区别,应参照适用;另一种观点则认为,不宜扩大该规定的适用范围,应仅限于现行司法解释规定的情形。笔者认为,该司法解释对善意取得问题是一个比较笼统的规定,不能与《民法典》第311条关于善意取得制度的规定划等号。试分析如下:

就刑事赃物追缴而言,应区分两种情况:其一,追缴犯罪分子一切违法所得上缴国库。此种情况着重点在于追缴犯罪分子的一切违法所得。在犯罪分子将违法取得的财物通过正常市场交易转让的情况下,违法所得是其因此所取得的价款或其他对价物及相应的收益。显然,不知情的第三人按正常的市场交易支付对价所取得的相应财产不属于犯罪分子的违法所得,不应追缴。其二,追缴犯罪分子各类财产退赔给被害人。如前所述,基于返还被害人合法财产及退赔被害人的追缴,其范围不限于犯罪分子违法所得,还包括犯罪分子的合法财产。① 因此,首先应甄别该特定财产是犯罪分子违法所得还是合法财产。如果是合法财产,谈不上无权处分,交易完成,所有权发生转移,没有任何追回退赔之理由。如果是违法所得,则需进一步明确,是为退赔被害人损失而追缴的犯罪分子的其他违法所得,还是追缴被

---

① 因为追缴退赔旨在弥补被害人的损失,如仅限于违法所得,在违法所得已灭失或不足以填补被害人损失的情况下,必然需另行引起民事诉讼,这与"同一事实"刑事判决退赔能够弥补被害人损失的不应再提起民事诉讼的制度设计不相符。何况,以犯罪分子合法财产赔偿给被害人造成的损失本是无可争议的基本法理。

害人享有物权的特定物。就前者而言,与前述追缴犯罪分子违法所得上缴国库的情况相同,在第三人按正常市场交易支付对价情况下,已非犯罪分子违法所得,不应追缴。只有被害人享有物权的特定物被犯罪分子无权处分时,才关系到能否适用善意取得制度的问题。

善意取得制度是为保护交易安全针对无权处分而作出的例外规定,其适用范围原则上应以现行民事法律为依据,从《民法典》第 312 条对遗失物处分所作的区别于善意取得的规定看,《民法典》第 311 条规定的善意取得不能适用于遗失物无权处分的情况,举轻以明重,原则上也不应适用于犯罪分子违法所得,即赃物无权处分的情况。比较《民法典》第 311 条与 312 条之规定可知,善意取得所适用的是有权占有情况下的无权处分,而第 312 条适用的是无权占有情况下的无权处分,犯罪分子违法所得转让显然也是无权占有情况下的无权处分,与遗失物转让相类似。在《民法典》未对赃物无权处分问题作专门规定的情况下,可类推《民法典》第 312 条规定,解决被害人与第三人的权利冲突。具体而言,在被害人请求第三人返还标的物的情况下,应向第三人支付其购买此标的物时所支付的等额价款;如被害人只是请求退赔损失或被害人无法向第三人支付相应价款,只能对标的物溢价部分款项受偿。应强调的是,按第 312 条处理赃物追缴问题,必须符合第 312 条规定的其他适用条件,即案外人必须是通过拍卖或者向具有经营资格的经营者购得标的物。第 312 条的这一限定条件旨在判断第三人取得标的物是否符合正常的市场交易,进而判断其是否明知或应当知道该标的物是赃物。也就是说,即便是适用第 312 条,也对第三人有善意的要求,非善意第三人无适用第 312 条保护之余地;而即使是善意,也有别于第 311 条的善意取得制度。

从以上分析可以认为:第一,在追缴犯罪分子违法所得上缴国库的情况下,对第三人合法受让的财产不应追缴;第二,在追缴犯罪分子违法所得只是用于赔偿被害人损失而不是被害人享有物权的特定物的情况下,不应追缴;第三,在追缴犯罪分子违法所得属于被害人享有物权的特定物的情况下,类推适用《民法典》第 312 条的规定。上述三种情形都建立在第三人善意基础上,即不知道或不应当知道所受让的财产是犯罪分子违法所得,而在第三人善意的情况下,要么是不得追缴,要么是以被害人支付对价为条件追缴。因此,有关司法解释关于"善意取得的财物不得追缴"的规定虽不能与《民法典》第 311 条规定的善意取得制度相提并论,在第三人善意情况下不得追缴的结论总体上符合刑事、民事法律规定精神,也是可行的,只是具体适用时要做到"心中有数",区别不同情况,更加精准适用而已。总之,如何平衡好刑事追赃与保护案外人合法权益的关系问题,错综复杂,必须从细处入手,理论与实际相联系,刑法与民法相贯通,进行系统研究探讨,形成相应的司法规则。大而化之、顾此失彼,难以真正达到政治效果、社会效果与法律效果的有机统一,难以让人民群众感受到公平正义。

——刘贵祥:《当前民商事审判中几个方面的法律适用问题》,载王利明主编:《判解研究》总第 100 辑,人民法院出版社 2023 年版,第 19~21 页。

328 严格区分经济纠纷与刑事犯罪,坚决防止把经济纠纷当作犯罪处理

关键词 | 民刑交叉 | 非法经营 | 合同诈骗 | 集资 |

【最高人民法院司法文件】

13. 坚持平等保护,营造市场化法治化国际化营商环境。依法平等保护各类市场主体,支持大中小企业融通发展,加强对中小企业和中小投资者的保护,注重股东特别是中小股东权益保护,促进公司治理规范化。加强涉企案件经济影响评估,严格规范"查、扣、冻"措施,严禁超标的查封、乱查封,能"活封"的不"死封",最大限度降低对企业合法正常生产经营的不利影响。支持、监督政府依法行政,妥善审理涉及政府招商引资、特许经营、财产征收征用案件。加强产权司法保护,依法保护企业家人身和财产权益,防止利用刑事手段干预经济纠纷,依法慎用限制人身权和财产权的措施,健全涉企冤错案件甄别纠正常态化机制。加强反垄断和反不正当竞争司法,引导市场主体诚信经营、公平竞争。助力中部地区建设与国际通行规则接轨的市场体系,促进国际国内要素有序自由流动、资源高效配置。依法平等保护中外投资者合法权益,尊重和保障中外当事人依法选择管辖法院、适用法律、纠纷解决方式等权利,为各类市场主体提供及时、有效的司法救济。

——《最高人民法院关于为新时代推动中部地区高质量发展提供司法服务和保障的意见》(2021 年 12 月 23 日,法发〔2021〕34 号)。

二、依法保护企业家的人身自由和财产权利。严格执行刑事法律和司法解释,坚决防止利用刑事手段干预经济纠纷。坚持罪刑法定原则,对企业家在生产、经营、融资活动中的创新创业行为,只要不违反刑事法律的规定,不得以犯罪论处。严格非法经营罪、合同诈骗罪的构成要件,防止随意扩大适用。对于在合同签订、履行过程中产生的民事争议,如无确实充分的证据证明符合犯罪构成的,不得作为刑事案件处理。严格区分企业家违法所得和合法财产,没有充分证据证明为违法所得的,不得判决追缴或者责令退赔。严格区分企业家个人财产和企业法人财产,在处理企业犯罪时不得牵连企业家个人合法财产和家庭成员财产。

——《最高人民法院关于充分发挥审判职能作用为企业家创新创业营造良好

法治环境的通知》(2017 年 12 月 29 日,法〔2018〕1 号)。

5. 客观看待企业经营的不规范问题,对定罪依据不足的依法宣告无罪。对改革开放以来各类企业特别是民营企业因经营不规范所引发的问题,要以历史和发展的眼光客观看待,严格遵循罪刑法定、疑罪从无、从旧兼从轻等原则,依法公正处理。对虽属违法违规、但不构成犯罪,或者罪与非罪不清的,应当宣告无罪。对在生产、经营、融资等活动中的经济行为,除法律、行政法规明确禁止的,不得以犯罪论处。

6. 严格区分经济纠纷与刑事犯罪,坚决防止把经济纠纷当作犯罪处理。充分考虑非公有制经济特点,严格把握刑事犯罪的认定标准,严格区分正当融资与非法集资、合同纠纷与合同诈骗、民营企业参与国有企业兼并重组中涉及的经济纠纷与恶意侵占国有资产等的界限,坚决防止把经济纠纷认定为刑事犯罪,坚决防止利用刑事手段干预经济纠纷。对于各类经济纠纷,特别是民营企业与国有企业之间的纠纷,不论实际损失多大,都要始终坚持依法办案,排除各种干扰,确保公正审判。

——《最高人民法院关于充分发挥审判职能作用切实加强产权司法保护的意见》(2016 年 11 月 28 日,法发〔2016〕27 号)。

【最高人民法院参考案例】

一、赵某利诈骗案
【基本案情】

赵某利承包经营某铆焊加工厂并担任厂长,1992 年至 1993 年间,赵某利从某冷轧板公司多次购买冷轧板,并通过转账等方式支付了大部分货款。其中,1992 年 4 月 29 日、5 月 4 日、5 月 7 日、5 月 8 日,赵某利在向某冷轧板公司财会部预交支票的情况下,从该公司购买冷轧板 46.77 吨(价值人民币 13.41895 万元)。提货后,赵某利未将该公司开具的发货通知单结算联交回该公司财会部。1992 年 5 月 4 日、5 月 29 日、1993 年 3 月 30 日,赵某利支付的货款 22.0535 万元、12.4384 万元、2 万元分别转至该公司账户。因实际交易中提货与付款不是一次一付、一一对应的关系,双方就赵某利是否付清货款发生争议。某冷轧板公司以赵某利诈骗该公司冷轧板为由,向公安机关报案。

【裁判结果】

一审法院认为,有关证据不能证明赵某利具有诈骗的主观故意及实施了诈骗行为,判决宣告赵某利无罪。检察机关提起抗诉。二审法院认为,赵某利从某冷轧板公司骗取冷轧板的事实成立,判决赵某利犯诈骗罪,判处有期徒刑五年,并处罚金。最高人民法院再审认为,赵某利在与某冷轧板公司交易过程中,主观上无非法占有目的,客观上也未实施虚构事实、隐瞒真相的行为,不构成诈骗罪。据此,最高人民法院再审判决撤销二审判决,宣告赵某利无罪,依法返还已执行的罚金。

案例索引:最高人民法院(2018)最高法刑再 6 号刑事判决书。

【典型意义】

习近平总书记在民营企业座谈会上指出,要保护企业家人身和财产安全。本案再审判决按照刑法和相关司法解释的规定认定诈骗罪的构成要件,严格区分了经济纠纷与刑事犯罪之间的界限,对人民法院审理同类案件具有重要指导意义。本案例充分体现了"坚决防止将经济纠纷当作犯罪处理、坚决防止将民事责任变为刑事责任"的司法理念,对于增强企业家干事创业信心,营造依法保护企业家合法权益的良好环境,促进社会经济持续健康发展具有积极意义。

——《人民法院充分发挥审判职能作用保护产权和企业家合法权益典型案例(第三批)》,载《人民法院报》2021 年 5 月 20 日,第 2 版。

【链接：答记者问】

问:将赵某利诈骗案作为典型案例发布,对人民法院的司法审判有什么指导作用?

答:本案是贯彻"坚决防止将经济纠纷当作犯罪处理、坚决防止将民事责任变为刑事责任"的司法理念、司法政策的鲜活案例。将本案作为典型案例发布,其指导意义在于:

第一,要严格区分刑民界限,防止将经济纠纷当作刑事犯罪处理。在经济活动中,即便双方存在重大利益诉争,甚至一方的行为造成另一方重大损失,也并不必然意味着存在诈骗等刑事犯罪行为。本案中,赵某利未及时支付货款的行为,放置于长期反复、滚动式交易的整体中考查,符合双方长期认可或默认的合同履行方式,尚未超出普通民事合同纠纷的范畴。要坚决避免混淆经济纠纷与刑事犯罪的界限,坚决杜绝动用刑事手段介入正常的民事活动。

第二,要恪守罪刑法定原则,坚持证据裁判原则。判断涉案行为究竟是触犯刑法的犯罪行为,还是单纯的经济纠纷,在实体上,必须严格遵守罪刑法定原则,依照刑法规定认定有罪无罪、此罪彼罪、罪重罪轻;在程序上,必须严格执行证据裁判原则,作出有罪认定必须达到证据确实、充分,排除合理怀疑的法定证明标准。要坚持主客观相统一原则,坚决防止仅因客观上造成了严重后果就追究当事人的刑事责任;要坚持疑罪从无原则,对证据不足,不能认定被告人有罪的,要坚决依法宣告无罪。

第三,要充分发挥司法审判在优化营商环境中的职能作用。要进一步健全冤错案件有效防范和纠正机制,及时发现、依法纠正冤错案件,同时,要更新司法理念、提升司法能力、强化审判指导,从源头上有效预防冤错案件的发生。要坚持公正审判、严格司法,切实发挥司法审判的把关作用。要通过依法公正裁判,向全社会传递依法保护产权和企业家合法权益的价值导向,为稳定社会预期、营造法治化营商环境提供有力司法保障。

———《充分发挥职能 厘清法律界限 统一裁判尺度——最高法研究室负责人就发布第三批保护产权和企业家合法权益典型案例答记者问》,载《人民法院报》2021 年 5 月 20 日,第 3 版。

编者说明

赵某利诈骗案,供需双方在整个交易过程中属于滚动式的交易模式,不是按照"一货一付"的方式进行交易的。因实际交易中提货与付款不是一次一付、一一对应的关系,双方就赵某利是否付清货款发生争议。某冷轧板公司以赵某利诈骗该公司冷轧板为由,向公安机关报案。不能因为不及时支付就想当然地认定其主观上具有非法占有的目的,客观上具有虚构事实、隐瞒真相的行为,从而以犯罪论处。最高人民法院再审认为,赵某利在与某冷轧板公司交易过程中,主观上无非法占有目的,客观上也未实施虚构事实、隐瞒真相的行为,不构成诈骗罪,宣告赵某利无罪。该典型案例的公布充分贯彻了"坚决防止将民事纠纷当作犯罪处理、坚决防止将民事责任变为刑事责任"的司法理念及刑事政策。① 本案对于界定刑民案件界限、避免民事纠纷刑事化处理有积极的借鉴意义,对防止利用刑事手段干预经济纠纷,保护企业家人身和财产安全起到一定的积极作用。②

赵某利诈骗再审改判无罪案,2018 年 7 月 27 日最高人民法院作出再审决定,提审本案,依照第二审程序对本案进行了书面审理。认定如下事实:原审被告人赵某利在担任厂长并承包经营的集体所有制企业鞍山市立山区春光铆焊加工厂期间,虽有 4 次提货未结算,但赵某利在提货前均向东北风冷轧板公司财会部预交了支票,履行了正常的提货手续。有证据表明,其在被指控的 4 次提货行为发生期间及发生后,仍持续进行转账支付货款,具有积极履行支付货款义务的意思表示,且赵某利从未否认提货事实的发生,亦未实施逃匿行为,故不能认定为是虚构事实、隐瞒真相的行为。据此,赵某利主观上没有非法占有的目的,客观上亦未实施虚构事实、隐瞒真相的行为,不符合诈骗罪的构成要件,不构成诈骗罪。

赵某利案再审是最高人民法院第二巡回法庭敲响的东北地区保护企业家人身和财产安全的第一槌。该案中赵某利被改判无罪的关键点在于,厘清了经济纠纷和刑事犯罪的界限。本案中,赵某利未及时支付货款的行为,既未实质上违反双方长期认可的合同履行方式,也未给合同相对方造成重大经济损失,尚未超出普通民事合同纠纷的范畴。严格区分经济纠纷与刑事诈骗犯罪,不得动用刑事强制手段介入正常的民事活动,侵害平等、自愿、公平、自治的市场交易秩序,用法治手段保护健康的营商环境。③

---

① 参见阚吉峰:《民营企业和企业家合法权益的刑法保护》,载《人民法院报》2021 年 6 月 10 日,第 5 版。

② 参见张春莉:《依法平等保护民营企业产权和企业家权益》,载《人民法院报》2021 年 6 月 10 日,第 5 版。

③ 该案入选 2019 年 5 月 16 日最高人民法院司法案例研究院发布的"依法平等保护民营企业家人身财产安全十大典型案例",载最高人民法院网,https://www.court.gov.cn/zixun/xiangqing/159542.html。

329 妥善处理历史形成的产权案件的司法政策

关键词 │ 民刑交叉 │ 合同诈骗 │ 集资 │ 产权混同 │ 政府行为 │

【最高人民法院司法文件】

五、审慎把握司法政策

13. 准确把握罪与非罪的法律政策界限。严格区分经济纠纷与经济犯罪特别是合同纠纷与合同诈骗的界限、企业正当融资与非法集资的界限、民营企业参与国有企业兼并重组中涉及的经济纠纷与恶意侵占国有资产的界限。准确把握经济违法行为入刑标准，准确认定经济纠纷和经济犯罪的性质，坚决纠正将经济纠纷当作犯罪处理的错误生效裁判。对于在生产、经营、融资等活动中的经济行为，当时法律、行政法规没有明确禁止而以犯罪论处的，或者虽属违法违规但不构成犯罪而以犯罪论处的，均应依法纠正。

14. 坚决纠正以刑事执法介入民事纠纷而导致的错案。对于以刑事手段迫使当事人作出意思表示，导致生效民事裁判错误的，要坚决予以纠正。对于涉及犯罪的民营企业投资人，在当事人被采取强制措施或服刑期间，依法保障其行使财产权利等民事权利。对于民营企业投资人因被限制人身自由而严重影响行使民事诉讼权利，被解除人身自由限制后，针对民事案件事实提供了新的证据，可能推翻生效裁判的，人民法院应当依职权调查核实；符合再审条件的，应当依法启动再审。

15. 依法妥善处理因产权混同引发的申诉案件。在甄别和再审产权案件时，要严格区分个人财产和企业法人财产，对股东、企业经营管理者等自然人违法的案件，要注意审查在处置其个人财产时是否存在随意牵连企业法人财产的问题；对企业违法的案件，在处置企业法人财产时是否存在随意牵连股东、企业经营管理者个人合法财产的问题。要严格区分违法所得和合法财产、涉案人员个人财产和家庭成员财产，要注意审查在处置违法所得时是否存在牵连合法财产和涉案人员家庭成员合法财产的问题，以及是否存在违法处理涉案财物的问题，尤其要注意审查是否侵害了当事人及其近亲属、股东、债权人等相关方的合法权益。对确属因生效裁判错误而损害当事人财产权的，要依法纠正并赔偿当事人损失。

16. 依法妥善处理与政府行为有关的产权申诉案件。甄别和再审产权案件时，对于在招商引资、政府与社会资本合作等活动中与投资主体依法签订的各类合同，因政府换届、领导人员更替而违约毁约侵犯投资主体合法权益的，或者因法定事由改变政府承诺和合同约定，对投资主体受到的财产损失没有依法补偿的，人民法院应当依法再审和改判。对于政府在土地、房屋等财产征收、征用过程中，没有按照补偿范围、形式和标准给予被征收征用者公平合理补偿的错误裁判，人民法院应当依法审查，启动再审。在再审审查和审理中，要注意运用行政和解协调机制、民事调解方式,妥善解决财产纷争。

17. 依法妥善处理涉案财产处置申诉案件。对于因错误实施保全措施、错误采取执行措施、错误处置执行标的物,致使当事人或利害关系人、案外人等财产权利受到侵害的,应当及时解除或变更强制措施、执行回转、返还财产。执行过程中,对执行标的异议所作裁定不服的,当事人、案外人可以通过执行异议之诉或者审判监督程序等法定途径予以救济;造成损害的,受害人有权依照法律规定申请国家赔偿。

18. 依法审理涉及产权保护的国家赔偿案件。对于因产权申诉案件引发的国家赔偿,应当认真审查,符合立案条件的应当依法立案,符合赔偿条件的应当依法赔偿。坚持法定赔偿原则,加大赔偿决定执行力度。

——《最高人民法院关于依法妥善处理历史形成的产权案件工作实施意见》(2016 年 11 月 28 日,法发〔2016〕28 号)。

编者说明

就依法妥善处理历史形成的产权案件,《实施意见》确定了工作原则、方法和步骤,明确办案范围和工作重点,强调要结合人民法院审判监督工作实际,对于改革开放以来作出的涉及重大财产处置的产权纠纷以及民营企业和投资人违法犯罪的生效裁判,当事人、案外人提出申诉的,人民法院要及时审查,认真甄别,确有错误的,坚决依法纠正。

依法妥善处理历史形成的产权案件,是一项法律性、政策性很强的审判工作,要坚持实事求是、平等保护、依法纠错、纠防结合四大原则,依法保障申诉人的诉讼权利,注重查清案件事实和焦点问题,厘清相关法律政策问题,准确适用法律和有关政策规定,作出妥善处理。要加强审级监督,上级法院可以提审和改判的,不宜指令再审和发回重审。

《实施意见》要求,要坚决纠正将经济纠纷当作犯罪处理的错误生效裁判以及以刑事执法介入民事纠纷而导致的错案。对于民营企业投资人因被限制人身自由而严重影响行使民事诉讼权利,被解除人身自由限制后,针对民事案件事实提供了新的证据,可能推翻生效裁判的,符合再审条件的,应当依法启动再审。对于在招商引资、政府与社会资本合作等活动中与投资主体依法签订的各类合同,因政府换届、领导人员更替而违约毁约侵犯投资主体合法权益的,对投资主体受到的财产损失没有依法补偿的,人民法院应当依法再审和改判。对于因错误实施保全措施或处置执行标的物,致使当事人或利害关系人、案外人等财产权利受到侵害的,应当及时解除或变更强制措施、返还财产。①

330 严格区分违规违法行为与刑事犯罪的界限

关键词│民刑交叉│诈骗│行贿│挪用资金│

---

① 参见罗书臻:《最高人民法院发布两个意见切实加强产权司法保护依法处理历史形成案件》,载《人民法院报》2016 年 11 月 30 日,第 1 版。

【最高人民法院裁判案例】

张文中等诈骗、单位行贿、挪用资金案[最高人民法院(2018)最高法刑再3号刑事判决书,2018.5.30]

本院认为,物美集团在申报国债技改贴息项目时,国债技改贴息政策已有所调整,民营企业具有申报资格,且物美集团所申报的物流项目和信息化项目均属于国债技改贴息重点支持对象,符合国家当时的经济发展形势和产业政策。原审被告人张文中、张伟春在物美集团申报项目过程中,虽然存在违规行为,但未实施虚构事实、隐瞒真相以骗取国债技改贴息资金的诈骗行为,并无非法占有3190万元国债技改贴息资金的主观故意,不符合诈骗罪的构成要件。故原判认定张文中、张伟春的行为构成诈骗罪,属于认定事实和适用法律错误,应当依法予以纠正。原审被告单位物美集团在收购国旅总社所持泰康公司股份后,给予赵某30万元好处费的行为,并非为了谋取不正当利益,亦不属于情节严重,不符合单位行贿罪的构成要件;物美集团在收购粤财公司所持泰康公司股份后,向李某3公司支付500万元系被索要,且不具有为谋取不正当利益而行贿的主观故意,亦不符合单位行贿罪的构成要件,故物美集团的行为不构成单位行贿罪,张文中作为物美集团直接负责的主管人员,对其亦不应以单位行贿罪追究刑事责任。原判认定物美集团及张文中的行为构成单位行贿罪,属于认定事实和适用法律错误,应当依法予以纠正。张文中与陈某1、田某1共谋,并利用陈某1职务上的便利,将陈某1所在泰康公司4000万元资金转至卡斯特投资咨询中心股票交易账户进行营利活动的事实清楚,证据确实。但原判认定张文中挪用资金归个人使用、为个人谋利的事实不清、证据不足。故原判认定张文中的行为构成挪用资金罪,属于认定事实和适用法律错误,应当依法予以纠正。

综上,原审被告人张文中、张伟春及其辩护人,原审被告单位物美集团诉讼代表人,最高人民检察院出庭检察员关于改判张文中、张伟春和物美集团无罪的意见成立,本院均予以采纳。

——中国裁判文书网,https://wenshu.court.gov.cn。

【链接：答记者问】

记者:对历史形成的涉产权和企业家权益的案件,人民法院如何依法妥善处理?

答:企业家是经济活动的重要主体。改革开放四十年来,民营企业在创造社会财富、促进社会就业、增强综合国力等方面都发挥了重要作用。但是一些地方一段时期也确实存在对民营企业不公平、不合理对待的现象,对民营企业的正常经营发展设置了不少门槛,导致民营企业在与国有企业的经济交往中往往处于弱势地位。一些民营企业家为寻求企业发展,不得不采取挂靠国有企事业单位等方式,也就是俗称的"戴红帽子",在经营过程中有一些不规范行为。对此,我们应当用历史的、发展的眼光客观地、实事求是地看待。

本案中,根据 1999 年国家有关部门下发的政策性文件,虽未明确禁止民营企业申报国债技改贴息项目,但这些项目基本上都投向了国有企业。2002 年物美集团申报时,虽然政策有所调整,但民营企业不平等地位尚未彻底改变。物美集团以中央直属企业下属企业的名义申报国债技改贴息项目,与这一特定历史背景不无关系。对物美集团在申报项目及实施项目中的一些不规范行为,以及在与国企交往过程中的不规范行为,也要客观地、实事求是地看待。

依法妥善处理特定历史条件下各类企业特别是民营企业经营过程中存在的不规范问题,是加强产权司法保护的重要内容。从执法、司法机关来说,对于这些不规范行为,要严格区分罪与非罪的界限,对于一般的违法违规行为可以采取行政处罚、经济处罚、民事赔偿等等方式妥善处理,但是不能把一般的违法、违规行为当做刑事犯罪来处理。人民法院是维护社会公平正义的最后一道防线,要坚持"罪刑法定""证据裁判""疑罪从无""法不溯及既往"等原则,对于罪与非罪界限不清,或者定罪证据不足的,应当依法宣告无罪。本案中,最高人民法院经过再审,充分听取了原审被告人张文中、张伟春及其辩护人、原审被告单位物美集团诉讼代表人和最高人民检察院出庭检察员的意见,依法改判张文中、张伟春和物美集团无罪,维护了企业家和企业的合法权利。

记者:再审判决认为原审被告人张文中等的行为不构成诈骗罪的主要依据是什么?

答:原判认定张文中等构成诈骗罪,认定事实有误、适用法律错误。再审改判张文中等不构成诈骗罪,主要理由是:

第一,物美集团作为民营企业符合国家申报国债技改项目的条件,原判认定物美集团不具有申报主体资格与当时的政策不符。1999 年国家有关部门虽然将国家重点技术改造项目主要投向国有企业,但并没有明确禁止民营企业申报。随着我国 2001 年底加入世界贸易组织,国家进一步明确对各类所有制企业包括民营企业实行同等待遇。同时,为鼓励支持国内流通企业发展,推进流通现代化,国家将物流配送中心建设、连锁企业信息化建设列入国债贴息项目予以重点支持。也就是说,2002 年物美集团申报国债技改项目时,国家对民营企业的政策已经发生变化,国债技改贴息政策也已有所调整,物美集团申报的物流项目和信息化项目符合国债技改贴息资金支持的项目范围。虽然,物美集团在距申报截止时间比较紧的情况下,为了申报的方便快捷而以诚通公司下属企业的名义进行申报,程序上不规范,但物美集团始终是以自己企业的真实名称进行申报,并未使审批机关对其企业性质产生错误认识。因此,原判认定物美集团不具有申报国债技改项目的资格,属于事实认定错误。

第二,物美集团申报的物流项目和信息化项目并非虚构,而且申报后部分实施。作为一家大型流通企业,物美集团的经营发展离不开物流建设和信息化建设,一直投入大量资金。在物流项目申报后,物美集团即与北京市通州区政府签署了《合作协议书》,后又委托相关机构对其物流项目进行了环境评估,但因"非典"疫情和物流产业园区土地政策的变化等客观原因导致项目未能在原址实施、未能获得贷款,但物美集团为了完成项目,又在异地进行了实施;同时,物美集团在经营活动中也投入了大量资金进行信息化建设,信息化项目获批后,在办理银行贷款手续过程中,虽然有签订虚假合同等不实情况,以及在贷款获批后将贷款用于公司日常经营等违规行为,但并不能否认其信息化项目的真实性。

第三,物美集团虽违规使用3190万元贴息资金,但并没有侵吞、隐瞒该笔资金。物美集团获得3190万元贴息资金后,虽然将该款用于偿还公司其他贷款,违反了专款专用的规定,但一直将该笔款项作为"应付人民政府款项",列入物美集团财务账目,并未侵吞、隐瞒该笔资金,且物美集团具有随时归还的能力,故其违规使用资金的行为不应认定为诈骗。

综上,物美集团在申报国债技改项目和使用国债技改贴息资金方面虽然存在一些不规范的行为,但原审被告人张文中等并无骗取国债贴息资金的故意和行为,不符合诈骗罪的构成要件。因此,原判认定张文中、张伟春的行为构成诈骗罪,认定事实和适用法律错误,依法应予纠正。

记者:再审判决认为原审被告人张文中的行为不构成挪用资金罪的依据是什么?

答:根据刑法规定,挪用资金罪是指公司、企业或者其他单位的工作人员,利用职务上的便利,挪用本单位资金归个人使用或者借贷给他人的行为。可以看出,构成挪用资金罪,除了要有挪用资金的行为,还必须证明挪用的资金是归个人使用。如果不能证明归个人使用,则不构成挪用资金罪。

最高人民法院经再审审理认为,原审被告人张文中与泰康公司董事长陈某某等共谋并利用陈某某职务上的便利,将泰康公司4000万元资金转至卡斯特投资咨询中心股票交易账户申购新股的事实清楚,证据确实。但在案证据显示,涉案资金均系在单位之间流转,反映的是单位之间的资金往来,没有进入个人账户;在案证据中没有股票账户交易的记录,该账户上的具体交易情况及资金流向不明,无证据证实张文中等人占有了申购新股所得赢利;关于挪用资金归个人使用的证据都是属于言辞证据,且存在供证不一、前后矛盾等问题。因此,原判认定张文中挪用资金归个人使用、为个人谋利的事实不清、证据不足,依法应予纠正。

　　——《依法保护产权和企业家合法权益的"标杆"案件——最高人民法院审判监督庭负责人就张文中案改判答记者问》,载《人民法院报》2018 年 6 月 1 日,第 3 版。

【链接:最高人民法院法官著述】

　　张文中再审案是最高人民法院通过提审纠正涉产权企业家冤错案件的第一案,该案的再审改判在社会上引起热烈反响,被称为具有宣示性和标志性的"标杆"案件。该案涉及诈骗、单位行贿和挪用资金三个罪名,再审判决认为原判认定的三个罪名均不能成立,依法改判张文中、张伟春和物美集团无罪,对原判已执行的罚金及追缴的财产依法予以返还。对于三罪改判的理由,长达 1.8 万余字的再审判决书进行了充分的分析论证,其中蕴含着丰富的意义,分别体现了不同的价值。

　　诈骗罪的改判表明,要用历史的、发展的眼光客观看待特定历史时期民营企业经营过程中的不规范行为,准确把握国家政策和社会环境的变化,对经济行为的法律性质予以全面评价,严格区分违规违法行为与刑事犯罪的界限。再审认为,2002 年物美集团申报国债技改项目时,随着国家的经济形势发生变化,国债技改贴息政策已有所调整,物美集团所申报的物流项目和信息化项目并非凭空虚构,且均属于国债技改贴息重点支持对象,符合国家当时的经济发展形势和产业政策,实践中也确有民营企业同期获批,因此,原判认定物美集团作为民营企业不具有申报国债技改项目资格属于事实认定错误。虽然物美集团在申报国债技改项目和使用 3190 万元国债技改贴息资金方面,存在一些违规行为,但张文中等并无骗取国债技改贴息资金的故意和行为,因而不符合诈骗罪的构成要件。单位行贿罪的改判表明,要从实质上严格把握犯罪构成的要件。再审认为,物美集团在收购股份过程中给予赵某 30 万元好处费以及向李某某公司支付 500 万元的行为,均不符合单位行贿罪的构成要件,这严格贯彻了罪刑法定原则。对于挪用资金罪,再审认为,原判认定张文中与他人共谋,并利用他人职务上的便利,挪用泰康公司 4000 万元资金进行营利活动的事实清楚,证据确实,但认定其挪用资金归个人使用、为个人谋利的事实不清、证据不足,进而认定张文中的行为不构成挪用资金罪。该罪的改判,切实贯彻了证据裁判和疑罪从无的原则。

　　张文中案的再审改判,向国内外、全社会释放了党中央加大产权保护力度、依法保护企业家合法权益的强烈信号,体现了党中央推进全面依法治国的坚定决心和国家依法平等保护非公有制经济的政策精神。但值得一提的是,不构成犯罪并不代表合法合规,更不表示民营企业经济活动中的不规范行为值得鼓励提倡。大家可能也注意到，该案再审判决中多次明确指出物美集团存在一些违规行为。因此，我们一方面要加强对产权的司法保护、激发企业家创新精神，对经济领域的行为入罪坚持审慎、谦抑理念，严格区分罪与非罪的界限，但另一方面，也要强调企业和企业家应当诚信经营，合法守规。

——管应时：《张文中案三罪改判所蕴含的价值》，摘自《加强互动交流 深入挖掘案例价值——张文中案研讨嘉宾发言摘登》，《人民法院报》2018 年 6 月 14 日，第 5 版。

331 行为人在融资过程中提供虚假证明材料，但其提供了足额的抵押担保，未造成实际损失，不构成犯罪

关键词 │ 非法采矿 │ 采矿许可证 │

【最高人民法院参考案例】

案例 3：蒋启智骗取票据承兑再审改判无罪案

【基本案情】

被告人蒋启智是威远公司的法定代表人。2011 年 5 月和 6 月，蒋启智以威远公司名义使用没有实际交易的供销协议、买卖合同和虚假增值税专用发票分两次向桂林银行股份有限公司申请 3200 万元银行承兑汇票，并提供了超出承兑汇票价值的荣安搬运公司、帝都酒店的土地使用权作为抵押担保，还足额缴纳了约定的保证金 1600 万元。蒋启智将汇票贴现后用于公司经营。在汇票到期日，威远公司将上述银行承兑汇票全部予以兑付核销。

【裁判结果】

一审法院以骗取票据承兑罪判处被告人蒋启智有期徒刑三年，缓刑三年，并处罚金。蒋启智提出上诉，二审法院裁定驳回上诉，维持原判。根据当事人的申诉，广西壮族自治区高级人民法院决定再审并提审。

广西壮族自治区高级人民法院再审认为，虽然蒋启智在申请银行承兑汇票过程中提供了虚假的申请材料，但同时提供了超额抵押担保并缴纳约定的保证金，且按时兑付核销，未给银行造成实际损失，亦未利用上述款项进行非法活动，未给金融管理秩序造成重大危害，不具备刑事处罚的必要性。广西壮族自治区高级人民法院于 2023 年 5 月 18 日作出再审判决，宣告蒋启智无罪。

【典型意义】

社会主义市场经济是法治经济。市场主体无论是生产经营还是筹集资金，都应当合法合规、诚实守信。实践中，由于种种原因，"融资难"成为长期困扰民营企

业经营发展的一大顽疾,民营企业在融资过程中使用不规范手段的现象时有发生。本案被告人在融资过程中确实存在提供虚假证明材料的不诚信行为,应当予以否定性评价,但其提供了足额的抵押担保,尚未达到危害金融机构资金安全、给银行造成实际损失、构成犯罪的程度,故依法改判其无罪。人民法院在审理涉企案件中,应当严格依法办案,坚决落实《中共中央、国务院关于完善产权保护制度依法保护产权的意见》,充分理解民营企业筹措经营资金的现实困境,以发展的眼光客观看待并依法妥善处理其中的不规范行为,充分发挥司法服务保障经济社会发展的职能作用,助力缓解民营企业面临的融资难问题。

案例索引:广西壮族自治区高级人民法院(2022)桂刑再4号刑事判决书。

——《人民法院涉民营企业产权和企业家合法权益保护再审典型案例》,载《人民法院报》2023年10月11日,第3版。

编者说明

本案有两个争议焦点,一是被告人以虚假申请材料骗取银行3200万元票据承兑事实是否清楚,二是其行为是否构成骗取票据承兑罪。

第一,蒋某某以某金属材料公司为平台,用虚假申请材料骗取银行3200万元票据承兑的行为,已经违反银行承兑汇票要求存在真实贸易背景的规定,虚假的资金用途足以使银行基于错误认识开具和承兑汇票。因此,原审裁判认定事实清楚。

第二,设立骗取票据承兑罪旨在保障银行或金融机构资金安全,维护金融管理秩序,以刑事处罚威慑借款人及时还款,防止银行或金融机构出现金融风险。蒋某某虽然在向银行申请承兑汇票并贴现过程中提供虚假材料,虚构汇票用途,但已提供真实抵押担保、足额缴纳保证金,且承兑汇票均已兑付核销,未给银行造成实际损失,亦未利用款项进行非法活动,未给金融管理秩序造成实际危害,不属于《刑法》第175条之1规定的"其他严重情节"。

适用骗取票据承兑罪的加重情节,应以侵害法益、符合基本犯罪构成为前提,原审以蒋某某存在欺骗行为且涉案数额超过立案标准100万元的32倍为由,认定属于"其他特别严重情节",简单将骗取资金数额特别巨大等同于给国家金融安全造成特别重大风险,对蒋某某给予刑事处罚,依据不足。

根据《刑法修正案(十一)》,对于并非出于诈骗银行资金目的,在向银行等金融机构融资过程中存在违规行为,使用了"欺骗手段"获得资金,但归还了银行资金,未给银行造成重大损失的,不能认定为"其他严重情节"而追究刑事责任。本案中,蒋某某使用虚假材料骗取票据承兑,确实存在违规行为,但是他提供了足额的担保,并且在承兑的期限内按时把钱还清,没有给银行造成损失,没有给国家金融秩序造成实际危害,不具有刑事处罚的必要性。①

---

① 参见费文彬、林东婷、丁琳源:《从有罪到无罪,一起再审改判案带来的启示》,载《人民法院报》2023年11月24日,第1版。

332 行为人信用卡欠款逾期不还，但不是以非法占有为目的的恶意透支行为，不构成信用卡诈骗罪

关键词 ｜信用卡欠款｜非法占有｜信用卡诈骗｜

【最高人民法院参考案例】

案例6：王成军信用卡诈骗再审改判无罪案

【基本案情】

被告人王成军是祥隆公司法定代表人。2015年2月，王成军在工商银行丹东分行申请办理了一张信用卡。2016年1月至9月，王成军累计透支17.5万元用于公司经营，但仅在5月份之前还款5300元。自同年7月，银行工作人员通过电话、短信多次催收，王成军超过3个月未予还款。10月17日，银行信用卡营业部向公安机关报案。10月19日，银行客服人员通过客服电话95588再次催收，王成军承诺10月底前还清，此时双方尚不知道报案情况。10月21日，公安机关立案侦查，并于24日将王成军抓获。被抓获当日，王成军还清欠款本息。

【裁判结果】

一审法院以信用卡诈骗罪判处被告人王成军有期徒刑五年，并处罚金。王成军提出上诉。二审法院裁定驳回上诉，维持原判。后经当事人申诉，辽宁省高级人民法院指令异地法院——大连市中级人民法院再审本案。

大连市中级人民法院再审认为，王成军超过规定期限透支，经发卡行多次电话短信催收超过三个月仍不归还的事实存在，但是，王成军没有肆意挥霍透支的资金或使用该资金进行违法犯罪活动，也没有隐匿财产、逃匿或改变联系方式，以逃避还款或催收，亦不属于明知没有还款能力而大量透支的情形，故不能认定王成军的行为系以非法占有为目的的恶意透支行为，不构成信用卡诈骗罪。大连市中级人民法院于2022年11月15日作出再审判决，改判王成军无罪。

【典型意义】

服务保障民营经济健康发展是人民法院的重要职责。人民法院在办理涉民营经济人士案件过程中，应当充分考虑民营经济的特点，准确把握经济违法行为的入刑标准，坚持有错必纠，对确属适用法律错误的要坚决予以纠正。本案当事人王成军信用卡欠款逾期不还的行为属于严重违约，有违诚信，应当承担民事责任。再审判决坚持罪刑法定原则，严格按照刑法关于信用卡诈骗罪的有关规定，对采用真实个人信息申领信用卡进行透支、透支款项用于生产经营且主观上不具有非法占有目的的王成军依法宣告无罪，厘清了信用卡欠款纠纷和信用卡诈骗犯罪的界限，对于防止把经济纠纷当作犯罪处理具有指导意义。

案例索引：辽宁省大连市中级人民法院(2021)辽02刑再10号刑事判决书。

——《人民法院涉民营企业产权和企业家合法权益保护再审典型案例》,载《人民法院报》2023 年 10 月 11 日,第 3 版。

333 刑事裁判认定无罪,并不导致民事案件必然认定侵权行为或违约行为不存在

关键词 | 民刑交叉 | 事实认定 | 竞业限制 | 保密 | 违约金 |

【最高人民法院公报案例】

武汉大西洋连铸设备工程有限责任公司与宋祖兴公司盈余分配纠纷案[最高人民法院(2019)最高法民再 135 号民事判决书,2020.9.24]

裁判摘要:民刑交叉案件中,刑事裁判认定的事实一般对于后行的民事诉讼具有预决效力。但是,先行刑事案件中无罪的事实认定则需要区分具体情况。刑事裁判认定无罪,并不导致民事案件必然认定侵权行为或违约行为不存在,相关行为是否存在还需结合证据进行判断和认定。

(一)宋祖兴是否违反了《离职后义务协议》中的竞业限制约定

按照《离职后义务协议》第五条的约定,自宋祖兴离职之日起二年内,宋祖兴不得到与大西洋公司生产或者经营同类产品、从事同类业务的其他用人单位内担任任何职务,不得为同类经营性组织提供咨询、建议服务,不得唆使、帮助大西洋公司的其他员工前往同类经营性组织任职及/或提供服务,也不得单独或会同他人另行组建同类经营性组织参与市场竞争。

根据原审查明的事实,宋祖兴于 2010 年 10 月 20 日从大西洋公司离职,而恒瑞谷公司注册成立于 2011 年 1 月,经营范围包括与大西洋公司相同的连铸技术研究、开发和连铸工程总承包等业务,构成了大西洋公司的同行业竞争者。因此,判断宋祖兴是否违反竞业限制约定,主要是判断宋祖兴与恒瑞谷公司之间的关系。

原审法院已经注意到,宋祖兴是否违反《离职后义务协议》中的竞业限制和保密义务问题,涉及刑民交叉案件中刑事诉讼证据与民事诉讼证据的差异性问题。刑事起诉书不涉及对宋祖兴的指控,刑事判决书亦未涉及宋祖兴是否侵犯商业秘密的认定。宋祖兴据此主张其未违反协议约定。对此,本院认为,《最高人民法院关于民事诉讼证据的若干规定》第十条第一款第(六)项规定,已为人民法院发生法律效力的裁判所确认的基本事实当事人无需举证证明。该条第二款规定,当事人有相反证据足以推翻的除外。根据该规定,原则上,刑事诉讼中预决的事实对于后行的民事诉讼具有预决效力。这是因为裁判统一性要求民事判决与刑事判决对于同一事实的认定应当是一致的,而且刑事诉讼的证明标准比民事诉讼的证明标

准要高,所以先行刑事判决认定的基本事实对于后行民事诉讼具有预决力。

但是,先行刑事案件预决事实的预决力并不是没有条件的。除了先行判决已经生效,先行案件裁判所确定的事实与后行案件事实存在相关性外,预决事实的证明必须已遵循了法定程序。就先行刑事案件对后行民事案件而言,有罪的事实认定当然地构成预决力;而无罪的事实认定则需要区分是因为被告人确实未参与未实施犯罪行为,还是因为证据不足、事实不清。如果是前者则有预决力,如果是后者则因为民事诉讼和刑事诉讼的证明标准不同可能有不同的认定。然而,与本案相关的刑事案件特殊之处在于,刑事起诉并未指控宋祖兴,刑事判决自然不可能涉及宋祖兴是否参与实施犯罪行为,是否构成侵犯商业秘密罪,亦不会就宋祖兴的行为是否违反《离职后义务协议》作出明确认定。因此,宋祖兴与恒瑞谷公司是否有关、关系如何这部分事实在先行刑事诉讼中未涉及,更谈不上经过正当程序查证并认定,因而不构成先行刑事诉讼预决事实,更不能据此直接在后行民事诉讼中认定宋祖兴与恒瑞谷公司无关。

宋祖兴与恒瑞谷公司之间的关系如何,还需要在本案中结合证据进行判断和认定。本院认为根据大西洋公司申请调取的(2016)鄂 0102 刑初 17 号刑事案件侦查卷宗中公安机关在侦查阶段绘制的资金流向图,虽然不是刑事关联案件定案的证据,但鉴于其为客观证据,系对恒瑞谷公司注册资金流转情况的客观描述,且与李艳爽相关账户的资金流水记录以及庭审过程中当事人双方关于恒瑞谷公司注册资金来源的陈述意见能相互印证,可以认定恒瑞谷公司的 1000 万元注册资金全部来源于与宋祖兴或其配偶李艳爽密切相关的公司,该注册资金由李艳爽的账户转至其侄女李叶名下的账户,再转至杨玉祥名下,用于注册恒瑞谷公司。注册完成后,该笔资金又辗转返回李艳爽名下。宋祖兴辩称该注册资金为杨玉祥从李艳爽侄女李叶处借得,其并不知情。经查,李艳爽侄女李叶系某公司普通职员,无其他大额经济来源和投资收益,且上述注册资金流水显示,多笔注册资金仅是借用李叶名下的银行账户流转汇集至杨玉祥名下用于公司注册,之后又重新流转回李艳爽账户。宋祖兴关于李叶借给杨玉祥 1000 万元注册资金的辩解于情不符,于理不合,本院不予采信。

另,根据公安机关对杨玉祥使用的邮箱××××@163.com 远程勘验记录显示,内有以“宋祖兴”命名的来自××××@126.com 邮箱的关于恒瑞谷公司的“股权代持协议书”等材料,结合我院再审阶段查明的发件邮箱的注册情况和使用人情况等事实,可以认定上述材料系宋祖兴通过其配偶李艳爽发给杨玉祥,用于注册并代持恒瑞谷公司股份的材料。

综合上述证据事实,本院认为,现有证据已足以认定宋祖兴是恒瑞谷公司的实际出资人,其在离职后两年内以隐蔽手段隐名组建了与大西洋公司具有同行业竞争关系的恒瑞谷公司,违反了竞业限制的约定。一、二审法院对相关事实认定有误,本院予以纠正。

(二)宋祖兴是否违反了《离职后义务协议》中的保密约定

按照《离职后义务协议》第二条的约定,宋祖兴因原职务上的需要所持有或保管的一切记录着大西洋公司秘密信息的文件、资料、图标、笔记、报告、信件、传真、磁带、磁盘、仪器以及其他任何形式的载体,均归大西洋公司所有,而无论这些秘密信息有无商业上的价值。……宋祖兴应于离职时,返还全部属于大西洋公司的财务,包括所属记载着大西洋公司秘密信息的一切载体…大西洋公司也可以在对记载于原载体上的秘密信息作复制、清除等处理后,不再要求宋祖兴返还原载体。……无论原载体返还与否,宋祖兴均不得保留上述秘密信息资料的复印件、复制件及/或摘录等。

根据《最高人民法院关于适用〈中华人民共和国民事诉讼法〉的解释》第一百零八条的规定,对负有举证证明责任的当事人提供的证据,人民法院经审查并结合相关事实,确信待证事实的存在具有高度可能性的,应当认定该事实存在。需要注意的是,前述规定中"高度可能性"是指一种可能的状态,而非必然的性质,对某一证据而言,是否能够达到该种证明效果,可以结合其他证据进行综合评价。

本案中,大西洋公司申请本院调取了其员工在(2016)鄂 0102 刑初 17 号刑事案件侦查卷中的证言、询问笔录,拟证明宋祖兴没有完全归还大西洋公司的保密资料和物品,违反了保密义务。对此,本院认为,上述证据材料虽然是以询问笔录的方式出现,但并不能改变其属于证人证言证据种类的本质。由于上述证据材料系与大西洋公司有利害关系的员工在刑事侦查程序中出具的言词证据材料,且未在先行刑事诉讼中进行过质证。故不能直接用作本案的定案依据,而且在本案中能否作为证据使用还要看其是否符合法律和司法解释对于证人证言这一证据种类的要求。

根据《最高人民法院关于民事诉讼证据的若干规定》的规定,当事人申请证人出庭作证的,应当在举证期限届满前向人民法院提交申请书。人民法院应当要求证人出庭作证,接受审判人员和当事人的询问。本案中,大西洋公司并未申请其员工作为证人到庭作证,且其员工的证人证言亦不属于民事诉讼法规定的当事人因客观原因不能自行收集的证据,因此,上述证据材料不符合法律规定,本院不予采信。但基于已经生效的(2016)鄂 0102 刑初 17 号判决书认定的恒瑞谷公司构成侵犯大西洋公司商业秘密罪,特别是在恒瑞谷公司发现了大西洋公司技术图纸的基本事实,结合本案前述宋祖兴隐名出资设立恒瑞谷公司,是恒瑞谷公司的实际控制人,违反竞业限制约定的认定,可以推定宋祖兴的行为亦违反前述《离职后义务协议》第二条关于保密义务约定这一待证事实存在高度可能性,故大西洋公司的相关主张,本院予以支持。一、二审对相关事实认定有误,本院予以纠正。

宋祖兴称,鉴于关联刑事案件未认定其构成侵犯商业秘密罪,故在本案中亦不应认定其相关责任。对此,本院认为,《离职后义务协议》系大西洋公司与宋祖兴依据真实意思表示订立,亦未违反法律、行政法规的强制性规定,故对大西洋公司和宋祖兴具有法律约束力,双方应当按照约定履行自己的义务。同时,刑事案件的证明标准和民事案件证明标准存在差异,且如前所述宋祖兴是否构成侵犯商业秘密罪并不构成先行判决的预决事实,加之本案与关联刑事案件的证据情况亦不完全相同,故宋祖兴的相关主张不能成立。

(三)在违反前述约定的情况下,宋祖兴应承担何种法律责任。

根据《离职后义务协议》第九条的约定,宋祖兴未履行竞业限制义务或者履行竞业限制义务不符合本协议约定的,大西洋公司可……(二)减少经济补偿及奖励,减少金额由大西洋公司根据违约所造成的损失情况确定;(三)不予支付经济补偿及奖励,并可要求宋祖兴返还已支付的经济补偿及奖励;(四)要求宋祖兴按已支付经济补偿及奖励总额的 30% 支付违约金。根据该协议第十条的约定,宋祖兴违反本协议的约定,有本协议第一条所述第(三)项以外的损害大西洋公司利益行为的,大西洋公司可……(二)减少奖励款,减少金额由大西洋公司根据违约所造成的损失情况确定;(三)不予支付奖励款,并可要求宋祖兴返还已支付的奖励款;(四)要求宋祖兴按照本协议第七条所述奖励款中已支付的数额 30% 的比例支付违约金。

如前所述,宋祖兴的行为违反了《离职后义务协议》关于竞业限制和保密义务的约定,且其手段较为隐蔽,主观恶意较为明显,大西洋公司按照约定提出的返还款项并承担违约金的要求于法有据,本院予以支持。本案中经双方当事人确认,大西洋公司已向宋祖兴支付奖励补偿款总计 10514462.44 元,故宋祖兴应退还该笔款项,并承担该笔款项 30% 的违约金即 3154338.73 元,共计 13668801.17 元。

——《最高人民法院公报》2021 年第 3 期。

【链接：理解与参照】

本案是最高法院提审改判的案件,入选 2020 年中国法院知识产权司法保护十大案件,其法律适用的典型意义主要体现在民刑交叉案件的裁判规则上。

一、合理界定刑民交叉案件中先行刑事诉讼对后行民事诉讼的影响

刑事诉讼中已经认定存在的事实,通常对于后行的民事诉讼具有预决效力。但是对于刑事诉讼中未予认定的事实是否在民事诉讼中也当然地不予认定经常存在争议。争议源于刑事诉讼和民事诉讼遵循不同的证明标准。刑事案件中认定事实应当达到综合全案证据,已排查合理怀疑的证明标准;而民事诉讼中认定事实的

标准是高度可能性。上述不同的事实认定标准,导致刑事裁判和民事裁判可能会有不同的认定结果。但是,在司法实践中,出于维护裁判一致性的考虑,有些判决在民事诉讼中直接以刑事诉讼中未予认定作为裁判依据,不再对证据进行审查认定。该种做法实质上背离了民事诉讼的证明标准,错误地理解了刑民交叉案件中在先刑事诉讼对在后民事诉讼的影响,最高人民法院予以纠正。

在与本案相关的在先刑事案件中,检察机关基于证据不足等因素未指控宋某某构成侵犯商业秘密犯罪,在随后处理的大西洋连铸设备工程公司诉宋某某的民事案件中,一审、二审法院以刑事处理结果为主要依据驳回了大西洋连铸设备工程公司对宋某某的民事起诉。最高人民法院再审认为,原则上,刑事诉讼中认定的事实对于后行的民事诉讼具有预决效力。但对于因证据不足、事实不清而作出无罪认定的事实,则需要区分民事诉讼和刑事诉讼的证明标准。本案刑事判决未起诉宋某某,自然不可能涉及宋某某是否参与实施犯罪行为,是否构成侵犯商业秘密罪,亦不会就宋某某的行为是否违反离职后义务协议作出明确认定。因此,宋某某与恒瑞谷冶金科技公司是否有关、关系如何这部分事实在先行刑事诉讼中未涉及,更谈不上经过正当程序查证并认定,因而不构成先行刑事诉讼预决事实,更不能据此直接在后行民事诉讼中认定宋某某与恒瑞谷冶金科技公司无关。原审法院在这部分事实的判断上援引刑事裁判,直接认定宋某某不存在被诉侵权行为,存有不当,应予纠正。宋某某与恒瑞谷冶金科技公司之间的关系如何还需要在本案中结合证据进行判断和认定。

本案再审认为,刑事侦查阶段公安机关绘制的资金流量图,说明的是注册资金的流转情况,在本案中属于客观证据,且双方在庭审中提供并经过质证的银行流水已经充分说明了恒瑞谷冶金科技公司注册资金的来源,可以认定恒瑞谷冶金科技公司的1000万元注册资金全部源于与宋某某或其配偶李某某密切相关的公司,该注册资金由李某某的账户转至其侄女李某名下的账户,再转至杨某某名下,用于注册恒瑞谷冶金科技公司。注册完成后,该笔资金又辗转返回李某某名下。宋某某在本案中辩称该注册资金为杨某某从李某某侄女李某处借得,其并不知情。再审查明,李某某侄女李某系某公司普通职员,无其他大额经济来源和投资收益,且上述注册资金流水显示,多笔注册资金仅是借用李某名下的银行账户流转汇集至杨某某名下用于公司注册,之后又重新流转回李某某账户。因此,宋某某关于李某借给杨某某1000万元注册资金的辩解于情不符,于理不合,不予采信。结合本案证据,最终认定宋某某是恒瑞谷冶金科技公司的实际出资人,其在离职后两年内以隐蔽手段隐名组建了与大西洋连铸设备工程公司具有同行业竞争关系的恒瑞谷冶金科技公司,违反了竞业协议,应承担相应的法律责任。

本案再审判决对在刑事诉讼中未被追究刑事责任的人员,在民事诉讼是否承担民事责任结合证据进行了深入分析,厘清了民刑证明标准的不同,为更好地处理与知识产权相关的民刑交叉案件中的证据判断和事实认定提供了借鉴。

——毛立华:《武汉大西洋连铸设备工程有限责任公司与宋某某公司盈余分配纠纷案——民刑交叉案件中的事实认定》,载中国应用法学研究所主编:《中华人民共和国最高人民法院案例选》第6辑,法律出版社2022年版,第263~264页。

334 民事案件与刑事犯罪、行政违法案件所要求的证明标准和责任标准存在差异

关键词 | 民刑交叉 | 民行交叉 | 事实认定 | 证明标准 |

【最高人民法院公报案例】

重庆市人民政府、重庆两江志愿服务发展中心诉重庆藏金阁物业管理有限公司、重庆首旭环保科技有限公司环境污染责任纠纷案[重庆市第一中级人民法院一审民事判决书,2017.12.22]

裁判摘要:环境污染行为已经经过刑事和行政诉讼程序审理的,被生效判决所确认的事实可以直接作为生态环境损害赔偿诉讼和环境公益诉讼的证据,但由于证明标准和责任标准存在差异,故最终认定的案件事实在不存在矛盾的前提条件下,可以不同于刑事案件和行政案件认定的事实。

重庆市第一中级人民法院一审认为:

一、关于生效刑事判决、行政判决所确认的事实与本案关联性的问题

首先,从证据效力来看,生效刑事判决、行政判决所确认的事实可以直接作为本案事实加以确认,无须再在本案中举证证明。《最高人民法院关于适用〈中华人民共和国民事诉讼法〉的解释》第九十三条规定,"下列事实,当事人无须举证证明:……(五)已为人民法院发生法律效力的裁判所确认的事实;……前款第二项至第四项规定的事实,当事人有相反证据足以反驳的除外;第五项至第七项规定的事实,当事人有相反证据足以推翻的除外"。(2016)渝0112行初324号行政判决和(2016)渝0112刑初1615号刑事判决均为生效判决,其所确认的事实具有既判力,无需再在本案中举证证明,除非被告提出相反证据足以推翻原判决,而本案中被告并未举示证据,故对于相关事实直接予以采信。而且,由于(2016)渝0112行初324号行政判决确认了重庆市环境监察总队作出的渝环监罚(2016)269号行政处罚决定、重庆市环境保护局作出的渝环法(2016)29号行政复议决定的合法性,故上述行政决定也具有既定力。

其次,本案在性质上属于环境侵权民事案件,其与刑事犯罪、行政违法案件所

要求的证明标准和责任标准存在差异,故最终认定的案件事实在不存在矛盾的前提条件下,可以不同于刑事案件和行政案件认定的事实。刑事案件的证明标准和责任标准明显高于民事案件,环境污染犯罪行为造成损害后果的,固然应当承担相应赔偿责任,但未被认定为犯罪的污染行为,不等于不构成民事侵权,本案中依法应承担赔偿责任的环境污染行为包括但不限于(2016)渝 0112 刑初 1615 号刑事判决所认定的环境污染犯罪行为,故被告提出应当仅以生效刑事判决所认定的污染物种类即总铬和六价铬为准的异议不成立,不予支持。就生效行政判决认定的事实而言,环保部门对环境污染行为进行行政处罚时,依据的主要是国家和地方规定的污染物排放标准,违反了国家和地方的强制性标准,便应当受到相应的行政处罚,而违反强制性标准当然也是污染行为人承担侵权责任的依据。然而,虽然因违反强制性标准而受到行政处罚的污染行为必然属于环境侵权行为,但符合强制性标准的排污行为却不一定不构成民事侵权。《最高人民法院关于审理环境侵权责任纠纷案件适用法律若干问题的解释》第一条第一款规定:"因污染环境造成损害,不论污染者有无过错,污染者应当承担侵权责任。污染者以排污符合国家或者地方污染物排放标准为由主张不承担责任的,人民法院不予支持。"该条规定表明,污染者不得以合乎强制性标准进行抗辩免除民事责任,亦即对环境污染行为承担民事责任的范围可以大于进行行政处罚的范围。但是本案中,由于原告起诉的事实与生效行政判决确认的事实相同,其并未主张超出行政违法范围的环境侵权行为,故(2016)渝 0112 行初 324 号行政判决所确认的违法排污事实可以用于认定本案环境侵权事实,只是本案会从环境侵权的角度来对构成要件、责任主体等加以考量。

最后,结合生效刑事判决和行政判决确认的事实,可以认定被告首旭公司直接实施了本案所诉环境侵权行为。原因在于,一是前述生效行政判决和刑事判决均确认,被告藏金阁公司通过与首旭公司签订《委托运行协议》,将全部排污作业交由首旭公司处理,首旭公司在运营该项目的过程中,实施了利用暗管违法排污的行为;二是由于首旭公司是受托排污,藏金阁公司持有排污许可证,且是排污设备所有人,故环保部门认定的排污单位即行政相对人为藏金阁公司,并据此对藏金阁公司进行了行政处罚,尽管行政处罚的对象是藏金阁公司,但行政处罚决定和行政判决并未否定首旭公司实施排污行为的事实,首旭公司亦作为第三人参加了行政诉讼,而且正是由于首旭公司直接实施了排污行为,因此刑事判决对首旭公司及其直接责任人进行了定罪处罚;三是对于生效行政判决和刑事判决所认定的排污单位和直接行为人,藏金阁公司和首旭公司均无异议。综上,可以认定,首旭公司实施的环境侵权行为即是生效行政判决所确认的违法排污事实。

——《最高人民法院公报》2019 年第 11 期。

335 虚假诉讼的刑事和民事诉讼程序衔接

关键词 │ 虚假诉讼 │ 虚假诉讼罪 │ 移送 │

【最高人民法院司法文件】

十七、依法认定犯罪，从严追究虚假诉讼刑事责任。虚假诉讼行为符合刑法和司法解释规定的定罪标准的，要依法认定为虚假诉讼罪等罪名，从严追究行为人的刑事责任。实施虚假诉讼犯罪，非法占有他人财产或者逃避合法债务，又构成诈骗罪、职务侵占罪、拒不执行判决、裁定罪、贪污罪等犯罪的，依照处罚较重的罪名定罪并从重处罚。对于多人结伙实施的虚假诉讼共同犯罪中罪责最突出的主犯、有虚假诉讼违法犯罪前科再次实施虚假诉讼犯罪的被告人，要充分体现从严，控制缓刑、免予刑事处罚的适用范围。

十八、保持高压态势，严惩"套路贷"虚假诉讼犯罪。及时甄别、依法严厉打击"套路贷"中的虚假诉讼违法犯罪行为，符合黑恶势力认定标准的，应当依法认定。对于被告人实施"套路贷"违法所得的一切财物，应当予以追缴或者责令退赔，依法保护被害人的财产权利。保持对"套路贷"虚假诉讼违法犯罪的高压严打态势，将依法严厉打击"套路贷"虚假诉讼违法犯罪作为常态化开展扫黑除恶斗争的重要内容，切实维护司法秩序和人民群众合法权益，满足人民群众对公平正义的心理期待。

十九、做好程序衔接，保持刑民协同。经审理认为民事诉讼当事人的行为构成虚假诉讼犯罪的，作出生效刑事裁判的人民法院应当及时函告审理或者执行该民事案件的人民法院。生效刑事裁判认定构成虚假诉讼犯罪的，有关人民法院应当及时依法启动审判监督程序对相关民事判决、裁定、调解书予以纠正。当事人、案外人以生效刑事裁判认定构成虚假诉讼犯罪为由对生效民事判决、裁定、调解书申请再审的，应当依法及时进行审查。

二十、加强队伍建设，提升整治能力。各级人民法院要及时组织法院干警学习掌握中央和地方各项经济社会政策；将甄别和查处虚假诉讼纳入法官培训范围；通过典型案例分析、审判业务交流、庭审观摩等多种形式，提高法官甄别和查处虚假诉讼的司法能力；严格落实司法责任制，对参与虚假诉讼的法院工作人员依规依纪严肃处理，建设忠诚干净担当的人民法院队伍。法院工作人员利用职权与他人共同实施虚假诉讼行为，构成虚假诉讼罪的，依法从重处罚，同时构成其他犯罪的，依照处罚较重的规定定罪并从重处罚。法院工作人员不正确履行职责，玩忽职守，致使虚假诉讼案件进入诉讼程序，导致公共财产、国家和人民利益遭受重大损失，符合刑法规定的犯罪构成要件的，依照玩忽职守罪、执行判决、裁定失职罪等罪名定罪处罚。

二十一、强化配合协调,形成整治合力。各级人民法院要积极探索与人民检察院、公安机关、司法行政机关等职能部门建立完善虚假诉讼案件信息共享机制、虚假诉讼违法犯罪线索移送机制、虚假诉讼刑民交叉案件协调惩治机制、整治虚假诉讼联席会议机制等工作机制;与各政法单位既分工负责、又沟通配合,推动建立信息互联共享、程序有序衔接、整治协调配合、制度共商共建的虚假诉讼整治工作格局。

——《最高人民法院关于深入开展虚假诉讼整治工作的意见》(2021 年 11 月 10 日,法〔2021〕281 号)。

【链接:答记者问】

问:请问如何发挥刑事审判的职能作用,加大对虚假诉讼行为的惩治力度?

答:虚假诉讼行为妨害司法秩序,侵害他人合法权益,社会危害十分严重,必须充分发挥刑罚的惩罚和预防犯罪功能,依法追究有关人员刑事责任。《意见》依据刑法和有关司法解释、规范性文件的规定,设置多个专门条文,对虚假诉讼刑事追责的总体原则、打击重点等问题作出了具体性规定。《意见》明确,虚假诉讼行为符合虚假诉讼罪等罪名定罪标准的,要从严追究行为人的刑事责任;法院工作人员利用职权与他人共同实施虚假诉讼,构成虚假诉讼罪的,要依法从重处罚,同时构成其他犯罪的,依照处罚较重的规定定罪并从重处罚。针对实践中虚假诉讼犯罪案件缓刑、免予刑事处罚适用偏多的问题,《意见》强调,对于多人结伙实施的虚假诉讼共同犯罪中罪责最突出的主犯,以及有虚假诉讼违法犯罪前科再次实施虚假诉讼犯罪的被告人,要控制缓刑、免予刑事处罚的适用范围。针对人民群众反映强烈的"套路贷"虚假诉讼问题,《意见》提出,要及时甄别、依法严厉打击"套路贷"中的虚假诉讼违法犯罪行为,符合黑恶势力认定标准的,应当依法认定,保持对"套路贷"虚假诉讼违法犯罪的高压严打态势,切实维护司法秩序和人民群众合法权益,满足人民群众对公平正义的心理期待。

为确保虚假诉讼的法律后果落实到位,《意见》还对如何做好刑事和民事诉讼程序衔接作出了专门规定。虚假诉讼犯罪发生在民事诉讼过程中,对于虚假诉讼犯罪案件处理过程中刑事诉讼与民事诉讼程序的衔接问题,实践中存在争议。2021 年 3 月最高人民法院、最高人民检察院、公安部、司法部联合公布的《关于进一步加强虚假诉讼犯罪惩治工作的意见》设专章对这个问题作出了详细规定。《意见》进一步明确了虚假诉讼刑事案件审理法院与相关民事案件审理法院之间的信息沟通机制,以及有关人民法院及时依法启动审判监督程序纠错的工作要求,要求作出生效虚假诉讼犯罪刑事裁判的人民法院应当及时函告审理或者执行相关民事案件的人民法院;有关人民法院应当及时依法启动审判监督程序,对被生效刑事裁判认定构成虚假诉讼犯罪的相关民事判决、裁定、调解书予以纠正,对于当事人、案外人的再审申请应当依法及时进行审查,做好程序衔接,保持刑民协同。《意见》还规定,人民法院在办理案件过程中发现虚假诉讼涉嫌犯罪的,应当依法及时将相关材料移送刑事侦查机关,确保虚假诉讼犯罪得到及时惩治。

——《〈最高人民法院关于深入开展虚假诉讼整治工作的意见〉暨人民法院整治虚假诉讼典型案例新闻发布会》,载最高人民法院网 2021 年 11 月 9 日,https://www.court.gov.cn/zixun/xiang qiing/330781.html。

【最高人民法院参考案例】

案例 8. 依法严厉打击"套路贷"虚假诉讼违法犯罪

基本案情

2013 年 9 月至 2018 年 9 月,被告人林某某通过其实际控制的两个公司,以吸收股东、招收业务人员等方式发展组织成员并大肆实施"套路贷"违法犯罪活动,逐步形成了以林某某为核心的层级明确、人数众多的黑社会性质组织。林某某主导确定实施"套路贷"的具体模式,策划、指挥全部违法犯罪活动,其他成员负责参与"套路贷"的不同环节、实施具体违法犯罪活动、负责以暴力和"软暴力"手段非法占有被害人财物,并长期雇佣某律师为该组织规避法律风险提供帮助。该黑社会性质组织及成员实施"套路贷"违法犯罪过程中,以办理房屋抵押贷款为名,诱使、欺骗多名被害人办理赋予借款合同强制执行效力、售房委托、抵押解押的委托公证,并恶意制造违约事实,利用公证书将被害人名下房产过户到该黑社会性质组织或组织成员名下,之后再纠集、指使暴力清房团伙,采用暴力、威胁及其他"软暴力"手段任意占用被害人房产,通过向第三人抵押、出售或者与长期雇佣的律师串通、合谋虚假诉讼等方式,将被害人房产处置变现以谋取非法利益,并将违法所得用于该黑社会性质组织的发展壮大、组织成员分红和提成。该黑社会性质组织通过采取上述方式,有组织地实施诈骗、寻衅滋事、敲诈勒索、虚假诉讼等一系列违法犯罪活动,攫取巨额非法经济利益,并利用获得的非法收入为该组织及成员提供经济支持。该黑社会性质组织在长达 5 年的时间内长期实施上述"套路贷"违法犯罪活动,涉及多个市辖区、70 余名被害人及家庭,造成被害人经济损失高达上亿元,且犯罪对象为老年群体,致使部分老年被害人流离失所、无家可归,严重影响社会稳定。其中,2017 年 4 月至 2018 年 6 月间,林某某为将诈骗所得的房产处置变现,与他人恶意串通,故意捏造抵押借款合同和债务人违约事实,以虚假的债权债务关系向人民法院提起民事诉讼,欺骗人民法院开庭审理并作出民事裁判文书。

处理结果

人民法院依法对林某某以组织、领导黑社会性质组织罪判处有期徒刑十年,剥夺政治权利二年,并处没收个人全部财产;以诈骗罪判处无期徒刑,剥夺政治权利终身,并处没收个人全部财产;以敲诈勒索罪判处有期徒刑十一年,并处罚金人民币二十二万元;以寻衅滋事罪判处有期徒刑九年,剥夺政治权利一年,并处罚金人民币十八万元;以虚假诉讼罪判处有期徒刑六年,并处罚金人民币十二万元,决定执行无期徒刑,剥夺政治权利终身,并处没收个人全部财产。

案例分析

根据《最高人民法院 最高人民检察院 公安部 司法部关于办理"套路贷"刑事案件若干问题的意见》的规定,"套路贷",是对以非法占有为目的,假借民间借贷之名,诱使或迫使被害人签订"借贷"或变相"借贷""抵押""担保"等相关协议,通过虚增借贷金额、恶意制造违约、肆意认定违约、毁匿还款证据等方式形成虚假债权债务,并借助诉讼、仲裁、公证或者采用暴力、威胁以及其他手段非法占有被害人财物的相关违法犯罪活动的概括性称谓;对于在实施"套路贷"过程中多种手段并用,构成诈骗、敲诈勒索、非法拘禁、虚假诉讼、寻衅滋事、强迫交易、抢劫、绑架等多种犯罪的,应当根据具体案件事实,区分不同情况,依照刑法及有关司法解释的规定数罪并罚或者择一重处;三人以上为实施"套路贷"而组成的较为固定的犯罪组织,应当认定为犯罪集团,对首要分子应按照集团所犯全部罪行处罚;符合黑恶势力认定标准的,应当按照黑社会性质组织、恶势力或者恶势力犯罪集团侦查、起诉、审判。

本案中,林某某纠集、指挥多人实施"套路贷"违法犯罪,行为符合《中华人民共和国刑法》规定的组织、领导黑社会性质组织罪的构成要件;在实施"套路贷"过程中诈骗、敲诈勒索、寻衅滋事、虚假诉讼等多种手段并用,行为还构成诈骗罪、敲诈勒索罪、寻衅滋事罪、虚假诉讼罪等多种犯罪,故人民法院对林某某依法予以数罪并罚。

典型意义

"套路贷"违法犯罪严重侵害人民群众合法权益,影响社会大局稳定,且往往与黑恶势力犯罪交织在一起,社会危害极大。司法机关必须始终保持对"套路贷"的高压严打态势,及时甄别、依法严厉打击"套路贷"中的虚假诉讼、诈骗、敲诈勒索、寻衅滋事等违法犯罪行为,依法严惩犯罪人,切实保护被害人合法权益,满足人民群众对公平正义的心理期待。

——《人民法院整治虚假诉讼典型案例》,载《人民法院报》2021 年 11 月 10 日,第 3 版。

336 民事审判认定养老服务机构根本违约的同时，将涉嫌诈骗犯罪线索及时移送公安机关

关键词 | 养老服务 | 养老产业 | 民刑交叉 |

【最高人民法院参考案例】

案例四 未按约定提供养老养生服务应依法承担违约责任——吴某诉某养老产业发展有限公司养老服务合同纠纷案

一、基本案情

某养老产业发展有限公司是一家为老年人、残疾人提供养护服务的酒店。2019年，吴某同该公司签订养生养老合同，约定吴某支付预订金后，即获得会员资格和相应积分，积分可以在该公司旗下任何酒店抵现使用。预付的订金如果没有额外消费，期满后还可退还。吴某支付21万元预订金后，该公司无法提供相应服务且不退款。吴某起诉请求解除合同，并判令该公司返还预订金及利息。

二、裁判结果

审理法院认为，《中华人民共和国民法典》第五百六十三条规定，当事人一方迟延履行债务或者有其他违约行为致使不能实现合同目的的，当事人可以解除合同。民事主体从事民事活动应当遵循诚信原则，秉持诚实，恪守承诺。本案中，双方签订的养生养老合同合法有效，某养老产业发展有限公司收到吴某定金后无法提供相应服务，存在根本违约，吴某享有合同解除权。判决某养老产业发展有限公司返还吴某预订金，并支付利息。法院亦将该公司涉嫌养老诈骗犯罪线索移送公安机关。

三、典型意义

随着人们生活水平的提高，老年人越来越注重生活品质。部分企业关注到养生养老服务的商机，以提供疗养服务、支付预订金获得会员资格和积分消费等名义吸引老年人签订养老合同，进行大额充值消费。司法既保护相关新兴产业的发展，引导其合法规范经营，又依法制裁其中违法犯罪行为，保护老年人财产权益，守护老年人生活安宁。本案在民事审判中依法认定养老服务机构根本违约的同时，将涉嫌犯罪线索及时依法移送公安机关，对遏制针对老年人养老消费领域的恶意诱导，打击针对老年人的侵财违法犯罪行为，净化养老产业，具有一定的示范意义。

——《人民法院老年人权益保护第三批典型案例》，载《人民法院报》2023年4月28日，第2版。

编者说明

部分企业关注到养生养老服务的商机，以提供疗养服务、支付预订金获得会员资格和积

分消费等名义吸引老年人签订养老合同,进行大额充值消费。在吴某诉某养老产业发展有限公司养老服务合同纠纷一案中,某养老产业发展有限公司收到吴某定金后无法提供相应服务。法院在认定养老服务机构根本违约的同时,将涉嫌犯罪线索及时移送公安机关,依法打击恶意诱导老年人养老消费的违法犯罪行为。同时,净化养老产业,进一步引导和规范新兴养老产业的发展。①

---

① 参见《聚焦老年人急难愁盼 全面保护老年人权益——最高法发布老年人权益保护第三批典型案例》,载《人民法院报》2023 年 4 月 28 日,第 1 版。

图书在版编目（CIP）数据

新编最高人民法院司法观点集成．民法总则卷/杜
万华总主编；王松主编. -- 2 版. -- 北京：中国民主
法制出版社，2024.7. -- ISBN 978 - 7 - 5162 - 3715 - 1

Ⅰ. D920. 5

中国国家版本馆 CIP 数据核字第 2024VW8092 号

图书出品人：刘海涛

图 书 策 划：麦　读

责 任 编 辑：庞贺鑫

文 字 编 辑：靳振国　张　亮

书名/新编最高人民法院司法观点集成（第二版）·民法总则卷

作者/杜万华　　总主编

　　　刘德权　　副总主编

　　　王　松　　本卷主编

出版·发行/中国民主法制出版社

地址/北京市丰台区右安门外玉林里 7 号（100069）

电话/（010）63055259（总编室）　63058068　63057714（营销中心）

传真/（010）63055259

http：//www. npcpub. com

E-mail：mzfz@ npcpub. com

经销/新华书店

开本/16 开　730 毫米×1030 毫米

印张/48　字数/936 千字

版本/2024 年 7 月第 1 版　2024 年 7 月第 1 次印刷

印刷/北京天宇万达印刷有限公司

书号/ISBN 978-7-5162-3715-1

定价/128. 00 元